児童の賞事典

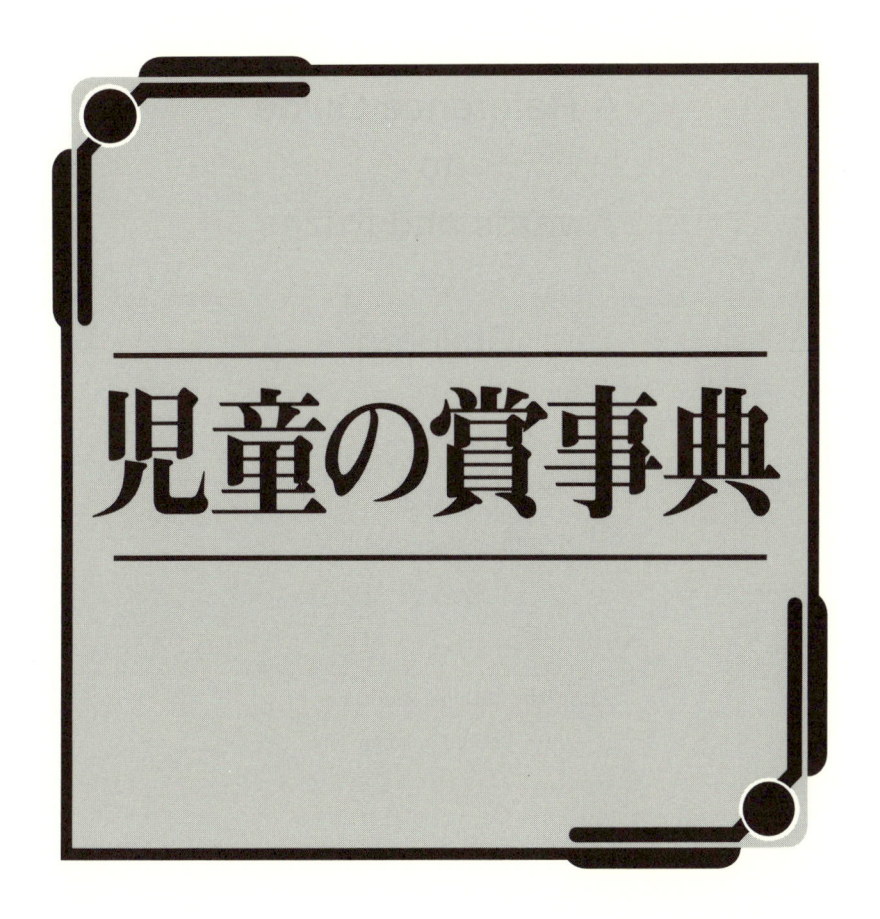

日外アソシエーツ

A Reference Guide to Awards and Prizes of Children

Compiled by
Nichigai Associates, Inc.

©2009 by Nichigai Associates, Inc.
Printed in Japan

本書はディジタルデータでご利用いただくことができます。詳細はお問い合わせください。

●編集担当● 筒 志帆
装 丁：浅海 亜矢子

刊行にあたって

　賞の受賞対象になるのは大人だけではない。中学生以下の児童を対象とした賞として、文学分野では、締切時に12歳以下の小学生のみを対象とした12歳の文学賞が2007年に創設され、賞をきっかけに小学生作家の単行本が出版された。また、音楽分野では合唱・吹奏楽・バレエコンクール、科学分野では発明展や自由研究コンクールなどで児童を対象にした賞が開催されている。加えて、一般を対象とした賞の中にジュニア部門が設けられている場合もある。

　一方、絵本や童話・紙芝居・童謡・学校教育・福祉など様々な分野において、児童を対象とした作品や児童のために活動した人物・団体への授賞が行われている。しかしこれまでは、こうした賞の概要や児童文化に貢献した人物がどんな賞を受賞したかについて、分野を越えて調べられるツールは存在しなかった。

　小社では、賞の概要や受賞者について調べたいときのツールとして、「賞の事典」シリーズ（「文学賞事典」「音楽・芸能賞事典」「美術・デザイン賞事典」「文化賞事典」「科学賞事典」）を刊行しているが、同シリーズは数年毎に分野別追補版として刊行しているため、特定の賞を第1回から通覧することが出来なかった。また、1人の人物が複数の分野にまたがって受賞している場合、受賞歴の検索に手間がかかった。これらを補完するため、小社では2005年9月に「日本の賞事典」を刊行した。同書は「賞の事典」シリーズ各分野から主要な200賞を厳選し、その概略と初回からの受賞記録を掲載した事典である。

　本書は「日本の賞事典」の姉妹版にあたり、中学生までの児童及

び児童文化に貢献した人物に贈られる賞284賞を収録している。文学・音楽・映画・演劇・美術・科学・教育など幅広い分野の賞を掲載し、賞の概要と第1回から最新回（2009年5月現在）までの受賞データを網羅した。また、全国小・中学校作文コンクールや日本学生科学賞など児童を対象に開催されている歴史ある賞・コンクールで既刊の「賞の事典」シリーズに掲載されていなかった賞を6賞、その他の児童関係の賞を5賞新たに収録した。加えて、海外の著名な児童文学の賞も掲載した。なお、巻末には個人・団体名から引ける受賞者名索引を付し、一人物の受賞歴が一覧できるようになっている。本書の刊行により、児童に関する賞の記録を一望することが期待できる。

　なお、小社には前掲の「賞の事典」シリーズのほか、1年間に発表された様々な分野の受賞情報を収録した「日本の賞2006―最新受賞全データ」「日本の賞2007―最新受賞1700」、海外の主要賞を収録した「世界の賞事典」、インターネットサービス「NICHIGAI/WEBサービス　賞の事典ファイル」がある。これらも併せてご利用いただければ幸いである。

　　2009年5月

　　　　　　　　　　　　　　　　　　　　　　　日外アソシエーツ

目　次

凡　例 …………………………………………… vi
収録賞一覧 ……………………………………… viii

児童の賞事典 …………………………………… 1
　Ⅰ　文　学 …………………………………… 3
　Ⅱ　文　化 …………………………………… 228
　Ⅲ　美　術 …………………………………… 377
　Ⅳ　科　学 …………………………………… 402
　Ⅴ　音楽・芸能 ……………………………… 431
　Ⅵ　世界の賞 ………………………………… 565

受賞者名索引 …………………………………… 599

凡　例

1．収録範囲
　　中学生までの児童及び児童文化に貢献した人物に贈られる賞を分野を問わず284賞収録した。

2．賞名見出し
1) 賞名は原則正式名称を採用した。
2) 改称や他の呼称がある場合は賞名の後ろに（　）で補記し、「収録賞一覧」で参照を立てた。
3) 前身となった賞がある場合は個別に賞名見出しを立て，参照を付した。

3．賞の分類と賞名見出しの排列
　　賞を以下の6つのジャンルに区分し、ジャンルごとに賞名の五十音順に排列した。
　　　　Ⅰ　文学
　　　　Ⅱ　文化
　　　　Ⅲ　美術
　　　　Ⅳ　科学
　　　　Ⅴ　音楽・芸能
　　　　Ⅵ　世界の賞

4．記載内容
1) 概　要
　　賞の概要を示すために、賞の由来・趣旨／主催者／選考委員／選考方法／選考基準／締切・発表／賞・賞金／公式ホームページURLを記載した。記述内容は、原則として最新回のものによった。

2)受賞者・受賞作
　　歴代受賞者・受賞作を受賞年ごとにまとめ、部門・席次／受賞者（受賞時の所属・肩書）／受賞作品・理由の順に記載した。なお、受賞作品・業績の部分は、作品名や論文名であることが明確な場合は「　」囲みとし、それ以外は《　》囲みとした。また、特定の時期に児童関係の部門が設けられていたり、賞の一部に児童関係の部門が存在する場合は、該当する年度・部門の受賞情報のみを記載した。海外の賞の受賞作品には、可能な限り邦訳を補記した。

5．受賞者名索引

1)受賞者名から本文での記載頁を引けるようにした。
2)排列は姓の読みの五十音順、同一姓のもとでは名の読みの五十音順とした。アルファベットで始まるものはABC順とし、五十音の後においた。なお、濁音・半濁音は清音とみなし、ヂ→ジ、ヅ→ズとした。促音・拗音は直音とみなし、長音（音引き）は無視した。

収録賞一覧

I 文　　学

- *001* 愛と夢の童話コンテスト …………………………………… 3
- *002* 青森県創作童話コンテスト ………………………………… 4
- *003* 赤い鳥文学賞 ………………………………………………… 5
- *004* 芦屋国際俳句祭 ……………………………………………… 6
- *005* 有島青少年文芸賞 …………………………………………… 7
- *006* アンデルセンのメルヘン大賞 ……………………………… 11
- *007* 家の光童話賞 ………………………………………………… 14
- *008* 石森延男児童文学奨励賞 …………………………………… 17
- *009* いちごえほん童話と絵本グランプリ ……………………… 17
  - 伊那谷童話大賞　→*151* 椋鳩十記念 伊那谷童話大賞
- *010* いのちと献血俳句コンテスト ……………………………… 18
- *011* いろは文学賞 ………………………………………………… 19
- *012* 岩手芸術祭県民文芸作品集 ………………………………… 20
  - 岩手芸術祭県民文芸集　→*012* 岩手芸術祭県民文芸作品集
- *013* 巌谷小波文芸賞 ……………………………………………… 22
- *014* 海のメルヘン大賞 …………………………………………… 23
- *015* NHK児童文学賞 …………………………………………… 24
  - 絵本とおはなし新人賞　→*037* 月刊ＭＯＥ童話大賞
  - 絵本にっぽん賞　→*118* 日本の絵本賞 絵本にっぽん賞
  - 絵本にっぽん新人賞　→*119* 日本の絵本賞 絵本にっぽん新人賞
  - 絵本にっぽん大賞　→*118* 日本の絵本賞 絵本にっぽん賞
  - 絵本の里大賞　→*043* けんぶち絵本の里大賞
- *016* 絵本評論賞 …………………………………………………… 25
- *017* 演劇教育賞 …………………………………………………… 25
- *018* 旺文社児童文学賞 …………………………………………… 28
- *019* 旺文社児童文学翻訳賞 ……………………………………… 28
- *020* 大原富枝賞 …………………………………………………… 28
- *021* 岡山県文学選奨 ……………………………………………… 30
- *022* 小川未明文学賞 ……………………………………………… 32
- *023* おひさま大賞 ………………………………………………… 33
- *024* 外国絵本翻訳コンクール …………………………………… 35
- *025* 海洋文学大賞 ………………………………………………… 37
- *026* 学生援護会青年文芸賞 ……………………………………… 37
- *027* 交野が原賞 …………………………………………………… 38
  - 学研児童ノンフィクション文学賞　→*028* 学研児童文学賞
- *028* 学研児童文学賞 ……………………………………………… 41
  - 学校演劇脚本募集　→*049* 子どもが上演する劇・脚本募集
- *029* カネボウ・ミセス童話大賞 ………………………………… 41

収録賞一覧

	加美未来賞　→039 現代詩加美未来賞	
030	北川千代賞	42
031	北日本児童文学賞	43
032	岐阜県文芸祭作品募集	44
	共石創作童話賞　→072 ＪＯＭＯ童話賞	
033	恐竜文化賞〔恐竜ものがたり部門〕	45
034	虚子生誕記念俳句祭	46
035	クレヨンハウス絵本大賞	46
036	群馬県文学賞	48
037	月刊MOE童話大賞	50
038	献血俳句コンテスト	51
039	現代詩加美未来賞	51
	現代詩中新田未来賞　→039 現代詩加美未来賞	
040	現代少年詩集秀作賞	52
041	現代少年詩集新人賞	53
042	現代少年文学賞	54
043	けんぶち絵本の里大賞	54
044	講談社絵本新人賞	57
	講談社児童文学作品　→045 講談社児童文学新人賞	
045	講談社児童文学新人賞	59
046	小梅童話賞	61
047	国際アンデルセン賞国内賞	62
048	国民文化祭児童文学賞	63
049	子どもが上演する劇・脚本募集	63
	子ども世界絵本新人賞　→050「子ども世界」絵本と幼低学年童話賞	
050	「子ども世界」絵本と幼低学年童話賞	64
051	「子ども世界」戯曲賞	65
052	「子ども世界」新人賞	65
053	「子ども世界」童詩・童謡賞	66
054	子どもたちのためのミツバチの童話と絵本のコンクール	67
055	子どものための感動ノンフィクション大賞	69
056	小諸・藤村文学賞	69
057	埼玉文芸賞	71
058	産経児童出版文化賞	73
059	児童文学者協会児童文学賞	85
	児童文学者協会賞　→107 日本児童文学者協会賞	
060	児童文学者協会新人賞	85
061	児童文学ファンタジー大賞	86
062	児童文化賞	87
063	児童文芸新人賞	87
064	市民文芸作品募集(広島市)	89
065	自由国民社ホームページ絵本大賞	90
066	12歳の文学賞	91
	16ページ絵本賞　→081 創作絵本新人賞	
067	ジュニア・ノンフィクション文学賞	91
068	ジュニア冒険小説大賞	92
	小学館絵画賞　→069 小学館児童出版文化賞	
069	小学館児童出版文化賞	93
	小学館児童文化賞　→069 小学館児童出版文化賞	
	小学館文学賞　→069 小学館児童出版文化賞	

ix

収録賞一覧

070	「小説ジュニア」青春小説新人賞	96
071	少年少女の詩 江間章子賞	97
072	JOMO童話賞	100
073	白神自然文化賞	104
074	しれとこ文芸大賞〔俳句部門〕	105
075	白鳥省吾賞	106
076	新聞配達に関するはがきエッセーコンテスト	108
077	新・北陸児童文学賞	109
078	駿河梅花文学賞〔梅花文学賞〕	110
079	世田谷文学賞	112
080	全国小・中学校作文コンクール	113
	全国小・中学校つづり方コンクール →080 全国小・中学校作文コンクール	
081	創作絵本新人賞	118
082	創作童話・絵本・デジタル絵本コンテスト	119
083	創作ファンタジー創作童話大賞	122
	高浜虚子顕彰俳句大賞 →034 虚子生誕記念俳句祭	
084	高山賞	122
085	〔宝塚ファミリーランド〕童話コンクール	123
086	「小さな童話」大賞	124
087	千葉児童文学賞	126
088	千葉ジュニア文学賞	127
089	ちゅうでん児童文学賞	128
090	長編児童文学新人賞	129
091	塚原健二郎文学賞	130
092	坪田譲治文学賞	131
093	てんぷす文芸大賞	132
	動物とわたし文学賞 →153 盲導犬サーブ記念文学賞	
	童話コンクール →085 〔宝塚ファミリーランド〕童話コンクール	
094	「童話」作品ベスト3賞	132
095	童話賞	133
096	とくしま県民文芸	134
097	とくしま文学賞	135
	冨田博之記念演劇教育賞 →017 演劇教育賞	
098	とやま文学賞	136
099	新美南吉児童文学賞	136
100	新美南吉童話賞	137
101	新美南吉文学賞	143
102	ニッサン童話と絵本のグランプリ	144
103	日本アンデルセン親子童話大賞	145
104	日本絵本賞	146
105	日本児童文学学会賞	148
106	「日本児童文学」作品奨励賞	151
107	日本児童文学者協会賞	152
108	日本児童文学者協会新人賞	154
109	日本児童文学者協会短篇賞	156
110	「日本児童文学」創刊300号記念論文	156
111	「日本児童文学」創作コンクール	157
	「日本児童文学」投稿作品賞 →106 「日本児童文学」作品奨励賞	
112	日本児童文学評論新人賞	158
113	日本児童文芸家協会賞	159

114	〔日本児童文芸家協会〕創作コンクール	160
	日本児童文芸家協会創作作品募集　→114 〔日本児童文芸家協会〕創作コンクール	
115	日本新人童話賞	162
116	日本動物児童文学賞	162
117	日本童話会賞	165
118	日本の絵本賞 絵本にっぽん賞	167
119	日本の絵本賞 絵本にっぽん新人賞	169
120	日本の子どもふるさと大賞	170
121	猫手大賞〔童話部門〕	170
122	野口雨情大賞	171
123	野間児童文芸賞	171
124	ノンフィクション児童文学賞	174
125	パッ！と短編童話賞	174
126	花のまち可児・手づくり絵本大賞	175
127	原阿佐緒賞	177
	晩翠児童賞　→128 晩翠わかば賞・晩翠あおば賞	
128	晩翠わかば賞・晩翠あおば賞	178
	晩成書房戯曲賞　→049 子どもが上演する劇・脚本募集	
	広島市民文芸作品募集　→064 市民文芸作品募集（広島市）	
129	ひろすけ童話賞	180
130	フェリシモ童話大賞	181
131	福島県川柳賞	181
132	福島県文学賞	184
133	福島正実記念SF童話賞	190
134	「婦人と暮らし」童話賞	191
135	舟橋聖一顕彰文学奨励賞	192
136	部落解放文学賞	195
137	ぶんけい創作児童文学賞	196
138	平洲賞	197
	ペーパーナイフ絵本賞　→035 クレヨンハウス絵本大賞	
139	北陸児童文学賞	199
140	星の都絵本大賞	200
141	ほのぼの童話館創作童話募集	201
142	ポプラズッコケ文学賞	203
143	毎日児童小説	204
144	毎日童話新人賞	206
145	まどかぴあショートストーリーコンテスト	207
146	万葉こども賞コンクール	209
147	三浦綾子作文賞	209
	ミセス童話大賞　→029 カネボウ・ミセス童話大賞	
148	三越左千夫少年詩賞	211
149	峰浜村・ポンポコ山タヌキ共和国タヌキ童話募集	212
150	未明文学賞	212
151	椋鳩十記念 伊那谷童話大賞	213
152	椋鳩十児童文学賞	214
153	盲導犬サーブ記念文学賞	215
154	森林（もり）のまち童話大賞	215
155	文殊山俳句賞	216
	山本有三記念路傍の石文学賞　→161 路傍の石文学賞	
156	熊野の里・児童文学賞	218

157	与謝野晶子短歌文学賞	218
158	リブラン創作童話募集	219
159	琉歌大賞	220
160	琉球新報児童文学賞	221
161	路傍の石文学賞	223
	路傍の石少年文学賞　→*161* 路傍の石文学賞	
162	YA文学短編小説賞	224
163	わが子におくる創作童話	224
164	わたぼうし文学賞	225
165	わんマン賞	226

II　文　　化

166	IBBY朝日国際児童図書普及賞	228
	朝日国際児童図書普及賞　→*166* ＩＢＢＹ朝日国際児童図書普及賞	
	エイボンアワーズ・トゥ・ウィメン　→*167* エイボン女性年度賞	
167	エイボン女性年度賞	229
168	エクソンモービル児童文化賞	231
169	ELEC賞	233
	科学教育研究奨励賞　→*196* 日本科学教育学会学会賞	
170	數納賞	235
	学校経営研究賞　→*192* 第一法規学校経営賞	
171	学校読書推進賞	242
172	学校図書館出版賞	243
173	学校図書館賞	245
174	学校図書館メディア賞	250
	北原白秋賞　→*187* 児童詩教育賞	
175	城戸奨励賞	250
176	教育奨励賞	253
177	教育美術賞（佐武賞）	255
178	久留島武彦文化賞	262
179	国際グリム賞	265
180	国際理解教育賞	266
	国際理解教育奨励賞　→*180* 国際理解教育賞	
	五山賞　→*193* 高橋五山賞	
181	小柴昌俊科学教育賞	275
182	こども読書推進賞	277
183	子どもの文化賞	277
184	子ども文庫功労賞	278
	寒川道夫記念山芋賞　→*185*「作文と教育」賞	
185	「作文と教育」賞	280
186	小砂丘忠義賞	281
	佐武賞　→*177* 教育美術賞（佐武賞）	
187	児童詩教育賞	282
188	児童福祉文化賞	283
189	児童文化功労者賞	292
190	正力松太郎賞	295

収録賞一覧

191 造本装幀コンクール ……………………………………… 298
192 第一法規学校経営賞 ……………………………………… 300
　　　第一法規研究賞　→*192* 第一法規学校経営賞
193 高橋五山賞 ………………………………………………… 306
194 辻村賞 ……………………………………………………… 308
195 東レ理科教育賞 …………………………………………… 310
　　　日私幼賞　→*199* 日本保育学会保育学文献賞
196 日本科学教育学会学会賞 ………………………………… 319
197 日本作文の会賞 …………………………………………… 324
　　　日本賞　→*198*「日本賞」教育コンテンツ国際コンクール
198「日本賞」教育コンテンツ国際コンクール …………… 324
　　　日本賞教育番組国際コンクール　→*198*「日本賞」教育コンテンツ国際コンクール
199 日本保育学会保育学文献賞 ……………………………… 336
200 野間読書推進賞 …………………………………………… 337
201 博報賞 ……………………………………………………… 340
202 ペスタロッチー教育賞 …………………………………… 355
　　　ペスタロッチー賞　→*202* ペスタロッチー教育賞
203 ヘレン・ケラー賞（教育賞・福祉賞） ………………… 356
204 ほほえみ賞 ………………………………………………… 359
　　　モービル児童文化賞　→*168* エクソンモービル児童文化賞
　　　山芋賞　→*185*「作文と教育」賞
205 読売教育賞 ………………………………………………… 363

III　美　　　術

　　　イルフビエンナーレ　→*214* 武井武雄記念日本童画大賞
206 上野彦馬賞―九州産業大学フォトコンテスト ………… 377
207 キッズデザイン賞 ………………………………………… 380
208 グッドデザイン賞 ………………………………………… 382
　　　グッド・デザイン商品及び施設選定制度　→*208* グッドデザイン賞
209 現代童画展 ………………………………………………… 385
210 講談社児童漫画賞 ………………………………………… 387
211 講談社出版文化賞 ………………………………………… 388
212 講談社漫画賞 ……………………………………………… 389
213 小学館漫画賞 ……………………………………………… 392
　　　全国ウッドクラフト公募展　→*215* 丹波の森ウッドクラフト展
214 武井武雄記念日本童画大賞 ……………………………… 395
215 丹波の森ウッドクラフト展 ……………………………… 396
　　　那須漫画大賞　→*216* 那須良輔風刺漫画大賞
216 那須良輔風刺漫画大賞 …………………………………… 397
217 読売国際漫画大賞 ………………………………………… 397
218 よみうり写真大賞 ………………………………………… 399

xiii

IV 科　　学

　　　学生けんび鏡観察コンクール　→220 自然科学観察コンクール
219　こども環境学会賞 …………………………………………………… 402
220　自然科学観察コンクール …………………………………………… 404
221　ジュニア発明展 ……………………………………………………… 411
　　　小児保健賞　→226 日本小児科学会小児保健賞
222　朝永振一郎記念「科学の芽」賞 …………………………………… 414
223　日本化学会化学教育賞 ……………………………………………… 416
224　日本化学会化学教育有功賞 ………………………………………… 417
　　　日本科学読物賞　→227 吉村証子記念「日本科学読物賞」
225　日本学生科学賞 ……………………………………………………… 421
226　日本小児科学会小児保健賞 ………………………………………… 427
227　吉村証子記念「日本科学読物賞」 ………………………………… 429

V 音楽・芸能

228　青山円形劇場脚本コンクール ……………………………………… 431
229　あきた全国舞踊祭モダンダンスコンクール ……………………… 431
230　アジア・パシフィック国際バレエ・コンクール ………………… 435
　　　アジア・パシフィック・バレエ・コンクール　→230 アジア・パシフィック国際バレエ・コンクール
　　　アジア・バレエ・コンクール　→230 アジア・パシフィック国際バレエ・コンクール
　　　新しい童謡コンクール　→270 三木露風賞・新しい童謡コンクール
231　「いきいき！夢キラリ」番組選奨 ………………………………… 437
232　江藤俊哉ヴァイオリンコンクール ………………………………… 440
233　NBA全国バレエコンクール ………………………………………… 441
234　大阪国際音楽コンクール …………………………………………… 442
235　O夫人児童演劇賞 …………………………………………………… 445
　　　親の目子の目番組選奨　→231「いきいき！夢キラリ」番組選奨
236　音楽教育振興賞 ……………………………………………………… 446
237　科学技術映像祭 ……………………………………………………… 448
　　　学徒音楽コンクール　→251 全日本学生音楽コンクール
238　北九州＆アジア全国洋舞コンクール ……………………………… 452
　　　教育映画祭　→239 教育映像祭
239　教育映像祭 …………………………………………………………… 455
　　　芸術作品賞　→272 優秀映画賞
240　KOBE国際学生音楽コンクール …………………………………… 463
241　こうべ全国洋舞コンクール ………………………………………… 464
242　斎田喬戯曲賞 ………………………………………………………… 472
243　埼玉全国舞踊コンクール …………………………………………… 473
　　　彩の国下総皖一音楽賞　→244 彩の国下総皖一童謡音楽賞
244　彩の国下総皖一童謡音楽賞 ………………………………………… 483
245　サトウハチロー賞 …………………………………………………… 486

収録賞一覧

　　　ザ・バレコン名古屋　→247 青少年のためのバレエ・コンクール(ザ・バレコン名古屋)
　　　下総皖一音楽賞　→244 彩の国下総皖一童謡音楽賞
246　ジャズダンス・コンクール 487
247　青少年のためのバレエ・コンクール(ザ・バレコン名古屋) 488
248　全国バレエコンクール in Nagoya 490
249　全国舞踊コンクール 493
250　全日本アンサンブルコンテスト 503
251　全日本学生音楽コンクール 508
252　全日本合唱コンクール 520
253　全日本吹奏楽コンクール 524
254　全日本バレエ・コンクール 529
　　　全日本盲学生音楽コンクール　→267 ヘレン・ケラー記念音楽コンクール
　　　中部日本バレエ・コンクール　→248 全国バレエコンクール in Nagoya
255　童謡文化賞 530
256　なかの国際ダンスコンペティション 531
　　　なかの洋舞連盟主催全国ダンスコンペティション　→256 なかの国際ダンスコンペティション
　　　日本映画文化賞　→266 ブルーリボン賞
257　日本映像フェスティバル 532
258　日本児童演劇協会賞 533
　　　日本創作童謡コンクール　→265 ふるさと音楽賞日本創作童謡コンクール
259　日本チャイコフスキーコンクール 536
260　日本童謡賞 537
261　日本ハープコンクール 541
262　日本レコード大賞 542
263　ピティナ・ピアノ・コンペティション 542
264　平多正於賞 547
265　ふるさと音楽賞日本創作童謡コンクール 547
266　ブルーリボン賞 548
267　ヘレン・ケラー記念音楽コンクール 549
268　毎日映画コンクール 554
　　　毎日童謡賞　→269 毎日ファミリーソング大賞
269　毎日ファミリーソング大賞 557
270　三木露風賞・新しい童謡コンクール 559
　　　宮城会箏曲コンクール　→271 宮城道雄記念コンクール
271　宮城道雄記念コンクール 561
　　　ヤングピアニスト・コンペティション　→263 ピティナ・ピアノ・コンペティション
　　　優秀映画作品賞　→272 優秀映画賞
272　優秀映画賞 563
　　　優秀映像教材選奨　→239 教育映像祭
　　　レコード大賞　→262 日本レコード大賞

VI　世界の賞

273　アメリカ探偵作家クラブ賞 565
274　ガーディアン児童文学賞 567
275　カナダ総督文学賞 569

xv

収録賞一覧

- *276* カーネギー賞 ……………………………………… 573
- *277* ケイト・グリーナウェイ賞 ……………………… 575
- *278* 国際アンデルセン賞 ……………………………… 577
- *279* コルデコット賞 …………………………………… 579
  ジョン・ニューベリー賞 →*282* ニューベリー賞
- *280* 全米図書賞 ………………………………………… 581
- *281* ドイツ児童文学賞 ………………………………… 583
- *282* ニューベリー賞 …………………………………… 590
- *283* フェニックス賞 …………………………………… 593
- *284* ボストングローブ・ホーンブック賞 …………… 594
  ランドルフ・コルデコット賞 →*279* コルデコット賞

xvi

児童の賞事典

Ⅰ 文　　学

001 愛と夢の童話コンテスト

アイエヌジー生命創立10周年を記念し，企業利益を社会に還元する社会貢献活動，メセナ活動の一環として平成8年に創設された。このコンテストは「いま，次の世代に伝えたい愛と夢」をテーマに，子供だけでなく大人にも感動を与える創作童話・児童文学を広く一般募集するもので，審査委員長の作詩作曲家小椋佳氏を始め，プロの童話作家を迎え選考を行っている。第10回（平18年）で終了。

【主催者】アイエヌジー生命保険株式会社
【選考委員】（第10回）小椋佳（審査委員長・作詩作曲家），川北亮司（児童文学作家），加藤純子（児童文学作家），根来由美（画家），磯部剛（アイエヌジー生命 広報部）
【選考方法】公募
【選考基準】〔対象〕「いま，次の世代に伝えたい愛と夢」をテーマにした，子供だけでなく大人にも感動を与える童話または児童文学（題材・内容は自由）。〔原稿〕400字詰め原稿用紙（縦書き）10枚程度。濃い筆記用具使用。ワープロ可。〔応募方法〕作品には表紙を付け，題名・郵便番号・住所・氏名（フリガナ）・年齢・職業・電話番号を明記のうえ郵送にて応募。プロ・アマの応募は不問。ただし，未発表の作品に限る（同人誌は可）。応募作品は返却しない。なお，入賞作品の著作権は主催者に帰属
【賞・賞金】グランプリ1編：賞金50万円，優秀賞2編：賞金各10万円，奨励賞5編：賞金各3万円，審査委員長特別選賞1編：賞金20万円

第1回（平9年）
　◇グランプリ　山岸 亮一（北海道紋別郡）「花の海、花いろの風」
　◇審査委員長賞　山岸 亮一（北海道紋別郡）「花の海、花いろの風」
　◇優秀賞
　　　小林 庸子（宮城県仙台市）「王様の息子は王様？」
　　　井上 恵子（福岡県春日市）「静かな村の夢」
　　　樋渡 ますみ（大阪府大阪狭山市）「ヒュウドロ・パッパ」
第2回（平10年）
　◇グランプリ　櫛谷 麻子（新潟市）「吹雪の村の翼ジャコウ牛」
　◇審査委員長特別賞　平野 果子（兵庫県神戸市）「鬼羅の歌」
　◇優秀賞　該当作なし

第3回（平11年）
　◇グランプリ　花谷 健一（千葉県松戸市）「天狗姫」
　◇審査委員長特別選賞　花谷 健一（千葉県松戸市）「天狗姫」
　◇優秀賞
　　　山岸 亮一（北海道紋別郡）「その夏の風」
　　　三枝 寛子（兵庫県宝塚市）「ハゼル・ベベと青いケシの花」
　　　倉谷 京子（東京都目黒区）「老婦人とマネキン人形」
　　　渡辺 稔雄（東京都中野区）「月へ旅した王さま」
第4回（平12年）
　◇グランプリ　山田 修治（埼玉県所沢市）「約束」
　◇審査委員長特別選賞　星野 富士男（兵庫県明石市）「ふう」
　◇優秀賞

　　　　後藤 みわこ（愛知県春日井市）「花びら、踊る」
　　　　篠辺 真希子（愛知県海部郡）「おばあちゃんのふるさと」
第5回（平13年）
　◇グランプリ　佐々木 悦子（東京都西東京市）「サキの赤い石」
　◇審査委員長特別選賞　佐藤 良子（愛知県豊橋市）「ちはやの宝箱」
　◇優秀賞
　　　　金山 優美（東京都町田市）「勇気を抱きしめて」
　　　　山田 修治（埼玉県所沢市）「コマ」
第6回（平14年）
　◇グランプリ　佐藤 良子（愛知県豊橋市）「メモリーズ」
　◇審査委員長特別選賞　南保 理恵子（埼玉県富士見市）「越後の男の子」
　◇優秀賞
　　　　石橋 京子（東京都小平市）「金の杉」
　　　　グラハム 明美（英国）「母の日のプレゼント」
第7回（平15年）
　◇グランプリ　該当作なし
　◇審査委員長特別選賞　該当作なし
　◇優秀賞
　　　　後藤 英記（京都府京都市）「お日さんは東から」
　　　　風戸 清乃（群馬県太田市）「旅人のふしぎなかばん」
　　　　信原 和夫（大阪府吹田市）「走れ！ガゼル」
　　　　金山 優美（東京都町田市）「鬼火ヶ原」
第8回（平16年）
　◇グランプリ　該当作なし
　◇審査委員長特別選賞　該当作なし
　◇優秀賞
　　　　斉藤 理恵「せみの空」
　　　　横手 恵子「ケーキ屋、大介さんのクリスマス」
　　　　星野 富士男「炎とほおむら」
　◇奨励賞
　　　　青木 慧「心のメガネ」
　　　　成沢 優香「リターン」
　　　　河月 裕美「大きい赤ちゃん小さい赤ちゃん」
　　　　風戸 清恵「手のひらの勲章」
　　　　工藤 綾「大人ゲーム」
　　　　信原 和夫「笙」
　　　　岩井 みのり「蟬のぬけがら」
　　　　小西 ときこ「最終バスの客」
　　　　山下 寿朗「はらぺこポスト」
　　　　中塩 浩光「木こりの伝助」
第9回（平17年）
　◇グランプリ　青木 佐知子「風になった機関車」
　◇審査委員長特別選賞　該当作なし
　◇優秀賞
　　　　金子 隆「聞く耳人形」
　　　　山本 智美「海を渡る風」
　◇奨励賞
　　　　京 不羈「柿の実ひとつ」
　　　　斉藤 理恵「れんげ畑のロボット」
　　　　山本 智美「扉の向こう」
　　　　豊福 征子「いたずらっ子バンザイ」
　　　　髙野 さやか「ぐるぐる自転車」
　　　　グレアム 明美「海にさよなら」
　　　　後藤 陽一（藍 うえお）「三途の川流し」
　　　　小柳 美千世「房すぐりの実」
第10回（平18年）
　◇グランプリ　山崎 香織「とうさんの海」
　◇審査委員長特別選賞　該当作なし
　◇優秀賞
　　　　志村 米子「カーネーションの花束」
　　　　佐藤 静「川田帽子店」
　　　　豊福 征子「同級生」
　◇奨励賞
　　　　青木 裕美「夏休みの日記」
　　　　里 洋子「甘い汗」
　　　　吉本 有紀子「白いハンカチ」
　　　　田辺 和代「山姥の笛」
　　　　山中 基義「海おとめ」
　　　　どい たけし「ともだちはロボット」

---

002 青森県創作童話コンテスト

青森県児童文学研究会が，全県を対象に創作童話を募集したが，第1回の授賞をもって中断。

【主催者】青森県児童文学研究会

第1回（昭46年）
　　相馬 直哉「クラットのふしぎな冒険」
　　山形 光弘「かもめになった少女」
　　奈良 美古都「動物にされた子供たち」
　　吉岡 由佳子「ぴぴのたび」

003　赤い鳥文学賞

大正7年7月に創刊した雑誌「赤い鳥」の業績を記念して、坪田譲治が世話人代表となり昭和46年に創設した賞で、「赤い鳥代表作集」、「赤い鳥傑作集」の印税を基金として、すぐれた児童文学作品に贈られる。

【主催者】赤い鳥の会
【選考委員】（最終選考委員）松谷みよ子，宮川ひろ，あまんきみこ
【選考方法】前年出版されたすべての児童文学作品を対象とし、また、児童文学関係者にアンケート調査をおこない、候補作品を選出（自薦，他薦）
【選考基準】〔対象〕前年1月1日から、その年の12月末日までに（初版）刊行された児童文学作品
【締切・発表】（第39回）雑誌「赤い鳥」の発刊にちなんで平成21年6月に発表し、7月1日に贈呈式予定
【賞・賞金】正賞：賞状と楯，副賞：賞金30万円

第1回（昭46年）　椋 鳩十「マヤの一生」（大日本図書），「モモちゃんとあかね」（ポプラ社）
第2回（昭47年）
　　庄野 潤三「明夫と良二」（岩波書店）
　　関 英雄「白い蝶の記」（新日本出版社），「小さい心の旅」（偕成社）
第3回（昭48年）　安藤 美紀夫「でんでんむしの競馬」（偕成社）
◇特別賞　松谷 みよ子「松谷みよ子全集」（全15巻，講談社）
第4回（昭49年）　舟崎 克彦「ぽっぺん先生と帰らずの沼」（筑摩書房）
第5回（昭50年）
　　松谷 みよ子「モモちゃんとアカネちゃん」（講談社）
　　佐藤 義美「佐藤義美全集」（全6巻，同刊行会）
第6回（昭51年）
　　上崎 美恵子「魔法のベンチ」（ポプラ社），「ちゃぷちゃっぷんの話」（旺文社）
　　野長瀬 正夫「詩集・小さなぼくの家」（講談社）
◇特別賞　都築 益世〔他〕「国土社の詩の本」（全18巻，国土社）
第7回（昭52年）
　　庄野 英二「アルファベット群島」（偕成社）
　　木暮 正夫「また七ぎつね自転車にのる」（小峰書店）
第8回（昭53年）　宮川 ひろ「夜のかげぼうし」（講談社）
◇特別賞　巽 聖歌「巽聖歌作品集」（上下，巽聖歌作品集刊行会）
第9回（昭54年）
　　はま みつを「春よこい」（偕成社）
　　小林 純一「少年詩集・茂作じいさん」（教育出版センター）
第10回（昭55年）　宮口 しづえ「宮口しづえ童話全集」（全8巻，筑摩書房）
第11回（昭56年）　岩本 敏男「からすがカアカア鳴いている」（偕成社）
第12回（昭57年）　矢崎 節夫「ほしとそらのしたで」（フレーベル館）
◇特別賞　「校定新美南吉全集」（全12巻，大日本図書）
第13回（昭58年）
　　いぬい とみこ「山んば見習いのむすめ」（福音館書店）
　　杉 みき子「小さな町の風景」（偕成社）
第14回（昭59年）　舟崎 靖子「とべないカラスととばないカラス」（ポプラ社）
第15回（昭60年）　山本 和夫「シルクロードが走るゴビ砂漠」（かど創房）
第16回（昭61年）　山下 明生「海のコウモリ」（理論社）
第17回（昭62年）　該当作なし

第18回（昭63年）　岡田 淳「扉のむこうの物語」（理論社）
第19回（平1年）　浜 たかや「風、草原をはしる」（偕成社）
　◇特別賞　長崎 源之助「長崎源之助全集」（全20巻、偕成社）
第20回（平2年）　長谷川 集平「見えない絵本」（理論社）
　◇特別賞　阪田 寛夫「まどさんのうた」（童話屋）
第21回（平3年）　清水 たみ子「詩集・かたつむりの詩」（かど書房）
　◇特別賞　今西 祐行「今西祐行全集」（偕成社）
第22回（平4年）　加藤 多一「遠くへいく川」（くもん出版）
第23回（平5年）　堀内 純子「ふたりの愛子」（小峰書店）
第24回（平6年）　該当作なし
　◇特別賞　安房 直子「花豆の煮えるまで」（偕成社）
第25回（平7年）　大洲 秋登「ドミノたおし」（かど創房）
第26回（平8年）　茶木 滋「めだかの学校」（岩崎書店）
第27回（平9年）　荻原 規子「薄紅天女」
第28回（平10年）　森 忠明「グリーン・アイズ」
第29回（平11年）　桜井 信夫「ハテルマ シキナ—よみがえりの島・波照間」（かど創房）
第30回（平12年）　二宮 由紀子「ハリネズミのプルプル シリーズ」（文渓堂）
　◇特別賞　丸木 俊《平和の絵本の業績に対して》
第31回（平13年）　はたち よしこ「またすぐに会えるから」（大日本図書）
　◇特別賞　あまん きみこ「車のいろは空のいろ シリーズ」（ポプラ社）
第32回（平14年）　沖井 千代子「空ゆく舟」（小峰書店）
第33回（平15年）　広瀬 寿子「そして、カエルはとぶ！」（国土社）
第34回（平16年）　長谷川 摂子「人形の旅立ち」（福音館書店）
第35回（平17年）　李 錦玉「いちど消えたのは」（てらいんく）
第36回（平18年）　高楼 方子「わたしたちの帽子」（フレーベル館）
第37回（平19年）　佐藤 さとる「本朝奇談 天狗童子」（あかね書房）
第38回（平20年）　たかし よいち「天狗」（ポプラ社）
　◇特別賞　脇坂 るみ「赤い鳥翔んだ—鈴木スズと父三重吉—」（小峰書店）

004 芦屋国際俳句祭（高浜虚子顕彰俳句大賞）

　21世紀のキーワード「自然と人間との共生」を俳句を通し追求して行きたいと考え、虚子記念文学館を拠点とし芦屋市が日本国内外から俳句を募集し、虚子を顕彰していくもの。文化復興イベントとして平成10年に開催された「芦屋国際俳句フェスタ」を受け、平成12年より開催。第4回（平成18年）まで行われた後、平成20年から「虚子生誕記念俳句祭」に移行した。

【主催者】芦屋国際俳句祭実行委員会（芦屋市・芦屋市教育委員会・（社）日本伝統俳句協会・（財）虚子記念文学館）

【選考委員】（第3回）有馬朗人（「天為」主宰），稲畑汀子（（社）日本伝統俳句協会会長・「ホトトギス」主宰），川崎展宏（朝日俳壇選者・「貂」代表），深見けん二（「花鳥来」主宰・「ホトトギス」同人），星野恒彦（国際俳句交流協会副会長）（外国人の部），稲畑広太郎（（社）日本伝統俳句協会理事・「ホトトギス」編集長）（青少年の部），坊城俊樹（（社）日本伝統俳句協会事務局長・「ホトトギス」同人）（青少年の部），山田弘子（国際俳句交流協会理事・「円虹」主宰）（青少年の部）

【選考基準】〔対象〕未発表の俳句。一般の部、青少年の部（18歳未満）、外国人の部（日本語または英語）の3部門。一般の部は2句1組で応募、投句料1000円。青少年・外国人の部は無料。一般の部は郵送受付のみ、他の2部門は郵送の他インターネットでも応募可

【締切・発表】（第3回）平成15年9月1日〜11月30日募集、平成16年2月15日新聞紙上・芦屋市広報他で発表

【賞・賞金】高浜虚子顕彰俳句大賞，文部科学大臣奨励賞，朝日新聞社賞，芦屋市長賞他。各賞に賞状

第1回(平12年)
　◇青少年の部
　　• 高浜虚子俳句奨励賞　谷 まり絵(兵庫県立芦屋南高等学校2年)
　　• 芦屋国際俳句大賞　富山 昌彦(私立高槻中学校1年)
　　• 芦屋国際俳句奨励賞
　　　本田 裕人(私立高槻中学校1年)
　　　平光 良至(私立高槻中学校1年)
　　• 国際俳句芦屋市長賞　川満 智(上野村立上野中学校3年)
第2回(平13年)
　◇青少年の部
　　• 芦屋国際俳句大賞　奥田 真行(洛南高等学校附属中学校)
　　• 芦屋国際俳句奨励賞　長坂 麻美(安城市立安城東部小学校)
　　• 芦屋市長賞　杉浦 亜衣(安城市立安城東部小学校)
　　• 朝日新聞社賞　竹末 志穂(兵庫県立芦屋高等学校)
　　• 芦屋ライオンズクラブ賞　藤本 倫正(神戸市立垂水中学校)
第3回(平15年)
　◇青少年の部
　　• 芦屋国際俳句大賞　岸田 和久(愛知県名古屋市)
　　• 芦屋国際俳句奨励賞　古川 さゆり(千葉県山武郡)
　　• 芦屋市長賞　沢 まなみ(愛知県名古屋市)
　　• 朝日新聞社賞　白戸 智志(千葉県山武郡)
第4回(平18年)
　◇青少年の部
　　• 高浜虚子俳句奨励賞　おくむら きみか(徳島県)
　　• 芦屋国際俳句大賞　松山 愛未(千葉県)
　　• 芦屋国際俳句奨励賞　柚木 奎亮(兵庫県)
　　• 芦屋市長賞　香川 翔兵(大阪府)
　　• 朝日新聞社賞　宇山 譲二(千葉県)

【これ以降は，034「虚子生誕記念俳句祭」を参照】

005 有島青少年文芸賞

　北海道と深い関係で結ばれる作家・有島武郎にちなんで，昭和38年に創設された。北海道新聞社が有島武郎記念会と共催で，中学・高校生の年代の人たちから文芸作品を募集し，優秀作を表彰するこの事業をスタートさせた。その後，同記念会が活動を停止させて久しいことから，平成10年から北海道新聞社のみの主催となった。

【主催者】北海道新聞社
【選考委員】吉井よう子(作家)，加藤多一(作家)，見延典子(作家)，日浅尚子(北海道新聞社編集局文化部長)
【選考方法】公募
【選考基準】〔対象〕小説，評論，詩，随想，シナリオ，戯曲など。〔資格〕道内の中高生，これに準ずる年齢の青少年。〔原稿〕原稿用紙18枚～20枚
【締切・発表】(第46回)平成21年10月3日締切，北海道新聞12月1日紙上で発表
【賞・賞金】最優秀賞(1編)，優秀賞(3編)，佳作(約10編)

第1回(昭38年)
　◇最優秀賞　多田 良美「青春の断面図」
　◇優秀賞
　　　竹内 冬郎「二人の成績表」
　　　小坂 蠡爾「若木」
　　　遠藤 民子「無能な女」
第2回(昭39年)
　◇最優秀賞　佐々木 弘「地中海の戦士」

◇優秀賞
    平田 信子「軽かった稲穂」
    多田 良美「これからも」
    山田 浄二「青春の峠道」
第3回(昭40年)
  ◇優秀賞
    樫木 裕子「かくれんぼ」
    谷口 栄治「夜明け」
    加藤 洋史「流氷の子」
第4回(昭41年)
  ◇優秀賞
    佐藤 泰志「青春の記録」
    魚岸 康雄「盛装の街」
    小野 支雄「サムライの子らの日々」
    森 幸一「太宰治」
第5回(昭42年)
  ◇優秀賞
    佐々木 進市「屋上の憂鬱」
    佐藤 泰志「市街戦の中のジャズメン」
    新田 尚志「少年の成長」
    笹原 典子「春の味」
第6回(昭43年)
  ◇優秀賞
    吉田 元久「夏。そして──」
    松田 淳子「世界はどこへ行くか」
    石上 一男「二つの顔」
    原 智子「ユウ吉の旅」
第7回(昭44年)
  ◇最優秀賞 海瀬 かづ江「風の中の微笑」
  ◇優秀賞
    笹原 典子「おとうさん」
    笹原 幸子「おばあちゃん」
    石上 一男「異邦人」
第8回(昭45年)
  ◇最優秀賞 吉田 慶和「鳩」
  ◇優秀賞
    尾形 光邦「れいこ」
    小野原 律子「寒い朝」
    実原 純子「推移」
第9回(昭46年)
  ◇最優秀賞 横山 俊充「死を媒介として」
  ◇優秀賞
    諫山 玲子「白い草笛」
    安孫子 隆「狂ほしき流れ」
    青柳 克比古「受験―中学浪人の記録」
第10回(昭47年)
  ◇優秀賞
    新谷 まゆみ「どんぐりの木と啄木鳥」
    長谷部 直幸「長い夜冷たい人形」
    沢井 茂夫「棺と少年」
    宮本 尚代「マキごめんね！」
第11回(昭48年)
  ◇最優秀賞 宮本 尚代「風に」

  ◇優秀賞
    清水 康代「わらべうたの夜」
    井沢 みどり「夏の日に」
    井上 敦子「綾子―雨が降る」
第12回(昭49年)
  ◇最優秀賞 多田 伊織「未来姥捨山考」(戯曲)
  ◇優秀賞
    森口 早百合「ふれあい」(小説)
    添田 信「夏の終わり」(小説)
    鈴木 啓子「淋しい日だまり」(小説)
第13回(昭50年)
  ◇優秀賞
    武井 真琴「夏からの知らせ」(小説)
    豊吉 哲生「未完のトルソー」(小説)
    森口 早百合「嵐のなごり」(小説)
第14回(昭51年)
  ◇最優秀賞 境 享子「痛みのかけら」(小説)
  ◇優秀賞
    下川原 裕子「交友録」(小説)
    高橋 円「爽子(そうこ)」(小説)
    魚住 昌広「或る日の出来事」(小説)
第15回(昭52年)
  ◇優秀賞
    小南 真猿「白球」(小説)
    佐藤 康子「泣きたいほどの想いを」(小説)
    奥村 恵「みどり」(小説)
第16回(昭53年)
  ◇最優秀賞 吉野 芳美「秋の翳り」(小説)
  ◇優秀賞
    植田 理佳「マシン・ヘッド」(小説)
    森田 美由紀「遠い雲」(小説)
    秋元 聡「季節風の吹くころ」(小説)
第17回(昭54年)
  ◇最優秀賞 潟沼 佳代「アメリカと私」(随想)
  ◇優秀賞
    泉 千絵子「ことば・現実・主観」(評論)
    浦川 愼一「生きている母」(小説)
    岡田 奈津子「十七歳」(小説)
第18回(昭55年)
  ◇最優秀賞 小野 聡「RADIO」(小説)
  ◇優秀賞
    皆川 和恵「太陽の少年」(小説)
    出崎 香奈子「歩みはじめる時」(小説)
    加藤 創「止まるまで走れ」(小説)
第19回(昭56年)
  ◇最優秀賞 青山 仁美「閉ざされた空間」(小説)
  ◇優秀賞
    田福 ひとみ「心のカギ」(小説)
    荒木田 真穂「白いサーカス」(小説)

長谷川 久美「夕日の中で」（小説）
第20回（昭57年）
　◇最優秀賞　荒木田 真穂「白髪（しらが）まじりの少年たち」（小説）
　◇優秀賞
　　川島 直輝「空家」（小説）
　　広瀬 まゆみ「制服の下」（小説）
　　亀ケ森 博樹「祭のあとで……」（小説）
第21回（昭58年）
　◇最優秀賞　田中 麻紀「祭りのあと」（小説）
　◇優秀賞
　　葛原 由香利「雪解け」（小説）
　　山口 英雄「お父さん」（随想）
　　山口 裕子「由紀十三歳のとき」（小説）
第22回（昭59年）
　◇最優秀賞　丹羽 亜紀「小悪魔」（小説）
　◇優秀賞
　　井上 太郎「中三時代」（小説）
　　今村 知子「自殺志願者」（小説）
　　山根 美由貴「山葡萄」（小説）
第23回（昭60年）
　◇最優秀賞　皆川 和恵「森の人」（小説）
　◇優秀賞
　　土田 映子「ブロークン・ブルー」（小説）
　　山根 美由貴「流れのままに」（小説）
　　中村 英記「真心」（小説）
第24回（昭61年）
　◇最優秀賞　渡部 章子「花束」（小説）
　◇優秀賞
　　渡辺 聡江「夕顔」（小説）
　　成田 志真「少年のこころ」（小説）
　　石橋 明浩「後輩」（小説）
第25回（昭62年）
　◇最優秀賞　松波 環「病める医者」（随想）
　◇優秀賞
　　杉吉 和彦「静かなる男」（小説）
　　山口 秀雄「家族の灯火」（小説）
　　志村 さと「公孫樹」（小説）
第26回（昭63年）
　◇最優秀賞　該当作なし
　◇優秀賞
　　笹森 美加「灯」（小説）
　　中村 英記「最後の仕事」（小説）
　　渡辺 聡江「雪虫」（小説）
第27回（平1年）
　◇最優秀賞　松岡 和恵（函館中部高3年）「三十歳の弁明」（小説）
　◇優秀賞
　　高田 康一（旭川東高1年）「オレからの手紙」（小説）
　　桑原 賢（旭川東高3年）「一服」（小説）
　　高橋 征義（札幌南高3年）「自然・人間・論理」（評論）

第28回（平2年）
　◇最優秀賞　該当作なし
　◇優秀賞
　　渡辺 聖子（釧路湖陵高1年）「方舟―ノアの記録」（小説）
　　猫塚 彩（札幌南高1年）「君は青い羊」（小説）
　　掛水 麻衣（恵庭恵北中2年）「十二ヶ月の詩」（詩）
第29回（平3年）
　◇最優秀賞　該当作なし
　◇優秀賞
　　猫塚 彩（札幌南高2年）「ASAKO」（小説）
　　松村 祐香（札幌北辰中2年）「十四歳の長い雨」（小説）
　　吉原 明日香（釧路湖陵高2年）「葭揺れる季節」（詩）
第30回（平4年）
　◇最優秀賞　猫塚 彩（札幌南高3年）「真夏のマフラー」（小説）
　◇優秀賞
　　新井 健一郎（釧路北陽高3年）「騙された街」（小説）
　　植田 瑞穂（占冠中3年）「朝露」（小説）
　　石村 奈美（函館稜北高1年）「夜間飛行」（小説）
第31回（平5年）
　◇最優秀賞　該当作なし
　◇優秀賞
　　浅利 芙美（札幌南高2年）「夜泳ぐ」（小説）
　　斎藤 友香（釧路北高2年）「市道昭和橋通り」（詩）
　　佐々木 ゆき恵（旭川東高3年）「独白―聖少女ジャンヌ」（小説）
第32回（平6年）
　◇最優秀賞　紺谷 まどか（札幌真駒内曙中3年）「車窓の雨」（小説）
　◇優秀賞
　　浅利 芙美（札幌南高3年）「色なき風に」（小説）
　　日下 幸（三石町）「夏の弔い」（小説）
　　五十嵐 綾（網走・有朋高3年）「消えた初恋」（小説）
第33回（平7年）
　◇最優秀賞　該当作なし
　◇優秀賞
　　滝口 亮（函館高専3年）「ティータイム」（小説）
　　佐々木 由香（釧路北陽高3年）「雨音」（小説）

中野 弘美(札幌市)「Sweet devil woman」(小説)

金田 尚子(札幌南高3年)「波の中」(小説)

第34回(平8年)
◇最優秀賞　該当作なし
◇優秀賞
　　紺谷 健一郎(札幌真駒内曙中1年)「川」(小説)
　　樟本 絵里(札幌・有朋高3年)「暮れゆく川にて」(小説)
　　本間 俊行(帯広柏葉高3年)「にじのさかな」(小説)
　　塚原 広崇(札幌旭丘高1年)「手を取り合って」(小説)

第35回(平9年)
◇最優秀賞　該当作なし
◇優秀賞
　　大塚 敦子(石狩花川南中3年)「うみねこ会議」(小説)
　　北村 紗衣(士別南中2年)「シネフィル・シネフィル」(小説)
　　山内 真理絵(札幌国際情報高1年)「仮睡盗」(小説)
　　喜多 尚子(旭川北高3年)「砂塵のひと」(小説)

第36回(平10年)
◇最優秀賞　該当作なし
◇優秀賞
　　中島 雅人(札幌南高1年)「夜は明ける」(小説)
　　紺谷 健一郎(札幌真駒内曙中3年)「釧路湿原カヌー下り」(随想)
　　山内 真理絵(札幌国際情報高2年)「とぎれた夏」(小説)
　　瀬戸 文美(函館白百合高3年)「二人は白い病室で」(小説)

第37回(平11年)
◇最優秀賞　石川 夏奈子(遺愛女子高2年)「潮風の声」(小説)
◇優秀賞
　　三浦 舞(有朋高1年)「昆布のおにぎり」(小説)
　　北村 紗衣(旭川東高1年)「メトロポリス」(小説)
　　辻井 早知栄(恵庭北高1年)「Danger de mort」(小説)
　　若原 基(札幌北高2年)「緑色の段階」(小説)

第38回(平12年)
◇最優秀賞　該当作なし
◇優秀賞
　　長浜 征吾(岩見沢東高1年)「ラクエン」(小説)
　　紺谷 健一郎(札幌旭丘高2年)「海からの伝言」(随想)
　　森田 彩(旭川北高1年)「星の一族」(小説)
　　中島 雅人(札幌南高3年)「絵」(小説)

第39回(平13年)
◇最優秀賞　該当作なし
◇優秀賞
　　山崎 善晴(北嶺高3年)「ザリガニ川」(小説)
　　加藤 千恵(旭川北高3年)「スクールデイズ」(詩・短歌)
　　佐藤 麻美(猿払拓心中3年)「ばあちゃんの八月十五日」(小説)
　　長浜 征吾(岩見沢東高2年)「硝子宇宙」(小説)
　　福岡 綾香(恵庭北中3年)「Innocence」(小説)

第40回(平14年)
◇最優秀賞　該当作なし
◇優秀賞
　　佐藤 麻美(浜頓別高1年)「流れる」(小説)
　　北田 佳織(岩見沢東高3年)「小さな月夜」(小説)
　　長浜 征吾(岩見沢東高3年)「空のえきたい」(小説)
　　成沢 元希(北嶺高2年)「歓喜に寄す」(小説)

第41回(平15年)
◇最優秀賞　木村 今日子(札幌大谷高1年)「蛙」(小説)
◇優秀賞
　　佐藤 麻美(浜頓別高2年)「ダイジョウブ！」(小説)
　　福岡 綾香(北広島高2年)「往復書簡」(小説)

第42回(平16年)
◇最優秀賞　木村 今日子(札幌大谷高2年)「中央分離帯の神さま」(小説)
◇優秀賞
　　越智 萌(旭川藤女子高3年)「反照」(小説)
　　荻原 裕里(札幌国際情報高1年)「小さな世界」(小説)

第43回(平17年)
◇最優秀賞　該当者なし
◇優秀賞
　　小林 菜々絵(根室高3年)「海追いの日」(小説)

村井 清香(小樽潮陵高2年)「この世をば、望月の如く。」(小説)
細川 一喜(北海学園札幌高2年)「村上春樹と『風の歌を聴け』」(評論)
田中 宏佳(千歳高校定時制3年)「ねこのてのひら」(小説)

第44回(平18年)
◇最優秀賞　該当者なし
◇優秀賞
坪田 世梨香(札幌北高2年)「儀式」(小説)
狩野 悠佳子(札幌市立真駒内中3年)「あたらしいひかり」(小説)
平良木 茉梨恵(釧路湖陵高1年)「蒼のひと」(小説)
島田 知佳(中標津高2年)「己が蜘蛛」他十六編(詩)

第45回(平19年)
◇最優秀賞　該当者なし
◇優秀賞
小笠原 由記(江別・立命館慶祥中3年)「ゼリービーンズに聞く」(小説)
堀江 はるか(帯広柏葉高3年)「バニラアイス」(小説)
村上 華澄(クラーク記念国際高3年＝応募時は札幌月寒高3年)「モラトリアム」(小説)
鐘ケ江 佳美(遠軽高2年)「彼女の嘆息」(小説)

第46回(平20年)
◇最優秀賞　該当者なし
◇優秀賞
三浦 知草(旭川市立緑が丘中2年)「過ぎたこと」(小説)
小笠原 由記(立命館慶祥高1年)「ウイルスはうたう」(小説)
上西 のどか(道教大附属旭川中3年)「いつか 夕暮れに」(小説)

006　アンデルセンのメルヘン大賞

　企業の文化活動の一環として昭和58年に創設。童話作家の登竜門、あるいはその育成を第一に考えるのではなく、この活動を通じて童話を愛する人々の心の輪を広げること、優秀作品の刊行により、より多くの人々と感性の共有をはかり、地域社会・地域文化の発展に貢献することを目的とする。また、こどもたちの夢や創造力を育む賞としていくべく、第26回(2008年度)からは「こども部門」を新設して開催。

【主催者】株式会社アンデルセン、株式会社アンデルセン・パン生活文化研究所
【選考委員】(第26回)立原えりか(委員長)、高橋キンタロー、田崎トシ子、つがおか一孝、中村景児、日置由美子
【選考方法】選考委員長が予備選考を行い、通過作品の中から選考委員のイラストレーターが一般部門から4作品、こども部門から1作品を選び作画。併せて一般部門の大賞を決定するとともに、各部門の入賞作品を選出する
【選考基準】〔対象〕一般部門：童話、未発表のものに限る。複数応募可。こども部門：童話、未発表のものに限る。複数応募可。〔資格〕一般部門：中学生以上、性別・職業・国籍不問。こども部門：小学校6年生まで。〔原稿〕一般部門：8000文字以内。手書き・パソコン原稿、縦書き・横書き不問。こども部門：800文字以上、2000文字以内。手書き・パソコン原稿、縦書き・横書き不問
【締切・発表】(第26回)平成21年1月10日締切(当日消印有効)、4月2日(H.C.アンデルセン生誕の日)発表。受賞者はベーカリー「アンデルセン」の店頭、ホームページにて発表する他、応募者全員に郵送で通知
【賞・賞金】〔一般部門〕大賞(1名)：副賞30万円、東京〜コペンハーゲン間のペア往復航空券、パンを楽しむギフトセット、優秀賞(3名)：副賞10万円、パンを楽しむギフトセット 入賞(5名)：パンを楽しむギフトセット〔こども部門〕大賞(1名)：東京〜コペンハーゲン間の親子ペア往復航空券、アンデルセン童話の絵本、パンを楽しむギフトセット、入賞(2名)：1万円相当の図書カード、アンデルセン童話の絵本、パンを楽しむギフトセット。※一般部門の大賞・優秀賞作品、こども部門の大賞作品(計5作品)には、選考委員の先生方の挿絵が

> ついて1冊の絵本として刊行
> 【URL】http：//www.andersen-group.jp/mlhn/index.htm

第1回（昭59年）
　◇大賞　角田 玲子「ねこのスリッパ」
　◇優秀賞
　　　椎原 豊「ウイリーのマーチ」
　　　中原 絵亜「かくれんぼ」
　　　松村 明彦「かかし」
　　　山下 順子「ななつのたまご」
第2回（昭60年）
　◇大賞　新美 てるこ「コスモス」
　◇優秀賞
　　　牧 亜雅太「おじいさんとちいさなピアニスト」
　　　古川 知子「六十分の待ち時間」
　　　よこやま てるこ「ととさまはてんぐどん」
　　　左近 蘭子「かもめのふうけい」
第3回（昭61年）
　◇大賞　中島 博男「カンナくずの笛」
　◇優秀賞
　　　かぎ山 まゆみ「ほんわかケーキのもと」
　　　栗田 教行「おかしな星ふるらくえんじま」
　　　こはら あきひろ「たんぽぽだらけのガボボ」
　　　横山 正雄「こぶしの花」
第4回（昭62年）
　◇大賞　吉植 芙美子「グラスの中の海」
　◇優秀賞
　　　隠明寺 朋子「少年の日」
　　　中塚 洋子「市田柿」
　　　岡田 貴久子「つばさ はばたけ」
　　　森山 ゆう子「森の中の運動会」
第5回（昭63年）
　◇大賞　長尾 健一「かっぱのさら」
　◇優秀賞
　　　白石 貴子「月夜のオムレツ」
　　　小田原 菊夫「さよう島」
　　　松尾 初美「春の日草原で―」
　　　東 孝枝「菜ずなばあさんの春いちばん」
第6回（平1年）
　◇大賞　中村 令子「雲の上のキャベツ畑」
　◇優秀賞
　　　山田 一子「さくらの着物」
　　　岩垂 みのり「まほうのめがね」
　　　福田 雅弘「風の声」
　　　原田 英彦「山繭物語」

第7回（平2年）
　◇大賞　高橋 礼二（福岡県中間市）「カッタ君の表彰状」
　◇優秀賞
　　　住吉 ふみ子（広島市）「茂平の幸せ」
　　　張山 秀一（青森市）「アルマジロ手帳」
　　　保坂 宏子（調布市）「みどりくん」
　　　星川 清美（伊予三島市）「なんでも屋のカレンダー」
第8回（平3年）
　◇大賞　ささ あきら（香川県綾歌郡）「赤い雨」
　◇優秀賞
　　　いぐち きょうこ（浜松市）「てんしのしっぽい」
　　　隠明寺 朋子（小田原市）「どんがら山のかみなりどん」
　　　高杉 一太郎（町田市）「とうもろこし畑の海水浴」
　　　羽田 真奈美（広島市）「窓あかり」
第9回（平4年）
　◇大賞　原田 小百合（東京都品川区）「ビター・スイート」
　◇優秀賞
　　　石原 由理（豊中市）「トカピさんの丘」
　　　中山 みどり（西宮市）「華子おばちゃんの春」
　　　平岡 右子（岡山市）「水玉のキリンとみどりの竜」
　　　ブレア 照子（オーストラリア）「たね姫ちゃん」
第10回（平5年）
　◇大賞　藤井 かおり（呉市）「ルリイロギンボシチョウ」
　◇優秀賞
　　　如月 くるみ（広島市）「蛍星製造機」
　　　名取 悠（札幌市）「雨降りの夜バスを待ちながら」
　　　ほそぐち ゆうこう（東京都墨田区）「色彩の空」
　　　望満 月子（守口市）「詩人の会社」
第11回（平6年）
　◇大賞　綿屋 ちさと「ママの春風アカデミー」
　◇優秀賞
　　　星里 愛夢「空色のふくろ」
　　　榛葉 苔子「わがままなたまご」
　　　智谷 由美子「ぼくはペンキ屋」
　　　せら じゅんこ「イミテーション・スノー」

第12回(平7年)
◇大賞　九十九　耕一「夜風のウィンディア」
◇優秀賞
　　村上　純子「写真館へいらっしゃい」
　　佐合　愛子「わたし、トドなの」
　　江田　昌男「甚兵衛と狐」
　　沢田　としこ「千客万来悩みが一つ」

第13回(平8年)
◇大賞　桝井　由恵「子供の遊び」
◇優秀賞
　　根来　良子「むこえらび」
　　風瀬　二人「本日開店・しんきろう屋」
　　ごとう　みわこ「こわれものコレクター」
　　さえぐさ　ひろこ「海猫館のオルゴール」

第14回(平9年)
◇大賞　真帆　しん「黄金色の草原」
◇優秀賞
　　有沢　由美子「父さんの声」
　　おざき　あきよ「妖精の森」
　　吉村　健二「阿弥陀様の首」
　　松尾　武志「超スーパーデラックスめざまし時計」

第15回(平10年)
◇大賞　野島　正〔著〕「へへへぜみ」
◇優秀賞
　　葛西　瑞絵〔著〕「ねこのお帰りなさい」
　　小山　しお〔著〕「コップの中のお月さま」
　　沢田　都〔著〕「青い魚」
　　まみ　耀子〔著〕「ぶなの森の緑のそよ風」

第16回(平11年)
◇大賞　中川　直子〔著〕「雪ぐつをはいた雪ん婆」
◇優秀賞
　　毛塚　朝子〔著〕「おかしな招待状」
　　木山　あずみ〔著〕「ジャングル・セーター」
　　中畑　智江〔著〕「空の上の女の子」
　　浜尾　まさひろ〔著〕「X'masにロンリー・クラウンを」

第17回(平12年)
◇大賞　沖山　佳代〔著〕「メロンソーダ」
◇優秀賞
　　葛西　瑞絵〔著〕「僕のペンギン」
　　こうの　ひろこ〔著〕「かざみうま」
　　ふくだ　けい〔著〕「たっくんとりりん」
　　三浦　精子〔著〕「石のこま」

第18回(平13年)
◇大賞　三浦　ひろ子〔著〕「エダワタリとアゲハ」
◇優秀賞
　　星川　遙〔著〕「かわりおばけ」
　　金沢　みやこ〔著〕「ぼくはボロ班」
　　川島　聡子〔著〕「へんな写真館」
　　佐藤　淳子〔著〕「ゆきの白いマフラー」

第19回(平14年)
◇大賞　高島　直子〔著〕「ぎんがのおみやげ」
◇優秀賞
　　植田　ひろこ〔著〕「時屋」
　　岡田　香緒里「金色の泡の中で」
　　たかぎ　なおこ〔著〕「春をもらったお地蔵さま」
　　わたなべ　さとみ〔著〕「タラリラせんぷうき」

第20回(平15年)
◇大賞　なかい　ゆみ〔著〕「ぶんぶん次郎左」
◇優秀賞
　　川村　マミ〔著〕「たんぽぽジューシー」
　　季巳　明代〔著〕「ぽかぽかマフラー」
　　当原　珠樹〔著〕「ひつじたちの夜」
　　山元　ときえ〔著〕「バラ園の案内人」

第21回(平16年)
◇大賞　岩田　敬子〔作〕「かみなり雲を追いかけて」
◇優秀賞
　　咲　まりあ〔作〕「ラブ・メーター」
　　酒井　政美〔作〕「福は内鬼も内」
　　毛塚　朝子〔作〕「にぎやかなバス」
　　鷹木　梢〔作〕「銭湯の旅人」

第22回(平17年)
◇大賞　伊藤　恵〔作〕「八月の道」
◇優秀賞
　　新井　悦子〔作〕「春ちょきん」
　　斉藤　輝昭〔作〕「おたすけ屋がゆく」
　　みやざわ　ともこ〔作〕「カフェしずく亭『太陽のしずく』」
　　門　なおみ〔作〕「矢印記号」

第23回(平18年)
◇大賞　白濱　能里子〔作〕「日めくりカレンダー」
◇優秀賞
　　小川　壽美〔作〕「桜の手紙」
　　たどんど〔作〕「青い色のしあわせ」
　　角川　澄子〔作〕「森羅」
　　中谷　詩子〔作〕「ママのエプロン」

第24回(平19年)
◇大賞　狩野　鞠雄〔作〕「たんぶるうぃーどの旅」
◇優秀賞
　　井上　琴子〔作〕「チョウチョ結び」

　　　　加藤 英津子〔作〕「夜のカフェテラスで」
　　　　竹田 まどか〔作〕「山のタクシーにのって」
　　　　宮田 そら〔作〕「本日のおすすめ定食」
第25回（平20年）
◇大賞　中山 麻子〔作〕「コンビニにおいでよ！」
◇優秀賞
　　　　えがわ ことこ〔作〕「キッチンのまどから」
　　　　谷中 昭予〔作〕「冬野」
　　　　三井 薫〔作〕「バラの貯金箱」
　　　　山本 ユースケ〔作〕「パラダイスプール」
第26回（平21年）
◇一般部門
● 大賞　澤井 里美〔作〕「ホタルのぼくとひとみちゃん」
● 優秀賞
　　　　小林 つゆの〔作〕「白いぼうし」
　　　　葉荷山 すず〔作〕「名前のない訪問者」
　　　　やまの りょうた〔作〕「人生サッパリさせ屋」
◇こども部門
● 大賞　鈴木 大也〔作〕「サンタのおもちゃ工場」

007 家の光童話賞

　子どもたちに夢を与える，創造性豊かな作品を求める。優秀作品は，挿し絵をつけて「家の光」に掲載する。

【主催者】（社）家の光協会
【選考委員】鬼塚りつ子（児童文学作家），鈴木実（児童文学作家），中川李枝子（児童文学作家），山下明生（児童文学作家），佐野裕（「家の光」編集長）
【選考方法】公募
【選考基準】〔対象〕テーマ不問。就学前後の子どもたちが自分で読んでも楽しめ，読み聞かせても喜ぶような内容。一人1編に限る。〔原稿〕A4サイズの用紙を使用し，2000字以内（題名は除く。縦書き。原稿用紙，パソコン・ワープロともに1枚400字詰めとする）。表紙を付け，原稿の右肩をホチキスで留める。表紙には，(1)題名(2)氏名(3)年齢(4)郵便番号・住所(5)電話番号(6)職業(7)なにを見て応募したかを明記する。原稿1枚めの欄外にも，かならず題名と氏名を記入する
【締切・発表】（第23回）平成20年7月18日締切（当日消印有効），「家の光」平成21年1月号誌上で発表。家の光童話賞および優秀賞受賞作は，平成21年1～5月号に掲載
【賞・賞金】家の光童話賞（1編）：賞状・盾・賞金50万円，優秀賞（4編）：賞状・賞金各10万円，佳作（5編）：賞状・賞金各1万円。受賞作の掲載と出版優先権は（社）家の光協会が保有する
【URL】http：//www.ienohikari.net/dokusyo/douwa.html

第1回（昭61年度）
◇家の光童話賞　細屋 満実「どんどんべろべろ」
◇優秀賞
　　　　鈴木 久子「みつばちのミーコ」
　　　　高橋 三枝子「赤いくつときつねの子」
　　　　井藤 千代子「夕だち」
　　　　古宮 久美「はかせのつくったくすり」
第2回（昭62年度）
◇家の光童話賞　石神 悦子「まくらのピクニック」
◇優秀賞
　　　　高橋 早苗「やっぱり，すききらいが，すき」
　　　　東条 泰子「もぐらのたんこぶ」
　　　　石川 洋子「おんぶライオン」
　　　　岡村 梨枝子「タブさんのめざまし時計」
第3回（昭63年度）
◇家の光童話賞　山崎 なずな「まほうのガラスびん」
◇優秀賞

007　家の光童話賞

　　　　神谷 登志子「ブズーのお店」
　　　　胸永 京子「しりとり電車のおきゃくはだあれ」
　　　　丸橋 久美子「のらネコ早朝会議」
　　　　尾崎 美紀「神さまにないしょで」
第4回(平1年度)
　◇家の光童話賞　福井 和美(埼玉県浦和市)「おばけカンカン」
　◇優秀賞
　　　　医王田 恵子(北海道帯広市)「サンタクロースがゆうかいされた！」
　　　　池谷 信子(新潟県新潟市)「かぜひきパジャマ」
　　　　木内 貴久子(徳島県鳴門市)「しろいたんぽぽ」
　　　　黒岩 真由美(大分県佐伯市)「おとうとはつらいぜ」
第5回(平2年度)
　◇家の光童話賞　さとう きくこ(新潟市)「笹だんごおくれ」
　◇優秀賞
　　　　中野 智樹(北海道登別市)「水色のボタン」
　　　　いずみ しょうこ(北海道札幌市)「オバケのせんたく」
　　　　みちひろ セイコ(栃木県宇都宮市)「ほらふきじいちゃん」
　　　　石田 ひとみ(山口市)「しっぽの冒険」
第6回(平3年度)
　◇家の光童話賞　寺沢 恵子(愛知県豊田市)「たまごとメロン」
　◇優秀賞
　　　　瀬尾 貴子(茨城県明野町)「うれしいことがあったら」
　　　　草間 さほ(東京都板橋区)「ねこさんのおうちへ ようこそ」
　　　　岡 由岐子(滋賀県大津市)「コロッケ」
　　　　松山 清子(宮崎県田野町)「雨のきらいなカサ」
第7回(平4年度)
　◇家の光童話賞　沢田 俊子(大阪府堺市)「さむがりやはよっといで」
　◇優秀賞
　　　　ねぎし れいこ(東京都青梅市)「おばあさんのじてんしゃ」
　　　　米谷 康代(福岡県北九州市)「貫川(ぬきがわ)の河童」
　　　　田中 真理子(佐賀県富士町)「愛ちゃんの贈り物」
第8回(平5年度)
　◇家の光童話賞　沢田 俊子(大阪府)「さむがりやはよっといで」
　◇優秀賞
　　　　ねぎし れいこ(東京都)「おばあさんのじてんしゃ」
　　　　米谷 康代(福岡県)「貫川の河童」
　　　　田中 真理子(佐賀県)「愛ちゃんの贈り物」
第9回(平6年度)
　◇家の光童話賞　川口 桃子(兵庫県神戸市)「海の音楽会」
　◇優秀賞
　　　　朝倉 久美子(静岡市)「かめさんプール、うみへいく」
　　　　三輪 孝子(愛知県大府市)「子ギツネの黄色い石」
　　　　織田 春美(鹿児島県西之表市)「ばあちゃんのえんがわで」
第10回(平7年度)
　◇家の光童話賞　小形 みちる(大分県)「ヒコウキ雲をおいかけて」
　◇優秀賞
　　　　武田 てる子(神奈川県)「おばやんとゆうびんうけ」
　　　　山田 美佐(高知県)「モグラくんのてがみ」
　　　　斉藤 シズエ(山形県)「小牛のクロタン」
　　　　古屋 貞子(東京都)「でしにして」
第11回(平8年度)
　◇家の光童話賞　丹羽 さだ(大阪府)「花馬」
　◇優秀賞
　　　　末繁 昌也(埼玉県)「百年りんご」
　　　　本木 勝人(神奈川県)「月見サーカス」
　　　　牧野 芳恵(福井県)「おふろへどうぞ」
　　　　森田 文(埼玉県)「テントにきたおきゃく」
第12回(平9年度)
　◇家の光童話賞　嶋野 靖子(埼玉県)「しょいなわうどん」
　◇優秀賞
　　　　福 明子(神奈川県)「てんどこてんどこ」
　　　　藤井 佳奈(神奈川県)「おばあちゃんのおはぎ」
　　　　石正 奈央(富山県)「てるてるぼうずもつらいよ」
　　　　太田 智美(岡山県)「おばあちゃんのひみつ」
第13回(平10年度)
　◇家の光童話賞　馬原 三千代(鹿児島県)「きこえてくるよ」
　◇優秀賞
　　　　後藤 みわこ(愛知県)「おばあちゃんのペンギン」
　　　　太田 智美(岡山県)「実りの良い田んぼ」
　　　　村上 ときみ(東京都)「夕焼けしりとり」
　　　　金光 千代子(岡山県)「いちご三つ」

第14回(平11年度)
◇家の光童話賞　宇和川 喬子(愛媛)「赤いマント」
◇優秀賞
　池田 直子(愛知)「ともくんと折り紙バッタ」
　木下 種子(兵庫)「手紙がきたよ」
　堀米 薫(宮城)「ジュルリン！ドジョウ大臣殿」
　信原 和夫(大阪)「そうたくんからの便り」

第15回(平12年度)
◇家の光童話賞　佐々木 陽子(神奈川)「おむかえはちいちゃん」
◇優秀賞
　松尾 静明(広島)「くちうるさいオウムはいりませんか」
　松田 進(山形)「かまくらっこ」
　相米 悦子(宮城)「うさぎおじさんのとらっく」
　鍜治屋 智子(愛知)「きじばとのふうふ」

第16回(平13年度)
◇家の光童話賞　鈴木 ゆき江(静岡)「のうのうさま」
◇優秀賞
　堀米 薫(宮城)「鉢巻白菜とねずみくんのお話」
　神谷 朋衣(愛知)「やってきたお手伝いねこ」
　杉本 深由起(兵庫)「ゆうびーん！」
　千葉 ひろみ(岩手)「タスケのとうもろこし」

第17回(平14年度)
◇家の光童話賞　向田 純子(広島)「ねこはぐーぐー」
◇優秀賞
　山本 成美(島根)「たんぽーくん」
　吉村 健二(埼玉)「ねこペン」
　田中 のぶ子(京都)「拾った苗もの」
　小野 貴美(福岡)「まいごタイフーンほうや」

第18回(平15年度)
◇家の光童話賞　細野 睦美(群馬)「玄関のまめ太」
◇優秀賞
　よこて けいこ(東京)「かくれんぼ」
　田中 良子(福岡)「お日さまのこども」
　宮本 誠一(熊本)「お月さまとゆず」
　高木 尚子(東京)「七夕さまへお願い」

第19回(平16年度)
◇家の光童話賞　原 さき子(愛知)「大きくて、ちっちゃくて、やわらかくて、かたくて、あまくて、ちょっとしょっぱい、よもぎもち」
◇優秀賞
　鷹木 梢(埼玉)「たくあんがっそうきょく」
　吉川 真知子(神奈川)「でてこい、くしゃみ」
　雲居 たかこ(鳥取)「畑のいす」
　永崎 みさと(京都)「あなたも一度おりてみて」

第20回(平17年度)
◇家の光童話賞　堀米 薫(宮城)「わらしべ布団の夜」
◇優秀賞
　山本 成美(島根)「みどり色のブー太」
　みやざわ ともこ(長野)「月夜の満月堂」
　季巳 明代(鹿児島)「おじいさんとネコ」
　馬場 久恵(新潟)「森のおいしいレストラン」

第21回(平18年度)
◇家の光童話賞　星 正晴(新潟)「しあわせバケツ」
◇優秀賞
　神崎 真愛(大阪)「空、おゆずりします。」
　杉野 篤志(石川)「森のシェフは楽じゃない」
　位坂 恭子(中国)「ねぼけがえるにきをつけろ」
　日下部 知代子(福岡)「ごくらく」

第22回(平19年度)
◇家の光童話賞　富田 直子(滋賀)「たっちゃんたぬきのじてんしゃきょうそう」
◇優秀賞
　三野 誠子(東京)「シロムシとアオムシ」
　山崎 茂生(島根)「土の中のおしゃべり」
　犬飼 由美恵(神奈川)「なきむしベッド」
　小川 美篤(東京)「ドレミファ ランドセル」

第23回(平20年度)
◇家の光童話賞　田口 きしゑ(岐阜)「おじぞうさまのみょうがぼち」
◇優秀賞
　あらいず かのり(東京)「むじんちょくばいじょ」
　青山 祥子(山口)「おじいちゃんはダイコンもり」
　八重樫 幸蔵(岩手)「ある日の牧場の情景」
　鍋島 利恵子(長野)「風売りピップン」

008 石森延男児童文学奨励賞

石森延男の児童文学に対する業績と,長寿をたたえて,昭和52年に創設した賞である。第4回の授賞をもって中止。
【主催者】石森延男児童文学奨励会
【選考委員】石森延男,他13名
【選考方法】公募
【選考基準】〔対象〕児童文学。〔資格〕小,中,高校の現職の教師のみが対象
【締切・発表】毎年8月20～25日締切。新聞誌上で発表,本人に通知
【賞・賞金】記念品と賞金30万円

第1回(昭52年)
◇小学校低学年向き　比江島 重孝「山の村からついて来た花」
◇小学校高学年向き　原田 一美「がんばれパンダっ子」
◇中学生向き　該当作なし

第2回(昭53年)
◇小学校低学年向き
　安孫子 ミチ「つよしとお友だち」
　山田 トキコ「ヒデちゃん」
　谷本 邦子「おかあさんは」
◇小学校高学年向き
　牧野 薫「せんだん香るところ」
　水上 美佐雄「ありん子ちゃん」
　津田 仁「赤い霜柱」
　小山 勇「かあさん早く見つけて」
　三田村 博史「鳩と少年」
◇中学生向き
　阿尾 時男「ブランカの海」
　衛本 成美「小さな記念碑」
　佐藤 州男「五郎の出発」
　塩井 豊子「青春の詩」

第3回(昭54年)
◇小学校低学年向き　該当作なし
◇小学校高学年向き
　東尾 嘉之「つぼにはいったトランペット吹き」
　箱山 富美子「雪山」
　水上 美佐雄「水たまりの空」
　荻原 靖弘「露国ミハイル之墓」
◇中学生向き　東尾 嘉之「なにを賭けたか,賭けようか」

第4回(昭55年)
◇小学校低学年向き　植田 千香子「おばあさんのオカリナ」
◇小学校高学年向き
　藤井 まさみ「あら草のジャン」
　窪田 富美「ふう太の贈り物」
◇中学生向き　佐藤 州男「呼び声」

009 いちごえほん童話と絵本グランプリ

これからの子どもの本の世界を担う,新しい感性をもった作家を育成するため,昭和63年に創設された。平成4年「いちごえほん」が4月号で休刊となり,第4回をもって終了。
【主催者】サンリオ
【選考委員】西本鶏介,立原えりか,やなせたかし
【選考方法】公募
【選考基準】〔対象〕未発表の創作童話,創作絵本。大人も楽しめるもの。〔原稿〕400字詰原稿用紙10枚以内
【締切・発表】毎月10日に締め,月例賞を決定。月例賞の中から7月10日締でグランプリ決定。「いちごえほん」11～12月号誌上で発表

【賞・賞金】月例賞2万円, グランプリ50万円, 優秀賞(2編)20万円

第1回(昭63年)
- ◇童話(グランプリ)　梅林　裕子「赤い手ぶくろ」
- ◇絵本(グランプリ)　該当作なし
- ◇絵本(優秀賞)　井上　優子「まあちゃんのお弁当箱」

第2回(平1年)
- ◇童話　さだの　まみ「ペンギン・サマー」
- ◇絵本　橋本　知佳「ねずみくんのともだち」

第3回(平2年)
- ◇童話　橘　しのぶ「雨あがり」
- ◇絵本　沢田　あきこ「ニンジンのパイよりも」

第4回(平3年)
- ◇童話　ふじき　ゆうこ「男の子になったゆみちゃん」
- ◇絵本　光　太侗「ふしぎなえいがかん」

010　いのちと献血俳句コンテスト

　献血者の確保及び主に若年層(献血の次世代を担う層)に対する献血への理解促進を目的として平成14年創設された「献血俳句コンテスト」の賞名を, 平成18年度から「いのちの献血俳句コンテスト」に変更し, 回次も改めた。第2回より現在の賞名に改称。「献血に関する俳句」(生命, 愛, 友情, 助け合い, 感動など)をテーマとして, 献血について思うこと, 感じたことを表現した俳句を求める。

【主催者】日本赤十字社

【選考委員】いとうせいこう(作家), 大高翔(俳人)

【選考方法】公募

【選考基準】〔対象〕献血, 命の尊さ, 愛, 友情, 助け合い, 感動などについて思うこと, 感じたことを表現した俳句。季語や定型にこだわることなく, 自由な表現を求める。作品は当コンテストのための創作であり, 日本語による未発表のものに限る。〔資格〕年齢, 男女, 国籍は問わない。〔部門〕個人部門:小学生低学年の部, 小学生高学年の部, 中学生の部, 高校生の部, 一般の部。団体部門:小学校の部, 中学校の部, 高等学校の部, 一般団体の部。〔原稿〕応募専用はがき, 郵便はがき, 団体(学校・一般)専用応募用紙, FAX(A4サイズ), PC, 携帯などで応募。点字での応募は封書にて受付

【締切・発表】(第3回)平成21年1月9日締切, 入賞者には1月下旬に通知, 表彰式2月8日

【賞・賞金】〔個人部門〕厚生労働大臣賞(1作品):賞状, 文部科学大臣賞(1作品):賞状, 審査員特別賞(2作品):賞状と副賞全国百貨店共通商品券5万円分, 日本赤十字社社長賞(1作品):賞状と副賞全国百貨店共通商品券5万円分, ゲスト審査員賞(1作品):賞状と副賞図書カード3万円分, けんけつちゃん賞(1作品):賞状と副賞図書カード2万円分, 優秀賞(計10名):賞状と副賞図書カード1万円分, 都道府県赤十字血液センター所長賞(計47名):賞状と副賞図書カード1万円分, 入選(計235作品):賞状〔団体部門〕団体賞(計188団体):賞状

【URL】http://ken-haiku2008.jp/

【これ以前は, 038「献血俳句コンテスト」を参照】

011　いろは文学賞

埼玉県志木市市制20周年を記念して平成2年に創設された。名称は"いろは"の持つ「物事のはじめ・基本」という意味と志木市の水利を開いた「いろは樋」に由来する。優れた児童文学の創作作品を全国から募集し発表することにより、次代を担う子どもたちに夢と希望と創造力を育み、青少年の健全育成と児童文学の振興、さらには地域文化の発展に寄与することを目的とする。第12回をもって終了。

【主催者】志木市，志木市教育委員会
【選考委員】神戸淳吉，木村幸治，瀬尾七重，高橋宏幸，福島のりよ，光瀬龍，吉田比砂子
【選考方法】公募
【選考基準】〔対象〕児童文学に関する未発表のオリジナル作品。〔資格〕年令、性別、職業、国籍は問わずただし職業作家は除く。〔原稿〕400字詰原稿用紙30枚程度
【締切・発表】毎年4月1日～7月31日募集，発表は10月上旬。大賞作品は「月刊児童文芸」(1月号)に掲載される。また受賞作品集「いろは文学」を刊行
【賞・賞金】大賞(1編)：賞金100万円と記念品，佳作(2編)：賞金10万円と記念品

第1回(平2年度)　藤本 たか子(兵庫県宝塚市)「うぐいすとブルドーザー」
◇佳作
　　鈴木 幸子(埼玉県越谷市)「羽のある猫の話」
　　亀井 睦美(東京都目黒区)「やまんばばんば」
第2回(平3年度)　高木 聖子(埼玉県朝霞市)「いろはがっぱ」
◇佳作
　　森 夏子(鹿児島県鹿島村)「たぬき」
　　安藤 弘章(東京都板橋区)「健太くんと時計」
第3回(平4年度)　新沢 滋子(東京都)「パイはじょうずに焼けるのに」
◇佳作　冨永 水紀(京都府)「心の絵の具」
第4回(平5年度)　木元 貴子(青森県弘前市)「ブミブミは ぼくらの合い言葉」
◇佳作　浦上 有子(水戸市)「さみしくなるね」
第5回(平6年度)
◇大賞　伊藤 致雄「四郎様のからくり小箱」
◇佳作　ながまつ ようこ「羅漢さん、500人、ひっこし大作戦」
第6回(平7年度)
◇大賞　円堂 紗也「ねこの三四郎」
◇佳作
　　きむら けん「ねえちゃんのチンチン電車」
　　宗谷 つとむ「森のラーメン屋さん」
第7回(平8年度)
◇大賞　畔蒜 敏子「手紙」
◇佳作
　　辻 真弓「バアチャンは同級生」
　　笹川 奎治「火の見やぐら」
第8回(平9年度)
◇大賞　きむら けん「走れ，走れ，ツトムのブルートレイン」
◇佳作
　　犬竹 典子「樹の記憶」
　　小林 功治「おしゃべり地蔵」
第9回(平10年度)
◇大賞　山崎 恒裕「ぼくの積み木」
◇佳作
　　国方 学「デビルじいさん」
　　藤田 圭一「ぼうが一本」
第10回(平11年度)
◇大賞　安藤 はるえ「エルにエールの花束を。」
◇佳作
　　横手 恵子「がんばれ飼育委員」
　　貝塚 靖子「五郎とすすきの原の金色ギツネ」
第11回(平12年度)
◇大賞　小島 洋子「アッちゃんのすてきな場所」
◇佳作
　　ふるいえ ちえこ「ケンタロウの贈り物」
　　幸田 美佐子「アミーゴ(ともだち)」
第12回(平13年度)
◇大賞　清野 倭文子「花のかおり」
◇佳作
　　川村 マミ「ちむぐくる」
　　横手 恵子「ぼくらのバトンゾーン」

012 岩手芸術祭県民文芸作品集（岩手芸術祭県民文芸集）

岩手芸術祭の一環として文芸活動の振興をはかる目的で創設された。昭和44年より、優秀作品をおさめた県民文芸作品集が刊行されている。児童文学部門は第26回より新設。

【主催者】岩手県教育委員会、（財）岩手県文化振興事業団、（社）岩手県芸術文化協会、岩手日報社、IBC岩手放送、テレビ岩手、岩手めんこいテレビ、岩手朝日テレビ、エフエム岩手

【選考委員】（第61回）堀澤光儀、永島三恵子（小説）、村上憲男、昆明男（戯曲・シナリオ）、望月善次、牛崎敏哉（文芸評論）、須藤宏明、野中康行（随筆）、高橋昭、藤原成子、田沢五月（児童文学）、佐藤康二、かしわばらくみこ、斎藤駿一郎（詩）、菊澤研一、朝倉賢、阿部源吾、須藤雄治郎、藤村孝一（短歌）、小原啄葉、志和正巳、菅原多つを、池上道雄、小畑柚流、梅森サタ、清水芳子（俳句）、塩釜アツシ、小原金吾、宮野清子（川柳）

【選考方法】公募

【選考基準】〔対象〕文学一般。未発表作品。〔資格〕岩手県在住者、岩手県出身者および本籍が岩手県にある者。〔原稿〕小説：原稿用紙30枚（点字は40枚）以内。戯曲：50枚（点字は66枚）程度の演劇一幕もの・ラジオドラマ・テレビドラマ。文芸評論：30枚（点字は40枚）以内、研究的内容のものも可とする。随筆：4枚（点字は6枚）。児童文学：30枚（点字は40枚）以内、フィクション、ノンフィクションを問わない。少年少女詩・童謡は3篇以内。詩：3篇以内。短歌：400字詰原稿用紙に10首。俳句：雑詠7句、川柳：雑詠10句（題不要）、はがき使用で1人1枚に限る

【締切・発表】（第61回）平成20年7月1日～8月31日締切（当日消印有効）、優秀作品は「県民文芸作品集」（平成20年12月13日刊行）に発表

【賞・賞金】芸術祭賞：3万円、優秀賞：2万円、奨励賞：1万円

【URL】http://www.iwate-bunshin.jp/

第26回（昭47年）
　◇児童文学　該当作なし
第27回（昭48年）
　◇児童文学　該当作なし
第28回（昭49年）
　◇児童文学　該当作なし
第29回（昭50年）
　◇児童文学　該当作なし
第30回（昭51年）
　◇児童文学　安斉 純二「崖路」
第31回（昭52年）
　◇児童文学　ちば やす子「山の神なかせの鳴る村」
第32回（昭53年）
　◇児童文学　小細沢 潤子「紙ヒコーキ」
第33回（昭54年）
　◇児童文学　遊佐 淑子「たいふうのブブおばさん」
第34回（昭55年）
　◇児童文学　佐藤 ノブ子「ねがいごと」
第35回（昭56年）
　◇児童文学　該当作なし

第36回（昭57年）
　◇児童文学　該当作なし
第37回（昭58年）
　◇児童文学　該当作なし
第38回（昭59年）
　◇児童文学　三浦 琢治「せみ・ちょうちょ」
第39回（昭60年）
　◇児童文学　梅森 健司「海の星」
第40回（昭61年）
　◇児童文学　及川 ひろみ「旅人と不思議な町」
第41回（昭62年）
　◇児童文学　田沢 直志「入道雲」
第42回（昭63年）
　◇児童文学　工藤 なほみ「父さんの海」
第43回（平1年）
　◇児童文学　藤原 成子「野いちご」
第44回（平2年）
　◇児童文学　阿部 健「ベルデの国の人々」
第45回（平3年）
　◇児童文学　中村 キヨ子「泣き虫ヒロ君」
第46回（平4年）
　◇児童文学　佐々木 実「帰郷」

第47回（平6年）
  ◇児童文学
  ● 芸術祭賞　該当作なし
  ● 優秀賞　該当作なし
  ● 奨励賞
    本堂 裕美子「じいちゃんの夏」
    小笠原 桂子「サトシ」
第48回（平7年）
  ◇児童文学
  ● 芸術祭賞　田沢 五月「ながぐつのなかの神様」
  ● 優秀賞　菊地 保「星のマークのふしぎなりんご」
  ● 奨励賞
    本堂 裕美子「一番あたたかい」
    久保 トクエ「祭り」
第49回（平8年）
  ◇児童文学
  ● 芸術祭賞　佐々木 実「さかあがり」
  ● 優秀賞　本堂 裕美子「おぼろ月夜は不思議の夜」
  ● 奨励賞
    千葉 留里子「シンヤ君のカレーライス」
    福島 敬次郎「砂あそび」
第50回（平9年）
  ◇児童文学
  ● 芸術祭賞　該当作なし
  ● 優秀賞　菊池 尋子「どろんこあそびだあい好き」
  ● 奨励賞
    千葉 留里子「ひかるくんのアメリカ紀行」
    本堂 裕美子「エントツ山登れ」
第51回（平10年）
  ◇児童文学
  ● 芸術祭賞　佐藤 厚子「空とぶリンゴ」
  ● 優秀賞　千葉 留里子「チューリップのねがい」
  ● 奨励賞
    佐々木 実「魚釣り」
    金田 亜希子「空飛ぶ木馬」
第52回（平11年）
  ◇児童文学
  ● 芸術祭賞　富山 摩巳「スグルとグルス」
  ● 優秀賞　佐々木 実「みなちゃんとカタツムリ」
  ● 奨励賞
    福島 敬次郎「なにくそ大助」
    金田 亜希子「コロオの竹林」

第53回（平12年）
  ◇児童文学
  ● 芸術祭賞　やえがし なおこ「山のうえのガラー」
  ● 優秀賞　佐々木 喜久子「雪女のおくりもの」
  ● 奨励賞
    佐々木 実「流星の子」
    中屋 くに子「たくやのスタートライン」
第54回（平13年）
  ◇児童文学
  ● 芸術祭賞　千葉 育子「見えないめがね」
  ● 優秀賞　佐々木 実「とんがり山のサム」
  ● 奨励賞
    佐々木 喜久子「たぬき月夜」
    福島 敬次郎「コスモスロード」
第55回（平14年）
  ◇児童文学
  ● 芸術祭賞　千葉 留里子「母さんの春祭り」
  ● 優秀賞　神田 由美子「狐の口笛」
  ● 奨励賞
    佐々木 喜久子「虫追い祭りと大杉さま」
    佐藤 厚子「鬼翔平の勇太」
第56回（平15年）
  ◇児童文学
  ● 芸術祭賞　千葉 育子「いちばん青い空」
  ● 優秀賞　佐々木 喜久子「タンポポの魔法」
  ● 奨励賞
    神田 由美子「なぞなぞっこ」
    やえがし なおこ「かや野のきつね」
第57回（平16年）
  ◇児童文学
  ● 芸術祭賞　中屋 くに子「出会いの向こうに」
  ● 優秀賞　佐々木 喜久子「風のうたごえ」
  ● 奨励賞　該当作品なし
第58回（平17年）
  ◇児童文学
  ● 芸術祭賞　中屋 くに子「出会いの向こうに」
  ● 優秀賞　佐々木 喜久子「風のうたごえ」
  ● 奨励賞　該当作品なし
第59回（平18年）
  ◇児童文学
  ● 芸術祭賞　加藤 淳子「またあした」
  ● 優秀賞　佐々木 喜久子「りんごばあちゃん」
  ● 奨励賞
    中村 祥子「タラじいさん」
    寺島 政孝「お菓子の世界のおはなし」

第60回(平19年)
  ◇児童文学
  - 芸術祭賞　原田 武信「やけど」
  - 優秀賞　中村 祥子「くしゃみをしたら目がさめて」
  - 奨励賞
    佐々木 喜久子「まよいの森」
    高橋 貞子「おむすびの成る木」

第61回(平20年)
  ◇児童文学
  - 芸術祭賞　該当作品なし
  - 優秀賞　やえがし こうぞう「神様からの贈り物」
  - 奨励賞
    上柿 早苗「ミスターしっぽ」
    福島 敬次郎「金さんとの三日間」
    佐々木 喜久子「野原のおやつ」

013　巌谷小波文芸賞

我が国の青少年文化の開拓者として先駆的な役割を果した巌谷小波の業績を記念するとともに、その遺志をいまの社会に継承してもらうこと、仕事に生かしてもらうことを目的として昭和53年に制定された。

【主催者】(財)日本青少年文化センター
【選考委員】猪熊葉子, 巌谷國士, 神宮輝夫, 谷真介
【選考方法】非公募。出版, 児童文学関係者, その他各方面よりの推薦による
【選考基準】〔対象〕児童読物, 再話, 大衆児童文学, 翻訳, 劇作, 編集など(毎年この中から1点を選ぶ)。主として、この1年間に発表された作品または業績に対して
【締切・発表】毎年4月末締切。発表は6月
【賞・賞金】賞状・賞牌と賞金50万円

第1回(昭53年)　山中 恒《「山中恒児童よみもの詩集」全10巻(読売新聞社)に収められた仕事に対して》
第2回(昭54年)　手塚 治虫《戦後の子供の夢とロマンを美しく具象化した児童漫画開拓者であると同時に、現役として意欲と可能性を抱いている》
第3回(昭55年)　坪田 譲治〔編〕《「びわの実学校」(講談社)百号を迎えた童話雑誌の継続とその成果に対して》
第4回(昭56年)　まど みちお《戦後の童謡に清新な詞を創作し、多くの子供たちを楽しませている成果に対して》
第5回(昭57年)　フレーベル館《月刊保育絵本「キンダーブック」昭2年創刊以来の業績に対して》
第6回(昭58年)　筒井 敬介《「筒井敬介児童劇集」(全3巻, 東京書籍)及び上質のユーモラスな児童文学作品群を発表している業績に対して》
第7回(昭59年)　寺村 輝夫《1961年「ぼくは王さま」出版以後, 独得のナンセンス風の童話で児童文学の世界をひろげ。'83年「寺村輝夫童話全集」全20巻(ポプラ社)を刊行》
◇特別賞　新井 弘城《小波の紹介で大正4年, 博文館に入社,「幼年画報」「幼年世界」を編集するなど, 一貫して小波文学の紹介につくした》
第8回(昭60年)　関 英雄《「体験的児童文学史」(全2巻, 理論社)の出版を頂点として, 日本児童文学発達の過程を克明誠実にあらわした業績に対して》
◇特別賞　藤田 圭雄《「日本童謡史」(全2巻, あかね書房)の出版完結により, 他に追跡を許さない業績を示した努力に対して》
第9回(昭61年)　阪田 寛夫《「童謡ででこい」「まどさん」(河出書房新社, 新潮社)などの近著や, 自らの作詩にも示されるように, 新しい童謡への深い情熱を寄せる仕事に対して》
第10回(昭62年)　長 新太《近作および多くの創作絵本に対する個性的な仕事に対して》
第11回(昭63年)　佐藤 さとる《日本の児童文学にファンタジーを根づかせた先駆的業績と諸作品に対して》

第12回（平1年）　NHK《幼児テレビ番組「おかあさんといっしょ」がわが国で初めての本格的な幼児テレビ番組としてスタートしてから30年，さまざまな研究と試行を重ねながら，今も全国の幼児に夢と楽しみを与え続ける番組制作の歴史的業績に対して》

第13回（平2年）　庄野 英二《長く関西に住み，戦争体験を中心に，ファンタスチックな手法と厳しい文章で青少年にも楽しまれる文学作品を多く書き続けて来た業績に対して》

第14回（平3年）　長岡 輝子《CDブック「長岡輝子，宮沢賢治を読む」（全8巻，草思社）における朗読に対して》

第15回（平4年）　谷 真介「行事むかしむかし」（全13巻，佼成出版）

◇特別賞　藤本 芳則「巌谷小波お伽作品目録稿」

第16回（平5年）　尾崎 秀樹，小田切 進，紀田 順一郎《明治中期から昭和戦後まで，わが国の児童の情操を培った大衆児童文学を「少年小説大系」（三一書房）として刊行した企画と，監修及び編集に携わった諸氏の努力と功績に対して》

第17回（平6年）　古田 足日《「古田足日子どもの本 全13巻別巻1」（童心社刊）に収められた創作の集大成，戦後児童文学の質的向上に貢献してきた評論などの活動に対して》

第18回（平7年）　神沢 利子《童話選集「神沢利子コレクション」全5巻（あかね書房刊）に収められたいままでの仕事に対して》

◇特別賞　桑原 三郎，松井 千恵《巌谷小波「十亭叢書」の注解》

第19回（平8年）　おざわ としお〔再話〕，赤羽 末吉〔画〕「日本の昔話」（全5巻）

第20回（平9年）　松谷 みよ子「松谷みよ子の本」（全10巻，講談社）

第21回（平10年）　宮崎 淑子《テレビ番組「生きもの地球紀行」などでの，正しく美しい日本語の語りが評価された》

第22回（平11年）　松岡 享子《「しろいうさぎとくろいうさぎ」など児童文学の優れた翻訳と，東京子ども図書館を拠点として子どもたちへの語り（ストーリーテリング）の活動が評価された》

第23回（平12年）　那須 正幹《「ズッコケ三人組」シリーズ（ポプラ社）の創作活動に対して》

第24回（平13年）　日本国際児童図書評議会《国際交流を通じた，すぐれた子どもの本の紹介や普及などの長年にわたる活動に対して》

◇特別賞　勝尾 金弥《「巌谷小波お伽作家への道」（慶応義塾大学出版会）に対して》

第25回（平14年）　上橋 菜穂子《民族学的史観にたったファンタジー4部作（「精霊の守り人」「闇の守り人」「夢の守り人」「虚空の旅人」偕成社刊）の仕事に対して》

第26回（平15年）　こやま 峰子《「地雷のあしあと」など，これまでの創作活動に対して》

◇特別賞　水口町立歴史民俗資料館（滋賀県）《巌谷小波の業績を紹介》

第27回（平16年）　工藤 直子《詩集「のはらうた」（童話屋）全4巻などが評価された》

第28回（平17年）　なかえ よしを，上野 紀子《30年にわたる文学性の高い絵本創作の活動に対して》

第29回（平18年）　岩崎 京子

第30回（平19年）　小野 かおる《長年にわたる昔話絵本の創作活動に対して》

第31回（平20年）　佐野 洋子（絵本作家）

014　海のメルヘン大賞

「海は私たちを育んでくれた生命の母胎」をキーワードに創設，平成3年海の記念日（7月20日）から募集を始めた。広く海を題材にした創作童話を募る。第3回をもって中止。

【主催者】読売新聞大阪本社広告局

【選考委員】（第3回）亀崎直樹（日本ウミガメ協議会会長），椎名誠（作家），チチ松村（ミュージシャン），村上健（カネテツデリカフーズ社長），音田昌子（読売新聞大阪本社編集委員）

【選考方法】公募

【選考基準】〔対象〕創作童話。テーマは海の優しさ，海の生き物など，広く"海"を題材にし，いのちの源"海"の大切さを訴えるもの。〔資格〕プロ・アマ不問。ただし未発表のオリジ

ナル作品に限る。〔原稿〕400字詰め原稿用紙5枚から6枚以内。さし絵の添付は自由
【締切・発表】(第3回)締切は平成5年9月30日到着分まで有効、発表は12月中旬読売新聞紙上(大阪本社版)、入選者には直接通知
【賞・賞金】海のメルヘン大賞(1点)：賞状ならびに賞金50万円、入賞(5点)：賞状ならびに賞金5万円。入選作品の版権は主催者側に帰属

第1回(平3年)　佐藤 恵美「銀色のお母さん」
◇入選
　　梅野 暁子「マンボウタカシクンとキクシマ先生」
　　辻井 修「キュッキュ」
　　東出 繁政「お山の背中にくじらが…」
◇海の生き物達からの賞　蜂須賀 悠子、中村 美由季、池岡 麻衣子「魚のクックの大冒険」
◇海を愛するものからの賞　加藤 正彦「太陽と月と海」

第2回(平4年)　中西 未咲「海のおっちゃんになったぼく」
◇海の生き物達からの賞(島崎氏推薦)　山内 康子「星になったアンコウ」
◇海を感じたぞ！賞(推名氏推薦)　内海 範子「わからんちんのブン」

◇海に読んであげたいよ賞(わかぎ氏推薦)　吉村 登「さかなかな」
◇ハートウォーム賞(村上氏推薦)　南 一太「よかったさま」
◇おいしい海の幸がいっぱい賞(音田氏推薦)　亀谷 みどり「ワカメふりかけでもう一ぱい」

第3回(平5年)　大谷 のりこ「海の子新聞」
◇海の生き物達からの賞(亀崎氏推薦)　花本 和美「なみとサンゴの海」
◇海を感じたぞ！賞(椎名氏推薦)　竹中 真理子「海のハンカチ」
◇海の親賞(チチ松村氏推薦)　佐藤 律子「シイラカンスのうろこ」
◇モノはいらん賞(村上氏推薦)　末繁 昌也「メガネをかけたタコ」
◇夜の海からの賞(音田氏推薦)　岩本 久則「花の海」

015　NHK児童文学賞

児童文学の発展振興に寄与するために日本放送協会が昭和37年に創設。児童文学の各分野を通じて、最もすぐれた作品を創作した人に与えられた。昭和42年からは、NHKが選定する「推薦図書」の児童部門に吸収された。

【主催者】日本放送協会
【選考委員】川端康成、久保田万太郎、竹山道雄、坪田譲治、藤田圭雄、NHK側委員(第1回)
【賞・賞金】記念品と賞金20万円

第1回(昭38年)
◇奨励賞
　　中川 李枝子「いやいやえん」
　　香山 美子「あり子の記」
　　吉田 とし「巨人の風車」
第2回(昭39年)　若谷 和子「小さい木馬」
第3回(昭40年)
◇奨励賞
　　松谷 みよ子「ちいさいモモちゃん」(講談社)
　　稲垣 昌子「マアおばさんはネコがすき」(理論社)
　　岡野 薫子「銀色ラッコのなみだ」(実業之日本社)
第4回(昭41年)
◇奨励賞
　　小沢 正「目をさませトラゴロウ」
　　今西 祐行「肥後の石工」
　　庄野 英二「雲の中のにじ」

016 絵本評論賞

昭和52年に，絵本の世界を本格的に研究した作家論，作品論，技術論を求めて創設された。第3回の応募途中で中止された。

【主催者】すばる書房
【選考委員】上野瞭，神宮輝夫

第1回（昭52年）
◇最優秀賞　該当作なし
◇優秀賞
　井上 徹「谷川俊太郎について」
　千代原 真智子「あけるな」
　国松 俊英「佐野洋子の世界」

第2回（昭53年）
◇最優秀賞　該当作なし
◇優秀賞
　石田 久代「マリー・ホール・エッツ—その一人称とファンタジーの世界」
　西山 昇「わく・枠・惑…シュレーダー」
　小沢 一恵「絵本と時代」

017 演劇教育賞（冨田博之記念演劇教育賞）

演劇教育の実践と研究を深め，広く普及するため，優れた記録・論文・戯曲に授賞する。創設以来の「実践・研究部門」と「戯曲部門」の二本立てを，平成10年度第38回より統合。さらに，平成11年度39回より冨田博之記念「演劇教育実践記録・研究論文」と一本化され「冨田博之記念演劇教育賞」と名称を変更したが，平成14年度第42回より分離，現名称となる。

【主催者】日本演劇教育連盟
【選考委員】（第48回）ふじたあさや，岩川直樹，香川良成，副島功，日本演劇教育連盟常任委員5名ほか若干名
【選考方法】日本演劇教育連盟会員からの推薦
【選考基準】〔対象〕記録，論文，戯曲。「演劇と教育」誌の毎年度4月から3月に発表されたもの
【締切・発表】7月末から8月初旬に毎年開催される全国演劇教育研究集会の席上にて発表
【賞・賞金】賞状と副賞5万円
【URL】http：//www4.ocn.ne.jp/~enkyoren/

第1回（昭36年度）
◇戯曲部門　筒井 敬介「山犬太郎」（演劇と教育 1960.10）
◇研究・実践部門　該当者なし
第2回（昭37年度）
◇戯曲部門　多田 徹「ボタッコ行進曲」（演劇と教育 1961.11）
◇研究・実践部門　該当者なし
第3回（昭38年度）
◇戯曲部門　該当者なし
◇研究・実践部門
　新田 義和「『あまのじゃく』上演おぼえ書」（演劇と教育 1961.7）
　佐々木 利直「人形劇学級，おんせんの子ども」（演劇と教育 1962.7）
第4回（昭39年度）
◇戯曲部門　かたおか しろう「牛鬼退治」（演劇と教育 1963.7）
◇研究・実践部門　鎌谷 嘉道「実践記録，ドラマの構造を読みとらせる」（演劇と教育 1963.9）
第5回（昭40年度）
◇戯曲部門　辰嶋 幸夫「あこがれ」（中学校脚本集上）
◇研究・実践部門　ぶどう座（岩手県）「サークル演劇の学習能力」（演劇と教育 1964.8）

第6回(昭41年度)
◇戯曲部門　森田 博「だれかがよこした小さな手紙」(中学校脚本集下)
◇研究・実践部門　大井 数雄《オブラスツォーフ『人形劇の奇蹟』」(演劇と教育1965.3)ほかの訳業》

第7回(昭42年度)
◇戯曲部門　該当者なし
◇研究・実践部門　該当者なし

第8回(昭43年度)
◇戯曲部門　生越 嘉治「おおかみがきた！」(小学校名作全集)
◇研究・実践部門　童劇ブーポ「記録 観客席の子供たち」(演劇と教育1967.9)

第9回(昭44年度)
◇戯曲部門　該当者なし
◇研究・実践部門　該当者なし

第10回(昭45年度)
◇戯曲部門　該当者なし
◇研究・実践部門　菅 吉信《「イエスマン・ノーマン」を演出して、朗読〈国語の中での位置〉に対して(演劇と教育1969.2)ほか》

第11回(昭46年度)
◇戯曲部門　該当者なし
◇研究・実践部門　該当者なし

第12回(昭47年度)
◇戯曲部門　大隅 真一《狂言形式による構成劇「イソップ物語」(だれでもやれる劇の本)とその実践に対して》
◇研究・実践部門　該当者なし

第13回(昭48年度)
◇戯曲部門　該当者なし
◇研究・実践部門　該当者なし

第14回(昭49年度)
◇戯曲部門　該当者なし
◇研究・実践部門　該当者なし

第15回(昭50年度)
◇戯曲部門　該当者なし
◇研究・実践部門　創芸《教師の劇団 創芸の活動に対して》

第16回(昭51年度)
◇戯曲部門　古沢 良一「阿修羅童子」(新中学校脚本集)
◇研究・実践部門　清水 和彦《山の分校で「ごんぎつね」をどう指導したか(演劇と教育1975.10)》

第17回(昭52年度)
◇戯曲部門　該当者なし
◇研究・実践部門　該当者なし

第18回(昭53年度)
◇戯曲部門　菅井 建《「いちばん悲しいこと」の脚本と実践に対して(演劇と教育1978.2)》
◇研究・実践部門　該当者なし

第19回(昭54年度)
◇戯曲部門　渡辺 茂「人形館」(新中学校脚本選)
◇研究・実践部門　加藤 暁子「劇人形づくりからの出発」(演劇と教育1979.3)

第20回(昭55年度)
◇戯曲部門　該当者なし
◇研究・実践部門　竹内 敏晴「朗読源論への試み」(演劇と教育1979.1連載)

第21回(昭56年度)
◇戯曲部門　梶本 暁代「異説 カチカチ山ものがたり」(学校演劇脚本集)
◇研究・実践部門　大門 高子「自分たちで考え創る子どもに」(演劇と教育1981.1)

第22回(昭57年度)
◇戯曲部門　中村 明弘「人形劇 ぼくらのヘッポコサーカス団」(小学校演劇脚本)
◇研究・実践部門　関矢 幸雄「遊びのなかの演劇」(演劇と教育1980.10連載)

第23回(昭58年度)
◇戯曲部門　該当者なし
◇研究・実践部門　副島 康子「声を出すことで見えてきたこと」(演劇と教育1983.1)

第24回(昭59年度)
◇戯曲部門　新井 早苗「泣いた鬼たち」などの劇作活動(演劇と教育1983.10)ほか
◇研究・実践部門　広瀬 一峰「人形あそびのすすめ」(演劇と教育1983.8)

第25回(昭60年度)
◇戯曲部門　鈴木 計広「おにはーうち！」(小学校演劇脚本集)
◇研究・実践部門　該当者なし
◇特別賞　篠崎 光正「ブンナの演出秘話」(演劇と教育1984.1連載)

第26回(昭61年度)
◇戯曲部門　中村 欽一「やけあとのブレーメン楽団」ほか
◇研究・実践部門　高野 美智子, 山中 八千代「劇あそびで育つ力―やまびこ養護学校の実践」(演劇と教育1985.6連載)

第27回(昭62年度)
◇戯曲部門　北野 茨「キューソネコカミねこひげたてる」(演劇と教育1986.10)
◇研究・実践部門　北島 尚志, 宮里 和則《「ファンタジーを遊ぶ子どもたち」に著わされた実践活動》

第28回(昭63年度)
◇戯曲部門　該当者なし
●特別賞　宮本 研「高崎山殺人事件」(未発表)

◇研究・実践部門　埼玉県富士見市南畑小学校「全校研究で朗読に取り組む」(演劇と教育 1988.1)
第29回(平1年度)
　◇戯曲部門　該当者なし
　◇研究・実践部門
　　　宮本 星美「高校生とともに―体あたりの劇づくり」(演劇と教育 1988.8)
　　　伊藤 慈雄「劇―今日を越えるために」(演劇と教育 1988.8連載)
第30回(平2年度)
　◇戯曲部門　池田 洋一「ふたつの瞳の物語」(演劇と教育 1989.9)
　◇研究・実践部門　榊原 美輝「はじめての創作劇に参加した五か月間」(演劇と教育 1990.3)
第31回(平3年度)
　◇戯曲部門　深沢 直樹「II年A組とかぐや姫」(演劇と教育 1991.3)
　◇研究・実践部門　青木 淑子「現在,静かに燃えて」(演劇と教育 1991.2連載)
第32回(平4年度)
　◇戯曲部門　宮城 淳「とうふ島へ」(演劇と教育 1991.7)
　◇研究・実践部門　宮城 淳「子どもが演じる沖縄戦」(戯曲部門含む)(演劇と教育 1991.7)
第33回(平5年度)
　◇戯曲部門　該当者なし
　◇研究・実践部門　武松 洋子「構成詩の共同創作と音読」(構成詩台本「ぼくたちは,今…」を含む)(演劇と教育 1992.4)
第34回(平6年度)
　◇戯曲部門　該当者なし
　◇研究・実践部門　平井 まどか《「劇あそび「かにむかし」」や「劇あそびを遊ぶ」にあらわされた実践に対して(演劇と教育 1993.4)》
　　●特別賞　葛岡 雄治「群統―表現教育としての」
第35回(平7年度)
　◇戯曲部門　正 嘉昭「閉じこもりし者」(演劇と教育 1994.6)
　◇研究・実践部門
　　　内部 恵子「あふれるほどの,ことば体験を!」(演劇と教育 1994.6)
　　　正 嘉昭「子どものリアリティーを即興で磨きあげる」(戯曲部門含む)(演劇と教育 1994.6)

第36回(平8年度)
　◇研究・実践部門　佐藤 英子「劇あそび―楽しく遊ぶなかで」
第37回(平9年度)
　◇研究・実践部門　栗山 宏「演劇部12か月」
　◇特別賞　高山 図南雄「あらためてスタニスラフスキー」
第38回(平10年度)
　◇研究・実践部門　黒沼 正彦「演劇部から全校生徒の劇づくりへ」
　◇特別賞　如月 小春「八月のこどもたち,その後」
(平11年度,冨田博之記念演劇教育賞第1回)　矢嶋 直武「『ドラマ』の授業」
(平12年度,冨田博之記念演劇教育賞第2回)　佐々木 博「生きる力はぐくむ学校へ」
(平13年度,冨田博之記念演劇教育賞第3回)　古沢 良一「劇へ―元気になる中学生」
第42回(平14年度)
　◇演劇教育賞　渡部 淳「教育における演劇的知」(柏書房)
　◇演劇教育実践記録・研究論文　該当作なし
第43回(平15年度)
　◇演劇教育賞
　　　広本 康恵「げきをしよう」
　　　山地 千晶「独白から対話へ」
　◇演劇教育実践記録・研究論文
　　●準入選　釜堀 茂「ふつうの高校で演劇の授業をつくった試み～自由選択科目『演劇表現』と抱える課題」
第44回(平16年度)
　◇演劇教育賞　該当作なし
　◇演劇教育実践記録・研究論文　田中 靖子「地域社会における演劇教育―障害のある子もない子も共に演劇を!―『劇団きらきら』の実践記録」
第45回(平17年度)
　◇演劇教育賞　該当作なし
　◇演劇教育実践記録・研究論文　該当作なし
第46回(平18年)
　◇演劇教育賞　福田 三津夫「ことばと心の受け渡し」
　◇演劇教育実践記録・研究論文　該当作なし
第47回(平19年)
　◇演劇教育賞　岩川 直樹,中村 麻由子「表現における応答性―呼びかけに応える呼びかけ」(「演劇と教育」2007年3月号掲載)
第48回(平20年)
　◇演劇教育賞　泉山 友子「戦争の歴史と今をつないだ『青空』」

018 旺文社児童文学賞

長年にわたり、児童文学の重要性を主張してきた旺文社は、すぐれた児童文学作品の振興と、奨励のために昭和53年に制定した。第4回の授賞をもって中止。
【主催者】旺文社
【選考委員】井上靖, 今西祐行, 尾崎秀樹, 滑川道夫, 西本鶏介, 浜野卓也, 福田清人
【選考基準】応募方式ではない。児童を対象とした小説, 童話, 戯曲, ノンフィクション, 詩, 童謡などの作品で, 毎年1月1日から12月末までの1年間に発表されたものが対象
【締切・発表】各新聞, 雑誌の6〜7月号
【賞・賞金】賞牌と賞金50万円

第1回（昭53年）　皿海 達哉「坂をのぼれば」（PHP研究所）
第2回（昭54年）　川崎 洋「ぼうしをかぶったオニの子」（あかね書房）
　　　　　　　　　後藤 龍二「故郷」（偕成社）
第3回（昭55年）　あまん きみこ「こがねの舟」（ポプラ社）
第4回（昭56年）　角野 栄子「ズボン船長さんの話」（福音館書店）

019 旺文社児童文学翻訳賞

すぐれた児童文学作品の振興と, 奨励のために「旺文社児童文学賞」とともに, 昭和53年に設定した賞である。第4回の授賞をもって中止。
【主催者】旺文社
【選考委員】安藤美紀夫, 猪熊葉子, 高橋健二, 辻昶, 山室静
【選考基準】児童を対象にした小説, 童話戯曲, ノンフィクション, 詩, 童謡などの翻訳作品で, 毎年1月から, 12月の1年間に発表された作品が対象
【締切・発表】新聞雑誌の6月〜7月号に発表
【賞・賞金】賞牌と賞金30万円

第1回（昭53年）　清水 正和〔訳〕「神秘の島」（ジュール・ベルヌ著）福音館書店
第2回（昭54年）　大久保 貞子〔訳〕「忘れ川をこえた子どもたち」（マリア・グリーペ著）冨山房
第3回（昭55年）　該当作なし
第4回（昭56年）
　かんざき いわお〔訳〕「さよなら、おじいちゃん…ぼくはそっといった」（ドネリー著）さ・え・ら書房
　沢登 君恵〔訳〕「金色の影」（ガーフィールド＆ブリッシェン著）ぬぷん児童図書出版

020 大原富枝賞

大原富枝文学館の開館を記念し, 文章に親しむ県民づくりを目標に, 本山町が高知県・高知新聞社・高知放送・テレビ高知などの後援を得て, 平成3年創設。

020 大原富枝賞

【主催者】本山町, 本山町教育委員会, 大原富枝文学館
【選考委員】高橋正(高知ペンクラブ会長, 高知高専名誉教授), 堅田美穂(高知女子大学 非常勤講師), 細川光洋(高知工業高等専門学校 准教授), 松本三三男(高知県学校図書館協議会顧問), 森沢孝道(高知新聞社論説委員室 委員長)
【選考方法】公募
【選考基準】〔対象〕大学・一般の部:「小説」「随筆」。小学・中学・高校の部:「小学作文」「中学作文」「高校小説」「高校随筆」。〔資格〕高知県在住者(県外は高知県出身者)。〔原稿〕小学校:「作文」400字詰原稿用紙5枚以内, 中学校:「作文」5枚以内, 高等学校:「随筆」10枚以内,「小説」20枚以内, 大学・一般:「随筆」10枚以内,「小説」25枚以内
【締切・発表】(第17回)平成20年9月30日締切(必着), 12月発表, 平成21年1月11日表彰式
【賞・賞金】〔大学・一般の部〕最優秀:5万円, 優秀:3万円, 優良:2万円, 佳作:記念品〔高等学校〕最優秀:文具券, 優秀:文具券, 優良:文具券, 佳作:記念品〔小学校・中学校〕最優秀:文具券, 優秀:文具券, 優良:文具券, 佳作:記念品
【URL】http://www.town.motoyama.kochi.jp/ohara2.htm

第1回(平4年)
　◇中学生の部
　　●最優秀　該当作なし
　　●優秀　埇田 良子「ふるさと」
　◇小学生の部
　　●最優秀　該当作なし
　　●優秀　該当作なし
第2回(平5年)
　◇中学生の部
　　●最優秀　該当作なし
　　●優秀　埇田 博子「夕焼けの中で」
　◇小学生の部
　　●最優秀　該当作なし
　　●優秀　成川 玄「自然農園の四季」
第3回(平6年)
　◇中学生の部
　　●優秀　和田 真知「大汝のお盆」
　　●優良　山崎 多恵子「母とともに―今、卒業を迎えて」
　◇小学生の部
　　●最優秀　坂口 旅人「ぼくのゆめ」
　　●優秀　安並 哲「三年一組にかんしゃ」
　　●優良　成川 彩「ニホンカワウソ探検記」
第4回(平7年)
　◇中学生の部
　　●優秀　清岡 麗子「勉強すること」
　　●優良　山崎 宏介「冬休みの冒険」
　◇小学生の部
　　●優秀　田村 優佳「たんしんふにんのお父さん」
　　●優良　前田 優「十一才はなれて」
第5回(平8年)
　◇中学生の部
　　●優良　山畑 由美子「Yさんに出会って」
　◇小学生の部　該当者なし
第6回(平9年)
　◇中学生の部　該当者なし
　◇小学生の部
　　●優秀　木谷 友美「ザリガニ」
　　●優良　川井 優司「小さいうしさん、ながいきしてね」
　　●優良　三井 勇輝「安心できる場所」
第7回(平10年)
　◇中学生の部
　　●優秀　浜口 真有子「十三歳の私」
　　●優良
　　　岡山 菜緒「妹」
　　　北川 加織「私の全国発信」
　　　横谷 玲子「私と本との出会い」
　◇小学生の部
　　●優秀　安岡 温彦「ボランティアに参加をして」
　　●優良
　　　徳広 美喜「お母さんの入院」
　　　大西 史也「せんせいとのやくそくをはたした」
第8回(平11年)
　◇中学生の部
　　●優秀　曽根 小百合「ひとが輝き出すとき」
　　●優良
　　　上原 麗「お金を稼ぐということ」
　　　安井 美沙「EARTH」
　　　里見 まり「今の私と将来」
　◇小学生の部
　　●優秀　中島 沙希「お父さん、いねかりしたよ」

- 優良　川村 麻衣子「がんばったすもう大会」

第9回（平12年）
  ◇中学生の部
  - 優秀　西村 美耶「十五の時を過ごした私」
  - 優良　谷口 理瀬「私の夏休み」
  ◇小学生の部
  - 優秀　山下 卓人「しんぶんくばり」
  - 優良　濱田 由貴奈「私の体験」

第10回（平13年）
  ◇中学生の部
  - 優良　山崎 辰哉「壁に向かう努力」
  ◇小学生の部
  - 優良
    中村 真珠「私の天使」
    久武 るり「人の大切さ」

第11回（平14年）
  ◇中学生の部
  - 優秀賞　濱田 由貴奈「採集の旅復活」
  - 優良賞
    山崎 まどか「本当の勇気」
    沢田 真奈「片足生活」
  ◇小学生の部
  - 優秀賞　溝渕 典大「雨でもファイト」
  - 優良賞
    岡田 葵「人の立場を考えたい」
    桐山 彰人「ぼくと弟のぼうけん」

第12回（平15年）
  ◇中学生の部
  - 優秀賞　村岡 和香「祖父の遺言」
  - 優良賞　近藤 友紀子「中三の夏」
  ◇小学生の部
  - 優秀賞　森田 大貴「文たんの交はい」
  - 優良賞　岡田 葵「過ちは繰り返しません」

第13回（平16年）
  ◇中学生の部
  - 最優秀賞　中平 智「かけがえのない命」
  ◇小学生の部
  - 最優秀賞　川井 香穂「本って大すき」

第14回（平17年）
  ◇中学生の部
  - 最優秀賞　該当者なし
  ◇小学生の部
  - 最優秀賞　北村 めい「ねこのカルメン」

第15回（平18年）
  ◇中学生の部
  - 最優秀賞　佐竹 泉美「自分の人生」
  ◇小学生の部
  - 最優秀賞　霊山 萌衣「暑い夏休みとたくさんの宿題」

第16回（平19年）
  ◇中学生の部
  - 最優秀賞　長崎 小春「夏休みの私の旅」
  ◇小学生の部
  - 最優秀賞　西村 みのり「お手つだいっ大すき」

第17回（平20年）
  ◇中学生の部
  - 最優秀賞　井澤 美咲「『昭和の子どもたち』と比べて」
  ◇小学生の部
  - 最優秀賞　筒井 豊治「自分との闘い」

021　岡山県文学選奨

県民の文芸創作活動を奨励し，もって豊かな県民文化の振興を図るため，岡山県芸術祭の一環として昭和41年度から実施された。県民文芸作品発表の場として定着している。童話部門は第10回より新設。

【主催者】岡山県，おかやま県民文化祭実行委員会

【選考委員】（第43回）小説A：山本森平，横田賢一，小説B・随筆：諸山立，柳生尚志，現代詩：沖長ルミ子，蒼わたる，短歌：飽浦幸子，岡智江，俳句：大倉祥男，柴田奈美，川柳：石部明，草地豊子，童話：八束澄子，和田英昭，総合：岡隆夫，竹本健司

【選考方法】公募

【選考基準】〔資格〕岡山県内在住者。年齢は問わない。過去の入選者は，その入選部門には応募できない。〔対象〕未発表の創作作品（他の文学賞等へ同時に応募することはできない）。〔原稿〕小説A：1編，原稿用紙80枚以内，小説B・随筆：1編，原稿用紙50枚以内，現代詩：3編一組，短歌：10首一組，俳句：10句一組，川柳：10句一組，童話：1編，幼児〜3年生向けは10枚以内，4年生以上向けは20枚以内，いずれも，A4の400字詰縦書原稿用紙（特定の結社等の原稿用紙は使用不可），原稿には題名のみを記入。氏名（筆名）は記入しない。所定の

事項を明記した別紙(A4の大きさ)を添付すること。ワープロ原稿可
【締切・発表】(第43回)平成20年9月1日締切,発表11月中旬。入選(佳作)の作品及び準佳作については,作品集「岡山の文学」に収録する
【賞・賞金】小説A：15万円, 小説B・随筆, 現代詩, 短歌, 俳句, 川柳, 童話：各10万円

第10回(昭50年度)
　◇童話
　　● 入選　三土 忠良「夏のゆめ」
第11回(昭51年度)
　◇童話
　　● 入選　松本 幸子「春本君のひみつ」
第12回(昭52年度)
　◇童話
　　● 入選　和田 英昭「マーヤのお父さん」
第13回(昭53年度)
　◇童話
　　● 入選　石見 まき子(石見 真輝子)「花かんむり」
第14回(昭54年度)
　◇童話(高)
　　● 入選　まつだ のりよし「めぐみの〈子供まつり〉」
　◇童話(低)
　　● 入選　成本 和子「むしのうんどうかい」
第15回(昭55年度)
　◇童話
　　● 入選　坪井 あき子「流れのほとり」
第16回(昭56年度)
　◇童話
　　● 佳作
　　　　小椋 亜紀「霧のかかる日」
　　　　森 真佐子「黄色いふうせん」
第17回(昭57年度)
　◇童話
　　● 佳作
　　　　足田 ひろ美「めぐちゃんとつるのふとん」
　　　　福岡 奉子「二人は桑畑に」
第18回(昭58年度)
　◇童話
　　● 入選　八束 澄子「だんまりぼくとおかしなあいつ」
第19回(昭59年度)
　◇童話
　　● 佳作
　　　　足田 ひろ美「ヒロとミチコとなの花号」
　　　　いわどう ゆみこ「ようちえんなんかいくもんか」

第20回(昭60年度)
　◇童話
　　● 入選　西口 敦子「ハーモニカを吹いて」
第21回(昭61年度)
　◇童話
　　● 入選　足田 ひろ美「ぼくの30点」
第22回(昭62年度)
　◇童話
　　● 入選　森本 弘子「春一番になれたなら」
第23回(昭63年度)
　◇童話
　　● 入選　吉沢 彩「ぼく達のWH局」
第24回(平1年度)
　◇童話
　　● 入選　いわどう ゆみこ(岩藤 由美子)「なんだかへんだぞペッコンカード」
第25回(平2年度)
　◇童話
　　● 佳作　内田 収「幻のホームラン」
第26回(平3年度)
　◇童話
　　● 入選　小野 信義「トンボ」
第27回(平4年度)
　◇童話
　　● 入選　植野 喜美枝「あと十五日」
第28回(平5年度)
　◇童話
　　● 入選　仁平 米子「桑の実」
第29回(平6年度)
　◇童話　該当作なし
第30回(平7年度)
　◇童話
　　● 入選　片山 ひとみ「これからの僕たちの夏」
第31回(平8年度)
　◇童話
　　● 入選　亀井 寿子「二人のリタ」
第32回(平9年度)
　◇童話
　　● 入選　北村 雅子「タコくん」
第33回(平10年度)
　◇童話
　　● 入選　村井 恵「テトラなとき」
第34回(平11年度)
　◇童話
　　● 入選　水木 あい「コウちゃんのおまもり」

第35回（平12年度）
◇童話
- 佳作
  永井 群子「ばらさんの赤いブラウス」
  堀江 潤子「ランドセルはカラス色」

第36回（平13年度）
◇童話
- 佳作
  永井 群子「五ひきの魚」
  玉上 由美子「ハクモクレンのさくころ」

第37回（平14年度）
◇童話
- 佳作
  藤原 泉「アップルパイよ、さようなら」
  長瀬 加代子「記憶どろぼう」

第38回（平15年度）
◇童話
- 入選　川島 英子「蛍のブローチ」

第39回（平16年度）
◇童話
- 入選　山田 千代子「杉山こうしゃく」

第40回（平17年度）
◇童話
- 佳作
  片山 ひとみ「ようこそ からオケハウスへ」
  永井 群子「風の電話」

第41回（平18年度）
◇童話
- 入選　中嶋 恭子「白いコスモス」

第42回（平19年度）
◇童話
- 入選　角田 みゆき「オーケストラ」

第43回（平20年度）
◇童話
- 佳作
  しおた としこ「さよなら"ろくべさん"」
  なんば ゆりこ「となりのあかり」

---

022 小川未明文学賞

児童文学作家の小川未明没後30周年を記念して，平成4年創設。小学校3〜6年生の読者を対象にした，誠実な人間愛と強靭な正義感をいまの子どもたちの心に培い育むような，新しい創作児童文学を選ぶ。

【主催者】小川未明文学賞委員会，上越市
【選考委員】（第17回）手島悠介，小川英晴，川村たかし，井上明子，杉みき子
【選考方法】公募
【選考基準】〔対象〕小学校3〜6年生の読者を対象とする児童文学。未発表作品に限る（非商業誌掲載は可）。〔資格〕プロ，アマ不問。〔原稿〕400字詰原稿用紙50〜120枚
【締切・発表】（第17回）平成20年7月31日締切，20年11月5日発表
【賞・賞金】大賞（1作）：ブロンズ像「赤い蝋燭と人魚」と賞金100万円・副賞，優秀賞（2作）：賞金20万円・副賞。大賞作品は，学習研究社から刊行される。著作権は10年間（優秀賞作品は3年間），小川未明文学賞委員会に帰属
【URL】http：//www.city.joetsu.niigata.jp/

第1回（平4年）
◇大賞　浜 祥子「おじいさんのすべり台」
◇優秀賞
　星野 有三「パン焼きコンクール」
　井上 夕香「魔女の子モッチ」

第2回（平5年）
◇大賞　山下 勇「ウミガメケン太の冒険」
◇優秀賞
　佐々木 真水「イルカのいない海」
　鈴木 由美「父さんの贈り物」

第3回（平6年）
◇大賞　高見 ゆかり「さかなのきもち」
◇優秀賞
　鈴木 ムク「神サマ、出テオイデ」
　小林 紀美子「アレックス先生によろしく」

第4回（平7年）
　◇大賞　小林 礼子「ガールフレンド」
　◇優秀賞
　　　　高村 紀代華「水晶樹の眠る森」
　　　　中村 真里子「エイリアンアパートにいらっしゃい」
第5回（平8年）
　◇大賞　安達 省吾「アルビダの木」
　◇優秀賞
　　　　遠藤 美枝子「スージーさんとテケテンテン」
　　　　五十嵐 愛「三日おくれの新学期」
第6回（平9年）
　◇大賞　北岡 克子「風の鳴る夜」
　◇優秀賞
　　　　梅原 賢二「トラブル昆虫記」
　　　　伊藤 遊「フシギ稲荷」
第7回（平10年）
　◇大賞　中尾 三十里「あいつさがし」
　◇優秀賞
　　　　石田 はじめ「はるかなる隣人」
　　　　まごころ のりお「ロトルの森」
第8回（平11年）
　◇大賞　ミキオ・E「おけちゅう」
　◇優秀賞
　　　　高森 千穂「レールの向こうの町から」
　　　　池田 みゆき「瞳に星が宿る時」
第9回（平12年）
　◇大賞　奥山 かずお「のどしろの海」
　◇優秀賞
　　　　山口 タオ「地球のかけら」
　　　　上仲 まさみ「明かりの向こう側」
第10回（平13年）
　◇大賞　津島 節子「目をつぶれば、きつねの世界」
　◇優秀賞
　　　　梅原 賢二「Oh！父さん」
　　　　杏 有記「風・吹いた！」

第11回（平14年）
　◇大賞　青山 季市「ど・ん・ま・い」
　◇優秀賞
　　　　藤平 恵里「ナナとおはなしのたね」
　　　　吉木 智「カエルのなみだ」
第12回（平15年）
　◇大賞　今井 恭子「たぶん、私って、すごーくラッキー」
　◇優秀賞
　　　　広田 衣世「はっけよい、マメ太」
　　　　杏 有記「ブルーモンキー」
第13回（平16年）
　◇大賞　中山 聖子「夏への帰り道」
　◇優秀賞
　　　　山本 ひろし「君だけの物語」
　　　　小松原 宏子「ぼくの朝」
第14回（平17年）
　◇大賞　志津谷 元子「春への坂道」
　◇優秀賞
　　　　新村 としこ「エレーナとオオカミ」
　　　　小川 直美「ご存知、あじさい園でございます」
第15回（平18年）
　◇大賞　山下 三恵「ジジ」
　◇優秀賞
　　　　山下 奈美「アイ・アム・アンクル」
　　　　もり いずみ「ニイハオ！ミンミン」
第16回（平19年）
　◇大賞　山下 奈美「ヘア・スタイリストのなみだ」
　◇優秀賞
　　　　岩田 千里「ひらけ、空」
　　　　白川 みこと「とべ、ネージュ！」
第17回（平20年）
　◇大賞　ながす みつき「空と大地と虹色イルカ」
　◇優秀賞
　　　　森 夏月「七日七夜の朝に」
　　　　もりお みずき「ティダピルマ」

023 おひさま大賞

　21世紀を担うこども達によりよいお話を届けたいという理想のもとにお話雑誌「おひさま」が創刊され、同誌にふさわしいお話を広く求めて雑誌の月刊化とともに創立された「おひさま」大賞はより自由で、楽しい作品を求めている。10回より「童話部門」「絵本部門」のふたつの部門で審査。

【主催者】小学館
【選考委員】（第15回）荒井良二（絵本作家），石井睦美（作家），俵万智（歌人），長谷川義史（絵本作家），「おひさま」編集長

おひさま大賞

【選考方法】公募
【選考基準】〔対象〕幼児及び小学校低学年のための作品であること。誌面に印刷できる表現方法ならば、どのような作品でも自由。カラー、単色を問わない。オリジナルで、未発表の作品。一人で何作品でも応募可。〔資格〕絵本出版経験の無い方のみ。受賞後、本誌編集部と協力の上、新しい作品の制作に傾注でき、努力を惜しまない人
【締切・発表】（第15回）応募受付期間は平成21年3月1日～7月31日（当日消印有効）、「おひさま」平成22年2月号誌上にて発表
【賞・賞金】各部門ごとに最優秀賞：正賞特製プレート・副賞賞金50万円、優秀賞：正賞特製プレート・副賞賞金10万円、佳作：正賞特製プレート・副賞賞金5万円
【URL】http://www.ohisama.shogakukan.co.jp/taishou/

第1回（平7年）
　◇大賞　キョウコ・アベ・ロートブラバコーン「太陽の国の王様と月の国の王様のお話」
　◇優秀賞
　　藤崎 淳「ゆりちゃんとブタのパジャマ」
　　喜多 哲士「おどりじいさん」
第2回（平8年）
　◇大賞　やまち かずひろ（神奈川県）「もものすけおさんぽ」
　◇優秀賞　早乙女 民（東京都）「とんたくんのおさんぽ」
第3回（平9年）
　◇大賞　該当者なし
　◇優秀賞
　　カナリ リエコ（東京都田無市）「百人きょうだい」
　　さくま しょうこ（北海道空知郡）「ひつじのモコモコさん」
　　やまざき かつみ（千葉県市川市）「ねんねこバスツアー」
第4回（平10年）
　◇大賞　河野 睦美（千葉県市原市）「山の上の友だち」
　◇優秀賞
　　千葉 ひろみ（カナダ）「ぴいちゃんのはたけ」
　　竹内 通雅（神奈川県横浜市）「らっぷらっぷひげおじしろねこ」
第5回（平11年）
　◇大賞　江川 智穂（愛知県名古屋市）「どこからきたの、ふしぎなみず」
　◇優秀賞
　　神季 佑多（東京都板橋区）「ゆるパンぱんたろう」
　　坂井 美子（福岡県大野城市）「日だまり公園のひみつ」
第6回（平12年）
　◇大賞　空ノ下 雪（京都府京都市）「明日実とわがままフーちゃん」
　◇優秀賞　虻川 あや（愛知県西尾市）「ぽっかりほほほん、パチンとズバン、シャッキリ、ノロンで、ポツンとさわやか」
第7回（平13年）
　◇大賞　吉村 健二（埼玉県狭山市）「まるのみタローと世界一のピアニスト」
　◇優秀賞
　　ナカバン（神奈川県鎌倉市）「レンズとながれぼし」
　　長尾 明子（東京都八王子市）「ふゆのあたたかおせっかい」
第8回（平14年）
　◇大賞　星川 遙（埼玉県さいたま市）「おばけ一年分」
　◇優秀賞　小野 ひでゆき（東京都品川区）「バスにのったお地蔵さん」
第9回（平15年）
　◇大賞　松沢 由佳（東京都練馬区）「くろくまくん」
　◇優秀賞
　　ほんだ みゆき（大阪府大阪市）「ばれちま、ちゃあ、しかたがねえ」
　　久保田 寛子（山口県下関市）「だれのマフラー」
第10回（平16年）
　◇最優秀賞
　　●童話部門　柑本 純代「うきわがたくさん」
　　●絵本部門　きむら よしお「ちきゅうはうまい」
　◇優秀賞
　　●童話部門　山野 大輔「オム之助はサムライス」
　　●絵本部門　上原 光子「かぜっことぼうし」
第11回（平17年）
　◇最優秀賞
　　●童話部門　七海 冨久子「かくれんぼうすきすき」

- 絵本部門　ジョラン「ポケットのなかのイッシー」
◇優秀賞
- 童話部門　石橋 京子「天をとぶせんべい」
- 絵本部門
こいわい さとこ「まっしろちゃん」
白土 あつこ「よるざかな」

第12回(平18年)
◇最優秀賞
- 童話部門　もりや しげやす「スプーンしんぶん」
- 絵本部門　しみず ゆめ「はぢめの におい」
◇優秀賞
- 童話部門　鷹木 梢「クララ先生のふらふらダンス」
- 絵本部門　森 水生「てとてのあいだ」

第13回(平19年)
◇最優秀賞
- 童話部門　あさの ますみ「ちいさなボタン、プッチ」
◇優秀賞
- 絵本部門
小林 美和「とりかごちゃん」
今田 まり「ボンゴレロッソはくろいうし」
- 童話部門　いしやみなこ「天才タコ画伯」

第14回(平20年)
◇最優秀賞
- 絵本部門　橋本 悦代「おにたくん やまのぼりだよ」
- 童話部門　犬飼 由美恵「チョキンちゃん」
◇優秀賞
- 絵本部門　石川 基子「たびぶたのかばん」
- 童話部門　原田 慎一「かっぱのお皿」

024　外国絵本翻訳コンクール

　山形県が県生涯学習センターと県立図書館とを一体的に整備した「遊学館」を平成2年度にオープン。県立図書館の児童図書コーナーに外国の絵本原書を3000冊揃えていることから、外国絵本翻訳コンクールを創設。外国の絵本の読書活動を促進することにより生涯学習を支援し、かつ、国際理解と文化交流に寄与すること、優れた外国絵本の翻訳をとおして子供達に夢と希望を与えることを目的とする。平成12年度第10回をもって終了。

【主催者】山形県生涯学習センター、山形県立図書館
【選考委員】掛川恭子(翻訳家)、金山等(英米文学研究家,岩手県立大学教授)、神宮輝夫(児童文学研究家,白百合女子大学教授)、吉田新一(児童文学研究家,日本女子大学教授)
【選考方法】公募
【選考基準】〔対象〕課題2作品(英文の未翻訳絵本)の日本語訳。〔資格〕年齢、性別、職業及び国籍は不問。ただし、翻訳作品を出版物として発表したことのある者は除く。1人につきどちらか1点とする
【締切・発表】(第10回)締切は平成13年2月(当日消印有効)、表彰式は平成13年3月
【賞・賞金】最優秀賞：賞金30万円(各1名)、優秀賞：賞金10万円(各2名)、佳作：記念品(各若干名)

第1回(平3年度)
◇課題「HENRIETTA'S FIRST WINTER」
- 最優秀賞　船渡 佳子(宮城県仙台市)
- 優秀賞
守上 三奈子(兵庫県芦屋市)
黒田 育美(熊本市)
◇課題「Nothing Sticks like a Shadow」
- 最優秀賞　レヴィン 幸子(シカゴ)
- 優秀賞
広瀬 美智子(宮城県仙台市)
金子 寛子(神奈川県横浜市)

第2回(平4年度)
◇課題「CATCH THAT HAT」
- 最優秀賞　橋本 美穂(神奈川県横浜市)
- 優秀賞
村山 利恵子(北海道川上郡弟子屈町)
桜井 真砂美(千葉県船橋市)
◇課題「THE LINE UP BOOK」
- 最優秀賞　高浜 富美子(東京都町田市)
- 優秀賞

024　外国絵本翻訳コンクール　　　　　　　　　　　　　　　Ⅰ文学

　　　　徳永 紀美子(福岡県粕屋郡粕屋町)
　　　　江国 真美(石川県金沢市)
第3回(平5年度)
　◇課題「Little Moon」
　　●最優秀賞　永野 ゆう子(福岡県)
　　●優秀賞
　　　　武石 詩雅子(埼玉県)
　　　　川澄 真生(千葉県)
　◇課題「Little Moon」
　　●最優秀賞　清原 三保子(神奈川県)
　　●優秀賞
　　　　小野田 淑子(神奈川県)
　　　　オーシロ 笑美(神奈川県)
第4回(平6年度)
　◇課題「A Squash and a Squeeze」
　　●最優秀賞　永窪 玲子(香川県)
　　●優秀賞
　　　　小野田 淑(神奈川県)
　　　　五木田 紳(千葉県)
　◇課題「Amanda's Butterfly」
　　●最優秀賞　大塚 玲子(神奈川県)
　　●優秀賞
　　　　壺井 雅子(神奈川県)
　　　　前沢 明枝(東京都)
　◇課題「Two of Everything」
　　●最優秀賞　関 美冬(東京都)
　　●優秀賞　黒沢 優子(北海道)
第5回(平7年度)
　◇課題「Like Butter on Pancakes」
　　●最優秀賞　若松 由子(東京都)
　　●優秀賞
　　　　大塚 珠奈(神奈川県)
　　　　小寺 実香(山形県)
　◇課題「Grandfather's Pencil and the Room Stories」
　　●最優秀賞　川澄 真生(長野県)
　　●優秀賞
　　　　黒沢 優子(北海道)
　　　　山内 千恵子(神奈川県)
　◇課題「Salt Hands」
　　●最優秀賞　板井 澄枝(東京都)
　　●優秀賞　神田 由布子(栃木県)
第6回(平8年度)
　◇課題「Suddenly」
　　●最優秀賞　オーシロ 笑美(神奈川県)
　　●優秀賞
　　　　古関 幹子(福島県)
　　　　妹尾 有里(アメリカ)
　◇課題「A Drop of Rain」　桑山 由美(東京都)
　　●優秀賞
　　　　川澄 真生(長野県)
　　　　平野 聖子(埼玉県)

第7回(平9年度)
　◇課題「Moonbathing」
　　●最優秀賞　東村 京子(兵庫県)
　　●優秀賞
　　　　猿丸 史枝(東京都)
　　　　大橋 匡子(埼玉県)
　◇課題「The Perfect Present」
　　●最優秀賞　妹尾 有里(アメリカ)
　　●優秀賞
　　　　山本 桂子(東京都)
　　　　藤本 明子(埼玉県)
第8回(平10年度)
　◇課題「Pushkin Meets the Bundle」
　　●最優秀賞　山元 育代(山梨県)「プーシキンのうちにあかちゃんがやってくる」
　　●優秀賞　古関 幹子(福島県)「プーシュキン」
　◇課題「When I Was Little Like You」
　　●最優秀賞　該当作なし
　　●優秀賞
　　　　神田 由布子(栃木県)「おばあちゃんがちいさかったころ」
　　　　藤原 やすこ(広島県)「おばあちゃんがこどものころ」
　　　　桑原 久美子(栃木県)「おばあちゃんがちいさかったころ」
　　　　妹尾 有里(神奈川県)「おばあちゃんがちいさかったころ」
　　　　篠 智子(東京都)「おばあちゃんがちいさかったころは」
　　　　下田 麻紀(千葉県)「おばあちゃんがちいさかったころはね」
　　　　堤 美佳子(大阪府)「おばあちゃんがちいさかったころはね..」
　　　　奥村 祥子(福井県)「おばあちゃんがこどもだったとき」
第9回(平11年度)
　◇課題「Smudge」
　　●最優秀賞　平間 久美子(東京都)「スマッジ」
　　●優秀賞
　　　　高柳 優子(滋賀県)「スマッジ」
　　　　村上 由哥(兵庫県)「スマッジ」
　◇課題「PUDDLES」
　　●最優秀賞　大坪 寛子(茨城県)「みずたまり」
　　●優秀賞
　　　　峯田 敏幸(東京都)「ピシャン、ポシャン、パシャーン」
　　　　吉崎 泰世(東京都)「みずたまりにジャンプ」

第10回（平12年度）
　◇課題「Stripe」
　　● 最優秀賞　生方 頼子（埼玉県）「シマシマのぼうけん」
　　● 優秀賞
　　　　越前 美幸（神奈川県）「しましま」
　　　　内藤 小絵（神奈川県）「しましまのぼうけん」
　◇課題「HOME Before DARK」
　　● 最優秀賞　山本 桂子（東京都）「かえらなくっちゃ」
　　● 優秀賞
　　　　宮野 節子（神奈川県）「くらくなるまえにかえらなきゃ」
　　　　五味 真紀（神奈川県）「ひがくれるまでに」
　◇遊学館みらい賞（中学生・高校生対象）
　　● 課題「Stripe」
　　　　中野 彩子（茨城県）「ストライプのぼうけん」
　　　　伊藤 美菜子（愛知県）「ストライプジャングルへゆく」
　　　　細谷 和代（山形県）「ストライプ」
　　● 課題「HOME Before DARK」
　　　　尾家 野生（和歌山県）「あかるいうちに」
　　　　川合 英里奈（イギリス）「くらくなるまえに」

025　海洋文学大賞

　祝日「海の日」の制定を記念して創設。海や船、海で働く人々など、広く海をテーマとした海洋文学作品を募集。平成10年より海洋文学のジャンルにおける著作活動において顕著な活躍をし、優れた作品を発表した作家を顕彰する特別賞を創設。第10回をもって終了。

【主催者】日本財団、(財)日本海事広報協会
【選考委員】（第10回）十川信介、北方謙三、半藤一利、鈴木光司、木暮正夫、上笙一郎、木村龍治

第1回（平9年）
　◇童話部門　森田 文（日高市）「こだぬきダン海へ行く」
第2回（平10年）
　◇童話部門　本明 紅（沖縄県竹富町）「太良（たあら）の海の青い風」
第3回（平11年）
　◇童話部門　竹内 賢寿（愛知県）「ちびひれギン」
第4回（平12年）
　◇童話部門　真久田 正（那覇市）「白いサメ」
第5回（平13年）
　◇童話部門　該当作なし
第6回（平14年）
　◇海の子ども文学賞部門　可瑚 真弓（多摩市）「猫なで風がふくから」
第7回（平15年）
　◇海の子ども文学賞部門　該当作なし
第8回（平16年）
　◇海の子ども文学賞部門　菅原 裕紀（岩手県水沢市）「海ん婆」
第9回（平17年）
　◇海の子ども文学賞部門　とうや あや（徳島県）「ウミガメのくる浜辺」
第10回（平18年）
　◇海の子ども文学賞部門　今井 恭子（東京都世田谷区）「十二の夏」

026　学生援護会青年文芸賞

　「日刊アルバイトニュース」を通じて、若者をバックアップしてきた学生援護会がつねに若い人達の発言の場でありたいと願い、昭和55年から新しい文芸賞をもうけたが、第2回までで現在休止している。

【主催者】学生援護会
【選考委員】扇谷正造、赤塚不二夫、長部日出雄、倉橋由美子、田中光二

児童の賞事典　37

【選考方法】〔対象〕小説であればジャンルは問わない。〔資格〕応募作品は未発表原稿。〔原稿〕400字詰B4原稿用紙80枚以上。〔その他〕応募作品は返却しない
【締切・発表】締切昭和55年12月31日，発表昭和56年3月1日新聞紙上
【賞・賞金】1席(1編)100万円，次席(2編)各50万円，佳作(3編)各20万円

第1回(昭55年)	中倉 真知子「はばたけニワトリ」	工藤 重信「伴奏」	
第2回(昭56年)	該当作なし	吉沢 道子「定子」	
◇佳作		南木 稔「雪渓」	

027 交野が原賞

　小・中・高校生の文芸創作を奨励するため，詩作品を対象に年1回「交野が原賞」を設け，児童・生徒の作品を広く募集している。
【主催者】交野詩話会，交野市教育委員会（共催）
【選考委員】金堀則夫
【選考方法】公募
【選考基準】小・中・高校生。作品内容は自由，一人詩三編以内。未発表で自作に限る。学校名，学年，氏名(ふりがな)，住所を必ず書く
【締切・発表】毎年7月20日締切。9月に各学校が本人に通知。優秀作品は詩誌「交野が原」に発表
【賞・賞金】賞状と掲載誌

第1回(昭54年)
　◇特選
　　うめだ まさき(寝屋川・国松緑丘小1年)「ありくんごめん」
　　中島 信子(交野・倉治小3年)「雨の子ども」
　　上殿 智子(交野・岩船小4年)「色えんぴつ」
　　川野 由美子(交野・第二中1年)「もうひとつの世界」
第2回(昭55年)
　◇特選
　　くや ゆきえ(交野・倉治小1年)「とんぼ」
　　小嶋 誠司(交野・藤が尾小3年)「とろけちゃったみたい」
　　入江 亮一(寝屋川・国松緑丘小6年)「ぼくと野菜」
　　間嶋 真紀(四條畷・四條畷中3年)「父に」
第3回(昭55年)
　◇特選
　　いわつき ともき(交野・星田小1年)「ぼくのふとん」

　　樋上 学(交野・交野小4年)「トマト」
　　木下 恭美(交野・第三中2年)「一つの戦争」
　　村上 潔(大阪府立交野高3年)「さみしがりやの空」
第4回(昭56年)
　◇特選
　　ごとう まゆみ(交野・旭小1年)「おなかがチャボチャボ」
　　黒田 亜紀(交野・旭小4年)「おふろ」
　　植木 里枝(交野・郡津小4年)「もらった地球」
　　美濃 千鶴(交野・郡津小5年)「本」
　　古館 佳永子(交野・第一中2年)「球技大会」
第5回(昭57年)
　◇特選
　　黒木 尚子(寝屋川・国松緑丘小5年)「いつもとちがうしゅんちゃん」
　　黒田 亜紀(交野・旭小5年)「雪と悲しみ」
　　永久 教子(四條畷・四條畷中2年)「カレンダー王国の救世主」

第6回(昭58年)
　◇特選
　　井上 京子(交野・私市小4年)「夕日の下のすすき」
　　山中 奈己(四條畷・四條畷中2年)「犬っころ」
　　奥野 祐子(大阪聖母女学院高1年)「核」
第7回(昭59年)
　◇特選
　　樋上 学(交野・第一中2年)「母」
　　北村 喜久恵(大阪府立四條畷高2年)「色を干す女」
第8回(昭60年)
　◇特選
　　早川 友恵(交野・岩船小5年)「まど」
　　内藤 麻美(交野・星田小6年)「なっとう」
　　橋本 知春(交野・第三中2年)「音の世界」
　　浜口 慶子(大阪府立寝屋川高2年)「ラッシュアワー」
第9回(昭61年)
　◇特選
　　尼 崇(枚方・藤坂小5年)「あめんぼ」
　　前田 三穂(交野・倉治小6年)「夜景」
　　永田 理子(交野・第二中1年)「くつを下さい―雨からの手紙」
第10回(昭62年)
　◇特選
　　西澤 智子(交野・私市小6年)「鏡の中の私」
　　森川 扶美(交野・妙見坂小6年)「るす番」
　　美濃 千鶴(大阪府立四條畷高2年)「蝉」
第11回(昭63年)
　◇特選
　　長谷川 真弓(交野・倉治小3年)「水道」
　　黒木 俊介(寝屋川小・国松緑丘4年)「お母さん耳見てなー」
　　大久保 美穂(交野・第三中3年)「自我」
　　松田 文(大阪信愛女学院高1年)「電車様」
第12回(平1年)
　◇特選
　　松田 樹里(交野・交野小3年)「妹」
　　藤田 亜希(交野・第三中2年)「半人前」
　　藤井 和美(大阪信愛女学院高1年)「忘却」
　　黒田 亜紀(大阪府立四條畷高3年)「ヨウジ」
第13回(平2年)
　◇特選
　　深堀 広子(交野・交野小4年)「帰り道」
　　渋田 説子(交野・第三中3年)「アスファルト」
　　早川 友恵(大阪信愛女学院高1年)「ガラスの道」
第14回(平3年)
　◇特選
　　取渕 はるな(交野・長宝寺小1年)「シャワー」
　　岸田 裕美(交野・交野小5年)「私にはまだわからないつらさ」
　　江原 美奈(交野・第四中3年)「グラスのデッサン」
第15回(平4年)
　◇特選
　　取渕 はるな(交野・長宝寺小2年)「ぬかみそ」
　　中野 始恵(交野・交野小4年)「わたしはゲララ」
　　早川 友恵(大阪信愛女学院高3年)「神樹」
第16回(平5年)
　◇特選
　　山野 真寛(交野・交野小2年)「すずめ」
　　近藤 さやか(交野・妙見坂小6年)「一つ目子ぞう」
　　田中 常貴(交野・第四中1年)「カセットテープ」
　　髙石 晴香(大阪府立交野高1年)「花びら」
第17回(平6年)
　◇特選
　　平井 澪(交野・星田小3年)「おばあちゃんはダイエット中」
　　大野 美樹(交野・第四中3年)「裸のリクエスト」
　　小川 美希(大阪府立交野高1年)「未来」
第18回(平7年)
　◇特選
　　松永 扶沙子(交野・岩船小1年)「あめはいきている」
　　濱嶋 ゆかり(交野・私市小3年)「なめくじとり」
　　平井 澪(交野・星田小4年)「目を閉じれば」
　　野口 さやか(交野・第二中2年)「写真は語る」
　　税所 知美(神戸常磐女子高1年)「あの日に戻れるなら」
第19回(平8年)
　◇特選
　　松永 沙恵子(交野・岩船小4年)「ティッシュ」
　　今田 暁子(大阪国際文化中2年)「私は改札機恐怖症」

交野が原賞

　　　重田　真由子(大阪信愛女学院高1年)
　　　「橋」
第20回(平9年)
　◇特選
　　　吉川　和志(交野・倉治小4年)「ぼくの足には神様がいる」
　　　松本　梨沙(交野・第四中3年)「時計と一休み」
　　　堀内　麻利子(大阪府立四條畷高1年)「憂いのGAMER」
　　　佐藤　梓(大阪府立四條畷高1年)「しあわせ」
第21回(平10年)
　◇特選
　　　山村　麻友(交野・郡津小2年)「耳をすませば」
　　　大野　圭奈子(交野・郡津小5年)「作家になりたい」
　　　伊藤　貴子(交野・星田小6年)「サファリパークの仲間たち」
　　　大藪　直美(大阪府立交野高2年)「幻影伝」
　　　松田　樹里(大阪府立寝屋川高3年)「ブラウン管の向こう」
第22回(平11年)
　◇特選
　　　星野　美奈(交野・倉治小5年)「いねになってみたら」
　　　西尾　ひかる(交野・交野小6年)「雨の日の夢」
　　　四方　彩瑛(交野・第三中2年)「夏がくる」
　　　大藪　直美(大阪府立交野高3年)「アナクロニズム」
第23回(平12年)
　◇特選
　　　中田　健一(交野・郡津小5年)「雲」
　　　茨木　明日香(寝屋川・宇谷小5年)「電気」
　　　黒川　智庸(交野・第二中2年)「風」
　　　四方　彩瑛(交野・第二中3年)「こわれてしまう」
第24回(平13年)
　◇特選
　　　鍵野　杏澄(交野・旭小3年)「とうもろこし」
　　　上野　彩(交野・郡津小6年)「25m」
　　　西岡　彩乃(交野・第三中2年)「我が家への坂道」
　　　四方　彩瑛(大阪信愛女学院高1年)「あのころ」
第25回(平14年)
　◇特選
　　　平山　誠介(交野・岩船小2年)「おこられた」

　　　西岡　彩乃(交野・第三中3年)「悩みの力」
　　　四方　彩瑛(大阪信愛女学院高2年)「鯉に問う」
第26回(平15年)
　◇特選
　　　鈴木　勇貴(交野・郡津小4年)「みみずの体そう」
　　　岡田　昇祥(交野・岩船小6年)「初夏2003」
　　　前田　卓(交野・第一中3年)「人形」
　　　西岡　彩乃(大阪府立四條畷高2年)「メイド　イン　アフガニスタン」
　　　四方　彩瑛(大阪信愛女学院高3年)「開眼供養」
第27回(平16年)
　◇特選
　　　岡田　智実(交野・妙見坂小2年)「きゅうり」
　　　上野　弘樹(交野・郡津小5年)「変わる毎日」
　　　蟻川　知奈美(交野・第四中2年)「憂鬱」
　　　西岡　彩乃(大阪府立四條畷高2年)「彩」
　　　山田　春香(福岡・三井高3年)「心の伝言」
第28回(平17年)
　◇特選
　　　埜辺　綾香(交野・星田小3年)「時間」
　　　平山　瑞幾(交野・岩船小3年)「おまつりのかめ」
　　　上野　弘樹(交野・郡津小6年)「雨雲」
　　　吉田　愛(交野・第四中3年)「晴天」
　　　上野　彩(大阪府立四條畷高1年)「門」
　　　西岡　彩乃(大阪府立四條畷高3年)「深海、青い色の宝石」
第29回(平18年)
　◇特選
　　　吉田　楓(交野・妙見坂小2年)「本」
　　　高瀬　直美(交野・岩船小5年)「寒げい古」
　　　櫻井　美月(交野・倉治小6年)「たまらない」
　　　上野　弘樹(交野・第二中1年)「追憶」
　　　堂馬　瑞希(大阪府立寝屋川高2年)「誰にもわからない世界」
第30回(平19年)
　◇特選
　　　長江　優希(交野・妙見坂小3年)「いもほり」
　　　埜辺　綾香(交野・星田小5年)「登山」
　　　岡田　哲志(交野・第三中2年)「π(パイ)」
　　　橋本　孝平(交野・第四中3年)「きれいなもの」
　　　上野　彩(大阪府立四條畷高3年)「月極駐輪場」
　　　渡部　真理奈(東京・明星高3年)「帰路」

I 文学

第31回(平20年)
◇特選
　大矢 涼太郎(交野・倉治小1年)「一年生」
　戸田 桃香(交野・長宝寺小1年)「つたえたい」
　瀬川 愛(交野・私市小6年)「人生」
　上野 弘樹(交野・第二中3年)「原点」
　橋本 孝平(大阪府立交野高1年)「ある棒人間」

028 学研児童文学賞（学研児童ノンフィクション文学賞）

学習研究社が昭和43年に創設した賞。第1回は「学研児童ノンフィクション文学賞」といい、第2回から「学研児童文学賞」と改称された。作品は単行本として刊行。第5回で中止。
【主催者】学習研究社
【選考基準】応募の未発表作品の中から選んで与える
【賞・賞金】賞金30万円

第1回(昭44年)
◇準入選
　原田 一美「ホタルの歌」
　林楯 保「北緯三十八度線」
第2回(昭45年)
◇ノンフィクション・準入選
　森 のぶ子「山かげの道」
　永冶 さか枝「リッキーは何処」
◇フィクション　皆川 博子「川人」

第3回(昭46年)
◇ノンフィクション　羽生 操「太平洋のかけ橋」
◇フィクション　永井 順子「海のあした」
第4回(昭47年)　水上 美佐雄「まぼろしのちょう」
第5回(昭48年)　該当作なし

029 カネボウ・ミセス童話大賞（ミセス童話大賞）

女性に童話を書く楽しさをと願って、雑誌「ミセス」の創刊20周年を記念して企画された。第3回より「ミセス童話大賞」を「カネボウ・ミセス童話大賞」と改称。第18回をもって終了。
【主催者】文化出版局・雑誌「ミセス」
【選考委員】(第18回)あまんきみこ(作家)，落合恵子(作家)，角野栄子(作家)，三木卓(詩人・作家)，鯛嘉行(文化出版局局長)
【選考方法】公募
【選考基準】〔資格〕女性に限る。プロ・アマ、未婚・既婚、国籍不問。〔対象〕テーマは問わないが、幼児及び小学校低学年生が読める内容の童話、日本語の未発表の創作(翻訳不可)。〔原稿〕400字詰原稿用紙14枚から17枚
【締切・発表】(第18回)平成10年3月31日締切(当日消印有効)，「ミセス」平成10年10月号誌上にて発表
【賞・賞金】大賞(1編)：賞状と賞金100万円，優秀賞(3編)：賞状と賞金各30万円，入選(若干編)：賞状と記念品，入賞作の著作権は文化出版局に帰属し、賞金には後日、単行本として文化出版局が出版した場合の著作権使用料を含む

第1回（昭56年）　北原 樹「くろねこパコのびっくりシチュー」
　◇優秀賞
　　　佐々 潤子「赤いくし」
　　　和田 安里子「えどいちの夢どろぼう」
　　　原田 英子「ひろ君のおばけたいじ」
第2回（昭57年）　岡沢 真知子「くまさんのくびかざり」
　◇優秀賞
　　　永松 輝子「寒山さん拾得さん」
　　　松岡 節「もしもしどろぼうくん」
第3回（昭58年）　吉田 春代「いなりのかみとほらふきごいち」
第4回（昭59年）　鈴木 幸子「ふしぎな日記帳」
　◇優秀賞
　　　鈴木 鋑子「もんたのはなよめ」
　　　田中 八重子「チビの努力も水のあわ」
　　　青山 史「天狗がくれた四つの玉」
第5回（昭60年）　いかい みつえ「おじいちゃんのひみつ」
第6回（昭61年）　かねこ かずこ「ペンキやさんの青い空」
第7回（昭62年）　今野 和子「だって，ボクの妹だもん」
第8回（昭63年）　藤田 富美恵「うんどう会にはトピックス！」
第9回（平1年）　吉原 晶子「ふとんだぬきのぼうけん」
第10回（平2年）　中尾 三十里「かいじゅうパパ」
第11回（平3年）　石神 悦子「お客さまはひいおばあちゃん」
第12回（平4年）　渡辺 とみ「なべのふた」
第13回（平5年）　加来 安代「おなべがにげた」
第14回（平6年）　よもぎ 律子「けいこ先生のほけんしつ」
第15回（平7年）　ながまつ ようこ「おまけはおばけ」
第16回（平8年）　広瀬 麻紀「招待状はヤドカリ」
第17回（平9年）　上野 恵子「フライパンとダンス」
第18回（平10年）　橋谷 桂子「コッコばあさんのおひっこし」

030　北川千代賞

　故北川千代の業績を記念し，創作児童文学の分野に新風を吹きこむ目的で，日本児童文学者協会により，昭和44年に創設された賞で，従来の少女小説という制限をはずし，広く児童文学全般を対象とするようになった。第14回の授賞をもって中止。
【主催者】日本児童文学者協会
【選考委員】岩崎京子，北川幸比古，木暮正夫，生源寺美子，槻野けい
【選考方法】公募
【選考基準】〔対象〕創作児童文学一般。〔資格〕創作単行本を世に送っていないこと，自費出版によるものはさしつかえない。未発表生原稿と，同人誌推薦作品（一誌一作品，雑誌の責任者による推せん文が必要）。〔原稿〕短編は400字詰原稿用紙30〜50枚，長編は400字詰原稿用紙200〜300枚
【締切・発表】第12回は昭和56年1月31日締切
【賞・賞金】賞金10万円

第1回（昭44年）　遠藤 寛子「ふかい雪の中で」
第2回（昭45年）　該当作なし
　◇佳作　中島 信子「薫は少女」
第3回（昭46年）　該当作なし
第4回（昭47年）　槻野 計子「生きていくこと」
第5回（昭48年）　該当作なし
　◇佳作
　　　佐藤 真佐美「マンガの世界」
　　　班目 俊一郎「山羊の誕生」
第6回（昭49年）　該当作なし
　◇佳作
　　　中村 新「そしてあしたに」
　　　黒沢 玲子「雪のふる日のザボン」
第7回（昭50年）　該当作なし
　◇佳作　高橋 蝶子「カロンの舟に祈りをのせて」
第8回（昭51年）　該当作なし
　◇佳作

　　　　柴村 紀代「若きごめ達の出発」
　　　　木村 幸子「いつの日か私も」
　　　　九鬼 紀「少女の四季」
第9回(昭52年)　該当作なし
　◇佳作
　　　　糸川 京子「ハーイ・ニッポン」
　　　　松岡 一枝「わたしのピーター」
　　　　上地 ちづ子「ブーゲンビリアの国」
第10回(昭53年)　該当作なし
　◇佳作
　　　　大井 公子「白い封筒」
　　　　中川 なおみ「夜汽車の見える坂道」
　　　　和田 みちこ「まき子さんの秋」
第11回(昭54年)　該当作なし
　◇入選
　　　　伊沢 由美子「海と街の日」
　　　　井上 寿彦「田園詩人はどこへ行く」
　◇奨励作品賞
　　　　逢坂 美智子「トンネルのむこうがわ」
　　　　笹岡 久美子「樹」

　　　　和田 勝恵「新しい絵」
第12回(昭55年)　該当作なし
　◇奨励賞
　　　　森 百合子「おばさん塾」
　　　　野田 道子「陽炎の家」
　　　　森 ミツ子「花こぶしの春を待つ」
　　　　中野 裕生「ビルのジェット・コースター」
第13回(昭56年)　該当作なし
　◇佳作
　　　　安藤 孝則「竹の小屋」
　　　　菅原 善吉「雪原をいく馬」
　◇奨励作品賞
　　　　今関 信子「まじょかあさん空をとぶ」
　　　　和田 勝恵「オレンジ色の星の出る日」
第14回(昭57年)　該当作なし
　◇佳作
　　　　鶴島 美智子「素の夏」
　　　　箕浦 敏子「マリアさん虹がみえますか」

031 北日本児童文学賞

　子どもたちの心の糧となる個性豊かな作品の創造, 作家の発掘を目的に, 平成15年に創設。

【主催者】北日本新聞社

【選考委員】那須正幹(日本児童文学者協会会長, 児童文学作家)

【選考方法】公募

【選考基準】〔対象〕題材自由。ただし小学校高学年までの読者を対象にした内容とし, 未発表作品に限る。〔資格〕不問。〔原稿〕400字詰め原稿用紙に縦書きで上限30枚(ワープロ原稿は20字×20行の印字とする)

【締切・発表】(第6回)平成20年6月30日締切(消印有効), 平成20年11月4日北日本新聞朝刊紙上にて発表(作品全文とともに)

【賞・賞金】最優秀賞1編：記念盾と副賞50万円, 優秀賞2編：記念盾と副賞10万円

【URL】http://www.kitanippon.co.jp/pub/hensyu/juvenile/

第1回(平15年)
　◇最優秀賞　緑川 真喜子(東京都在住)「ごくらく観音おんせん」
　◇優秀賞
　　　　石川 太幸(高知県在住)「さようならカア公」
　　　　本木 勝人(東京都在住)「陣兵衛太鼓」
第2回(平16年)
　◇最優秀賞　野澤 恵美(埼玉県在住)「天の川をこえて」
　◇優秀賞

　　　　富須田 葉呂比(大阪府在住)「夏休みと弟と子犬」
　　　　坂本 幹太(京都市在住)「虹の向こう」
第3回(平17年)
　◇最優秀賞　桃通 ユイ(徳島市在住)「海を見る少年」
　◇優秀賞
　　　　うつぎ みきこ(海老名市在住)「ブレンドファミリー」
　　　　なかい じゅんこ(富山市在住)「まほろしいけ」

第4回(平18年)
　◇最優秀賞　吉村 健二(埼玉県在住)「のぼり綱、くだり綱」
　◇優秀賞
　　　阪口 正博(京都府在住)「スローランニング」
　　　権藤 力也(東京都在住)「星探し」
第5回(平19年)
　◇最優秀賞　麻丘 絵夢(神奈川県在住)「ねこふんじゃった」
　◇優秀賞

　　　秋津 信太郎(札幌市在住)「ファミリア」
　　　西村 すぐり(広島市在住)「コナツのおまもり」
第6回(平20年)
　◇最優秀賞　北詰 渚(神奈川県在住)「ぼくは携帯犬ミルク」
　◇優秀賞
　　　もりお みずき(沖縄県在住)「真夜中バースデー」
　　　蒼沼 洋人(東京都在住)「ちっち・ちっぷす」

032 岐阜県文芸祭作品募集

「自然と人間」を基本テーマに、9部門で文学的視点からのふるさと岐阜の再発見とイメージの高揚を図るとともに、文芸創作活動の充実を目的とする。平成11年は第14回国民文化祭ぎふ99開催のため一時休止した。創作(児童文学)部門は第5回より新設。

【主催者】(財)岐阜県教育文化財団

【選考委員】(第17回)高井泉、高橋健(小説)、角田茉瑳子、船坂民平(児童文学)、浅野弘光、柴田由乃(随筆)、松下のりを、山中以都子(詩)、三木秀生、道下淳(飛騨美濃じまん)、桑田靖之、後藤すみ子、中野たみ子(短歌)、大畑峰子、小栗童魚、若井菊生(俳句)、大島凪子、小林映汎、遠山登(川柳)、二世梅香軒佳翠、二世卜谷亭爽風(狂俳)、瀬尾千草、竹内昭子、水野隆(連句)

【選考方法】公募

【選考基準】1部門につき、1人1編または1組とし、日本語で書かれた未発表の作品に限る。〔資格〕不問。ただし、国際特別賞の対象は日本在住の外国人のみとする。〔原稿〕創作:小説は400字詰原稿用紙で本文60枚以内、児童文学は400字詰原稿用紙で本文30枚以内。随筆:400字詰原稿用紙で本文5枚以内。詩:400字詰原稿用紙で本文30行以内。短歌:1組3首以内。俳句・川柳:1組3句以内。狂俳:1組狂俳課題各題1句詠3句以内(岐阜調狂俳による)。連句:1編短歌行(24句)。飛騨美濃じまん:400字詰原稿用紙で本文4枚以内。岐阜県の自慢話や魅力を伝える作品であれば、ジャンルは自由。〔応募料〕1編または1組につき1000円・飛騨美濃じまん部門のみ無料

【締切・発表】(第17回)平成20年9月30日締切、発表は平成21年2月直接通知

【賞・賞金】文芸大賞・創作部門(小説・児童文学)(各1点):賞金5万円、随筆・詩・連句部門(各1点):賞金2万5千円、短歌・俳句・川柳・狂俳部門(各1点):賞金1万円。優秀賞・創作(小説・児童文学)・随筆・詩・連句部門(各2点):賞金1万円、短歌・俳句・川柳・狂俳部門(各2点):賞金5千円。飛騨美濃じまん賞(10点):5千円相当の県産品(飛騨美濃じまん部門のみ)

【URL】http://www.g-kyoubun.or.jp/jimk/

第5回(平7年度)
　◇創作(児童文学)　清水 智恵子「コボと弥平さん」
第6回(平8年度)
　◇創作(児童文学)　該当者なし
第7回(平9年度)
　◇創作(児童文学)　該当者なし

第8回(平10年度)
　◇創作(児童文学)　該当者なし
第9回(平12年度)
　◇創作(児童文学)　該当者なし
第10回(平13年度)
　◇創作(児童文学)　該当者なし

第11回(平14年度)
　◇創作(児童文学)　該当者なし
第12回(平15年度)
　◇文芸大賞
　　● 創作(児童文学)　小森 波鏤子
第13回(平16年度)
　◇文芸大賞
　　● 創作(児童文学)　細江 隆一
第14回(平17年度)
　◇文芸大賞
　　● 創作(児童文学)　伊藤 勇作

第15回(平18年度)
　◇文芸大賞
　　● 創作(児童文学)　伊藤 勇作
第16回(平19年度)
　◇文芸大賞
　　● 創作(児童文学)　堀江 慎吉
第17回(平20年度)
　◇文芸大賞
　　● 創作(児童文学)　松本 幸久

033 恐竜文化賞〔恐竜ものがたり部門〕

　恐竜を題材にした新しい児童文学・絵本がたくさん生まれ，子どもたちの恐竜へのイメージが広がり，いっそう魅力的な存在になることを願う。併せて，恐竜化石発掘日本一の「恐竜王国 福井・勝山市」を広くアピール，イメージアップにつなげたいと創設された。第2回は絵本と童話を募集する「恐竜ものがたり部門」，中学生以下による絵と短い文章を募集する「絵め〜る部門」の2部門で行われた。

【主催者】勝山市教育委員会
【選考委員】(第2回)竹内均(東大名誉教授)，小松左京(SF作家)，たかしよいち(児童文学者)，ヒサクニヒコ(漫画家)，高畠純(絵本作家)
【選考方法】公募
【選考基準】〔対象〕恐竜をテーマとした絵本と童話。オリジナル作品で，未発表のもの。1人1作品。〔資格〕高校生以上。〔原稿〕(絵本)タイトル1ページと本文11見開きか15見開き。文章は絵にかけたトレーシングペーパー上に記入。(童話)400字詰原稿用紙5〜10枚以内。ワープロの場合は，B5判に20字詰で印字
【締切・発表】平成12年1月31日(当日消印有効)締切，平成12年6月下旬発表
【賞・賞金】(絵本・童話各部門ごとに)大賞(1点)：トロフィー，副賞賞金50万円，優秀賞(5点)：トロフィー，副賞賞金20万円，入賞(10点)：トロフィー，副賞賞金3万円。応募者の中から，抽選で150人に記念品。出版にふさわしい入賞作品は，本にして出版予定
【URL】http：//www.city.katsuyama.fukui.jp

第1回(平7年)
　◇創作部門
　　● 大賞　沢田 俊子(大阪府堺市)「桃色ハートその子リュウ」(児童文学)
　　● 優秀賞
　　　遠山 繁年(東京都府中市)「ひとりぼっちのきょうりゅうくん」(絵本)
　　　長谷川 洋子(愛知県知多市)「ぼくたちのトリケラトプス」(児童文学)
　　　大塚 順子(福岡県福岡市)「地球はぼくらのたからもの」(児童文学)
　　　前田 陽一(東京都町田市)「砂漠のダック」(児童文学)
　　　斎藤 淳(東京都八王子市)「きょうりゅうみーつけた」(絵本)
　◇小・中学生部門
　　● 大賞　勝木 俊臣(福井県)「恐竜学者になりたい」
　　● 優秀賞
　　　大谷 菜穂子(神奈川県)「恐竜の木」
　　　山下 亜津紗(兵庫県)「ある日チビがいたよ」
　　　石田 沙織(岡山県)「人は恐竜を見た!?」
　　　斉藤 衣呂葉(福井県)「恐竜大好きな弟」
　　　宮本 真弥(長野県)「きょうりゅう大ぼうけん」

第2回（平12年）
　◇恐竜ものがたり部門（絵本）
　　● 大賞　地引 尚子（東京都）「どんなもよう？」
　　● 優秀賞
　　　池田 祐介（大分県）「きょうりゅうのうた」
　　　板谷 諭使（北海道）「ピッピのたからもの」
　　　杉本 千穂（福岡県）「遺伝子の記憶」
　　　曽田 文子（新潟県）「キングのやま」
　　　山本 ひまり（滋賀県）「へんてこきょうりゅうずかん」

◇恐竜ものがたり部門（童話）
　● 大賞　該当作なし
　● 優秀賞
　　岩村 留美子（東京都）「たまごのなかみ」
　　小野 靖子（岡山県）「恐竜メガネ」
　　馬場 みどり（大阪府）「恐竜フード」
　　比嘉 稔（沖縄県）「百万年後の夕陽」
　　実川 美穂（福岡県）「あの日、海で」
　　森山 聡子（愛媛県）「産休に来たサンキュー先生・〜生きていたアリガタ竜〜」

034　虚子生誕記念俳句祭（高浜虚子顕彰俳句大賞）

　21世紀のキーワード「自然と人間との共生」を俳句を通し追求して行きたいと考え，虚子記念文学館を拠点とし俳句を募集し，虚子を顕彰していくもの。文化復興イベントとして平成10年に開催された「芦屋国際俳句フェスタ」を受け，平成12年より「芦屋国際俳句祭」を開催。平成20年から「虚子生誕記念俳句祭」として開催。

【主催者】（財）虚子記念文学館
【選考委員】（第2回)稲畑汀子，稲畑廣太郎，坊城俊樹
【選考方法】公募
【選考基準】〔対象〕未発表の俳句に限る。一般の部，青少年の部（18歳未満，高校生以下），海外の部がある。〔応募規定〕一般の部は2句1組で，投句料1000円。所定の用紙で郵送に限る
【締切・発表】秋頃に募集要項を発表し募集する。2月に開催される虚子生誕記念俳句祭表彰式にて発表する
【賞・賞金】虚子生誕記念俳句大賞ほか。各賞に賞状
【URL】http：//www.kyoshi.or.jp/

【これ以前は，004「芦屋国際俳句祭」を参照】

第1回（平20年）
　◇青少年の部
　　● 虚子生誕記念俳句大賞　柚木 克仁（兵庫県芦屋市立山手小学校2年）「サングラスかけてもやっぱりお父さん」
　　● 虚子生誕記念俳句奨励賞
　　　西村 孝志（兵庫県クラーク記念国際高等学校芦屋キャンパス2年）「秋の夜に耳をすませば森の歌」
　　　坂井 育衣（愛媛県上島町立弓削中学校3年）「運動会炎のごとく一瞬で」

035　クレヨンハウス絵本大賞（ペーパーナイフ絵本賞）

　オリジナリティあふれる新人絵本作家の誕生を期待して設立された。第3回まではペーパーナイフ絵本賞，第4回よりクレヨンハウス絵本大賞に改称。のち終了。

【主催者】クレヨンハウス

クレヨンハウス絵本大賞

【選考委員】落合恵子(クレヨンハウス主宰者)，子どもの本の専門店の代表者，子どもの本の出版社編集長，月刊「クーヨン」編集長
【選考方法】公募
【選考基準】〔資格〕絵と文とも同一作家の未発表作品に限る(テーマ自由，文字なし絵本も可)。〔判型〕自由〔規格〕4の倍数ページ 本の形で提出(製本の方法は，自由)
【締切・発表】毎年8月31日締切，11月1日クレヨンハウス東京店店頭，月刊「クーヨン」1月号誌上にて発表。作品優秀者には，講評をつけて直接通知
【賞・賞金】絵本大賞(1編)賞状及び副賞30万円。他に，最優秀作品賞，優秀作品賞(賞状及び副賞)，佳作，努力賞(賞状及び記念品)などを選定する

第1回(昭54年)
　◇大賞　該当作なし
　◇最優秀作品賞　該当作なし
　◇優秀作品賞　該当作なし
第2回(昭55年)
　◇大賞　該当作なし
　◇最優秀作品賞　該当作なし
　◇優秀作品賞
　　　やすおか みなみ〔作・絵〕「月夜」
　　　永森 ひろみ「プルルックおじさん」
　　　秦 芳子「ゆうやけのうま」
第3回(昭56年)
　◇大賞　該当作なし
　◇最優秀作品賞　榛葉 莟子「おヨメさんの夢」
　◇優秀作品賞
　　　加藤 孝子「ぼくらのたのしみ」
　　　成島 まさみ「魔法使いの帽子」
　　　高橋 由為子「ねむりひつじのほしへ」
第4回(昭57年)
　◇大賞　該当作なし
　◇最優秀作品賞　該当作なし
　◇優秀作品賞　加藤 タカコ「森はしづかな昼さがり」
第5回(昭58年)
　◇大賞　該当作なし
　◇最優秀作品賞　該当作なし
　◇優秀作品賞
　　　阪上 吉英「パノラマアイランド」
　　　川瀬 紀子「だれが赤い実をたべたか」
　　　榛葉 莟子「星いっぱいの夜の空」
第6回(昭59年)
　◇大賞　該当作なし
　◇最優秀作品賞　該当作なし
　◇優秀作品賞
　　　杉山 伸「ごめんねペケ」
　　　後藤 裕子「MISSマリリンの休日」
　　　中神 幸子「ぼくの好きな昼さがりの冒険」

第7回(昭60年)
　◇大賞　該当作なし
　◇最優秀作品賞　大森 真貴乃「どろぼうとおまわりさん」
　◇優秀作品賞
　　　谷岡 美香「ぼくはふつかめのいちねんせい」
　　　加藤 育代「おばあちゃんだいすき」
第8回(昭61年)
　◇大賞　該当作なし
　◇最優秀作品賞　武田 美穂「あしたえんそく」
　◇優秀作品賞
　　　武田 美穂「ぼくのきんぎょをやつらがねらう」
　　　杉山 伸「すすめみつごのおばけたち」
第9回(昭62年)
　◇大賞　該当作なし
　◇最優秀作品賞　磯貝 由子「ぼくがばく」
　◇優秀作品賞
　　　田村 勝彦「ギネスじじい」
　　　中西 伸司「おさかなくんもうたべていいかい」
第10回(昭63年)
　◇大賞　該当者なし
　◇優秀作品賞
　　　木村 良雄「朝おきたら」
　　　広瀬 克也「おとうさんびっくり」
　◇優良作品賞
　　　柏谷 悦子「床屋でもらった最後のガムは」
　　　鈴木 由起「LET'S ALPHABET」
第11回(平1年)　該当作なし
　◇最優秀作品賞　木村 良雄(京都府)「僕のお父さん」
　◇優秀作品賞
　　　鈴木 英治(愛知県)「すいか」
　　　若杉 裕子(茨城県)「おとうさんのあかい目」
　　　内田 カズヒロ(東京都)「かえりみち」

第12回(平2年)　該当作なし
　◇最優秀作品賞　相野谷 由起(神奈川県)「ヒヤシンス・ホリディ」
　◇優秀作品賞
　　　坂井 洋子(大阪府)「ぽんぽんだんちのこどもたち」
　　　若杉 裕子(東京都)「ぼくがニコだよ」
第13回(平3年)　該当作なし
　◇最優秀作品賞　該当作なし
　◇優秀作品賞
　　　鈴木 英治(愛知県)「すいすいすいまあ」
　　　若杉 裕子(東京都)「土のたんけんか」
第14回(平4年)　該当作なし
　◇最優秀作品賞　木村 良雄(京都府)「大うさぎの夜」
　◇優秀作品賞
　　　広瀬 剛(神奈川)「慣用句物語」
　　　春田 香歩(東京都)「だっこれっしゃ」
　　　奥村 憲司(大阪府)「くそおやじ」
　　　今野 順子(東京都)「REM」
第15回(平5年)　該当作なし
　◇最優秀作品賞　該当作なし
　◇優秀作品賞
　　　月田 恵美(山形県)「どこまでもつづくよ」
　　　やまもと たかし(大阪府)「どっかり橋狂奏曲(ラプソディー)」
第16回(平6年)　該当作なし

◇最優秀作品賞　該当作なし
◇優秀作品賞
　　　北山 由利子(兵庫県)「いちごジャム半分」
　　　こじま しほ(岐阜県)「にょろろろー」
第17回(平7年)　該当作なし
　◇最優秀作品賞　該当作なし
　◇優秀作品賞　ぜん まなみ(大阪府)「ビバ・エヴリバディ」
第18回(平8年)　該当作なし
　◇最優秀作品賞　該当作なし
　◇優秀作品賞　該当作なし
第19回(平9年)　該当作なし
　◇最優秀作品賞　該当作なし
　◇優秀作品賞
　　　こばやし ゆかこ(神奈川県)「おおきなまる」
　　　ほり なおこ(東京都)「まるマル コンパスの穴」
第20回(平10年)　該当作なし
　◇最優秀作品賞　該当作なし
　◇優秀作品賞
　　　いまい やすこ(大阪府)「おばあちゃんちは, ぼくのはだらけ」
　　　菊池 亜紀子(福岡県)「クックケーククッキング」
　　　ほり なおこ(東京都)「あらあらロボット君」

036　群馬県文学賞

　群馬県における文学活動の振興をはかるため, 昭和38年に創設した賞。児童文学部門は第7回より新設。
【主催者】群馬県, 群馬県文学会議, 群馬県教育文化事業団
【選考委員】(平成20年度)〔短歌部門〕井田金次郎, 越澤忠一, 髙橋誠一, 萩原康次郎, 阿部栄蔵〔俳句部門〕関口ふさの, 中里麦外, 松本夜詩夫, 吉田銀葉, 吉田未灰〔詩部門〕大橋政人, 斎田朋雄, 曽根ヨシ, 長谷川安衛, 梁瀬和男〔小説部門〕三澤章子, 石井昭子, 並木秀雄, 長谷川吉弘, 森猛〔評論・随筆部門〕小西敬次郎, 佐野進, 関口克巳, 野口武久, 林政美〔児童文学部門〕浅川じゅん, 栗原章二, 志村甲郎, 深代栄一
【選考方法】公募
【選考基準】〔資格〕1年以上県内に居住する者で過去に県文学賞を受賞していない者。〔対象〕前年7月1日から, 本年6月30日までの間に印刷物の形で発表・刊行されたもの。短歌, 俳句, 詩, 小説(戯曲を含む), 随筆, 評論, 児童文学の各部門。〔原稿〕短歌30首, 俳句30句, 詩(童謡・童詩も含む)5編, その他は特に制限なし
【締切・発表】8月15日締切, 10月中に報道機関を通じて発表。授賞式は群馬県民芸術祭顕彰の一環として行う
【賞・賞金】賞状, 賞金10万円及び記念品, 受賞作は別途作品集として刊行予定

【URL】http://www.gunmabunkazigyodan.or.jp/

第7回（昭44年）
　◇児童文学　久保田 昭三「消えたカナリヤ」
第8回（昭45年）
　◇児童文学　該当作なし
第9回（昭46年）
　◇児童文学　橋本 由子「ミノガミナ」
第10回（昭47年）
　◇児童文学　阿部 淳一「ほんとかな」他6篇
第11回（昭48年）
　◇児童文学　行方 勇「いつか奇蹟が」
第12回（昭49年）
　◇児童文学　小林 育三「ミズチの宝」
第13回（昭50年）
　◇児童文学　若林 群司「ひばりの子」
第14回（昭51年）
　◇児童文学　角田 林「さわがにの母（おや）子」
第15回（昭52年）
　◇児童文学　大谷 博子「みいちゃんのおたんじょう」
第16回（昭53年）
　◇児童文学　佃 千恵「ゆきちゃん」
第17回（昭54年）
　◇児童文学　浅川 じゅん「なきむし魔女先生」
第18回（昭55年）
　◇児童文学　吉井 享一「てっちゃん，とうさんとたたかう」
第19回（昭56年）
　◇児童文学　ながおか すすむ「水もれかいじゅうやっつけろ」
第20回（昭57年）
　◇児童文学　みよし せつこ「風が光る頃」
第21回（昭58年）
　◇児童文学　松崎 寛「白滝姫物語」
第22回（昭59年）
　◇児童文学　小此木 美代子「雷」
第23回（昭60年）
　◇児童文学　峰岸 幸恵「小鳥の冬」
第24回（昭61年）
　◇児童文学　門倉 勝「チェンマイのシンデレラ」
第25回（昭62年）
　◇児童文学　中庭 房枝「白い宝石」
第26回（昭63年）
　◇児童文学　小野 一利「笛と馬」
第27回（平1年）
　◇児童文学　栗原 章二「菜の花の島」

第28回（平2年）
　◇児童文学　深代 栄一「時間まで」
第29回（平3年）
　◇児童文学　原 洋太郎「月の浜辺」
第30回（平4年）
　◇児童文学　飯島 厚伯「モレの行く道の遠かった」
第31回（平5年）
　◇児童文学　丹羽 はる子「ばらぐみのタァちゃん」
第32回（平6年）
　◇児童文学　仲利 保子「利子の自転車ものがたり」
第33回（平7年）
　◇児童文学　篠原 みずほ「俺ひとりキツネぎゃ～る」
第34回（平8年）
　◇児童文学　吉田 正保「母さんのにおい」
第35回（平9年）
　◇児童文学　片山 貞一「おっちょこがんちゃんひとり旅」
第36回（平10年）
　◇児童文学　前原 幸太郎「海ボタル」
第37回（平11年）
　◇児童文学　間野 久美子「グリンピース」
第38回（平12年）
　◇児童文学　花野 なずな「花子狐の恩返し」
第39回（平13年）
　◇児童文学　峯岸 英子「古美術商『古美』」
第40回（平14年）
　◇児童文学　星 瑛子「ばぁばの『たから物』」
第41回（平15年）
　◇児童文学　五十嵐 いずみ「ふるさとっていいもんだ」（ほか）
第42回（平16年）
　◇児童文学　深山 花流「リネットの風」
第43回（平17年）
　◇児童文学　飯島 和子「夕ぐれを帰るからすの群れ」
第44回（平18年）
　◇児童文学　小渕 賢一「風にのって」
第45回（平19年）
　◇児童文学　山田 葉子「南の島のクロウサギ」
第46回（平20年）
　◇児童文学　宮下 木花「宮下木花12歳童話集」

037 月刊MOE童話大賞（絵本とおはなし新人賞）

新人の発掘と育成を目的として、偕成社およびMOE出版により創設された。第1回は絵本とおはなし新人賞、第2回目以降は月刊絵本とおはなし新人賞、第6回以降は月刊MOE童話大賞（絵本部門廃止）と改称される。平成2年「月刊MOE」の発行元が白泉社に移り、第10回で中断。再開の予定は未定。

【主催者】白泉社
【選考委員】寺村輝夫、西本鶏介、山下明生、末吉暁子
【選考方法】公募
【選考基準】〔対象〕創作童話。〔資格〕未発表原稿（同人誌掲載作品は可）〔原稿〕（A部門）小学2年以下を読者対象としたもの。400字詰原稿用紙30枚以内。（B部門）小学3年以上、同100枚以内。原稿返却はしない
【締切・発表】締切は毎年3月31日（当日消印有効）、入選作は月刊「MOE」10月号に発表
【賞・賞金】MOE童話大賞（1編）賞金30万円、MOE童話賞（2編）賞金10万円、他に選外佳作を選定することがある

第1回（昭55年）
　◇絵本部門（優秀賞）　該当作なし
　◇絵本部門（推奨）　米田 かよ「あかいサンダル」「くいしんぼうウサギ」
　◇童話部門（優秀賞）　加藤 ますみ「ポン太のじどうはんばいき」
　◇童話部門（推奨）
　　　鈴木 利恵子「ラビ、逃げないで!!」
　　　平田 圭子「きいろい、ふわりん」
第2回（昭56年）
　◇絵本部門（優秀賞）　三島木 正子「やさいばたけで」
　◇絵本部門（推奨）
　　　秦 芳子「ゆうくんのぶわぶわふうせん」
　　　寺山 圭子「あっぷるぱいにあつまったありさん」
　◇童話部門（優秀賞）　平野 京子「魔法のつえ」
　◇童話部門（推奨）
　　　生田 きよみ「さんすうなんかだいきらい」
　　　松本 梨江「らっしゃい！」
第3回（昭57年）
　◇絵本部門（優秀賞）　該当作なし
　◇絵本部門（推奨）
　　　しばはら ち「みんなにげたよ！」
　　　たなか なおき「とおい国から」
　　　山田 ゆみ子「なんになるの」
　◇童話部門（優秀賞）　松林 純子「二年四組へようこそ」
　◇童話部門（推奨）
　　　須藤 さちえ「ねこ月の三十二日」
　　　吉田 純子「つみきの『る』は、るびいの『る』」
第4回（昭58年）
　◇絵本部門（優秀賞）　該当作なし
　◇絵本部門（推奨）
　　　浜本 やすゆき「ぼくのひみつ」
　　　TETSU「とってもてんき」
　　　原田 ヒロミ「まだまだ」
　◇童話部門（優秀賞）　該当作なし
　◇童話部門（推奨）
　　　坂井 のぶこ「ペローとバッフェル」
　　　竹内 紘子「ネズミとおナキばあさん」
　　　小泉 玻瑠美「メジロ」
第5回（昭59年）
　◇絵本部門（優秀賞）　うちべ けい「はらぺこのごきぶりくんのひとりごと」
　◇絵本部門（推奨）
　　　荒牧 幸子「おーいうさぎさーんどこにいるの」
　　　脇谷 節子「ぼくのおはなし」
　◇童話部門（優秀賞）　森住 ゆき「小鳥の冬」
　◇童話部門（推奨）
　　　暁 蓮花「毛皮のコート」
　　　永倉 真耶「猫に守り星はない」
第6回（昭60年）
　◇童話大賞　長井 るり子「わたしのママはママハハママ」
　◇童話賞
　　　吉田 浩「吉田ひろしクラブ」
　　　たかね みちこ「カーテン」
第7回（昭61年）
　◇童話大賞　該当作なし
　◇童話賞

原田 みどり「二人のカオル」
山口 真奈「ある日とつぜん宇宙人」
天野 はるみ「ぼくとピーすけと友だち」

第8回(昭62年)
◇童話大賞 街原 めえり「エムおばさんとくま」
◇童話賞
吉田 桂子「おはらい箱」
阿佐川 麻里「こことは別の場所」

第9回(昭63年)
◇童話大賞
増田 明子「くしゃみくしゃくしゃーぼくの日記」
阿佐川 麻里「やがて, まあるく」

第10回(平1年)
◇童話大賞 佐藤 多佳子「サマータイム」
◇童話賞
やまち かずひろ「のろいのしっぽ」
芦辺 隆「バウア・デ・バウア」

038 献血俳句コンテスト

献血者の確保及び主に若年層(献血の次世代を担う層)に対する献血への理解促進を目的として平成14年創設。「献血に関する俳句」(生命, 愛, 友情, 助け合い, 感動など)をテーマとして, 献血について思うこと, 感じたことを表現した俳句を求める。第4回まで行われた後, 平成18年度から「いのちと献血俳句コンテスト」に賞名を変更し, 回次も改めた。

【主催者】日本赤十字社関東甲信越血液センター
【選考委員】黛まどか(俳人)
【選考方法】公募
【選考基準】〔資格〕不問。〔対象〕東京・神奈川・千葉・埼玉・群馬・茨城・栃木・新潟・山梨在住の方。部門は個人部門:小学生低学年の部, 小学生高学年の部, 中学生の部, 高校生の部, 一般の部。ペア部門:2名で同じ季語を使った2作品まとめての応募で, ペアは自由。団体部門:小学校の部, 中学校の部, 高等学校の部。〔原稿〕専用はがき, 官製はがき, FAX(A4サイズ), インターネット(ホームページ), 携帯電話で応募。ひとり何点でもよい。点字での応募は封書で受付。〔応募規定〕有季定型とし, 季語及び季(春・夏・秋・冬・新年)を明記のこと。未発表の作品に限る。
【締切・発表】(第4回)募集期間は平成17年10月1日〜平成18年1月16日。入賞者には平成18年2月上旬に通知, 表彰式2月26日
【賞・賞金】献血俳句大賞(1作品), 審査員特別賞(1作品), テレビ東京賞(1作品), ピカチュウ賞(2作品), 最優秀賞(5作品), 優秀賞(計36作品), ペア賞(9ブロックより各1組), 団体賞:(小学校・中学校・高等学校の部9ブロック優秀校より各1校), 入選(計180作品)

【これ以降は, 010「いのちと献血俳句コンテスト」を参照】

039 現代詩加美未来賞 (現代詩中新田未来賞, 加美未来賞)

「夢 海をめざし 愛 ふるさとに帰る 鮎の凛烈 川よ語れ」という町民憲章をもつ中新田町(現・加美町)が, 詩を通して, 若鮎のような新しい精神が生まれてほしいという願いを込めて制定。平成15年合併により, 町名が中新田町から加美町に変更されたのに伴い賞名を変更した。第16回(平成18年度)をもって終了。

【主催者】加美町

【選考方法】公募

第1回(平3年)
- ◇中新田若鮎賞　渡辺 真也(松阪市, 松江小4年)「おにぎり」
- ◇中新田あけぼの賞　中川 さや子(香川県津田町, 鶴羽小4年)「じいちゃんの戦争」
- ◇落鮎塾若鮎賞　白鳥 創(宮城県中新田町, 中新田小3年)「じかん」

第2回(平4年)
- ◇中新田若鮎賞　麻生 哲彦(大分県三重町)「竹」
- ◇中新田あけぼの賞　木村 美紀子(島根県津和野町)「白い布」
- ◇落鮎塾若鮎賞　川地 雅世(京都市左京区)「春のじかん」

第3回(平5年)
- ◇中新田若鮎賞　山口 真澄(五所川原市)「先生VSコンバイン」
- ◇中新田あけぼの賞　佐々木 麻由(五所川原市)「東京」
- ◇落鮎塾若鮎賞　箕輪 いづみ(横浜市)「黒板の蛇」

第4回(平6年)
- ◇中新田若鮎賞　井村 愛美(静岡県金谷町)「川の子ども」
- ◇中新田あけぼの賞　米谷 恵(宮城県中新田町)「姉妹」
- ◇落鮎塾若鮎賞　巻渕 寛濃(千葉県市川市)「迷惑細胞になった日」

第5回(平7年)
- ◇中新田若鮎賞　堀越 綾子(仙台市)「えぷろん」
- ◇中新田あけぼの賞　井村 愛美(静岡県金谷町)「放か後」
- ◇落鮎塾若鮎賞　牛島 敦子(富山市)「湖畔」

第6回(平8年)
- ◇中新田若鮎賞　一戸 隆平(青森 五所川原市)「つり」

第7回(平9年)
- ◇中新田若鮎賞　井村 愛美(静岡 金谷町)「ろくろ首の食事」

第8回(平10年)
- ◇中新田若鮎賞　平野 絵里子(仙台市)「アース」

第9回(平11年)
- ◇中新田若鮎賞　恩田 光基(静岡市)「石のつばさ」

第10回(平12年)
- ◇中新田若鮎賞　小林 美月(宝塚市)

第11回(平13年)
- ◇中新田若鮎賞　橋立 佳央理(新潟県)「ゆきのようせい」

第12回(平14年)
- ◇中新田若鮎賞　大内 みゆ(宮城県)「わたしの家のぴいちゃん」

第13回(平15年)
- ◇加美若鮎賞　佐藤 悠樹(宮城県)「三月の川辺」
- ◇みやぎ少年未来賞
  - 宮城県教育長賞　高野 太郎(宮城県)「水しぶき」
  - 河北新報社賞　平山 桂衣(宮城県)「ゆき」

第14回(平16年度)
- ◇加美若鮎賞　藤川 沙良(長崎市)「地球ぎ」

第15回(平17年度)
- ◇加美若鮎賞　早坂 美咲(宮城県加美町)「もしもアリだったら」

第16回(平18年度)
- ◇加美若鮎賞　工藤 大輝(宮城県加美町)「ランドセルの苦情」

040　現代少年詩集秀作賞

　主催者・芸風書院解散のため、平成2年第7回で終了した「現代少年詩集新人賞」を引きつぐ形で、3年創設。4年第2回をもって賞は終了。

【主催者】教育出版センター
【選考委員】清水たみ子、秋原秀夫、重清良吉、高木あきこ
【選考方法】非公募
【選考基準】〔対象〕年刊アンソロジー詩集「現代少年詩集」の掲載作
【締切・発表】9〜10月頃発表

【賞・賞金】賞金総額10万円

【これ以前は，041「現代少年詩集新人賞」を参照】

第1回（平3年）
　　北村 蔦子「息子」
　　西川 夏代「シーソーゲーム」
　　池田 夏子「にいちゃんの木」
　　はたち よしこ「ねこ」
　　中尾 安一「灯」
第2回（平4年）
　　白根 厚子「電話からの花束」
　　高瀬 美代子「仲直り」
　　はやし あい「たのしかった一日」
　　小林 雅子「電車ウサギ」
　　高橋 忠治「しゃくりしゃっくり」

041　現代少年詩集新人賞

少年詩の質的向上のために昭和59年創設された。芸風書院が解散したため，平成2年第7回で終了。3年からは教育出版センター主催の「現代少年詩集秀作賞」として，新たに行われるようになった。

【主催者】芸風書院
【選考委員】清水たみ子，羽曽部忠，秋原秀夫，重清良吉，高木あきこ
【選考方法】非公募
【選考基準】〔対象〕年刊アンソロジー「現代少年詩集」掲載作品より選出
【締切・発表】毎年10月頃発表
【賞・賞金】新人賞5万円，奨励賞記念品

第1回（昭59年）　はたち よしこ「もやし」
　◇奨励賞
　　高崎 乃理子「太古のばんさん会」
　　北藤 徹「メルヘン洋菓子秋田駅前支店」
第2回（昭60年）　白根 厚子「ちょうちんあんこう」
　◇奨励賞
　　はやし あい「柿の木の下に」
　　檜 きみこ「ごめんなさい」
　　金森 三千雄「あの日」
第3回（昭61年）　坂本 京子「虹」
　◇奨励賞
　　柏木 恵美子「花のなかの先生」
　　鈴木 美智子「あしおと」
第4回（昭62年）　富田 栄子「おじいちゃんの眼」
　◇奨励賞
　　菅原 優子「桃の木の冬」
　　西川 夏代「卒業式の日」
　　菊永 謙「台風」
第5回（昭63年）　たかはし けいこ「参観日」
　◇奨励賞
　　仲埜 ひろ「雑草」
　　小関 秀夫「秋穂積」
第6回（平1年）　小泉 周二「犬」
　◇奨励賞
　　藤井 則行「友へ」
　　清水 恒「かなぶん」
第7回（平2年）　檜 きみこ「指さし」
　◇奨励賞
　　岡安 信幸「山男になった日」
　　間中 ケイ子「かさぶた」

【これ以降は，040「現代少年詩集秀作賞」を参照】

042 現代少年文学賞

昭和38年二反長半らが結成した現代少年文学作家集団が、39年に制定し、2年に1回贈る賞。
- 【主催者】現代少年文学作家集団
- 【選考委員】（第15回）土家由岐雄、久保喬、西沢正太郎、神戸淳吉（ほか）
- 【選考方法】同人の推薦作品を選考
- 【選考基準】〔対象〕「現代少年文学」（季刊）誌上に過去2年間に発表された作品、また同人の児童向け著作、全国の同人誌掲載作品
- 【締切・発表】（第15回）同人誌「現代少年文学」に平成5年11、12月頃に掲載する
- 【賞・賞金】賞金5万円

第1回（昭38年）　西沢 正太郎「夜なんかきえろ」
第2回（昭39年）　内田 和子「小さなロンのねがい」
第3回（昭40年）　浜田 けい子「魔女ジパングを行く」
第4回（昭43年）
　　　　　　　森 いたる「新おとぎ草紙」
　　　　　　　荒田 六郎「赤い宇宙」
第5回（昭47年）　阿貴 良一「愛することと愛されること」
第6回（昭49年）
　　　　　　　大平 よし子「大平よし子詩集」
　　　　　　　石井 作平「戦争とある少年」
第7回（昭51年）　池川 禎昭「松葉杖の詩」
第8回（昭53年）　くまた 泉「とびだしたかげ」
第9回（昭55年）　由良 正「受験生」
　　◇特別賞　中村 ときを「北からの星」
第10回（昭57年）　該当作なし
第11回（昭59年）　斎藤 彰「アオスジカラスオナガアゲハ」
第12回（昭61年）　山口 和子「白虎の詩」
第13回（平1年）　西尾 芙美子「キスしちゃったのかな」
第14回（平3年）　森 章子「マキ―茶色のカバン」
　　　　　　　　（現代少年文学第109号）

043 けんぶち絵本の里大賞（絵本の里大賞）

剣淵町をこころ豊かな絵本の里として全国に紹介するため、また町づくりの活動として町民及び絵本の館来館者の選定による賞を企画・実施することにより出版社及び絵本関係者の関心を高め、「絵本の里けんぶち」の理解と協力をより深めていただく事を目的とし、併せて絵本の出版等児童文化の発展に寄与することを主旨とする。
- 【主催者】けんぶち絵本の里づくり実行委員会
- 【選考方法】大賞候補作として出版社・作家から応募（前年度出版絵本）された作品を投票実施期間中に「絵本の館」の大ホールに展示し、来館者の投票数で決定する
- 【選考基準】〔対象〕前年度（前年4月1日〜当年3月31日）において、国内の出版社から発行された絵本で「絵本の里大賞」に応募された作品とする。〔資格〕プロ・アマ、国籍等不問
- 【締切・発表】（第19回）応募期間は平成21年6月1日〜6月20日（当日消印有効）投票期間は8月1日から9月30日まで、10月上旬に受賞者に通知、新聞誌上で発表
- 【賞・賞金】絵本の里大賞（1点）：賞金50万円、副賞剣淵産農産物3年分（50万円相当）、記念盾、びばからす賞（3点）：賞金10万円、副賞剣淵特産品3年分（6万円相当）、記念盾
- 【URL】http://www.ehon-yakata.com/

第1回(平3年度)
　◇絵本の里大賞　水野 二郎〔絵〕, 林原 玉枝〔文〕「おばあさんのスープ」(女子パウロ会)
　◇びばからす賞
　　　　みやざき ひろかず「ワニくんとかわいい木」(ブロックローン出版)
　　　　舟崎 克彦〔作〕, 小沢 摩純〔絵〕「おやすみなさいサンタクロース」(理論社)
　　　　森山 京〔作〕, 土田 義晴〔絵〕「おばあさんのメリークリスマス」(国土社)
　　　　森山 京〔作〕, 木村 裕一〔作・絵〕「いろいろおばけ」(ポプラ社)
第2回(平4年度)
　◇絵本の里大賞　いもと ようこ「ぼくはきみがすき」(至光社)
　◇びばからす賞
　　　　武田 美穂「となりのせきのますだくん」(ポプラ社)
　　　　宮沢 賢治〔原作〕, 方緒 良〔絵〕「雪わたり」(三起商行)
　　　　みやざき ひろかず「ワニくんのながーいよる」(ブックローン出版)
　　　　五味 太郎「さる・るるる one more」(絵本館)
第3回(平5年度)
　◇絵本の里大賞　マルカム・バード〔作・絵〕, 岡部 史〔訳〕「魔女図鑑〜魔女になるための11のレッスン」(金の星社)
　◇びばからす賞
　　　　木曽 秀夫「ひとくちぱくり」(文渓堂)
　　　　津田 直美「犬の生活」(河合楽器製作所出版事業部)
　　　　みやざき ひろかず「ワニくんのえにっき」(ブックローン出版)
　　　　ニック・バドワース〔作〕, はやし まみ〔訳〕「ゆきのふるよる」(金の星社)
第4回(平6年度)
　◇絵本の里大賞　千住 博「星のふる夜に」(冨山房)
　◇びばからす賞
　　　　山崎 陽子〔文〕, いもと ようこ〔絵〕「うさぎのぴこぴこ」(至光社)
　　　　ねじめ 正一〔文〕, 荒井 良二〔絵〕「ひゃくえんだま」(鈴木出版)
　　　　大垣 友紀恵「空とぼクジラ」(汐文社)
　　　　長野 ヒデ子「おかあさんがおかあさんになった日」(童心社)
第5回(平7年度)
　◇絵本の里大賞　松田 素子〔文〕, 石倉 欣二〔絵〕「おばあちゃんがいるといいのにな」(ポプラ社)

　◇びばからす賞
　　　　ふくだ すぐる「ちゅ」(岩崎書店)
　　　　みやにし たつや「うんこ」(鈴木出版)
　　　　いわむら かずお「14ひきのこもりうた」(童心社)
　　　　薫 くみこ〔文〕, さとう ゆうこ〔絵〕「ゆきの日のさがしもの」(ポプラ社)
第6回(平8年度)
　◇絵本の里大賞　星川 ヒロ子「ぼくたちのコンニャク先生」(小学館)
　◇びばからす賞
　　　　ふりや かよこ「おばあちゃんのしま」(文研出版)
　　　　星野 道夫「ナヌークの贈りもの」(小学館)
　　　　長沢 靖〔文〕, 児玉 辰春〔絵〕「まっ黒なおべんとう」(新日本出版)
第7回(平9年度)
　◇絵本の里大賞　葉 祥明「イルカの星」(佼成出版社)
　◇びばからす賞
　　　　宮西 達也「おとうさんはウルトラマン」(学習研究社)
　　　　木村 裕一「きょうりゅうだあ!」(小学館)
　　　　浜田 広介〔文〕, いもと ようこ〔絵〕「たぬきのちょうちん」(白泉社)
第8回(平10年度)
　◇絵本の里大賞　宮西 達也「帰ってきたおとうさんはウルトラマン」(学習研究社)
　◇びばからす賞
　　　　クリスチャン・R.ラッセン〔絵・文〕, 小梨 直〔翻訳〕「海の宝もの」(小学館)
　　　　葉 祥明〔絵・文〕, リッキー・ニノミヤ〔訳〕「森が海をつくる」(自由国民社)
　　　　かこ さとし〔文〕, いもと ようこ〔絵〕「きつねのきんた」(白泉社)
第9回(平11年度)
　◇絵本の里大賞　菊田 まりこ「いつでも会える」(学習研究社)
　◇びばからす賞
　　　　ジェニファー・デイビス〔作〕, ローラ・コーネル〔絵〕「あなたが生まれるまで」(小学館)
　　　　井上 夕香, 葉 祥明「星空のシロ」(国土社)
　　　　いとう ひろし「くもくん」(ポプラ社)
第10回(平12年度)
　◇絵本の里大賞　みやにし たつや〔作・絵〕「パパはウルトラセブン」(学習研究社)
　◇びばからす賞

つちだ のぶこ〔作・絵〕「でこちゃん」（PHP研究所）
いもと ようこ〔作・絵〕「とんとんとんのこもりうた」（講談社）
マーカス・フィスター〔作〕, 谷川 俊太郎〔訳〕「にじいろのさかなとおおくじら」（講談社）

第11回（平13年）
◇絵本の里大賞　武田 美穂〔作・絵〕「すみっこおばけ」（ポプラ社）
◇びばからす賞
福田 岩緒〔作・絵〕「おにいちゃんだから」（文研出版）
田村 みえ〔作・絵〕「キミに会いにきたよ」（学習研究社）
大塚 敦子〔作・絵〕「さよなら エルマおばあさん」（小学館）

第12回（平14年）
◇絵本の里大賞　なかや みわ〔作・絵〕「くれよんのくろくん」（童心社）
◇びばからす賞
クリスチャン・メルベイユ〔文〕, ジョス・ゴフィン〔絵〕, 乙武 洋匡〔訳〕「かっくん どうしてぼくだけしかくいの？」（講談社）
柴田 愛子〔作〕, 伊藤 秀男〔絵〕「けんかのきもち」（ポプラ社）
田村 みえ〔作・絵〕「えがおのむこうで」（学習研究社）

第13回（平15年）
◇絵本の里大賞　宮西 達也〔作・絵〕「おまえ うまそうだな」（ポプラ社）
◇びばからす賞
上野 修一〔作・絵〕「まる」（ふきのとう文庫）
中川 ひろたか〔作〕, 大島 妙子〔絵〕「歯がぬけた」（PHP研究所）
田村 みえ〔作・絵〕「キミといっしょに」（学習研究社）

第14回（平16年）
◇絵本の里大賞　内田 麟太郎〔文〕, 長谷川 義史〔絵〕「かあちゃんかいじゅう」（ひかりのくに）
◇びばからす賞
田村 みえ〔文・絵〕「げんきですか？」（学習研究社）
どうまえ あやこ〔文〕, いしぐろ のりこ〔絵〕「三本足のロッキー」（碧天舎）
田村 みえ〔文・絵〕「あしたも晴れるよ」（学習研究社）

宮西 達也〔文・絵〕「パパはウルトラセブン みんなのおうち」（学習研究社）
ルイス・トロンダイム〔文・絵〕「Mister O（ミスター・オー）」（講談社）

第15回（平17年）
◇絵本の里大賞　真珠 まりこ〔文・絵〕「もったいないばあさん」（講談社）
◇びばからす賞
ひだの かな代〔文・絵〕「ねこがさかなをすきになったわけ」（新風舎）
いとう えみこ〔文〕, 伊藤 泰寛〔絵〕「うちにあかちゃんがうまれるの」（ポプラ社）
いもと ようこ〔文・絵〕「つきのよるに」（岩崎書店）

第16回（平18年）
◇絵本の里大賞　真珠 まりこ〔文・絵〕「もったいないばあさんがくるよ！」（講談社）
◇びばからす賞
西本 鶏介〔文〕, 長谷川 義史〔絵〕「おじいちゃんのごくらくごくらく」（鈴木出版）
堀川 真〔文・絵〕「北海道わくわく地図えほん」（北海道新聞社）
豊島 加純〔文〕, マイケル・グレイニエツ〔絵〕, こやま 峰子〔文〕「いのちのいろえんぴつ」（教育画劇）

第17回（平19年）
◇絵本の里大賞　長谷川 義史〔文・絵〕「おへそのあな」（BL出版）
◇びばからす賞
長谷川 義史〔文・絵〕「いいから いいから」（絵本館）
ひだの かな代〔文・絵〕「りんごりんごりんごりんごりん」（新風舎）
安江 リエ〔文〕, 池谷 陽子〔絵〕「つきよのさんぽ」（福音館書店）

第18回（平20年）
◇絵本の里大賞　真珠 まりこ〔文・絵〕「もったいないばあさんもったいないことしてないかい？」（講談社）
◇びばからす賞
長谷川 義史〔文・絵〕「いいから いいから（2）」（絵本館）
こんの ひとみ〔文〕, いもと ようこ〔絵〕「いつもいっしょに」（金の星社）
長谷川 義史〔文・絵〕「ぼくがラーメンたべてるとき」（教育画劇）

044 講談社絵本新人賞

創立70周年を記念して絵本出版界に新風を吹き込み,新しい絵本創作の機運を呼び起す作品を期待して,昭和54年に創設した賞。

【主催者】講談社
【選考委員】(第31回)石津ちひろ,きたやまようこ,黒井健,高畠純,本社児童局長(全5人)
【選考方法】公募
【選考基準】〔対象〕幼児・児童を読者対象とした自作未発表の創作絵本作品(絵と文の合作の場合も,各々自作未発表の作品)であること。テーマ・画材・技法は自由。〔資格〕すでに単行本として絵本を商業出版した者は対象外。〔原稿〕編成は,タイトルページ(扉)1ページと,本文11見開き(22ページ),または15見開き(30ページ)。製本はしないこと。文章は原画の上にトレーシングペーパーをかけて,そこに書きこむこと(文章を必要としない場合は「文なし」と明記のこと)。〔応募規定〕必要事項を記入した応募票と応募料1200円分の定額小為替を同封のこと。ネットエントリーも可。作品は選考終了後返却
【締切・発表】(第31回)平成21年6月15日締切(当日消印有効),8月末までに全員に結果を通知。講談社刊行の同年9～10月発売号(月刊・週刊誌)の雑誌,HP「講談社絵本通信」に発表
【賞・賞金】新人賞:正賞賞状・記念品,副賞50万円。単行本として刊行。佳作:正賞賞状,副賞20万円。入選作の出版権は講談社に帰属
【URL】http://shop.kodansha.jp/bc/ehon/youkou.html#d

第1回(昭54年) 該当作なし
◇佳作
川村 麻子「くもりときどきはれのちあめ」
司 咲子「おおきなき」
藤縄 涼子「うちゅうじん」
目崎 典子「なんだか似ている」
第2回(昭55年) 佐々木 潔「ゆき」
◇佳作
うらさわ かずひろ「海の夏・秋・冬そして春」
やまだ よーいち「いつもおなじじゃつまらない」
第3回(昭56年) 該当作なし
◇佳作
藤井 エビ「げんきです」
山崎 典子「かえるかば」
山田 勝広「あした天気になあーれ」
第4回(昭57年) 井上 直久「イバラードの旅」
◇佳作
米川 祐子「太陽さん—たいようSUN」
脇谷 園子「すすめ!おんぼろローラースケートぐつ」
第5回(昭58年) 野村 高昭「ばあちゃんのえんがわ」
◇佳作
上野 新司「くいしんぼうな王様」
寺下 翠「スモモ畑の春」

第6回(昭59年) 該当作なし
◇佳作
伊東 美貴「もしもおばあちゃんが」
桑原 宏二「トコ・トコ・トコ」
鈴木 純子「魔法使いと魔法の玉」
第7回(昭60年) 該当作なし
◇佳作
岩永 義弘「かえらなくっちゃ!」
鈴木 純子「桃太郎オニのお話」
仲光 敦子「花の国・春の歌」
村田 一夫「マンボウそらのたび」
M.ラトーナ,S.バードソング「I don't want to clean my room」
第8回(昭61年) 上岡 淳子「ぼくおしっこできないの」
◇佳作
滝川 幾雄「らくがき」
津田 耕「じゃがいもくん」
古沢 陽子「わたしはサラリーマン」
溝渕 優「みちくさくまさん」
宮野 幸「らいおんクリーニング」
第9回(昭62年) 該当作なし
◇佳作
安芸 真奈「そらのでんき」
阿部 真理子「南の島から」
内田 純子「みつあみ」
長崎 小百合「ぼくんちのポチ」

　　　　　中山 忍「せんたくものをパンパンパン」
　　　　　半田 陽子「壬生のざしき」
第10回(昭63年)　会田 文子「サーカスへいったねこ」
　◇佳作
　　　　　阿部 真理子「うみでもりでマンモ！」
　　　　　内田 純子「わたしのあおいくつ」
　　　　　溝渕 優「ぽち」
　　　　　等門 じん「ガルのたねまき」
　　　　　若杉 裕子「ぺちゃほっぺ」
第11回(平1年)　シルビア・マドーニ「CUMULUS ET NUAGES(キュムルスと雲たち)」
　◇佳作
　　　　　等門 じん「だちょう、はしる。」
　　　　　木村 良雄「ジン ジン ジン」
　　　　　細川 かおり「僕ってなあに？」
第12回(平2年)　白鳥 晶子「ゆめ」
　◇佳作
　　　　　木村 良雄「シイク」
　　　　　松本 令子「おほしさまみつけた」
　　　　　橋本 裕子「ぬすまれたおさかな」
　　　　　藤本 智彦「ゴブリンのバスストップ」
第13回(平3年)　藤本 智彦「こうへいみませんでしたか」
　◇佳作
　　　　　ただから ひまり「しっぽがほしいこねこくん」
　　　　　内田 智恵「おさかなさん」
　　　　　秋山 匡「すなのいぬ」
　　　　　細川 かおり「おつとめ品」
第14回(平4年)　秋山 匡「ふしぎなカーニバル」
　◇佳作
　　　　　やまもと ひまり「王様のたまごやき」
　　　　　橋本 裕子「あいたた山の22の木」
　　　　　あまの みゆき「まんげつのおとしもの」
第15回(平5年)　田中 ゆかり「グリーン・グリーン・ソング」
　◇佳作
　　　　　松村 牧夫「ふしぎなすいぞくかん」
　　　　　成田 雅子「猫の紳士」
　　　　　山下 ケンジ「なつのひ」
第16回(平6年)　山下 ケンジ「しろへびでんせつ」
　◇佳作
　　　　　酒井 紀子「ノミのいのちのちいさなみせ」
　　　　　あまの みゆき「きょうりゅうとダイヤモンド」
　　　　　成田 雅子「ふしぎなあかいはこ」
　　　　　国玉 瑞穂「あまみのつるイチゴ」
第17回(平7年)　該当作なし

　◇佳作
　　　　　狩野 真子
　　　　　吉田 えり
　　　　　青山 邦彦
第18回(平8年)　笹尾 俊一「ハワイの3にんぐみ」
　◇佳作
　　　　　狩野 真子「ふたごの子やぎ」
　　　　　工藤 紀子「コバンツアーかぶしきがいしゃ」
　　　　　串井 徹男「そらをとぶ日」
第19回(平9年)　串井 てつお「トカゲのすむ島」
　◇佳作　足立 寿美子「わたしのそばかす」
第20回(平10年)　足立 寿美子「かみをきってみようかな」
　◇佳作　該当作なし
第21回(平11年)　牛窪 良太「ガボンバのバット」
　◇佳作　おきた もも「カバンの好きな？バイオレット」
第22回(平12年)　該当作なし
　◇佳作　高島 尚子「くまくんとちびくまちゃん」
第23回(平13年)　該当作なし
　◇佳作
　　　　　おきた もも「にげたおしゃべり」
　　　　　高島 尚子「まいごのうさぎ」
第24回(平14年)　藤川 智子「むしゃむしゃ武者」
　◇佳作
　　　　　おきた もも「うーさん もちもち カンパニー」
　　　　　中谷 靖彦「へんてこおるすばん」
第25回(平15年)　中谷 靖彦「へんてこおさんぽ」
　◇佳作
　　　　　加岳井 広「はっきよい〜畑場所」
　　　　　高畠 那生「むかった さきは…」
第26回(平16年)　該当作なし
　◇佳作
　　　　　加岳井 広「うめじいのたんじょうび」
　　　　　高島 尚子「ビーこちゃん」
　　　　　よどがわ きんたろう「タピオとピカタ」
第27回(平17年)　加岳井 広「おもちのきもち」
　◇佳作
　　　　　米沢 章憲「風助青虫」
　　　　　やぎ たみこ「丘石理髪店」
第28回(平18年)　たかしま なおこ「つぎはぎおばあさん きょうも おおいそがし」
第29回(平19年)　にしもと やすこ「たこやきかぞく」
　◇佳作
　　　　　重田 紗矢香「みせでいちばんおいしくりょうりをにこむことのできるなべ」
　　　　　コマヤスカン「マッコークジラ号、発進せよ」

りとう よういちろう「みえっぱりおうじ デートへゆく」
第30回（平20年）　コマヤスカン「てるてる王子 南へ」

◇佳作　重田 紗矢香「まないたにりょうりをあげないこと」

045　講談社児童文学新人賞（講談社児童文学作品）

講談社創業50周年を記念して、昭和34年に創設された。「講談社児童文学作品」は、少年少女を対象とする小説、及び長編童話に与えられる賞として発足したが、第5回からは、「講談社児童文学新人賞」と改称され現在にいたっている。
【主催者】講談社
【選考委員】（第50回）石井直人, 柏葉幸子, 金原瑞人, たつみや章, 松原秀行
【選考方法】公募
【選考基準】〔資格〕児童を読者対象とした自作未発表の作品であること（ただし、商業出版を目的としない同人誌発表はさしつかえない）。〔原稿〕400字詰原稿用紙で60枚以上300枚以下であること（短編の連作でも可）。童話・少年少女小説・ファンタジー・SF・推理小説・探検冒険小説などの種別を記すこと。あらすじを、400字詰原稿用紙2枚程度にまとめて添付する
【締切・発表】（第50回）平成21年4月8日締切（消印有効）。8月下旬に選考会を行い、発表は同社発行の月刊・週刊雑誌9, 10月号に掲載
【賞・賞金】受賞作：正賞賞状・記念品と副賞50万円、佳作：正賞賞状と副賞20万円
【URL】http://shop.kodansha.jp/bc/ehon/shinjin.html

第1回（昭35年）
　　吉田 比砂子「雄介のたび」
　　松谷 みよ子「竜の子太郎」
第2回（昭36年）
　　西沢 正太郎「プリズム村誕生」
　　立原 えりか「ゆりとでかでか人とちび ちび人のものがたり」
第3回（昭37年）
　　佐川 茂「ミルナの座敷」
　　米沢 幸男「少年オルフェ」
第4回（昭38年）
　　岩崎 京子「しらさぎものがたり」
　　竹野 栄「ブチよしっかり渡れ」
第5回（昭39年）
　　福永 令三「クレヨン王国の十二か月」
　　赤座 憲久「大杉の地蔵」
第6回（昭40年）
　　岡村 太郎「いつか太陽の下で」
　　生源寺 美子「春をよぶ夢」
第7回（昭41年）　香山 彬子「シマフクロウの森」
第8回（昭42年）　該当作なし
第9回（昭43年）　松林 清明「火の子」
第10回（昭44年）　該当作なし
第11回（昭45年）
　　田中 博「遠い朝」
　　鈴木 妙子「ティンクの星」
　　新田 祐一「ともしび」
第12回（昭46年）
　　上種 ミズス「天の車」
　　宇野 和子「ポケットの中の赤ちゃん」
第13回（昭47年）　飯田 栄彦「燃えながら飛んだよ！」
第14回（昭48年）　金原 徹郎「ドベねこメチャラムニュ」
第15回（昭49年）
　　柏葉 幸子「気ちがい通りのリナ」
　　橘 達子「水曜日には朝がある」
第16回（昭50年）　該当作なし
第17回（昭51年）　福川 祐司「ダケのこだまよ」
第18回（昭52年）　野火 晃「虎」
第19回（昭53年）
　　大原 耕「海からきたイワン」
　　牧原 辰「小さな冒険者たち」
第20回（昭54年）　該当作なし
◇佳作
　　奥山 かずお「木の上の少年」
　　黒江 ゆに「鬼を見た」
　　守 道子「帰ってきたネコ」

第21回(昭55年)
　池原 はな「狐っ子」
　　森 百合子「サヤカの小さな青いノート」
第22回(昭56年)　該当作なし
　◇佳作
　　梅田 直子「バアちゃんとあたし」
　　半沢 周三「海を翔ぶ惮」
　　竹見 嶺「あかい雨跡」
第23回(昭57年)　三輪 裕子「子どもたち山へ行く」
第24回(昭58年)　該当作なし
　◇佳作
　　牧原 あかり「くまのレストランの謎」
　　杉山 里子「徹と五匹のうりっこたち」
第25回(昭59年)　和田 英昭「山のあなた」
　◇佳作　井口 直子「オクスケ事務所, 本日開店!」
第26回(昭60年)　原 あやめ「さと子が見たこと」
　◇佳作
　　いずみだ まきこ「ぼくにおじいちゃんがいた」
　　かずき 一夫「アリスの森」
第27回(昭61年)　斉藤 洋「ルドルフとイッパイアッテナ」
　◇佳作
　　加本 宇七「ボクの大人フレンド」
　　篠田 静江「お習字ごっこ」
第28回(昭62年)　新庄 節美「夏休みだけ探偵団二丁目の犬小屋盗難事件」
　◇佳作
　　片倉 美登「ぼくたちは●ほたる○」
　　川崎 満知子「ぼくは童話ジョッキー(D・J)」
第29回(昭63年)　該当作なし
　◇佳作
　　白阪 実世子「ふしぎなともだち ジャック・クローバー」
　　新藤 銀子「ぼくがイルカにのった少年になる日まで」
　　近藤 尚子「ぼくの屋上にカンガルーがやってきた」
第30回(平1年)　松原 きみ子「よめなシャンプー」
　◇佳作
　　山辺 直子「海王伝」
　　田中 まる子「二人合わせて三百歳」
　　はやみね かおる「怪盗道化師(ピエロ)」
第31回(平2年)
　　森 絵都「リズム」
　　林 たかし「ウソつきのススメ」
第32回(平3年)　たつみや 章「ぼくの・稲荷山戦記」

◇佳作
　　金野 とよ子「雨ふり横丁はいつも大さわぎ」
　　宮野 素美子「そよ風姫の冒険」
第33回(平4年)　にしざき しげる「カワウソのすむ海」
　◇佳作
　　ますだ あきこ「スペースマイマイあらわる!」
　　天野 月夫「リョウ, 影野村で」
　　本田 昌子「万里子へ」
第34回(平5年)　小川 英子「ピアニャン」
　◇佳作
　　吉村 健二「あけぼの丸と僕」
　　小川 みなみ「今度ワープするとき」
第35回(平6年)　武井 岳史「やっぱし アウトドア?」
　◇佳作　該当作なし
第36回(平7年)　魚住 直子「非バランス」
　◇佳作
　　笹生 陽子「ジャンボ・ジェットの飛ぶ街で」
　　坂元 純「ぼくのフェラーリ」
第37回(平8年)　真 知子「ポーラをさがして」
　◇佳作
　　米内 沢子「クマゲラの眠る夏」
　　白金 由美子「星のむこうは魔女の国」
第38回(平9年)　風野 潮「ビートキッズ」
　◇佳作　河原 潤子「蝶々, とんだ」
第39回(平10年)　梨屋 アリエ「でりばりぃAGE」
　◇佳作　該当作なし
第40回(平11年)　草野 たき「透きとおった糸をのばして」
第41回(平12年)　渡辺 わらん「ボーソーとんがりネズミ」
　◇佳作　橋村 明可梨「魔女と小人がいた夏」
第42回(平13年)　椰月 美智子「十二歳」
第43回(平14年)　該当作なし
　◇佳作
　　しんや ひろゆき「チェンジ」
　　長谷川 花菱「キス・キス・キス」
第44回(平15年)　該当作なし
　◇佳作
　　佐藤 恵「Days〜デイズ〜」
　　片川 優子「佐藤さん」
第45回(平16年)　立石 彰「勇太と死神」
　◇佳作　香坂 直「走れ, セナ!」
第46回(平17年)　菅野 雪虫(東京都)「ソニンと燕になった王子」

◇佳作　馬原 三千代（福岡県）「オールドモーブな夜だから」
第47回（平18年）　該当者なし
　◇佳作
　　　長江 優子「タイドプール」
　　　樫崎 茜「ファントムペイン」
第48回（平19年）　該当者なし

◇佳作
　　ふくだ たかひろ「熱風」
　　石川 宏千花「ユリエルとグレン」
第49回（平20年）　河合 二湖「バターサンドの夜、人魚の町で」
　◇佳作　如月 涼「サナギのしあわせ」

046　小梅童話賞

清新な若い人々の作品を求めることに主眼を置き、具体的には高校生を中心とした階層の人材発掘を目的とする。但し女性であれば年令を問わない。平成14年第10回をもって終了。

【主催者】梅花女子大学
【選考委員】三宅興子（委員長）、隈元泰弘、上村幸弘、西垣勤、横山充男
【選考方法】公募
【選考基準】〔対象〕童話。内容自由。〔資格〕単行本を持たない新人で、女性に限る。日本語で書かれた自作であること。未発表の作品であること（同人雑誌は問わない）。〔原稿〕10枚程度
【締切・発表】（第10回）平成14年7月末日締切、9月下旬発表（本人に通知）
【賞・賞金】大賞（1編）：賞金10万円、記念品、優秀賞（5編）：賞金各2万円、記念品。入賞作品の著作権は3年間主催者に帰属する。入選作品6編は受賞作品集として刊行

第1回（平5年）　小田 有希子「錆姫」
　◇入賞
　　　阿砂利 好美
　　　にしで しずこ
　　　平野 親子
　　　伊藤 瑞恵
　　　斉藤 亜矢子
第2回（平6年）
　◇大賞　斉藤 綾「風」
　◇優秀賞
　　　後藤 美穂「銀河鉄道からす座特急」
　　　荒木 智子「なっちゃん、おもいっきり！」
　　　大山 比砂子「しあわせの道」
　　　武林 淳子「夏の日」
　　　林 篤子「シリウスのアメ細工」
第3回（平7年）
　◇大賞　辰見 真左美「ブラックブラックは学校ネコ」
　◇優秀賞
　　　大野 麻子「母さんの笑顔」
　　　増永 亜紀「『ジャックと豆の木』の豆の木」
　　　斎藤 千絵「雪の夜のお客さん」
　　　望月 雅子「かおりちゃんの大ぼうけん」
　　　吉村 博子「ひよこがとびだした」

第4回（平8年）
　◇大賞　山下 三恵「信楽タヌキは起きている」
　◇優秀賞
　　　岡田 翠「月夜見亭」
　　　五塔 あきこ「O・S・A・R・U こちらオサルの放送局」
　　　豊永 梨恵「月のしずくのカクテル」
　　　原 尚子「いちょうとくるみ」
　　　兎山 なつみ「友だちレター」
第5回（平9年）
　◇大賞　斎藤 優美「レウォルフと小さなはっぱ」
　◇優秀賞
　　　寺田 さゆみ「みじ色の羽のねこ」
　　　野正 由紀子「みずちの神」
　　　川口 桃子「かさのむこうに」
　　　佐川 庸子「フクロウと月」
　　　黒田 志保子「なれない！」
第6回（平10年）
　◇大賞　大庭 千佳「サンタクロースさんへ」
　◇優秀賞
　　　川本 沙織「きせつ社の社長あらわれる」

甘松 直子「そよ風の吹く日には，きっと…」
北川 チハル「夏空のスイセン」
関根 陽子「ベルドルの森」
鈴木 彩「蘭―らん―」
第7回(平11年)
◇大賞　菅野 清香「空をかじったねずみ！」
◇優秀賞
鈴沢 玲美「きりんの海」
田村 緑「マリンソーダの夏休み」
谷原 麻子「てるてるぼうず」
楢原 明理「とかげがくれたすてきな色」
前田 真希「夢屋」
第8回(平12年)
◇大賞　早坂 幸「お父さまとこぶた」
◇優秀賞
川崎 倫子「スーのすてきなぼうけん」
向井 千恵「ドロップ・ドロップ」
樋口 てい子「ぼくとゴキブリのシンクロびより」

笹田 奈緒美「さおりちゃんのせなか」
吉次 優美「鬼の手」
第9回(平13年)
◇大賞
小原 麻由美「じゃがいもレストランへいらっしゃい」
高橋 みか「しりとりプリン」
清水 温子「にわとりが空をとんだ日」
永井 綾乃「魔女」
新井 悦子「イタイノイタイノとんできた」
高橋 奈津美「約束の庭」
第10回(平14年)
◇大賞　該当作なし
◇優秀賞
浜田 華練「メガネの神様」
小林 真子「こびとさんと一緒に」
ほんだ みゆき「おばあちゃん屋さん」
山下 奈美「とまと・キングの涙」
沖中 恵美「ただいま考え虫」

047　国際アンデルセン賞国内賞

　1951年に発足した国際児童図書評議会(IBBY)の事業の一つとして，1956年に国際アンデルセン賞が制定された。それに基づき児童図書日本センターが，2年毎に日本の児童文学作品の中から3点を選び候補作品として本部に推薦したが，候補作のすべてに，同センターが独自に国際アンデルセン賞国内賞を授与していた。新たに推薦母体となった日本児童図書評議会(現在国際児童図書評議会日本支部)が，昭和50年の理事会において"日本が独自に用いてきた「国内賞」の呼称は過去にさかのぼっても，今後も用いない"と決定した。
【主催者】児童図書日本センター

第1回(昭36年)
松谷 みよ子〔作〕，久米 宏一〔画〕「龍の子太郎」(講談社)
佐藤 さとる(佐藤 暁)〔作〕，若菜 珪〔画〕「だれも知らない小さな国」(講談社)
いぬい とみこ〔作〕，吉井 忠〔画〕「木かげの家の小人たち」(中央公論社)
第2回(昭38年)
いぬい とみこ〔作〕，久米 宏一〔画〕「北極のムーシカミーシカ」(理論社)
浜田 広介〔作〕，深沢 邦朗〔画〕「ないた赤おに」(集英社)
第3回(昭40年)
石井 桃子〔作〕，朝倉 摂〔画〕「三月ひなのつき」(福音館書店)

福田 清人〔作〕，寺島 龍一〔画〕「春の目玉」(講談社)
椋 鳩十〔作〕，須田 寿〔画〕「孤島の野犬」(牧書店)
第4回(昭42年)
今西 祐行〔作〕，井口 文秀〔画〕「肥後の石工」(実業之日本社)
佐藤 さとる〔作〕，村上 勉〔画〕「おばあさんのひこうき」(小峰書店)
安藤 美紀夫〔作〕，水四 澄子〔画〕「ポイヤウンペ物語」(福音館書店)
古倫 不子〔詞〕，初山 滋〔作版〕「もず」(至光社)
第5回(昭44年)
石森 延男《業績に対して》
太田 大八《業績に対して》
第6回(昭46年)　推薦せず

第7回（昭48年）
　　筒井 敬介「かちかち山のすぐそばで」
　　　　（フレーベル館）

長 新太〔絵〕「おしゃべりなたまごやき」（福音館書店）

048　国民文化祭児童文学賞

「文化の国体」として各都道府県持ち回りで開催される「国民文化祭」において、4回目である「第4回国民文化祭さいたま89」で初めて児童文学賞が創設された。

【主催者】文化庁、埼玉県、国民文化祭埼玉県実行委員会
【選考委員】今江祥智, 内野富男, 尾崎秀樹, 落合恵子, 上笙一郎, 西沢正太郎, 早船ちよ
【選考方法】公募
【選考基準】〔対象〕童話, 空想物語, 少年少女小説, 伝記物語等。〔資格〕職業作家でない人。〔原稿〕400字詰原稿用紙100枚以内。400字程度の梗概を添付
【締切・発表】平成元年5月31日締切、11月11日文学祭にて表彰
【賞・賞金】記念品と副賞

第1回（平1年）
　◇金賞　木村 清実（芹沢 清実）「脱走のエチュード」

◇銀賞　金子 誠治「多喜子」

049　子どもが上演する劇・脚本募集（晩成書房戯曲賞, 学校演劇脚本募集）

子どもたちの演劇活動を豊かにし、活性化するために昭和54年に創設された。第1回、第2回は入選・準入選のみだったが、第3回から特選として「晩成書房戯曲賞」を設け、賞金を贈っている。

【主催者】日本演劇教育連盟
【選考委員】ふじたあさや, 小森美巳, 辰嶋幸夫, 水野久
【選考方法】公募
【選考基準】〔対象〕小学校～高等学校で上演可能な舞台劇, 人形劇, 野外劇など。〔資格〕脚色ものは、原作者の許可済のものに限る。〔原稿〕上演する児童, 生徒の年齢に適した長さとする
【締切・発表】毎年度3月31日締切、「演劇と教育」8＋9月合併号誌上で発表
【賞・賞金】特選（晩成書房戯曲賞）：10万円。晩成書房刊脚本集に収録、印税支給あり
【URL】http://www4.ocn.ne.jp/~enkyoren/

第1回（昭54年度）　該当作なし
第2回（昭55年度）　該当作なし
第3回（昭56年度）
　◇特選
　　梶本 暁代「おれたちの象, ポチ…」
　　中村 明弘「ぼくらヘッポコサーカス団」

第4回（昭57年度）
　◇特選　深沢 直樹「裁かれるものは…」
第5回（昭58年度）　該当作なし
第6回（昭59年度）　該当作なし

児童の賞事典　63

第7回（昭60年度）
　◇特選　北野 茨「OH・END！されど応援」
第8回（昭61年度）
　◇特選　伊藤 慈雄「それでも青春」
第9回（昭62年度）
　◇特選　海谷 修子「とんがり山の梨の木」
第10回（昭63年度）　該当作なし
第11回（平1年度）
　◇特選　北野 茨「逆光少女」
第12回（平2年度）
　◇特選　該当作なし
第13回（平3年度）
　◇特選
　　　伊藤 慈雄「コチドリの干潟（うみ）」
　　　かめおか ゆみこ「月が見ていた話」
第14回（平4年度）
　◇特選　斎藤 俊雄「降るような星空」
第15回（平5年度）
　◇特選　溝口 貴子「逃亡者―夢を追いかけて」
第16回（平6年度）
　◇特選　椙山女学園高校演劇部「まにまに」

第17回（平7年度）
　◇特選　堀 潮（東京都）「リトルボーイズ・カミング」
第18回（平8年度）　該当作なし
第19回（平9年度）　該当作なし
第20回（平10年度）　該当作なし
第21回（平11年度）　該当作なし
第22回（平12年度）　該当作なし
第23回（平13年度）　該当作なし
第24回（平14年度）
　◇特選　志野 英乃（栃木県）「スワローズは夜空に舞って」
第25回（平15年度）　該当作なし
（平16年度）
　◇特選　該当作なし
（平17年度）
　◇特選　該当作なし
（平18年度）
　◇特選　該当作なし
（平19年度）
　◇特選　該当作なし
（平20年度）
　◇特選　該当作なし

---

050 「子ども世界」絵本と幼低学年童話賞（子ども世界絵本新人賞）

　新しい児童文学の創造と新人育成をめざし、昭和52年に創設された。第4回までは「子ども世界」絵本新人賞という名称で行われた。
【主催者】児童文化の会、けやき書房
【選考委員】（平成5年）井野川潔、早船ちよ、吉田タキノ、早船ぐみお
【選考方法】公募
【選考基準】〔対象〕手づくり絵本、幼低学年向き童話。〔原稿〕文章は枚数制限なし。絵本は8場面又は15場面を原則とする。単行本・同人誌も可
【締切・発表】毎年12月31日締切、「子ども世界」翌年9月号誌上で発表
【賞・賞金】入選3万円

第1回（昭52年）　わしお としこ〔作〕、古川 日出夫〔絵〕「そうじきトルン」（ポプラ社）
第2回（昭53年）　佐藤 将寛「キムンカムイの祈り」（北海道新聞社）
第3回（昭54年）　遠藤 みえ子〔文〕、つねかわ あきら〔絵〕「ピストルおばさん」（けやき書房）
第4回（昭55年）　堀内 純子〔文〕、黒田 祥子〔絵〕《「ひなの星スピカ」（けやき書房）ほか一連の作品活動》
第5回（昭56年）　該当作なし
第6回（昭57年）　該当作なし
第7回（昭58年）　津山児童文化の会「椿女房」（いろえんぴつグループ）
第8回（昭59年）　該当作なし
第9回（昭60年）　該当作なし
第10回（昭61年）　該当作なし
第11回（昭62年）　山崎 香織「ゴウくんのぼうけんりょこう」

第12回（昭63年）　該当作なし
第13回（平1年）　林原 たまえ〔作〕, 横井 大侑〔え〕「あさってのあゆこ」（けやき書房）
第14回（平2年）
　　白倉 隆一〔作〕,
　　田中 皓也〔え〕「つるぶえ」（けやき書房）

第15回（平3年）
　　鈴木 みち子〔作〕,
　　黒田 祥子〔え〕「いいてがみですよ！」（けやき書房）
第16回（平4年）　該当作なし
第17回（平5年）　該当作なし
第18回（平6年）　該当作なし

051 「子ども世界」戯曲賞

新しい児童文学の創造と新人育成をめざし, 昭和52年に創設された。
【主催者】児童文化の会, けやき書房
【選考委員】井野川潔, 早船ちよ, かたおかしろう, 川尻恭次, しかたしん, 須田輪太郎, 多田徹, 村山亜土
【選考方法】公募
【選考基準】〔対象〕児童を主な観客とする舞台劇, 人形劇。〔原稿〕400字詰原稿用紙30枚（30分）, 60枚（60分）, 60枚以上（60分以上）
【締切・発表】毎年12月31日締切,「子ども世界」翌年9月号誌上で発表
【賞・賞金】入選5万円

第1回（昭52年）　該当作なし
第2回（昭53年）　該当作なし
第3回（昭54年）　該当作なし
第4回（昭55年）　該当作なし
第5回（昭56年）　該当作なし
第6回（昭57年）　該当作なし
　◇奨励賞　井上 真一「朝やけの歌」
第7回（昭58年）　該当作なし
第8回（昭59年）　該当作なし
第9回（昭60年）　該当作なし
第10回（昭61年）　該当作なし
第11回（昭62年）　該当作なし
第12回（昭63年）　該当作なし
第13回（平1年）　該当作なし
第14回（平2年）　該当作なし
第15回（平3年）　該当作なし
第16回（平4年）　該当作なし
第17回（平5年）　該当作なし
第18回（平6年）　該当作なし

052 「子ども世界」新人賞

日本民族の歴史と風土と人間性に根ざした新しい児童文学の創造を目ざし, 新人育成に努力してきた児童文化の会が, 創立17周年を迎えた昭和52年, 創立5周年を迎えたけやき書房と共同で創設した。
【主催者】児童文化の会, けやき書房
【選考委員】（平成5年）井野川潔, 早船ちよ, 吉田タキノ, 早船ぐみお
【選考方法】公募
【選考基準】〔対象〕幼年, 小学生中・上級, 少年少女を対象とした児童文学。〔原稿〕400字詰原稿用紙で短編50枚以内, 長編250枚前後。単行本, 同人誌の応募も可
【締切・発表】毎年12月31日締切,「子ども世界」翌年9月号誌上で発表

053 「子ども世界」童詩・童謡賞　　　　　　　　　　　　　　Ⅰ 文学

【賞・賞金】5万円

第1回（昭52年）　菊地 澄子「ひとりひとりの戦争」（理論社）
第2回（昭53年）　柏木 みどり「こんにちは！ともだち」（理論社）
第3回（昭54年）　該当作なし
第4回（昭55年）　山下 清三「日本の鬼ども」（けやき書房）
第5回（昭56年）　該当作なし
第6回（昭57年）　浦野 和子〔作〕，峰村 りょうじ〔画〕「のんびりほいくえんのマコちゃん」（けやき書房），「ぼくのバッテンとうさん」（講談社）
第7回（昭58年）
　　　林 洋子「たま子の戦争」（けやき書房）
　　　鉄砲 つづ子「遠い雲」（子ども世界58年11月～59年10月号）
第8回（昭59年）　古屋 美枝「春に発（た）つ船」（子ども世界60年1～10月号）
第9回（昭60年）
　　　◇特別大賞　野中 みち子〔作〕，山本 良三〔画〕「シャクシャイン物語」（けやき書房）
第10回（昭61年）　まさき えみこ〔作〕，黒田 祥子〔画〕「母さんの消えた時間」（けやき書房）
第11回（昭62年）　野原 なおこ「黄金の足」
第12回（昭63年）　花井 泰子「新河岸川（しんがしがわ）の八助」
第13回（平1年）　福島 のりよ「風船爆弾」
第14回（平2年）　該当作なし
第15回（平3年）　青木 雅子「紅赤ものがたり」
第16回（平4年）　該当作なし
第17回（平5年）　関根 光男「ペス物語」
第18回（平6年）
　　　木内 恭子「ヨメさんがほしい」
　　　松原 由美子「花くいクジラ」

053「子ども世界」童詩・童謡賞

新しい児童文学の創造と新人育成をめざし、昭和56年に創設された。

【主催者】児童文化の会，けやき書房
【選考委員】（平成5年）井野川潔，早船ちよ，門倉さとし，早船ぐみお
【選考方法】公募
【選考基準】〔対象〕小・中学生向き詩・童謡。〔原稿〕400字詰原稿用紙使用のこと。枚数制限なし。詩集送付も可
【締切・発表】毎年12月31日締切，「子ども世界」9月号誌上で発表
【賞・賞金】入選1万円

第1回（昭56年）　児童文化の会，童詩童謡研究会「詩のノートⅢ・しあわせってなんだろう」（けやき書房）
第2回（昭57年）
　　　柏木 功「連結器の上で」（子ども世界57年8月号）
　　　田代 修二「少年とねこ」「少年と海」（子ども世界57年12月号，57年8月号）
第3回（昭58年）　該当作なし
第4回（昭59年）　該当作なし
第5回（昭60年）　川崎 洋子「おかあさんのやさしさは…」（けやき書房）
第6回（昭61年）　該当作なし
第7回（昭62年）　該当作なし
第8回（昭63年）　江口 あけみ「ひみつきち」（けやき書房）
第9回（平1年）　該当作なし
第10回（平2年）　田代 しゅうじ「おじいさんのたばこうり」
第11回（平3年）　該当作なし
第12回（平4年）　斉藤 静子「紙風船」（けやき書房）
第13回（平5年）　該当作なし
第14回（平6年）　稲垣 菊代「花いんげん」

054 子どもたちのためのミツバチの童話と絵本のコンクール

子どもたちに「豊かな心」を育んでほしいという想いから、ミツバチや自然と生命をテーマにした童話と絵本を募集するコンクールを平成11年から開催。

【主催者】山田養蜂場

【選考委員】(第11回)西本鶏介(昭和女子大学名誉教授、児童文学者)、角野栄子(童話作家)、長野ヒデ子(絵本作家)、折原みと(小説家、漫画家)、尾木直樹(法政大学教授、教育評論家)、松香光夫(玉川大学学術研究所客員教授、日本アピセラピー研究会会長)、山田英生(山田養蜂場代表)

【選考方法】公募

【選考基準】〔資格〕プロ・アマ不問。未発表のオリジナル作品に限る(同人誌・ホームページに掲載したものは発表と見なす)。一般の部:中学生以上、子どもの部:小学生以下。〔対象〕一般の部 童話部門:「しぜん」と「いのち」をテーマに子どもたちの〈こころ・ゆめ・いのち〉を育む童話。一般の部 絵本部門:西本鶏介作「がんばれ、おじいちゃん」で絵本を作成。子どもの部:童話・絵本部門ともミツバチやはちみつを登場させる。〔原稿〕一般の部 童話部門:原稿用紙20枚以内、一般の部絵本部門:見開き12場面以上16場面以内で作成、表紙・裏表紙をつける。子どもの部 童話部門:原稿用紙5枚程度。子どもの部 絵本部門:見開き12場面程度で作成、表紙・裏表紙をつける。

【締切・発表】(第11回)申込期間は平成21年3月8日〜6月30日(当日消印有効)、発表は10月末

【賞・賞金】〔一般の部 童話・絵本各部門〕最優秀賞(1点):賞金50万円、優秀賞(1点):賞金20万円、佳作(3点):賞金5万円。〔子どもの部 童話・絵本各部門〕最優秀賞(1点):図書カード5万円、優秀賞(1点):図書カード3万円、佳作(3点):図書カード1万円。各賞にミツバチ製品

【URL】http://www.3838.com/

第1回(平11年)
◇最優秀賞 斉藤 好和(東京都)「と・も・だ・ち」
◇優秀賞
石田 有二(東京都)「Honey Bee...Dee」
古野 孝子(東京都)「ミツバチがやってきた」

第2回(平12年)
◇童話部門
• 最優秀童話賞 多加山 悠哉(東京都)「おじいさんとぼくのミツバチ」
• 優秀童話賞 吉村 健二(埼玉県)「夏休みの宿題」
◇絵本部門
• 最優秀絵本賞 該当作なし
• 優秀絵本賞 中村 三奈〔絵〕(大阪府)、稲本 幸男〔文〕(京都府)「スプーン1ぱいのはちみつ」

第3回(平13年)
◇童話部門
• 最優秀童話賞 今井 恭子(東京都)「ミツバチ、ともだち」
• 優秀童話賞 夏野 いばら(大阪府)「みつみつはちみつ」
◇絵本部門
• 最優秀絵本賞 該当作なし
• 優秀絵本賞 内田 美代子(神奈川県)「トレ・トレ・ボン」

第4回(平14年)
◇童話部門
• 最優秀童話賞 尾山 理津子(アメリカ)「ハチミツのたね」
• 優秀童話賞 木下 明子(長野県)「夢からさめて」
◇絵本部門
• 最優秀絵本賞 該当作なし
• 優秀絵本賞 石井 圭子(千葉県)「ごめんなさい」

第5回(平15年)
◇童話部門 一般の部
• 最優秀童話賞 鞠阿野 純子(神奈川県)「蜂飼いのアヤとマントが原」
• 優秀童話賞 住吉 ふみ子(広島県)「お腹の中のイモ畑」

◇童話部門 子どもの部
- 最優秀童話賞 野島 亜悠(京都府)「おくびょうなタネ」
- 優秀童話賞 藤田 百合香(香川県)「幸せのハチミツ」

◇絵本部門 一般の部
- 最優秀絵本賞 竹鼻 恵子〔絵〕,鍋島 利恵子〔文〕(長野県)「しましまカンパニー」
- 優秀絵本賞 才桃 あつこ(北海道)「ゾウのモモ」

◇絵本部門 子どもの部
- 最優秀絵本賞 該当作なし
- 優秀絵本賞 矢吹 文乃(岡山県)「お月見池のなかまたち」

第6回(平16年)

◇童話部門 一般の部
- 最優秀童話賞 該当作なし
- 優秀童話賞 五嶋 千夏(山口県)「きんいろのアメ、ぎんいろのメガネ」

◇童話部門 子どもの部
- 最優秀童話賞 鎌田 佑里(東京都)「ハチミツ色の傘」
- 優秀童話賞 見瀬 采芽(兵庫県)「ミツバチのゆう便」

◇絵本部門 一般の部
- 最優秀絵本賞 林 あや子(東京都)「ちいさなライオン」
- 優秀絵本賞 森 みちこ(富山県)「おいしいのはど〜れだ?」

◇絵本部門 子どもの部
- 最優秀絵本賞 細川 和枝(香川県)「みつばちはこのたからさがし」
- 優秀絵本賞 畑 美由紀(岩手県)「忘れないよ にじ海ワールド」

第7回(平17年)

◇童話部門 一般の部
- 最優秀童話賞 該当作なし
- 優秀童話賞 該当作なし

◇童話部門 子どもの部
- 最優秀童話賞 白矢 麻衣(兵庫県)「はるにおかわり」
- 優秀童話賞 友部 幸織(茨城県)「はちみつレストラン」

◇絵本部門 一般の部
- 最優秀絵本賞 よこみち けいこ(広島県)「けんたのなつやすみ」
- 優秀絵本賞 池田 美代子(大阪府)「おくりものをとどけよう」

◇絵本部門 子どもの部
- 最優秀絵本賞 成澤 美咲(静岡県)「くまさんからのおくりもの」
- 優秀絵本賞 尾崎 桃子(三重県)「新発売 はちみつのパン」

第8回(平18年)

◇童話部門 一般の部
- 最優秀童話賞 水凪 紅美子(群馬県)「みつばち・クエスト」
- 優秀童話賞 竹下 知香(東京都)「ぼくの小さな庭」

◇童話部門 子どもの部
- 最優秀童話賞 該当作なし
- 優秀童話賞 鬼頭 あゆみ(三重県)「あゆちゃんへ まさしより」

◇絵本部門 一般の部
- 最優秀絵本賞 該当作なし
- 優秀絵本賞 かわはら さとえ(兵庫県)「ひみつ ひみつ」

◇絵本部門 子どもの部
- 最優秀絵本賞 川口 仁美(静岡県)「にじいろみつばち」
- 優秀絵本賞 太田 明理紗(静岡県)「ハチのみいちゃんのおきがえ」

第9回(平19年)

◇童話部門 一般の部
- 最優秀童話賞 赤星 浩志(東京都)「きらきら」
- 優秀童話賞 内田 日十実(東京都)「雨の日曜日」

◇童話部門 子どもの部
- 最優秀童話賞 豊川 遼馬(神奈川県)「ブンブンのひみつ」
- 優秀童話賞 有田 双葉(大分県)「やさしいみつばち」

◇絵本部門 一般の部
- 最優秀絵本賞 わたなべ ゆうこ(東京都)「ぼくのしましま」
- 優秀絵本賞 りとう よういちろう(奈良県)「あくまくま」

◇絵本部門 子どもの部
- 最優秀絵本賞 水谷 天音(京都府)「ミツバチ、うちゅうにいく」
- 優秀絵本賞 畠山 万示,万葉 万礼(千葉県)「たのしいハチのいちにち」

第10回(平20年)

◇童話部門 一般の部
- 最優秀童話賞 さき あきら(京都府)「リュウの海」
- 優秀童話賞 福尾 久美(滋賀県)「ちいさいくつ屋」

◇童話部門 子どもの部
- 最優秀童話賞 北浦 実季(大阪府)「ぼくの変わったお父さん」

- 優秀童話賞　行田 美希（京都府）「ゲンさんのはらまき」

◇絵本部門 一般の部
- 最優秀絵本賞　くりこ（神奈川県）
- 優秀絵本賞　石川 基子（愛知県）

◇絵本部門 子どもの部
- 最優秀絵本賞　古屋 涼凪（東京都）「だいすき」
- 優秀絵本賞　水谷 美優（神奈川県）「春のピース」

055　子どものための感動ノンフィクション大賞

ノンフィクション児童文学の分野での新人作家を見つけ出し、応援していくために、平成17年に創設。

【主催者】（社）日本児童文学者協会、学研（共催）

【選考委員】（第3回）今西乃子、国松俊英、真鍋和子、山本耕三（学研児童書編集室編集長）

【選考方法】公募

【選考基準】〔対象〕小学校中学年から高学年を対象としたノンフィクション。題材は、人物ノンフィクション、歴史のできごと、社会のできごと、スポーツ、動物と人間、環境問題、子どもたちの生きる姿など、自由。子どもたちを引きつける力のこもった作品がのぞましい。〔資格〕特に問わない。〔応募方法〕1次選考と2次選考、2回の選考によって、入賞者を選ぶ。応募者は、まず規定の作品計画書（ねらい・グレード・題材についての情報・取材の予定などを記したもの）にあらすじを添えて提出する。1次選考では、その計画書とあらすじを審査して、2次選考に進む作品を選ぶ。1次選考通過者による原稿（400字原稿用紙 約80～120枚）で、2次選考をおこなう

【締切・発表】（第3回）1次選考応募締切：平成21年9月30日、11月に通過者を決定し、連絡。「日本児童文学」平成22年3・4月号にて発表。作品原稿締切：平成22年5月31日。最優秀作品の決定：平成22年7月31日。「日本児童文学」平成22年11・12月号にて発表

【賞・賞金】最優秀作品1点：賞状と賞金30万円、原則として学研より出版される。出版にあたっては、改作を求める場合がある。優良作品2点程度：賞状と記念品。学研からの出版が検討される

【URL】http：//www.jibunkyo.or.jp/shou.html

第1回（平18年）
◇最優秀作品　キム・ファン「サクラ―日本から韓国へ渡ったゾウたちの物語」
◇優良作品
　関 朝之「声をなくした『紙芝居屋さん』への贈りもの」
　高橋 昭「たった一つのリンゴ」

第2回（平20年）
◇最優秀作品　該当作なし
◇優良作品
　浜田 尚子「リンゴ畑の天使」
　井上 たかひこ「アメリカからきたなんぱ船」
　渡辺 千絵「ぼくらは雨をためてみた」

056　小諸・藤村文学賞

小諸市と深い関係のある島崎藤村の誕生120年没後50年を記念して、平成4年に創設。

【主催者】小諸市、小諸市教育委員会、小諸市藤村記念館、小諸市文化協会

【選考委員】（第15回）高田宏、神津良子、山口泉、森まゆみ

【選考方法】公募

056　小諸・藤村文学賞　　　　　　　　　　　　　　Ⅰ 文学

【選考基準】〔対象〕随筆, エッセイ(題材自由)。中・高校生は生活文でも可。未発表作品に限り。〔原稿〕一般の部は400字詰めで10枚程度(上限11枚), 高校生の部・中学生の部はそれぞれ5枚程度(上限6枚)。上限枚数は厳守のこと
【締切・発表】(第15回)平成21年1月31日締切(当日消印有効), 7月上旬に発表, 本人に通知, 表彰式は8月21日(藤村忌前日)
【賞・賞金】〔一般の部〕最優秀賞(1名)：賞金30万円, 優秀賞(2名)：賞金10万円, 佳作(若干名)：賞金2万円, 〔高校生・中学生の部〕最優秀賞(1名)：図書券10万円, 優秀賞(2名)：図書券5万円, 佳作(若干名)：図書券1万円

第1回(平4年度)
◇中学生の部
- 最優秀賞　長島 優子(神奈川県)「夏休みの旅行」
- 優秀賞 1席　藤田 美椰(富山県)「九九と祖父」
- 優秀賞 2席　宮原 純子(長野県)「プレゼント」

第2回(平6年度)
◇中学生の部
- 最優秀賞　受賞辞退
- 優秀賞 1席　萩原 大輔(長野県)「草むしり」
- 優秀賞 2席　宮澤 真由美(長野県)「おばあちゃんの夢の森」

第3回(平8年度)
◇中学生の部
- 最優秀賞　高地 恭介(長野県)「おばさんの日記」
- 優秀賞 1席　市川 亜紗美(長野県)「コスモスからのプレゼント」
- 優秀賞 2席　原田 咲恵(長野県)「おかえり」

第4回(平9年度)
◇中学生の部
- 最優秀賞　川島 茜(長野県)「キセキ」
- 優秀賞 1席　赤堀 麻央(東京都)「桜の花になった勇作おじいちゃん」
- 優秀賞 2席　宮沢 良邦(長野県)「花火の日」

第5回(平10年度)
◇中学生の部
- 最優秀賞　新野 里子(長野県)「夏の思い出」
- 優秀賞　該当作なし

第6回(平11年度)
◇中学生の部
- 最優秀賞　佐藤 翔(長野県)「メダカは目高」
- 優秀賞 第1席　小林 有里菜(長野県)「祖父の贈り物」

- 優秀賞 第2席　中谷 由衣(長野県)「私の大切なもの」

第7回(平12年度)
◇中学生の部
- 最優秀賞　川上 香織(長野県)「私の宝物」
- 優秀賞 1席　柳原 陽子(新潟県)「うるめ」
- 優秀賞 2席　小泉 藍香(長野県)「大切なもの それは命」

第8回(平13年度)
◇中学生の部
- 最優秀賞　小泉 茉莉(長野県)「父のカレンダー」
- 優秀賞 1席　須藤 舞子(東京都)「十五歳ってオバン？」
- 優秀賞 2席　宮澤 恒太(長野県)「トランペットとぼく」

第9回(平14年度)
◇中学生の部
- 最優秀賞　古藤 友理(東京都)「『何気に』使っている『微妙な』ことば」
- 優秀賞 1席　坪田 瑶(大阪府)「家族の意味」
- 優秀賞 2席　丸山 順子(長野県)「いちょうの木を見て」

第10回(平15年度)
◇中学生の部
- 最優秀賞　加山 恵理(愛知県)「中華料理屋の灯り」
- 優秀賞 1席　尾野 亜裕美(北海道)「ふとしたことで」
- 優秀賞 2席　該当作なし

第11回(平16年度)
◇中学生の部
- 最優秀賞　本田 しおん(東京都)「鰯家族」
- 優秀賞 1席　椿 由美(神奈川県)「インコ」
- 優秀賞 2席　片山 彩花(兵庫県)「私の小さな家族」

第12回(平17年度)
◇中学生の部
- 最優秀賞　新美 千尋(東京都)「ベッド」
- 優秀賞 1席　青木 瑞歩(長野県)「押してくれたのは誰だ」

70　児童の賞事典

- 優秀賞 2席　長合 誠也(三重県)「農作業から学ぶ」

第13回(平18年度)
◇中学生の部
- 最優秀賞　平山 裕未花(愛知県春日井市)「かがやく命・明日へ」
- 優秀賞 1席　小林 沙貴(大阪府茨木市)「電車名人のススメ」
- 優秀賞 2席　橋本 紗季(兵庫県西宮市)「『知りたい』という好奇心」

第14回(平19年度)
◇中学生の部
- 最優秀賞　上田 博友(山梨県甲府市)「カナカナ蝉の声を聞きながら」
- 優秀賞 1席　中村 周平(長野県駒ヶ根市)「人間とつばめの絆」
- 優秀賞 2席　飯森 七重(長野県長野市)「私の夏」

057 埼玉文芸賞

　県内における文芸活動の振興を図るため、1年間における文芸各部門のうち特に優れた作品を顕彰する。児童文学部門は第9回より創設された。
【主催者】埼玉県教育委員会、埼玉県
【選考委員】(第40回)小説・戯曲:大河内昭爾、髙橋玄洋、松本鶴雄、評論・エッセイ・伝記:秋谷豊、中島和夫、野村路子、児童文学:天沼春樹、金治直美、かねこたかし、詩:飯島正治、石原武、北岡淳子、短歌:沖ななも、杜澤光一郎、水野昌雄、俳句:猪俣千代子、落合水尾、森田公司、川柳:内田雪彦、小松召子、四分一周平
【選考方法】公募
【選考基準】〔対象〕前年1月から12月までの間に創作された作品。小説・戯曲:1編、評論・エッセイ・伝記:1編、児童文学(小説・童話:1編、詩:10編)、詩:10編、短歌:50首、俳句:50句、川柳:50句。もしくは同部門、同期間内に新聞・雑誌等に発表又は単行本として刊行された作品。〔資格〕埼玉県内に在住又は在勤、在学(高校生以上)の方。〔原稿〕応募作品はB4判400字詰原稿用紙に、縦書き・楷書で記入。パソコン使用の場合は、B4判またはA4判の用紙に縦書きで20字×20行(散文については40字×40行でも可)で印字。単行本・掲載誌で応募することも可
【締切・発表】毎年1月6日ごろ締切、3月に入賞者へ通知
【賞・賞金】埼玉文芸賞(各部門ごと):賞状・記念品及び副賞20万円。該当者がいない部門について、準賞(賞状・記念品及び副賞10万円)を贈呈することがある。受賞作品は、毎年6月に刊行される「文芸埼玉」誌に掲載される
【URL】http://www.mmjp.or.jp/saibun/bungeisaitama/bungei.html

第9回(昭52年)
◇児童文学
- 埼玉文芸奨励賞
　　神谷 巳代治「母」
　　矢内 久子「白い貝の肖像」

第10回(昭53年)
◇児童文学
- 埼玉文芸賞　中野 みち子「七つになったけんちゃん」

第11回(昭54年)
◇児童文学
- 埼玉文芸賞　柾木 恵美子「けん,いっしょに地球をまわろう」

第12回(昭55年)
◇児童文学
- 埼玉文芸賞　該当者なし
- 埼玉文芸賞準賞
　　中原 ゆき子「春の日には」
　　鈴木 なよ「音のない飛行船」
　　北河 紀夫「水中眼鏡」
　　田村 維子「ピンクのふうとう」

第13回（昭56年）
　◇児童文学
　　● 埼玉文芸賞　該当者なし
　　● 埼玉文芸賞準賞
　　　　栗原 直子「宗右衛門の影」
　　　　小柳 洋子「放課後」
第14回（昭57年）
　◇児童文学
　　● 埼玉文芸賞　浦和 太郎「龍神の沼」
第15回（昭58年）
　◇児童文学
　　● 埼玉文芸賞　栗原 直子「空をとんだ蛇─草加ものがたり」
第16回（昭59年）
　◇児童文学
　　● 埼玉文芸賞　田代 しゅうじ「少年と海」
第17回（昭60年）
　◇児童文学
　　● 埼玉文芸賞　小柳 洋子「ユニフォームNo.15」
第18回（昭61年）
　◇児童文学
　　● 埼玉文芸賞　青木 雅子「サツモイモの女王さま」
第19回（昭62年）
　◇児童文学
　　● 埼玉文芸賞　該当者なし
　　● 埼玉文芸賞準賞
　　　　福島 のりよ「いい秋みつけた！」
　　　　藤 めぐむ「ア・レター・フォーユー」
第20回（昭63年）
　◇児童文学
　　● 埼玉文芸賞　該当者なし
　　● 埼玉文芸賞準賞
　　　　木内 恭子「ヨメさんがほしい」
　　　　尾辻 紀子「草小屋からこんにちは」
第21回（平1年）
　◇児童文学
　　● 埼玉文芸賞　上山 トモ子「リンリンぼくのじてんしゃ」
第22回（平2年）
　◇児童文学
　　● 埼玉文芸賞　花井 泰子「新河岸川の八助」
第23回（平3年）
　◇児童文学
　　● 埼玉文芸賞　武井 照子「心をつなぐ糸」
第24回（平4年）
　◇児童文学
　　● 埼玉文芸賞　該当者なし
　　● 埼玉文芸賞準賞
　　　　鈴木 なよ「故郷の遠い思いで」
　　　　山口 英治「お姉ちゃんの宝石箱」

第25回（平5年）
　◇児童文学
　　● 埼玉文芸賞　該当者なし
　　● 埼玉文芸賞準賞
　　　　西澤 怜工「オペレッタ」
　　　　林 マサ子「詩『春』」ほか
第26回（平6年）
　◇児童文学
　　● 埼玉文芸賞　長谷川 美智子「見沼の波留（はる）」
第27回（平7年）
　◇児童文学
　　● 埼玉文芸賞　該当者なし
　　● 埼玉文芸賞準賞　鈴木 なよ「みかん色の綿あめ─『小さい話』より」
第28回（平8年）
　◇児童文学
　　● 埼玉文芸賞　該当者なし
　　● 埼玉文芸賞準賞　すずき ゆきこ「宇宙イルカのサン」
第29回（平9年）
　◇児童文学
　　● 埼玉文芸賞　川島 盾子「はしれ かたぐるま先生」
第30回（平10年）
　◇児童文学
　　● 埼玉文芸賞　該当者なし
　　● 埼玉文芸賞準賞
　　　　林 マサ子「真っ暗闇をさがして！」
　　　　わたなべ さもじろう「じいちゃんとないしょないしょのやまのぼり」
第31回（平11年）
　◇児童文学部門
　　● 埼玉文芸賞　林 マサ子「ギンナン銀次郎」
第32回（平12年）
　◇児童文学
　　● 埼玉文芸賞　該当者なし
　　● 埼玉文芸賞準賞
　　　　金治 直美「さらば、猫の手」
　　　　小塙 雅多加「おじいさん列車でGO！」
第33回（平13年）
　◇児童文学
　　● 埼玉文芸賞　該当者なし
　　● 埼玉文芸賞準賞
　　　　吉村 健二「四段目」
　　　　斉藤 ます美「いちにちだけの探偵」
第34回（平14年）
　◇児童文学
　　● 埼玉文芸賞　該当者なし
　　● 埼玉文芸賞準賞
　　　　内田 映一「うるし木の娘」
　　　　加藤 圭子「かたばみクラブ」

Ⅰ 文学　　　　　　　　　　　　　　　　　　　058　産経児童出版文化賞

第35回（平15年）
　◇児童文学
　　● 埼玉文芸賞　該当者なし
　　● 埼玉文芸賞準賞
　　　大島 一恵「放課後、教室へ来てください」
　　　かねこ たかし「忘れな草のうた」
第36回（平16年）
　◇児童文学
　　● 埼玉文芸賞　該当者なし
　　● 埼玉文芸賞準賞
　　　小堀 雅多加「夏のゲルニカ」
　　　小菅 光「時のガラス」

第37回（平17年）
　◇児童文学部門
　　● 埼玉文芸賞　加藤 圭子「リュウジン山ラプソディ」
第38回（平18年）
　◇児童文学
　　● 埼玉文芸賞　該当者なし
　　● 埼玉文芸賞準賞　秋木 真「先輩と猫」
第39回（平19年）
　◇児童文学
　　● 埼玉文芸賞　該当者なし
　　● 埼玉文芸賞準賞　宮川 辰也「泊まりの日記」
第40回（平20年）
　◇児童文学
　　● 埼玉文芸賞　大島 一恵「雲の流れ」

058　産経児童出版文化賞

「次の世代をになう子供たちに，すぐれた本をあたえよう」との趣旨で制定された。

【主催者】産経新聞社

【選考委員】（第55回）〔文学担当〕川端有子（愛知県立大学外国語学部教授），西村醇子（白百合女子大学非常勤講師），宮川健郎（武蔵野大学文学部教授）〔絵本・美術担当〕落合恵子（作家），さくまゆみこ（翻訳家），森久保仙太郎（日本児童文学者協会名誉会員）〔社会担当〕荒井洌（白鷗大学教育学部教授），小西輝子（弁護士），松井洋子（日本大学短期大学部准教授）〔科学担当〕鷲谷昂（社団法人全国学校図書館協議会事務局参与），道家達将（東京工業大学名誉教授），横山広美（東京大学大学院理学系研究科准教授）〔ゲスト選考委員〕川野邊修（JR東日本広報部長），萩原健二（JR東海広報部東京広報室長），坪田譲治（フジテレビジョン編成制作局編成部副部長），増山さやか（ニッポン放送アナウンサー），鳥居洋介（産経新聞社編集局文化部長）

【選考方法】推薦。産経新聞社が委嘱した選考委員が，読者や有識者からの推薦と，出版各社の自薦図書を参考資料として大賞，賞，美術賞，推薦図書を選定する

【選考基準】〔対象〕各年1月1日から12月末日までに初版で発行された児童向け図書（学習参考書は除く）

【締切・発表】5月5日（こどもの日）に産経新聞で発表

【賞・賞金】大賞（1点）：出版社に賞状楯とブロンズ像（大道寺光弘作"そよ風に誘われて"），著者に賞状楯，記念品，賞金50万円。JR賞（1点）：出版社に賞状楯とトロフィー。著者に賞状楯，記念品，賞金30万円。賞（5点）：出版社に賞状とトロフィー。著者に賞状，楯，賞金各10万円。美術賞（1点）：出版社に賞状とトロフィー，著者に賞状，楯，賞金10万円。推薦（10点）：出版社と著者に賞状と楯。フジテレビ賞・ニッポン放送賞（各1点）

第1回（昭29年）
　◇賞
　　朝日新聞社〔編〕「少年朝日年鑑—昭和27年版」（朝日新聞社）
　　城戸 幡太郎〔他編〕「私たちの生活百科事典」（全17巻，生活百科刊行会）
　　岩波書店〔編〕「科学の学校」（全37冊，岩波書店）
　　小川 未明〔他編〕「日本児童文学全集」（全12巻，河出書房）

国分 一太郎〔他編〕「綴方風土記」（全8巻, 平凡社）
飯沢 匡〔他製作〕「ヘンデルとグレーテル」（トッパン）ほか
E.B.ホワイト〔作〕, G.ウィリアムス〔画〕, 鈴木 哲子〔訳〕「こぶたとくも」（法政大学出版局）
佐藤 義美〔作〕「あるいた雪だるま—初級童話」（泰光堂）
宮城 音弥〔著〕, 稗田 一穂〔画〕「眠りと夢」（牧書店）
A.ホワイト〔著〕, 後藤 富男〔訳〕「埋もれた世界」（岩波書店）

第2回（昭30年）
　◇賞
　　稲垣 友美〔他編〕「学校図書館文庫第1期」（全50巻, 牧書店）
　　高橋 健二〔他編〕「世界少年少女文学全集」（全32巻, 東京創元社）
　　吉野 源三郎〔他編〕「岩波の子どもの本」（全24冊, 岩波書店）
　　桑原 万寿太郎〔他編〕「ミツバチの世界」（岩波書店）
　　須見 五郎「日本人漂流ものがたり」（毎日新聞社）
　　堀江 誠志郎〔著〕, 斎藤 博之〔画〕「山ではたらく人びと」（筑摩書房）

第3回（昭31年）
　◇賞
　　朝日新聞社〔編〕「たのしい観察—生きもののしらべかた」（朝日新聞社）
　　朝日新聞社〔編〕「たのしい採集—標本のつくりかた」（朝日新聞社）
　　坪田 譲治〔他編〕「日本のむかし話」（全6巻, 実業之日本社）
　　永井 萠二〔作〕, 六浦 光雄〔画〕「さぶね船長」（新潮社）
　　那須 辰造〔作〕, 大橋 弥生〔画〕「緑の十字架」（同和春秋社）
　　福田 豊四郎〔著・画〕「美しさはどこにでも」（牧書店）
　◇特別賞　平凡社児童百科事典編集部〔編〕「児童百科事典」（全24巻, 平凡社）

第4回（昭32年）
　◇賞
　　「こどものとも」（全11冊, 福音館書店）
　　高島 春雄, 黒田 長久〔著〕, 小林 重郎〔他画〕「鳥類の図鑑」（小学館）
　　今泉 篤男「西洋の美術」（小峰書店）
　　谷川 徹三〔他監修〕「少年少女日本文学選集」（全30巻, あかね書房）
　　浜田 広介〔作〕, 安 泰〔他画〕「浜田広介童話選集」（全6巻, 講談社）

綿引 まさ〔著〕, 伊原 通夫〔画〕「私たちの相談室3 友だちのことでこまることはありませんか？」（東西文明社）

第5回（昭33年）
　◇賞
　　平凡社世界の子ども編集部〔編〕「世界の子ども」（全15巻, 平凡社）
　　少年少女学習百科大事典編集部〔編〕「少年少女学習百科大事典 理科編」（学習研究社）
　　石森 延男〔作〕, 鈴木 義治〔画〕「コタンの口笛」（全2冊, 東都書房）
　　福田 清人〔作〕, 鴨下 晃湖〔画〕「天平の少年」（講談社）
　　市川 禎男〔他著〕「子どもの舞台美術—舞台装置・小道具・扮装・照明・効果」（さ・え・ら書房）
　　柳内 達雄〔著〕, 島崎 政太郎〔画〕「私たちの詩と作文—みんなでやろう」（国土社）

第6回（昭34年）
　◇賞
　　前川 文夫〔編〕「夏の植物 秋・冬の植物 春の植物」（誠文堂新光社）
　　八杉 竜一〔編〕「人間の歴史」（あかね書房）
　　横 有恒〔著〕, 福田 豊四郎〔画〕「ピッケルの思い出」（牧書店）
　　吉野 源三郎〔著〕, 向井 潤吉〔画〕「エイブ・リンカーン」（岩波書店）
　　平野 威馬雄〔作〕, 鈴木 義治〔画〕「レミは生きている」（日本児童文庫刊行会）
　　木下 順二〔文〕, 吉井 忠〔画〕「日本民話選」（岩波書店）

第7回（昭35年）
　◇特別出版賞　「こどものとも」（福音館書店）
　◇賞
　　坂本 遼〔作〕, 秋野 卓美〔画〕「きょうも生きて」（全2巻, 東都書房）
　　大谷 省三「自然をつくりかえる」（牧書店）
　　小峰書店編集部〔編〕「目で見る学習百科事典」（全8巻, 小峰書店）
　　菅井 準一「科学の歴史」（あかね書房）
　　阿川 弘之〔著〕, 萩原 政男〔他写真〕「なかよし特急」（中央公論社）
　　滑川 道夫〔編〕「少年少女つづり方作文全集」（全10巻, 東京創元社）

Ⅰ 文学

第8回（昭36年）
◇大賞　安倍 能成〔他監修〕「世界童話文学全集」（全18巻, 講談社）
◇賞
　　新美 南吉〔作〕, 坪田 譲治〔他編〕, 市川 禎男, 立石 鉄臣〔版画〕「新美南吉童話全集」（全3巻, 大日本図書）
　　松谷 みよ子〔作〕, 久米 宏一〔画〕「竜の子太郎」（講談社）
　　浜田 広介〔作〕, いわさき ちひろ〔画〕「あいうえおのほん―字をおぼえはじめた子どものための」（童心社）
　　寺田 和夫, 石田 英一郎〔著〕, 中西 竜太〔画〕「人類の誕生」（小学館）
　　井尻 正二「地球のすがた」（偕成社）

第9回（昭37年）
◇賞
　　早船 ちよ〔作〕, 竹村 捷〔画〕「ポンのヒッチハイク」（理論社）
　　安藤 美紀夫〔作〕, 山田 三郎〔画〕「白いりす」（講談社）
　　ザルテン〔作〕, 実吉 健郎〔他訳〕「ザルテン動物文学全集」（全7巻, 白水社）
　　安倍 能成〔他監修〕「少年少女世界伝記全集」（全15巻, 講談社）
　　畠山 久尚〔他著〕「地球の科学」（小学館）

第10回（昭38年）
◇大賞　「こどものとも」（福音館書店 37年3月号～38年2月号）
◇賞
　　吉田 比砂子〔作〕, 油野 誠一〔画〕「コーサラの王子」（講談社）
　　中川 李枝子〔作〕, 大村 百合子〔画〕「いやいやえん」（福音館書店）
　　エーリヒ・ケストナー〔作〕, ワルター・トリヤー, ホルスト・レムケ〔画〕, 高橋 健二〔訳〕「ケストナー少年文学全集」（全8巻, 岩波書店）
　　林 寿郎〔編〕「少年少女日本動物記」（全5巻, 牧書店）
　　武谷 三男, 星野 芳郎「物理の世界」（講談社）

第11回（昭39年）
◇大賞　高島 春雄〔他著〕「科学図説シリーズ」（全12巻, 小学館）
◇賞
　　庄野 英二〔作〕, 長 新太〔画〕「星の牧場」（理論社）
　　椋 鳩十〔作〕, 須田 寿〔画〕「孤島の野犬」（牧書店）

　　岡野 薫子〔作〕, 寺島 竜一〔画〕「銀色ラッコのなみだ―北の海の物語」（実業之日本社）
　　馬場 のぼる〔作・画〕「きつね森の山男」（岩崎書店）
　　古原 和美「ヒマラヤの旅―未知をさぐって」（理論社）

第12回（昭40年）
◇大賞　アンデルセン〔作〕, 初山 滋〔他画〕, 大畑 末吉〔他編訳〕「アンデルセン童話全集」（全8巻, 講談社）
◇賞
　　賈 芝, 孫 剣冰〔編〕, 赤羽 末吉〔画〕, 君島 久子〔訳〕「白いりゅう黒いりゅう―中国のたのしいお話」（岩波書店）
　　松居 直〔文〕, 赤羽 末吉〔画〕「ももたろう」（福音館書店）
　　岩波書店編集部〔編〕「科学の事典」（岩波書店）
　　菅井 準一〔著〕, 武部 本一郎〔画〕「アインシュタイン―原子力の父」（偕成社）
　　阿部 襄「貝の科学―なぎさでの研究30年」（牧書店）

第13回（昭41年）
◇大賞　加藤 陸奥雄「少年少女日本昆虫記」（全5巻, 牧書店）
◇賞
　　関口 重甫〔他著〕「さ・え・ら伝記ライブラリー」（全10巻, さ・え・ら書房）
　　山内 義雄〔他編〕「国際児童文学賞全集」（全12巻, あかね書房）
　　アストリッド・リンドグレーン〔作〕, 桜井 誠〔他画〕, 大塚 勇三, 尾崎 義〔訳〕「リンドグレーン作品集」（全12巻, 岩波書店）
　　生源寺 美子〔作〕, 山下 大五郎〔画〕「草の芽は青い」（講談社）
　　安藤 美紀夫〔作〕, 水四 澄子〔画〕「ポイヤウンペ物語」（福音館書店）

第14回（昭42年）
◇大賞　与田 準一〔作〕, 朝倉 摂〔他画〕「与田準一全集」（全6巻, 大日本図書）
◇賞
　　藤本 陽一〔著〕, 真鍋 博〔画〕「原子力への道を開いた人々」（さ・え・ら書房）
　　泉 靖一「インカ帝国の探検」（あかね書房）
　　クライブ・ステーブルズ・ルイス〔作〕, ポーリン・ベインズ〔画〕, 瀬田 貞二〔訳〕「ナルニア国ものがたり」（全7巻, 岩波書店）

今江 祥智〔作〕, 宇野 亜喜良〔画〕「海の日曜日」(実業之日本社)
香山 彬子〔作〕, 木下 公男〔画〕「シマフクロウの森」(講談社)

第15回(昭43年)
◇大賞　千葉 省三〔作〕, 関 英雄〔他編〕, 岡野 和〔他画〕「千葉省三童話全集」(全6巻, 岩崎書店)
◇賞
馬場 のぼる〔作・画〕「11ぴきのねこ」(こぐま社)
大塚 勇三〔再話〕, 赤羽 末吉〔画〕「スーホの白い馬」(福音館書店)
戸川 幸夫〔著〕, 石田 武雄〔画〕「戸川幸夫子どものための動物物語」(全10巻, 国土社)
前川 康男〔作〕, 久米 宏一〔画〕「ヤン」(実業之日本社)
山口 三夫「ロマン・ロランの生涯」(理論社)

第16回(昭44年)
◇大賞　該当作なし
◇賞
谷川 俊太郎〔詩〕, 堀 文子〔画〕「き」(至光社)
松岡 享子〔作〕, 寺島 竜一〔画〕「くしゃみ・くしゃみ・天のめぐみ」(福音館書店)
阿久根 治子〔作〕, 渡辺 学〔画〕「やまとたける」(福音館書店)
ウィリアム・メイン〔作〕, マージェリー・ジル〔画〕, 林 克己〔訳〕「砂」(岩波書店)
かつお きんや「天保の人びと」(牧書房)

第17回(昭45年)
◇大賞　坪田 譲治〔作〕, 小松 久子〔画〕「かっぱとドンコツ」(講談社)
◇賞
渡辺 茂男〔作〕, 太田 大八〔画〕「寺町3丁目11番地」(福音館書店)
野長瀬 正夫〔作〕, 依光 隆〔画〕「あの日の空は青かった―野長瀬正夫少年少女詩集」(金の星社)
せな けいこ〔作・画〕「いやだいやだの絵本」(全4巻, 福音館書店)
ハンス・ペテルソン〔作〕, イロン・ヴィクランド〔他画〕, 大石 真, 鈴木 徹郎〔訳〕「ハンス・ペテルソン名作集」(全11巻, ポプラ社)
かこ さとし〔著〕, 北田 卓史〔他画〕「かこ・さとしかがくの本」(全10巻, 童心社)

第18回(昭46年)
◇大賞　藤森 栄一〔著〕, 脇谷 紘〔画〕「心の灯―考古学への情熱」(筑摩書房)
◇賞
平沢 弥一郎〔著〕, 中村 猛男〔画〕「足のうらをはかる」(ポプラ社)
斎藤 隆介〔作〕, 滝平 二郎〔画〕「ちょうちん屋のままっ子」(理論社)
もり ひさし〔作〕, にしまき かやこ〔画〕「ちいさなきいろいかさ」(金の星社)
ウォルター・デ・ラ・メア〔作〕, 小松崎 邦雄〔画〕, 阿部 知二〔訳〕「旧約聖書物語」(岩波書店)
広島テレビ放送〔編〕, 小林 勇〔画〕「いしぶみ」(ポプラ社)

第19回(昭47年)
◇大賞　北畠 八穂〔作〕, 加藤 精一〔画〕「鬼を飼うゴロ」(実業之日本社)
◇賞
関 淳雄〔作〕, 武部 本一郎〔画〕「小さい心の旅」(偕成社)
チャールズ・キーピング〔作・画〕, よご ひろこ〔訳〕「しあわせどうりのカナリヤ」(らくだ出版デザイン)
三戸 サツヱ〔著〕, 武部 本一郎〔画〕「幸島のサル―25年の観察記録」(ポプラ社)
北村 けんじ〔作〕, 瀬川 康男〔画〕「まぼろしの巨鯨シマ」(理論社)
星野 安三郎〔著〕, 箕田 源二郎〔画〕「憲法を考える」(ポプラ社)

第20回(昭48年)
◇大賞　筒井 敬介〔作〕, 瀬川 康男〔画〕「かちかち山のすぐそばで」(フレーベル館)
◇賞
打木 村治〔作〕, 市川 禎男〔画〕「天の園」(全6巻, 実業之日本社)
安藤 美紀夫〔作〕, 福田 庄助〔画〕「でんでんむしの競馬」(偕成社)
菊池 誠「幸運な失敗―トランジスターの誕生」(日本放送出版協会)
宮脇 昭〔著〕, 田中 正三〔画〕「世界の伝記」(全20巻, 学習研究社)

第21回(昭49年)
◇大賞　岸田 衿子〔作〕, 中谷 千代子〔画〕「かえってきたきつね」(講談社)
◇賞
遠藤 寛子〔作〕, 箕田 源二郎〔画〕「算法少女」(岩崎書店)
山中 恒〔作〕, 井上 洋介〔画〕「三人泣きばやし」(福音館書店)

キャスリーン・マイケル・ペイトン〔作〕，ビクター・G.アンブラス〔画〕，掛川恭子〔訳〕「フランバーズ屋敷の人びと」（全3巻，岩波書店）
タカシマ シズエ〔作・画〕，前川 純子〔訳〕「強制収容所の少女」（冨山房）
栗原 康〔著〕，勝又 進〔画〕「かくされた自然―ミクロの生態学」（筑摩書房）

第22回（昭50年）
◇大賞　山本 和夫〔作〕，鈴木 義治〔画〕「海と少年―山本和夫少年詩集」（理論社）
◇賞
　舟崎 克彦〔作・画〕「雨の動物園」（偕成社）
　神沢 利子〔作〕，山脇 百合子〔画〕「あひるのバーバちゃん」（偕成社）
　高 史明〔著〕，水野 二郎〔画〕「生きることの意味―ある少年のおいたち」（筑摩書房）
　大竹 三郎〔著〕，古屋 勉〔画〕「黒つちがもえた」（大日本図書）
　錦 三郎〔著〕，市川 禎男，佐藤 広喜〔画〕，栗林 慧〔他写真〕「空を飛ぶクモ」（学習研究社）

第23回（昭51年）
◇大賞　佐藤 有恒〔他著〕「科学のアルバム」（全50巻別巻2巻，あかね書房）
◇賞
　まど みちお〔作〕，倉持 健〔他写真〕「まど・みちお詩集」（全6巻，銀河社）
　上崎 美恵子〔作〕，井上 洋介〔画〕「ちゃぶちゃっぷんの話」（旺文社）
　エリナー・ファージョン〔作〕，エドワード・アーディゾーニ〔他画〕，石井 桃子〔訳〕「ファージョン作品集」（全6巻，岩波書店）
　儀間 比呂志〔作・画〕「鉄の子カナヒル」（岩波書店）
　楠本 政助「縄文人の知恵にいどむ」（筑摩書房）

第24回（昭52年）
◇大賞　たかし よいち〔作〕，太田 大八〔画〕「竜のいる島」（アリス館）
◇賞
　竹崎 有斐〔作〕，北島 新平〔画〕「石切り山の人びと」（偕成社）
　平塚 益徳〔他編〕「チャイルド・クラフト―ひろがるわたしの世界」（全15巻，フィールド・エンタープライジズ・インターナショナル）
　宮脇 紀雄〔作〕，井口 文秀〔画〕「おきんの花かんざし」（金の星社）
　山本 藤枝〔著〕，新井 五郎〔画〕「細川ガラシャ夫人」（さ・え・ら書房）
　江沢 洋「だれが原子をみたか」（岩波書店）

第25回（昭53年）
◇大賞　久米 旺生〔他訳〕「中国の古典文学」（全14巻，さ・え・ら書房）
◇賞
　舟崎 靖子〔作〕，舟崎 克彦〔画〕「ひろしのしょうばい」（偕成社）
　浜野 卓也〔作〕，箕田 源二郎〔画〕「やまんばおゆき」（国土社）
　五味 太郎〔作・画〕「かくしたのだあれ たべたのだあれ」（文化出版局）
　半谷 高久〔著〕，榎本 幸一郎〔画〕「ゴミとたたかう」（小峰書店）
　中村 登流〔著〕，鈴木 吉男〔他画〕「森と鳥」（小学館）

第26回（昭54年）
◇大賞　千国 安之輔〔著・写真〕「オトシブミ」（偕成社）
◇賞
　血海 達哉〔作〕，杉浦 範茂〔画〕「坂をのぼれば」（PHP研究所）
　福田 清人〔作〕，田代 三善〔画〕「長崎キリシタン物語」（講談社）
　あまん きみ子〔作〕，長谷川 知子〔画〕「ひつじぐものむこうに」（文研出版）
　伊東 光晴「君たちの生きる社会」（筑摩書房）
　富山 和子〔著〕，中村 千尋〔画〕「川は生きている―自然と人間」（講談社）
◇美術賞　杉田 豊〔作・画〕「ねずみのごちそう」（講談社）

第27回（昭55年）
◇大賞　該当作なし
◇賞
　宮脇 紀雄〔作〕，村上 豊〔画〕「かきの木いっぽんみが三つ」（金の星社）
　わたり むつ子〔作〕，本庄 ひさ子〔画〕「はなはなみんみ物語」（リブリオ出版）
　高橋 健〔作〕，松永 禎郎〔画〕「しろふくろうのまんと」（小峰書店）
　小池 タミ子〔作〕「東書児童劇シリーズ・民話劇集」（東京書籍）
　城田 安幸「君は進化を見るか―虫たちの語るもの」（岩崎書店）
　デビット・マコーレイ〔著〕，飯田 喜四郎〔訳〕「カテドラル―最も美しい大聖堂のできあがるまで」（岩波書店）

◇美術賞　大川 悦生〔作〕, 石倉 欣二〔画〕「たなばたむかし」(ポプラ社)

第28回 (昭56年)
◇大賞　やなぎや けいこ〔作〕, 大野 隆也〔画〕「はるかなる黄金帝国」(旺文社)
◇賞
　　　西岡 常一, 宮上 茂隆〔著〕, 穂積 和夫〔画〕「法隆寺―世界最古の木造建築」(草思社)
　　　神沢 利子〔作〕, 宮本 忠夫〔画〕「ゆきがくる?」(銀河社)
　　　高橋 健「自然観察ものがたり―自然のなかの動物たち」(全10巻, 講談社)
　　　長野県作文教育研究協議会〔編〕「信濃子ども詩集27集」(全4冊, 詩集編集事務局)
　　　マヤ・ヴォイチェホフスカ〔作〕, 清水 真砂子〔訳〕「夜が明けるまで」(岩波書店)
◇美術賞　クライド・ロバート・ブラ〔作〕, 市川 里美〔画〕, 舟崎 靖子〔訳〕「はしって!アレン」(偕成社)

第29回 (昭57年)
◇大賞　角野 栄子〔作〕「大どろぼうブラブラ氏」(講談社)
◇賞
　　　伊沢 由美子〔作〕「かれ草色の風をありがとう」(講談社)
　　　ジーン・ケンプ〔作〕, 松本 亨子〔訳〕「わんぱくタイクの大あれ三学期」(評論社)
　　　いぬい とみこ〔作〕, つかさ おさむ〔画〕「雪の夜の幻想」(童心社)
　　　大内 延介〔作〕「決断するとき」(筑摩書房)
　　　海部 宣男〔文〕, 原 誠〔絵〕「時間のけんきゅう」(岩波書店)
◇美術賞　姉崎 一馬〔写真〕「はるにれ」(福音館書店)

第30回 (昭58年)
◇大賞　安野 光雅「はじめてであうすうがくの絵本」(全3冊, 福音館書店)
◇賞
　　　いぬい とみこ〔作〕「山んば見習いのむすめ」(福音館書店)
　　　武鹿 悦子〔作〕「詩集ねこぜんまい」(かど創房)
　　　君島 久子「中国の神話」(筑摩書房)
　　　小林 千登勢〔作〕「お星さまのレール」(金の星社)
　　　庫本 正〔著〕, 藪内 正幸〔画〕「コウモリ」(福音館書店)

◇美術賞　林 明子〔絵〕「おふろだいすき」(福音館書店)

第31回 (昭59年)
◇大賞　該当作なし
◇賞
　　　堀 直子〔作〕「つむじ風のマリア」(小学館)
　　　岡田 淳〔作〕「雨やどりはすべり台の下で」(偕成社)
　　　角野 栄子〔作〕, 牧野 鈴子〔絵〕「おはいんなさい えりまきに」(金の星社)
　　　森 秀人「釣りの夢・魚の夢」(筑摩書房)
　　　森 清見〔編〕「街の自然12カ月 めぐろの動植物ガイド」(東京都目黒区)
　　　テュイ・ド・ロイ・ムーア〔著〕, 八杉 竜一〔訳〕「神秘の島ガラパゴス」(小学館)
◇美術賞　吉田 遠志〔絵・文〕「まいご 動物絵本シリーズ2 アフリカ」(福武書店)

第32回 (昭60年)
◇大賞　日本作文の会〔編〕「日本の子どもの詩」(全47巻, 岩崎書店)
◇賞
　　　工藤 直子「ともだちは海のにおい」(理論社)
　　　村中 李衣「小さいベッド」(偕成社)
　　　いせ ひでこ〔絵〕, 末吉 暁子〔作〕「だっくんあそぼうよシリーズ」(3冊, ブック・ローン出版)
　　　小山 重郎「よみがえれ黄金(クガニー)の島」(筑摩書房)
　　　南光 重毅「身近な植物の一生」(既刊5冊, 誠文堂新光社)
◇美術賞　中谷 貞彦〔編〕「詩情のどうぶつたち」(小学館)

第33回 (昭61年)
◇大賞　松田 道雄〔他著〕「ちくま少年図書館」(全100巻, 筑摩書房)
◇賞
　　　さねとう あきら「東京石器人戦争」(理論社)
　　　猪熊 葉子〔訳〕, フィリッパ・ピアス〔作〕「まよなかのパーティー」(冨山房)
　　　いわむら かずお「ひとりぼっちのさいしゅうれっしゃ」(偕成社)
　　　佐藤 早苗「くぎ丸二世号のひみつ」(大日本図書)
　　　岩波書店編集部〔編〕「岩波ジュニア科学講座」(全10巻, 岩波書店)

◇美術賞　小野 州一〔絵〕「にれの町」（金の星社）
第34回(昭62年)
◇大賞　松野 正子〔作〕「りょうちゃんとさとちゃんのおはなし」（全5巻、大日本図書）
◇賞
　いぬい とみこ〔作〕「白鳥のふたごものがたり」（1～3巻、理論社）
　越智 道雄〔訳〕「遠い日の歌がきこえる」（冨山房）
　井沢 洋二〔絵〕「あさ」（ジー・シー・プレス）
　萌樹舎〔編〕「シリーズ日本の伝統工芸」（全12巻、リブリオ出版）
　二谷 英生〔構成〕、小川 宏〔他写真〕「ファーブル写真昆虫記」（全12巻、岩崎書店）
◇美術賞　ガブリエル・バンサン「アンジュール」「たまご」（ブックローン出版）
第35回(昭63年)
◇大賞　清水 清〔文・写真〕「植物たちの富士登山」（あかね書房）
◇賞
　本田 創造「私は黒人奴隷だった」（岩波書店）
　ネストリンガー〔作〕、若林 ひとみ〔訳〕「みんなの幽霊ローザ」（岩波書店）
　赤座 憲久〔文〕、鈴木 義治〔絵〕「雨のにおい星の声」（小峰書店）
　保坂 展人、金山 福子「やだもん！」（小学館）
　佐野 洋子「わたしいる」（童話屋）
◇美術賞　小松 均〔画〕、武市 八十雄〔文・構成〕「ぼくのむら」（至光社）
第36回(平1年)
◇大賞　川村 たかし「新十津川物語」（全10巻、偕成社）
◇賞
　神沢 利子〔詩〕「おやすみなさいまたあした」（のら書店）
　マーグリート・ポーランド〔著〕、さくま ゆみこ〔訳〕「カマキリと月」（福音館書店）
　矢内原 忠雄〔編著〕「矢内原先生の聖書物語」（新地書房）
　愛知・岐阜物理サークル〔編著〕「いきいき物語 わくわく実験」（新生出版）
　西尾 元充「空から地下を探るには？」（筑摩書房）

◇美術賞　司 修〔絵〕、網野 善彦〔文〕「河原にできた中世の町」（岩波書店）
第37回(平2年)
◇大賞　神沢 利子「タランの白鳥」（福音館書店）
◇JR賞　比嘉 富子「白旗の少女」（講談社）
◇賞
　杉田 豊〔絵・文〕「みんなうたってる」（至光社）
　はま みつを「赤いヤッケの駅長さん」（小峰書店）
　千世 まゆ子「百年前の報道カメラマン」（講談社）
　石井 象二郎〔文〕「わたしの研究 イラガのマユのなぞ」（偕成社）
　吉田 秀樹、うごくかがく編集委員会〔構成・文〕「うごくかがく『くっつく』」（ほるぷ出版）
◇美術賞　村上 征夫〔絵〕、リース・ダグラス・モートン〔文〕「きつね THE FOX」（くもん出版）
第38回(平3年)
◇大賞　徳田 雄洋〔作〕、村井 宗二〔絵〕「はじめて出会うコンピュータ科学」（全8冊、岩波書店）
◇JR賞　吉田 敦彦「日本人の心のふるさと」（ポプラ社）
◇賞
　石崎 正次〔作・絵〕「いねむりのすきな月」（ブックローン出版）
　芝田 勝茂「ふるさとは、夏」（福音館書店）
　ジクリト・ホイク〔作〕、酒寄 進一〔訳〕「砂漠の宝」（福武書店）
　江国 香織「こうばしい日々」（あかね書房）
　イギリス放送〔編〕、山中 恒〔監訳〕「ぼくの町は戦場だった」（平凡社）
◇美術賞　クヴィエタ・パツォウスカー〔絵〕、アネリース・シュヴァルツ〔文〕、池内 紀〔訳〕「ふしぎないきもの」（ほるぷ出版）
第39回(平4年)
◇大賞　木下 順二〔作〕、瀬川 康男〔絵〕「絵巻物語」（全9巻、ほるぷ出版）
◇JR賞　今井 美沙子〔作〕、今井 祝雄〔写真〕「わたしの仕事」（全10巻、理論社）
◇賞
　岩瀬 成子〔作〕、味戸 ケイコ〔絵〕「『うそじゃないよ』と谷川くんはいった」（PHP研究所）
　ヴィリ・フェーアマン〔作〕、中村 浩三〔訳〕、中村 采女〔訳〕「少女ルーカスの遠い旅」（偕成社）

河合 雅雄「小さな博物誌」(筑摩書房)
奥本 大三郎〔訳・解説〕「ファーブル昆虫記」(全8巻, 集英社)
石井 象二郎〔文〕, つだ かつみ〔絵〕「わたしの研究アリに知恵はあるか?」(偕成社)
◇美術賞 スタシス・エイドリゲビシウス〔絵〕, クルト・バウマン〔再話〕, さいとう ひろし〔訳〕「ペロー童話 ながぐつをはいたねこ」(ほるぷ出版)

第40回(平5年)
◇大賞 まど みちお〔作〕, 伊藤 英治〔編〕「まど・みちお全詩集」(理論社)
◇JR賞 池内 了〔文〕, 小野 かおる〔絵〕「お父さんが話してくれた宇宙の歴史(全4冊)」(岩波書店)
◇賞
　遊子〔文・絵〕「だんまりくらべ」(すずき出版)
　舟崎 靖子〔作〕, かみや しん〔絵〕「亀八」(偕成社)
　レオン・ガーフィールド〔作〕, 斉藤 健一〔訳〕, 中釜 浩一郎〔絵〕「見習い物語」(福武書店)
　広河 隆一〔文・写真〕「チェルノブイリから──ニーナ先生と子どもたち」(小学館)
　日本野鳥の会〔編〕, 水谷 高英〔他絵〕「みる野鳥記(全10巻)」(あすなろ書房)
◇美術賞 かみや しん〔絵〕, まど みちお, 阪田 寛夫〔作〕「まどさんとさかたさんのことばあそび」(小峰書店)

第41回(平6年)
◇大賞 野村 路子「テレジンの小さな画家たち」(偕成社)
◇JR賞 李 相琴, 帆足 次郎〔絵〕「半分のふるさと──私が日本にいたときのこと」(福音館書店)
◇賞
　落合 恵子〔作〕, 和田 誠〔絵〕「そらをとんだたまごやき」(クレヨンハウス)
　荻原 規子〔作〕, 中川 千尋〔絵〕「これは王国のかぎ」(理論社)
　いせ ひでこ〔作〕「グレイがまってるから」(理論社)
　土方 正志〔文〕, 長倉 洋海〔解説〕「ユージン・スミス──楽園へのあゆみ」(佑学社)
　柳沢 桂子〔文〕, 朝倉 まり〔絵〕「お母さんが話してくれた生命の歴史」(全4巻, 岩波書店)

◇美術賞 長 新太〔作〕「こんなことってあるかしら?」(クレヨンハウス)
◇フジテレビ賞 薫 くみこ〔作〕, みき ゆきこ〔絵〕「風と夏と11歳──青奈とかほりの物語」(ポプラ社)
◇ニッポン放送賞 佐藤 多佳子〔作〕, 伊藤 重夫〔絵〕「ハンサム・ガール」(理論社)

第42回(平7年)
◇大賞 今森 光彦〔写真・文〕「世界昆虫記」(福音館書店)
◇JR賞 木村 裕一〔作〕, あべ 弘士〔絵〕「あらしのよるに」(講談社)
◇賞
　いとう ひろし〔作・絵〕「おさるになるひ」(講談社)
　村田 稔〔著〕「車イスから見た街」(岩波書店)
　野添 憲治〔著〕「塩っぱい河をわたる」(福音館書店)
　遠山 柾雄〔著〕「世界の砂漠を緑に」(講談社)
　于 大武〔絵〕, 唐 亜明〔文〕「西遊記」(講談社)
◇美術賞 ロイ 悦子〔作〕, 小沢 良吉〔絵〕「青いてぶくろのプレゼント」(岩崎書店)
◇フジテレビ賞 バーリー・ドハティ〔著〕, 中川 千尋〔訳〕「ディア ノーバディ」(新潮社)
◇ニッポン放送賞 森 絵都〔著〕「宇宙のみなしご」(講談社)

第43回(平8年)
◇大賞 富山 和子「お米は生きている」(講談社)
◇JR賞 たつみや 章「水の伝説」(講談社)
◇賞
　O.R.メリング〔作〕, 井辻 朱美〔訳〕「歌う石」(講談社)
　宇治 勲「てんてんてん ゆきあかり」(至光社)
　小野 かおる「オンロックがやってくる」(福音館書店)
　那須 正幹〔文〕, 西村 繁男〔絵〕「絵で読む 広島の原爆」(福音館書店)
　スティーブ・パーカー〔著〕, 鈴木 将〔ほか訳〕「世界を変えた科学者」(全8冊, 岩波書店)
◇美術賞 宮沢 賢治〔作〕, 伊勢 英子〔絵〕「水仙月の四月」(偕成社)
◇理想教育財団科学賞 長谷川 博「風にのれ! アホウドリ」(フレーベル館)
◇フジテレビ賞 小林 豊「せかいいち うつくしい ぼくの村」(ポプラ社)

◇ニッポン放送賞　小口 尚子, 福岡 鮎美〔文〕「子どもによる子どものための『子どもの権利条約』」(小学館)

第44回(平9年)
◇大賞　香原 知志「生きている海 東京湾」(講談社)
◇JR賞　ひこ・田中「ごめん」(偕成社)
◇賞
　ドディー・スミス〔文〕, 熊谷 鉱司〔訳〕「ダルメシアン」(文渓堂)
　スーザン・ジェファーズ〔絵〕, 徳岡 久生〔訳〕, 中西 敏夫〔訳〕「ブラザー イーグル シスター スカイ」(JULA出版局)
　遠山 繁年〔画〕「宮沢賢治挽歌画集 永訣の朝」(偕成社)
　長倉 洋海〔写真・文〕「人間が好き」(福音館書店)
　佐々木 瑞枝〔著〕「日本語ってどんな言葉？」(筑摩書房)
◇美術賞　戸川 幸夫〔原作〕, 戸川 文〔文〕, 関屋 敏隆〔型染版画〕「オホーツクの海に生きる」(ポプラ社)
◇理想教育財団賞　大場 信義〔著〕「森の新聞(4)ホタルの里」(フレーベル館)
◇フジテレビ賞　ラッセル・フリードマン〔著〕, 千葉 茂樹〔訳〕「ちいさな労働者」(あすなろ書房)
◇ニッポン放送賞　上橋 菜穂子〔作〕「精霊の守り人」(偕成社)

第45回(平10年)
◇大賞　マリア・オーセイミ〔著〕, 落合 恵子〔訳〕「子どもたちの戦争」(講談社)
◇JR賞　リーラ・バーグ〔作〕, 幸田 敦子〔訳〕「わんぱくピート」(あかね書房)
◇賞
　佐藤 多佳子〔作〕「イグアナくんのおじゃまな毎日」(偕成社)
　ラスカル〔文〕, I.シャトゥラール〔絵〕, 中井 珠子〔訳〕「はじめてのたまご売り」(BL出版)
　シャーロット・ヴォーグ〔作〕, 小島 希里〔訳〕「ねこのジンジャー」(偕成社)
　森田 ゆり〔作〕「あなたが守るあなたの心・あなたのからだ」(童話館出版)
　深石 隆司〔文・写真〕「沖縄のホタル」(沖縄出版)
◇美術賞　太田 大八〔画〕, 中田 由美子〔訳〕「絵本西遊記」(童心社)
◇理想教育財団賞　西条 八束, 村上 哲生「湖の世界をさぐる」(小峰書店)
◇フジテレビ賞　柏葉 幸子〔作〕「ミラクル・ファミリー」(講談社)

◇ニッポン放送賞　ガブリエル・バンサン〔作〕, もり ひさし〔訳〕「おてがみです」(BL出版)

第46回(平11年)
◇大賞　アリソン・レスリー・ゴールド〔著〕, さくま ゆみこ〔訳〕「もうひとつの『アンネの日記』」(講談社)
◇JR賞　窪島 誠一郎〔著〕「『無言館』ものがたり」(講談社)
◇賞
　森 絵都〔作〕「カラフル」(理論社)
　ミシェル・マゴリアン〔作〕, 小山 尚子〔訳〕「イングリッシュローズの庭で」(徳間書店)
　ヴィクター・マルティネス〔作〕, さくま ゆみこ〔訳〕「オーブンの中のオウム」(講談社)
　内田 莉莎子〔文〕, ワレンチン・ゴルディチューク〔絵〕「わらのうし」(福音館書店)
　ボー・ズベドベリ〔文・写真〕, オスターグレン 晴子〔訳〕「わたしたちのトビアス学校へいく」(偕成社)
◇美術賞　アイリーン・ハース〔作・絵〕, 渡辺 茂男〔訳〕「サマータイム ソング」(福音館書店)
◇理想教育財団賞　矢島 稔〔著〕「黒いトノサマバッタ」(偕成社)
◇フジテレビ賞　角田 光代〔作〕「キッドナップ・ツアー」(理論社)
◇ニッポン放送賞　はらだ ゆうこ〔作・絵〕「リリ」(BL出版)

第47回(平12年)
◇大賞　ジュリアス・レスター〔文〕, ロッド・ブラウン〔絵〕, 片岡 しのぶ〔訳〕「あなたがもし奴隷だったら…」(あすなろ書房)
◇JR賞　新川 和江〔著〕, みやがわ よりこ〔画〕「いつもどこかで」(大日本図書)
◇賞
　ルイス・サッカー〔作〕, 幸田 敦子〔訳〕「穴」(講談社)
　市川 憲平〔文〕, 今井 桂三〔絵〕「タガメはなぜ卵をこわすのか？」(偕成社)
　真鍋 和子〔著〕「シマが基地になった日」(金の星社)
　小松 義夫〔著〕「地球生活記」(福音館書店)
　高柳 芳恵〔文〕, 村山 純子〔絵〕「葉の裏で冬を生きぬくチョウ」(偕成社)
◇美術賞　マックス・ボリガー〔文〕, チェレスティーノ・ピアッティ〔絵〕, いずみ ちほこ〔訳〕「金のりんご」(徳間書店)

◇フジテレビ賞　高楼 方子〔著〕「十一月の扉」(リブリオ出版)
◇ニッポン放送賞　ヴァージニア・ユウワー・ウルフ〔作〕、こだま ともこ〔訳〕「レモネードを作ろう」(徳間書店)

第48回(平13年)
◇大賞　スティーブ・ヌーン〔絵〕、アン・ミラード〔文〕、松沢 あさか、高岡メルヘンの会〔訳〕「絵で見る ある町の歴史」(さ・え・ら書房)
◇JR賞　畠山 重篤〔著〕、カナヨ・スギヤマ〔絵〕「漁師さんの森づくり」(講談社)
◇賞
　　富安 陽子〔作〕、広瀬 弦〔絵〕「空へつづく神話」(偕成社)
　　ジャクリーン・ウィルソン〔作〕、ニック・シャラット〔絵〕、小竹 由美子〔訳〕「バイバイ わたしのおうち」(偕成社)
　　フィリップ・プルマン〔作〕、西田 紀子〔訳〕、ピーター・ベイリー〔絵〕「ぼく、ネズミだったの！」(偕成社)
　　野村 圭佑〔編・著〕「まわってめぐって みんなの荒川」(どうぶつ社)
　　ダーリ・メッツガー〔文〕、マーガレット・シュトループ〔絵〕、斎藤 尚子〔訳〕「こいぬのジョリーとあそぼうよ」(徳間書店)
◇美術賞　ユーリー・ノルシュテイン〔作〕、セルゲイ・コズロフ〔作〕、ヤルブーソヴァ〔絵〕、こじま ひろこ〔訳〕「きりのなかの はりねずみ」(福音館書店)
◇フジテレビ賞　クヴィエタ・パツォウスカー〔作〕、結城 昌子〔訳・構成〕「紙の町のおはなし」(小学館)
◇ニッポン放送賞　丘 修三〔作〕、立花 尚之介〔絵〕「口で歩く」(小峰書店)

第49回(平14年)
◇大賞　ヘニング・マンケル〔作〕、オスターグレン 晴子〔訳〕「炎の秘密」(講談社)
◇JR賞　ヘルマン・シュルツ〔作〕、渡辺 広佐〔訳〕「川の上で」(徳間書店)
◇賞
　　伊藤 遊〔作〕、太田 大八〔画〕「えんの松原」(福音館書店)
　　ホリー・ホビー〔作〕、二宮 由紀子〔訳〕「クリスマスはきみといっしょに」(BL出版)
　　リチャード・ペック〔著〕、斎藤 倫子〔訳〕「シカゴよりこわい町」(東京創元社)
　　島村 英紀〔著〕「地震と火山の島国」(岩波書店)
　　寺田 志桜里〔文・絵〕「平和のたからもの」(くもん出版)
◇美術賞　ジョン・ラングスタッフ〔再話〕、フョードル・ロジャンコフスキー〔絵〕「かえるだんなのけっこんしき」(光村教育図書)
◇フジテレビ賞　竹内 とも代〔作〕、ささめや ゆき〔絵〕「不思議の風ふく島」(小峰書店)
◇ニッポン放送賞　カレン・ヘス〔作〕、伊藤 比呂美〔訳〕「ビリー・ジョーの大地」(理論社)

第50回(平15年)
◇大賞　ベッテ・ウェステラ〔作〕、ハルメン・ファン・ストラーテン〔絵〕、野坂 悦子〔訳〕「おじいちゃん わすれないよ」(金の星社)
◇JR賞　マリー・メイイェル〔作〕、インゲラ・ペーテション〔絵〕、とやま まり〔訳〕「森の中のフロイド/町を行くフロイド」(さ・え・ら書房)
◇賞
　　今森 光彦〔著〕「里山を歩こう」(岩波書店)
　　小原 秀雄〔著〕「ゾウの歩んできた道」(岩波書店)
　　中川 雄太〔作〕「雄太昆虫記」(くもん出版)
　　栗林 慧〔写真・文〕「アリになったカメラマン」(講談社)
　　笹生 陽子〔著〕「楽園のつくりかた」(講談社)
◇美術賞　山下 明生〔作〕、しまだ しほ〔絵〕「海のやくそく」(佼成出版社)
◇フジテレビ賞　ロディー・ドイル〔作〕、ブライアン・アジャール〔絵〕、伊藤 菜摘子〔訳〕「ギグラーがやってきた!」(偕成社)
◇ニッポン放送賞　鶴見 正夫〔著〕、司 修〔絵〕「ぼくの良寛さん」(理論社)

第51回(平16年)
◇大賞　マーク・ハッドン〔著〕、小尾 芙佐〔訳〕「夜中に犬に起こった奇妙な事件」(早川書房)
◇JR賞　リチャード・プラット〔文〕、クリス・リデル〔絵〕、長友 恵子〔訳〕「中世の城日誌」(岩波書店)
◇賞
　　今森 光彦〔文・写真〕「カマキリ」(アリス館)
　　那須 正幹〔作〕、今泉 忠明〔協力〕「江戸っ子ガラス」(くもん出版)
　　シャーロット・アルデブロン〔文〕、森住 卓〔写真〕(受賞を辞退)「私たち

Ⅰ 文学

　　　はいま、イラクにいます」（講談社）
　　　那須田 淳〔作〕「ペーターという名のオオカミ」（小峰書店）
　　　アンドレアス・シュタインヘーフェル〔著〕, 鈴木 仁子〔訳〕「ヘラジカがふってきた！」（早川書房）
◇美術賞　ウラジミール・オルロフ〔原作〕, 田中 潔〔文〕, ヴァレンチン・オリシヴァング〔絵〕「ハリネズミと金貨」（偕成社）
◇フジテレビ賞　香月 日輪〔著〕「妖怪アパートの幽雅な日常（1）」（講談社）
◇ニッポン放送賞　菊永 謙〔詩〕, 八島 正明〔絵〕, 大井 さちこ〔絵〕「原っぱの虹」（いしずえ）
◇推薦
　　　アンソニー・ヒル〔作〕, マーク・ソフィラス〔画〕, 池田 まき子〔訳〕「すすにまみれた思い出」（金の星社）
　　　くすもと みちこ〔文〕, うえだ いずみ〔絵〕「やさしさの木の下で」（自由国民社）
　　　小林 与志〔作・絵〕「しらない いぬがついてきた」（鈴木出版）
　　　北川 尚史〔監修〕, 伊藤 ふくお〔写真〕, 丸山 健一郎〔著〕「ひっつきむしの図鑑」（トンボ出版）
　　　富安 陽子〔著〕, YUJI〔画〕「菜の子先生がやってきた！」（福音館書店）
　　　大西 伝一郎〔文〕「がんばれ！しろくまピース」（文渓堂）
　　　星川 ひろ子, 星川 治雄〔写真・文〕, 小泉 武夫〔原案・監修〕「しょうたとなっとう」（ポプラ社）
　　　キャロライン・キャッスル〔文〕, 池田 香代子〔訳〕「すべての子どもたちのために」（ほるぷ出版）
　　　上橋 菜穂子〔作〕「狐笛のかなた」（理論社）
　　　カール・ハイアセン〔著〕, 千葉 茂樹〔訳〕「HOOT ホー」（理論社）
第52回（平17年）
◇大賞　小林 克〔監修〕「昔のくらしの道具事典」（岩崎書店）
◇JR賞　ジャッキー・フレンチ〔作〕, さくま ゆみこ〔訳〕「ヒットラーのむすめ」（鈴木出版）
◇賞
　　　パトリシア・ライリー・ギフ〔作〕, もりうち すみこ〔訳〕「ホリス・ウッズの絵」（さ・え・ら書房）
　　　ルイーズ・アードリック〔作〕, 宮木 陽子〔訳〕「スピリット島の少女」（福音館書店）

058　産経児童出版文化賞

　　　栗林 慧〔著〕「瞬間」（フレーベル館）
　　　マーガレット・ワイズ・ブラウン〔文〕, ガース・ウィリアムズ〔絵〕, 松井 るり子〔訳〕「うさぎのおうち」（ほるぷ出版）
　　　オーエン・コルファー〔著〕, 種田 紫〔訳〕「ウィッシュリスト」（理論社）
◇美術賞　マイケル・ローゼン〔作〕, クェンティン・ブレイク〔絵〕, 谷川 俊太郎〔訳〕「悲しい本」（あかね書房）
◇フジテレビ賞　沢田 俊子〔文〕「盲導犬不合格物語」（学習研究社）
◇ニッポン放送賞　もとした いづみ〔文〕, あべ 弘士〔絵〕「どうぶつゆうびん」（講談社）
◇推薦
　　　奥野 安彦〔写真〕, 土方 正志〔文〕「てつびん物語――阪神・淡路大震災ある被災者の記録」（偕成社）
　　　内田 麟太郎〔作〕, 高畠 純〔絵〕「ふしぎの森のヤーヤー」（金の星社）
　　　メーガン・マクドナルド〔作〕, ピーター・レイノルズ〔絵〕, 宮坂 宏美〔訳〕「ジュディ・モードはごきげんななめ」（小峰書店）
　　　なりた さとこ〔作・絵〕「かかしごん」（BL出版）
　　　トミ・ウンゲラー〔作〕「カッチェン」（BL出版）
　　　国松 俊英〔文〕, 関口 シュン〔絵〕「スズメの大研究」（PHP研究所）
　　　中脇 初枝〔作〕, 卯月 みゆき〔画〕「祈祷師の娘」（福音館書店）
　　　和田 登〔著〕, 高田 勲〔画〕「武器では地球を救えない――エスペラント語をつくったザメンホフの物語」（文渓堂）
　　　渡辺 一夫〔著〕「石ころがうまれた」（ポプラ社）
　　　岸上 祐子〔著〕「ヤギの見る色 どんな色？」（ポプラ社）
第53回（平18年）
◇大賞　サラ・マクメナミー〔作〕, いしい むつみ〔訳〕「ジャックのあたらしいヨット」（BL出版）

児童の賞事典　83

◇JR賞　荻原 規子〔作〕「風神秘抄」(徳間書店)
◇賞
　　矢島 稔〔著〕「樹液をめぐる昆虫たち」(偕成社)
　　今森 光彦〔写真・文〕「わたしの庭」(クレヨンハウス)
　　たかどのほうこ〔作〕, にしむら あつこ〔絵〕「おともださにナリマ小」(フレーベル館)
　　松岡 達英〔絵・文〕「震度7」(ポプラ社)
　　ガブリエル・ゼヴィン〔著〕, 堀川 志野舞〔訳〕「天国からはじまる物語」(理論社)
◇美術賞　ドン・フリーマン〔作〕, やましたはるお〔訳〕「とんでとんでサンフランシスコ」(BL出版)
◇フジテレビ賞　後藤 健二〔著〕「ダイヤモンドより平和がほしい」(汐文社)
◇ニッポン放送賞　熊谷 元一〔絵・文〕「じいちゃの子どものころ」(冨山房インターナショナル)
◇推薦
　　古在 由秀〔著〕「天文台へ行こう」(岩波書店)
　　手島 悠介〔作〕, 清田 貴代〔絵〕「裁判とふしぎなねこ」(学習研究社)
　　あまん きみこ〔文〕, しのとお すみこ〔絵〕「ゆうひのしずく」(小峰書店)
　　ジャネット・S.アンダーソン〔著〕, 光野 多恵子〔訳〕「最後の宝」(早川書房)
　　朽木 祥〔作〕, 山内 ふじ江〔画〕「かはたれ」(福音館書店)
　　草山 万兎〔作〕, 金尾 恵子〔画〕「河合雅雄の動物記(4)」(フレーベル館)
　　モーリス・グライツマン〔作〕, 伊藤 菜摘子〔訳〕「海のむこうのサッカーボール」(ポプラ社)
　　リチャード・キッド〔作〕, 松居 スーザン〔訳〕, ピーター・ベイリー〔絵〕「おわりから始まる物語」(ポプラ社)
　　伊藤 たかみ〔作〕「ぎぶそん」(ポプラ社)
　　桑山 紀彦〔著〕「地球のステージ2」(メイツ出版)

第54回(平19年)
◇大賞　柏葉 幸子〔作〕, ささめや ゆき〔絵〕「牡丹さんの不思議な毎日」(あかね書房)
◇JR賞　竹田津 実〔著〕「オホーツクの十二か月」(福音館書店)
◇美術賞　原田 大助〔文・絵〕「ぼくのきもち」(クレヨンハウス)
◇産経新聞社賞　高木 あきこ〔作〕, 渡辺 洋二〔絵〕「どこかいいところ」(理論社)
◇フジテレビ賞　宮本 延春〔作〕「未来のきみが待つ場所へ」(講談社)
◇ニッポン放送賞　林 信太郎〔著〕「世界一おいしい火山の本」(小峰書店)
◇翻訳作品賞　キャロル・ウィルキンソン〔作〕, もき かずこ〔訳〕「ドラゴンキーパー 最後の宮廷龍」(金の星社)

第55回(平20年)
◇大賞　広瀬 寿子〔作〕, ささめや ゆき〔絵〕「ぼくらは『コウモリ穴』をぬけて」(あかね書房)
◇JR賞　池田 啓〔文・写真〕「コウノトリがおしえてくれた」(フレーベル館)
◇美術賞　松谷 みよ子〔文〕, 司 修〔絵〕「山をはこんだ九ひきの竜」(佼成出版社)
◇産経新聞社賞　本多 明「幸子の庭」(小峰書店)
◇フジテレビ賞　中島 晶子〔作〕, つる みゆき〔画〕「牧場犬になったマヤ」(ハート出版)
◇ニッポン放送賞　すとう あさえ〔文〕, さいとう しのぶ〔絵〕「子どもと楽しむ行事とあそびのえほん」(のら書店)
◇翻訳作品賞　ユン ソクチュン〔文〕, イヨンギョン〔絵〕, かみや にじ〔訳〕「よじはん よじはん」(福音館書店)

第56回(平21年)
◇大賞　須藤 斎「0.1ミリのタイムマシン」(くもん出版)
◇JR賞　川嶋 康男「大きな手 大きな愛」(農文協)
◇美術賞　まど みちお〔詩〕, 柚木 沙弥郎〔絵〕「せんねんまんねん」(理論社)
◇産経新聞社賞　きたやま ようこ「いぬうえくんがわすれたこと」(あかね書房)
◇フジテレビ賞　竹下 文子〔作〕, 田中 六大〔絵〕「ひらけ!なんきんまめ」(小峰書店)
◇ニッポン放送賞　杉山 亮〔作〕, おかべ りか〔絵〕「空を飛んだポチ」(講談社)
◇翻訳作品賞
　　チェン・ジャンホン〔作・絵〕, 平岡 敦〔訳〕「この世でいちばんすばらしい馬」(徳間書店)
　　ジャン・ソーンヒル〔再話・絵〕, 青山 南〔訳〕「にげろ!にげろ?」(光村教育図書)

059 児童文学者協会児童文学賞

児童文学の創作機運を促進するために児童文学者協会(後の日本児童文学者協会)により,昭和26年に創設された賞。同時に「児童文学者協会新人賞」も設けられたが,昭和36年に「日本児童文学者協会賞」として一つにまとめられた。
【主催者】児童文学者協会(現在の日本児童文学者協会)
【選考委員】秋田雨雀,小川未明,坪田譲治,浜田広介,百田宗治,他(第1回)
【賞・賞金】賞金3万円

第1回(昭26年)
　　岡本 良雄「ラクダイ横丁」
　　壺井 栄「柿の木のある家」
第2回(昭27年)　該当作なし
第3回(昭28年)　該当作なし
第4回(昭29年)　該当作なし
第5回(昭30年)　国分 一太郎「鉄の町の少年」
第6回(昭31年)　菅 忠道「日本の児童文学」
第7回(昭32年)　該当作なし
第8回(昭34年)　該当作なし
第9回(昭35年)　該当作なし

【これ以降は,107「日本児童文学者協会賞」を参照】

060 児童文学者協会新人賞

児童文学者協会により「児童文学者協会児童文学賞」と一緒に,昭和26年に創設された賞。昭和36年以降「日本児童文学者協会賞」として一つにまとめられた。
【主催者】児童文学者協会(現在の日本児童文学者協会)
【選考委員】秋田雨雀,小川未明,坪田譲治,浜田広介,百田宗治

第1回(昭26年)　松谷 みよ子「貝になった子供」
第2回(昭27年)
　　前川 康男「川将軍」「村の一番星」
　　さがわ みちお「鷹の子」
第3回(昭28年)　大石 真「風信器」
第4回(昭29年)　いぬい とみこ「ツグミ」
第5回(昭30年)　該当作なし
第6回(昭31年)
　　今西 祐行「ゆみこのりす」
　　長崎 源之助「トコトンヤレ」「チャコベエ」
　　山中 恒「赤毛のポチ」
第7回(昭32年)
　　杉 みき子「かくまきの歌」
　　宮口 しづえ「ミノスケのスキー帽」
第8回(昭34年)
　　岩崎 京子「さぎ」
　　森 宣子「サラサラ姫の物語」
　　立原 えりか「人魚のくつ」
　　小笹 正子「ネーとなかま」
第9回(昭35年)
　　加藤 明治「鶴の声」(日本児童文学34年4月号)
　　佐藤 さとる(佐藤 暁)「だれも知らない小さな国」(講談社)
　　古田 足日「現代児童文学論」(くろしお出版社)

【これ以降は,107「日本児童文学者協会賞」を参照】

061 児童文学ファンタジー大賞

初の本格的なファンタジー文学の賞として、小樽で創設。ファンタジー文学の優秀作品を公募することにより、児童文学の新たな模索と後世に伝承しうる作品の創造を目指し、我が国の文化向上の一助となす。平成7年より授賞開始。

【主催者】絵本児童文学研究センター
【選考委員】(第15回)斎藤惇夫(委員長)、工藤左千夫(副委員長)、藤田のほる、小寺啓章、高楼方子、中澤千磨夫
【選考方法】公募
【選考基準】〔対象〕小学校中・高学年～中・高・一般までを読者対象としたファンタジー文学で未発表作品に限る。但し、同人誌掲載作品は可。〔資格〕プロ、アマ、年齢、性別、国籍不問。但し、日本語原稿に限る。〔原稿〕400字詰換算80～500枚程度。パソコン原稿の字詰めは自由だがA4用紙を使用の上、400字詰換算枚数を明記のこと。手書き原稿の場合は、鉛筆書きは不可。作品はコピーの上、2部提出(右2箇所紐とじ)。800～1000字程度の粗筋を必ず原稿の冒頭に添付すること。ペンネーム(フリガナ)での応募も可。他の賞との同時応募は認めない
【締切・発表】毎年11月1日から翌年3月31日まで公募、9月中旬～下旬に最終選考会、11月中旬授賞式
【賞・賞金】大賞：正賞賞状、手島圭三郎オリジナル版画「冬の空」、副賞賞金100万円、佳作：正賞賞状、手島圭三郎オリジナル版画「冬の空」、副賞賞金20万円、奨励賞：正賞賞状、副賞賞金5万円
【URL】http://www.ehon-ej.com/

第1回(平7年)
　◇大賞　梨木 香歩「裏庭」(理論社)
　◇佳作　樋口 千重子「タートル・ストーリー」
　　　　　(理論社)
第2回(平8年)
　◇大賞　該当者なし
　◇佳作　伊藤 遊「なるかみ」
第3回(平9年)
　◇大賞　伊藤 遊「鬼の橋」(福音館書店)
　◇佳作　該当者なし
第4回(平10年)　該当者なし
　◇奨励賞
　　　　奥村 敏明「あかねさす入り日の国の物語」
　　　　古市 卓也「鍵の秘密」
第5回(平11年)　該当作なし
　◇奨励賞
　　　　小林 栗奈「ダックスフント・ビスケット」
　　　　佐々木 拓哉「古い地図の村で」
第6回(平12年)　該当作なし
　◇佳作　該当作なし
　◇奨励賞　森谷 桂子「海のかなた」
第7回(平13年)　該当作なし
　◇佳作　古市 卓也「いる家族いない家族」

　◇奨励賞　該当作なし
第8回(平14年)　該当作なし
　◇佳作　該当作なし
　◇奨励賞　桐敷 葉「ニノ」
第9回(平15年)　該当作なし
　◇佳作　朽木 祥「かはたれ」
　◇奨励賞　該当作なし
第10回(平16年)　該当作なし
　◇佳作　奥村 敏明「観音行」
　◇奨励賞
　　　　本城 和子「はざまの森」
　　　　藤江 じゅん「冬の龍」(福音館書店)
第11回(平17年)　該当作なし
　◇佳作　該当作なし
　◇奨励賞　田中 彩子「白線」
第12回(平18年)　該当作なし
　◇佳作　田中 彩子「宿神」
第13回(平19年)　該当作なし
　◇佳作　矢部 直行「半のら猫バツの旅」
第14回(平20年)　該当作なし
　◇佳作　該当作なし
　◇奨励賞
　　　　廣嶋 玲子「あぐりこ」
　　　　本田 昌子「スコールでダンス」

I 文学

062 児童文化賞

児童読物浄化を目的に，日本文化協会が昭和14年に創設，「少年少女物」，「幼年物」，「童謡」，「絵本」，「児童雑誌編集」などの部門ですぐれたものに授賞したが，昭和15年，第2回までで終った。
【主催者】日本文化協会
【賞・賞金】各部門200円

第1回（昭14年）
◇幼年物　浜田 広介「ひらがな童話集」
◇少年少女物　林 髞「私達のからだ」
◇童謡　与田 準一「山羊とお皿」
◇童画
　　　　横山 隆一
　　　　木俣 武
◇編集　桜木 俊晃「コドモアサヒ」
第2回（昭15年）
◇児童読物　藤田 美津子「神様のお話」
◇童謡　巽 聖歌
◇児童絵画　小山内 龍
◇編集　「少女の友」
◇児童映画　「ともだち」

063 児童文芸新人賞

日本児童文芸家協会の機関誌「児童文芸」が月刊となったことを機に，昭和46年に制定された。童話，詩，童謡，ノンフィクション，児童劇など，発表された新人の優秀作品に与えられる。
【主催者】（社）日本児童文芸家協会
【選考委員】（第37回）芝田勝茂，戸田和代，西川夏代，野村一秋，正岡慧子，矢部美智代，山本省三
【選考方法】非公募
【選考基準】〔対象〕童話，詩など。〔資格〕前年1月1日から12月末日までに初版刊行された作品から選考。〔資格〕年令，文学活動歴を問わず。ただし商業出版の場合は2作目までとする。
【締切・発表】隔月刊「児童文芸」4・5月号にて発表
【賞・賞金】表彰状と5万円
【URL】http：//www.jidoubungei.jp/prize/prize.html

第1回（昭47年）
　　小沢 聡「青空大将」（月報産経出版社）
　　若林 利代「かなしいぶらんこ」（金の星社）
第2回（昭48年）　真鍋 和子「千本のえんとつ」（ポプラ社）
第3回（昭49年）
　　川田 進「たろうの日記」（金の星社）
　　松岡 一枝「里の子日記」（自費出版）
第4回（昭50年）　矢崎 節夫「二十七ばん目のはこ」（高橋書店）
第5回（昭51年）
　　竹田 道子「父のさじ」（実業之日本社）
　　ひしい のりこ「おばけのゆらとねこのにゃあ」（理論社）
第6回（昭52年）
　　末吉 暁子「星に帰った少女」（偕成社）
　　千江 豊夫「ほおずきまつり」（アリス館牧新社）
第7回（昭53年）
　　木村 幸子「二年生の小さなこいびと」（ポプラ社）
　　鶴岡 千代子「白い虹」（教育出版センター）
第8回（昭54年）　広瀬 寿子「小さなジュンのすてきな友だち」（あかね書房）

第9回（昭55年）
　　　大原　興三郎「海からきたイワン」（講談社）
　　　河野　貴子「机のなかのひみつ」（偕成社）
第10回（昭56年）
　　　長久　真砂子「明るいあした」（郷学舎）
　　　おおたに　ひろこ「ちゅうしゃなんかこわくない」（太平出版社）
第11回（昭57年）
　　　白井　三香子「さようならうみねこ」（小学館）
　　　三宅　知子「空のまどをあけよう」（チャイルド本社）
　　　武谷　千保美「あけるなよこのひき出し」（TBSブリタニカ）
第12回（昭58年）
　　　神戸　俊平「ぼくのキキのアフリカ・サファリ」（旺文社）
　　　薫　くみこ「十二歳の合い言葉」（ポプラ社）
　　　鈴木　浩彦「グランパのふしぎな薬」（偕成社）
第13回（昭59年）
　　　越智田　一男「北国の町」（教育報道社）
　　　芝田　勝茂「虹へのさすらいの旅」（福音館書店）
　　　丸井　裕子「くやしっぽ」（講談社）
第14回（昭60年）
　　　阿部　よしこ「なぞの鳥屋敷」（金の星社）
　　　佐藤　州男「海辺の町から」（理論社）
　　　竹川　正夫「美しい宇宙」（私家版）
第15回（昭61年）
　　　絵原　研一郎「宇宙連邦危機いっぱつ」（金の星社）
　　　野口　すみ子「おとうさんの伝説」（文研出版）
第16回（昭62年）
　　　いわま　まりこ「ねこがパンツをはいたなら」（岩崎書店）
　　　江崎　雪子「こねこムーのおくりもの」（ポプラ社）
第17回（昭63年）
　　　糸賀　美賀子「坂田くんにナイスピッチ」（あかね書房）
　　　角田　雅子「ゆきと弥助」（岩崎書店）
　　　戸川　和代「ないないねこのなくしもの」（くもん出版）
第18回（平1年）
　　　エム・ナマエ「UFOりんごと宇宙ネコ」（あかね書房）

　　　宇田川　優子「ふたりだけのひとりぼっち」（ポプラ社）
　　　大谷　美和子「ようこそスイング家族」（講談社）
第19回（平2年）
　　　泉　久恵「マリヤムの秘密の小箱」（旺文社）
　　　大塚　篤子「海辺の家の秘密」（岩崎書店）
第20回（平3年）　いとう　ひろし「マンホールからこんにちは」（福武書店）
第21回（平4年）
　　　美田　徹「アカギツネとふしぎなスプレー」（旺文社）
　　　岩田　道夫「雪の教室」（国土社）
　　　中田　よう子「ウエルカム！スカイブルーへ」（金の星社）
第22回（平5年）
　　　湯本　香樹実「夏の庭」（福武書店）
　　　正道　かほる「でんぐりん」（あかね書房）
第23回（平6年）
　　　木之下　のり子「あすにむかって、容子」（文渓堂）
　　　横山　充男「少年の海」（文研出版）
第24回（平7年）　杉本　深由起「トマトのきぶん」（教育出版センター）
第25回（平8年）
　　　江副　信子「神々の島のマムダ」（福音館書店）
　　　岸本　進一「ノックアウトのその後で」（理論社）
第26回（平9年）
　　　藤牧　久美子「ふしぎなゆきだるま」
　　　笹生　陽子「ぼくらのサイテーの夏」
　　　タカシトシコ「魔法使いが落ちてきた夏」
第27回（平10年）
　　　小川　みなみ「新しい森」（講談社）
　　　浜野　えつひろ「少年カニスの旅」（パロル舎）
第28回（平11年）　松原　由美子「双姫湖のコッポたち」（小峰書店）
第29回（平12年）
　　　みおちづる「ナシスの塔の物語」（ポプラ社）
　　　河原　潤子「蝶々、とんだ」（講談社）
第30回（平13年）
　　　金治　直美「さらば、猫の手」（岩崎書店）
　　　草野　たき「透きとおった糸をのばして」（講談社）

I 文学　　　　　　　　　　　　　　　　　　064　市民文芸作品募集（広島市）

　　　西村 祐見子「せいざのなまえ」（JULA
　　　出版局）
第31回（平14年）
　　　渡辺 わらん「ボーソーとんがりネズ
　　　ミ」（講談社）
　　　三津 麻子「どえらいでぇ！ミヤちゃん」
　　　（福音館書店）
第32回（平15年）
　　　北川 チハル「チコのまあにいちゃん」
　　　（岩崎書店）
　　　松成 真理子「まいごのどんぐり」（童
　　　心社）
第33回（平16年）
　　　梨屋 アリエ「ピアニッシシモ」（講談
　　　社）

　　　糸永 えつこ「はるなつあきふゆもうひ
　　　とつ」（栗田出版販売）
第34回（平17年）
　　　浅田 宗一郎「さるすべりランナーズ」
　　　（岩崎書店）
　　　童 みどり「月のかおり」（らくだ出版）
第35回（平18年）
　　　朽木 祥「かはたれ」（福音館書店）
　　　野本 瑠美「みたいな みたいな 冬の森」
　　　（私家版）
第36回（平19年）　香坂 直「トモ、ぼくは元気で
　　　す」（講談社）
第37回（平20年）　宮下 恵茉「ジジ きみと歩い
　　　た」（学習研究社）
第38回（平21年）　久保田 香里「氷石」（くもん
　　　出版）

064　市民文芸作品募集（広島市）（広島市民文芸作品募集）

広島市民から文芸作品を募集し、市民文芸作品集「文芸ひろしま」を出版することにより、発表の機会を提供し、創作活動の振興と発展に寄与することを目的とする。第24回から隔年開催。児童文学部門は第5回より新設。

【主催者】（財）広島市文化財団、中国新聞社

【選考委員】（第26回）〔一般の部〕詩：北川典仔、橋本果枝、短歌：三浦恭子、溝口須賀子、俳句：飯野幸雄、木村里風子、川柳：定本広文、山本恵子、小説・シナリオ：島谷謙、藤元康之、エッセイ・ノンフィクション：宇野憲治、坂根俊英、児童文学：中澤晶子、三浦精子、〔ジュニアの部〕広島市小学校教育研究会国語部会、広島市中学校教育研究会国語・書写部会

【選考方法】公募

【選考基準】〔対象〕一般の部：(1)詩(2)短歌(3)俳句(4)川柳(5)小説・シナリオ(6)エッセイ・ノンフィクション(7)児童文学、ジュニアの部：(1)詩(2)俳句（小学生・低学年：1～3年生、小学生・高学年：4～6年生、中学生の別に募集）。〔資格〕一般の部：広島市内に在住または通勤、通学している人（年齢制限なし）、ジュニアの部：広島市内に在住または通学している小・中学生。〔原稿〕一般の部 詩：1人1編、400字詰原稿用紙5枚以内、短歌・俳句・川柳：1人2首（句）以内、官製はがき1枚に連記、小説・シナリオ、エッセイ・ノンフィクション：1人1編、50枚以内、児童文学：1人1編、20枚以内。ジュニアの部 詩：1人1編、400字詰原稿用紙3枚以内、俳句：1人2句まで、官製はがき1枚に連記

【締切・発表】（第26回）平成21年2月28日締切（当日消印有効）、発表は平成21年7月頃入選者本人へ直接通知するほか、中国新聞紙上で発表予定。表彰は平成21年8月（予定）

【賞・賞金】〔一般の部 詩・短歌・俳句・川柳の各部門〕1席（1名）：1万円、2席（2名）：各5千万円、3席（5名）：各3千円、佳作（若干名）：賞金なし〔一般の部 小説・随筆・ノンフィクション・シナリオ・児童文学の各部門〕1席（1名）：5万円、2席（2名）：各2万5千円、3席（5名）：各1万5千円。〔ジュニアの部 詩・俳句の各部門〕1席（1名）：3千円の図書カード、2席（2名）：各2千円の図書カード、3席（5名）：各1千円の図書カード、佳作（若干名）：賞品なし。優秀作品は市民文芸作品集「文芸ひろしま」に掲載。版権は広島市文化財団に帰属

【URL】 http：//www.cf.city.hiroshima.jp/bunka/

第5回（昭60年）
　◇児童文学
　　● 1席　浜本 八収
第6回（昭61年）
　◇児童文学
　　● 1席　徳橋 ひさこ
第7回（昭62年）
　◇児童文学
　　● 1席　橋本 知子
第8回（昭63年）
　◇児童文学
　　● 1席　有吉 弘子
第9回（平1年）
　◇児童文学
　　● 1席　住吉 ふみ子「ロボット売りに気をつけろ！」
第10回（平2年）
　◇児童文学
　　● 1席　麻生 浩一「ハチハチ大明神」
第11回（平3年）
　◇児童文学
　　● 1席　東方田 浩子「たけしのいのち」
第12回（平4年）
　◇児童文学
　　● 1席　中通 有子「たまごの話」
第13回（平5年）
　◇児童文学
　　● 1席　該当者なし
第14回（平6年）
　◇児童文学
　　● 1席　中通 有子「ほたるたに」
第15回（平7年）
　◇児童文学
　　● 1席　くぼ ひでき「あやしいお客さん」
第16回（平8年）
　◇児童文学
　　● 1席　くぼ ひでき「あやとりうた」
第17回（平9年）
　◇児童文学
　　● 1席　高橋 岩夫「くろい子牛」
第18回（平10年）
　◇児童文学
　　● 1席　清水 典子「梅雨の鍵」

第19回（平11年）
　◇児童文学
　　● 1席　南 あきら「冬のほたる」
第20回（平12年）
　◇児童文学
　　● 1席　該当者なし
第21回（平13年）
　◇児童文学
　　● 1席　該当者なし
第22回（平14年）
　◇児童文学
　　● 1席　該当者なし
第23回（平15年）
　◇児童文学
　　● 1席　さとう ともこ「のはら青空くもりびん」
第24回（平16年度）
　◇一般の部・児童文学部門
　　● 1席　冬木 和子「なめんなよ！」
　◇ジュニアの部・小学生・詩部門
　　● 1席　宮野 拓未（井口台小学校）「弟」
　◇ジュニアの部・小学生・俳句部門
　　● 1席　藤原 笙子（井口台小学校）
　◇ジュニアの部・中学生・詩部門
　　● 1席　杉田 尚美（口田中学校）「くつ」
　◇ジュニアの部・中学生・俳句部門
　　● 1席　山本 航平（可部中学校）
第25回（平18年度）
　◇一般の部・児童文学部門
　　● 1席　伊東 ゆきみ「鬼の声が泣くところ」
　◇ジュニアの部・小学生（低学年）・詩部門
　　● 1席　酒井 愉未（安田小学校）「赤ちゃんはいいな」
　◇ジュニアの部・小学生（高学年）・詩部門
　　● 1席　米井 舜一郎（中野東小学校）「心」
　◇ジュニアの部・小学生（低学年）・俳句部門
　　● 1席　後藤 朱音（神崎小学校）
　◇ジュニアの部・小学生（高学年）・俳句部門
　　● 1席　伊藤 大輔（五日市南小学校）
　◇ジュニアの部・中学生・詩部門
　　● 1席　合路 菜月（祇園中学校）「ウチらの秋」
　◇ジュニアの部・中学生・俳句部門
　　● 1席　越智 文薫（祇園東中学校）

065　自由国民社ホームページ絵本大賞

「地雷でなく花をください」などで絵本の出版事業を展開する自由国民社では「ホームページ絵本大賞」を創設。マルチメディア時代にふさわしい、新しい発想の新しい絵本の創作活動を支援、育成することを目指している。第2回以降、休止中。

【主催者】自由国民社
【選考委員】葉祥明, 自由国民社絵本編集部
【選考方法】公募
【選考基準】〔対象〕ホームページ絵本, CG絵本, マルチメディアを使って創作した絵本。〔応募規定〕プリントアウトした原稿, MO, フロッピー, CD-ROMなどで応募
【締切・発表】(第2回)平成11年3月20日締切, 5月初旬発表, 応募者に通知
【賞・賞金】大賞(1点)：記念品, 優秀賞(4点), アドビ賞, Sky-Sea賞, シャルレ賞, 社会派賞, 協賛社賞品

第1回(平9年) おくむら りつこ「ぞうくんは花もよう」

第2回(平10年) ほりこし まもる「星流祭(せいりゅうさい)」

066 12歳の文学賞

多感な『12歳』世代の子どもたちの溢れる想いを受け止め, 自己表現の世界を思いっきり解放する場を創る目的で創設された, 小学生限定の文学賞。
【主催者】小学館
【選考委員】(第4回)あさのあつこ, 石田衣良, 西原理恵子, 樋口裕一, ベッキー(特別審査員)
【選考方法】公募
【選考基準】〔資格〕締切時に12歳以下の小学生。〔原稿〕400字詰め原稿用紙5枚以上
【締切・発表】(第4回)平成21年9月締切, 平成22年3月発表
【賞・賞金】大賞：図書カード10万円分＋旅行券20万円分
【URL】http：//netkun.com/12saibungaku/

第1回(平19年)
◇大賞
　追本 葵「月のさかな」
　井上 薫「『明太子王国』と『たらこ王国』」
◇優秀賞 ディセーン留根 千代「駆除屋とブタ」

第2回(平20年)
◇大賞 三船 恭太郎(岩手県)「ヘチマと僕と, そしてハヤ」
◇優秀賞 海老沢 文哉(東京都)「だれ？」
第3回(平21年)
◇大賞 中石 海「陽射し」
◇優秀賞
　小林 宏暢「恵比寿様から届いた手紙」
　上田 風登「小っちゃなヒーロー」

067 ジュニア・ノンフィクション文学賞

創作中心の児童文学の世界に, ノンフィクションを取り入れようとして創設した賞。昭和52年で中止。
【主催者】ジュニア・ノンフィクション作家協会
【選考委員】会長石川光男他5名

【選考基準】一年間に発表された作品の中から、アンケートで選ぶ
【賞・賞金】記念品と賞金10万円

第1回（昭49年）
　　岡本 文良「冠島のオオミズナギドリ」
　　　（小峰書店）
　　中島 みち「クワガタクワジ物語」（筑摩書房）
◇特別賞　あかね書房〔編〕「子どものころ戦争があった」
第2回（昭50年）
　　遠藤 公男「帰らぬオオワシ」（偕成社）
　　錦 三郎「空を飛ぶクモ」（学習研究社）
第3回（昭51年）　谷 真介「台風の島に生きる」
　　　（偕成社）
◇特別賞　最上書房〔編〕「少年少女新人物伝記全集20巻」（学秀図書）
第4回（昭52年）
　　上坂 高生「あかりのない夜」（童心社）
　　乾谷 敦子「古都に燃ゆ」（ポプラ社）

068 ジュニア冒険小説大賞

21世紀を生きる子どもたちに、冒険の魅力を届け、挑戦する勇気を与える鮮烈で斬新な冒険小説の登場を期待する。

【主催者】創作集団プロミネンス、岩崎書店
【選考委員】（第8回）眉村卓、中尾明、南山宏
【選考方法】公募
【選考基準】〔対象〕ファンタジー、SF、ミステリー、ホラー、ナンセンスなど、冒険心に満ちあふれた物語。小学校高学年から読めて楽しめるもの。〔原稿〕400字詰めで150枚から200枚、ワープロ可、梗概（800字）を添付。〔資格〕創作児童文学の作品を商業出版していない者
【締切・発表】（第8回）平成21年6月末日締切（当日消印有効）。発表は12月。応募者全員に通知し、雑誌「日本児童文学」「児童文芸」にも発表
【賞・賞金】大賞：賞状・賞金20万円。佳作等には賞状と副賞。大賞作品は岩崎書店から出版。規定の部数以上について印税を支払う
【URL】http://www.iwasakishoten.co.jp/

第1回（平14年）
　◇大賞　藤沢 コウ「ぼくらは夜空に月と舞う」
　◇優秀賞　高原 深雪「おうばがふところ」
第2回（平15年）
　◇大賞　藤野 恵美「ねこまた妖怪伝」
　◇佳作
　　　久保田 香里「水神の舟」
　　　斎藤 たかえ「嵐がやってくる」
第3回（平16年）
　◇大賞　久保田 香里「青き竜の伝説」
　◇佳作
　　　山本 ひろし「勇気のカード」
　　　小浜 ユリ「まほろしの王国物語」
　　　大崎 梢「龍神像は金にかがやく」
第4回（平17年）
　◇大賞　廣嶋 玲子「水妖の森」
　◇佳作
　　　八坂 まゆ「ヤドカリ～葛之葉町＊怪獣綺譚」
　　　黒島 大助「七不思議デビュー」
　　　星月 むく「負けられないバトル」
第5回（平18年）
　◇大賞　香西 美保「ぼくらの妖怪封じ」
　◇佳作　浅見 理恵「サティン・ローブ」
第6回（平19年）
　◇大賞　牧野 礼「滝まくらの君」
　◇佳作　石川 宏千花「泥濘城のモンスターとひとりぼっちのココ」

第7回（平20年）
　◇大賞　如月 かずさ「ミステリアス・セブンス―封印の七不思議」
　◇佳作

　　深月 ともみ「ぼくらが大人になる日まで」
　　天城 れい「夜猫夜話」

069　小学館児童出版文化賞（小学館絵画賞、小学館文学賞、小学館児童文化賞）

　昭和27年、小学館創業30周年を記念し、児童文化の振興に寄与するために「小学館児童文化賞」として創設された。その後35年から「小学館文学賞」と「小学館絵画賞」に分離されていたが、平成8年第45回から再び統合され、対象を児童出版文化全般に広げて、現在の名称となった。児童出版文化の向上に貢献すると認められる作品及び作家を顕彰する。

【主催者】小学館、（財）日本児童教育振興財団
【選考委員】（第57回）ささめやゆき、杉浦範茂、中村桂子、三木卓、山中恒
【選考方法】公募・推薦
【選考基準】〔対象〕前年4月から当該年3月までに発表された、絵本（創作絵本、写真絵本等）、童話・文学（フィクション、詩、シナリオ等）、その他（ノンフィクション、科学絵本、図鑑、事典等）の児童出版物。シリーズ作品については刊行開始より完結までの期間中に前期の年間を含む作品を選考対象とし、翻訳、キャラクター、漫画等は除く
【締切・発表】（第58回）小学館の月刊誌平成21年5月号、教育誌同5月号、週刊誌同4月1週号誌上で募集。平成21年10月下旬から11月発売号誌上ほかで発表
【賞・賞金】正賞は笹戸千津子作ブロンズ像「わかば」、副賞100万円
【URL】http://www.shogakukan.co.jp/jido/

第1回（昭27年度）
　◇文学部門
　　奈街 三郎「まいごのドーナツ」（幼年クラブ）
　　住井 すゑ「みかん」（小学五年生）
　　土家 由岐雄「三びきのねこ」（幼年クラブ）
　◇絵画部門
　　安 泰《一連の作品に対して》
　　井口 文秀《一連の作品に対して》
　　渡辺 郁子《一連の作品に対して》
第2回（昭28年度）
　◇文学部門
　　永井 鱗太郎「お月さまをたべたやっこだこ」（一年の学習）
　　伊藤 永之介「五郎ぎつね」（小学五年生）
　　二反長 半「子牛の仲間」（小学五年生）
　◇絵画部門
　　鈴木 寿雄《一連の作品に対して》
　　三芳 悌吉《一連の作品に対して》
　　倉金 章介《一連の作品に対して》

第3回（昭29年度）
　◇文学部門　落合 聰三郎「たんじょう会のおくりもの」（桜井書店）
　◇絵画部門　茂田井 武《「キンダーブック」に掲載した一連の作品》
第4回（昭30年度）
　◇文学部門　鶴田 知也「ハッタラはわが故郷」（小学六年生）
　◇絵画部門　中尾 彰「なかよし幼稚園」「にこにこたろちゃん」「ひつじさんとおしくら」（チャイルドブック）
第5回（昭31年度）
　◇文学部門　小山 勝清「山犬少年」（中学生の友）
　◇絵画部門　岩崎 ちひろ「夕日」（ひかりのくに）
第6回（昭32年度）
　◇文学部門　打木 村治「夢のまのこと」（小学六年生）

小学館児童出版文化賞

◇絵画部門　渡辺 三郎「くもさん」(チャイルドブック)

第7回(昭33年度)
◇文学部門　西山 敏夫「よこはま物語」(朝の笛)
◇絵画部門　太田 大八「いたずらうさぎ」(こどものとも)他

第8回(昭34年度)
◇文学部門　佐伯 千秋「燃えよ黄の花」(女学生の友)
◇絵画部門　柿本 幸造「みなと」「おやまのがっこう」「こだまごう」(一年の学習)

第9回(昭35年度)
◇小学館文学賞　新川 和江「季節の花詩集」(中学一年コース)
◇絵画部門　深沢 邦朗「なかよしぶらんこ」(ひかりのくに)、「ぞうのはなはなぜ長い」(幼稚園)他

第10回(昭36年度)
◇小学館文学賞　該当作なし
◇小学館絵画賞　遠藤 てるよ「なつかしの友」(中学生の友2年)、「うらない」(五年の学習)、「しんぶんはいたつ」(三年の学習)

第11回(昭37年度)
◇小学館文学賞　花岡 大学「ゆうやけ学校」(理論社)
◇小学館絵画賞　該当作なし

第12回(昭38年度)
◇小学館文学賞
　　大石 真「見えなくなったクロ」(たのしい六年生)
　　万足 卓「おやだぬきとこだぬきの歌」(朝日出版社)
◇小学館絵画賞　清水 勝「科学図説シリーズ『昆虫と植物』」(小学館)

第13回(昭39年度)
◇小学館文学賞　山本 和夫「燃える湖」(理論社)
◇小学館絵画賞　井江 春代「かえるのけろ」(ひかりのくに)他

第14回(昭40年度)
◇小学館文学賞　久保 喬「ビルの山ねこ」(新星書房)
◇小学館絵画賞　中谷 千代子「かばくんのふね」「まいごのちろ」(こどものとも)、「おおきなくまさん」(ひかりのくに)
　● 特別賞　谷 俊彦

第15回(昭41年度)
◇小学館文学賞　西沢 正太郎「青いスクラム」(東都書房)

◇小学館絵画賞　福田 庄助「百羽のツル」(実業之日本社)、「そんごくう」(盛光社)

第16回(昭42年度)
◇小学館文学賞　吉田 とし「じぶんの星」(小学四年生～小学五年生)
◇小学館絵画賞　村上 勉「おばあさんのひこうき」(小峰書店)、「宇宙からきたかんづめ」(盛光社)ほか

第17回(昭43年度)
◇小学館文学賞　斎藤 隆介「べろ出しチョンマ」(理論社)
◇小学館絵画賞　瀬川 康男「やまんばのにしき」(ポプラ社)、「ジャックと豆のつる」(岩波書店)、「日本むかし話」(講談社)ほか

第18回(昭44年度)
◇小学館文学賞　山下 夕美子「二年2組はヒヨコのクラス」(理論社)
◇小学館絵画賞　鈴木 義治「まちのせんたく」(ひかりのくに昭和出版社)、「ネコのおしろ」(研秀出版)

第19回(昭45年度)
◇小学館文学賞　武川 みづえ「空中アトリエ」(実業之日本社)
◇小学館絵画賞　小野木 学「おんどりと二枚のきんか」(ポプラ社)、「宇宙ねこの火星たんけん」(岩崎書店)

第20回(昭46年度)
◇小学館文学賞　おおえ ひで「八月がくるたびに」(理論社)
◇小学館絵画賞　池田 浩彰「ちっちゃな淑女たち」(小学館)

第21回(昭47年度)
◇小学館文学賞　杉 みき子「小さな雪の町の物語」(童心社)
◇小学館絵画賞
　　小坂 しげる「おりひめとけんぎゅう」(チャイルドブック)他
　　斎藤 博之「がわっぱ」(岩崎書店)他

第22回(昭48年度)
◇小学館文学賞　安房 直子「風と木の歌」(実業之日本社)
◇小学館絵画賞　赤坂 三好「十二さま」(国土社)他

第23回(昭49年度)
◇小学館文学賞　小林 清之介「野鳥の四季」(小峰書店)
◇小学館絵画賞　梶山 俊夫「あほろくの川だいこ」(ポプラ社)

第24回(昭50年度)
◇小学館文学賞　山下 明生「はんぶんちょうだい」(小学館)

◇小学館絵画賞　赤羽 末吉「ほうまん池のカッパ」(銀河社)他

第25回(昭51年度)
◇小学館文学賞　吉田 比砂子「マキコは泣いた」(理論社)
◇小学館絵画賞　久米 宏一「やまんば」(岩崎書店),「黒潮三郎」(金の星社)

第26回(昭52年度)
◇小学館文学賞　竹崎 有斐「石切りの山の人びと」(偕成社)
◇小学館絵画賞　安野 光雅「野の花と小人たち」(岩崎書店)他

第27回(昭53年度)
◇小学館文学賞　灰谷 健次郎「ひとりぼっちの動物園」(あかね書房)
◇小学館絵画賞　司 修「はなのゆびわ」(文研出版)他

第28回(昭54年度)
◇小学館文学賞
　　岸 武雄「花ぶさとうげ」(講談社)
　　さねとう あきら「ジャンボコッコの伝説」(小学館)
◇小学館絵画賞　杉浦 範茂「ふるやのもり」(フレーベル館)他

第29回(昭55年度)
◇小学館文学賞
　　今西 祐行「光と風と雲と樹と」(小学館)
　　香川 茂「高空10,000メートルのかなたで」(アリス館牧新社)
◇小学館絵画賞　原田 泰治「わたしの信州,草ぶえの詩」(講談社)

第30回(昭56年度)
◇小学館文学賞　該当作なし
◇小学館絵画賞　田島 征彦「火の笛―祇園祭絵巻」(童心社),「ありがとう」(理論社)

第31回(昭57年度)
◇小学館文学賞
　　伊沢 由美子「かれ草色の風をありがとう」(講談社)
　　浜野 卓也「とねと鬼丸」(講談社)
◇小学館絵画賞　村上 豊「かっぱどっくり」(第一法規出版),「ぞうのはなはなぜながい」(チャイルド本社)

第32回(昭58年度)
◇小学館文学賞　あまん きみこ「ちいちゃんのかげおくり」(あかね書房)
◇小学館絵画賞　丸木 俊、丸木 位里「みなまた海の声」(小峰書店)

第33回(昭59年度)
◇小学館文学賞　日比 茂樹「白いパン」(小学館)

◇小学館絵画賞　長 新太「みんなびっくり」(こぐま社),「ぞうのたまごのたまごやき」(福音館書店)

第34回(昭60年度)
◇小学館文学賞　角野 栄子「魔女の宅急便」(福音館書店)
◇小学館絵画賞　いわむら かずお「14ひきのやまいも」(童心社),「ねずみのいもほり」(ひさかたチャイルド)

第35回(昭61年度)
◇小学館文学賞　まど・みちお「しゃっくりうた」(理論社)
◇小学館絵画賞　小野 州一「にれの町」(金の星社)

第36回(昭62年度)
◇小学館文学賞　倉本 聰「北の国から'87 初恋」(理論社)
◇小学館絵画賞　スズキ コージ「エンソくんきしゃにのる」(福音館書店)

第37回(昭63年度)
◇小学館文学賞　谷川 俊太郎「いちねんせい」(小学館)
◇小学館絵画賞　井上 洋介「ぶんぶくちゃがま」(ミキハウス),「ねずみのしっぱい」(こどものくに)

第38回(平1年度)
◇小学館文学賞　佐々木 赫子「月夜に消える」(小峰書店)
◇小学館絵画賞
　　熊田 千佳慕「『熊田千佳慕リトルワールド』シリーズ」(創育)
　　田島 征三「とベバッタ」(偕成社)

第39回(平2年度)
◇小学館文学賞　森山 京「あしたもよかった」(小峰書店)
◇小学館絵画賞　山村 輝夫「遠い日に村のうた」(北海道新聞社)

第40回(平3年度)
◇小学館文学賞　富安 陽子「クヌギ林のザワザワ荘」(あかね書房)
◇小学館絵画賞
　　川原田 徹「かぼちゃごよみ」(福音館書店)
　　たむら しげる「メタフィジカル・ナイツ」(架空社)

第41回(平4年度)
◇小学館文学賞
　　池沢 夏樹「南の島のティオ」(楡出版)
　　岩瀬 成子「『うそじゃないよ』と谷川くんはいった」(PHP研究所)
◇小学館絵画賞　伊藤 秀男「海の夏」(ほるぷ出版)

第42回(平5年度)
  ◇小学館文学賞 丘 修三「少年の日々」(偕成社)
  ◇小学館絵画賞 斎藤 隆夫「まほうつかいのでし」(こどものとも)
第43回(平6年度)
  ◇小学館文学賞 松谷 みよ子「あの世からの火」(偕成社)
  ◇小学館絵画賞 大竹 伸朗「ジャリおじさん」(こどものとも)
第44回(平7年度)
  ◇小学館文学賞 梨木 香歩「西の魔女が死んだ」(楡出版)
  ◇小学館絵画賞 ささめや ゆき「ガドルフの百合」(MOE)
第45回(平8年度)
  今江 祥智, 片山 健「でんでんだいこいのち」(童心社)
  長谷川 博「風にのれ!アホウドリ」(フレーベル館)
第46回(平9年度)
  内田 麟太郎, 荒井 良二「うそつきのつき」(文渓堂)
  茂木 宏子「お父さんの技術が日本を作った!」(小学館)
第47回(平10年度)
  矢島 稔「黒いトノサマバッタ」(偕成社)
  結城 昌子「小学館あーとぶっく」(小学館)
第48回(平11年度)
  末吉 暁子「雨ふり花さいた」(偕成社)
  あべ 弘士「ゴリラにっき」(小学館)
第49回(平12年度)
  飯野 和好「ねぎぼうずのあさたろう その1」(福音館書店)
  伊藤 たかみ「ミカ!」(理論社)
第50回(平13年度)
  大塚 敦子「さよならエルマおばあさん」(小学館)
  畠山 重篤「漁師さんの森づくり」(講談社)
第51回(平14年度)
  秋野 和子, 石垣 幸代, 秋野 亥左牟「サシバ舞う空」(福音館書店)
  佐野 洋子「ねえ とうさん」(小学館)
第52回(平15年度)
  今泉 吉晴「シートン」(福音館書店)
  上橋 菜穂子「神の守り人 来訪編・帰還編」(偕成社)
  森 絵都「DIVE!! 1〜4」(講談社)
第53回(平16年度) 神沢 利子〔作〕, G.D.パヴリーシン〔絵〕「鹿よ おれの兄弟よ」(福音館書店)
第54回(平17年度) あさの あつこ「バッテリー」(全6巻, 教育画劇)
第55回(平18年度)
  荻原 規子「風神秘抄」(徳間書店)
  高楼 方子「わたしたちの帽子」(フレーベル館)
第56回(平19年度)
  今森 光彦「おじいちゃんは水のにおいがした」(偕成社)
  市川 宣子「ケイゾウさんは四月がきらいです。」(福音館書店)
第57回(平20年度)
  魚住 直子「Two Trains」(学習研究社)
  長谷川 義史「ぼくがラーメンたべてるとき」(教育画劇)

---

070 「小説ジュニア」青春小説新人賞

集英社が青春小説の発展をねがって創設した賞。第15回の授賞をもって中止。

【主催者】集英社
【選考委員】尾崎秀樹, 佐伯千秋, 津村節子, 富島健夫, 三浦朱門
【選考方法】公募
【選考基準】〔対象〕10代の若者を対象とした小説でジャンルは問わない。〔資格〕未発表の原稿にかぎる。〔原稿〕400字詰原稿用紙70枚〜80枚以内, 800字以内の梗概をつけること
【締切・発表】毎年4月頃発表
【賞・賞金】楯と賞金30万円

第1回（昭43年）		飯田 智「駆け足の季節」
浅井 春美「いのち燃える日に」	第8回（昭50年）	該当作なし
山岸 雅恵「遙かなる山なみ」	第9回（昭51年）	吉野 一穂「感情日記」
第2回（昭44年）　とだ あきこ「枯葉の微笑」	第10回（昭52年）　該当作なし
第3回（昭45年）　該当作なし	第11回（昭53年）　該当作なし
第4回（昭46年）　該当作なし	第12回（昭54年）　前中 行至「太陽の匂い」
第5回（昭47年）　本荘 浩子「史子（ふみこ）」	第13回（昭55年）　該当作なし
第6回（昭48年）　該当作なし	第14回（昭56年）　冬木 史朗「駆け抜けて、青春！」
第7回（昭49年）	第15回（昭57年）　張江 勝年「インシャラー」
津田 耀子「少年の休日」	

071　少年少女の詩 江間章子賞

　八幡平にゆかりのある詩人・江間章子先生が、旧西根町の名誉町民となったことから、先生の功績を顕彰すると共に、少年少女の言葉に対する豊かな感性を育むことで、江間章子先生の詩の心を後世に引き継いでいきたいと考え平成10年度より少年少女の詩「江間章子賞」を創設。当初から第7回まで審査していただいた。

【主催者】八幡平市
【選考委員】（第11回）赤澤義昭（日本近代文学会員），神初見（IBC岩手放送 報道局長），一戸 彦太郎（岩手日報社 編集局学芸部長）
【選考方法】公募
【選考基準】〔資格〕岩手県内小中学生。〔応募規程〕(1)作品の応募は、一人一編とし、400字詰め原稿用紙3枚以内、横書き、未発表の作品(2)原稿用紙の上部余白に学校名、郵便番号、電話番号を書く(3)原稿用紙の1行目に題名、2行目に学年・氏名を書く(4)3枚にわたるときは、それぞれの右余白に題名を書き、その下に「その一」「その二」と書く(5)黒ボールペンまたは濃い鉛筆ではっきりと書く(6)応募作品は返却しない
【締切・発表】（第11回）平成20年9月8日締切、通知によって発表する
【賞・賞金】江間章子賞(4編)，八幡平市長賞(4編)，八幡平市教育長賞(4編)，入賞(20編)

第1回（平10年）
　◇江間章子賞
　　田村 詩織（西根町立大更小2年）「ひまわり」
　　林本 慎（西根町立大更小5年）「自然のゆうびん屋さん」
　　福田 理華（玉山村立渋民中3年）「シャボン玉」
　◇西根町長賞
　　さとう たくみ（藤沢町立大滝小1年）「すずむし」
　　工藤 貴子（西根町立大更小6年）「くもの織物」
　　芳賀 美輪（大東町立大原中3年）「手紙」
第2回（平11年）
　◇江間章子賞
　　さとう めぐみ（西根町立大更小2年）「森のうたごえ」

　　大橋 栞（釜石市立白石小3年）「ねぇ 教えて！」
　　稲田 圭克（盛岡市立山岸小6年）「バラエティー路線」
　　千葉 香澄（川崎村立川崎中3年）「風の気持ち」
　◇西根町長賞
　　しみずはた みなと（西根町立田頭小1年）「とんぼ」
　　菊池 織絵（江刺市立木細工小5年）「雪の中で咲いていたそばの花」
　　工藤 由佳（西根町立大更小5年）「ことばの紙風船」
　　山崎 由衣（盛岡市立米内中3年）「風」
　◇西根町教育長賞
　　坂橋 未来（軽米町立小軽米小2年）「星って、どんなかたち」
　　目時 慎也（西根町立渋川小4年）「かげ」

071　少年少女の詩 江間章子賞　　　Ⅰ 文学

　　　　佐々木 彩香(西根町立平舘小5年)「とうもろこし」
　　　　工藤 友香(西根町立西根中3年)「光の舞台」
第3回(平12年)
　◇江間章子賞
　　　　おの ちあき(西根町立大更小2年)「花がわらう」
　　　　田村 遥(西根町立平舘小3年)「七時雨山にかかるにじをめざして」
　　　　工藤 仁美(西根町立田頭小1年)「夏の風と風鈴」
　　　　佐々木 泉(遠野市立上郷中3年)「月と海と華と僕」
　◇西根町長賞
　　　　ささき ひであき(藤沢町立大龍小2年)「パセリ」
　　　　舞田 寛武(西根町立平舘小3年)「原っぱホール」
　　　　千田 卓人(盛岡市立桜城小6年)「あの場所へ」
　　　　吉田 圭佑(盛岡市立下橋中3年)「カテゴリー」
　◇西根町教育長賞　松浦 椿(西根町立平舘小2年)「くもにのって」
第4回(平13年)
　◇江間章子賞
　　　　木村 志帆(宮古市立宮古小2年)「『木』っておしゃれ」
　　　　山口 麻紀(西根町立大更小4年)「『赤とんぼ』」
　　　　藤原 詢(雫石町立雫石小5年)「豆もぎ」
　　　　北条 紗希(西根町立西根中2年)「蛍」
　◇西根町長賞
　　　　くどう あすか(西根町立大更小2年)「はつぼん」
　　　　遠藤 よう子(西根町立渋川小3年)「水たまり」
　　　　一戸 香織(盛岡市立城南小6年)「教室のオーケストラ」
　　　　阿部 麻由子(盛岡市立仙北中3年)「自分色という答え」
　◇西根町教育長賞
　　　　はまだ ひかり(西根町立大更小2年)「まほうのて」
　　　　冬村 知佳(葛巻町立小田小3年)「ま夏の日ざしがやって来る」
　　　　千葉 奈津子(水沢市立水沢南小6年)「わたしの宝物」
　　　　阿部 麻由子(盛岡市立城西中1年)「秋をしらせに」
第5回(平14年)
　◇江間章子賞

　　　　田村 春香(西根町立大更小2年)「風の色」
　　　　伊藤 咲希(西根町立平笠小4年)「眠っている学校」
　　　　畑田 萌(安代町立荒屋小6年)「朝顔」
　　　　大塚 けい奈(盛岡市立黒石野中3年)「さくらんぼ」
　◇西根町長賞
　　　　いとう こうき(西根町立平笠小1年)「つき」
　　　　小笠原 永(西根町立大更小3年)「金魚すくい」
　　　　佐藤 彩乃(安代町立畑小5年)「桃の花」
　　　　盛田 妃香莉(盛岡市立厨川中3年)「真冬の祈り…」
　◇西根町教育長賞
　　　　遠藤 友唯(江刺市立大田代小2年)「花びらあそび」
　　　　佐々木 日雅(西根町立平笠小3年)「貝がら」
　　　　千葉 奈津子(水沢市立南小6年)「ありがとう」
　　　　荒田 有樹(川井村立小国中3年)「美しい声」
第6回(平15年)
　◇江間章子賞
　　　　竹田 千晶(西根町立大更小2年)「とり」
　　　　たかはし はるか(西根町立大更小3年)「夕方のゆうびんやさん」
　　　　高橋 雛子(西根町立平笠小5年)「生別」
　　　　阿部 瑞穂(北上市立北上中3年)「夏の日」
　◇西根町長賞
　　　　さわぐち やよい(西根町立大更小2年)「せんこう花火」
　　　　小笠原 永(西根町立大更小3年)「打ち上げ花火」
　　　　遠藤 咲(西根町立田頭小5年)「田んぼのいね」
　　　　松村 えり子(西根町立西根中2年)「夏の記憶」
　◇西根町教育長賞
　　　　高橋 千咲(西根町立平笠小2年)「けんか」
　　　　宮野 泰輔(西根町立平舘小4年)「ゴールに向かって」
　　　　斉藤 舞(西根町立大更小5年)「はっぱのてがみ」
　　　　田村 真衣(西根町立西根中2年)「鳥」
第7回(平16年)
　◇江間章子賞
　　　　やまもと せいゆう(安代町立田山小1年)「やってあげるよ」

I 文学　　　　　　　　　　　　　　　　　　　071　少年少女の詩 江間章子賞

　　　阿部 智恵(江刺市立大田代小4年)「おばあちゃんのあし」
　　　小山 英里(江刺市立大田代小6年)「みぞれが降った日」
　　　菊池 美帆(盛岡市立城西中3年)「月と私と太陽と」
　◇西根町長賞
　　　せき とうご(安代町立田山小1年)「ぼくのおばあちゃん、てっちゃん」
　　　遠藤 啓太(西根町立大更小3年)「ミニトマト」
　　　荒井場 美咲(久慈市立長内小5年)「人生」
　◇西根町教育長賞
　　　さわぐち ちなつ(西根町立大更小1年)「つき」
　　　工藤 麻愛(西根町立田頭小4年)「大好きだったのに」
　　　武田 明日夏(西根町立大更小6年)「おばあさん」
　　　辻村 佳菜子(二戸市立福岡中2年)「青い空」
第8回(平17年)
　◇江間章子賞
　　　いしざか たつひろ(八幡平市立渋川小1年)「こんくうる」
　　　伊藤 風花(八幡平市立田頭小4年)「人間注意」
　　　伊藤 奏瑛(八幡平市立平舘小6年)「なみだ」
　　　遠藤 美咲(八幡平市立西根第一中2年)「人間だって毛虫とアゲハチョウ」
　◇八幡平市長賞
　　　すずま ひろき(久慈市立山根小1年)「ぼくのすきなもの」
　　　田村 京花(八幡平市立平舘小4年)「すもう場」
　　　三浦 加奈(八幡平市立大更小5年)「わたしは海で、たまきは川で」
　　　佐々木 春香(盛岡市立城西中3年)「もし」
　◇八幡平市教育長賞
　　　ふるだて しゅん(西根町立大更小1年)「からんころん」
　　　後醍院 真輝(八幡平市立渋川小4年)「かげ」
　　　伊藤 和雅(八幡平市立平笠小6年)「平和と僕」
　　　遠藤 拓真(八幡平市立西根中1年)「試合」
第9回(平18年)
　◇江間章子賞
　　　さとう れいか(八幡平市立大更小1年)「だんごむし」
　　　小原 茜草(盛岡市立月が丘小4年)「雲」
　　　田村 京花(八幡平市立平舘小5年)「あの夕日」
　　　畠山 幸紀(八幡平市立安代中3年)「つぼみ以上満開未満」
　◇八幡平市長賞
　　　あべ ゆわ(奥州市立大田代小2年)「うぐいすのなきごえ」
　　　松村 崇志(八幡平市立平舘小3年)「かんづめ」
　　　高橋 永(八幡平市立大更小6年)「居場所」
　　　赤坂 友理絵(盛岡市立米内中2年)「懐中電灯」
　◇八幡平市教育長賞
　　　なべくら しおり(八幡平市立平舘小1年)「あかちゃん」
　　　山本 彩乃(八幡平市立平舘小4年)「『おねえちゃん』がほしい」
　　　田中 優希(八幡平市立平舘小6年)「信じる」
　　　藤村 志保(盛岡市立河南中1年)「星座」
第10回(平19年)
　◇江間章子賞
　　　なかがわ さき(八幡平市立大更小1年)「たいよう」
　　　金澤 大都(八幡平市立田山小3年)「ぼくの顔」
　　　澤口 靖子(八幡平市立大更小6年)「クレヨンで絵を描こう」
　　　千葉 裕子(一関市立一関中3年)「自然を見つめて」
　◇八幡平市長賞
　　　田村 めい(八幡平市立大更小2年)「まほう」
　　　遠藤 未来(八幡平市立寺田小4年)「おにぎり」
　　　澤口 弥生(八幡平市立大更小6年)「風の宅急便」
　　　饗庭 祐奈(岩大教育学部付属中2年)「夢のヒカリ 夢のカケラ」
　◇八幡平市教育長賞
　　　おおしだ あいり(八幡平市立大更小1年)「しょうくん」
　　　藤本 達瑠(八幡平市立田山小4年)「命」
　　　小野 翔平(八幡平市立大更小6年)「おじいちゃん」
　　　伊藤 百佳(八幡平市立西根中1年)「尊敬する手」
第11回(平20年)
　◇江間章子賞

せき ゆずき(八幡平市立田山小1年)「うさぎのおかあさん」
高橋 美里(八幡平市立寄木小4年)「空」
千葉 洸也(奥州市立大田代小6年)「光を逃がした理由」
伊藤 萌(八幡平市立西根中3年)「夏の家で」
◇八幡平市長賞
　いとう こうた(八幡平市立大更小1年)「あめ」
　関 瑠那(八幡平市立松野小4年)「たんぽぽ」
　三浦 悠斗(八幡平市立東大更小6年)「習字」
　菅野 史夏(八幡平市立松尾中3年)「出発」
◇八幡平市教育長賞
　さとう みお(奥州市立大田代小1年)「おかあさんのおなか」
　石川 楓(奥州市立大田代小4年)「ほたる」
　佐藤 朱莉(八幡平市立田山小5年)「私のばあちゃん」
　川浪 優希(岩大教育学部付属中1年)「ほたる」

---

072 JOMO童話賞 （共石創作童話賞）

　一冊の童話集を通して、「心のふれあい」を伝えることができたらという願いから、共同石油(現・ジャパンエナジー)が創設。童話作家の作品を「共石灯油名作童話シリーズ」として編集・刊行する。第4回並びに第7回以降は公募となり、作品集「童話の花束」を刊行。平成6年より「共石創作童話賞」から「JOMO童話賞」に賞名変更。

【主催者】ジャパンエナジー

【選考委員】(第39回)西本鶏介(児童文学者)、立原えりか(童話作家)、角野栄子(童話作家)、中井貴惠(女優・エッセイスト)、JOMO童話賞選考委員会

【選考方法】公募

【選考基準】〔対象〕「心のふれあい」をテーマとした童話。〔資格〕一般の部：中学校卒業以上、ただしプロの作家は除く。中学生の部、小学生以下の部。作品は未発表のものに限る。〔原稿〕400字詰原稿用紙5枚以内、ワープロ原稿は20字×20行の縦書き

【締切・発表】(第40回)平成21年5月31日締切(当日消印有効)、発表は平成21年10月中旬(郵便で応募者全員に通知)

【賞・賞金】〔一般の部〕最優秀賞(1編)：賞状、賞金30万円、記念品、優秀賞(2編)：賞状、賞金20万円、記念品、佳作(5編)：賞状、賞金10万円、記念品、奨励賞(5編)：賞状〔中学生の部〕〔小学生以下の部〕最優秀賞(各1編)：賞状、賞品(5万円相当の図書券)、記念品、優秀賞(各2編)：賞状、賞品(4万円相当の図書券)、記念品、佳作(各2編)：賞状、賞品(3万円相当の図書券)、記念品、奨励賞(各5編)：賞状。応募者全員にJOMO創作童話集「童話の花束」を進呈

【URL】http://www.j-energy.co.jp/hanataba

第1回　　　賞の開催なし
第2回　　　賞の開催なし
第3回　　　賞の開催なし
第4回(昭48年)
　岡田 淳「タマノリムシ」
　井口 勢津子「電話の小人」
　堀 とし子「魔女の忘れもの」
第5回(昭49年)　賞の開催なし
第6回(昭50年)　賞の開催なし
第7回(昭51年)
　河野 裕子「きつねのたんじょうび」
　掘内 梨枝「桜の花びら」
　牧野 那智子「うちのないかたつむり」
第8回(昭52年)
◇最優秀賞　横山 みさき「島になったとんびのペロ」
◇優秀賞
　五十嵐 とみ「ぼくのかっぱ」
　東野 文恵「大男のあやとり」

第9回（昭53年）
　◇最優秀賞　中井 久美子「波のり海賊船」
　◇優秀賞
　　　平 正夫「目かくし鬼」
　　　大島 伸子「サンタクロスケのプレゼント」
第10回（昭54年）
　◇最優秀賞　中島 博男「花くらべ」
　◇優秀賞
　　　左近 蘭子「子ぎつねの運動ぐつ」
　　　矢部 美智代「子犬と手袋」
　◇児童賞
　　　上村 浩代「パワパワとパフパフ」
　　　福島 和恵「まみちゃんとまほうのランドセル」
　◇児童特別賞　川崎 徳士「パンの町」
第11回（昭55年）
　◇最優秀賞　中井 和子「雨の中を とこ・とこ・とこ」
　◇優秀賞
　　　野原 よう子「小さなブレザー」
　　　吉村 陽子「絵本を冷蔵庫に入れると？」
第12回（昭56年）
　◇最優秀賞　大和 千津「生まれたてのかんづめ」
　◇優秀賞
　　　大矢 美保子「ブルックスのおきゃくさま」
　　　三浦 幸司「やまんばが走る」
　◇最優秀児童賞　池田 弥生「月見そば」
　◇児童賞　久利 恵子「不思議な電話」
第13回（昭57年）
　◇一般の部
　　●最優秀賞　江口 純子「クスクス放送局」
　　●優秀賞
　　　杉本 滝子「鈴の音が聞こえる」
　　　京谷 亮子「夜汽車にのった花嫁」
　◇児童の部
　　●児童賞
　　　河竹 千春「宇宙船部品3‐VZ」
　　　高瀬 理香子「動物は小人」
第14回（昭58年）
　◇一般の部
　　●最優秀賞　若尾 葉子「青いリュックサック」
　　●優秀賞
　　　久井 ひろ子「おおかみくんはお母さん」
　　　和田 栄子「ぼくの海」
　◇児童の部
　　●児童賞
　　　田林 清美「空を飛んだひろし君」
　　　設楽 聡子「不思議な鏡」

第15回（昭59年）
　◇一般の部
　　●最優秀賞　尾崎 喜代美「黒ブタ『ヤン』のお話」
　　●優秀賞
　　　菅原 朋子「ねこの手，かします」
　　　佐伯 和恵「シンプルママの誕生日プレゼント」
　◇児童の部
　　●児童賞
　　　松岡 久美子「鳥になったけい子ちゃん」
　　　高野 誠「パンのゆめ」
第16回（昭60年）
　◇一般の部
　　●最優秀賞　武政 博「カモメの宅急便」
　　●優秀賞
　　　加賀 ひとみ「ぼく，トラネコとサッカーをしたんだ」
　　　細川 真澄「たこやき星」
　◇児童の部
　　●児童賞
　　　平沢 里央「季節の話」
　　　本多 泰理「おはしにばけたきつね」
　　　牛尾 元法「ライオンの銀歯」
第17回（昭61年）
　◇一般の部
　　●最優秀賞　諸隈 のぞみ「夢のタネ，手品のタネ」
　　●優秀賞
　　　小林 朋子「きのう見た夢」
　　　川島 千尋「かばしま先生のかくれんぼ」
　◇児童の部
　　●児童賞
　　　松井 沙矢子「にじ色のぼうし屋」
　　　水田 千穂「ブーとブーと肉屋さんの話」
　　　都築 一郎「先生の正体」
第18回（昭62年）
　◇一般の部
　　●最優秀賞　谷本 美弥子「とうめいパパ」
　　●優秀賞
　　　武馬 美恵子「めだまやきのおよめさん」
　　　高橋 三枝子「昼下がりの一両電車」
　◇児童の部
　　●児童賞
　　　大山 菜穂子「まほうのほうき」
　　　高山 裕美「キツネくんのさがしもの」
第19回（昭63年）
　◇一般の部
　　●最優秀賞　和田 栄子「あっ」
　　●優秀賞

服部 幸雄「長い, ながあい, ふとん」
甕岡 裕美子「ドアを描いたら」
◇児童の部
- 児童賞
    堤 沙理「車のなるふしぎな木」
    河田 明子「とんだ一日」

第20回（平1年）
◇一般の部
- 最優秀賞　天白 恭子「おとうさんのカバン」
- 優秀賞
    建入 登美「きねんしゃしん」
    原田 雅江「プレゼント」
◇児童の部
- 児童賞
    林 雅敏「先生になったぼく」
    坂口 知美「にじのはし」
    吉井 良子「ハチのすに入ったはかせ」

第21回（平2年）
◇一般の部
- 最優秀賞　内田 浩示「しまうま」
- 優秀賞
    中原 紀子「たまご摘み」
    熊谷 美晴「三十秒遅れたバス」
◇児童の部
- 児童賞
    西村 明日香「こちら119番」
    森田 里子「くまさんの毛皮」
    藤原 敦子「あおむしのぼうけん」

第22回（平3年）
◇一般の部
- 最優秀賞　神田 和子「なまえまちがえた」
- 優秀賞
    小野山 隆「ぼくの好きな先生」
    鈴木 美樹「カバン」
◇児童の部
- 児童賞
    荻 奈津子「ドジなはかせとう明人間」
    波間 亜樹「ムラサキのハンカチ」
    井上 淳「へんちくちく音機」

第23回（平4年）
◇一般の部
- 最優秀賞　船見 みゆき「ミッカメラ」
- 優秀賞
    尾上 直子「之朗のゆううつ」
    田中 幸世「テストをたべたヤギ」
◇児童の部
- 児童賞
    西谷 和也「作文の種」
    檜山 直美「ゆみことラッパすいせん」
    石川 沙織「あなたに会えてうれしいよ」

第24回（平5年）
◇一般の部
- 最優秀賞　谷中 智子「遠い街へむかう電車で」
- 優秀賞
    飛田 泉「穴」
    橋本 美幸「カエルのなみだ」
◇児童の部
- 児童賞
    高崎 倫子「ヤギの変身」
    芳野 真央「お月さまのお店屋さん」
    川辺 三央「空のラーメン屋」

第25回（平6年）
◇一般の部
- 最優秀賞　山田 泰司「ねこまくら屋」
- 優秀賞
    中田 恵美「フライパン」
    梨本 愛「海と町のあいだで」
◇児童の部
- 児童賞
    橘川 春奈「本屋のおばさん」
    青山 裕加「きえたゾウ」
    長谷川 由季「ハサミくんとめんぼうちゃんとバンドエードくんの冒険」

第26回（平7年）
◇一般の部
- 最優秀賞　渡辺 美江子「すすけた看板」
- 優秀賞
    中村 浩幸「スーパー水道会社」
    富吉 宮子「雨の月曜日」
◇児童の部
- 児童賞
    堀下 直樹「たくちゃんのおなら」
    佐原 智也「きりんのマフラー」
    佐藤 絵梨子「平成江戸物語」

第27回（平8年）
◇一般の部
- 最優秀賞　松原 めぐみ「サーカスのたね」
- 優秀賞
    水落 晴美「デッドヒート」
    松井 直子「海までもう少し」
- 児童賞
    杉浦 和隆「おばあちゃんが死んだ日」
    吉山 皓子「転きん先は火星」
    西村 美雪「みゆきのふとんやさん」

第28回（平9年）
◇一般の部
- 最優秀賞　藤井 かおり「お母さんのぎゅっ」
- 優秀賞
    横田 明子「おねえちゃんが、ゾウになった」
    有本 隆「サキちゃんのタコやき」

◇児童の部
　　　● 児童賞
　　　　雨宮 美奈帆「学校が歩いた日」
　　　　苗村 亜衣「空とぶ金魚の大パーティー」
　　　　西川 知里「いたずら好きの花よめさん」
第29回（平10年）
　　◇一般の部
　　　● 最優秀賞　鴇崎 智子「歌うライオン」
　　　● 優秀賞
　　　　五十嵐 敬美「ふしぎなどろぼう」
　　　　倉田 久「あっと驚く温泉の素」
　　◇児童の部
　　　● 児童賞
　　　　真下 郁未「おさげの好きなライオン」
　　　　中嶋 麻依「あっちゃんの赤いぼうし」
　　　　加藤 典「ふしぎなプール」
第30回（平11年）
　　◇一般の部
　　　● 最優秀賞　高橋 幸良「へっちゃらぴょん」
　　　● 優秀賞
　　　　瀬尾 洋「とうちゃんのヘルメット」
　　　　間見 燿子「おばあさんの桜の花のひざかけ」
　　　● 特別賞　石本 真由美「スイカ畑のかくれんぼ」
　　◇児童の部
　　　● 優秀賞
　　　　前嶋 陽子「ぽかぽかの冬の風」
　　　　高田 絢沙「ブタ時計」
　　　　安藤 文菜「雨の日」
　　　● 特別賞　渡辺 芙有「おじいちゃんのねがい」
第31回（平12年）
　　◇一般の部
　　　● 最優秀賞　森本 寿枝「ブナ林のおっかあ」
　　　● 優秀賞
　　　　山下 進一「握りばさみ」
　　　　松木 直子「ティム、タム、タム」
　　◇児童の部
　　　● 最優秀賞　三島 遥「ふしぎなはさみ」
　　　● 優秀賞
　　　　石橋 直子「おらあたぬきだあと水泳教室」
　　　　老藤 真紀「おばあちゃんのトマト」
第32回（平13年）
　　◇心のふれあい部門　一般の部
　　　● 最優秀賞　碓井 亜希子「大きな忘れ物」
　　　● 優秀賞
　　　　金井 秀雄「オトメの翼」
　　　　小島 洋子「くちべにきんぎょ」
　　◇心のふれあい部門　児童の部

　　　● 最優秀賞　本田 しおん「しおんのむらさきグローブ」
　　　● 優秀賞
　　　　山田 若奈「まっくら こわい」
　　　　横山 ユウ子「かなちゃんのぬいぐるみ」
　　◇自然とのふれあい部門
　　　● 最優秀賞　岩井 まさ代「三十一枚目の田んぼ」
　　　● 優秀賞
　　　　森川 徹「ボクの物語」
　　　　加藤 佳代子「お日さまの雨やどり」
第33回（平14年）
　　◇一般の部
　　　● 最優秀賞　市川 睦美「風の少年」
　　　● 優秀賞
　　　　佐藤 静「山口さんと猫」
　　　　武田 桂子「自転車に乗って」
　　◇児童の部
　　　● 最優秀賞　山宮 颯「ぼくはでんしんばしら」
　　　● 優秀賞
　　　　龍興 彩香「おさるのくつ下」
　　　　堀切 梓沙「草原のワニ君」
第34回（平15年）
　　◇一般の部
　　　● 最優秀賞　大槻 哲郎「あずさ号の小さなお客」
　　　● 優秀賞
　　　　大原 啓子「海にふる雪」
　　　　今釜 涼子「ヘルメットもぐら」
　　◇児童の部
　　　● 最優秀賞　湯野 悠希「青空キャンバス」
　　　● 優秀賞
　　　　持田 碧海「けいすけとじいちゃんのがんばれかいご物語」
　　　　寺地 美奈子「月までとどくやさしい木」
第35回（平16年度）
　　◇一般の部
　　　● 最優秀賞　小林 純奈「三代目『へい、らっしゃい！』」
　　　● 優秀賞
　　　　高野 美紀「夜桜のいたずら」
　　　　市川 勝芳「山彦のがっこう」
　　◇児童の部

- 最優秀賞　小嶋 智紗「少年とかしの木」
- 優秀賞
　　小牧 悠里「ぼくのへのへのもへじ」
　　木村 明衣「お天気の種」

第36回（平17年度）
◇一般の部
- 最優秀賞　小林 純子「イタズラばあさん」
- 優秀賞
　　萩野谷 みか「扉をあけて」
　　本多 あゆみ「りんご」

◇児童の部
- 最優秀賞　戸井 公一朗「大仏様の大阪旅行」
- 優秀賞
　　野村 真理「雨のさんぽ」
　　重松 朝妃「ユウの一人部屋」

第37回（平18年度）
◇一般の部
- 最優秀賞　黒岩 寿子「たった一度のホームラン」
- 優秀賞
　　伊藤 未来「気のいい死神」
　　小野 美奈子「ちかちゃんのハガキ」

◇児童の部
- 最優秀賞　古橋 拓弥「何でも教えるロボット」
- 優秀賞
　　高見 直輝「くじらの電車」
　　高野 那奈「お米ちゃん」

第38回（平19年度）
◇一般の部
- 最優秀賞　佐藤 史絵「ゆいちゃんのほくろ」

- 優秀賞
　　江口 恵美「変身」
　　小川 壽美「さざんか餅と桜餅」

◇中学生の部
- 最優秀賞　北村 光「盗っ人」
- 優秀賞
　　中山 愛理「かもめホテル」
　　菊地 祐実「春の郵便屋さん」

◇小学生以下の部
- 最優秀賞　奈須 ひなた「空あります」
- 優秀賞
　　上野 通明「カマオ」
　　田村 汐里「きらきらぼうし」

第39回（平20年度）
◇一般の部
- 最優秀賞　中村 洋子「黄いろいぼく」
- 優秀賞
　　宮坂 宏美「クマの木」
　　笠原 光恵「テーラーすみれのお客様」

◇中学生の部
- 最優秀賞　中山 愛弥「月うさぎ」
- 優秀賞
　　大原 映美「秋雨丸」
　　市岡 みずき「梅のお話」

◇小学生以下の部
- 最優秀賞　小原 ゆりえ「おれも明日はスーパーマン」
- 優秀賞
　　松下 さら「旅するシャボン玉」
　　西原 知奈津「なつが変わった日」

073 白神自然文化賞

　白神山地は世界遺産の自然遺産として登録され、その南麓に位置する能代山本広域市町村圏組合は、自然に係る保護、保全、自然と人間、環境と社会のあるべき共存の関係、自然に対する地域社会の役割などについて広く意見、提言を募集。内容は、第1回〜3回は白神山地・他の地域あるいは地域間相互に共通する自然に係わる種々の方向性について。第4、5回（小中学生部門の開催あり）は白神山地からの恩恵やメッセージ・感銘を受けた内容とし、第5回までで終了した。

【主催者】能代山本広域市町村圏組合（能代市、琴丘町、二ッ井町、八森町、山本町、藤里町、八竜町、峰浜村）

【選考委員】小笠原鳥、見城美枝子、立松和平、新野直吉、矢口高雄

【選考方法】公募

【選考基準】〔原稿〕日本文で400字詰原稿用紙20枚程度（ワープロ可）、A4版、縦長、横書き（20字×20行）、住所、氏名、性別、生年月日、電話番号、職業（学校名）を明記。〔対象〕未発表の自然に対する意見、提言、白神山地からの恩恵やメッセージなど。〔資格〕第2回、3回は、前回までの大賞、優秀賞、佳作の入賞者は不可。第4回、5回は一般の部（高校生以上）と

小中学生の部とした
【締切・発表】(第5回)平成13年10月1日～平成13年12月31日締切(当日消印有効),平成14年3月発表,応募者に通知
【賞・賞金】大賞(1点)：賞金30万円,地元特産品,優秀賞(5点)：賞金5万円,地元特産品,佳作(5点)：賞金1万円,地元特産品。〔小中学生の部〕大賞(1点)：5万円分図書券,優秀賞(5点)：1万円分図書券,佳作(5点)：5千円分図書券。入賞作品の一切の権利は,能代山本広域市町村圏組合の所有

第4回(平12年)
◇小中学生の部
- 大賞　秋田県八森町立八森小学校5年生13名「白神の恵みを感じて!―われらのぶなっこプロジェクト」
- 優秀賞
　　伊藤 信義(山梨県都留市立都留第一中学校1年)「共に生きる」
　　嶋田 修一郎(山梨県玉穂町立三村小学校5年)「すばらしい思い出―白神山地」
　　藤田 一夢(秋田県八森町立八森中学校3年)「白神と生きる」
- 佳作
　　宮崎 翔子(秋田県大館市立桂城小学校5年)「きらきら光る白神山地のすばらしさ」
　　鈴木 未央(秋田県大館市立桂城小学校5年)「白神山地のすばらしさと私の思い・その感動」

第5回(平13年)
◇小中学生の部
- 大賞　小田 真也(大阪府堺市浜寺昭和小学校5年)「白神山地と反抗期―ぼくが白神山地から感銘を受けたこと」
- 優秀賞
　　宮田 浩一(秋田県琴丘町鯉川小学校5年)「大好き!白神山地」
　　藤原 雄太,桐越 公紀,石田 一貴,石田 雄太,福司 陽平(秋田県藤里町藤里中学校2年)「白神と共に生きる」
- 佳作
　　八柳 明生菜,佐藤 ゆり,保坂 未樹,平野 直樹,田村 大輔,織田 梨恵子(秋田県能代市能代第二中学校3年)「『白神山地からの警告』―ブナの森と動物たちのかかわりに学ぶ」
　　村岡 幸恵,細田 早希子,佐々木 容子,加藤 香奈,山田 雪奈(秋田県藤里町藤里中学校2年)「白神山地からの贈りもの」

074　しれとこ文芸大賞〔俳句部門〕

北海道知床「羅臼」は雄大な自然に抱かれ,世界自然遺産の候補地(平成17年7月に登録)になっている町。大自然の厳しさゆえに,たくましく生きる人々や生活が,小説・詩・句歌等の題材に取り上げられている。そんな雄大な北海道知床のイメージを主題とした新鮮な作品を募集。平成16年度(第3回)をもって休止。
【主催者】羅臼町句歌碑推進委員会
【選考委員】(第3回)木村敏男,金箱戈止夫,川島北葉
【選考方法】公募
【選考基準】〔資格〕不問。小・中・高・一般の部がある。〔対象〕自作・未発表の俳句。〔応募規定〕俳句2句を1組とし,1人3組まで応募可。応募料として1組あたり1000円の郵便小為替と作品を同封して郵送。ただし,高校生以下は無料
【締切・発表】例年10月末日締切,12月中旬発表。選考結果を入選者に通知する
【賞・賞金】最優秀賞(1点)：羅臼町100年記念公園内に作品の碑を建立,賞金5万円。優秀賞(6点)：賞状,副賞「魚の城下町」羅臼町の特産品

【URL】http://www.shiretokoclub.jp/bungei.html

第1回(平14年)
　◇中学生の部
　　●優秀賞　箕輪 香(茨城県)
　◇小学生の部
　　●優秀賞　伊藤 隆(三重県)
第2回(平15年)
　◇中学生の部
　　●優秀賞　箕輪 香(茨城県)

第3回(平16年)
　◇小中学生の部
　　●入選
　　　伊藤 彩(三重県)
　　　伊藤 隆(三重県)
　　　鷲尾 愛子(東京都)

075 白鳥省吾賞

宮城県築館町(現・栗原市)出身の詩人・白鳥省吾の功績を顕彰するため創設。「自然」「人間愛」のいずれかをテーマとした詩を募集し、自由詩の優れた作品に贈る。

【主催者】栗原市、白鳥省吾記念館
【選考委員】(第10回)石原武、今入惇、佐々木洋一、佐佐木邦子、三浦明博
【選考方法】公募
【選考基準】〔対象〕「自然, 人間愛」のいずれかをテーマとした詩。未発表のオリジナル作品(同人誌などに発表したものは不可)。形式は自由。〔資格〕国籍、年齢、プロ・アマなど一切不問。〔応募規定〕1人2点以内。400字詰め(B4)の原稿用紙2枚以内、縦書き。「詩」の後に別葉で郵便番号, 住所, 氏名(ペンネームの場合は本名も列記。ふりがなを付ける), 年齢(中学生以下は学校名, 学年も明記), 性別, 職業, 電話番号を必ず記入。郵送または持参のこと(メール・FAXは不可)。要項請求は80円切手添付の返信用封筒を同封のこと
【締切・発表】(第10回)平成20年7月1日から10月31日まで募集, 入賞者への通知をもって発表とする。21年2月22日表彰式
【賞・賞金】〔一般の部〕最優秀(1編)：賞金20万円, 優秀〔2編〕：各10万円,〔小中学生の部〕最優秀賞(1編)：奨学金10万円, 優秀(2編)：奨学金各5万円, 特別賞(3編)：奨学金各3万円。副賞あり
【URL】http://www.kuriharacity.jp/kuriharacity/contents/kanko/history/seigo.html

第1回(平12年)
　◇小中学生の部
　　●最優秀賞　平塚 和正(石巻市立東浜小学校6年)「おやじ」
　　●優秀賞
　　　鈴木 理代(仙台市立第一中学校2年)「蟬」
　　　白鳥 みさき(築館町立富野小学校1年)「がんのかぞく」
　◇特別賞
　　　平岡 真実(大阪市立本田小学校1年)「おとうさん」
　　　気仙 ゆりか(むつ市立田名部中学校3年)「水枕」

　　　阿部 翔平(塩釜市立玉川小学校3年)「とべなかったチュン」
第2回(平13年)
　◇小中学生の部
　　●最優秀賞　佐藤 晴香(宮城県・高清水町立高清水小学校2年)「大かいじゅうがやってきた」
　　●優秀賞
　　　泉 正彦(札幌市・北嶺中学校3年)「冬の匂い」
　　　菅原 健太郎(宮城県・築館町立富野小学校6年)「夜」
　　●特別賞

渡辺 英基(宮城県・築館町立築館中学校2年)「会話」
佐々木 孝保(宮城県・金成町立津久毛小学校5年)「一回目のつり」
鈴木 孝枝(宮城県・金成町立津久毛小学校5年)「見てられない」
第3回(平14年)
◇小中学生の部
● 最優秀賞　須藤 隆成(金成町立津久毛小学校・1年生)「いねこき」
● 優秀賞
遠藤 竣(一迫町立一迫小学校・4年生)「見つけるぞ！イチハサマ・エンドウ・ザウルス」
橘立 佳央理(新潟中央幼稚園・年長)「『ほたるのダンス』『さなぎのゆめ』」
● 特別賞
熊谷 絵梨香(栗駒町立岩ケ崎小学校・5年生)「口ごたえ」
佐藤 司(築館町立富野小学校・6年生)「神楽」
仁平井 麻衣(杉並区立松の木中学校・1年生)「『人にやさしかったころ』」
◇奨励賞　善本 彩(京都市立高野中学校・3年生)「八月二十九日・神を見た日」
第4回(平15年)
◇小中学生の部
● 最優秀賞　遠藤 俊(一迫町立一迫小学校5年)「ぜったいはなさない」
● 優秀賞
熊谷 徳治(高清水町立高清水小学校1年)「こうびトンボ」
高井 俊宏(栃木県小山第三中学校1年)「涙」
● 特別賞
鈴木 杏奈(栃木県作新学院小等部2年)「ママのおとまり」
原田 佳奈(大阪市立明治小学校2年)「お正月」
原田 潤(大阪市立明治小学校4年)「魚つり」
◇奨励賞　阿部 優希実(塩釜市立玉川小学校・1年生)「おかあさん」
第5回(平16年)
◇小・中学生の部
● 最優秀賞　小岩 巧(金成町立津久毛小学校2年)「すごいしゅん間」
● 優秀賞
坂井 百合奈(新潟市立万代長嶺小学校3年)「表札の中の家族」
森田 有理恵(金成町立津久毛小学校2年)「ああ、ざんねん」
● 特別賞

石川 翔太(金成町立津久毛小学校1年)「ドリルロボットがやってきた」
尾崎 怜(一迫町立金田小学校1年)「おじいちゃんへ」
綱田 康平(北九州市立風師中学校3年)「こづかい」
◇奨励賞
尾形 花菜子(高清水町立高清水小学校6年)「おじちゃんが教えてくれたこと」
金成町立津久毛小学校
第6回(平17年)
◇小・中学生の部
● 最優秀賞　鈴木 隆真(宮城県・金成町立津久毛小学校4年)「ポジションはどこだ」
● 優秀賞
岩野 将人(宮城県・高清水町立高清水小学校2年)「じいちゃんさみしくないですか」
岡崎 佑哉(東京都・町田市立町田第三小学校3年)「まちへおりていく小さな山みち」
● 特別賞
坂井 泰法(新潟県・新潟市立万代長嶺小学校1年)「ありのなつバテ」
相馬 沙織(宮城県・金成町立津久毛小学校5年)「守りたい」
伊藤 真大(宮城県・築館町立築館中学校2年)「兄貴」
● 奨励賞
佐々木 亮太(宮城県・金成町立津久毛小学校3年)「セミは太陽がすきなんだよ」
阿部 佑哉(宮城県・雄勝町立大須小学校4年)「海」
第7回(平18年)
◇小・中学生の部
● 最優秀賞　坂井 泰法(新潟県・新潟市立万代長嶺小学校2年)「ほしがき大ばあちゃん」
● 優秀賞
朝比奈 楓(宮城県・栗原市立津久毛小学校3年)「かみなり」
菅原 力(宮城県・栗原市立津久毛小学校1年)「あさもや」
● 特別賞
鈴木 悠朔(宮城県・栗原市立若柳小学校2年)「かえるのなみだ」
岡崎 佑哉(東京都・町田市立町田第三小学校4年)「とかげ」
阿部 優希実(宮城県・塩釜市立玉川小学校4年)「バイクに乗ったおかあライダー」

第8回(平19年)
◇小・中学生の部
- 最優秀賞　菅原 沙恵(宮城県・栗原市立津久毛小学校5年)「一の字のすき間から」
- 優秀賞
　山口 果南(宮城県・塩釜市立玉川小学校2年)「妹が立って走った」
　菅原 一真(宮城県・栗原市立津久毛小学校1年)「あわてんぼうにんじゃガエル」
- 特別賞
　佐々木 亮太(宮城県・栗原市立津久毛小学校5年)「お父さん、まかせて」
　高橋 秋斗(宮城県・栗原市立津久毛小学校5年)「とんだ救助隊」
　草橋 佑大(宮城県・栗原市立築館中学校1年)「ばーちゃんのうめぼし」
- 審査員奨励賞
　浅野 マリ(宮城県・栗原市立尾松小学校5年)「ねこと私と夢と」
　鈴木 美咲(宮城県・栗原市立津久毛小学校5年)「早くみんなと」

第9回(平20年)
◇小・中学生の部
- 最優秀賞　大澤 友加(東京都・板橋区立西台中学校3年)「我家の鋳掛屋さん」
- 優秀賞
　後藤 香澄(宮城県・栗原市立金成小学校4年)「今日はさみしくないね」
　熊谷 絵美里(宮城県・栗原市立金成小学校4年)「牛しの歯〜」
- 特別賞
　坂井 泰法(新潟県・新潟市立万代長嶺小学校4年)「雪の朝」
　佐々木 茜(宮城県・栗原市立尾松小学校6年)「はち」
　鈴木 杜生子(宮城県・栗原市立若柳小学校1年)「きょうふのやまヒル」

第10回(平21年)
◇小・中学生の部
- 最優秀賞　菅原 力(宮城県・栗原市立津久毛小学校4年)「地の底から」
- 優秀賞
　岡崎 佑哉(北海道・私立札幌大谷中学校1年)「夜の旅立ち」
　大谷 加玲(兵庫県・私立京都女子中学校2年)「指定席」
- 特別賞
　後藤 香澄(宮城県・栗原市立金成小学校5年)「空が笑った」
　髙橋 歩夢(宮城県・大崎市立清滝小学校4年)「とくいになったヘチマ」
　髙橋 渉(宮城県・栗原市立大岡小学校6年)「だっこく」

076　新聞配達に関するはがきエッセーコンテスト

　新聞配達の重要性について理解を深めてもらうために平成6年から実施。新聞配達に関するいい話、日ごろ感じていること、心温まるエピソードなどを募集する。第11回より「大学生・社会人」「中学生・高校生」「小学生」の3部門に分かれた。

【主催者】（社）日本新聞協会販売委員会
【選考委員】特別審査員：小林麻央(女優・キャスター)
【選考方法】公募
【選考基準】〔応募規定〕新聞配達に関するエッセー(400字程度)、応募作品は事実に基づいた内容で、自分自身が聞いた・感じた内容で未発表のものに限る。住所、氏名(フリガナ)、年齢、性別、職業(学生は学校名・学年)、電話番号、新聞配達経験の有無を記入し、はがき、封書、ファクス、Eメールで応募する
【締切・発表】(第15回)平成20年7月1日(火)締切(当日消印有効)、10月に新聞紙面、新聞協会ホームページで発表。入賞者には直接連絡
【賞・賞金】大学生・社会人部門：最優秀(1編)賞金10万円・記念の盾、優秀(1編)賞金5万円・記念の盾、入選(8編)賞金1万円・表彰状、中学生・高校生部門：最優秀(1編)図書カード3万円・記念の盾、優秀(1編)図書カード2万円・記念の盾、入選(8編)図書カード1万円・表彰状、小学生部門：最優秀(1編)図書カード2万円・記念の盾、優秀(1編)図書カード1万円・

記念の盾，入選（8編）図書カード5千円・表彰状

第11回（平16年）
　◇中学生・高校生部門
　　・最優秀賞　原田 恵梨香「Kさんの手紙」
　　・優秀賞　秦 志菜「新聞は心のぬくもり」
　◇小学生部門
　　・最優秀賞　五十嵐 優生「クリスマス・イブのプレゼント」
　　・優秀賞　森山 竜太「お父さんとお母さん」
第12回（平17年）
　◇中学生・高校生部門
　　・最優秀賞　原澤 夏穂「尊敬できる仕事」
　　・優秀賞　木村 清隆「僕の燃料」
　　・審査員特別賞　中原 悠大「朝一番の思い出」
　◇小学生部門
　　・最優秀賞　芝田 涼也「汗の結しょう」
　　・優秀賞　柳下 朋香「しんぶんはいたつの人へ」
　　・審査員特別賞　小倉 和成「人のためにがんばっている人」
第13回（平18年）
　◇中学生・高校生部門
　　・最優秀賞　角谷 千飛路「祖父の魂」
　　・優秀賞　中田 美咲「影で働く人」
　　・審査員特別賞　鎮籏 大哉「母の悪いくせ」
　◇小学生部門
　　・最優秀賞　宮田 莉佐「新聞配達楽しい発見」
　　・優秀賞　枦山 由佳「新聞の重み」
　　・審査員特別賞　山口 眞子「新聞だから」
第14回（平19年）
　◇中学生・高校生部門
　　・最優秀賞　村上 恵理「不思議な感覚」
　　・優秀賞　丸野 宏夏「夢にむかって」
　　・審査員特別賞　広田 沙綺「尊敬する父」
　◇小学生部門
　　・最優秀賞　鈴木 葵「雨の日は、特別」
　　・優秀賞　種子田 寧々「新聞を読むわけ」
　　・審査員特別賞　住谷 祐輔「家族の楽しみ」
第15回（平20年）
　◇中学生・高校生部門
　　・最優秀賞　江﨑 暁音「信頼とさわやかさを運んで」
　　・優秀賞　前迫 雅「雨の日の新聞」
　　・審査員特別賞　楚南 美紀「あいさつ」
　◇小学生部門
　　・最優秀賞　松林 拓身「新聞配達の人に感謝」
　　・優秀賞　内田 悠斗「赤いヘルメットのしんぶんやさん」
　　・審査員特別賞　小山 真澄「元気も配たつありがとう」

077　新・北陸児童文学賞

　全国の児童文学同人誌掲載作品を対象とし，ジャンル・グレードを問わず，児童文学に新風を吹き込む新人を発掘するために設置した。第16回（平成17年）以降，休止。
【主催者】北陸児童文学賞選考委員会
【選考委員】（第15回まで）小納ひろし，かつおきんや，橋本ときお
【選考方法】公募
【選考基準】〔対象〕1月から12月末までに発行された全国の児童文学同人誌掲載作品

【これ以前は，139「北陸児童文学賞」を参照】

第1回（平1年）　富永 敏治（北九州市）「サーモンピンクの旗はひらめく」（小さい旗 84号）
第2回（平2年）　関谷 ただし（八王子市）「げた箱の中の神さま」（てんぐ 33号）
第3回（平3年）　大谷 芙耶子（札幌市）「コーンフレーク弁当」（北海道児童文学 75号）
第4回（平4年）　吉本 有紀子（高松市）「ふるるるるっぷるう」（扉 創刊号）
第5回（平6年）　木下 あこや（福井）「くばられた時間」（ぱらぽっぽ 10号）
第6回（平7年）　丹治 明子（横須賀）「徳田中華店のびっくりお年玉」（大きなポケット 29号）

第7回(平8年)　山本 悦子(市川市)「WA・O・N」(ももたろう 2号)
第8回(平9年)　赤羽 じゅんこ(市川市)「おとなりは魔女」(ももたろう 5号)
第9回(平10年)　立石 寿人(北九州市)「ジングルが聞こえる」(小さい旗 103号)
第10回(平11年)　長谷川 たえ子(八王子市)「『おしゃべり』の出前します」(牛36号)
第11回(平12年)　馬原 三千代(北九州市)「秋の空すみわたり」(小さい旗109号)
第12回(平13年)　大西 和子(神戸市)「ひまわりの記憶」(花・16号)
第13回(平14年)　蒔 悦子(飯能市)「月の子」(15期星・18号)
第14回(平15年)　西山 香子(新潟市)「ゆっくりコーヒータイム」(新潟児童文学84号)
第15回(平16年)　つちもと としえ(石川県)「卵のカラ・はじけて」(つのぶえ・159号)

078 駿河梅花文学賞〔梅花文学賞〕

大中寺の梅園造成100周年を記念して創設。きたるべき詩の世紀を切りひらくための一助として，清新芳醇な魂の表現として詩歌を公募し顕彰する。第10回(平成20年)で終了。
【主催者】駿河梅花文学賞実行委員会
【選考委員】(第10回)那珂太郎，高橋順子(現代詩)，笠原淳，高野公彦(短歌)，眞鍋呉夫，正木ゆう子(俳句)，加島祥造(英語俳句)
【選考方法】公募
【賞・賞金】賞金30万円

第1回(平11年)
　◇現代詩(那珂太郎選)
　　● 学生の部・入選　池野 絢子(東京学芸大学教育学部附属高校2年)「空へ」
　◇現代詩(高橋順子選)
　　● 学生の部・入選　小倉 淳(沼津盲学校高等部1年)「青」
　◇短歌(春日井建・司修選)
　　● 学生の部・入選
　　　保泉 希望(埼玉県滑川町 滑川高校3年)
　　　浅原 由記(静岡県菊川町 常葉学園菊川高校2年)
　◇俳句(種村季弘選)
　　● 学生の部・入選　保泉 希望(埼玉県滑川町 滑川高校3年)
　◇俳句(真鍋呉夫選)
　　● 学生の部・入選　渡井 雄也(神奈川県横浜市 秀英高校3年)
第2回(平12年)
　◇現代詩(那珂太郎選)
　　● 学生の部・入選　藤島 富男(沼津市 沼津盲学校高等部保健理療科1年)「浜辺にて」
　◇現代詩(高橋順子選)
　　● 学生の部・入選　長谷川 陽子(静岡県富士市 元吉原中学校1年)「虹時計」
　◇短歌(春日井建・司修選)
　　● 学生の部・入選
　　　伊藤 恵美(埼玉県川口市 日本大学豊山女子中学校2年)
　　　佐藤 秀太(神奈川県藤沢市 高校2年)
　◇俳句(種村季弘選)
　　● 学生の部・入選　柿栖 陽子(沼津市 原東小学校4年)
　◇俳句(真鍋呉夫選)
　　● 学生の部・入選　小長谷 健(沼津市 片浜中学校1年)
第3回(平13年)
　◇現代詩(那珂太郎選)
　　● 学生の部・入選　後藤 隆(岐阜県岐阜市 私立鶯谷高校2年)「雑草」
　◇現代詩(高橋順子選)
　　● 学生の部・入選　石川 美来(静岡県富士市 元吉原中学校2年)「春の中の私」
　◇短歌(春日井建・司修選)
　　● 学生の部・入選
　　　橋田 有真(大阪府豊能郡 吉川小学校4年)
　　　川村 香織(沼津市 金岡中学校3年)
　　　望月 のぞみ(沼津市 金岡中学校3年)
　◇俳句(種村季弘選)
　　● 学生の部・入選　塩澤 佐知子(沼津市 沼田小学校6年)
　◇俳句(真鍋呉夫選)

- 学生の部・入選　渕田 東穂(沼津市 愛鷹中学校3年)

第4回(平14年)
　◇現代詩(那珂太郎選)
　　- 児童生徒の部・入選　後藤 隆(岐阜県岐阜市 私立鶯谷高校3年)「夜明け前」
　◇現代詩(高橋順子選)
　　- 児童生徒の部・入選　松井 香保里(神奈川県横浜市 共立女子中学校3年)「勇気」
　◇短歌(春日井建・司修選)
　　- 児童生徒の部・入選
　　　金栗 瑠美(熊本県熊本市 東海大学第二高校2年)
　　　松村 優作(沼津市 第四中学校1年)
　◇俳句(種村季弘選)
　　- 児童生徒の部・入選　古郡 優貴(沼津市 開北小学校6年)
　◇俳句(真鍋呉夫選)
　　- 児童生徒の部・入選　金栗 瑠美(熊本県熊本市 東海大学第二高校2年)

第5回(平15年)
　◇現代詩(那珂太郎選)
　　- 児童生徒の部・入賞　梅原 未里(静岡県富士市 元吉原中学校3年)「八方にらみの龍」
　◇現代詩(高橋順子選)
　　- 児童生徒の部・入選　植田 拓夢(兵庫県宝塚市 大教大附属池田小学校2年)「カミキリ虫」
　◇短歌(春日井建・司修選)
　　- 児童生徒の部・入賞
　　　宮澤 知里(千葉県印西市 渋谷幕張中学校3年)
　　　鈴木 茂信(静岡県沼津市 常葉学園橘中学校2年)
　◇俳句
　　- 児童生徒の部・入賞
　　　古賀 遼太(福岡県福岡市 博多青松高等学校1年)
　　　今村 ディーナ(東京都渋谷区 聖心インターナショナルスクール12年)

第6回(平16年)
　◇現代詩
　　- 児童生徒の部・入賞
　　　白尾 千夏(埼玉県玉川村玉川中学校)「蛍」
　　　長谷川 千江(沼津市第四小学校)「すずめのもよう」
　◇短歌
　　- 児童生徒の部・入賞
　　　杉本 さやか(沼津市第二中学校)
　　　後藤 嵩人(埼玉県玉川村玉川中学校)
　◇俳句
　　- 児童生徒の部・入賞
　　　鈴木 愛姫(愛知県川之江市南小学校)
　　　小松 宏企(沼津市原小学校)

第7回(平17年)
　◇現代詩
　　- 児童生徒の部・入賞
　　　小寺 ひろか(沼津市第四小学校)「プールの波」
　　　小林 美月(兵庫県宝塚市御殿山中学校)「ありと太陽」
　◇短歌
　　- 児童生徒の部・入賞
　　　横井 和幸(愛知県佐屋町佐屋高校)
　　　戸口 知秋(埼玉県玉川村玉川中学校)
　◇俳句
　　- 児童生徒の部・入賞
　　　田中 秀直(兵庫県宝塚市西山小学校)
　　　田村 亜唯(沼津市今沢小学校)

第8回(平18年)
　◇現代詩
　　- 児童生徒の部・入賞
　　　前田 有紀(岡山県岡山市 岡山理科大学附属高校)「私の鳥籠は…」
　　　青木 魁星(沼津市第四小学校)「アトラスオオカブト」
　◇短歌
　　- 児童生徒の部・入賞
　　　小林 美月(兵庫県宝塚市御殿山中学校)
　　　中野 光徳(静岡県焼津市焼津西小学校)
　◇俳句
　　- 児童生徒の部・入賞
　　　小池 珠々(沼津市中央幼稚園)
　　　名取 道治(神奈川県鎌倉市西鎌倉小学校)

第9回(平19年)
　◇現代詩
　　- 児童生徒の部・入賞
　　　森 美那(沼津市浮島中学校)「わたしたちはたんぽぽ」
　　　徳田 詩織(神奈川県横浜市神奈川学園高校)「七チャンネルの砂嵐」
　◇短歌
　　- 児童生徒の部・入賞
　　　杉山 咲弥(静岡県沼津市加藤学園暁秀高校)
　　　島田 絢加(埼玉県ときがわ町玉川中学校)
　◇俳句
　　- 児童生徒の部・入賞
　　　下里 彩華(長野県安曇野市長野豊科高校)
　　　竹内 綾花(長野県安曇野市長野豊科高校)

第10回（平20年）
◇現代詩
- 児童生徒の部・入賞
  柴田 ゆうみ（埼玉県ときがわ町玉川中学校）「透明なアルバム」
  植村 優香（大阪府枚方市楠葉西小学校）「ゆりかごまりも」
◇短歌
- 児童生徒の部・入賞
  望月 俊佑（静岡県静岡市静水岡小学校）
  渡辺 愛（沼津市原中学校）
◇俳句
- 児童生徒の部・入賞
  植田 麻瑚（沼津市愛鷹中学校）
  天野 礼菜（富士市岩松小学校）

079 世田谷文学賞

区民の自主的な文化創造活動の支援の一つとして、区民より文芸作品8部門を4部門毎に隔年募集。区内在住の各部門文学者2名ずつを選考委員として選考する。また、上位入賞作品を「文芸せたがや」（毎年一回発行の区民総合文芸誌）に掲載することで区民の文学への関心を促し、地域文化の振興を図る。昭和56年より授賞開始。童話部門は第15回より創設された。

【主催者】（財）せたがや文化財団 世田谷文学館

【選考委員】詩部門：菊地貞三、新川和江、短歌部門：草田照子、佐佐木幸綱、俳句部門：小川濤美子、高橋悦男、川柳部門：おかの蓉子、速川美竹、随筆部門：高田宏、半藤一利、童話部門：岩崎京子、末吉暁子、シナリオ部門：白坂依志夫、髙山由紀子

【選考方法】公募

【選考基準】〔資格〕世田谷区および世田谷区と縁組協定を結ぶ群馬県川場村内に在住・在勤・在学者、世田谷文学館友の会会員（区外在住者も可）。〔対象〕隔年毎に詩・短歌・俳句・川柳、随筆・童話・小説・シナリオを募集。未発表のオリジナル作品で、一人各部門1点に限る。〔原稿〕400字詰め原稿用紙使用。詩：3枚以内、随筆：15枚以内、童話：20枚以内、小説：50枚以内、シナリオ：60枚以内（作品とは別に、下記必要事項を明記した別紙を添付）。短歌・俳句・川柳：郵便はがきウラ面に3首（句）連記（必要事項をオモテ面の左部か下部に明記。ウラ面には一切の個人情報を書かない。）〔応募規定〕パソコン、ワープロ原稿の場合は400字詰換算枚数を併記。以下を必ず記入。応募部門、住所、氏名（ふりがな）、年齢、職業（在勤・在学者は会社名又は学校名）、電話番号、友の会会員は会員番号、メールアドレス。応募作品の訂正・差し替え・返却は不可。入賞作品の複製権（第一出版権）は主催者に帰属する

【締切・発表】平成21年度は詩・短歌・俳句・川柳を募集。募集期間：平成21年8月1日～8月31日（必着）郵送または持参。入選者には11月下旬頃直接通知。区のお知らせ「せたがや」平成21年12月25日号に掲載

【賞・賞金】〔詩・短歌・俳句・川柳〕一席（1点）3万円、〔随筆・童話〕一席（1点）5万円、〔小説・シナリオ〕一席（1点）10万円

【URL】http：//www.setabun.or.jp/main/award.php

第15回（平7年）
◇童話　根岸 明「カラス女房」
第16回（平8年）
◇童話　川崎 正弘「冬の山」
第17回（平9年）
◇童話　勝田 亮子「おかあさん工場」
第18回（平10年）
◇童話　大谷 千晴「気まぐれきっさ店」

第19回（平11年）
◇童話　大谷 千晴「なやみごと相談受け付けます」
第20回（平12年）
◇童話　肥田 亜海「白い太陽にそそのかされて～」
第21回（平13年）
◇童話　中崎 千枝「貝殻から出てきた人魚」

第22回(平14年)
　◇童話　高鍋 千佳子「オオアリクイのゆうきゅう～」
第23回(平15年)
　◇童話　松永 枝里子「豆まきおっかーの真実」
第24回(平16年度)
　◇童話
　　●一席　中崎 千枝
　　●二席　丸山 令子
　　●三席
　　　松島 敬子
　　　松井 圭太
第25回(平17年度)
　◇童話
　　●一席　ゆさ ふじこ(遊佐 甫至子)
　　●二席　丸山 令子
　　●三席
　　　岩本 重樹
　　　小谷 桂子

第26回(平18年度)
　◇童話
　　●一席　二村 菜穂子
　　●二席　中崎 千枝
　　●三席
　　　井上 良子
　　　堀 貞一郎
第27回(平19年度)
　◇童話
　　●一席　中村 真由美
　　●二席　井奈 智子
　　●三席
　　　丸山 令子
　　　中崎 千枝
第28回(平20年度)
　◇童話
　　●一席　宮下 浩子
　　●二席　青木 実
　　●三席
　　　まんたに みわこ
　　　木村 秀子

080　全国小・中学校作文コンクール（全国小・中学校つづり方コンクール）

　作文を書くことで，こどもたちの感受性と表現力を高めようと，昭和26年に創設された。昭和56年に現在の名称に改称。日常生活の中で感じたことや考えたことを，こどもたちが，のびのびと自由に表現できるよう，テーマや枚数に一切の制限を設けていない。

【主催者】読売新聞社
【選考委員】(第59回)中央審査委員：桑原隆(筑波大学名誉教授)，後藤竜二(児童文学作家)ほか
【選考方法】公募。都道府県審査を行った後，各部門で最も優れた作品が中央審査に進む
【選考基準】〔部門〕小学校低学年の部，小学校高学年の部，中学校の部。〔資格〕国内外の小・中学校に在学する児童・生徒。〔対象〕自作の未発表の作文で，テーマ・原稿用紙の枚数に制限なし。自筆に限る
【締切・発表】(第59回)募集期間は平成21年6月5日～9月11日，9月下旬～10月上旬に都道府県審査，11月上旬に中央最終審査会，表彰式は12月上旬
【賞・賞金】文部科学大臣賞(各部門1編)：賞状，楯。読売新聞社賞(各部門3編)：賞状，楯。JR賞(各部門1編)：賞状，楯

第1回(昭26年)
　◇小学校の部
　　●入賞1位　片山 宇「家のこと」
　◇中学校の部
　　●入賞1位　藤井 明海「私の名前」
第2回(昭27年)
　◇小学校低学年の部
　　●入賞1位　望月 博之「じょろうぐも」

◇小学校高学年の部
　　●入賞1位　丸山 実「炭焼き」
◇中学校の部
　　●入賞1位　伊藤 麗子「村の風土記」

第3回(昭28年)
- ◇小学校低学年の部
  - 文部大臣賞　櫃田 智世「ひさ子ちゃんのこと」
- ◇小学校高学年の部
  - 文部大臣賞　川越 哲志「母と大雨の中を」
- ◇中学校の部
  - 文部大臣賞　佐藤 勝「生きている兄」

第4回(昭29年)
- ◇小学校低学年の部
  - 文部大臣賞　野上 洋子「おばちゃんのこと」
- ◇小学校高学年の部
  - 文部大臣賞　山北 クニ子「わたくしはすずめです」
- ◇中学校の部
  - 文部大臣賞　新城 暁子「七つの泉―田園調布の古代―」

第5回(昭30年)
- ◇小学校低学年の部
  - 文部大臣賞　阿部 健一「海のお父さん」（原題「ぼくのおとうさんのこと」）
- ◇小学校高学年の部
  - 文部大臣賞　伊藤 明「ぼくの家の社会科」
- ◇中学校の部
  - 文部大臣賞　葛西 睦子「六人姉妹」

第6回(昭31年)
- ◇小学校低学年の部
  - 文部大臣賞　山内 宏利「紙ずもう」
- ◇小学校高学年の部
  - 文部大臣賞　渡辺 高士「僕のご飯たき」
- ◇中学校の部
  - 文部大臣賞　野村 百合子「拾ったお金」（原題「お金を囲んで」）

第7回(昭32年)
- ◇小学校低学年の部
  - 文部大臣賞　山内 宏利「関取とぼく」
- ◇小学校高学年の部
  - 文部大臣賞　山下 みち子「家族会議」
- ◇中学校の部
  - 文部大臣賞　島村 直子「大東京村」

第8回(昭33年)
- ◇小学校低学年の部
  - 文部大臣賞　太田 友子「先生の赤いペン」
- ◇小学校高学年の部
  - 文部大臣賞　山内 宏利「泣き虫・おこり虫・まご太郎虫」
- ◇中学校の部
  - 文部大臣賞　吉田 稔「新聞配達」

第9回(昭34年)
- ◇小学校低学年の部
  - 文部大臣賞　清基 真理子「家庭新聞」
- ◇小学校高学年の部
  - 文部大臣賞　金綱 重治「ぼくはマネージャー」
- ◇中学校の部
  - 文部大臣賞　佐藤 牧子「野口さん」

第10回(昭35年)
- ◇小学校低学年の部
  - 文部大臣賞　公文 康進「石はかせ」
- ◇小学校高学年の部
  - 文部大臣賞　茅野 勝「テレビ憲法」
- ◇中学校の部
  - 文部大臣賞　岩佐 敬子「父の定年」

第11回(昭36年)
- ◇小学校低学年の部
  - 文部大臣賞　大屋 雅彦「おにいちゃんのトウモロコシ」
- ◇小学校高学年の部
  - 文部大臣賞　大根田 徹「ポッポおばちゃんに敬礼」
- ◇中学校の部
  - 文部大臣賞　山田 邦子「生きていた母」

第12回(昭37年)
- ◇小学校低学年の部
  - 文部大臣賞　三明 智彰「おきょう」
- ◇小学校高学年の部
  - 文部大臣賞　林 由利「私はチビ」
- ◇中学校の部
  - 文部大臣賞　富所 佐一「落選の記」

第13回(昭38年)
- ◇小学校低学年の部
  - 文部大臣賞　つじたに かいちろう「にっき」
- ◇小学校高学年の部
  - 文部大臣賞　修道小学校六年梅組「北風の歌」
- ◇中学校の部
  - 文部大臣賞　伊藤 れい子「土の歌」

第14回(昭39年)
- ◇小学校低学年の部
  - 文部大臣賞　福本 彰「自転車学校」
- ◇小学校高学年の部
  - 文部大臣賞　今立 陽史「コメタチ太平記」
- ◇中学校の部
  - 文部大臣賞　小倉 由美子「詩と私」

第15回(昭40年)
- ◇小学校低学年の部
  - 文部大臣賞　福見 巡一「有ちゃん」
- ◇小学校高学年の部
  - 文部大臣賞　青山 弘「小さくなった地球」
- ◇中学校の部

I 文学

- 文部大臣賞　前田 和代「天井が明かるい」

第16回（昭41年）
- ◇小学校低学年の部
  - 文部大臣賞　藤条 岳「ぼくの顔」
- ◇小学校高学年の部
  - 文部大臣賞　広井 護「おばあちゃんの交通事故」
- ◇中学校の部
  - 文部大臣賞　小渋 陽一「左千夫と私たち」

第17回（昭42年）
- ◇小学校低学年の部
  - 文部大臣賞　よしの みつる「水ぼうそう」
- ◇小学校高学年の部
  - 文部大臣賞　竹内 研「怪じゅうにまけたぼく」
- ◇中学校の部
  - 文部大臣賞　吉野 万里「夏休みの20日間」

第18回（昭43年）
- ◇小学校低学年の部
  - 文部大臣賞　たいい のりこ「家をたてたおとうさん」
- ◇小学校高学年の部
  - 文部大臣賞　大川 浩「Cの征服」
- ◇中学校の部
  - 文部大臣賞　小見山 三知男「土に生きる」

第19回（昭44年）
- ◇小学校低学年の部
  - 文部大臣賞　朝倉 富貴子「しんぱいしたさんかんび」
- ◇小学校高学年の部
  - 文部大臣賞　花井 敏行「ぼくの神さま」
- ◇中学校の部
  - 文部大臣賞　広井 護「たたかいとった友情」

第20回（昭45年）
- ◇小学校低学年の部
  - 文部大臣賞　森永 由里「さようなら市電さん」
- ◇小学校高学年の部
  - 文部大臣賞　千代田 良雄「ぼくのぼう険」
- ◇中学校の部
  - 文部大臣賞　今泉 昌一「小さな魂のドキュメント」

第21回（昭46年）
- ◇小学校低学年の部
  - 文部大臣賞　矢野 克也「がんばった白いあし」
- ◇小学校高学年の部
  - 文部大臣賞　亀田 佳子「わたしのライバル」
- ◇中学校の部
  - 文部大臣賞　大崎 幹「名人と三吉」

第22回（昭47年）
- ◇小学校低学年の部
  - 文部大臣賞　萩原 徹「ぼくの心ぞう手じゅつ」
- ◇小学校高学年の部
  - 文部大臣賞　曽田 稔「しじみ」
- ◇中学校の部
  - 文部大臣賞　酒巻 よし「魂の詩人」

第23回（昭48年）
- ◇小学校低学年の部
  - 文部大臣賞　秋山 真人「わすれ物チャンピオン」
- ◇小学校高学年の部
  - 文部大臣賞　谷口 由紀子「ガキ大将先生」
- ◇中学校の部
  - 文部大臣賞　村田 結花「好敵手」

第24回（昭49年）
- ◇小学校低学年の部
  - 文部大臣賞　永井 利幸「ぼくのいけ花」
- ◇小学校高学年の部
  - 文部大臣賞　斉藤 正人「クモのかんさつ記」
- ◇中学校の部
  - 文部大臣賞　村上 英子「買いもの客」

第25回（昭50年）
- ◇小学校低学年の部
  - 文部大臣賞　安井 せい子「うれしかったびじんくらべ」
- ◇小学校高学年の部
  - 文部大臣賞　西尾 尚子「ねずみとりといたち」
- ◇中学校の部
  - 文部大臣賞　山本 善康「母」

第26回（昭51年）
- ◇小学校低学年の部
  - 文部大臣賞　佐藤 美希「ふみちゃんがあるけた」
- ◇小学校高学年の部
  - 文部大臣賞　川嶋 由紀夫「わたんべの心ぞう手術」
- ◇中学校の部
  - 文部大臣賞　瀬川 ゆかり「私の年輪」

第27回（昭52年）
- ◇小学校低学年の部
  - 文部大臣賞　井上 和美「やっといっしょになれた妹」
- ◇小学校高学年の部
  - 文部大臣賞　吉田 雄志「変しん」
- ◇中学校の部

- 文部大臣賞　沢口 岳人「ぼくの育児日記」

第28回（昭53年）
◇小学校低学年の部
- 文部大臣賞　熊谷 桂祐「ぼくのなきむしたいじ」
◇小学校高学年の部
- 文部大臣賞　池田 友子「眼」
◇中学校の部
- 文部大臣賞　小曽根 敦子「私の姉」

第29回（昭54年）
◇小学校低学年の部
- 文部大臣賞　井上 美智代「どうぞ助けてえ」
◇小学校高学年の部
- 文部大臣賞　松下 淳「ぼくと昆虫」
◇中学校の部
- 文部大臣賞　皆川 美香「私の四季」

第30回（昭55年）
◇小学校低学年の部
- 文部大臣賞　小林 信仁「めがねをかけたわたし」
◇小学校高学年の部
- 文部大臣賞　家泉 千尋「千尋がんばれ」
◇中学校の部
- 文部大臣賞　吉田 竜生「健康こそ宝物」

第31回（昭56年）
◇小学校低学年の部
- 文部大臣賞　北郷 淳一「こうじ おはなし しようね」
◇小学校高学年の部
- 文部大臣賞　桜井 淑子「お母さんのけが、そして学んだ事」
◇中学校の部
- 文部大臣賞　芳賀 正幸「ふたりの三年間」

第32回（昭57年）
◇小学校低学年の部
- 文部大臣賞　木村 太朗「仔犬」
◇小学校高学年の部
- 文部大臣賞　浅野 希「わたしをかえてくれた佐和ちゃん」
◇中学校の部
- 文部大臣賞　山田 美貴「母」

第33回（昭58年）
◇小学校低学年の部
- 文部大臣賞　秋元 さやか「バイエルがおわった」
◇小学校高学年の部
- 文部大臣賞　小松 広枝「お父さん、がんばって」
◇中学校の部
- 文部大臣賞　佐藤 一美「明かりの中に」

第34回（昭59年）
◇小学校低学年の部
- 文部大臣賞　増田 大希「ぼくのじいやん死んじゃった」
◇小学校高学年の部
- 文部大臣賞　五十嵐 静子「色即是空」
◇中学校の部
- 文部大臣賞　木村 明子「花と修羅」

第35回（昭60年）
◇小学校低学年の部
- 文部大臣賞　永野 正枝「はじめて見たえんの下の力もち」
◇小学校高学年の部
- 文部大臣賞　飯島 さとみ「土に生きる父母に学ぶ」
◇中学校の部
- 文部大臣賞　葛谷 晴子「三冊の日記帳」

第36回（昭61年）
◇小学校低学年の部
- 文部大臣賞　久光 彰「ふぐろうの木につるされる」
◇小学校高学年の部
- 文部大臣賞　吉田 安宏「お母さんの千羽鶴」
◇中学校の部
- 文部大臣賞　中島 朋哉「躍動の季節」

第37回（昭62年）
◇小学校低学年の部
- 文部大臣賞　佐藤 平馬「かげおくり」
◇小学校高学年の部
- 文部大臣賞　中島 宏枝「私達の小さな駅」
◇中学校の部
- 文部大臣賞　中村 嘉代「ここにも生きている『海女たちの四季』の心」

第38回（昭63年）
◇小学校低学年の部
- 文部大臣賞　田中 美希「妹となかよくしたい」
◇小学校高学年の部
- 文部大臣賞　鈴木 應哉「ザリガニの大しょう」
◇中学校の部
- 文部大臣賞　横島 彩子「ノイシュバンシュタイン城」

第39回（平1年）
◇小学校低学年の部
- 文部大臣賞　二階堂 旭「やあ！わがかぞく」
◇小学校高学年の部
- 文部大臣賞　原 宙宏「ぼくんちは動物天国」
◇中学校の部

- 文部大臣賞　五十嵐 恵「触角」

第40回(平2年)
　◇小学校低学年の部
　　• 文部大臣賞　松林 弘樹「ぼくの手は何でもできるぞ」
　◇小学校高学年の部
　　• 文部大臣賞　忠田 愛「私の見つけた小さな幸せ」
　◇中学校の部
　　• 文部大臣賞　小原 由記「私の国語教室」

第41回(平3年)
　◇小学校低学年の部
　　• 文部大臣賞　松田 智成「タイムカプセル」
　◇小学校高学年の部
　　• 文部大臣賞　小泉 恵里「病気の人を助けたい」
　◇中学校の部
　　• 文部大臣賞　山上 紗矢佳「言葉と私」

第42回(平4年)
　◇小学校低学年の部
　　• 文部大臣賞　中嶋 裕介「ゆうすけくんちのゆうちゃん白ちょう」
　◇小学校高学年の部
　　• 文部大臣賞　門脇 美和「ツバメの命、僕の命」
　◇中学校の部
　　• 文部大臣賞　井手 千晴「決意」

第43回(平5年)
　◇小学校低学年の部
　　• 文部大臣賞　石川 裕子「妹ができた」
　◇小学校高学年の部
　　• 文部大臣賞　樋口 万里香「中国から来たりゅう学生」
　◇中学校の部
　　• 文部大臣賞　大垣 友紀恵「空飛ぶクジラ」

第44回(平6年)
　◇小学校低学年の部
　　• 文部大臣賞　寺坂 広大「がんばるぼくが大すきだ」
　◇小学校高学年の部
　　• 文部大臣賞　原嶌 文絵「マックスへの手紙」
　◇中学校の部
　　• 文部大臣賞　水田 裕隆「僕と我が家の商売」

第45回(平7年)
　◇小学校低学年の部
　　• 文部大臣賞　川嶋 正美「兄弟けんか」
　◇小学校高学年の部
　　• 文部大臣賞　國松 亜理沙「ナオミさんはふたり前!?」
　◇中学校の部
　　• 文部大臣賞　若栗 ひとみ「パトリシアさんのくれたもの」

第46回(平8年)
　◇小学校低学年の部
　　• 文部大臣賞　畠山 螢「かずきくんのふでばこ」
　◇小学校高学年の部
　　• 文部大臣賞　秋田谷 一十三「私は今…」
　◇中学校の部
　　• 文部大臣賞　大舘 育仁「『志学』の年に考えたこと」

第47回(平9年)
　◇小学校低学年の部
　　• 文部大臣賞　池袋 まり奈「知らんぷりの目」
　◇小学校高学年の部
　　• 文部大臣賞　細谷 浩介「拾った五千円」
　◇中学校の部
　　• 文部大臣賞　岩倉 絵美「誇りをもって」

第48回(平10年)
　◇小学校低学年の部
　　• 文部大臣賞　中島 由貴「夏をありがとう―キジバトの観察―」
　◇小学校高学年の部
　　• 文部大臣賞　中川 渉「地方新聞から日本を見る」
　◇中学校の部
　　• 文部大臣賞　高橋 一「梅雨明け」

第49回(平11年)
　◇小学校低学年の部
　　• 文部大臣賞　岩澤 泉「はげ」
　◇小学校高学年の部
　　• 文部大臣賞　牧野 久識「ぼくは峯の子亭ひさし」
　◇中学校の部
　　• 文部大臣賞　関根 篤史「バリアフリーの社会を目指して」

第50回(平12年)
　◇小学校低学年の部
　　• 文部大臣賞　佐藤 将「ぼくのダイエット大作戦」
　◇小学校高学年の部
　　• 文部大臣賞　賀川 彩乃「伊座利の灯よ!永遠に」
　◇中学校の部
　　• 文部大臣賞　大橋 香月「短くて長い昼休み時間」

第51回(平13年)
　◇小学校低学年の部
　　• 文部科学大臣奨励賞　原 いつみ「とも子ちゃんとわたし」
　◇小学校高学年の部

- 文部科学大臣奨励賞　小櫻 あい「ありがとう」
◇中学校の部
- 文部科学大臣奨励賞　領家 瞳「生きる」

第52回(平14年)
◇小学校低学年の部
- 文部科学大臣賞　近藤 輝乃実「ありがとう」
◇小学校高学年の部
- 文部科学大臣賞　矢部 華恵「ポテトサラダにさよなら」
◇中学校の部
- 文部科学大臣賞　姫井 葉子「祖母との最期の時間の中で―在宅ホスピスにふれて―」

第53回(平15年)
◇小学校低学年の部
- 文部科学大臣賞　渡邉 穂野花「ゴン太のいる動物園」
◇小学校高学年の部
- 文部科学大臣賞　谷 愛子「変な学校 素敵な学校」
◇中学校の部
- 文部科学大臣賞　川越 鳴海「追伸 ありがとう」

第54回(平16年)
◇小学校低学年の部
- 文部科学大臣賞　柴崎 明星「わたしのとなりはジュリアちゃん」
◇小学校高学年の部
- 文部科学大臣賞　捧 瑠維「助け合う心 七・一三水害」
◇中学校の部
- 文部科学大臣賞　岩間 郁恵「私の歩む道」

第55回(平17年)
◇小学校低学年の部
- 文部科学大臣賞　宗像 克子「ゆめに向かって」

◇小学校高学年の部
- 文部科学大臣賞　高田 萌菜美「まゆみちゃんと私」
◇中学校の部
- 文部科学大臣賞　田中 萌「土に聞く～二〇〇五年夏 私のヒロシマ・レポート」

第56回(平18年)
◇小学校低学年の部
- 文部科学大臣賞　安積 菜穂「ひとかわむけたよ」
◇小学校高学年の部
- 文部科学大臣賞　浅井 瑞妃「言葉が持つ不思議な力～方言のみ力～」
◇中学校の部
- 文部科学大臣賞　夏苅 拓磨「人として人を"尊厳"すること―惜別を越えた瞬間―」

第57回(平19年)
◇小学校低学年の部
- 文部科学大臣賞　櫻井 大陸「頭の上にはつけ物石」
◇小学校高学年の部
- 文部科学大臣賞　小泉 佑太「たくさんのいのちに支えられる一つのいのち」
◇中学校の部
- 文部科学大臣賞　木戸 一樹「父の背中―家庭人としての男性のあり方について―」

第58回(平20年)
◇小学校低学年の部
- 文部科学大臣賞　豸田 裕紀「はるくんが大すき」
◇小学校高学年の部
- 文部科学大臣賞　三船 恭太郎「祖父への返信」
◇中学校の部
- 文部科学大臣賞　太田 夏実「夏実は夏実―おばあちゃんからのプレゼント―」

081　創作絵本新人賞 (16ページ絵本賞)

昭和49年に絵本の無限の可能性を求め，広く創作絵本を募集するために設けられた。第1回は16ページ絵本賞と称したが，第2回目以降創作絵本新人賞と改称。第6回の授賞をもって中止された。

【主催者】すばる書房
【選考委員】(第6回)今江祥智，田島征三，若山憲，長新太
【選考方法】公募
【選考基準】絵・文ともに創作で，未発表の作品であること

I 文学　　　　　　　　　　　　　　　*082*　創作童話・絵本・デジタル絵本コンテスト

第1回(昭49年)
　◇最優秀賞　木住野 利明〔作・絵〕「ひっくりかえる」
　◇優秀賞
　　　小林 こと〔作〕，菊地 恭子〔絵〕「しめった月夜の話」
　　　こなか しゅうじ「かわいいピイ子ちゃん」他2編
　◇特別賞
　　　永橋 朝子「三毛ねこのおりがみ」
　　　二木 佐紀「チューリップとけんか」
第2回(昭50年)
　◇最優秀賞　宮本 忠夫〔作・絵〕「おじさんの青いかさ」
　◇特別賞　宮本 忠夫「しりもちぺったん」「めりーごーらんど」「ごんべえとからす」「えんとつにのぼったふうちゃん」
第3回(昭51年)
　◇最優秀賞　該当作なし

　◇優秀賞
　　　長谷川 集平〔作・絵〕「はせがわくんきらいや」
　　　松本 椿山〔作・絵〕「のやまへゆこう」
第4回(昭52年)
　◇最優秀賞　該当作なし
　◇優秀賞
　　　かわばた まこと「ぴかぴかぶつん」「つちにゅうどう」「こじきぼうず」
　　　やまもと ちづこ「ゆめひょうたん」「かいたろうとほらがい」「おばあさんとひよどり」
第5回(昭53年)
　◇最優秀賞　該当作なし
　◇優秀賞　三井 小夜子〔作・絵〕「じゅうたん」
第6回(昭54年)
　◇最優秀賞　織田 信生〔作・絵〕「いまむかしうそかまことか」
　◇優秀賞　奥谷 敏彦「とうちゃんはかまやき」

---

082 創作童話・絵本・デジタル絵本コンテスト

　キッズエクスプレス21が，長年展開してきた絵本や童話の「読み聞かせ」運動の中で，自分たちでもっとすばらしい絵本や童話を社会に提供していこうと考え，平成11年より創設した。

【主催者】NPO法人キッズエクスプレス21実行委員会

【選考委員】(第10回)伊藤牧夫(国際子ども図書館を考える会副会長)，大澤功一郎(作詞・脚本家)，岡信子(日本児童文芸家協会監事)，川西芙沙(児童文学者・翻訳家)，斉藤晴美(厚生労働省児童環境づくり専門官)，竹井純(日本幼年教育研究会理事長)，山本省三(日本児童文芸家協会常務理事)

【選考方法】公募

【選考基準】〔資格〕プロ・アマ不問。各部門の児童生徒の部は応募受付開始日を基準として中学3年生まで。〔対象〕各部門とも表現形式は自由。未発表の作品に限る(文集発表作品は可)。インターネット上などで公開したものは不可。〔原稿〕創作童話部門(児童生徒の部・一般の部)：物語のみ。作品は400字詰め原稿用紙20枚以内。パソコン・ワープロ原稿可。〔創作絵本部門(児童生徒の部・一般の部)〕：物語と絵。絵本の絵は物語と連動して本文32ページ以内。画材・用紙のサイズ等は自由。カラーコピーでの提出可。〔創作デジタル絵本部門(児童生徒の部・一般の部)〕：作品データサイズは最大5メガバイト。応募メディアはCD-Rのみ。使用したソフト名とそのバージョン及びOSとそのバージョンも明記すること

【締切・発表】(第10回)申込期間は平成20年9月15日～2009年1月26日(当日消印有効)，2009年3月3日キッズエクスプレス21ホームページにて発表の上，入選者に通知

【賞・賞金】〔創作童話部門・創作絵本部門〕文部科学大臣賞(各部門1点)，厚生労働大臣奨励賞(各部門1点)：賞状，副賞5万円。キッズエクスプレス21大賞(各部門の児童生徒・一般の部で各1点)：賞状，副賞5万円。優秀作品賞(各部門の児童生徒・一般の部で各1点)：賞状，副賞3万円。佳作(各部門数点)：賞状，副賞1万円。〔創作デジタル絵本部門〕経済産業大臣奨励賞(各部門の児童生徒・一般の部で各1点)：賞状，副賞5万円。キッズエクスプレス21大賞(1点)：賞状，副賞5万円。優秀作品賞(1点)：賞状，副賞3万円。佳作(数点)：賞状，副賞1万円

児童の賞事典

【URL】http：//kids21.gr.jp/index.html

第1回（平11年）
　◇「私の創った童話」部門
　　・大賞　井上 康子
　◇「私の読み聞かせ体験」部門
　　・大賞　江口 文江
第2回（平13年）
　◇創作童話の部 個人
　　・キッズエクスプレス21大賞　東條 真美「スッポリくんとパタパタくん」
　◇創作絵本の部 個人
　　・キッズエクスプレス21大賞　くすのき しげのり〔文〕，清宮 哲〔絵〕「もぐらのサンディ」
　◇創作デジタル絵本の部
　　・キッズエクスプレス21大賞　藤塚 亮吏「fifty-fifty」
第3回（平14年）
　◇創作童話の部
　　・キッズエクスプレス21大賞
　　　川瀬 志穂「とりになりたいな」
　　　野花 ゆり枝「ゆめの湯」
　　・文部科学大臣奨励賞　大谷 周子「ホーノスケといっしょ」
　◇創作絵本の部
　　・キッズエクスプレス21大賞
　　　伊藤 潤也「じゅんやとしんかんせん」
　　　藤本 美智子〔作〕，尾崎 幸江〔絵〕「カタカタカタ」
　　　孤杉 彩「バルーンとムーン」
　◇創作デジタル絵本の部
　　・キッズエクスプレス21大賞（川崎和男賞）
　　　小島 真理子「ぼくはまほうつかい」
第4回（平15年）
　◇創作童話の部
　　・文部科学大臣奨励賞　堀尾 美砂「I・Am・ドッグ」
　　・厚生労働大臣奨励賞　福 明子「淋し村簡易郵便局」
　　・キッズエクスプレス21大賞
　　　よこ山 てるこ「ひよこ笛」
　　　新谷 優花「ゆめの湯」
　◇創作絵本の部
　　・文部科学大臣奨励賞　むらい きくこ「じゃんけん」
　　・厚生労働大臣奨励賞　浜野木 碧「ふしぎなはさみ」
　　・キッズエクスプレス21大賞
　　　縄野 静江〔文〕，河野 あさ子〔絵〕「ねずみのクルン」
　　　清野 智子「くるまははしる」
　◇創作デジタル絵本の部
　　・経済産業大臣奨励賞　三井 ゆきこ「おやつをさがせ！」
　　・キッズエクスプレス21大賞（川崎和男賞）
　　　海藤 安凜「ひまわりくん」
第5回（平16年）
　◇創作童話部門
　　・文部科学大臣奨励賞　江島 敏也「ちびバスくん」
　　・厚生労働大臣奨励賞　狩野 悠佳子「ぼくに何ができる？」
　　・キッズエクスプレス21大賞
　　　大路 浩司「お天気ねこ」
　　　鳥居 夏帆「ま女ってほんとはいるんだよ」
　◇創作絵本部門
　　・文部科学大臣奨励賞　井上 林子「あたしいいこなの」
　　・厚生労働大臣奨励賞　西田 夏名葉「いちごのいっちゃん」
　　・キッズエクスプレス21大賞
　　　光丘 真理〔文〕，武田 綾子〔絵〕「星に恋したさくらのリン」
　　　中野 智華「おはな」
　◇創作デジタル絵本部門
　　・経済産業大臣奨励賞　伊藤 翠「ミミちゃんのおでかけ」
　　・キッズエクスプレス21大賞（川崎和男賞）
　　　西村 亜希子「もりのこだま」
第6回（平17年）
　◇創作童話部門
　　・文部科学大臣奨励賞　池内 里穂「ママがクラスにやってきた」
　　・厚生労働大臣奨励賞　中村 文人「じゃ、ないって」
　　・キッズエクスプレス21大賞
　　　飯野 由希代「なかよしキッズ・ヘアー」
　　　岩間 就暁「カッパのともだち」
　◇創作絵本部門
　　・文部科学大臣奨励賞　加藤 美枝「ぼくのセーター」
　　・厚生労働大臣奨励賞　平谷 菜海「うみちゃんともうふちゃん」
　　・キッズエクスプレス21大賞
　　　楠 千恵子〔文〕，楠 奈菜〔絵〕「まねっこねねちゃん」
　　　西田 夏名葉「きのこのすべりだい」
　◇創作デジタル絵本部門
　　・経済産業大臣奨励賞　小林 由貴「たいやきくん みなみのしまへ」

- キッズエクスプレス21大賞(川崎和男賞)
  加藤 拓磨「いくら君たちのおつかい」

第7回(平18年)
- ◇創作童話部門
  - 文部科学大臣奨励賞　村上 ときみ「ねこの日」
  - 厚生労働大臣奨励賞　松澤 咲輝「信号のきょうだい」
  - キッズエクスプレス21大賞
    豊丸 誠「やまんばのなみだ」
    松岡 紗矢「ふしぎなクッキー」
- ◇創作絵本部門
  - 文部科学大臣奨励賞　小川 由記子「おばけのたね」
  - 厚生労働大臣奨励賞　水田 菜美「りまちゃん」
  - キッズエクスプレス21大賞
    小泉 京子「丘の上の一本の木」
    村山 奈緒美「さみしくないよ」
- ◇創作デジタル絵本部門
  - 経済産業大臣奨励賞　岡崎市立竜海中学校パソコン部「岡崎市立竜海中学校パソコン部作品」(14作品)

第8回(平19年)
- ◇創作童話部門
  - 文部科学大臣奨励賞　三木 聖子「3・2・1・0!」
  - 厚生労働大臣奨励賞　小林 茉優花「ストーブくんの夢」
  - キッズエクスプレス21大賞
    横田 明子「シャドーウォー」
    村松 美悠加「かさがほしいライオン」
- ◇創作絵本部門
  - 文部科学大臣奨励賞　岩間 元成「天国りょ行と地ごくりょ行」
  - 厚生労働大臣奨励賞　中村 麻里「おにぎり」
  - キッズエクスプレス21大賞
    小林 美和「くるくるスパゲッティ」
    岩間 成暁「虫のおいしゃさま」
- ◇創作デジタル絵本部門
  - 経済産業大臣奨励賞
    岩間 成暁「エダマメの旅」
    天野 佑基「ゴミのいきるみち」
  - キッズエクスプレス21大賞
    岡井 しずか「ぼくはむしめがね探偵団」
    北村 晋子「かくれん坊」

第9回(平20年)
- ◇創作童話部門
  - 文部科学大臣奨励賞　今井 栞奈「仲直りの日」
  - 厚生労働大臣奨励賞　坂井 泰法「番ゴリラ、ゴリッチ」
  - キッズエクスプレス21大賞
    中住 千春「まほうの羽のたね」
    戸田 真帆「海のレストラン」
- ◇創作絵本部門
  - 文部科学大臣奨励賞　守屋 康太「つきをたべるきりん」
  - 厚生労働大臣奨励賞　米納 睦子「アプルとケーキとおひめさま」
  - キッズエクスプレス21大賞
    岩浅 邦彦「コロ」
    本間 未来「森の中でであったボクの友だち」
- ◇創作デジタル絵本部門
  - 経済産業大臣奨励賞
    若林 英隆「ふしぎなペンダント」
    江越 舞「どんぐりのたび」
  - キッズエクスプレス21大賞
    小出 未紀「ダンボールくん」
    平崎 明美「コン太の年越し」

第10回(平21年)
- ◇創作童話部門
  - 文部科学大臣奨励賞　斉藤 みのり「トマトハウス」
  - 厚生労働大臣奨励賞　中住 千春「べっちょないのおまじない」
  - キッズエクスプレス21大賞
    山口 としこ「ねこほうし店」
    竹内 央「そして、空へ」
- ◇創作絵本部門
  - 文部科学大臣奨励賞　矢野 亜希子「うみのなかのうんどうかい」
  - 厚生労働大臣奨励賞　本間 未来〔絵・文〕,本間 敦子〔絵〕「ぼくの大切なともだち"のり"へ」
  - キッズエクスプレス21大賞
    永富 由佳子「ぺろぺろさん」
    山口 諒也「スーちゃん 一連の作品」
- ◇創作デジタル絵本部門
  - 経済産業大臣奨励賞
    佐藤 瑛「やいちのロバ」
    中村 萌合「けいとができること」
  - キッズエクスプレス21大賞
    小池 和子「海を渡って来る鳥たち」
    岡 綾香「そらの ぼうけん」

083 創作ファンタジー創作童話大賞

教育創研(現社名：ワオ・コーポレーション)の創立20周年を記念して、新しい時代の童話、ファンタジー小説を未来を担う子ども達に提供するため創設した。第4回の授賞後は休止中。

- 【主催者】教育総研(現社名：ワオ・コーポレーション)
- 【選考委員】荒俣宏, 平井智香子, 小谷真理, 土井章史
- 【選考方法】公募
- 【選考基準】〔対象〕童話, ファンタジー小説。未発表作品
- 【締切・発表】入賞者にはハガキで通知
- 【賞・賞金】ファンタジー大賞：賞状, 賞金100万円, 童話大賞：賞状, 賞金50万円

第1回(平9年)
◇ファンタジー
- 大賞 中田 えみ「『SCENT』セント」
- 優秀賞
  北野 玲「フェアリー・ナッツ」
  小林 冨紗子「ぽんぽんフェリーの乗り場で」

◇童話
- 大賞 古賀 悦子「はじまりのうた」
- 優秀賞
  鈴木 久美子「ひみつのリレー」
  梅原 賢二「ヘソノゴマがなおします」

第2回(平10年)
◇ファンタジー
- 大賞 阿部 喜和子「きりん」
- 優秀賞 伊藤 むねお「からす」

◇童話
- 大賞 該当作なし
- 優秀賞
  岡 えりな「雪の日」
  沢田 英史「こわがりコモレビ」

第3回(平11年)
◇ファンタジー
- 大賞 坦城 江蓮「闇を磨きあげる者」
- 佳作 長島 槇子「誘惑神」

◇童話
- 大賞 田尻 絵理子「ヤムおじさんのかばん」
- 佳作 さかもと あつき「ブルーはともだち」

第4回(平12年)
◇ファンタジー
- 大賞 冬木 洋子「〈金の光月〉の旅人」
- 佳作 中村 真里子「赤い実を食べた」

◇童話
- 大賞 該当作なし
- 佳作 山川 進「心一はなにをしたか」

084 高山賞

日本児童文学者協会は、昭和37年に故高山毅氏の評論における功績を記念すると共に、新人発掘を目的として第1回の高山賞を設けたが、この一回のみで中止となった。

- 【主催者】日本児童文学者協会
- 【選考委員】滑川道夫, 菅忠道, 関英雄, 鳥越信, 古田足日, 山本和夫, 与田準一
- 【賞・賞金】賞金1万円

第1回(昭37年)
  安藤 美紀夫「ピノッキオとクオーレ」
  丸山 良子「壺井栄論」
  斉藤 英男「古田足日の『ぬすまれた町』をどう評価しどう位置づけたらよいか」

085 〔宝塚ファミリーランド〕童話コンクール（童話コンクール）

　昭58年、デンマークのチボリガーデンと宝塚ファミリーランドとの提携を記念して「童話コンクール」を創設。平成15年4月7日をもって宝塚ファミリーランドが閉園し、第18回で賞も終了した。

【主催者】 宝塚ファミリーランド
【選考委員】 矢崎節夫（児童文学作家）、岡信子（童話作家）、木村由利子（翻訳家）、小西正保（児童文学評論家）、佐藤苑生（東京都立中央図書館司書）
【選考方法】 公募
【選考基準】 〔対象〕子供達に夢をいだかせ想像力をはばたかせるような作品、本人の創作による未発表の作品。〔原稿〕小学生の部：400字詰原稿用紙4枚以内、一般の部：10枚以内、ワープロ原稿可、但し20字×20行縦書き
【締切・発表】（第18回）平成12年5月18日〜12年7月18日締切（必着）、10月8日発表
【賞・賞金】 〔小学生の部〕特賞（日本アンデルセン協会賞）1点：賞状と副賞図書券10万円、入賞（デンマークチボリ賞）2点：賞状と副賞図書券5万円、佳作（宝塚ファミリーランド賞）10点：賞状と副賞図書券1万円、〔一般の部〕特賞（日本アンデルセン協会賞）1点：賞状と賞金30万円、入賞（デンマークチボリ賞）2点：賞状と副賞賞金20万円、佳作（宝塚ファミリーランド賞）10点：賞状と副賞賞金3万円

第1回（昭58年）
　◇一般　玉岡 美智子「もも色のゾウ」
第2回（昭59年）
　◇一般　山本 俊介「まよなかの世界」
第3回（昭60年）
　◇一般　小松 加代子「花の笛」
第4回（昭61年）
　◇一般　幸田 美佐子「ふたりばあちゃん」
第5回（昭62年）
　◇一般　駒来 慎「さよなら、まつかぜ」
第6回（昭63年）
　◇一般　三枝 寛子「改札口をぬけて」
第7回（平1年）
　◇一般　金丸 宏子「世界一しあわせなバス」
第8回（平2年）
　◇小学生の部　田井 祐子「海の色の傘」
　◇一般の部　吉村 健二「大男の耳の中」
第9回（平3年）
　◇小学生の部　竹間 ゆう子「ヘンテコ村の古時計」
　◇一般の部　坪井 純子「ワニの話」
第10回（平4年）
　◇小学生の部　中野 真理子「ハハハ、はがぬけたよ」
　◇一般の部　清水 直美「うす緑のはがき」
第11回（平5年）
　◇小学生の部　谷本 まゆこ「まいごの海ガメの話」
　◇一般の部　岩田 早苗「聞き上手」
第12回（平6年）
　◇小学生の部　日下部 萌子「ぼくだってねこになる」
　◇一般の部　中村 令子「森のショーウィンドー」
第13回（平7年）
　◇小学生の部　森野 はる美「本当のサンタクロース」
　◇一般の部　柳川 昌和「忘れられたオモチャのお店」
第14回（平8年）
　◇小学生の部　新稲 文乃「もりのだいとうりょう」
　◇一般の部　八木 優子「ねむれないよるに」
第15回（平9年）
　◇小学生の部　関 りん「バーバーひめとじゃんけんジャングル」
　◇一般の部　山口 隆夫「カゼをひいた町」
第16回（平10年）
　◇小学生の部　藪田 潮美「ごみレストラン」
　◇一般の部　中村 浩幸「コウタのいとでんわ」
第17回（平11年）
　◇小学生の部　羽間 紫央里「クリーニングやさんのせっけん」

◇一般の部　高橋 麗「ねこの郵便やさん」　　◇一般の部　幸 清聡「へんてこなぎょうれつ」
第18回(平12年)
　◇小学生の部　木村 美月「バナナくんどこからきたの」

086「小さな童話」大賞

　子どもと出あい、自分と出あう―そんな《子どもとおとなが出あう場》として、日常のなかで見つけた"小さな物語"を、子どもからおとなまで、すべての女性を対象に、創作意欲をくみあげ、また童話作家のすそ野を広げ、水準の向上をめざして創設。応募の資格は女性に限定していたが、第21回より性別不問となった。第23回(平成17年度)をもって終了。

【主催者】毎日新聞社
【選考方法】公募

第1回(昭59年)　中村 敦子「おにゆり」
第2回(昭60年)　荒井 ますみ「サメのいない海」
第3回(昭61年)　石井 睦美「五月のはじめ, 日曜日の朝」
第4回(昭62年)　江国 香織「草之丞の話」
第5回(昭63年)　野原 あき「木馬がまわる」
第6回(平1年)　牧野 節子「桐下駄」
第7回(平2年)　ほり けい「リラックス」
第8回(平3年)　遠山 洋子「わたしが子どもだったとき(2)」
第9回(平4年)　伏見 京子「菜の花のぬれた日」
第10回(平5年)　三上 日登美「冬になるといつも」
第11回(平6年)
　◇大賞　安東 みきえ「ふゆのひだまり」
　◇今江賞　安東 みきえ「いただきます」
　◇山下賞　橋本 香折「ジョーカー」
　◇落合賞　山田 理花「ギーの親指」
　◇工藤賞　むぎわら ゆら「最後の観覧車」
　◇佳作
　　　谷本 美弥子「お父さんの海」
　　　麻生 かづこ「卒業写真」
　　　渡辺 頼子「おいちゃん」
　　　大柳 喜美枝「はないちもんめ」
　　　鳥丸 入江「たえばあの駅」
　◇奨励賞
　　　寂寥 美雪「糸紡ぎ」
　　　鳳 鏡「消えた日々」
第12回(平7年)
　◇大賞
　　　麻田 茂都「夏の日」
　　　橋本 香折「ぼくにぴったりの仕事」
　◇今江賞　森 由美子「ルナティックな夢」
　◇山下賞　小本 小笛「お風呂」
　◇落合賞　草野 たき「教室の祭り」

　◇工藤賞　目野 由希「今日は何の日」
　◇佳作
　　　安藤 由紀子「月曜日のピクニック」
　　　紙谷 清子「バツバツ」
　　　中山 みどり「ケリーさんの庭で」
　　　福地 園子「霧が晴れるとき」
　　　藤原 栄子「日暮れの山入り」
第13回(平8年)
　◇大賞　山川 みか子「オレンジとグレープフルーツと」
　◇今江賞　たつみ さとこ「朝餉の時」
　◇山下賞　むぎわら ゆら「〈ソ〉〈ラ〉」
　◇落合賞　小本 小笛「たんじょうきねんび」
　◇角野賞　のはら ちぐさ「公園のブランコで」
　◇佳作
　　　かいど じゅん「ののこちゃん」
　　　草野 たき「一週間」
　　　飛田 いづみ「話してちょー!」
　　　藤田 ちづる「ふゆのチョウ」
　　　松井 秀子「蛍」
　◇奨励賞
　　　菊沖 薫「こうもりおばあさん」
　　　幸田 美佐子「真夜中のお客さん」
第14回(平9年)
　◇大賞　橋本 香折「トーマスの別宅」
　◇今江賞　酒井 薫「山羊のレストランの新メニュー」
　◇山下賞　横田 明子「線香花火」
　◇落合賞　佐藤 亮子「カマキリが飛んだ日」

◇角野賞　まきた ようこ「ジェシカ」
◇佳作
　　佐藤 京子「風をさがして」
　　長嶋 美江子「おせっかいな田村」
　　西尾 薫「あずき休庵 野望を燃やす」
　　藤田 ちづる「夕暮れの道」
　　村瀬 一樹「風の手」
◇奨励賞
　　石毛 智子「おべんとうをとどけに」
　　沢田 俊子「い・の・ち」

第15回（平10年）
◇大賞　島村 木綿子「うさぎのラジオ」
◇落合賞　野口 麻衣子「冷蔵庫」
◇角野賞　中尾 三十里「藤沢の乱」
◇俵賞　ササキ ヒロコ「洗たくもの日和」
◇山本賞　たつみ さとこ「おべんとうをもって」
◇佳作
　　安藤 由紀子「わたしに なる」
　　石山 利沙「はかのれいたち」
　　椎原 清子「風見ぶたの冒険」
　　原田 乃梨「きつねうどん」
　　猫 春眠「小袖」
◇奨励賞
　　井上 真梨子「森のおてんきやさん」
　　近藤 朝恵「トキコ」

第16回（平11年）
◇大賞　西山 文子「風船おじさん」
◇落合恵子賞　上村 フミコ「おやつの時間です」
◇角野栄子賞　加藤 聡美「ネコムズ探偵事務所」
◇俵万智賞　ノイハウス 聖子「猫がほしいモニカ〜南の海の巻」
◇山本容子賞　唯野 由美子「ごめんくなんしょ」
◇佳作
　　合田 奈央「大工犬ゲン」
　　荒井 寛子「ジン＆ラム★ドリーム」
　　後藤 みわこ「みどりのテラダサウルス」
　　つる りかこ「サツマイモ」
　　原 真美「また あした」
◇奨励賞
　　大塚 貴絵「森のやさしさ」
　　千桐 英理「しっぽのいっぽ」

第17回（平12年）
◇大賞　長谷川 洋子「インスタント・シー」
◇落合恵子賞　五嶋 千夏「さくらおに」
◇角野栄子賞　伊藤 淳子「ベンチの下のタカギ」
◇俵万智賞　宮田 そら「たましいのダンス」

◇山本容子賞　荒井 寛子「バトル」
◇佳作
　　伊藤 檀「冬の、リンゴ」
　　緒原 凛「椅子の上の人魚」
　　中尾 三十里「金魚の呼吸」
　　広瀬 円香「真里とチョキ」
　　福 明子「ほろん」
◇奨励賞
　　井上 満紀「聖徳太子の猫」
　　保科 靖子「まちがい電話」

第18回（平13年）
◇大賞　井上 瑞基「おいしいりょう理」
◇落合恵子賞　力丸 のり子「ロックロックイェーイッ！」
◇角野栄子賞　中村 郁子「ぶうこと どんぐりの木」
◇俵万智賞　村上 しいこ「とっておきの『し』」
◇山本容子賞　藤原 あずみ「月のミルク」
◇佳作
　　大矢 風子「影屋清十郎の初恋」
　　神吉 恵美「ヴィッテさんは荒野にひとりぼっち」
　　楢村 公子「メッセンジャー雲」
　　松浦 南「お兄ちゃん電車」
　　山口 玲「化かしあいっこ」
◇奨励賞
　　佐藤 奈穂美「ピンク・ジェリービーンズ」
　　たみお まゆみ「人魚おばさん」

第19回（平14年）
◇大賞　川島 えつこ「十一月のへび」
◇落合恵子賞　原田 乃梨「いごこちのいい場所」
◇角野栄子賞　駒井 洋子「あした行き」
◇俵万智賞　ほんだ みゆき「たわわ」
◇山本容子賞　荒井 寛子「夏の縁側」
◇佳作
　　葵井 七輝「パパはコートがうまくたためない」
　　宇津木 美紀子「本の虫」
　　大野 圭子「輝け金星」
　　星川 遙「まっしろい手紙」
　　山本 成美「鍋山の神ん湯」
◇奨励賞
　　川口 真理子「猫ッ風の夜」
　　萬 桜林「しわくちゃぶたくん」

第20回（平15年）
◇大賞　幸田 裕子「お・ば・け」
◇落合恵子賞　松森 佳子「風の歌」
◇角野栄子賞　岡村 かな「ある夜、ある街で」
◇俵万智賞　千桐 英理「おまめのおとうと」

◇山本容子賞　藤島 恵子「シャモと追い羽根」
◇佳作
　　ありす 実花「月の缶詰」
　　和泉 真紀「本屋に降りた天使」
　　佐藤 万珠「せせり」
　　とざわ ゆりこ「皿のはしっこ」
　　葉喰 たみ子「ひらひら」
◇奨励賞
　　久保田 さちこ「天神様の家庭教師」
　　原田 乃梨「さかな月夜」

第21回(平16年)
◇大賞　宮下 すずか「い、ち、も、く、さ、ん」
◇落合恵子賞　松橋 裕見子「夏のポケット」
◇角野栄子賞　小竹守 道子「ぼく、お買い上げ」
◇俵万智賞　薜 沙耶伽「小さな参観日」
◇山本容子賞　林 博子「小豆が笑うまで」
◇佳作
　　ありす 実花「だんらん模様の貝殻」
　　苅田 澄子「いかりのギョーザ」
　　福尾 久美「星のふる夜」
　　山田 万知代「きりな」
　　吉住 ミカ「僕の左腕。」
◇奨励賞
　　きたやま あきら「おおかみのふゆ」
　　田名瀬 新太郎「おうちがこわいよお」

第22回(平17年)
◇大賞　奥原 弘美「スイカのすい子」
◇落合恵子賞　藤田 ちづる「白」
◇角野栄子賞　松井 則子「ワニをさがしに」
◇俵万智賞　長江 優子「よっちゃん、かえして。」
◇山本容子賞　豊川 遼馬「ぼくたちのありあなたんけん」
◇佳作
　　飯田 佐和子「ぼくの家出」
　　井口 純子「クリスマスケーキ」
　　小川 美篤「セミが二度笑った夏の日」
　　平賀 多恵「兄弟タヌキの化け地蔵」
　　山崎 明穂「春のバレエと桜の木」
◇奨励賞
　　長谷川 礼奈「掌にキリン」
　　吉村 健二「クイズに答えて南の島へ」

第23回(平17年度)
◇大賞　水沢 いおり「月とペンギン」
◇落合恵子賞　里吉 美穂「手のひらの三角形」
◇角野栄子賞　松岡 春樹「歯医者さんを待ちながら」
◇俵万智賞　桜 まどか「ドンナとマルシロ」
◇山本容子賞　ありす 実花「洗濯びより」
◇佳作
　　大津 孝子「母ちゃん牛はまったくもう～」
　　大原 啓「森の祭り」
　　大見 真子「長いねっこのその先は……」
　　川溝 裕子「マーブルケーキの味」
　　藤田 ちづる「春のカレンダー」
◇奨励賞
　　おおぎやなぎ ちか「エンペラーのしっぽ」
　　藤島 恵子「迎え豆、送り豆」

087　千葉児童文学賞

　郷土の児童文化活動の育成をねがい，昭和34年に創設された賞。

【主催者】千葉日報社
【選考委員】大野彩子(作家)，佐藤毅(江戸川大学教授)，宍倉さとし(児童文学者)，松島義一(元すばる編集者)，山本鉱太郎(旅行作家)
【選考方法】公募
【選考基準】〔対象〕童話，児童読み物，ヤングアダルト向け読み物で，現代・歴史物を問わない。未発表のもの。〔資格〕千葉県内在住か在勤，在学者。職業作家は除く。〔原稿〕400字詰原稿用紙14～15枚
【締切・発表】(第50回)平成21年1月末日締切(当日消印有効)，4月上旬(予定)「千葉日報」紙上に発表
【賞・賞金】賞金10万円

【URL】http://www.chibanippo.co.jp/

第1回（昭34年度）　該当作なし
第2回（昭35年度）　該当作なし
第3回（昭36年度）　該当作なし
第4回（昭37年度）　該当作なし
第5回（昭38年度）　該当作なし
第6回（昭39年度）　宮内 徳一「ポプラのおじさんと手紙たち」
第7回（昭40年度）　該当作なし
第8回（昭41年度）　該当作なし
第9回（昭42年度）　山本 くまのすけ「ぴちゃぴちゃ小僧」
第10回（昭43年度）　大木 よし子「かんたろ山のカラス」
第11回（昭44年度）　松岡 満三「猿塚」
第12回（昭45年度）　該当作なし
第13回（昭46年度）　榎本 華雲「花びらだんご」
第14回（昭47年度）　該当作なし
第15回（昭48年度）　該当作なし
第16回（昭49年度）　該当作なし
第17回（昭50年度）　石水 真「ごんさくじいさんといわつつじ」
第18回（昭51年度）　堀 雅子「ひろしくんとおひさま」
第19回（昭52年度）　大木 よし子「クロスケのぼうけん」
第20回（昭53年度）　該当作なし
第21回（昭54年度）　鶴巻 祥子「鬼が泣いた」
第22回（昭55年度）　該当作なし
第23回（昭56年度）　該当作なし
第24回（昭57年度）
　　川村 一夫「はさみ」
　　滝沢 よし子「そば食い狸」
第25回（昭58年度）　該当作なし
第26回（昭59年度）
　　松井 安俊「朱色のトキ」
　　鈴木 康之「宇宙への旅」
第27回（昭60年度）
　　木村 正子「西日長屋のノラ」
　　たかね みちこ「光る町」
第28回（昭61年度）　該当作なし
第29回（昭62年度）　北沢 真理子「なまはげの夜」
第30回（昭63年度）　渡辺 千賀生「赤い自転車走った」
第31回（平1年度）　該当作なし
第32回（平2年度）　該当作なし
第33回（平3年度）　井田 天男「おねしょこいのぼり」
第34回（平4年度）　樫 田鶴子「空のひつじ」
第35回（平5年度）　牧野 はまえ「バスとお地蔵様」
第36回（平6年度）　該当作なし
第37回（平7年度）　青柳 いづみ「私たちの猫、もらって」
第38回（平8年度）　該当作なし
第39回（平9年度）　該当作なし
第40回（平10年度）　該当作なし
第41回（平11年度）　該当作なし
第42回（平12年度）　飯高 陽子「カブト虫のにおい」
第43回（平13年度）　塩野谷 斉「コウちゃんとへんなおじさん」
第44回（平14年度）　高橋 昭彦「うみがめのたまご」
第45回（平15年度）　藤島 勇生「三代目」
第46回（平16年度）奥原 弘美「無口な犬のハナコ」
第47回（平17年度）　該当作なし
第48回（平18年度）　該当作なし
第49回（平19年度）　該当作なし
第50回（平20年度）　該当作なし

088 千葉ジュニア文学賞

　房総の文学活動の振興を目的に、「千葉文学賞」「千葉児童文学賞」を主催している千葉日報社が、平成2年を第1回として創設。第16回（平成17年度）をもって終了。
【主催者】千葉日報社
【選考委員】（第16回）井上こみち、大野彩子、佐藤毅、広瀬厚子、松島義一、山本紘太郎
【選考方法】公募

089 ちゅうでん児童文学賞　　　　　　　　　　　　　　　Ⅰ文学

【選考基準】〔対象〕少年少女を対象にした健全な青春文学で，現代・歴史ものを問わない。
〔資格〕千葉県内在住か在勤，在学者。職業作家は除く

第1回（平2年）	岡田 真紀「RUN AWAY」	
第2回（平3年）	山口 伊東子「同じ目の高さで」	
第3回（平4年）	該当作なし	
第4回（平5年）	八代 みゆき「放課後の美術室」	
第5回（平6年）	該当作なし	
第6回（平7年）	漲月 カリノ「六月，僕らは。」	
第7回（平8年）	該当作なし	
第8回（平9年）	該当作なし	
第9回（平10年）	該当作なし	
第10回（平11年）	葉月 七瀬「シャッフル」	
第11回（平12年）	北村 里絵「秋のきざし」	
第12回（平13年）	該当作なし	
第13回（平14年）	鈴木 安芸「森の魚」	
第14回（平15年）	該当作なし	
第15回（平16年度）	該当作なし	
第16回（平17年度）	火吹 貴子「朝の秘密」	

---

089 ちゅうでん児童文学賞（中部電力 児童文学賞）

子どもから大人まで幅広く楽しめる児童文学を募集。第1回～第3回は中部電力児童文学賞として中部電力が主催，平成13年6月にちゅうでん教育振興財団が設立されたことを機に業務を引き継ぎちゅうでん児童文学賞に名称を変更した。

【主催者】（財）ちゅうでん教育振興財団
【選考委員】（第12回）今江祥智（児童文学作家），長田弘（詩人），なだいなだ（作家・精神科医）
【選考方法】公募
【選考基準】〔対象〕小学校高学年から大人までを読者対象とする児童文学作品。テーマは自由。〔応募規定〕自作未発表の作品。原稿はA4判（横長）に40字×30行縦書きで印字されたものとし，その枚数は50枚～70枚相当（400字詰め原稿用紙で150枚～210枚相当）。日本語で書かれた作品であること。原稿にはページ数をふり，表紙に(1)題名(2)原稿枚数(3)氏名（ふりがな）(4)郵便番号・住所(5)電話番号(6)年齢(7)性別(8)職業（学校名）(9)Eメールアドレス(10)この賞を何で知ったかを記入する
【締切・発表】（第12回）平成21年9月30日締切（必着）。平成22年2月受賞者に通知。贈呈式終了後，財団ホームページにおいて結果公表
【賞・賞金】大賞（1編）：賞状および副賞100万円。作品は本として出版し，全国の主要図書館に寄贈する。優秀賞（2編）：賞状および副賞20万円
【URL】http://www.chuden-edu.or.jp/oubo/oubo4/

第1回（平10年度）
　◇大賞　寺尾 幸子「バックホーム」
　◇優秀賞　山内 ゆうじ「カメの話」
第2回（平11年度）
　◇大賞　安藤 由希「世界のはじまるところ」
　◇優秀賞
　　　広畑 澄人「金魚と勇魚」
　　　石黒田 恵子「おかえりなさい」
第3回（平12年度）
　◇大賞　該当作なし
　◇優秀賞
　　　小林 礼子「あたりまえの不思議」
　　　中川 知子「そのとしの秋」
　　　鑰広 みどり「角，一本」
第4回（平13年度）
　◇大賞　該当作なし
　◇優秀賞
　　　安藤 由希「飛行船」
　　　浅野 竜「ナチュラル」
　　　北川 久乃「夏がくれたおくりもの」
第5回（平14年度）
　◇大賞　小森 香折「ニコルの塔」
　◇優秀賞　小川 直美「さらば」
　◇奨励賞

　　　　井上　一枝「ブルー・スプリング」
　　　　清水　愛「ペニー・レイン」
第6回(平15年度)
　◇大賞　安藤　由希「キス」
　◇優秀賞　該当作品なし
第7回(平16年度)
　◇大賞　該当作品なし
　◇優秀賞　網代　雅代「声」
　◇奨励賞　御田　祐美子「天使のはしご」
第8回(平17年度)
　◇大賞　島田　三郎「照常寺のみどパン小僧」
　◇優秀賞
　　　　小林　智代美「鬼瓦は空に昇る」
　　　　若本　恵二「忍者ニンジン」
　◇奨励賞　永峰　由梨「プレパラートの夏」

第9回(平18年度)
　◇大賞　若本　恵二「時の扉をくぐり」
　◇優秀賞　上野　知子「金色の約束」
　◇奨励賞
　　　　加藤　智恵子「黄緑のスティック ピンクのステッチ」
　　　　久保　英樹「とおこさちうた」
第10回(平19年度)
　◇大賞　該当作品なし
　◇優秀賞　脇本　博美「たくはつくん」
　◇奨励賞　小倉　光子「太陽と影」
第11回(平20年度)
　◇大賞　河野　佳子「二メートル」
　◇優秀賞
　　　　鎹廣　みどり「さくら」
　　　　谷中　智子「階段図書館」

090　長編児童文学新人賞

児童文学の世界に新風を吹き込む長編小説を対象に、小峰書店の協力を得て創設。本というメディアが子どもたちの心にいかに切り込んで行けるかが改めて問われている今、時代にふさわしい意欲的な作品を期待している。

【主催者】(社)日本児童文学者協会
【選考委員】大原興三郎、奥山恵、加藤純子、村山早紀、今泉秀隆(小峰書店)
【選考方法】公募
【選考基準】〔資格〕高校生、もしくは同年齢以上。〔対象〕自作未発表の長編創作児童文学。小学生中学年〜中学生向きの作品であること。〔原稿〕400字詰原稿用紙100〜250枚程度。日本語で縦書きとする。800字程度の概略を添付。〔応募規定〕応募作品は返却しない。他文学賞への同時応募は認めない。入選作品の著作権は小峰書店との出版契約による。佳作は2年間小峰書店が出版優先権を保有する
【締切・発表】(第9回)平21年9月30日(当日消印有効)締切、「日本児童文学」平成22年5・6月号にて発表。5月下旬、贈呈式
【賞・賞金】入選(1編)：賞状、記念品、受賞作の出版、出版された作品の印税、佳作(2編程度)：賞状、記念品、出版を検討
【URL】www.jibunkyo.or.jp/

第1回(平14年)
　◇入選　松本　祐子「金色の月の夜に……」
　◇佳作
　　　　中里　奈央「ぼくがサンタクロースになるまで」
　　　　狩生　玲子「ジョギングとあんぱん」
　　　　緑川　聖司「晴れた日は、図書館へいこう」
第2回(平15年)
　◇入選　福田　隆浩「私のお気に入りの場所」

　◇佳作
　　　　安田　夏奈「みかん」
　　　　小宮山　智子「朝顔の色」
第3回(平16年)
　◇入選　該当なし
　◇佳作
　　　　櫻田　しのぶ「リゲルとスバルの不思議な宇宙船」
　　　　山口　さちこ「六年生の夏に」

第4回(平17年)
　◇入選　坂本 のこ「リバー・サイド」
　◇佳作
　　　小林 正子「じゃっくろ じゃっくろ わらべ歌」
　　　廣嶋 玲子「半月の迷い子」
第5回(平18年)
　◇入選　本多 明「幸子の庭」
　◇佳作
　　　櫻沢 恵美子「TENNGU(天狗)」
　　　中村 真里子「シリウス」
第6回(平19年)
　◇入選　該当なし

　◇佳作　洗井 しゅう「セント・アンドリュー・クロスの旗のもとに」
第7回(平20年)
　◇入選　該当なし
　◇佳作
　　　佐藤 寛之「それは〈罰〉から始まった」
　　　重松 彌佐「夏の時計」
第8回(平21年)
　◇入選　にしがき ようこ「ピアチェーレ」
　◇佳作
　　　赤城 佐保「南風の祭り」
　　　辻野 陽子「あずまや」

091 塚原健二郎文学賞

　長野県が生んだ児童文学者、塚原健二郎の文学的業績を顕彰し、そのこころを継続発展させることによって、児童文学のいっそうの振興をねがうため、昭和53年に創設。平成3年(第14回)の授賞をもって終了した。

【主催者】塚原健二郎賞児童文学振興会
【選考委員】山室静、関英雄、前川康男、塚原亮一、高橋忠治
【選考方法】非公募
【選考基準】〔対象〕信州にゆかりのある人の児童文学作品で、単行本、雑誌等で発表されたもの
【締切・発表】1月から12月の1年間に発表された作品、結果と作品は「旗に風」誌上で発表
【賞・賞金】表彰状とレリーフ、賞金10万円

第1回(昭53年)
　　　宮下 和男「湯かぶり仁太」(信濃教育会出版部)
　　　和田 登「悲しみの砦」(岩崎書店)
第2回(昭54年)
　　　塚田 正公「美と愛のたたかい─近代彫刻の父・萩原碌山」(岩崎書店)
　　　勝野 之「ホタルとびたて」(太平出版社)
第3回(昭55年)　大日方 寛「人間誕生」(詩集、風涛社)
第4回(昭56年)
　◇奨励賞　楠 誉子「こんぺいとうの雪」(海賊58号)ほか
第5回(昭57年)　はま みつを「レンゲの季節」(小峰書店)
　◇奨励賞　とだ かずこ「おれたちわんぱくクラス」(アリス館)
第6回(昭58年)
　　　小沢 さとし「黒潮物語」(総和社)

　　　美谷島 正子「さよならでめ牛デメジャージー」(ほるぷ出版)
第7回(昭59年)　寺島 俊治「るすばんこおろぎ」(信濃教育会出版部)
第8回(昭60年)　大坪 かず子「スウボンの笛」(ほるぷ出版)
第9回(昭61年)
　　　浅川 かよ子「木曽のばあちゃん騎手」(ほるぷ出版)
　　　羽生田 敏「天は小石になった」(信濃教育会出版部)
第10回(昭62年)　牛丸 仁「風景」旗に風(同人誌)
第11回(昭63年)
　　　幅 房子「ビルマの砂」蹉ったま(同人誌)
　　　高田 充也「鉢伏山の民話」(郷土出版社)
第12回(平1年)　北原 幸男「チエのたからもの」(飯田共同印刷)

第13回(平2年)　髙橋　忠治「りんろろん―高橋忠治詩集」(かど創房)
第14回(平3年)　該当作なし
　◇奨励賞

北沢　彰利「朝に吹く風」(私家版)
中塚　洋子「おばあちゃんの子守歌」(飯田共同印刷)

092　坪田譲治文学賞

　岡山市出身の小説家・児童文学作家である坪田譲治の業績を称えるとともに，市民の創作活動を奨励し，市民文化の向上に資することを目的として昭和59年に制定した賞である。
【主催者】岡山市，岡山市文学賞運営委員会
【選考委員】(第24回)五木寛之，高井有一，竹西寛子，立松和平，西本鶏介(50音順)
【選考方法】推薦。全国各地から推薦された作品(自薦・他薦を問わない)について，予備選考委員により最終候補作品をしぼる
【選考基準】〔対象〕大人も子どもも共有できる世界を描いた優れた文学作品。前年9月1日から8月31日までの1年間の刊行物
【締切・発表】(第24回)平成21年1月20日選考委員会
【賞・賞金】正賞は賞状と賞牌，副賞は賞金100万円
【URL】http：//www.city.okayama.jp/shimin/bunka/index.htm

第1回(昭60年度)　太田　治子「心映えの記」(中央公論社)
第2回(昭61年度)　今村　葦子「ふたつの家のちえ子」(評論社)
第3回(昭62年度)　丘　修三「ぼくのお姉さん」(偕成社)
第4回(昭63年度)　笹山　久三「四万十川―あつよしの夏」(河出書房新社)
第5回(平1年度)　有吉　玉青「身がわり―母・有吉佐和子との日日」(新潮社)
第6回(平2年度)　川重　茂子「おどる牛」(文研出版)
第7回(平3年度)　江国　香織「こうばしい日々」(あかね書房)
第8回(平4年度)　立松　和平「卵洗い」(講談社)
第9回(平5年度)　李　相琴「半分のふるさと―私が日本にいたときのこと」(福音館書店)
第10回(平6年度)　森　詠「オサムの朝」(集英社)
第11回(平7年度)　阿部　夏丸「泣けない魚たち」(ブロンズ新社)
第12回(平8年度)　渡辺　毅「ぼくたちの〈日露〉戦争」(邑書林)
第13回(平9年度)　角田　光代「ぼくはきみのおにいさん」(河出書房新社)
第14回(平10年度)　重松　清「ナイフ」(新潮社)
第15回(平11年度)　阿川　佐和子「ウメ子」(小学館)
第16回(平12年度)　上野　哲也「ニライカナイの空で」(講談社)
第17回(平13年度)　川上　健一「翼はいつまでも」(集英社)
第18回(平14年度)　いしい　しんじ「麦ふみクーツェ」(理論社)
第19回(平15年度)　長谷川　摂子「人形の旅立ち」(福音館書店)
第20回(平16年度)　那須田　淳「ペーターという名のオオカミ」(小峰書店)
第21回(平17年度)　伊藤　たかみ「ぎぶそん」(ポプラ社)
第22回(平18年度)　関口　尚「空をつかむまで」(集英社)
第23回(平19年度)　椰月　美智子「しずかな日々」(講談社)
第24回(平20年度)　瀬尾　まいこ「戸村飯店　青春100連発」(理論社)

093 てんぷす文芸大賞

本村は沖縄本島の東西南北のちょうど真ん中に位置しており、これを人間に例えると「へそ」にあたることから、沖縄本島の中心「てんぷす・宜野座」を宣言。毎年10月24日を「てんぷすの日」として位置づけし、へその緒を題材にした文芸賞を創設し、全国から募集する。第6回(平成17年)で終了。

【主催者】宜野座村
【URL】http：//www.vill.ginoza.okinawa.jp/

第1回(平12年)
◇創作民話絵本部門
- 最優秀賞　阿南 ひろ子(静岡県)「最後の贈り物」
- 優秀賞　武田 一人(静岡県)「けん太の大宇宙」

◇創作村芝居脚本部門
- 最優秀賞　下渕 敏郎(大阪府)「見えないへその緒」
- 優秀賞　吉村 健二(埼玉県)「へその緒買います」

第2回(平13年)
◇大賞　前田 よし子(沖縄県)「聴診器」(小説)
◇佳作
　山田 隆司(埼玉県)「やまびこ」(小説)
　佐次 靖子(静岡県)「線香花火のように」(戯曲)

第3回(平14年)
◇大賞　金田 智美(福井県)「Come up Roses」(小説)
◇佳作
　吉村 健二(埼玉県)「家族屋」(戯曲)
　南風 あい(沖縄県)「てんぷすの花」(戯曲)

第4回(平15年)
◇大賞　武田 一人(静岡県)「カノン」(小説)
◇佳作
　木村 庸彦(神奈川県)「掩体壕の幻影」(小説)
　水野 修(奈良県)「星空行きのバス」(小説)

第5回(平16年)
◇大賞　八重瀬 けい(福岡県福岡市)「迷子屋」
◇佳作
　伊禮 和子(沖縄県沖縄市)「残冬」
　杉浦 美紀(愛知県名古屋市)「約束のとき」

第6回(平17年)
◇大賞　富崎 喜代美(佐賀県佐賀郡)「田んぼの神」
◇佳作
　山脇 立嗣(京都府京都市)「陽だまりの椅子」
　恵 芙美(スペイン在住)「太陽が巡る季節」
◇奨励賞　新垣 静香(沖縄県宜野座村)「かなさ」

094 「童話」作品ベスト3賞

昭和39年からスタートした賞で、日本童話会の機関誌「童話」に一年間発表した作品の中から、ベスト3に当選した作家に与えられる。第18回の授賞をもって中止。

【主催者】日本童話会
【選考委員】日本童話会員、日童協賛会員その他の読者
【選考基準】「童話」に一年間発表した作品を対象とし、日本童話会員、同童協賛会員、読者からの投票によって上位3名を決定

第1回(昭39年度)
　　竹木 良
　　間所 ひさ子
　　渡辺 和孝
第2回(昭40年度)
　　中村 ときを
　　鈴木 広
　　乾谷 敦子
第3回(昭41年度)
　　乾谷 敦子
　　渡辺 和孝
　　日野 多香子
第4回(昭42年度)
　　木部 恵司
　　宮入 黎子
　　千川 あゆ子
第5回(昭43年度)
　　川口 志保子
　　笠原 肇
　　金明 悦子
第6回(昭44年度)
　　大海 茜
　　大熊 義和
　　乾谷 敦子
第7回(昭45年度)
　　大熊 義和
　　村山 桂子
　　金明 悦子
第8回(昭46年度)
　　木部 恵司
　　笠原 肇
　　川口 志保子
第9回(昭47年度)
　　斉藤 洋子
　　北川 伸子
　　加藤 多一
第10回(昭48年度)
　　大谷 正紀
　　野田 道子
　　鈴木 美也子
第11回(昭49年度)
　　大熊 義和
　　笠原 肇
　　葛西 貴史
第12回(昭50年度)
　　大熊 義和
　　荒木 千春子
　　平塚 ウタ子
第13回(昭51年度)
　　早野 洋子
　　松田 範祐
　　愛川 ゆき子
第14回(昭52年度)
　　白井 三香子
　　石井 由昌
　　折口 てつお
第15回(昭53年度)
　　加藤 孝子
　　守谷 美佐子
　　堀 英男
第16回(昭54年度)
　　金明 悦子「ふぃっとさんのまほう」
　　加藤 多一「かたっぽうの青い手ぶくろ」
　　笠原 肇「団地まつりの日」
第17回(昭55年度)
　　平塚 ウタ子「ひぐれもりからきたえかきさん」
　　松田 範祐「キツネくんの手品」
　　松村 昌「星の子ホシタル」
第18回(昭56年度)
　　平尾 勝彦「まほうの木のみ」
　　池谷 晶子「テーラーさんなんとかしてえ」
　　塚本 良子「アトランティスの海」

---

095 童話賞

童話作家協会により、昭和13年に創設された賞であるが、昭和15年、第3回で終了した。

【主催者】童話作家協会
【選考委員】同協会評議員
【選考基準】協会編纂の年鑑童話集「日本童話名作選」に収録された童話の中から選んで与える
【賞・賞金】賞金100円

第1回（昭13年）　槇本 楠郎「母の日」　　　　第3回（昭15年）　酒井 朝彦「月夜の雉子」
第2回（昭14年）　小出 正吾「太あ坊」

---

096 とくしま県民文芸

徳島県の文芸の向上と普及を図るため、昭和44年に創設された。平成15年度に「とくしま文学賞」へ移行。

【主催者】 徳島県

【選考委員】（平成14年）森内俊雄（小説）、山下博之（文芸評論）、ふじたあさや（戯曲・脚本）、さねとうあきら（児童文学）、森内俊雄（随筆）、鈴木漠（現代詩）、河合恒治、紀野恵、斎藤祥郎、松並武夫（短歌）、上崎暮潮、大櫛静波、高井去私、滝佳杖、福島せいぎ、吉田汀史、（俳句）井上博、岸下吉秋、長野とくはる、福本しのぶ（川柳）

【選考方法】 公募

【選考基準】〔資格〕徳島県内に在住する者。〔対象〕俳句、短歌、川柳、現代詩、随筆、文芸評論、小説、戯曲・脚本、児童文学。〔原稿〕俳句、短歌、川柳は、1人2句もしくは2首以内。現代詩は1編400字詰原稿用紙2枚以内で1人1編とする。随筆は同3枚以内。文芸評論は同20枚以内。小説は同30枚以内。戯曲・脚本は、同50枚以内。児童文学は同20枚以内とし1人1編とする。いずれも未発表の作品に限る

【締切・発表】 9月30日（当日消印有効）、12月上旬（徳島新聞紙上）に発表予定。また、入選作品を「とくしま県民文芸」として収録、翌年2月上旬単行本として発行する

【賞・賞金】 記念品

（昭52年度）
　◇児童文学　久保 亮太
（昭53年度）
　◇児童文学　宮本 聡「自転車」
（昭54年度）
　◇児童文学　美馬 清子「きっちゃんのこっくりさん」
（昭55年度）
　◇児童文学　該当作なし
（昭56年度）
　◇児童文学　宮本 聡「子牛と少年」
（昭57年度）
　◇児童文学　宮本 聡「撫養川」
（昭58年度）
　◇児童文学　朝井 かよ「五百円玉の災難」
（昭59年度）
　◇児童文学　桃井 正子「ゆきこのトランク」
（昭60年度）
　◇児童文学　該当作なし
（昭61年度）
　◇児童文学　宗 武子
（昭62年度）
　◇児童文学　該当作なし
（昭63年度）
　◇児童文学　該当作なし

（平1年度）
　◇児童文学　該当作なし
（平2年度）
　◇児童文学　該当作なし
（平3年度）
　◇児童文学　該当作なし
（平4年度）
　◇児童文学　該当作なし
（平5年度）
　◇児童文学　該当作なし
（平6年度）
　◇児童文学　大西 トキハ「椿の墓」
（平7年度）
　◇児童文学　該当作なし
（平8年度）
　◇児童文学　該当作なし
（平9年度）
　◇児童文学　該当作なし
（平10年度）
　◇児童文学　該当作なし
（平11年度）
　◇児童文学　該当作なし
（平12年度）
　◇児童文学　武知 年広「ウグイスが鳴いた」

(平13年度)
◇児童文学　該当作なし

【これ以降は、097「とくしま文学賞」を参照】

097 とくしま文学賞

長い間県民の文学の友として愛されてきた「とくしま県民文芸」が、平成15年度より「とくしま文学賞」としてスタート。

【主催者】徳島県、徳島県立文学書道館
【選考委員】(第6回)〔小説部門〕山本道子〔脚本部門〕(舞台・映画・ドラマ)ふじたあさや〔文芸評論部門〕山下博之〔児童文学部門〕さねとうあきら〔随筆部門〕林啓介〔現代詩部門〕鈴木漠〔短歌部門〕紀野恵、斎藤祥郎、竹安隆代、松並武夫〔俳句部門〕上崎暮潮、小谷史井、斎藤梅子、西池冬扇、福島せいぎ、吉田汀史〔川柳部門〕井上博、岸下吉秋、中尾住吉、福本しのぶ〔連句部門〕高田保仁、東條士郎
【選考方法】公募
【選考基準】〔資格〕徳島県内在住・徳島県出身の方。〔対象〕小説・脚本(シナリオ)・文芸評論・児童文学・随筆(エッセイ)・現代詩・短歌・俳句・川柳・連句の10部門。〔原稿〕短歌・俳句・川柳は葉書で1人2首もしくは2句以内。その他の部門は400字詰原稿用紙を使用。小説50枚以内、脚本100枚以内、文芸評論20枚以内、児童文学20枚以内、随筆5枚以内、現代詩2枚以内、連句(形式自由)2枚以内。ワープロで作成の場合はA4版用紙横置きでタテ20字×ヨコ40字の縦書きとする。〔応募規定〕未発表の作品に限る。応募作品の訂正・差し替え・返却不可。類想、類句は賞を取り消すことがある。入賞作品は「文芸とくしま」に収録、翌年2月下旬頃単行本として発行する
【締切・発表】9月30日締切(必着)、12月中旬(新聞紙上)発表予定
【賞・賞金】〔小説・脚本〕最優秀作(各部門1点)：副賞5万円、〔文芸評論・児童文学〕最優秀賞(各部門1点)：副賞2万円、〔随筆・現代詩・短歌・俳句・川柳・連句〕最優秀賞(各部門1点)：副賞1万円
【URL】http：//www.bungakushodo.jp/

【これ以前は、096「とくしま県民文芸」を参照】

第1回(平15年度)
　◇児童文学
　　●最優秀　北川 英之「見たこともない海」
第2回(平16年度)
　◇児童文学
　　●最優秀　該当作なし
第2回(平16年度)
　◇児童文学部門
　　●最優秀　該当作なし

第3回(平17年度)
　◇児童文学部門
　　●最優秀　岡本 美惠子「おじいちゃんの手」
第4回(平18年度)
　◇児童文学部門
　　●最優秀　該当作なし
第5回(平19年度)
　◇児童文学部門
　　●最優秀　野津 敬「巣別れの季節」
第6回(平20年度)
　◇児童文学部門
　　●最優秀　該当作なし

098 とやま文学賞

社団法人富山県芸術文化協会が、昭和57年広く県民に開かれた総合文芸誌「とやま文学」創刊、同時に「とやま文学賞」を創設。文学に関するあらゆる分野の優れた創作活動及び研究の成果を選奨紹介し、特に気鋭の新人に発表の場を与えることをねらいとする。

【主催者】(社)富山県芸術文化協会
【選考委員】(第26回)木崎さと子, 辺見じゅん
【選考方法】公募
【選考基準】〔対象〕文学に関する作品すべてを対象とし, 未発表のものに限る。〔資格〕富山県在住者および出身者。〔原稿〕小説(戯曲を含む)・評論:400字詰原稿用紙30枚以上50枚以内, 児童文学・随筆:30枚程度, 詩・短歌・俳句・川柳:詩3編以内, 短歌30首, 俳句20句, 川柳20句
【締切・発表】9月末日締切, 翌年「とやま文学」に掲載発表
【賞・賞金】とやま文学賞:正賞記念品(辻志郎制作ブロンズ像), 副賞10万円
【URL】http://www.tiatf.or.jp/

第1回(昭58年)　該当作なし
第2回(昭59年)　該当作なし
第3回(昭60年)
　　◇児童文学部門　澤 なほ子「クラリネット」
第4回(昭61年)　該当作なし
第5回(昭62年)　該当作なし
第6回(昭63年)　該当作なし
第7回(平1年)　該当作なし
第8回(平2年)　該当作なし
第9回(平3年)　該当作なし
第10回(平4年)　該当作なし
第11回(平5年)　該当作なし
第12回(平6年)　該当作なし
第13回(平7年)　該当作なし
第14回(平8年)　該当作なし
第15回(平9年)　該当作なし
第16回(平10年)　該当作なし
第17回(平11年)　該当作なし
第18回(平12年)　該当作なし
第19回(平13年)　該当作なし
第20回(平14年)
　　◇児童文学　いき のりこ「ナスターシャの虹」
第21回(平14年度)　該当作なし
第22回(平15年度)　該当作なし
第23回(平16年度)　該当作なし
第24回(平17年度)　該当作なし
第25回(平18年度)　該当作なし
第26回(平19年度)　該当作なし

099 新美南吉児童文学賞

「赤い鳥」によって世に送り出され, 児童文学史上に輝かしい足跡を残した新美南吉を記念して, 新美南吉著作権管理委員会により, 昭和58年に制定された。

【主催者】新美南吉の会(赤い鳥の会)
【選考委員】(最終選考委員)松谷みよ子, 宮川ひろ, あまんきみこ
【選考方法】出版されたすべての児童文学作品を対象とし, また, 児童文学関係者にアンケート調査をおこない, 候補作品を選出(自薦, 他薦)
【選考基準】〔対象〕前年1月1日から, その年の12月末日までに初版発行された, 主として短篇と詩の児童文学作品
【締切・発表】(第27回)平成21年6月発表, 7月1日に贈呈式予定
【賞・賞金】正賞:賞状とブロンズ, 副賞:30万円

第1回(昭58年)
　　佐藤 洋子「私が妹だったとき」(偕成社)
　　北川 幸比古「むずかしい本」(いかだ社)
第2回(昭59年)　佐々木 赫子「同級生たち」(偕成社)
第3回(昭60年)
　　安房 直子「風のローラースケート」(筑摩書房)
　　宮川 ひろ「つばき地ぞう」(国土社)
第4回(昭61年)　伊沢 由美子「あしたもあ・そ・ぼ」(偕成社)
第5回(昭62年)
　　森 忠明「へびいちごをめしあがれ」(草土文化)
　　丘 修三「ぼくのお姉さん」(偕成社)
第6回(昭63年)　赤座 憲久「雨のにおい星の声」(小峰書店)
第7回(平1年)　羽曽部 忠「けやきの空」(かど創房)
第8回(平2年)　石井 睦美「五月のはじめ、日曜日の朝」(岩崎書店)
第9回(平3年)
　　日比 茂樹「少年釣り師・住谷陽平」(偕成社)
　　高橋 忠治「りんろろん―高橋忠治詩集」(かど創房)
第10回(平4年)　野本 淳一「短針だけの時計」(国土社)
第11回(平5年)　真田 亀久代「まいごのひと真田亀久代詩集」(かど創房)
第12回(平6年)　高山 栄子「うそつきト・モ・ダ・チ」(ポプラ社)
第13回(平7年)　梨木 香歩「西の魔女が死んだ」(楡出版)
第14回(平8年)　次良丸 忍「銀色の日々」(小峰書店)
第15回(平9年)　富安 陽子「小さなスズメ姫」シリーズ(偕成社)
第16回(平10年)　さな ともこ「ポーラをさがして」(講談社)
第17回(平11年)　にしわき しんすけ「日めくりのすきま」(文渓堂)
第18回(平12年)　花形 みつる〔作〕,垂石 真子〔絵〕「サイテーなあいつ」(講談社)
第19回(平13年)　最上 一平「ぬくい山のきつね」(新日本出版社)
第20回(平14年)　征矢 清〔作〕,林 明子〔絵〕「ガラスのうま」(偕成社)
第21回(平15年)　唯野 由美子「ミックスジュース」(小峰書店)
第22回(平16年)　小森 香折「ニコルの塔」(BL出版)
第23回(平17年)　やえがし なおこ「雪の林」(ポプラ社)
第24回(平18年)　きどのりこ「パジャマガール」(くもん出版)
第25回(平19年)　高木 あきこ 詩集「どこか いいところ」(理論社)
第26回(平20年)　本多 明「幸子の庭」(小峰書店)

100 新美南吉童話賞

　半田市出身の童話作家・新美南吉の顕彰及びふるさと半田PRの為創設。
【主催者】半田市教育委員会,新美南吉記念館
【選考委員】(第20回)第1次審査:知多郡内小中学校教諭ほか。第2次審査:浜たかや(児童文学者),宍戸健夫(教育学博士),末吉暁子(童話作家),藤田のぼる(児童文学評論家)
【選考方法】公募
【選考基準】〔対象〕テーマ自由の「創作童話」で,自作未発表のもの。一般の部(高校生以上):400字詰原稿用紙7枚以内,中学生の部:同5枚以内,小学生高学年の部(4年生以上):同5枚以内,小学生低学年の部:同3枚以内。縦書きでHB以上の鉛筆か,黒インクまたはボールペン使用。ワープロの場合は,1枚に20字×20行で印刷。感熱紙不可。作品には表紙(どんな用紙でも可)をつけ,題名,郵便番号,住所,氏名(学生の場合は保護者名も),年齢,職業(学生の場合は学校名・学年),電話番号を明記
【締切・発表】(第20回)平成20年6月1日～9月15日締切(当日消印有効),11月中旬発表,入選者のみ連絡

【賞・賞金】最優秀賞(1編)：賞金(50万円)，優秀賞(各部門1編)：一般・賞金5万円，その他・賞品3万円，佳作(各部門2編)：一般・賞品2万円，その他・賞品1万円，入選作品の著作権は，いずれも新美南吉記念館に帰属

【URL】http：//www.nankichi.gr.jp/douwasho/boshu.htm

第1回(平1年)
◇最優秀賞　吉田 達子(兵庫県西宮市)「カエルじぞう」
◇一般の部
- 優秀賞
  武田 てる子(埼玉県北本市)「金色のペンダント」
  谷本 聡(北海道札幌市)「あいちゃんのウインク星」
- 特別賞
  山下 雅子(東京保谷市)「ゆうくんがいてよかったね」
  渡辺 好子(愛知県刈谷市)「病気になったおばあちゃん」
  横田 有紀子(愛知県名古屋市)「おかあちゃんのべんとう」
◇児童生徒の部
- 優秀賞
  中根 裕希子(札幌市立手稲宮丘小)「ナキチャンマンの変身」
  佐藤 容子(半田市立亀崎中)「石の力」
  衛藤 美奈子(武豊町立衣浦小)「赤いリボンの町とむぎわらぼうしのお山」
- 特別賞　加賀谷 勇典(半田市立乙川小)「くまときつねとさかな」

第2回(平2年)
◇最優秀賞　笹川 奎治(千葉県船橋市)「おとうさんのつくえ」
◇一般の部
- 優秀賞　原田 雅江(愛知県豊橋市)「トン・トン・まえ」
- 特別賞
  森本 寿枝(愛知県豊橋市)「カエルのまつり」
  小笠原 由実(愛知県西尾市)「きつねの初めての友達」
◇児童生徒の部
- 特別賞
  関 麻里子(半田市立横川小6年)「お母さんの宝物」
  幅 千里(半田市立半田中3年)「青い列車」
  土屋 栄子(半田市立成岩中2年)「ワニの一生」

第3回(平3年)
◇最優秀賞　笹森 美保子(青森県青森市)「ポコ太くんゆうびんです」
◇一般の部
- 優秀賞　長谷川 たえ子(愛知県海部郡大治町)「ご用聞き五郎さん」
◇小学生高学年の部
- 優秀賞　吉岡 杏那(愛知県半田市)「とらになった女の子」
◇小学生低学年の部
- 優秀賞　岡戸 優(埼玉県入間市)「パトロール犬チビ」
- 特別賞
  村田 好章(滋賀県草津市)「救急車は風に吹かれて」
  大橋 由佳(東京都八王子市)「ともちゃんにお気に入り」
  畑 雅明(広島県広島市)「森のレポーター」
  鈴木 里奈(愛知県半田市)「洋服ダンスの中の国」
  立川 瑠衣(愛知県知多郡東浦町)「ルンといっしょにあそぼ」

第4回(平4年)
◇最優秀賞(文部大臣奨励賞)　羽月 由起子(愛知県大府市)「かいぬしもとむ」
◇一般の部
- 優秀賞　東島 賀代子(長野県長野市)「かばのおしり」
- 特別賞
  渡辺 仁美(兵庫県神戸市)「ゆびわうさぎ」
  高田 裕子(東京都目黒区)「恋をしたバイオリン」
  斎藤 至子(愛知県半田市)「夏まつり」
  迫田 宏子(愛知県名古屋市)「せみの子しん吉」
  沢田 俊子(大阪府堺市)「大きなくつした小さなくつした」
  水野 きみ(愛知県名古屋市)「かあちゃんのにおい」
◇中学生の部
- 優秀賞　榊原 亜依(半田市立成岩中2年)「さか上がり」
◇小学生高学年の部

- 優秀賞　橘川 春奈(松戸市立八ケ崎第2小4年)「公園でのおばあさん」
- 特別賞　綿田 千花(秋川市立前田小6年)「青い貝の思い出」

◇小学生低学年の部
- 優秀賞　水谷 文宣(佐屋町立佐屋小2年)「たのしい森のなかまたち」
- 特別賞　杉森 美香(半田市立半田小2年)「たこといかとくらげの話」

第5回(平5年)
◇最優秀賞(文部大臣奨励賞)　清水 礼子(愛知県名古屋市)「宿題屋」
◇一般の部
- 優秀賞　河合 道子(岡山県岡山市)「浜茶屋の青い風鈴」
- 特別賞
  加藤 敏博(福島県会津若松市)「橋」
  髙島 宏美(奈良県奈良市)「いたずら地蔵」
  畠山 あえか(京都府京都市)「夢屋」
  長谷部 奈美江(山口県下関市)「ぼくのストーブ」
  藤田 直樹(東京都江戸川区)「元気うさぎ」

◇中学生の部
- 優秀賞　小川 知宏(池田中1年)「きんかんレストラン」
- 特別賞　小林 みずほ(山形市立第5中2年)「やまんばひとりぼっち」

◇小学生高学年の部
- 優秀賞　国分 綾子(中村小4年)「なめくじとかたつむり」
- 特別賞
  名村 麻紗子(小学6年)「りさちゃんと松の木」
  稲垣 意地子(一宮西小6年)「不思議なマグカップ」

◇小学生低学年の部
- 優秀賞
  鯉江 直子(正木小1年)「なおこちゃんのおとなのは」
  鯉江 康弘(正木小3年)「きょうはなに色」

第6回(平6年)
◇最優秀賞(文部大臣奨励賞)　土手 康子(宮崎県宮崎市)「ネコの手かします」
◇一般の部
- 優秀賞　横山 てる子(宮城県仙台市)「トウエモン」
- 特別賞
  村上 ときみ(福島県会津若松市)「お祭りの夜に」

  小西 るり子(奈良県奈良市)「アクア・メロディ」

◇中学生の部
- 優秀賞　寺尾 紅美(京都府京都府)「はらぺこ金魚」
- 特別賞　桑原 由美子(山口県下関市)「空に落ちる日 地球の童話」

◇小学生高学年の部
- 優秀賞　水谷 文宣(東京都江戸川区)「愛の消しゴム」
- 特別賞　国分 綾子(岐阜県揖斐郡)「かえるのお母さん」

◇小学生低学年の部
- 優秀賞　小川 峯正(山形県山形市)「ぼく、じてんしゃにのれたよ」
- 特別賞　宮下 響子(愛知県名古屋市)「金の助は泳げない!?」

第7回(平7年)
◇最優秀賞(文部大臣奨励賞)　福原 薫(愛知県知多郡東浦町)「花しょうぶ」
◇一般の部
- 優秀賞(半田市長賞)　土ケ内 照子(東京都渋谷区)「タッペイがゆく」
- 特別賞(中埜酢店賞)　沢田 俊子(大阪府堺市)「おいで野原へ」
- 特別賞(七番組賞)　竹中 博美(兵庫県姫路市)「おしゃべりな傘」
- 特別賞(中部電力賞)　遠藤 律子(岡山県岡山市)「二匹のかたつむり」

◇中学生の部
- 優秀賞(半田青年会議所賞)　伊藤 史篤(北里中学校3年)「贈り物」
- 特別賞(伊東賞)　岩田 美子(半田中学校3年)「紅」

◇小学生高学年の部
- 優秀賞(新美南吉記念館賞)　延島 みお(成岩小学校6年)「海からの招待状」
- 特別賞(中埜酒造賞)　角谷 陽子(御薗小学校6年)「花たちの競争」

◇小学生低学年の部
- 優秀賞(中日新聞社賞)　高部 友暁(岩滑小学校3年)「ニワトリのコケは転校生」

第8回(平8年)
◇最優秀賞(文部大臣奨励賞)　橋谷 桂子(福井県福井市)「みーんなみんなドクドクドックン」
◇一般の部
- 優秀賞(半田市長賞)　朝比奈 蓉子(福岡県福岡市)「真夜中のプール」
- 特別賞(中埜酢店賞)　武政 博(高知県高岡郡中土佐町)「ミカドアゲハ蝶のいる町」

- 特別賞(中部電力賞) 原田 規子(長野県塩尻市)「いもうとのくつ」
◇中学生の部
  - 優秀賞(半田青年会議所賞) 三浦 真佳(半田中学校2年)「ひまわり」
  - 特別賞(伊東賞) 間瀬 絵理奈(亀作中学校3年)「お月様のプレゼント」
◇小学生高学年の部
  - 優秀賞(ごんぎつねの会賞) 桐谷 昌樹(金程小学校6年)「ちっちゃないのち」
  - 特別賞(中埜酒造賞) 茶谷 恵美子(御所小学校6年)「ちょうちょからの贈り物」
◇小学生低学年の部
  - 優秀賞(中日新聞社賞) 平川 詩織(西陵小学校2年)「星のかけら」

第9回(平9年)
◇最優秀賞(文部大臣奨励賞) 成瀬 武史(神奈川県横須賀市)「ホライチのがま口」
◇一般の部
  - 優秀賞(半田市長賞) 宮下 明浩(大阪府大阪市)「囚人の木」
  - 特別賞(中埜酢店賞) 高柳 寛一(静岡県富士市)「ネズミの二郎」
◇中学生の部
  - 優秀賞(新美南吉顕彰会賞) 青木 優美(半田市立半田中1年)「はばたけ 青空へ!!」
  - 優秀賞(半田青年会議所賞) 神戸 明子(半田市立成岩中2年)「ヤナギのかんむり」
  - 特別賞(中部電力賞) 三浦 真佳(半田市立半田中3年)「春」
◇小学生高学年の部
  - 優秀賞(ごんぎつねの会賞) 中村 友美(東海市立加木屋小5年)「金色の羽」
  - 特別賞(伊東賞) 松尾 拓実(東海市立横須賀小4年)「さぼりん」
◇小学生低学年の部
  - 優秀賞(中日新聞社賞) 井上 稚菜(半田市立乙川小2年)「ふしぎなかっぱいけ」
  - 特別賞(中埜酒造賞) 品川 浩太郎(半田市立宮池小2年)「ありのたからもの」

第10回(平10年)
◇最優秀賞(文部大臣奨励賞) ほり ゆきこ(ペンネーム)(福井県鯖江市)「大好き、忘れんぼう先生」
◇一般の部
  - 優秀賞(半田市長賞) 三枝 寛子(兵庫県宝塚市)「すずらん写真館」
  - 特別賞(中埜酢店賞) 森本 ひさえ(千葉県船橋市)「いそがなくっちゃ、いそがなくっちゃ」
  - 特別賞(中部電力賞) 中尾 三十里(ペンネーム)(大阪府寝屋川市)「ナルミサウルス」
◇中学生の部
  - 優秀賞(新美南吉顕彰会賞) 谷川 聖(半田市立青山中2年)「スイカの冒険」
  - 優秀賞(半田青年会議所賞) 伊藤 君佳(南知多町立豊浜中2年)「母の声一心を開いて」
  - 特別賞(伊東賞) 小川 由有(関市立旭ケ丘中2年)「小さなSL」
◇小学生高学年の部
  - 優秀賞(ごんぎつねの会賞) 該当作なし
  - 特別賞(中埜酒造賞) 松尾 拓実(東海市立横須賀小5年)「でか太郎」
◇小学生低学年の部
  - 優秀賞(中日新聞社賞) 水野 円香(常滑市立鬼崎北小2年)「月をわっちゃった」

第11回(平11年)
◇最優秀賞(文部大臣奨励賞) 田苗 恵(北海道札幌市)「杏っ子ものがたり～夏」
◇一般の部
  - 優秀賞(半田市長賞) なつの 由紀(神奈川県横浜市)「ジュン君の朝日」
  - 特別賞(ミッカン賞) 美月 レイ(大阪府大阪市)「町のへそ」
  - 特別賞(中部電力株式会社賞) 上 紀男(東京都三鷹市)「ケンちゃんのお仕事」
  - 特別賞(伊東合資会社賞) 金沢 秀城(東京都目黒区)「芽生え」
◇中学生の部
  - 優秀賞(社団法人半田青年会議所賞) 竹内 尚俊(愛知県知多郡阿久比町)「大仏の子」
  - 優秀賞(新美南吉顕彰会賞) 村木 智子(愛知県半田市)「続 手ぶくろを買いに」
  - 特別賞(中埜酒造株式会社賞) 加藤 愛(愛知県北設楽郡設楽町)「海の星の物語」
◇小学生高学年の部
  - 優秀賞(ごんぎつねの会賞) 松尾 拓実(愛知県東海市)「リモコン」
◇小学生低学年の部
  - 優秀賞(中日新聞社賞) 横田 みなみ(愛知県知多郡美浜町)「ひいおじいちゃんの黒電話」

第12回(平12年)
◇最優秀賞(文部大臣奨励賞) 該当作なし
◇一般の部
  - 優秀賞(半田市長賞) 大槻 哲郎「めじるしの石」
  - 特別賞(中部電力株式会社賞) 森 夏子「悲しみがなくなるコース」

- 特別賞(中埜酒造株式会社賞) 田原 明美「洗えないあらいぐま」
- 特別賞(ミツカン賞) 伊藤 紀代「ひょんの笛」

◇中学生の部
- 優秀賞(新美南吉顕彰会賞) 竹内 尚俊「かあちゃん」
- 優秀賞(社団法人半田青年会議所賞) 榊原 和美「メール・メッセージ」

◇小学生高学年の部
- 優秀賞(ごんぎつねの会賞) 吉田 萌「おばあちゃんのセーター」

◇小学生低学年の部
- 優秀賞(中日新聞社賞) 宮地 璃子「きもちをつたえたかったモルモット」

第13回(平13年)
◇最優秀賞(文部科学大臣奨励賞) 梅津 敏昭(東京都小金井市)「かいじゅうがやってきた」
◇一般の部
- 優秀賞(半田市長賞) 石古 美穂子(大阪府寝屋川市)「線香花火」
- 特別賞(中部電力株式会社賞) 寺尾 幸子(香川県高松市)「キツネとたんこぶ」
- 特別賞(中埜酒造株式会社賞) 駒井 洋子(岩手県岩手郡玉山村)「ひのき森」
- 特別賞(ミツカン賞) 樫 田鶴子(千葉県流山市)「アマダドリの森」

◇中学生の部
- 優秀賞(新美南吉顕彰会賞) 田中 綾乃(福岡県福岡市)「神様がくれたお耳」
- 優秀賞(社団法人半田青年会議所賞) 岩橋 さやか(愛知県半田市)「王様の木」
- 特別賞(知多信用金庫賞) 宮寺 結花(埼玉県坂戸市)「さかさまてるてる」

◇小学生高学年の部
- 優秀賞(ごんぎつねの会賞) 宮内 真理(埼玉県さいたま市)「おるすばん」

◇小学生低学年の部
- 優秀賞(中日新聞社賞) 大曽根 彩乃(岐阜県可児市)「春の原っぱ」

第14回(平14年)
◇最優秀賞(文部科学大臣奨励賞) 丸毛 昭二郎(岐阜県岐阜市)「イチタのペラペラ」
◇一般の部
- 優秀賞(半田市長賞) いとう さえみ(神奈川県鎌倉市)「水曜日のカラス」
- 特別賞(中部電力株式会社賞) 山野 大輔(大阪府堺市)「夏の思い出は…コロネ!?」
- 特別賞(ミツカン賞) 岩田 えりこ(愛知県豊橋市)「タイム・ラグ」
- 特別賞(知多信用金庫賞) 河合 真平(愛知県名古屋市)「とうもろこし」

◇中学生の部
- 優秀賞(社団法人半田青年会議所賞) 石川 紀実(愛知県半田市)「竹トンボ」
- 優秀賞(新美南吉顕彰会賞) 山岡 亜由美(大分県大分市)「ぼくがベルを鳴らすとき」

◇小学生高学年の部
- 優秀賞(ごんぎつねの会賞) 井上 瑞基(愛知県半田市)「たろうのおにぎり」

◇小学生低学年の部
- 優秀賞(中日新聞社賞) 福井 雅人(愛知県名古屋市)「ボールうさぎ」

第15回(平15年)
◇最優秀賞(文部科学大臣奨励賞) 七海 冨久子(筆名)(神奈川県横浜市)「くまあります」
◇一般の部
- 優秀賞(半田市長賞) 中野 由貴(兵庫県芦屋市)「月とオーケストラ」
- 特別賞(中部電力株式会社賞) 三原 道子(筆名)(埼玉県桶川市)「びしょぬれのライオン」
- 特別賞(ミツカン賞) 季巳 明代(筆名)(鹿児島県出水市)「居酒屋『ひょうたん』」
- 特別賞(知多信用金庫賞) 高畠 ひろき(愛知県春日井市)「あしたはなにいろ」

◇中学生の部
- 優秀賞(社団法人半田青年会議所賞) 山内 真央(愛知県半田市)「おばあさんの染物屋さん」
- 特別賞(新美南吉顕彰会賞) 野田 拓弥(愛知県知多郡美浜町)「魔法の黄色いグローブ」

◇小学生高学年の部
- 優秀賞(ごんぎつねの会賞) 菊池 俊匠(東京都江戸川区)「おつきさまいなくなる」

◇小学生低学年の部
- 優秀賞(中日新聞社賞) 和田 夏実(群馬県高崎市)「せんぷうきくん」

第16回(平16年)
◇最優秀賞(文部科学大臣奨励賞) 松永 あやみ(熊本県熊本市)「ママからのプレゼント」
◇一般の部
- 優秀賞(半田市長賞) 桜木 夢(千葉県習志野市)「おじいさんのこうもり傘」
- 特別賞(中部電力株式会社賞) 平澤 めぐ み(愛知県半田市)「花束になった木」
- 特別賞(ミツカン賞) 森本 多恵子(大阪府豊中市)「やぎがかえってきた」

- 特別賞(知多信用金庫賞)　菊池 紀子(東京都杉並区)「狐雪(こゆき)」
◇中学生の部
- 優秀賞(社団法人半田青年会議所賞)　井上 稚菜(愛知県半田市)「おべんとう」
- 特別賞(新美南吉顕彰会賞)　榊間 涼子(岐阜県加茂郡白川町)「雨」
◇小学生高学年の部
- 優秀賞(ごんぎつねの会賞)　外山 愛美(愛知県知多郡美浜町)「不思議な歌」
◇小学生低学年の部
- 優秀賞(中日新聞社賞)　森 優希(愛知県名古屋市)「がんばれ！トマトン」

第17回(平17年)
◇最優秀賞(文部科学大臣奨励賞)　山本 成美(島根県出雲市)「万蔵山温泉へごしょうたい」
◇一般の部
- 優秀賞(半田市長賞)　近藤 貴美代(愛知県名古屋市)「耕ちゃんとじいちゃんの風船」
- 特別賞(中部電力株式会社賞)　小川 美篤(東京都狛江市)「松の湯の妖怪たち」
- 特別賞(ミツカン賞)　村上 ときみ(神奈川県川崎市)「がんこ者のそば屋」
- 特別賞(知多信用金庫賞)　新田 恵実子(徳島県徳島市)「一パーセントフクロウ」
◇中学生の部
- 優秀賞(社団法人半田青年会議所賞)　水野 由梨(愛知県半田市)「ひとりぼっちの子だぬき」
- 特別賞(新美南吉顕彰会賞)　松田 美穂(愛知県半田市)「座敷童子と遊んだ日」
◇小学生高学年の部
- 優秀賞(ごんぎつねの会賞)　近藤 彩映(愛知県知多郡東浦町)「木は見ていた。」
◇小学生低学年の部
- 優秀賞(中日新聞社賞)　高橋 里佳(愛知県半田市)「まいごのたまちゃん」

第18回(平18年)
◇最優秀賞(文部科学大臣奨励賞)　水野 良恵(埼玉県幸手市)「毛糸のおでかけ」
◇一般の部
- 優秀賞(半田市長賞)　新井 肇(東京都板橋区)「たんぽぽネズミ」
- 特別賞(中部電力株式会社賞)　中尾 美佐子(長崎県長崎市)「カヨばあさんのふしぎなくつ」
- 特別賞(ミツカン賞)　田邉 和代(兵庫県神戸市)「石の卵」
- 特別賞(知多信用金庫賞)　せき あゆみ(千葉県勝浦市)「はるさんの手紙」
◇中学生の部

- 優秀賞(社団法人半田青年会議所賞)　水野 由基(愛知県半田市)「色えんぴつをひろって」
- 特別賞(新美南吉顕彰会賞)　天野 澪(京都府京都市)「ふしぎなまんげきょう」
◇小学生高学年の部
- 優秀賞(ごんぎつねの会賞)　藤原 淳寛(千葉県我孫子市)「連れてってよ」
◇小学生低学年の部
- 優秀賞(中日新聞社賞)　水谷 天音(京都府京都市)「ひらがなむらのようせい」

第19回(平19年)
◇最優秀賞(文部科学大臣奨励賞)　粂 綾(神奈川県藤沢市)「しゃべるばけつ」
◇一般の部
- 優秀賞(半田市長賞)　西山 香子(新潟県新潟市)「お降りの方は」
- 特別賞(ミツカン賞)　エース(愛知県東海市)「背中かき屋の太郎さん」
- 特別賞(知多信用金庫賞)　川崎 里子(滋賀県長浜市)「だだ・だだ・だー」
- 特別賞(中部電力株式会社賞)　森田 文(埼玉県日高市)「マタノゾキ」
◇中学生の部
- 優秀賞(社団法人半田青年会議所賞)　井上 瑞基(愛知県半田市)「おばあちゃん×1/5＝私」
- 特別賞(新美南吉顕彰会賞)　北村 光(東京都東久留米市)「温泉のワニ」
◇小学生高学年の部
- 優秀賞(ごんぎつねの会賞)　治山 桃子(岡山県岡山市)「地上に花が咲いたわけ」
◇小学生低学年の部
- 優秀賞(中日新聞社賞)　水谷 天音(京都府京都市)「にわとりのクックさんとお空のたまご」

第20回(平20年)
◇最優秀賞(文部科学大臣奨励賞)　とだ かずき(京都府京都市)「かげつなぎ」
◇一般の部
- 優秀賞(半田市長賞)　黒田 みこ(大阪府豊中市)「しましま」
- 特別賞(ミツカン賞)　栗本 大夢(岐阜県岐阜市)「干柿と交換しておくれ」
- 特別賞(知多信用金庫賞)　伴 和久(東京都渋谷区)「風鈴坂」
- 特別賞(中部電力株式会社賞)　南河 潤吉(東京都日野市)「消えた鳥かご」
◇中学生の部
- 優秀賞(社団法人半田青年会議所賞)　藤井 巳菜海(愛知県常滑市)「ねこのおだんごやさん」

- 特別賞(新美南吉顕彰会賞) 塩田 典子(愛知県知多郡美浜町)「満月の夜に」
◇小学生高学年の部
- 優秀賞(ごんぎつねの会賞) 奥山 絵梨香(東京都品川区)「サンタクロースの国のペペ」
◇小学生低学年の部
- 優秀賞(中日新聞社賞) 柿林 杏耶(愛知県名古屋市)「おふろってきもちいい」
◇その他の部
- 第20回記念賞 木村 明美(青森県十和田市)「じょうろのチョロ吉」

101 新美南吉文学賞

現中日新聞相談役西沢勇の提唱により,郷土の童話作家新美南吉を記念して昭和43年に創設。第16回の授賞をもって中止。

【主催者】東海文学振興会, 世論往来の会
【選考委員】新美保三, 渡辺正男, 中日新聞社文化部長, 婦人部長
【選考方法】公募
【選考基準】〔対象〕新美南吉に関する作品, 研究, 児童文学に関する作品, 研究, 詩, 短歌, 俳句, 小説など。〔資格〕作品の長さ, 応募点数は自由, 出版した作品でも可
【締切・発表】毎年3月末締切, 5月発表
【賞・賞金】本賞(時計)と副賞(賞額と5万円)

第1回(昭43年) 後藤 順一「評伝・新美南吉」
第2回(昭44年) 大石 源三「南吉文学散歩」(日本児童文学)
第3回(昭45年)
　北村 けんじ「ハトと飛んだボク」(少年小説, 大日本図書)
　山内 清平「南支那海」(歌集, 短歌研究社)
第4回(昭46年)
　牧野 不二夫「貝がらの歌—新美南吉物語」(戯曲)
　平野 ますみ「春のかくれんぼ」(童話集, 主婦の友出版S.C.)
第5回(昭47年) 山本 知都子「海がめのくる浜」(少年小説, 牧書店)
第6回(昭48年)
　都島 紫香「名古屋児童文学史の研究」
　中部日本放送制作班「ランプと貝殻」(テレビドラマ)
第7回(昭49年)
　宇野 正一「私の新美南吉」
　浜野 卓也「新美南吉の世界」(新評論)
第8回(昭50年)
　勅使 逸雄「現代っ子とお話」(児童文学研究)
　若林 宏「若林ひろし一幕戯曲集」(私家版)

第9回(昭51年)
　原 昌「児童文学の笑い」(評論, 牧書店)
　堀 幸平「ガララに盗まれた神の笛」(子供ミュージカルドラマ)
第10回(昭52年)
　河合 弘「君はわが胸のここに生きて—友南吉との対話」(小説)
　山田 洋「伊吹」(句集)
第11回(昭53年)
　平松 哲夫「一番星にいちばん近い丘」(童話集, 童話人社)
　山崎 初枝「植物記」(歌集)
第12回(昭54年)
　服部 勇次「郷土のわらべ歌(愛知 正・続, 三重, 岐阜 全4巻)」(中部音楽創作連盟)
　吉田 弘「知多のむかし話」(愛知県郷土資料刊行会)
第13回(昭55年)
　伊藤 敬子「写生の鬼・俳人鈴木花蓑」(評伝, 中日新聞本社)
　赤座 憲久「雪と泥沼」(少年小説, 小峰書店)
第14回(昭56年)
　井上 寿彦「みどりの森は猫電通り」(童話, 講談社)
　石浜 勝二「沿線」(句集, 環礁俳句会)

第15回（昭57年）
　　小栗　一男「薔薇ならば―新美南吉伝」
　　　（小説、檸檬社）
　　浜田　美泉「冬芽・第三集」（句集）

第16回（昭58年）
　　三宅　千代「夕映えの雲」（小説）
　　浅野　彬「今様美濃の語り部たち」（童話）

102　ニッサン童話と絵本のグランプリ

　　財団法人大阪国際児童文学館が創設。人びとの児童文学に対する関心を高めながら童話や絵本の創作活動を促し、児童文学の発展を図ることを目的とする。

【主催者】（財）大阪国際児童文学館
【選考委員】あまんきみこ（童話作家）、杉浦範茂（絵本作家）、杉田豊（絵本作家）、松岡享子（（財）東京子ども図書館理事長）、高橋忠生（日産自動車（株）取締役副会長）、松居直（（財）大阪国際児童文学館理事長）、向川幹雄（（財）大阪国際児童文学館館長）
【選考方法】公募
【選考基準】〔対象〕構成、時代などテーマは自由で、未発表の創作童話、創作絵本に限る。〔資格〕職業作家は除く。作品を単著で商業出版したことのない者。〔原稿〕童話：400字づめ原稿用紙5枚～10枚。絵本：構成はタイトルページ1頁と本文11見開きまたは15見開き（計23頁または31頁）とし、綴じない。彩色は多色を主体とし、画材・技法は自由。大きさ・版型も自由。文章を必要としない場合は「文なし」と記入。絵と文の共作でも可
【締切・発表】（第25回）締切は平成20年10月31日（当日消印有効）、発表は平成21年3月初旬（応募者には直接通知）
【賞・賞金】大賞：童話（1編）賞状と賞金50万円、絵本（1編）賞状と賞金70万円、優秀賞：童話（3編）賞状と賞金10万円、絵本（3編）賞状と賞金20万円、佳作：童話（20編）賞状と記念品、絵本（10編）賞状と記念品。大賞受賞作品は、それぞれ出版される。出版権、複製権及び所有権は、主催者及び協賛者に帰属
【URL】http://www.iiclo.or.jp/

第1回（昭59年）
　◇童話　新倉　智子「チラカスぞう」
　◇絵本　宮崎　博和「ワニ君の大きな足」
第2回（昭60年）
　◇童話　尾崎　美紀「まさかのさかな」
　◇絵本　大西　ひろみ「ふたをとったらびんのなか」
第3回（昭61年）
　◇童話　中島　博男「へらなかった石けん」
　◇絵本　岡本　芳美「あまのじゃく」
第4回（昭62年）
　◇童話　神田　千砂「月夜のバス」
　◇絵本　立野　恵子「蒲公英（たんぽぽ）」
第5回（昭63年）
　◇童話　張山　秀一「ぞうのかんづめ」
　◇絵本　鈴木　純子「サンタクロースのいちばん最後のプレゼント」
第6回（平1年）
　◇童話　吉村　健二「ともこちゃんの誕生日」
　◇絵本　石崎　正次「いねむりのすきな月」
第7回（平2年）
　◇童話　藤本　たか子「ワニとごうとう」
　◇絵本　奥井　ゆみ子「Sanata clausの素敵な道具の絵本」
第8回（平3年）
　◇童話　増本　勲「ライオンの考えごと」
　◇絵本　光　太佩「夢に浮かぶ島」
第9回（平4年）
　◇童話　虹月　真由美「春のかんむり」
　◇絵本　松川　真樹子「うみからのてがみ」
第10回（平5年）
　◇童話　立花　あさこ
　◇絵本　スエリ・ピニョ「まじょだ！」
第11回（平6年）
　◇童話　さえぐさ　ひろこ
　◇絵本　高野　敦子「平原の家から」
第12回（平7年）
　◇童話　坂本　のこ「本はやくにたつ」

◇絵本　スオミ　セツコ「ないしょなんだけどね」
第13回(平8年)
　◇童話　横田　明子「ば、い、お、り、ん」
　◇絵本　小林　治子「またふたりで」
第14回(平9年)
　◇童話　西村　まり子「ポレポレ」
　◇絵本　原田　優子「リリ」
第15回(平10年)
　◇童話　松浦　信子「ぼくもできたよ！」
　◇絵本　植田　英津子「AROUND THE MIDNIGHT」
第16回(平11年)
　◇童話　該当作なし
　◇絵本　朝倉　知子「夜風魚の夜」
第17回(平12年)
　◇童話　西村　文「さようなら、ピー太」
　◇絵本　白鳥　洋一「ゆきおとこのバカンス」
第18回(平13年)
　◇童話　小野　靖子「か」
　◇絵本　広井　法子「ミミヨッポ」
第19回(平14年)
　◇童話　該当作なし
　　●優秀賞1席　屋島　みどり「ネコひげアンテナ」

　◇絵本　中新井　純子「しろしろのチョーク」
第20回(平15年)
　◇童話　該当作なし
　　●優秀賞1席　福島　聡「はいけい、たべちゃうぞ」
　◇絵本　成田　聡子「かかしごん」
第21回(平16年度)
　◇童話の部　山下　奈美「7ページ目　ないしょだよ」
　◇絵本の部　丸岡　慎一「白い道」
第22回(平17年度)
　◇童話の部　佐藤　まどか「大切な足ヒレ」
　◇絵本の部　千葉　三奈子「ハルとカミナリ」
第23回(平18年度)
　◇童話　大槻　瞳「ホタルの川」
　◇絵本　富田　真矢「スイカぼうず」
第24回(平19年度)
　◇童話の部　増井　邦恵「春になったら開けてください」
　◇絵本の部　H@L「モイモイのポッケ」
第25回(平20年)
　◇童話の部　あさば　みゆき「鉄のキリンの海わたり」
　◇絵本の部　みやこし　あきこ「たいふうがくる」

103　日本アンデルセン親子童話大賞

　アンデルセンの生涯のテーマ「愛と誠実」を、親と子の共同製作による、童話や絵本の中に見い出し、またその作業によって親子のふれあいの場をつくるために創設。平成6年第3回をもって中止。

【主催者】アンデルセン博物館(デンマーク)、瀬戸内海放送、朝日新聞社
【選考委員】(第2回)名誉審査委員長：ニールス・オクセンヴァド(アンデルセン博物館長)、委員長：イルカ(シンガーソングライター)、委員：村山亜土(児童劇作家)、松野正子(作家)、大友康夫(絵本作家)、山本省三(絵本作家)
【選考方法】公募
【選考基準】〔対象〕童話、絵本。〔資格〕童話、絵本ともに親と未成年の子供、または成人と未成年者の「共同作品」に限る。未発表の創作作品。点字も可。〔原稿〕童話：400字詰め原稿用紙10枚以内、またはこれに準じた字数。絵本：用紙は見開きでA3以内。タイトルページ1ページ。本文は15見開き(30ページ)以内。製本または原画どちらでも応募可
【締切・発表】(第2回)平成4年9月30日締切(消印有効)、5年2月発表(朝日新聞全国版、KSBステーションEYEはじめ自社制作番組で告知)
【賞・賞金】グランプリ(童話部門・絵本部門からあわせて1作)：デンマーク・フィンランド旅行、トロフィー、副賞記念品(10万円相当)、メルヘン賞(2作)：10万円相当の旅行券、副賞記念品、ドリーム賞(5作)：5万円相当の旅行券、副賞記念品。入賞作品の著作権は、瀬戸内海放送に帰属。グランプリ受賞作品は、アンデルセン博物館に展示される

第1回（平3年度）
　◇グランプリ（絵本部門）　鳥居 悠, 鳥居 敏子
　　（岡山市）「くろねこのおにいちゃんといもうとのとらねこのルル」
第2回（平4年度）
　◇グランプリ（絵本部門）　北田 悠, 北田 佳子
　　（ドイツ・ブレーメン）「ひっこしのおてつだい」

第3回（平6年度）
　◇グランプリ　田代 郁子, 田代 沙織（東京都板橋区）「夢みだけを食ったじいちゃん」
　◇メルヘン賞　池田 芳実, 池田 依代, 池田 光児（金沢市）
　◇ドリーム賞
　　山本 洋子, 山本 春佳（豊川市）
　　渡辺 浩子, 渡辺 育巳（鳩ケ谷市）

104　日本絵本賞

優秀な絵本を顕彰することにより、子供たちの絵本読書がより盛んになることと、絵本出版の発展を願って平成7年に創設。絵本芸術の普及、絵本読書の振興、絵本出版の発展に寄与することを目的とする。

【主催者】（社）全国学校図書館協議会、毎日新聞社
【選考委員】（第14回）松本猛（選考委員長）、小林功、重里徹也、福田美蘭、森絵都
【選考方法】全国学校図書館協議会絵本委員会において候補を決定し、主催者が委嘱した最終選考委員による最終選考会で決定。読者賞については、主催者が指定した「日本絵本賞読者賞候補絵本」を対象として、一般読者から投票を募る
【選考基準】〔対象〕毎年10月1日から翌年9月30日までの1年間に、日本において出版された絵本とする。ただし、「読者賞」の対象絵本は、前年10月1日から当年9月30日までに出版された絵本
【締切・発表】3月下旬「毎日新聞」、「学校図書館」及び「学校図書館速報版」紙上にて発表、表彰式は「絵本週間」の期間内に東京都内において行う
【URL】http://dokusyokansoubun.jp/ehon/

第1回（平7年）
　◇大賞　あきやま ただし〔作・絵〕「はやくねてよ」（岩崎書店）
　◇日本絵本賞
　　松田 素子〔作〕, 石倉 欣二〔絵〕「おばあちゃんがいるといいのにな」（ポプラ社）
　　八板 康麿〔写真・文〕, 杉浦 範茂〔絵・構成〕「スプーンほしとおっぱいほし」（福音館書店）
　◇翻訳絵本賞　ピーター・アーマー〔作〕, アンドリュー・シャケット〔絵〕, 二宮 由紀子〔訳〕「だれか、そいつをつかまえろ」（ブックローン出版）
第2回（平8年）
　◇大賞　該当作なし
　◇日本絵本賞
　　長野 ヒデ子〔作〕「せとうちたいこさんデパートいきタイ」（童心社）
　　沢田 としき〔作〕「アフリカの音」（講談社）

　　星川 ひろ子〔写真・文〕「ぼくたちのコンニャク先生」（小学館）
　◇翻訳絵本賞　ミヒャエル・グレイニェク〔絵・文〕, いずみ ちひこ〔訳〕「お月さまってどんなあじ？」（セーラー出版）
第3回（平9年）
　◇大賞　梅田 俊作〔作・絵〕, 梅田 佳子〔作・絵〕「しらんぷり」（ポプラ社）
　◇日本絵本賞
　　山本 直英〔作〕, 片山 健〔作〕「からだっていいな」（童心社）
　　和田 誠〔作〕「ねこのシジミ」（ほるぷ出版）
　◇翻訳絵本賞　ヴァーナ・アーダマ〔文〕, マーシャ・ブラウン〔絵〕, 松岡 享子〔訳〕「ダチョウのくびはなぜながい？」（冨山房）
　◇読者賞　葉 祥明〔絵〕, 柳瀬 房子〔文〕「地雷でなく花をください」（自由国民社）

第4回(平10年)
◇大賞　長谷川 摂子〔再話〕,片山 健〔絵〕「きつねにょうぼう」(福音館書店)
◇日本絵本賞
　　まど・みちお〔詩〕,南塚 直子〔絵〕「キリンさん」(小峰書店)
　　長 新太〔作〕「ゴムあたまポンたろう」(童心社)
◇翻訳絵本賞　ユリ・シュルヴィッツ〔作〕,さくま ゆみこ〔訳〕「ゆき」(あすなろ書房)
◇読者賞　いとう ひろし〔作〕「くもくん」(ポプラ社)
◇選考委員特別賞　梅田 俊作〔作・絵〕,梅田 佳子〔作・絵〕「14歳とタウタウさん」(ポプラ社)

第5回(平11年)
◇大賞　水口 博也〔写真・文〕「マッコウの歌 しろいおおきなともだち」(小学館)
◇日本絵本賞
　　内田 麟太郎〔文〕,西村 繁男〔絵〕「がたごと がたごと」(童心社)
　　谷川 晃一〔作〕「ウラパン・オコサ かずあそび」(童心社)
◇翻訳絵本賞　エリック・カール〔作〕,佐野 洋子〔訳〕「こんにちは あかぎつね!」(偕成社)
◇読者賞　該当作なし

第6回(平12年)
◇大賞　井上 洋介「でんしゃえほん」(ビリケン出版)
◇日本絵本賞
　　石津 ちひろ〔文〕,ささめや ゆき〔絵〕「あしたうちに ねこがくるの」(講談社)
　　かやの しげる〔文〕,いしくら きんじ〔絵〕「パヨカカムイユカラで村をすくったアイヌのはなし」(小峰書店)
◇翻訳絵本賞　パオロ・グアルニエーリ〔文〕,ビンバ・ランドマン〔絵〕,せきぐち ともこ〔訳〕「ジョットという名の少年 羊がかなえてくれた夢」(西村書店)
◇読者賞　武田 美穂〔作・絵〕「すみっこのおばけ」(ポプラ社)

第7回(平13年)
◇大賞　柴田 愛子〔文〕,伊藤 秀男〔絵〕「けんかのきもち」(ポプラ社)
◇日本絵本賞
　　とよた かずひこ〔作・絵〕「どんどこ ももんちゃん」(童心社)
　　佐野 洋子〔作〕「ねえとうさん」(小学館)

◇翻訳絵本賞　マーガレット・ワイルド〔文〕,ロン・ブルックス〔絵〕,寺岡 襄〔訳〕「キツネ」(BL出版)
◇読者賞　デイビッド・シャノン〔作〕,小川 仁央〔訳〕「だめよ、デイビッド!」(評論社)

第8回(平14年)
◇大賞　塩野 米松〔文〕,村上 康成〔絵〕「なつのいけ」(ひかりのくに)
◇日本絵本賞
　　宮本 忠夫〔文・絵〕「さらば、ゆきひめ」(童心社)
　　大西 暢夫〔写真・文〕「おばあちゃんは木になった」(ポプラ社)
◇翻訳絵本賞　ジャニス・レヴィ〔作〕,クリス・モンロー〔絵〕,もん〔訳〕「パパのカノジョは」(岩崎書店)
◇読者賞　さとうけいこ〔作〕,さわだとしき〔絵〕「てではなそうきらきら」(小学館)

第9回(平15年)
◇大賞　高橋 邦典〔写真・文〕「ぼくの見た戦争 2003年イラク」(ポプラ社)
◇日本絵本賞
　　越野 民雄〔文〕,高畠 純〔絵〕「オー・スッパ」(講談社)
　　フランチェスカ・ヤールブソワ〔絵〕,ユーリー・ノルシュテイン〔構成〕,こじま ひろこ〔訳〕「きつねとうさぎ ロシアの昔話」(福音館書店)
　　あまん きみこ〔作〕,酒井 駒子〔絵〕「きつねのかみさま」(ポプラ社)
◇日本絵本賞読者賞(山田養蜂場賞)　なかがわ ちひろ〔作〕「天使のかいかた」(理論社)

第10回(平16年)
◇大賞　中川 ひろたか〔作〕,長 新太〔絵〕「ないた」(金の星社)
◇日本絵本賞
　　今江 祥智〔文〕,長谷川 義史〔絵〕「いろはにほへと」(BL出版)
　　宮川 ひろ〔作〕,こみね ゆら〔絵〕「さくら子のたんじょう日」(童心社)
◇日本絵本賞翻訳絵本賞　ルース・バンダー・ジー〔文〕,ロベルト・インノチェンティ〔絵〕,柳田 邦男〔訳〕「エリカ 奇跡のいのち」(講談社)

◇日本絵本賞読者賞(山田養蜂場賞) ケイト・ラム〔文〕, エイドリアン・ジョンソン〔絵〕, 石津 ちひろ〔訳〕「あらまっ!」(小学館)

第11回(平17年)
◇大賞 ブラートフ・ミハイル〔再話〕, 出久根 育〔文・絵〕「マーシャと白い鳥：ロシアの民話」(偕成社)
◇日本絵本賞
　　中山 千夏〔ぶん〕, 和田 誠〔え〕「どんなかんじかなあ」(自由国民社)
　　荒井 良二〔著〕「ルフランルフラン」(プチグラパブリッシング)
◇翻訳絵本賞 マクノートン・コリン〔文〕, きたむら さとし〔絵〕, 柴田 元幸〔訳〕「ふつうに学校にいくふつうの日」(小峰書店)
◇読者賞(山田養蜂場賞) カイラー・マージェリー〔作〕, S.D.シンドラー〔絵〕, 黒宮 純子〔訳〕「しゃっくりがいこつ」(セーラー出版)

第12回(平18年)
◇大賞 後藤 竜二〔作〕, 武田 美穂〔絵〕「おかあさん、げんきですか。」(ポプラ社)
◇日本絵本賞
　　ベン・シャーン〔絵〕, アーサー・ビナード〔構成・文〕「ここが家だ：ベン・シャーンの第五福竜丸」(集英社)
　　相野谷 由起〔さく・え〕「うさぎのさとうくん」(小学館)
　　長谷川 集平〔作〕「ホームランを打ったことのない君に」(理論社)

◇読者賞(山田養蜂場賞) 後藤 竜二〔作〕, 武田 美穂〔絵〕「おかあさん、げんきですか。」(ポプラ社)

第13回(平19年)
◇大賞 及川 賢治〔作・絵〕, 竹内 繭子〔作・絵〕「よしおくんがぎゅうにゅうをこぼしてしまったおはなし」(岩崎書店)
◇日本絵本賞
　　舟崎 克彦〔作〕, 宇野 亜喜良〔画〕「悪魔のりんご」(小学館)
　　もとした いづみ〔文〕, 石井 聖岳〔絵〕「ふってきました」(講談社)
　　長谷川 義史〔作・絵〕「ぼくがラーメンたべてるとき」(教育画劇)
◇読者賞(山田養蜂場賞) みやにし たつや〔作・絵〕「ふしぎなキャンディーやさん」(金の星社)

第14回(平20年)
◇大賞 スズキ コージ〔作・絵〕「ブラッキンダー」(イースト・プレス)
◇日本絵本賞
　　折原 恵〔写真と文〕「屋上のとんがり帽子」(福音館書店)
　　あきびんご〔作〕「したのどうぶつえん」(くもん出版)
　　植田 真〔作〕「マーガレットとクリスマスのおくりもの」(あかね書房)
◇読者賞(山田養蜂場賞) 村尾 靖子〔文〕, 小林 豊〔絵〕「クラウディアのいのり」(ポプラ社)

---

105 日本児童文学学会賞

　児童文学の創作には数多くの賞が設けられている。しかし研究の分野にはまだなかった。このため、児童文学研究の進展を願い、学会賞、奨励賞を昭和51年創設した。年度ごとの優れた業績、そして新人による意欲的な労作に贈られる。

【主催者】日本児童文学学会
【選考委員】浅岡靖央(委員長), 戸苅恭紀, 酒井晶代, 内藤知美, 川端有子
【選考方法】非公募。学会員全員のアンケートと自薦により候補作品を選ぶ
【選考基準】応募ではない。学会員全員のアンケートにより候補作品を選び, それから選考委員によって決定する
【締切・発表】発表は学会の研究大会の総会の席上
【賞・賞金】表彰状と記念品

Ⅰ 文学　日本児童文学学会賞

第1回(昭52年)
　◇学会賞
　　　藤田 圭雄「解題戦後日本童謡史」(東京書籍)
　　　鳥越 信「日本児童文学史年表Ⅱ」(明治書院)
　◇奨励賞　勝尾 金弥「黎明期の歴史児童文学」(アリス館)

第2回(昭53年)
　◇学会賞　編纂委員会〔編〕「校本宮沢賢治全集」(全14巻)(筑摩書房)
　◇奨励賞　二上 洋一「少年小説の系譜」(幻影城)

第3回(昭54年)
　◇学会賞　恩田 逸夫《宮沢賢治研究の業績に対して》

第4回(昭55年)
　◇学会賞　該当作なし
　◇奨励賞　鈴木 徹郎「アンデルセン―その虚像と実像」(東京書籍)

第5回(昭56年)
　◇学会賞　校定新美南吉全集編集委員会〔編〕「校定新美南吉全集」(全12巻)(大日本図書)
　◇奨励賞　上野 浩道「芸術教育運動の研究」(風間書房)

第6回(昭57年)
　◇学会賞　瀬田 貞二「落穂ひろい―日本の子どもの文化をめぐる人びと」(上・下)(福音館書店)
　◇奨励賞　該当作なし
　◇特別賞　渋沢 青花「大正の『日本少年』と『少女の友』―編集の思い出」(千人社)

第7回(昭58年)
　◇学会賞　金田一 春彦「十五夜お月さん―本居長世 人と作品」(三省堂)
　◇奨励賞
　　　落合 幸二「ロビンソン・クルーソーの世界」(自費出版, 岩波ブックセンター信山社発行)
　　　三宅 興子, 島 式子, 畠山 兆子「児童文学はじめの一歩」(世界理想社)

第8回(昭59年)
　◇学会賞　関 英雄「体験的児童文学史 前編・大正の果実」(理論社)
　◇奨励賞　佐藤 宗子「『家なき子』の旅」(東大・比較文化研究第22輯)
　◇特別賞　与田 凖一〔編〕「金子みすゞ全集」(全3巻)(JULA出版局)

第9回(昭60年)
　◇学会賞　鈴木 重三, 木村 八重子, 中野 三敏, 肥田 皓三「近世子どもの絵本集」(岩波書店)
　◇奨励賞　本田 和子, 皆川 美恵子, 森下 みさ子「わたしたちの『江戸一』」(新曜社)

第10回(昭61年)
　◇学会賞
　　　飯田 栄彦「昔, そこに森があった」(理論社)
　　　加藤 多一「草原―ぼくと子っこ牛の大地」(あかね書房)

第11回(昭62年)
　◇学会賞　該当作なし
　◇奨励賞
　　　永田 桂子「絵本観・玩具観の変遷」(高文堂出版社)
　　　セント・ニコラス研究会「アメリカの児童雑誌『セント・ニコラス』の研究」(セント・ニコラス研究会)
　　　佐藤 光一「少年詩少女詩の研究」(日大一高研究紀要第4～7号)

第12回(昭63年)
　◇学会賞　該当作なし
　◇奨励賞
　　　岩橋 郁郎「少年倶楽部と読者たち」(ゾーオン社刊, 刀水書房発売)
　　　谷 悦子「まど・みちお 詩と童謡」(創元社)

第13回(平1年)
　◇学会賞　滑川 道夫「児童文学の軌跡」(理論社)
　◇奨励賞　中村 悦子「幼年絵雑誌の世界」(高文堂出版社)
　◇特別賞
　　　上 笙一郎「日本児童史の開拓」(小峰書店)
　　　森 洋子「ブリューゲルの"子供の遊戯"」(未来社)

第14回(平2年)
　◇学会賞　本田 和子「フィクションとしての子ども」(新曜社)
　◇奨励賞
　　　ニューファンタジーの会「翔くロビン(イギリス女流児童文学作家の系譜1)」(透土社)
　　　竹内 オサム「マンガと児童文学の〈あいだ〉」(大日本図書)
　◇特別賞　光吉 夏弥「絵本図書館―世界の絵本作家たち」(ブック・グローブ社)

第15回(平3年)
　◇学会賞　石沢 小枝子「フランス児童文学の研究」(久山社)

◇奨励賞　畑中　圭一「童謡論の系譜」(東京書籍)

第16回(平4年)
◇学会賞　植田　敏郎「巌谷小波とドイツ文学―〈お伽噺〉の源」(大日本図書)
◇奨励賞
　　藤本　芳則「巌谷小波お伽作品目録稿」(私家版)
　　中川　素子「絵本はアート―ひらかれた絵本論をめざして」(教育出版センター)

第17回(平5年)
◇学会賞　矢崎　節夫「童謡詩人…金子みすゞの生涯」(JULA出版)
◇奨励賞　岡本　定男「子ども文化の水脈―近代日本児童文化史研究論考」(近代文芸社)

第18回(平6年)
◇学会賞　該当作なし
◇特別賞
　　大阪国際児童文学館〔編〕「日本児童文学大事典」
　　江戸子ども文化研究会〔編〕「浮世絵のなかの子どもたち」
◇奨励賞　横川　寿美子(美作女子大学助教授)「『赤毛のアン』の挑戦」

第19回(平7年)
◇学会賞　該当作なし
◇特別賞　佐原　光一「日本の少年詩・少女詩」(大空社)
◇奨励賞　桑原　三郎、松井　千恵〔監修〕「巌谷小波『十亭叢書』の註解」(ゆまに書房)

第20回(平8年)
◇学会賞　三宅　興子(梅花女子大学児童文学科教員)「イギリスの絵本の歴史」(岩崎美術社)
◇特別賞　斎藤　佐次郎〔著〕,宮崎　芳彦〔編〕(白百合女子大学文学部児童文化学科教授)「斎藤佐次郎・児童文学史」(金の星社)
◇奨励賞
　　安藤　恭子(共立女子短期大学・学習院大学・大妻女子大学非常勤講師)「宮沢賢治〈力〉の構造」(朝文社)
　　師岡　愛子〔編〕(日本女子大学名誉教授)「ルイザ・メイ・オルコット」(表現社)

第21回(平9年)
◇学会賞　該当作なし
◇特別賞　弥吉　菅一　《研究と活動》
◇奨励賞
　　仲村　修「韓国・朝鮮児童文学評論集」(明石書店)
　　加藤　理「〈めんこ〉の文化史」(久山社)

第22回(平10年)
◇学会賞　該当作なし
◇奨励賞
　　河原　和枝(武庫川女子大学助教授)「子ども観の近代」(中央公論社)
　　中村　悦子(大妻女子大学家政学部教授)、岩崎　真理子〔編〕(日本児童教育専門学校専任講師)「『コドモノクニ』総目次」(上・下)
◇特別賞　桑原　三郎(白百合女子大学児童文化学科教授)《研究と活動》

第23回(平11年)
◇学会賞　内ケ崎　有里子(岡崎女子短大専任講師)「江戸期昔話絵本の研究と資料」(三弥井書店)
◇奨励賞　游　珮芸(児童文化研究家)「植民地台湾の児童文化」(明石書店)
◇特別賞　児童文学資料研究(同人・大藤幹夫,上田信道,藤本芳則)《1980年の創刊より77号を発行し,資料を発掘した努力を評価》

第24回(平12年)
◇学会賞　勝尾　金弥(愛知県立大学名誉教授)「伝記児童文学のあゆみ―1891から1945年」(ミネルヴァ書房)
◇奨励賞　和田　典子(兵庫大学短期大学部非常勤講師)「三木露風　赤とんぼの情景」(神戸新聞総合出版センター)
◇特別賞　中京大学文化科学研究所　《愛知の児童文化研究》

第25回(平13年)
◇学会賞　該当作なし
◇奨励賞
　　楠本　君恵(法政大学経済学部教授)「翻訳の国の『アリス』―ルイス・キャロル翻訳史・翻訳論」(未知谷)
　　藤本　朝己(フェリス女学院大学文学部助教授)「昔話と昔話絵本の世界」(日本エディタースクール)

第26回(平14年)
◇学会賞　米沢　嘉博(日本マンガ学会理事)「藤子不二雄論―Fと『A』の方程式」(河出書房新社)
◇奨励賞　加藤　康子(梅花女子大児童文学科助教授)、松村　倫子(東京都立中央図書館司書)「幕末・明治の絵双六」(国書刊行会)

◇特別賞　該当作なし
第27回(平15年)
　◇学会賞　井辻 朱美(白百合女子大学助教授)「ファンタジーの魔法空間」(岩波書店)
　◇特別賞
　　　鳥越 信(聖和大学大学院教授)《「はじめて学ぶ 日本の絵本史 I, II, III」(ミネルヴァ書房)の企画・編集に対して》
　　　スーザン・J.ネイピア(テキサス大学教授), 神山 京子〔訳〕「現代日本のアニメ『AKIRA』から『千と千尋の神隠し』まで」(中央公論新社)
　◇奨励賞　該当作なし
第28回(平16年)
　◇学会賞　該当作なし
　◇奨励賞
　　　米村 みゆき(甲南女子大学文学部専任講師)「宮沢賢治を創った男たち」(青弓社)
　　　谷 暎子(北星学園大学文学部教授)「占領下の児童書検閲 資料編―プランゲ文庫・児童読み物に探る」(新読書社)
　◇特別賞
　　　加藤 康子(梅花女子大学文学部助教授)「幕末・明治豆本集成」(国書刊行会)
　　　四方田 犬彦(明治学院大学文学部教授)「白土三平論」(作品社)
第29回(平17年)
　◇学会賞　該当作なし
　◇奨励賞
　　　浅岡 靖央(日本児童教育専門学校専任講師)「児童文化とは何であったか」(つなん出版)

中野 晴行「マンガ産業論」(筑摩書房)
◇特別賞　筒井 清忠(帝京平成大学教授)「西条八十」(中央公論新社, 中公叢書)
第30回(平18年)
　◇学会賞　該当作なし
　◇奨励賞　永嶺 重敏「怪盗ジゴマと活動写真の時代」(新潮社)
　◇特別賞
　　　鶴見 良次「マザー・グースとイギリス近代」(岩波書店)
　　　松田 司郎「宮沢賢治 存在の解放(ビッグバン)へ」(洋々社)
第31回(平19年)
　◇学会賞　畑中 圭一「日本の童謡―誕生から九〇年の歩み―」(平凡社)
　◇奨励賞
　　　尾崎 るみ「若松賤子―黎明期を駆け抜けた女性―」(港の人)
　　　今田 絵里香「『少女』の社会史」(勁草書房)
　◇特別賞　私市 保彦「名編集者エッツェルと巨匠たち―フランス文学秘史―」(新曜社)
第32回(平20年)
　◇学会賞　該当作なし
　◇奨励賞
　　　石原 剛「マーク・トウェインと日本―変貌するアメリカの象徴―」(彩流社)
　　　石山 幸弘「紙芝居文化―資料で読み解く紙芝居の歴史―」(萌文書林)
　◇特別賞　加藤 暁子「日本の人形劇一八六七―二〇〇七」(法政大学出版局)

---

106 「日本児童文学」作品奨励賞 (「日本児童文学」投稿作品賞)

創作・詩・評論各分野の新人発掘をはかるために平成10年に創設された。平成21年から, 賞名を「日本児童文学」投稿作品賞に変更する。

【主催者】(社)日本児童文学者協会
【選考委員】(第11回)大高ゆきお, 尾上尚子, 関谷ただし, 芹沢清実, 中野幸隆, 西山利佳, 真鍋和子
【選考方法】公募
【選考基準】〔原稿〕創作・評論は400字詰20枚以内, 詩は2篇以内
【締切・発表】12月末。本誌5・6月号に選考結果と共に入選作品を掲載
【賞・賞金】賞状と賞金(総額5万円)
【URL】http://www.jibunkyo.or.jp/shou.html

第1回(平10年)
　◇作品奨励賞　該当作なし
　◇佳作
　　　清野 志津子「797、797」(詩)
　　　加藤 丈夫「竹馬」(詩)
第2回(平11年)
　◇作品奨励賞　塩谷 潤子「花火が終わった帰り道」
　◇佳作　中川 恵子「ねじ おてだま」(詩)
第3回(平12年)
　◇作品奨励賞　該当作なし
　◇佳作
　　　崎山 美穂「かえるのめ」(詩)
　　　戸田 昭子「サーシャ・サーシャ」
　　　松浦 南「スーちゃんに座布団一枚！」
第4回(平13年)
　◇作品奨励賞　該当作なし
　◇佳作
　　　可瑚 真弓「足」(詩)
　　　後藤 みわこ「犬の名前」
第5回(平14年)
　◇作品奨励賞　みね ちえ「まささん」
　◇佳作　なかざわ りえ「雪」(詩)
第6回(平15年)
　◇作品奨励賞
　　　里吉 美穂「背泳」(詩)
　　　もりき よしお「西瓜」(詩)
第7回(平16年)
　◇作品奨励賞　塩島 スズ子「らーめん」(詩)

　◇佳作　矢坂 里香「おばあちゃんをすてに」(短編)
第8回(平17年)
　◇作品奨励賞　該当作なし
　◇佳作
　　　木皁 声「本へ向かう」(詩)
　　　広都 悠里「声が聞こえる」(短編)
第9回(平18年)
　◇作品奨励賞　末松 恵「星に願いを」(短編)
　◇佳作
　　　たの みつこ「ビワの木」(詩)
　　　北原 未夏子「ため息はチョコクレープ味」(短編)
　　　田暮木 久美子「ぼくんち」(短編)
第10回(平19年)
　◇作品奨励賞　もりお みずき「遠い夏」(短編)
　◇佳作
　　　いつみ けい「九月のマント」(詩)
　　　北原 未夏子「おにごっこのつづきは……」(短編)
　　　田辺 奈津子「まゆのみかん色の海」(短編)
第11回(平20年)
　◇作品奨励賞　瀧下 映子「海がはじまる」(短編)
　◇佳作
　　　ひらき たかし「チャーちゃんの旅」(詩)
　　　藤谷 久美子「ラストファイトー！」(創作)

107　日本児童文学者協会賞（児童文学者協会賞）

　昭和26年以来継続していた「児童文学者協会児童文学賞」と「児童文学者協会新人賞」を統合して、36年「日本児童文学者協会賞」が創設された。

【主催者】(社)日本児童文学者協会
【選考委員】(第48回)上笙一郎, 後藤竜二, 佐々木赫子, 佐藤宗子, 高木あきこ, 宮川健郎
【選考方法】非公募
【選考基準】〔対象〕前年1年間の児童文学関係著作
【締切・発表】例年5月の日本児童文学者協会総会の席上で発表
【賞・賞金】楯と副賞10万円
【URL】http：//www.jibunkyo.or.jp/shou.html

【これ以前は、059「児童文学者協会児童文学賞」, 060「児童文学者協会新人賞」を参照】

第1回（昭36年）　鈴木 実，高橋 徳義，笹原 俊雄，槇 仙一郎，植松 要作「山が泣いてる」（理論社）
第2回（昭37年）　早船 ちよ「キューポラのある街」（弥生書房）
第3回（昭38年）　香山 美子「あり子の記」（理論社）
第4回（昭39年）
　　庄野 英二「星の牧場」（理論社）
　　神宮 輝夫「世界児童文学案内」（理論社）
第5回（昭40年）
　　稲垣 昌子「マアおばさんはネコがすき」（理論社）
　　たかし よいち「埋もれた日本」（牧書店）
第6回（昭41年）
　　今西 祐行「肥後の石工」（実業之日本社）
　　那須田 稔「シラカバと少女」（実業之日本社）
　◇短編賞（第1回）　和田 登「虫」（とうげの旗40号）
第7回（昭42年）　古田 足日「宿題ひきうけ株式会社」（理論社）
　◇短編賞（第2回）　山下 夕美子「二年2組はヒヨコのクラス」（子どもの家11・12号）
第8回（昭43年）　長崎 源之助「ヒョコタンの山羊」（理論社）
第9回（昭44年）
　　来栖 良夫「くろ助」（岩崎書店）
　　山中 恒「天文子守唄」（理論社）（辞退）
第10回（昭45年）　前川 康男「魔神の海」（講談社）
第11回（昭46年）　砂田 弘「さらばハイウェイ」（偕成社）
第12回（昭47年）
　　関 英雄「小さい心の旅」（偕成社）
　　藤田 圭雄「日本童謡史」（あかね書房）
第13回（昭48年）
　　久保 喬「赤い帆の舟」（偕成社）
　　安藤 美紀夫「でんでんむしの競馬」（偕成社）
第14回（昭49年）
　　今江 祥智「ぼんぼん」（理論社）
　　岩崎 京子「花咲か」（偕成社）
第15回（昭50年）　高 史明「生きることの意味」（筑摩書房）
　◇特別賞　横谷 輝「児童文学論集第二巻児童文学への問いかけ」（偕成社）
第16回（昭51年）
　　鳥越 信「日本児童文学史年表I」（明治書院）
　　まど みちお「植物のうた」（銀河社）
第17回（昭52年）
　　後藤 竜二「白赤だすき小○の旗風」（講談社）
　　竹崎 有斐「石切り山の人びと」（偕成社）
　　冨田 博之「日本児童演劇史」（東京書籍）
第18回（昭53年）
　　斎藤 隆介「天の赤馬」（岩崎書店）
　　長崎 源之助「トンネル山の子どもたち」（偕成社）
第19回（昭54年）　神沢 利子「いないいないばあや」（岩波書店）
第20回（昭55年）　松谷 みよ子「私のアンネ＝フランク」（偕成社）
第21回（昭56年）
　　かつお きんや「七つばなし百万石」（偕成社）
　　川村 たかし「昼と夜のあいだ」（偕成社）
第22回（昭57年）　該当作なし
第23回（昭58年）
　　上野 瞭「ひげよ，さらば」（理論社）
　　後藤 竜二「少年たち」（講談社）
　◇特別賞　瀬田 貞二「落穂ひろい」（上下，福音館書店）
第24回（昭59年）　佐々木 赫子「同級生たち」（偕成社）
第25回（昭60年）　関 英雄「体験的児童文学史」（前・後編，理論社）
　◇特別賞　竹中 郁「子ども闘牛士」（理論社）
第26回（昭61年）
　　飯田 栄彦「昔，そこに森があった」（理論社）
　　加藤 多一「草原―ぼくと子っこ牛の大地」（あかね書房）
第27回（昭62年）
　　岡田 淳「学校ウサギをつかまえろ」（偕成社）
　　木暮 正夫「街かどの夏休み」（旺文社）
第28回（昭63年）　皿海 達哉「海のメダカ」（偕成社）
第29回（平1年）
　　川村 たかし「新十津川物語」（全10巻，偕成社）
　　吉橋 通夫「京のかざぐるま」（岩崎書店）
第30回（平2年）　宮川 ひろ「桂子は風のなかで」（岩崎書店）
第31回（平3年）　該当作なし
　◇特別賞　大石 真「眠れない子」（講談社）

第32回(平4年)　山下 明生「カモメの家」(理論社)
第33回(平5年)
　　舟崎 靖子「亀八」(偕成社)
　　清水 真砂子「子どもの本のまなざし」(宝島社)
第34回(平6年)　八束 澄子「青春航路ふぇにっくす丸」(文渓堂)
第35回(平7年)　那須 正幹「お江戸の百太郎 乙松、宙に舞う」(岩崎書店)
第36回(平8年)　北村 けんじ「ギンヤンマ飛ぶ」(小峰書店)
第37回(平9年)　該当作なし
第38回(平10年)　佐藤 多佳子「イグアナくんのおじゃまな毎日」(偕成社)
第39回(平11年)
　　あさの あつこ「バッテリー2」(教育画劇)
　　桜井 信夫「ハテルマ シキナ—よみがえりの島・波照間」(かど創房)
第40回(平12年)
　　上橋 菜穂子「闇の守り人」(偕成社)
　　長崎 夏海「トゥインクル」(小峰書店)
第41回(平13年)　最上 一平「ぬくい山のきつね」(新日本出版社)
第42回(平14年)
　　沖井 千代子「空ゆく舟」(小峰書店)

　　花形 みつる「ぎりぎりトライアングル」(講談社)
第43回(平15年)
　　岡田 なおこ「ひなこちゃんと歩く道」(童心社)
　　中川 なをみ「水底の棺」(くもん出版)
第44回(平16年)　伊藤 遊「ユウキ」(福音館書店)
　◇特別賞　砂田 弘「砂田弘評論集成」(てらいんく)
第45回(平17年)　さとう まきこ「4つの初めての物語」(ポプラ社)
　◇特別賞　那須 正幹《「ズッコケ三人組」シリーズ(ポプラ社)の全50巻を刊行》
第46回(平18年)
　　荻原 規子「風神秘抄」(徳間書店)
　　長谷川 潮「児童文学のなかの障害者」(ぶどう社)
第47回(平19年)　草野 たき「ハーフ」(ポプラ社)
第48回(平20年)
　　岩瀬 成子「そのぬくもりはきえない」(偕成社)
　　間中 ケイ子「猫町五十四番地(詩集)」(てらいんく)
第49回(平21年)　高橋 秀雄「やぶ坂に吹く風」(小峰書店)

108 日本児童文学者協会新人賞

日本児童文学者協会によって昭和43年に創設された賞。優れた児童文学作品(単行本)を、世に送った新人に与えられる。

【主催者】(社)日本児童文学者協会
【選考委員】(第41回)きどのりこ、鳥越信、西山利佳、はたちよしこ、藤田のぼる、真鍋和子
【選考方法】非公募
【選考基準】〔対象〕児童文学の単行本(初作および2冊目まで)
【締切・発表】日本児童文学者協会総会(例年5月)の席上
【賞・賞金】楯と賞金10万円
【URL】http://www.jibunkyo.or.jp/shou.html

【これ以前は、109「日本児童文学者協会短篇賞」を参照】

第1回(昭43年)
　　宮下 和男「きょうまんさまの夜」(福音館書店)

　　あまん きみこ「車のいろは空のいろ」(ポプラ社)
第2回(昭44年)
　　柚木 象吉「ああ!五郎」(実業之日本社)
　　鈴木 悦夫「祭りの日」たろう(同人誌、2号)

第3回（昭45年）
　安房 直子「さんしょっ子」（短編、海賊14号）
　小西 正保「石井桃子論」（評論、トナカイ村春季号）
第4回（昭46年）
　佐藤 通雅「新美南吉童話論」（牧書店）
　斎藤 惇夫「グリックの冒険」（牧書店）
　川北 りょうじ「はらがへったらじゃんけんぽん」（講談社）
第5回（昭47年）
　さねとう あきら「地べたっこさま」（理論社）
　菊地 正「母と子の川」（実業之日本社）
　高木 あきこ「たいくつな王様」（詩集、自費出版）
第6回（昭48年）
　さとう まきこ「絵にかくとへんな家」（あかね書房）
　佐々木 赫子「旅しばいの二日間」（てんぐ2号）
第7回（昭49年）
　黒木 まさお「ぼくらは6年生」（理論社）
　森 はな「じろはったん」（牧書店）
　清水 真砂子「石井桃子論」（「日本の児童文学作家3」明治書院所収）
第8回（昭50年）
　灰谷 健次郎「兎の眼」（理論社）
　菅生 浩「巣立つ日まで」（ポプラ社）
第9回（昭51年）
　柏葉 幸子「霧のむこうのふしぎな町」（講談社）
　遠藤 公男「帰らぬオオワシ」（偕成社）
第10回（昭52年）
　菊池 俊「トビウオは木にとまったか」（アリス館牧新社）
　日野 多香子「闇と光の中」（理論社）
　和田 茂「樹によりかかれば」（少年詩集）信濃教育出版部
第11回（昭53年）
　岩瀬 成子「朝はだんだん見えてくる」（理論社）
　末吉 暁子「星に帰った少女」（偕成社）
第12回（昭54年）
　山里 るり「野ばらのうた」（偕成社）
　吉本 直志郎「右むけ、左！」（「さよならは半分だけ」（「青葉学園物語」所収、ポプラ社）
第13回（昭55年）
　浅川 じゅん「なきむし魔女先生」（講談社）
　伊沢 由美子「ひろしの歌がきこえる」（講談社）
第14回（昭56年）
　岡田 淳「放課後の時間割」（偕成社）
　堀 直子「おれたちのはばたきを聞け」（童心社）
第15回（昭57年）　北原 樹「くろねこパコのびっくりシチュー」（文化出版局）
第16回（昭58年）
　横沢 彰「まなざし」（新日本出版社）
　工藤 直子「てつがくのライオン」（詩集）理論社
第17回（昭59年）
　みづしま 志穂「好きだった風 風だったきみ」（ポプラ社）
　村中 李衣「かむさはむにだ」（偕成社）
第18回（昭60年）
　浜 たかや「太陽の牙」（偕成社）
　最上 一平「銀のうさぎ」（新日本出版社）
　尾上 尚子「そらいろのビー玉」（詩集、教育出版センター）
第19回（昭61年）　泉 啓子「風の音をきかせてよ」（アリス館）
第20回（昭62年）　丘 修三「ぼくのお姉さん」（偕成社）
第21回（昭63年）
　原 のぶ子「シゲちゃんが猿になった」（新日本出版社）
　佐藤 宗子「『家なき子』の旅」（平凡社）
第22回（平1年）
　荻原 規子「空色勾玉」（福武書店）
　とき ありえ「のぞみとぞぞみちゃん」（理論社）
第23回（平2年）　大塚 篤子「海辺の家の秘密」（岩崎書店）
第24回（平3年）　富安 陽子「クヌギ林のザワザワ荘」（あかね書房）
第25回（平4年）
　上橋 菜穂子「月の森に、カミよ眠れ」（偕成社）
　横川 寿美子「初潮という切り札」（JICC出版局）
第26回（平5年）
　正道 かほる「でんぐりん」（あかね書房）
　湯本 香樹実「夏の庭—The Friends」（福武書店）
第27回（平6年）
　李 相琴「半分のふるさと—私が日本にいたときのこと」（福音館書店）
　越水 利江子「風のラヴソング」（岩波書店）

第28回（平7年）
　　香月 日輪「地獄堂霊界通信 ワルガキ、幽霊にびびる！」（ポプラ社）
　　梨木 香歩「西の魔女が死んだ」（楡出版）
第29回（平8年）　田中 文子「マサヒロ」（解放出版社）
第30回（平9年）　笹生 陽子「ぼくらのサイテーの夏」（講談社）
第31回（平10年）　錦織 友子「ねこかぶりデイズ」（小峰書店）
第32回（平11年）　岡田 依世子「霧の流れる川」（講談社）
第33回（平12年）　河原 潤子「蝶々、とんだ」（講談社）
第34回（平13年）
　　渋谷 愛子「わすれてもいいよ」（学研）
　　関 今日子「しろかきの季節」（新風舎）
第35回（平14年）　伊藤 遊「えんの松原」（福音館書店）
第36回（平15年）　今西 乃子「ドッグ・シェルター―犬と少年たちの再出航―」（金の星社）

　　李 慶子「バイバイ。」（アートン）
第37回（平16年）
　　村上 しいこ「かめきちのおまかせ自由研究」（岩崎書店）
　　本間 ちひろ「いいねこだった」（書肆楽々）
第38回（平17年）
　　新藤 悦子「青いチューリップ」（講談社）
　　斎木 喜美子「近代沖縄における児童文化・児童文学の研究」（風間書房）
第39回（平18年）　朽木 祥「かはたれ―散在ガ池の河童猫」（福音館書店）
第40回（平19年）
　　菅野 雪虫「天山の巫女ソニン1 黄金の燕」（講談社）
　　鈴木 レイ子「冬をとぶ蝶（詩集）」（てらいんく）
第41回（平20年）　本多 明「幸子の庭」（小峰書店）
第42回（平21年）　川島 えつこ「花火とおはじき」（ポプラ社）

109 日本児童文学者協会短篇賞

　昭和41年に、短編創作に新風を求める目的で制定した。2回で中止した後、日本児童文学者協会新人賞へと移行した。

【主催者】日本児童文学者協会
【選考委員】（第2回）猪熊葉子、いぬいとみこ、大石真、上笙一郎、斎藤英男、塚原亮一、中村新太郎、筒井敬介
【選考基準】作者の自発的な投稿によるもの、及び「日本児童文学」誌上に発表された新人の作品。同人誌に掲載された作品も対象となる

第1回（昭41年）　和田 登「虫」（とうげの旗45号）
第2回（昭42年）　山下 夕美子「二年二組はヒヨコのクラス」（子どもの家11、12号）

【これ以降は、108「日本児童文学者協会新人賞」を参照】

110「日本児童文学」創刊300号記念論文

　「日本児童文学」創刊300号を記念し、児童文学の評論、研究の振興をはかるために創設された。

【主催者】日本児童文学者協会
【選考委員】安藤美紀夫、猪熊葉子、砂田弘、関英雄、鳥越信、古田足日

> 【締切・発表】昭55年9月10日締切, 56年1月発表。6月号にて発表
> 【賞・賞金】入選30万円 佳作10万円

(昭56年)　佐藤 宗子「再話の倫理と論理―フィリップ短編の受容」
　◇佳作
　　　宮川 健郎「宮沢賢治『風の又三郎』紀行―"二重の風景"への旅」

森下 みさ子「安野光雅のABC」
播磨 俊子「『子どもの論理』論再考―序論」

111 「日本児童文学」創作コンクール

　創作・詩・評論各分野の新人発掘をはかるために創設された。平成9年, 雑誌「日本児童文学」の隔月刊化に伴い終了。
> 【主催者】（社）日本児童文学者協会
> 【選考委員】（第19回）きどのりこ, 上笙一郎, はたちよしこ, 細谷建治, 藤田のぼる, 山末やすえ, 中尾明
> 【選考方法】公募
> 【選考基準】〔原稿〕創作・評論は400字詰30枚以内, 詩は2篇以内
> 【締切・発表】毎月, 月末。前期予選はその年の12月号, 後期予選は次の年の5月号, 本誌々上発表。入選発表は同じく6月号本誌々上発表
> 【賞・賞金】賞状と賞金（総額5万円）

第1回(昭54年)　北原 宗積「あしか」(詩)他
第2回(昭55年)　石見 まき子「バースるーむパーティ」
第3回(昭56年)　該当作なし
　◇佳作
　　　星 つづみ「落下さん」
　　　和田 規子「太古のばんさん会」(詩)
第4回(昭57年)
　　　伊藤 しほり「夜のコスモス」
　　　桧 きみこ「煮干しの夢」(詩)
第5回(昭58年)
　　　なみしま さかえ「金魚博士」
　　　山根 幸子「貝もたったひとつ」
　　　尾崎 美紀「せんたくバサミ」(詩)
第6回(昭59年)
　　　緒方 輝明「お母さんは, ちち親」
　　　涼 雛子「ふか場 早春」(詩)
第7回(昭60年)
　　　つちだ のり「くりーむぱん」(短編)
　　　荒木 せいお「状況と主体」(評論)
　　　白根 厚子「じゃがいも」(詩)
第8回(昭61年)
　　　丘 修三「こおろぎ」

　　　高橋 恵子「おばあさん」(詩)
第9回(昭62年)
　　　福井 和「B面」
　　　海沼 松世「ひぐらしがないている」(詩)
　　　清水 恒「はじめてならったかんじ」(詩)
第10回(昭63年)
　　　平野 厚「ラ・マルセイエーズ」
　　　小椋 貞子「おじいちゃん」(詩)
第11回(平1年)
　　　長屋 雅子「火男」
　　　川崎 洋子「福岡県穂波村」(詩)
第12回(平2年)
　　　太田 豪志「たったひとりのサイクリング」
　　　鈴木 レイ子「おかえりなさい」(詩)
第13回(平3年)
　　　浅野 竜「みかん」
　　　藤川 幸之助「ぼくの漁り火」(詩)
第14回(平4年)　伊藤 政弘「波」(詩)

第15回(平5年)
　　寺山 富三「海のむこうでぼくが泣いている」
　　なかお みどり「アカタテハの火」(詩)
第16回(平6年)　武政 博「太刀魚・台風の法則」(詩)
　◇佳作　森谷 桂子「ひみつ」
第17回(平7年)　広島 裕美子「ギシギシ門」
　◇佳作
　　うざと なおこ「あかちゃん」(詩)
　　西村 祥子「がんばれ風」

第18回(平8年)　伊藤 由美「流れ星、やっ!」
　◇佳作
　　いとう ゆうこ「オレンジ色のふるさと」(詩)
　　藤林 一正「バナナ」(詩)
第19回(平9年)　山本 章子「パカタ」
　◇佳作
　　竹内 紘子「ばあちゃん」(詩)
　　目黒 強「〈癒しの物語〉から〈場の物語〉へ」

112 日本児童文学評論新人賞

　児童文学評論の活性化を図るために平成14年に創設し、隔年で開催。児童文学をめぐる様々な問題に光を当てる意欲的な評論を期待している。

【主催者】(社)日本児童文学者協会
【選考委員】(第4回)私市保彦、佐藤宗子、ひこ・田中、藤田のぼる
【選考方法】公募
【選考基準】〔対象〕日本・外国の児童文学についての評論で、未発表のもの(同人誌発表の改作などは可だが、その旨明記すること)。〔資格〕一切問わない。但し、個人執筆に限る。〔原稿〕400字換算で30枚以内(外国語引用の場合の翻訳文や図表なども含めて、規定の枚数以内であること。なお、ワープロ原稿の場合は、必ずしも1枚400字の設定は必要ない)
【締切・発表】(第4回)平成20年12月31日締切(消印有効)、「日本児童文学」平成21年5・6月号で発表(予定)
【賞・賞金】入選:1篇、佳作:2篇。入選論文は「日本児童文学」に掲載する。佳作についても、掲載を検討する
【URL】http：//www.jibunkyo.or.jp/shou.html

第1回(平15年)
　◇入選　相川 美恵子「『うすらでかぶつ』にみる読みの開き方——一九七〇年代の入口をふりかえる」
　◇佳作　藤本 恵「錯綜する物語——薫くみ子『十二歳の合い言葉』の魅力」
第2回(平17年)
　◇入選　目黒 強「マルチメディアという場所——中景なき時代における児童文学の模索——」
　◇佳作
　　内川 朗子「登校拒否を描いた児童文学の中の『学校へ行く道は迷い道』」
　　諸星 典子「ホログラフィとしての作品世界——梨木香歩『からくりからくさ』試論——」

第3回(平19年)
　◇入選　該当作なし
　◇佳作
　　諸星 典子「グラデーションする世界の果て」
　　井上 乃武「ファンタジー児童文学の可能性に関する考察——小沢正・岡田淳論——」
第4回(平20年)
　◇入選　該当作なし
　◇佳作
　　渡邉 章夫「金子みすゞ論——空の向こう側」
　　内川 朗子「『空気』を描く児童文学——小学校中級向け作品から考える——」

113 日本児童文芸家協会賞

　日本児童文芸家協会の初代会長・浜田広介の遺徳を偲んで、昭和50年に創設した賞。年間を通じて出版されたものの中から審査の上、優秀な作品を選んで贈る。

【主催者】（社）日本児童文芸家協会
【選考委員】（第32回）天沼春樹, 岡信子, 岡本浜江, 川村たかし, 瀬尾七重, 広瀬寿子, 横山充男
【選考方法】推薦
【選考基準】〔対象〕前年1月1日から12月31日までに刊行された作品
【締切・発表】4・5月号「児童文芸」（隔月刊）にて発表
【賞・賞金】賞状, 楯, 副賞10万円
【URL】http://www.jidoubungei.jp/prize/prize.html

第1回（昭51年）　宮脇 紀雄「ねこの名はヘイ」（国土社）
第2回（昭52年）　神沢 利子「流れのほとり」（福音館書店）
第3回（昭53年）　打木 村治「大地の園（第1部〜第4部）」（偕成社）
第4回（昭54年）　野長瀬 正夫「小さな愛のうた」（詩集, 金の星社）
第5回（昭55年）
　　　　今西 祐行「光と風と雲と樹と」（小学館）
　　　　香山 彬子「とうすけさん笛をふいて！」（講談社）
第6回（昭56年）　おの ちゅうこう「風にゆれる雑草」（講談社）
　◇特別賞　渋沢 青花「大正の『日本少年』と『少女の友』」（千人社）
第7回（昭57年）　森 一歩「帰ってきた鼻まがり」（学校図書）
第8回（昭59年）　遠藤 公男「ツグミたちの荒野」（講談社）
第9回（昭60年）　上崎 美恵子「だぶだぶだいすき」（秋書房）
第10回（昭61年）　該当作なし
第11回（昭62年）　瀬尾 七重「さようなら葉っぱこ」（講談社）
第12回（昭63年）　鈴木 喜代春「津軽の山歌物語」（国土社）
第13回（平1年）　赤座 憲久「かかみ野の土」「かかみ野の空」（小峰書店）
第14回（平2年）　手島 悠介「かぎばあさんシリーズ（全10巻）」（岩崎書店）
第15回（平3年）　高橋 宏幸「マンモス少年ヤム」「ローランの王女」「オオカミ王ぎん星」（小峰書店）
第16回（平4年）　該当作なし
第17回（平5年）　藤崎 康夫「沖縄の心を染める」（くもん出版）
第18回（平6年）　大原 興三郎「なぞのイースター島」（PHP研究所）
第19回（平7年）　川村 たかし「天の太鼓」（文溪堂）
第20回（平8年）　大谷 美和子「またね」（くもん出版）
　◇特別賞　岡本 浜江《英米児童文学の翻訳・紹介活動などに対して》
第21回（平9年）　天沼 春樹「水に棲む猫」（パロル舎）
第22回（平10年）　岡 信子「花・ねこ・子犬・しゃぼん玉」（旺文社）
第23回（平11年）　吉田 比砂子「すっとこどっこい」（アテネ社）
第24回（平12年）　横山 充男「光っちょるぜよ！ぼくら」（文研出版）
第25回（平13年）　該当作なし
　◇特別賞　久米 みのる《翻訳書200冊刊行等の業績に対して》
第26回（平14年）　竹内 もと代「不思議の風ふく島」（小峰書店）
　◇特別賞　浜野 卓也《さよなら友だち」など20冊以上の著作に対して》
第27回（平15年）　広瀬 寿子「まぼろしの忍者」（小峰書店）
　◇特別賞　エム・ナマエ《失明後の多くの驚異的文筆活動を高く評価して》
第28回（平16年）
　　　　井上 こみち「カンボジアに心の井戸を」（学習研究社）
　　　　こやま 峰子「しっぽのクレヨン」「かぜのアパート」「ことばのたしざん」の詩集3部作
　◇特別賞　北村 けんじ《「クジャク砦からの歌声」（小峰書店）などの創作実績に対し

第29回(平17年) 越水 利江子「あした、出会った少年—花明かりの街で」(ポプラ社)
第30回(平18年) 芝田 勝茂「ドーム郡シリーズ 3 真実の種、うその種」(小峰書店)
第31回(平19年) 名木田 恵子「レネット 金色の林檎」(金の星社)
第32回(平20年) 該当作なし
第33回(平21年) 朽木 祥「彼岸花はきつねのかんざし」(学習研究社)

114 〔日本児童文芸家協会〕創作コンクール (日本児童文芸家協会創作作品募集)

児童文芸の創造発展につとめ新人児童文学作家の登龍門となり、社会文化の向上に寄与するため、昭和63年に「日本児童文芸家協会創作作品募集」として創設された。平成2年第3回より「創作コンクール」と称する。また、平成22年第14回より「第○回創作コンクールつばさ賞」と称する予定。

【主催者】(社)日本児童文芸家協会
【選考委員】(平成20年)童謡・少年詩部門:秋葉てる代、うらさわこうじ、こやま峰子、佐藤雅子、辻本耀三、西川夏代、幼年部門:岡信子、沢田俊子、高橋宏幸、竹内もと代、武谷千保美、戸田和代、山本省三、中学年部門:上山智子、越水利江子、菅谷嘉穂、瀬尾七重、野村一秋、正岡慧子、高学年部門:天沼春樹、大塚篤子、広瀬寿子、矢部美智代、横山充男、ノンフィクション部門:井上こみち、漆原智良、真鍋和子、村松定史、日野多香子、藤崎康夫
【選考方法】公募
【選考基準】〔資格〕単行本を出版したことのない人。〔作品〕オリジナル未発表作品。〔募集内容〕(1)童謡・少年詩部門:400字2枚以内、(2)幼年部門:5〜15枚、(3)中学年部門:50枚以内、(4)高学年部門:80〜200枚以内、(5)ノンフィクション部門:30〜100枚以内(各部門1点のみ。他部門との重複応募不可)
【締切・発表】原則隔年実施、1月末締切。10月発行の「児童文芸」で発表
【賞・賞金】賞状と盾。最優秀賞:1編、優秀賞と佳作:各部門数編
【URL】http://www.jidoubungei.jp/index.html

第1回(昭63年)
◇幼年童話
・最優秀作 古木 和子「柿の実はおちたよ」
◇高学年童話
・最優秀作 該当作なし
◇童謡
・最優秀作 西村 祐見子「はっぱとぼく」
第2回(平1年)
◇幼年童話
・最優秀作
豊嶋 かをり「ふりかえり清水」
阿部 里佳「くまとうげ」
◇高学年童話
・最優秀作 該当者なし
◇童謡
・最優秀作 山口 やすし「キャベツ」

第3回(平2年)
◇幼年童話 相川 幸穂子(東京)「あしたトンカツ、あさってライオン」
◇高学年童話 野添 草葉雄(福岡)「オッチャンの神様」
◇童謡 該当作なし
第4回(平3年)
◇幼年童話 該当作なし
◇高学年童話 あらい ちか(神奈川)「友だちって、なんだ?」
◇詩・童謡 石原 一輝(東京)「空になりたい」
第5回(平4年)
◇幼年童話 該当作なし
◇高学年童話 該当作なし
◇詩・童謡 該当作なし
◇単行本

辻本 よう子(木之下 のり子)(東京)「風のふく道」
由良 正(京都)「保津川の夜明け」
第6回(平5年)
◇幼年童話　横手 恵子「ようこの運動会」
◇高学年童話　該当作なし
◇詩・童謡　該当作なし
◇単行本
　　津島 節子「水の中のたいこの音」
　　黒沢 知子「鬼の腕輪」
第7回(平7年)
◇幼年童話　中村 令子「おしゃべりな水たまり」
◇中学年童話　該当作なし
◇高学年童話　該当作なし
◇詩・童謡　該当作なし
◇長編　該当作なし
第8回(平9年)
◇全部門　該当作なし
第9回(平11年)
◇幼年部門
　●最優秀賞　深山 さくら「ほわほわとんだ、わたげがとんだ」
◇中学年部門
　●最優秀賞　該当作なし
◇高学年部門
　●最優秀賞　該当作なし
◇長編部門
　●最優秀賞　該当作なし
◇童謡・少年詩部門
　●最優秀賞　該当作なし
第10回(平13年)
◇童謡・少年詩部門
　●優秀賞一席　ふうま しのぶ「あかちゃんそらをとぶ」
　●優秀賞二席　小原 敏子「つくしの たいそう」
　●優秀賞三席　鈴木 ゆかり「まっすぐ」
◇幼年部門
　●優秀賞　北川 チハル「チコのまあにいちゃん」(岩崎書店)
◇中学年部門
　●優秀賞二席　森里 紅利「ピッカ邸のティッチレールおばさん」
　●優秀賞三席　浅田 宗一郎「ストリートライブでびっくりたまご」
◇高学年部門
　●優秀賞　浅見 理恵「フコウヘイだっ!」
第11回(平15年)
◇童謡・少年詩部門
　●優秀賞
　　永井 群子「また あした」
　　間部 香代「せんかんやまと」

●佳作
　あかし けいこ「秋」
　きむら よしえ「ぽか」
　よぎ すがこ「だいじょうぶさぁ」
　谷口 和彦「引っ越しました」
◇幼年部門
●優秀賞　該当作なし
●佳作
　赤木 きよみ「ぼく、おばあちゃんになりたいねん」
　岩崎 まさえ「となりんちの風鈴」
　さとう あゆみ「ぼくのできること」
　吉井 ちなみ「ひまわりとチョコレート」
◇中学年部門
●優秀賞　該当作なし
●佳作
　麻生 かづこ「おばけスカウト」
　田部 智子「しかめっつらの目医者さん」
　深田 幸太郎「遊星チャンネル」
　高森 美和子「ライオン・ビーンズ」
◇高学年部門
●優秀賞　文部科学大臣奨励賞受賞作品
　山中 真秀「ピイカン」
　浅田 宗一郎「さるすべりランナーズ」
●佳作　うたしろ「歯」
◇ノンフィクション部門
●優秀賞　該当作なし
●佳作　青木 雅子「乙女の灯台」
第12回(平18年)
◇童謡・少年詩部門
●優秀賞
　加治 一美「やさしい目」
　永井 群子「バッタ」
●佳作
　井嶋 敦子「森いっぱいのちから」
　高橋 道子「気づいて」
　池田 侑里子「ソラトウミノウタ」
　やまと かわと「自転車のうた」
◇幼年部門
●優秀賞　田中 正洋「サツマイモのそつぎょうしき」
●佳作
　亀井 睦美「はちみつねこ」
　麻生 かづこ「てんしのはしご」
　川崎 隆志「あばよ!とココロは目をとじた」
◇中学年部門

- 優秀賞　該当作なし
- 佳作
  赤木 きよみ「赤いバンダナのワカ」
  伊藤 実知子「コンペイトウ・ノイローゼ」
  小此木 晶子「オレと村田くんのコト」
  嘉瀬 陽介「R」
◇高学年部門
- 優秀賞・文部科学大臣奨励賞　秋木 真「ラン！」
- 佳作
  矢野 悦子「十郎岩の夏」
  網引 美恵「だいつうさん」
◇ノンフィクション部門
- 優秀賞　該当作なし
- 佳作　岩崎 まさえ「昭和の足音を聞きながら―私の公会堂ものがたり―」

第13回（平20年）
◇童謡・少年詩部門
- 優秀賞
  片山 ひとみ「ひそひそ話」
  くろさ みほ「ひとつ IN 阿蘇」
  西村 友里「大空」
- 佳作
  蒲原 三恵子「心のつばさ」
  木元 葉月「冬将軍」
  しおた としこ「333のマーチ」

桃山 みなみ「てのひらのまほう」
◇幼年部門
- 優秀賞　該当作なし
- 佳作
  安藤 邦緒「おはよう、フクゾーくん！」
  皆実 なみ「怪盗ナーンダ」
  与田 亜紀「おかあさんって、いいね」
◇中学年部門
- 優秀賞　堀米 薫「牛太郎！ぼくもやったぜ！」
- 佳作
  赤城 佐保「ぼくという木」
  いとう ちえ美「ゴジラもツバメも空を飛ぶ」
  佐々木 有子「おへその ひみつ」
◇高学年部門
- 優秀賞・文部科学大臣賞　中西 翠「クローバー」
- 佳作
  あび きみえ「スウィート・ビターチョコとミスタア・ノーマンと」
  国元 まゆみ「甲子園で会おう」
  西村 友里「日だまり横丁の古本屋」
◇ノンフィクション部門
- 優秀賞　該当作なし
- 佳作　該当作なし

115　日本新人童話賞

大阪童話研究会により，昭和14年に創設された賞。2回の授賞で終った。

【主催者】大阪童話研究会
【選考委員】秋田雨秋, 蘆谷蘆村, 宇野浩二, 小川未明, 槙本楠郎
【賞・賞金】賞金50円

第1回（昭15年）
◇1位　岡本 良雄「八号館」
◇2位　下畑 卓「三十五人の小学生」

第2回（昭16年）
◇1位　下畑 卓「大河原三郎右衛門」
◇2位　町本 広「海の子供たち」

116　日本動物児童文学賞

次代を担う子供たちが，文学を通じて正しい動物愛護の思想を身につけることができるよう，動物愛護に関するより良い文学作品を多く社会に送り出すことを目的とする。

【主催者】（社）日本動物保護管理協会
【選考方法】公募

【選考基準】〔対象〕読者対象を小学生として、動物の虐待防止、動物の適正飼養、人と動物のふれあい、人と動物の共生、動物愛護等を扱ったもので、未発表の作品(但し、商業出版を目的としない同人誌等への発表は差し支えない)。〔原稿〕400字詰め原稿用紙を使用し、総枚数40～60枚。原稿は原則としてワープロ原稿とし、20字×20行の体裁で印字。〔資格〕プロ・アマ不問、年齢15歳以上。ただし、過去の本賞における大賞受賞者は対象外
【締切・発表】(第21回)平21年1月1日～4月20日締切(当日消印有効)、発表は8月下旬までに全員に直接通知、機関誌「生きる仲間」誌上で発表
【賞・賞金】動物児童文学大賞(環境大臣賞状)(1点):賞金30万円、動物児童文学優秀賞(2点):賞金20万円、動物児童文学奨励賞(5点):賞金5万円。大賞、優秀賞については、作品の著作権及び出版権は(社)日本動物保護管理協会に帰属し、同会の機関誌「生きる仲間 特集号」として全国の関係機関に無料配布して公表する

第1回(平1年)
　◇大賞　松村 哲夫「名犬 明智君」
　◇優秀賞
　　　井上 こみち「元気で！ロディ」
　　　勝田 紫津子「キツネパンができたわけ」
第2回(平2年)
　◇大賞　該当作なし
　◇優秀賞
　　　真野 純子「カオルのいた夏休み」
　　　鈴木 友子「キキとララ」
　　　大木 正行「清くんとサケの子銀太」
第3回(平3年)
　◇大賞　つだ あこや「いちごのすきなムー」
　◇優秀賞
　　　秋山 博子「夏をくれたメリー」
　　　工藤 葉子「マークの森」
第4回(平4年)
　◇大賞　井沢 賢「鶴と少年」
　◇優秀賞
　　　笹川 奎治「おれ、ウサギ係長」
　　　池田 浩三「ガラクタ置き場のたからもの」
第5回(平5年)
　◇大賞　平戸 美幸「桜の木の下で」
　◇優秀賞
　　　井上 猛「金色の鳩」
　　　橋村 あさこ「サッキ、ありがとう」
第6回(平6年)
　◇大賞　鈴木 昭二(東京都)「帰れ、深い森の中へ」
　◇優秀賞
　　　北野 教子(静岡県)「常さんと片耳」
　　　下田 美紀(福岡県)「ポニーのジロ」
第7回(平7年)
　◇大賞　宮本 武彦(静岡県)「先生になった三平クン」
　◇優秀賞
　　　大久保 悟朗(茨城県)「ごめんねチビ」

　　　坂井 悦子(大阪府)「チャックが私にくれたもの」
第8回(平8年)
　◇大賞　奥山 省一(広島県)「おばけやなぎとコムラサキ」
　◇優秀賞
　　　杉山 佳奈代(東京都)「ゾウのいない動物園」
　　　武良 竜彦(神奈川県)「ルルの旅」
第9回(平9年)
　◇大賞　奥山 智子(東京都)「となりのゴン」
　◇優秀賞
　　　小林 紀美子(東京都)「ぼくとビジョーと」
　　　竹内 福代(愛知県)「モォーじいちゃんとクロ」
第10回(平10年)
　◇大賞　長島 一郎(東京都)「すて猫をひろってから」
　◇優秀賞
　　　工藤 さゆり(千葉県)「ヘナチョコと出会ったぼく」
　　　森山 恵(千葉県)「おばあちゃんとミュウ」
　◇奨励賞
　　　井嶋 敦子(秋田県)「カモシカとぼくと」
　　　綾部 光(東京都)「白い犬」
　　　後藤 文正(大分県)「にわとりが…」
　　　伊藤 和子(神奈川県)「麦わら色の猫」
　　　奥山 智子(東京都)「モモのいる教室」
第11回(平11年)
　◇大賞　石川 良子(神奈川県)「フルート奏者レオさんと、その犬」
　◇優秀賞
　　　片平 幸三(福島県)「学校のオオハクチョウ」
　　　井上 陽子(香川県)「巣立ち応援歌」
　◇奨励賞

篠田 佳余(長野県)「ぴーちゃんからのおくりもの」
津留 良枝(奈良県)「本日もセイテンなり！」
小滝 さゆり(埼玉県)「イギリスから来た犬―Voice of the wind―」
渡辺 哲夫(福島県)「猫とゲートボール」
長島 槙子(神奈川県)「見えないねこかっていい」

第12回(平12年)
◇大賞　田中 かなた(大阪府)「一緒にいようよ スタ坊」
◇優秀賞
吉岡 啓一(兵庫県)「ぼくのうちにコロがやってくる」
藤原 静子(大分県)「じゅんちゃんとまほうつかいのおばあさん」
◇奨励賞
松浦 幸義(静岡県)「竹輪のゴンタ」
あびこ 一(大阪府)「ベルナー」
玉樹 悠(東京都)「タコの千太」
山岸 恵一(神奈川県)「ジョニーの物語」
笠井 冴子(広島県)「ナゴヤ」

第13回(平13年)
◇大賞　藤村 ひろみ(岡山県)「二匹の家族が教えてくれたこと」
◇優秀賞
流汜(大阪府)「子犬」
塚本 啓子(福島県)「ごめんね、ポチ」
◇奨励賞
谷口 善一(福岡県)「木炭バスと客馬車」
佐藤 千鶴(青森県)「コタとこうた」
相馬 明美(神奈川県)「水が染み込むように」
佐藤 良彦(長野県)「がんばれ愛犬チェリー」
高山 謙一(大阪府)「ネロといた日々」

第14回(平14年)
◇大賞　たけ つよし(埼玉県)「浦山のキツネ」
◇優秀賞
大谷 泰之(兵庫県)「ちび」
長岡 弘樹(山形県)「アラスカの約束」
◇奨励賞
高木 ナヤック法子(インド)「ラッキー～犬を救った少女の話～」
宮内 勝子(茨城県)「らっぴいが来た日」
川崎 恵夫(鹿児島県)「ゴンタとサザンカ」
ゆうき あい(広島県)「ひばんば」
三河 一生(北海道)「夜のお客様」

第15回(平15年)
◇大賞　野原 なつみ(兵庫県)「ネコぎらいおばさんとおしゃべりなネコ」

◇優秀賞
高杜 利樹(宮城県)「サッちゃんとアータン」
上村 貞子(兵庫県)「ごめんね、ポチ」
◇奨励賞
別司 芳子(福井県)「幸せのミノガメ」
叶 昌彦(千葉県)「チビと健太」
田端 智子(埼玉県)「となりのダイゴロウ」
谷門 展法(東京都)「希望の光は、ある」
中野 治男(大阪府)「おじいさんの愛犬」

第16回(平16年)
◇大賞　久原 弘「クロスにのって～ウミガメ物語～」
◇優秀賞
柴田 圭史郎(国〔クニキチ〕吉―我が家に天使がやってきた―」
見 泰子「ヒロトとガリガリ」
◇奨励賞
渡辺 昭子「お花になった、のらちゃん」
宮崎 貞夫「あずみは馬とともだち」
小此木 晶子「Ｚ」
堀江 律子「あっちゃんとすずめっ子」
しがみね くみこ「名なしの猫ちゃん」

第17回(平17年)
◇大賞　中山 小志摩「ぽろ」
◇優秀賞
加藤 英津子「雑種犬のプライド」
三村 愛「ザリガニぼうやと子どもたち」
◇奨励賞
小松 勉「ロック」
飯森 美代子「エサを探しに」
富士 木花「リタイア犬・ロミオ」
陸奥 賢「アカリとスワ」
馬場 大三郎「ナナと良太」

第18回(平18年)
◇大賞　小松 美香「空、そら、ソラ！」
◇優秀賞
内侍原 伊織「アカウミガメの奇蹟」
こうまる みずほ「サトミとの夏」
◇奨励賞
太田 真由美「由記ちゃんとみつ」
青木 雅子「山のメイちゃん」
小此木 晶子「こころのごみ箱」
石川 兼彦「ネコおばさんと三人の仲間」
浜田 尚子「リンゴ園の天使たち」

第19回(平19年)
◇大賞　こうまる みずほ「君といっしょに」
◇優秀賞
白川 みこと「ハシブトガラスのゲン五郎」

　　　　石川 純子「機関車ノンちゃん」
　◇奨励賞
　　　　水野 遼太「バトン」
　　　　鳥羽 登「修行僧パチ」
　　　　小林 隆子「蓮田にもどりたがったウシ
　　　　　ガエル」
　　　　伊東 真代「砂時計」
　　　　井上 雅博「アカテ‥叫べ！命の森」
第20回（平20年）
　◇大賞　山田 士朗「プリン」

　◇優秀賞
　　　　滝上 湧子「サスケ またいつか会おう」
　　　　佐藤 良彦「アフリカからのEメール」
　◇奨励賞
　　　　高村 たかし「レッツゴー ロック」
　　　　高野 麻由「最初の一歩」
　　　　竹田 弘「子ガメ孵る日」
　　　　佐々木 好美「おばあちゃんとシロのあ
　　　　　いだ」
　　　　中村 君江「ふりかえった犬」

117 日本童話会賞

　昭和28年度より、日本童話会の発展向上に貢献した会員1名におくられていたが、第3回で中止。昭和39年度に新進作家の激励と、我が国の童話文学の向上発展を目的として再開された。昭和49年度からは、対象・選考方法を改正し、日本童話会員の作品を対象とするA賞と、一般公募作品を対象とするB賞（昭和57年より4年に1回）の2部門に分けられた。平成4年6月会長・後藤楢根の死去で日本童話会は解散、第28回が最後の授賞となった。

【主催者】日本童話会
【選考委員】石原武、後藤楢根、西本鶏介、長崎源之助、山下朋生、村山桂子
【選考方法】公募その他
【選考基準】A賞は「童話」（月刊）に発表した作品を対象とする。B賞は一般公募・4年に1回。
　　　　新人賞は会員から募集
【締切・発表】B賞、新人賞は10月末日締切、他賞とあわせて毎年2月に発表
【賞・賞金】正賞峰田義郎作ブロンズ、副賞5万円

前期第1回（昭28年度）　加藤 輝男《業績に対し
　　　　　て》
前期第2回（昭29年度）　倉沢 栄吉《業績に対し
　　　　　て》
前期第3回（昭30年度）　安部 梧堂《業績に対し
　　　　　て》
後期第1回（昭39年度）　間所 ひさ子「詩（年間に
　　　　　発表された作品）」
第2回（昭40年度）　生源寺 美子「犬のいる家」
第3回（昭41年度）　乾谷 敦子「さざなみの都」
第4回（昭42年度）　中村 ときを「太陽はぼくた
　　　　　ちのもの」
第5回（昭43年度）　武川 みづえ「ギターナ・ロマ
　　　　　ンティカ」
第6回（昭44年度）　石浦 幸子「ねんどのブーツ」
　　　　　（詩集）
第7回（昭45年度）
　　　　藤 昌秀「竹うま」
　　　　橋本 由子「ムジナモ」
第8回（昭46年度）
　　　　大谷 正紀「山の神舞」

　　　　佐々木 赫子「あしたは雨」
第9回（昭47年度）　該当作なし
　◇奨励賞
　　　　田中 信彦「玄海の波さわぐとき」
　　　　木村 セツ子「曲だいこ」
第10回（昭48年度）　該当作なし
　◇奨励賞　篠塚 かをり「幼年童話（年間に発
　　　　　表された作品）」
第11回（昭49年度）
　◇A賞　宮入 黎子「野菜のうた」「動物園の
　　　　　朝」（他、年間に発表した詩）
　◇B賞　久地 良「はさみでじょきじょき」
　　●奨励賞
　　　　村岡 豊喜「まゆげのさんぽ」
　　　　みよし ようた「野ぶどう」（詩）
第12回（昭50年度）
　◇A賞　加藤 多一「白いエプロン白いやぎ」
　◇B賞　沼田 光代「ひつじをかぞえるひわち
　　　　　ゃん」
　　●奨励賞

愛川 ゆき子「あたまグループとビジョンバさん」
早野 洋子「そっくりパン」
第13回(昭51年度)
◇A賞　大谷 正紀「ネンネン山物語」
◇B賞　折口 てつお「大きなわらじ」
* 奨励賞　白浜 杏子「ひもが一本」
第14回(昭52年度)
◇A賞　竹下 文子「月売りの話」
◇B賞　おりもと みずほ「絵はがき」(詩)
* 奨励賞
西村 彼呂子「カラスのスイカ」
塚本 良子「おじいちゃんのはちまき」
第15回(昭53年度)
◇A賞　大坪 かず子「おしゅん」
◇B賞　内海 智子「空とぶにわとり」
* 奨励賞　ふじい まもる「スズメの王様」
第16回(昭54年度)
◇A賞　該当作なし
* 佳作奨励賞　折口 てつお「摩利支天夜話」
◇B賞　草谷 桂子「トンネルのむこう」
第17回(昭55年度)
◇A賞　草谷 桂子「豆がはぜるのは」
* 佳作奨励賞
竹中 真理子「おし入れのたっくん」
谷 大次郎「村の一日」(詩)他
◇B賞　該当作なし
* 佳作奨励賞
谷野 道子「サンタクロースにプレゼントしたら」
よこやま てるこ「何処サ行く？ざしきわらしコサマ」
第18回(昭56年度)
◇A賞　白井 三香子「さよなら、うみねこ」
* 奨励賞　井奈波 美也「ひがさ村のスイカ騒動」
◇B賞　該当作なし
第19回(昭57年度)
◇A賞　三保 みずえ「いえばよかった」他の詩篇
* 奨励賞
井奈波 美也「ひがさ村は雪景色」
谷 大次郎「たぬきのはなび」(詩)
* 新人賞
八束 澄子「西から来たあいつ」
森川 満寿代「ワニバン」
第20回(昭58年度)
◇A賞　大坪 かず子「コタロー日記」

* 奨励賞　くらた ここのみ「へっくし」(詩)
* 新人賞　森本 寿枝「ほしぞらサイクリング」
第21回(昭59年度)
◇A賞　内海 智子「ハツネちゃんの海底旅行」
* 奨励賞　成本 和子「赤ちゃんの組曲」(詩)
* 新人賞　坂根 美佳「パパへの手紙」
* 新人奨励賞　大西 亥一郎「ベートーベンはうちゅうネコ」
第22回(昭60年度)
◇A賞　小川 秋子「おんぼろミニカーのトップくん」
* 奨励賞　花井 巴意「小さな死」他
* 新人賞　稲垣 恵雄「幼年生活」
◇B賞　該当作なし
* 奨励賞
上野 喜美子「ばくと公園」
料治 真弓「あこがれの星」
第23回(昭61年度)
◇A賞　生駒 茂「シクラメン・ブラームス」
* 新人賞　上野 喜美子「秋にみつけた話」
第24回(昭62年度)
◇A賞　該当作なし
* 奨励賞　滝沢 敦子「父ちゃんはおまわりさん」
* 新人賞　鈴木 京子「ぞうの鼻ブラシ」
第25回(昭63年度)
◇A賞　佐藤 ユミ子「跳べ！友美」
* 奨励賞　上野 喜美子「緑の声」
第26回(平1年度)
◇A賞　笠原 肇「あばよ、甲子園」
* 奨励賞　園部 あさい「イルミネーション・ハウス」
◇B賞　藤本 たか子「かあさん人魚にならないで」
* 奨励賞　末永 いつ「ムラサキツユクサの森から」
第27回(平2年度)
◇A賞　中島 あやこ《「童話」に発表した諸作品》
* 新人賞　神谷 扶美代《「童話」8月増刊号所載の作品集》
第28回(平3年度)
◇A賞　該当作なし
* 奨励賞　計良 ふき子「冬眠電車」
* 新人賞　高橋 誼「徳兵衛さんの野外水族館」

118 日本の絵本賞 絵本にっぽん賞（絵本にっぽん大賞、絵本にっぽん賞）

絵本は幼児・児童にとって、豊かな情操をはぐくむ文化財として欠くことのできないものという考え方に基づき、絵本芸術の普及、絵本読書の振興、作家・画家の育成などをめざして制定された。この他に「絵本にっぽん新人賞」、「手づくり絵本コンテスト」がある。第15回をもって終了。

【主催者】読売新聞社、(社)全国学校図書館協議会
【選考委員】(第15回)木崎さと子(作家)、富山秀男(京都国立近代美術館)、松樹路人(画家)、松本猛(いわさきちひろ絵本美術館)、岩田斉(全国学校図書館協議会)、原野弥見(読売新聞社)
【選考方法】公募
【選考基準】〔対象〕過去1年間(前年9月から当該年8月まで)日本において、日本人を対象に出版された絵本。〔選考〕(1)絵、文、印刷、製本そのほか絵本全体に流れる制作態度、および出版・書誌的事項などにわたって総合的に検討する。(2)園・学校の実践データも加味して最終決定をする
【締切・発表】(第15回)平成4年12月上旬表彰
【賞・賞金】絵本にっぽん大賞(1点)、絵本にっぽん賞および絵本にっぽん賞特別賞(翻訳絵本)(各3点以内)、作家、画家、翻訳者にそれぞれ賞状、副賞、記念品。出版社に賞状、副賞を贈る

第1回(昭53年)
◇絵本にっぽん大賞　宮崎 学〔写真・文〕「ふくろう」(福音館書店)
◇絵本にっぽん賞
　田島 征彦〔文・絵〕「じごくのそうべえ」(童心社)
　宮本 忠夫〔作・絵〕「えんとつにのぼったふうちゃん」(ポプラ社)
　さとう わきこ〔作〕、二俣 英五郎〔絵〕「とりかえっこ」(ポプラ社)

第2回(昭54年)
◇絵本にっぽん大賞　井口 文秀〔文・絵〕「ふうれんこのはくちょうじいさん」(小峰書店)
◇絵本にっぽん賞
　石亀 泰郎〔写真・文〕「イエペはぼうしがだいすき」(文化出版局)
　瀬田 貞二〔作〕、林 明子〔絵〕「きょうはなんのひ？」(福音館書店)
　安野 光雅「天動説の絵本」(福音館書店)
◇特別賞　やしま たろう〔文・絵〕「からすたろう」(偕成社)

第3回(昭55年)
◇絵本にっぽん大賞　丸木 俊〔文・絵〕「広島のピカ」(小峰書店)
◇絵本にっぽん賞
　寺村 輝夫〔文〕、和歌山 静子〔絵〕、杉浦 範茂〔デザイン〕「あいうえおうさま」(理論社)
　梅田 俊作〔文〕、梅田 佳子〔絵〕「ばあちゃんのなつやすみ」(岩崎書店)
　平塚 武二〔文〕、太田 大八〔絵〕「絵本玉虫厨子の物語」(童心社)

第4回(昭56年)
◇絵本にっぽん大賞　長 新太〔文・絵〕「キャベツくん」(文研出版)
◇絵本にっぽん賞
　わかやま けん〔文・絵〕「おばけのどろんどろんとぴかぴかおばけ」(ポプラ社)
　鈴木 良武〔文〕、松岡 達英〔絵〕「アマゾンのネプチューンカブト」(サンマーク出版)
　武田 英子〔文〕、清水 耕蔵〔絵〕「八方にらみねこ」(講談社)

第5回(昭57年)
◇絵本にっぽん大賞　森 はな〔作〕、梶山 俊夫〔絵〕「こんこんさまにさしあげそうろう」(PHP研究所)
◇絵本にっぽん賞
　川端 誠〔作〕「鳥の島」(文化出版局)
　増田 戻樹「オコジョのすむ谷」(あかね書房)

手島 圭三郎〔絵・文〕「しまふくろうのみずうみ」(福武書店)
第6回(昭58年)
◇絵本にっぽん大賞 山下 明生〔作〕,杉浦 範茂〔絵〕「まつげの海のひこうせん」(偕成社)
◇絵本にっぽん賞
金田 卓文〔文〕,金田 常代〔絵〕「ロミラのゆめ―ヒマラヤの少女のはなし」(偕成社)
吉田 遠志〔文・絵〕「まいご」(福武書店)
いわむら かずお〔作〕,上條 喬久〔ブックデザイン〕「14ひきのあさごはん」(童心社)
第7回(昭59年)
◇絵本にっぽん大賞 阪田 寛夫〔詩〕,織茂 恭子〔絵〕「ちさとじいたん」(佑学社)
◇絵本にっぽん賞
舟崎 靖子〔作〕,渡辺 洋二〔絵〕「やいトカゲ」(あかね書房)
舟崎 克彦〔作〕,村上 豊〔絵〕「はかまだれ」(ひくまの出版)
島崎 保久〔原作〕,関屋 敏隆〔版画と文〕「馬のゴン太旅日記」(小学館)
第8回(昭60年)
◇絵本にっぽん大賞 西村 繁男〔作〕「絵で見る日本の歴史」(福音館書店)
◇絵本にっぽん賞
渡辺 有一〔作〕「はしれ,きたかぜ号」(童心社)
竹下 文子〔作〕,いせ ひでこ〔絵〕「むぎわらぼうし」(講談社)
甲斐 信枝〔作〕「雑草のくらし―あき地の五年間」(福音館書店)
第9回(昭61年)
◇絵本にっぽん賞
内田 麟太郎〔文〕,長 新太〔絵〕「さかさまライオン」(童心社)
あまん きみこ〔文〕,渡辺 洋二〔絵〕「ぽんぽん山の月」(文研出版)
◇特別賞
シビル・ウェタシンヘ〔作〕,猪熊 葉子〔訳〕「かさどろぼう」(福武書店)
C.V.オールズバーグ〔絵・文〕,村上 春樹〔訳〕「西風号の遭難」(河出書房新社)
第10回(昭62年)
◇絵本にっぽん大賞 瀬川 康男「ぼうし」(福音館書店)
◇絵本にっぽん賞
なかえ よしを〔作〕,上野 紀子〔絵〕「いたずらララちゃん」(ポプラ社)

斎藤 隆介〔作〕,滝平 二郎〔絵〕「ソメコとオニ」(岩崎書店)
三芳 悌吉〔作〕「ある池のものがたり」(福音館書店)
第11回(昭63年)
◇絵本にっぽん賞
赤座 憲久〔文〕,鈴木 義治〔絵〕「雨のにおい星の声」(小峰書店)
田中 かな子〔訳〕,スズキ コージ〔画〕「ガラスめだまときんのつののヤギ」(福音館書店)
田島 征三〔作〕「とべバッタ」(偕成社)
◇特別賞 ハーウィン・オラム〔文〕,きたむら さとし〔絵・訳〕「ぼくはおこった」(佑学社)
第12回(平1年)
◇絵本にっぽん大賞 該当作なし
◇絵本にっぽん賞
やすい すえこ〔作〕,福田 岩緒〔絵〕「がたたん たん」(ひさかたチャイルド)
那須 正幹〔ぶん〕,西村 繁男〔え〕「ぼくらの地図旅行」(福音館書店)
スズキ コージ〔作〕「やまのディスコ」(架空社)
第13回(平2年)
◇絵本にっぽん大賞
冨成 忠夫〔写真〕
茂木 透〔写真〕
長 新太〔文〕「ふゆめがっしょうだん」(福音館書店)
◇絵本にっぽん賞
野村 たかあき〔作・絵〕「おじいちゃんのまち」(講談社)
いとう ひろし〔さく〕「ルラルさんのにわ」(ほるぷ出版)
◇絵本にっぽん賞特別賞
ジャン・ジオノ〔原作〕
フレデリック・バック〔絵〕
寺岡 襄〔訳〕「木を植えた男」(あすなろ書房)
第14回(平3年)
◇絵本にっぽん大賞
今村 葦子〔作〕
遠藤 てるよ〔絵〕「ぶな森のキッキ」(童心社)
◇絵本にっぽん賞
山下 洋輔〔ぶん〕
元永 定正〔え〕
中辻 悦子〔構成〕「もけらもけら」(福音館書店)
武田 美穂〔作・絵〕「ふしぎのおうちはドキドキなのだ」(ポプラ社)

◇絵本にっぽん賞特別賞
　　マイケル・ローゼン〔再話〕
　　ヘレン・オクセンバリー〔絵〕
　　山口 文生〔訳〕「きょうはみんなでクマがりだ」(評論社)
第15回(平4年)
　◇絵本にっぽん賞
　　武田 美穂〔作・絵〕「となりのせきのますだくん」(ポプラ社)

太田 大八〔さく・え〕「だいちゃんとうみ」(福音館書店)
◇絵本にっぽん賞特別賞
　　アン・ジョナス〔作〕
　　角野 栄子〔訳〕「あたらしいおふとん」(あかね書房)
　　デヴィッド・ウィーズナー〔作〕
　　当麻 ゆか〔訳〕「かようびのよる」(福武書店)

119 日本の絵本賞 絵本にっぽん新人賞（絵本にっぽん新人賞）

　絵本は特に幼児・児童にとって、豊かな情操をはぐくむ文化財として欠くことのできないものという考えに基づき、絵本芸術の普及、絵本読書の振興、作家・画家の育成などをめざし制定された。この他に「絵本にっぽん賞」、「手づくり絵本コンテスト」がある。第5回から「絵本にっぽん新人賞」を設ける。第15回をもって終了。

【主催者】読売新聞社，(社)全国学校図書館協議会
【選考委員】審査委員：木崎さと子(作家)，富山秀男(京都国立近代美術館)，松樹路人(画家)，松本猛(いわさきちひろ絵本美術館)，岩田斉(全国学校図書館協議会)，原野弥見(読売新聞社)
【選考方法】公募
【選考基準】〔資格〕年令，性別，職業，経歴を問わない。未発表制作であること。他のコンテスト入賞作は既発表とみなす。〔原稿〕表紙のほか本文32，28，24頁のもの。表現技法，素材は特に制限しない。ただし出版が可能な表現であること
【締切・発表】毎年9月30日(当日消印有効)。11月下旬「読売新聞」および「学校図書館速報版」紙上に発表するとともに，本人宛に通知する
【賞・賞金】絵本にっぽん新人賞1点，佳作1点に賞状，副賞，および協賛社賞を贈る

第5回(昭57年)　岡田 ゆたか〔作〕「ぼくの町」
　◇佳作　該当作なし
第6回(昭58年)　該当作なし
　◇佳作　南有田 秋徳〔作〕「リゲルのふしぎな旅」
第7回(昭59年)　大塚 伸行〔作・絵〕「ヨーサクさん」
　◇佳作
　　津田 耕〔作・絵〕「ひげをそったライオン」
　　安藤 昭彦〔作・絵〕「ふしぎなたいこ」
第8回(昭60年)　大森 真貴乃〔作・絵〕「おばあちゃん」
　◇佳作
　　尾留川 葉子〔作・絵〕「ぶちんぼ」
　　降矢 加代子〔作・絵〕「おばあちゃんママと夏休み」
第9回(昭61年)　横浜 法子〔作・絵〕「ゆみちゃんちの5ひきのねこ」

　◇佳作　石井 勉〔作・絵〕「カル」
第10回(昭62年)　該当作なし
　◇佳作　該当作なし
　◇奨励賞　柴田 朝絵「イチゴケーキとそらいろのドレス」
第11回(昭63年)　該当作なし
　◇佳作
　　かどの こうすけ「一本足始末記」
　　もうり まさみち「もものの里」
第12回(平1年)　該当作なし
　◇佳作
　　安間 由紀子「ぶかだこあがれ」
　　小泉 澄夫「99コのくびわをしたワンちゃん」
第13回(平2年)　堀 葉月「うしろのしょうめん」
　◇佳作　藤本 ともひこ「うみのちかみち」
第14回(平3年)　小倉 宗「タンポポ日曜日」

◇佳作　横山　由紀子「いじっぱりなカエルのトーマス」

第15回（平4年）　山田　ゆみ子「さくら展望台」
　◇佳作　田中　篤「ぼくの大漁小学校」

120　日本の子どもふるさと大賞

　これからを生きる子どもたちの夢を育て、心ゆたかな温もりを親から子へ語りつぎ、唄いつぐ創作童話・童謡・紙芝居を全国から募集するため、平成元年に創設された。第2回以降の開催および応募規定等は未定。
【主催者】日本の子どもふるさと継承委員会、諫早市
【選考委員】（第1回）市川森一、小椋佳、川内通康、栗原一登、神津カンナ、須加五々道、竹下景子、団伊玖磨、手島悠介、三浦朱門
【選考方法】公募
【選考基準】〔対象〕童話、童謡、紙芝居。〔資格〕プロ・アマ不問。未発表作品。日本語作文に限る。〔原稿〕童話：400字詰原稿用紙30枚以内、口演童話：カセットテープ30分以内、童謡：楽譜で応募、歌詞のみも可、紙芝居：20枚程度
【締切・発表】（第1回）平成2年3月31日締切、4月中旬直接通知
【賞・賞金】大賞（各部門）：100万円、他に最優秀賞と佳作を授賞

第1回（平2年）
　◇創作童話　坂本　慶子「観覧車に乗ったライオン」
　◇創作口演童話　森谷　江津子「おじいちゃんの聴診器」
　◇創作童謡　該当作なし
　　●最優秀賞

今北　正一〔詞〕，矢田部　宏〔曲〕「にじのはしわたる」
坪井　安〔詞〕，前田　聡〔曲〕「オニヤンマ」
◇創作紙芝居　吉永　光治〔文〕，有吉　弘行〔絵〕「はる　どろぼう」

121　猫手大賞〔童話部門〕

　猫と人間の愛情あふれる関係、ユニークさなどを題材にした童話を募集して、昭和60年に創設された。他に、傑作フォト、イラスト部門等がある。
【主催者】猫の手帖社
【選考委員】町田康、木村まゆみ
【選考基準】〔対象〕猫をテーマとした童話。未発表作品に限る。〔原稿〕400字詰原稿用紙10枚以内
【賞・賞金】記念品と賞金10万円

第1回（昭60年）　該当作なし
　◇準猫手賞
　　　木津川　園子「ビスケット・ランド・ライブの夜に」

もとやま　ゆうほ（もとやま　ゆうこ）「ある星のポンプ」
第2回（昭61年）　該当作なし
第3回（昭62年）　福島　孝子「ネコの洋服店」
第4回（昭63年）　該当作なし

第5回(平1年)
　◇優秀賞　大木　直子「おひけえなすって!!親ビンのお通りでやんす(野良猫「風太」に送る愛のメッセージ)」
第6回(平2年)
　◇優秀賞　マミヤ　ユン「キャット♡サンバインマース」
第7回(平3年)
　◇優秀賞　橋谷　尚人「猫屋」
第8回(平4年)
　◇優秀賞　山田　志保「根子(NEKO)」
第9回(平5年)
　◇猫手大賞　ルーミラズビ「本物の猫は？」
第10回(平6年)
　◇猫手大賞　藤本　幸美「猫の手がやってきた」
第11回(平7年)
　◇猫手大賞　高瀬　ぎど「猫の恩返し」
第12回(平8年)
　◇猫手大賞　のはら　のん「賑やかな月夜」
第13回(平9年)
　◇佳作　天野　あき「ねこのはてな」
第14回(平10年)
　◇猫手大賞　池田　ななこ「アズキの贈り物」

第15回(平11年)
　◇猫手大賞　伊勢　香「まるまりねこ進化論」
第16回(平12年)
　◇猫手大賞　高見　ゆかり「なつのねこ」
第17回(平13年)
　◇猫手大賞　久楽　ひとみ「永遠の」
第18回(平14年)
　◇猫手大賞　宮本　季和「神さまになった猫」
第19回(平15年)
　◇猫手大賞　斑尾　猫美「富士見台二丁目商店街のねこ会議」
第20回(平16年)
　◇猫手大賞　山本　智美「黒猫ノアールの日記」
第21回(平17年)
　◇猫手大賞　富田　美和子「ねこのヘルパーさん」
第22回(平18年)
　◇猫手大賞　松浦　もも「せんたく猫」
第23回(平19年)
　◇猫手大賞　山本　成美「ねこはいない」

122　野口雨情大賞

平成4年野口雨情の生誕110周年と，茨城新聞の紙齢3万5千号を記念して創設。
【主催者】茨城新聞社
【選考委員】(第1回)新川和江，佐藤雅子，池辺晋一郎，茨城県教育長，茨城新聞社長
【選考方法】公募
【選考基準】〔対象〕童謡や歌曲として親しまれる詩。〔資格〕不問。未発表作品。〔原稿〕400字詰原稿用紙を使用
【締切・発表】(第1回)平成4年5月16日締切(当日消印有効)，7月5日紙上発表及び本人に通知
【賞・賞金】大賞(1点)：50万円，優秀賞(各1点)：一般の部20万円，学生の部10万円，佳作(各5点)：一般の部5万円，学生の部1万円。大賞・優秀賞の中から審査員・池辺晋一郎が作曲する

第1回(平4年)
　◇大賞　石井　潮里(小学4年生)「雨の音」
　◇優秀賞
　●学生の部　小野　省子(高校1年生)「だんごむし」

123　野間児童文芸賞

野間児童文芸賞は，「野間文芸賞」の児童文学部門を独立させて昭和37年に制定された賞で，新聞や雑誌，単行本に発表された作品の中から優れた作品を選出して与える。

野間児童文芸賞

【主催者】（財）野間文化財団
【選考委員】（第46回）あさのあつこ、角野栄子、松谷みよ子、三木卓、山下明生
【選考方法】非公募
【選考基準】〔対象〕児童を対象とする小説、童話、戯曲、ノンフィクション、詩、童謡などで、過去一年間に新聞や、雑誌、単行本などに発表された作品の中から、優秀なものを選んで与える
【締切・発表】前年8月1日から翌年7月31日までを対象期間とする
【賞・賞金】ブロンズ像と副賞200万円
【URL】http://www.kodansha.co.jp/award/noma-bungei.html

第1回（昭38年）　石森 延男「パンのみやげ話」（東都書房）
◇推奨作品賞
　　石川 光男「若草色の汽船」（東都書房）
　　中川 李枝子「いやいやえん」（福音館書店）
第2回（昭39年）
　　庄野 英二「星の牧場」（理論社）
　　松谷 みよ子「ちいさいモモちゃん」（講談社）
第3回（昭40年）　いぬい とみこ「うみねこの空」（理論社）
◇推奨作品賞
　　おの ちゅうこう「風は思い出をささやいた」（講談社）
　　岡野 薫子「ヤマネコのきょうだい」（実業之日本社）
第4回（昭41年）　福田 清人「秋の目玉」（講談社）
第5回（昭42年）
　　香川 茂「セトロの海」（東都書房）
　　佐藤 さとる「おばあさんのひこうき」（小峯書店）
第6回（昭43年）　まど みちお「てんぷらぴりぴり」（大日本図書）
◇推奨作品賞
　　あまん きみこ「車のいろは空のいろ」（ポプラ社）
　　瀬尾 七重「ロザンドの木馬」（講談社）
第7回（昭44年）
　　宮脇 紀雄「山のおんごく物語」（自費出版）
　　今西 祐行「浦上の旅人たち」（実業之日本社）
◇推奨作品賞　佐々木 たづ「わたし日記を書いたの」（講談社）
第8回（昭45年）　岩崎 京子「鯉のいる村」（新日本出版社）
◇推奨作品賞　後藤 竜二「大地の冬のなかまたち」（講談社）
第9回（昭46年）　土家 由岐雄「東京っ子物語」（東都書房）

◇推奨作品賞
　　岸 武雄「千本松原」（あかね書房）
　　吉行 理恵「まほうつかいのくしゃんねこ」（講談社）
第10回（昭47年）　北畠 八穂「鬼を飼うゴロ」（実業之日本社）
◇推奨作品賞
　　さねとう あきら「地べたっこさま」（理論社）
　　上種 ミスズ「天の車」（講談社）
第11回（昭48年）
　　与田 準一「野ゆき山ゆき」（大日本図書）
　　安藤 美紀夫「でんでんむしの競馬」（偕成社）
◇推奨作品賞
　　田中 博「日の御子の国」（講談社）
　　山下 明生「うみのしろうま」（実業之日本社）
第12回（昭49年）　坪田 譲治「ねずみのいびき」（講談社）
◇推奨作品賞　宮口 しづえ「箱火ばちのおじいさん」（筑摩書房）
第13回（昭50年）　小出 正吾「ジンタの音」（偕成社）
◇推奨作品賞
　　間所 ひさこ「山が近い日」（理論社）
　　飯田 栄彦「飛べよ、トミー！」（講談社）
第14回（昭51年）　野長瀬 正夫「小さなぼくの家」（詩集、講談社）
◇推奨作品賞　河合 雅雄「少年動物誌」（福音館書店）
第15回（昭52年）
　　生源寺 美子「雪ぼっこ物語」（童心社）
　　今江 祥智「兄貴」（理論社）
◇推奨作品賞　皿海 達哉「チッチゼミの鳴く木の下で」（講談社）
第16回（昭53年）　川村 たかし「山へいく牛」（偕成社）

◇推奨作品賞　赤木 由子「草の根こぞう仙吉」(そしえて)
第17回(昭54年)　神沢 利子「いないいないばあや」(岩波書店)
◇推奨作品賞　竹下 文子「星とトランペット」(講談社)
第18回(昭55年)
　　　　長崎 源之助「忘れられた島へ」(偕成社)
　　　　阪田 寛夫「トラジイちゃんの冒険」(講談社)
◇推奨作品賞　大原 興三郎「海からきたイワン」(講談社)
第19回(昭56年)　前川 康男「かわいそうな自動車の話」(偕成社)
◇推奨作品賞　吉田 定一「海とオーボエ」(かど創房)
第20回(昭57年)　安房 直子「遠いのばらの村」(筑摩書房)
◇推奨作品賞
　　　　さとう まきこ「ハッピーバースデー」(あかね書房)
　　　　伊沢 由美子「かれ草色の風をありがとう」(講談社)
第21回(昭58年)　斎藤 惇夫「ガンバとカワウソの冒険」(岩波書店)
◇推奨作品賞　堀内 純子「はるかな鐘の音」(講談社)
第22回(昭59年)
　　　　竹崎 有斐「にげだした兵隊―原一平の戦争」(岩崎書店)
　　　　三木 卓「ぽたぽた」(筑摩書房)
◇推奨作品賞　日比 茂樹「白いパン」(小学館)
第23回(昭60年)　角野 栄子「魔女の宅急便」(福音館)
◇推奨作品賞　和田 英昭「地図から消えた町」(講談社)
第24回(昭61年)
　　　　末吉 暁子「ママの黄色い子象」(講談社)
　　　　今村 葦子「ふたつの家のちえ子」(評論社)
第25回(昭62年)
　　　　堀内 純子「ルビー色の旅」(講談社)
　　　　三輪 裕子「ぼくらの夏は山小屋で」(講談社)
第26回(昭63年)　谷川 俊太郎「はだか」(筑摩書房)
◇新人賞
　　　　いせ ひでこ「マキちゃんのえにっき」(講談社)

　　　　斉藤 洋「ルドルフともだちひとりだち」(講談社)
第27回(平1年)
　　　　あまん きみこ「おっこちゃんとタンタンうさぎ」
　　　　三輪 裕子「パパさんの庭」
◇新人賞　該当作なし
第28回(平2年)
　　　　大石 真「眠れない子」
　　　　村中 李衣「おねいちゃん」
◇新人賞　石原 てるこ「友だち貸します」
第29回(平3年)
　　　　今村 葦子「かがりちゃん」(講談社)
　　　　森 忠明「ホーン峰まで」(くもん出版)
◇新人賞
　　　　大谷 美和子「きんいろの木」(講談社)
　　　　中沢 晶子「ジグソーステーション」(汐文社)
第30回(平4年)
　　　　松谷 みよ子「アカネちゃんのなみだの海」(講談社)
　　　　山下 明生「カモメの家」(理論社)
◇新人賞　岡田 なおこ「薫ing」(岩崎書店)
第31回(平5年)　山中 恒「とんでろじいちゃん」(旺文社)
◇新人賞　李 相琴「半分のふるさと」(福音館書店)
第32回(平6年)　後藤 竜二「野心あらためず」(講談社)
◇新人賞
　　　　緒島 英二「うさぎ色の季節」(ポプラ社)
　　　　小風 さち「ゆびぬき小路の秘密」(福音館書店)
第33回(平7年)　岡田 淳「こそあどの森の物語」(1〜3巻, 理論社)
◇新人賞　森 絵都「宇宙のみなしご」(講談社)
第34回(平8年)　森山 京「まねやのオイラ 旅ねこ道中」(講談社)
◇新人賞　上橋 菜穂子「精霊の守り人」(偕成社)
第35回(平9年)　あさの あつこ「バッテリー」(教育画劇)
◇新人賞　ひろ たみを「ジグザグ トラック家族」(偕成社)
第36回(平10年)　森 絵都「つきのふね」
◇新人賞
　　　　風野 潮「ビート・キッズ Beat Kids」
　　　　花形 みつる「ドラゴンといっしょ」
第37回(平11年)　たつみや 章「月神の統べる森で」

第38回(平12年)	那須 正幹「ズッコケ三人組のバック・トゥ・ザ・フューチャー」
第39回(平13年)	花形 みつる「ぎりぎりトライアングル」(講談社)
第40回(平14年)	征矢 清「ガラスのうま」(偕成社)
第41回(平15年)	いとう ひろし「おさるのもり」(講談社)
第42回(平16年)	上橋 菜穂子「狐笛のかなた」(理論社)
第43回(平17年)	吉橋 通夫「なまくら」(講談社)
第44回(平18年)	八束 澄子「わたしの、好きな人」
第45回(平19年)	椰月 美智子「しずかな日々」
第46回(平20年)	工藤 直子「のはらうたV」

---

124 ノンフィクション児童文学賞

教育出版センター創業20周年記念として昭和60年に創設された。第3回の実施は未定。

【主催者】教育出版センター
【選考委員】滑川道夫, 藤田圭雄, 福田清人, 戸川幸夫, 神戸淳吉, 山口正
【選考方法】公募
【選考基準】〔対象〕小・中学生が読める内容のノンフィクション作品。〔原稿〕400字詰原稿用紙20～100枚
【締切・発表】第2回は昭和61年10月31日締切, 昭和62年1月1日～5日主要新聞紙上で発表
【賞・賞金】大賞100万円, 奨励賞10万円

第1回(昭60年)　宮野 慶子「野犬ウーとエクセル」　　第2回(昭62年)　該当作なし

---

125 パッ！と短編童話賞

心にのこるあの音！その声！このひとこと！を素材にした短い童話を募集。

【主催者】ラジオたんぱ
【選考委員】岩崎京子, 北川幸比古, 木暮正夫
【選考方法】公募
【選考基準】〔対象〕短編童話。他の作品公募で入選した作品, ほかに出版権が設定されている作品は, 選考対象外。〔原稿〕20字20行の400字詰め原稿用紙か同字詰めワープロのプリントアウトで, 1枚から5枚まで。日本語で縦書き。新聞・雑誌・同人誌・自費出版者で発表した作品, あるいはそれを原型とした作品は発表媒体名・年月の記録を添え, コピーも添付のこと。〔資格〕年齢を問わないが, 幼児の語った話のおとなによる採録と, 小学生・中学生の作品は別枠で審査。プロ・アマ不問
【締切・発表】(第1回)平成10年10月15日締切(必着), 平成10年11月中発表, 入賞者には直接通知, 雑誌「童話創作」平成10年冬号のほか, 雑誌「日本児童文学」に発表
【賞・賞金】最優秀賞(1編)：賞状と賞金10万円, 優秀賞(2編)：賞状と賞金各5万円, 奨励賞(数編)：賞状と賞金各2万円, 児童作品賞(数編)：賞状と児童図書, 記念品

第1回(平10年)
　◇最優秀賞　赤城 礼子(東京都東大和市)「フェルナンブーコの木」
　◇優秀賞
　　　葉月 かおる(東京都板橋区)「最後の乗客」
　　　安藤 由希(千葉県市川市)「あの娘(こ)」
　◇奨励賞
　　　斎藤 輝昭(北海道上川郡)「ピアノ」
　　　中島 康(ペンネーム)(東京都中野区)「さとみちゃんとみなこちゃん」
　　　楢館 奈津子(栃木県佐野市)「グラスのきおく」

鮎沢 ゆう子(東京都練馬区)「グランドクロス」
上坂 和美(奈良県生駒市)「オルゴール」
吉田 光恵(神奈川県小田原市)「すばらしき人生」
小林 恵子(東京都港区)「どんなおと？」
橋本 美代子(東京都小平市)「特別なお祭り」
川島 和幸(東京都大田区)「霧の海で交わす船の汽笛信号」
山口 順子(東京都台東区)「おとなのへんじ」

126 花のまち可児・手づくり絵本大賞

　未来を拓く子どもたちの創造力を育て，大人の夢をさらに大きく膨らませ自然と共生・調和する個性豊かな「花のまち可児」づくりを推進し，芸術文化の振興を図ることを願って「手づくり絵本」コンテストを行う。

【主催者】可児市
【選考委員】きたやまようこ，鴻池守，高畠純，三輪哲，可児市教育長，可児市の小学5・6年生50人，今井美都子，武馬美重子，飯田治代
【選考方法】公募
【選考基準】〔対象〕手づくり絵本。テーマに添った自作未発表の作品，合作も可。1人または1グループにつき1作品。〔資格〕なし。〔応募規定〕形・素材・画材・技法は自由。但し閲覧展示ができる本の形とすること，表紙と10ページ以上30ページ以内(見開きは2ページと数える)の本文があること(文章は画面に入れる)，完成サイズは30×42cm(巻物の場合30×300cm)以内
【締切・発表】(第11回)平成20年8月11日～9月5日締切(必着)，表彰式11月16日
【賞・賞金】大賞(1点):30万円，優秀賞(4点):10万円，奨励賞(15点):1万円，教育奨励賞(5点):1万円
【URL】http：//www.city.kani.lg.jp/gakushuu/ehon/

第1回(平9年)
　◇大賞　該当作なし
　◇入賞
　　　会川 由起(福岡県)「バラの屋敷(みわちゃんの大冒険)」
　　　林 哲也(岐阜県)「バラ園ふっかつけいかく」
　　　斉藤 信実〔作〕，広田 洋子〔絵〕(東京都)「バラのはな」
　　　丹下 浩太郎，丹下 宜恵(大阪府)「魔法使いのバラ園」
　　　藤塚 美佐子(東京都)「しあわせなバラ」
　◇部門賞
　　　沢野 友香(岐阜県)「バラ森のおひめさまとイグアナのパクコちゃん」

山本 綾香(岐阜県)「わたしはハイネス」
渡辺 駿介(東京都)「室町バラ物語」
佐橋 春香(岐阜県)「にじいろのバケツⅡ」
荒木 貴裕，荒木 真奈美(岐阜県)「おじいちゃんのにわ」
荒木 宏俊，荒木 真奈美(岐阜県)「どうしてバラにはトゲがあるの」
三品 陽平〔絵〕，三品 裕美〔文〕(岐阜県)「ばらのひみつ」
東上屋敷ミニソフトバレーボール同好会有志(岐阜県)「モコ モコモコ モコモコモコ」

　　　　山口 文代(福井県)「ばら ばら ばらぐみ」
　　　　武村 裕子(千葉県)「まほうのバラえん」
　　　　石原 孝子(岐阜県)「カントリーガーデンのバラ」
　◇特別賞
　　　　小鳥 のりこ(神奈川県)「だからわたしは庭に出てバラの花と一緒に笑います」
　　　　今渡南小学校6年1組(岐阜県)「希望山のバラは何色ですか？」
第2回(平10年)
　◇大賞　林 哲也(岐阜県)「いいね いいね きみの橋」
　◇入賞・審査員賞
　　　　村居 紀久子(愛知県)「おばけくんのはし」
　　　　広田 洋子(東京都)「はしチクリン」
　◇入賞
　　　　後藤 信行、後藤 亜希子、後藤 瑞希、後藤 千将、後藤 美鈴(岐阜県)「にじのはし」
　　　　東口 恵子(大阪府)「Boys be… ～とんだ紙ヒコーキ」
　　　　石原 孝子(岐阜県)「虹からのおくりもの」
　◇部門賞・ココロのかけはし賞
　　　　深尾 祐介(愛知県)「ビックマリちゃんどせい星わたる」
　　　　西原 美緒子(神奈川県)「へんてこへんてこ」
　　　　石田 民子(愛知県)「ヒョウロク」
　　　　長谷川 新一郎(群馬県)「国境のある橋」
　　　　小林 直美(愛知県)「あかいばらとしろいばら」
　　　　宮城 恵里子、宮城 敏(埼玉県)「うさぎのかいもの」
　　　　荒木 真奈美、荒木 宏俊(岐阜県)「正しい橋のつくり方」
　　　　梅谷 真知子(福岡県)「まぼろしのはし」
　　　　下条 誠(京都府)「ちろちゃんとふしぎなはしご」
　　　　武村 裕子(千葉県)「てをつなげば」
第3回(平12年)
　◇大賞　広田 洋子(埼玉県)「おひさまさんたろう」
　◇入賞
　　　　村居 紀久子(愛知県)「ぼくたちのちっちゃなおとうと」
　　　　絵本読み聞かせグループぶっくぷく(岐阜県)「おっこちたおひさまくん」
　　　　久下 エミ子(大阪府)「いいてんき」

　　　　長谷川 新一郎(群馬県)「おひさまといたずらこねこ」
　　　　梅谷 真知子(福岡県)「おてんとさんのみよらすと」
第4回(平13年)
　◇大賞　柳沼 ひろこ(福島県)「まどからのおきゃくさま」
　◇入賞
　　　　鬼頭 浩恵(愛知県)「はらぺこぼちのだいぼうけん」
　　　　中嶋 咲子(北海道)「ののか」
　　　　山口 里美(愛知県)「いつもそばで」
　　　　武村 裕子(千葉県)「ふう」
　　　　関口 美保(兵庫県)「窓から窓へ」
第5回(平14年)
　◇大賞　荻野 美智代(愛知県)「ぼくの絵日記」
　◇入賞
　　　　村居 紀久子(愛知県)「やなやつ」
　　　　河内 涼(岐阜県)「ぼくのかぶと虫」
　　　　川田 和子(大阪府)「とつぜんのおきゃくさま」
　　　　西平 あかね(長崎県)「ばらのなかまち」
　　　　松田 美穂(静岡県)「ありすのひとりたび―においをさがしたありんこのおはなし」
第6回(平15年)
　◇大賞　徳野 良美(京都府)「ボールをおいかけて」
　◇優秀賞
　　　　村居 紀久子(愛知県)「ぼくのとうちゃん」
　　　　平山 美紀(神奈川県)「とかげのゲイリーとかべのあな」
　　　　松本 紀子(愛知県)「こんなことありそう？『ありぞうくん』」
　　　　鈴木 康子(愛知県)「あなや」
　　　　小林 直美(愛知県)「いいものみーつけた」
第7回(平16年)
　◇大賞　佐治 菜津美(愛知県)「トモくんのおべんとう」
　◇優秀賞
　　　　丹羽 ゆう子(可児市)「おべんとうのたね」
　　　　渡辺 苗(東京都)「かずくんのおべんとう」
　　　　吉永 良子(愛知県)「よわみそ」
　　　　石川 基子(愛知県)「ぜんじどうおべんとばこ」
第8回(平17年)
　◇大賞　樋口 健司(岐阜県)「もぐらのおんがえし」
　◇優秀賞

I 文学

　　平山 美紀(神奈川県)「とかげのゲイリーとあやしいかばんや」
　　小栗 庸(岐阜県)「きょうりゅうくんのふしぎなかばん」
　　藤田 なお子(愛知県)「まっくらかばん」
　　大井 さき(岐阜県)「わたしのかばんはどこ？」
第9回(平18年)
　◇大賞　小林 美和(静岡県)「しっぽっぽ」
　◇優秀賞
　　岡本 よしろう(山口県)「トラ夫さんのしっぽ」
　　福本 恵子(広島県)「しっぽのけんきゅう」
　　寺井 雪乃(岐阜県)「しっぽのしましまどこいった」
　　殿垣 雄介(可児市)「ケントのまほうのしっぽ」

第10回(平19年)
　◇大賞　高垣 美和子(埼玉県)「＋DE10」
　◇優秀賞
　　松本 みさこ(可児市)「ちいさなあかいながぐつ」
　　Akiko Hirano Swincel(米国)「いぬのこうまちゃん10ばんめのともだち」
　　可児 滉大(可児市)「10がいない！」
　　佐々木 ひろ子(大阪府)「10のなぞなぞ」
第11回(平20年)
　◇大賞　岡本 よしろう(山口県)「わんちゃんのちゃわんちゃん」
　◇優秀賞
　　永沢 美智子(埼玉県)「みくちゃんの青いちゃわん」
　　大橋 慎太郎(岐阜県)「動物村の不思議なちゃわん」
　　高橋 邦臣(埼玉県)「ちゃわんずもう」
　　市川 静音(東京都)「めっせーじ」

127 原阿佐緒賞

　宮城県宮床町(現・大和町宮床)生まれの歌人・原阿佐緒の生家を整備して開館した、原阿佐緒記念館の10周年を記念して制定。優れた短歌作品に贈られる。青少年部門は第2回から創設された。

【主催者】宮城県大和町, 大和町教育委員会
【選考委員】(第10回)小池光, 秋山佐和子, 戸板佐和子
【選考方法】公募
【選考基準】〔応募規定〕未発表短歌1人2首まで。〔出詠料〕1000円(但し、中学生・高校生は無料)
【締切・発表】(第10回)平成21年1月31日締切(当日消印有効)、平成21年5月初旬発表。入選者に通知
【賞・賞金】〔一般の部〕原阿佐緒賞(1点)：賞状, 記念品, 特別賞(賞金), 優秀賞(5点)：賞状, 記念品, 〔青少年の部〕優秀賞(1点)：賞状, 記念品, 奨励賞：賞状, 記念品
【URL】http://www.haraasao.jp/museum/prize.html

第2回(平13年)
　◇青少年の部
　　●奨励賞
　　　小俣 地洋(宮城県大河原町立大河原中学校)
　　　沖 友里江(目白学園中学校)
　　　大森 佑美(宮城県第三女子高等学校)
　　　松崎 祐子(宮城県黒川高等学校)
　　　佐藤 みずき(宮城県黒川高等学校)

第3回(平14年)
　◇青少年の部
　　●奨励賞
　　　大野 竜二(大河原中学校)
　　　南雲 結美子(仙台南高等学校)
　　　関内 麻希(聖和学園高等学校)
　　　高橋 裕美(宮城県黒川高等学校)
　　　小林 良光(宮城県黒川高等学校)
第4回(平15年)
　◇青少年の部

- 奨励賞
  - 三浦 佳織(仙台南高等学校)
  - 小野 南(聖ドミニコ学院高等学校)
  - 板橋 ゆかり(宮城県黒川高等学校)
  - 小南 愛香(仙台白百合学園高等学校)
  - 阿見 朋世(目白学園高等学校)

第5回(平16年)
◇青少年の部
- 奨励賞
  - 生出 真裕(石巻商業高等学校)
  - 宮本 彩加(徳山高等学校)

第6回(平17年)
◇青少年の部
- 奨励賞
  - 中居 直人(釜石南高等学校)
  - 三浦 希美(宮城県第二女子高等学校)
  - 田中 志央(嘉穂高等学校)
  - 武中 宇紗貴(仙台白百合学園高等学校)
  - 中條 ゆかり(小牟田農林高等学校)
  - 文屋 萌(聖ドミニコ学院高等学校)

第7回(平18年)
◇青少年の部
- 奨励賞
  - 長谷川 結(仙台白百合学園中学校)
  - 小野寺 奈央(仙台育英学園高等学校)
  - 佐々木 結咲子(宮城県第一女子高等学校)
  - 武中 宇紗貴(仙台白百合学園高等学校)

第8回(平19年)
◇青少年の部
- 優秀賞 小鷹 あゆみ(聖ドミニコ学院高等学校)
- 奨励賞
  - 加藤 晶(仙台白百合学園高等学校)
  - 櫻井 公美子(仙台白百合学園高等学校)
  - 渡邊 容子(仙台白百合学園中学校)
  - 阿部 かおり(宮城県松島高等学校)
  - 中村 有理沙(仙台市白百合学園高等学校)

第9回(平20年)
◇青少年の部
- 優秀賞 千葉 由穂(仙台白百合学園高等学校)
- 奨励賞
  - 牧野 光(宮崎県立延岡星雲高等学校)
  - 三谷 真利奈(加藤学園暁秀高等学校)
  - 小幡 菜穂美(貞山高等学校)
  - 小林 千紘(聖心女子学院中等科)
  - 中澤 泉(宮城県第一女子高等学校)
  - 佐々木 瞳(大和町立宮床中学校)
  - 松川 優花(大和町立宮床中学校)
  - 菊野 珠生(聖心女子学院中等科)

---

128 晩翠わかば賞・晩翠あおば賞（晩翠児童賞）

　土井晩翠顕彰会では，仙台が生んだ詩人・土井晩翠を顕彰するため，昭和35年に東北地方および仙台市の国内姉妹都市の小・中学生の詩作品を対象とした「晩翠児童賞」を設けた。48回を迎えた平成19年から，名称を「晩翠わかば賞」（小学生対象），「晩翠あおば賞」（中学生対象）と改めた。

【主催者】土井晩翠顕彰会，仙台文学館

【選考委員】（第49回）石川裕人（劇作家），梶原さい子（歌人），佐々木洋一（詩人），高野ムツオ（俳人），とよたかずひこ（絵本作家），和合亮一（詩人）

【選考方法】公募

【選考基準】〔対象〕東北地方及び仙台市国内姉妹都市の小学生・中学生による詩作品。仙台市国内姉妹都市：北海道白老町，長野県中野市，徳島県徳島市，大分県竹田市，愛媛県宇和島市。〔応募規定〕（1）個人での応募（1人5編以内），（2）学校・団体での応募（第49回：平成19年9月から平成20年8月までに発行された学校文集，詩集，機関紙等でも可）

【締切・発表】（第49回）平成20年8月31日締切（必着），10月18日贈呈式

【賞・賞金】晩翠わかば賞・あおば賞（各1名）：賞状，土井晩翠レリーフ，記念品。優秀賞（数名）：賞状，記念品。佳作（数名）：賞状，記念品

I 文学

第1回(昭35年)　日下部 政利
第2回(昭36年)　鈴木 茂
第3回(昭37年)　石森 明夫
第4回(昭38年)　菱沼 紀子
第5回(昭39年)　小俣 佳子
第6回(昭40年)　中村 喜代子
第7回(昭41年)　佐藤 起恵子
第8回(昭42年)　熊谷 きぬ江
第9回(昭43年)　子玉 智則
第10回(昭44年)　佐藤 裕幸
第11回(昭45年)　武田 忠信
第12回(昭46年)　鈴木 次男
第13回(昭47年)　伊藤 律子「家ふぐし」
第14回(昭48年)　荒屋敷 良子「下北の海」
第15回(昭49年)　石井 まり子「せんたく機の中のあたし」
第16回(昭50年)　伊藤 郁子「私の母子手帳」
第17回(昭51年)　阿部 朋美「かいがら」
第18回(昭52年)　関口 順子「読書して」他
第19回(昭53年)　いいとよ ひであき「ぶらんこ」
第20回(昭54年)　もぎ まさき「わらびざのたいこ」
第21回(昭55年)　白岩 登世司「いねはこび」
第22回(昭56年)　阿部 ゆか「残月」
第23回(昭57年)　浜野 勝郎「手紙―三回目の手術」
第24回(昭58年)　まき ともゆき「かんからうまっこ」
第25回(昭59年)　高柳 佳絵「二人乗り自転車」
第26回(昭60年)　小川 宗義「はがね魚」
第27回(昭61年)　菅原 結美「虫おくり」
第28回(昭62年)　荒川 麻衣子「いねの花」
第29回(昭63年)　佐藤 直樹「せみのう化」
第30回(平1年)　氏家 武紀(宮城県)
第31回(平2年)　あおき としみち(青森県)
第32回(平3年)　井面 咲恵(岩手県)
第33回(平4年)　菊池 薫(岩手県)
第34回(平5年)　千葉 克弘(宮城県)
第35回(平6年)　高橋 敦子(宮城県)「神楽」(詩)
第36回(平7年)　岩淵 大地
第37回(平8年)　佐藤 美恵(宮城県)「千明が歩いた」
第38回(平9年)　村山 明日香(宮城県)「みんなでとんぼ」
第39回(平10年)　大内 雅友「いつからだろう」
第40回(平11年)
　◇晩翠児童賞　ひで ゆりか(宮城県佐沼小二年)「かけっこ」
　◇優秀賞
　　たかはし ひろき(宮城県瀬峰小一年)「ぴいちゃんのめ」
　　さとう めぐみ(宮城県米川小三年)「わたしがんばるよ」

第41回(平12年)
　◇晩翠児童賞　あべ きよひろ(宮城県志津川小一年)「ぼくのあさがおへ」
　◇優秀賞
　　沢口 美香(青森県清水頭小三年)「はずかしいな」
　　大久保 寿樹(青森県切谷内小三年)「牛のふんとり」
　　栗原 啓輔(宮城県第三小四年)「言えない理由」
第42回(平13年)
　◇晩翠児童賞　千葉 明弘(宮城県嵯峨立小四年)「ぼくとはん画」
　◇優秀賞
　　すずき みどり(宮城県上沼中央小一年)「くりの木もわらったよ」
　　まつもと ひろと(福島県開成小一年)「ねこになりたい」
　　さとう こずえ(岩手県愛宕小二年)「ゴッホの絵本をよんで」
　　高橋 千束(宮城県米岡小五年)「おねえちゃん」
第43回(平14年)
　◇晩翠児童賞　やまだ まお(宮城県山下小一年)「げんきかな しんぺいくん」
　◇優秀賞
　　佐藤 綾(宮城県豊里小五年)「力がほしい」
　　佐藤 大祐(宮城県大谷地小二年)「インタビュー」
第44回(平15年)
　◇晩翠児童賞　遠藤 めぐみ(宮城県豊里小六年)「祖母の涙」
　◇優秀賞
　　村上 恵理子(岩手県大宮中二年)「ビッグバン」
　　にった さか(宮城県菅谷台小一年)「おねえちゃんだよ」
第45回(平16年)
　◇晩翠児童賞　千葉 未来(宮城県鹿折小学校6年)「和田さんの言葉」
　◇優秀賞
　　山内 開(宮城県長岡小学校3年)「つよの転校」
　　すず木 てるや(宮城県馬龍小学校1年)「みんなきいて」
　　やはた さとし(青森県西田沢小学校1年)「コアラこうじょう」
　　古荘 拓人(青森県美保野小学校4年)「ほたる」
　　古関 美乃莉(宮城県袋原小学校5年)「もう一人の自分」

おい川 えいじ(宮城県西郷小学校1年)「やくそく」
船水 もも(青森県小和森小学校6年)「はなしてみたい」

第46回(平17年)
◇晩翠児童賞　千葉 雅人(宮城県栗原市立富野小学校4年)「家ていほう問」(「作文みやぎ」53号)
◇優秀賞
工藤 安友子(青森県南部町立向小学校4年)「紙」(「なんぶっ子」34号)
松田 晃司(青森県八戸市立新井田小学校6年)「おばあちゃん」(「花園」43集)
菅原 康太(宮城県栗原市立岩ケ崎小学校2年)「ちゃわんあらい」(「作文みやぎ」53号)
八坂 聡(宮城県仙台市立西多賀小学校3年)「かみなり」(「作文みやぎ」53号)
本田 牧(福島県郡山市立鬼生田小学校3年)「だっこ」(「青い窓」494)
武蔵 翔(岩手県盛岡市立大宮中学校2年)「窓」(「詩集おおみや」28)
遠藤 廉(宮城県登米市立西郷小学校4年)「せんそう」(「詩集登米」第38集)

第47回(平18年)
◇晩翠児童賞　千葉 颯一朗(宮城県登米市立中津山小学校4年)「おじいさん」(「詩集登米」第39集)
◇優秀賞
佐藤 賢介(宮城県登米市立浅水小学校2)「おはようくつした」(「詩集登米」第39集)
小野 孔輔(宮城県亘理町立亘理小学校3)「十五夜」(「作文宮城」54号)
千葉 凪紗(宮城県登米市立北方小学校2)「けんかしたら」(「詩集登米」第39集)
小田嶋 萌生(岩手県北上市立黒沢尻東小学校2)「ひみつ」(「作文宮城」54号)
佐々木 純悟(青森県八戸市立図南小学校5)「満月」(「花園」44号)
遠藤 将平(宮城県登米市立津山中学校1)「汚れていた北上川」(「詩集登米」第39集)

第48回(平19年)
◇晩翠わかば賞　佐々木 里緒(南三陸町在住・小学2年)「たんぽが とけたよ」
◇晩翠あおば賞　菅原 遼(仙台市在住・高校1年)「祈り」

第49回(平20年)
◇晩翠わかば賞　大和田 千聖「ちさと、おせ。もっと、おせ。」
◇晩翠あおば賞　該当作なし

---

129 ひろすけ童話賞

童話作家,浜田広介の業績をたたえて平成元年,生地山形県高畠町に浜田広介記念館が開設された事,および浜田広介が初代会長を務めた児童文芸家協会の発足35年である事を記念して,2年に創設された。

【主催者】ひろすけ童話賞委員会,高畠町,高畠町教育委員会,浜田広介記念館,日本児童文芸家協会

【選考委員】(第19回)岡田純也,天沼春樹,浜田留美,立松和平,早川正信

【選考方法】公募・出版社等からの推薦

【選考基準】〔対象〕毎年7月から6月末日までに単行本(自費出版含む)・新聞・雑誌(同人誌含む)に新たに発表された,幼児から小学校低学年向けの童話(文章主体の小学校低学年向きの絵本は該当。)の中から選出。〔応募方法〕送り先は,ひろすけ童話賞委員会東京連絡所(日本児童文芸家協会)

【締切・発表】7月10日締切,10月上旬発表,受賞者へ通知

【賞・賞金】正賞賞状とブロンズ像,副賞50万円

第1回(平2年)　あまん きみこ「だあれもいない?」(講談社)

第2回(平3年)　安房 直子「小夜の物語—花豆の煮えるまで」(海賊第2期創刊号)

第3回(平4年)　茂市 久美子「おちばおちばとんでいけ」
第4回(平5年)　今村 葦子(杉並区)「まつぼっくり公園のふるいブランコ」(理論社)
第5回(平6年)　北村 けんじ「しいの木のひみつのはなし」(草土文化)
第6回(平7年)　上崎 美恵子(保谷市)「ルビー色のホテル」(PHP研究所)
第7回(平8年)　松居 スーザン「ノネズミと風のうた」(あすなろ書房)
第8回(平9年)　戸田 和代(杉並区)「きつねのでんわボックス」(金の星社)
第9回(平10年)　瀬尾 七重「さくらの花でんしゃ」(PHP研究所)
第10回(平11年)　森山 京「パンやのくまちゃん」(あかね書房)
第11回(平12年)　神季 佑多「わらいゴマまわれ！」(岩崎書店)
第12回(平13年)　矢部 美智代「なきむし はるのくん」(PHP研究所)
第13回(平14年)　さだまさし「おばあちゃんのおにぎり」(くもん出版)
第14回(平15年)　阿部 夏丸「オタマジャクシのうんどうかい」(講談社)
第15回(平16年)　ねじめ 正一「まいごのことり」(佼成出版社)
第16回(平17年)　宮川 ひろ「きょうはいい日だね」(PHP研究所刊)
第17回(平18年)　村上 しいこ「れいぞうこのなつやすみ」(PHP研究所)
第18回(平19年)　薫 くみこ「なつのおうさま」(ポプラ社)
第19回(平20年)　深山 さくら「かえるのじいさまとあめんぼおはな」(教育画劇)

130 フェリシモ童話大賞

　昭和55年から「仲間の本づくり」と称して作品を募集、「桐島洋子賞」などを授賞してきた(株)ハイセンスが、平成元年、フェリシモへの社名変更を記念して設けた。1回限りの賞。
【主催者】フェリシモ
【選考方法】公募
【選考基準】〔対象〕フェリシモ(しあわせ)をテーマとした童話作品
【締切・発表】平成2年3月末締切、3年夏発表
【賞・賞金】賞金100万円。受賞作品はプロのイラストを加えた絵本として同社より出版された

(平3年)
　◇優秀賞
　　高木 剛「逆立ちのできるロバ」
　　小川 英子「雲の子 水の子」

131 福島県川柳賞

　県民から作品を公募して優秀作品を顕彰し、地方文化の進展と県内川柳文学の振興を図るために、昭和56年に創設された。一般を対象とする「川柳賞」「準賞」「奨励賞」、青少年を対象とする「青少年奨励賞」、小学生が対象の「児童奨励賞」がある。
【主催者】福島県川柳連盟、福島民報社、福島県
【選考委員】西來みわ(川柳研究社代表)、笠原高二(県川柳連盟会長)、下重秀石(県川柳連盟副会長)、丹治泉水(県川柳連盟副会長兼事務局長)、斎須秀行(県企画調整部文化スポーツ局長)、高橋雅行(福島民報社編集局長)
【選考方法】公募
【選考基準】〔資格〕福島県内在住者。ただし、生徒および学生については県外勉強中の県人を含む。〔対象〕一般は50句、青少年は20句、児童は5句を集録した原稿作品。未発表のもの

福島県川柳賞

【締切・発表】毎年7月末日締切、10月上旬に福島民報紙上で発表
【賞・賞金】川柳賞(正賞)、準賞、奨励賞、青少年奨励賞、児童奨励賞
【URL】http：//www.minpo.jp/

第1回(昭56年度)
　◇青少年奨励賞　佐藤 裕子「十五の夢」
第2回(昭57年度)
　◇青少年奨励賞
　　　羽田 克弘「生生流転」
　　　鹿岡 瑞穂「翔(かける)」
第3回(昭58年度)
　◇青少年奨励賞
　　　木田 千枝「専」
　　　斉藤 晴美「季」
　　　石坂 博之「高校生活」
第4回(昭59年度)
　◇青少年奨励賞
　　　薄井 奈加子「暮らしの中で」
　　　福士 宏子「紫陽花」
第5回(昭60年度)
　◇青少年奨励賞
　　　広 健太郎「出発」
　　　橋本 力「夏の扉」
　　　畑 憲史「飛べ」
第6回(昭61年度)
　◇青少年奨励賞
　　　松本 清行「青春の汗」
　　　大竹 南賀子「夕日」
　　　穂積 由里子「芽」
　　　斎藤 仁「十六歳」
第7回(昭62年度)
　◇青少年奨励賞
　　　堀江 博之「飛」
　　　小針 健朗「にじ」
　　　山尾 昌徳「今」
第8回(昭63年度)
　◇青少年奨励賞
　　　半沢 郁子「迷路」
　　　佐藤 貴俊「実生活」
　　　山寺 早苗「熱気球」
　　　干 李「一齣」
第9回(平1年度)
　◇青少年奨励賞
　　　春山 舞里(郡山)「ひおばあちゃん」
　　　高橋 久美子(郡山)「楽譜」
　　　遠藤 一歩(郡山)「雑草」
　　　井手 仁子(いわき)「ある日ふと」
第10回(平2年度)
　◇青少年奨励賞
　　　畑野 すみれ(船引)「少女―思い出」
　　　半沢 聡子(郡山)「つゆのあいまに」

吉田 真理子(小野)「天馬」
坂井 夏海(いわき)「舞台の華」
第11回(平3年度)
　◇青少年奨励賞
　　　林 美香(須賀川)「未来地図」
　　　影山 りか(郡山)「瞳」
　　　本名 理絵(須賀川)「風」
　　　村越 淳(郡山)「音色」
第12回(平4年度)
　◇青少年奨励賞
　　　渡辺 真寿美(棚倉)「節目」
　　　古川 智美(いわき)「心の鍵」
　　　橋本 隆(郡山)「しゃぼん玉」
第13回(平5年度)
　◇青少年奨励賞
　　　森田 幸恵(いわき)「華の舞」
　　　影山 淳子(郡山)「私の1日」
　　　渡辺 寛之(郡山)「レール」
第14回(平6年度)
　◇青少年奨励賞
　　　尾崎 まゆみ「自然体」
　　　小野瀬 由香「母も私も」
　　　関根 昭宏「言いぶん」
　　　柄沢 恵理香「夢幻」
第15回(平7年度)
　◇青少年奨励賞
　　　佐藤 美和子「今日一日」
　　　結城 慎也「野心」
　　　結城 奈央「お母さん」
　　　鈴木 将史「今」
第16回(平8年度)
　◇青少年奨励賞
　　　春山 秀貴「初心」
　　　中村 聡「転勤」
　　　油座 真由美「華の舞」
第17回(平9年度)
　◇青少年奨励賞
　　　小池 励起「羅針盤」
　　　片importantly 寛王「重いカバン」
　　　荒井 智美「十九才の夏」
第18回(平10年度)
　◇青少年奨励賞
　　　黒野 桃子「鏡の中」
　　　金子 真実「青い空」
　　　山下 舞「駆け足」
　　　武藤 真貴子「あした」

第19回(平11年度)
　◇青少年奨励賞
　　林　葉子「素足」
　　半沢　佑子「ダンス歴」
　　善方　崇臣「白球」
第20回(平12年度)
　◇青少年奨励賞
　　原田　香織「時計」
　　三品　利恵「日ごろ感じること」
　　菅野　礼子「百点は母のストレス吹きとばす」
　◇児童奨励賞
　　氏家　拓哉「十七才」
　　福舛　萌真「うめの花」
　　松本　宗都「いちねんせい」
　　佐藤　駿実「父母」
　　今野　香「私の家族」
　　梅原　洸「楽しい寄宿舎生活」
第21回(平13年度)
　◇青少年奨励賞　該当者なし
　◇児童奨励賞
　　遠藤　俊太郎「学校生活での発見」
　　斎藤　彩花「あやン劇場」
　　三品　知恵「かぞくとゆめ」
　　作山　仁美「思い出の体育館」
　　作山　史江「フラダンス」
　　鈴木　ゆりか「家族で」
　　瀬谷　明日美「虹の橋」
　　深谷　正人「つぼみ」
第22回(平14年度)
　◇青少年奨励賞
　　山田　朋美「My heart」
　　古宮　優至「僕の素顔」
　　樫村　理恵「日常生活」
　　荒川　智美「大胆不敵に晴耕雨読」
　◇児童奨励賞
　　佐藤　拓弥「銀のけしょう」
　　鈴木　雄平「いっしょの釣りだ大漁だ」
　　矢内　旭「生活の中から」
　　大竹　賢人「楽しい夏休み」
　　遠藤　彩華「日頃 かんじること」
第23回(平15年度)
　◇青少年奨励賞
　　添田　麻利恵(長沼町立長沼中学校3年)「身の回りの出来事」
　　二階堂　聖美(月舘町立月舘中学校3年)「家庭と学校での私」
　◇児童奨励賞
　　吉田　愛美(いわき市立磐崎小学校6年)「親ばなれ」
　　西坂　昂文(福島市立福島第二小学校2年)「無題」

高野　千春(相馬市立中村第一小学校6年)「四季折々」
岡部　祥子(古殿町立山上小学校6年)「普段の生活を見つめて」
第24回(平16年度)
　◇青少年奨励賞
　　佐藤　博(県立磐城高校1年)「十六歳の僕の心」
　　菅野　小百合(月舘町立月舘中学校3年)「月舘の四季」
　　関根　千永(月舘町立月舘中学校2年)「見たまま感じたままに」
　　橋本　勝弘(長沼町立長沼中学校1年)「日常生活」
　　菅原　廉典(県立福島工業高校1年)「玉手箱」
　　管　麻理恵(県立会津第二高校)「日常の発見」
　◇児童奨励賞
　　薄井　幹太(須賀川市第二小学校5年)「点と点」
　　浦住　美南(月舘町立月舘小学校2年)「一年間」
　　斎藤　雅之(月舘町立小手小学校6年)「夏・秋・冬の句集」
　　齋藤　雄太(月舘町立小手小学校2年)「ふしぎ」
　　石井　美紅(白河市立五箇小学校6年)「かがみもち」
　　大谷　みのり(白沢村立糠沢小学校2年)「虫のこえ」
　　齋藤　傳翔(白河市立五箇小学校6年)「四季の句」
第25回(平17年度)
　◇青少年奨励賞
　　和田　幸子(須賀川市立長沼中学校2年)「夏の匂い」
　　森　美奈子(月舘町立月舘中学校1年)「自分のおもい」
　　小林　莉佳(只見町立明和中学校3年)「日々想々」
　　渡辺　結花(県立会津第二高等学校4年)「自分の思うこと」
　　高井　美沙樹(須賀川市立仁井田中学校3年)「心の風景―十四の夏」
　◇児童奨励賞
　　白石　和佳(白河市立五箇小学校6年)「季節の思い出」
　　薄井　はあと(須賀川市立第二小学校3年)「さお竹屋」
　　国井　早希(いわき市立泉小学校6年)「さきの川柳」

堀江 万美子(月舘町立月舘小学校3年)
「三年生になったよ」
小柴 憲佑(会津若松市立一箕小学校5年)
「四季のできごと」
佐原 惇之介(大玉町立玉井小学校6年)
「ちち首山」
岡崎 春香(福島市立野田小学校6年)「春夏秋冬」
長谷部 裕也(月舘町立小手小学校2年)
「生活の中から」

第26回(平18年度)
　◇青少年奨励賞
　　鈴木 幸子(福島県立相馬高等学校1年)
　　「十六歳」
　　薄井 幹太(須賀川市立第二中学校1年)
　　「仲直り」
　◇児童奨励賞
　　森 勇人(南相馬市立小高小学校6年)「六月のこと」
　　佐原 慎之介(大玉村立玉井小学校6年)
　　「おれの村」
　　西坂 周(伊達市立月舘小学校3年)「うれしいなびっくりしたな」
　　小原 隆史(郡山市立柴宮小学校1年)「ポケモンゲーム」
　　齋藤 はづき(伊達市立小手小学校2年)
　　「いろんなものが見えてくる」
　　石井 優貴(郡山市立五箇小学校6年)「今までに」
　　鈴木 健太郎(西会津町立新郷小学校5年)
　　「家庭生活と学校生活」
　　齋藤 柚実(伊達市立小手小学校2年)「四季」

第27回(平19年度)
　◇青少年奨励賞
　　鈴木 真奈美(須賀川市立長沼中学校2年)
　　「私の一年」
　　佐原 慎之介(大玉村立大玉中学校1年)
　　「夢の中でもバット振る」
　　菅家 江里菜(只見町立只見中学校3年)
　　「朱を入れる」
　◇児童奨励賞

有門 智子(南相馬市立高平小学校6年)
「自　然」
吉田 達也(小野町立小戸神小学校4年)
「にじがいる」
佐藤 貴也(福島市立蓬莱東小学校3年)
「夏休み」
山田 真奈未(南相馬市立小高小学校6年)
「夏休みのできごと」
千葉 雄斗(伊達市立月舘小学校2年)「ぼくと生きものたち」
高谷 実佳(伊達市立月舘小学校6年)
「夏」
羽賀 実里(伊達市立小手小学校5年)「小さな幸せ」
鈴木 翼(玉川村立玉川第一小学校6年)
「ぼくはソフトボール少年」

第28回(平20年度)
　◇青少年奨励賞
　　旗野 志穂子(桜の聖母学院高等学校2年)
　　「私のクッキー」
　　奥川 真冬(須賀川市立長沼中学校3年)
　　「道の途中」
　　善方 武仁(須賀川市立長沼中学校2年)
　　「僕の日常」
　◇児童奨励賞
　　堀 一輝(南相馬市立高平小学校6年)「格とう」
　　猪俣 美咲(南相馬市立小高小学校6年)
　　「思ったこと」
　　蒔田 理沙(南相馬市立小高小学校6年)
　　「自然な季節」
　　高野 夏海(福島市立蓬莱東小学校4年)
　　「夏」
　　矢吹 愛実(福島市立蓬莱東小学校4年)
　　「一年間」
　　安田 瑞季(田村市立牧野小学校2年)「雲の子」
　　宍戸 柚希(伊達市立月舘小学校2年)「宇宙ってどんなところ」
　　佐藤 和哉(伊達市立月舘小学校5年)「ソフトボールと僕」
　　柳田 雄貴(須賀川市立仁井田小学校5年)
　　「楽しい五七五」

132　福島県文学賞

　県民から作品を公募して優秀作品を顕彰し、本県文学の振興と地方文化の進展をはかる。青少年部門は第8回(昭和30年度)より創設。
【主催者】福島県、福島民報社

I 文学

> 【選考委員】(第61回)〔小説・ノンフィクション〕松村栄子, 勝倉壽一, 太田憲孝, 塩谷郁夫, 小野浩, 〔詩〕菊地貞三, 太田隆夫, 斎藤夫夫, 〔短歌〕小池光, 佐藤輝子, 酒井義勝, 〔俳句〕金子兜太, 鈴木正治, 結城良一
> 【選考方法】公募
> 【選考基準】〔小説・ノンフィクション部門〕小説：400字詰原稿用紙で30枚以上100枚以内。戯曲：400字詰原稿用紙で45枚以上100枚以内で, 40分から60分程度で上演出来るもの。ノンフィクション：400字詰原稿用紙で30枚以上100枚以内のもの, 随筆集, 旅行記・ルポルタージュ, 人物ドキュメント・自伝, 生活体験記・調査記録, 文芸評論。〔詩部門〕一般：10篇以上, 青少年：5篇以上でいずれも漢詩は除く。〔短歌部門〕一般：50首, 青少年：20首。〔俳句部門〕一般：50句, 青少年：20句。〔資格〕県内在住者および県内の学校・事業所等に在籍・勤務する者。ただし, 学生・生徒については県外勉学中の県人を含む。青少年の部は締切日現在中学生以上20歳未満の者
> 【締切・発表】(第61回)平成20年7月31日締切, 10月下旬直接通知および報道発表, 授賞式11月3日
> 【賞・賞金】各部門ごとに「文学賞」「準賞」「奨励賞」「青少年奨励賞」を授与
> 【URL】http：//www.pref.fukushima.jp/bunka/bunka/prize-literature/index.html

第8回(昭30年度)
◇青年学級文学奨励賞
- 小説の部　塵人同人会「都塵」
- 詩の部　佐藤　一三「藁塚」
- 俳句の部　秋葉　美流子「花苺」

第9回(昭31年度)
◇青少年文学奨励賞
- 小説　斎藤　忠一「二人」
- 俳句　石橋　慶三「石工」

第10回(昭32年度)
◇青少年文学奨励賞
- 詩　佐久間　衛雄「悲哀」
- 短歌　角田　昭男「初心集」
- 俳句　川島　忠夫「少年期」

第11回(昭33年度)
◇青少年文学奨励賞
- 小説　佐藤　三恵子「秋雨」
- 短歌　角田　昭夫「急流」

第12回(昭34年度)
◇青少年文学奨励賞
- 詩
　　佐藤　千恵子「祈り」
　　石井　育子「石井育子詩集」

第13回(昭35年度)
◇青少年文学奨励賞
- 小説　佐藤　武弘「夏と秋の兄弟」
- 短歌　三沢　博善「早春」

第14回(昭36年度)
◇青少年文学奨励賞
- 短歌　菅原　一晃「道」

第15回(昭37年度)
◇青少年文学奨励賞
- 短歌　鴨　顕隆「赤銅」

第16回(昭38年度)
◇青少年文学奨励賞　該当者なし

第17回(昭39年度)
◇青少年文学奨励賞
- 小説　栗原　平夫「借家生活の記録」

第18回(昭40年度)
◇青少年文学奨励賞　該当者なし

第19回(昭41年度)
◇青少年奨励賞
- 小説　東谷　昭三「夏終わる」

第20回(昭42年度)
◇青少年奨励賞
- 小説　山本　正明「壁紙」

第21回(昭43年度)
◇青少年奨励賞　該当者なし

第22回(昭44年度)
◇青少年文学奨励賞
- 小説の部
　　辻　由子「冬の光線」
　　円谷　智宣(上崎　健吾)「僕ら劣等生」
- 詩の部　日下　伸子「この胸の奥より湧き起こるもの」

第23回(昭45年度)
◇詩の部
- 青少年奨励賞　二上　英朗「青春気流」

第24回(昭46年度)
◇青少年奨励賞　該当者なし

第25回(昭47年度)
◇青少年奨励賞　該当者なし

第26回（昭48年度）
　◇詩の部
　　● 青少年文学奨励賞　有芽都詩解流（梅津卯）「明日こそ」
第27回（昭49年度）
　◇小説・脚本の部
　　● 青少年文学奨励賞　橘 さゆり（河越 さゆり）「不良少女」
　◇詩の部
　　● 青少年文学奨励賞　菊地 初江「夜のはじまりに」
第28回（昭50年度）
　◇詩の部
　　● 青少年文学奨励賞
　　　佐藤 千絵「夜明け前」
　　　綿引 雪子「夕暮れの時」
　　　大原 茂子「現在の自分には」
第29回（昭51年度）
　◇詩の部
　　● 青少年奨励賞
　　　広川 元乃「回路」
　　　川田 敏子「昼下がりの風景」
　　　石沢 義子「想い」
　　　作山 弘「暑い日」
　◇俳句の部
　　● 青少年奨励賞
　　　矢部 文「春夏秋冬」
　　　内山 健「神出ずる日」
第30回（昭52年度）
　◇小説の部
　　● 青少年奨励賞　瀬川 倫弘「あるピアニストの肖像―ある内的世界―」
　◇詩の部
　　● 青少年奨励賞
　　　長根 智子「田園」
　　　吉田 りつ子「青春の時」
　　　佐藤 純子「青春の陰」
　　　中田 千代美「時」
第31回（昭53年度）
　◇詩の部
　　● 青少年奨励賞
　　　植田 ヨネ子「青春」
　　　志賀 浩子「ついおく」
　◇短歌の部
　　● 青少年奨励賞　長岡 成子「風景」
第32回（昭54年度）
　◇詩の部
　　● 青少年奨励賞　すずき いくこ（鈴木 郁子）「郷愁」
　◇俳句の部
　　● 青少年奨励賞　斎藤 みゆき「春夏秋冬」
第33回（昭55年度）
　◇詩の部
　　● 青少年奨励賞　宇野原 みつ「あてのない迷路」
　◇俳句の部
　　● 青少年奨励賞　齋藤 升美「白い夏」
第34回（昭56年度）
　◇小説の部
　　● 青少年奨励賞　渡辺 千香子「海鳴り」
　◇詩の部
　　● 青少年奨励賞　有我 トモ「求めるものは」
　◇短歌の部
　　● 青少年奨励賞　紺野 美菜子「青い夢を見た午後」
第35回（昭57年度）
　◇詩の部
　　● 青少年奨励賞　静 未生（渡辺 明美）「暑すぎた夏」
　◇俳句の部
　　● 青少年奨励賞　白岩 けい子「栗花」
第36回（昭58年度）
　◇小説の部
　　● 青少年奨励賞
　　　石川 鈴介（石川 啓子）「キキキと心のベルが鳴る」
　　　秋葉 絹子「初恋―万里子」
　　　中村 有紀子「朝焼けの海」
　◇詩の部
　　● 青少年奨励賞
　　　薄井 奈加子「母からの伝言」
　　　久間 泰賢「救世主」
第37回（昭59年度）
　◇小説の部
　　● 青少年奨励賞
　　　斎藤 夕起子「鏡と肖像画」
　　　高橋 俊章「風見鶏」
　◇詩の部
　　● 青少年奨励賞
　　　橘 亜希「美学」
　　　佐々木 義史「百姓になりたい」
　　　須田 麻智子「太郎の思い出」
　◇俳句の部
　　● 青少年奨励賞　斎藤 えみ「桔梗の蕾」
第38回（昭60年度）
　◇小説の部
　　● 青少年奨励賞
　　　森 明日香「ピアノ協奏曲」
　　　佐藤 雅通「尻屋崎の白い鳥」
　　　渾 池（水野 修）「河鹿沢」
　◇詩の部
　　● 青少年奨励賞
　　　山辺 かおり「夢伝説」

I 文学

三浦 陽子「人形」
◇俳句の部
　●青少年奨励賞　畔上 裕子「山間のまちより」
第39回(昭61年度)
◇小説の部
　●青少年奨励賞
　　鈴木 智子「紫陽花物語」
　　馬 太朗(佐々木 義史)「ジョバンニのように」
◇詩の部
　●青少年奨励賞
　　安斎 知江子「硝子の心」
　　大空 雅子(横澤 純子)「宇宙」
　　関根 明美「太陽のない午後」
　　矢吹 貞子「あこがれ」
第40回(昭62年度)
◇小説の部
　●青少年奨励賞
　　桜野 葵(塩澤 徳子)「夏の風」
　　三浦 純子「夕映えの構図」
◇詩の部
　●青少年奨励賞
　　湯田 正利「脳の次元」
　　佐藤 節子(宗像 久美子)「月光」
◇俳句の部
　●青少年奨励賞　佐々木 義史「十八の春」
第41回(昭63年度)
◇小説の部
　●青少年奨励賞
　　佐藤 由起子「老木」
　　渡辺 克哉「パースペクティヴ」
　　平山 明美「人にやさしく」
◇詩の部
　●青少年奨励賞　山田 きよみ「私の家」
◇短歌の部
　●青少年奨励賞　金澤 憲仁「破殻」
◇俳句の部
　●青少年奨励賞　数間 幸二「若葉風」
第42回(平1年度)
◇小説の部
　●青少年奨励賞　永井 美和子「少年少女の勲章」
◇詩の部
　●青少年奨励賞
　　高橋 満藻(高橋 仁美)「七枚の絵」
　　平塚 弥根子「髪」
第43回(平2年度)
◇小説の部
　●青少年奨励賞　行谷 さとみ(矢吹 典子)「水族館」
◇詩の部

　●青少年奨励賞　佐藤 友洋「みつめ」
◇短歌の部
　●青少年奨励賞　鈴木 日奈子「眠りの儀式」
第44回(平3年度)
◇小説の部
　●青少年奨励賞　斎藤 聡「二つの星」
◇詩の部
　●青少年奨励賞
　　佐久間 進「満員電車」
　　小野田 直子「青の歌」
◇短歌の部
　●青少年奨励賞　二瓶 聡子「夏模様」
◇俳句の部
　●青少年奨励賞　遠藤 めぐみ「弓放つ」
第45回(平4年度)
◇小説の部
　●青少年奨励賞　斎藤 堪一「夢走」
◇詩の部
　●青少年奨励賞
　　遠藤 和江「大宇宙」
　　湯村 慶子「天穹」
◇短歌の部
　●青少年奨励賞　鈴木 順子「砂の力」
◇俳句の部
　●青少年奨励賞　大平 美香「木犀の風」
第46回(平5年度)
◇小説の部
　●青少年奨励賞　熊坂 晃二「風の吹く丘」
◇詩の部
　●青少年奨励賞
　　三原 由起子「鏡の中のわたし」
　　市橋 恵「自然界」
　　三本松 絵美「ハネノヲト」
　　後藤 大「日常」
　　吉田 幸樹「政策」
◇俳句の部
　●青少年奨励賞
　　大越 明美「川沿ひの町」
　　原 一広「とんぼとり」
　　鈴木 ひろみ「星月夜」
第47回(平6年度)
◇小説の部
　●青少年奨励賞
　　今井 旭日(鈴木 聡美)「ノクターン」
　　菊田 春花「朝月」
　　本多 宏江「青空を待ちながら」
◇詩の部
　●青少年奨励賞
　　八木文 由貴「目的地は、月」
　　中野 喜代「蒼い憂鬱」
　　小野瀬 礼(志賀 礼)「時差 その他」
◇短歌の部
　●青少年奨励賞　星 和之「古今/輪廻/美」
◇俳句の部

● 青少年奨励賞
　　池田 真弘「闇」
　　古木 有美「黄色の手帳」
第48回（平7年度）
　◇小説の部
　　● 青少年奨励賞
　　　影山 淳子「あたしの二年間」
　　　渡瀬 麻里（小池 絢子）「四如伝」
　◇詩の部
　　● 青少年奨励賞
　　　猫乃 司（佐藤 睦）「青い月と黒い猫の夢」
　　　柳沼 由布子「地球」
　◇短歌の部
　　● 青少年奨励賞　三原 由起子「みどり風」
　◇俳句の部
　　● 青少年奨励賞
　　　佐藤 紗和子「田舎路行」
　　　井上 太「カラカンカ」
第49回（平8年度）
　◇小説の部
　　● 青少年奨励賞
　　　水月 水鯊（小池 亜紀）「DEJYAVU」
　　　上川 明子「白い月」
　◇詩の部
　　● 青少年奨励賞
　　　大内 友美「私という人」
　　　金澤 ともえ「アリスと空と明日」
　　　青木 一博「美しいもの」
　◇短歌の部
　　● 青少年奨励賞　伊藤 まどか「夏の曲」
　◇俳句の部
　　● 青少年奨励賞
　　　安齊 恭仁子「花菖蒲」
　　　髙橋 純子「夕立日和」
　　　安齋 美紗子「紫陽花」
第50回（平9年度）
　◇小説・ノンフィクション部門
　　● 青少年奨励賞
　　　藤井 いすゞ（藤井 久美子）「サブウェイ」
　　　平野 景子「夜明け前」
　◇詩部門
　　● 青少年奨励賞
　　　渡良瀬 まさと（小池 絢子）「蒼い曇り硝子」
　　　水月 水鯊（小池 亜紀）「崩壊」
　　　石田 佳子「少女の抜けがら」
　◇短歌部門
　　● 青少年奨励賞　星 窓香「三歩の距離」
　◇俳句部門
　　● 青少年奨励賞
　　　永瀬 光平「小林君の茄子」
　　　高橋 香子「三月生まれ」

第51回（平10年度）
　◇小説・ノンフィクション部門
　　● 青少年奨励賞　丹藤 寛子「雨が降れば」
　◇詩部門
　　● 青少年奨励賞　よしだ なぎさ（吉田 なぎさ）「青い春にいっぱいの花が咲くということ」
　◇俳句部門
　　● 青少年奨励賞
　　　永瀬 優子「合唱」
　　　佐藤 彩「日常」
　　　大柳 努「四季」
第52回（平11年度）
　◇小説・ノンフィクション部門
　　● 青少年奨励賞　早川 みどり「小説のように生きたい」
　◇詩部門
　　● 青少年奨励賞
　　　梅津 しずか「宇宙と地球とこの海と」
　　　武田 依子「生きている」
　　　佐々木 薫「死界」
　◇短歌部門
　　● 青少年奨励賞　雲藤 孔明「しあわせごっこ」
　◇俳句部門
　　● 青少年奨励賞
　　　熊谷 一也「虹と大河」
　　　鈴木 智草「雨のち晴れ」
第53回（平12年度）
　◇小説・ノンフィクション部門
　　● 青少年奨励賞　池添 麻奈「魔法」
　◇詩部門
　　● 青少年奨励賞
　　　横山 千秋「ダイナマイトで学校を」
　　　長利 有生「還らざる日々」
　　　佐藤 瑞枝「水浅葱」
　◇短歌部門
　　● 青少年奨励賞
　　　北野沢 頼子「星消えて」
　　　横山 千秋「十六歳の雨」
　◇俳句部門
　　● 青少年奨励賞　山口 尚美「麦わら帽子」
第54回（平13年度）
　◇小説・ノンフィクション部門
　　● 青少年奨励賞
　　　渡辺 菜摘「白い月」
　　　志賀 直哉（佐藤 直哉）「僕」
　◇詩部門
　　● 青少年奨励賞
　　　遠藤 綾子「十七―十八」
　　　大内 雅之「兄への思い」
　◇短歌部門
　　● 青少年奨励賞　木田 春菜「夏に還りぬ」

Ⅰ 文学

◇俳句部門
- 青少年奨励賞
  横山 千秋「青い空」
  佐久間 隆「夏風に吹かれて」

第55回(平14年度)
◇小説・ノンフィクション部門
- 青少年奨励賞
  古市 隆志「ストロボ」
  桑原 優子「曽祖母のこと」
  沓澤 佳純「夏の葬列」
  小林 綿「無花果」

◇詩部門
- 青少年奨励賞
  鈴木 圭祐「カラッポの日々」
  相模 音夢「夏虫が見上げる」

◇短歌部門
- 青少年奨励賞 渡邉 実紀「あの空の青さ」

◇俳句部門
- 青少年奨励賞
  眞田 隆法「鬼やんま」
  会沢 未奈子「ピンクを好む春」
  蒼空 星夜「夜半集」

第56回(平15年度)
◇小説・ノンフィクション部門
- 青少年奨励賞
  梅津 佳菜「黒猫の白星と僕のクロボシ」
  石井 さやか「雨露の菫」

◇詩部門
- 青少年奨励賞
  内村 由惟「うたかたのうたうたいたかった」
  遠藤 好美「冷凍硝子」

◇短歌部門
- 青少年奨励賞 薪塩 悠「囲碁全国大会記」

◇俳句部門
- 青少年奨励賞
  遠藤 英雄「心の奥の天使達」
  渡辺 奈津美「こんにちは私の名前は奈津美です」

第57回(平16年度)
◇小説・ノンフィクション部門
- 青少年奨励賞
  佐久間 しのぶ「丘の上、桜満開」(小説)
  清野 奈菜「水中の白い花」(小説)

◇詩部門
- 青少年奨励賞
  肩歌 こより(高田 良美)「いらつめ」
  渡部 未来「夜がやってくる」
  馬上 広士「くり返す失敗 ～ぼくの詩～」

◇短歌部門
- 青少年奨励賞 佐藤 博「十六歳の僕の心」

◇俳句部門
- 青少年奨励賞
  渡邊 俊幸「白の楕円形」
  渡辺 知寛「水平線」

第58回(平17年度)
◇小説・ノンフィクション部門
- 青少年奨励賞
  小澤 由「共に生きる全てのものたちへ」(ノンフィクション)
  末永 希「てふてふ」(小説)
  小熊 千遥「金魚姫」(小説)

◇詩部門
- 青少年奨励賞 猪狩 智子「祖父が死んだこと」

◇短歌部門
- 青少年奨励賞 黒河 更沙(坂本 剛志)「教室雑景」

◇俳句部門
- 青少年奨励賞
  氷雨月 そらち(清野 わかば)「自転車の風がとおりすがりにこんなものをくれた」
  長谷川 英樹「稜線」
  仁井田 梢「十八歳」

第59回(平18年度)
◇小説・ノンフィクション部門
- 青少年奨励賞
  大須賀 朝陽「十八歳差の想い人」(小説)
  安藤 由紀「勇往なモノローグ」(ノンフィクション)

◇詩部門
- 青少年奨励賞
  西方 純成(今野 恭成)「DIVE！世界」
  佐藤 麻美「今ここにしかいない君に」
  八巻 未希子「じゅうはっさい」

◇短歌部門
- 青少年奨励賞 吉田 隼人「世界空洞説」

◇俳句部門
- 青少年奨励賞
  吉田 隼人「入院病棟を駆ける"夏"」
  佐藤 寿樹「流星」
  土屋 枝穂「父の愚痴」

第60回(平19年度)
◇小説・ノンフィクション部門
- 青少年奨励賞
  鎌но 秀平「畜生道」(小説)
  小松 美奈子「KISSTHEDUST〈抜粋〉」(小説)

◇詩部門
- 青少年奨励賞

　　　　　大越 史遠（大越 千絵）「情操教育」
　　　　　小松 美奈子「InaCOMA（昏睡）」
◇短歌部門
　●青少年奨励賞　松本 侑子「病室」
◇俳句部門
　●青少年奨励賞
　　　　　半澤 恵「素足」
　　　　　橋本 歩「想ひ出」
第61回（平20年度）
◇小説・ノンフィクション部門
　●青少年奨励賞
　　　　　石井 遥「記憶の先に」（小説）
　　　　　山田 美里「天狗と伝々」（小説）

◇詩部門
　●青少年奨励賞
　　　　　安齋 莉香「ひと夏、少年は考える」
　　　　　手塚 美奈子「夢を、語るひと」
　　　　　大竹 みづき「DEAR…」
◇短歌部門
　●青少年奨励賞　井上 雨衣（井上 法子）「ミザントロープ」
◇俳句部門
　●青少年奨励賞
　　　　　薄井 幹太「ザ・少年歳時記」
　　　　　大谷 晃仁「こわれもの」

133　福島正実記念SF童話賞

　SF童話の分野に先駆的な業績を残した福島正実（1929～76年）を記念し創設された。児童文学界に新風を吹きこむような，優れた新人と作品の発掘を目指す。

【主催者】創作集団プロミネンス，岩崎書店

【選考委員】（第27回）石崎洋司，後藤みわこ，中尾明，廣田衣世，南山宏

【選考方法】公募

【選考基準】〔対象〕小学校3・4年生から読め高学年でも楽しめるSFおよびSF的なファンタジー，冒険，ミステリー，ホラー，ナンセンスなどの空想物語で，1作で単行本になりうるもの。〔資格〕このジャンルの作品を商業出版していない人。二重応募禁止。〔原稿〕400字詰原稿用紙40枚～50枚。1人1作に限る

【締切・発表】（第27回）平成21年9月末日締切（消印有効），平成22年4月中に直接通知。雑誌「日本児童文学」等に発表

【賞・賞金】賞状と賞金，大賞20万円。大賞作品は岩崎書店から出版。規定部数以上については印税が支払われる

【URL】http://www.iwasakishoten.co.jp/

第1回（昭59年）
　◇大賞　該当作なし
　◇優秀賞　永田 良江「こちらは古親こうかん車です」
　◇奨励賞
　　　　尾辻 紀子「飛ぶフタバ」
　　　　小坂井 緑「ドリーム」
第2回（昭60年）
　◇大賞　該当作なし
　◇奨励賞
　　　　黒田 けい「地しんなまずは宇宙人？」
　　　　畑中 弘子「スーパー塾の謎」
第3回（昭61年）
　◇大賞　該当作なし
　◇優秀賞　龍尾 洋一「タッくんのトンネル」

◇奨励賞　むら たつひこ「キリコのUFOうさぎ大事件」
第4回（昭62年）
　◇大賞　オカダ ヨシエ「もうひとつの星」
　◇佳作
　　　　森本 有紀「ブルーなクジラ」
　　　　吉田 仁子「おじさんのふしぎな店」
第5回（昭63年）
　◇大賞　該当作なし
　◇優秀賞
　　　　むら たつひこ「ピカピカピカリは光の子」
　　　　もとやま ゆうほ「ともだちはむきたまごがお」

望月 花江「貨物船バースーム号のぼうけん・2 アステロイドのセイレーン」
第6回(平1年)
◇大賞　八起 正道「じしんえにっき」
◇佳作　武馬 美恵子「さよならはショパンで」
第7回(平2年)
◇大賞　丸岡 和子「ママはドラキュラ？」
第8回(平3年)
◇大賞　竹下 龍之介「天才えりちゃん金魚を食べた」
第9回(平4年)
◇大賞
　　馬場 真理子「パパがワニになった日」
　　武馬 美恵子「めいたんていワープくん」
◇佳作　本田 昌子「未完成ライラック」
第10回(平5年)
◇大賞　黒田 けい「きまぐれなカミさま」
◇佳作
　　かわはら ゆうじ「キャルパサに帰りたい」
　　内田 浩示「にんげんのたまご」
　　池田 かずこ「だんだらものがたり」
第11回(平6年)
◇大賞　藤本 たか子「みらいからきたカメときょうりゅう」
第12回(平7年)
◇大賞　竹内 宏通「ボンベ星人がやってきた」
第13回(平8年)
◇大賞　大塚 菜生「ぼくのわがまま電池」
第14回(平9年)
◇大賞　中松 まるは「お手本ロボット」
第15回(平10年)
◇大賞　石田 ゆうこ「100年目のハッピーバースデー」
第16回(平11年)
◇大賞　神季 佑多「わらいゴマまわれ！」
第17回(平12年)
◇大賞　後藤 みわこ「ママがこわれた」
第18回(平13年)
◇大賞　広田 衣世「ぼくらの縁結び大作戦」
第19回(平14年)
◇大賞　服部 千春「グッバイ！グランパ」
第20回(平15年)
◇大賞　ながた みかこ「宇宙ダコ ミシェール」
第21回(平16年)
◇大賞　山田 陽美「ゆうれいレンタル株式会社」
◇佳作
　　ごとう あつこ「さかさませかい」
　　荒井 寛子「ぼくたちのカッコわりい夏」
第22回(平17年)
◇大賞　石井 清「ぼくが地球をすくうのだ」
◇佳作
　　麻生 かづこ「地獄におちた!!」
　　さとう あゆみ「からかさおばけのぴょん太」
　　西村 さとみ「あやかし姫の鏡」
第23回(平18年)
◇大賞
　　千束 正子「ヌルロン星人をすくえ！」
　　小野 靖子「恋するトンザエモン」
◇佳作
　　佐藤 佳代「ご近所の神さま」
　　おおぎやなぎ ちか「七月七日まで七日」
第24回(平19年)
◇大賞　いしい ゆみ「無人島で、よりよい生活！」
◇佳作　加藤 英津子「となりの吸血鬼」
第25回(平20年)
◇大賞　友乃雪「とんだトラブル!? タイムトラベル」
◇佳作
　　西 美音「ふしぎなスノードーム」
　　三木 聖子「おかっぱ川子」
第26回(平21年)
◇大賞
　　野泉 マヤ「きもだめし☆攻略作戦」
　　西 美音「妖精ピリリとの三日間」

---

134 「婦人と暮らし」童話賞

　小学生を対象とした童話を募集し、昭和57年に創設された。昭和62年、「婦人と暮らし」廃刊、「パンプキン」創刊に伴い中止となる。

【主催者】潮出版社
【選考委員】山主敏子、木暮正夫、立原えりか、鈴木喜代春、木村博
【選考方法】公募

【選考基準】〔対象〕小学生向き童話。〔原稿〕400字詰原稿用紙5～15枚
【締切・発表】毎年9月10日締切、「婦人と暮らし」12月号誌上で発表
【賞・賞金】入選作(2編)10万円と海外旅行、佳作(5編)記念品と2万円

第1回（昭57年）
　　若林 ハルミ「知りたがりやの雪んこ」
　　山内 弘美「ボロつなぎはゆめつなぎ」
第2回（昭58年）　南 史子「ぼくねこになりたいよ」
第3回（昭59年）
　　堀 恵「ママのペットは魔法のペット」
　　森本 幸恵

第4回（昭60年）　井藤 千代子
第5回（昭61年）
　　三谷 亮子「相談所の電話がなる」
　　今橋 真理子「三太のこれから」
第6回（昭62年）
　　藤田 富美恵「ほうずきにんぎょう」
　　上之薗 喜美子「虹のぼうし」

135　舟橋聖一顕彰文学奨励賞

　昭和59年12月舟橋家から「故舟橋聖一顕彰事業基金」として彦根市が受けた指定寄付をもとに創設され、61年第1回授賞が行われた。青年の部と少年少女の部があったが、平成元年度から青年の部は舟橋聖一顕彰青年文学賞に、少年少女の部は舟橋聖一顕彰文学奨励賞に分割された。

【主催者】彦根市
【選考委員】（第23回）船橋結子（編集記者），秋元藍（作家），黒田佳子（詩人），北村夕香（児童文学評論家）
【選考方法】公募
【選考基準】〔対象〕小学生：作文、中学生：紀行文・作文、高校生：創作・随想・紀行文。〔原稿〕400字詰め原稿用紙30枚以内（作文に限り小学生は3～5枚・中学生は5枚程度でも可）で、縦書き。ただし作文以外はワープロ原稿でも応募できる（ワープロ原稿の場合は、A4サイズ横1行40字×25行で縦に印字し、400字詰め換算枚数を明記する）。自作未発表のものに限る。〔資格〕近畿(2府4県)ならびに滋賀県に隣接する福井県・岐阜県・三重県に居住または通学する小学生・中学生・高校生。ただし、今までに第1席に入賞した作品部門での応募はできない
【締切・発表】（第23回）平成20年9月5日締切（当日消印有効），11月上旬報道関係に発表、下旬表彰式
【賞・賞金】正賞は賞状および舟橋聖一色紙、副賞（図書券）は高校生の部：第1席5万円、第2席3万円、第3席2万円、中学生の部：第1席3万円、第2席2万円、第3席1万円、小学生の部：第1席2万円、第2席1万円、第3席5千円
【URL】http://longlife.city.hikone.shiga.jp/funabashi/

第1回（昭61年）
　◇第1席　村井 ルカ
　◇第2席　高橋 博幸
　◇第3席　西森 弘造
第2回（昭62年）
　◇第1席　該当作なし
　◇第2席　岡本 利昭
　◇第3席　雑賀 基大

第3回（昭63年）
　◇第1席　山木 美里
　◇第2席　田中 麻砂子
　◇第3席　大内 美保
第4回（平1年）
　◇中学生の部
　　●第1席　菅 知美「私の好きなもの」（随筆）

- 第2席　仁科 幸恵「盆の花」(小説)
◇小学生の部
- 第1席　菅生 めぐ美「思い出の小ばこ」(作文)
- 第2席　向井 玲子「あの空のように」(小説)

第5回(平2年)
◇中学生の部
- 第1席　該当作なし
- 第2席　三木 令子「太陽と流星は」(小説)
- 第3席　早川 貴子「白馬物語」(童話)
◇小学生の部
- 第1席　茶木 美奈子「田んぼとかぞく」(作文)
- 第2席　辻村 晶子「今日は大いそがし」(童話)
- 第3席　岩崎 卓朗「車あらい」(作文)

第6回(平3年)
◇中学生の部
- 第1席　該当作なし
- 第2席
  江草 佐和子「ごめんねピイちゃん」(童話)
  岡本 渚「六月の星空」(小説)
- 第3席　東田 孝彦「ぼくの大ばあちゃん」(作文)
◇小学生の部
- 第1席　該当作なし
- 第2席　寺村 奈緒「すずめ」(童話)
- 第3席　林 飛鳥「赤玉神教丸の写生」(作文)

第7回(平4年)
◇中学生の部
- 第1席　該当作なし
- 第2席
  池田 佳世「オリンピックが終って」(作文)
  成岡 慶子「私が遺書に書きたかったこと」(作文)
- 第3席　欅 健典「越前巡り」(紀行記録)
◇小学生の部
- 第1席　寺村 奈緒「さぎ」(作文)
- 第2席　該当作なし
- 第3席　小門 真利子「一茶の里をたずねて」(作文)

第8回(平5年)
◇中学生の部
- 第1席　該当作なし
- 第2席　永田 聡志「車イスから学んだこと」(作文)
- 第3席　山村 友美「二十一世紀に向けて考えたいこと」(作文)
◇小学生の部

- 第1席　石田 陽子「ひとつぶのドロップ」(作文)
- 第2席　該当作なし
- 第3席　来本 尚子「おじいちゃんの家をたずねて」(作文)

第9回(平6年)
◇中学生の部
- 第1席　寺村 奈緒「手紙」(作文)
- 第2席　小田 徹「北海道五日間」(紀行記録)
- 第3席　該当作なし
◇小学生の部
- 第1席　該当作なし
- 第2席　北川 仁美「宇宙へ行った金太」(作文)
- 第3席　喜多代 恵理子「ゆりかちゃんとのさい会」(作文)

第10回(平7年)
◇中学生の部
- 第1席　該当作なし
- 第2席　石田 陽子「語りつぐ責任」(作文)
- 第3席　田浦 美徳「私のアメリカ体験記」
◇小学生の部
- 第1席　毛利 亘輔「スズメが野鳥にもどった日」(作文)
- 第2席　寺村 昌士「メダカを放流する日」(作文)
- 第3席　該当作なし

第11回(平8年)
◇中学生の部
- 第1席　該当作なし
- 第2席
  石田 陽子「忘れられない夏」(作文)
  西本 宗剛「北海道旅行記」(旅行記録)
- 第3席　寺村 昌士「走る」(作文)
◇小学生の部
- 第1席　今枝 孝人「ぼくは宝物」(作文)
- 第2席　中村 友美「石田三成と過ごした夏休み」(作文)
- 第3席　細溝 有子「お茶について調べたこと」(作文)

第12回(平9年)
◇中学生の部
- 第1席　該当作なし
- 第2席
  岩田 彰亮「夏・じいちゃんと行く旅」(紀行記録)
  寺村 昌士「僕の吸っている空気」(作文)
- 第3席　藤本 香織「ハンドホールと私」(作文)
◇小学生の部

- 第1席　押谷 智哉「ぼくの大事なお姉ちゃん」(作文)
- 第2席　中川 まどか「虫のおきゃくさん」(作文)
- 第3席　板谷 明香「わたしの弟」(作文)

第13回(平10年)
◇中学生の部
- 第1席　布川 雄大「ルーツ・1枚の写真から」(作文)
- 第2席　堀 栄里子「言葉のない家族」(作文)
- 第3席　中島 明「アロハ・オエ道中記」(紀行記録)

◇小学生の部
- 第1席　該当者なし
- 第2席
  河上 尚美「お母さんが…」(作文)
  松村 すみれ「ありがとう すずむしさん」(作文)
- 第3席　土佐 崇矩「剣道で学んだこと」(作文)

第14回(平11年)
◇中学生の部
- 第1席　該当なし
- 第2席　中村 友美「母への思い」(作文)
- 第3席　該当なし

◇小学生の部
- 第1席　該当なし
- 第2席
  板谷 明香「すず」(作文)
  菅沢 真樹「ぼくのおじいちゃん」(作文)
- 第3席　松村 すみれ「ひいばあちゃんの楽しみ」(作文)

第15回(平12年)
◇中学生の部
- 第1席　西本 千晃「ジェーンに出会って」(作文)
- 第2席　該当なし
- 第3席　刘 洋「郷情 人情 友情 師情」(作文)

◇小学生の部
- 第1席　橋田 有真「わたしのゆめ」(作文)
- 第2席　内片 綾華「私の思い出の夏休み」(作文)
- 第3席
  板谷 明香「びわ湖のあゆ」(作文)
  松村 すみれ「おばあちゃんといっしょに」(作文)

第16回(平13年)
◇中学生の部
- 第1席　布川 彩加
- 第2席　古川 奈央
- 第3席　馬場 涼子

◇小学生の部
- 第1席　該当作なし
- 第2席
  山下 由希
  高木 僚介
- 第3席
  森野 めぐみ
  板谷 崇央

第17回(平14年)
◇中学生の部
- 第1席　田崎 勝也
- 第2席　中居 真輝
- 第3席　関 由佳理

◇小学生の部
- 第1席　松村 すみれ
- 第2席　口分田 和輝
- 第3席　西尾風 優香

第18回(平15年)
◇中学生の部
- 第1席　脇田 麻優香「『火の国に遊ぶ』」
- 第2席　川村 志保美「『中学最後の部活動』」
- 第3席　伊藤 舞香「出会った人から学んだ事」

◇小学生の部
- 第2席　西尾 風優香「清流の里ささゆりの家」
- 第3席　小島 かな子「モクモク手づくりファームへ行ったよ」
- 第3席　麻野 紘子「ウーちゃんどこへ行ったの？」

第19回(平16年)
◇中学生の部
- 第1席　吉田 真唯子(中津川市立第二中学校3年)「長崎の地にて」(紀行記録)
- 第2席　橋口 怜花(彦根市立鳥居本中学校3年)「一人の人間」(作文)
- 第3席　宮地 純貴(滋賀大学教育学部附属中学校1年)「旅」(紀行記録)

◇小学生の部
- 第1席　麻野 真史(彦根市立稲枝北小学校6年)「夏の宝物」(作文)
- 第2席　廣部 あすか(彦根市立稲枝東小学校4年)「命の重さを計ったら」(作文)
- 第3席　嶋治 亮介(彦根市立金城小学校5年)「ぼくの家のねこ」(作文)

第20回(平17年)
◇中学生の部
- 第1席　柴田 鈴花「親愛なるあなたへ心からのありがとうを」(作文)
- 第2席　小川 菜摘「部活ノートの思い出、そして得たもの」(作文)

- 第3席 内片 綾華「近江商人の里を訪ねて」(作文)
◇小学生の部
- 第1席 小島 真司「かんぴょう」(作文)
- 第2席 板谷 崇央「人間らしく」(作文)
- 第3席 山根 早貴「みんなが三年生だったとき」(作文)

第21回(平18年)
◇中学生の部
- 第1席 岩田 彩佳(彦根市立東中学校3年)「母へ」(作文)
- 第2席 山田 星河(彦根市立西中学校3年)「頑張ること」(作文)
- 第3席 北村 侃(彦根市立中央中学校1年)「ぼくの一番長い日」(作文)
◇小学生の部
- 第1席 廣部 あすか(彦根市立稲枝東小学校6年)「輝け！私の命・私の誕生物語」(作文)
- 第2席 麻野 修平(彦根市立稲枝北小学校3年)「恐怖と汗の三分間」(作文)
- 第3席 坂口 暁子(彦根市立城西小学校4年)「国宝彦根城—四百年をこえた知恵—」(作文)

第22回(平19年)
◇中学生の部
- 第1席 阪口 綾香(滋賀県立河瀬中学校1年)「姉という立場」(作文)
- 第2席 山下 由希(彦根市立西中学校3年)「原爆から学んだ平和の大切さ」(作文)
- 第3席 藤井 一生(彦根市立東中学校1年)「家族旅行」(紀行記録)
◇小学生の部
- 第1席 寺村 那歩(彦根市立城東小学校3年)「つばめとすごした夏」(作文)
- 第2席 麻野 修平(彦根市立稲枝北小学校4年)「ガラスの日」(作文)
- 第3席 八若 あかり(彦根市立若葉小学校6年)「琵琶湖再発見の学習をして」(作文)

第23回(平20年)
◇中学生の部
- 第1席 板谷 崇央(虎姫中学校3年)「生命(いのち)のくさり」(作文)
- 第2席 廣部 あすか(滋賀県立河瀬中学校2年)「八十歳の歳の差が教えてくれた人生—ありがとう、おおばあちゃん—」(作文)
- 第3席 宮本 滉平(南中学校2年)「田んぼで思い出づくり」(作文)
◇小学生の部
- 第1席 三井 佳奈(若葉小学校1年)「しんぱいしたよ。おばあちゃん」(作文)
- 第2席 棚橋 瑞季(城西小学校5年)「彦根のほこり井伊直弼」(作文)
- 第3席 麻野 修平(稲枝北小学校5年)「おい、ギャーゴ」(作文)

136 部落解放文学賞

部落解放—人間解放にむけた文化創造に取り組むために創設。

【主催者】部落解放文学賞実行委員会

【選考委員】(第35回)立松和平(作家)、黒古一夫(文芸評論家)、鎌田慧(ルポライター)、野村進(ルポライター)、金時鐘(詩人)、高良留美子(詩人)、今江祥智(作家)、山下明生(児童文学作家)、木村光一(演出家)、芳地隆介(劇作家)、中尾健次(大阪教育大学教授)、針生一郎(評論家)

【選考方法】公募

【選考基準】〔対象〕識字、記録文学、小説、詩、児童文学、戯曲、評論の各部門。〔資格〕不問。共同制作も可。未発表自作原稿。同人誌、サークル誌、各地の部落史研究所・研究会の紀要に発表した作品も可。戯曲は上演済み台本でも可。〔原稿〕400字詰め原稿用紙150枚以内。識字は1人1篇、詩は1人3篇以内

【締切・発表】毎年10月31日締切、5月下旬～6月上旬発表

【賞・賞金】入選作：賞金20万円と選者サイン入り本、佳作：選者サイン入り本と記念品、奨励賞：記念品

137 ぶんけい創作児童文学賞

第11回(昭59年)
◇入選
- 児童文学部門　松江 ちづみ(福岡県)「父ちゃんのアサガオ」

第12回(昭60年)
◇入選
- 児童文学部門　該当作なし

第13回(昭61年)
◇入選
- 児童文学部門　該当作なし

第14回(昭62年)
◇入選
- 児童文学部門　該当作なし

第15回(昭63年)
◇入選
- 児童文学部門　該当作なし

第16回(平1年)
◇入選
- 児童文学部門　該当作なし

第17回(平2年)
◇入選
- 児童文学部門　該当作なし

第18回(平3年)
◇入選
- 児童文学部門　該当作なし

第19回(平4年)
◇入選
- 児童文学部門　該当作なし

第20回(平5年)
◇入選
- 児童文学部門　田中 文子(兵庫県)「マサヒロ」

第21回(平6年)
◇入選
- 児童文学部門　富永 敏治(福岡県)「地の底にいななく」

第22回(平7年)
◇入選
- 児童文学部門　該当作なし

第23回(平8年)
◇入選
- 児童文学部門　該当作なし

第24回(平9年)
◇入選
- 児童文学部門　坂井 ひろ子(福岡県)「闇の中の記憶 むくげの花は咲いていますか」
◇佳作
- 児童文学部門　船城 俊子(静岡県)「ビリーと七人の戦士たち」

第25回(平10年)
◇佳作
- 児童文学部門　たなか よしひこ(長崎県)「天(そら)の真珠」

第26回(平11年)
◇佳作
- 児童文学部門
　夏当 紀子(奈良県)「姫島の青い空」
　山田 たかし(埼玉県)「山の日だまり」

第27回(平12年)
◇入選
- 児童文学部門　該当作なし

第28回(平13年)
◇入選
- 児童文学部門　たなか よしひこ(長崎県)「ぼくたちの仕事」

第29回(平14年)
◇入選
- 児童文学部門　該当作なし

第30回(平15年)
◇入選
- 児童文学部門　該当作なし

第31回(平16年)
◇入選
- 児童文学部門　該当作なし

第32回(平17年)
◇佳作
- 児童文学部門　藤本 富子(福岡県)「おけらの森の夏休み」

第33回(平18年)
◇佳作
- 児童文学部門
　冨永 香苗(奈良県)「小鳥の名前」
　山戸 寛(高知県)「やみ夜の森」

第34回(平19年)
◇入選
- 児童文学部門　該当作なし

137　ぶんけい創作児童文学賞

「現代児童文学」の出発期から数えて、すでに三十年、この間多くの書き手によって子どもたちの心に残る様々な作品が書かれてきたが、子どもたちをめぐる状況は大きく変わり、親と子、学校、子どもたちの生活や遊び、どれをとってみても従来の「子ども」という枠組みでは問題

を捉えにくくなっている。こうした中で、子どもたちの「読書離れ」「本離れ」がささやかれ、児童文学との幸福な出会いを経験できる子どもたちは少なくなっている。子どもたちから迎えられることのできる物語とは何か。それはこれまでの児童文学の枠組みを超えた様々な試みの中からこそ、見い出されていくのではないか。新しい児童文学の可能性に挑戦した作品を求めて、この賞は設けられた。平成7年第7回をもって終了。

【主催者】(社)日本児童文学者協会, 文渓堂
【選考委員】(第7回)岩崎京子, 上条さなえ, 木暮正夫, 大原興三郎, わたりむつこ, 斎藤由美子 (文渓堂)
【選考方法】公募
【選考基準】〔対象〕自作未発表の創作児童文学(但し, 同人誌, 卒業製作等は, 可)。テーマ・ジャンルは問わず。〔資格〕職業作家以外(商業出版社より単行本を出版したことのない者)〔原稿〕単独で一冊の単行本となる長さの作品であること(対象とする読者のグレードなどにより, 原稿枚数は異なる。例えば, 低学年向けのものなら20~30枚程度, 中学年向けなら50~70枚程度, 高学年並びに中学生向けなら120~150枚程度。但し, 長くとも, 250枚程度)
【締切・発表】締切は毎年3月15日(当日消印有効), 発表は「日本児童文学」9月号誌上(毎年8月上旬発売予定。すべての応募者に発表誌を1冊献本)
【賞・賞金】創作児童文学賞(1編):賞状と賞金30万円, 作品は文渓堂より単行本として刊行し, 規定の印税が支払われる。佳作(2編):賞状と賞金5万円, 学生短編賞(1編):賞状と賞金10万円。受賞作の出版権は, 文渓堂に帰属

第1回(平3年)　武宮 閣之「魔の四角形―見知らぬ町へ」
　◇佳作
　　　升井 純子「爪の中の魚」
　　　中村 真里子「明日にとどく」
　◇学生短編賞　松葉 薫「一月の朝」
第2回(平4年)　平 純夏「風を感じて」
　◇佳作
　　　梅田 真理「夢色の風にふかれて」
　　　浜野 悦博「電子モンスター」
　◇学生短編賞　大川 ゆかり「名前のない羊」
第3回(平5年)　該当作なし
　◇佳作
　　　佐久間 智子「鳥の話」
　　　田口 修司「ケンちゃんの魔法」
　◇学生短編賞　小沢 すみ子「うり虫」
第4回(平6年)　該当作なし

　◇佳作
　　　三枝 理恵「ひとしずくの森をどうぞ」
　　　武政 博「ニホンカワウソのいる川」
　　　福田 隆浩「金色のうろこ」
　◇学生短編賞　錦織 友子「兄ちゃんへの仕返し」
第5回(平7年)　岡沢 ゆみ「ヤング・リーヴス・ブギー」
　◇佳作　小坂 麻佐美「オヤッツーをさがせ」
第6回(平8年)　小沢 真理子「きっと, 鳥日和―1970年―」
　◇佳作　村田 マチネ「手切川の秘密」
第7回(平9年)　該当作なし
　◇佳作
　　　橋本 憲範「テレビでらららら」
　　　森谷 桂子「ユリの花笑み」

138 平洲賞

細井平洲は, 江戸時代の教育者。米沢藩(今の山形県)中興の祖と言われる上杉鷹山の師として, 多くの教えを残している。平成12年に平洲没後200年を迎えるに当たり, 平洲ののこした教えを通じて「21世紀への人づくり, 心そだて」の在り方を探るため, 平成8年から12年にかけて5回開催。第5回は「故郷(ふるさと)」をテーマにエッセイを募集。平成13年から「童話と子守歌」募集に移行した。

【主催者】東海市, 細井平洲没後200年記念事業実行委員会, PHP研究所

平洲賞

【選考委員】童門冬二（作家），上之郷利昭（評論家），久野弘（東海市長），江口克彦（PHP研究所副社長）

【選考方法】公募

【選考基準】〔対象〕エッセイ（「21世紀の人づくり，心そだて」，第5回のテーマは「故郷（ふるさと）」，一般の部：「故郷と私」，中学・高校生の部：「私にとっての故郷」，小学生の部：「私の住んでいるまち」）。〔原稿〕一般の部：原稿用紙6枚（2400字）程度，中学・高校生の部：原稿用紙3枚（1200字）程度，小学生の部：原稿用紙2～3枚（800～1200字）程度。ワープロ原稿でも可。インターネットでの応募も可

【締切・発表】（第5回）平成12年9月30日締切（当日消印有効），平成13年3月21日，東海市にて発表および受賞式。平洲賞・エッセイ募集の第1回から5回までの入賞作品（佳作以上）を「心そだて」（平成13年3月1日発売，PHP研究所発行）として単行本にまとめ発刊した

【賞・賞金】〔一般の部〕平洲賞（1編）正賞，副賞賞金20万円，優秀賞（3編）：正賞，副賞賞金5万円，佳作（5編）：正賞，副賞賞金1万円，〔中学・高校生の部・小学生の部〕平洲賞（1編）：正賞，副賞図書券2万円，優秀賞（3編）：正賞，副賞図書券1万円，佳作（5編）：正賞，副賞図書券5千円

第1回（平8年度）
　◇小学生・中学生の部
　　花田 美咲（愛知県東海市立平洲小学校4年）「私の大好きな先生」
　　大石 麻里子（熊本県南関町立南関第一小学校6年）「私の大好きな先生」
　　小島 りさ（愛知県東海市立名和小学校5年）「私の好きな先生」
　　有馬 智（静岡県静岡市立服織中学校3年）「私のじまんの先生」
　　前田 佳子（愛知県武豊町立武豊中学校3年）「私の大好きな先生」
　　郷原 美里（愛知県東海市立加木屋中学校1年）「T先生へ…」
　　奥山 麻里奈（愛知県半田市立半田中学校1年）「私の大好きな先生」
　　榊原 恵美（愛知県美浜町立野間中学校2年）「いつか先生のように」
　　八巻 いづみ（宮城県丸森町立丸森小学校3年）「私の大好きな先生」

第2回（平9年度）
　◇中学・高校生の部
　　●平洲賞　川村 菜津美（岩手県釜石市立甲子中学校3年）「伝えたい気持ち，『ありがとう』」
　　●優秀賞
　　　伊藤 靖子（愛知県立刈谷高等学校2年）「手のぬくもり」
　　　太田 愛子（静岡県立静岡高等学校1年）「友だち」
　　　村上 奈央（愛知県東海市立名和中学校3年）「友だちへ」
　◇小学生の部
　　●平洲賞　早川 裕希（愛知県東海市立横須賀小学校1年）「四日かんだけのともだち」
　　●優秀賞
　　　安野 舞子（愛知県半田市立宮池小学校6年）「いじめを解決した仲間たち」
　　　中村 紗矢香（愛知県東海市立名和小学校5年）「友だち」
　　　森 紗奈美（愛知県東海市立緑陽小学校6年）「本当の友達」

第3回（平10年度）
　◇中学生・高校生の部
　　●平洲賞　竹之内 友美（鹿児島県・串良商業高等学校2年）「私のお父さん、お母さん」
　　●優秀賞
　　　一宮 美奈巳（愛知県東海市立上野中学校2年）「お父さんとお母さん」
　　　佐々木 鮎美（山形県米沢市立第三中学校2年）「父のいびき」
　　　安部 茉利子（山形県米沢市立第二中学校3年）「世界一大好きな両親」
　◇小学生の部
　　●平洲賞　安田 那々（東京都 星美学園小学校5年）「お母さんの夢」
　　●優秀賞
　　　堤 一馬（愛知県東海市立明倫小学校6年）「ぼくの両親」
　　　牧原 尚輝（愛知県蒲郡市立西浦小学校5年）「ぼくのお父さん」
　　　中津 花（和歌山県和歌山市立楠見東小学校1年）「だいすきなおかあさん」

第4回（平11年度）
　◇中学・高校生の部
　　●平洲賞　福田 めぐみ（山口県防府市）「私が忘れられない言葉」

- 優秀賞
    - 竹内 優子(愛知県知多市)「忘れられない詩」
    - 小原 裕樹(愛知県東海市)「僕が忘れられない言葉」
    - 林 宏明(兵庫県加古川市)「私の忘れられない言葉」
- ◇小学生の部
    - 平洲賞　佐藤 李香(山形県米沢市)「私の大好きな言葉」
    - 優秀賞
        - 高橋 俊也(愛知県一宮市)「何事も経験だ!」
        - 佐野 淳一(愛知県東海市)「ぼくの好きなことば」
        - 中津 花(和歌山県和歌山市)「おかあさんのたからもの」

第5回(平12年度)
- ◇中学・高校生の部
    - 平洲賞　相馬 史子(山形県西置賜郡)「私の帰る場所」
- 優秀賞
    - 阿知波 憲(愛知県知多郡)「夏だけの故郷」
    - 荻野 冴美(愛知県南設楽郡)「海を渡ってみれば…」
    - 中根 絵美子(愛知県東加茂郡)「私は、村っ子です」
- ◇小学生の部
    - 平洲賞　中畑 七代(愛知県東海市)「ふるさとをつないでくれた平洲先生」
- 優秀賞
    - 嶋田 修一郎(山梨県中巨摩郡)「ぼくのすばらしいふるさと」
    - 山本 雄太(愛知県知多郡)「うら島太ろうのふる里」
    - 吉岡 絵梨香(奈良県奈良市)「私の住む町」

139 北陸児童文学賞

北陸地方の児童文学の諸活動を深めるために創設された。第10回で中止し、「新・北陸児童文学賞」を設置。
- 【主催者】北陸児童文学協会
- 【選考委員】小納弘, かつおきんや, 橋本ときお
- 【選考方法】公募
- 【選考基準】北陸地方の同人誌掲載作品, 又は未発表の原稿
- 【締切・発表】毎年12月締切。北陸児童文学協会機関誌「つのぶえ」に発表

第1回(昭38年)　小納 弘「30番目の鴨」
第2回(昭39年)　かつお きんや《高学年, 中学生向の一連の創作活動》
第3回(昭40年)　なおえ みずほ
第4回(昭41年)　藤井 則行「祭の宵に」
第5回(昭42年)　橋本 ときお《北陸地方の児童文学ほりおこし活動》
第6回(昭43年)　該当作なし
第7回(昭45年)　本間 芳夫「死なないルウ」
第8回(昭46年)　杉 みき子「人魚のいない海」
第9回(昭47年)　安田 紀代子「かずおのヘリコプター」
第10回(昭48年)　韓 丘庸「朝鮮半島の児童文学論」

【これ以降は, 077「新・北陸児童文学賞」を参照】

140 星の都絵本大賞

昭和63年に環境庁から「星空の街」の選定を受けた兵庫県佐用町が、絵本芸術の普及、作家の画家の発掘・育成をめざして創設、実施。星の都絵本大賞部門と、親と子の手づくりコンテスト部門がある。隔年実施。第5回をもって終了。

【主催者】佐用町
【選考委員】（第5回）田辺聖子、今江祥智、立原えりか、黒井健、永田萌
【選考方法】公募
【選考基準】〔自由創作部門・かがく絵本部門〕構成：タイトルページ1頁と本文11見開き（22頁）または15見開き（30頁とし、表紙、裏表紙は不要）。綴じも不要。表現：彩色は多色を主体とし、画材、技法は自由。大きさ、版型も自由。ただし、出版が可能なもの。文章：文章は原画にかけたトレーシングペーパーに記入し、文章が不要の場合は「文なし」と明記すること。応募資格：不問。その他：絵と文の共作、グループ応募も可。ただし、自作未発表作品に限る。〔親と子の手づくり絵本コンテスト部門〕構成：本文8頁～20頁。大きさはA3判以内。表紙、裏表紙とも必要。製本方法は自由。表現：彩色は多色を主体とし、画材、技法は自由。文章は各ページにつけること。応募資格：中学生以下の子どもとその親（祖父母、兄弟等でも可）。制作要領：絵と文の制作、文章記入、製本を子どもと親が協力して行うこと。〔応募方法〕応募票を使用すること
【締切・発表】（第5回）平成11年9月9日締切、発表は10月中旬新聞等で発表および入選者に直接通知。10月31日授賞式、11月24日まで作品展示会開催
【賞・賞金】星の都絵本大賞（1編）：トロフィーと賞金108万円。〔自由創作部門〕特選（1編）：トロフィーと賞金20万円、入賞（4編）：トロフィーと賞金5万円。〔かがく絵本部門〕特選（1編）：トロフィーと賞金10万円、入選（4編）：トロフィーと賞金5万円。〔親と子の手づくり絵本コンテスト部門〕特選（1組）：トロフィーと副賞（図書券10万円分）、入選（2組）：トロフィーと副賞（図書券3万円分）、佳作（3組）：トロフィーと副賞（図書券1万円分）

第1回（平3年）
◇星の都絵本大賞部門
● 大賞　木村 良雄「星の工場」
● 奨励賞
　　大沢 睦「星のつかまえ方」
　　祖父江 長良「おひさまのためいき」
　　青野 由美子「星の子」
　　上村 保雄「ほしうり」
◇親と子の手づくり絵本コンテスト部門
● 特選
　　岩本 紘和、岩本 紗世子、岩本 勝子「おほしさまみつけた」
　　池上 至弘、池上 和子「ふるさと銀河線の四季」
　　中野 真理子、近藤 和子（藤井寺市）「夜空のクリスマスにかんぱい」

第2回（平5年）
◇星の都絵本大賞部門
● 大賞　えびな みつる「遠いクリスマス」
● 奨励賞
　　なぎ 風子「おとなってめんどうだなあ」
　　岡 万記、池本 孝慈「星のおくりもの」

　　山田 真奈未「ぴかぴかのもと」
◇親と子の手づくり絵本コンテスト部門
● 特選
　　松本 麻美、松本 裕子「エレベーターの大ぼうけん」
　　柴日 航、柴日 郁代「わっくんのまんまる」
　　松井 夕記、松井 千代香「こねこのミーとおつきさま」

第3回（平7年）
◇星の都絵本大賞部門　青井 芳美〔絵〕、小池 桔理子〔文〕「ちっぽけな栗の星」
● 奨励賞
　　永井 桃子〔絵〕、永井 慧子〔文〕「ヌラヌラ川の話」
　　佐々木 彩乃〔絵・文〕「ぬうるちゃんときょうりゅう」
◇親と子の手づくり絵本コンテスト部門
● 特選
　　河本 文香（子）、河本 聡子（親）「ペンギンのペンちゃん」

高田 侑希(子), 高田 昭子(親)「おしょうこまのとうみん」
第4回(平9年)
◇星の都絵本大賞部門　大井 淳子「ネタのはなし」
◇自由創作部門
● 特選　たなか あつし「夢彫りじいさん」
● 入選
スエリ・ピニョ「おかあさんのおめめがかなしいとおもったら」
光明 尚美「ひとつぶのえんどうまめ」
永井 桃子〔絵〕, 永井 慧介〔文〕「とおりゃんせ」
おきた もも「まりちゃんえにっき」
山本 夏菜「考える女の子」
◇親と子の手づくり絵本部門
● 特選
佐久間 海土〔絵〕, 佐久間 スエリ〔文〕「おうさますいどうがこわれました」
小林 彩葉〔絵〕, 小林 阿津子〔文〕「けっくんのあひるとうさぎ」
● 入選
和田 彩花, 和田 萌花〔絵〕, 和田 琴美〔文〕「みんなちきゅうがだいすき」
西坂 宗一郎〔絵〕, 西坂 三佐紀〔文〕「みち」
池田 早織「すいか王さまのあたらしいしろ」
◇かがく絵本部門
● 特選　すぎもと ちほ「わたしの庭でおきたこと」
● 入選　野口 武泰「星あそび」
第5回(平11年)　坂部 直子「もぐちゃんともくもく」
◇自由創作部門
● 特選　該当作なし
● 入選
ひぐち ともこ「4こうねんのぼく」
楠堂 葵「プレゼントをあげましょう」
中村 規恵「月夜の古机」
今井 雄「うみのゆうびんやさん」
◇かがく絵本部門
● 特選　スエリ・ピニョ「みず みず」
● 入選
近藤 亜紀子「空いろのたね」
松本 宗子「水はかわる」
◇親と子の手づくり絵本部門
● 特選　浜崎 航貴〔絵〕, 浜崎 宣子〔文〕「ばっかしやから」
● 入選
キラキラッ子ママプラザ絵本サークル「星のぼうやの大ぼうけん」
谷口 遥奈「おさるのバナナや」
● 佳作
上田 瑞穂〔絵〕, 上田 雅代〔文〕「じんたろさん」
さくま かいと, さくま たみお「ぐちゃぐちゃバンバン」
横田 真教「何がかくれているのかな」
玉川 真吾「虫」

---

141 ほのぼの童話館創作童話募集

童話を作る喜びと, 童話を媒介に次の世代を担う児童が心豊かに育つことを願って創設した独自の文化活動。第24回をもって終了。

【主催者】GEコンシューマー・ファイナンス
【選考委員】西内ミナミ(童話作家), 藤田のぼる(児童文学評論家), 石野伸子(産経新聞社編集局局次長), 後藤みわこ(童話作家)
【選考方法】公募
【選考基準】〔対象〕構成, 時代などテーマは自由。但し, 小学校低学年が読める程度の日本語で, 未発表の創作童話に限る。〔原稿〕400字詰めの原稿用紙5枚(1600字以上～2000字以内)。ワープロ使用可(1枚につき20字×20行)。〔資格〕国内・海外を問わず日本語での応募であれば, 不問。「一般の部」は高校生以上,「児童の部」は中学生以下
【賞・賞金】〔一般の部〕ほのぼの大賞(1編)：賞状, 賞金30万円と記念品, 優秀賞(2編)：賞状, 賞金20万円と記念品, 佳作(5編)：賞状, 賞金10万円と記念品〔児童の部〕ほのぼの児童大賞(1編)：賞状, 奨学金10万円と記念品, ほのぼの児童賞(2編)：奨学金5万円と記念品

ほのぼの童話館創作童話募集

第1回（昭58年）
　◇一般　中島 博男「おねしょで握手」
第2回（昭59年）
　◇一般　西川 紀子「かばんの五郎さん」
第3回（昭60年）
　◇一般　よこやま てるこ「神さんおぼこ」
第4回（昭61年）
　◇一般　山岸 恵美子「たべてしまいました」
第5回（昭62年）
　◇一般　田渕 まゆみ「どきどき，ヒョンの散髪」
第6回（昭63年）
　◇一般　藤本 たか子「サメ太のしんさつ」
第7回（平1年）
　◇一般の部
　　●ほのぼの大賞　岡本 美和「木馬」
　◇児童の部
　　●ほのぼの児童大賞　井上 淳「パパの会社はどこ」
第8回（平2年）
　◇一般の部
　　●ほのぼの大賞　秋山 伸一「ちょうちょうになった村長さん」
　◇児童の部
　　●ほのぼの児童大賞　竹谷 徹雄「狸の歯医者さん」
第9回（平3年）
　◇一般の部
　　●ほのぼの大賞　中村 和枝「おかあちゃんの仕事病」
　◇児童の部
　　●ほのぼの児童大賞　菅沼 晴香「もものせいと小さなもも」
第10回（平4年）
　◇一般の部
　　●ほのぼの大賞　後藤 美穂「キツネのおばあちゃん」
　◇児童の部
　　●ほのぼの児童大賞　玉井 芳英（小学校4年，京都府綴喜郡）「スイカのタネから出た話」
第11回（平5年）
　◇一般の部
　　●ほのぼの児童大賞　秋田谷 説子「二十歳のぼく」
　◇児童の部
　　●ほのぼの児童大賞　重富 奈々絵「ほっかほっかのパパパパパンツ」
第12回（平6年）
　◇一般の部
　　●ほのぼの大賞　笠原 磨里子「森さんのえんび服」
　◇児童の部
　　●ほのぼの児童大賞　曽宮 真代（小学3年）「ノンおばさんとモグリン」
第13回（平7年）
　◇一般の部
　　●ほのぼの大賞　牧田 洋子「はいけいおじいさん」
　◇児童の部
　　●ほのぼの児童大賞　曽宮 真代（小学4年）「ノンおばさんと砂の卵」
第14回（平8年）
　◇一般の部
　　●ほのぼの大賞　後藤 みわこ「のびるマンション」
　◇児童の部
　　●ほのぼの児童大賞　舟木 玲（小学3年）「あいちゃんの赤い糸」
第15回（平9年）
　◇一般の部
　　●ほのぼの大賞　亀谷 みどり「不思議な穴」
　◇児童の部
　　●ほのぼの児童大賞　徳川 静香（小学2年）「3丁目のルンルンおばさん」
第16回（平10年）
　◇一般の部
　　●ほのぼの大賞　川口 のりよ「トト、トト、トン。」
　◇児童の部
　　●ほのぼの児童大賞　沢辺 慎太郎（小学2年）「ザリこうのおはか」
第17回（平11年）
　◇一般の部
　　●ほのぼの大賞　中村 令子（茨城県ひたちなか市）「白くま冷蔵庫」
　◇児童の部
　　●ほのぼの児童大賞　徳川 静香（大阪府堺市）「あくしゅでダンス」
第18回（平12年）
　◇一般の部
　　●ほのぼの大賞　山口 隆夫「雨の日のお客さま」
　◇児童の部
　　●ほのぼの児童大賞　内藤 貴博「村の小さな救急隊」
第19回（平13年）
　◇一般の部
　　●ほのぼの大賞　松本 周子（埼玉県入間郡）「三枚のハガキ」
　◇児童の部

- ほのほの児童大賞　桑名 げんじ（小山市）
「はじまりは、ごんから」

第20回（平14年）
　◇一般の部
　　・ほのほの大賞　山下 寿朗（札幌市）「若い人千名ぼ集」
　◇児童の部
　　・ほのほの児童大賞　高尾 奈央（市川市）「ふしぎなしゃぼん玉」

第21回（平15年）
　◇一般の部
　　・ほのほの大賞　山田 くに恵（船橋市）「理科室のエイプリルフール」
　◇児童の部
　　・ほのほの児童大賞　坂井 百合奈（新潟市）「おれ様は『国語大全集』」

第22回（平16年）
　◇一般の部
　　・ほのほの大賞　水橋 由紀江「お月様保育園」
　◇児童の部
　　・ほのほの児童大賞　岩間 元成「恐竜がよみがえった」

第23回（平17年）
　◇一般の部
　　・ほのほの大賞　束原 美佐（さいたま市）「なつやすみください」
　◇児童の部
　　・ほのほの児童大賞　坂井 百合奈（新潟市）「ネバリン一家のネバタンさがし」

第24回（平18年）
　◇一般の部
　　・ほのほの大賞　小林 功治（長門市）「ぼくがネズミを釣ったわけ」
　◇児童の部
　　・ほのほの児童大賞　小林 志鳳（長門市）「星を釣ったおじいさん」

142 ポプラズッコケ文学賞

　シリーズ50巻, 累計2300万部と, こどもたちから絶大な支持を得た「ズッコケ」シリーズの名を冠した賞。「ズッコケ」同様, こどもたちが心から楽しみ感動できる作品, 児童文学の未来を担ってくれる才能を求める。

【主催者】ポプラ社
【選考委員】（第1回）審査委員長：那須正幹, 審査員：ポプラ社社長, 児童書編集者
【選考方法】公募
【選考基準】〔対象〕小学校中・高学年〜中学生が夢中になれる, エンターテインメント小説。日本語で書かれた自作の未発表作品に限る。〔原稿〕400字詰め原稿用紙換算150枚〜300枚。ワープロ, パソコン原稿の場合は, A4判の用紙を横置きにし, 1枚あたり40字×35行にて縦書きで印字。〔応募資格〕不問（プロ・アマ問わず）
【締切・発表】（第2回）平成21年3月31日締切（当日消印有効）, 7月末発表
【賞・賞金】大賞1編：賞金500万円。大賞受賞作品はポプラ社より刊行。選考状況に応じて, 優秀賞, 奨励賞, 審査員賞などを設定する場合がある
【URL】http：//www.poplar.co.jp/zukkoke-taishou/index.html

第1回（平20年）
　◇大賞　該当作なし
　◇優秀賞　荒井 寛子「ジャック＆クイーン」
　　（「ナニワのMANZAIプリンセス」と改題し刊行）
　◇奨励賞　西村 すぐり「踊れ！バイオリン」
　　（「ぼくがバイオリンを弾く理由」と改題し刊行）
　◇特別奨励賞　両国 龍英「'08ホームズと竜の爪痕」
　◇審査員賞
　　　小石 ゆき「ぼくら6年乙女組」
　　　松島 美穂子「こちら, 妖怪探偵局」
　　　桂木 九十九「火の木」
　　　川上 途行「橙色としゃべり言葉」

143 毎日児童小説

児童文学の新人発掘を目的に昭和26年に創設された。第51回をもって休止。
- 【主催者】毎日新聞社, 毎日小学生新聞, 毎日中学生新聞
- 【選考委員】手島悠介, わたりむつこ, 木暮正夫
- 【選考方法】公募
- 【選考基準】〔対象〕題材自由。作品は新聞での連載形式とする。〔原稿〕小学生向き：1回分400字詰原稿用紙2枚半, 30～50回程度。中学生向き：1回分3枚半, 30～50回程度。各々800字以内のあらすじを添付
- 【賞・賞金】小学生, 中学生向け最優秀作品（各1編）：賞金50万円, 優秀作（各2編）：記念品

第1回（昭26年）
　◇小学生向け　朱 包玲「おどりこものがたり」
　◇中学生向け　浅見 信夫「三面の曲」
第2回（昭27年）
　◇小学生向け　高橋 俊雄「小鳥と少年たち」
　◇中学生向け　安藤 美紀夫「夏子のスケッチ・ブック」
第3回（昭28年）
　◇小学生向け　立花 脩「火の国の花」
　◇中学生向け　林 黒土「光の子」
第4回（昭29年）
　◇小学生向け　中川 晟「むきをかえろ」
　◇中学生向け　中川 光「指に目がある」
第5回（昭30年）
　◇小学生向け　樋口 貞子「子犬のいる町」
　◇中学生向け　安藤 美紀夫「北風の中の歌」
第6回（昭31年）
　◇小学生向け　角田 光男「南へ行く船」
　◇中学生向け　該当作なし
第7回（昭32年）
　◇小学生向け
　　　合原 弘「文太物語」
　　　別所 夏子「アッサム王子」
　◇中学生向け　高木 博「黄金探検隊」
第8回（昭33年）
　◇小学生向け
　　　勢田 十三夫「タヌキヅカに集まれ」
　　　久保田 昭三「消えたカナリヤ」
　◇中学生向け
　　　生源寺 美子「ふたつの顔」
　　　遠矢 町子「高校の姉さん」
第9回（昭34年）
　◇小学生向け
　　　木暮 正夫「光をよぶ歌」
　　　安積 大平「ふたご山のマタギ少年」
　◇中学生向け
　　　森 一男「コロボックルの橋」
　　　海老原 紳二「青い海のかなたへ」
第10回（昭35年）
　◇小学生向け
　　　和久 一美「ひよこものがたり」
　　　鈴木 久雄「風船ものがたり」
　◇中学生向け　田村 武敦「死球」
第11回（昭36年）
　◇小学生向け
　　　最上 二郎「ギターをひく猟師」
　　　北村 けんじ「小さな駅のむくれっ子」
　◇中学生向け　涌田 佑「人形村の子どもたち」
第12回（昭37年）
　◇小学生向け
　　　五味 兎史郎「シロよ待ってろ」
　　　青木 良一「コッコの鈴」
　◇中学生向け　田中 彰「少名彦」
第13回（昭38年）
　◇小学生向け
　　　古泉 龍一「火の山と大猫」
　　　蓮見 和枝「ふしあな物語」
　◇小学生向け（準入選）　津田 和子「土手下の家」
　◇中学生向け　該当作なし
第14回（昭39年）
　◇小学生向け　中井 純一「鈴と赤い矢」
　◇中学生向け
　　　浅香 清「少年の獅子」
　　　浜野 卓也「みずほ太平記」
第15回（昭40年）
　◇小学生向け　柏谷 学「山は招く」
　◇中学生向け　福永 令三「明日君と今日子ちゃん」
第16回（昭41年）
　◇小学生向け　兵藤 郁造「赤い郵便箱」

Ⅰ 文学　　　　　　　　　　　　　　　　　　　　　　　　143　毎日児童小説

◇中学生向け　加藤 輝治「ふりかえるな裕次」
第17回（昭42年）
　◇小学生向け　中島 千恵子「まめだの三吉」
　◇中学生向け　岡 杏一郎「一月の河」
第18回（昭43年）
　◇小学生向け　秋山 周助「風船学校」
　◇中学生向け　中島 千恵子「タブーの島」
第19回（昭44年）
　◇小学生向け　柏谷 学「山の合奏団」
　◇中学生向け　松尾 礼子「曲がり角」
第20回（昭45年）
　◇小学生向け　わたり むつこ「ヘイ！アラスカのともだち」
　◇中学生向け　永井 順子「風と光と花と」
第21回（昭46年）
　◇小学生向け　川田 進「飼育園の仲間」
　◇中学生向け　林 剛「鈴の音」
第22回（昭47年）
　◇小学生向け　塩沢 清「ころんでおきろ」
　◇中学生向け　舟山 逸子「ポプラの詩」
第23回（昭48年）
　◇小学生向け　田辺 美雪「ナナの飼い主」
　◇中学生向け　平野 ますみ「千恵はきょう」
第24回（昭49年）
　◇小学生向け　馬嶋 満「義尚おじさん」
　◇中学生向け　永井 順子「遠洋育ち」
第25回（昭50年）
　◇小学生向け　井上 夕香「ハムスター物語」
　◇中学生向け　佐原 進「虹を紡ぐ妖精」
第26回（昭51年）
　◇小学生向け　塩沢 清「月と日と星とホイホイホイ」
　◇中学生向け　内藤 美智子「信子の一年」
第27回（昭52年）
　◇小学生向け　矢野 憲二「ぼくは小さなサメ博士」
　◇中学生向け　長谷川 美智子「さらば太陽の都」
第28回（昭53年）
　◇小学生向け　大和 史郎「百頭目のくま」
　◇中学生向け　小野 紀美子「十三歳の出発」
第29回（昭54年）
　◇小学生向け　楳木 和恵「おれとぼく」
　◇中学生向け　葉村 すみえ「七坂七曲がりの月」
第30回（昭55年）
　◇小学生向け　風間 信子「つよしのつけた通信簿」

◇中学生向け　長谷川 美智子「早春の巣立ち」
第31回（昭56年）
　◇小学生向け　大和 史郎「養豚の好きな史代さん」
　◇中学生向け　永井 順子「風はさわぐ」
第32回（昭57年）
　◇小学生向け（準入選）
　　　畑中 弘子「はじめてのホームラン」
　　　浅見 美穂子「壁の向こうに」
　◇中学生向け　みづしま 志穂「好きだった風風だったきみ」
第33回（昭58年）
　◇小学生向け　沢田 徳子「夜明けの箱舟」
　◇中学生向け　竹内 紘子「ボートピープル」
第34回（昭59年）
　◇小学生向け　都留 有三「パパがさらわれた」
　◇中学生向け　井上 瑠音「緑屋敷に吹く風は」
　◇特別賞　蜂屋 誠一「タイム・ウォーズ」
第35回（昭60年）
　◇小学生向け　平井 英理子「ホップステップ海へ」
　◇中学生向け　大谷 美和子「遠い町」
第36回（昭61年）
　◇小学生向け　山室 和子「星祭りに帆船は飛んだ」
　◇中学生向け　末田 洋子「ここに私がいるの」
第37回（昭62年）
　◇小学生向け　高山 久由「ちひろの見た家」
　◇中学生向け　長尾 健一「海賊とみかんと北斗七星」
第38回（昭63年）
　◇小学生向け　鈴木 美智子「サウスポー」
　◇中学生向け　山野 ひろを「ようこそ海風荘へ」
第39回（平1年）
　◇小学生向け　坂上 万里子「ぼくたちの夏」
　◇中学生向け　小本 小笛「木の花」
第40回（平2年）
　◇小学生向け　植松 二郎「ペンフレンド」
　◇中学生向け　中野 晃輔「おれたちの夏」
第41回（平3年）
　◇小学生向け　該当作なし
　◇中学生向け　山本 久美子「ニュームーン」
第42回（平4年）
　◇小学生向け　梅田 真理（川崎市）「おばあちゃんの小さな庭で」

児童の賞事典　　205

◇中学生向け　該当作なし
第43回(平5年)
　◇小学生向き　まつうら のぶこ(兵庫県伊丹市)「ガンバエイト ぼくたち サポーター」
　◇中学生向き　該当作なし
第44回(平6年)
　◇小学生向き　くにかた まなぶ(名古屋市)「みかん」
　◇中学生向き　竹内 真(目黒区)「三年五組・ザ・ムービー」
第45回(平7年)
　◇小学生向き　佐藤 妃七子(横浜市)「ぼくが心を置いた場所」
　◇中学生向き　該当作なし
第46回(平8年)
　◇小学生向き
　　●最優秀賞　風木 一人「王の腹から銀を打て」
　　●優秀賞
　　　稲葉 洋子「東京迷い道」
　　　大庭 桂「夢屋ものがたり」
　◇中学生向き
　　●最優秀賞　該当作なし
　　●優秀賞
　　　鈴木 ひろみ「自画像」
　　　佐藤 泰之「宇宙色のスケッチブック」
第47回(平9年)
　◇小学生向き
　　●最優秀賞　山村 基毅(著述業)「じぶんじゃ, 生きてるつもりで」
　　●優秀賞
　　　渡辺 啓子「アンバランス」
　　　中野 千春「僕たち, がんばらナインズ」
　◇中学生向き
　　●最優秀賞　石浜 じゅんこ「私は真行(マユキ)」
　　●優秀賞　坂本 のこ「ハーブ・ガーデン」
第48回(平10年)
　◇小学生向き
　　●最優秀賞　大庭 桂「竜の谷のひみつ」

◇中学生向き
　●最優秀賞　水野 憂「幸せのたし算」
第49回(平11年)
　◇小学生向き
　　●最優秀賞　大井 美矢子「モンゴルの空が見える」
　　●優秀賞
　　　後藤 みわこ「ふたつめの太陽」
　　　寺尾 幸子「宇宙人コルク」
　◇中学生向き
　　●最優秀賞　安田 裕子「ヴーチウインド～潮の香り」
　　●優秀賞　川崎 洋子「原人の足跡」
第50回(平12年)
　◇小学生向き
　　●最優秀賞　河俣 規世佳「おれんじ屋のきぬ子さん」
　　●優秀賞
　　　西尾 厚美「ヒラ耳のおびかちゃん」
　　　北村 富士子「まひるはくもり空」
　◇中学生向き
　　●最優秀賞　竹内 紘子「まぶらいの島(魂の島)」
　　●優秀賞
　　　小田 有希子「チム・チム・チェリー」
　　　古口 裕子「風のなかに…」
第51回(平13年)
　◇小学生向き
　　●最優秀賞　芦葉 盛晴「てんぐっ子」
　　●優秀賞
　　　山田 陽美「がんばれ専業主夫!」
　　　西村 さとみ「グッバイ、雪女」
　◇中学生向き
　　●最優秀賞　浜野 京子「二人だけの秘密」
　　●優秀賞
　　　平口 まち子「ぴあす」
　　　佐藤 郁絵「天使のゆりかご」

144 毎日童話新人賞

　童話作家の登龍門。毎日新聞社「毎日こどもしんぶん」の発刊を記念して、昭和51年に創設された賞で, 児童文学界に新風を吹き込むことをねらいとしている。第26回をもって休止。
【主催者】毎日新聞社
【選考委員】岩崎京子, 西本鶏介
【選考方法】公募

145 まどかぴあショートストーリーコンテスト

【選考基準】〔対象〕5才～8才前後の子どもを対象としたもの。内容は自由。〔資格〕自作・未発表のもの。出版経験のある者は不可(自費出版除く)。〔形式〕1回500字程度で15回前後の連載もの(「毎日こどもしんぶん」連載形式)
【賞・賞金】最優秀新人賞(1編)：賞金30万円、優秀新人賞(2編)：記念品

第1回(昭52年)
　◇最優秀新人賞　山田 正志「おおかみようちえんにいく」
第2回(昭53年)
　◇最優秀新人賞
　　　佐竹 啓子「ゆみちゃんのでんわ」
　　　吉橋 通夫「たんば太郎」
第3回(昭54年)
　◇最優秀新人賞　松沢 睦実「マノおじさんとねむりりゅう」
第4回(昭55年)
　◇最優秀新人賞　浅川 由貴「一年生になった王さま」
第5回(昭56年)
　◇最優秀新人賞　武谷 千保美「あけるなよ、このひき出し」
第6回(昭57年)
　◇最優秀新人賞　丸井 裕子「ハイエナ・ガルのレストラン」
第7回(昭58年)
　◇最優秀新人賞　みづしま 志穂「つよいぞポイポイ きみはヒーロー」
第8回(昭59年)
　◇最優秀新人賞　舟木 玲子「ぶーぶーブースカロボットカー」
第9回(昭60年)
　◇最優秀新人賞　左近 蘭子「かばはかせとたんていがえる」
第10回(昭61年)
　◇最優秀新人賞　寮 美千子「ねっけつビスケットチビスケくん」
第11回(昭62年)
　◇最優秀新人賞　該当者なし
第12回(昭63年)
　◇最優秀新人賞　八木 紀子「ようふくなおしはまかせなさい」
第13回(平1年)
　◇最優秀新人賞　山内 将史「とんでもないぞう」
第14回(平2年)
　◇最優秀新人賞　西山 あつ子「ドンはかせとおばあさん」
第15回(平3年)
　◇最優秀新人賞　村山 早紀「小さいエリちゃん」
第16回(平4年)
　◇最優秀新人賞　亀谷 みどり「かめやまくんちのでんわおばけ」
第17回(平5年)
　◇最優秀新人賞　麻生 かづこ「ぞうのくしゃみでおおさわぎ」
第18回(平6年)
　◇最優秀新人賞　伊東 ひさ子「ジョンはかせのどうぶつびょういん」
第19回(平7年)
　◇最優秀新人賞　上坂 宗万「パンツ、パンツ、パンツ」
第20回(平8年)
　◇最優秀新人賞　阿部 雅代「ふとっちょてんちょうさんはおおいそがし」
第21回(平9年)
　◇最優秀新人賞　まなべ たよこ(香川県)「こがらし ふくよは こりぷった」
第22回(平10年)
　◇最優秀新人賞　市岡 ゆかり「ぴこぴこどうぶつびょういん」
第23回(平11年)
　◇最優秀新人賞　川田 みどり「空とぶねずみ」
第24回(平12年)
　◇最優秀新人賞　西岡 圭見「はずかしがりやのポッポおばさん」
第25回(平13年)
　◇最優秀新人賞　高橋 環「くまさんをよろしく」
第26回(平14年)
　◇最優秀新人賞　江積 久子「おにぎりのすきなわかとのさま」

145 まどかぴあショートストーリーコンテスト

まどかぴあ図書館開館当初からの目標である「子どもたちが夢を育てる図書館」を実現するための事業の一環として平成9年に創設。「子どもたちが『わくわく』『どきどき』するおはな

まどかぴあショートストーリーコンテスト

し」をテーマに作品を募集し,入賞作作品集を3年毎に刊行する。第7回(平成15年)にて終了。
【主催者】大野城市都市施設管理公社
【選考委員】(第7回)内田麟太郎(詩人・絵詞作家),長野ヒデ子(画家・絵本作家),羽床正範(北九州大学教授),佐藤陽子(まどかぴあ館長・ヴァイオリニスト)
【選考方法】公募
【選考基準】〔テーマ〕子どもたちが『わくわく』『どきどき』するおはなし。〔資格〕不問。〔原稿〕A4の400字詰原稿用紙3枚以内。ワープロの場合は1200字以内(20文字×20行)。縦書き。黒のボールペンまたは万年筆を使用。作品のタイトル・氏名(フリガナ)・年齢・電話・郵便番号・住所・この募集をどうやって知ったかを明記したA4サイズの表紙を添付。1人1作。未発表の作品に限る。著作権は主催者に3年間帰属する
【賞・賞金】最優秀賞(1点):賞状・副賞10万円・記念品,優秀賞(3点):賞状・副賞3万円・記念品,奨励賞(10点):賞状・副賞1万円,こども審査員賞(3点):賞状・副賞1万円の図書券

第1回(平9年)
◇最優秀賞　大串 朋子(福岡県大野城市)「守られている命」
◇優秀賞
　　白水 利佳(福岡県久留米市)「ゆきのようせいララ」
　　宿輪 芳泰(福岡県春日市)「ぼくの赤い風船」

第2回(平10年)
◇優秀賞
　　小山田 辰実(福岡県福岡市)「羊が一匹」
　　矢野 一栄(岡山県岡山市)「黒猫博士の大福引大会」
　　藤岡 葵(東京都北区)「AぐまBぐまCぐまくん」
◇特別賞　篠原 瑞枝(千葉県松戸市)「はかせとおうさま」

第3回(平11年)
◇最優秀賞　岩本 圭介(福岡県大野城市)「だんご昔話」
◇優秀賞
　　川田 晴美(栃木県栃木市)「かばでしょ」
　　持田 純子(福岡県福岡市)「美術館のおきゃくさま」
　　あなみ 邦子(福岡県福岡市)「かめひこうき」
　　伊藤 芳子(東京都葛飾区)「みそこさんのおむすび」

第4回(平12年)
◇最優秀賞　岡村 祐子(福岡県筑紫野市)「四畳半の海」
◇優秀賞
　　岩井 裕子(兵庫県明石市)「はっぱ ろくじゅうし」
　　沖中 恵美(三重県津市)「なみだを出すくすり」
　　留目 由美(東京都葛飾区)「ひいひいじいちゃんの友達のこと」

第5回(平13年)
◇最優秀賞　野田 直子(福岡県大野城市)「象と、セールスマン」
◇優秀賞
　　吉岡 啓一(兵庫県神戸市)「ふしぎなえさ」
　　古賀 将太郎(福岡県大野城市)「ぼくがチョウになった日」
　　下原 由美子(愛知県名古屋市)「月うさぎとちきゅうの三毛ネコ」

第6回(平14年)
◇最優秀賞　金沢 秀城(東京都目黒区)「絵の中の天使」
◇優秀賞
　　萬 桜林(北海道札幌市)「どうぶつえんのほっきょくぐま」
　　田中 美紀(大阪府大阪市)「こんな日は要注意」
　　比嘉 稔(沖縄県那覇市)「鬼ごっこ」

第7回(平15年)
◇最優秀賞　中村 康子(東京都国立市)「アフリカな毎日」
◇優秀賞
　　川田 晴美(栃木県栃木市)「コンドーさん」
　　川村 ひとみ(青森県青森市)「金魚のオチビ」
　　野田 弘美(神奈川県横須賀市)「月たまり」

146 万葉こども賞コンクール

　こどもたちが『万葉集』にふれることで，万葉のこころを未来へつないでいってほしいとの願いから，平成21年より創設された。

【主催者】 奈良県立万葉文化館，朝日新聞社

【選考委員】（第1回）〔絵画の部〕高階秀爾（大原美術館館長），烏頭尾精（日本画家），里中満智子（マンガ家），中西進（奈良県立万葉文化館館長），〔作文の部〕塩川正十郎（東洋大学総長），黛まどか（俳人），リービ英雄（作家），中西進（奈良県立万葉文化館館長）

【選考方法】 公募

【選考基準】〔対象〕『万葉集』の歌を読んで感じたこと，想像したことなど，子どもたちの自由な発想で表現した絵画と作文。〔作品規定〕(1)絵画の部 小学生部門：四つ切り大か八つ切り大の画用紙またはキャンバス，絵画の部 中学生部門：原則四つ切り大の画用紙またはキャンバスで八つ切り大の画用紙またはキャンバスも可。いずれの部門も画材は自由，作品の裏に簡単な説明をつける。(2)作文の部 小学生部門：400字詰原稿用紙で400～600字，作文の部 中学生部門：400字詰原稿用紙で800～1,000字

【締切・発表】（第1回）応募締切は平成21年1月20日（必着），3月29日に奈良県立万葉文化館にて表彰式

【賞・賞金】 最優秀賞（2点），優秀賞（4点），特別賞（4点）

【URL】 http://www.manyo.jp

第1回（平21年）
◇絵画部門
- 最優秀賞　鈴木 若奈（愛知県名古屋市立村雲小学校）
- 優秀賞（小学生）　永井 繭子（埼玉県さいたま市立高砂小学校）
- 優秀賞（中学生）　杉山 於里恵（奈良県広陵町立真美ヶ丘中学校）
- 審査委員特別賞　長須 佳代子（熊本県熊本市立桜木小学校）
- 万葉文化館賞　松本 久遠（兵庫県広英保育園）
- 朝日新聞社賞　中川 美奈（奈良県大和高田市立高田中学校）

◇作文部門
- 最優秀賞　藤井 麻未（大阪府大阪教育大学附属天王寺中学校）
- 優秀賞（小学生）　後藤 のはら（秋田県横手市立増田小学校）
- 優秀賞（中学生）　金子 健人（新潟県佐渡市立羽茂中学校）
- 審査委員特別賞　遠藤 一（神奈川県小野学園小学校）
- 万葉文化館賞　才野 友貴（島根県江津市立青陵中学校）
- 朝日新聞社賞　三宅 敬弘（香川県高松市立太田中学校）

147 三浦綾子作文賞

　三浦綾子文学が多くの人々に親しまれ，その文学的精神が幅広く継承されていくことを願うとともに，児童生徒たちが文章を書くことを通じて，社会のあり方と人間の生き方を深く見つめ，たくましく生きて行く力を養っていくことを目的としている。

【主催者】 三浦綾子記念文化財団

【選考委員】（第11回）片山晴夫（北海道教育大学教授），神谷忠孝（北海道文教大学教授），加藤多一（児童文学作家），堂坂富美子（前旭川市立神居東小学校校長），中西信行（北海道教育大学教授），菅野浩（財団法人三浦綾子記念文学財団専務理事）

三浦綾子作文賞

【選考方法】公募
【選考基準】〔原稿〕テーマは自由。小学生の部は400字詰め原稿用紙5枚程度。中・高校生の部は原稿用紙10枚程度。封筒の表に「三浦綾子作文賞作品在中」と朱書、別紙に表題、住所、名前、生年月日、学校名などを記入して郵送する。〔応募規定〕一人一作品とする。応募作品は返却しない
【締切・発表】毎年10月31日締切、12月初旬発表、表彰式は翌年1月の第2土曜日に実施
【賞・賞金】小学生の部、中学生の部、高校生の部ともに、最優秀賞(1編):賞状と記念品、優秀賞(2～3編):賞状と記念品
【URL】http://www.hyouten.com/

第1回(平11年)
　◇小学生の部　該当作なし
　◇中学生の部　該当作なし
第2回(平12年)
　◇小学生の部　該当作なし
　◇中学生の部　該当作なし
第3回(平13年)
　◇小学生の部
　　●最優秀賞　林 龍之介(旭川市立東栄小学校)「ぼくのいもうと」
　　●優秀賞　梅井 美帆(旭川市立東栄小学校)「日記・作文 がんばっています」
　◇中学生の部
　　●最優秀賞　該当作なし
　　●優秀賞
　　　佐久間 美佳(静岡雙葉中学校)「十三歳の夏」
　　　外山 沙絵(愛知県豊田市立猿投中学校)「未来への一言」
　　　小林 由季(旭川市立緑が丘中学校)「私が進んだ一歩」
第4回(平14年)
　◇小学生の部
　　●最優秀賞　該当作なし
　　●優秀賞
　　　岡崎 佑哉(東京都町田市立第三小学校)「かわのおはなし」
　　　稲場 瑞紀(旭川市立東栄小学校)「大好き!!先生」
　◇中学生の部
　　●最優秀賞　該当作なし
　　●優秀賞　角田 和歌子(札幌市聖心女子学院中学校)「私の頑張れる時」
第5回(平15年)
　◇小学生の部
　　●最優秀賞　上西 希生(北海道教育大学教育学部附属旭川小学校)「祖父から聞いた話」
　　●優秀賞
　　　河原 茜(旭川市立嵐山小学校)「せかい―ちいさなクラス」
　　　稲場 優美(旭川市立東栄小学校)「わたし」
　◇中学生の部
　　●最優秀賞　該当作なし
　　●優秀賞　佐々木 満ちる(北見市立小泉中学校)「クリスチャンの僕が考えている事」
第6回(平16年度)
　◇小学生の部
　　●最優秀賞　岡崎 佑哉(町田市立町田第3小学校)「おさかなけいかく」
　　●優秀賞　上西 のどか(北海道教育大学附属旭川小学校)「私の出会った国」
　◇中学生の部
　　●最優秀賞　上西 希生(北海道教育大学附属旭川中学校)「僕の失敗」
　　●優秀賞
　　　矢野 淳一(京都府立梅津中学校)「自分を信じることの大切さ」
　　　中島 美咲(北海道教育大学附属旭川中学校)「十回目の春」
　　　加藤 しおり(藤女子中学高等学校)「努力の先に見えるもの～私の生き方～」
第7回(平17年度)
　◇小学生の部
　　●最優秀賞　上西 のどか(北海道教育大学附属旭川小学校)「命を救う温かい心」
　　●優秀賞
　　　河野 奈緒美(北九州市柄杓田小学校)「『フッコの会』ありがとう」
　　　脇田 晃成(大阪府柏原市立旭ヶ丘小学校)「あきらめかけた新幹線」
　◇中学生の部
　　●優秀賞
　　　上西 希生(北海道教育大学附属旭川中学校)「死について」
　　　高畑 早紀(旭川市立永山中学校)「閉ざした心」

第8回（平18年度）
◇小学生の部
- 最優秀賞　神谷 沙紀（旭川市立嵐山小学校）「森内先生」
- 優秀賞　安達 裕貴（旭川市立嵐山小学校）「9にんきょうだい」

◇中学生の部
- 優秀賞
  上西 のどか（北海道教育大学附属旭川中学校）「いじめについて思うこと」
  高畑 早紀（旭川市立永山南中学校）「油性マジックな人生」

第9回（平19年度）
◇小学生の部
- 最優秀賞　村松 美悠加（白百合学園小学校）「バスていくん」
- 優秀賞
  植村 優香（大阪府枚方市立楠葉西小学校）「十分の一の命」

水関 実法子（函館市立柏原小学校）「弟になったおにいちゃん」

◇中学生の部
- 最優秀賞　脇田 彩衣（大阪府柏原市立玉手中学校）「たぐりよせる心」
- 優秀賞　上西 のどか（北海道教育大学附属旭川中学校）「命の雫が輝くとき」

第10回（平20年度）
◇小学生の部
- 最優秀賞　山崎 歩美（札幌市立円山小学校）「密柑の味」
- 優秀賞
  小野 瑞貴（旭川市立神楽小学校）「はじめての山」
  水関 実法子（函館市立柏原小学校）「不思議なテレビ」

◇中学生の部
- 最優秀賞　佐藤 香奈恵（旭川市立広陵中学校）「保健室のカタツムリ」

148　三越左千夫少年詩賞

　少年詩、童謡を中心に多年に亘り創作活動をした詩人三越左千夫の遺族の申し出により、日本児童文学者協会が三越家からの基金委託を受け平成9年より創設。少年詩の振興のため、詩人達を励まし、この分野の活性化をはかるのが目的。

【主催者】（社）日本児童文学者協会
【選考委員】菊永謙、香山美子、宍倉さとし、野呂昶、宮田滋子
【選考基準】〔対象〕毎年前年の1月～12月に発行された中堅、新人詩人による少年少女詩集（童謡詩集を含む）
【締切・発表】4月下旬に発表
【賞・賞金】賞金10万円
【URL】http：//www.jibunkyo.or.jp/shou.html

第1回（平9年）　菅原 優子「空のなみだ」（リーブル）
　◇特別賞　重清 良吉「草の上」（教育出版センター）
第2回（平10年）
　　小泉 周二「太陽へ」（教育出版センター）
　　たかはし けいこ「とうちゃん」（教育出版センター）
第3回（平11年）　山中 利子「だあれもいない日」（リーブル）
　◇特別賞　桜井 信夫「ハテルマシキナ」（かど創房）

第4回（平12年）　高階 杞一「空への質問」（大日本図書）
　◇特別賞　青戸 かいち「小さなさようなら」（銀の鈴社）
第5回（平13年）　尾上 尚子「シオンがさいた」（リーブル）
第6回（平14年）　島村 木綿子「森のたまご」（銀の鈴社）
　◇特別賞　李 芳世「こどもになったハンメ」（遊タイム出版）
第7回（平15年）　石津 ちひろ「あしたのあたしはあたらしいあたし」（理論社）
第8回（平16年）　菊永 謙「原っぱの虹」（いしずえ）

◇特別賞　田中 ナナ「新緑」(いしずえ)
第9回(平17年)
　　　海沼 松世「空の入り口」(らくだ出版)
　　　李 錦玉「いちど消えたものは」(てらいんく)
第10回(平18年)　村瀬 保子「窓をひらいて」(てらいんく)
　◇特別賞　上 笙一郎「日本童謡事典」(東京堂出版)

第11回(平19年)　いとう ゆうこ「おひさまのパレット」(てらいんく)
第12回(平20年)　間中 ケイ子「猫町五十四番地」(てらいんく)
第13回(平21年)　藤井 かなめ「あしたの風」(てらいんく)

149　峰浜村・ポンポコ山タヌキ共和国タヌキ童話募集

　秋田県峰浜村がふるさと創生を計り、計画中のリゾートゾーンを「ポンポコ山タヌキ共和国」と命名、これを機に村おこしのための童話賞を開催した。

【主催者】峰浜村・ポンポコ山タヌキ共和国
【選考委員】かとう みちこ(詩人)、稲村哲(全通企画)ほか
【選考方法】公募
【選考基準】〔資格〕ポンポコ山タヌキ共和国の国民になること。共作も可。〔原稿〕400字詰原稿用紙5枚程度のタヌキを主人公とした創作童話
【締切・発表】平成元年8月31日締切(当日消印有効)。発表は9月30日、応募者全員に通知
【賞・賞金】優秀作品賞(1編)：賞金100万円、佳作(3編)：共和国への招待とあきたこまち1年分、ラッキー賞(5人)：峰浜野菜1年分。優秀作は絵本として刊行

(平1年)　川崎 若夫(共同筆名：万智洋介)(岩槻市)、川崎 秀夫(共同筆名：万智洋介)(岩槻市)「タヌキの山は大さわぎ」
　◇佳作
　　　今橋 真理子(東京)
　　　平 正夫(千葉県)
　　　松峰 あきら(東京)
　◇ラッキー賞
　　　佐々木 若子(秋田市)
　　　はら みちお(広島市)
　　　岸 若男(大阪)
　　　牧野 薫(愛知県)

150　未明文学賞

　小川未明が「文化功労者」に選ばれたことを記念して出版された「日本名作童話」(金の星社)の印税を基金として、制定された賞。昭和37年、第5回で中止した。

【主催者】未明文学会
【選考委員】青野季吉、宇野浩二、佐藤春夫、西条八十、坪田譲治、浜田広介、村岡花子(第1回)
【選考基準】新聞、雑誌、単行本として発表された、児童文学の作品で、優秀なものに与える
【賞・賞金】記念品および賞金5万円

第1回（昭33年）　石森 延男「コタンの口笛」（2冊）東都書房
第2回（昭34年）　該当作なし
第3回（昭35年）　塚原 健二郎「風と花の輪」（理論社）
第4回（昭36年）　該当作なし
第5回（昭37年）　該当作なし

151 椋鳩十記念 伊那谷童話大賞（伊那谷童話大賞）

かつて子どもであった大人でも経験したことのないこの時代を、今の子どもたちの視線でもう一度私たちを取り巻く世界と時代を見てみようとする試み—それが伊那谷童話大賞創設の意図するところである。第10回（平成16年）をもって終了。

【主催者】南信州新聞社
【選考方法】公募
【選考基準】〔対象〕テーマは自由。幼児向け読み聞かせ童話から、児童文学から絵物語・民話や伝説を題材にした物語など子供から大人まで鑑賞に耐え得るものであること。ただし作品は未発表のものに限る。〔資格〕15歳以上。伊那谷に何らかの関心があり、受賞した場合、授賞式に交通費自己負担で参加できる方。〔原稿〕幼年童話：400字詰め（20字×20行）原稿用紙10枚以下、短編：400字詰め（20字×20行）原稿用紙10枚以上～30枚以下、中・長編：400字詰め（20字×20行）原稿用紙50枚以上
【賞・賞金】伊那大賞：賞金10万円, 熊谷元一賞：賞金各5万円, その他。各賞に作品集並びに副賞

第1回（平7年）
◇大賞　木下 容子「まほうのエレベーター」
◇準大賞　宮下 幸「赤いくつ」
◇熊谷元一賞　山川 行夫「夏の朝」
◇北島新平賞　岡庭 穂波「順とならんで『かきくけこ』」
第2回（平8年）
◇大賞　小林 正子「町の子・山の子」
◇準大賞　篠田 佳余「十四歳の休暇」
◇特別賞　塩沢 正敏「仏像を彫るおじいさん」
◇熊谷元一賞　木下 容子「銀色のつばさ」
◇北島新平賞　篠田 佳余「十四歳の休暇」
第3回（平9年）
◇大賞　久保田 香里「ひかるたてぶえ」
◇準大賞　塩沢 正敏「尾賀先生とおれたち」
◇熊谷元一賞　小林 裕和「べっこうの珠」
◇北島新平賞　塩沢 正敏「尾賀先生とおれたち」
第4回（平10年）
◇大賞　熊谷 千世子「おにぎりの詩」
◇特別賞　若穂 由紀子「かおれ 夢の白い花」
◇熊谷元一賞　こう ほなみ「ぼくたちの椿森」
◇北島新平賞　錫谷 和子「おつかいたぬき」

第5回（平11年）
◇大賞　塩沢 正敏「おれたちの勲章」
◇準大賞　こうほなみ「じゃんけんはグー」
◇特別賞　本田 好「さるすべりの花を忘れない」
◇熊谷元一賞　高島 由美「ゴウが沸いた」
◇北島新平賞　せきざわ みなえ「いたいのいたいのとんでゆけ」
第6回（平12年）
◇大賞　清水 悦子「父さんの曲」
◇準大賞　しもはら としひこ「ひがんさの山」
◇特別賞　清田 洋子「夢の小径のエリとマイ」
◇熊谷元一賞　しもはら としひこ「ひがんさの山」
◇北島新平賞　林 博子「さかなになった日」
第7回（平13年）
◇大賞　林 博子「ガラスの壁」
◇熊谷元一賞　宮下 澄子「阿島傘」
◇北島新平賞　とうや あや「雪まつりの朝」
第8回（平14年）
◇大賞　金松 すみ子「さよばあちゃんのりんご」
◇準大賞　白瀬 郁子「おじいちゃん、わすれないよ」

◇特別賞　しもはら　としひこ「山脈はるかに」
◇熊谷元一賞　白瀬　郁子「おじいちゃん、わすれないよ」
◇審査委員賞　岩尾　淳子「天使のシャーベット」
第9回(平15年)
◇大賞　福　明子「やんも―光る命の物語―」

◇準大賞　こう　ほなみ「あしたは旅立つ、やれ忙しや」
◇特別賞　松森　佳子「太陽のかけら」
◇熊谷元一賞　河合　真平「お紺と守の助」
第10回(平16年)
◇大賞　原田　康法「ひまわりは咲いている」
◇準大賞　なかやま　聖子「だいふくネコ」
◇熊谷元一賞　よだ　あき「灰色の犬」

152　椋鳩十児童文学賞

鹿児島市で活躍した児童文学作家・椋鳩十の功績を永く顕彰するため，市制施行100周年の鹿児島市によって平成2年創設された。児童文学の発展に寄与することを主旨とする。
【主催者】鹿児島市，鹿児島市教育委員会
【選考委員】たかしよいち，那須正幹，西本鶏介，三木卓
【選考方法】作者自身の応募のほか，出版社・報道機関または一般からの推薦による
【選考基準】〔対象〕前年度1月～12月に出版された新人作家の初刊本。〔資格〕詩，童謡，絵本，ノンフィクションを除く
【締切・発表】1月末日締切(消印有効)，発表は4月(マスコミ発表)
【賞・賞金】正賞賞状・記念品，副賞賞金200万円
【URL】http：//www.city.kagoshima.lg.jp/_1010/shimin/5kyouiku/5-3bunka/5-3-5bungakushou.html

第1回(平3年)
　　　石原　てるこ「DOWNTOWN通信　友だち貸します」(ポプラ社)
　　　ひこ・田中「お引越し」(福武書店)
第2回(平4年)　森　絵都「リズム」(講談社)
　◇出版文化賞　講談社　《「リズム」の出版に対して》
第3回(平5年)　もとやま　ゆうほ「パパにあいたい日もあるさ」(ポプラ社)
第4回(平6年)　村山　早紀「ちいさいえりちゃん」
第5回(平7年)　西崎　茂「海にむかう少年」
第6回(平8年)　阿部　夏丸「泣けない魚たち」
第7回(平9年)　坂元　純「僕のフェラーリ」
第8回(平10年)　岡沢　ゆみ「バイ・バイ―11歳の旅立ち」(文渓堂)
第9回(平11年)　風野　潮「ビート・キッズ―Beat Kids」(講談社)
第10回(平12年)　みお　ちづる「ナシスの塔の物語」(ポプラ社)

第11回(平13年)　安東　みきえ「天のシーソー」(理論社)
第12回(平14年)　河俣　規世佳「おれんじ屋のきぬ子さん」(あかね書房)
第13回(平15年)　佐川　芳枝「寿司屋の小太郎」(ポプラ社)
第14回(平16年)　長谷川　摂子「人形の旅立ち」(福音館書店)
第15回(平17年)　やえがし　なおこ「雪の林」(ポプラ社)
第16回(平18年)　香坂　直「走れ、セナ！」(講談社)
第17回(平19年)　藤江　じゅん「冬の龍」(福音館書店)
第18回(平20年)　樫崎　茜「ボクシング・デイ」(講談社)
第19回(平21年)　宮下　すずか「ひらがな　だいぼうけん」(偕成社)

153 盲導犬サーブ記念文学賞（動物とわたし文学賞）

主人を交通事故から助けて左前足を失い、三本足になった盲導犬サーブを顕彰し、サーブを育てた中部盲導犬協会の20周年を記念して創設。動物をテーマとする小学生向けの文芸作品を対象とする。平成16年、第7回をもって休止。

【主催者】盲導犬サーブ記念文学賞委員会，(財)中部盲導犬協会
【選考委員】（第7回）赤座憲久，木暮正夫，手島悠介，木幡英次，杉浦秀雄
【選考方法】公募
【選考基準】〔対象〕「動物とわたし」をテーマに児童文学作品（創作・ノンフィクション）。日本語の未発表作品、非商業誌の掲載は可。複数応募可。〔資格〕プロ・アマ・国籍不問。〔原稿〕400字詰原稿用紙50～70枚程度。ワープロ原稿の場合はA4サイズとする。応募作品は返却しないので手元に控えをとっておくこと

第1回（平4年）
　◇サーブ大賞
　　佐々木 実（岩手県西根町）「帰郷」
　　山崎 晃司（八王子市）「ライオンのブルー」
　　佳川 紘子（中野区）「青ちゃんとヒデと私の夏」
　　龍 克己（佐賀市）「クロ物語」
　　板床 克美（柏市）「飛べ飛べ・とんび」

第2回（平6年）
　◇大賞
　　宮里 善次（沖縄県）「軍鶏（シャモ）」
　　佐藤 良彦（長野県）「密猟者はだれだ」
　　橋村 あさこ（大阪府）「春になるまで」
　　鈴木 依子（東京都）「ロンからのおくりもの」
　　佐藤 敏彦（福岡県）「一人っ子少年とカワウソ」
　◇優秀賞
　　菊谷 浩至（奈良県）「ほっぺにチュッ」
　　井上 猛（東京都）「スカイラーク」
　　綾野 勝治（東京都）「ありがとう愛しき友たちよ」
　　大井 美矢子（愛知県）「虫供養の金魚」
　　栃原 哲則（京都府）「ユリカモメよ永遠に～えづけ20年の物語」

第3回（平9年）
　　キャンベル 紀子「こうもりドラと石山家のひとびと」
　　中山 道子「おばあさんと黒い牛」
　　木村 健「トロ引き犬のクロとシロ」
　　藤原 貴子「くちハッパ」
　　加藤 創「マミコとマーガリン」

第4回（平10年）
　　水上 美佐雄「山に吠える」
　　上坂 むねかず「ほし草となみだ味のミルク」
　　中里 奈央

第5回（平12年）
　◇大賞
　　杏 有記（大阪府）「さよなら、ゴードン」
　　工藤 隆雄（千葉県）「キツネにさらわれたネコ」
　　山中 基義（兵庫県）「真夏に銀色に翼」

第6回（平14年）
　◇大賞
　　杏 有記（大阪府）「カヤ原の夢」
　　熊谷 千世子（長野県）「しあわせのしっぽ」
　　広瀬 力（東京都）「ロボット・ドッグ」

第7回（平16年）
　◇大賞
　　若久 恵二（鹿児島県）「ハブ犬物語」
　　今井 恭子（東京都）「里親、募集中！」
　　森 明日香（奈良県）「カワタニワラオの物語」

154 森林（もり）のまち童話大賞

浜松市に合併する前の天竜市が、森林を守り育てる施策の一環として平成14年度に第1回を行い、合併後は、新・浜松市が引き継いだ。浜松市は、天竜川や浜名湖などの自然、とりわけ広

大で豊かな森林(もり)に恵まれている。次代を担う子どもたちにこうした森林(もり)の恵みと大切さを伝えていくため、全国から森林(もり)をテーマにした童話を募集する。
【主催者】浜松市
【選考委員】(第3回)立松和平(作家),西本鶏介(昭和女子大学名誉教授・児童文学作家),角野栄子(児童文学作家),那須正淳(作家),あさのあつこ(作家)
【選考方法】公募
【選考基準】〔対象〕森林(もり)をテーマにした、オリジナル(未発表)の創作童話に限る。〔資格〕年齢、国籍、居住地は問わない。ただし、作品を商業出版したことのないアマチュアに限る。〔原稿〕B4版400字詰め原稿用紙に、日本語による縦書きで15枚以内。HB以上の濃い鉛筆か黒インクを使用。ワープロ・パソコン使用可
【締切・発表】(第3回)平成20年9月30日締切(当日消印有効)、平成21年4月発表予定
【賞・賞金】大賞(1編):賞状+賞金50万円+記念品、審査員賞(5編):賞状+賞金10万円+記念品。佳作(数編):賞状+記念品。大賞作品は挿し絵をつけて出版する。審査員賞以上の入賞作品の出版に関する複製権及び所有権は、主催者に帰属する
【URL】http://www.city.hamamatsu.shizuoka.jp/ward/tenryuku/index.html

第1回(平14年度)
◇大賞　ほんだ　みゆき「竜つきの森」
◇審査委員賞
- 立松和平賞　水谷 すま子「森のホラホラミーヤ」
- 西本鶏介賞　慶野 寿子「森の絵手紙」
- 角野栄子賞　中原 正夫「栗の行列」
- 木暮正夫賞　酒井 知子「スイカ」
- 清水真砂子賞　松本 周子「泣くおじさん」
◇佳作
　　伊藤 弘子「広森北団地への旅」
　　一戸 徹「森の盆踊り」
　　岡本 直美「春はおおいそがし」
　　福尾 久美「しいたけ森のおきゃくさま」
　　酒井 政美「お引越し」
　　苅田 澄子「森のかほり屋」
◇市内奨励賞　熊野 佳奈「ぐんちゃんのさざれいし」

第2回(平17年度)
◇大賞　小川 美篤「森にきた転校生です、よろしく」
◇審査員賞
- 西本鶏介賞　宮澤 朝子「ちゃっかりタクシー」
- 立松和平賞　甲斐 博「オリガのお茶会」
- 角野栄子賞　鈴木 文孝「やまんびこ」
- 木暮正夫賞　堀米 薫「姫神山のトシ」
- 清水真砂子賞　河合 真平「時間かかりますがよろしいでしょうか」
◇佳作
　　鈴木 恵子「神さまのしごと」
　　徳竹 雅子「山びこやっちゃん」
　　山本 緑「初めての遠足」
　　中崎 千枝「杉から生まれたきだくん」

155　文殊山俳句賞

約1300年前に開かれた文殊山は越前五山の中心に位置する古くからの霊山。山頂にある本堂には昔から文殊山と俳句との関わりを留める明治時代の朽ち果てた「句額」が掲げられていることから、現代風に復活させようと俳句賞を新設した。登山道約3kmの脇に、すべての優秀作品を木製句碑にして並べている一方、将来は一般の部の優秀作品を「句額」に納める予定。
【主催者】福井県文殊会,楞厳寺
【選考委員】(第10回)田中芳実,藤田フジ子
【選考方法】公募

Ⅰ 文学　　　　　　　　　　　　　　　　　　　　　　　　　155　文殊山俳句賞

【選考基準】〔資格〕不問。〔応募規定〕自作の未発表作品に限る。題は自由、1人何点でも応募できる。葉書の場合は1枚につき1点を記入。インターネットでも応募可。作品の著作権は主催者に帰属する
【締切・発表】毎年1月1日～12月31日締切、翌年4月20日ごろ発表
【賞・賞金】一般の部：優秀賞(3点)賞状・2万円相当の賞品、佳作(10点)2千円相当の賞品。高校生の部：優秀賞(3点)賞状・2千円の図書券、佳作(10点)千円の図書券。中学生の部：優秀賞(3点)賞状・2千円の図書券、佳作(10点)千円の図書券。小学生の部：優秀賞(3点)賞状・2千円の図書券、佳作(10点)千円の図書券
【URL】http://www6.nsk.ne.jp/monjusan/haiku.html

第1回(平11年度)
　◇小学生の部
　　●優秀賞
　　　山本 恭子(福井県・1年)
　　　密山 のぞみ(滋賀県・3年)
　　　吉村 治輝(福井県・5年)
　◇中学生の部
　　●優秀賞
　　　磯田 祐美子(埼玉県・1年)
　　　小宮 さやか(埼玉県・3年)
　　　忍田 佳太(埼玉県・3年)
第2回(平12年度)
　◇小学生の部
　　●優秀賞
　　　伊藤 彩(三重県・2年)
　　　永沢 圭太(東京都・3年)
　　　伊藤 隆(三重県・4年)
　◇中学生の部
　　●優秀賞
　　　恒木 祐樹(埼玉県・1年)
　　　鶴川 雅晴(埼玉県・2年)
　　　高野 鮎人(埼玉県・3年)
第3回(平13年度)
　◇小学生の部
　　●優秀賞
　　　西 千滉(福井市・3年)
　　　伊藤 彩(三重県・3年)
　　　宮崎 愛美(埼玉県・3年)
　◇中学生の部
　　●優秀賞
　　　葉山 要子(京都市・1年)
　　　山崎 淳市(埼玉県・3年)
　　　豊田 晃(埼玉県・3年)
第4回(平14年度)
　◇小学生の部
　　●優秀賞
　　　永井 杏樹(神奈川県・1年)
　　　山田 つかさ(名古屋市・3年)
　　　宮崎 愛美(埼玉県・4年)
　◇中学生の部
　　●優秀賞
　　　岩田 怜子(埼玉県・1年)
　　　梅沢 沙織(埼玉県・1年)
　　　轟 玲子(埼玉県・2年)
第5回(平15年度)
　◇小学生の部
　　●優秀賞
　　　河野 沙紀(高知県)
　　　浅井 俊祐(愛知県)
　　　勝 久美子(岐阜県)
　◇中学生の部
　　●優秀賞
　　　岩下 可奈(埼玉県)
　　　来栖 あゆみ(茨城県)
　　　本田 裕之(埼玉県)
第6回(平16年度)
　◇小学生の部
　　●優秀賞
　　　横町 洲真(福井県)
　　　田中 秀直(兵庫県)
　　　小柴 綾香(青森県)
　◇中学生の部
　　●優秀賞
　　　岩田 奈奈絵(埼玉県)
　　　佐々木 舞(埼玉県)
　　　松田 彩(石川県)
第7回(平17年度)
　◇小学生の部
　　●優秀賞
　　　田中 孝周(兵庫県)
　　　加古川 拓海(兵庫県)
　　　小林 清華(秋田県)
　◇中学生の部
　　●優秀賞
　　　西本 真実(福井県)
　　　小野田 美咲(埼玉県)
　　　村田 真弥(埼玉県)
第8回(平18年度)
　◇小学生の部
　　●優秀賞

児童の賞事典　217

          藤永 舜(熊本県)
          上原 榛(富山県)
          早川 さくら(富山県)
    ◇中学生の部
      ● 優秀賞
          鶴岡 薫(千葉県)
          坂本 真奈美(埼玉県)
          市川 翔平(埼玉県)
第9回(平19年度)
    ◇小学生の部

  ● 優秀賞
          藤平 晴香(兵庫県)
          笠松 礼奈(福井県)
          星野 秀高(山形県)
    ◇中学生の部
      ● 優秀賞
          八木原 愛(埼玉県)
          関口 巌(埼玉県)
          堂本 耕都(兵庫県)

---

156 熊野の里・児童文学賞

　平安時代の遠江の女流歌人・熊野(ゆや)御前を顕彰するとともに、子供たちに夢を与えようと、地元の静岡県豊田町が創設。大賞受賞作品は単行本化して出版する。平成11年度第3回をもって休止。

【主催者】豊田町
【選考委員】神宮輝夫(翻訳家・評論家)、山下明生(童話作家)、末吉暁子(童話作家)、清水達也(児童文学者)、那須田淳(童話作家)
【選考方法】公募
【選考基準】〔対象〕未発表の児童文学作品。〔資格〕不問。〔原稿〕400字詰原稿用紙30枚以内
【賞・賞金】大賞:賞金100万円、優秀賞(2編):賞金10万円、佳作(3編):賞金5万円、奨励賞(2編):賞金1万円(図書券)

第1回(平7年度)
    ◇大賞　福 明子(伊勢原市)「花咲かじっちゃん」

第2回(平9年度)
    ◇大賞　中尾 三十里(寝屋川市)「さいなら 天使」
第3回(平11年度)
    ◇大賞　池川 恵子「海辺のボタン工場」

---

157 与謝野晶子短歌文学賞

　大阪府堺市出身の歌人・与謝野晶子が堺敷島短歌会に入会して本格的に作歌を始めてから、平成7年で100周年にあたることを記念し、与謝野晶子の業績を顕彰するため制定。平成15年より産経新聞社主催となり、名誉会長に与謝野馨氏を迎えた。「青春の歌(中学の部)」は第7回より創設。

【主催者】産経新聞社
【選考委員】(第15回)篠弘、河野裕子、伊藤一彦、今野寿美
【選考方法】公募
【選考基準】2首以上の未発表作品を募集
【締切・発表】晶子ゆかりの地で発表

【賞・賞金】文部科学大臣賞(「一般の部」と「青春の短歌の部」各1首)：副賞(文庫・石川輪島塗)，ほか

第7回(平13年)
　◇「青春の歌」(中学の部)
　　● 大賞　北島 麻衣(久留米信愛女学院中学校)
第8回(平14年)
　◇「青春の歌」(中学の部)
　　● 大賞　高橋 美恵(久留米信愛女学院中学校)
第9回(平15年)
　◇青春の短歌賞
　　● 中学生の部　富山 芽衣子(静岡県富士宮市立大富士中学校)
第10回(平16年)
　◇青春の短歌賞
　　● 中学生の部　古家 正博(広島県町立高野中学校)

第11回(平17年)
　◇青春の短歌賞
　　● 中学生の部　久保木 沙織(千葉県佐原市立佐原中学校)
第12回(平18年)
　◇青春の短歌
　　● 中学生の部　古家 麻里絵(広島県庄原市立高野中学校)
第13回(平19年)
　◇青春の短歌
　　● 中学生の部 青春の短歌賞　高松 唯(安城市立安城西中学校)
第14回(平20年)
　◇青春の短歌
　　● 文部科学大臣賞　飯島 侑里(香取市立佐原中学校)
　　● 中学生の部 青春の短歌賞　野田 沙希(佐賀市立城西中学校)

158 リブラン創作童話募集

　住まいと街づくりからのしあわせづくりを提唱するリブランが，創立20周年記念事業として創設した。第20回をもって中止。

【主催者】リブラン
【選考委員】(第20回)香山美子(作家)，藤田のほる(評論家)，小川洋(クリエーター)，リブラン創作童話選考委員会
【選考方法】公募
【選考基準】〔対象〕幼児・小学生低学年が読める，夢がある内容の童話。〔資格〕中学生以上で東京都内または埼玉県内在住，在勤，在学者の未発表作品(プロ不可)。〔原稿〕400字詰原稿用紙10枚以内
【締切・発表】(第20回)平成20年1月31日締切，4月発表
【賞・賞金】最優秀賞(1編)：20万円，優秀賞(2編)：8万円，佳作(5編)：3万円

第1回(昭63年)
　◇最優秀賞　結城 千秋「ジャングルレストラン」
　◇優秀賞
　　秋田 大三郎「てっちゃんの空色のビー玉」
　　吉村 照子「もくばのたいじゅうそくてい」

第2回(平1年)　松本 周子「パパとボクの素敵な秘密」
第3回(平2年)　松本 真望「たんていカバさん今日も行く」
第4回(平3年)　田中 修「ビルの谷間の小さな家」
第5回(平4年)　盛田 英恵「アロエの物語」
第6回(平5年)
　◇最優秀賞　下玉利 尚明「のらねこに銀貨」
　◇優秀賞

児童の賞事典　219

守屋 和子「ヘビのむずむず」
本間 史重「荒野に生えた一本の木は…」
第7回(平6年)
◇最優秀賞　佐藤 恵子「くうきのこおり」
◇優秀賞
　下玉利 尚明「のらネコのなみだ」
　広瀬 麻紀「ふしぎなきんぎょ」
第8回(平7年)
◇最優秀賞　山本 優子「神さまへ」
◇優秀賞
　服部 耕兵衛「空の上のバラの色」
　渋谷 和宏「緊急会議」
第9回(平8年)
◇最優秀賞　たしろ ぴあの「モッコちゃんと二段ベッド」
◇優秀賞
　佐藤 恵子「一人の店」
　三木 裕「イカのおまわりさん」
第10回(平9年)
◇最優秀賞　林 幸子「ねこのれいとう食品店」
◇優秀賞
　前納 友紀「サンタさんのたまご」
　上原 空見子「ベスのおくりもの」
第11回(平10年)
◇最優秀賞　佐藤 盟「ラ、ライオン！」
◇優秀賞
　西村 文「タイムカプセル」
　大坪 宏好「パパは大うそつき」
第12回(平11年)
◇最優秀賞　池田 友和「重大事件」
◇優秀賞
　しんくり たつな「ねこいっぴき二百円」
　石橋 京子「ドクターあっくんのおくすり」
第13回(平12年)
◇最優秀賞　吉木 智「あめのひ」
◇優秀賞
　大原 啓「くじらさんにおねがい」

宮坂 健一「松野さんの伝言板」
第14回(平13年)
◇最優秀賞　吉村 健二「悪い夢はフライにして」
◇優秀賞
　苅宿 望「ぽっちゃりおばけ」
　澁谷 拓「ずぶぬれバス」
第15回(平14年)
◇最優秀賞　篠田 稔「はらぺこ ばっち」
◇優秀賞
　野澤 恵美「ななちゃんの海」
　石井 将隆「一番線、ヘビがまいります」
第16回(平15年)
◇最優秀賞　間口 貴之「セカイの歩きかた」
◇優秀賞
　山崎 浩之「ぼくはいちどもとんだことがない」
　佐々木 悦子「ハネダさんのぼうし」
第17回(平16年)
◇最優秀賞　山本 明徳「猫のくるぶし」
◇優秀賞
　浜田 めぐみ「角好きケセラン」
　新井 肇「こがらしの口ぶえ」
第18回(平17年)
◇最優秀賞　白石 いずみ「中島さんのメガネ」
◇優秀賞
　末繁 昌也「おすもうタヌキ」
　今西 あずさ「カメレオンがいた」
第19回(平18年)
◇最優秀賞　三野 誠子「チョコを飼ったら」
◇優秀賞
　白石 いずみ「神様からの手紙」
　近森 路「ニャン太、家出する」
第20回(平19年)
◇最優秀賞　飯田 一郎「あきかん、コロコロ」
◇優秀賞
　杉山 まゆ奈「おおい、ひつじ」
　吉澤 紫織「みくちゃんの傘」

159　琉歌大賞

　琉歌は14世紀頃三線の伝来により、士族から庶民まで広く日常的に親しまれた。そして普段の生活の中に密着した歌が数多く残されている。伝説的女流歌人「恩納ナビー」は恩納村の美しい自然の中"波の声""風の声"を感じ、自由奔放かつ大胆な歌を数多く残した。『琉歌大賞』は私達の大切な文化と歌心を育て、恵まれた自然をいつまでも伝え残すことを目的としている。

【主催者】琉歌大賞実行委員会、恩納村、恩納村商工会、NPOふれあいネットONNA琉球新報社
【選考委員】〔一般の部〕當間一郎、上原賢二、仲程昌徳、仲田栄松、上間清松、〔児童生徒の部〕大城和子、中村啓子、古堅宗明

【選考方法】公募
【選考基準】〔資格〕問わない。ただし,児童生徒の部は中学3年生まで。〔対象〕応募テーマに添った未発表の8・8・8・6音からなる作品。一般の部は琉歌,児童生徒の部は定型詩とする。〔応募規定〕一人三首以内とし,ハガキ一通に一作品を記入。応募作品は,主催者側において自由に使用できるものとする
【締切・発表】一般の部,児童生徒部,毎年8月初旬締切,11月初旬,琉球新報紙上で発表
【賞・賞金】一般の部は琉歌大賞(1名):賞状・記念品・リゾートホテル宿泊券,優秀賞(2名):賞状・記念品・リゾートホテル宿泊券,奨励賞(7名):賞状・記念品,入選(40名以内):賞状・記念品,特別賞(若干名):記念品。児童生徒の部は大賞(1名):賞状・図書券・記念品・リゾートホテル宿泊券,優秀賞(9名以内):賞状・図書券・記念品,入選(40名以内):賞状・図書券
【URL】http://www.onnanavi.jp/

第5回(平7年度)
　◇児童生徒の部
　　●大賞　当山 千巌(沖縄カトリック小学校)
第6回(平8年度)
　◇児童生徒の部
　　●大賞　二俣 ひな子(喜瀬武原小中学校)
第7回(平9年度)
　◇児童生徒の部
　　●大賞　新垣 彰子(恩納中3年)
第8回(平10年度)
　◇児童生徒の部
　　●大賞　友寄 祥子(具志川中3年)
第9回(平11年度)
　◇児童生徒の部
　　●大賞　金城 エリナ(恩納小6年)
第10回(平12年度)
　◇児童生徒の部
　　●大賞　宮城 沙紀(大北小3年)
第11回(平13年度)
　◇児童生徒の部
　　●大賞　高良 優樹(真嘉比小4年)

第12回(平14年度)
　◇児童生徒の部
　　●大賞　仲間 佐和子(喜瀬武原中2年)
第13回(平15年度)
　◇児童生徒の部
　　●大賞　仲間 佐和子(喜瀬武原中3年)
第14回(平16年度)
　◇児童の部
　　●大賞　与儀 紋佳(喜瀬武原小)
第15回(平17年度)
　◇児童の部
　　●大賞　宮城 力也(塩屋小)
第16回(平18年度)
　◇児童の部
　　●大賞　三瓶 健明(三鷹市立第七中学校)
第17回(平19年度)
　◇児童生徒の部
　　●大賞　松田 弥斗(恩納村立仲泊小学校)
第18回(平20年度)
　◇児童生徒の部
　　●大賞　伊波 亜友夢(恩納村立恩納小学校)

160　琉球新報児童文学賞

琉球新報創刊95年を記念して昭和63年に創設。
【主催者】琉球新報社
【選考委員】新垣任紀(沖縄県子どもの本研究会顧問),もりおみずき(作家),斎木喜美子(中京女子大学准教授)
【選考方法】公募
【選考基準】〔資格〕沖縄県出身者,在住者。〔原稿〕短編児童小説は400字詰原稿用紙20枚。創作昔ばなしは同10枚
【締切・発表】4月末日,6月中旬琉球新報紙上で発表
【賞・賞金】受賞作:賞金5万円,記念品。佳作:賞金3万円

【URL】http://www.ryukyushimpo.co.jp/

第1回（平1年）
　◇短編児童小説　樋口 謙一「ガメラの南の島の夢」
　◇創作昔ばなし　田平 としお「プカプカがきらいでプカプカになったカプカプの神さま」
第2回（平2年）
　◇短編児童小説　当間 律子「おばあちゃん好いかげんにしてよ」
　◇創作昔ばなし　兼久 博子「たからの実る雲の木」
第3回（平3年）
　◇短編児童小説　武富 良祐「赤い屋根のレストラン」
　◇創作昔ばなし　該当作なし
第4回（平4年）
　◇短編児童小説　前田 よし子「小さな歌の物語」
　◇創作昔ばなし　前田 典子「うさえる国物語」
第5回（平5年）
　◇短編児童小説　該当作なし
　◇創作昔ばなし　森山 高史「りゅうのしおふき」
第6回（平6年）
　◇短編児童小説
　　　大嶺 則子「フェンス」
　　　山里 幹直「沖縄病にうなされて」
第7回（平7年）
　◇短編児童小説
　　　松浦 茂史「空とぶ転校生」
　　　島 てんつき「アラカシ」
　◇創作昔ばなし　富永 尚也「マンタの星空旅行」
第8回（平8年）
　◇短編児童小説　具志 肇「不思議チャイムでてんやわんや」
　◇創作昔ばなし　大城 喜一郎「赤いサンシン」
第9回（平9年）
　◇短編児童小説　玉城 久美「森から来たリョウガ」
　◇創作昔ばなし　坂下 宙子「ダテハゼとテッポウエビ」
第10回（平10年）
　◇短編児童小説　もりお みずき「お母さんごっこ」

　◇創作昔ばなし　ぐし ともこ「シブイのはなし」
第11回（平11年）
　◇短編小説
　　　津嘉山 ながと「おじいちゃんの背中」
　　　上条 晶「おばあちゃんのこいのぼり」
　◇創作昔ばなし　該当作なし
第12回（平12年）
　◇短編小説
　　　備瀬 毅「蝶の手紙」
　　　砂川 ひろ子「ネコのしっぽと空色のかさ」
　◇創作昔ばなし　該当作なし
第13回（平13年）
　◇短編小説　山城 勝「チーちゃんの誕生日」
　◇創作昔ばなし　該当作なし
第14回（平14年）
　◇短編小説　上原 利彦「マナブのある朝の出来事」
　◇創作昔ばなし　該当作なし
第15回（平15年）
　◇短編小説　与那覇 直美「お星さまのひみつ」
　◇創作昔ばなし　黒島 毅「にこにこ王国とぶりぶり王国」
第16回（平16年）
　◇短編児童小説　富山 陽子「スイートメモリー」
　◇創作昔ばなし　該当者なし
第17回（平17年）
　◇短編児童小説
　　　石垣 貴子「心の色」
　　　糸数 貴子「中国からの絵ハガキ」
　◇創作昔ばなし　該当者なし
第18回（平18年）
　◇短編児童小説
　　　新垣 勤子「小さないのちの帆をはって」
　　　月長 海詩「幽霊のお客さま」
　◇創作昔ばなし　該当者なし
第19回（平19年）
　◇短編児童小説　与那嶺 愛子「すうじの反乱」
　◇創作昔ばなし　玉山 広子「天竺へ」
第20回（平20年）
　◇短編児童小説　該当者なし
　◇創作昔ばなし　あかつき りうん「笛吹き」

161 路傍の石文学賞（路傍の石幼少年文学賞，山本有三記念路傍の石文学賞）

「路傍の石」「真実一路」などの作品で知られる山本有三の遺志「青少年の育成」を顕わし，青少年の読書に適する優秀な文学作品の作者に贈られる。山本有三の遺族と高橋健二氏により昭和53年に創設され，第9回から「路傍の石幼少年文学賞」（幼少年の読書に適する文学作品の作者に贈る）を一部門に加えた。公益信託により運営されたが，第10回からは生前の山本有三とゆかりの深い財団法人石川文化事業財団が運営を担当した。第23回を最後に休止。

【主催者】（財）石川文化事業財団
【選考方法】作家，評論家や出版社などの推薦をもとに選考
【選考基準】〔対象〕青少年文学及び幼少年文学の分野において，近年優秀な作品を発表した作者に贈る
【賞・賞金】路傍の石文学賞，幼少年文学賞とも記念品と賞金100万円

第1回（昭54年）　灰谷 健次郎「兎の眼」「太陽の子」
第2回（昭55年）　川村 たかし《「山へ行く牛」「新十津川物語」などの作品に対して》
第3回（昭56年）　竹崎 有斐《「花吹雪のごとく」等に対して》
第4回（昭57年）　倉本 聰《「北の国から」の脚本，またシナリオをすぐれた読みものにした功績》
第5回（昭58年）
　黒柳 徹子「窓ぎわのトットちゃん」
　菅生 浩《「子守学校の女先生」をふくむ三部作》
第6回（昭59年）　角野 栄子「わたしのママはしずかさん」（偕成社），「ズボン船長さんの話」（福音館書店）
第7回（昭60年）　西村 滋《「母恋い放浪記」などの執筆活動に対して》
第8回（昭61年）　今西 祐行《「マタルペシュパ物語」（第1部「名栗川少年期」第2部「留辺蘂の春」）などの作品》
第9回（昭62年）　いぬい とみこ《「光の消えた日」「白鳥のふたごものがたり」などの作品》
　◇幼少年文学賞　松野 正子《「森のうそくいどり」「しゃぼんだまにのって」などの作品》
第10回（昭63年）
　今江 祥智《「ぼんぼん」「兄貴」「おれたちのおふくろ」「牧歌」の自分史4部作と多年の児童文学への貢献》
　浜田 けい子「まほろしの難波宮」
　◇幼少年文学賞　今村 葦子《「ふたつの家のちえ子」「あほうどり」「良夫とかな子」などの作品》

第11回（平1年）　舟崎 克彦「ぽっぺん先生」シリーズ
　◇幼少年文学賞　森山 京「きつねのこ」シリーズ
第12回（平2年）　高田 桂子「ざわめきやまない」（理論社）
　◇幼少年文学賞　長 新太《「ヘンテコどうぶつ日記」（理論社），「トリとボク」（あかね書房）などの作品》
第13回（平3年）　長田 弘「深呼吸の必要」「心の中にもっている問題」（晶文社）
　◇幼少年文学賞　斎藤 洋「ルドルフとイッパイアッテナ」「ペンギンハウスのメリークリスマス」（講談社）
第14回（平4年）　長谷川 集平「石とダイヤモンド」（講談社），「鉛筆デッサン小池さん」（筑摩書房）
　◇幼少年文学賞　いとう ひろし「おさるのまいにち」「おさるはおさる」（講談社）
第15回（平5年）　山下 明生「カモメの家」（理論社）
　◇幼少年文学賞　岡田 淳「びりっかすの神さま」（偕成社），「星モグラ サンジの伝説」（理論社）
第16回（平6年）　那須 正幹「さぎ師たちの空」（ポプラ社）
　◇幼少年文学賞　きたやま ようこ「りっぱな犬になる方法」（理論社），「じんぺいの絵日記」（あかね書房）
　◇文学賞特別賞　まど みちお「まど・みちお全詩集」（理論社）
第17回（平7年）　岩瀬 成子「迷い鳥とぶ」（理論社），「ステゴザウルス」（マガジンハウス）

◇幼少年文学賞　竹下 文子「黒ねこサンゴロウ〈1〉旅のはじまり」「黒ねこサンゴロウ〈2〉キララの海へ」(偕成社)
第18回(平8年)　神沢 利子《「神沢利子コレクション」(全5巻、あかね書房)と多年の児童文学における業績に対して》
◇幼少年文学賞　高楼 方子「へんてこもりにいこうよ」(偕成社)、「いたずらおばあさん」(フレーベル館)
第19回(平9年)　三木 卓「イヌのヒロシ」(理論社)
◇幼少年文学賞　松居 スーザン「森のおはなし」「はらっぱのおはなし」(あかね書房)
第20回(平10年)　森 絵都「アーモンド入りチョコレートのワルツ」(講談社)
◇幼少年文学賞　該当者なし

◇文学賞特別賞　小宮山 量平「千曲川―そして、明日の海へ」(理論社)
第21回(平11年)
　江国 香織「ぼくの小鳥ちゃん」(あかね書房)
　佐藤 多佳子「イグアナくんのおじゃまな毎日」(偕成社)
◇幼少年文学賞　該当作なし
第22回(平12年)
　角田 光代「キッドナップ・ツアー」(理論社)
　五味 太郎「ときどきの少年」(ブロンズ新社)
◇幼少年文学賞　該当作なし
第23回(平13年)　上橋 菜穂子「精霊の守り人」「闇の守り人」「夢の守り人」(「守り人」シリーズ3部作)(偕成社)

162　YA文学短編小説賞

　人気が急上昇している小説ジャンルYA(ヤングアダルト)の活性化と新人発掘を目的とし、講談社児童局の協力のもとに開催する文学賞。第1回の授賞は平成20年。
【主催者】公募ガイド社、講談社児童局(協力)
【選考委員】(第2回)石崎洋司、梨屋アリエ
【選考方法】公募
【選考基準】〔対象〕中高生から大人を読者対象とした、YA文学。〔資格〕不問。〔原稿〕400字詰原稿用紙換算30枚以内。応募点数1人1編
【締切・発表】(第2回)平成21年4月30日締切、月刊「公募ガイド」10月号(9月9日発売)誌上で発表
【賞・賞金】最優秀賞1編：10万円、優秀賞2編：2万円、佳作数編：記念品。最優秀賞の全文は、月刊「公募ガイド」に掲載
【URL】http：//www.koubo.co.jp/contents/release/20071209.html

第1回(平20年)
◇最優秀賞　山口 雛絹(岐阜県)「案山子の娘」
◇優秀賞
　望月 雄吾(東京都)「純銀」
　深井 ともみ(滋賀県)「雨のあがる日」
◇佳作
　大谷 綾子「寂しさの音」
　佐々木 みほ「彼女の背中を追いかけて」
　山本 奈央子「ぼくと92」
　波利 摩未香「ふすまのむこうの」
　古川 こおと「夜の姉妹」
　市井 波名「はちみつ」

163　わが子におくる創作童話

　親と子を結ぶ"家庭創作童話"という新しいジャンルの開拓を目標にした賞。第6回をもって中止となる。
【主催者】日本児童教育振興財団、小学館

| 【選考委員】佐藤さとる，神宮輝夫，筒井敬介，寺村輝夫，西本鶏介
| 【選考方法】公募
| 【選考基準】〔対象〕創作童話。〔資格〕一般から広く未発表の童話を募集
| 【締切・発表】7月31日締切，小学館発行の幼児誌・学年誌・教育誌の1月号およびその他の雑誌の12月発売号に入賞の発表
| 【賞・賞金】最優秀賞(1編)：賞状，記念品，副賞20万円　優秀賞(5編)：賞状，記念品，副賞10万円　優良賞(10編)：賞状，記念品，副賞5万円　佳作(若干)：記念品

第1回(昭55年)　石井 冨代「けん太のひろったもの」
第2回(昭56年)　青木 典子「もらった十分間」
第3回(昭57年)　太田 えみこ「ぼくが二人」
第4回(昭58年)　中川 あき子「アクマのツバはネコがすき」
第5回(昭59年)　和田 栄子「けんこうえほん」
第6回(昭60年)　高久 嬢「うみにしずんだお月さま」

164 わたぼうし文学賞

　昭和56年国際障害者年を記念して，障害者の想いを語る場を提供し，文化・表現活動の拠点となるよう創設された。作品を公にして，社会にメッセージを送る。平成3年創設10周年を機に，募集の範囲を海外にも広げた。平成6年度第14回をもって一時終了。

【主催者】(財)たんぽぽの家「わたぼうし文学賞委員会」
【選考委員】委員長：今西祐行(児童文学作家)，委員：加藤輝治(児童文学作家)，瀬戸雅嗣(福祉新聞記者)，播磨靖夫(財団法人たんぽぽの家理事長)，松兼功(フリーライター)，松本匡代(第2回受賞者)，村上泰子(染色作家)，もり・けん(詩人・「ひかりのくに」編集長)，森ちふく(詩人)，吉永宏(日本YMCA)，越水利江子(詩人)
【選考方法】公募
【選考基準】〔国内の部〕テーマ：子どもから大人まで楽しめる創作物語。応募規定：ハンディをもつ者の自作で，未発表のものであること。字数は4000字以内。〔海外の部〕テーマ：創作童話。応募規定：ハンディをもつ者の自作で，未発表のものであること。使用言語は英語/韓国語/中国語/その他。字数は英語約2000ワーズ，中国語約3000ワーズ，韓国語約5000ワーズ，その他は上記に準じた字数。募集対象国：中華人民共和国/大韓民国/タイ/オーストラリア/ニュージーランド/シンガポール/スリランカ/インドネシア/その他アジア太平洋地域。各国の協力団体に依頼し，募集・選考を行ない，代表作品を日本に送る
【締切・発表】9月30日(当日消印有効)，発表は2月中に毎日新聞紙上，応募者には直接通知(海外は各国の窓口に通知)
【賞・賞金】金賞(1編)：賞状と副賞としてIBM文学奨励金20万円および記念品としてIBMノート型パソコン一式，銀賞(1編)：賞状と副賞10万円および記念品，銅賞(1編)：賞状と副賞5万円および記念品，佳作(数編)：賞状と副賞として文学賞委員会からの記念品

第1回(昭56年)
　◇童話の部(金賞)　稲垣 恵雄「たもうたん」
　◇童話の部(銀賞)
　　佐久間 秀雄「独りぼっちのミミズ」
　　大池 晶子「あたしはマリナ」
　◇童話の部(銅賞)
　　花島 康子「てつ」
　　塚田 高行「水たまり」
　　浦田 愛子「銀のブーツ」

第2回(昭57年)
　◇童話の部(金賞)　逆木 園「サコの水車」
　◇童話の部(銀賞)
　　　松本 匡代「ともだち」
　　　原口 隆「野良犬」
　◇童話の部(銅賞)
　　　平柳 貫蔵「馬っ子瞳ちゃん」
　　　冨田 慶子「かえるの詩」
　　　松原 澄子「三人のおばあさん」
第3回(昭58年)
　◇童話の部(金賞)　山本 達司「コンピューターエンゼル」
　◇童話の部(銀賞)
　　　大日方 玲子「町かどの愛」
　　　税所 裕幸「わらいだね」
　◇童話の部(銅賞)
　　　浜本 八収「白いトレパン」
　　　増田 守男「虹の音が聞こえる」
第5回(昭60年)
　◇童話の部(特別賞)　田中 育美「おだんご山のゴンベーさん」
　◇童話の部(銀賞)
　　　友村 年孝「靴音」
　　　浜崎 進「傷ついた鶴と少女」
　◇童話の部(銅賞)
　　　原口 隆「いつか魔法使いのように」
　　　水間 摩遊美「草は草のために」
第7回(昭62年)
　◇童話の部(金賞)　該当作なし

◇童話の部(銀賞)　溝尻 佐栄子「ナノハのだいじなこびとたち」
◇童話の部(銅賞)
　　　箕輪 順子「まつぼっくり」
　　　中村 邦彦「メロディシティ」
第9回(平1年)
　◇金賞　高見 尚之(大阪府富田林市)「八月の風」
第10回(平2年)
　◇金賞　村山 美和(埼玉県北足立郡)「はな」
第11回(平3年)
　◇国内の部
　　● 金賞　該当作なし
　◇海外の部
　　● グランプリ　該当作なし
第12回(平4年)
　◇国内の部
　　● 金賞　遠藤 悦夫(大阪府藤井寺市)「この足あとなーに？」
　◇海外の部
　　● グランプリ　R.B.パドゥマ・ラマナヤケ(スリランカ)「平和の夢」
第13回(平5年)
　◇国内の部
　　● 金賞　浜野 博(岡山市)「約束」
第14回(平6年)
　◇国内の部
　　● 金賞　該当者なし

165　わんマン賞

「犬と人とのワンダフルな関係」をテーマに，実話をもとにしたドキュメンタル童話を募集する。

【主催者】ハート出版
【選考委員】ハート出版編集部
【選考方法】公募
【選考基準】〔対象〕未発表のオリジナル作品。小学生中学年を中心に，小学生が読める文章。
　　　　　〔原稿〕童話：100枚前後。〔応募規定〕応募は1人1点のみ。原稿は返却しない
【締切・発表】毎年発表の要項に準ずる
【賞・賞金】大賞：単行本化の上，全国販売。賞金：30万円
【URL】http://www.810.co.jp/submenu/invite.html

第1回(平9年)
　◇童話　山田 三千代「名優犬トリス」
第2回(平10年)
　◇童話部門　該当作なし

第3回(平11年)
　◇童話部門　該当作なし
第4回(平12年)
　◇童話部門　井口 絵理「赤ちゃん盲導犬コメット」

第5回(平13年)
　◇童話部門　甲斐 望「犬ぞり兄弟ヤマトとムサシ」
第6回(平14年)
　◇童話部門　該当作なし
第7回(平16年)
　◇グランプリ　林 優子「こころの介助犬 天ちゃん」
第8回(平17年)
　◇グランプリ　該当作なし
第9回(平18年)
　◇グランプリ　中野 英明「ごみを拾う犬もも子のねがい」
第10回(平19年)
　◇グランプリ　中島 晶子〔作〕,つるみ ゆき〔画〕「牧場犬になったマヤ」

II 文化

166 IBBY朝日国際児童図書普及賞 (朝日国際児童図書普及賞)

昭和61年に国際児童図書評議会(IBBY)「子供の本世界大会」が東京で開催されたことを記念して創設された。子どもの本の普及と発展に尽くしている各国の団体、あるいは事業の奨励と助成を目的とする。平成15年まではイタリア・ボローニャの国際見本市に合わせて毎年贈呈されていたが、平成16年からは2年に一度のIBBY世界大会に合わせて賞の贈呈を行う。

【主催者】朝日新聞社、国際児童図書評議会(IBBY)
【選考方法】IBBYの加盟国の支部の推薦による
【選考基準】〔対象〕児童図書の普及や読書指導など、子どもたちに読書の楽しみを与えるための活動を行った団体あるいは事業
【締切・発表】賞の贈呈は2年に一度のIBBY世界大会に合わせて行う
【賞・賞金】賞状と副賞1万ドル

第1回(昭63年) バンコ・デル・リブロ(本の銀行)(ベネズエラ)《ボランティア活動によるミニ図書館設立や移動図書館の運営》

第2回(平1年) ポータブル・ライブラリー・プロジェクト(タイ)《タイIBBYタイ支局、リーディング・プロモーション・アソシエーションによる農山村部の移動図書館の運営》

第3回(平2年) ホーム・ライブラリーズ(ジンバブエ)《ボランティアによる読書指導、物語の読み聞かせ活動》

第4回(平3年) 児童作家・さし絵画家協会(AWIC)(代表=スレカ・パナンディカー女史)(インド)《ボランティアによる本作り、ミニ図書館運営》

第5回(平4年) 公共図書普及プロジェクト(代表=F.デュアキテ)(マリ)《アフリカで最も貧しい国のひとつであるマリで地域の公共図書館の普及に努めた》

第6回(平5年) グルーポ・デ・アニマシオン(スペイン・マドリード)《スペインや南米各国で読書の楽しさを子どもに教える方法の開発、普及に努める》

第7回(平6年) アラブ女性問題研究所(代表=ジュリンダ・アブナセル)(ベイルート)《レバノン各地の内戦や、貧しくて正規の教育を受けられなかった子どもたちの施設に絵本や童話を贈る「ポータブル・ライブラリー活動」を続ける》

第8回(平7年) フンダレクトゥーラ(代表=シルビア・カストリジョン)(コロンビア)《子どもの本の普及と識字運動の拠点として、図書館の活性化、本のつまった箱を巡回させるなど指導者の研修や読書促進運動に対する奨励を行った》

第9回(平8年) リトル・ライブラリー(代表・シュー・ヘプカー)(南アフリカ共和国)《1992年から1年半かけて700人が製作に参加したキットが評価された》

第10回(平9年) ノール県青少年保護協会(フランス)《朗読運動「私といっしょに読んで」を10年近く続ける》

第11回(平10年) てんやく絵本ふれあい文庫(大阪市西区)《絵の形に切った透明の塩化ビニルシートと点字を絵本に張る「点訳絵本」の製作と貸し出し活動》

第12回(平11年) 非暴力と平和のための移動図書館(事務局長ナフェズ・アサイリ)(イスラエル、パレスチナ)《読書を通じて平和的手段で自立する重要性を伝えるためパレスチナで活動を続ける》

第13回(平12年) タンボグランデ公共図書館読書の種をまく会(ペルー)《ペルー北

部ピウラ県タンボグランデで小集落ごとに図書室を開き、ロバやゴムボートも使って本を配るなどして読書の輪を広げている》

第14回（平13年）　ペチェンガ地方の子ども読書推進計画（ロシア）《ロシア北西部のペチェンガ地方で読書の習慣を奨励するため、講演会、作家と出会う会、コンクール、展示会などを開催》

第15回（平14年）　児童文学研究センター（CEDILIJ）（アルゼンチン）《「読書の権利」プロジェクトとして、めぐまれない子どもや若者を対象に、移動図書館サービス、子供病院、少年院や児童施設での読書活動などを実施》

第16回（平15年）　姉妹図書館（Sister Libraries）（ボリビア）《図書館活動を通して子どもたちに読み書きを教えている》

◇特別推薦　手を伸ばそう、そして読もう計画（The Reach Out and Read Programme Greater Cleveland, Ohio）（アメリカ）《オハイオ州クリーブランドの小児科医を拠点とした地域での読み聞かせ運動》

第17回（平16年）　子どもが初めて出会う印刷物（First Words in Print）（南アフリカ）《南アフリカの貧困層の子どもたちに、母語で書かれた絵本の配布を行っている》

第18回（平18年）
子どもたちの移動図書館プロジェクト（モンゴル）《モンゴルの遊牧民の子どもや都市の孤児たちに読書の機会を持ってもらうために移動図書館活動を行う》
ABC21財団（ポーランド）《家や幼稚園、学校などで読書習慣を復活させ、情操の発達を促すため子どもたちへの読み聞かせを行う》

第19回（平20年）
NPO法人「ラオスのこども」（日本、ラオス）《ラオス中心部の「子ども教育開発センター」に本の寄贈や運営の支援を行う》
エディションズ・バカメ（ルワンダ）《ルワンダ全国民が理解するキニヤルワンダ語で子どもに図書を提供する初の出版事業者》

167 エイボン女性年度賞 （エイボンアワーズ・トゥ・ウィメン）

これからの時代を的確に捉え、社会のために有意義な活動をし、時代を生きる女性に夢と希望を与え、功績をあげている女性に贈られる。平成14年賞名を「エイボン女性年度賞」から「エイボンアワーズ・トゥ・ウィメン」に変更した後、平成20年から現在の名称になった。

【主催者】エイボン女性文化センター
【選考委員】井上由美子、大熊由紀子、川本裕子、齋藤光江、橋本ヒロ子、古田典子
【選考方法】オピニオンリーダーや、公共機関・各種団体などをはじめ、一般推薦、新聞・雑誌・放送等の情報をもとに顧問委員会にて選考
【選考基準】〔対象〕エイボン女性大賞：特に活躍の分野を問わず、女性としてめざましい社会的な活動をし、立派な功績をおさめている女性。エイボン女性賞：特に活動の分野を問わず、社会的にめざましい活躍をし、功績をおさめている女性
【締切・発表】（平成20年度）10月発表、11月19日表彰式
【賞・賞金】大賞：賞状、賞牌と副賞100万円。賞：賞状、賞牌と副賞各50万円。受賞者本人への副賞とは別に、各賞の副賞と同額の金額を、受賞者の指名する団体に寄付
【URL】http：//www.avon.co.jp

（昭54年）
◇エイボン教育賞　伊藤 雅子（国立市公民館）《公民館に初めて保育室を創設、乳幼児を持つ主婦の学習を容易にし、婦人教育の実践に努め、市民とのつながりを深めている》

(昭55年)
◇エイボン教育賞　瀬川 清子(女性民俗学者)《半世紀にわたり民俗学の研究一筋に歩み, 日常の生活習慣の中から日本の女性史を掘り起こすなど, 優れた成果をあげた》

(昭56年)
◇エイボン教育賞　大村 はま(元・国語教師)《52年に及ぶ教職生活を通じて, 常に本物の教育とは何かを追求し, 独創的な指導を実践, 教育界に多大な影響を与えた》

(昭57年)
◇エイボン教育賞　西尾 珪子(国際日本語普及協会専務理事)《日本語教育の分野で, 多様化するニーズに応じた独自の教授方法を開拓し, その活動を通じて国際交流に大きく貢献している》

(昭58年)
◇エイボン教育賞　増井 光子(上野動物園飼育課衛生第二係長, 獣医学博士)《動物園獣医として, 飼育・治療にあたる一方, 野生動物の生態を観察研究し, 著作その他の活動を通じ子供の情操教育に寄与している》

(昭59年)
◇エイボン教育賞　宇都宮 貞子(女性民俗学者)《還暦を過ぎてから本格的な執筆活動に入り, 植物と民俗の関わりを優しく熱心に説き続け, 学術的にも高い評価を博している》

(昭60年)
◇エイボン教育賞　林 富美子, 土田 セイ(看護絵日記「夕暮れになっても光はある」著者)《特別養護老人ホームに暮らす老人たちの生活を描いた「夕暮れになっても光はある」を出版し, 人間の尊厳とは何かを広く訴えている》

(昭61年)
◇エイボン教育賞　磯野 恭子(山口放送テレビ制作局次長)《戦争を題材としたテレビ・ドキュメンタリー番組の制作に取り組み, 優れた作品を通して, 平和の意義と生命の尊さを広く訴えている》

(昭62年)
◇エイボン教育賞　ワット 隆子(あけぼのの会会長)《自らの体験を生かし, 乳ガン患者のネットワーク「あけぼのの会」を主宰, 会員相互援助に尽くす一方広く啓蒙活動を推進している》

(昭63年)
◇エイボン教育賞　遠藤 織枝(文教大学国語文化研究所研究員)《日本語教育の実績から清新かつ日常的なテーマを模索して「気になる言葉」を再点検し, 現代の言葉の実態を究明している》

(平1年)
◇エイボン教育賞　河野 美代子(特定医療法人あかね会土屋総合病院産婦人科部長)《産婦人科医として, 臨床の場から性教育に新たな布石を投じ, 豊かな性への願いを込め, 女性の人権と人生の尊さを広く問いかけている》

(平2年)
◇エイボン教育賞　松岡 享子(東京子ども図書館理事長)《子どもの豊かな創造力を育むため, 児童図書館活動に情熱を注ぐ一方, 世界的視野で児童文化の向上に多大の成果をあげた》

(平3年)
◇エイボン教育賞　俵 友恵(元海外派遣ワーカー)《強靭な意志と敬虔な祈りを支えとし, JOCSを通じ, ネパールで12年間にわたり, 看護活動と看護教育に精魂を打ち込み, 衛生環境改善に尽力した》

(平4年)
◇エイボン教育賞　森下 郁子(淡水生物研究所所長)《地球上の大河を学術調査し, 生物学的水質階級地図に記録したデータは河川への認識を広く喚起し, 生物と環境との共生に多くの示唆を与えている》

(平5年)
◇エイボン教育賞　辻元 清美(ピースボート主催者)《激動する世界を巡り, 人種を超えた人々の意見を交換し, 平和への意思と援助を行動で示し, 地球規模の交流に市民レベルで指導力を発揮している》

(平6年)
◇エイボン教育賞　芦野 由利子(日本家族計画連盟事務局次長)《家族計画を心身両面から女性の視点で一貫して追及。国際的な視野で取組み, 女性の基本的な人権の保護と意識の高揚を広い分野で啓発し続けている》

(平7年)
◇エイボン教育賞　松井 やより(フリージャーナリスト)《国際ジャーナリストとして幅広く活躍し, 他に先駆けアジアの多様な問題解決に女性の視点で取組み, 1995年度北京世界女性会議に於いて東アジアNGOコーディネーターを務め広く世界の女性達の連帯を促した啓蒙活動》

(平8年)
◇エイボン教育賞　半田 たつ子(「家庭科の男女共修をすすめる会」世話人)《高校家庭科の男女共修を実現》

(平9年)
◇エイボン教育賞　中村 隆子(「家族社」主宰)《1986年に情報誌「月刊家族」を創刊。「家

族とは何か」を問いつづける》

(平10年)
◇エイボン教育賞　小西 聖子(精神科医)《女性の性犯罪被害者に向けられた偏見を取り除き,犯罪被害者の心のケアにつくす》

(平11年)
◇エイボン教育賞　竹中 ナミ(プロップ・ステーション理事長)《障害を持つ人を"チャレンジド"と呼び,「チャレンジドを納税者にできる日本」を目標に就労を支援》

(平12年)
◇エイボン教育賞　加藤 洋子(マサチューセッツ州DV対策専門家会議理事,デザイナー)《自らのDV(ドメスティック・バイオレンス)の体験を乗り越え,DV撲滅活動を展開。日本でのDV防止法制定に向けて尽力》

(平13年)
◇エイボン教育賞　内田 ひろ子(「パド・ウィメンズ・オフィス」代表取締役)《1986年より日本で初めて女性に関する新聞情報を厳選した専門誌を発行》

(平14年)
◇エイボン教育賞　山野 和子(フォーラム・「女性と労働21」主宰)《働く女性の権利を守り,男女が健やかに共生できる社会作りを目指して活動》

(平15年)
◇エイボン教育賞　大日向 雅美(恵泉女学園教授)《「母性愛神話」からの解放を訴え,旧い常識の中で孤立しがちな子育て中の母親を支援。男女がともに人間らしく,家事も育児も仕事もできる社会作りに尽力》

(平16年)
◇エイボン教育賞　椎名 篤子(フリージャーナリスト,子どもの虐待防止活動を考えるネットワーク代表),ささや ななえ(漫画家)《取材やNPO活動により得た児童虐待の情報を,共感を呼び起こす漫画表現でわかりやすく社会に伝え,顕在化させることで児童虐待に苦しむ親と子への支援の道を切り拓いた》

(平17年)
◇エイボン教育賞　池上 千寿子(NPO法人ぷれいす東京代表)《エイズ問題発生初期から,HIV陽性者支援と若者への予防啓発活動を続ける。今年7月に神戸で開催された第7回アジア・太平洋地域エイズ国際会議で,エイズ対策に関する研究成果を発表》

(平18年)
◇エイボン教育賞　浅倉 むつ子(早稲田大学法科大学院教授)《2006年の男女雇用機会均等法改正における,間接性差別禁止の立法化に貢献》

(平19年)
◇エイボン教育賞　柳原 和子(作家)《がんを得て医療による死の宣告を受けながら,生への希望,死への畏れ,痛み,治療を担う医師との間で揺れる自らを作品化。また,長期生存を得た多くの患者の経験を採録し,生死を超えた人々の生のありようを追究し,提案している》

168　エクソンモービル児童文化賞 (モービル児童文化賞)

　日本の児童文化の発展向上に寄与することを目的として,昭和41年に「モービル児童文化賞」として創設された。童話,童謡,童画,折り紙,人形劇など広範囲にわたり日本の児童文化の発展・向上に貢献している個人または団体をたたえる目的。エクソンモービルグループの業務統合に伴い,平成13年から名称を「エクソンモービル児童文化賞」に変更。

【主催者】エクソンモービルグループ(エクソンモービル有限会社,東燃ゼネラル石油株式会社)
【選考委員】松居直(児童文学者),近藤康弘(こどもテレビ番組プロデューサー),野上暁(児童文化研究家)
【選考方法】児童文化界をはじめとする各界の権威者・有識者へのアンケートによる候補者の推薦。自薦も可
【選考基準】日本の児童文化の発展・向上に対する貢献度が長期にわたり高い個人または団体
【締切・発表】(平成21年)4月24日締切,8月発表,10月贈呈式
【賞・賞金】本賞(トロフィー)と副賞賞金200万円

第1回（昭41年度）
　　　初山 滋（童画家）《童画・版画を通じて児童文化の推進に貢献した》
　　　日本童話会（代表・後藤楢根）《長年にわたる同会を通じての新人の育成》
第2回（昭42年度）
　　　千葉 省三（童話作家）《独特の作風で、現在活躍中の童話作家に深い影響を与えた》
　　　人形劇団プーク（代表・川尻泰司）《日本の人形劇界の指導的役割を常に果たしてきた》
第3回（昭43年度）
　　　椋 鳩十（児童文学者）《「母と子の30分間読書運動」の提唱と少年動物文学の創作活動》
　　　ダークダックス（高見沢宏、佐々木行）《「こどものうた」の新作歌唱活動と児童のためのチャリティ活動》
第4回（昭44年度）
　　　金沢 嘉市（教育評論家）《小学校教育に対する真摯な努力と教育者としての幅広い社会活動》
　　　市川市立養護学校の詩集いずみ《生徒達に自信を与えた教員達の努力と、子どもたちの純真無垢な詩情に》
第5回（昭45年度）
　　　真理 ヨシコ（童謡歌手）《テレビ・ラジオや全国各地の音楽団体、学校の演奏会での活躍》
　　　戸塚 廉（「おやこ新聞」編集発行）《親と子、教師と生徒を結ぶきずなとして、子どもたちの声を編集、発行した》
第6回（昭46年度）　吉沢 章（折り紙作家）《折り紙を通して創造する事の重要さと可能性を教え、子どもたちの人格形成に貢献》
第7回（昭47年度）　管野 邦夫（仙台市野草園園長）《自然の美と喜びを教えることにより、児童文化・教育の向上に貢献》
第8回（昭48年度）　アン・ヘリング（児童文学研究者）《児童文学の国際的交流に積極的な活動を行う》
第9回（昭49年度）　滝平 二郎（きり絵作家）《きり絵創作により独自の子どもの世界を確立した》
第10回（昭50年度）　辻村 ジュサブロー（人形作家）《日本の伝統を生かした人形造形活動》
第11回（昭51年度）
　　　冨田 博之（青少年文化研究者）《長い年月をかけた「日本児童演劇史ノート」の完結に対して》

劇団風の子（代表・多田徹）《長い間、専門児童劇団として続けてきた、優れた演劇活動に対して》
第12回（昭52年度）　坂本 小九郎（美術教育）、湊中学校養護学級の生徒たち《氏の優れた指導と、力強い版画作品を創作した生徒達》
第13回（昭53年度）
　　　佐野 浅夫（俳優）《幼児向け話術の新しい分野を切り開いた》
　　　瀬川 康男（絵本作家）《伝統的な技法に根ざした新しい作法で独創的な作品を生みだした》
第14回（昭54年度）　田沼 武能（写真家）《写真を通して、数多くの人々に感動を与え、日本の児童文化に斬新な刺激を与えた》
第15回（昭55年度）　渡辺 茂男（児童文学者）《日本と海外の子どもの本を互いに紹介、相互理解と普及に努めた》
第16回（昭56年度）　ろばの会《日本の子どもの歌の世界に大きく貢献し、子どもたちに喜びを与えた》
第17回（昭57年度）　富山県立近代美術館（館長・小川正隆）《「私たちの壁画展」など地域の子どもたちの創作活動を育むためのユニークな活動》
第18回（昭58年度）　萩本 欽一（TVタレント）《テレビを通じて、子どもの世界に明るく健康な笑いを創造した》
第19回（昭59年度）　長崎県外海町（町長・平野武光）《昭和55年来、青少年の健全育成を推進。町をあげて児童文化の発展に取り組んだ》
第20回（昭60年度）　東京放送児童合唱団（代表・近藤真司）《児童合唱壇のすそのを広げ、児童合唱の内容を充実させた》
第21回（昭61年度）　手で見るギャラリー・TOM（代表・村山亜土、村山治江）《多くの芸術家の協力を得て開館した「手で見るギャラリー・TOM」のたゆまぬ努力に対して》
第22回（昭62年度）　ボニージャックス（西脇久夫、大町正人）《多彩な活動を通じて子どもたちに努と希望を与えてきた》
第23回（昭63年度）　人形劇カーニバル飯田実行委員会（実行委員長・松沢太郎）《人形劇人の国際的交流を推進、日本の児童文化を活性化した》
第24回（平1年度）　岡本 忠成（アニメーション作家）《表現の多様さ、思想の卓抜さは、ぬきんでている》

| II 文化 | 169 ELEC賞 |

第25回（平2年度）　与田 準一（童謡・童話作家）《世界に比類なき芸術童謡を完成させた》
第26回（平3年度）　今西 祐行（児童文学作家）《今西祐行全集の完結に》
第27回（平4年度）　NHK中学生日記スタッフ《時流に目を奪われず、生きた子どもの課題に挑み続けている》
第28回（平5年度）　松居 直（福音館書店会長）《35年前「子どものとも」創刊。高い芸術性と優しさに溢れた絵本を提供》
第29回（平6年度）　香川県大川郡大内町（代表・大内町長）《とらまる公園を中心とした町の児童文化活動に》
第30回（平7年度）　毎日放送まんが日本昔ばなしスタッフ《落ち着いたタッチと映像的な工夫で、20年にわたりブラウン管に定着》
第31回（平8年度）　神沢 利子（児童文学作家）
第32回（平9年度）　阪田 寛夫（詩人、作家）
第33回（平10年度）　細川 真理子（札幌こどもミュージカル代表）
第34回（平11年度）　太田 大八（絵本画家）
第35回（平12年度）　谷川 俊太郎（詩人）
第36回（平13年度）　大原 れいこ（テレビ演出家）
第37回（平14年度）　長 新太（絵本作家）
第38回（平15年度）　山中 恒（児童文学作家）
第39回（平16年度）　越部 信義（作曲家）
第40回（平17年度）　松谷 みよ子（作家）
第41回（平18年度）　演劇集団円 円・こどもステージ（児童劇）
第42回（平19年度）　佐藤 さとる（児童文学作家）
第43回（平20年度）　今江 祥智（児童文学作家）

169 ELEC賞

　日本の英語教育の水準向上、英語教授法の改善に役立つ実践、研究を奨励することを目的として、昭和41年に設けられた。その後昭和62年度より対象を2部門に広げ、現代に至っている。
【主催者】（財）英語教育協議会
【選考委員】（平21年度）羽鳥博愛（委員長）、大友賢二、田近裕子、笠島準一、新里眞男
【選考基準】〔対象〕A部門：中学・高校などにおける英語教育の実践記録。B部門：英語教育および英語教授法に関する研究論文。〔応募規定〕和文の場合、A4判横書で12,000字以内。英文の場合、A4判にダブルスペースでタイプしたもの4,500words以内に納める。未発表に限る。和文の場合は400字以内、英文の場合は150words以内の論文要旨を添付
【締切・発表】（平21年度）平成21年11月30日締切、発表は平成22年2月27日開催予定のELEC賞授与式1週間前
【賞・賞金】各部門1名。賞状と副賞10万円
【URL】http：//www.elec.or.jp/

（昭41年度）　茨城県水海道市水海道中学校英語科（代表・中山満寿男）「Oral Approachの実践記録」
（昭42年度）　該当者なし
（昭43年度）　武藤 陽一、中尾 和弘、福田 祐子（佐賀大学教育学部附属中学校）「Oral Approachの実証的研究─Writingについての考察」
（昭44年度）　桜井 雅之、小林 武、中野 七良、肥後 義治、石田 昌平（幌別中学校英語部会）「Oral Approachの実証的研究─授業の確立をめざして」
　　◇奨励賞

出丸 久元（愛知県木曽川高等学校）「高等学校におけるCommunicationとしての英語学習指導の試み」
月山 みね子（大阪女学院短期大学）"Material and Method Used in Teaching English in Language Laboratory and the Result of Its Application"
（昭45年度）　該当者なし
（昭46年度）　石川 喜教（横浜市浅野高等学校）「Oral Approachによる授業の実践─Oversize Classにおける指導」
　　◇佳作

児童の賞事典　233

松本 衛(旭川市立聖園中学校)「Oral Approachと共に12年」
吉田 正保(新潟市立関尾中学校), 山作 令子, 宮山 弥生「学習活動と言語活動とのギャップを埋めるための授業研究」
(昭47年度) 該当者なし
(昭48年度) 該当者なし
　◇奨励賞
青木 富太郎(群馬県立富岡東高等学校)「再び多読・速読の指導について」
横溝 邑市(新潟県大和町立大和中学校)「Oral Approachの実践研究」
吉田 正保(新潟市立小針中学校)「Oral Approachのシステム化」
(昭49年度) 該当者なし
(昭50年度) 該当者なし
(昭51年度) 久富 節子「小学校からの英語教育─日本の社会特性および生徒の心理発達を考慮して」
(昭52年度) 山浦 昭雄(愛知県岡崎市立南中学校)「英語に興味を持たせる指導法の研究─僻地派遣教員3か年の実践」
〔昭53年度〕 該当者なし
　◇奨励賞 後 洋一(大阪府立島本高等学校)「速読指導の試み─予測読みの効果について」
(昭54年度) 牧野 高吉(北海道教育大学)「日本人中学生による英語文法形態素の獲得順序」
(昭55年度) 山田 純(高知大学)「冠詞指導法の開発─クローズ法適用とその発展的課題」
(昭56年度) 島岡 丘(筑波大学)「統合的教材作成の実験報告─英語教育へ示唆するもの」
(昭57年度) 土屋 伊佐雄(静岡市立美和中学校)「明日の英語教育─Educational Approachの構想」〔明治図書〕
(昭58年度) 細田 健次(東京都立小山台高等学校)「英語基本形容詞の型と語法」
(昭59年度) 大内 義徳(横浜市立洋光台第一中学校)"Why Don't We Go Back to the Basics？"
(昭60年度) 田代 敬二(福岡女子商業高等学校)「海外文通指導の試み(16年にわたる)」
(昭61年度) カレン・キャンベル(愛知県立大学客員助教授)"English and Education in Japan"
(昭62年度)
　◇A部門 伊勢野 薫(神戸市立赤塚高等学校)「期待音素群の修正による聴解力向上への試み」
　◇B部門 田中 典子(東京都立第三商業高等学校)"Politeness: some problems for Japanese speakers of English"
(昭63年度)
　◇A部門 岡田 公恵(トキワ松学園中学校・高等学校)"How We Produced Our Own Textbooks—Developing a More Communicative Approach"
　◇B部門 該当者なし
(平1年度)
　◇A部門 関 典明(成城学園中学校, 成城短期大学)「教育実習までの英語科教育法の授業計画と実践」
　◇B部門 白畑 和彦(常葉学園大学) "The Role of Learned Knowledge and Monitoring in Second Language Acquisition"
(平2年度)
　◇A部門 竹中 重雄(京都教育大学附属高等学校)「コミュニケーションをめざす英語教育」
　◇B部門 古川 法子(大妻中学校・高等学校)「Oral Approachと取り組んだ6年間─その実践記録」
(平3年度)
　◇A部門 栗原 由郎(埼玉県立和光国際高等学校)「Free Writing—KJ法からGraduation Thesisへ」
　◇B部門 田中 実(インディアナ大学大学院)"A Persistent Role of Learner's L1-Knowledge in the Acquisition of Lexical Terms of a Second Language"
(平4年度) 該当者なし
(平5年度) 該当者なし
(平6年度)
　◇A部門 野沢 重典(戸倉上山田中学校)「コミュニケーション能力の育成を目指した新しい授業構成とその実践─InputからInteraction, Creative Outputへ導く指導」
　◇B部門 該当者なし
(平7年度)
　◇奨励賞 古家 貴雄(山梨大学)「テクスト理解における学習者の英語脚注の利用方略分析について」
(平8年度)
　◇A部門 該当者なし
　◇B部門 飯田 毅(同志社女子大学短期大学部)「21世紀の英語教育─オーラルアプローチとアクション・リサーチ」〔英語展望No.104〕
(平9年度)
　◇A部門 該当者なし

◇B部門　峯石 緑(広島大学大学院在学) "The Role of Comprehension Monitoring in EFL Reading：Research and Practical Considerations"〔英語展望 No.105〕
(平10年度)
◇A部門　該当者なし
◇B部門　宮迫 靖静(岡山県立倉敷古城池高等学校) "How is a grammar lesson based on data-driven learning received by high school students？"〔英語展望 No.106〕
(平11年度)
◇A部門　該当者なし
◇B部門　Lynne Parmenter(福島大学) "Reconceptualising the curriculum：English, internationalisation and integrated learning"〔英語展望 No.107〕
(平12年度)
◇A部門　該当者なし
◇B部門　秋山 朝康(メルボルン大学大学院在学) "An analysis of spoken tests for junior high school students using IRP and G-theory"〔英語展望 No.108〕
(平13年度)
◇A部門　岩見 一郎(青森県立八戸商業高等学校)「オーラル・コミュニケーション・Cの指導と評価—平均的な英語学力の高校生を対象とした取り組みの成果と問題点」〔英語展望 No.109〕
◇B部門　該当者なし
(平14年度)
◇A部門　久保 裕視(伊丹市立伊丹高等学校)「オーラルコミュニケーションI・IIのための、debateの聞き取りに於ける実践的note-taking方略の指導」〔英語展望 No.110〕
◇B部門　杉田 由仁(山梨大学)「語彙の定着を図る活動が単語記憶保持率に及ぼす影響」〔英語展望 No.110〕

(平15年度)
◇A部門　該当者なし
◇B部門　斉田 智里(茨城県立並木高等学校)、服部 環(筑波大学) "Application of IRT to Prefecture—Wide English Test for High School Students"〔英語展望 No.111〕
(平16年度)
◇A部門　飯田 浩行(世田谷学園高等学校)「ディベート、ディスカッションに向けての即興スピーチ指導」〔英語展望 No.112〕
◇B部門　該当者なし
(平17年度)
◇B部門　甲斐 順(神奈川県立外語短期大学付属高等学校) "How to encourage second language learners to become creative writers with the help of computers as portfolios"〔英語展望 No.113〕
◇B部門　該当者なし
(平18年度)　該当者なし
(平19年度)
◇A部門　竹下 厚志(神戸市立葺合高等学校)「My Englishの構築に向けた取り組み—普通科における英語I・IIのゼロからの改革」〔英語展望 No.116〕
◇B部門　鈴木 久実(東京都立桐ヶ丘高等学校)「レペティションとシャドウイングの教室での指導の効果を測る—自律した学習者をそだてるために」〔英語展望 No.116〕
(平20年度)
◇A部門　武田 千代城(八幡浜市立愛宕中学校)「発音記号の指導を取り入れた中学校の英語教育実践—効果的な発音記号の指導をめざして」〔英語展望 No.117〕
◇B部門　行森 まさみ(日本大学豊山女子中学・高等学校)「高校生の英語読解と聴解におけるストラテジー使用意識—効果的な読み方、聞き方を探る」〔英語展望 No.117〕

170 数納賞

　朝日生命厚生事業団の創立10周年を機に、当時朝日生命会長だった故数納清氏の寄付金を基金として、昭和51年に制定された。児童健全育成に関する実践報告を公募し、優れた報告に対して贈られる。朝日生命厚生事業団が平成16年で解散したことに伴い、第29回(平成16年度)より児童健全育成推進財団が事業を継承した。

【主催者】(財)児童健全育成推進財団
【選考委員】運営委員の予備審査を経て審査委員が審査する。(第33回－審査委員)齋藤晴美(厚生労働省雇用機会均等・児童家庭局育成環境課児童環境づくり専門官)、橋本英洋(秋草学園短期大学学長、日本医科大学客員教授)、望月重信(明治学院大学教授)、吉澤英子

(大正大学名誉教授)、酒井英幸((財)こどもみらい財団理事長)、髙城義太郎((財)児童健全育成推進財団理事長、鎌倉女子大学特任教授、日本児童学会会長)、(第33回-運営委員)上林靖子(中央大学教授)、廣瀬英子(上智大学准教授)、中川一良((社)京都市児童館学童連盟常務理事・統括監、聖和大学短期大学部非常勤講師)、野中賢治(前えひめこどもの城副園長(現アドバイザー)、鎌倉女子大学非常勤講師)、鈴木一光((財)児童健全育成推進財団常務理事、上智社会福祉専門学校非常勤講師)、興津哲哉((財)児童健全育成推進財団理事、鎌倉女子大学非常勤講師)

【選考方法】公募
【選考基準】〔対象〕児童福祉施設(児童館、養護施設、教護院等)、地域組織(子ども会、母親クラブ等)、家庭相談員、里親等の活動の具体的実践報告。〔基準〕(1)活動の先駆性、普及性、社会的効果性(2)地域(地域住民、各施設、行政など)との連携状況および活動への客観的検証(3)文章構成における論理性および実践記録としての価値。〔応募規定〕横書、400字詰原稿用紙30枚程度
【締切・発表】例年、締切は11月末、発表は翌年2月中旬、表彰は3月。後日、日本児童学会誌「児童研究」に掲載される
【賞・賞金】數納賞(1編):賞状と賞金30万円、佳作(4編):賞状と賞金各5万円。佳作に準ずると評価された報告には選外ながら奨励賞として賞状と賞金3万円を贈る
【URL】http://jidoukan.or.jp/

第1回(昭51年度)
　◇數納賞　該当者なし
　◇佳作　田中 満智子(東京都杉並区宮前児童館)「新しい出発点に立って」
第2回(昭52年度)
　◇數納賞　該当者なし
　◇努力作　熊谷 久美子(大阪市阿部野児童館)「児童館でのグループワーク」
第3回(昭53年度)
　◇數納賞　該当者なし
　◇佳作　芹沢 孝治(静岡県御殿場市児童館)「御殿場市児童館」
　◇努力作
　　　　高橋 宜昭「お孫さんと祖母のつどい」(月刊愛育)
　　　　遠藤 実「宮城中央児童館」(児童館運営事例集)
第4回(昭54年度)
　◇數納賞　該当者なし
　◇佳作　鹿野 薫証「地域住民総参画の児童館活動」(月刊少年補導)
　◇努力作　大曲児童センター「大曲市花園児童センター年間事業計画」
第5回(昭55年度)
　◇數納賞　該当者なし
　◇佳作　尾崎 良寛(紋別市家庭児童相談室)「情緒障害児の集団療育の実践」
　◇努力作　清家 嘉代子(愛知県岩倉市)「私の児童館10年の歩み」
第6回(昭56年度)
　◇數納賞　該当者なし

　◇佳作　阿部 方子(神奈川県横須賀市主婦)「私と子ども会—子ども会活動の実践報告—」
　◇努力作
　　　　幸田 貫一(愛媛県伊予三島市児童館)「17年目の児童館実践記録」
　　　　千葉 卓二「岩手県川崎村の輪番制による村ぐるみ子ども会育成」(青少年問題)
第7回(昭57年度)
　◇數納賞　佐藤 圭子(東京都杉並区宮前北児童館)「子どもの成長を支える地域の親どうしの関係」
　◇佳作
　　　　浜崎 信子(大阪市東住吉区主婦)「絵本よみ聞かせの会」
　　　　嘉藤 長二郎(東京都港区芝公園児童館)「ふれ合いはコンクリート壁をこえて」
第8回(昭58年度)
　◇數納賞　菅原 忠雄、鈴木 圭子、宮川 恵(東京都杉並区阿佐ヶ谷児童館)「子どもたちの放課後生活の充実は地域の大人の連帯によって豊かになる—第2回「あさがやこどもまつり」の実施をとおして—」
　◇佳作
　　　　松竹 良子(東京都墨田区中川児童館)「よちよち歩きの子どもを児童館へ」
　　　　石沢 淡(新潟県新発田市青少年健全育成センター)「青少年健全育成総合施設としての児童センターの運営」

II 文化

◇奨励賞
　渡辺 哲雄(岐阜県立わかあゆ学園)「病める心とともに」
　国田 紀子(東京都練馬区桜台地区区民館)「近くて遠い道―人形劇活動実践記録」
　牛渡 洋子(東京都板橋区上板橋児童館)「地域の母親の成長をみつめて―母親のグループ活動と問題行動児をもつ母親と児童館のかかわりについて」

第9回(昭59年度)
◇數納賞　該当者なし
◇佳作
　小西 紀道(京都市伏見区池田児童館)「子どもに遊びの輪を広げよう―けん玉からトートラスへ(子どものあそびのきろく)の実践」
　梅木 恒一(大分県耶馬渓町橋本少年会代表)「少年の実践活動を通じて青少年の健全育成を図る」
　野口 昭虎(名古屋市・田辺製薬)「子供会ボランティア活動30年をふり帰って」
◇奨励賞
　矢郷 恵子(東京都世田谷区新しい保育を考える会)「―この街で育て―区報での呼びかけから、自主保育連絡会までの9年間の活動のまとめ」
　杉浦 慶子(富山市立五福児童館)「児童館の活用人数増加を目指しての試み」
　橋本 知子(千葉県船橋市小室児童ホーム)「私の児童館運営と地域のかかわり」

第10回(昭60年度)
◇數納賞　岡本 泉(東京都世田谷区)「異質の統合を目指して」
◇佳作
　早乙女 政明(東京都北区青少年王子地区委員会幹事)「国際親善スポーツフェスティバルを実施する伏線となった日常の地域活動」
　田中 純一(新潟市有明児童センター)「親子で遊びましょうの輪を地域に」
　稲垣 伸博(東京都八王子市立長房児童館)「地域の中に定着する"子どもの砦"を目指して」
◇奨励賞　腰塚 陽介(神奈川県横浜市向陽学園)「たまねぎからビルマの竪琴へ―読みきかせによる本の楽しみへの導入」

第11回(昭61年度)
◇數納賞　該当者なし
◇佳作
　酒井 紀子(東京都杉並区松ノ木児童館)「ハーモニーをめざして―オペレッタ指導実践報告」
　真鍋 笑子(徳島県北島南児童館)「子供に自然を」
　鋤柄 一児(神奈川県児童福祉文化協議会)「子どもの幸せを求めて」
　加藤 冴子(京都府日向市家庭児童相談員室)「登校拒否の背景とその対応を考える―A子(中2)の場合」
◇奨励賞　荒田 悠(北海道北見市高栄東町主婦)「里親としての体験―子どもと共に」

第12回(昭62年度)
◇數納賞　森 正子(埼玉県熊谷市)「高校生とボランティア活動」
◇佳作
　武藤 由美子(大阪府大阪市家庭養護促進協会)「ファミリーグループホーム『ふれあいの家の実践』」
　渡辺 直子(岐阜県武芸川町主婦)「透明人間を探せ!―自然発生的PTA活動のすすめ」
　中瀬 すゑ子(綾部市家庭児童相談室)「家庭児童相談室事業―グループ・ワーク母親教室」
◇奨励賞　高橋 富江(群馬県前橋市主婦)「わたしは泣くもんか 涙なんてさようなら」

第13回(昭63年度)
◇數納賞　鈴木 雄司, 青木 千穂, 飯田 典子(杉並区高円寺中央児童館)「ともに生きる まちづくりの一翼を担って―高円寺中央児童館三年間のあゆみ」
◇佳作
　持田 道子(長野県須坂市家庭相談員)「母と子の遊びの広場―3年間のあゆみ」
　内山 千代(山口県下松市指導員)「『児童の家』の手づくり教育―子供と共に野菜を育てて」
　山本 倶子(東京都練馬区主婦)「文庫と私」
◇奨励賞　中村 好成(兵庫県神戸市)「はばたけ 力強く!」

第14回(平1年度)
◇數納賞　入谷 悦子, 久住 智治(文京区立久堅児童館児童厚生員)「児童館における地域作りの可能性を探って」
◇佳作
　今 恵里(中野区立南中野児童館館長)「地域に支えられた障害者との交流―中野区南中野児童館の実践」
　小倉 孝夫(富山市歯科医師)「心身障害児歯科診療に従事している歯科医師は児童の健全育成に貢献しているといえるのであろうか」

楠本 佐智子(青山学院大学文学部4年)「児童文化活動の実践報告」
◇奨励賞　木下 道子、乗松 克江、田光 ひろ子、岩沢 光高(社会福祉法人天童厚生会職員)「障害児の総合療育を目指して─保育園と言語訓練室の記録」

第15回(平2年度)
◇數納賞　鈴木 トミエ(石狩町おおぞら児童館児童厚生員)「石狩町における児童館を中心とした地方文化の輪」
◇佳作
中尾 活人(世田谷区音楽家)「養育里親、主夫と子どもたち─心のあやとり」
辻岡 五郎(和歌山県清水町城山西小学校長)「郷土の民俗芸能に生きる子どもたち」
野村 長生(養護施設積慶園指導員)「手仕事の詩─養護施設積慶園における陶芸活動25年史」
和田 明広(所沢市立元富岡小学校教諭)「第7回所沢サマースクール」
◇奨励賞　巳野 登志子(土浦市家庭相談員)「家庭相談員はパイプ役─関係機関の連携による不登校児童の指導」

第16回(平3年度)
◇數納賞　西郷 泰之(板橋区立ゆりの木児童館児童厚生員)「子ども・地域・組織に機能する児童館活動─児童福祉とネットワークのクリークに」
◇佳作
吉田 煕子(御所市主婦)「心豊かに生きるために─地域文庫活動と語り部と」
大橋 咸朗(愛知県日進町中日青葉学園施設長)「現代病"登校拒否児"の指導32年─虚弱児施設・中日青葉学園の実践報告」
鈴木 知英子(香芝市主婦)「子どもの心に語りかける営み」
◇奨励賞　石田 健一(大阪府立修徳学院教務課長)「苦あれば楽あり一夫婦の教護人生」

第17回(平4年度)
◇數納賞　東 宏(久留米市児童センター館長)「家庭養育機能を高める『母と子のサロン』の活動」
◇佳作
武藤 富美(福岡県篠栗町児童厚生員)「子と共に育つ─児童館は文化の発信地」
藤沢 昭子(岩手県滝沢村主婦)「遊ぼう!何か発見しようよ」
牧岡 英夫(川崎愛泉ホーム職員)「川崎愛泉ホーム少年団ふれあい活動の試

中谷 通恵(北海道白老町主婦)「『少子社会』の中で生き生きと子育てするために─子育てネットワークづくり実践報告」

第18回(平5年度)
◇數納賞　大石 暢子(足立区西部児童館福祉指導)「家庭機能脆弱化への援助─地域が果すべき児童館の役割」
◇佳作
谷 和子(京都府立ろう学校寄宿舎寮母)「"地域のすみずみまで"響け!ぼくらの和太鼓」
村上 陽子(北海道斜里町里親)「『まさる』といっしょに─里親村上家庭における養育実践」
山口 明子(茎崎町立第2保育所保母)「公立保育所における体験入所の実践」
矢満田 篤二(一宮児童相談所児童福祉司)「幸せ運んだコウノトリさん─哀しみから喜びへのケースワーク」
◇奨励賞　山本 雅子(板橋区里親)「共に生きてこそ」

第19回(平6年度)
◇數納賞　該当者なし
◇佳作
若林 のり子(川口市主婦)「地域の子は地域で守り育てよう」
安達 ふみ子(旭川市里親)「里子等と共に30余年」
上野 隆(徳島市助任保育園園長)「鶏小屋2階の児童文庫から40年、地域子育て500家族のオアシスへ」
松吉 久美子(一宮市堀田学童保育所指導員)「学童保育所のもう一つの側面─LD児との関わりの中で」
辰己 隆(茨木市慶徳会子供の家副館長)、谷口 知也(茨木市慶徳会子供の家児童指導員)「養護施設における高校生の『自立』への取り組みと姿勢─調理実習から養護施設分園型自活訓練事業ホームまでの実践を通して」
◇奨励賞　朝倉 公子(京都市民政局下京福祉事務所家庭児童相談室相談員)「地域における不登校児との関わり"先生うちもう学校行ってるんやで"」

第20回(平7年度)
◇數納賞　該当者なし
◇第20回記念特別賞
日沖 隆(子ども民俗館海賊船副館長)「子どもの手を返せ!─子どもの主体性を育てるために」
西部 明子(戸出児童センター主査)「『児童センター活動事例』─ゼロか

◇佳作
　　林　浩康（大阪市養護施設連盟処遇指標研究会）「養護高齢児に対する社会生活援助とその評価に関する報告」
　　岩間　潤（茨城県土浦市霞ヶ浦高校教員）「「夏の学校の子ども達に学ぶ」―総合学習によって増す子ども達の学習意欲」
　　永田　禎子（長野県諏訪市大熊保育園園長）「保育活動において子ども達が自ら乗り越えていくための援助はどうあったら良いか」
　　巳野　登志子（茨城県土浦市，主婦）「地域の中での相談活動―家庭相談員15年の歩み」
◇奨励賞　丑久保　恒行（養護施設あゆみ学園施設長）「交流の場は猛暑の中でのテントキャンプ」
第21回（平8年度）
◇數納賞　該当者なし
◇佳作
　　西部　明子（富山県高岡市戸出児童センター）「「子どもまつり活動の推移」―館内行事から地域行事へ」
　　日高　輝海（鹿児島県加世田市益山小学校校長）「子供の健全育成を目指す地域教育の創造―ボランティア塾「わくわく塾」」
　　大内田　武志（川崎市南菅子ども文化センター），大内田　紀子（東京都品川児童相談所）「自然を子どもに取り戻すために―ペガススの家の活動報告」
　　柿木　仁（上部児童センター児童厚生員）「新居浜市の児童館に対する地域ボランティアの開発と展望について―3年にわたる新居浜市児童館4館合同野外行事「にいはまやんちゃKIDS」の実践報告」
◇奨励賞
　　小松　宣子（徳島県徳島市勝占東部児童館児童厚生員）「私の勤める児童館Ｍ子の成長を中心に」
　　梶山　みゆき（埼玉県大宮市王子東児童館職員）「地球市民育成をめざして」
第22回（平9年度）
◇數納賞　小糸　一子（福岡県福岡市，主婦，里親）「お母さんの・キメラ家族づくり」
◇佳作
　　沢田　忠義（宮城県仙台市宮城県中央児童館指導課技師，児童厚生員）「「子ども関係ボランティアのネットワークづくり」―子どもに関係するボランティア交流会の実践を通して」
　　井上　由美恵（北海道札幌市，保母（もと児童厚生員））「「地域における子育てコミュニティーセンターとしての児童館の現状と役割について」（子どもの，集団構造の変容過程を通しての一考察）―北海道旭川市立北星児童館での実践を通して」
　　伊東　貴子（埼玉県上尾市国際交流協会ジュニアグローバル委員会児童英語教師），小穴　理恵子（埼玉県上尾市国際交流協会ジュニアグローバル委員会保健婦）「「子どもたちに地球的視野を」～市民ボランティアによる活動」
　　荻野　至（福井県大野市養護施設主任指導員）「卓球指導九年間の歩み」
　　村石　好男（宮城県多賀城市，地方公務員，宮城県中央児童館職員）「中学生のためのキャンププログラムの開発と実施―「MIYAGI YOURS キャンプ」の実践を通して」
◇奨励賞　山里　喜久枝（沖縄県沖縄市，保育園経営・学童園指導員）「学童保育・楽しい放課後・土曜日・夏休み」
第23回（平10年度）
◇數納賞　太田　敬志（徳島県徳島市徳島児童ホーム，児童指導員）「ミュージカル7年間の歩み」
◇佳作
　　田中　由紀（兵庫県姫路市，姫路市立東児童センター，児童厚生員）「「地球おもしろクラブ」の活動について～点が線となり，面となる時」
　　馬上　きよ子（東京都足立区，地方公務員（児童指導）），山下　正子（東京都足立区，元地方公務員，児童指導）「揺れ動く思春期の「居場所」となって」
　　斉藤　加代子（大分県臼杵市すみれ児童館，児童厚生員）「老人との畑づくりふれあい活動」
　　沢田　忠義（宮城県中央児童館技師，児童厚生員）「「今後の児童福祉サービス（子育て支援事業）のあり方に関する研究」～「わくわくどきどきキャンプ―親子ふれあい塾」の実践を通して」
第24回（平11年度）
◇數納賞　該当者なし
◇佳作
　　菊地　諭美（栃木県真岡市公民館社会教育主事）「僕たち，私たちの島をめざして！～子ども会リーダー養成事業」

田中　純一（新潟県新潟市有明児童センター児童育成係長、平島児童遊園児童厚生員）「児童遊園の活性化を目指して～平島公園クラブ6年間のチャレンジ」

幸前　文子（千葉県市川市、主婦）「母親による母親のための子育て支援」

関田　哲（滋賀県栗東町、農業、「草の根農業小学校」代表）「種まくこどもたち「草の根農業小学校」からの報告」

原口　サトミ（大分県中津市、放課後ケアワーカー・中津市是則如水保育園・なずな児童クラブ）「畑仕事を子どもの体と食から考える～保育園・児童クラブでの7年間の実践を通して」

佐々木　誠子（岩手県矢巾町立不動保育園園長）「地域と共に歩む―「おはなしランド」の開催」

第25回（平12年度）

◇数納賞　添田　京子、鈴木　なおみ、佐藤　裕、上田　正昭（東京都杉並区児童青少年センター事業係）「中・高校生の新しい居場所をめざして　杉並区児童青少年センターの中・高校生にせまる実践と展望」

◇佳作

水田　勲（愛媛県東宇和町養護学校教員）「鼓舞の発表会から見えてきたこと～障害のある子どもたちとその家族が織り成す「太鼓とダンスのつどい」その実践報告」

伊藤　俊子（宮城県立中央児童館指導班職員）「地域の児童文化を伝える試み「児童文化講座」から」

藤原　静子（岩手県紫波町、主婦、「ひよこひろば」代表）「ボランティアが始めた子育て支援―「ひよこひろば」の歩みから」

坂本　たかし（東京都国分寺市立しんまち児童館職員）「子どもたちの欲求に向き合う児童館運営～新規開館から5年3ヵ月間の報告」

川副　孝夫（千葉県市川市さかえ保育園園長、さかえ・こどもセンター長）「「子育て中のママ…息抜きしていいよ！」市川市・子育てサポート「アンティ・マミー」の実践報告」

相川　明子（神奈川県鎌倉市自主保育なかよし会保育者、山崎の谷戸を愛する会代表）「青空自主保育から里山冒険遊び場づくりへ―15年の歩み」

◇奨励賞　杉浦　準一（東京都調布市児童指導員、児童養護施設職員）「子どもショートステイ事業の実践を通して」

第26回（平13年度）

◇数納賞　該当者なし

◇佳作

高橋　貴美子（千葉県松戸市、主婦、主任児童委員）「子育て支援　親も育とう「みんなといっしょ」の実践」

佐藤　美好（長野県軽井沢町中軽井沢南児童館、児童厚生員）「児童館における一輪車活動～一輪車を通して児童館活動を振り返る」

池田　英郎（京都府京都市塔南の園児童館、児童厚生員）「1つの児童館と250人のボランティア～ボランティアとの連携事業の実践」

佐藤　功（大阪府立門真西高校教員）「若者は世代を結ぶ"接着剤"である～地域における児童育成に関する1試案」

桝井　幸子（徳島県徳島市城東こどもクラブ指導員）、太田　敬志（徳島児童ホーム児童指導員）「二人三脚の子育て支援～城東こどもクラブと徳島児童ホームの子育て支援」

◇奨励賞　川浪　久江（広島県福山市、主婦、里親）「里親事例「人を育てる、心を育てる」「子どもからのメッセージ」」

第27回（平14年度）

◇数納賞　該当者なし

◇佳作

豊泉　尚美（埼玉県狭山市、主婦）「デザインは「幼稚園」で、イベントは「里山」で―小学生の地域での関わりづくり」

高山　雅子（千葉県千葉市緑区子どもサポートセンター代表）「一緒に遊んでみんなで子育て「チャイルドスペースのんたん」の実践報告」

信ヶ原　和子（京都府京都市だん王児童館長）「子どもの可能性を信じて―だん王児童館"わんぱくクラブ"の試み」

◇奨励賞

氏家　博子（東京都豊島区西池袋児童館館長）「おれ達が作った自分達の居場所「小民」」

中岡　博美（広島県呉市呉市ファミリーサポートセンターアドバイザー）「地域で支え合う子育て支援―ボランティアから行政に」

第28回（平15年度）

◇数納賞　該当者なし

◇佳作

氏家 照代(埼玉県川口市足立区西保木間児童館職員)「障害児との交流事業を通して―児童館がみーんなの居場所となるために」

鈴木 敏子(東京都新宿区西児童館職員)「児童館で展開する空き地遊びと、マザリングの可能性―児童館職員32年の実践報告と提言」

築地 律(東京都三鷹市西児童館職員)「児童館を核としたインフォーマルネットワーク形成の試み―三鷹市西児童館地域組織活動の実践報告」

足立 隆子、石川 あき子、海田 みどり(東京都小平市主婦)「家族が一緒に成長する「プレイセンター」―プレイセンター・ピカソに集う親子達」

松山 清(兵庫県明石市)「子育ては最高の趣味―開かれた里親をめざし、地域の子育て親育て、若者の見守り拠点作り」

◇奨励賞 鈴木 知英子(奈良県香芝市主婦)「子供たちに生きる力を―戦争体験を語る」

第29回(平16年度)
◇數納賞 該当者なし
◇佳作

山本 康人(石川県小松市県立中央児童会館児童厚生員)「「児童館って面白れぇ!」―中高生活動支援プログラム「まっちんぐ」の実践報告」

千葉 瑞枝(東京都東村山市NPO法人副理事長)「ママさんクラブ「雀の学校」から「すずめ保育センター」へ―40年の歩みを支えたものと今後の課題」

榊原 裕進、長島 大介、大村 美樹(茨城県土浦市児童養護施設窓愛園児童指導員)「児童養護施設における学習指導の考察―我が施設での改革への取り組み」

小林 可也(岩手県陸前高田市主任児童委員)「地域で支える学童保育「山びこクラブ」の実践」

兵庫県児童養護連絡協議会(兵庫県姫路市)「児童養護施設で生活する子どもたちへの心のケア事業―兵庫県児童養護連絡協議会心のケア専門委員会の取り組み」

第30回(平17年度)
◇數納賞 該当者なし
◇第30回記念特別賞

榎本 智恵美(東京都杉並区民生主任児童委員)「子どもの健やかな育ちをめざして「赤ちゃんと中学生のふれあい事業」の実践」

土井 高徳(福岡県北九州市土井ホーム代表)「激しい行動化と解離症状を示した少年に対する里親ファミリーホームの実践」

井上 薫、林 和美(放課後児童指導員)「放課後児童クラブにおける児童虐待ケースへの支援の可能性」

◇佳作

長尾 勇治(愛媛県今治市枝堀児童館児童厚生員)「「子どもがまんなか」―いまばり「風の顔らんど・小島」キャンプ場の実践報告」

大村 美樹、榊原 裕進、榊原 千絵、横山 亜希(茨城県土浦市児童養護施設窓愛園子ども会担当)「児童養護施設における子どもたちの園内自治会活動(子ども会)の重要性―窓愛園での子ども会活動の実践報告から」

木内 保敬(長野県佐久市岸野児童館長)「「子育て共同体」再構築の試み」

吉田 佐和子(兵庫県神戸市真野児童館指導員)「神戸長田発「地域で子どもを守り育てるネットワーク」震災から10年、「人とのつながり」「町への愛着」「おっちゃん・おばちゃんもがんばっとうでぇ」」

山中 ゆりか(千葉県千葉市主婦)「虐待を受けた子どもを育てる」

◇奨励賞 青木 信夫(大阪府岸和田市自営業)「苦しみが笑い話になる日のために 大阪・「非行」と向き合う親たちの会(みおの会)とともに」

第31回(平18年度)
◇數納賞 大久保 仁美(千葉県三咲児童ホーム、児童厚生員)「児童館からの発信 難病の子と共に育った児童館の歩み 魚鱗癬を知って下さい」
◇佳作

大仁田 伸男(熊本市秋津児童館、熊本市職員)「住民とコラボして楽しく!子育て支援に取り組む児童館~7小学校区子育て支援ネットワークを核とした実践事例報告」

田中 洋次(長野県諏訪市児童センター、児童厚生員)「「オレたち、これでいいの?」~年長児童(中高生)の自己決定に向けた取り組み」

降幡 亜紀(京都市塔南の園児童館、児童厚生員)「児童館が担う中高生活動支援における役割~夏祭り 中高生のゲームコーナーを通して」

◇奨励賞
　　北川　温子(京都府,自営業)「我が家はフォスター＆ホストファミリー」
　　渡邊　洋平(札幌市興正子ども家庭支援センター,心理判定員)「児童家庭支援センターにおける地域家庭支援の取り組み～虐待家庭への支援をとおして」

第32回(平19年度)
◇数納賞　該当者なし
◇佳作
　　佐藤　一美(北海道苫小牧市NPO法人エクスプローラー北海道,代表理事)「「子どもたちの安全・地域安全」活動から協働への一歩一歩～地域と行政のコーディネーター役としてのNPO」
　　中谷　通恵(北海道白老町NPO法人お助けネット代表)「子育て支援でまちづくり(連携と協働の実践報告)」
　　安田　行宏(札幌市栄西児童会館館長)「「児童会館の新しいプログラムの可能性」―札幌市栄西児童会館における自主制作映画の実践報告―」
　　沖　義裕(和歌山県九度山町,公務員)「長久手町平成こども塾の設立と今後の展開について」
　　丸山　健一(新潟県新潟市児童育成・万代クラブ,安全・公園グループリーダー)「地域との有機的な連携を実現する地域組織活動(母親クラブ)の可能性～児童遊園を実現させた児童育成・万代クラブの活動を中心に」
◇奨励賞　木村　百枝(福岡県福岡市こども総合相談センター相談員)「"OPEN THE HEART, OPEN THE HOME"～家庭をなくした子どもたちに,安らぎの場を」

第33回(平20年度)
◇数納賞
　　高松　絵里子(中標津町子育て支援室)「こころの手をつなごう！～中標津町から不幸な子どもはつくらない・つくらせない」
　　小西　秀和(社会福祉法人西陣会西陣児童館児童厚生員)「小規模多機能児童館の可能性～独自事業から公的事業への展開―高学年障害児の居場所づくりの実践報告」
◇佳作
　　山崎　茂(NPO法人三波川ふるさと児童館「あそびの学校」代表理事・館長)「「子どももおとなもホッとする居場所を目指して～個人立児童館の8年間の実践」
　　安部　孝子(足立区立西保木間児童館 児童館職員(児童指導))「中高生プロジェクト タイムトライの取り組み」
◇奨励賞　砂川　竜一(単立つきしろゴスペル協会牧師)「明るい未来を信じて」

171　学校読書推進賞

　学校における読書推進活動に顕著な業績をあげた学校,団体および個人を顕彰し,学校読書活動の振興を図るために創設。第6回以降は,「学校図書館賞」第3部と合併した。

【主催者】(社)全国学校図書館協議会,日本学校図書館振興会
【選考委員】鬼頭宗範(さいたま市立東浦和図書館長),徳永隆憲(全国SLA学校図書館活動推進委員会委員長),村上淳子(常葉学園大学助教授),石井宗雄(全国学校図書協議会理事長)
【選考方法】公募
【選考基準】〔資格〕(1)小学校,中学校,高等学校,特殊教育諸学校および中等教育学校に勤務する者。(2)上記の学校または団体あるいはグループ。(3)地域において学校読書を推進している団体あるいはグループ
【締切・発表】(平成15年)4月30日締切。「学校図書館速報版」紙上で発表,6月上旬表彰式
【賞・賞金】賞状(表彰状)ならびに顕彰牌,副賞(大賞50万円,酒井悌賞20万円,学校図書館賞,岩崎徹太賞,小峰広恵賞各10万円)

第1回(平11年)
◇学校読書推進大賞　該当者なし
◇学校読書推進賞
　　東京都杉並区立中学校教育研究会図書館部(代表・池田茂都枝)《中学生による「書評座談会」—40年間の読書活動》
　　福島県西白河郡西郷村立熊倉小学校(代表・田中国夫)《進んで学校図書館を活用して読書に親しみ,学ぶ喜びを味わう児童の育成》
　　吉田 ひとみ(熊本県菊池郡大津町立室小学校司書)《本好きの子どもを育てる読書活動—学校図書館と家庭・地域の連携を深めながら》

第2回(平12年)
◇学校読書推進大賞　静岡県静岡市立三番町小学校図書ボランティア(代表・勝山高)《読み聞かせを中心とした学校図書館支援活動の展開》
◇学校読書推進賞
　　山形県鶴岡市立朝暘第一小学校本のたからばこ《子ども達の豊かな心の育成をめざす読書支援活動》
　　中村 伸子(千葉県袖ヶ浦市立長浦中学校読書指導員)《読書推進を図るための実践—学校図書館活動の展開を通して》
　　福岡県立東筑高等学校(代表・北島龍雄)《全校一斉読書会の実践：集団読書会活動32年の取り組み》

第3回(平13年)
◇学校読書推進大賞　千葉県市原市立菊間小学校(代表・天羽正博校長)《豊かな心を育む読書教育の創造》
◇学校読書推進賞
　　古関 淳子(福島県伊達郡川俣町立富田小学校教諭)《いきいきワクワク学校図書館—学校図書館の活性化をめざして》
　　白上 未知子(シカゴ双葉会日本語学校図書館司書)《学校図書館の読書推進運動》
◇村松金治賞　千葉県市原市立菊間小学校(代表・天羽正博校長)《豊かな心を育む読書教育の創造》

第4回(平14年)
◇学校読書推進大賞　該当者なし
◇学校読書推進賞
　　浦和子どもの本連絡会(代表・吉田優子)《読み聞かせを中心とした読書支援活動の展開》
　　滋賀県立甲西高等学校図書館(代表・田中博美)《読書意欲を喚起する学校図書館活動の実践》
　　読み聞かせサークルたんぽぽ(代表・中村みゆき)《読書推進を図る多彩な活動の展開》
◇村松金治賞　該当者なし

第5回(平15年)
◇学校読書推進大賞　該当者なし
◇学校読書推進賞　香川県立三木高等学校(代表・市原唯夫学校長)《文化委員を中心とした多彩な読書活動の推進》
◇村松金治賞　該当者なし

第6回(平16年)
◇学校読書推進大賞　該当者なし
◇学校読書推進賞　島根県仁多町立三成小学校《心を響かせ,自ら学ぶ子どもの育成〜自分を見つめる読書教育を通して〜》
◇村松金治賞　該当者なし

【これ以降は,173「学校図書館賞」第3部を参照】

172　学校図書館出版賞

　学校図書館向き図書の優良な出版企画に対して出版社を顕彰し,出版の振興を図ることを目的として平成11年に創設された。

【主催者】(社)全国学校図書館協議会

【選考基準】〔対象〕(1)全国学校図書館協議会の選定図書(2)前年5月より当該当年4月末日までに発行されたもの(3)シリーズの場合には,期間内に完結したもの

【締切・発表】例年,発表は6月

【賞・賞金】学校図書館出版大賞(1点),学校図書館出版賞(3点以内)：賞状及び副賞

【URL】http://www.j-sla.or.jp

第1回(平11年)
◇学校図書館出版大賞　童心社　《「調べ学習にやくだつ環境の本：わたしたちの生きている地球(全5巻)」(桐生広人, 山岡寛人著, 多田ヒロシ, 村沢英治画)の発行》
◇学校図書館出版賞
　アリス館　《「調べるっておもしろい!(第1期全5巻)」(山口進ほか著)の発行》
　岩崎書店　《「くらべてみよう100年前と(全5巻)」(本間昇一編・著, 小西聖一著)の発行》
　大日本図書　《「図説 木のすべて(全5巻)」(山岡好夫ほか著)の発行》

第2回(平12年)
◇学校図書館出版大賞　小峰書店　《「調べようグラフでみる日本の産業 これまでとこれから(全10巻)」(板倉聖宣ほか著)の発行》
◇学校図書館出版賞
　偕成社　《「バリアフリーの本：「障害」のある子も"みんないっしょに"(全10巻)」(竹内恒之ほか文, 折原恵ほか写真)の発行》
　ポプラ社　《「調べ学習ガイドブック：なにをどこで調べるか2000-2001(全5巻)」(神林照道監修)の発行》
　岩波書店　《「自然史の窓(全8巻)」(浜口哲一ほか著)の発行》

第3回(平13年)
◇学校図書館出版大賞　該当者なし
◇学校図書館出版賞
　あかね書房　《「今, 考えよう! 日本国憲法(全7巻)」(荒牧重人ほか編・著)の発行》
　金の星社　《「「食」で総合学習 みんなで調べて作って食べよう!(全5巻)」(藤崎友美・松本美和著)の発行》
　ポプラ社　《「21世紀によむ日本の古典(全10巻)」(神野志隆光ほか著)の発行》
◇学校図書館出版賞特別賞　BL出版　《「キリスト教の歴史：2000年の時を刻んだ信仰の物語」(マイケル・コリンズ, マシュー・A.プライス著, 小野田和子ほか日本語版翻訳)の発行》

第4回(平14年)
◇学校図書館出版大賞　ポプラ社　《「ポプラディア」(秋山仁ほか監修)の発行》
◇学校図書館出版賞
　小峰書店　《「日本の楽器(全6巻)」(高橋秀雄総監修)の発行》
　偕成社　《「アニマルアイズ：動物の目で環境を見る(全5巻)」(宮崎学著)の発行》

第5回(平15年)
◇学校図書館出版大賞　該当者なし
◇学校図書館出版賞　旬報社　《「福祉のこころ(全5巻)」(一番ケ瀬康子, 河畠修編)の発行》
◇学校図書館出版賞特別賞　農山漁村文化協会　《「そだててあそぼう(既刊54巻)」(森俊人ほか編, 平野恵理子ほか絵)の発行》

第6回(平16年)
◇学校図書館出版大賞　童心社　《「わたしたちのアジア・太平洋戦争(全3巻)」(古田足日編)の発行》
◇学校図書館出版賞
　岩崎書店　《「昔のくらしの道具事典」(小林克監修)の発行》
　小峰書店　《「グレートジャーニー 人類5万キロの旅(全15巻)」(関野吉晴文・写真)の発行》

第7回(平17年)
◇学校図書館出版大賞　該当者なし
◇学校図書館出版賞
　新日本出版社　《「ビジュアルブック 語り伝えるヒロシマ・ナガサキ(全5巻)」(安斎育郎文・監修)の発行》
　汐文社　《「学校に行けないはたらく子どもたち(全4巻)」(田沼武能写真・文)の発行》

第8回(平18年)
◇学校図書館出版大賞　該当者なし
◇学校図書館出版賞
　小峰書店　《「日本各地の伝統的なくらし」(芳賀日出男, 須藤功著)の発行》
　ポプラ社　《「いっしょがいいな 障がいの絵本」(北村小夜, 橋本一郎監修)の発行》
◇学校図書館出版賞特別賞　朝倉書店　《「恐竜野外博物館」(ヘンリー・ジー, ルイス・V.レイ著, 小畠郁生監訳, 池田比佐子訳)の発行》

第9回(平19年)
◇学校図書館出版大賞　小峰書店　《「都道府県別日本の地理データマップ(全8巻)」(宮田利幸〔ほか〕監修)の発行》
◇学校図書館出版賞

岩崎書店 《「「色」の大研究(全4巻)」(日本色彩研究所監修)の発行》
新日本出版社 《「ビジュアルブック語り伝える沖縄(全5巻)」(安斎育郎文・監修)の発行》
角川学芸出版 《「角川俳句大歳時記(全5巻)」(角川学芸出版編集)の発行》

第10回(平20年)
◇学校図書館出版大賞 ミネルヴァ書房 《「発達と障害を考える本(全12巻)」(内山登紀夫〔ほか〕監修,諏訪利明〔ほか〕編)の発行》
◇学校図書館出版賞 岩崎書店 《「日本の林業(全4巻)」(白石則彦監修,MORIMORIネットワーク編)の発行》
◇学校図書館出版賞特別賞 朝倉書店 《「海の動物百科(全5巻)」(Andrew Campbell, John Dawes編,大隅清治〔ほか〕監訳)の発行》

173 学校図書館賞

　日本の学校図書館の発展に寄与するため,学校図書館の振興に尽した個人・団体を顕彰するもので,全国学校図書館協議会創立20周年を記念して,昭和45年2月に設定された。酒井悌賞は,故酒井悌氏(前全国学校図書館協議会会長)逝去の折,寄贈された基金で平成4年(第23回)に,岩崎徹太賞は,故岩崎徹太氏(岩崎書店創立者)逝去の折,寄贈された基金で昭和56年(第12回)に,小峰広恵賞は,故小峰広恵氏(小峰書店創立者)逝去の折,寄贈された基金で昭和61年(第17回)に各々設定された賞で,学校図書館賞受賞者のうち各々1名を顕彰する。

【主催者】(社)全国学校図書館協議会,日本学校図書館振興会
【選考委員】二村健(明星大学教授),小森茂(青山学院大学教授),齋藤友紀子(国立国会図書館国際子ども図書館長),森田敏子(吉川市立中曽根小学校長),森田盛行(全国学校図書館協議会理事長),対崎奈美子(全国学校図書館協議会理事,事務局長)
【選考方法】公募,推薦
【選考基準】〔対象〕第1部:学校図書館(読書指導を含む)について体系的にまとめられた,優れた著作・論文で学校図書館研究の発展に貢献したもの。第2部:学校図書館運動(読書運動を含む)を積極的に推進し,全県あるいは地域の学校図書館を著しく振興させたもの。第3部:それぞれの学校における学校図書館の運営,読書指導あるいは利用指導などにおいて卓越した実践を展開し,学校図書館の研究・指導の発展に貢献したもの。大賞は,第1・2・3部を通して特に優れたもの
【締切・発表】例年,締切は2月28日,発表は6月,表彰は6月上旬(6月11日の「学校図書館の日」の記念事業として開催する)
【賞・賞金】賞状(表彰状)ならびに顕彰牌,副賞(大賞50万円,酒井悌賞20万円,学校図書館賞,岩崎徹太賞,小峰広恵賞各10万円)
【URL】http://www.j-sla.or.jp

第1回(昭46年)
◇第1部
　高橋 昭(岩手県二戸郡一戸町鳥越小学校)「暗中模索と試行錯誤をくりかえした学校図書館づくりと読書指導の実践」
　白石 等(愛媛県今治市乃万小学校)「読書指導の創造と経営」
　橋山 好子(静岡県榛原郡吉田町住吉小学校)「子どもの読書をどう導いたらよいか」
　田代 謙二(神奈川県足柄下郡箱根町湯本中学校)「学校図書館のプランと実践」
◇第2部
　三ツ村 健吉(三重県立津高等学校)「三重県における学校図書館運動の推進」
　池田 信夫(大阪府立旭高等学校)「大阪府における学校図書館運動の推進」

椋 鳩十(鹿児島女子短期大学)「親子20分間読書の提唱と実践による読書運動の推進」
水口 忠(北海道小樽市豊倉小学校)「小規模複式学校における読書教育の実践―読書教育への指向」

第2回(昭47年)
◇第1部
大隅 和子(静岡県浜北市鹿玉小学校)「小学校における読者指導のすすめ方」
品川 洋子(福岡県北九州市市立教育研究所)「学校図書館経営高度化のための広報活動の考究」
深沢 つや子(静岡県富士宮市上井出小学校)「学校図書館活動をとおして生涯教育の方向を探求する」
定金 恒次(岡山県立矢掛高等学校)「国語科における読書指導のあるべき姿と指導の場を求めて」
◇第2部
沢 利政(兵庫県教育委員会文化課図書館準備室)「兵庫県における学校図書館運動の推進」
板橋 清(千葉県船橋市古和釜小学校)「千葉県における学校図書館運動の推進」

第3回(昭48年)
◇第1部
奥村 保次(三重県志摩郡阿児町鵜方小学校)「どのようにすれば、ねうちのある読書感想文が書けるか」
田園調布小学校「資料センターとしての学校図書館の運営」
山田 錦造、西田 雅亮、渡辺 郁子(岡山県小田郡矢掛町矢掛中学校)「学校図書館指導の推進―読書ノートの活用をめぐって」
第18回新潟県図書館研究大会研究紀要委員会(代表・渡辺文雄)(新潟県糸魚川市小滝小学校内)「読書における6つの問い直し」
前川 とし子(静岡県榛原郡吉田町住吉小学校)「読む子らを育てて」
• 奨励賞 池谷 澄子(静岡県焼津市焼津東小学校)「子どもの読書―昭和46年度におけるよく読まれた本」
◇第2部
秋山 嘉久(富山県立魚津高等学校)「富山県における学校図書館運動の推進」
上原 敏男(沖縄県与那原町与那原中学校)「沖縄県における学校図書館運動の推進」

• 特別賞 橋本 登代(千葉県銚子市唐子町若宮小学校)「若宮小学校図書館を基地にしての地域集団読書運動の推進」

第4回(昭49年)
◇第1部
矢内 昭(大阪府立清水谷高等学校教諭)「学校図書館事務の分析と改善への方向づけ 事務手続き標準化の為に」
井田 哲二郎(愛知県宝飯郡一宮町一宮西部小学校教諭)「学校図書館整備の今日的なあり方をめざして―主として図書資料整理」
千葉 ハツ子、大窪 令子(岩手県胆沢郡前沢町前沢中学校特殊学級教諭)「実態調査にたつ特殊学級生徒の読書指導・付・学級文庫の活用」
中村 雅胤(青森県八戸市白菊学園小学校教諭)「本校における児童図書委員の指導」
• 奨励賞 斎藤 敬亮(宮崎県東臼杵郡西郷村山瀬小学校長崎分校教諭)「読書指導の実践記録―不毛の地を耕す努力にも似て」
◇第2部
森山 栄太(大阪府堺市金岡町金岡小学校校長)「大阪府における学校図書館運動の推進」
竹井 成夫(大阪府茨木市忍頂寺小学校教頭)「喜びの読書へ導く指導―実践を通して得た効果的な基礎指導」

第5回(昭50年)
◇第1部
福原 重雄(金沢市芳斎町小学校校長)「本校の学校図書館経営―教育目標の達成をめざして」
亀村 宏(長野県上田染谷丘高校教諭)「高校図書館のゆくえ―長野県東信地方の高校図書館をめぐって」
福永 義長(福岡県宗像高校教諭)「学校図書館の利用指導の定着化をめざして―情報処理能力の育成をめざす利用指導のプロジェクト」
田代 美津子(宇都宮市昭和小学校教諭)「読み手を育てる読書指導―ひとりひとりの特性や能力を応じた読書指導の実践例」
藤井 マツエ(山口県徳山市櫛浜小学校教諭)「豊かな生活を育てる読書指導――一年生を中心とした読書指導実践のあゆみ」
◇第2部
大原 貞利(岡山県岡山芳泉高校校長)「岡山県における学校図書館運動の推

II 文化　　　　　　　　　　　　　　　　　　　　　　　　　173　学校図書館賞

　　　　　進」
　　　谷口　豊(大阪市南住吉小学校教諭)「大
　　　　阪市における学校図書館運動の推進」
第6回(昭51年)
　◇第1部
　　　尼崎市長編読書指導研究サークル(代
　　　　表・山内一正)(兵庫県尼崎市武庫小
　　　　学校)「長編の読書指導」
　　　大橋　忠雄(大阪府茨木市天王小学校)
　　　　「読書活動を高める読書指導」
　◇第2部　川崎　源治(高知市潮江中学校)「高
　　　　知県における学校図書館運動の推進」
第7回(昭52年)
　◇第1部
　　　高橋　惣一(横浜市桜丘高校)「読書会実
　　　　践報告―横浜市立桜丘高校における
　　　　14年間220回の読書会」
　　　山口　重直(市川市冨貴島小学校)「全校
　　　　読書運動の記録」
　　　野村　日出夫(大阪府茨木市西中学校)
　　　　「読書指導の視点を求めて」
　◇第2部
　　　前田　清文(美濃加茂市加茂野小学校)
　　　　「岐阜県における学校図書館運動の推
　　　　進」
　　　山下　博司(大分市王子中学校)「大分県
　　　　における学校図書館運動の推進」
第8回(昭53年)
　◇第1部
　　　倉敷市立東中学校「良書を求め親しむ
　　　　生徒を育てるために」
　　　斎藤　昌子(秋田県仙北郡中仙町中仙小
　　　　学校)「学校経営と読書指導」
　　　釜床　幸恵(徳島県名西郡神山町上分小
　　　　学校)「教育課程の展開に寄与する学
　　　　校図書館であるために」
　◇第2部　矢部　九味男(金沢市金沢高校)「石
　　　　川県高校合同読書会の創立とその推進」
第9回(昭54年)　該当者なし
第10回(昭55年)　該当者なし
第11回(昭56年)
　◇第1部　該当者なし
　◇第2部
　　　大前　和雄(大阪府堺市英彰小学校)「大
　　　　阪府における学校図書館運動の推進」
　　　柏原　スズ子(香川県大川郡大川町富田
　　　　小学校)「学習センター並びに資料セ
　　　　ンターとしての学校図書館の経営と
　　　　その利用の指導」
　◇第3部
　　　市川市冨貴島小学校「学校図書館を通
　　　　しての全校読書運動の実践」

　　　田代　美津子(宇都宮市桜小学校)「目的
　　　　をもって読みしらべながら図書館を
　　　　利用することの楽しさを知らせた読
　　　　書指導の実践」
第12回(昭57年)
　◇第1部　該当者なし
　◇第2部
　　　●岩崎徹太賞　河内　義(茨城県図書館協議会
　　　　委員長,茨城県高等学校教育研究会図書
　　　　館部顧問)「茨城県における学校図書館
　　　　の推進」
　◇第3部　秋山　益子(市川市稲越小学校)「絵
　　　　本の読みきかせ」
第13回(昭58年)
　◇第1部　該当者なし
　◇第2部　該当者なし
　◇第3部
　　　愛知県岡崎市根石小学校「全校体制で
　　　　の長年にわたる読書指導の実践研究」
　　　愛知県豊橋市津田小学校「『生活のなか
　　　　に学習のなかに読書を生かす』読書
　　　　指導」
第14回(昭59年)　該当者なし
第15回(昭60年)
　◇第1部　該当者なし
　◇第2部　中村　実枝子(青森市長島小学校教諭)
　　　　「青森県における学校図書館運動の推進」
　◇第3部　愛知県知多郡東浦町森岡小学校「学
　　　　校図書館を中心とした読書教育の展開」
第16回(昭61年)
　◇第1部　栗原　克丸「ある『戦中派』教師の証
　　　　言」
　◇第2部
　　　間瀬　泰男「愛知県における学校図書館
　　　　運動の推進」
　　　矢内　昭「大阪府における学校図書館運
　　　　動の推進」
　◇第3部　該当者なし
第17回(昭62年)
　◇第1部　塩見　昇(大阪教育大学)「日本学校
　　　　図書館史」
　◇第2部　該当者なし
　◇第3部
　　　山田　幸子(市川市冨貴島小学校教諭)
　　　　「読書指導の長年にわたる研究」
　　　福岡県糟屋郡篠栗町立篠栗小学校「む
　　　　くの木図書館の実践」
　　　●小峰広恵賞　岐阜県可児市立春里小学校
　　　　「全校体制による読書指導」
第18回(昭63年)
　◇第1部　渡辺　重夫(札幌静修高等学校)「子
　　　　どもの学習権と学校図書館」

児童の賞事典　247

◇第2部　該当者なし
◇第3部
　●岩崎徹太賞　愛媛県立宇和島南高等学校「全校体制による学校図書館の利用指導」

第19回(平1年)
◇第1部　前島 俊一郎「図書館だより編集ハンドブック」
◇第2部　栗木 紀憲(小牧市立篠岡中学校校長)「愛知県における学校図書館運動の推進」
◇第3部　該当者なし

第20回(平2年)
◇第1部　該当者なし
◇第2部　鈴木 輝次(千葉県教育研究会学校図書館教育部会部会長)「千葉県における学校図書館運動の推進」
◇第3部　若林 千鶴(大阪市立大正東中学校教諭)「学校図書館づくりを基盤にした読書に親しませるためのさまざまな試み」
　●小峰広恵賞　東京都立千歳丘高等学校「全校読書感想文コンクール27年間の実践」
◇奨励賞
　　坂田 まゆみ(熊本県阿蘇郡阿蘇町立阿蘇中学校主事)「創造的アイディアを生かした中学校の学校図書館活動」
　　谷口 誠雪(三重県立盲学校司書)「盲学校における学校図書館の資料整備と活動」

第21回(平3年)
◇第1部　該当者なし
◇第2部　宮本 忠治、鈴木 秋男(大阪府立八尾高等学校教諭)「大阪府における学校図書館運動の推進」
◇第3部
　●岩崎徹太賞　愛知県岡崎市立連尺小学校「全校体制による学校図書館の活用」
　●小峰広恵賞　松永 アヤ子(新潟県新井市立新井小学校司書)「読書意欲を高め視野を広げる読書活動の実践」

第22回(平4年)
◇第1部　該当者なし
◇第2部　安田 武(岐阜県安八郡輪之内町大藪小学校校長)「岐阜県学校図書館運動の推進」
　●小峰広恵賞　石川県高等学校図書館協議会「26年にわたる石川県高校合同読書会の推進」
◇第3部　今田 克己(東大阪市立孔舎衛中学校校長)「35年間の学校図書館教育の実践」
　●岩崎徹太賞　八戸聖ウルスラ学院小学校「『自ら学ぶ子』を育てる学習センターとしての学校図書館の実践」

◇奨励賞　小口 房子(松本松南高等学校教諭)「本校における読書の推進と利用指導の実践」

第23回(平5年)
◇第1部　平塚 禅定(鶴見大学・文教女子短期大学講師)「神奈川の学校図書館(明治・大正・昭和)」
◇第2部　尾城 勲(神戸市立友が丘中学校前校長)「兵庫県における学校図書館運動の推進」
◇奨励賞　米谷 茂則(船橋市立小栗原小学校教諭)「自己教育力を育てる調べ学習の指導の実践」

第24回(平6年)
◇第1部　該当者なし
◇第2部　徳永 隆憲(千葉市立小谷小学校前校長)「千葉県における学校図書館運動の推進」
◇第3部　埼玉県三郷市立端沼小学校《「自ら学ぶ意欲と豊かな心を育てる学校図書館」の実践活動》
　●岩崎徹太賞　島根県立出雲高等学校図書部「教科と連携した学校図書利用指導の実践」
◇奨励賞　村元 督(青森県立田名部高等学校教諭)「生徒の利用が飛躍的に増加した学校図書館の運営」

第25回(平7年)
◇第1部　該当者なし
◇第2部　久保 良夫(山口県立盲学校校長)「山口県学校図書館組織の確立と学校図書館教育の振興」
◇第3部
　●小峰広恵賞　吉田 令子(静岡県藤枝南女子高等学校司書補)「多角的図書館運営と『読書』授業への取組み」

第26回(平8年)
◇第1部　該当者なし
◇第2部　倉橋 保夫(秋田県学校図書館協議会会長)《秋田県における学校図書館運動の推進によって》
◇第3部　倉田 博行(福岡県立東築高等学校司書)《学校司書としての多年にわたる着実な実践活動によって》

第27回(平9年)
◇第1部　該当者なし
◇第2部　該当者なし
◇第3部　猪飼 由利子(滋賀県立草津東高等学校教諭)

◇小峰広恵賞　猪飼 由利子(滋賀県立草津東高等学校教諭)
第28回(平10年)
　◇第1部　該当者なし
　◇第2部
　　　村上 淳子(元静岡市立南中学校校長)
　　　曲里 由喜子(兵庫県西宮市立高須南小学校教諭)
　◇第3部　該当者なし
　◇岩崎徹太賞　曲里 由喜子(兵庫県西宮市立高須南小学校教諭)
第29回(平11年)
　◇第1部
　　●奨励賞　林田 健二(佐賀県巖木町立巖木小学校教諭)
　◇第2部
　　●奨励賞　青森県高等学校教育研究会図書館部会三八地区部会
　◇第3部　該当者なし
第30回(平12年)　該当者なし
第31回(平13年)
　◇第1部
　　●奨励賞　片岡 則夫(神奈川県立厚木商業高等学校教諭)
　◇第2部　該当者なし
　◇第3部　愛知県立瀬戸北高等学校図書部
　◇岩崎徹太賞　愛知県立瀬戸北高等学校図書部
第32回(平14年)
　◇第1部
　　●奨励賞　藤島 保奈美(静岡県富士市立富士第二小学校教諭、静岡大学大学院教育学研究科修士課程)《「学校図書館利用の研究─実態調査に基づく〈人〉と〈環境〉の在り方」の論文》
　◇第2部　該当者なし
　◇第3部
　　●奨励賞　種台 克彦(広島市立沼田高等学校教諭)《認識主体を育てる読書指導の研究─高度情報化社会21世紀を生き抜く生徒たちのために》
第33回(平15年)
　◇第1部　該当者なし
　◇第2部　該当者なし
　◇第3部　山形県鶴岡市立朝暘第一小学校(代表・学校長竹屋哲弘)《子どもの生活と学習を豊かにする図書館活用教育─図書館機能を学校全体に広げる、学校・保護者連携の取り組み》

◇酒井悌賞　山形県鶴岡市立朝暘第一小学校(代表・学校長竹屋哲弘)《子どもの生活と学習を豊かにする図書館活用教育─図書館機能を学校全体に広げる、学校・保護者連携の取り組み》
第34回(平16年)
　◇第1部　該当者なし
　◇第2部　該当者なし
　◇第3部　愛知県豊橋市立前芝中学校《一から始めた学校図書館づくり─環境整備から図書館を活用する教育実践に至る6年間の歩み─》
　●奨励賞
　　藤田 利江(神奈川県厚木市立北小学校)《生まれたばかりの司書教諭─司書教諭1年目の実践─》
　　石原 千恵子(島根県広瀬町立広瀬小学校)《図書館を生き生きと生まれ変わらせた司書教諭の活動》
第35回(平17年)
　◇第1部　該当者なし
　◇第2部　該当者なし
　◇第3部　香川県立高松工芸高等学校《専門高校の特性を活かし、「ものづくり」を積極的に取り入れた読書活動の試み》
第36回(平18年)
　◇第1部　野口 武悟(筑波大学大学院図書館情報メディア研究科)《わが国特殊教育における学校図書館の導入と展開に関する研究─障害児・者の教育と図書館の歴史─の論文》
　◇第2部　高田 節子(鳥取県鳥取市立醇風小学校校長)《鳥取県における学校図書館運動の推進》
　◇第3部　該当者なし
第37回(平19年)
　◇第1部　該当者なし
　◇第2部　該当者なし
　◇第3部　石狩管内高等学校図書館司書業務担当者研究会《組織的な研究活動による基礎的実務能力と専門的知識の獲得及び「パスファインダー」によるメディア活用能力の育成、図書館利用指導の実践》
第38回(平20年)
　◇第1部　松戸 宏予《学校図書館における特別な支援の在り方に関する研究─学校司書と教職員を対象としたフィールド調査を中心に─》
　◇第2部　該当者なし
　◇第3部　千葉県袖ケ浦市立平川中学校《平川中学校での学校図書館の取り組み》

174 学校図書館メディア賞

学校図書館向きコンピュータ・ソフトウェア等優良なメディアの発行を顕彰し,学校図書館メディアの振興を図るため平成11年に設立された。第5回をもって終了。

【主催者】(社)全国学校図書館協議会,日本学校図書館振興会
【選考方法】公募
【選考基準】〔対象〕(1)前年4月から当年3月までに発行された市販のソフトウェア(2)「全国学校図書館協議会コンピュータ・ソフトウェア選定基準」に適合した「選定ソフトウェア」〔基準〕(1)教育課程の展開で有用な情報源として活用できるか(2)内容はアイディアに富み,独創性があるか(3)児童生徒の興味関心に引き付ける工夫がなされているか(4)児童生徒の学習意欲を喚起し,発展させることができるか(5)目次,索引,参考文献などが付され,利用の便が図られているか(6)メディアの特性を生かした工夫がなされているか(7)操作性,機能,動作がすぐれているか
【締切・発表】例年,発表は6月

第1回(平11年)
　◇学校図書館メディア大賞 アスキー 《「マルチメディア昆虫図鑑改訂版」(マルチメディア図鑑シリーズ)の発行》
　◇学校図書館メディア賞
　　　マイクロソフト 《「Microsoft Encarta百科事典99日本語版」の発行》
　　　大日本スクリーン製造 《「京の歳時百科」(春,夏,秋,冬編)の発行》
　　　PFU 《「国宝仏像」(1.広隆寺2.東寺〈教王護国寺〉3.新薬師寺4.薬師寺)の発行》

第2回(平12年)
　◇学校図書館メディア大賞 東京システムハウス 《「歌で覚えるはじめての手話」(1.遊ぼう 歌おう,2.君と歌いたい)の発行》
　◇学校図書館メディア賞
　　　アスキー 《「生き物いろいろ飼い方百科」の発行》
　　　小学館 《「大自然ライブラリー」(水族記,植物誌,昆虫館)の発行》
　　　創育 《「植物の観察3」の発行》

第3回(平13年)
　◇学校図書館メディア大賞 トライアルネット 《「地球の生態系デジタル図鑑食物連鎖編」の発行》
　◇学校図書館メディア賞
　　　講談社 《「太陽系大紀行」の発行》
　　　東京書籍 《「Green Map世界編」の発行》

第4回(平14年)
　◇学校図書館メディア大賞 岩波書店 《「CD-ROM岩波平和ミュージアム」の発行》
　◇学校図書館メディア賞
　　　エーピーピーカンパニー 《「江戸 東京重ね地図」の発行》
　　　小学館 《「ルーヴル:ヴァーチャル・ヴィジット―仮想美術館」の発行》

第5回(平15年)
　◇学校図書館メディア大賞 該当者なし
　◇学校図書館メディア賞 該当者なし

175 城戸奨励賞

昭和15年城戸幡太郎氏の寄付金に基づいて設立された城戸奨励賞基金をもとに,日本教育心理学会の会員であって優秀な研究論文を発表した者を顕彰するため,昭和40年から開始された。

【主催者】日本教育心理学会
【選考委員】市川伸一,明田芳久,秋田喜代美,戸田まり,蘭千寿,稲垣佳世子,井上毅,松田文子,水野りか,落合良行,荻野美佐子,園田雅代,田中道治,宇野忍,吉田寿夫
【選考方法】会員による推薦

II 文化　　　　　　　　　　　　　　　　　　　　　　　　　　　　　　　　城戸奨励賞

【選考基準】〔資格〕公刊時に35歳未満で過去に同賞を受賞していない同学会会員。〔対象〕当該年度(1月～12月)に機関誌「教育心理学研究」に発表された論文,及び教育心理学会総会で発表されかつ公刊された論文
【締切・発表】次年度の総会にて発表
【賞・賞金】賞状と賞金
【URL】http：//www.soc.nii.ac.jp/jaep/japanese/index.html

第1回(昭40年度)　北尾 倫彦「児童の言語記憶におよぼす文章経験の効果について」〔「教育心理学研究」13巻3号〕
第2回(昭41年度)　岩井 勇児「性格検査項目の反応の変動性に関する研究II―項目の内容とあいまい性指標について」〔「教育心理学研究」14巻1号〕「性格検査項目の反応の変動性に関する研究III―項目の困難度とあいまい性指標」〔「教育心理学研究」14巻4号〕
第3回(昭42年度)　柳井 晴夫「適性診断における診断方法の検討：I―多重判別関数と因子分析による大学の9つの系への適性診断」〔「教育心理学研究」15巻3号〕
第4回(昭43年度)　稲垣 佳世子,波多野 誼余夫「認知的観察における内発的動機づけ」〔「教育心理学研究」16巻4号〕
第5回(昭44年度)　該当者なし
第6回(昭45年度)　天野 清「語の音韻構造の分析行為の形成とかな文字の読みの学習」〔「教育心理学研究」18巻2号〕
第7回(昭46年度)　該当者なし
第8回(昭47年度)
　　須賀 哲夫,大竹 信子「書記指令行動について―事例研究」〔「教育心理学研究」20巻4号〕
　　梶田 正巳「弁別移行学習における媒介過程の実験的研究」〔「教育心理学研究」20巻3号〕
第9回(昭48年度)　天岩 静子「Piagetにおける保存の概念に関する研究」〔「教育心理学研究」21巻1号〕
第10回(昭49年度)　岩田 純一「子どもにおける空間表象の変換に及ぼす感覚―運動的手がかりの効果」〔「教育心理学研究」22巻1号〕
第11回(昭50年度)
　　新井 邦二郎「長さ,重さ,液量における単位の同一性概念」〔「教育心理学研究」23巻1号〕
　　臼井 博「認知スタイル(Reflection-Impulsivity)に関する心理学的研究I―視覚的探索ストラテジーの分析」〔「教育心理学研究」23巻1号〕
　　内田 伸子「幼児における物語の記憶と理解におよぼす外言化・内言化経験の効果」〔「教育心理学研究」23巻2号〕
第12回(昭51年度)　柴田 幸一「弁別移行学習における媒介過程の発達研究―Piaget型発達理論との関連によるKendler仮説の検討」〔「教育心理学研究」24巻2号〕
第13回(昭52年度)　森谷 寛之「同音多義語連想に関する臨床的研究」〔「教育心理学研究」25巻1号〕
第14回(昭53年度)　該当者なし
第15回(昭54年度)　中垣 啓「組合せ操作の発達的研究」〔「教育心理学研究」27巻2号〕
第16回(昭55年度)　該当者なし
第17回(昭56年度)　速水 敏彦「学業不振児の原因帰属―ケース評定尺度によるアプローチ」〔「教育心理学研究」29巻4号〕
第18回(昭57年度)　古城 和敬,天根 哲治,相川 充「教師期待が学業成績の原因帰属に及ぼす影響」〔「教育心理学研究」30巻2号〕
第19回(昭58年度)
　　樋口 一辰,鎌原 雅彦,大塚 雄作「児童の学業達成に関する原因帰属モデルの検討」〔「教育心理学研究」31巻1号〕
　　佐々木 正人,渡辺 章「『空書』行動の出現と機能―表象の運動感覚的な成分について」〔「教育心理学研究」31巻4号〕
第20回(昭59年度)　桜井 茂男「内発的動機づけに及ぼす言語的報酬と物質的報酬の比較」〔「教育心理学研究」32巻4号〕
第21回(昭60年度)　該当者なし
第22回(昭61年度)　該当者なし
第23回(昭62年度)
　　小野瀬 雅人「幼児・児童におけるなぞり及び視写の練習が書字技能の習得

に及ぼす効果」〔「教育心理学研究」35巻1号〕
岡田 猛「問題解決過程の評価に関する発達的研究」〔「教育心理学研究」35巻1号〕
浜谷 直人「幼児期の行動の計画化の発達―ゆるやかな構造の問題解決過程の分析」〔「教育心理学研究」35巻4号〕

第24回(昭63年度)
秋田 喜代美「質問作りが説明文の理解に及ぼす効果」〔「教育心理学研究」36巻4号〕
湯沢 正通「問題状況の意味の理解と推論スキーマ」〔「教育心理学研究」36巻4号〕

第25回(平1年度)　該当者なし

第26回(平2年度)
吉川 昌子「年少児における動作スキルと課題理解の関係性」〔「教育心理学研究」38巻3号〕
那須 正裕「学業達成場面における原因帰属、感情、学習行動の関係」〔「教育心理学研究」38巻1号〕

第27回(平3年度)
針生 悦子「幼児における事件名解釈方略の発達的検討―相互排他性と文脈の利用をめぐって」〔「教育心理学研究」39巻1号〕
山本 登志哉「幼児期における先占の尊重原則の形成とその機能―所有の個体発生をめぐって」〔「教育心理学研究」39巻2号〕

第28回(平4年度)
藤村 宣之「児童の比例的推理に関する発達的研究」〔「教育心理学研究」40巻3号〕
柴山 直「欠測値を含む多変量データのための主成分分析法」〔「教育心理学研究」40巻3号〕

第29回(平5年度)
鹿毛 雅治「到達度評価が児童の内発的動機づけに及ぼす効果」〔「教育心理学研究」41巻4号〕
青木 みのり「二重拘束的コミュニケションが情報処理及び情動に与える影響」〔「教育心理学研究」41巻1号〕

第30回(平6年度)
別府 哲「話し言葉を持たない自閉性障害幼児における特定の相手の形成の発達」〔「教育心理学研究」42巻2号〕
佐藤 有耕「青年期における自己嫌悪感の発達的変化」〔「教育心理学研究」42巻3号〕

第31回(平7年度)
中島 伸子「「観察によって得た知識」と「科学的情報から得た知識」をいかに関連づけるか―地球の形の概念の場合」〔「教育心理学研究」43巻2号〕
平 直樹「物語作成課題に基づく作文能力評価の分析」〔「教育心理学研究」43巻2号〕

第32回(平8年度)
土屋 隆裕「2つの質的変数群において関連する変数を見出すための探索的等質性分析」〔「教育心理学研究」44巻1号〕
中谷 素之「児童の社会的責任目標が学業達成に影響を及ぼすプロセス」〔「教育心理学研究」44巻4号〕

第33回(平9年度)　工藤 与志文「文章読解における「信念依存型誤読」の生起に及ぼすルール教示の効果―科学領域に関する説明文を用いて」〔「教育心理学研究」45巻1号〕

第34回(平10年度)
岩槻 恵子「説明文理解における要点を表わす図表の役割」〔「教育心理学研究」46巻2号〕
上原 泉「再認が可能になる時期とエピソード報告開始時期の関係―縦断的調査による事例報告」〔「教育心理学研究」46巻3号〕

第35回(平11年度)
江尻 桂子「ろう児と健聴児の比較からみた前言語期の乳児の音声と身体運動の同期現象」〔「教育心理学研究」47巻1号〕
深谷 優子「局所的な連接性を修正した歴史テキストが学習に及ぼす影響」〔「教育心理学研究」47巻1号〕
杉浦 義典「心配の問題解決志向性と制御困難性の関連」〔「教育心理学研究」47巻2号〕

第36回(平12年度)
安田 朝子, 佐藤 徳「非現実的な楽観傾向は本当に適応的といえるか―「抑圧型」における楽観傾向の問題点について」〔「教育心理学研究」48巻2号〕
清水 由紀「幼児における特性推論の発達―特性・動機・行動の因果関係の理解」〔「教育心理学研究」48巻3号〕
植木 理恵「学習障害児に対する動機づけ介入と計算スキルの教授―相互モデリングによる個別学習指導を通して」〔「教育心理学研究」48巻4号〕

第37回(平13年度)
　岩男 卓実「文章生成における階層的概念地図作成の効果」〔「教育心理学研究」49巻1号〕
　梶井 芳明「児童の作文はどのように評価されるのか?―評価項目の妥当性・信頼性の検討と教員の評価観の解明」〔「教育心理学研究」49巻4号〕
第38回(平14年度)
　林 創「児童期における再帰的な心的状態の理解」〔「教育心理学研究」50巻1号〕
　犬塚 美輪「説明文における読解方略の構造」〔「教育心理学研究」50巻2号〕
第39回(平15年度)　村山 航「テスト形式が学習方略に与える影響」〔「教育心理学研究」51巻1号〕
第40回(平16年度)
　水野 将樹「青年は信頼できる友人との関係をどのように捉えているのか―グラウンデッド・セオリー・アプローチによる仮説モデルの生成―」〔「教育心理学研究」52巻2号〕
　原田 杏子「専門的相談はどのように遂行されるか―法律相談を題材とした質的研究」〔「教育心理学研究」52巻3号〕
第41回(平17年度)　垣花 真一郎「濁音文字習得における類推の役割」〔「教育心理学研究」53巻2号〕
第42回(平18年度)
　加藤 弘通, 大久保 智生「〈問題行動〉をする生徒および学校生活に対する生徒の評価と学級の荒れとの関係―〈困難学級〉と〈通常学級〉の比較から」〔「教育心理学研究」54巻1号〕
　瀬戸 瑠夏「オープンルームにおけるスクールカウンセリングルームという場の構造―フィールドワークによる機能モデルの生成」〔「教育心理学研究」54巻2号〕
　荻原 康仁, 大内 善広「通信簿の評定結果の納得感に及ぼす指導と評価に関する教師の取組みの効果」〔「教育心理学研究」54巻4号〕
第43回(平19年度)　小林 寛子「協同的発見活動における「仮説評価スキーマ」教示の効果」〔「教育心理学研究」55巻1号〕

176 教育奨励賞

　昭和60年, 時事通信社の創立40周年を記念して創設された。学校教育の一層の充実を目的とし, 創造性に富んだ, 特色ある教育の実践に顕著な業績をあげた学校に贈られる。
【主催者】 時事通信社
【選考委員】 審査委員長：鈴木勲(日本弘道会会長), 委員：菱村幸彦(清真学園理事長), 児島邦宏(東京学芸大学名誉教授), 大原正行(東京都教育長), 谷定文(時事通信社編集局長)
【選考方法】 各都道府県・政令指定都市教育委員会の推薦による
【選考基準】 〔対象〕公私立の幼稚園・小・中・高校, 中等教育学校, 特別支援学校。〔基準〕(1)「授業の革新」「地域社会に根ざした教育」の各テーマについて今日的課題を追求している。(2)数年以上の積み重ねがあり, しっかりと定着している。(3)研究のレベルは全国的にみてその面のトップクラスに近い
【締切・発表】 (第25回)推薦締切は平成21年6月5日, 発表は9月28日(当該校に文書で伝達), 表彰式は10月26日
【賞・賞金】 優秀賞(3校, 1校は特別支援学校を予定)：表彰状と記念品, 副賞100万円, 以上のうち1校に文部大臣奨励賞。特別賞(1校)：表彰状と記念品, 副賞100万円。優良賞(若干)：表彰状と記念品, 副賞10万円。努力賞(若干)：表彰状と記念品

第1回(昭60年)
　　東京都板橋区立金沢小学校 《多目的スペースで個別教育》
　　名古屋市立北山中学校 《小・中連携による基礎体力づくり》
第2回(昭61年)
　　岩手県釜石市立大石小学校 《サケの人工ふ化を取り入れた教育活動》
　　新潟市立白新中学校 《自主選択コース別指導—「生きる力」育成目指す》
第3回(昭62年)
　　和歌山県海草郡下津町立下津第二中学校 《古老, 先輩に学ぶ学年別地域学習》
　　岡山県立日本原高等学校 《酪農実習とボランティア活動》
第4回(昭63年)
　　愛知県知多郡東浦町立緒川小学校 《個性化教育の推進》
　　石川県立羽咋工業高等学校 《課題研究を中核とする学習システム》
第5回(平1年)　岐阜県立岐阜三田高等学校
◇文部大臣奨励賞　秋田市立築山小学校
◇特別賞　北九州市立北九州養護学校
第6回(平2年)
◇優秀賞・文部大臣奨励賞　石川県鶴来町立北辰中学校
◇優秀賞
　　東京都北区立赤羽台西小学校
　　石川県鶴来町立北辰中学校
第7回(平3年)
◇優秀賞・文部大臣奨励賞　京都府立商業高等学校
◇優秀賞
　　滑川市立北加積小学校
　　京都府立商業高等学校
第8回(平4年)
◇優秀賞・文部大臣奨励賞　滋賀県湖北町立湖北中学校
◇優秀賞
　　神奈川県藤野町立小渕小学校
　　滋賀県湖北町立湖北中学校
第9回(平5年)
◇優秀賞・文部大臣奨励賞　高知県立岡豊高等学校
◇優秀賞
　　浜松市立元城小学校
　　高知県立岡豊高等学校
第10回(平6年)
◇優秀賞・文部大臣奨励賞　鹿児島県立甲陵高等学校
◇優秀賞
　　広島県東広島市立西条小学校
　　鹿児島県立甲陵高等学校
第11回(平7年)
◇優秀賞・文部大臣奨励賞　千葉県館山市立北条小学校
◇優秀賞
　　神戸市立鷹取中学校
　　千葉県館山市立北条小学校
第12回(平8年)
◇優秀賞・文部大臣奨励賞　埼玉県八潮市立八幡中学校
◇優秀賞
　　北九州市立枝光幼稚園
　　埼玉県八潮市立八幡中学校
第13回(平9年)
◇優秀賞・文部大臣奨励賞　富山県福野町立福野中学校
◇優秀賞　茨城県つくば市立二の宮小学校
◇優良賞
　　大阪府富田林市立小金台小学校
　　横浜市立大道小学校
　　北九州市立祝町小学校
　　愛知県江南市立布袋中学校
第14回(平10年)
◇優秀賞・文部大臣奨励賞　岩手県北上市立南中学校 《地域ぐるみで生徒を育成》
◇優秀賞　千葉県船橋市立市場小学校(コンピューターが教育活動に浸透)
◇優良賞
　　兵庫県北淡町立野島小学校
　　横浜市立大岡小学校
　　岐阜県恵那市立恵那西中学校
　　京都府立農芸高等学校
第15回(平11年)
◇優秀賞・文部大臣奨励賞　沖縄県具志川市立天願小学校 《マルチメディアで主体性を育成》
◇優秀賞
　　宮城県農業高等学校 《地域と連携した農業教育を実践》
　　山口県立下関養護学校 《重複障害児に個に応じた学習指導》
◇優良賞
　　愛媛県八幡浜市立松蔭小学校
　　茨城県下館市立下館中学校
　　北海道上士幌高等学校
　　福岡県立養護学校
　　佐賀県立中原養護学校
第16回(平12年)
◇優秀賞・文部大臣奨励賞　横浜市立日枝小学校 《子供がつくる総合活動で不登校ゼロ》

◇優秀賞　宮崎県立佐土原高等学校　《徹底的な自己分析で確実な進路選択》
◇優良賞
　　福岡県春日市立春日野小学校
　　東京都世田谷区太子堂中学校
　　高知県立高知農業高等学校
第17回（平13年度）
◇優秀賞・文部科学大臣奨励賞　福岡県立久留米筑水高等学校　《鶏の飼育，解体通じ「命の教育」》
◇優秀賞　大阪府貝塚市立第二中学校　《「遊び」「学ぶ」校区コミュニティー》
◇優良賞
　　香川県高松市立四番丁小学校
　　北九州市立曽根東小学校
　　滋賀県信楽町立信楽中学校
第18回（平14年度）
◇優秀賞・文部科学大臣奨励賞　千葉市立土気南中学校　《職場体験学習通し地域と信頼関係築く》
◇優秀賞　栃木県立石橋高等学校　《独自の「キャリア教育」で進路意識育成》
第19回（平15年度）
◇優秀賞・文部科学大臣奨励賞　岡山市立平福小学校　《生活科と総合学習で六年一貫カリキュラム》
◇優秀賞　静岡県富士宮市立富士宮第二中学校　《内発的意欲を大切に「富士山」学習を実践》
第20回（平16年度）
◇優秀賞・文部科学大臣奨励賞　千葉県立市川工業高等学校　《技術融合し実践的プログラム実施》
◇優秀賞
　　富山県大門町立浅井小学校　《水と共に生きる》
　　北海道札幌聾学校　《3歳未満障害児に支援プログラム》
第21回（平17年度）
◇優秀賞・文部科学大臣奨励賞　茨城県つくば市立竹園東小学校　《先進IT教育で多様な試み実践》
◇優秀賞　宮崎県立都城工業高等学校　《資格取得で活性化，地域にも貢献へ》
第22回（平18年度）
◇優秀賞・文部科学大臣奨励賞
　　岡山県立水島工業高等学校，岡山県立興陽高等学校　《専門分野生かし，資源循環に挑戦》
　　宮崎県立五ヶ瀬中等教育学校　《自ら学ぶ心を養う体験型授業》
第23回（平19年度）
◇優秀賞・文部科学大臣奨励賞　熊本県宇城市立松橋小学校　《子どもたちの「話す・聞く」能力アップを目指し「お話道場」や「2人対話」に全校で取り組み，国語力向上の成果をあげた》
◇優秀賞　愛知県立渥美農業高等学校　《生徒が主体となって四角いメロン「カクメロ」を開発。特許も取得し，特産品のブランド化に貢献した》
第24回（平20年度）
◇優秀賞・文部科学大臣奨励賞　新潟県新潟市立浜浦小学校　《継続的な評価，指導で授業力向上》
◇優秀賞　岩手県大船渡市立末崎中学校　《ワカメ通じ地域の特性学ぶ》

177 教育美術賞（佐武賞）

美術教育の振興に尽力した佐武林蔵氏の寄付によって，昭和41年教育美術振興財団内に佐武基金が創設され，同基金から生じる果実の一部で設けられた賞。

【主催者】（財）教育美術振興会
【選考委員】（第44回）鯨岡峻（中央大学教授），鈴石弘之（NPO法人市民の芸術活動推進委員会理事長），中川織江（元日本女子大学講師），服部鋼資（元鹿児島大学教授），橋本繁（大妻中学高等学校教諭），山田一美（東京学芸大学教授）
【選考方法】公募
【選考基準】〔資格〕全国の大学，高等学校，中学校，小学校，幼稚園，保育所，盲学校・聾学校及び養護学校ならびにその他の機関での教育またはその研究に携わる者。〔対象〕美術教育に関する，実践研究にもとづく報告または論文

【締切・発表】第44回の締切は平成21年3月31日。発表は「教育美術」8月号に受賞作品を掲載,受賞者への直接通知
【賞・賞金】1点,佳作もある。賞状と副賞佐武賞(賞金20万円)
【URL】http://park12.wakwak.com/~kyo-bi

第1回(昭41年度)　阿部 良信(青森県青森市立大野小学校)「農山村における描画指導の意味」〔実践報告〕
　◇佳作賞
　　伊藤 弥四夫(東京都世田谷区立池尻小学校)「創造的表現力を伸ばす池尻の図工教育・版画教育を柱にして」〔実践報告〕
　　今 三喜(大阪府泉佐野市)「人間疎外超克の美術教育論」〔研究論文〕
　　佐口 七朗(佐賀大学教育学部)「基礎造形における形の構成について」〔研究論文〕
　　西田 年博(大阪府堺市立登美丘東小学校)「特殊学級(精薄児)の絵画指導はいかにあるべきか」〔実践報告〕
第2回(昭42年度)　今北 信雄(和歌山県有田郡清水町立久野原小学校)「生活に根ざす図工教育」〔実践報告〕
　◇佳作賞
　　大勝 恵一郎(東京都立小石川高等学校)「義務教育における美術教育の存在意義」〔研究論文〕
　　北条 聰(東京都立豊多摩高等学校)「高校における美術教育」〔実践報告〕
　　東京都図工科研究員「美術教育における創造の意義」〔研究論文〕
第3回(昭43年度)　細田 和子(山口県阿武郡阿東町立地福小学校)「わたしはこのようにして成果をあげた」〔実践報告〕
　◇佳作賞
　　岡田 憨吾(山口県下松市立公集小学校)「わたしはこのようにして成果をあげた」〔実践報告〕
　　西田 年博(大阪府立堺養護学校)「子どもの空間概念」〔研究論文〕
　　根津 三郎(東京都新宿区立四谷第三小学校)「私の学校と美術教育」〔実践報告〕
　　宮脇 みのる(和歌山県海南市立内海小学校冷水分校)「生活に深く根ざした図工教育」〔実践報告〕
　　山口 昌伴(東京都・学建築研究所)「美術教育における創造—目的論への問いとして」〔研究論文〕

第4回(昭44年度)
　　小野寺 尅子(岩手県二戸郡福岡町立福岡小学校)「わたしはこのようにして実践した」〔実践報告〕
　　山口 昌伴(東京都・学建築研究所)「美術教育における技術」〔研究論文〕
　◇選外佳作　宮脇 みのる(和歌山県海南市立内海小学校冷水分校)「わたしはこのようにして実践した」〔実践報告〕
第5回(昭45年度)　田中 義雄(山口県熊毛郡上関町立祝島小学校)「わたしはこのようにして実践した」〔実践報告〕
　◇佳作賞
　　黒川 建一(三重大学教育学部)「私の中の作家と教師」〔研究論文〕
　　中村 祥助(山口県下松市立下松小学校)「わたしはこのようにして成果をあげた」〔実践報告〕
　　仁部 弥生(埼玉県北葛飾郡杉戸町立杉戸中学校)「わたしはこのようにして実践した」〔実践報告〕
　　西田 年博(大阪府立堺養護学校)「美術教育と特殊教育」〔実践報告〕
　　根津 三郎(東京都新宿区立四谷第三小学校)「わたしはこのようにして実践した」〔実践報告〕
第6回(昭46年度)　該当者なし
　◇佳作賞
　　千代延 尚子(島根県江津市立津宮小学校)「遊び道具を図画工作科の授業に取り入れて」〔実践報告〕
　　橋本 務(静岡県富士市立田子浦小学校)「私たちは児童の心に富士を入れた」〔実践報告〕
　　藤田 明夫(青森県西津軽郡車力村立車力小学校)「子どもを育てる版画指導」〔実践報告〕
　　矢田 邦子(東京都世田谷区立旭小学校)「一年生の人物画についての実践記録」〔実践報告〕
第7回(昭47年度)　該当者なし
　◇佳作賞
　　岡田 憨吾(山口県下松市立江ノ浦小学校)「江ノ浦の子らとともに歩んだ一か年」

土岐郡笠原町粘土学習研究会(岐阜県土岐市)「粘土学習の本質と方法の確立を目指して」
小林 敦子「メルコテにおける絵の指導」
松浪 猛(大分県玖珠郡玖珠町立栃野小学校)「幼児期造形活動の発達段階について」
八木 徳三(岡山県児島郡藤田村立第二藤田小学校)「子どもの可能性を追求する図工科実践事例」
若林 松蔵(青森県八戸市立八戸小学校)「学校経営と図工教育」

第8回(昭48年度) 安田 幸子(岐阜県岐阜市立西郷保育所)「幼児の版画遊びとその指導」
◇佳作賞
角口 毅(熊本県鹿本郡植木町立吉松小学校)「私はこのように実践した」
佐々木 仁徳(富山県下新川郡宇奈月町立下立小学校)「図工科学習指導におけるシステム化の事例研究」
芳賀 美子(福岡県北九州市立広徳小学校)「児童自らの力で想を深めていく造形指導の考察」

第9回(昭49年度) 向井 弘子(大阪府枚方市立第三中学校)「絵本制作に見る生徒の創造性とその背景」
◇佳作賞
川瀬 弘(岐阜県岐阜市立藍川中学校)「あすに生きるデザイン学習」
広島県沼隈郡沼隈町立山南小学校「児童の人間性を深めていく絵画指導」
福井 昭雄(東京都オレンジ会造形教室)「感動ある遊びへの発展」

第10回(昭50年度) 川瀬 弘(岐阜県岐阜市立藍川中学校)「豊かな創造性を育てる美術教育」
◇佳作賞
永広 兆子(和歌山県和歌山市立城東中学校), 和田 竜郎(和歌山県和歌山市立城東中学校)「想像して描く構想画の指導の一考察」
是常 哲生(兵庫県神戸市立垂水小学校)「表情を求めて」
佐藤 功(岩手県岩手郡西根町立平笠小学校)「粘土を素材とする造形活動を通して児童の表現力を伸ばすにはどうしたらよいか」
宮脇 みのる(和歌山県海南市立大野小学校)「わたしはこのようにして成果をあげた」

第11回(昭51年度) 吉井 宏(福岡教育大学教育学部), 野中 敏信(福岡教育大学附属福岡小学校)「情操豊かな創造的子どもの育成」
◇佳作賞
土屋 常義(岐阜県・東海女子短期大学)「鑑賞教育の実践記録」
永井 智恵子(神奈川県平塚市立神田小学校)「隠れた才能を発見して」
羽田 満枝(新潟県長岡市立新組小学校)「お話の絵の実践」

第12回(昭52年度) 岡田 憨吾(山口県下松市立中村小学校)「心を育てる図工科指導」
◇佳作賞
板良敷 敏(大阪教育大学附属平野小学校)「行為としての美術教育」
内藤 幸男(岐阜県多治見市立共栄小学校)「土に取り組む子ども達」
長町 充家(大阪教育大学附属天王寺中学校)「美術科教育と教材・題材」

第13回(昭53年度) 照井 トシ子(岩手県一関市立桜町中学校)「一人一人の心に染み通る美術教育」
◇佳作賞
小河原 玉子(福岡県北九州市立小倉南養護学校)「体動性に立つ造形教育」
岸本 光子(島根県松江市立中島幼稚園)「自然に心を寄せる豊かな心を持つ幼児の育成」
野田 キミ子(熊本県熊本市立泉ヶ丘小学校)「特殊学級における構想画指導法の研究」
間鍋 武敷(大阪府大阪市立下福島中学校)「美術教育における「科学性と中立性」に関する実践的考察」

第14回(昭54年度) 該当者なし
◇佳作賞
梶田 幸恵(神戸大学教育学部附属住吉小学校)「粘土による表現と鑑賞の授業」
角口 毅(熊本県鹿本郡植木町立五霊中学校)「表現する喜びを求めて」
杉原 宏二(広島県阿哲郡哲多町立大田小学校)「心の豊かな子どもを育てる図工教育」

第15回(昭55年度) 日高 幸子(福岡県直方市立感田小学校)「筑豊の子らと歩いた二十年」
◇佳作賞
臼杵 秀子(徳島県名西郡石井町立藍畑小学校)「身近な材料を使ってする造形的な遊びの指導」

小坂　茂(静岡県静岡市立大里西小学校)「つくる喜びを育てる」
近藤　行江(三重県亀山市立野登小学校)「総合的学習展開」
坂井　進(埼玉県富士見市立東中学校)「私はこのようにして実践した」
中島　一彦(神奈川県横浜市立榎が丘小学校)「工作教育の基礎力を高めるための系統的指導」

第16回(昭56年度)　野島　光洋(静岡県浜松市立都田中学校)「民話の共同連作(壁画)と地域への波紋」〔実践報告〕
　◇佳作賞
　　菅田　篤(岩手県立教育センター)，藤村　富二(岩手県盛岡市立上田中学校)「美術の基礎能力を高め表現に深まりをもたせる指導」〔実践報告〕
　　谷山　育(大阪府大阪市立住之江中学校)「美術的方法による教育の可能性を求めて」〔実践報告〕
　　丹田　千恵子(大阪府藤井寺市立藤井寺北小学校)「バスは友達」〔実践報告〕
　　柳田　昭彦(宮崎県えびの市立飯野中学校)「喜びの焼き物授業を目指して」〔実践報告〕
　◇国際障害者年記念賞
　　田中　真固(愛知県春日井市立高蔵寺中学校)「見てつくることの意味」〔実践報告〕
　　玉木　与一(福島県郡山市立桑野小学校)「新聞紙遊びからの図工教育実践の記録」〔実践報告〕

第17回(昭57年度)
　　三浦　由紀子(山口県徳山市立桜木小学校)「表現の芽や根を育てる低学年の図工科指導」〔実践報告〕
　　宮本　朝子(東京都大田区立洗足池小学校)「図画工作における自己評価の実証的研究」〔研究論文〕
　◇佳作賞
　　佐久間　敬(福島大学教育学部)「集団造形活動の試み」〔実践報告〕
　　佐藤　康二(埼玉県立朝霞西高等学校)「不器用な手をどうするか」〔研究論文〕
　　仲瀬　律久(東京都立小石川高等学校)「教育改革におけるアメリカ美術教育」〔研究論文〕
　　芳賀　美子(福島県北九州市立守恒小学校)「わき起こる表現欲求を満たすために」〔実践報告〕

第18回(昭58年度)　該当者なし
　◇佳作賞

泉谷　淑夫(神奈川県平塚市立大住中学校)「ブラックボックスと美術教育」〔研究論文〕
佐藤　トミ(前山形県東根市立東郷小学校)「子どもに応じた絵の指導」〔実践報告〕
杉原　宏二(岡山県阿哲郡神郷町立神代小学校)「全校縦割り班による版画カレンダーの制作」〔実践報告〕

第19回(昭59年度)
　　安藤　恭子(岐阜県岐阜市立岩野田小学校)「描画指導における重点の考察」〔実践報告〕
　　村瀬　千樫(北海道石狩郡石狩町立花川中学校)「絵画表現における子どもの空間表現に関する研究」〔研究論文〕
　◇佳作賞
　　飯泉　尚弘(秋田県湯沢市立湯沢北中学校)「繰り返し文様の製作について」〔実践報告〕
　　工藤　玲子(青森県青森市立小柳小学校)「表現の喜びを味わう図工教育」〔実践報告〕
　　中岡　紘子(愛媛県松山市立番町小学校)「自己を見つめ粘り強く追究する子どもを育てる図工科の指導」〔実践報告〕
　　久山　まさ子(大阪府・箕面学園保育専門学校)「幼児の表現の工夫に関する研究」〔研究論文〕

第20回(昭60年度)　中沢　信子(神奈川県横浜市立竹山小学校)「創造する力を培うことにより自ら行動できる子の育成を目指した実践」〔実践報告〕
　◇佳作賞
　　相田　隆久(東京都板橋区立桜川小学校)「教えないで教える教育を目指して」〔実践報告〕
　　岡田　憨吾(山口県下松市立深浦小学校)「心を育てる造形的な遊び」〔実践報告〕

第21回(昭61年度)
　　星　邦男(東京都江戸川区立上一色小学校)「発想教材を考える」〔研究論文〕
　　山口　喜雄(神奈川県横浜市立洋光台第一中学校，横浜国立大学大学院)「美術教師十年の軌跡」〔実践報告〕
　◇佳作賞
　　中里　幸彦(福島県立平養護学校)「《なぐり描き》の先導的発達促進の構想」〔研究論文〕
　　小川　満恵(広島県尾道市・スミレ幼稚園)「幼児(5歳児)の生活と絵画製作領域

のかかわりについての一考察」〔実践報告〕
　　山下 美代子(三重県一志郡三雲町立鵲小学校)「子どもたちの魂の叫びに耳を傾けた低学年の図工教育」〔実践報告〕
第22回(昭62年度)
　　川村 雅弘(大阪府堺市立久世小学校)「登校拒否児に対する絵画療法の発展的研究」〔研究論文〕
　　近藤 久美子(福岡県小郡市立三国小学校)「自らの表現を切り拓いていく図画工作科学習指導」〔実践報告〕
　◇佳作賞
　　上山 浩(大阪府大阪市立淡路中学校)「罫画について」〔研究論文〕
　　出町 克人(神奈川県立平塚ろう学校)「映像化社会での美術教育」〔研究論文〕
　　阿部 宏行(北海道教育大学附属札幌小学校)「メリーさんを追って」〔実践報告〕
　　有働 キヨ子(熊本県熊本市立花園小学校)「感動する心と表現力」〔実践報告〕
第23回(昭63年度)　和歌山県和歌山市立砂山保育所(代表・島西喜久恵)「造形活動を通しておもいを語れる子どもを育てる」〔実践報告〕
　◇佳作賞
　　谷山 明(大阪府堺市立長尾中学校)「造形表現活動における精神生活の表れ方」〔実践報告〕
　　吉見 節子(千葉県松戸市立第二中学校)「中学年の描画指導における効果的指導法の一考察」〔実践報告〕
　　潮木 邦雄(静岡県田方郡韮山町立韮山小学校)「子どもの絵の記号学的考察」〔研究論文〕
　　岡田 匡史(山口大学)「児童画と写実表現の問題」〔研究論文〕
第24回(平1年度)　高田 利明(山口県玖珂郡玖珂町立中央小学校)「人物描画等の発達にみる児童画の「形」と「意味」」〔研究論文〕
　◇佳作賞
　　斎野 栄二(神奈川県大和市立大野原小学校)「子どもはどのように絵を描くのか」〔研究論文〕
　　釜床 育子(徳島県徳島市助任小学校)「造形活動を広く生かし深めるための実践的研究」〔実践報告〕

　　堀江 睦子(島根県仁多郡横田町立鳥上小学校)「子どもの心を育てる図工科指導」〔実践報告〕
第25回(平2年度)
　◇教育美術賞　中村 洋美(広島県沼隈郡内海町立内海小学校)「蕾をつける頃」
　◇佳作賞
　　藤本 義隆(滋賀県大津市立田上中学校)「美術教育で試みるコンピュータのあそび」
　　高野 直美(神奈川県川崎市立犬蔵中学校)「生徒を引き付ける教材から生徒の力を伸ばす教材へ」
　　野口 美智子(福岡県福岡市立野芥小学校)「意欲的に表現する子どもを育てるために」
　　馬場 泰(福島県南会津郡下郷町立江川小学校)「地域環境に積極的に働きかける創造的な視覚伝達デザイン教育はどうあればよいか」
第26回(平3年度)
　◇教育美術賞　小沢 基弘(筑波大学大学院)「ジャコメッティ的アプローチによる鑑賞教育への一試案」
　◇佳作賞
　　井上 洋(愛媛県立三瓶高等学校)「高校の美術教育に夢はあるか」
　　奥原 球喜、種村 銀子、藤井 幸、松本 三津子(広島県広島市立亀崎小学校)「結ぶ手のぬくもりを」
　　船場 あや(盛岡大学教育学部附属高等学校)「『もうひとつの造型』から少年美術館のあしたへ」
第27回(平4年度)
　◇教育美術賞　大橋 圭介(兵庫教育大学学校教育学部附属小学校・兵庫教育大学大学院)「小学校6年生を対象にした図画工作科年間テーマ「先人に挑む」の実践」
　◇佳作賞
　　真柄 元女(元三重県桑名市立精義小学校)「想像の世界で遊びながら、自分の世界を創造する物語絵の指導」
　　棟本 満喜恵(広島県広島市立黄金山小学校)「子どもの思いを大切にした豊かな表現をめざして」
第28回(平5年度)
　◇教育美術賞
　　菅 章(大分県立鶴崎工業高校・鳴門教育大学大学院)「イメージ批判序説」
　　上屋 美千弘(岐阜県高山市立東山中学校)「同時代の美術教育の可能性をポップアートにさぐる」
　◇佳作賞

釜床 育子(徳島県徳島市立助任小学校)「造形活動を広く生かし深めるために」
工藤 武四(青森県立黒石商業高等学校)「美術教育十四年の記録」

第29回(平6年度)
◇教育美術賞 畑 正純(福岡県三潴郡城島町立下田小学校)「豊かな体験から生まれた思いを表現に」
◇佳作賞
シュティーベリング 育子(東京都中野区立第九中学校)「空間概念と美意識を培う美術教育」
星 邦男(弘前大学)「生物と造形」
德永 博志(宮城県石巻市立蛇田小学校)「創造的想像表現を目指した卒業製作の実践」

第30回(平7年度)
◇教育美術賞
渡辺 晃一(福島大学教育学部)「生命形態と美術教育」
造形さがみ風っ子事務局(代表・原田敬一)「総合教育としての造形の広場づくり」
◇佳作賞
上野 行一(大阪府堺市立宮山台小学校)「「みたて」の造形表現」
陶山 弘志(島根大学教育学部附属小学校)「地域の人とのふれあいを描く子ども」

第31回(平8年度)
◇教育美術賞 佐藤 あい子(岩手県盛岡市立羽場小学校教諭)「郷土を愛する心を育てる造形教育を目指して(実践報告)」
◇佳作賞
高橋 敏之(筑波大学大学院博士課程芸術学研究科平成8年度文部省内地研究員、岡山大学助教授)「テレビの刺激による特定幼児の人物表現の変容(研究論文)」
平本 佐智子(佐賀大学大学院生)「箱庭が示唆する美術教育の意味(研究論文)」
坂本 留美子(広島県深安郡神辺町立中条小学校教諭)「地域に生きる(実践報告)」
奥村 高明(宮崎大学教育学部附属小学校文部教官教諭)「インターネットとマルチメディアパソコンを活用した図画工作科教育の実践(実践報告)」

第32回(平9年度)
◇教育美術賞 中田 稔、安田 政彦、大高 勝、奥谷 健史(いなば美育サークル)「感性を培う「みる」授業の実践(実践報告)」
◇佳作賞
高橋 敏之(岡山大学助教授)「幼児の頭足人的表現形式の本質と脳から見た人体説(研究論文)」
松田 真治(富山県立高岡養護学校教諭)「美術と音楽の融合的・総合的な学習(研究論文)」
隅 敦(山口大学教育学部附属光小学校文部教官教諭)「自然と共に(実践報告)」
阿部 宏行(北海道札幌市立中央小学校教諭)「「造形行為」と「造形環境」を教材化の視点にして(実践報告)」

第33回(平10年度)
◇教育美術賞 橋本 忠和(兵庫県穴粟郡一宮町立三方小学校教諭)「造形教育とダイオキシン(実践報告)」
◇佳作賞
池内 慈朗(青山学院初等部講師)「美的シンボル・システムよりみた美意識の諸相(研究論文)」
栗田 真司(山梨大学助教授)「10歳前後に発現する描画表現意欲の低下傾向に関する基礎的研究(研究論文)」
浅野 京子(福島市立御山小学校教諭)「図工大好きって言わせたい!!(実践報告)」
黃瀬 重義(滋賀大学教育学部附属小学校教諭)「楽しさを生かす力を育む美術教育(実践報告)」

第34回(平11年度)
◇教育美術賞 永井 高志(新潟市立鏡淵小学校教諭)「自己表現の満足感を味わせたい(実践報告)」
◇佳作賞
中園 淳一郎(鹿児島県加世田市立加世田小学校教諭)「豊かな思いを広げる鑑賞指導の工夫(研究論文)」
笹川 辰雄(新潟県西蒲原郡潟東村立南小学校長)「手指機能評価基準(Finger Function Quotient=FQテスト)の考察と美術教育(研究論文)」
竹内 とも子(東京都中央区立日本橋小学校教諭)「空間を美的に構成する造形感覚をはぐくむ指導の工夫(実践報告)」
馬場 真弓(福岡市立有田小学校教諭)「素材から引き出された思いや願いを他教科とつないで(実践報告)」

第35回(平12年度)
◇教育美術賞 柳沼 宏寿(福島市立福島第四中学校教諭)「認知的方略の自覚化を通し

た美術教育（実践報告）」
◇佳作賞
　　鈴木 光男（兵庫教育大学学校教育学部附属小学校教諭）「パフォーマンスの教育的意義を問う（研究論文）」
　　阿部 宏行（北海道札幌市教育委員会指導主事）「子どもの創造的な造形行為を基軸にした教科カリキュラムの構築（研究論文）」
　　朝倉 真理子（東京都大田区立東蒲中学校教諭）「日本の伝統的な色彩のよさや美しさを味わい表現に生かす授業の実践（実践報告）」
　　馬場 真弓（福岡市立有田小学校教諭）「有田っ子とつくる地域のよさを生かした造形活動（実践報告）」

第36回（平13年度）
◇教育美術賞　人見 和宏（滋賀大学教育学部附属中学校教諭）「生徒の能動性を生かす鑑賞指導のあり方を求めて（実践報告）」
◇佳作賞
　　三京 真理（広島市立亀山南小学校教諭）「「つながりに」によって育む豊かな造形活動（実践報告）」
　　須田 一成（山形県西置賜郡白鷹町立東中学校教諭）「地域環境とのかかわりから癒しの美術教育へ（実践報告）」
　　渡辺 孝行（神奈川県川崎市立川崎総合科学高等学校教諭）「写真合成の体験を通じて写真映像の特性と自己イメージを考える授業（実践報告）」

第37回（平14年度）
◇教育美術賞　馬場 真弓（福岡市立原北小学校教諭）「造形感覚の育ちを感じながら表現を楽しむ子ども—デジタルポートフォリオ評価を生かして」
◇佳作賞
　　鈴木 斉（東京都福生市立福生第三中学校教諭）「地域の自然環境と造形教育の接点—アースアートの可能性」
　　工藤 雅人（北海道北広島市立大曲中学校教諭）「前青年期における美術教育の役割について—自己の存在を確かめる造形活動」
　　吉田 悦治（琉球大学教育学部講師）「トンデモ表現は美術教育の鏡だ!!—新たな表現力から生まれる、それぞれの他者」
　　渡部 憲生（福島県会津若松市立鶴城小学校教諭）「表現に主体的に取り組み、自分なりの表現を切り拓く子どもを育てる」

第38回（平15年度）
◇教育美術賞　浜口 由美（徳島市沖洲小学校教諭）「メッセージテーマをもった図画工作科を中核とした学習単元の開発—「ねぎっこの海びらきをしよう」の実践」
◇佳作賞
　　島田 毅（群馬県太田市立太田小学校教諭）「「総合的な学習の時間」と「図画工作」の連携の方法に関する研究—校外の施設や発表機会の活用による実践をもとに」
　　山口 拓也（神奈川県藤沢市立湘南台中学校教諭）「仮説を検証する能動的な鑑賞活動—パーソナルコンピュータによる「編集」の理論と実践」

第39回（平16年度）
◇教育美術・佐武賞　米山 慶志「人とのかかわりの中で、独自性を磨く造形活動」
◇佳作賞
　　新野 裕美（山形県米沢市立万世小学校教諭），鈴木 敦子（山形県米沢市立興讓小学校教諭）「子どもの思いが連鎖するストーリー性のある授業の創造」
　　山口 佳奈美（東京都立川市立第三小学校教諭）「「人とのつながり」をめざした造形活動～ファシリテーターとしての教諭の役割を考えながら～」

第40回（平17年度）
◇教育美術・佐武賞　該当者なし
◇佳作賞
　　濱口 由美（徳島県徳島市立富田小学校教諭）「生涯美術への入り口を開く学習単元」
　　青木 善治（新潟県三条市立月岡小学校教諭）「新しい意味や〈私〉をつくり、つくりかえ、つくり続ける図画工作」
　　安藤 有里江（元福島市立福島第二中学校教諭）「創造力を育む美術教育」

第41回（平18年度）
◇教育美術・佐武賞　くまもと図工サークル「鑑賞を楽しむ子どもをめざして～熊本県立美術館と連携しながら～」
◇佳作賞
　　池田 吏志（大阪府立東大阪養護学校教諭）「肢体不自由養護学校における美術—生徒の実態を基盤とした拡大的手法による教材作り」
　　高瀬 城作（兵庫県小野市立旭丘中学校教諭）「中学校美術科における評価ツールとしての「期末テスト」の課題とその新たな可能性を求めて」
　　荒井 康郎（千葉県柏市立豊四季中学校教諭）「豊かな感性を育む指導のあり

方思いを水墨で伝える表現活動について」

第42回（平19年度）
◇教育美術・佐武賞　平向 功一（北海道札幌稲雲高等学校教諭）「『動きを取り入れた表現』の実証的研究─高等学校における映像メディア表現の指導法についての一考察」
◇佳作賞　辻 政宏（岡山大学教育学部附属中学校教諭）「形・色・材料を介して学ぶ喜びや価値を実感する生徒の育成をめざして─題材間の関連性系統性を重視した単元構成からの考察」

第43回（平20年度）
◇教育美術・佐武賞　該当者なし
◇佳作賞
梅丸 史朗（江戸川区立平井第二小学校）、大高 美和（江戸川区立平井南小学校）、小林 尚子（江戸川区立一之江小学校）、小山 はるみ（江戸川区立春江小学校）、永井 亜紀子（江戸川区立一之江第二小学校）、中村 和哉（江戸川区立第三松江小学校）、山口 荘一（江戸川区立大杉東小学校）「子どもの満足感・充実感を高める授業改善」
小澤 洋一（神奈川県川崎市立登戸小学校教諭）「豊かな人間性を育てる造形教育を求めて～町にとび出す造形活動を通して～」
奥西 麻由子（埼玉県川口市立川口総合高等学校非常勤講師）「多様な現代造形を踏まえた彫刻題材の開発─高等学校芸術科「美術I」の授業実践を通して─」

178 久留島武彦文化賞

「おはなしの父」として我が国の青少年文化の歴史の上に大きな足跡を残した久留島武彦氏の業績を記念し、青少年文化の向上と普及に貢献した個人・団体を顕彰して、我が国における青少年文化の発展に寄与するため設立された。

【主催者】（財）日本青少年文化センター
【選考委員】衛藤征士郎、生地靖幸、草地勉、武井照子
【選考方法】関係者の推薦による
【選考基準】〔対象〕文学（口演童話を含む）・演劇・音楽・舞踊・美術等で青少年のための文化運動に実際に参加し、我が国の青少年文化の発展に貢献した個人・団体
【締切・発表】平成21年は平成21年4月24日推薦締切。例年5月中旬に選考委員会を開催、6月中旬発表
【賞・賞金】団体賞：賞状、賞牌（久留島武彦肖像牌）、賞金30万円、記念品。個人賞：賞状、賞牌（久留島武彦肖像牌）、賞金10万円、記念品
【URL】http://www.seibun.or.jp/prize/prize.html

第1回（昭36年）　小池 長（童話家）
第2回（昭37年）　石川県児童文化協会
第3回（昭38年）　奈良県童話連盟
第4回（昭39年）　斎田 喬（児童劇作家）
第5回（昭40年）
　　　　　　　　阿南 哲朗（童話家）
　　　　　　　　まりも童話会（北海道）
第6回（昭41年）
　　　　　　　　結城 孫三郎（人形劇）
　　　　　　　　岐阜市実践童話の会
第7回（昭42年）
　　　　　　　　川口 章吾（音楽家）
　　　　　　　　八戸童話会（青森県）
第8回（昭43年）
　　　　　　　　道明 真治郎（童話家）
　　　　　　　　童劇プーポ（福島県）
第9回（昭44年）
　　　　　　　　長谷川 新一（少年合唱指揮者）
　　　　　　　　富山県児童文化研究会
第10回（昭45年）
　　　　　　　　川上 四郎（童画家）

　　　　　　大分県児童文化研究会
第11回(昭46年)
　　　　　　南部 亘国(児童雑誌編集)
　　　　　　劇団風の子
第12回(昭47年)
　　　　　　須藤 克三(童話家)
　　　　　　高村 長政(童話家)
　　　　　　宮本 昭太, 安斎 恭子(音楽家)
　　　　　　衛藤 征士郎(大分県玖珠町町長)
　　　　　　長野県佐久教育会
　　　　◇特別賞　吉岡 たすく(児童文化研究家)
第13回(昭48年)　福岡子ども劇場
第14回(昭49年)
　　　　　　青木 茂(児童文学作家)
　　　　　　内山 憲尚(童話家)
　　　　　　樫葉 勇(童話家)
　　　　　　志摩 時雄(童話家)
　　　　　　中田 喜直(作曲家)
　　　　　　長沼 依山(童話家)
　　　　　　原 北陽(童話家)
　　　　　　東京子ども図書館
第15回(昭50年)
　　　　　　加古 里子(子どもの遊び研究家)
　　　　　　佐藤 秀廊(ハーモニカ奏者)
　　　　　　佐野 浅夫(俳優)
　　　　　　園田 喜平(童話家)
　　　　　　出村 孝雄(童話家)
　　　　　　ガイ氏即興人形劇場
第16回(昭51年)
　　　　　　浅場 慶夫(童話家)
　　　　　　尾原 昭夫(わらべ歌研究家)
　　　　　　金津 正格(童話家)
　　　　　　檀上 春清(童謡研究家)
　　　　　　古田 誠一郎(童話家)
　　　　　　ボニージャックス
第17回(昭52年)
　　　　　　小鳩 くるみ(歌手)
　　　　　　古村 徹三(童謡詩人)
　　　　　　高橋 良和(童話家)
　　　　　　牧 太喜松(石川県児童文化協会相談役)
　　　　　　脇田 悦三(京都・白川学園長)
　　　　　　日本演劇教育連盟
第18回(昭53年)
　　　　　　安谷屋 長也(少年少女合唱指導者)
　　　　　　伊東 挙位(童話家)
　　　　　　越部 信義(作曲家)
　　　　　　都島 紫香(童話家)
　　　　　　結城 ふじを(童謡詩人)
　　　　　　熊日童話会
第19回(昭54年)
　　　　　　上田 収穂(少年少女合唱指導者)
　　　　　　岡 一太(児童文学者)
　　　　　　古賀 伸一(人形劇俳優)

　　　　　　佐藤 憲次(児童文化活動家)
　　　　　　山田 巌雄(口演童話家)
　　　　　　野村狂言の会
第20回(昭55年)
　　　　　　青い窓の会(児童詩誌発行)
　　　　　　岩尾 卓三(童謡教育家)
　　　　　　小百合 葉子(劇団たんぽぽ主宰)
　　　　　　田中 吉徳(リコーダー指導者)
　　　　　　矢野 洋三(らんぷ座主宰)
　　　　　　東京童話会
第21回(昭56年)
　　　　　　草地 勉(新聞記者)
　　　　　　桑原 自彊(口演童話家)
　　　　　　高垣 眸(作家)
　　　　　　山形県児童文化研究会
第22回(昭57年)
　　　　　　小谷 蓮乗(敬愛学園理事長)
　　　　　　高森 務(米沢児童会館館長)
　　　　　　中尾 清万(子ども会活動家)
　　　　　　波瀬 満子(詩の朗読者)
　　　　　　青森県児童文学研究会
第23回(昭58年)
　　　　　　斎藤 佐次郎(金の星社社長)
　　　　　　永榮 孝堂(児童文化研究家)
　　　　　　藤野 新(ボーイスカウト大分県連盟理事)
　　　　　　向井 吉人(小学校教員)
　　　　　　渡辺 顕磨(少年少女合唱指導者)
　　　　　　教室童話研究会
第24回(昭59年)
　　　　　　赤座 憲久(児童文学作家)
　　　　　　勅使 逸雄(口演童話家)
　　　　　　山本 辰太郎(小学校教員)
　　　　　　劇団RNC
第25回(昭60年)
　　　　　　岡田 嘉久(口演童話家)
　　　　　　鎌田 典三郎(少年少女合唱指導者)
　　　　　　高見 映(童話作家・子ども番組テレビ出演者)
　　　　　　徳田 渙(児童文学研究家)
　　　　　　人形劇団れもん座
第26回(昭61年)
　　　　　　芹沢 義泰(児童文化研究家)
　　　　　　中川 正文(児童文学者)
　　　　　　広岡 淑生(吹奏楽指導者)
　　　　　　福島 佐松(口演童話家)
　　　　　　円・こどもステージ(演劇集団・円)
第27回(昭62年)
　　　　　　上村 てる緒(児童文化活動家)
　　　　　　酒井 董美(高等学校教諭)
　　　　　　西脇 正治(児童教育,社会教育家)
　　　　　　山野 昭典(口演童話家)
　　　　　　勢家 肇(歴史研究家)

桐朋学園大学音楽学部附属子供のための音楽教室
第28回(昭63年)
　植田 博一(近畿大学付属幼稚園長)
　蜷川内 満(口演童話家)
　桜井 美紀(立教大学講師)
　本村 義雄(児童文化活動家)
　花巻賢治子供の会
第29回(平1年)
　小沢 重雄(俳優)
　堯 律子(どんぐりコール主宰者)
　寺井 五郎(口演童話家)
　三河尻 修二(教育家)
　東京金管五重奏団
第30回(平2年)
　木野村 憲治(口演童話家)
　斎藤 喜助(児童文化活動家)
　鈴木 サツ(語り部)
　茅原 芳男(東京子ども邦楽合奏団主宰)
　深川 一郎(口演童話家)
　北九州児童文化連盟
◇特別賞　伊勢丹書籍売り場
第31回(平3年)
　家田 隆現(人形ゆりかご主宰)
　小松原 優(全国童話人協会委員長)
　別府 竜江(口演童話家)
　サイロの会
第32回(平4年)
　高橋 泰市(口演童話家)
　譜久里 勝秀(沖縄県ミュージックステップ音楽教室主宰)
　道端 孫左エ門(演劇教育家)
　ピッコロ演劇学校(兵庫県立尼崎青少年創造劇場所属)
第33回(平5年)
　首藤 悦爾(口述童話家)
　谷 ひろし(人形劇団京芸代表者)
　宮前 庄次郎(口演童話家)
　サカモト・ミュージック・スクール(校長・坂本博士)
第34回(平6年)
　小池 雅代(国連クラシックライブ実行委員会代表)
　中川 正之祐(売太神社宮司)
　藤野 利雄(口演童話家)
　到津遊園林間学園
第35回(平7年)
　大庭 照子(歌手, 日本国際童謡館館長)
　笹村 宜弘(口演童話家)
　三浦 克子(語り手たちの会会員)
　名古屋青少年交響楽団
第36回(平8年)
　マリンバ・ポニーズ(代表・小川雅弘)

　樫葉 和英(口演童話作家)
　蒲原 タツエ(語り部)
◇特別賞　真理 ヨシコ(歌手)
第37回(平9年)
　NHK週刊こどもニュース
　鈴木 富治郎(口演童話家)
　小河内 芳子(児童図書館研究会名誉会長)
第38回(平10年)
　日本民話の会
　田島 佳子(長唄・三味線演奏家)
　松葉 重庸(児童文化活動家)
第39回(平11年)
　大阪児童文化協会
　川田 正子(歌手・森の木児童合唱団主宰)
　倉田 紘文(俳人)
◇特別賞　古村 覚(児童文化活動家)
第40回(平12年)
　東京放送児童劇団
　辻尾 栄市(少年少女文化財教室主宰)
　畑崎 龍定(口演童話家)
　横山 幸子(語り部)
第41回(平13年)
　渡辺 源六(口演童話家)
　松井 昭徳(口演童話家)
　松尾 敦子(俳優)
　親子読書・地域文庫全国連絡会
第42回(平14年)
　人吉影絵劇サークルまつぼっくり
　奥田 明(口演童話家)
　平田 大一(勝連町きむたかホール館長)
　矢吹 公郎(映画監督)
第43回(平15年)
　この本だいすきの会
　小島 昭安
　佐々木 均太郎(児童文化活動家)
　米田 綾子(兵庫県子ども文化振興協会事務局長)
第44回(平16年)
　ひばり児童合唱団
　立石 憲利(民話採集者)
　富田 博(童話家)
◇特別賞　後藤 惣一(前大分大教授)
第45回(平17年)
◇団体賞　徳島少年少女合唱団(団長・成木美紗子)《40年以上にわたる地方文化の振興, 及び日本の少年少女合唱団の実力を世界的に広めてきた質の高い活動に対して》
◇個人賞
　浅野 彬(口演童話家, 岐阜県)《「実践童話の会」設立から50年, 口演童話の

普及と語り部の育成に尽力してきた業績に対して》
藤田 佳代(藤田佳代舞踊研究所主宰,兵庫県)《創作実験劇場の開催を通した若手の舞踊・振付家の育成に力を注ぎながら,ダンスによる知的障害者への指導を続けてきた業績に対して》
山本 厚子(ノンフィクションライター,東京都)《スペイン語版の野口英世の伝記を自主制作し,ラテンアメリカ諸国と日本の青少年文化交流を促進してきた業績に対して》

第46回(平18年)
◇団体賞 昔話を楽しむ九州交流会(世話人代表・横田幸子,熊本県)《九州7県の語り手たちが,連携して家庭や地域社会に"語り"を取り戻すことを目標に活動を継続し,今年20年目を迎える業績に対して》
◇個人賞
渋谷 益左右(私設ゆりがおか児童図書館代表,神奈川県)《子どもたちのための図書館を独力で設立し,多彩な奉仕・学習活動を行う市民と共に運営してきた30年にわたる業績に対して》
まつい のりこ(絵本・紙芝居作家,東京都)《これまでの絵本や紙芝居の創作活動と,紙芝居を通したベトナムでの文化交流の業績に対して》
松岡 節(童話作家,奈良県)《長年にわたる童話や絵本の創作及び,口演童話や読み聞かせなどを中心とした児童文化活動の業績に対して》

第47回(平19年)
◇団体賞 豊っ子の会(会長・齋藤智,大分県)《俳句の創作を通して子どもたちの豊かな心を育成するユニークな青少年文化活動の業績に対して》
◇個人賞
木谷 宜弘(児童文化活動家,東京都)《長年にわたる幅広い児童文化活動および青少年の社会参画運動の推進などの業績に対して》
山崎 貞子(口演童話家,京都府)《50年にわたる童話の普及活動および日本の伝統文化の心を伝える親子教室などの業績に対して》

第48回(平20年)
◇団体賞 世田谷区教育委員会(東京都)《「日本語教育特区」を取得し,独自に編纂した教科「日本語」により授業を行う画期的な取組に対して》
◇個人賞
金 成妍(近代文学研究家,韓国)《植民地時代の朝鮮半島での久留島武彦の活動を調査研究し,日韓の児童文化の架け橋となった功績に対して》
宮本 茂登一(口演童話家,大分県)《長年にわたる地域に根ざした児童文化活動の業績に対して》
脇 明子(子どもの読書問題研究家,岡山県)《「岡山子どもの本の会」の活動などを通して,子ども時代の読書の重要性を研究,実践してきた業績に対して》

179 国際グリム賞

国内外を問わず地道な研究を続けている児童文学研究者を顕彰するために,昭和61年,グリム兄弟生誕200年と大阪府立大手前高校創立100周年を記念して創設された。隔年開催。

【主催者】(財)大阪国際児童文学館,(財)金蘭会
【選考委員】W.カミンスキー(ドイツ・ケルン高等専門学校教授),S.スヴェンソン(前スウェーデン国立児童文学研究所所長),I.ニエール=シュヴレル(フランス・レヌ第2大学名誉教授),K.レイノルズ(国際児童文学学会会長,イギリス・ニューキャッスル大学教授),蒋風(中国・浙江師範大学名誉教授),原昌(中京大学名誉教授,日本児童文学学会会長),藤野紀男(十文字学園女子大学教授,日本イギリス児童文学学会会長),神宮輝夫(青山学院大学名誉教授),多田嘉孝((財)金蘭会理事),松居直((財)大阪国際児童文学館理事長)
【選考方法】国内外の関係者の推薦による
【選考基準】〔対象〕児童文学や絵本の研究に優れた業績をあげた者,または児童文学や絵本の研究・紹介等の振興に顕著な功績のあった者
【締切・発表】隔年5月に発表,6月頃贈呈式

【賞・賞金】記念楯と賞金約100万円
【URL】http://www.iiclo.or.jp/

第1回(昭62年)　クラウス・ドーデラー(西ドイツ・ゲーテ大学児童文学研究所長)《20年がかりで「児童文学事典」などを編集した業績》
第2回(平1年)　ヨーテ・クリングベリ(スウェーデン・児童文学研究者)《児童文学における書誌学,文学史の研究業績》
第3回(平3年)　ジェームス・フレーザー(アメリカ・ファーレイ・ディキンソン大学教授,元国際児童文学会会長)
第4回(平5年)　鳥越 信(日本・児童文学者)《児童文学における書誌学,文学史の研究業績とともに「日本児童文学大事典」を編集した業績》
第5回(平7年)　ドニーズ・エスカルピ(フランス・ボルドー第3大学名誉教授)《新しい研究方法を導入した昔話研究の業績》
第6回(平9年)　テオドール・ブリュッゲマン(ケルン大学名誉教授,ドイツ児童文学者)《「児童文学1498-1950 解題目録」を刊行》
第7回(平11年)　ジャック・ザイプス(ミネソタ大学教授)《グリム童話やペロー童話をはじめとするおとぎ話が欧米社会の文明化や,子どもたちの教化・社会化に果たした役割を社会文化史的な観点から解釈し,革新的な理論を展開》
第8回(平13年)　ジャン・ペロ(国際シャルル・ペロー研究所長)《児童文学の比較文学的研究と絵本やイラストレーションの図像学的研究に尽力》
第9回(平15年)　ピーター・ハント(カーディフ大学教授)《児童文学研究に関する著作の数々が国際的に高い評価を受ける》
第10回(平17年)　マリア・ニコラエヴァ(ストックホルム大学教授)《比較児童文学の優れた研究者であると共に,国際児童文学学会会長として会の発展に貢献》
第11回(平19年)　ジョン・スティーヴンス(John Stephens)(マコーリー大学英語学科教授,北京師範大学名誉教授)《社会学的,文化論的視点からの研究で,児童文学研究をリードしている》

180　国際理解教育賞（国際理解教育奨励賞）

　国際理解と国際協力の徹底普及をはかる国際理解研究所の目的に沿い,昭和50年から開始された。学校教育および社会教育のすべての領域において国際理解,国際理解教育の研究,実践に携わる優秀な個人またはグループに贈られる。第30回をもって休止。
【主催者】国際理解研究所
【選考委員】大津和子(北海道教育大学教授),音谷健郎(朝日新聞大阪本社学芸部),川端未人(神戸大学名誉教授),城戸一夫(工学院大学附属中・高校校長),小林哲也(京都大学名誉教授),多田孝志(目白大学教授),田渕五十生(奈良教育大学教授),中西晃(元東京学芸大学教授),永井滋郎(元広島大学教授),野原明(文化女子大学教授),溝上泰(鳴門教育大学学長),米田伸次(帝塚山学院大学国際理解研究所長)
【選考方法】公募
【選考基準】〔対象〕未発表の論文で,幼児から成人までの,学校教育から社会教育に及ぶ全領域。〔応募規定〕A4判400字詰め原稿用紙5枚以内,または日本語ワープロの場合,A4判横書40字×30行2000字以内に概要をまとめて添付。1次通過者のみ本論文提出。A4判400字詰め原稿用紙40枚程度(日本語ワープロの場合はA4判横書,40字×30行16,000字以内)
【締切・発表】(第30回)平成16年9月15日締切,1次通過者平成17年1月31日本論文締切,4月上旬朝日新聞・日本教育新聞紙上にて発表
【賞・賞金】最優秀賞(1点)：賞状と副賞20万円,優秀賞(1点)：賞状と副賞10万円,諸団体賞(数編)：賞状と副賞各10万円,奨励賞(数編)：賞状と奨励金総額で15万円,第1次通過者：

II 文化　　　　　　　　　　　　　　　　　　　　　　180　国際理解教育賞

奨励金1万円

第1回(昭50年度)
　◇特別賞　村山 貞也(日本放送協会)「国際理解教育の理念と実践法の考察」
　◇最優秀賞　京都市立淳風小学校研究部(校長・藤本建蔵)「国語科を通しての国際理解教育」
　◇優秀賞
　　　赤井 力(大阪市立大池中学校長)「公立中学校における韓国・朝鮮人子女の教育」
　　　久野 登久子(高千穂幼稚園長)「幼児期における国際理解教育を考える」
　　　京都国際理解教育研究会高等学校顧問グループ(代表・服部梶蔵＝京都市立堀川高等学校長)「京都の高等学校における国際理解教育活動」
　　　池間 博之(日本レクリエーション協会)「おどりによる国際理解教育」
第2回(昭51年度)
　◇優秀賞
　　　兼松 靖(岐阜市立鏡島小学校教諭)「地理的学習を中心とした国際理解の深め方―主として社会科テレビ番組を利用して」
　　　潟沼 誠二(北海道教育大学助教授)「日米間における国際理解について―授業空間からの一考察」
　◇佳作
　　　吉田 丈夫(日立外語学院長)「国際理解教育を如何に推進するか―国際交流のシステム化を」
　　　福田 昇八(熊本大学助教授)「国際理解と大学の役割―外国大学生のための夏期研修」
　　　老田 昭(KK農機春秋主事)「発展途上国の中小農産加工企業その他中小企業経営を指導する専門家の養成について」
　　　浅利 政俊(北海道松前町桜保存会)「地域に根ざした日中児童理解、親善活動の実践」
　　　新田 牧雄(川口市立川口女子高等学校教諭)「歴史認識を通しての国際理解教育」
第3回(昭52年度)
　◇優秀賞
　　　倉富 康成(福岡教育大学付属小倉中学校)「「他国理解」をより深める地理、歴史の統合的学習の試み―中国、ラテンアメリカを例として」
　　　高田 昌彦(大阪府立千里高等学校)「高等学校社会科地理学習における国際理解について」
　◇佳作
　　　中村 克子(習志野菊田公民館)「グローバルな市民を育てる公民館の役割」
　　　義忠 房之(宇治市立西宇治中学校)「本校の国際理解教育の歩み―その分析と展望」
第4回(昭53年度)
　◇優秀賞　金本 房夫(愛媛県温泉郡中島町立中島中学校)「郷土と世界をつなぐ教育」
　◇佳作
　　　良知 昌波(静岡県立吉田高等学校)「国際理解教育よりみた高校における日米交換プログラムの進め方について」
　　　沢崎 宏之(西宮市立西宮高等学校)「数学教育における国際理解教育試論」
　　　石原 昂(鳥取大学農学部)「イランの農業教育―砂丘から沙漠へのアプローチ」
第5回(昭54年度)
　◇優秀賞
　　　原 恒夫(北海道江差町立江差小学校)「子どもの認識を高める国際理解教育」
　　　児玉 澄子(都立府中東高等学校)「ホームスティを通じての国際理解教育(その問題点と将来)」
　　　福井 京子(オーストラリア・グリフィス大学)「外国語としての日本語教育についてオーストラリア・クィーンズランド州立高校での日本語教育実践記録」
　◇佳作
　　　南井 滋野(倉敷市立琴浦東小学校)「人類の共通点から進める国際理解創作活動を中心にして」
　　　小松 仁(私塾)，方波見 御代子「アメリカの2ヶ国語併用複合文化教育と日本の国際理解教育」
　　　畑山 憲雄(横浜市立中村小学校)「地域性を生かした国際理解教育」
　　　柏原 健一(岡山大学医学部アジア伝統医学研究会)「「伝統医学収集」活動を通じての相互理解」
第6回(昭55年度)
　◇最優秀賞　大政 睦子(茨城県桜村立竹園東小学校)「外国人児童と日本人児童のふれあいを通しての国際理解教育」

児童の賞事典　267

◇優秀賞
　佐藤　謙(東京都明治学院東村山高校)「わが国の国際理解教育の現況」
　千田　靖子(名古屋市ラボテ田パーティー)「こどもの国際交流をはぐくむ」
◇佳作
　木村　善行(群馬県太田市立南中学校)「国際理解の教育に関する研究」
　塚越　信子(東京都新宿区立西戸山小学校)「西戸山小学校の国際理解教育」
　松浦　好昭(札幌市札幌啓成高校)「国際理解の深化をはかるために、生き生きと学習に取り組む生徒の授業改善をめざした7か年の実践研究」
　山本　美弥子(シドニー在住の日本人の子供のための日本語クラス)「バイリンガル教育はどこまで可能か」

第7回(昭56年度)
◇優秀賞
　阪上　順夫(東京学芸大学)「国際人育成を目指す社会科教育海外子女・帰国子女の体験を生かす」
　山本　俊正(東京山手YMCA)「ワークキャンプを通した『世界の農業・食糧問題』学習実践」
◇佳作
　四倉　早葉(Washington International College)「米国『開かれた大学』における国際理解教育」
　中沢　美依(上智大学英語研究会)「国際理解教育としてのディベート教育」
　片寄　俊秀(長崎総合科学大学)「国際都市長崎の伝統を受けつぎ、アジアの技術を育てる」
　窪田　守弘(名古屋市南山中高等学校国際部)「帰国子女の言語適応能力」

第8回(昭57年度)
◇優秀賞
　岡部　保博(東京都西多摩郡羽村町立第二中学校)「海外日本人学校における現地理解教育―ウィーン校での社会科教育の実践を通して」
　井上　昭正(中央ユネスコ協会)「国際協力理念の普及戦略と国際協力専門家の養成・活用プログラミング」
　吹浦　忠正(日本中央女子短大)「『感動』から『協力』へ向ってこそ真の国際協力―私の実践教育のめざすもの」
　南里　章二(甲南高等学校)「世界史の学習を通しての国際理解―手づくり教材としての映像コミュニケーション」
◇佳作
　徳永　誠也(熊本県玉名市立玉名中学校)「日墨学院におけるメキシコ理解学習を通じての国際理解教育の実践記録」
　渡辺　俊三(弘前大学医学部神経精神科)「在仏日本人学校生徒の適応構造」
　中島　彦吉(東京学芸大学大学院)「国際理解教育の意義の系統的類型的考察―その基礎固めのために」
　小川　順子(東京都杉並区立井草中学校)「サンパウロ日本人学校の国際理解教育と子どもたちの心」

第9回(昭58年度)
◇優秀賞
　小西　正雄(兵庫県立星陵高校)「異文化理解教育の現状と課題」
　小林　悠紀子(国際児童文庫協会)「国際児(bi-cultural children)の読書指導―国際児童文庫の活動を通じて」
　名取　知津(ユネスコ・アジア文化センター)「国際理解に文化の果たす役割り―アジア太平洋地域における共同事業の経験を通して」
◇佳作
　広野　孝(夢前町立置塩中学校)「外国人と心のふれあいを求める中学校での英語指導の実践」
　恩田　彰子(天理小学校)「海外帰国児の適応教育」
　小川　順子(杉並区立井草中学校)「環・国際理解教育」
　佐々木　時子(新宿区立西戸山小学校)「国際理解のための教育」

第10回(昭59年度)
◇優秀賞
　京都市小学校国際理解教育研究会(代表・長谷川文子)「小学校における国際理解教育の創造」
　太田　弘(慶応義塾普通部)「中学校社会科『世界の諸地域』の学習における開発教育の実践 住む人の顔が見える地域学習の必要」
◇佳作
　原田　憲一(応用地学講座)「国際理解と国際理解教育を推進する地球科学教育の実践」
　鈴木　敏紀(上越教育大学)「高校生の国際理解の実態と教育のあり方」
　大沢　武男(公益法人フランクフルト日本人学校)「国際社会へ通じる理解力、人格の形成をめざしてフランクフルトの補習授業校における社会科指導の実践」

林 弘定(名古屋市立田代小学校)「友情を育てる国際理解教育」

第11回(昭60年度)
◇優秀賞
冨田 明希(大阪外国語大学非常勤講師)「幼児期における国際理解と協力, 平和のための教育をどうすすめるか—ある就学前児童の異文化適応の過程に学ぶもの」
坂田 直三(同志社国際高等学校)「帰国生徒受け入れ専門校における国際理解教育」
◇佳作
西林 幸三郎(大阪市立小路小学校)「在日韓国・朝鮮人児童の多数在籍する学校での国際理解教育の実践的研究」
裳岩 ナオミ(富士ゼロックス教育事業部)「〈メタ的視座を持つ〈文化の通訳者〉養成への提言—体験学習法の学習」

第12回(昭61年度)
◇優秀賞
田渕 五十生(奈良教育大学助教授)「韓国・朝鮮および在日韓国・朝鮮人理解の教育内容の創造」
鹿児島大学教育学部附属小学校(校長・内山民憲)「世界の日」
岡崎 淑子(小林聖心女子学院高等学校教諭)「世界の諸民族の音楽を通しての国際理解教育」
◇佳作
山之内 敏喜(鹿児島県立伊集院高等学校教諭)「社会科(地理)教科書の「地誌記述」からみた国際理解教育に関する一試論—朝鮮半島をフィールドとして」
東京都杉並区立井草中学校国際理解教育研究グループ(代表・小川順子)「国際理解教育を考える—公立小中学校での実践をめぐって」
小池 基信(同志社国際高等学校教諭)「同志社国際高等学校における国際理解教育の実践から」

第13回(昭62年度)
◇最優秀賞 塚本 美恵子(国際基督教大学教育研究所研修員)「家庭における国際理解教育とは—異文化体験をした母親への調査から」
◇優秀賞 木崎 克昭(東京都江東区立第一亀戸小学校教諭)「世界の友達から学んだ生き方—委員会活動を中心とした全校の取り組み」
◇佳作

片山 豊(私立八代学院教諭)「私立八代学院高等学校国際科における「国際理解」の実践」
妹尾 堅一郎(英国ランカスター大学大学院生)「システム思考による問題形式・解決力の育成—国際理解・協力のための教育方法論私案」
水田 園子(東海大学非常勤講師)「日本人に適したカルチャー・アシミレーターの開発とその英語教育への適用」
村田 圭子(帝塚山学院泉ヶ丘高等学校国際科助手)「国際理解教育における新しい認識—高校国際科で留学生に日本語を教えた4年間の体験」

第14回(昭63年度)
◇最優秀賞 六角 英彰(高浜市立高浜小学校教諭)「小学生の異文化理解のための情報, 資料について」
◇優秀賞
伊藤 由美(庄内国際交流協会事務局)「庄内国際青年祭を通しての国際理解」
マーク・ケビィン(明治学院大学国際学部専任講師)「国際理解のための英語教育」
◇佳作
梶尾 長夫(岡崎市立大樹寺小学校教諭), 高梨 覚(岡崎市立東海中学校教諭)「世界地理学習における2単元対比学習 実感的・多面的に追求する授業をめざして」
平尾 桂子(「アジア学生セミナー」アシスタントディレクター)「大学生の国際理解教育—「アジア学生セミナー」の実践例」
丹羽 宗吉(富山県立保育専門学院副院長)「国際理解教育の実践—"授業・受け入れ・派遣を通して"」
古橋 政子(フレンズ世界大学アジアセンターディレクター)「「世界こそ我らがキャンパス!」体験的国際理解教育の理想を我が国で実現する為に何をなすべきか」

第15回(平1年度)
◇最優秀賞 安部 町江(岡山県和気町立和気小学校教諭)「小学校における教科(音楽)を通しての国際理解教育—音楽で世界は結ばれていることを知りより音楽に親しむ子どもの育成」

◇優秀賞　木村 一子(元広島大学附属福山中・高等学校教諭)「高校「現代社会」における自己確立と国際理解の結合―自主研究グループNetwork"緑"の活動を通して」
◇佳作
　　甚田 和幸(「バナナグタン」代表, 金沢市企画調整部企画課主査)「国際理解講座と受講生の事後活動」
　　柴山 真琴(東京大学大学院教育学研究科研究生)「日本人学校における異文化理解教育の教授・学習過程についての一提言」
　　辻 陽一(帝塚山学院泉ケ丘高等学校教諭)「国際理解教育と受験教育は矛盾するか?」
　　大谷 みどり(神田外国語大学異文化コミュニケーション研究所, The American University)「国際理解教育に加えたい"実践的"側面―米国の異文化コミュニケーション教育に学ぶもの」
　　大和田 浩二(山梨YMCA甲府駅前ブランチ所長)「地域からの国際化を進めるための国際理解教育の実践とその根底にあるもの」

第16回(平2年度)
◇最優秀賞　藤原 孝章(報徳学園中学校・高等学校教諭)「モノからヒトの国際化―外国人労働者問題を教える…報徳学園高校国際コースにおける「国際理解」の実践」
◇優秀賞　大津 和子(兵庫県立東灘高等学校教諭)「開発教育授業構成の理論と展開―新しい国際理解教育をめざして」
◇佳作
　　興梠 英樹(宮崎県立宮崎北高等学校国際理解教育部長)「「国際理解教育」に学校全体でどう取り組んできたか」
　　小嶋 俊郎(太宰府市立太宰府西小学校校長), 木原 拡茂(那珂川町立安徳小学校教頭)「異文化交流能力を育てる小学校カリキュラム―子どもにとっての異文化」
　　四日市市教育委員会指導課(代表・山本 正明)「英語指導員を活用した小学校における国語科授業の在り方」
　　加藤 清輝(庄内国際交流協会事務局)「農村地区における国際理解」
　　尾中 夏美(盛岡大学・盛岡白百合学園非常勤講師)「サークル間交流による国際理解教育」
　　林 洋和(広島県立大学経営学部助教授)「国際理解に貢献できる学力の養成―英語教育に何ができるか」

第17回(平3年度)
◇最優秀賞　山口 和雄(愛知県額田町町立額田中学校教諭)「地球的視野から自己の役割を考える中学校社会科授業のあり方」
◇優秀賞　川村 千鶴子(東京都新宿区グローバルエイジ代表)「外国人と共に住む街新宿での国際理解教育の実践と住民の意識変化」
◇佳作
　　木原 拡茂(福岡県那珂川町町立安徳小学校教諭)「人権尊重を機軸とした国際理解教育―子どもにとっての人権」
　　大近 正博(福岡市立板付北小学校教諭)「地域の特性を生かしながら国際協力の基礎を培う指導法の研究―板付遺跡を中核に」
　　西 邦彰(福岡教育大学附属福岡小学校教諭)「国際理解の基礎に培う帰国子女教育―自国理解と他国理解を比較・統合する祭り事典作りの活動」
　　斎藤 明人(静岡市立高等学校教諭)「地域の国際化と市民の育成」
　　樋口 健夫(三井物産課長), 樋口 容視子(海外生活アドバイザー, 翻訳家)「在外日本人を国際理解と国際交流・協力の担い手に」
　　森 陽子(西宮市立甲陵中学校教諭)「国際理解行事「世界と共に生きるために」3年間の実践から学んだもの」
　　武上 あづさ(アメリカ・ニューメキシコ大学異文化教育学専攻修士課程)「異文化教育の在り方―アメリカ合衆国と日本」

第18回(平4年度)
◇最優秀賞　該当者なし
◇優秀賞
　　宇土 泰寛(東京都大田区立蒲田小学校教諭)「教室の国際化を進める国際理解教育」
　　芳賀 美子(北九州市立企救丘小学校校長)「豊かな国際性を育てる教育活動の創造―異文化理解を図る図画工作の教材開発を通して」
　　風巻 浩(神奈川県立多摩高等学校教諭)「開発教育としての日本語ボランティアサークル」
◇佳作
　　小西 正雄(鳴門教育大学助教授)「相対主義をこえて」
　　臼井 忠雄(筑波大学附属小学校教諭)「6年社会科における「国際理解」の授業―世界の中の日本・日本と韓国」

川村 千鶴子(東京都新宿区グローバルエイジ代表)「国際化する保育園の現状と保母の国際理解教育」
太田 美智彦(東京都新宿区立教育センター教育研究調査員)「国際感覚豊かな生徒の育成」
大近 正博(福岡市立別府小学校教諭)「アジアの拠点・福岡の素材を中核に、地球の一員として自然環境問題解決に貢献できる国際理解教育の研究」
西村 公孝(愛知教育大学付属高等学校教諭)「グローバル時代における「公民的資質」の検討」

第19回(平5年度)
◇最優秀賞　該当者なし
◇優秀賞
加藤 佳津子(大阪市立千本小学校教諭)「国際理解教育は低学年から―みずみずしい感性にアタック!」
佐々木 徹(大阪府立柴島高等学校教諭)「国際理解教育と人権教育の接点を求めて」
◇佳作
金城 宗和(浪速工業高等学校教諭)「複合文化社会を志向する「国際理解」教育をめざして」
斎藤 明人(静岡市立高等学校教諭)「地域の国際化を担うことができる市民の育成」
木原 拡茂(筑紫野市立山口小学校教頭)「異文化交流能力をそだてるディベート授業」
手塚 文雄(神奈川県立教育センター研修指導主事)「「内なる国際化」の状況を認識した国際理解教育を探る」
長野 とも子(東北大学大学院国際文化研究科博士課程)「青少年における国際理解教育のあり方―その「場」と「時」」
井寄 芳春(大阪教育大学教育学部附属平野中学校教諭)「中学校・社会科における「関心・意欲・態度」の育成とその評価のあり方」
エリッサ・リーフ、永田 佳之(日本ユネスコ協会連盟国際協力室識字協力専門員)「「真の国際相互理解」を目指した高校生のための海外ワークキャンプ」

第20回(平6年度)
◇最優秀賞　該当者なし
◇優秀賞
永田 佳之、エリッサ・リーフ(マイペンライ友の会〈国際基督教大学教育研究所〉)「「戦争を知らない高校生たち」の戦争との出会い―タイ国カンチャナブリ「戦争博物館」展示物の翻訳・製本作業を通した国際理解教育の一実践」
花見 槇子(一橋大学商学部講師)、久保田 真弓(関西大学講師)「地方自治体における国際協力の人材育成―女性政策の充実を通して」
松山 献(日本聖公会大阪教区在日韓国、朝鮮人宣教協働委員会委員長)「国際理解の原点―在日理解のための研修活動を通じて」
◇佳作
市川 博美(長野市立更北中学校教諭)「異文化理解を深化するためのカリキュラム―英語教科書教材を発展させた国際理解の指導法」
高野 彰夫(沼南町立大津ケ丘中学校教諭)「南への道―一教員の歩み」
宮地 敏子(洗足学園短期大学幼児教育科助教授)、富樫 恭子、佐藤 美子、矢萩 恭子(洗足学園大学附属幼稚園教諭)「国際理解教育と幼児期」
小泉 光、東 真由子(東京国際大学教養学部国際学科下羽ゼミナール4年)「地球市民としての意識・行動を養う教育の実践」
伊東 弥香(あさひ学園ロス・アンゼルス補習授業校教員)「海外補習授業校が異文化/国際理解教育に果たす役割」
阿部 寿文(大阪女子短期大学児童教育科助教授)「異文化理解のための美術教育・ガイドラインの作成と教材開発」

第21回(平7年度)
◇最優秀賞　大津 和子(北海道教育大学助教授)「開発途上国におけるHIV/AIDS―人権の視点からの教材化」
◇優秀賞
富永 幸子(国際ボランティアの会)「タイのワークキャンプを通して国際協力に関わる日本の青年を育成する試み―7回のワークキャンプを実施して―」
茂住 和世(東京情報大学非常勤講師)「開発途上国における人造り協力の現状と課題―異文化内での人材育成という視点から」

第22回(平8年度)
◇最優秀賞　該当者なし
◇優秀賞
藤原 孝章(報徳学園中・高等学校教諭)「多文化・共生のジレンマ―シミュレ

ーション教材「ひょうたん島問題」の作成を中心に」
　　　石崎　厚史（大阪市立啓発小学校教諭）「21世紀を担う地球的市民を育てる教育への展望―全校集会「世界の友だちフェスティバル」を通した、「参加体験型」学習の検証」
　◇国際文化フォーラム賞　藤井　泰一（松原市立布忍小学校教諭）「中国渡日児童とともに歩む国際理解教育」
第23回（平9年度）
　◇最優秀賞　該当者なし
　◇優秀賞
　　　小嶋　祐伺郎（沖美町立沖中学校教諭）「日本を視点に置いた異文化理解の指導のありかた」
　　　肥下　彰男（大阪府立佰太高等学校教諭）「「識字」を通しての出会いの創出―地域・学校・NGOの連携から」
　　　河野　憲次（大分県立緒方工業高等学校教諭）「インターネットによる日・米・ベルギー高等学校国際共同研究―総合的・教科横断的学習による国際理解教育」
　◇国際文化フォーラム賞
　　　大阪市立瓜破東小学校「学校全体で取り組む国際理解教育」
　　　伊井　直比呂、治部　浩三（大阪教育大学附属高等学校池田校舎教諭）「「国際科コース」の設置構想とその課題―国際教育を行うための制度的・実践的研究」
第24回（平10年度）
　◇最優秀賞　熊本県立菊池農業高等学校「韓国学生との相互交流を通じての国際文化理解推進研究」
　◇優秀賞　水村　裕（埼玉県立所沢商業高等学校教諭）「インターネットで語り合う平和と人権―世界水準のディスコースをめざして」
　◇国際文化フォーラム賞
　　　松尾　知明（ウィスコンシン大学大学院生）「ホワイトネスと視覚的イメージ異なる人々の理解に関する一考察」
　　　野崎　志帆（大阪大学人間科学研究科大学院生）「国際理解教育におけるセルフ・エスティームの本来的意義の検討～「共生」と「エンパワメント」の視点から」
　◇佳作
　　　早川　則男（英国暁星国際学園教諭）「共生の道を求める歴史教育―戦争責任の問題を中心に」

　　　牟田　泰明（佐賀大学文化教育学部附属中学校教諭）「人際理解教育で国際意識を育てる―対話、アサーティブネスの指導を通して」
　　　石原　静子, 伊藤　武彦（和光大学人間関係学部教授）「大学1年生ゼミにおけるアジア理解と交流の試み」
　　　千葉　充（東京都立明正高等学校教諭）「国際理解教育における日本文化の位相」
　　　長田　良一（鳥取市立米里小学校教諭）「地球市民を育てるための国際理解教育の取り組み―アイデンティティ・ポートフォリオによる意識変化の検証」
　　　川端　一正（北海道旭川北高等学校教諭）「自立した学習者を育てるために～インターネットを使った授業の構築とその可能性」
　　　森田　真樹（広島大学大学院国際協力研究科博士課程後期大学院生）「自国史教育を中心とした国際理解 カリキュラム開発原理に関する研究―現代米国歴史教育の分析を中心として」
　　　大阪教育大学教育学部附属池田中学校「中学校・総合学習「アジアを実感しよう！」―Real Audienceとの相互啓発・共同学習で学ぶ国際理解」
　　　清田　淳子（お茶の水女子大学附属中学校教諭）「平和を考える」
第25回（平11年度）
　◇最優秀賞　該当者なし
　◇優秀賞
　　　倉地　暁美（広島大学教育学部助教授）「「内なる異文化」への挑戦：あるマイノリティ学生の学びの過程」
　　　辻　陽一（帝塚山学院泉ヶ丘中学校・高等学校教諭）「国際教育のインフラとしての情報教育―語学合宿からE-Trekking Osaka, ISoNまで」
　　　市川　博美（長崎県NPOセンター事務局長）「グローバル教育を支えるソーシャルネットワークの意義～地域で行われた国際交流（一校一国運動）のネットワークの分析から」
　◇国際文化フォーラム賞
　　　鹿野　敬文（福岡県立修猷館高等学校教諭）「高校英語教科書における軍縮・平和問題」
　　　小川　彩子（元州立シンシナティ大学, ザヴィエル大学非常勤講師）「共生の教育と"文化のカプセル"：21世紀を異文化共生の世紀にするために」
　◇エースジャパン賞

久保田 美和(千葉大学教育学部附属小学校教諭)「異なる他者を理解し、共に生きるための基礎的資質や能力の育成～地域・学校との交流とワークショップを通しての実践」

横田 睦子(大阪大学大学院言語文化研究科大学院生)「アメリカ中西部における「日本理解」のためのクラス運営—ウィスコンシン大学での試み」

◇奨励賞

松川 貴彦(大阪府立上神谷高等学校教諭)「国際ボランティア体験を組み入れた公民科教育の創造—人権文化の視点から異文化理解教育の新展開を求めて」

犬飼 俊明(安城学園高等学校講師)「国際理解教育の可能性」

村上 博之(お茶の水女子大学附属小学校・鳴門教育大学大学院生)「総合的学習での国際理解教育の教材開発と実践化」

後藤 泰博(東京都大田区立池上小学校教諭)「創発性を基盤としたボランティア体験学習「小さな知の冒険」」

中森 昌昭(名張国際交流研修所代表)「コペンハーゲン商科大学生の夏期集中日本語講座—「タスクを通した活動」と「一日勤務体験」」

野島 大輔, Shammi Datta(千里国際学園中等部・高等部教諭)「新国際学校における「比較文化」科の試み〜トータルに「国際理解」的な授業文化の創造を目指して」

第26回(平12年度)

◇最優秀賞 田村 かすみ、長野 勤子、友近 辰貴(東広島市立八本松小学校)「みんなで劇を創ろうよ〜日本語学級を核にした母語劇創作4年間の取り組み」

◇優秀賞

滝本 ゆかり(ワシントン大学教育大学院Ph.D.課程)「文化相対主義と多文化教育」

広瀬 聡夫(幸富秋日韓交流実行委員会)「国際理解教育を深める地域と学校の連携システム〜共感と協働を子どもたちに」

◇国際文化フォーラム賞

小関 一也(早稲田大学教育学部非常勤講師)「地球市民教育の実践課題—地球市民教育概念の構造的理解を中心として」

森茂 岳雄(中央大学文学部教授)、中山 京子(東京学芸大学教育学部附属世田谷小学校教諭)「博物館との連携をいかしたハワイ日系移民に関する単元開発と実践—グローバル教育と多文化教育の結合可能性」

◇エースジャパン賞

千葉 節子(長野市立三本柳小学校教諭)「紛争に苦しむ国との交流を通して体験的に共生の心を学ぶ国際理解教育—ボスニア・ヘルツェゴビナとの「一校一国運動」を通して」

岩野 雅子(山口県立大学国際文化学部助教授)「国際交流を支えるボランティア活動—女性3人から市民150人への広がり」

◇奨励賞

金 雄基(弘益大学校経大学国際地域経済専攻専任講師)「民際国際交流における新たな形の模索—韓国大学生による滞日ホームステイ・プログラムの現場から」

大橋 直樹(愛知教育大学大学院学生、知立市立知立小学校教諭)「「地球人」を育てる社会科・国際理解教育—系統的なカリキュラム作りと実践を通して」

岡田 真弓(ハローイングリッシュ英語教室代表)「多民族多文化共生教育を目指して—横浜市の日本語教室における外国人と日本人の異文化相互作用の事例より」

加藤 久美子(兵庫県立播磨南高等学校教諭)「高等学校人権学習における「一日中体験」の意義と可能性」

第27回(平13年度)

◇最優秀賞 伊井 直比呂(大阪府立北淀高等学校教諭)「「北淀高校」から見える日本社会と国際理解教育の役割—"途絶"と向き合う学校文化の中で」

◇優秀賞

野中 春樹(広島工業大学附属広島高校・中学校教諭)「地球市民としての生き方を考える国際理解教育—高等学校修学旅行「サラワク・スタディーツアー」の実践を通して」

小瑤 史朗(東京学芸大連合大学院大学院生)「アジアにおけるグローバリゼーションの進行と開発教育の再構築—被抑圧者の主体性回復運動を手がかりとして」

◇国際文化フォーラム賞

藤川 正夫(兵庫県立神戸甲北高等学校教諭)「「外国にルーツをもつ子どもたち」の教育課題と教育実践」

勝見 美子(国際理解教育研究会会長)「私の国際理解教育実践論」
◇エースジャパン賞
　太田 満(奈良教育大学大学院大学院生)「国際理解教育における地域学習の意義と課題―グローバル教育と多文化教育のインターフェイスとしての「地域」」
　河原 和之(東大阪市立小阪中学校教諭)「わてらアジア探検隊―3Fから3Dへの多文化共生教育」
◇奨励賞
　田尻 信壱(筑波大学附属高等学校教諭)「グローバル・ヒストリーの視点を取り入れた高校世界史学習―近代史の内容構成の見通しを中心にして」
　福井 郁(奈良市立大安寺小学校教諭)「日本語指導教員として訴えたいこと―渡日児童の豊かな学びの為に」
　小嶋 祐伺郎(広島県廿日市市立野坂中学校教諭)「教室で育む平和の文化―望ましいセルフエスティームの形成と学びのつながりづくりの実践から」
　大貫 美佐子(ユネスコ・アジア文化センター図書開発課課長心得)「「アジア・太平洋地域における異文化理解教育教材の共同開発の成果と課題」―環境の本の開発プログラムを通して」
　塩塚 美那子(名古屋大学大学院学生)「カンボジアにおける着ぐるみ公演」
　野島 大輔(千里国際学園中・高等部教諭)「高等学校での国際法・国際関係の学習に関する一提言～「グローバル・ガバナンス」をどう教えるか」
　石井 信子(千葉市立扇田小学校教諭)「世界の多様性に気づき、共に生きる子どもの育成―地域リソースを活用し体験的に学ぶ総合的な学習の時間の試み」
　石井 香世子(慶応義塾大学大学院生)「タイにおける「多文化教育」と少数民族」
第28回(平14年度)
◇最優秀賞　該当者なし
◇優秀賞
　宇土 泰寛(東京都港区立三光小学校教諭)「国際理解教育の視点から生まれる地球時代の教室づくり～学級崩壊の危機から地球再生を物語る教室再生の取り組みを中心に」
　新木 敬子(大阪大学大学院人間科学研究科大学院生)「多様性教育についての一考察―A WORLD OF DIFFRENCE INSTITUTEの事例から」
◇国際文化フォーラム賞
　関根 一昭(埼玉県立秩父高等学校教諭)「国際的な平和教育の実践例と展開方法～日本とチェコの第二次大戦の戦争遺跡を例として」
　藤兼 裕子(英国ロンドン大学教育研究所博士課程、ロンドン日本人補習授業校カムデン校舎講師)「「地球市民」という概念を考える～比較教育学の視点から」
◇エースジャパン賞
　近成 俊昭(丹波グリーンフォース代表)「熱帯雨林再生とアエタ族に教育の大切さを伝えよう」
　国際交流地域実行委員会「杉原ウィーク「国際平和シンポinやおつ」の開催～国際交流地域実行委員会と柴島高校ユネスコクラブから見た岐阜県加茂郡八百津町・日本ユネスコ協会連盟との三者共催企画実現への原則と方法」
◇国際協力事業団賞　熊野 敬子(広島大学大学院国際協力研究科教務員)「開発教育における参加型学習のアクティビティ教材の開発原理」
◇公文教育研究会賞
　鹿野 敬文(福岡県立修猷館高等学校教諭)「援助計画案の作成、及び新しい形のディベートを用いた地球市民の育成」
　福井 美果(羽曳野市立西浦東小学校教諭)「国際理解教育～子どもからのアプローチを受けて」
◇奨励賞
　光長 功人(奈良教育大学社会科教育研究室研究生)「ブラジル人の子どもたちの教育―帰国後を調査して」
　千賀 愛(東京学芸大学教授)，高橋 智(東京学芸大学大学院大学院生・日本学術振興会特別研究員)「ジョン・デューイと多文化協同の教育実践―19世紀末シカゴの移民・貧困児童問題とソーシャル・セツルメント」
　岡崎 裕(大阪市立此花総合高等学校教諭)「国際理解教育とネットワークモデル」
　太田 満(奈良教育大学大学院教育学研究科大学院生)「アジアを取り上げた国際理解教育の現状と課題―多元的なアイデンティティの育成をめざして」

安部 芳絵(早稲田大学大学院博士課程学生)「子どもとおとなのグローバルパートナーシップ構築の可能性―横浜会議における子ども参加の実践を通して」

第29回(平15年度)
◇最優秀賞 永田 佳之(国立教育政策研究所・オーストラリアフリンダース大学国際教育研究所客員研究員)「国際理解教育をとらえ直す グローバリゼーション時代における国際理解教育の再構築に向けて」
◇優秀賞 小嶋 祐伺郎(大竹市立栗谷中学校教諭)「多文化共生社会における市民性教育―多元的・複合的アイデンティティ形成の視点から」
◇国際文化フォーラム賞
Lynne Parmenter(早稲田大学第一文学部助教授)「在日外国人の親から見た日本の学校教育」
仲川 順子(地域市民フォーラムなら事務局長)「学校と地域で広げる国際理解教育の可能性」
◇国際協力事業団賞 若杉 英治(大分市役所明野出張所主任)「中国における反日感情と日本理解教育」
◇公文教育研究会賞
寺林 民子(愛知県知多郡東浦町立緒川小学校教諭)「宇宙の視点から眺め、かけがえのない私たちの家「地球」について考える子ども「宇宙の中の私」～見つめよう今!私の命のつながりから～小学校5年総合学習の実践から」
松本 みどり(川崎市立菅生中学校教諭)「人権教育に視点をおいた開発教育プログラムの作成と実践事例」

第30回(平16年度)
◇最優秀賞 該当者なし
◇優秀賞
方 政雄(兵庫県立湊川高等学校教諭)「「総合的な学習の時間」における国際理解教育の授業実践―単元「在日韓国朝鮮人をはじめとする在日外国人理解を深め、違いを認めあい共に暮らそう」」
吉村 雅仁(奈良教育大学助教授)「多言語・多文化共生意識を育む小学校英語活動の試み」
島根県国際理解教育研究会日韓合同授業研究部「日韓共同教材開発と授業実践」
◇国際文化フォーラム賞
榎井 縁、冨江 真弓(とよなか国際交流研究会)「母と子の主体的参加でつくる多文化共生事業の実践～図書館を拠点に持続可能な地域づくりをめざす市民グループ「地域ママくらぶ」」
本間 和実(東京芸術大学大学院連合学校教育学研究科)「異文化に対する日本人の意識構造と国際理解教育のカリキュラム開発」
◇公文教育研究会賞
中山 京子(東京学芸大学附属世田谷小学校教諭)「「多文化共生」への意識を高める国際理解教育のカリキュラム開発と実践―包括的な多文化教育カリキュラム開発をめざして」
山田 正人(大阪府立松原高等学校教諭)「人の輪の中に「参加」する―〔高校NPO松原国際交流まなびネット設立〕の取り組み」
◇国際協力機構賞 濱口 愛(京都精華大学人文科学部 長期フィールドワークプログラム タイ担当コーディネーター)「京都精華大学のタイ長期海外体験学習における参加者の学習プロセスと自己形成」

181 小柴昌俊科学教育賞

児童・生徒の基礎科学への興味と関心を高めるため,新しい発想と工夫に満ちた理科教育プログラムを開発・実践し,理科教育に関し著しい教育効果を上げた団体及び個人を顕彰し,その実践事例に対し助成を行う。平成16年度より授賞開始。

【主催者】平成基礎科学財団
【選考委員】(第5回)朽津耕三,荒船次郎,伊藤正男,海部宣男,佐藤文隆,森裕司
【選考方法】第1次審査:応募申請書類により選考 第2次審査:現場調査と本人への簡単な面接(受賞候補者の選定)最終審査:審査会場にて平成21年3月下旬に受賞候補者による応募内容の紹介と質疑を行い,優秀賞,奨励賞を確定

【選考基準】〔応募資格〕小学校・中学校・高等学校レベルの理科教育を担当, 指導, または研究・実践している者で, 個人, 団体を問わない。たとえば小学校, 中学校, 高等学校, 高等専門学校, 大学などの教員, そのほかに指導主事, 教育関係諸機関などの研究員や所員あるいは学校外でのクラブや科学塾などの指導者を含む
【締切・発表】(第5回)応募締切 平成20年10月24日(金)必着
【賞・賞金】優秀賞1件(賞状, 金メダル及び副賞として賞金100万円), 奨励賞3件(賞状, 銀メダル及び副賞として賞金50万円)
【URL】http://www.hfbs.or.jp

第1回(平16年度)
◇優秀賞 豊増 伸治(星の動物園みさと天文台研究員)「光と風と僕たちがはこぶ, 田舎のブロードバンド」
◇奨励賞
前島 昭弘(晃華学園中学・高等学校教諭)「ワラジムシを用いた創造性・主体性教育」
金沢市児童科学教室(代表・藤井昭久)「児童の基礎科学への関心を高める科学教室指導プログラム」
北海道札幌稲雲高等学校(代表・大河内佳浩)「自律的学習力育成と基礎学力向上プログラム」

第2回(平17年度)
◇優秀賞 愛知教育大学訪問科学実験(代表・戸谷義明)「愛知教育大学のボランティア学生による訪問科学実験」
◇奨励賞
美浦中学校科学部(代表・桑名康夫)「生徒が狙いを持って取り組む霞ヶ浦環境調査プログラム研究」
成蹊高校天文気象部(代表・宮下敦)「高校生による系外惑星探査」

第3回(平18年度)
◇優秀賞 松山YWCA(代表・藤井初子)「キララ理科実験工作教室の実践」
◇奨励賞
特定非営利活動法人日本サイエンスサービス(代表・高橋正征)「科学自由研究コンテスト受賞者による科学自由研究コンサルティング」
納口 恭明(独立行政法人防災科学技術研究所総括主任研究員)「Dr.ナダレンジャーの感性でとらえる自然災害の科学実験教室」
藤井 豊(福井大学医学部助教授)「ポインター方式分子模型教材の開発と普及実践活動」

第4回(平19年度)
◇優秀賞 吉井町立入野小学校(代表・片山和子)「自然に働きかけ, 実感しながら学び合う児童の育成―地域をつなぐエコサイクルランド建設―」
◇奨励賞
かがくくらぶコスモ(代表・平井崇子)「かがくくらぶコスモで育つ小学生たち」
東北大学大学院工学研究科創造工学センター(代表・牧野正三)「創造的工学研究を活用した小学生向け体験型理科教育の実践」
門脇 宏則(宮城県石巻工業高等学校))「海洋性バイオマスを活用した工業教育の新しい展開」

第5回(平20年度)
◇優秀賞 諫見 泰彦(学校法人中村産業学園九州産業大学)「「ナスカの地上絵」の再現―小学生を対象とした比例と相似の学習の可能性―」
◇奨励賞
刈谷少年発明クラブ(代表・桑門聰)「刈谷少年発明クラブの活動―学校外理科教育支援活動システムとして―」
東京大学教養学部化学部(代表・田中成)「北海道・東北地方の中学校での化学実験教室の実施」
神田 健三(中谷宇吉郎雪の科学館)「氷作りから始めるふしぎで楽しい氷の実験プログラム」

182 こども読書推進賞

平成14年から4月23日が「子ども読書の日」と定められたことにちなんで創設。活字離れが進むなか,児童の読書習慣の定着と向上に力を尽くし成果を挙げている個人や団体に贈られる。第5回をもって終了。

【主催者】社会貢献支援財団
【選考委員】(第5回)猪熊葉子(聖心女子大学名誉教授,社会貢献支援財団会長),中島健一郎(元毎日新聞顧問),秋田喜代美(東京大学大学院教育学研究科教授),小寺啓章(太子町立図書館館長),吉田法子(元葛飾区立上平井小学校校長,元東京都教育庁教育相談員,朝の読書推進協議会)
【選考方法】推薦
【締切・発表】(第5回)推薦締切は平成18年12月26日(当日必着),平成19年4月23日発表,6月26日表彰式
【賞・賞金】日本財団賞として受賞者の活動に関わる図書館に50万円相当の図書が贈られる

第1回(平15年)
　高月町立富永小学校(滋賀県)
　熊倉 峰広(東京都)
　田所 雅子(静岡県)
第2回(平16年)
　中野区立桃園第三小学校PTAサークル親子読書会(東京都)
　哲西町立野馳小学校(岡山県)
　川平 栄子(沖縄県)
第3回(平17年)
　国際児童文庫協会(東京都)
　紫波町ほん太ネット(岩手県)
　こころにミルク編集部(広島県)
第4回(平18年)
　大欠なかよしバス図書館(秋田県鹿角市)《廃バスを利用して図書館が開設され,子供たちを主体に親が協力する形で30年にわたり運営されて過疎地域の子供たちの読書を支えてきた》
　本部町立伊豆味小中学校(沖縄県国頭郡本部町)《児童生徒の読書習慣の形成と表現力の向上を図り,一部購入図書の選択を児童の決定に委ねることで読書意欲を向上させ,地域社会と連携して読書活動を推進している》
　下呂市立中切小学校(岐阜県下呂市)《自発的に読書を楽しむ児童を育てるため,現状に即した読書指導と図書館運営計画を検討・作成し,家庭,地域の協力を得ながら計画を実行して成果を挙げている》
第5回(平19年)　黒木 秀子(千葉県千葉市稲毛区)《スペインのM.サルト氏のグループが,子どもの読書力を引き出すために1970年代以降開発を続けてきた「読書へのアニマシオン」の実施ノウハウを日本に導入し,その普及に貢献した》

183 子どもの文化賞

子どもの文化の創造や研究に著しい業績を残したもの,または地域に根ざして教育的・文化的実践を深め,子どもの生活と文化の発展や啓発活動に貢献した個人や団体を表彰するため,昭和52年に創設された。協会の創立20周年にあたる平成元年で中止。

【主催者】(財)文民教育協会子どもの文化研究所
【選考委員】子どもの文化研究所委員会(堀尾青史所長代行ほか)
【選考方法】東京他全国各地の子どもの文化研究所,準備会の推薦による
【選考基準】〔対象〕子どもの文化と教育の実践・運動家,創造者およびグループ,サークル。〔基準〕地方の優れた教育・文化活動の実践者を重視する

【締切・発表】例年、5月5日「子どもの文化」誌上で発表、贈呈式は6月の総会席上もしくは8月の京都セミナー席上。平成元年度は同協会創立20周年記念事業のため12月3日に発表・表彰
【賞・賞金】賞状、記念品と賞金10万円

第1回（昭52年）　「コボたち」（岐阜）《地域子ども雑誌の刊行、文化運動》
第2回（昭53年）　尾崎 忠雄（足柄・小学校教諭）《地域教育文化活動》
第3回（昭54年）　高田 敏幸（石巻・保育園長）《幼児教育文化実践活動》
第4回（昭55年）　川原 正実（福井県三方・図書館司書）《地域図書館での文化活動・障害児運動》
第5回（昭56年）　八ツ藤 恒夫（八丈島・中学校教諭）《地域教育文化活動》
第6回（昭57年）　広島県高校生平和ゼミナール（広島）《高校生の文化活動》
第7回（昭58年）　佐々木 悦（山形）《児童文化活動の実践、創作》
第8回（昭59年）　むすび座（代表・丹下進、名古屋市の人形劇団）《地域での文化活動》
第9回（昭60年）　遠藤 和子（教育者、作家）《地域での教育文化活動》
第10回（昭61年）　京都造形活動研究所（代表・村栄喜代子）
第11回（昭62年）　伊藤 紀子（松本あがたのもり図書館員）《あがたのもり図書館における文化活動》
第12回（昭63年）　野間 成之（金沢小学校教諭）《ユニークな教室の中での実践活動》
第13回（平1年）　IPA日本支部《「冒険あそび場」を日本に定着させたあそび場づくりの活動》

184　子ども文庫功労賞

　青少年健全育成の事業を行なっている伊藤忠記念財団の創立10周年を記念し、昭和59年に創設。子ども文庫ないし児童図書館を長年にわたって運営してきた個人および子ども文庫の普及に貢献してきた個人を表彰する。
【主催者】（財）伊藤忠記念財団
【選考委員】岩沢佳子（児童図書館研究会会員）、佐藤凉子（図書館の学校会員）、田中光則（前日本書籍出版協会事務局長）、中多泰子（日本図書館協会青少年委員会委員長）、藤本朝巳（フェリス女学院大学英文学部教授）、松岡享子（東京子ども図書館理事長）
【選考方法】候補者推薦を一般公募
【選考基準】〔対象〕子ども文庫ないし児童図書館を永年（20年以上）にわたって運営している個人及び子ども文庫の普及に貢献した個人とする
【締切・発表】（第26回）平成21年10月31日締切、平成22年3月（予定）表彰式
【賞・賞金】表彰状、及び賞品、副賞30万円（1名につき）
【URL】http：//www.itc-zaidan.or.jp

第1回（昭59年度）
　　石井 桃子（東京）《かつら文庫開設、発展させた東京子ども図書館など一連の活動に対し》
　　小林 静枝（札幌市）《障害児向のふきのとう文庫、他病院文庫の活動に対して》
　　瀬林 杏子（滋賀県）《せばやし子ども文庫開設、その後の文庫活動に対して》
　　土屋 滋子（東京）《土屋児童文庫、入舟町土屋文庫の開設、その後の文庫活動に対して》
第2回（昭60年度）
　　斎藤 尚吾（日本親子読書センター代表）

小河内 芳子（児童図書館研究会名誉会長）
いぬい とみこ（児童文学作家）

第3回（昭61年度）
　金森 好子 《クローバー子ども図書館の活動, 他の活動に対し》
　松岡 享子 《松の実文庫開設, 東京子ども図書館設立他, 幅広い活動などに対し》

第4回（昭62年度）
　大月 ルリ子 《鴨の子文庫主宰, 海外の優れた児童図書の紹介などに対し》
　川島 恭子 《けやき文庫開設, 他の活動に対し》
　Opal Dunn（イギリス, 児童教育研究者）《だんだん文庫開設, 日本国際児童文庫協会設立, 他の活動に対し》

第5回（昭63年度）
　木下 揚三（室蘭市）《鉄ン子文庫開設, 他の活動に対し》
　末広 いく子（保谷市）《富士町文庫設立, 他の活動に対し》
　中川 徳子（大阪府）《雨の日文庫開設, 他の活動に対し》

第6回（平1年度）
　安達 みのり（大阪府豊中市）《そよ風文庫の活動に対し》
　川端 英子（宮城県仙台市）《のぞみ文庫の活動に対し》
　渡辺 順子（東京都練馬区）《すずらん文庫の活動に対し》

第7回（平2年度）
　佐々 梨代子（東京都中野区）《東京子ども図書館の活動に対し》
　佐藤 峻（宮城県丸森町）《ふたば図書館の活動に対し》

第8回（平3年度）
　片倉 幸子（東京都八王子市）《絹の道文庫の活動に対し》
　唐井 永律子（神奈川県横浜市）《汐見台文庫の活動に対し》

第9回（平4年度）
　福山 恭子（大阪府茨木市）《ひまわり文庫の活動に対し》
　横田 幸子（熊本県熊本市）《熊本子どもの本の研究会の活動に対し》

第10回（平5年度）
　栗山 規子（東京都三鷹市）《大沢家庭文庫の活動に対し》
　広井 ひより（東京都多摩市）《なかよし文庫の活動に対し》

第11回（平6年度）
　新田 琴子（福島県福島市）《蓬莱子ども文庫の活動に対し》
　穂岐山 礼（高知県高知市）《ホキ文庫の活動に対し》

第12回（平7年度）
　佐藤 宗夫（みどり子ども図書館（愛知県名古屋市））
　富本 京子（山の木文庫（東京都世田谷区））

第13回（平8年度）
　潮平 俊（みやとり文庫（沖縄県西石垣市））
　上野 勝子（キラキラ文庫（大阪府寝屋川市））

第14回（平9年度）　鈴木 檀（星の子文庫（奈良県奈良市））

第15回（平10年度）
　川端 春枝（京都アンデルセンハウスこども文庫（京都府京都市））
　落合 美知子（おんがくとおはなしのちいさいおうち（埼玉県川口市））
　藤井 早苗（ふじい文庫（千葉県船橋市））

第16回（平11年度）
　保月 信子（クローバー文庫（東京都東大和市））
　吉岡 素子（バオバブ文庫（兵庫県尼崎市））

第17回（平12年度）
　山本 ますみ（えほんのへや文庫（大阪府羽曳野市））
　渋谷 益左右（私設ゆりがおか児童図書館（神奈川県川崎市））
　清水 達也（遊本館（静岡県清水市））

第18回（平13年度）
　志々目 彰（どよう文庫（東京都八王子市））
　平塚 ミヨ（水よう文庫（東京都国立市））

第19回（平14年度）
　平井 冨久子（かしの木文庫（奈良県生駒市））
　細川 律子（はまなす文庫（石川県河北郡））

第20回（平15年度）
　青木 啓子（三国ヶ丘文庫（大阪府堺市））
　西内 巳佳子（出会い文庫（高知県可美郡））

第21回（平16年度）
　浅川 玲子（やまばと文庫（山梨県甲府市））
　上田 裕美子（おあしす文庫（石川県羽咋市））

第22回(平17年度)
　　関 日奈子(風の子文庫(東京都練馬区))
　　徳永 明子(きりん文庫かすが(福岡県春日市))
第23回(平18年度)
　　今井 美代子(あかしあ文庫(東京都小平市))
　　山口 祥子(カンガルーぶんこ(滋賀県彦根市))
第24回(平19年度)
　　虎渡 進(大久なかよしバス図書館(秋田県鹿角市))
　　中田 光子(かもしか文庫(奈良県奈良市))
第25回(平20年度)
　　宮田 智子(松川でいご文庫(沖縄県那覇市))
　　林 眞紀(すまうら文庫(神戸市須磨区))

---

185 「作文と教育」賞 (寒川道夫記念山芋賞, 山芋賞)

　戦前の綴方運動にたずさわり、日本作文の会創立メンバーの一人となった寒川道夫氏の業績をしのぶ「寒川道夫記念山芋賞」として創設された。賞名は氏が戦前に指導した大関松三郎の詩集「山芋」にちなんで付けられた。平成7年「作文と教育」賞に名称が変更された。平成19年度をもって終了。

【主催者】日本作文の会
【選考委員】太郎良信, 小美濃威, 菊地邦夫
【選考方法】推薦
【選考基準】〔対象〕毎年8月から翌年7月までに月刊誌「作文と教育」に掲載された、新しい時代にふさわしく新鮮で創造的な論文・実践記録
【締切・発表】発表は毎年、7月末から8月上旬に開催される作文教育研究大会席上
【賞・賞金】賞状と副賞若干円
【URL】http://homepage3.nifty.com/nissaku

第1回(昭54年)　太田 貞子(宮城県)「詩の鑑賞・批評の授業」〔作文と教育 1979年5月号〕
第2回(昭55年)　渡辺 誠二(岡山県)「たしかな記述をさせるために」〔作文と教育 1980年7月号〕
第3回(昭56年)　久米 武郎(神奈川県)「修学旅行、描写の詩を書く」〔作文と教育 1981年2月号〕
第4回(昭57年)　中村 恵子(京都府)「地域の人びとの戦争体験を聞き書きする」〔作文と教育 1981年8月号〕
第5回(昭58年)　谷山 清(奈良県)「父母(祖父母)に学ぶ」〔作文と教育 1982年10月号〕
第6回(昭59年)　長田 光男(奈良県)「作り育てる人の心に迫る」〔作文と教育 1984年2月号〕
第7回(昭60年)　永田 喜久(兵庫県)「ささやかな平和教育のとりくみ」〔作文と教育 1984年8月号〕
第8回(昭61年)　田中 安子(神奈川県)「自分のからだ(心)の成長を見つめて作文を書く」〔作文と教育 1985年9月号〕
第9回(昭62年)　上田 精一(熊本県)「祖父母に学ぶ―「祖父と私」が生まれるまで」〔作文と教育 1987年2月号〕
第10回(昭63年)　原田 明美(秋田県)「自然をどうとらえさせてきたか」〔作文と教育 1988年6月号〕
第11回(平1年)　佐藤 淑子(福島県)「激しくゆらぎながらも、人間らしさを求めて生きる中学生」〔作文と教育 1989年5月号〕
第12回(平2年)　佐藤 広也(北海道)「昆布探偵団ねこあし組が行く」〔作文と教育 1990年7月号〕
第13回(平3年)　泉 克史(石川県)「すずから人間を知る」〔作文と教育 1991年2月号〕
第14回(平4年)　鈴木 英雄(北海道)「湾岸戦争をどう書かせてきたか」〔作文と教育 1991年8月号〕
第15回(平5年)　楳本 恵(福岡県)「絡まった糸を解きほぐすように」〔作文と教育 1993年7月号〕

第16回(平6年)　丸山 実(愛知県)「ひとりの子の思いに,ひとりひとりのねがいをかさねながら」〔作文と教育1994年4月臨時号〕

第17回(平7年)　谷口 誠二(福岡県)「オヤジの空,くもり時々晴れ」〔作文と教育1995年1月号〕

第18回(平8年)　奈良 一清「共感の世界を開き,立ち上がりの力を待つ　マイナス面の解放を中心にすえて」〔作文と教育1995年11月号〕

第19回(平9年)　三上 達也「関わり続けよう,友だちとの世界に」〔作文と教育 1996年7月号〕

第20回(平10年)　橋口 みどり「今やっと気付き始めて」〔作文と教育1998年1月号〕

第21回(平11年)　倉本 頼一「「いらつく」「むかつく」「キレる」荒れる子どもの心,本音,叫び」〔作文と教育1998年7月号〕

第22回(平12年)　藤田 美智子「からだを使って理解することを大切に」〔作文と教育2000年2月号〕

第23回(平13年)　伊藤 和実「「心のつぶやき」をことばのかたちに」〔作文と教育2000年11月号〕

第24回(平14年)　和田 禎二「「病院の学校」の窓から―「自分探し」の旅を続ける子どもたちとともに」〔作文と教育2000年10月号～02年3月号〕

第25回(平15年)　糸永 俊明「今,子どもたちの伝えなければならないこと」

第26回(平16年)　谷山 全「署名ってメッチャ楽しい！」

第27回(平17年)　候補者辞退のため受賞作なし

186　小砂丘忠義賞

「綴方生活」を創刊し,生活綴方教育,綴方研究運動に多大に貢献した故小砂丘忠義氏の精神を継承し,作文教育の発展を目的として創設された。昭和54年に「日本作文の会賞」として発展的に解消された。

【主催者】日本作文の会
【選考委員】同賞選考委員会(委員長：田宮輝夫日本作文の会代表)
【選考方法】同会の地方委員,選考委員の推薦による
【選考基準】〔対象〕雑誌に掲載されたもの,単行本になったもの,地方のサークル誌掲載のもの,あるいは生原稿など作文教育の実践記録
【賞・賞金】賞状と副賞記念品

第1回(昭28年)　口田 彰(岐阜)「中学校で綴方をこんなふうにして」

第2回(昭29年)　野名 竜二(大阪)「なわしろ教室の道」

第3回(昭30年)
　　佐々木 賢太郎(和歌山)《「紀南教育」に発表された諸論文・諸実践記録》
　　沢井 余志郎(三重)《働く娘たちのつづり方運動》「母の歴史」

第4回(昭31年)
　　小西 健二郎(兵庫)「学級革命」〔新評論〕
　　土田 茂範(山形)《「村の一年生」(新評論)ほか》

第5回(昭32年)　戸田 唯士(兵庫)「啓太の章」学級というなかま〔新評論〕

第6回(昭33年)　宮崎 典男(福島)「人間づくりの学級記録」

第7回(昭34年)
　　黒藪 次男(兵庫)《「ありがとう小さいなかま」(牧書店)ほか》
　　徳差 健三郎(青森)《国語の授業 高学年の場合(新評論)》

第8回(昭35年)　東井 義雄(兵庫)「子どもを伸ばす条件」

第9回(昭36年)　大嶋 孜(青森)《「第10回日教組教研における論文」ほか》

第10回(昭37年)　赤座 憲久(岐阜)「目の見えぬ子ら」〔岩波新書〕

第11回(昭38年)　佐野 善雄(富山)《「ねうちある題材をつかませるために」〔作文と教育'63年6月号所載〕ほかの指導実践記録ならびに論文に対して》

第12回(昭39年)　近藤 原理(長崎)《「精薄児教育と生活綴方」〔作文と教育 昭39年4月号〕ほかの諸研究, 論文, 記録に対して》
第13回(昭41年)　該当者なし
第14回(昭42年)
　◇佳作　長田 光男(奈良)「都市の子どもと綴方教育」
第15回(昭43年)
　◇佳作
　　竹内 幸子(秋田)「「雪ふるなよ」が書かれるまで」
　　河野 六俊(鳥取)「学校ぐるみの作文教育」
　　東 文男(兵庫)「意欲のある掘り起こしと核心に迫る表現指導」
第16回(昭44年)　田倉 圭市(東京)「現実認識と学級集団づくり」

第17回(昭45年)　最上 明(岐阜)「父母との対話活動をすすめて」
第18回(昭46年)　該当者なし
第19回(昭47年)　該当者なし
第20回(昭48年)　原田 明美(秋田)「農村をどう教えるか―減反のなかの子どもたち」〔鳩の森書房〕
第21回(昭49年)　斉藤 健一(東京)《「青空だより(上下)」作製の努力に対して》
第22回(昭50年)　新庄 久芳(北海道)「自主・連帯の力を育て励ます生活綴方の実践」
第23回(昭51年)　石川 宏子(山梨)「中学校の作文教育」〔新評論〕
第24回(昭52年)　該当者なし
第25回(昭53年)　該当者なし

【これ以降は, 197「日本作文の会賞」を参照】

187　児童詩教育賞（北原白秋賞）

「児童自由詩集成」「児童詩の本」などを残し, 児童詩育成につとめた故北原白秋氏の先駆的偉業を記念して「北原白秋賞」として創設された。第30回より名称を「児童詩教育賞」に変更し, 第36回をもって廃止した。

【主催者】日本作文の会
【選考委員】同会常任委員会
【選考基準】〔対象〕優れた児童詩作品を数多く生みださせた実践者
【締切・発表】月刊誌「作文と教育」1月号にて発表
【賞・賞金】賞状と副賞若干円

第1回(昭41年)　該当者なし
第2回(昭42年)　坂爪 セキ(群馬)「知恵おくれの子らに詩を」
　◇佳作　永易 実(東京)「児童詩教育における技術的側面」
第3回(昭43年)　該当者なし
第4回(昭44年)　該当者なし
第5回(昭45年)
　　岡本 博文(京都)「いのちのある詩を」
　　永易 実(東京)「煙の下に育つ子らに抵抗と創造の詩を」
第6回(昭46年)　該当者なし
第7回(昭47年)　該当者なし
第8回(昭48年)　該当者なし
第9回(昭49年)　該当者なし

第10回(昭50年)
　◇特別賞　中原 郁恵(島根)《児童詩教育の業績》
第11回(昭51年)　片岡 通夫(青森)《詩教育実践》
第12回(昭52年)　大野 英子(埼玉)《詩教育実践》
第13回(昭53年)　該当者なし
第14回(昭54年)　鹿島 和夫《詩教育実践》
第15回(昭55年)　東京・池上小学校詩集編集委員会《「詩集・はとの目」にみる詩教育実践》
第16回(昭56年)　田嶋 定雄《詩教育のすばらしい実践》
第17回(昭57年)　高知県児童詩研究会「やまもも」(第1集～第6集)「こども詩集・やまもものうた」
第18回(昭58年)　秋田県平鹿郡山内村黒沢小学校《山内村・むらの文化と歴史を語

第19回(昭59年)	東京都町田市公立小学校教育研究会国語部「町田の子 児童詩・選集」
第20回(昭60年)	長野県作文教育研究協議会〔編〕「信濃子ども詩集」
第21回(昭61年)	戦後・上山の子どもの詩編集委員会〔編〕「芽出ろ おがれ ぜんぶ咲け!」
第22回(昭62年)	多摩子ども詩集編集委員会〔編〕「多摩子ども詩集」
第23回(昭63年)	該当者なし
第24回(平1年)	詩集・いさわ・えさしの子編集委員会「詩集・いさわ・えさしの子」
第25回(平2年)	岡崎市福岡小学校 学校詩集「福岡」
第26回(平3年)	群馬県作文の会「くわねっこ」
第27回(平4年)	高知県幡多作文の会「幡多の子」「幡多作文」
第28回(平5年)	熊本県人吉球磨作文の会「やまぎり」
第29回(平6年)	福山市詩文集編集委員会「福山市詩文集復刊30周年記念号」
第30回(平8年)	八戸市教職員組合〔編〕 八戸市こども詩集「花園」
第31回(平9年)	河上 眞一 児童詩集「ゆるしてあげてよ」「先生にだっこ」
第32回(平10年)	不明
第33回(平11年)	江口 季好「日本の児童表現史」
第34回(平12年)	和歌山県那賀郡粉河町鞍渕小学校 詩集「山の子」
第35回(平13年)	川口市教育研究会 川口市小中学校詩集選集「かわぐち」
第36回(平14年)	増田 修治 学級詩集「詩のかくれんぼ」「詩の散歩道」「詩のスキップ」

188 児童福祉文化賞

昭和34年に、優れた児童文化財に対し厚生大臣表彰を行うものとして設けられた。63年から朝日生命厚生事業団主催、厚生省後援として新たに発足した。平成16年からは、(財)児童健全育成推進財団が継承している。現在は、(財)こども未来財団と共催、(社福)全国社会福祉協議会、(財)児童育成協会、(社福)日本保育協会および(社福)東京都社会福祉協議会が後援している。

【主催者】(財)児童健全育成推進財団, (財)こども未来財団

【選考委員】庄司洋子(社会保障審議会福祉文化分科会長)、竹中淑子(社会保障審議会福祉文化分科会出版物委員会委員長)、片岡玲子(社会保障審議会福祉文化分科会舞台芸術委員会委員長)、藤田芙美子(社会保障審議会福祉文化分科会映像・メディア等委員会委員長)、斉藤晴美(厚生労働省雇用均等・児童家庭局育成環境課児童環境づくり専門官)、笹尾勝(社会福祉法人全国社会福祉協議会児童福祉部長)、吉武民樹(財団法人児童育成協会理事長)、磯部文雄(財団法人こども未来財団常務理事)、高城義太郎(財団法人児童健全育成推進財団理事長)

【選考方法】社会保障審議会における児童福祉文化財の特別推薦作品の中より、社会保障審議会福祉文化分科会の意見を聴き、児童福祉文化賞審査委員会において選考する

【選考基準】〔対象〕日本人の製作した「出版物」、「舞台芸術」、「映像・メディア等」の著者、出版社、上演団体、製作者、配給者等。特別部門は広く児童健全育成の推進に寄与すると認められる児童文化活動または児童文化財

【締切・発表】例年、発表は3月、表彰は5月の児童福祉週間期間中

【賞・賞金】出版物、舞台芸術、映像・メディア等部門、特別部門(各1点):厚生労働大臣賞状、賞金70万円、記念楯

【URL】http://www.jidoukan.or.jp/

第1回（昭33年度）
　◇出版物部門　佐々木 たづ「白い帽子の丘」
　　（三十書房）
　◇映画部門
　　　民芸映画社「めがね小僧」
　　　大東映画「キクとイサム」
　◇紙芝居部門　童心社「お月さまいくつ」
　◇演劇部門　劇団仲間「馬蘭花物語」
第2回（昭34年度）
　◇出版物部門　坂本 遼「きょうも生きて」（東
　　都書房）
　◇映画部門
　　　日活「にあんちゃん」
　　　都映画「眼が欲しい」
　◇紙芝居部門
　　　教育画劇「めがね」
　　　童心社「三日めのかやのみ」
　◇演劇部門　劇団仲間「森は生きている」
第3回（昭35年度）
　◇出版物部門
　　　山中 恒「赤毛のポチ」（理論社）
　　　国分 一太郎「日本クオレ 1〜3」（小峰
　　　書店）
　◇映画部門
　　　東映（教）「君たちはどう生きるか」
　　　RKO映画「サーカス小僧」
　　　東京映画「名もなく貧しく美しく」
　◇紙芝居部門　童心社「少年と子だぬき」
　◇演劇部門　東京少年劇団「むかしばなし山
　　伏太郎」
第4回（昭36年度）
　◇出版物部門　早船 ちよ「キューポラのある
　　街」（弥生書房）
　◇映画部門
　　　日活「キューポラのある街」
　　　東映（教）「津波っ子」
　◇紙芝居部門　童心社「からすのあかちゃん」
　◇演劇部門　劇団風の子「ボタッコ行進曲」
第5回（昭37年度）
　◇出版物部門
　　　松田 道雄「君たちの天分を生かそう」
　　　（筑摩書房）
　　　中川 李枝子「いやいやえん」（福音館
　　　書店）
　◇映画部門　大映「私は二歳」
　◇紙芝居部門　童心社「つきよとめがね」
　◇演劇部門　木馬座 ぬいぐるみ人形劇「ピノ
　　キオ赤ずきん」
第6回（昭38年度）
　◇出版物部門　子どもの家同人「つるのとぶ
　　日」（東都書房）

　◇映画部門　アメリカフィルム「奇跡の人」
　　（東和配給）
　◇演劇部門
　　　人形劇団プーク「人形劇＝オッペルと
　　　象」
　　　木馬座「影絵劇＝銀河鉄道の夜」
第7回（昭39年度）
　◇出版物部門
　　　清水 えみ子「ちがうぼくととりかえ
　　　て」（童心社）
　　　新井 勝利〔絵〕，内藤 濯〔話〕「絵本
　　　いっすんぼうし」（至光社）
　◇映画部門　東映（教）「白さぎと少年」
　◇演劇部門　劇団太郎座「人形劇＝竜の子太
　　郎」
第8回（昭40年度）
　◇出版物部門　加藤 明治「水つき学校」（東
　　都書房）
　◇映画部門
　　　20世紀フォックス映画会社「サウンド・
　　　オブ・ミュージック」
　　　学習研究社「つるのおんがえし」
　◇演劇部門　人形劇団プーク「人形劇＝エル
　　マーのぼうけん」
　◇放送（テレビ番組）部門　フジテレビジョン
　　「ジャングル大帝」
第9回（昭41年度）
　◇出版物部門
　　　佐藤 さとる「おばあさんのひこうき」
　　　（小峰書店）
　　　中川 李枝子〔作〕，山脇 百合子〔絵〕
　　　「ぐりとぐらのおきゃくさま」（福音
　　　館書店）
　　●奨励賞
　　　今江 祥智「海の日曜日」（実業之日本
　　　社）
　　　与田 準一〔作〕，安 泰〔絵〕「どこか
　　　らきたの こねこのぴーた」（童心社）
　◇映画部門
　　　日活「私は泣かない」
　　　学習研究社「わらしべ長者」
　　●奨励賞　東映「一万三千人の容疑者」
　◇演劇部門
　　　劇団風の子「三びきの子ぶた」
　　　人形劇団プーク「人形劇＝ぶんぶくち
　　　ゃがま」
　◇放送（テレビ番組）部門
　　　日本放送協会「幼児の世界」
　　　東京放送「記念樹」
第10回（昭42年度）
　◇出版物部門
　　●奨励賞

神宮 輝夫〔訳〕「アーサー・ランサム全集 全12巻」(岩波書店)
前川 康男「ヤン」(実業之日本社)
根本 進「クリちゃんのアフリカ動物旅行」(朝日新聞社)
大塚 勇三〔再話〕, 赤羽 末吉〔画〕「スーホの白い馬」(福音館書店)
松谷 みよ子〔文〕, 瀬川 康男〔絵〕「やまんばのにしき」(ポプラ社)
◇映画部門
東映「アンデルセン物語」
英映画社「文子の日記」
学習研究社「マッチ売りの少女」
日活配給「黒部の太陽」
東映「山の子の歌」
◇演劇部門
人形劇団プーク「人形劇＝じんじろべえ」
劇団ひまわり「天狗の笛」
◇放送(テレビ番組)部門 日本放送協会「アイウエオ」

第11回(昭43年度)
◇出版物部門
渡辺 茂男「寺町三丁目十一番地」(福音館書店)
石井 桃子〔作〕, 中川 宗弥〔画〕「ありこのおつかい」(福音館書店)
●奨励賞
アイバン・サウスオール〔著〕, 石井 桃子, 山本 まつよ〔訳〕「燃えるアッシュ・ロード」(子ども文庫の会)
松岡 享子〔作〕, 寺島 竜一〔画〕「くしゃみくしゃみ天のめぐみ」(福音館書店)
◇映画部門
ほるぷ映画「橋のない川(第1部)」
東映「こういう人にぼくはなりたい」
●奨励賞
学習研究社「みにくいあひるの子」
日活「孤島の太陽」
アメリカフィルム「キュリー夫人」(東和配給)
◇演劇部門
日生劇場「みんなのカーリー」
東京演劇アンサンブル「トランプのくに」
◇放送(テレビ番組)部門 日本放送協会「日本の自然」
●奨励賞
日本放送協会「明治百年」
日本教育テレビ「みんなで話そう」

第12回(昭44年度)
◇出版物部門

●奨励賞
赤木 由子「はだかの天使」(新日本出版社)
今西 祐行「浦上の旅人たち」(実業之日本社)
ローズマリ・サトクリフ〔著〕, 猪熊 葉子〔訳〕「ともしびをかかげて」(岩波書店)
加古 里子〔文・画〕「海」(福音館書店)
斎藤 隆介〔著〕, 滝平 二郎〔画〕「花さき山」(岩崎書店)
◇映画部門
コロンビア映画「野にかける白い馬のように」
ハマダプロダクション「若い心の詩」
●奨励賞
東映「ちびっ子レミと名犬カピ」
虫プロ「やさしいライオン」
◇演劇部門 劇団風の子「肥後の石工伝」
●奨励賞 東京演劇アンサンブル「パパおはなしして」
◇放送(テレビ番組)部門 日本放送協会「からくり儀右衛門」
●奨励賞
フジテレビ「ムーミン」
日本教育テレビ「日本の名匠」

第13回(昭45年度)
◇出版物部門 広島テレビ放送〔編〕「いしぶみ」(ポプラ社)
●奨励賞
椋 鳩十「マヤの一生」(大日本図書)
クリアリー〔作〕, 松岡 享子〔訳〕, ダーリング〔絵〕「ゆかいなヘンリーくんシリーズ 8冊」(学習研究社)
松岡 享子〔作〕, 加古 里子〔絵〕「とこちゃんはどこ」(福音館書店)
◇映画部門
ダイニチ映画「ママいつまでも生きてね」
学習研究社「花ともぐら」(人形アニメーション)
●奨励賞
ユナイト映画「野性の少年」
英映画社「津軽の子ら」
◇演劇部門
劇団風の子「うぬぼれうさぎ」
人形劇団プーク「とらのこもりうた」
劇団仲間「宝島」

◇放送（テレビ番組）部門　日本放送協会「アジアの自然」
　● 奨励賞
　　　東京放送「ケンちゃんトコちゃん」
　　　フジテレビ「昆虫物語みなしごハッチ」
第14回（昭46年度）
◇出版物部門
　● 奨励賞
　　　椋 鳩十〔編〕「ねしょんべんものがたり」（童心社）
　　　エドアルド・ペチシカ〔作〕，ヘレナ・ズマトリーコパー〔絵〕，内田 莉莎子〔訳〕「りんごのき」（福音館書店）
　　　中川 正文〔作〕，梶山 俊夫〔絵〕「いちにちにへんとおるバス」（ひかりのくに）
◇映画部門
　　　勝プロダクション「片足のエース」
　　　学習研究社「チコタン—ぼくのおよめさん」
　　　東映「ぼくのおかあさん」
　● 奨励賞　ユナイト映画「ふたりの天使」
◇演劇部門　日生劇場「ふたりのロッテ」
　● 奨励賞　劇団風の子「ベロ出しチョンマ」
◇放送（テレビ番組）部門
　● 奨励賞
　　　フジテレビ「ムーミン」
　　　日本放送協会「美の世界」（海外取材番組）
第15回（昭47年度）
◇出版物部門
　● 奨励賞
　　　安藤 美紀夫「でんでんむしの競馬」（偕成社）
　　　森下 研「男たちの海」（福音館書店）
　　　小野 かおる〔再話・画〕「われたたまご」（福音館書店）
　　　加古 里子〔文・絵〕「あなたのいえわたしのいえ」（福音館書店）
◇映画部門
　　　日活「大地の冬のなかまたち」
　　　学習研究社「さるかに」（人形アニメーション）
　● 奨励賞　東映「ぽんこつ旅行」
◇演劇部門
　● 奨励賞
　　　人形劇団カラバス「ちいさい人形劇の会」
　　　劇団ひまわり「オニの子ブン」
　　　劇団風の子「こんなおはなししってるかい」
◇放送（テレビ番組）部門
　　　日本放送協会「赤ひげ」

　　　日本テレビ「おんぶおばけ」
　　　フジテレビ「山ねずみロッキーチャック」
第16回（昭48年度）
◇出版物部門
　● 奨励賞
　　　佐々木 赫子「旅しばいのくるころ」（偕成社）
　　　ローラ・インガルス・ワイルダー〔作〕，ガース・ウィリアムズ〔画〕，恩地 三保子〔訳〕「インガルス一家の物語 全5冊」（福音館書店）
　　　田畑 精一〔絵〕，神沢 利子〔文〕「そりになったブナの木」（国土社）
　　　ビアトリクス・ポター〔作・絵〕，石井 桃子〔訳〕「ピーターラビットの絵本」（福音館書店）
◇映画部門
　　　宮城 まり子「ねむの木の詩」
　　　学習研究社「海のあした」
　● 奨励賞
　　　日本ヘラルド映画「別れのクリスマス」
　　　英映画社「北ぐにのとも子」
◇演劇部門
　　　平多正於舞踊研究所「エーデルワイスのうた」
　　　劇団風の子「宝のつるはし」
　　　人形劇団プーク「しりたがりやのゾウさん」
◇放送（テレビ番組）部門
　● 奨励賞
　　　日本放送協会「ヤンヤンムウくん」
　　　フジテレビ「アルプスの少女ハイジ」
　　　毎日放送「生きものばんざい」
第17回（昭49年度）
◇出版物部門　松岡 達英〔絵と文〕「すばらしい世界の自然 全5冊」（大日本図書）
　● 奨励賞
　　　日本作文の会〔編〕「子ども日本風土記 全47巻」（岩崎書店）
　　　錦 三郎「空を飛ぶクモ」（学習研究社）
　　　なかえ よしを〔作〕，上野 紀子〔絵〕「ねずみくんのチョッキ」（ポプラ社）
◇映画部門
　　　共同映画「教室205号」
　　　共立映画社「しあわせの王子」（アニメーション）
　● 奨励賞
　　　日活「ともだち」
　　　東映「マキオのひとり旅」
◇演劇部門　劇団風の子「にっくいさるめとかにどんたち」

- 奨励賞　人形劇団プーク「ヤン助とヤン助とヤン助と」
◇放送(テレビ番組)部門　毎日放送「まんが日本昔ばなし」
- 奨励賞　日本放送協会「うごけぼくのえ」

第18回(昭50年度)
◇出版物部門
- 奨励賞
　　箕田 源二郎「美術の心をたずねて」（新日本出版社）
　　桂 米朝「落語と私」（ポプラ社）
　　日高 敏隆「チョウはなぜ飛ぶか」（岩波書店）
　　エリナー・ファージョン〔作〕, 石井 桃子〔訳〕「ファージョン作品集 全6巻」（岩波書店）
　　太田 大八〔作・絵〕「かさ」（文研出版）
◇映画部門
　　ユニヴァーサル映画「あの空に太陽が」（C.I.C.配給）
　　東映「幼児と人間形成シリーズ」
　　日活「アフリカの鳥」
　　学習研究社「てんぐ祭りとがき大将」
◇演劇部門　前進座「さんしょう太夫―説教節より」
- 奨励賞　山彦の会「山彦ものがたり」
◇放送(テレビ番組)部門　日本放送協会「チロンヌップの詩」
- 奨励賞　日本アニメーション, 東京放送「草原の少女ローラ」

第19回(昭51年度)
◇出版物部門
　　谷 真介「台風の島に生きる」（偕成社）
　　村上 亜土〔ほか〕「金の星子ども劇場 全6巻」（金の星社）
　　三芳 悌吉〔絵と文〕「ひきがえる」（福音館書店）
　　瀬田 貞二〔再話〕, 瀬川 康男〔絵〕「こしおれすずめ」（福音館書店）
◇映画部門
　　日活「四年三組のはた」
　　東映「白鳥の王子」（アニメーション）
- 奨励賞
　　パラマウント映画「がんばれ！ベアーズ」（C.I.C.配給）
　　学習研究社「ベルとかいじゅう王子」（人形アニメーション）
◇演劇部門　ニッセイ児童文化振興財団「冒険者たち」

◇放送(テレビ番組)部門　日本テレビ「明日をつかめ貴くん」
- 奨励賞
　　日本アニメーション, フジテレビ「あらいぐまラスカル」
　　日本放送協会「一美ちゃんの一年」

第20回(昭52年度)
◇出版物部門
- 奨励賞
　　高木 敏子「ガラスのうさぎ」（金の星社）
　　松野 正子〔文〕, 二俣 英五郎〔画〕「こぎつねコンとこだぬきポン」（童心社）
　　マーシャ・ブラウン〔作〕, 八木田 宜子〔訳〕「もりのともだち」（冨山房）
　　長 新太〔おはなし・え〕「ぼくのくれよん」（銀河社）
◇映画部門
　　学習研究社「竹とんぼの空」
　　分校日記プロダクション「イーハトーブの赤い屋根」
　　アメリカフィルム「愛のファミリー」（東宝東和配給）
◇演劇部門
- 奨励賞
　　母と子のヤクルト名作劇場「ユタとふしぎな仲間たち」
　　竹田人形座「わらべ唄夏・冬」
　　人形劇団クラルテ「りんごをたべたいねずみくん」
　　前進座「オバケちゃん」
◇放送(テレビ番組)部門　日本テレビ「家なき子」
- 奨励賞
　　日本放送協会「大草原の小さな家」
　　テレビ朝日「シートン動物記 くまの子ジャッキー」

第21回(昭53年度)
◇出版物部門
- 奨励賞
　　新坂 和男「凧の謎をとく」（ポプラ社）
　　白洲 正子「魂の叫び声」（平凡社）
　　矢野 憲一「ぼくは小さなサメ博士」（講談社）
　　征矢 清〔作〕, 小沢 良吉〔絵〕「もっくりやまのごろったぎつね」（小峰書店）
　　馬場 のぼる「ぶたたぬききつねねこ」（こぐま社）
◇映画部門
　　日活児童映画「走れトマト」

東京中央プロダクション「野ばら」
- 奨励賞　瑞鷹エンタープライズ「アルプスの少女ハイジ」

◇演劇部門　劇団青年座「ブンナよ木からおりてこい」
- 奨励賞　ガイ氏即興人形劇場「ごん狐」

◇放送(テレビ番組)部門
　　日本テレビ「子どもたちは七つの海を越えた」
　　フジテレビ「赤毛のアン」
- 奨励賞　テレビ朝日「赤い鳥のこころ」

第22回(昭54年度)
◇出版物部門
　　西村 繁男〔作〕「にちよういち」(童心社)
　　まど みちを「風景詩集」(かど創房)
　　渡辺 可久〔文・絵〕「いわしのたび」(新日本出版社)
　　日比 逸郎「第二の誕生」(岩波書店)

◇映画部門
　　日本ヘラルド映画「奇跡の人」
　　共立映画社「とうきちとむじな」
- 奨励賞　新生映画「母さんは歌ったよ」

◇演劇部門
- 奨励賞
　　人形劇団プーク「動物たちのカーニバル」
　　ジュヌ・パントル「シャクンタラー姫」
　　劇団・竹田人形座「橋弁慶」

◇放送(テレビ番組)部門　日本放送協会「マルコ・ポーロの冒険」
- 奨励賞
　　日本放送協会「ニルスのふしぎな旅」「ポイパの川とポイパの木」
　　テレビ朝日「シートンの動物記―りすのバナー」

第23回(昭55年度)
◇出版物部門　宮川 ひろ〔作〕「ケヤキの下に本日開店です」(金の星社)
- 奨励賞
　　松岡 享子〔訳〕「アジアの昔話 5」(福音館書店)
　　平山 明義「目のひみつたんけん」(文研出版)

◇映画部門　日本記録映画研究所「海とお月さまたち」
- 奨励賞
　　映像企画「青葉学園物語」
　　東映動画「世界名作童話 白鳥の湖」

◇演劇部門　青年劇場「かげの砦」
- 奨励賞
　　劇団えるむ「ベッカンコおに」
　　人形劇団クラルテ「ぐるんぱのようちえん」

◇放送(テレビ番組)部門　日本放送協会「旅立とういまこずえさん20歳の青春」
- 奨励賞　フジテレビ「トム・ソーヤの冒険」

第24回(昭56年度)
◇出版物部門　岩崎 京子「久留米がすりのうた」(旺文社)
- 奨励賞
　　平賀 悦子〔訳〕「家出 12歳の夏」(文研出版)
　　富士元 寿彦「ヒグマの四季」(新日本出版社)

◇映画部門　東宝東和「リトル・プリンス」
- 奨励賞
　　共同映画「さくらんぼ坊や・3―言葉と自我」
　　学習研究社「飛べない紙ヒコーキ」

◇演劇部門　東京芸術座「翼は心につけて」
◇放送(テレビ番組)部門
- 奨励賞
　　フジテレビ「ふしぎな島のフローネ」
　　毎日放送「愛の学校―クオレ物語」

第25回(昭57年度)
◇出版物部門
- 奨励賞
　　大村 光良「みつばちの家族は50000びき」(文研出版)
　　アラン・W.エッカート〔著〕,中村 妙子〔訳〕「アナグマと暮した少年」(岩波書店)
　　黒沼 ユリ子〔著〕「わが祖国チェコの大地よ―ドヴォルジャーク物語」(リブリオ出版)

◇映画部門　桜映社, エコー「おこんじょうるり」
- 奨励賞
　　新生映画「たくさんの愛をありがとう」
　　中山映画「海と太陽と子供たち」

◇演劇部門　演劇集団円「おばけリンゴ」
- 奨励賞
　　前進座「エリザベス・サンダースホーム物語」
　　人形劇団プーク「うさぎの学校」
　　劇団ひまわり「魔法をかけられた王子たち」

◇放送(テレビ番組)部門　テレビ東京「みんな生きている―重症心身障害児とともに」
　●奨励賞
　　日本テレビ放送網「青い地球の仲間たち」
　　全国朝日放送「子ども傑作シリーズ」
第26回(昭58年度)
◇出版物部門
　●奨励賞
　　木村 由利子〔訳〕「ぼくの観察日記」(偕成社)
　　足沢 良子〔訳〕「銀の馬車」(金の星社)
　　阪田 寛夫〔詩〕,織茂 恭子〔絵〕「ちさとじいたん」(佑学社)
◇映画部門
　●奨励賞
　　翼プロダクション「おこりじぞう」
　　東宝東和「ロングウェイホーム」
　　石森史郎プロダクション「光と風のきずな―私はピレネーを越えた」
◇演劇部門
　　風の子「世界をまわるトランク劇場」
　　むすび座「西遊記」
　●奨励賞
　　平多正於舞踊団「11ぴきのねこ＋アニメイム」
　　前進座「風から聞いた話」
◇放送(テレビ番組)部門
　●奨励賞
　　東京放送,イースト「わくわく動物ランド」
　　日本放送協会「人形劇三国志」
　　フジテレビ「七人めのいとこ」
第27回(昭59年度)
◇出版物部門
　●奨励賞
　　藤村 久和「カムイチカプ―神々の物語」(福武書店)
　　クレイトン・ベス「大きな木の下で」(めぶん児童図書出版)
　　斎藤 慎一郎「クモ合戦の文化論―伝承遊びから自然科学へ」(大日本図書)
◇映画部門　東宝東和「ネバーエンディングストーリー」
　●奨励賞
　　共同映画,ビデオ東京プロダクション「べっかんこ鬼」
　　学習研究社「いとこ同士」
◇演劇部門
　　演劇集団円「不思議の国のアリスの―帽子屋さんのお茶の会」
　　風の子「2＋3」

沼田 曜一「民話の世界」
◇放送(テレビ番組)部門
　●奨励賞
　　フジテレビ「ひらけポンキッキ」
　　日本テレビ放送網「がんばれ大・平・洋―二十歳の旅立ち」
　　日本放送協会「どんなモンダイQテレビ」
第28回(昭60年度)
◇出版物部門
　●奨励賞
　　神沢 利子〔作〕,山内 ふじ江〔画〕「むかしむかしおばあちゃんは」(福音館書店)
　　P.ヘルトリング〔著〕,木村 由利子〔訳〕「ヨーンじいちゃん」(偕成社)
　　秋尾 晃正〔文〕,大井戸 百合子〔絵〕「ぼくとアルベスにいちゃん」(福武書店)
　　新日本出版社「小さなゆめのカプセル」
◇映画部門
　　こぶしプロダクション「ボクちゃんの戦場」
　　共立映画社「いたちのこもりうた」
　　ヘラルドエース「マルチニックの少年」
◇演劇部門　劇団ひまわり「民話の劇場とんともかし」
　●奨励賞
　　人形劇団むすび座「とびだせ人形1.2.3！」
　　劇団青年座「ブンナよ、木からおりてこい」
◇放送(テレビ番組)部門　日本放送協会「ウォッチング」
　●奨励賞
　　日本放送協会「おもしろ漢字ミニ字典」「おもいっきり中学時代」
　　バップ「とべ！飛べカルガモ親子大冒険」
第29回(昭61年度)
◇グランプリ・演劇部門　演劇集団円「赤ずきんちゃんの森の狼たちのクリスマス」
◇出版物部門　萩原 信介,高森 登志夫「木の本」(福音館書店)
◇映画部門　徳間書店「天空の城ラピュタ」(東映配給)
◇放送(テレビ番組)部門　佐久間 宏(NHK番組製作者)「戦争を知っていますか？―子どもたちへのメッセージ」
第30回(昭62年度)
◇グランプリ・放送(テレビ番組)部門　日本テレビ「荒井貴の青春―サリドマイド児25年の記録」

◇出版物部門　工藤 直子「のはらうた1・2・3」(童話屋出版)
◇映画部門　西友, 学習研究社, キネマ東京, 荒木事務所「次郎物語」(東宝配給)
◇演劇部門　劇団東演「リサの瞳の中に」

第31回(昭63年度)
◇グランプリ・演劇部門　劇団えるむ「地べたっこさまやあ～い おこんじょうるり」
◇出版物部門　菊地 澄子〔著〕, 高田 三郎〔絵〕「わたしのかあさん」(こずえ)
◇映画部門　東宝東和「子熊物語」(東宝東和配給)
◇放送(テレビ番組)部門　フジテレビ「北の国から'89帰郷」

第32回(平1年度)
◇グランプリ演劇部門　劇団青芸「三人であそぼ」
◇出版物部門　比嘉 富子〔著〕, 依光 隆〔絵〕「白旗の少女」(講談社)
◇映画部門　近代映画協会「しあわせ色の小さなステージ」(教配配給)
◇放送(テレビ番組)部門　日本放送協会 NHKスペシャル「障害者の日・ささえあう明日へ」

第33回(平2年度)
◇グランプリ・放送・テレビ番組部門　日本テレビ放送網「知ってるつもり?!」
◇出版物部門　市川 信夫「ふみ子の海 上下」(理論社)
◇映画部門　ヒューマン・ライフ・シネマ「小さな家族—おばあちゃんがいてぼくがいた」(東映配給)
◇演劇部門　劇団仲間「だいじょうぶ」

第34回(平3年度)
◇出版物部門　ひの まどか「モーツアルト—美しき光と影」(リブリオ出版)
◇映画部門　グループ風土舎「風の子どものように」
◇演劇部門　演劇集団円「美女と野獣」
◇放送・テレビ番組部門　朝日放送, オフィス・トゥー・ワン「新・地球キャッチミー」
◇特別部門　現代人形劇センター, デフ・パペットシアター・ひとみ《聴覚障害児のための人形劇公演》

第35回(平4年度)
◇出版物部門　池内 了〔文〕, 小野 かおる〔絵〕「お父さんが話してくれた宇宙の歴史 全4巻」(岩波書店)
◇映画部門　にっかつ児童映画, ロマン企画「カッパの三平」
◇演劇部門　劇団プーク「あやとじろきちおおかみ」

◇放送・テレビ番組部門　読売テレビ放送「おしえて!ガリレオ」
◇特別部門　毎日放送, 愛企画センター, グループ・タック「まんが日本昔ばなし」

第36回(平5年度)
◇出版物部門　松岡 達英「ジャングル」(岩崎書店)
◇映画部門　満蒙開拓・映画製作委員会「蒼い記憶—満蒙開拓と少年たち」
◇演劇部門　劇団前進座「月夜のサンタマリア」
◇放送・テレビ番組部門　民間放送教育協会「親の目子の目」
◇特別部門　小河内 芳子, 落合 聡三郎《児童図書館の普及とストーリーテリングの導入, 児童演劇の推進と基金設立による後進の育成》

第37回(平6年度)
◇出版物部門　佐藤 彰〔写真〕, 戸田 杏子〔文〕「みんなのかお」(福音館書店)
◇映画部門　シナノ企画《「三国志」第1部, 第2部, 第3部(完)》
◇演劇部門　演劇集団円「くすくすわっはっは」
◇放送・テレビ番組部門　NHK名古屋放送局「中学生日記」
◇特別部門　東京放送《全国こども電話相談室》

第38回(平7年度)
◇映像・メディア等部門　M.Tヒューマンサービス(代表・田内文枝)「愛の黙示録」
◇出版物部門　秋元 茂「ゆび一本でカメラマン」(童心社)
◇舞台芸術部門　荒馬座「風のまつり—夢は野をこえ山こえて」
◇特別部門　村山 亜土, 村山 治江《手で触れる美術鑑賞の普及活動》

第39回(平8年度)
◇映像・メディア等部門　くれいん館 人間行動研究所「草刈十字軍」
◇出版物部門　高楼 方子「キロコちゃんとみどりのくつ」(あかね書房)
◇舞台芸術部門　ピラマイヤ「この空のあるかぎり」
◇特別部門　ボニージャックス《音楽を通じた地域福祉及び母子のふれあい活動》

第40回(平9年度)
◇映像・メディア等部門　テレビ長崎「夜間高校—居場所を見つけた子供たち」
◇出版物部門　大石 芳野「活気あふれて—長い戦争のあと」(草土文化)
◇舞台芸術部門　演劇集団円「あらしのよるに」

◇特別部門　吉永 小百合　《詩の朗読を通じて，命の大切さと平和の尊さを訴え続ける活動》

第41回（平10年度）
◇映像・メディア等部門　静岡朝日テレビ「テレメンタリー'98「全盲の挑戦～教壇への夢をつないで」」
◇出版物部門　岩崎書店「かいかたそだてかたずかん」（6～10）
◇舞台芸術部門　東京演劇アンサンブル「音楽劇ちゅうのくうそう」
◇特別部門　由紀 さおり，安田 祥子　《童謡を中心に美しい日本のうたを歌い続け，その継承，普及に努めた活動》

第42回（平11年度）
◇映像・メディア等部門　日本放送協会盛岡放送局「ドキュメントにっぽん「小さな詩人たち～北上山地20人の教室」」
◇出版物部門　今泉 みね子「みみずのカーロ シェーファー先生の自然の学校」（合同出版）
◇舞台芸術部門　萬狂言（代表・野村万之丞）「新生狂言「赤頭巾」「白雪姫」」
◇特別部門　五嶋 みどり　《子どもと音楽の喜びを分かち合うための演奏活動》

第43回（平12年度）
◇映像・メディア等部門　松竹「十五才 学校IV」
◇出版物部門　藤原 一枝「雪のかえりみち」（岩崎書店）
◇舞台芸術部門　こどもの城合唱団「時をつなぐサウンドメッセージ「ずっと友だち」」
◇特別部門　日本おもちゃ図書館財団　《おもちゃによる遊びを通じた障害児のノーマライゼーションに貢献した活動》

第44回（平13年度）
◇出版物部門　福音館書店「声で読む日本の詩歌166「おーい ぽぽんた」」
◇舞台芸術部門　東京グローブ座「"子供のためのシェイクスピア"シリーズ「リチャード二世」」
◇映像・メディア等部門　日本放送協会「にんげんドキュメント「光れ！泥だんご」」
◇特別部門　伝統芸術振興会　《日本の伝統文化を子どもたちに普及し児童健全育成に貢献した活動》

（平15年度）
◇出版物部門　今泉 吉晴「子どもに愛されたナチュラリスト「シートン」」
◇舞台芸術部門　グローブ座カンパニー「"子どものためのシェイクスピア"シリーズ「ヴェニスの商人」」

◇映像・メディア等部門　日本放送協会「NHKスペシャル「長崎の子・映像の記憶」」
◇特別部門　たんぽぽの家　《芸術文化活動を通じて障害児の社会参加を促進し，児童健全育成を含む地域福祉づくりの活動》

（平16年度）
◇出版物部門　栗田 宏一「土のコレクション」
◇舞台芸術部門　グループD.I.L「朗読・朗読劇」
◇映像・メディア等部門　現代ぷろだくしょん「石井のおとうさんありがとう「岡山孤児院～石井十次の生涯」」
◇特別部門　該当なし

（平17年度）
◇出版物部門　水内 喜久雄「詩と歩こう」（全10巻）
◇舞台芸術部門　劇団うりんこ「だってだっておばあさん」
◇映像・メディア等部門　フィルム・クレッセント「かかしの旅」
◇特別部門　寺内 タケシ　《長年にわたって，エレキギターの演奏やトークを通じて青少年に感動を与え，児童の健全育成に貢献してきた活動》

（平18年度）
◇出版物部門　越智 典子〔文〕，沢田 としき〔絵〕，福音館書店「ピリカ，おかあさんへの旅」
◇舞台芸術部門　秋田雨雀・土方与志記念青年劇場「博士の愛した数式」
◇映像・メディア等部門　現代ぷろだくしょん「筆子・その愛～天使のピアノ～」
◇特別部門　加古 里子　《長年にわたって，子どもの伝承遊びや文化活動にたずさわり，子どもの生活と文化の向上に努め，児童健全育成に貢献してきた活動》

（平19年度）
◇出版物部門　岩合 光昭〔著・写真〕，福音館書店「地球動物記」
◇舞台芸術部門　オペラシアターこんにゃく座 オペラ「セロ弾きのゴーシュ」
◇映像・メディア等部門　フジテレビジョン 千の風になってドラマスペシャル「はだしのゲン」前編・後編・特典
◇特別部門　岡田 陽　《長年にわたって児童演劇活動の発展に寄与，また，こどものための朗読劇の確立と推進，劇的表現を通じて指導者の養成に努め，児童の健全育成に貢献してきた活動》

（平20年度）
◇出版物部門　利倉 隆，二玄社"イメージの森のなかへ フェルメールの秘密/レオナルドの謎/ゴッホの魂/ルソーの夢"

◇舞台芸術部門　人形劇団ののはな「ちいちいにんにん」
◇映像・メディア等部門　桜映画社「里山っ子たち」
◇特別部門　中川 李枝子，山脇 百合子　《長年にわたって，日本の絵本の発展に寄与し，児童の健全育成に貢献してきた活動》

189　児童文化功労者賞

児童文化の向上発展の為長年努力した人々の功績を称え，表彰するために昭和34年創設された。

【主催者】（社）日本児童文芸家協会
【選考委員】協会理事
【選考方法】推薦
【選考基準】〔対象〕児童文化に功労のあったもの
【締切・発表】「児童文芸」4・5月号誌上にて発表
【賞・賞金】記念品
【URL】http://www.jidoubungei.jp

第1回（昭34年）
　小川 未明
　秋田 雨雀
　安倍 季雄
　前田 晁
　久留島 武彦
　岸辺 福雄
第2回（昭35年）
　有本 芳水
　上沢 謙二
　渋沢 青花
　坪田 譲治
　平林 広人
　藤沢 衛彦
　徳永 寿美子
　山中 峯太郎
第3回（昭36年）
　宇野 浩二
　香川 鉄蔵
　葛原 しげる
　佐々木 邦
　野村 愛正
　久保田 万太郎
　道明寺 真治郎
　武者小路 実篤
第4回（昭37年）
　尾張 真之介
　椛島 勝一
　金田 鬼一
　川上 四郎
　佐藤 春夫
　斎藤 五百枝
　山本 有三
　吉川 英治
第5回（昭38年）
　新井 弘城
　池田 宣政
　西条 八十
　田中 良
　斎藤 佐次郎
　島田 弘喜
　山内 秋生
第6回（昭39年）
　江戸川 乱歩
　鴨下 晃湖
　川上 三太郎
　北川 千代
　野尻 抱影
　原田 三夫
　松原 至大
　三木 露風
第7回（昭40年）
　浅原 六朗
　加藤 謙一
　白鳥 省吾
　田中 梅吉
　千葉 省三
　中村 勇太郎
　山口 将吉郎
　松村 武雄

II 文化

大木 惇夫
第8回（昭41年）
　伊藤 貴麿
　太田黒 克彦
　片岡 良子
　長沼 依山
　林 唯一
　斎田 喬
　前田 久吉
　吉屋 信子
第9回（昭42年）
　青木 茂
　酒井 朝彦
　石森 延男
　武井 武雄
　初山 滋
　樫葉 勇
　小出 正吾
第10回（昭43年）
　今村 源三郎
　大仏 次郎
　笹沢 美明
　都築 益世
　吉田 瑞穂
　加藤 まさお
　蕗谷 虹児
第11回（昭44年）
　内山 憲尚
　内藤 濯
　田河 水泡
　石黒 修
　阪本 牙城
　松野 一夫
　山手 樹一郎
第12回（昭45年）
　北村 寿夫
　高垣 眸
　西原 慶一
　本間 久雄
第13回（昭46年）
　新井 五郎
　島田 啓三
　十和田 操
　西村 俊成
　笛木 悌治
　三石 巌
　宮下 正美
　山崎 善智
第14回（昭47年）
　伊東 挙位
　加賀見 忠作
　勝 承夫
　高橋 健二

高瀬 嘉男
第15回（昭48年）
　内山 基
　久米 元一
　須藤 憲三
　信田 秀一
　中島 研六
　森本 ヤス子
　梁川 剛一
第16回（昭49年）
　石井 庄司
　北畠 八穂
　阪本 一郎
　鈴木 省三
　広瀬 充
　松尾 利信
　松本 恵子
　安 泰
第17回（昭50年）
　岩崎 徹太
　塩谷 太郎
　土家 由岐雄
　那須 辰造
　深沢 紅子
　深沢 省三
　宮崎 博史
第18回（昭51年）
　打木 村治
　筒井 敏雄
　横溝 正史
　渡辺 福次郎
　小峰 広恵
　黒崎 義介
　大畑 末吉
　与田 準一
第19回（昭52年）
　今井 鴻象
　岡 順次
　松本 かつち
　山室 静
　滑川 道夫
　中村 ときを
　赤尾 好夫
第20回（昭53年）
　松本 帆平
　野長瀬 正夫
　中沢 圭夫
　鹿島 孝二
　高野 正巳
　西山 敏夫
　鈴木 松雄
第21回（昭54年）
　久米井 束

玉井 徳太郎
　　　浦城 光郷
　　　久保 喬
　　　宮脇 紀雄
　　　松田 いせ路
　　　北町 一郎
　　　山本 和夫
　　　おの ちゅうこう
第22回(昭55年)
　　　永井 鱗太郎
　　　植田 敏郎
　　　後藤 栖根
　　　大蔵 宏之
　　　古岡 秀人
　　　神山 裕一
　　　まど みちお
　　　大杉 久雄
第23回(昭56年)
　　　赤羽 末吉
　　　浅野 次郎
　　　井口 文秀
　　　伊藤 金吾
　　　野間 省一
　　　山本 藤枝
第24回(昭57年)
　　　久保田 忠夫
　　　藤沢 乙安
　　　岡本 陸人
　　　森山 甲雄
　　　中尾 彰
　　　丸木 俊
　　　椋 鳩十
　　　三木 澄子
　　　長島 和太郎
　　　倉沢 栄吉
第25回(昭58年)
　　　三芳 悌吉
　　　沢井 一三郎
　　　今日泊 亜蘭
　　　岡上 鈴江
　　　氷川 瓏
　　　森 いたる
　　　篠原 雅之
第26回(昭59年)
　　　古茂田 信男
　　　丸尾 文六
　　　中村 星果
　　　城谷 花子
　　　渡辺 三郎
　　　江間 章子
　　　鈴木 義治
第27回(昭60年)
　　　大石 哲路
　　　戸川 幸夫
　　　小春 久一郎
　　　わだ よしおみ
　　　小川 正治
　　　黒谷 太郎
　　　清水 たみ子
第28回(昭61年)
　　　武田 静澄
　　　竹内 てるよ
　　　落合 聡三郎
　　　三ツ矢 賢
　　　吉崎 正巳
第29回(平2年)
　　　山主 敏子(創作・翻訳)
　　　杉浦 茂(少年漫画)
　　　栗原 一登(児童演劇・演劇教育)
　　　曽我 四郎(児童図書編集)
　　　村松 定孝(評論)
　　　今村 広(編集)
　　　太田 大八(童画)
　　　豊田 きいち(評論)
第30回(平3年)
　　　香川 茂
　　　小林 清之介
　　　田中 英夫
　　　真田 光雄
第31回(平4年)
　　　相原 法則
　　　荒川 欽一
　　　神戸 淳吉
　　　永井 萠二
第32回(平5年)
　　　太田 芳郎
　　　金田一 春彦
　　　桑原 三郎
　　　須知 徳平
　　　西沢 正太郎
第33回(平6年)
　　　内山 登美子
　　　大川 利松
　　　竹野 栄
　　　富永 秀夫
　　　中田 喜直
第34回(平7年)
　　　きりぶち 輝
　　　孝学 武彦
　　　島田 ばく
　　　鈴木 久蔵
第35回(平8年)
　　　出村 孝雄
　　　中山 知子
　　　松居 直
　◇特別功労者　福田 清人

第36回(平9年)
　　小西　正保
　　高橋　宏幸
　　浜野　卓也
　　吉田　比砂子
第37回(平10年)
　　岩崎　京子
　　小宮山　量平
　　新川　和江
　　水木　しげる
　　森　一歩
第38回(平11年)
　　生源寺　美子
　　藤城　清治
　　星　寿男
　　宮川　やすえ
第39回(平12年)
　　足沢　良子
　　寺村　輝夫
　　中川　正文
　　宮城　まり子
　　やなせ　たかし
第40回(平13年)
　　岡本　啓二
　　北村　けんじ
　　後藤田　純生
　　武市　八十雄
　　長岡　輝子
第41回(平14年)
　　佐藤　英和
　　佐野　浅夫
　　鶴岡　千代子
　　浜田　けい子
第42回(平15年)
　　猪熊　葉子

　　岡本　浜江
　　杉田　豊
第43回(平16年)
　　卯野　和子
　　笠原　良郎
　　原　昌
　　福永　令三
　　古岡　滉
第44回(平17年)
　　大海　赫
　　角野　栄子
　　斎藤　雅一
　　長　新太
　　山下　明生
第45回(平18年度)
　　井上　明子
　　岩本　康之亮
　　漆原　智良
　　岸川　悦子
第46回(平19年度)
　　梶山　俊夫
　　小峰　紀雄
　　こやま　峰子
　　藤崎　康夫
第47回(平20年)
　　岡　信子
　　神宮　輝夫
　　杉浦　範茂
第48回(平21年)
　　高見　のっぽ
　　竹井　純
　　広瀬　寿子

190　正力松太郎賞

　故正力松太郎読売新聞社主の提唱で仏教教団60余宗派が集まって設立された財団法人全国青少年教化協議会により、仏教精神によって情操を高めるために創設された。青少幼年の育成活動に常日頃尽力し、社会の情操教育振興に努力している個人・団体を顕彰する。

【主催者】（財）全国青少年教化協議会

【選考委員】立松和平(作家)，高史明(作家)，無着成恭(教育家)，渡辺宝陽(立正大学教授)，斎藤昭俊(大正大学名誉教授)，石上善応(淑徳短期大学学長)，大内孝夫(読売新聞社専務取締役)，小林昂(日本テレビ放送網取締役執行役員専務)，中保章(よみうりランド代表取締役社長)，大竹明彦(全国青少年教化協議会理事長，曹洞宗宗務総長)，野生司祐宏(全国青少年教化協議会事務総長)

【選考方法】関係者及び一般からの推薦による

正力松太郎賞

【選考基準】〔対象〕仏教精神に基づき長年にわたって青少年の宗教情操教化活動振興に顕著な業績をあげ、今後も活躍が期待される個人または団体。〔基準〕正力松太郎賞：(1)日曜学校，こども会など寺院における青少年を対象とした各種の集い，その他の活動をしているもの。(2)文学，音楽，美術，演劇，スポーツ，福祉その他の文化・社会活動をしているもの。
青年奨励賞：全青協の事業目的である仏教精神にもとづいた青少幼年の育成活動に常日頃努力し，今後もさらなる活躍が期待される40歳以下の個人，もしくは個人が運営する団体
【締切・発表】（第33回）平成20年12月15日締切，平成21年4月読売新聞紙上で発表，表彰は6月を予定
【賞・賞金】賞金総額100万円，青年奨励賞30万円
【URL】http：//www.zenseikyo.or.jp/

第1回（昭51年度）
　　花岡 大学（仏典童話作家）
　　鹿野苑日曜学校（代表・鹿野薫証 浄土真宗本願寺派正覚寺住職）
第2回（昭52年度）
　　高橋 良和（児童文学者）
　　法雲寺日曜学校（代表・春田良規 曹洞宗法雲寺住職）
第3回（昭53年度）
　　無着 成恭（教育家）
　　蓮光寺コールルンビニー（代表・森正隆 浄土真宗本願寺派蓮光寺住職）
第4回（昭54年度）
　　坂村 真民（詩人）
　　速成寺日曜学園（代表・青柳田鶴子 真宗大谷派速成寺坊守）
第5回（昭55年度）
　　古宇田 亮順（浄土宗西光寺住職）
　　妙順日曜学校（代表・山崎晶雄 浄土真宗本願寺派妙順寺住職）
　◇奨励賞
　　西川 照幸（真言宗智山派川福寺住職）
　　松村 祐澄（真言宗御室派千光寺住職）
　　荒谷日曜学校（代表・上原昶道 浄土真宗本願寺派光源寺住職）
　　正行院青少年部日曜学校（代表・傍島弘覚 天台宗正行院住職）
　　木次仏教日曜学校（代表・堀江道輝 曹洞宗洞光寺住職）
第6回（昭56年度）
　　渡辺 顕麿（東京荒川少年少女合唱隊常任指揮者，真宗大谷派宝樹寺住職）
　　法楽寺くすの木文庫（代表・小松庸祐 真言宗泉涌寺派法楽寺副住職）
第7回（昭57年度）
　　小川 金英（浄土宗松庵寺前住職，岩手県社会福祉協議会会長）
　　めぐみ子供文化会（代表・和久保 浄土真宗本願寺派僧侶）

第8回（昭58年度）
　　南無の会（会長・松原泰道 日月庵主管）
　　曹洞宗ボランティア会（会長・松永然道 曹洞宗宗徳院住職）
第9回（昭59年度）
　　小池 俊文（浄土真宗本願寺派教証寺住職）
　　木次仏教日曜学校（代表・堀江道輝 曹洞宗洞光寺住職）
第10回（昭60年度）
　　浄光寺日曜学校（代表・佐長泰教 浄土真宗本願寺派浄光寺副住職）
　　興宗寺日曜学校（代表・木村洋司 真宗大谷派興宗寺副住職）
　◇奨励賞
　　桑原 法道（浄土宗浄慶寺住職）
　　小島 昭安（曹洞宗永源寺住職）
　　高橋 昌弘（真言宗豊山派光明寺住職）
　　池上朗子クラブ（代表・小倉俊明 日蓮宗大本山本門寺執事）
　　光国寺少年部（代表・馬場義光 臨済宗妙心寺派光国寺住職）
第11回（昭61年度）
　　禿 晴雄（浄土真宗本願寺派専正寺住職）
　　炎天寺こども俳句大会一茶まつり（代表・吉野孟彦 真言宗豊山派炎天寺住職）
第12回（昭62年度）
　　東井 義雄（浄土真宗本願寺派東光寺住職）
　　紫雲日曜学校（代表・吉水邦応 浄土宗西蓮寺副住職）
第13回（昭63年度）
　　野田 大灯（曹洞宗報四恩精舎住職，財団法人喝破道場理事長）
　　西円字こども念仏（代表・錦野得定 浄土宗西円寺住職）
第14回（平1年度）
　　信ケ原 良文（浄田宗檀王法林寺住職）

川崎大師日曜教苑(代表・高橋隆夫 真言宗智山派平間寺貫首)
第15回(平2年度)
　元浄 健爾(山口・浄土真宗本願寺派養専寺住職)
　ことばの教室雪ん子劇団(代表・雪山玲子 浄土真宗本願寺派善巧寺坊守)
　◇奨励賞
　　家田 隆現(京都)
　　越智 廓明(愛媛)
　　青雲会(群馬)
　　同明大学視聴覚研究部(愛知)
　　竜雲寺花園子供会(東京)
第16回(平3年度)
　松濤 基道(浄土宗円心寺住職)
　池上本門寺朗子クラブ(代表・新倉善之 日蓮大本山池上本門寺執事長)
第17回(平4年度)
　了巌寺日曜学校(代表・諏訪高典)
　関屋仏教日曜学校(代表・楠樹博 妙蓮寺住職、徂徠俊彦 西光寺住職)
第18回(平5年度)
　藤本 幸邦(元曹洞宗円福寺住職)
　明泉寺合掌子供会(代表・藤岡正英 浄土真宗本願寺派明泉寺副住職)
第19回(平6年度)
　村上 智真(浄土真宗本願寺派誓光寺住職)
　光源寺ひかり子供会(代表・楠達也 浄土真宗本願寺派光源寺住職)
第20回(平7年度)
　河内 美舟(浄土真宗本願寺派明蓮寺坊守)
　ゴールデンディアー
第21回(平8年度)
　家田 隆現(浄土宗西雲院住職)
　円覚寺日曜学校
　荒谷日曜学校
第22回(平9年度)
　和田 重良(「くだかけ生活舎」主宰)
　仏教子ども会青雲会
第23回(平10年度)
　佐々木 義璋(浄土真宗本願寺派福田寺住職)
　禅心会やまでら
第24回(平11年度)
　摩尼 和夫(真言宗歓成院住職)
　梨本 哲哉(法円寺同朋の会代表)
第25回(平12年度)
　寺口 良英(曹洞宗宗徳寺住職)
　成田山はぼたん日曜学校

第26回(平13年度)
　近江 正隆(日蓮宗法明寺住職)
　潮音寺子ども日曜参禅会
　皆龍寺サンガスクール
第27回(平14年度)
　木村 敦子(浄土真宗本願寺派長伝寺前坊守)
　常光寺日曜学校
第28回(平15年度)
　岩上 寛了(高野山真言宗長勝寺住職)
　サンガラトナ・法天・マナケ(天台宗インド禅定林住職)
　フィールド・ソサエティー(代表・久山喜久雄)
第29回(平16年度)
　小島 昭安(静岡県、曹洞宗永源寺住職)
　諸橋 精光(新潟県、真言宗豊山派千蔵院住職)
第30回(平17年度)
　三輪 照峰(真言宗智山派地福寺住職、東京都北区)
　了見寺日曜学校(代表・井口文雄・真宗大谷派了見寺住職)(東京都練馬区)
　◇奨励賞
　　熊谷 靖彦(浄土真宗本応寺住職、佐賀県嬉野市)
　　藤沢 哲真(浄土真宗本願寺派法幢寺前住職、滋賀県相荘町)
　　野坂 法行(日蓮宗妙演寺住職、千葉県大多喜町)
　　高谷 俊賢(真宗大谷派正蓮寺前住職、兵庫県高砂市)
　　インドマイトリの会(理事長・水野梅秀・曹洞宗大宝寺住職)(大阪市福島区)
第31回(平18年度)
　藤沢 哲真(浄土真宗本願寺派・寶幢寺住職、滋賀県)
　絵日傘人形劇研究会(代表・亀崎英潤・真宗大谷派廣誓寺住職)(秋田県)
第32回(平19年度)
　栽松 完道(臨済宗妙心寺派・栽松寺住職)
　熊谷 靖彦(浄土宗・本應寺住職)
　野坂 法行(日蓮宗・妙厳寺住職)
　◇青年奨励賞　光明寺仏教青年会(代表:松本圭介・浄土真宗本願寺派光明寺執事)
第33回(平20年度)
　畑﨑 龍定(西山浄土宗・常福寺住職)
　ゆめ観音実行委員会(代表・横山敏明師・曹洞宗・大船観音寺住職)
　◇青年奨励賞　廣部 光信(天台宗・教林坊住職)

191 造本装幀コンクール

　出版文化の向上・発展に造本装幀の領域から寄与することを目的に、昭和41年に創設された。最近1年間に発刊された書籍を12部門に分類し、造本装幀のあらゆる角度から審査し、「世界本の日」（4月23日）にあわせて開催される東京国際ブックフェアのイベントとして展示する。第6回より部門別の日本書籍出版協会会長賞が制定され、児童書・絵本部門への授賞が開始された。

【主催者】（社）日本書籍出版協会、（社）日本印刷産業連合会

【選考委員】（第43回）児玉清（俳優・読者代表）、柏木博（学識経験者）、浜田桂子（絵本作家）、緒方修一（装幀家・デザイナー）、ミルキィ・イソベ（装幀家・デザイナー）

【選考方法】公募

【選考基準】〔基準〕(1)造本目的と実用性との調和がとれており、美しくかつ本としての機能を発揮しているもの。(2)編集技術ならびに、表紙、カバー、本文デザインが創造性に富み、将来に示唆を与えると認められるもの。(3)印刷・製本技術が特に優れているもの。(4)材料の選択が特に優れているもの

【締切・発表】（第43回）2009年3月31日締切、5月8日に審査会を行う。同年7月9日〜12日の東京国際ブックフェア2009（東京ビッグサイト・有明）で入賞作品と応募全作品を公開

【賞・賞金】文部科学大臣賞(1点)、経済産業大臣賞(1点)、東京都知事賞(1点)、日本書籍出版協会理事長賞(12点)、日本印刷産業連合会会長賞(12点)、日本図書館協会賞(1点)、読書推進運動協議会賞(1点)、出版文化国際交流会賞(1点)、ユネスコ・アジア文化センター賞(1点)、審査委員会奨励賞(10点以内)

第6回（昭46年）
◇日本書籍出版協会会長賞
- 児童書・絵本部門　福音館書店「はち かまきり」

第7回（昭47年）
◇日本書籍出版協会会長賞
- 児童書・絵本部門　岩波書店「絵本 わらしべ長者」

第8回（昭48年）
◇日本書籍出版協会会長賞
- 児童書・絵本部門　小峰書店「世界ふしぎ探検」

第9回（昭49年）
◇日本書籍出版協会会長賞
- 児童書・絵本部門　福音館書店「にわやこうえんにくるとり」

第10回（昭50年）
◇日本書籍出版協会会長賞
- 児童書・絵本部門　福音館書店「ABCの本 へそまがりのアルファベット」

第11回（昭51年）
◇日本書籍出版協会会長賞
- 児童書・絵本部門　福音館書店「フランチェスコとフランチェスカ」

第12回（昭52年）
◇日本書籍出版協会理事長賞
- 児童書・絵本部門　岩波書店「かにむかし」

第13回（昭53年）
◇日本書籍出版協会理事長賞
- 児童書・絵本部門　小峰書店「もっくりやまのごろったきつね」

第14回（昭54年）
◇日本書籍出版協会理事長賞
- 児童書・絵本部門　福音館書店「宇宙―そのひろがりをしろう」

第15回（昭55年）
◇日本書籍出版協会理事長賞
- 児童書・絵本部門　小峰書店「ひろしまのピカ」

第16回（昭56年）
◇日本書籍出版協会理事長賞
- 児童書・絵本部門　至光社「うれしい ひ」

第17回（昭57年）
◇日本書籍出版協会理事長賞
- 児童書・絵本部門　小峰書店「みなまた海のこえ」

第18回（昭58年）
◇日本書籍出版協会理事長賞
- 児童書・絵本部門　講談社「うみのいろのバケツ」

第19回(昭59年)
◇日本書籍出版協会理事長賞
- 児童書・絵本部門　小峰書店「家をつくる」

第20回(昭60年)
◇日本書籍出版協会理事長賞
- 児童書・絵本部門　岩崎書店「日本の子どもの詩 全47巻」

第21回(昭61年)
◇日本書籍出版協会理事長賞
- 児童書・絵本部門　講談社「ねこの絵本II」

第22回(昭62年)
◇日本書籍出版協会賞
- 児童書・絵本部門　岩波書店「きつねがひろったイソップのもがたりII」

第23回(昭63年)
◇日本書籍出版協会理事長賞
- 児童書・絵本部門　学習研究社「大きな絵 1～5巻」

第24回(平1年)
◇日本書籍出版協会理事長賞
- 児童書・絵本部門　あかね書房「ことばのえほんABC」

第25回(平2年)
◇日本書籍出版協会理事長賞
- 児童書・絵本部門　フレーベル館「どうぶつ」

第26回(平3年)
◇日本書籍出版協会理事長賞
- 児童書・絵本部門　偕成社「もりへさがしに」

第27回(平4年)
◇日本書籍出版協会理事長賞
- 児童書・絵本部門　講談社「パスタの日記」

第28回(平5年)
◇日本書籍出版協会理事長賞
- 児童書・絵本部門　教育社「日本の民話シリーズ「おばすて山」」

第29回(平6年)
◇日本書籍出版協会理事長賞
- 児童書・絵本部門　学習研究社「とびだすかみしばい「つるのおんがえし」」

第30回(平7年)
◇日本書籍出版協会理事長賞
- 児童書・絵本部門　偕成社「イーハトヴ詩画集 雲の信号」

第31回(平8年)
◇日本書籍出版協会理事長賞
- 児童書・絵本部門　偕成社「宮沢賢治挽歌画集 永訣の朝」

第32回(平9年)
◇日本書籍出版協会理事長賞
- 児童書・絵本部門　佼成出版社「ひかりの世界」

第33回(平10年)
◇日本書籍出版協会理事長賞
- 児童書・絵本部門　小峰書店「きこえる きこえる」

第34回(平11年)
◇日本書籍出版協会理事長賞
- 児童書・絵本部門　新風舎「HANA 花」

第35回(平12年)
◇日本書籍出版協会理事長賞
- 児童書・絵本部門　小峰書店「火の雨 氷の雨―カムイユカラ・アイヌの神様が話したこと」

第36回(平13年)
◇日本書籍出版協会理事長賞
- 児童書・絵本部門　至光社「おさなごころの風景 柿本幸造作品集」

第37回(平14年)
◇日本書籍出版協会理事長賞
- 児童書・絵本部門　フレーベル館「ハエをのみこんだ おばあさん」

第38回(平15年)
◇日本書籍出版協会理事長賞
- 児童書・絵本部門　マガジンハウス「ボクネン版画絵本 紅逢黒逢の刻(一話)人魚夜話(二話)蜘蛛の精」

第39回(平16年)
◇日本書籍出版協会理事長賞
- 児童書・絵本部門　鈴木 康彦, 岩崎書店「「紙」の大研究」(全4巻)

第40回(平17年)
◇日本書籍出版協会理事長賞
- 児童書・絵本部門　杉浦 範茂, 小峰書店「山と川と海と：サチとユウタの物語」

第41回(平19年)
◇日本書籍出版協会理事長賞
- 児童書・絵本部門　もりとるい, エムオー・クリエイティブ, 北村 友紀, ひさかたチャイルド「ペンギンパンダのやさいだいすき」

第42回(平20年)
◇日本書籍出版協会理事長賞
- 児童書・絵本部門　鈴木 康彦, 岩崎書店「「色」の大研究」

192 第一法規学校経営賞（学校経営研究賞，第一法規研究賞）

月刊誌「学校経営」の創刊10周年を記念して、昭和41年に「学校経営研究賞」として発足した。昭和61年に名称を「第一法規研究賞─学校経営部門─」、平成15年より「第一法規学校経営賞」と改める。初等中等教育段階の学校における基本的な経営課題や、学校を取り巻く今日的な状況をふまえた学校経営の工夫・改善等に関して、理論・実践・行政施策の各側面から研究を積み重ねているグループから寄せられた論文を審査の上、優秀と認められたものに対してその努力と栄誉を讃えることを目的とする。第37回（平成15年度）をもって中止。

【主催者】第一法規
【選考委員】新井郁男（放送大学教授）、児島邦宏（東京学芸大学教授）、牧昌見（聖徳大学教授）、松野康子（玉川大学講師）、田中英雄（第一法規株式会社代表取締役社長）
【選考方法】第一次審査締切日までに提出された申込書により書類審査を行う。選出された団体に助成金5万円を与え、第二次審査締切日までに提出された論文を本審査にかける
【選考基準】〔対象〕小中学校、高校、中等教育学校、幼稚園および特殊教育諸学校における、学校経営に関する理論的・実践的諸問題および地方教育行政と学校教育に関する問題、学校教育と家庭教育および社会との連携に関する問題をテーマとした研究。〔資格〕2人以上の研究員で構成されるグループで、構成員は半数以上が教員であること
【締切・発表】雑誌「学校経営」誌上にて発表
【賞・賞金】優秀1位:賞金50万円と副賞、優秀2位:賞金30万円と副賞、優秀3位:賞金20万円と副賞

第1回（昭42年度）
◇優秀1位　東京都練馬区立開進第三小学校開三小学年研究部会（代表・塩沢光利教諭）《学校教育目標の具現化》
◇優秀2位
　大阪府立高槻養護学校学校経営研究グループ（代表・中沢和彦教頭）《精神薄弱教育における学校と家庭との連携》
　福島県桑折町立睦合小学校（代表・山川和二校長）《小規模校における校務の合理的な運営》

第2回（昭43年度）
◇最優秀　鹿児島県大口市立西太良中学校学校経営研究部（代表・林武憲校長）《中学校における学校経営の改善に関する研究》
◇優秀1位　茨城県大子町立佐原小・中学校管理研究クラブ（代表・藤田酉太校長）《職場のモラール診断と治療》
◇優秀2位　埼玉県寄居町立寄居小学校経営研究グループ（代表・町田貞治校長）《「中規模校における学年・学級経営の活動領域と機能について」の実証的研究》

第3回（昭44年度）
◇最優秀　大分県大分市立上野ヶ丘中学校研修部（代表・河村武夫校長）《教育の本質にせまる学校経営の実践─主体性、創造性の育成に重点をおいて》

◇優秀1位　滋賀県大津市立平野小学校教育研究部（代表・中島二郎校長）《主体的学習を中核とする学校経営への志向》
◇優秀2位　愛知県刈谷市立刈谷東中学校（代表・石川勤校長）《生涯教育をめざす学び方学習─全校体制による》

第4回（昭45年度）
◇最優秀　千葉県成田市立成田小学校学校経営運営部会（代表・吉植亮校長）《学校経営現代化のための学年経営の望ましいあり方とその実践》
◇優秀1位　徳島県山川町立山川中学校研究グループ（代表・出口大士校長）《研修活動を中核とする学校経営のあり方》
◇優秀2位　東京都保谷市立栄小学校通信簿研究委員会（代表・大久保隆校長）《学校経営における教育評価の合理化─小学校における通信簿等はいかにあるべきか》

第5回（昭46年度）
◇最優秀　山形県米沢聾学校研究推進委員会（代表・宇治川三津雄校長）《学校経営の職員の経営参加とその調和的実践》
◇優秀1位　岐阜県海津町立日新中学校管理経営研究会（代表・近藤虎之助校長）《生徒指導を軸とした学校経営─生徒の実態をふまえた職員指導・組織の確立》

◇優秀2位　鹿児島県姶良町立重富中学校企画部会(代表・古園清一校長)《学校経営の合理化と校務の能率的処理のための分掌組織に関する研究》

第6回(昭47年度)
◇最優秀　群馬県現代教育経営研究会(代表・黒岩憲司会長)《生涯教育の振興と学校経営のあり方》
◇優秀1位　香川県香川町立川東小学校共同責任制研究会(代表・和泉隆利校長)《新しい学校経営のための共同責任制―学校チームを基にした複数教師による指導形態について》
◇優秀2位　島根県松江市立第三中学校(代表・島田達校長)《学校教育目標の具現化》

第7回(昭48年度)
◇最優秀　北海道札幌市立真駒内南小学校経営研修委員会(代表・菅原馬吉校長)《全職員参加による学校経営の実践―学校経営の充実をめざして》
◇優秀1位　徳島県三好郡山城町立河内小学校(代表・下川晋校長)《へき地における合理的な学校事務管理の方策―ファイリングシステムの導入を通して》
◇優秀2位
　千葉県印旛郡本埜村立本埜第二小学校学校経営研究会(代表・金杉坏教頭)《小規模校の特性を活かした学校経営》
　山形県立米沢聾学校研究推進委員会(代表・宇治川三津雄校長)《学校経営における目標達成過程の管理》

第8回(昭49年度)
◇優秀1位
　青森県八戸市立長者小学校(代表・阿部千代吉校長)《教育評価による教育課程の編成の改善―目標管理と児童の行動評価についての研究》
　新潟県小千谷市立小千谷小学校(代表・星野初太郎校長)《地域に根ざし豊かな人間性を育てる学校づくり》
◇優秀2位
　東京都北区立岩淵中学校学校経営研究会(代表・八木道男校長)《学校経営における生徒指導―生徒の活動場面の拡充と主体的参加意欲の向上をめざして》
　山口県柳井市立平郡東中学校学校経営研究会(代表・西岡緑校長)《離島へき地における望ましい立体的学校経営》

第9回(昭50年度)
◇最優秀　岐阜県美濃市立美濃小学校教育研究会(代表・山田秋夫教頭)《生き生きとして教師が参画できる学校経営―チーム制を中心として》
◇優秀1位　山形県天童市立第一中学校研究委員会(代表・佐竹好三校長)《教育目標の具現化をめざす学校経営―到達目標の設定とその実証的研究》
◇優秀2位　東京都立町田養護学校(代表・高野信寛校長)《"全員就学"の実施に伴う養護学校経営の基本問題》

第10回(昭51年度)
◇最優秀　静岡県浜松市立北小学校(代表・徳増長五郎校長)《学校教育目標の具現化―すじ道をたてて考える子の育成をめざして》
◇優秀　福岡県北九州市立青山小学校学校経営研究サークル(代表・木田徳次郎校長)《道徳と特別活動を通して道徳性を高め実践力を育てる学校経営の研究》

第11回(昭52年度)
◇最優秀　秋田県仙北郡千畑村立千屋小学校(代表・高井省司校長)《500人で輪をつくろう―地域で果たすべき学校の役割追求》
◇優秀1位　鹿児島県日置郡金峰町立笹連小学校共同研究会(代表・下西賢一校長)《複式学級における学習指導の充実をめざす学校経営―間接指導を中心に》
◇優秀2位　愛知県豊橋市立八町小学校新しい学校経営を考える会(代表・竹内吉治校長)《楽しさとゆとりある教育の試み―土曜日の「八町の日」の実践を通して》

第12回(昭53年度)
◇最優秀　兵庫県神戸市立神戸西高等学校教育研究会(代表・竹内静夫校長)《教育目標の設定とその達成方策―特に基礎学力の充実について》
◇優秀　神奈川県南足柄市立北足柄小学校研究同人(代表・杉田真校長)《あすを拓く教育経営―小規模校の特質を生かして,情操豊かな学校づくりをめざす》

第13回(昭54年度)
◇優秀1位　長野県上田市立西小学校特別研究委員会(代表・清水常夫校長)《家庭と学校との連けいを密にした学校・学級経営のあり方―小学校における学習評価と通知票の改善》
◇優秀2位
　秋田県河辺郡雄和町立雄和中学校(代表・藤原太郎校長)《心豊かで生き生きと学ぶ生徒―意欲をもって,ともに学び合う生徒の育成》
　埼玉県熊谷市立熊谷東小学校共同研究(代表・中村邦夫校長)《児童生徒―

人ひとりを大事にする学級経営の実践と評価基準の研究》

第14回（昭55年度）
◇最優秀　愛媛県伊予郡広田村立広田中学校（代表・中野繁校長）《一人一人を伸ばす教育の実践—60名の誰もが，何かで認められ，はげまされ，自信と誇りを持って学校生活が送れるようにさせるための学校経営》
◇優秀1位　群馬県多野郡鬼石町立三波川西小学校（代表・矢島祭太郎校長）《地域に根ざした教育の推進をめざした学校経営—へき地小規模（複式）校の経営のあり方を探る》
◇優秀2位
熊本県玉名郡岱明町立鍋小学校（代表・栗林範嘉校長）《子どもの豊かな人間性の醸成をめざすファミリー活動の実践》
三重県志摩郡阿児町立甲賀小学校（代表・松村藤太郎校長）《ふれあいの教育》

第15回（昭56年度）
◇最優秀　山口県岩国市立北河内中学校（代表・藤谷積校長）《生徒にやる気を起こさせる学校経営—新しい伝統づくりをめざして》
◇優秀1位　広島県世羅郡世羅西町立世羅西中学校（代表・実光紀之校長）《ひとりひとりを生かす学習集団づくり—学級づくり，授業づくり，行事づくりの一体化をめざす学校経営》
◇優秀2位　神奈川県秦野市立大根小学校協力指導研究会（代表・杉山宗校長）《新しい学校経営の創造をめざした協力指導の展開》

第16回（昭57年度）
◇最優秀　群馬県吾妻郡嬬恋村立東小学校（代表・黒岩憲司校長）《学習者主体の学校経営—子どもが生きがいを育てる楽しい学校》
◇優秀1位　宮城県登米郡迫町立佐沼中学校（代表・遠藤信一郎校長）《自ら学ぶ力を育てる学習指導の研究—動機づけを中心にして》
◇優秀2位　長崎県福江市立福江小学校道徳教育研究部（代表・川崎寅治教諭）《豊かな道徳性を養い実践力を育てる道徳指導—内面化と実践化の統一展開》

第17回（昭58年度）
◇最優秀　愛知県教育実践学研究グループ（代表・加藤十八校長）《高校における活力ある学校経営のあり方—日本文化の認識を基礎において》
◇優秀1位　神奈川県川崎市立新城小学校（代表・渡辺喜好校長）《全校縦割り組織（オープングループ）による集団活動の実践—心の教育の場を求めて》
◇優秀2位　栃木県栃木市立栃木南中学校（代表・田村哲夫校長）《荒廃からの建て直しをめざす学校経営—新しい校風づくりをめざして》

第18回（昭59年度）
◇優秀1位
長野県泰阜村立泰阜南中学校（代表・吉原栄治校長）《帰国子女教育の実践的研究—中国帰国子女教育に学ぶ》
岩手県盛岡市立松園中学校教育課程研究グループ（代表・渡辺賢郎校長）《実質授業時数確保を意図した教育課程の編成について》
◇優秀2位
静岡県春野町立犬居小学校（代表・高橋陽校長）《実践力あるたくましい子を育てる学校経営—たしかな教育計画の実践をとおして》
香川県立津田高等学校学校経営近代化グループ（代表・山田幹夫校長）《学校教育の活性化・活力化をめざす視聴覚教材・教具による展開—とくに，ビデオによる教材の活用と視聴覚センターの整備と運用》

第19回（昭60年度）
◇最優秀　愛知県東加茂郡旭町立旭中学校現職教育部（代表・中根一美校長）《自己指導力を高める進路指導》
◇優秀1位　山形県東置賜郡川西町立玉庭小学校研修部（代表・蒲生重夫校長）《学校経営案における評価の試み》
◇優秀2位　愛媛県松山市立雄新中学校研修部（代表・中野繁校長）《大規模経営のあり方を探る—学校の人間化をめざす生徒指導》

第20回（昭61年度）
◇最優秀　静岡県福田町立福田小学校（代表・浅井哲校長）《活力のある学校経営充実への実践評価—子どもの「感性と知性」を育成する協力態勢》
◇優秀1位　沖縄県伊良部町高等学校（代表・岡村一男校長）《新設校における学校教育目標の設定とその具現化のための実践》
◇優秀2位　鹿児島県与論町立与論中学校学校経営研究会（代表・平俊一校長）《校訓「誠」の具現化をめざした学校経営と道徳教育》

◇特別賞　福岡県北九州市立山本小学校(代表・松本明子校長)《地域の教育資源を活用したふるさと学習の推進と評価—活力にみちた特色ある教育活動を通じて》

第21回(昭62年度)
◇最優秀　中等教育カリキュラム開発研究会(代表・清水希益)《学校改善をめざしたサポートシステムの活用—カリキュラム開発における学校と教育行政との連携》
◇優秀1位　岐阜県恵那郡福岡町立福岡小学校学校経営研究グループ(代表・早川秀一校長)《学校経営に生きてはたらく職員機関誌のあり方》
◇優秀2位　千葉県千葉市立幕張中学校(代表・内藤紀子)《指導と評価の一体化—教科指導を中心に》

第22回(昭63年度)
◇優秀1位
　神奈川県川崎市立久末小学校(代表・佐藤茂治)《よろこびをもって自ら学び活動する子どもの育成—地域の特性を生かした教育の創造》
　千葉県我孫子市立湖北台中学校(代表・豊島豊)《生徒を主体とした学校経営—教育目標の具現化》
◇優秀2位
　広島県授業評価研究会(代表・沖本利夫)《学校経営の充実を図る授業評価に関する研究》
　福島県福島市立福島第四小学校コンピュータ研究プロジェクトチーム(代表・関根千代二)《子ども一人ひとりに学ぶ喜びを感得させる授業の創造—小学校教育におけるコンピュータの効果的な活用》

第23回(平1年度)
◇最優秀　長野県飯田市学校事務改善委員会《学校経営現代化のために「学校」と「地教委」はどう連携し、協同してその課題解決にあたればよいか》

第24回(平2年度)
◇最優秀　岐阜県瑞浪市立瑞浪中学校学校経営部会《地域の課題に根ざし地域との連携を深める学校経営》

第25回(平3年度)
◇最優秀　岐阜県養老町立池辺小学校教育研究会《地域文化の活性化に貢献する学校経営の在り方》
◇優秀1位　茨城県龍ケ崎市立龍ケ崎小学校経営研究部《組織の活性化と全職員参加による学校経営—学校経営検討委員会の活動を中心として》
◇優秀2位　多摩教育経営研究会(東京都)《生涯学習の基礎づくりとしての教育経営—学校と教育委員会との連携・協力の在り方》
◇佳作
　土中清風会(香川県土庄町立土庄中学校)《若手教員と共に活性化を目指す学校づくり》
　愛媛県松山市立さくら小学校ティームティーチング研究会《オープンスクールにおける望ましい学年経営の在り方—ティームティーチングにみる学年経営の実際》

第26回(平4年度)
◇最優秀　愛知県西尾市立西尾中学校《心の教育を中核にすえた学校経営—家庭・地域とともに》
◇優秀1位　神奈川県山北町立川村小学校学校経営研究部《家庭・地域社会の教育力の回復をもとめて—学校教育目標の共有化》
◇優秀2位　愛知県豊田市立根川小学校国際理解研究部《国際理解教育の向上をめざした学校経営の望ましいあり方とその実践》
◇佳作
　青森県弘前市立三省小学校校内研修グループ《認め励まし合う交流学習の在り方をさぐる》
　千葉県印西町立草深小学校学校経営研究会《学校教育活性化をめざした方策—学校教育目標の自己管理と実践》
　静岡県静岡市立南部小学校《主体的に生きる子どもの育成を図る4ステップ(問題をもつ・解決の方法を考える・全力を出して解決する・自分なりの答えを出し、次の目標をもつ)による学習指導》
　茨城県結城市立結城中学校《自己教育力を育てて、家庭・地域社会等との連携を深める生徒指導のあり方》
　長野県文化女子大学附属長野高等学校《学校経営における教育目標達成のための生徒指導・ホームルーム指導の実践的追求》

第27回(平5年度)
◇最優秀　愛知県豊田市立井郷中学校現職教育部会《心豊かに、学び続ける生徒を育てる学校教育—個に応じ、個が生きる選択学習を核として》
◇優秀1位　教育課程研究会(福井県)《各学校の教育目標等にみられる今日的な課題—時代や地域の要請をどのように取り入れようとしているか》

◇優秀2位　千葉県東金市立東中学校　《生徒にとっても教師にとっても魅力に満ちた学校づくりをどうすすめるか―教師一人ひとりの課題意識を高めることによって》
◇佳作
　　秋田県秋田市立築山小学校学年経営研究委員会　《学年経営の望ましい在り方―新任学年主任のリーダーシップと教頭とのかかわり》
　　香川県高松市立川添小学校　《個に応じる学習による学力向上を目指す学習指導の在り方》
　　愛知県岡崎市立三島小学校通級研究部会　《全校体制で取り組む通級指導教室》
　　小学校経営創造研究会(東京都)　《士気を高め,凝集力を強める学校経営の創造―新しい教育観の浸透をはかって》

第28回(平6年度)
◇最優秀　千葉県佐倉市立佐倉中学校学校経営研究会　《自校内特殊学級と通常の学級との交流学習による学校経営の充実》
◇優秀1位　静岡県立横須賀高等学校1年部　《高等学校における集団宿泊訓練に関する研究―新しい学力観を視野に入れた評価の方法について》
◇優秀2位　千葉県千葉市立検見川小学校　《一人一人を大切にし,個々を活かすための学校経営のあり方―校内援助指導体制による個別的指導法の可能性を求めて》
◇特別奨励賞　岐阜県各務原市立鵜沼第一小学校特殊教育研究部　《障害児学級が生きて働きかける学校経営》
◇佳作
　　新潟県岩船郡朝日村立朝日中学校学校事務システム委員会　《朝日中学校事務システムの開発と実践―ノン・ティーチングスタッフの未来像を求めて》
　　山形県東村山郡山辺小学校,山辺小学校の子どもに活力を育てる会　《活力ある子どもを育てる学校経営―全教職員の英知とエネルギーを結集して》

第29回(平7年度)
◇最優秀　岡山県岡山市立旭竜小学校　《国際理解教育推進のための学校経営―全教育活動を通しての国際理解教育の実践》
◇優秀1位　東京都台東区立下谷中学校難聴学級　《通級指導のなかでの学校経営》
◇優秀2位　築山小学校TT推進プロジェクトチーム(秋田県秋田市)　《開かれた教育実践の具現化―TTによる学校運営の再構築》
◇佳作
　　岐阜県大垣市立東小学校　《一人一人が主体的に取り組み解決する子どもの育成(チーム・ティーチングを主体にした指導方法の改善の研究)―社会科・生活科を中心にして学習の成立をはかる授業づくり》
　　千葉県君津市立鹿野山小学校学校経営部　《へき地の学校教育振興をめざして―学校と地域が行事を共有・実践して振興をめざす試み》
　　福岡県筑紫野市立筑紫野南中学校　《自己教育力を育てる教育課程の運営―自ら課題を追求するテーマ別学習を通して》
　　平井小学校教育課程研究推進委員会(香川県小川町)　《学校の活性化を図る教育課程の編成と学校経営―子ども一人一人の体験活動を核とした特色ある学校づくりと総合単元的な主題構想》

第30回(平8年度)
◇団体部門
● 最優秀　土浦市立乙戸小学校学校経営運営部(茨城県)　《21世紀を展望した学校教育の推進―3フレッチェ教育活動》
● 優秀
　　岡山市立開成小学校(岡山県)　《「思いやりの心」と「生きる力」を育てる学校経営―「環境の大切さに気付き,自然や社会に働きかける子供の育成」をテーマとして》
　　土庄町立土庄中学校教育相談研究会(香川県)　《教育相談活動を核とした学校づくり―登校拒否問題の解消に向けて》
　　福岡教育大学教育学部附属福岡中学校研究推進グループ(福岡県)　《「生きる力」を育む学校と家庭の連携のあり方―選択教科「WORLD TIME」への多様な参加スタイルを取り入れて》
● 佳作
　　浜松市立初生小学校学校経営研究部(静岡県)　《人・自然・文化とのかかわりを大切にした学校経営―地域の施設の訪問や人との触れ合い・体験活動を通して》
　　知念村立知念小学校校内研修部(沖縄県)　《自ら学ぶ児童を育成する学校経営》
◇個人部門(第30回記念個人部門賞)

- 最優秀　高橋　伸一（秋田県湯沢市立湯沢北中学校校長）《私の学校経営―学校生活に生きがいをもたせるために》
- 入選
    - 宮本　朝子（東京都大田区立赤松小学校校長）《企業経営の風を学校にも―顧客満足の学校経営》
    - 小林　隆志（新潟県新潟市立青山小学校校長）《夢を育てる学校―青山小の教育（計画・実践・評価）》
- 特別賞　加藤　宣彦（武蔵国際総合学園東京校長）《子どもたちの新しい明日をめざして―不登校を乗り越える学校経営》

第31回（平9年度）
◇最優秀　浜松市立広沢小学校（静岡県）《存在感を持った健康な子供の育成―家庭・地域と連携した学校経営》
◇優秀1位　福岡教育大学教育学部附属福岡中学校研究推進グループ（福岡県）《豊かな「学び方」と「生き方」の創造をめざす学校経営―「総合学習」を教育課程に位置づけて》
◇優秀2位　野田市立岩木小学校（千葉県）《地域と一体となった新しい学校のスタイルの創造》
◇佳作
　　鉾田町立当間小学校（茨城県）《豊かな人間性を育む学校経営の実践―意識・言葉・行動との関連性を通して》
　　七尾市立天神山小学校生活指導部（石川県）《よい人間関係を築き いじめをはびこらせない学校経営》
　　岡崎市立六ツ美北部小学校学校経営部（愛知県）《地域と手をつなぐ学校づくり―総合学習「六北ふれあい活動」を中軸にして》
　　岡山市立開成小学校（岡山県）《21世紀の教育を拓く―環境教育と国際理解教育を核として》

第32回（平10年度）
◇最優秀　新湊市立中伏木小学校（富山県）《「学びの場」としての学校経営―休み時間の研究》
◇優秀1位　北海道教育大学教育学部附属函館中学校生涯学習研究班（北海道）《自主的・自発的に行動し，創造性に富む生徒の育成―生涯学習の基礎を培う，「超特」活動の組織の仕方と学校経営》
◇優秀2位　江東区立第三大島小学校（東京都）《未来に翔け！三大っ子―人と人とのネットワークを広げる総合的な学習の構想》
◇佳作
　　赤井川村立赤井川小学校研究グループ（北海道）《今こそ生きた教育を―小規模学校の特性・地域・自然を生かし，一人ひとりを大事にした教育活動の推進》
　　尾西市立開明小学校現職教育部（愛知県）《個に応じ，個を生かす学習指導―TTによる指導法の工夫と実践》
　　谷汲村立谷汲中学校（岐阜県）《地域社会に開かれた学校教育の推進―生徒の地域でのボランティア体験を通して》
　　愛媛大学農学部附属農業高等学校教育改革研究グループ（愛媛県）《21世紀の高校教育のあり方を考える―100校を超えた総合学科発展のために―（教育改革実現のための学校経営）》

第33回（平11年度）
◇最優秀　川崎学校改善研究会（神奈川県）《学校改善を進めるための実践的研究―「学校経営診断カード」の活用を通して》
◇優秀1位　仙台市立柳生中学校（宮城県）《学校と地域の連携を深める試み―「中学校開放講座」の実践を通して》
◇優秀2位　結城市立城西小学校（茨城県）《「教え込み」から「学び合う」教師への転換を目指す学校経営―「生きる力」をはぐくむ授業づくりを通して》
◇特別奨励賞　愛知県立豊橋聾学校（愛知県）《電子情報化による効率性，有効性，経済性を追求した学校経営―コンピュータネットワークの利用を通して》
◇佳作
　　千葉市立打瀬小学校（千葉県）《バリアフリーな教育環境の創造―生きる力を育むうたせ学習（総合的な学習）を中心に》
　　尾西市立開明小学校現職教育部（愛知県）《個に応じ，個を生かす学習指導―ティームティーチングによる総合的な学習の実践》

第34回（平12年度）
◇最優秀　仙台市立荒町小学校（宮城県）《2002年に向けた学校改革"リニューアル荒町"―ゆとりの中で生きる力を育む学校づくり》
◇優秀1位　長岡市立上川西小学校四学年部（新潟県）《子どもたちの「荒れ」に対応する学年部を支える学校経営》

◇優秀2位　旭市立第一中学校第3学年(千葉県)《学年経営の利点を生かした総合的な学習への取り組み―教師間の協働を通して》
◇佳作
　富山市立堀川小学校学校経営研究会(富山県)《リーダーシップの向上による学校経営上の工夫・改善―「企画運営委員会」の実践を通して》
　綾部市立何北中学校学校事務改善研究グループ(京都府)《これからの学校づくりと新しい学校事務のあり方―「総合的な学習の時間」の取組から》
　愛媛大学農学部附属農業高等学校研究開発研究グループ(愛媛県)《学校を変える「総合」の視点―縮小期の高校教育,改革の方向を探る》
　秋田県立能代養護学校(秋田県)《「地域に開かれた学校」づくりを目指す学校経営―学校開放や交流教育の実践を通して》

第35回(平13年度)
◇最優秀　鹿本郡文教の町づくり推進委員会(熊本県)《学校・町民・行政が一体となった教育のあり方について―人が育ち人が輝く文教の町づくりをめざして》
◇優秀1位　愛知県立岡崎聾学校《ニューコンセプトの岡崎聾学校づくり―ノーマライゼーション時代の聾学校の在り方》
◇優秀2位　浜松市立伊佐見小学校(静岡県)《「子どもたちの学びをひらく」ために学校・地域のすべての人たちが一体となって自ら学びをひらく》
◇佳作
　尾西市立開明小学校現職教育部(愛知県)《個に応じ,個を生かす学習指導―多様なティームティーチング(TT)による総合的な学習の実践》
　函館市立大川中学校(北海道)《スクール・プロジェクト21 IN 大川》
　厚木市立玉川中学校(神奈川県)《新しい活動形態を取り入れ斬新な気風を生み出す教育活動の展開―ブロック活動(異年齢集団による学習活動)を中核に捉えた学校づくり》

第36回(平14年度)
◇優秀1位　仙台市立東二番丁小学校(宮城県)《教育改革の理念を具現する二学期制の学校経営―全国への発信源校からの実践提言》
◇優秀2位　袖ヶ浦市体育主任の会(千葉県)《魂を揺さぶる体育の感動体験で,生徒の変容を目指したひとつの試み―「袖ヶ浦ソーラン」の感動と成果を,多方面へ如何に発信し,生かせたか》
◇優秀3位　大野町立北小学校経営企画委員会(岐阜県)《豊かな心を育てる学校経営の工夫》
◇佳作
　飯田市立松尾小学校(長野県)《大規模校を活性化させるための特色ある学校づくり―全校的題材「松」「竹」「川」プロジェクト》
　福岡市立西花畑小学校(福岡県)《校長・教頭・教務主任の連携から始める学校改革―「桧原桜」花守りの心を中核とした学校づくりを通して》

第37回(平15年度)
◇優秀1位　結城市立玉岡幼稚園(茨城県)《教職員・保護者が共に育ち合う幼稚園経営の工夫―園を開くことを通して》
◇優秀2位　龍ケ崎市立長山中学校(茨城県)《学校の教育目標の具現化を図るための研究実践―教育目標の具体化・体系化・評価を中心として》
◇優秀3位　富山市立奥田小学校(富山県)《学校教育の役割を見据えた学校改善の試み―組織的・計画的な教育をめざす学校経営》
◇佳作
　河東町立河東第三小学校(福島県)《学校・家庭・地域社会による教育目標具現の基盤となる『地域遊び復活プラン』の実践》
　学力向上システム研究会(光市立島田中学校)(山口県)《学力向上のための学校経営システムの構築とその実践―「経営」「カリキュラム」「教員」の質の向上を図る視点からの実践提言》

193　高橋五山賞 (五山賞)

　教育紙芝居の生みの親,高橋五山氏の業績を記念して,昭和36年に創設された。年間に出版された紙芝居の中から最も優秀な作品に贈られる。

高橋五山賞

【主催者】高橋五山賞審査委員会
【選考委員】阿部明子(委員長)、香山美子、水谷章三、和歌山静子、藤本四郎、右手和子
【選考方法】他薦
【選考基準】〔対象〕1年間に印刷された紙芝居
【締切・発表】毎年6月末日
【賞・賞金】賞状と副賞10万円
【URL】http://www.kodomonobunnka.or.jp/

第1回(昭37年度)　川崎 大治〔脚本〕、小谷野 半二〔画〕「池にうかんだびわ」
第2回(昭38年度)　堀尾 青史〔脚本〕、遠藤 てるよ〔画〕「つきよとめがね」
第3回(昭39年度)
　◇絵画賞
　　　関 英雄〔画〕「ななみちゃんの日記」
　　　北田 卓史〔画〕「とらっくとらすけ」
第4回(昭40年度)
　◇脚本賞　与田 準一〔脚本〕「しごとのにおい」
　◇絵画賞　福田 庄助〔画〕「いなむらの火」
第5回(昭41年度)
　　　有賀 のぶ〔脚本〕、川田 百合子、井口 文秀〔画〕「しわしわのて」
　　　堀尾 青史、川崎 大治〔脚本〕、滝平 二郎、福田 庄助、北田 卓史、久保 雅勇、若山 寛、池田 仙三郎〔画〕「宮沢賢治童話名作集」
第6回(昭42年度)　川崎 大治〔脚本〕、鈴木 寿雄〔画〕「おおきなだいこん」
第7回(昭43年度)　得田 之久〔脚本・画〕「あげはのルン」
　◇絵画賞　田畑 精一〔画〕「おとうさん」
第8回(昭44年度)　松谷 みよ子〔脚本〕、中尾 彰〔画〕「天人のよめさま」
第9回(昭45年度)　堀尾 青史〔脚本〕、安 泰〔画〕「こねこちゃん」
第10回(昭46年度)
　◇脚本賞　堀尾 青史〔脚本〕「どこへいくのかな」
　◇絵画賞　二俣 英五郎〔画〕「たべられたやまんば」
第11回(昭47年度)
　◇絵画賞
　　　津田 光郎〔画〕「ちいさなきかんしゃ」
　　　池田 仙三郎〔画〕「どっちがたかい」
第12回(昭48年度)　該当者なし
第13回(昭49年度)　与田 準一〔脚本〕、安 泰〔画〕「ねことごむまり」
　◇集団作品賞　堀尾 青史〔脚本〕、久保 雅勇〔画〕「ケーキだほいほい」

第14回(昭50年度)　佐々木 悦〔脚本〕、久保 雅勇〔画〕「うまいものやま」
　◇絵画賞　月田 孝吉〔画〕「はっぱであそぼう」
第15回(昭51年度)
　◇脚本賞　香山 美子〔脚本〕「どうぞのいす」
　◇絵画賞　久保 雅勇〔画〕「どうぶつやまのクリスマス」
第16回(昭52年度)
　◇脚本奨励賞
　　　上地 ちづ子〔脚本〕「しょくどうは8かい」
　　　古山 広子〔脚本〕「ひなのやまかご」
　◇絵画賞　和歌山 静子〔画〕「あてっこあてっこ」
第17回(昭53年度)
　◇絵画賞　須々木 博〔画〕「おおえやまのおに」
第18回(昭54年度)
　◇絵画賞　月田 孝吉〔画〕「はっぱのぼうけん」
第19回(昭55年度)　新美 南吉〔原作〕、堀尾 青史〔脚本〕、穂積 肇〔画〕「くじらのしま」
　◇絵画賞　北田 伸〔脚本〕、三谷 靱〔画〕「たなばたものがたり」
第20回(昭56年度)
　◇絵画賞
　　　藤田 勝治〔画〕「にじになったきつね」
　　　金沢 佑光〔画〕「つんぶくだるま」
第21回(昭57年度)
　◇特別賞　小林 純《すべての作品を対象として》
　◇奨励賞　木曽 秀夫〔脚本・画〕「おおきなぼうし」
第22回(昭58年度)　まつい のりこ〔脚本・画〕「おおきくおおきくなあれ」
　◇絵画奨励賞　安 和子〔画〕「ころころこぐま」

◇特別賞・子どもの文化研究所賞　ときわひろみ〔脚本・画〕「おじいさんのできること」
第23回（昭59年度）
　◇脚本賞　松野 正子〔脚本〕「おひゃくしょうとめうし」
　◇絵画賞
　　　　田畑 精一〔画〕「くちのあかないカバヒポポくん」
　　　　わかやま けん〔画〕「かぜのかみとこども」
第24回（昭60年度）
　◇特別賞
　　　　加古 里子　《長年の業績に対して》
　　　　右手 和子　《実演と指導活動に対して》
第25回（昭61年度）
　　　　秋元 美奈子〔脚本〕，水野 二郎〔画〕「よさくどんのおよめさん」
　　　　西村 彼呂子〔脚本〕，アリマ ジュンコ〔画〕「シュークリームのおきゃくさま」
第26回（昭62年度）　該当者なし
第27回（昭63年度）　香山 美子〔脚本〕，安 和子〔画〕「だれかさんてだあれ」
　◇絵画賞　井口 文秀〔画〕「嘉代子ざくら」
第28回（平1年度）
　◇脚本賞　上地 ちづ子〔脚本〕「がんばれ！勇くん」（汐文社）
第29回（平2年度）
　◇奨励賞　都丸 つや子〔脚本〕，渡辺 享子〔画〕「ニャーオン」
第30回（平3年度）　方方 浩介〔脚本〕，福田 庄助〔画〕「ゲンじいとかっぱ」
　◇絵画賞　油野 誠一〔画〕「ニルスのふしぎなたび」
　◇奨励賞　三好 富美子〔脚本〕，藤本 四郎〔画〕「ぼくのきもち」
第31回（平4年度）　宮沢 賢治〔原作〕，諸橋 精光〔脚本・画〕「なめとこ山のくま」
　◇絵画賞　篠崎 三朗〔画〕「ざしきわらし」
第32回（平5年度）　あまん きみこ〔原作〕，水谷 章三〔脚本〕，梅田 俊作〔画〕「ふうたのはなまつり」
第33回（平6年度）　該当者なし
第34回（平7年度）
　◇奨励賞　杉浦 宏〔脚本〕，やべ みつのり〔画〕「どうぶつのてんきよほう」
第35回（平8年度）
　◇奨励賞　チョン・ヒュウ〔脚本・画〕（ベトナム）「太陽はどこからでるの」
第36回（平9年度）
　◇奨励賞
　　　● 脚本賞　島本 一男〔脚本〕「めんどりのあかちゃん」
第37回（平10年度）　該当者なし
第38回（平11年度）
　◇審査委員会推薦賞
　　　　いそ みゆき〔画〕「ねんね ねんね」
　　　　小林 ひろみ〔画〕「ふしぎなしっぽのかなへびくん」
第39回（平12年度）　該当者なし
第40回（平13年度）
　◇五山賞
　　　　渡辺 享子〔脚本・画〕「トラのおんがえし」
　　　　福田 岩緒〔脚本・画〕「おかあさんまだかな」
　◇五山賞絵画賞　伊藤 秀男〔画〕「なぜ おふろにしょうぶをいれるの？」
第41回（平14年度）　該当者なし
第42回（平15年度）
　◇五山賞　降矢 洋子〔脚本・画〕「かあさんのイコカ」
第43回（平16年度）
　◇五山賞　水谷 章三〔脚本〕，大和 美鈴〔画〕「てつだいねこ」
　◇五山賞奨励賞・絵画賞　松成 真理子〔画〕《「うぐいすのホー」の絵に対して》
　◇五山賞特別賞　田島 征三〔画〕《「とまがしま」の絵に対して》
第44回（平17年度）　該当者なし
第45回（平18年度）
　◇五山賞
　　　　藤田 勝治〔脚本・画〕「おじいさんといぬ」
　　　　福田 岩緒〔脚本・画〕「のーびた のびた」
第46回（平19年度）　該当者なし

194　辻村賞

　我が国特殊教育の第一人者として，その振興発展のために尽力した故辻村泰男氏を記念し，特殊教育の振興に資することを目的として創設された。平成9年度の第18回をもって授賞を停止。
【主催者】（財）障害児教育財団

辻村賞

【選考方法】推薦(推薦依頼先:全国都道府県教育委員会,全国特殊教育諸学校,全国特殊学級設置校)
【選考基準】〔対象〕賞:特殊教育の領域において特に顕著な功績のあった個人あるいは団体,または特に優秀な研究を行い特殊教育の向上に著しく寄与した個人あるいは団体。奨励賞:特殊教育諸学校・特殊学級等において優秀な実践的研究を行い,今後特殊教育において活動が期待される個人あるいは団体
【締切・発表】推薦締切は毎年3月31日,発表は7月
【賞・賞金】賞:賞状と記念品,奨励賞(5点以内):賞状と賞金5万円以内

第1回(昭55年)　全日本特殊教育研究連盟
　◇奨励賞
　　金山 千代子(小林理学研究所)
　　宮脇 修(各務原市立那加第一小学校長)
第2回(昭56年)　庄司 憲夫(宮城県立光明養護学校長)
　◇奨励賞
　　末光 茂(社会福祉法人旭川荘 旭川児童院)
　　心身障害児治療教育研究会(TEA)(代表・宮下俊彦)
第3回(昭57年)　早瀬 俊夫(京都教育大学)
　◇奨励賞
　　飯島 雅子(鉄道弘済会総合福祉センター「弘済学園」)
　　松岡 敏彦(山口県立盲学校)
第4回(昭58年)　荒川 勇(金沢大)
　◇奨励賞
　　高橋 八代江(鳩笛リズム教室)
　　山田 陽(大阪市立小児保健センター)
第5回(昭59年)　該当者なし
　◇奨励賞
　　今村 貞子(横浜訓盲学院)
　　高橋 良幸(山形大)
第6回(昭60年)　藤原 正人(兵庫教育大)
　◇奨励賞
　　障害児教育教材教具研究会(代表・大谷栄五郎)
　　精神薄弱問題史研究会(代表・藤島岳)
第7回(昭61年)　中村 四郎(秋田大)
　◇奨励賞
　　松尾 安雄(川崎市立聾学校)
　　日本肢体不自由教育研究会(代表・星川勝)
第8回(昭62年)　成瀬 悟策(九州大)
　◇奨励賞
　　田辺 建雄(石川県立盲学校)
　　松為 信雄(雇用職業総合研究所)
第9回(昭63年)　大阪養護教育振興会
　◇奨励賞
　　常友 高明(広島大学附属東雲中学校)
　　湯浅 滋子(京都市立大将軍小学校)

第10回(平1年)　玉井 収介(帝京大)
　◇奨励賞
　　井村 雄三(鳴門教育大学学校教育学部附属養護学校)
　　加藤 正仁(社会福祉法人からしだね うめだ・あけぼの学園園長)
第11回(平2年)　松岡 武(山梨大学名誉教授,作新学院大学教授)
　◇奨励賞
　　広田 寿相(大分大学教育学部附属養護学校教頭)
　　西村 弁作(愛知県心身障害者コロニー発達障害研究所治療学第3研究室長)
第12回(平3年)　宮城 まり子(ねむの木学園理事長)
　◇奨励賞
　　全国情緒障害者教育研究会
　　成田 孝(弘前大学教育学部附属養護学校教諭)
第13回(平4年)　今井 秀雄(帝京大学文学部非常勤講師)
　◇奨励賞　青山 均(安田生命社会事業団子ども療育相談センター副長)
第14回(平5年)　三沢 義一(筑波大学名誉教授)
　◇奨励賞
　　池田 洋子(前那覇市立城西小学校教諭)
　　日本障害児性教育研究会
第15回(平6年)　愛知県特殊教育推進連盟
　◇奨励賞　上杉 美津子(三重県立緑ケ丘養護学校教諭)
第16回(平7年)　大川原 潔(帝京平成短期大学教授)
　◇奨励賞
　　富岡 達夫(生涯学習施設テクノシップ代表)
　　吉川 明守(国立久里浜養護学校幼稚部主事)
第17回(平8年)　下田 巧(全国特殊教育推進連盟理事長)
　◇奨励賞
　　南 清ノ助(新潟県立小出養護学校教諭)

坂井 聡（香川大学教育学部附属養護学校教諭）
仁木 宏明（栃木県立足利市中央養護学校教諭）
茅根 修嗣（茨城県立水戸養護学校教諭）
北海道聴覚障害教育研究会（会長・北海道札幌聾学校長 杉村正三）
第18回（平9年） 山口 薫（東京学芸大学名誉教授）

◇奨励賞
重永 幸英（山口県立聾学校教頭）
牧野 桂一（大分県教育センター研究部長）
佐々木 博人（久留米市立久留米養護学校教頭）
和歌山県立たちばな養護学校性教育研究グループ（代表・佐古真吾）

195 東レ理科教育賞

昭和44年に東レ科学振興会創立10周年を記念して設立された。創意，工夫によって理科教育に効果を挙げた人物を表彰するとともに，その成果の全国的な普及を目的とする。

【主催者】（財）東レ科学振興会
【選考委員】 太田次郎（委員長），渡部徳子，小野嘉之，島崎邦彦，本川達雄，市村禎二郎，兵頭俊夫
【選考方法】 公募
【選考基準】〔資格〕中学校・高等学校の理科教育を担当，または研究・指導する者。〔対象〕理科教育を人間形成の一環として位置づけた上で，中学校・高等学校における新しい発想と工夫考案にもとづいた教育事例
【締切・発表】 9月30日締切，2月下旬発表，3月下旬表彰
【賞・賞金】 賞：賞状，銀メダルと副賞70万円。ほかに，佳作および奨励作を選定
【URL】 http://www.toray.co.jp/tsf/index.html

第1回（昭44年度）
　栗田 一良（東京都立教育研究所主査）《ガラスビーズを利用した無摩擦実験装置》
　沢田 謙（高知県立中村高等学校教諭）《生物教材としての微生物分類とその応用について》
　鈴木 康司（東京都立教育研究所主査）《堆積実験装置の開発と新しい学習指導法に関する研究》
　高橋 文雄（静岡市立高等学校教諭）《月・地球公転儀（起潮力説明補助教具）》
　豊田 博慈（東村山高等学校教諭）《物質の構造と分子運動に関する実験》
　西川 友成（大阪府立大和川高等学校教諭）《注射器を用いて行なう気体反応の測定法の開発》
　林 良重（東京教育大学教育学部付属盲学校教諭）《盲学校における実験科学機器および実験法の研究》
　水越 慶二（東京都立小山台高等学校教諭）《実験教材としてのアルテミアの活用》
　矢野 幸夫（千葉県教育センター次長）《チョウ類を授業中に羽化させる方法》
　山極 隆（東京都立深沢高等学校教諭）《高等学校生物における新しい生化学的実験教材の開発研究―特に核酸（DNA，RNA）の開発研究》

第2回（昭45年度）
　今岡 円七（愛媛県教育センター指導主事）《生徒実験用簡易照度計の試作》
　内川 英雄（鳥取大学教育学部助教授）《帯電発泡スチロール球によるイオン結晶の二次元モデルおよびその8mm映画》
　尾科 実（東京都立教育研究所指導主事）《OHPを利用した水波投影装置》
　加藤 武男（東京都立教育研究所指導主事）《中学校におけるエネルギーの学習用実験キット》
　川畑 誠一（神戸市私立親和女子高等学校教諭）《高等学校1年地学教材OHP

を利用した起潮力説明装置》
瀬戸 省三(福島県桑折町立醸芳中学校教諭)《簡易天体観測器》
葉山 七生(愛媛県科学教育センター主事)《新しい発想に基づくC.P.E.M.〔シリンダー・ピストン型ユーディオメーター〕の開発(気体反応の法則を指導するために)》
村田 豊(愛知県立岡崎商業高等学校教諭)《流出速度による気体分子量の測定》
横山 哲朗(大阪府立布施高等学校教諭)《非水溶媒中で水和熱を測定して金属塩の水和数を求める実験》

第3回(昭46年度)
飯村 博(東京都立志村高等学校教諭)《高校物理におけるフランク・ヘルツの実験の教材化》
伊東 悠紀男(福島県立小高工業高等学校教諭)《動力学実験のための落滴器および噴射器の製作》
及川 成夫(小樽潮陵高等学校教諭)《岩石プレパラートを観察する簡易偏光装置》
篠原 尚文(栃木県教育研修センター指導主事)《検知管法による呼吸・光合成領域の定量実験の開発》
野田 亮一郎(山形県立庄内農業高等学校教諭)《化学反応の速さについての実験》
別所 武(三重県私立高田高等学校教諭)《ICとディジタル表示を使用した実験用短時間時計》
室長 大応(広島県私立修道学園教諭)《放電方式による時間記録装置(スパーク・タイマー)》
矢野 淳滋(香川県立高松高等学校教諭)《高温拡散型霧箱》
山口 昌三(新潟県立高田工業高等学校教諭)《パネル式電気実験装置》

第4回(昭47年度)
永川 堯久(長崎県立大村高等学校教諭)《ターンテーブルを利用した単振動合成装置》
後藤 道夫(工学院大学高等学校教諭)《干渉を利用した音と光の波長の測定》
蓮見 寿男(東京都立千歳丘高等学校教諭)《レーザー平行光線器》
三浦 喜一朗(鳥取県立鳥取東高等学校教諭)《日用品を利用した電磁気に関する簡易実験》

矢野 淳滋(香川県立高松高等学校教諭)《ねじり秤りとITVを用いた万有引力の測定》
渡辺 文夫(福島県私立桜の聖母学院高等学校教諭)「中心力場でのエネルギー変化のとらえ方と指導法」「クーロン則実験装置」
末藤 義正(東京都立羽田高等学校教諭)《高校化学におけるポーラログラフ分析の教材化》
小坂 登(東京都私立明星高等学校教諭)《酸素活性の簡易検定法》
鈴木 達夫(愛知県市邨学園高蔵高等学校教諭)《接着剤を用いた簡易プレパラートの作成とその応用》
滝沢 利夫(東京都立青山高等学校教諭)《アフリカツメガエル(Xenopus laevis DAUDIN)の教材化》
渡辺 専一(福島県教育センター指導主事)《生物顕微鏡を偏光顕微鏡として利用するための装置とその光源装置の製作》
米田 昭二郎(石川県金沢市立城南中学校教諭)《電気化学実験とその装置群のくふう》
鈴木 千原(山形県村山市立楯岡中学校教諭)《カエルの冬眠行動の実験的観察法》
村杉 幸子(東京都大田区立大森第七中学校教諭)《微生物の教材化》

第5回(昭48年度)
今泉 正司(愛知県科学教育センター指導主事)《浮力を利用した気体密度の測定装置(気体分子量の測定)》
天野 敏見(広島県立呉宮原高等学校教諭)《波動実験装置》
進上 芳雄(栃木県立佐野女子高等学校教諭)《電子線回折管の試作》
柳沢 徳之進(富山県立入善高等学校教諭)《静電気の定量実験》
渡辺 鉦吉(新潟県立水原高等学校教諭)《アルミ箔ケースを用いた酸化還元の実験》
川崎 立夫(岐阜県教育センター専門研修主事)《デンプン消化の定量実験の指導について》
武田 信昭(岡山県立岡山大安寺高等学校教諭)《顕微鏡に用いる恒温装置の製作とその利用》
庄子 士郎(愛知県科学教育センター主事)《フーコー振子の振動面の回転角を測定する装置》

片岡 慶治(奈良県生駒市立生駒中学校教諭)《炎色ランプ》
兼松 馨(青森県むつ市立大平中学校教諭)《閉じた系内における金属の燃焼実験装置》
佐藤 伸雄(秋田県立盲学校教諭)《盲人用ビュレット,比色計,比濁計の製作とその活用》
別府 信男(千葉県松戸市立第六中学校教諭)《ばねばかり電気分解装置》
渡辺 賢郎(岩手県立教育センター研究員)《分子モデル形成に必要な気体反応則実証のためのユーディオメーターの製作》
今村 正(熊本県立教育センター研究員)《教材用自記風向計の製作とその活用》
田附 治夫(千葉県教育センター科学研究部長)《地質図実習装置》

第6回(昭49年度)
稲葉 正(千葉県立千葉高等学校教諭)《光電効果の限界波長について》
田中 文男(香川県教育センター主任研究員)《慣性モーメントの学習指導教具》
平岡 卓英(大阪府立千里高等学校教諭)《黒板実験》
矢ית 淳滋(香川県立高松高等学校教諭)《静電誘導型火花発振器を中心とした電磁波実験セット》
黒杭 清治(東京都立墨田川高等学校教諭)《短寿命ラジオアイソトープの高校化学への教材化》
松本 昭(大阪府科学教育センター主幹)《岩石の簡易分析》
新城 昇(東京都立北野高等学校教諭)《鏡と回転鏡の組合わせにより回転台の見かけの運動・現象などを直接観察する装置と実験装置》
小泉 憲司(福岡県北九州市立早鞆中学校教諭)《酒石酸と水酸化ナトリウムの粉末の反応を利用した中和反応に伴う水の生成を確認する実験法》
古川 千代男(愛媛県私立松山東雲学園中学校教諭)《中学第1分野における簡単な実験の工夫》
鵜飼 康夫(岐阜県関市立関商工高等学校教諭)《自動累積雨量計の製作と活用》
北村 静一(大阪府立科学教育センター主幹)《自記装置による太陽の運行の測定》

小筆 恵美子(栃木県宇都宮市立豊郷中学校教諭)《細胞性粘菌の教材化》
森脇 美武(神奈川県私立聖光学院中学校教諭)《自然状態での生物の腹面観察器と恒温装置の考案とその利用》

第7回(昭50年度)
大野 仁士(東京都立南高等学校教諭)《小型で実用的な万有引力測定実験器の製作》
北村 宏夫(高知県教育センター研修主事)《電磁誘導の定量的実験教具について》
谷口 京治(熊本県立熊本農業高等学校教諭)《棒の横振動の教材化》
西川 友成(大阪府立大和川高等学校教諭)《活性炭を用いて行なう揮発性物質の分子量の測定》
鈴木 達夫(名古屋市私立市邨学園高蔵高等学校教諭)《水素イオン濃度を用いた発酵・呼吸・光合成の実験》
高田 博司(東京都立上野津田高等学校教諭)《海産物・植物による教材開発》
高木 敏夫(福島県立磐城女子高等学校教諭)《テープレコーダーを利用した風向の記録装置》
小堀 善弘(京都市青少年科学センター指導課所員)《簡易で安全な還元実験装置》
湯上 一郎(青森県東通村立目名中学校教諭)《マグネシウムの燃焼を通して質量保存則と定比例則を理解させる実験法》
渡辺 賢郎(岩手県盛岡市立上田中学校教諭)《加熱による水の電気分解装置の工夫》
遠藤 純夫(東京都東大和市立第二中学校教諭)《淡水産緑藻の教材化》

第8回(昭51年度)
天野 敏見(広島県立呉宮原高等学校教諭)《縦波実験装置》
玉木 英彦(東京都私立田中千代学園短期大学講師)《回転するひもを用いた波の諸性質と回転物体のふるまいの実験》
渡辺 文夫(福島県私立桜の聖母学院高等学校教諭)《気体原子の電離電圧測定の高校への教材化》
保坂 純三(岩手県立教育センター理科教育室長)《簡易熱量計および箱型ビュレットの製作と利用》
松谷 幸司(大阪府科学教育センター生物教室長)《体液の濃度の簡易測定法の開発と生物実験への応用》

石戸 励(青森県教育センター指導主事)《銅の酸化,酸化銅の還元における量的関係の演示実験法》
胎中 智也(高知市立一宮中学校教諭)《炎色反応の実験装置のくふう》
永尾 忠生(福岡教育大学附属小倉中学校教諭)《ガスコネクターの作製とその利用法の工夫》
橋本 康二(京都市青少年科学センター指導主事)《サイリスタ(SCR)を使って電子式に記録する力学滑走台》
大野 煕(東京都府中市立府中第一中学校教諭)《中形土壌動物教材化のための基礎的研究》
光畑 之彦(岡山県教育センター指導主事)《簡易回転台による大気の大循環モデルおよび高気圧・低気圧の循環モデル》

第9回(昭52年度)
柿元 醇(東京都立富士高等学校教諭)《超高入力抵抗電圧計の改良と発展》
塩見 堯(舞鶴工業高等専門学校助教授)《磁気ヒステリシス・ループ記録機の製作》
玉木 英彦(東京都私立田中千代学園短期大学講師)《共振および結合を理解させる実験装置》
高橋 徳正(茨城県立水戸第一高等学校教諭)《エタノールの簡易元素分析法》
村田 豊(愛知県立岡崎高等学校教諭)《化学定量実験の簡易化への一考察》
山岸 正孝(大阪府立桜塚高等学校教諭)《微小生物(ゾウリムシ程度の大きさ)の観察用スライド・グラスの製作》
下野 洋(岐阜県教育センター専門研修主事)《簡易偏光拡大器の製作とその利用》
伊藤 博夫(京都市青少年科学センター所員)《誘導コイルの無接点化アダプター》
小川 雅康(愛知県教育センター研究指導主事)《アメーバの新しい保存法》
橋本 康二(京都市青少年科学センター指導主事)《露点測定実験器》

第10回(昭53年度)
井口 磯夫(東京都立向丘高等学校教諭)《加速度測定器》
伊波 肇(沖縄県教育庁学校指導課指導主事)《光電式エアートラック記録装置》
石戸 励(青森県立青森高等学校教諭)《ブドウ糖の元素分析の演示実験法》

岩崎 弘(京都府立宮津高等学校伊根分校教諭)《簡易器具を用いた陽イオン分析法の研究》
保坂 純三(岩手県立教育センター理科教育室長)《燃料電池の自作と応用—水の電気分解と水素酸素燃料電池の教材化》
国光 正宏(岐阜県立岐山高等学校教諭)《自作偏光顕微鏡とその利用》
橋本 康二(京都市青少年科学センター指導主事)《演示用ボイルの法則実験器》
胎中 智也(高知市立一宮中学校教諭)《風の転向現象モデル実験器》
中島 福男(長野県北相木中学校教諭)《身近な材料を利用した生物領域の実験方法の開発》
光畑 之彦(岡山県教育センター指導主事)《日周運動・年周運動の考察モデルⅠ・Ⅱ・Ⅲ》

第11回(昭54年度)
後藤 道夫(工学院大学高等学校教諭)《波動現象の指導について》
日吉 芳朗(石川県立輪島高等学校教諭)《化学史にもとづく化学実験による理科教育》
柴崎 茂(福島県立棚倉高等学校教諭)《注射器を利用したポロメーター(気孔計)》
下謝名 松栄(沖縄県立浦添高等学校教諭)《地域の特性を生かした生態・進化教材の開発とその指導法》
池田 俊夫(京都市青少年科学センター所員)《岩石腐蝕簡易実験装置の開発と化石教材に関する新しい指導法の研究》
高木 敏夫(福島県立双葉農業高等学校教諭)《学校気象観測に便利な自動貯水式雨量計》
浅川 昭(東京都立狛江高等学校教諭)《大気汚染調査を主な研究テーマとしたクラブ活動の指導》
小林 優幸(北海道江差高等学校教諭)《地域の要請にこたえる部活動(化学)の指導と海底文化財の保存科学的研究》

第12回(昭55年度)
赤堀 侃司(静岡県立土肥高等学校教諭)《高校物理授業における「作業」の研究》
谷口 京治(熊本県立熊本農業高等学校教諭)《セルリーの種子とユピカ液で電気力線を示す研究》

石山 公（宮城県私立仙台白百合学園高等学校教諭）《酸素吸収剤としてのコバルト(II)アミン錯体の教材化》
高橋 一興（神奈川県立城山高等学校教諭）《鉄粉およびスチールウールによる簡易廃液処理方法》
大垣 晃一（埼玉県浦和市立南高等学校教諭）《組織培養におけるヨモギの教材化―形態形成》
中山 恵二（東京都立芸術高等学校教諭）《地球の自転に伴う地表の回転と緯度との関係を観察する教具》
武田 祐治（東京都立富士高等学校教諭）《放物運動実験器》
木藤 章雄（東京都立忠生高等学校教諭）《ロケットの研究の指導》
藤島 一満（兵庫県武庫川女子大学教授）《簡易ラジオメーター》
光畑 之彦（岡山県教育センター指導主事）《大気および大気中の水蒸気とその変化に関する諸実験》

第13回（昭56年度）
榎本 成巳（東京都立永山高等学校教諭）《運動物体停止法による2次元衝突の実験》
佃 為義（熊本県熊本予備校講師）《力学実験用記録タイマーの改良》
清末 定子（北海道旭川東高等学校教諭）《化学教材としての折り紙の利用》
牧野 彰吾（埼玉県立川越高等学校教諭）《野外の植物の簡易な検索カードの開発》
今村 忠彦（高知県立高知北高等学校教頭）《岩石染鉱実験と器具の改良について》
平瀬 志富（東京都立戸山高等学校教諭）《星の明るさ，色指数の測定法とその教材化》
長谷川 治夫（京都市青少年科学センター指導主事）《階層型散水ろ床実験装置と微生物教材の研究》
森 英信（岐阜県教育センター専門研修主事）《たたき染めによる緑葉での同化でんぷんの検出》

第14回（昭57年度）
葛西 知格（青森県立青森中央高等学校教諭）《電磁誘導実験装置》
広見 正巳（東京都立武蔵高等学校教諭）《OHP用静電界実験装置》
山口 昌三（新潟県立高田工業高等学校教諭）《染料のもつ帯電性を利用して電気力線を画かせる工夫》
横田 穣一（大阪府科学教育センター物理教室長）《簡易放電箱》
大槻 勇（宮城県教育研修センター指導主事）《使い捨て懐炉を原料とした製造実験の教材化―トリスオキサラト鉄(III)酸カリウムの合成》
矢後 一夫（富山県私立富山第一高等学校前副校長）《新しいアイディアのガス発生装置（簡易加圧型ガス発生装置）》
浜島 繁隆（愛知県私立市邨学園高蔵高等学校教諭）《ウキクサの生物実験教材への活用》
柴山 元彦（大阪教育大学教育学部附属高等学校教諭）《地質ブロック模型の考案とその活用》
斉藤 常男（東京都渋谷区立笹塚中学校教諭）《メーター表示付き水圧計の作製》
中山 達志（愛知県刈谷市立富士松中学校教諭）《ファックス原紙の台紙を活用した電流の単元の構成》
竹下 政範（広島県理科教育センター研修課長）《顕微鏡観察指導に効果的な簡易ハンドミクロトーム（スライサー）の自作》

第15回（昭58年度）
高橋 成和（島根大学助教授）《「波の重ね合せ」を演示・説明する教具》
佃 為義（熊本県熊本予備校講師）《熱の仕事当量を機械的に求める実験》
堀込 智之（宮城県立女川高等学校教諭）《水の波の教材化》
安田 明（東京都立永福高等学校教諭）「電気二重層コンデンサーを用いた実験」「パーソナルコンピューターによる自動計測」
小原 捷一（岡山県教育センター指導主事）《化学反応機構を示す動的モデルによる実験5例》
盛口 襄（千葉県立千葉東高等学校教諭）《"やる気"をおこさせる化学の指導について》
中山 恵二（工学院大学高等学校講師）《フーコー振り子の加速装置の小型化》
伊藤 博夫（京都市青少年科学センター所員）《手回し摩擦起電機の開発》
古川 千代男（愛媛県私立松山東雲中学校教諭）《中学生に磁気のない手に気づかせる授業プラン》
竹内 昌利（徳島県那賀川町立那賀川中学校教諭）《グループ学習に適した，水流の作用を調べる装置》

第16回(昭59年度)
　伊波 肇(沖縄県立宜野座高等学校教諭)《興味を喚起する磁場実験の指導法》
　鈴木 公夫(新潟県立見附高等学校教諭)《コイルやコンデンサーの電流と電圧の位相差を示す実験》
　福島 肇(東京都私立錦城高等学校教諭)《創作教材「光の探検」を使った授業》
　浅野 浅春(大阪教育大学教育学部附属高等学校教諭)《アイスクリームストッカーを利用した気象教材の開発と雪の教材としての多面性について》
　石井 聖昭(広島県理科教育センター研究員)《多様な実験に役立つプラスチック弁の製作と活用—使い捨て注射器の効果的な利用》
　松原 脩(愛知県瀬戸市立祖東中学校教諭)《地域の自然を探究するクラブ活動の試み》

第17回(昭60年度)
　岩下 紀久雄(三重県立西日野養護学校校長)《VTRの「コマ送り再生」機能を利用した物理実験》
　高橋 成和(島根大学教授)《生徒と教師の紙細工による実験装置》
　真田 雄三(北海道立札幌白石高等学校教諭)《分子モデルによる糖類の構造と性質の指導法》
　利安 義雄(大阪府科学教育センター主任研究員)《反転結晶構造模型》
　佐藤 俊一(東京都立大泉学園高等学校教諭)《噴石によるめり込み穴を素材にした火山エネルギーの開発》
　清水 竜郎(埼玉県立春日部東高等学校教諭)《遺伝を中心とした多目的教材としての酵母菌の開発》
　栗林 孝雄(京都府京都市立音羽中学校教諭)《電流実験キットの製作とその活用》
　城崎 敏幸(岡山県高梁市立高梁中学校教諭)《電流を水流に置き換えた教材・教具》
　藤田 恭弘(岡山県倉敷市立児島中学校教諭)《アサガオの花から抽出した色素液を利用して中和反応を視覚化した実験法の開発》

第18回(昭61年度)
　片桐 泉(東京都私立創価中学校教諭)《消費電力量から求める位置エネルギー》
　中村 好伸(埼玉県立春日部女子高等学校教諭)《普通教室の黒板で行う化学の演示実験器具》
　森脇 美武(神奈川県私立聖光学院中学・高等学校教諭)《アホロートル(メキシコサンショウウオ Ambystoma mexicanum)の教材化》
　中村 美重(滋賀県総合教育センター研修主事)《磁界を立体的にとらえる器具の開発》
　山内 鋭治(愛知県三好町立南中学校教諭)《中学1、2年生における集団指導システムと個別指導システムの開発とその実践》
　斎藤 茂(新潟県新発田市立第一中学校教諭)《紙培地によるキノコの培養とその教材化》
　野村 実里(岐阜県久瀬村立久瀬中学校教諭)《星の位置を透明半球上に記録できる星野観測記録器具の開発》

第19回(昭62年度)
　坂田 正司(埼玉県立越谷西高等学校教諭)《台所用アルミホイルを用いたはく検電器の製作と活用》
　佐藤 和良(愛知県立看護短期大学助教授)《看護学生のための物理教育の実践》
　渡辺 文夫(福島県私立桜の聖母学院高等学校教諭)《生徒の目前で光電管を製作する光量子実験》
　北浦 隆生(大阪府立金岡高等学校教諭)《組み立てモデルを使ったウマの足の進化》
　野呂 茂樹(青森県教育センター指導主事)《電流が磁界から受ける力説明器》
　古川 千代男(愛媛県私立松山東雲中学校教諭)《ブタンの教材化》
　丸山 幹生(新潟県上越市立城西中学校教諭)《顕微鏡操作練習用プレパラートの開発》

第20回(昭63年度)
　互野 恭治(岩手県立盛岡第三高等学校教諭)《超音波による運動の解析装置》
　矢野 淳滋(国立高松工業高等専門学校講師)《土砂からのトロンの崩壊実験》
　片江 安巳(東京都立小石川高等学校教諭)《日用品を活用した電池の教材化—マンガン乾電池を利用した空き缶電池・アルミホイル電池とダニエル電池》
　近 芳明(東京都立大森高等学校教諭)《セイヨウタンポポを使った簡易培養実験—形態形成と植物ホルモン》
　御須 利(千葉県立泉高等学校教諭)《気象ファックス受信機の製作と活用》

永川 元(神奈川県立氷取沢高等学校教諭)《自作比色計による環境教育の実践的研究—河川水,生活用品に含まれる界面活性剤及びリン酸イオンの比色定量》

橘 克彦(埼玉県浦和市立教育研究所指導主事)《TPシートを用いたプレパラートの作製と活用》

第21回(平1年度)

大山 光晴(千葉県立船橋高等学校教諭)《文化祭におけるクラス製作で学ぶ物理学—熱気球からリニアモーターカーまで》

佐川 演司(福島県立安積高等学校教諭)《マイコンを利用した気体の法則および蒸気圧曲線の学習》

仁宮 章夫(岡山県立倉敷南高等学校教諭)《顕微鏡による化学実験の観察法の開発とビデオ教材化》

清水 孝二(東京都立足立西高等学校教諭)《肝臓の働きを調べる実験》

新倉 節夫(千葉県千葉市立草野中学校教諭)《磁石に関する新しい教材・教具の開発と指導方法》

米山 正(岐阜県岐阜市立加納小学校教諭)《安全な水素の燃焼実験の開発—シャボン玉・ビニール管の利用》

第22回(平2年度)

石川 幸一(岐阜県立高山高等学校教諭)《光電効果・半導体をもっと身近なものに—光通信を題材として》

大山 光晴(千葉県立船橋高等学校教諭)《力学台車・スケートボードをリニアモーターカーに—生き生きとした電磁気力の授業展開の工夫》

渡辺 祐治(三重県立朝明高等学校教諭)《分子運動表示による「気体の分子運動と圧力」のシミュレーション教材の開発》

三輪 礼二郎(北海道札幌市立札幌旭丘高等学校教諭)《レモンの教材化》

盛口 襄(渋谷教育学園幕張高等学校非常勤講師)《高校化学における気体の学習と簡単な実験》

鈴木 誠(上越教育大学大学院学生)《解剖実習用ドライ・ラボの開発—解剖アレルギーの払拭を目ざして》

後藤 道夫(工学院大学高等学校教諭)《天然放射線のルーツを探る》

佐川 君子(秋田県平鹿町立醍醐中学校教諭)《中学校地震教材のモジュール学習の開発と実践》

第23回(平3年度)

秋山 和義(兵庫県立神戸甲北高等学校教諭)《電流の磁気作用を観察するためのモーターの開発》

林 煕崇(愛知県立長久手高等学校教諭)《電気振動・電気共振・電磁波をつなぐ実験教材の開発》

古屋 東一郎(東京都立日野台高等学校教諭)《身近な材料による手軽な物理実験のパック化》

前田 茂穂(三重県立白子高等学校教諭)《古ブラウン管を利用した電磁気実験》

伊藤 剛(神奈川県立永谷高等学校教諭)《人間との関わりを通して学ぶ金属の化学》

紺甲 昇(大阪府立西浦高等学校教諭)《LANシステムによる化学実験データ処理CAIの実験》

田中 賢二(東京都立上野忍岡高等学校教諭)《植物の生体防御に関する基礎的研究—藻類に対する防御反応の教材化》

中田 太海(岡山県教育センター指導主事)《気象衛星画像による雲の解析—合成画像の作成とその活用法》

浅野 一登(熊本県水俣市立水俣第三中学校教諭)《太陽の実像をOHPスクリーン上に投影する装置の開発》

第24回(平4年度)

高橋 一興(神奈川県立綾瀬西高等学校教諭)《ろ紙を用いた生徒の一人ひとりの作品としての化学実験》

杉尾 幸司(沖縄県立中部農林高等学校教諭)《ボールペンに含まれる誘引物質—ヤマトシロアリの道しるべとなる物質》

大川 徹(北海道札幌市立新川高等学校教諭)《アフリカツメガエルの飼育と実験をとおしたクラブ活動の指導—ツメガエルを使った体色遺伝と免疫(皮膚移植)の基礎実験》

浅野 一登(熊本県水俣市立水俣第三中学校教諭)《廊下で行うパソコンによる音の速さ測定》

杉原 和男(京都市青少年科学センター所員)《大電流電線による電磁気の実験》

五島 政一(神奈川県三浦市立南下浦中学校教諭)《地域(三浦半島)の自然(岩石,地層)の教材化》

清水 修(埼玉県富士見市立本郷中学校教諭)《地球の運動を調べる地球儀

第25回(平5年度)
　大坪 英夫(岐阜県岐阜市立青山中学校教諭)《酸化銅を手軽で安全に水素で還元する実験方法の開発》
　高谷 隆夫(宮城県名取市立第一中学校教諭)《実視できる立体星座早見》
　川上 晃(三重県立名張桔梗丘高等学校教諭)《エジソンタイプ・ボイスレコーダーの開発──音の記録原理,伝播,振動波形の学習》
　四ケ浦 弘(石川県金沢高等学校教諭)《19種類の単体金属箔を活用した化学実験》
　守本 昭彦(東京都立八王子東高等学校教諭)《酸化マンガン(IV)を中心とした実験教材の開発》
　近 芳明(東京都立大森高等学校教諭)《地衣類の教材化──共生関係を中心として》
　大川 ち津る(東京都成徳学園高等学校講師)《植物同定用データベースを活用した植物観察教材の作成と実習》
第26回(平6年度)
　梶田 直樹(愛知県瀬戸市立水野中学校教諭)《OHPの光源を光エネルギーとして利用するTP教具の開発──OHPのステージの上で行う簡易実験法の研究の1つとして》
　中村 茂(東京都中野区立第五中学校教諭)《鏡面フィルムを用いた音の波形観察装置の開発》
　工藤 貴正(青森県立板柳高等学校教諭)《アンテナ上や空洞内の,電波の定常波の観察》
　互野 恭治(岩手県立総合教育センター研修主事)《パソコンによる音波の分析と合成》
　森 雄児(東京都立西高等学校教諭)《霧箱で陽電子を見よう──液体窒素を使った森式霧箱》
　三沢 勝巳(東京都武蔵野女子学院中高等学校教諭)《寒天ゲル中の化学反応の教材化》
　山本 進一(東京都立大泉北高等学校教諭)《酢酸ナトリウムを用いたいくつかの実験教材の開発》
第27回(平7年度)
　岩間 滋(岩手県宮古市立花輪中学校神倉分校)《注射器で簡単に作れる簡易真空(減圧)ポンプ》
　橘 克彦(埼玉県立北教育センター)《ダ液によるデンプンの分解を調べる実験方法の改善》
　岩崎 泉(愛知県立名古屋盲学校)《視覚障害児用太陽方位・高度測定器の制作》
　金武 正八郎(沖縄県立教育センター)《力には片思いはない,つねに両思いだ!──作用・反作用の指導》
　森 雄児(東京都立西高等学校)《教室に無重量空間をつくる実験──質量と重さの教材開発》
　田中 敏弘(奈良県立香芝高等学校)《二股試験管を利用した,簡単な食塩水の電気分解》
　田辺 浩明(千葉県立千葉大宮高等学校)《太陽系の地図作り》
第28回(平8年度)
　柿原 聖治(三重大学教育学部助教授)《安全な気体発見装置の製作》
　大山 光晴(千葉県立船橋高等学校教諭)《氷で動く不思議な船をめぐる楽しい熱の授業》
　川上 晃(三重県立名張桔梗丘高等学校教諭)《波の干渉と固有振動の印象的・効果的実験》
　水上 慶文(神奈川県立座間高等学校教諭)《色つきセロファン紙とスチロールコップによる薄膜干渉の観察》
　安田 延義(東京都立大山高等学校教諭)《アルキメデスの原理を利用したヘリウムの分子量の測定》
　山本 高之(帝京大学中学高等学校教諭)《酸素センサによる光合成の実験》
　斎藤 隆(北海道有朋高等学校教諭)《自作ホバークラフト及び大型回転台作りを通したサイエンス部の活動》
第29回(平9年度)
　小林 輝明(東京都新宿区立西新宿中学校教諭)《中学校理科における燃料電池の教材化》
　杉原 和男(京都市青少年科学センター所員)《銅めっきスチールウールによる水蒸気の迅速還元》
　岡久 保幸(北海道音更町立音更中学校教諭)《地震波を視覚化するモデル実験》
　田原 輝夫(東京都立墨田川高等学校教諭)《音のフレネルレンズの製作と教材化》
　阿内 大冠(茨城県立土浦第一高等学校教諭)《二酸化炭素の水に対する溶解度の測定》
　森田 保久(埼玉県立川越女子高等学校教諭)《特殊な機材・薬品を使わな

いDNA抽出実験》
　　平松 和彦(北海道旭川西高等学校教諭)《ペットボトルで雪の結晶をつくる》
第30回(平10年度)
　　中村 由起子(滋賀県朽木村立朽木中学校)《熱に伴って発生する二酸化窒素の検出》
　　若林 克治(茨城県東町立東中学校)《身近な新素材を利用した探究学習の実践》
　　前島 昭弘(昇華学園中学・高等学校(東京都))《ワラジムシを用いた課題研究の試行》
　　石崎 喜治(筑波大学附属盲学校)《雨どいを使った波動の導入実験》
　　岡野 道也(茨城県立古河第一高等学校)《弾丸の運動を実証する装置》
　　田中 敏弘(奈良県立二階堂高等学校)《磁力のないフェライト磁石の製作と利用》
　　岡田 安司(愛知県立宝陵高等学校)《アンモニアソーダ法に関する教材開発と指導法の研究》
第31回(平11年度)
　　明石 利広(大阪府東大阪市立孔舎衙中学校)《高気圧・低気圧・竜巻の渦を作る》
　　塚本 栄世(神奈川県立秦野南が丘高等学校)《連続スペクトルを処理して合成する光の実験》
　　守本 昭彦(東京都立八王子東高等学校)《シャープペンシルの芯を用いた電気分解と電池の実験》
　　山本 進一(東京都立戸山高等学校)《空気中で浮力を利用した気体の分子量測定》
　　飯島 和重(清泉女学院中学高等学校(神奈川県))《ブタ腎臓の解剖と組織の観察》
　　杉山 剛英(北海道札幌星園高等学校)《音源定位実験、写真によるヘール・ボップ彗星軌道図作成実習》
第32回(平12年度)
　　小島 信治(愛知県碧南市立中央中学校)《自動計測装置の考察とそれを用いた物体の運動実験》
　　吉野 一宏(千葉県船橋市立宮本中学校)《電池の原理を体験する実験器(にぎると電池)の製作》
　　久保田 信夫(立花学園高等学校(神奈川県))《水滴を利用した記録タイマー》
　　山中 孝男(茨城県立境高等学校)《簡易水蒸気蒸留装置を使った身近な有機物の分離と確認》
　　高橋 和成(岡山県立岡山朝日高等学校)《身近な細胞性粘菌を利用した教材の開発》
　　江島 穣(滋賀県立八日市高等学校)《博物館と学校との連携を考える》
　　児玉 伊智郎(山口県立厚狭高等学校)《メダカとカダヤシの種間関係》
第33回(平13年度)
　　中和 洋之(広島県甲山町立甲山中学校)《天体の見え方の学習教具の開発とその活用》
　　木下 正博(富山県立滑川高等学校)《蜃気楼実験装置》
　　米田 隆恒(奈良県立上牧高等学校)《電子天秤を用いた電磁気の精密実験》
　　林 煕崇(愛知県立惟信高等学校)《衝突中の運動量変化と衝撃の研究》
　　三門 正吾(千葉県立鎌ケ谷西高等学校)《紙筒と空き缶で作る高感度ガイガー計数管》
　　児玉 伊智郎(山口県立厚狭高等学校)《カダヤシの生殖行動の教材化》
第34回(平14年度)
　　岩田 敏彦(滋賀県伊吹町立伊吹山中学校教諭)《身近な素材でできる静電気教具の開発とその応用》
　　中和 洋之(広島県甲山町立甲山中学校教諭)《虹はどうして見えるのか》
　　小林 義行(茨城県立土浦工業高等学校教諭)《試験管とスチールウールによるスターリングエンジン》
　　井上 正之(広島学院中学校・高等学校教諭)《芳香族有機化合物に関する安全な実験教材の開発》
　　野曽原 友行(千葉県立君津高等学校教諭)《ビタミンCの化学》
第35回(平15年度)
　◇中学第一分野　高木 邦博(北海道様似町立様似中学校校長)《流下式電気分解観察水槽》
　◇中学クラブ活動　和田 薫(東京都多摩市立聖ケ丘中学校教諭)《アリを用いた環境及び生物多様性の学習》
　◇高校化学　横田 淳一(富山県立桜井高等学校教諭)《触媒作用を実感できる白金の実験開発とその授業展開》
第36回(平16年度)
　◇中学第一分野　境 智洋(北海道立理科教育センター研究員)《レンガ式たたら製鉄炉による鉄づくり》

◇高校地学　松本 直記(慶応義塾高等学校教諭)《木星の国際共同観測画像を用いたケプラー則の教材開発》
◇高校クラブ活動　高橋 和成(岡山県立岡山一宮高等学校教諭)《里山に生育する変形菌の生態調査》

第37回(平17年度)
◇高校化学　井上 正之(広島学院中学校・高等学校(広島県)教諭)《ベンゼンのマイクロスケールスルホン化》
◇高校物理　新田 英雄(東京学芸大学助教授)《放射線を使って見えないものを見る》
◇高校生物　小林 孝次(長野県屋代高等学校常勤講師)《遺伝子・タンパク質・酵素の簡易実験》

第38回(平18年度)
◇文部科学大臣賞
- 高校生物　藤谷 泰(京都府立久御山高等学校)《DNAを用いた植物系統分類学の高等学校における展開》

◇理科教育賞
- 中学第一分野　湯澤 光男(栃木県宇都宮市立若松原中学校)《改良型ウィムズハースト起電機による静電気の実験》
- 高校化学　野曽原 友行(千葉県立安房高等学校)《高効率・簡易燃料電池の開発》

第39回(平19年度)
◇文部科学大臣賞
- 高校物理　中村 修《汎用物理実験装置の開発と「水波実験装置」への応用》

◇理科教育賞
- 中学第一分野　中沢 英明《光の屈折を実感する教材の開発》
- 高校化学　大橋 武文《簡易電気分解装置の開発》
- その他　犬伏 雅士《小学校から高校まで使える「簡易テスター/簡易セル」の開発》

第40回(平20年度)
◇文部科学大臣賞
- 高校地学　杉山 了三《地域を生かした生徒自作標本による岩石・鉱物学習》

◇理科教育賞
- 中学第一分野　南部 隆幸《体験活動を重視した「浮力」の指導法》
- 中学第一分野　吉田 佐智子《自作方位磁針から広げる「電流と磁界」の学習指導》
- 中学第二分野　中和 洋之《内耳および呼吸・循環器系の模型の作》
- 高校物理　水上 慶文《音波の干渉を『見せる』黒板実験》

196　日本科学教育学会学会賞 (科学教育研究奨励賞)

科学教育研究者の育成を図るため、優れた科学教育研究を行った研究者を表彰する賞。

【主催者】日本科学教育学会

【選考方法】会員の推薦を受け公募。自薦も可

【選考基準】(1)学術賞：科学教育において先導的・開拓的な業績や功績を挙げ、同学会の発展に寄与した本会会員。対象となる業績や功績は、原則として、賞の応募締切日から過去10年以内のものとする。(2)国際貢献賞：科学教育の国際貢献・国際協力研究において顕著な業績や功績を挙げた本会会員(3)論文賞：科学教育に関する優れた研究を行い、その成果を同学会の「科学教育研究」誌に発表した本会会員。対象となる論文は、賞の応募締切日から過去3年以内に発表されたものとする。(4)奨励賞：科学教育に関する優れた研究を行い、その成果を同学会の「科学教育研究」誌、年会論文集、研究会「研究報告」に発表した本会会員で、受理の時点で、原則として、満38歳未満の者。対象となる論文等は、賞の応募締切日から過去2年以内に発表されたものとする。(5)教育実践賞：科学教育の実践研究において特に顕著な業績や功績のあった本会会員。また、該当する本会会員との連携により、科学教育に従事し、教育上顕著な業績や功績のあったグループ。対象となる業績や功績は、賞の応募締切日から過去3年以内のものとする(6)年会発表賞：本学会の年会において優秀な発表を行った本会会員

【締切・発表】発表・表彰は定時総会席上

【賞・賞金】毎年2件以内。賞状と記念品または賞金

【URL】http://certcms.shinshu-u.ac.jp/jsse/

(昭63年度)
　松原 静郎(国立教育研究所)《理科実験テストの開発研究》
　余田 義彦(武庫川女子大)《探求指向型コースウェア「まめ電球とかん電池」の教授方略とフレーム設計の研究》

(平1年度)
　岩本 昌之(徳島県立那賀高校)《生物教材としての細菌の研究》
　荻原 彰(長野県立須坂高校)《アメリカにおける環境教育の研究》

(平2年度)
　西川 純(上越教育大学)「生物・地学教師と大学生の巨視的時間概念の研究—象徴的距離効果を用いた巨視的時間イメージの調査」〔科学教育研究, 第13巻, 第4号, pp.155-161〕
　瀬沼 花子(国立教育研究所)「児童・生徒によるポリキューブの二次元表示の特徴とコミュニケーションの数学教育における意義—課題学習等の一例として」〔研究会研究報告書, 第4巻, 第1号, pp.15-18〕

(平3年度)
　磯崎 哲夫(広島大学院)「イギリスの中等教育段階における地学教育(I)地学教育の転換期に際して」〔科学教育研究, 第14巻, 第3号, pp.113-122〕
　松田 稔樹(東京工業大学), 高橋 和弘, 坂元 昂「数学の理解を深めるためのLispプログラミングをとり入れたカリキュラムの開発—カリキュラムと教材の改善」〔科学教育研究, 第15巻, 第1号, pp.30-39〕

(平4年度)　柿原 聖治「アメリカの化学教科書(Chemistry-A Modern Course)における内容構成の変遷」〔科学教育研究, 第14巻, 第4号, pp.155-168〕

(平5年度)　丹沢 哲郎 "Japanese Science Teachers' Perception of Science and Technology Related Global Problems and the STS Approach"〔科学教育研究, 第16巻, 第3号, pp.115-125〕

(平6年度)　大辻 永(東京工業大学大学院), 赤堀 侃司 "Searching for Changes in Cognitive Structure: Applying the KJ Method to STS Instruction"〔科学教育研究, 第17巻, pp.133-143〕

(平7年度)
　小倉 康(国立教育研究所科学教育研究センター)「物理問題場面における推論の合理性に関する研究—手続き的知識と科学的概念との矛盾の解決方略」〔科学教育研究, 第17巻, 第4号, pp.189-197〕
　山元 啓史(筑波大学留学生センター) "The Effect of Signaling for Scientific and Technical Passages in Japanese(1)—The case for native readers"〔The Journal of Science Education in Japan, 第18巻, 第3号, pp.124-136〕

(平8年度)
◇学会賞　今堀 宏三
◇論文賞　熊野 善介(静岡大学教育学部) "Implementation of STS Instruction in Meikei High School-Problems and Realities of Pilot Japanese STS Approach"〔科学教育研究, 第17巻, 第3号, pp.115-124〕
◇奨励賞
　宮崎 樹夫(信州大学教育学部)「命題の普遍妥当性の理由を具体物に対する諸行為で示すことに関する研究」〔科学教育研究, 第19巻, 第1号, pp.1-11〕
　隅田 学(広島大学大学院)「「振り子の運動」の実験・観察に関する認知的考察」〔科学教育研究, 第19巻, 第2号, pp.111-120〕

(平9年度)
◇学会賞　大木 道則
◇奨励賞
　日野 圭子(奈良教育大学教育学部) "Ratio and Proportion: A Case Study on Construction of Unit in U.S.and Japanese Students The Journal of Science Education in Japan"〔科学教育研究, 第20巻, 第3号, pp.159-173〕
　益子 典文(鳴門教育大学学校教育学部)「初等代数の問題解決過程における推論スキーマの役割—数学的概念に基づく推論スキーマ」〔科学教育研究, 第19巻, 第2号, pp.67-77〕

(平10年度)
◇奨励賞
　石井 俊行, 箕輪 明寛(石橋町立石橋中学校)「数学と理科との関連を図った指導に関した研究—文脈依存性を克

服した指導への提言」〔科学教育研究, 第20巻, 第4号, pp.213-220〕

沢野 幸司(宮崎大学大学院教育学研究科)「分数の学習前に子どもがもつインフォーマルな知識」〔科学教育研究, 第21巻, 第4号, pp.199-206〕

(平11年度)
◇奨励賞
池田 敏和, Max Stephens(横浜国立大学教育人間科学部) "Some Characteristics of Student's Approaches to Mathematical Modeling in the Curriculum Based on Pure Mathematics"〔科学教育研究, 第22巻, 第3号, pp.142-154〕

中山 玄三(熊本大学教育学部附属教育実践研究指導センター) "Changing the Science Curriculum toward the Promotion of Science Literacy for All in Japan"〔科学教育研究, 第21巻, 第3号, pp.135-144〕

山口 悦司, 稲垣 成哲(神戸大学大学院総合人間科学研究科)「科学教育におけるエスノメソドロジーの意義」〔科学教育研究, 第22巻, 第4号, pp.204-214〕

(平12年度)
◇論文賞
加茂川 恵司(文部省初等中等教育局)「動的要素に注目する子どもの固有の考えの分析法─その答えは問いからどのように構成されたか」〔科学教育研究, 第23巻, 第5号, pp.333-347〕
◇奨励賞
柳沢 昌義, 赤堀 侃司(東洋英和女学院大学人間科学部)「教育番組で使用されるCGの効果的描画技法に関する研究」〔科学教育研究, 第23巻, 第5号, pp.322-332〕

(平13年度)
◇論文賞
稲垣 成哲, 山口 悦司(神戸大学発達科学部)「学習者の電流概念に関する教師の予測」〔科学教育研究, 第24巻, 第1号, pp.11-19〕
◇奨励賞
平賀 伸夫, 寺谷 敞介(東京学芸大学教育学部附属竹早中学校)「物質同定時に見られる判断の実際─誤差認識に注目して」〔科学教育研究, 第24巻, 第4号, pp.217-225〕

森田 裕介, 中山 実, 清水 康敬(長崎大学教育学部)「コンセプトマップの統合性を用いた学習者変容の評価に関する一考察」〔科学教育研究, 第24巻, 第2号, pp.114-121〕

◇年会発表賞 杉本 美穂子, 片平 克弘「対話と協同の中での学びを生かした理科授業デザイン」〔第24回年会一般研究発表〕

(平14年度)
◇奨励賞 高垣 マユミ(鎌倉女子大学児童学部子ども心理学科)「高さ概念における児童のプリコンセプションに関する研究」〔科学教育研究, 第24巻, 第2号, pp.98-105〕
◇年会発表賞
鈴木 栄幸, 舟生 日出男「協同学習における私語的対話の意義─CSCLシステムによる授業変革の一つの可能性について」〔第25回年会課題研究発表〕

舟生 日出男, 福井 真由美, 山口 悦司, 稲垣 成哲「再構成型コンセプトマップ作成ソフトウェアの拡張:協同作成を支援する機能の実装」〔第25回年会一般研究発表〕

(平15年度)
◇学会賞 手塚 晃
◇学術賞 小川 正賢(神戸大学)「文化的文脈に視座をおいた科学技術教育研究と国際学術交流」
◇論文賞 益子 典文(岐阜大学)「数学の学習指導場面における教師の実践的知識に関する事例研究─個人指導過程における「学習者理解スキーマ」の分析─」,〔科学教育研究, 第26巻, 第2号, pp.121-130〕
◇科学教育実践賞
東原 義訓(信州大学), 余田 義彦(同志社女子大学), 山野井 一夫(東京家政学院筑波短期大学)「学校教育用グループウェアのシステム開発と授業実践支援」

武村 重和, SMASSEプロジェクトチーム「ケニア共和国におけるASEI授業の開発と普及」
◇奨励賞 岸本 忠之(富山大学) "Assessment Framework for Mathematical Problem Posing"〔科学教育研究, 第25巻, 第3号, pp.180-190〕
◇年会発表賞
中山 迅, 山口 悦司, 里岡 亜紀, 伊東 嘉宏, 串間 研之, 永井 秀樹, 末吉 豊文「宮崎県総合博物館と中学校が連携した教育プログラム:連携体制の確立」
三宅 志穂, 小川 正賢, 野上 智行「英国の野外学習センターにおける教科学習プログラム」
坂田 尚子, 熊野 善介「幼児を対象とした科学教育ビジョン構築に関する研

究—グローバル・サイエンス・リテラシーを基盤にして」
(平16年度)
　◇科学教育実践賞
　　　中村 重太(福岡教育大学)「科学教育における海外との国際協力及び貢献活動」
　　　村瀬 康一郎,加藤 直樹(岐阜大学総合情報メディアセンター)「大学・地域共生型による継続的な科学教育実践研究の展開」
　◇奨励賞
　　　舟生 日出男(茨城大学人文学部)「再構成型コンセプトマップ共同作成ソフトウェアの内省と対話の支援における有効性について」〔科学教育研究,第27巻,第5号,pp.318-332〕
　　　山下 修一(千葉大学教育学部教育実践総合センター)"Difficulties in Students' Judgments When Working in Pairs"〔科学教育研究,第27巻,第4号,pp.292-307〕
　◇年会発表賞
　　　山本 智一(神戸大学発達科学部附属住吉小学校),出口 明子(神戸大学大学院),山口 悦司(宮崎大学),舟生 日出男(茨城大学),稲垣 成哲(神戸大学)「子どもたちの協同による知識構築を促進するためのネットワーク版ソフトウェア:小学校「水溶液の性質」での授業実践事例」〔日本科学教育学会年会論文集27,pp.211-214〕
　　　稲垣 成哲(神戸大学),竹中 真希子(神戸大学大学院)「カメラ付き携帯電話を利用したフィールドワーク支援システムの開発」〔日本科学教育学会年会論文集27,pp.157-158〕
　　　戸田 孝(琵琶湖博物館)「学校と博物館のカリキュラム連携のありかた」〔日本科学教育学会年会論文集27,pp.249-250〕
(平17年度)
　◇論文賞
　　　磯崎 哲夫(広島大学)「理科教員養成史研究(2)戦前における力量形成の方策としての教育実習の意義」〔科学教育研究,第28巻,第1号,pp.49-59〕
　　　清水 欣也(広島大学)「我が国の理科カリキュラム改訂による一般成人の科学技術理解に対する効果:コーホート分析による「理科離れ」及び「学力低下」の検証」〔科学教育研究,第28巻,第3号,pp.166-175〕
　◇国際貢献賞　武村 重和(JICAケニアSMASSE事務所アカデミックアドバイザー)「アフリカ諸国の包括的な科学教育制度設計に関する国際貢献」
　◇科学教育実践賞
　　　飯島 康之(愛知教育大学)「インターネットを用いた図形の動的探求を支援する学習環境とコンテンツ開発」
　　　稲垣 成哲(神戸大学),舟生 日出男(茨城大学),山口 悦司(宮崎大学)「再構成型コンセプトマップ作成ソフトウェアの開発と教育実践研究の展開」
　◇奨励賞
　　　竹中 真希子(大分大学),稲垣 成哲,山口 悦司,大島 純,大島 律子,中山 迅,山本 智「Web Knowledge Forumに支援されたアナロジーと概念変化」〔科学教育研究,第29巻,第1号,pp.25-38〕
　　　里岡 亜紀(延岡市立熊野江中学校),中山 迅,山口 悦司,伊東 嘉宏,串間 研之,末吉 豊文,永井 秀樹「宮崎県総合博物館と連携した中学校における干潟の理科学習」〔科学教育研究,第28巻,第2号,pp.122-131〕
　◇年会発表賞
　　　竹中 真希子(大分大学),黒田 秀子(神戸大学発達科学部附属住吉小学校),稲垣 成哲,大久保 雅彦,土井 捷三(神戸大学)「カメラ付き携帯電話を利用したフィールドワークプログラムの開発と評価:小学校2年生の生活科『冬みつけ』」〔日本科学教育学会年会論文集28〕
　　　古澤 亜紀(東京学芸大学大学院連合学校教育学研究科)「「海」を鍵にした理科の学習 海水の蒸発乾固(岩塩)からみる大陸移動の教材化」〔日本科学教育学会年会論文集28〕
　　　東原 義訓,中村 浩志,漆戸 邦夫,赤羽 貞幸(信州大学)「科学者の問いの連鎖を追体験する理科ディジタル教材の開発」〔日本科学教育学会年会論文集28〕
(平18年度)
　◇学会賞　木村 捨雄
　◇論文賞
　　　高垣 マユミ(鎌倉女子大学)「「氷のすがたとゆくえ」の発話事例の解釈的分析—小集団の議論を通した概念変化の様相—」〔30(1)研究論文〕

小川 義和(国立科学博物館), 下条 隆嗣(東京学芸大学)「科学系博物館の学習資源と学習活動における児童の態度変容との関連性」

◇科学教育実践賞 佐伯 昭彦, 氏家 亮子(金沢工業高等専門学校)「ハンドヘルド・テクノロジーを活用した数学と物理の総合学習「数物ハンズオン」」

◇奨励賞
三宅 志穂(高知大学), 野上 智行「フィールド・スタディーズ・カウンシルの歴史的展開過程：黎明期(1943-1955)におけるカウンシル・フォー・ザ・プロモーション・オブ・フィールド・スタディーズの設立」〔29(3)研究論文〕
畑中 敏伸(東邦大学), 長洲 南海男「フィリピンミンダナオ島ダバオ地区における中等学校物理教師の行う実験活動の実態について」〔28(5)研究論文〕

◇年会発表賞
平賀 伸夫, 斉藤 仁志, 三ツ川 章「国語の教科書で扱われている科学的知識の調査—学校・博物館連携の具体化に向けて—」
山本 智一(神戸大学発達科学部附属住吉小学校)「子どもたちの思考過程の外化と共有化を支援する再構成型コンセプトマップ作成ソフトウェア：小学校第5学年・理科「動物の発生や成長」の実践事例」
小野村 リサ, 西川 純「中学校理科の学習におけるコミュニケーション」

(平19年度)
◇論文賞
中山 迅, 山口 悦司(宮崎大学), 里岡 亜紀(高原町立高原中学校)「サイエンス・コミュニケータの力量を有する理科教師を育てる博物館研修の事例研究」30(5)研究論文
竹中 真希子(大分大学), 山口 悦司(宮崎大学), 稲垣 成哲(神戸大学)「CSCL：理科教育におけるコンピュータ利用の新しい研究動向」29(2)研究論文

◇科学教育実践賞 高橋 庸哉(北海道教育大学), 坪田 幸政(桜美林大学), 気象情報ネットワーク研究会「気象・気候の学習に気象衛星画像を活用するソフトウェア開発とその適用」

◇奨励賞 出口 明子(神戸大学大学院, 日本学術振興会特別研究員), 山口 悦司, 舟生 日出男, 稲垣 成哲「再構成型コンセプトマップ作成ソフトウェアの機能拡張と実験的評価—再生プロセスのブックマーク機能の有効性について—」29(2)研究論文

◇年会発表賞
小倉 康, 松原 静郎, 猿田 祐嗣, 鳩貝 太郎, 三宅 征夫(国立教育政策研究所), 吉田 淳(愛知教育大学), 熊野 善介(静岡大学), 人見 久城(宇都宮大学), 隅田 学(愛媛大学), 中山 迅〔ほか〕(宮崎大学)「TIMSS1999理科授業ビデオ研究の結果」
大黒 孝文(神戸大学発達科学部附属住吉中学校, 神戸大学大学院), 出口 明子(神戸大学大学院, 日本学術振興会特別研究員), 山口 悦司(宮崎大学), 舟生 日出男(広島大学大学院), 稲垣 成哲(神戸大学)「協同学習を支援する再構成型コンセプトマップ作成ソフトウェア：生徒からみたソフトウェアの有効性と概念変換に与える効果」
北澤 武(東京工業大学大学院, 東京女学館小学校), 永井 正洋(首都大学東京), 加藤 浩(メディア教育開発センター, 総合研究大学院大学), 赤堀 侃司(東京工業大学大学院)「小学校理科eラーニングサイト「理科ネット」の長期的な利用による評価分析」

(平20年度)
◇学術賞 三宅 征夫(国立教育政策研究所)「科学教育研究における学力に関する国際比較調査の確立」

◇論文賞
三宅 志穂(高知大学), 稲垣 成哲, 野上 智行(神戸大学)「地域の環境啓発事業推進を支援するコミュニティ形成過程・兵庫県西宮市を事例とした検討」31(4)研究論文
山口 悦司(宮崎大学), 中原 淳, 望月 俊男(東京大学)「おやこdeサイエンス：家庭における科学の学習環境の充実を支援する教育プログラム」30(3)研究論文

◇年会発表賞
奥山 英登(旭川市旭山動物園)「旭山動物園と双方向遠隔授業！i－ねっとわーく授業デモンストレーション」
隅田 学(愛媛大学教育学部)「理科授業で学習困難や才能を示す児童生徒への特別支援の方策に関する研究(2)—困難児における理科の才能特徴—」

197 日本作文の会賞

「綴方生活」誌を中心に戦前の生活綴方教育の研究・運動に大きく貢献した故小砂丘忠義, 日本作文の会委員長・会長故今井誉次郎, 日本作文の会創立に参加し同会の指導的立場にあった国分一太郎の3氏の業績をしのび創設された。平成19年度をもって終了。

【主催者】日本作文の会
【選考委員】同賞選考委員会(委員長:日本作文の会常任委員長)
【選考方法】関係者の推薦による
【選考基準】〔対象〕毎年6月から翌年5月末日までに出版された綴方・作文教育関係単行本のうち、最も優れたもの
【締切・発表】発表は毎年7月末から8月上旬に開催される作文教育研究大会席上
【賞・賞金】賞状と副賞若干円

【これ以前は,186「小砂丘忠義賞」を参照】

第1回(昭54年)　滑川 道夫「日本作文綴方教育史 明治篇・大正篇」(国土社)
第2回(昭55年)　亀村 五郎「赤ペン〈評語〉の書き方」(百合出版)
第3回(昭56年)　国分 一太郎「続みんなの綴方教室」(新評論)
第4回(昭57年)　綴方の仕事編集委員会〔編〕「坂道をのぼれ・田宮輝夫綴方の仕事」(あゆみ出版)
第5回(昭58年)　佐藤 淑子「書くことで育つ中学生の記録」(百合出版)
第6回(昭59年)　該当者なし
第7回(昭60年)　津田 八洲男「5組の旗―綴る中で育つ子ら」(駒草出版)
第8回(昭61年)　谷山 清「これだけは離すまい」(駒草出版)
第9回(昭62年)　該当者なし
第10回(昭63年)　該当者なし
第11回(平1年)　江口 季好「児童詩教育のすすめ」(百合出版)
第12回(平2年)　該当者なし
第13回(平3年)　中俣 勝義(鹿児島県)「先生!行き場がない」(エミール社)
第14回(平4年)　中川 暁(東京)「季節の中の子どもたち」(百合出版)
第15回(平5年)　該当者なし
第16回(平6年)　西条 昭男(京都)「どの子も見える魔法のめがね」(清風堂書店)
第17回(平7年)　久米 武郎(神奈川県)「心を育て,ことばを育てる」(ぶどう社)
(平9年)　太郎 良信「山芋の真実」
(平10年)　竹内 均「人間教師」
(平11年)　上田 精一「学校に希望の風を」
(平12年)　山口 肇「ちゃんときいて」
(平13年)　枝村 泰代「ダメな子なんて言わないで」
(平14年)　該当者なし
(平15年)　松下 義一「ぼくはこんな「総合学習」を作ってきた」(小学館)
(平16年)　該当作なし
(平17年)　該当作なし

198 「日本賞」教育コンテンツ国際コンクール (日本賞,日本賞教育番組国際コンクール)

世界各国の教育番組の向上を図るとともに,国際間の理解と協力に役立つことを目的として,昭和40年に創設された教育番組の国際コンクール。平成20年より現在の賞名になった。

【主催者】日本放送協会
【選考委員】同賞審査委員会

【選考方法】公募
【選考基準】〔対象〕コンテンツ部門:教育効果を上げる意図のもとに制作された,音と映像を用いたコンテンツ。「幼児向け(0〜6歳)」「児童向け(6〜12歳)」「青少年向け(12〜18歳)」「生涯教育(18歳以上)」「福祉教育」の5部を設ける。シリーズ番組部門:特定の視聴対象に向けて,明確な教育目標をもって,計画的に制作されているテレビのシリーズ番組。企画部門:教育効果を上げる意図のもとに書かれたテレビ番組の企画。「子ども向け(0〜12歳)」「青少年向け(12〜17歳)」「成人向け(18歳以上)」の3部を設ける〔資格〕応募番組の著作権を有する放送事業者,番組制作会社,教育機関およびケーブルテレビジョン。ただし,日本の機関は企画部門に応募できない。個人による応募は不可
【締切・発表】(第36回)エントリー期間は平成21年4月1日〜7月31日,9月15日にホームページ上で予備審査結果発表,10月28日にホームページ上で審査結果発表,NHK放送センターにて授賞式
【賞・賞金】賞状,賞牌,賞金(グランプリ日本賞:5,000米ドル,コンテンツ部門各カテゴリー最優秀作品:3,000米ドル,国際交流基金理事長賞,ユニセフ賞,前田賞:2,000米ドル,放送文化基金賞:8,000米ドル,日本ユネスコ協会連盟賞:3,000米ドル)
【URL】http://www.nhk.or.jp/jp-prize/index_j.html

第1回(昭40年)
　◇ラジオ部門
　　●日本賞　西部ドイツ放送協会「ライダー夫人と議員さん」
　　●文部大臣賞　スウェーデン放送協会「さあ勉強をはじめましょう・英語会話第27課」
　　●東京都知事賞　カナダ放送協会「民主主義の新旧の次元」
　◇テレビ部門
　　●日本賞　フィンランド放送協会「むかしむかし」
　　●郵政大臣賞　日本放送協会「理科教室小学3年・紙玉でっぽう」
第2回(昭41年)
　◇ラジオ部門
　　●日本賞　ポーランド放送委員会「リズムあそび・5月の陽光」
　　●優秀番組賞・文部大臣賞　ブルガリア国営放送「原子をさがして」
　　●特別賞
　　　韓国国営放送「音楽教室・弦楽一家」
　　　ザンビア教育放送「歴史のはじまり」
　　　イラン国営放送「農家の皆さんへ」
　◇テレビ部門
　　●日本賞　日本放送協会「幼児の世界・反抗」
　　●優秀番組賞・郵政大臣賞　英国放送協会「影絵人形」
　　●阿部賞
　　　インド国営放送「テレビで英語を」
　　　サザン・テレビ社(イギリス)「アラビー」

　　●特別賞
　　　バンコク市営放送「英語の時間・宝さがし」
　　　イスラエル教育テレビ事業団「初等幾何・円のはなし」
　　　ウガンダ国営放送「方位のはかり方」
第3回(昭42年)
　◇ラジオ部門
　　●日本賞　イギリス放送協会「ビンセント・バン・ゴッホ」
　　●特別賞
　　　マラウィ放送協会「うたとおどりの第21課」
　　　タイ教育省放送「7年生の英語第17課」
　　　ザンビア教育省放送「みんなで11番の歌をうたいましょう」
　◇テレビ部門
　　●日本賞　カトリック大学テレビ局(チリ)「婦人と職業」
　　●郵政大臣賞　日本放送協会「なにしてあそぼう」
　　●阿部賞　西ドイツ放送連盟「真空の利用」
　　●ユニセフ賞　フランス放送協会「コナンとアメナ」
　　●特別賞
　　　シンガポール教育テレビジョン「ことばの力」
　　　ガーナ放送協会「若い科学者」
　　　ハンガリー国営テレビ放送「毒へび」
第4回(昭43年)
　◇ラジオ部門
　　●日本賞　日本放送協会「ピッポピッポボンボン」

- 文部大臣賞　西部ドイツ放送協会「ジョージ・ガーシュイン・オーケストラのジャズ」
- 東京都知事賞　アルゼンチン国営放送「健康第一」
- 特別賞
  ユーゴスラビア国営放送「仔犬を助けて!!」
  マラウィ放送協会「イララ号の航海」
  インドネシア国営ラジオ放送「郷土音楽の宝庫」
- 審査委員賞
  ルーマニア国営放送「数のおはなし」
  アメリカン大学「音楽がいっぱい」

◇テレビ部門
- 日本賞　イギリス放送協会「最終バス」
- 郵政大臣賞　日本放送協会「物のすわり」
- 阿部賞　フランス放送協会「エリック・サティ＝人と作品」
- ユニセフ賞　カナダ放送協会「トランペットを吹く少年」
- 特別賞
  ガーナ放送協会「若い科学者, 発電機」
  シンガポール国営放送「大地」
  チュニジア国営放送「数学第1課1から5」
- 審査委員賞　イギリス独立テレビジョン「子どもはどうして生まれるか」

第5回(昭44年)
◇ラジオ部門
- 日本賞　ブルガリア国営放送「惑星「メディア」の事件」
- 文部大臣賞　日本放送協会「海に落ちたピアノ」
- 広島市長賞　リバーサイドラジオWRVR(アメリカ)「歌劇における歌唱の演劇的機能」
◇テレビ部門　日本放送協会「新しい数学「対応」」
- 郵政大臣賞　オランダ・テレビ放送連盟「絵画教室「森の印象」」
- 阿部賞　フランス放送協会「音楽の世界リズム1」
- ユニセフ賞　イギリス放送協会「新しい生活」

第6回(昭45年)
◇ラジオ部門
- 日本賞　日本放送協会「音楽教室6年生—リズムと拍子」
- 文部大臣賞　オーストラリア放送委員会「トム・プライス鉱業地帯」
- 宮城県知事賞　ポーランド国営放送「アンドロメダ薬局」

- アルゼンチン国営放送賞　ブラジル・ランデル・デ・モウラ教育財団「交通信号—大都会でのハリーの冒険」
- 特別賞
  ケニア国営放送「無気味な静けさ」
  アルゼンチン国営放送「オセロについて」
  ダオメー国営放送「わが国の富, 土地」
- 審査委員賞
  イギリス放送協会「赤ちゃんはどこからくるの」
  西部ドイツ放送協会「ブルースのアレンジ」

◇テレビ部門
- 日本賞　スイス放送協会「アリの世界」
- 郵政大臣賞　日本放送協会「くらしの歴史大仏建立」
- 阿部賞　ルーマニア国営放送「トラヤヌスの円柱」
- ユニセフ賞　フィンランド放送協会「少女とブランコ」
- 特別賞
  イスラエル教育テレビセンター「市民的自由の表現」
  アラブ連合国営放送「ディッケンズ物語」
  インド国営放送「農業講座」
- 審査委員賞
  アメリカNET子どもテレビ実験室「セサミ・ストリート」
  シンガポール国営放送「東南アジアの国々」

第7回(昭46年)
◇ラジオ部門
- 日本賞　スウェーデン放送協会「音をさえぎるためのくふう」
- 文部大臣賞　イギリス放送協会「オルヘウス」
- 東京都知事賞　アイルランド放送協会「流浪の人々」
- 特別賞
  韓国国営放送「グッド・アイディア」
  ケニア国営放送「19世紀中ごろの内地貿易—東アフリカ史シリーズから」
  スワジランド国営放送「シスワティ語入門」
- 審査委員賞　ハンガリー国営放送「鳥の歌の不思議」

◇テレビ部門
- 日本賞　アメリカNET子どもテレビ実験室「セサミ・ストリート」
- 郵政大臣賞　フィンランド放送協会「広告の方法」

- 阿部賞　インディペンデント・テレビジョン（ロンドン・ウィークエンド・TV）「人とその作品：アドリアン・ミッチェル，W.ブレイクを語る」
- 特別賞
　シンガポール教育テレビジョン「計量のしかた」
　ユーゴスラビア国営放送「楽器店での不思議な一夜」
　インド国営放送「これからの農家」
- 審査委員賞　オンタリオ教育コミュニケーション公社「アメリカからの挑戦にこたえて」

第8回（昭47年）
◇ラジオ部門
- 日本賞　韓国国営放送「トルドリ少年のすばらしい旅行」
- 文部大臣賞　南アフリカ放送協会「科学のなぞ」
- 北海道知事賞　アイルランド放送協会「子どもにチャンスを―家庭教育と親の役割」
- 特別賞
　インド国営放送「山から海へ」
　ケニア国営放送「話のまとめ方―山岳救助隊」
　ウルグアイCX16「詩人の世界」
- 審査委員賞　ポーランド国営放送「1, 2, 3, そして」

◇テレビ部門
- 日本賞　日本放送協会「生命―卵の21日間」
- 郵政大臣賞　日本放送協会「かちかちとけい」
- 阿部賞　ベルギー放送協会「集合の概念」
- ユニセフ賞　ノルウェー放送協会「マダガスカル」
- 特別賞
　パキスタン・テレビジョン「アッカー・パッカー」
　ヨルダン国営放送「変圧器」
　メキシコ・テレシステマ「神の敵」
- 審査委員賞　アルバータ視聴覚教育放送（カナダ）「法案から法律へ」

第9回（昭48年）
◇ラジオ部門
- 日本賞　イギリス公開大学「ルネッサンスと宗教改革―イギリスの室内楽合奏曲」
- 文部大臣賞　日本放送協会「お話ででてこい―かきくけこ, かきくけこ」
- 東京都知事賞　ルーマニア国営放送「脳の働き」
- 特別賞
　ボツワナ国営放送「未来を見つめて」
　ケニア国営放送「西アフリカの歴史―ヨーロッパ人の到来」
　ニジェール国営放送「健康の時間―乳児死亡率を下げるには」
- 審査委員賞　イギリス放送協会「お話と詩―この世の始まり」

◇テレビ部門
- 日本賞　第2ドイツ・テレビジョン「応急処置―12のテスト」
- 郵政大臣賞　アメリカNET子どもテレビ実験室「エレクトリック・カンパニー」
- 阿部賞　ブレーメン放送協会「旅行案内所にて」
- ユニセフ賞　アメリカKLRNテレビジョン「カルラスコレンダス」
- 特別賞
　エルサルバドル教育テレビジョン「消化の働き」
　マレーシア国営放送「座標」
　ブラジル教育テレビセンター「ジョアン・ダ・シルバ」
- 審査委員賞　ユーゴスラビア国営放送「アスカとオオカミ」

第10回（昭50年）
◇ラジオ部門
- 日本賞　ハンガリー国営放送「はねる音楽とうねる音楽」
- 文部大臣賞　イスラエル放送協会「夜の音楽」
- 東京都知事賞　アフガニスタン国営放送「農家の皆さんへ」
- 特別賞
　スリランカ放送協会「動きと音楽」
　サンパウロ教育放送センター「その昔, コロンブスは」
- 放送文化基金賞　日本放送協会「楽しいリズム」

◇テレビ部門
- 日本賞　イギリス放送協会「ハイル・シーザー」
- 郵政大臣賞　デンマーク放送協会「遊戯室・五感」
- 阿部賞　イギリス公開大学「茶色のふくろう」

- 前田賞　カナダ・オンタリオ教育テレビ公社「シェラザードからセリマへ」
- 特別賞
　　マレーシア国営放送「三角形の性質」
　　サンパウロ教育放送センター「整数」
　　韓国放送公社「安全運転」

第11回（昭51年）
◇ラジオ部門
- 日本賞　ニカラグア・教育省数学放送プロジェクト「算数教室」
- 文部大臣賞　イギリス放送協会「どこまでも青い海」
- 東京都知事賞　公開大学（イギリス）「わたしの選んだ道」
- 放送文化基金賞　オーストラリア放送委員会「幼稚園」
- 特別賞
　　スリランカ放送協会「動作と音楽」
　　ケニア国営放送「大ものになりたかった男」
　　エジプト・アラブ共和国国営放送「文盲をなくそう」

◇テレビ部門
- 日本賞　日本放送協会「変態とホルモン」
- 郵政大臣賞　フィンランド放送協会「くちのきけない王女さま」
- 阿部賞　フランス・テレビ1「数のあそび」
- 特別賞
　　バングラデシュ国営テレビ放送「アイウエオ」
　　シンガポール教育テレビ「墨絵のこころ」
　　インド国営テレビ「農業教室」

第12回（昭54年）
◇ラジオ部門
- 日本賞　イギリス放送協会「ソンムの戦い」
- 文部大臣賞　日本放送協会「ふしあそび」
- 東京都知事賞　イギリス放送協会「演奏—このすばらしきもの」
- 特別賞
　　スリランカ放送協会「かあさんはなして」
　　ナイジェリア連邦ラジオ協会「首長の選出」
　　インド国営ラジオ「小さなつぼみ」

◇テレビ部門
- 日本賞　ユーゴスラビア国営放送「水ってなあに？」
- 郵政大臣賞　日本放送協会「式のはたらき」
- 阿部賞　テレビラジオ放送国家委員会（ソビエト）「謎をさぐる」
- 前田賞　アルバータ教育放送協会（カナダ）「心に残るドラムの響き」
- 放送文化基金賞　オーストラリア放送委員会「ジェイ少年の一日」
- ユニセフ賞　スイス放送協会「一本の樹—子どもの未来のために」
- 特別賞
　　バングラデシュ国営テレビ放送「むかしばなし」
　　ケニア国営放送「ゆかいな算数」

第13回（昭56年）
◇ラジオ部門
- 日本賞　インド教育工学センター「水の循環」
- 文部大臣賞　カナダ・アルバータ教育放送協会「ガラガラへび」
- 東京都知事賞　アイルランド放送協会「ふしぎな木」
- 前田賞　ポーランド国営放送「サボテンの庭」
- 特別賞
　　パプアニューギニア国営放送委員会「たのしいラジオ」
　　ガンビア国営放送「フレディが帰ってきた」

◇テレビ部門
- 日本賞　日本放送協会「人間は何をつくってきたか—宇宙船への招待」
- 郵政大臣賞　オーストラリア放送委員会「コマーシャルができるまで」
- 阿部賞　テレビ静岡「14歳の小径」
- 放送文化基金賞　スイス放送協会「アルファベットをおぼえよう」
- ユニセフ賞　モロッコラジオ・テレビ教育放送「障害児とともに」
- 特別賞
　　ブラジル教育テレビセンター「町のくらし」
　　マレーシア国営教育メディアサービス「ピタゴラスの定理」
　　ニカラグア教育省教育テレビセンター「読み書きをどう教えるか」

第14回（昭58年）
◇ラジオ部門
- 日本賞　自由ベルリン放送協会（西独）「抵抗の中で—ソビエトの女性たち」
- 文部大臣賞　日本放送協会「ラジオ音楽教室4年生」
- 東京都知事賞　スウェーデン教育放送「ウィリアム・ホガースとその時代」

- 前田賞　フィンランド放送協会「まだ, どこかに愛がある」
- 特別賞
  フィジー教育・青少年省「みんなのお話・18回 スープになる石」
  キプロス放送協会「羊飼い」
  コスタリカ公開大学「音楽と拍子」
◇テレビ部門
- 日本賞　日本放送協会「数の世界―円周の長さ」
- 郵政大臣賞　テレビ・オンタリオ(カナダ)「角度を測る」
- 阿部賞　テレビ静岡「生きる」
- 放送文化基金賞　イスラエル教育テレビセンター「はこ, はこ, はこ」
- ユニセフ賞　パナマ国立教育テレビ(CANAL11)「貧血病はもうごめん」
- 特別賞
  中国中央電視台「発音の勉強」
  パラグアイ教育省放送「パラグアイのレース編み」
  チュニジア国営放送「オリーブの木」

第15回(昭60年)
◇ラジオ部門
- 日本賞　ベルギー・フランス語放送協会「ベルギー鉄道150年史」
- 文部大臣賞　ラジオ・ニュージーランド「知らないおじさんに気をつけて」
- 東京都知事賞　ラジオ・スタテンサ(コロンビア)「生活改善を目指して」
- 前田賞　スリランカ放送協会「あなたの国は, わたしの国」
- 特別賞
  韓国放送公社「メロディーの今とむかし」
  バングラデシュ国営ラジオ放送「古都ソナルガオンの栄華」
  パプアニューギニア国営放送委員会「ラジオ・ドクター」
◇テレビ部門
- 日本賞　イギリス公開大学「飛ぶ鳥のメカニズム」
- 郵政大臣賞　スウェーデン教育放送「アニメ映画をつくる」
- 阿部賞　WHROハンプトンロード教育テレビ(アメリカ)「危険な廃棄物」
- 放送文化基金賞　アンシェタ財団(ブラジル)「カタベント」
- 特別賞
  パナマ国立教育テレビ(CANAL11)「森は友だち」
  スリランカ・テレビ放送協会「潮だまりのいのち」

第16回(昭62年)
◇ラジオ部門
- 日本賞　AVRO(オランダ放送連盟構成団体)「音楽のたのしさ」
- 文部大臣賞　ユーゴスラビア国営放送(ベオグラード局)「歴史に残る声」
- 特別賞
  スワジランド国営放送「赤ちゃんの予防注射」
  バングラデシュ国営放送「緑の恵み」
◇テレビ部門
- 日本賞　カリフォルニア工科大学南カリフォルニア・コンソーシアム(アメリカ)「ローレンツ変換の話」
- 郵政大臣賞　日本放送協会　にんぎょうげき「くもの糸」
- 東京都知事賞　シンガポール教育省カリキュラム開発研究所「高齢化へ向かうシンガポール」
- 外務大臣賞　日本放送協会 日本動物記「カッコウ」
- 前田賞　オーストラリア放送協会「第二のふるさと」
- 放送文化基金賞　カタール教育省テレビ局「アラビア文字のM」
- ユニセフ賞　シンガポール教育省カリキュラム開発研究所「メリークリスマス, エマニュエル」
- 特別賞
  インド教育工学中央研究所「空気と私たち」
  スリランカ・テレビ放送協会「シンハラ文字の進化」
  インドネシア国営テレビ放送「水は命の根源」

第17回(平1年)
◇ラジオ教育番組部門
- 文部大臣賞　韓国放送公社(韓国)「水のなげき」
- 特別賞　スリランカ放送協会「音楽の源流を求めて」
- NHK賞　アイルランド放送協会「途上国の負債地獄」
◇テレビ教育的一般番組部門
- 日本賞　日本放送協会(日本)「驚異の小宇宙―人体(免疫)」
- 阿部賞　コンドル・フィーチャーズ(スイス)「最初の秒針―ビュルギとケプラー」
- 前田賞　イカルス タマウズ・メディア(アメリカ)「非暴力の民衆運動」

- 日本電子機械工業会賞　日本放送協会(日本)「驚異の小宇宙―人体―(免疫)」

◇テレビ初等教育部門
- 郵政大臣賞　フィンランド放送協会(フィンランド)「赤ちゃんはどこから来るの」
- 特別賞　マレーシア教育省(マレーシア)「健康と環境」
- ユニセフ賞　バンクストリート教育カレッジ(アメリカ)「ミミ号2度目の航海」
- 放送文化基金賞　チェコスロバキア国営テレビ放送(チェコスロバキア)「ドボルザークの旅」

◇テレビ中等教育部門
- 東京都知事賞　第2ドイツ・テレビジョン協会(ドイツ)「土は生きている」
- 特別賞　インド教育工学中央研究所(インド)「科学とは何か」

◇テレビ成人教育部門
- 外務大臣賞　WGBH教育基金財団(アメリカ)セントラル・テレビ(イギリス)「核の時代―キューバ危機」
- 特別賞　スリランカ・テレビ放送協会「希望の川」

第18回(平3年)
◇教育的一般番組部門
- 東京都知事賞　日本放送協会(日本)「東洋医学―未病を治す」
- 審査委員特別賞　フィルム・オーストラリア(オーストラリア)「アルツハイマー病」
- 阿部賞　ベルギー・オランダ語放送協会(ベルギー)「ブリューゲル―真実を求めて」
- ユニセフ賞　スウェーデン教育放送(スウェーデン)「エチオピアの少女 ツクマ」

◇初等教育部門
- 日本賞・文部大臣賞　チルドレンズ・テレビジョン・ワークショップ(アメリカ)「3-2-1コンタクト 環境スペシャル―ゴミの真実」
- 前田賞　スイス・ドイツ語・レト・ロマン語地域放送協会(スイス)「ピンクーのおうち作り」
- 放送文化基金賞　韓国放送公社(大韓民国)「テレビ幼稚園 1, 2, 3―ぬりっこあそび」

◇中等教育部門
- 外務大臣賞　第2ドイツ・テレビジョン協会(ドイツ)「台所は宇宙―オーブンの中のあらし」

- 審査委員特別賞　ヴェロニカ放送協会(オランダ)「仕事を探してかけ回る」

◇成人教育部門
- 郵政大臣賞　チャンネル4テレビ会社(イギリス)「機械の秘密―ビデオレコーダー」

第19回(平4年)
◇教育的一般番組部門
- 東京都知事賞　日本テレビ放送網(日本)「ベトナムに生まれて―ベト君・ドク君物語」
- ユニセフ賞　ケニア教育研究所(ケニア)「手を洗いましょう―就学前児童の健康」
- 阿部賞　日本放送協会(日本)「ナノ・スペース 超ミクロ宇宙への旅―分子の機械が動き出す」

◇初等教育部門
- 文部大臣賞　オーストリア放送協会(オーストリア)「ユーレカ!―見つけた 電池の秘密」
- 放送文化基金賞　シンガポール教育省カリキュラム開発研究所(シンガポール)「みのまわりのふしぎ―動物のこどもたち」
- 前田賞　フライデー・ストリート・プロダクション(カナダ)「とびこもう 夢のなか」
- 審査委員特別賞　チルドレンズ・テレビジョン・ワークショップ(アメリカ)「3-2-1コンタクト―思春期の性」

◇中等教育部門
- 日本賞・郵政大臣賞　日本放送協会(日本)「ステップ&ジャンプ 運動と速さ―慣性」
- 国際交流基金理事長賞　イスラエル教育テレビジョン(イスラエル)「ラズとユリ―イスラエル移民事情」
- 奨励賞　教育・文化・コミュニケーションセンター(インドネシア)「球の数学」

◇成人教育部門
- 外務大臣賞　オーストラリア放送協会(オーストラリア)「オーストラリアを学ぶ われらは生きぬいた―アボリジニ秘史」
- 奨励賞　チリ・カトリック大学教育テレビ局(チリ)「住まいの百科―水・電気・暖房」

第20回(平5年)
◇就学前教育部門
- 文部大臣賞　イギリス放送協会(イギリス)「文字あそび―靴屋さんと小さな妖精」
- 放送文化基金賞　オーストラリア放送協会(オーストラリア)「プレイスクール―恐竜の巻」

- 奨励賞　中国教育テレビ局（中国）「万華鏡―水のふしぎ」
◇初等教育部門
- 日本賞・外務大臣賞　ラーニング・デザイン，WNET（アメリカ）「芸術の生まれるとき―ロバート・ギル・デ・モンテズ」
- 日本放送教育協会賞　日本放送協会（日本）「鳥のように虫のように―歩いてつくった日本地図」
- 国際交流基金理事長賞　自由ベルリン放送協会（ドイツ）「ヘイ ビスキッズ―人種差別を考えよう」
- 審査委員特別賞　オランダ学校教育テレビ局（オランダ）「レンブラントのすべて・パート1」
◇中等教育部門
- 郵政大臣賞　第2ドイツ・テレビジョン協会（ドイツ）「人体を探る―視覚のメカニズム」
- 前田賞　イギリス放送協会（イギリス）「身近な科学―君たちとアルコール」
◇成人教育部門
- 東京都知事賞　ステート・オブ・アート社（アメリカ）「ピーターに教えること」
- 阿部賞　オレゴン公共テレビジョン（アメリカ），静岡放送（日本）「貿易姿勢」
- ユニセフ賞　ユニセフ・カトマンズ（ネパール）「ネパールの子ども花嫁」
- 奨励賞　パードレ・アンシェータ財団（ブラジル）「あぶない！」

第21回（平6年）
◇就学前教育部門
- 郵政大臣賞　オランダ学校教育テレビ局（オランダ）「科学アニメ：フォーウェイ農場―水にうつってるの，なあに」
- 放送文化基金賞　チェコ・テレビジョン（チェコ）「花の王国―ポピーからの招待」
- 奨励賞　ABS-CBN放送ネットワーク（フィリピン）「あそんでまなぼ」
◇初等教育部門
- 文部大臣賞　イギリス放送協会（イギリス）「ことばの特急列車―句読点がなかったら」
- 日本放送教育協会賞　第2ドイツ・テレビジョン放送協会（ドイツ）「自然の神秘―毒を持った生き物」
- 奨励賞　タイ国営放送（タイ）「シリーズ 子どもたち―山岳民族アカールの手作りおもちゃ」
- 審査委員特別賞　ホンコン政庁放送（ホンコン）「社会を学ぶ―老人と家族」
◇中等教育部門

- 外務大臣賞　アドベ財団（カナダ）「世界の16歳―タイの少女 プッティンナム」
- ユニセフ賞　デンマーク放送協会（デンマーク）「終わりのない日々―ネパールの少女労働」
- 前田賞　カナダ国立映像委員会（カナダ）「黒人差別への取り組み―カナダ ノバスコシア州」
◇成人教育部門
- 日本賞・東京都知事賞　日本放送協会（日本）「こどもの療育相談 シリーズ療育の記録―姉と兄に見守られて」
- 国際交流基金理事長賞　WSMV-TV（アメリカ）「「アンネの日記」に学ぶ―テネシー州ナッシュビルの試み」
- 阿部賞　ヘッセン放送協会（ドイツ）「2030年，ドイツ破滅する―大災害のシナリオ」

第22回（平7年）
◇就学前教育部門
- 外務大臣賞　「セサミストリート～ギャビーのじてんしゃ」（アメリカ）
- 放送文化基金賞　「リフト・オフ～パパはしょうぼうし」（オーストラリア）
◇初等教育部門
- 文部大臣賞　日本放送協会（日本）「わくわくサイエンス～動物のたんじょう」
- 日本放送教育協会賞　「ことばのみりょく～お話を書くひとたち」（オーストラリア）
◇中等教育部門
- 郵政大臣賞　「生きているからだ～骨と関節」（イギリス）
- 国際交流基金理事長賞　「基礎中国語～シンガポール発展を支えた女たち」（シンガポール）
- 前田賞　日本放送協会（日本）「中学生日記～にわかボランティア」
◇成人教育部門
- 日本賞・東京都知事賞　「もうひとつの学校」（フランス）
- ユニセフ賞　「イスラム統合教育」（ケニア）
- 阿部賞　「破滅の雨～長崎・原爆投下」（アメリカ）

第23回（平8年）
◇就学前教育部門
- 東京都知事賞　「シリーズよくみてごらん～せいじんとみずはこび」（イギリス）
- 放送文化基金賞　「なんでもＱ～あにまるＱ」（日本）

- 審査委員特別賞 「セサミストリート」（アメリカ）
◇初等教育部門
- 日本賞・文部大臣賞 「健全な心～いじめをやめよう」（イギリス）
- 日本放送教育協会賞 「たったひとつの地球～ごみを食べた動物」（日本）
◇中等教育部門
- 外務大臣賞 「週刊子どもリポート」（南アフリカ）
- ユニセフ賞 「サラエボのアルバム」（ボスニア・ヘルツェゴビナ）
- 前田賞 「想像しよう！ローマ帝国」（ドイツ）
◇成人教育部門
- 郵政大臣賞 「北海道スペシャル～ふたりだけの教室・平馬先生とめぐみちゃん」（日本）
- 国際交流基金理事長賞 「占領下の日本―ある民主主義の実験」（アメリカ）
- 阿部賞 「健康と病気～外見にとらわれない心を」（イギリス）

第24回（平9年）
◇就学前教育部門
- 日本賞・文部大臣賞 「シリーズ・テレタビーズ～あめあめふれふれ」（イギリス）
- 放送文化基金賞 「プレイスクール～こうつうあんぜん」（オーストラリア）
◇初等教育部門
- 外務大臣賞 「子どもの人権～学校に行けない」（ドイツ）
- 日本放送教育協会賞 「紫外線にご注意」（ニュージーランド）
◇中等教育部門
- 郵政大臣賞 「レペタ・みんな勉強しようぜっ！」（ハンガリー）
- 国際交流基金理事長賞 「ブロンウェンとヤッファ―差別と闘う少女たち」（カナダ）
- ユニセフ賞 「働く子どもたち～サトウキビ畑の少年」（フィリピン）
- 前田賞 「少女の夢」（デンマーク）
◇成人教育部門
- 東京都知事賞 「ことばを覚えたチンパンジー～アイちゃん19年の記録」（日本）
- 阿部賞 「ブルキナソ～演じる女たち」（ノルウェー）

第25回（平10年）
◇就学前教育部門
- 郵政大臣賞 「パティボ 小さいけれど力もち」（フィリピン）

- 国際交流基金理事長賞 「共に生きること～みんな仲良し」（イスラエル）
◇初等教育部門
- 文部大臣賞 「シリーズ生物～都会の生きもの その生息地」（イギリス）
- 放送文化基金賞 「サンパウロ芸術祭へようこそ」（ブラジル）
- 前田賞 「さあみんな，コンピュータで絵をかこう」（ハンガリー）
◇中等教育部門
- 日本賞・東京都知事賞 「文学入門～満月の恐怖ホラーって何だろう」（フィンランド）
◇成人教育部門
- 外務大臣賞 「アジアの鼓動～わが娘ナリーニ ふたつの文化のはざまで」（ニュージーランド）
- ユニセフ賞 「かけがえのない地球～喪失 学校も家もそして希望も…」（韓国）
- 日本放送教育協会賞 「21世紀へ メディアと教育」（アメリカ）

第26回（平11年）
◇子ども部門
- 外務大臣賞 「マティマティカ～さんにんでさんかく」（日本）
- 国際交流基金理事長賞 「より道わき道～なんでもテレビ」（南アフリカ）
- 前田賞 「月の満ち欠け」（インド）
◇青少年部門
- 日本賞・文部大臣賞 「最後の晩餐ニューヨークを行く～僕たちが挑むレオナルドの謎」（日本）
- ユニセフ賞 「本気出せよ」（南アフリカ）
- 日本放送教育協会賞 「イングリッシュ・ファイル 私の詩私のふるさと～異文化圏の詩人たち」（イギリス）
◇一般教養部門
- 郵政大臣賞 「シリーズ惑星〔1〕異なる世界」（イギリス）
- 東京都知事賞 「シリーズオフリミット～負けるもんか！」（イギリス）
- 審査委員特別推奨協会賞 「ふつうのままで」（日本）
◇教育ジャーナル部門
- 放送文化基金賞 「ドラマシリーズ：YIZO YIZO「荒れた学園」」（南アフリカ）

- 審査委員特別推奨協会賞　「マゴサの木の精霊」(スリランカ)

第27回(平12年)
◇子ども部門
- 外務大臣賞　「王様のシャツにアイロンをかけたのは私のおばあちゃん」(カナダ)
- 放送文化基金賞　「バーチャルで時をあるく」(イギリス)

◇青少年部門
- 文部大臣賞　「シリーズ STOP民主主義ってなに?」(スウェーデン)

◇一般教養部門
- 日本賞・郵政大臣賞　「レンズのむこうの真実」(カナダ)
- 前田賞　「みんなの健康」(ネパール)

◇教育ジャーナル部門
- 東京都知事賞　「未来への教室 ワリス・ディリー タブーに挑むスーパーモデル」(日本)
- 国際交流基金理事長賞　「ホロコーストの悪夢」(チェコ)
- ユニセフ賞　「"With…"若き女性美術作家の生涯」(日本)

第28回(平13年)
◇子ども部門
- 外務大臣賞　「ふしぎいっぱい～アリのくらし」(日本)
- 放送文化基金賞　「もっと知りたい～シャボン玉と表面張力」(中国)
- 審査委員特別推奨　「家出する子どもたち」(ドイツ)

◇青少年部門
- 文部科学大臣賞　「あなたの選択～ピアスはだめ?」(中国)
- 前田賞　「幾何学デザインの神秘～カオスの中の秩序」(ブラジル)

◇一般教養部門
- 日本賞・総務大臣賞　「音のない世界で」(アメリカ)
- 国際交流基金理事長賞　「太平洋戦争の悪夢」(イギリス)

◇教育ジャーナル部門
- 東京都知事賞　「ドラマシリーズ:YIZO YIZO 2～よみがえれ 学校」(南アフリカ)
- ユニセフ賞　「思い出したくない日々」(ネパール)

◇マルチメディア・コンペティション
- ウェブ賞　「自由の炎」(アメリカ)
- パッケージ賞　「ウィザドラ」(ドイツ)

- 審査委員特別推奨　「えいごリアン」(日本)

第29回(平14年)
◇番組部門
- 日本賞　カルーナフィルム社(イスラエル)「時について考える」
- 外務大臣賞(子ども番組の部)　韓国教育放送(EBS)(韓国)「とっておきの物語 飛行機」
- 文部科学大臣賞(青少年番組の部)　日本放送協会(NHK)(日本)「世紀を刻んだ歌 イマジン2001-2002」
- 総務大臣賞(一般教養番組の部)　ルミエール・プロダクションズ(カナダ)「ボンビーズ～クラスター爆弾の悲劇」
- 東京都知事賞(教育ジャーナルの部)　カルーナフィルム社(イスラエル)「時について考える」
- 国際交流基金理事長賞　チャンネル4テレビ会社(C4)(イギリス)「世界をむすぶジャマイカ～ポート・アントニオの人々」
- ユニセフ賞　CNNインターナショナル&インサイトニューステレビジョン(アメリカ&イギリス)「CNNパースペクティブズフリータウンへの帰還」
- 放送文化基金賞　トマシアンケーブルテレビ(TOMCAT)(フィリピン)「エデュカシオン 貧困と教育 第11回」
- 前田賞　スウェーデン教育放送(UR)(スウェーデン)「身のまわりの自然～骨格」

◇ウェブ部門
- 最優秀ウェブ賞　テレビ・オンタリオ(TVO)(カナダ)「TVOキッズ・ドットコム」
- 優秀ウェブ賞　WGBH教育財団(アメリカ)「ズーム」

第30回(平15年)
◇番組部門
- グランプリ日本賞　日本放送協会(NHK)(日本)「こども・輝けいのち 第3集「涙と笑いのハッピークラス～4年1組 命の授業～」」
- 総務大臣賞(子ども番組の部)　日本放送協会(NHK)(日本)「ピタゴラスイッチ 第25回 みかたをかえてみる」
- 外務大臣賞(青少年番組の部)　カナダ放送協会(CBC)(カナダ)「生き方ナビ 第9回」
- 文部科学大臣賞(一般教養番組の部)　日本放送協会(NHK)(日本)「マリナ～アフガニスタン・少女の悲しみを撮る～」

- 東京都知事賞(教育ジャーナルの部) 日本放送協会(NHK)(日本)「こども・輝けいのち 第3集「涙と笑いのハッピークラス〜4年1組 命の授業〜」」
- 国際交流基金理事長賞 オランダ教育放送(オランダ)「奴隷制度 第1回 売買の始まり」
- ユニセフ賞 アジア民族文化協議会(ACPC)(フィリピン)「高地の民族教育学校」
- 前田賞 香港特別行政区放送(RTHK)(中国)「楽しく学ぼう! 第26回 歯を大切に」

◇ウェブ部門
- 最優秀ウェブ賞 日本放送協会(NHK)(日本)「南極」

◇番組企画部門
- 放送文化基金賞 ブータン国営放送(BBS)(ブータン)「氷河を越えて」

第31回(平16年)
◇番組部門
- グランプリ日本賞 インサイトニューステレビジョン(アメリカ), CNN(イギリス)「体験リポート 飢餓との闘い」
- 総務大臣賞(子ども番組の部) ノルウェー放送協会(NRK)(ノルウェー)「こどもスーパーショー むかしはよかった?」
- 外務大臣賞(青少年番組の部) カナダ放送協会(CBC)(カナダ)「ナーブ 第4回 君が本気でしたいこと」
- 文部科学大臣賞(一般教養番組の部) インサイトニューステレビジョン(アメリカ), CNN(イギリス)「体験リポート 飢餓との闘い」
- 東京都知事賞(教育ジャーナルの部) NHKエンタープライズ21(日本)「課外授業 ようこそ先輩 おしゃべりマジックで強くなろう」
- 国際交流基金理事長賞 ラグドール(イギリス)「ドアを開けると 第4シリーズ 南アフリカ」
- ユニセフ賞 プラン・ケニア(ケニア)「子どもに声を誰のせい?」
- 前田賞 イギリス公開大学ワールドワイド(イギリス)「偉大な哲学者 アリストテレス」

◇ウェブ部門
- 最優秀ウェブ賞 Thirteen WNET(アメリカ)「サイバーチェイス・オンライン」

◇番組企画部門
- 放送文化基金賞 言論表現の自由委員会(ウズベキスタン)「炎の抵抗」

第32回(平17年)
◇番組部門
- グランプリ日本賞 日本放送協会(NHK)(日本)「NHKスペシャル"大地の子"を育てて 中日友好楼の日々」
- 総務大臣賞(子ども番組の部) モンゴル国営放送(MRTV)(モンゴル)「ともだち」
- 外務大臣賞(青少年番組の部) 南西ドイツ放送協会(ドイツ)「驚異の映像図鑑〜目〜」
- 文部科学大臣賞(一般教養番組の部) 日本放送協会(NHK)(日本)「NHKスペシャル"大地の子"を育てて 中日友好楼の日々」
- 東京都知事賞(教育ジャーナルの部) セサミ・ワークショップ(アメリカ), 南アフリカ放送協会, クワスカスケーラ(南アフリカ)「私に話して」
- 国際交流基金理事長賞 WGBH教育財団(アメリカ)「アメリカの来た道 マシー夫人事件」
- ユニセフ賞 レオアーツ・コミュニケーション(インド)「遊牧民の子どもたち」
- 前田賞 カタルニア・テレビ(スペイン)「ミラーイメージ 第6回 親」

◇ウェブ部門
- 最優秀ウェブ賞 スウェーデン教育放送(UR)(スウェーデン)「フィルム・ガレージ」

◇番組企画部門
- 放送文化基金賞 エデュケーション・フォー・オール(アフガニスタン)「すべては読み書きから」
- 日本ユネスコ協会連盟賞(特別賞) バングラデシュ公開大学(バングラデシュ)「学ぼう、自分のために、未来のために」

第33回(平18年)
◇番組部門
- グランプリ日本賞 アパートメント11プロダクション(カナダ)「ブレインダメーぢ★#□II…」
- 総理大臣賞(子ども番組の部) ホケッチ・ビント教育放送協会(ブラジル)「ヤンチャぼうや・ぼくがなべをかぶったわけ」
- 文部科学大臣賞(青少年番組の部) オムニ・フィルム・プロダクション(カナダ), カナダ放送協会「声を上げて世界を変えよう」
- 外務大臣賞(一般教養番組の部) アパートメント11プロダクション(カナダ)「ブレインダメーぢ★#□II…」

- 東京都知事賞(教育ジャーナルの部) レオアーツ・コミュニケーション(インド)「されけ出して,あの日あの時」
- 国際交流基金理事長賞(特別賞) デンマーク放送協会(DR)(デンマーク)「残された日々」
- ユニセフ賞 スポール・メディア(デンマーク), キリスト教放送(オランダ)「和解に向かって」
- 前田賞 コロンビア国立大学テレビ(コロンビア)「俺たちに仕事と夢を!」

◇ウェブ部門
- 最優秀ウェブ賞 KCETロサンゼルス(アメリカ)「子どもの居場所」

◇企画部門
- 放送文化基金賞 ハラカラ・メディア(インド)「ひとりで教えるスーパー授業」
- 日本ユネスコ協会連盟賞(特別賞) ナミビア放送協会(NBC)(ナミビア)「名前を書きたい」

第34回(平19年)
◇番組部門
- グランプリ日本賞 カナダ放送協会(カナダ)「特別授業 差別を知る〜カナダ ある小学校の試み」
- 総務大臣賞(子ども番組の部) アパートメント11プロダクション(カナダ)「ミステリーハンターストーンヘンジ」
- 文部科学大臣賞(青少年番組の部) MSKプロダクション(カナダ)「少年の内面」
- 外務大臣賞(一般教養番組の部) 第2ドイツ・テレビ協会(ドイツ)「ベルダンの戦い〜地獄への降下」
- 東京都知事賞(教育ジャーナルの部) カナダ放送協会(カナダ)「特別授業 差別を知る〜カナダ ある小学校の試み」
- 国際交流基金理事長賞(特別賞) リオデジャネイロ市マルチメディア公社(ブラジル)「ほんとに見たんだもん 第4話 マチンタ・ペレラ」
- ユニセフ賞(特別賞) ティーチャーズ・テレビ(イギリス)「インスピレーション:西アフリカ物語」
- 前田賞(特別賞) 第2ドイツ・テレビ協会(ドイツ)「学校SOS 第1回 教室からの悲鳴」

◇ウェブ部門
- 最優秀ウェブ賞 ティーチャーズ・テレビ(イギリス)「ティーチャーズ・テレビ」

◇企画部門
- 放送文化基金賞 KCDプロダクション(ブータン)「ヤング・デモクラシー」
- 日本ユネスコ協会連盟賞(特別賞) バングラデシュ公開大学(バングラデシュ)「ボートは僕らの学校だ:明日への希望」

第35回(平20年)
◇番組部門
- グランプリ日本賞 日本放送協会(NHK)(日本)「課外授業 ようこそ先輩 みんな生きていればいい」

◇コンテンツ部門
- 総務大臣賞(幼児向けカテゴリー) ウィズ・キッズ・ワークショップ(WKW)(エチオピア)「ツェハイ 愛をまなぶ」
- 文部科学大臣賞(児童向けカテゴリー) リル・ガールズ・メディア(RGM)(カナダ)「アナッシュ・インタラクティブ」
- 外務大臣賞(青少年向けカテゴリー) 日本放送協会(NHK)(日本)「課外授業 ようこそ先輩 みんな生きていればいい」
- 東京都知事賞(生涯教育カテゴリー) 日本放送協会(NHK)(日本)「NHKスペシャル 100年の難問はなぜ解けたのか 天才数学者失踪の謎」
- NHK会長賞(福祉教育カテゴリー) ティーチャーズ・テレビ(イギリス)「ヨルダン川西岸 2つの学校」
- 国際交流基金理事長賞(特別賞) 韓国放送公社(KBS)(韓国)「茶馬古道 祈りの道」
- ユニセフ賞(特別賞) カナダ国立映像制作庁(NFB)(カナダ)「有害情報と子どもたち」

◇シリーズ番組部門
- 最優秀賞・前田賞 ネットワーク・テン(TVQ-10)(オーストラリア)「スコープ」

◇企画部門
- 最優秀賞・放送文化基金賞 シネリ(スリランカ)「そこに道はある」
- 日本ユネスコ協会連盟賞(特別賞) ネパール・テレビジョン(ネパール)「ほら見て,わたしの手」

199 日本保育学会保育学文献賞（日私幼賞）

　昭和39年，日本私立幼稚園連合会より保育に関する研究奨励を目的とした日本保育学会への寄附を基金として，優秀な文献の執務者を表彰するため「日私幼賞」として創設された。平成4年に「日本保育学会保育学文献賞」と名称が変更された。

【主催者】日本保育学会
【選考方法】同賞推薦委員の推薦にもとづき選考
【選考基準】〔対象〕原則として前年度（前年の1月1日～12月31日まで）に発行された単行本。特に推薦に値するものが有る場合には，3年前までさかのぼることができる。文献の内容の範囲は広く保育に関するものとする
【締切・発表】表彰は5月または6月の同学会大会第2日目の席上
【賞・賞金】1～3件。賞状と賞金3万円
【URL】http：//wwwsoc.nii.ac.jp/jsrec/index.html

第1回（昭39年）　山内　昭（亀戸幼稚園長），阿部　明子（元神田寺幼稚園教諭）《園外保育》
第2回（昭40年）　諏訪教育会幼年教育研究委員会「幼年期の数量概念の発達とその指導」（保育　第20巻第1号～6号）
第3回（昭41年）　海　卓子（白金幼稚園）「幼児の生活と教育」
第4回（昭42年）　基督教保育連盟「日本キリスト教保育八十年史」
第5回（昭43年）　日本私立幼稚園連合会「幼稚園施設大鑑」
第6回（昭44年）
　　　　川口　勇（大阪大教授），宮谷　憲（大阪教育大助教授），青木　冴子（姫路工業大助教授）「就学前教育」
　　　　清水　えみ子（大田区立蒲田幼稚園教諭）「愛と規律の保育」
第7回（昭45年）　津村　節津子「愛珠　一・二・三」
第8回（昭46年）　柏木　恵子（東京女子大学助教授）「子どもの見ること，考えること」
第9回（昭47年）　該当者なし
第10回（昭48年）　中沢　和子（上越教育大学助教授）「幼児の科学教育」
第11回（昭49年）　高野　勝夫（頌栄短期大学教授）「エ・エルハウ女史と頌栄の歩み」
第12回（昭50年）　水間　恵美子（広島女学院大学教授），戸波　和子（広島女学院大学附属ゲーンス幼稚園長）「幼児期と体育」
第13回（昭51年）　該当者なし
第14回（昭52年）　該当者なし
第15回（昭53年）　石垣　恵美子（聖和大学助教授）「キブツの保育」
第16回（昭54年）　川崎　千束「さわらび」
第17回（昭55年）　該当者なし
第18回（昭56年）　上　笙一郎（児童史研究者），山崎　朋子（女性史研究者）「光ほのかなれども」
第19回（昭57年）　竹内　通夫（金城学院大学助教授）「現代幼児教育論史」
第20回（昭58年）
　　　　三宅　廉（パルモア病院長）「いのちを育くむ」
　　　　浦辺　史（日本福祉大名誉教授），浦辺　竹代（日ソ協会婦人委員）「道づれ」
　　　　本田　和子（お茶の水女子大学助教授）「異文化としての子ども」
第21回（昭59年）　該当者なし
第22回（昭60年）　該当者なし
第23回（昭61年）　該当者なし
第24回（昭62年）
　　　　学が丘保育園「創作童話を生かした夢のある保育」
　　　　今井　和子（川崎市立宮崎保育園保母）「ことばの中の子どもたち」
第25回（昭63年）　山田　洋子（愛知淑徳短期大学助教授）「ことばの前のことば―ことばが生まれるみちすじ」
第26回（平1年）　天羽　幸子（ツインマザースクラブ会長）「ふたごの世界―双生児の25年間の追跡研究」
第27回（平2年）
　　　　寺内　定夫（子どもの文化研究所）「感性があぶない―風を見る子どもたち」
　　　　森　洋子（明治大学教授）「ブリューゲルの子供の遊戯―遊びの図像学」
　　　　安部　富士男（安部幼稚園理事長・園長）「感性を育む飼育活動―自然の中で保育を豊かに」

第28回(平3年)
　石橋 秀和(慶応義塾大学助教授)「スウェーデンから来たトッテー絵本の中の比較教育学」
　太田 令子〔ほか著〕(千葉リハビリテーションセンター),心理科学研究会「僕たちだって遊びたい―障害児気になる子の遊びを見つめ直す」
第29回(平4年)
　杉本 喜代栄(長野県短期大学助教授),中田 照子(名古屋市立女子短期大学教授),森田 明美(清和女子短期大学助教授)「日米の働く母親たち―子育て最前線レポート」
　金田 利子(静岡大学教授),柴田 幸一(静岡大学助教授),諏訪 きぬ(鶴川女子短期大学助教授)「母子関係と集団保育―心理的拠点形成のために」
第30回(平5年)　鈴木 由美子(名古屋自由学院短期大学講師)「ペスタロッチー教育学の研究―幼児教育思想の成立」
第31回(平6年)　友定 啓子(山口大学助教授)「幼児の笑いと発達」
第32回(平7年)
　徳田 茂(心身障害児通園施設・ひまわり教室代表)「知行とともに」
　丸山 尚子(徳島大学教授)「手が育つ・子どもが育つ・手が育つ」
第33回(平8年)
　太田 素子(郡山女子大学)「江戸の親子―父親が子どもを育てた時代」(中央公論社)
　新沢 誠治(神愛保育園)「私の園は子育てセンター」(小学館)
第34回(平9年)
　入江 礼子,岩崎 禎子,榎田 二三子,高橋 麗子,原 恭子,津守 房江(愛育養護学校)(幼児期を考える会))「親たちは語る」(ミネルヴァ書房)
　落合 正行(追手門学院大学)「子どもの人間観」(岩波書店)
　谷 昌恒(北海道家庭学校校長)「教育力の原点」(岩波書店)
第35回(平10年)　森下 みさ子(聖学院大学)「おもちゃ革命」(岩波書店)

第36回(平11年)　鯨岡 峻(京都大学大学院教授)「両義性の発達心理学」(ミネルヴァ書房)
第37回(平12年)
　小出 まみ「地域から生まれる支え合いの子育て」(ひとなる書房)
　岩崎 次男(文京女子大学)「フレーベル教育学の研究」(玉川大学出版部)
第38回(平13年)　該当者なし
第39回(平14年)
　岩田 純一(京都教育大学教授)「〈わたし〉の発達 乳幼児が語る〈わたし〉の世界」(ミネルヴァ書房)
　高浜 裕子(会津大学短期大学部教授)「保育者としての成長プロセス―幼児との関係を視点とした長期的・短期的発達」(風間書房)
第40回(平15年)
　村山 祐一(鳥取大学教授)「もっと考えて!! 子どもの保育条件」(新読書社)
　湯川 嘉津美(上智大学教授)「日本幼稚園成立史の研究」(風間書房)
　森山 茂樹(東京家政大学教授),中江 和恵(東京家政大学講師)「日本子ども史」(平凡社)
第41回(平16年)　松本 園子「昭和戦中期の保育問題研究会―保育者と研究者の共同の軌跡1936-1943」(新読書社)
第42回(平17年)
　堀 智晴「保育実践研究の方法 障害のある子どもの保育に学ぶ」(川島書店)
　保育計画研究会「保育計画のつくり方・いかし方」(ひとなる書)
第43回(平18年)
　国吉 栄「日本幼稚園史序説「関信三と近代日本の黎明」」(新読書社)
　鯨岡 峻,安来市公立保育所保育士会「障碍児保育・30年―子どもたちと歩んだ安来市公立保育所の軌跡―」(ミネルヴァ書房)
第44回(平19年)　永井 理恵子「近代日本幼稚園建築史研究 教育実践を支えた園舎と地域」(学文社)
第45回(平20年)　大場 幸夫「こどもの傍らに在ることの意味 保育臨床論考」(萌文書林)

200 野間読書推進賞

昭和44年,読書推進協議会の社団法人設立を機に,出版界と読書界との協調を通じ広く国民各層に読書の普及を促進し,社会教育の振興に寄与することを目的として,講談社社長・故野

間省一氏より寄付を受けて創設された。
【主催者】（社）読書推進運動協議会
【選考委員】栗原均, 石川晴彦, 笠原良郎
【選考方法】関係者の推薦による
【選考基準】〔対象〕地域, 職域, その他において読書の普及に多年尽力し, 読書推進運動に貢献した個人または団体
【締切・発表】（平成20年）7月31日（消印有効）, 発表10月上旬, 表彰式は読書週間中の11月上旬
【賞・賞金】賞状, 賞牌と副賞（団体30万円, 個人20万円, 奨励賞5万円）
【URL】http：//www.dokusyo.or.jp/index.htm

第1回（昭46年）
　◇団体の部　長野市PTA母親文庫
　◇個人の部
　　　井出 きぬゑ
　　　佐藤 峻
　　　白岩 よし
第2回（昭47年）
　◇団体の部　広島県地域婦人団体連絡協議会
　◇個人の部
　　　金森 好子
　　　塩見 俊二, 塩見 和子
　　　永田 英顕
第3回（昭48年）
　◇団体の部　岐阜県読書サークル協議会
　◇個人の部
　　　井田 秀子
　　　大泉 俊
　　　水島 弥右衛門
第4回（昭49年）
　◇団体の部　本庄市読書会
　◇個人の部
　　　犬井 春子
　　　浪江 虔
第5回（昭50年）
　◇団体の部　地域文庫親星子ぼし
　◇個人の部
　　　木内 敏夫
　　　中島 美代子
　　　宮田 静子
第6回（昭51年）
　◇団体の部　そばの実会
　◇個人の部
　　　宮崎 慶一郎
　　　千田 善八
　　　藤本 庄治
第7回（昭52年）
　◇団体の部
　　　近江八幡読書グループ連絡協議会
　　　加須市民読書会
　◇個人の部　石田 博子

第8回（昭53年）
　◇団体の部　石川県読書会連絡協議会
　◇個人の部
　　　岩谷 貞三
　　　北谷 幸冊
　　　瀬林 杏子
第9回（昭54年）
　◇団体の部
　　　華浦地区婦人会読書会
　　　殿村読書会
　◇個人の部
　　　佐々木 悦
　　　竹中 千秋
第10回（昭55年）
　◇団体の部　河鹿の会
　◇個人の部
　　　大川 淳
　　　小原 与三郎
　　　弥永 専一
第11回（昭56年）
　◇団体の部　市川市読書会連絡協議会
　◇個人の部
　　　牛島 国枝
　　　芝尾 悦子
第12回（昭57年）
　◇団体の部　中田町読書団体連絡協議会
　◇個人の部
　　　山本 弘子
　　　山田 光之助
第13回（昭58年）
　◇団体の部　福井県読書団体連絡協議会
　◇個人の部
　　　我妻 玲子
　　　徳田 漁
　　　大岡 下枝
第14回（昭59年）
　◇団体の部　防府市読書グループ連絡協議会
　◇個人の部
　　　橋本 ヒサ
　　　成田 久江

第15回(昭60年)
　◇団体の部
　　　愛媛県読書グループ連絡協議会
　　　福島子どもの本を広める会
　◇個人の部　穂岐山 礼
第16回(昭61年)
　◇団体の部
　　　福岡県母と子の読書会協議会
　　　大阪府読書団体友の会
　◇個人の部
　　　常田 黎子
　　　豊増 幸子
第17回(昭62年)
　◇団体の部
　　　仙台手をつなぐ文庫の会
　　　石岡市読書会連合会
　◇個人の部
　　　柴田 貞夫
　　　佐野 茂雄
第18回(昭63年)
　◇団体の部
　　　青森長者読書会
　　　静岡子どもの本を読む会
　◇個人の部
　　　国田 太郎
　　　陶山 高度
第19回(平1年)
　◇団体の部
　　　北海道若松子どもの本を読む会
　　　富山県読書連絡協議会
　　　長崎県読書グループ連絡協議会
第20回(平2年)
　◇団体の部
　　　鷹巣町読書会
　　　岡谷市PTA母親文庫
　◇個人の部　江坂 利志子
　◇奨励賞
　　　郡山子どもの本をひろめる会
　　　敦賀市図書館友の会
第21回(平3年)
　◇団体の部
　　　盛岡児童文学研究会
　　　佐賀県母と子の読書会協議会
　◇個人の部
　　　小林 静子
　　　藤井 いづみ
第22回(平4年)
　◇団体の部　とよ読書会
　◇個人の部
　　　松本 トモヱ
　　　佐藤 賢一
　　　丹下 操

第23回(平5年)
　◇団体の部　子ぐま絵本の会
　◇個人の部
　　　原 豊一郎
　　　角 秋義
　　　嘉納 勝代
第24回(平6年)
　◇団体の部　平賀町読書運動推進協議会
　◇個人の部
　　　小林 茂俊
　　　清水 達也
　　　田中 義光
第25回(平7年)
　◇団体の部
　　　名寄声の図書会
　　　波崎町読書グループ連合会
　◇個人の部
　　　中村 実枝子
　　　清水 欣子
　◇奨励賞
　　　田辺町子ども文庫連絡会
　　　板野町読書会
第26回(平8年)
　◇団体の部　桐生読書会連絡協議会(群馬県)
　◇個人の部
　　　増田 恵美子(三重県)
　　　権藤 千明(佐賀県)
　◇奨励賞
　　　栃の実会(栃木県)
　　　千代田子ども文庫(広島県)
　　　ひょうたん読書会(大分県)
　◇特別賞
　　　毎日新聞社
　　　伊藤忠記念財団
第27回(平9年)
　◇団体の部
　　　滋賀県読者グループ連絡協議会(滋賀県)
　　　大阪府子ども文庫連絡会(大阪府)
　◇個人の部
　　　梶井 重雄(石川県)
　　　坂本 京子(徳島県)
　◇奨励賞
　　　龍ケ崎市読書会連合会(茨城県)
　　　大西町読書会(愛媛県)
第28回(平10年)
　◇団体の部
　　　八戸市読書団体連合会(青森県)
　　　飯伊婦人文庫(大阪府)
　◇個人の部
　　　松友 孟(愛媛県)

林 公(千葉県)
◇奨励賞　長崎子ども文庫連絡協議会(長崎県)
第29回(平11年)
　◇団体の部
　　　視力障害者と本の会(北海道)
　　　石川子ども文庫連絡会(石川県)
　◇個人の部　高橋 禎三(秋田県)
　◇奨励賞
　　　うれし野文庫(岩手県)
　　　土居町読書連絡協議会(愛媛県)
第30回(平12年)
　◇団体の部
　　　栃木子どもの本連絡会(栃木県)
　　　佐賀県読書グループ連絡協議会(佐賀県)
　◇個人の部
　　　岡本 加代子(岩手県)
　　　藤本 和子(東京都)
　◇奨励賞
　　　読書会一休さん(北海道)
　　　静岡おはなしの会(静岡県)
　◇子ども読書年記念特別賞
　　　東京子ども図書館
　　　大塚 笑子
第31回(平13年)
　◇団体の部
　　　岩手県立伊保内高等学校(岩手県)
　　　大分子どもの本研究会(大分県)
　◇個人の部
　　　須田 利一郎(群馬県)
　　　大久保 粂子(岐阜県)
第32回(平14年)
　◇団体の部
　　　よこはま文庫の会(神奈川県)
　　　沖縄県子どもの本研究会(沖縄県)
　◇個人の部
　　　吉田 まさ子(福島県)
　　　勝尾 外美子(石川県)
　◇奨励賞　広島市よい本をすすめる母の会(石川県)
第33回(平15年)
　◇団体の部　白たか子どもの本研究会(山形県)
　◇個人の部

林 東一(群馬県)
藤倉 かね子(徳島県)
◇奨励賞　児童文学と科学読物の会(大分県)
第34回(平16年)
　◇団体の部
　　　ひこね児童図書研究グループ(滋賀県)
　　　おはなしひろば・ひまわり(徳島県)
　　　堺市子ども文庫連絡会(大阪府)
　◇奨励賞
　　　哲西町立矢神小学校愛育会(岡山県)
　　　常石読書会(愛媛県)
第35回(平17年)
　◇団体の部
　　　大欠なかよしバス図書館(秋田県)
　　　鹿児島童話会(鹿児島県)
　◇個人の部
　　　宮崎 なみ子(山形県)
　　　吉永 千草(熊本県)
　◇奨励賞　お話の会『大きな樹』(岐阜県)
第36回(平18年)
　◇団体の部　こぼし文庫(沖縄県)
　◇個人の部
　　　前田 敏子(青森県)
　　　高橋 美知子(岩手県)
　　　山本 悟(静岡県)
　◇奨励賞
　　　えにわゆりかご会(北海道)
　　　高知こどもの図書館(NPO法人)(高知県)
第37回(平19年)
　◇団体の部
　　　「本の学校」生涯読書をすすめる会(鳥取県)
　　　おはなしのポケット(徳島県)
　◇個人の部
　　　萩原 栄子(群馬県)
　　　紫藤 律子(石川県)
　◇奨励賞　岩本 紘一(大分県)
第38回(平20年)
　◇団体の部
　　　十勝子どもの本連絡会(北海道)
　　　図書館朗読ボランティア千の風(山梨県)
　　　みすみ絵本サークル(熊本県)
　◇個人の部　道 勝美(石川県)

201　博報賞

　昭和45年7月,博報堂の創立75周年を記念して博報児童教育振興会が設立され,同会により,これからの時代を担う子供達の教育に献身している教育者ならびに研究者の業績を顕彰・助

成し、もって教育の振興に寄与することを目的として、同年に創設された賞。第34回(平成15年度)より「特殊教育部門」を「特別支援教育部門」と改称、「伝統文化教育部門」「国際理解教育部門」を合併して「文化教養育成部門」とするとともに「教育活性化部門」を新設した。

【主催者】(財)博報児童教育振興会
【選考委員】(第39回・平20年)杉戸清樹(審査委員長)、井上一郎、上野一彦、押谷由夫、鹿毛雅治、金子元久、北俊夫、斎藤佐和、嶋野道弘、恒吉僚子、寺井正憲
【選考方法】都道府県市区町村教育長、学校長会、各教育研究団体、学識経験者などの関係者からの推薦
【選考基準】〔対象〕国語・日本語教育部門：国語・日本語教育の諸分野及びあらゆる学びの場におけることば教育の実践・指導・研究。特別支援教育部門：特別支援教育の諸分野における実践・指導・研究。日本文化理解教育部門：日本文化を理解する教育の諸分野における実践・指導・研究。国際文化理解教育部門：国際理解教育の諸分野における実践・指導・研究。教育活性化部門：上記以外の分野で、多様な場における教育の変革を促進する実践・指導・研究
【締切・発表】例年9月下旬発表、11月14日贈呈式
【賞・賞金】各正賞(賞状)と副賞(団体・個人とも100万円)
【URL】http://www.hakuhodo.co.jp/foundation/

第1回(昭45年度)
　◇国語教育部門
　　　実践作文の会
　　　東京青年国語研究会
　　　福井実践国語の会
　　　荒木 清
　　　稲川 三郎
　　　大橋 富貴子
　　　近藤 国一
　　　杉山 穣
　　　西尾 邦夫
　　　野口 茂夫
　　　野村 ハツ子
　　　箱田 浩
　　　原 文
　　　平方 久直
　　　松井 四郎
　　●文部大臣奨励賞　日本音声学会
　◇視覚障害教育部門
　　　高橋 千松
　　　原 幸雄
　　●文部大臣奨励賞　東京都身心障害者福祉センター視覚障害科
　◇聴覚障害教育部門
　　　井上 皓太郎
　　　橋本 金一
　　●文部大臣奨励賞　東京教育大学教育学部附属聾学校
第2回(昭46年度)
　◇国語教育部門
　　　高知県吾川郡伊野町立伊野小学校
　　　栃木県今市市立今市小学校

　　　徳島県鳴門市立大津西小学校
　　　新潟県上越市立大町小学校
　　　成蹊小学校
　　　東京絵本おはなし研究会
　　　三重県度会郡御薗村立御薗小学校
　　　宮崎県宮崎市立宮崎小学校
　　　山口県光市立室積小学校
　　　秋月 重美
　　　芦沢 節
　　　石黒 修
　　　江部 満
　　　川口 半平
　　　桑原 三郎
　　　桜井 実枝子
　　　高木 正一
　　　田中 久直
　　　西沢 正太郎
　　●文部大臣奨励賞　玉川学園小学部
　◇視覚障害教育部門
　　　日本点字委員会
　　　社会福祉法人日本ライトハウス
　　　大山 陽子
　　　中野 幸子
　　●文部大臣奨励賞　東京教育大学教育学部附属理療科教員養成施設
　◇聴覚障害教育部門
　　　聴覚障害者教育福祉協会
　　　北海道聾教育研究協議会
　　　林 次一
　　　船越 満二

- 文部大臣奨励賞　全沖縄風疹聴覚障害児教育研究会

第3回(昭47年度)
◇国語教育部門
　　愛媛県松山市立久枝小学校
　　岩手県盛岡市立城南小学校
　　大阪府高石市立羽衣小学校
　　成城学園初等学校国語文学研究部
　　北海道函館市立柏野小学校
　　北海道富良野市立西達布小学校
　　宮城県三本木町立三本木小学校
　　宮崎県小林市立小林小学校
　　柏木　勇夫
　　斎田　喬
　　阪本　一郎
　　佐野　哲也
　　谷口　広保
　　谷沢　隆一
　　野中　幸夫
　　飛田　隆
　　望月　久貴
　　吉田　瑞穂
- 文部大臣奨励賞　香川県国語教育研究会
◇視覚障害教育部門
　　東京都立盲学校感覚訓練教育研究会
　　広島県立盲学校
　　尾関　育三
　　水口　浚
- 文部大臣賞　静岡県立静岡盲学校
◇聴覚障害教育部門
　　言語・聴能教育実践研究会
　　静岡県立静岡聾学校
　　石黒　晶
　　吉川　正五
- 文部大臣賞　福山市難聴児母子教室

第4回(昭48年度)
◇国語教育部門
　　愛知県岡崎市立梅園小学校
　　愛知県東海市立平洲小学校
　　大阪府大阪市立弥刀東小学校
　　岡山県日生町立大多府小学校
　　滋賀県近江町立坂田小学校
　　徳島県市場町立大俣小学校
　　新潟県新潟市立鏡渕小学校
　　兵庫県滝野町立滝野東小学校
　　三重県桑名市立修徳小学校
　　飯島　孝夫
　　川口　義克
　　倉沢　栄吉
　　佐藤　茂
　　田岡　朝雄
　　野田　弘
　　野地　潤家

　　野地　一枝
　　長谷川　賢志
　　福田　清人
- 文部大臣賞　北九州国語教育研究会
◇視覚障害教育部門
　　大阪府立大阪盲学校盲幼児教育研究会
　　山口県立盲学校
　　加藤　康昭
　　木塚　泰弘
- 文部大臣賞　山形県立山形盲学校
◇聴覚障害教育部門
　　東京都豊島区立雑司谷小学校
　　山口県立聾学校
　　大原　省蔵
　　阪本　多朗
- 文部大臣賞　小林理学研究所母と子の教室

第5回(昭49年度)
◇国語教育部門
　　愛知県江南市立藤里小学校
　　岐阜国語実践者の会
　　高知県佐賀町立伊与喜小学校
　　島根県八雲村立八雲小学校
　　栃木県塩原町立塩原小学校
　　長崎県宇久町立宇久小学校
　　北海道当麻町立宇園別小学校
　　宮城県仙台市立荒町小学校
　　山形県山形市立第四小学校
　　石井　庄司
　　井上　敏夫
　　大塩　卓
　　岡屋　昭雄
　　久保　太郎
　　滑川　道夫
　　飛田　多喜雄
　　松村　伊佐武
　　松山　市造
　　八木橋　雄次郎
- 文部大臣賞　愛媛国語研究会
◇視覚障害教育部門
　　愛知県名古屋市立老松小学校
　　東京都盲学校・養成施設就職指導協議会
　　会田　徳旺
　　谷尻　ヒロ
- 文部大臣奨励賞　北海道札幌盲学校
◇聴覚障害教育部門
　　愛知県名古屋聾学校・愛知県立愛知工業高等学校連携教育研究会
　　長野県立長野聾学校
　　始閣　精太郎
　　吉田　亀雄

- 文部大臣奨励賞　山形県立山形聾学校

第6回（昭50年度）
- ◇国語教育部門
  - うしおの会
  - 神奈川県川崎市立大戸小学校
  - 岐阜県岐阜市立且格小学校
  - 佐賀県鹿島市立鹿島小学校
  - 富山県富山市立豊田小学校
  - 富山県福岡町立福岡小学校
  - 新潟県松之山町立松之山小学校
  - 北海道北桧山町立太櫓小学校
  - 三重県鈴鹿市立若松小学校
  - 加古 明子
  - 片桐 格
  - 坂本 和夫
  - 佐々木 定夫
  - 高橋 和夫
  - 高山 繁
  - 中村 万三
  - 藤倉 司郎
  - 古田 東朔
  - 蓑手 重則
- 文部大臣奨励賞　徳島県小学校作文読本編集委員会
- ◇視覚障害教育部門
  - 島根県立盲学校
  - 福井県立盲学校
  - 田辺 建雄
  - 福本 礼一
- 文部大臣奨励賞　沖縄県立沖縄盲学校
- ◇聴覚障害教育部門
  - 愛媛県立松山聾学校
  - 福岡県立福岡聾学校
  - 大家 善一郎
  - 仲本 とみ
- 文部大臣奨励賞　秋田県立聾学校

第7回（昭51年度）
- ◇国語教育部門
  - 愛知県額田町立鳥川小学校
  - 神奈川県川崎市立今井小学校
  - 鳥取県若桜町立若桜小学校
  - 広島県戸河内町立寺領小学校
  - 福井県和泉村立大納小学校
  - 北海道砂原町立砂原小学校
  - 池田 新市
  - 石沢 藤盛
  - 鬼沢 和江
  - 賀根 俊栄
  - 久保田 彦穂
  - 高良 竹美
  - 坂本 寿二
  - 白木 敏雄
  - 仲宗根 政善
  - 古田 拡
- 文部大臣奨励賞　熊本県小学校教育研究会国語部会
- ◇視覚障害教育部門
  - 青森県立盲学校
  - 大阪市立盲学校
  - 鈴木 栄助
  - 山口 芳夫
- 文部大臣奨励賞　東京教育大学附属盲学校
- ◇聴覚障害教育部門
  - 岐阜県立岐阜聾学校
  - 医療法人社団弘進会
  - 久保山 トモ
  - 中嶋 仁道
- 文部大臣奨励賞　茨城県立霞ケ浦聾学校

第8回（昭52年度）
- ◇国語教育部門
  - 鹿児島国語教育研究会
  - 東京都小学校国語教育研究会
  - 新居浜国語同好会
  - 広島県君田村立君田小学校
  - 福岡こくごの会
  - 福島県会津若松市立城西小学校
  - 和歌山県高野町立高野山小学校
  - 朝倉 秀雄
  - 岩島 公
  - 岡村 太軌二
  - 中沢 政雄
  - 仲田 庸幸
  - 中西 昇
  - 花田 哲幸
  - 浜口 義人
  - 弥吉 菅一
- 文部大臣奨励賞　滋賀県国語教育研究会
- ◇視覚障害教育部門
  - 愛媛県立松山盲学校
  - 竹内 識
  - 松本 富穂
- 文部大臣奨励賞　滋賀県立盲学校
- ◇聴覚障害教育部門
  - 宮城県立聾学校
  - 土屋 準一
  - 常久 公平

- 文部大臣奨励賞　沖縄県立沖縄聾学校

第9回(昭53年度)
　◇国語教育部門
　　　　愛知県武豊町立武豊小学校
　　　　香川県三豊地区小学校国語教育研究会
　　　　川崎市小学校国語教育研究会
　　　　京都市国語教育研究会
　　　　高知県土佐山田町立山田小学校
　　　　長野県国語教育学会
　　　　北海道登別市立幌別東小学校
　　　　伊橋 虎雄
　　　　沖山 光
　　　　加部 佐助
　　　　久米井 束
　　　　小竹 省三
　　　　斉藤 喜門
　　　　長谷川 敏正
　　　　安カ川 甚治
　　　　若狭 重蔵
　　・文部大臣奨励賞　広島市小学校国語教育
　　　　研究会
　◇視覚障害教育部門
　　　　高知県立盲学校
　　　　浅野 仁一郎
　　　　小林 一弘
　　・文部大臣奨励賞　佐賀県立盲学校
　◇聴覚障害教育部門
　　　　大阪府立堺聾学校高等部専攻科歯科技
　　　　　工学科研究会
　　　　高賀 善晄
　　　　西成田 功
　　・文部大臣奨励賞　徳島県立聾学校

第10回(昭54年度)
　◇国語教育部門
　　　　国語教育科学研究会
　　　　銚子市立若宮小学校
　　　　函館市小学校国語教育研究会
　　　　広島大学附属東雲小学校
　　　　福島県伊達郡川俣町立川俣小学校
　　　　北海道亀田郡大野町立萩野小学校
　　　　青木 幹勇
　　　　太田 三十雄
　　　　小川 利雄
　　　　上口 映治
　　　　長井 盛之
　　　　細川 浩一
　　　　山本 寛太
　　　　横川 正郎
　　　　横山 迦葉子
　　・文部大臣奨励賞
　　　　奈良県国語教育研究会
　　　　中村 仁
　◇視覚障害教育部門

　　　　山口県立盲学校重複障害部
　　　　高倉 幸蔵
　　・文部大臣奨励賞
　　　　静岡市立西豊田小学校
　　　　大山 信郎
　◇聴覚障害教育部門
　　　　福井県立ろう学校
　　　　佐久間 フクヨ
　　・文部大臣奨励賞
　　　　栃木県立聾学校
　　　　柳田 孝一
　◇言語障害教育部門
　　　　福岡市立冷泉小学校
　　　　計良 益夫
　　・文部大臣奨励賞
　　　　岩手県難聴・言語障害教育研究会
　　　　平井 昌夫

第11回(昭55年度)
　◇国語教育部門
　　　　香川県坂出市立中央小学校
　　　　東京都足立区立千寿旭小学校
　　　　東京都五日市町立小宮小学校
　　　　北海道洞爺村立洞爺小学校
　　　　北海道上ノ国町立上ノ国小学校
　　　　大藤 はま子
　　　　大西 久一
　　　　北川 国次
　　　　鈴木 一男
　　　　鈴木 信正
　　　　瀬林 杏子
　　　　副田 凱馬
　　　　武田 政市
　　　　星 栄子
　　　　笠 文七
　　・文部大臣奨励賞
　　　　福岡県北九州市立小倉小学校
　　　　宮里 テツ
　◇視覚障害教育部門
　　　　岩手県立盲学校
　　　　富田 克子
　　・文部大臣奨励賞
　　　　大阪府立盲学校高等部
　　　　志村 太喜弥
　◇聴覚障害教育部門
　　　　北海道札幌聾学校
　　　　相原 益美
　　・文部大臣奨励賞
　　　　千葉県立千葉聾学校
　　　　望月 敏彦
　◇言語障害教育部門
　　　　神奈川県平塚市立崇善小学校
　　　　中村 裕子
　　・文部大臣奨励賞

II 文化

　　　　神戸市きこえとことばの教室設置校園
　　　　　研究協議会
　　　　林　賢之助
第12回(昭56年度)
　　◇国語教育部門
　　　　秋田県国語教育研究会
　　　　石川国語の会
　　　　神奈川県小田原市立本町小学校
　　　　高知県香美郡土佐山田町立平山小学校
　　　　長崎県南高来郡西有家町立西有家小学
　　　　　校
　　　　新潟県三島郡与板町立与板小学校
　　　　兵庫県小学校国語教育連盟
　　　　広島県安芸郡府中町立府中中央小学校
　　　　宮城県連合小学校教育研究会国語研究
　　　　　部
　　　　秋保　光吉
　　　　北村　季夫
　　　　篠原　実
　　　　清水　茂夫
　　　　多田　瑠璃江
　　　　千葉　寿雄
　　　　鳩貝　実次郎
　　　　林田　勝四郎
　　　　綿田　三郎
　　●文部大臣奨励賞
　　　　日置国語を語る会
　　　　松尾　富子
　　◇視覚障害教育部門
　　　　視覚障害教育・心理研究会
　　　　但馬　綾子
　　●文部大臣奨励賞
　　　　重複障害教育研究所
　　　　本間　一夫
　　◇聴覚障害教育部門
　　　　京都市立出水小学校
　　　　三ツ井　英一
　　●文部大臣奨励賞
　　　　愛知県立千種聾学校
　　　　今西　孝雄
　　◇言語障害教育部門
　　　　北海道函館市立大森小学校特殊学級
　　　　徳永　正範
　　●文部大臣奨励賞
　　　　富山県小学校教育研究会特殊部会言語
　　　　　障害教育班
　　　　神山　五郎
第13回(昭57年度)
　　◇国語教育部門
　　　　愛知県北設楽郡東栄町立粟代小学校
　　　　青森市小学校教育研究会国語部会
　　　　愛媛県東宇和郡城川町立土居小学校
　　　　大分市小学校国語教育研究会

　　　　高知県安芸郡馬路村立馬路小学校
　　　　栃木県足利市立梁田小学校
　　　　広島県庄原市立庄原小学校
　　　　北海道浦河郡浦河町立浦河小学校
　　　　井沼　敏子
　　　　許斐　三郎
　　　　佐倉　義信
　　　　新居田　正徳
　　　　西村　正三
　　　　間瀬　泰男
　　　　三浦　東吾
　　　　吉井　敏明
　　　　渡部　敏子
　　●文部大臣奨励賞
　　　　群馬実践国語研究会
　　　　吉永　幸司
　　◇視覚障害教育部門
　　　　山形県立鶴岡盲学校
　　　　木下　和夫
　　●文部大臣奨励賞
　　　　大分県立盲学校
　　　　松井　新二郎
　　◇聴覚障害教育部門
　　　　社会福祉法人富士見会青い鳥保育園富
　　　　　士見台幼児聴能言語訓練教室
　　　　市橋　詮司
　　●文部大臣奨励賞
　　　　兵庫県立こばと聾学校
　　　　美馬　常雄
　　◇言語障害教育部門
　　　　埼玉県大宮市立大宮南小学校ことばの
　　　　　教室
　　　　上田　敬介
　　●文部大臣奨励賞
　　　　青森市立長島小学校ことばの教室
　　　　高原　滋夫
第14回(昭58年度)
　　◇国語教育部門
　　　　愛知県尾張旭市立白鳳小学校
　　　　安居会
　　　　石川県金沢市立馬場小学校
　　　　岩手県遠野市立青笹小学校
　　　　東京都西多摩郡瑞穂町立瑞穂第三小学
　　　　　校
　　　　奈良県宇陀郡榛原町立榛原小学校
　　　　山口県光市立室積小学校
　　　　和歌山県和歌山市立城北小学校
　　　　今井　鑑三
　　　　小林　幸雄
　　　　近藤　頼道
　　　　高野　倖生
　　　　田村　孝
　　　　徳田　渝

福岡 八郎
松本 福夫
三原 種晴
- 文部大臣奨励賞
  大阪市小学校教育研究会国語部
  黒田 不二夫
◇視覚障害教育部門
  東京都弱視教育研究会
  下薗 彦二
- 文部大臣奨励賞
  北海道函館盲学校
  本間 伊三郎
◇聴覚障害教育部門
  札幌市立札幌北小学校
  鏡 隆左衛門
- 文部大臣奨励賞
  岩手県立盛岡聾学校
  鈴木 篤郎
◇言語障害教育部門
  福島県難聴・言語障害教育研究会
  行木 富子
- 文部大臣奨励賞
  群馬県前橋市立桃井小学校言語障害者指導教室
  山口 薩記

第15回(昭59年度)
◇国語教育部門
  甲南学園甲南小学校
  国語教育実践理論の会
  滋賀県神崎郡永源寺町立政所小学校
  静岡県駿東地区教育協会国語教育研究部
  はとぶえ会
  広島県山県郡千代田町立壬生小学校
  福島県伊達郡伊達町立東小学校
  北海道国語教育連盟
  楠橋 猪之助
  住山 恭子
  竹内 喜秋
  氷田 作治
  松本 千代子
  磨野 久一
- 文部大臣奨励賞
  青森県三戸郡五戸町立五戸小学校
  加藤 隆
◇視覚障害教育部門
  点字教材製作研究会
  平島 加子
- 文部大臣奨励賞
  神奈川県横浜市立盲学校
  伊藤 真三郎
◇聴覚障害教育部門
  東京都八王子市立第四小学校きこえとことばの教室
  鈴木 大三
- 文部大臣奨励賞
  群馬県立聾学校
  岡本 途也
◇言語障害教育部門
  山口県下関市立名池小学校ことばの教室
  本間 俊夫
- 文部大臣奨励賞
  愛知県言語聴覚障害児教育研究会
  中西 美智子
◇博報教育特別賞　富良野国の子寮

第16回(昭60年度)
◇国語教育部門
  愛知県西加茂郡三好町立天王小学校
  旭川地方作文教育研究会
  茨城県行方郡麻生町立麻生小学校
  高知県吾川郡池川町立安居小学校
  聖マリア学院小学校
  鷹の羽会
  弘前市国語教育研究会
  北海道阿寒郡鶴居村立鶴居小学校
  阿部 シズエ
  新垣 ゆき
  江口 武
  笠原 登
  神奈川県
  久喜 吉和
  長谷川 新
  前野 典子
  三田 正月
  村上 周子
  信濃教育会
- 文部大臣奨励賞　阿部 哲郎
◇視覚障害教育部門
  秋田県立盲学校
  若菜 一
- 文部大臣奨励賞
  兵庫県立盲学校
  湖崎 克
◇聴覚障害教育部門
  奈良市立椿井小学校
  大西 酉喜子
- 文部大臣奨励賞
  福島県立聾学校
  鳥居 英夫
◇言語障害教育部門　島根県松江市立雑賀小学校
- 文部大臣奨励賞
  青森県言語障害児教育研究会
  北村 晃三

II 文化

◇博報教育特別賞　讃井 トミ子
第17回（昭61年度）
　◇国語教育部門
　　　青森県上北地方小学校教育研究会国語
　　　　部会
　　　埼玉県草加市立瀬崎小学校
　　　長崎県大村市立福重小学校
　　　広島県世羅郡世羅町立大見小学校
　　　宮崎県小林市立南小学校
　　　山形県天童市立天童中部小学校
　　　稲村 謙一
　　　岡田 崇
　　　小沼 久
　　　角田 暢男
　　　河上 良輝
　　　小林 和彦
　　　島田 玲子
　　　鳥居 一夫
　　　道端 孫左エ門
　　●文部大臣奨励賞
　　　島根県隠岐郡西郷町立大久小学校
　　　柏村 政
　◇視覚障害教育部門
　　　岐阜県立岐阜盲学校
　　　上田 まつ
　　●文部大臣奨励賞
　　　北海道旭川盲学校
　　　長尾 栄一
　◇聴覚障害教育部門
　　　岡山県岡山市立内山下小学校
　　　松原 道男
　　●文部大臣奨励賞
　　　山梨県立ろう学校
　　　住 宏平
　◇言語障害教育部門
　　　宮城県仙台市立木町通小学校
　　　稲垣 シズエ
　　●文部大臣奨励賞
　　　東京都公立学校難聴・言語障害教育研究
　　　　協議会
　　　三浦 順豊
第18回（昭62年度）
　◇国語教育部門
　　　青森県西津軽郡鰺ケ沢町立赤石小学校
　　　大阪市立天王寺小学校
　　　沖縄読書指導研究会
　　　札幌市教育研究協議会小学校国語研究
　　　　部
　　　上越国語教育連絡協議会
　　　徳島県小学校国語教育50年史発刊推進
　　　　委員会
　　　広島県小学校教育研究会国語部会
　　　宮城県仙台市立向山小学校

201　博報賞

　　　山口県阿武郡旭村立佐々並小学校
　　　伊藤 武司
　　　植松 保典
　　　兼永 静子
　　　倉光 浄晃
　　　栗岩 英雄
　　　酒井 哲真
　　　佐々木 典雄
　　　早川 友子
　　　樋口 皓廸
　　　村石 昭三
　　●文部大臣奨励賞
　　　横浜市小学校国語教育研究会
　　　二見 順雄
　◇視覚障害教育部門
　　　茨城県立盲学校
　　　松田 忠昭
　　●文部大臣奨励賞
　　　愛知県立名古屋盲学校
　　　海藤 弘
　◇聴覚障害教育部門
　　　盛岡市立桜城小学校
　　　今西 昭三郎
　　●文部大臣奨励賞
　　　青森県立八戸聾学校
　　　荒川 勇
　◇言語障害教育部門
　　　宮崎県難聴・言語障害教育研究協議会
　　　水戸部 知6
　　●文部大臣奨励賞　茨城県難聴・言語障害学
　　　級担当者会
第19回（昭63年度）
　◇国語教育部門
　　　愛知県海部郡蟹江町立蟹江小学校
　　　川越国語同好会
　　　徳島県美馬郡国語教育研究会
　　　鳥取国語実践の会
　　　福岡県鞍手郡鞍手町立剣北小学校
　　　宮崎県西臼杵郡日之影町立宮水小学校
　　　山形県西村山郡朝日町立西五百川小学
　　　　校
　　　梅生 節男
　　　進藤 誠
　　　高柳 晃
　　　田尻 史朗
　　　中西 甚太郎
　　　原 栄一
　　　馬場 正男
　　　福田 梅生
　　　村山 芳正
　　　山際 鈴子
　　●文部大臣奨励賞
　　　児童の言語生態研究会

児童の賞事典　347

　　　　亀村 五郎
　◇視覚障害教育部門
　　　　香川県盲学校
　　　　鹿児島県立鹿児島盲学校
　　　　下田 知江
　　●文部大臣奨励賞
　　　　日本弱視教育研究会
　　　　山根 冨一
　◇聴覚障害教育部門
　　　　長野県松本ろう学校
　　　　吉橋 晋
　　●文部大臣奨励賞
　　　　岡山県立岡山聾学校
　　　　東川 清彦
　◇言語障害教育部門
　　　　長野県難聴言語障害児学級担任者会
　　　　石山 憲二
　　　　中川 政八
　　●文部大臣奨励賞　東京都武蔵野市立桜堤
　　　　小学校こだま学級
第20回（平1年度）
　◇国語教育部門
　　　　青森市立浦町小学校
　　　　岩手県水沢市立常盤小学校
　　　　香川県三豊郡詫間町立箱浦小学校
　　　　京都市立第三錦林小学校
　　　　岐阜県各務原市那加第二小学校
　　　　兵庫県豊岡市立豊岡小学校
　　　　宮崎県宮崎郡佐土原町立那珂小学校
　　　　山形市立第八小学校
　　　　小山 逸雄
　　　　神藤 吉重
　　　　武西 良和
　　　　巽 正夫
　　　　田中 浩一
　　　　深沢 完興
　　　　干井 正次
　　　　前山田 任
　　　　松儀 昭美
　　　　美濃 美蔵
　　　　山門 徳夫
　　　　芳野 健一
　◇視覚障害教育部門
　　　　徳島県立盲学校
　　　　日本盲人福祉研究会
　　　　及川 巳佐男
　　　　森岡 章
　◇聴覚障害教育部門
　　　　茨城県立水戸聾学校
　　　　鹿児島県立鹿児島聾学校
　　　　十時 晃
　　　　山本 隆二
　◇言語障害教育部門

　　　　埼玉県立熊谷養護学校コロニー嵐山郷
　　　　訪問教育部
　　　　千葉県松戸市立常盤平第二小学校言語
　　　　治療学級
　　　　成田 秀子
　　　　盛 由起子
第21回（平2年度）
　◇国語教育部門
　　　　愛知県半田市立半田小学校
　　　　秋田県雄勝郡羽後町立羽後中学校
　　　　石川県加賀市立三谷小学校
　　　　岩手県国語の授業研究会
　　　　岡山市中学校国語研究協議会
　　　　沖縄県名護市立大宮小学校
　　　　岐阜県羽島郡岐南町立北小学校
　　　　新潟県糸魚川市立大和川小学校
　　　　兵庫県氷上郡柏原町立崇広小学校
　　　　石田 精二
　　　　上野 潔
　　　　岡本 修一
　　　　芝野 文子
　　　　深美 和夫
　　　　宮下 勅夫
　　　　安居 総子
　　　　山路 峯男
　　　　米津 冴子
　　●文部大臣奨励賞
　　　　作文教育研究会
　　　　諸喜田 和子
　◇特殊教育部門
　　　　北海道高等盲学校
　　　　静岡県立静岡南部養護学校
　　　　田中 美郷
　　　　信国 久子
　　●文部大臣奨励賞
　　　　島根県立松江ろう学校
　　　　大川原 潔
　◇伝統文化教育部門
　　●文部大臣奨励賞
　　　　新潟県柏崎市立鵜川小学校・中学校
　　　　南部 峯希
　◇国際理解教育部門　茨城県つくば市立竹園
　　　　東小学校
　　●文部大臣奨励賞
　　　　熊本県英語教育振興会
　　　　園 一彦
第22回（平3年度）
　◇国語教育部門
　　　　愛知県犬山市立犬山北小学校
　　　　愛知県岡崎市立根石小学校
　　　　秋田市立泉小学校
　　　　大分県宇佐市立麻生小学校
　　　　岐阜県多治見市立養正小学校

II 文化

群馬県桐生市立西小学校PTA
高知県土佐郡鏡村立鏡小学校
国語教材研究会
山形県天童市立天童南部小学校
安藤 耕平
神谷 乗好
菅井 建吉
鈴木 栄三
萩原 春雄
長谷川 孝士
宮田 正直
山口 友信
山田 二郎
吉田 哲司
吉田 正彦
- 文部大臣奨励賞
愛徳学園小学校
笠井 稔雄
◇特殊教育部門
香川県立聾学校
北海道帯広聾学校
柴田 信雄
高橋 晃
- 文部大臣奨励賞
福岡県北九州市立八幡養護学校
藤森 春樹
◇伝統文化教育部門
- 文部大臣奨励賞
岩手県東磐井郡藤沢町立黄海小学校
中川 正文
◇国際理解教育部門　啓明学園
- 文部大臣奨励賞
静岡県引佐郡三ケ日町立西小学校・三ケ日中学校
原田 昌明

第23回（平4年度）
◇国語教育部門
愛知県宝飯郡音羽町立長沢小学校
石川県金沢市立俵小学校
鹿児島県川辺地区小学校国語教育研究会
岐阜県関市立倉知小学校
京都市立鷹峯小学校
佐賀県藤津郡塩田町立塩田小学校
東京都台東区教育研究会中学校国語部
小野寺 徳良
片山 祐子
桑原 正夫
佐々木 孝
東出 市二郎
牟田 米生
- 文部大臣奨励賞

札幌市教育研究協議会中学校国語研究部
田中 広
◇特殊教育部門
信州大学教育学部附属養護学校
長崎県立佐世保ろう学校
平井 清
- 文部大臣奨励賞
愛知県岡崎市立恵田小学校
浅川 英雄
◇伝統文化教育部門　少年少女文化財教室
- 文部大臣奨励賞　福島県南会津郡桧枝岐村立桧枝岐中学校
◇国際理解教育部門
北海道札幌市立八軒西小学校
大塚 芳子
- 文部大臣奨励賞
宮城県国際理解教育研究会
永瀬 一哉

第24回（平5年度）
◇国語教育部門
愛知県岡崎市立連尺小学校
岐阜県多治見市立精華小学校
滋賀県甲賀郡信楽町立小原小学校
静岡県浜松市立追分小学校
兵庫県津名郡北淡町立野島小学校
広島市立戯町小学校
福島県郡山市立橘小学校
宮崎県東臼杵郡西郷村立山瀬小学校
柿嶋 譲
金田一 春彦
小金丸 寅人
素水 光子
前川 外久子
丸山 英二
矢口 龍彦
- 文部大臣奨励賞
千葉県国語教育実践の会
松岡 享子
◇特殊教育部門
神奈川県立平塚ろう学校
本多 勝彦
- 文部大臣奨励賞
宮城県立盲学校
江頭 千鶴子
◇伝統文化教育部門　広島県三次市立三次西小学校
- 文部大臣奨励賞
大分県臼杵山内流游泳所
青木 孝安

◇国際理解教育部門　埼玉県大宮市立大宮南小学校
　●文部大臣奨励賞
　　　富山県黒部市立中央小学校
　　　尾池 富美子
第25回（平6年度）
　◇国語教育部門
　　　青森県八戸市立小学校国語教育研究会
　　　鹿児島県実践国語教育研究会
　　　長崎市長崎南山小学校
　　　新潟県新井市立新井中学校
　　　宮崎市立西池小学校
　　　伊東 清和
　　　白石 嘉弘
　　　千葉 勲
　　　中西 信行
　　　宮脇 芳子
　●文部大臣奨励賞
　　　岐阜県羽島郡柳津町立柳津小学校
　　　松野 洋人
　◇特殊教育部門
　　　石川県河北郡宇ノ気町立宇ノ気小学校
　　　新潟県佐渡郡金井町立金井小学校ことば難聴教室
　　　大神 正道
　●文部大臣奨励賞
　　　桐が丘スカウトグループ
　　　原 広治
　◇伝統文化教育部門
　　　岩手県九戸郡種市町立角浜小学校
　　　三重県志摩郡阿児町立安乗中学校文楽クラブ
　●文部大臣奨励賞
　　　長野県飯田市立飯田東中学校
　　　氏家 治
　◇国際理解教育部門
　　　岡山県国際理解教育研究会
　　　静岡県浜松市立広沢小学校
　　　広島市立基町小学校
　　　ベトナムの紙芝居普及を支援する会
　　　矢ノ下 良一
　●文部大臣奨励賞
　　　福島県郡山市立高瀬小学校
　　　並木 みどり
　◇博報教育特別賞　宮城 まり子
第26回（平7年度）
　◇国語教育・日本語教育部門
　　　愛知県豊田市立東保見小学校
　　　岡山県習字教育研究会
　　　神奈川県藤沢市立湘南台小学校
　　　福島県郡山市立高野小学校
　　　後藤 修
　　　佐藤 貞年

　　　林 春海
　　　山田 喜孝
　●文部大臣奨励賞
　　　山梨県東八代郡豊富村立豊富小学校
　　　米谷 茂則
　◇特殊教育部門
　　　東京都目黒区立第八中学校E組
　　　石岡 加代子
　●文部大臣奨励賞
　　　北海道稚内市立稚内中学校特殊学級
　　　佐藤 泰正
　◇伝統文化教育部門
　　　栃木県大田原市立西原小学校
　　　佐藤 延登
　●文部大臣奨励賞
　　　埼玉県鷲宮町立鷲宮中学校郷土芸能部
　　　本間 紀久子
　◇国際理解教育部門
　　　西町インターナショナルスクール
　　　岐阜県郡上郡美並村立郡南中学校
　　　ボランティアグループWAVE
　　　久野 登久子
　●文部大臣奨励賞
　　　大阪府豊能郡豊能町立吉川小学校
　　　横山 知央
　◇博報教育特別賞　山本 おさむ
第27回（平8年度）
　◇国語教育・日本語教育部門
　　　越智・今治国語同好会
　　　岐阜県多治見市立滝呂小学校
　　　静岡県榛原郡川根町立川根小学校
　　　東京都港区立笄小学校
　　　福島県南会津郡下郷町立樽原小学校
　　　押上 武文
　　　小島 孝夫
　　　阪田 雪子
　　　渋谷 孝
　　　鈴木 桂子
　　　満田 幸四郎
　　　横山 恵六
　●文部大臣奨励賞
　　　宮崎県都城市立御池小学校
　　　佐藤 浩
　◇特殊教育部門
　　　沖縄県那覇市立神原小学校
　　　福井県立坂井郡小学校特殊教育研究会
　　　宮崎県延岡市立土々呂小学校
　●文部大臣奨励賞
　　　鳥取県立倉吉養護学校
　　　土岐 欣子
　◇伝統文化教育部門
　　　大人歌舞伎保存会

静岡県小山町立足柄小学校 竹之下太鼓
保存会
- 文部大臣奨励賞
山形県長井市立伊佐沢小学校
村井 譲二
◇国際理解教育部門
はばたけ21の会
北海道札幌市立厚別西小学校
茗渓学園中学校高等学校
和歌山市立城東中学校
- 文部大臣奨励賞　岡山市立旭竜小学校

第28回（平9年度）
◇国語教育・日本語教育部門
岩手県盛岡市立桜城小学校
神奈川県川崎市立中原小学校
中野区国際交流協会主催日本語講座
奈良県添上郡月ケ瀬村立月ケ瀬小学校
福田 操恵
水沢 潔
村井 義昭
湯沢 正範
- 文部大臣奨励賞
石川県金沢市立米泉小学校
高岸 ミツ子
◇特殊教育部門
茨城県日立市立日立養護学校
北海道釧路市立北中学校
藤田 圭子
- 文部大臣奨励賞
静岡県伊東市立南中学校
瀬尾 政雄
◇伝統文化教育部門
秋田県男鹿市立鹿山小学校
冠のふるさと伝承まつり推進校
岐阜県不破郡関ケ原町立関ケ原南小学校
岐阜県美濃市立上牧小学校
鳥取県気高郡気高町立気高中学校
山形県飽海郡松山町立松山小学校
茅原 芳男
- 文部大臣奨励賞
静岡県天竜市立熊小学校
諏訪 義十、諏訪 あき子
◇国際理解教育部門
愛知県安城市立今池小学校
新潟県十日町市立赤倉小学校
高嶋 正武
平川 祐彦
- 文部大臣奨励賞
三重県北牟婁郡紀伊長島町立赤羽中学校
岡田 要

第29回（平10年度）
◇国語教育・日本語教育部門
岐阜県各務原市立稲羽東小学校
国際日本語普及協会
富山県高岡市立東五位小学校
沼津国語同好会
内間 美智子
川嶋 優
中西 一弘
藤井 昭三
渡辺 本爾
- 文部大臣奨励賞
京都府京都市立養正小学校
伊藤 経子
◇特殊教育部門
佐賀県立伊万里養護学校
小笠原 愈
南田 宏子
- 文部大臣奨励賞
岩手県立花巻養護学校
船津 静哉
◇伝統文化教育部門
愛知県西加茂郡小原村立小原中学校
青森県三戸郡階上町立登切小学校
熊本県天草郡天草町伝統文化教育推進校
兵庫県多可郡中町立中町北小学校
宮崎県日南市飫肥小学校
- 文部大臣奨励賞
沖縄県八重山郡竹富町立竹富小中学校
尾関 義江
◇国際理解教育部門
外国人児童生徒保護者交流会
京都府京都市立中京中学校
千葉県千葉市立真砂第四小学校
小川 雅弘
砂川 恵長
中西 晃
ベンジャミン・グリフィス
- 文部大臣奨励賞　新保 利幸

第30回（平11年度）
◇国語教育・日本語教育部門
佐賀県多久市立南部小学校
滋賀県今津町立今津北小学校
兵庫県三田市立松が丘小学校
甲府市立千代田小学校
菊地 とく
- 文部大臣奨励賞
群馬県大泉町立西小学校
群馬県大泉町立西中学校
樋口 孝治
◇特殊教育部門

香川大学教育学部附属養護学校就学前
教育相談事業やまもも教室
光の村学園光の村養護学校土佐自然学園
静岡県富士宮市立東小学校言語難聴指導教室
星 龍雄
- 文部大臣奨励賞　鳥取県立白兎養護学校
◇伝統文化教育部門
愛知県西尾市立西野町小学校御殿万歳クラブ
沖縄県読谷村渡慶次子ども獅子舞クラブ
京都市立嵯峨中学校
- 文部大臣奨励賞　岐阜県串原村立串原中学校
◇国際理解教育部門
川崎市立今井小学校
島根県仁多町立高田小学校
新潟県刈羽村立刈羽小学校
- 文部大臣奨励賞　愛知県岡崎市立城南小学校

第31回（平12年度）
◇国語教育・日本語教育部門
岡崎市立矢作東小学校
世羅町立大見小学校
藤井 知弘
- 文部大臣奨励賞　小牧市立味岡小学校
◇特殊教育部門
西那須町立西小学校通級指導教室
岡崎市現職教育委員会特殊教育部
徳島県立阿南養護学校
- 文部大臣奨励賞　ふじのくにゆうゆうクラブ・リトミックってたのしいね講座運営グループ
◇伝統文化教育部門
厚田村立望来中学校
真正町立真正中学校真桑文楽同好会
大東町立海潮中学校神楽部
大原 啓二
- 文部大臣奨励賞　八戸市立中居林小学校子供えんぶり部
◇国際理解教育部門
旭川市立日章小学校
国際教育研究所
富士市立吉原小学校
地球市民フォーラムなら
- 文部大臣奨励賞　西宮市立小松小学校

第32回（平13年度）
◇国語教育・日本語教育部門
福光町立福光中学校
杉山 幹郎
- 文部科学大臣奨励賞

関市立小金田中学校
本多 ひとみ
◇特殊教育部門
岩手県立一関聾学校
大潟町立大潟町小学校
大垣れんげ会
鳥取県立鳥取聾学校写真部
- 文部科学大臣奨励賞　東京都知的障害養護学校就業促進協議会
◇伝統文化教育部門
白糠町立河原小中学校
両津市立野浦小学校
ぎふ早田太鼓の会
読谷村座喜味子供会育成会
河田 竹治
- 文部科学大臣奨励賞　岡崎市立矢作北小学校
◇国際理解教育部門
川崎市立富士見台小学校
豊田市立豊南中学校
京都市立松尾小学校
大分県海外子女教育・国際理解教育研究協議会
- 文部科学大臣奨励賞　太宰府市立太宰府西小学校
◇博報教育特別賞　牟田 悌三

第33回（平14年度）
◇国語教育・日本語教育部門
世界の子どもと手をつなぐ学生の会
富士見丘こども俳句会・どんぐり
小林 路子
- 文部科学大臣奨励賞　福岡市立東箱崎小学校
◇特殊教育部門
アフタースクール運営会
神奈川県立茅ヶ崎養護学校
京都市立二条中学校
伊予市立郡中小学校
- 文部科学大臣奨励賞　香川県立香川中部養護学校幼稚部
◇伝統文化教育部門
札幌市立福井野小学校
東根市立小田島小学校・田植え踊り子供伝承会
田島祇園祭屋台歌舞伎保存会
笹間神楽保存会
嘉手納町東区子ども獅子舞クラブ
千葉 洋子
- 文部科学大臣奨励賞　南淡町立南淡中学校
◇国際理解教育部門
郡山市立朝日が丘小学校
長岡市立大島小学校

II 文化

上野市立東小学校
• 文部科学大臣奨励賞　岐阜市立城西小学校
第34回(平15年度)
◇国語・日本語教育部門
　　文集はちのへ編集委員会
　　大洗町立磯浜小学校
　　譲矢 知香子
　　大本 毅
◇特別支援教育部門
　　つくば市立吾妻小学校
　　富山県立高岡ろう学校教育相談室
　　宮崎県立日南養護学校
　　松木 澄憲
◇伝統文化教育部門
　　天童市立高擶小学校
　　金砂郷町立金砂小学校
　　福井市一乗小学校
　　京都市立洛央小学校
◇国際理解教育部門
　　横浜市泉区上飯田地区外国人児童生徒教育4校連絡会
　　EGG異文化理解教室
　　姫路市立豊富小学校
◇特別部門
　　ワールドスクールネットワーク
　　本巣町立外山小学校
　　岡崎市立秦梨小学校
　　京都市立弥栄中学校
　　中西 智子
◇博報教育特別賞　築城町立寒田小学校
第35回(平16年度)
◇国語・日本語教育部門
　　河津町立南小学校
　　同志社国際中高等学校
　　国語力向上のための3校研究推進委員会
　　曽我 正雄
　　伊崎 一夫
◇特別支援教育部門
　　地域生活支援ネットワークサロン(NPO法人)
　　京都市立西総合養護学校
　　広島県立広島養護学校
　　徳島県立国府養護学校
◇文化教養育成部門
　　米沢児童文化協会
　　葛生町立常盤中学校
　　佐渡市立片野尾小学校
　　聖母女学院聖母学院小学校(学校法人)
　　西宮市立甲陵中学校
　　産山村立産山中学校
◇教育活性化部門
　　旭川市立台場小学校

聖籠町立聖籠中学校
美濃加茂市立三和小学校
岡崎市立六ツ美西部小学校
きのくに子どもの村学園(学校法人)
高森町立高森東中学校
石垣市立宮良小学校
第36回(平17年度)
◇国語・日本語教育部門
　　登別市立幌別小学校
　　上越市立大町小学校
　　静岡県榛原郡教育協会北支部
　　福田 信一
　　尾崎 多
　　服部 久美子
◇特別支援教育部門
　　守谷市立松前台小学校
　　島根県聴覚言語障害教育研究会
　　熊本市立慶徳小学校
◇文化教養育成部門
　　つくば市立二の宮小学校
　　浜松市立都田中学校放歌踊り倶楽部
　　岡崎市立細川小学校
　　菊池市立菊池北小学校
　　多田 健二
◇教育活性化部門
　　ハート＆アート空間"ビーアイ"
　　戸沢村立角川小・中学校
　　丸子町立丸子北中学校
　　春日部市立春日部中学校
　　和田中地域本部
　　西尾市立西尾小学校
　　岡崎市立北中学校
　　宜野座村惣慶区学習会
　　乾 昭治
第37回(平18年度)
◇国語・日本語教育部門
　• 団体
　　伊東市立西小学校
　　京都市立藤城小学校
　　春日市立春日野小学校
　• 個人
　　田山 淳子
　　熊本 輝美
◇特別支援教育部門
　• 団体
　　上越市立飯小学校
　　富山県立高志養護学校中学部
　　東近江市立布引小学校
◇文化教養育成部門
　• 団体
　　水沢寺子屋実行委員会
　　鶴岡市立東栄小学校

ひたちなか市伝統文化継承事業実行委員会
田上町立田上小学校
- 個人　横山 レイカ

◇教育活性化部門
- 団体
　斜里町立峰浜小学校
　相模原市立夢の丘小学校
　小泉山体験の森創造委員会
　グリーンウッド自然体験教育センター（特定非営利活動法人）
　上越市立大潟町小学校
　小浜市立中名田小学校
　岡崎市立千万町小学校
　岡崎市立常磐中学校
　産山村小・中学校

◇博報教育特別賞
- 団体　ロサンゼルス補習授業校あさひ学園

第38回(平19年度)

◇国語・日本語教育部門
- 団体
　浜松市立中ノ町小学校
　福岡市立金山小学校
- 個人・文部科学大臣奨励賞　尾崎 靖二
- 個人
　松山 美重子
　田中 薫

◇特別支援教育部門
- 団体・文部科学大臣奨励賞　富山大学人間発達科学部附属特別支援学校
- 団体
　千葉県立柏特別支援学校
　全国LD親の会
　京都市立白河総合支援学校
　生駒市立生駒小学校ことばの教室・通級指導教室
　香川大学教育学部特別支援教室「すばる」
　佐賀県立大和養護学校

◇文化教養育成部門
- 団体
　上野原市立西原中学校
　富士市立富士見台小学校
　東近江市立八日市南小学校
- 個人・文部科学大臣奨励賞　末武 久人

◇教育活性化部門
- 団体・文部科学大臣奨励賞　上田市立西内小学校
- 団体
　羅臼町子ども会育成協議会
　川西町立東沢小学校
　北光クラブ
　NPO法人鎌倉てらこや
　京都市立伏見中学校
- 個人　酒井 達哉

◇博報教育特別賞
- 団体　日本メキシコ学院 日本コース

第39回(平20年度)

◇国語・日本語教育部門
- 団体・文部科学大臣奨励賞　東出雲町学校図書館担当者会
- 団体
　こうべ子どもにこにこ会
　山添村立山添中学校
- 個人
　石川 雅春
　矢原 豊祥

◇特別支援教育部門
- 団体・文部科学大臣奨励賞　鹿児島県立大島養護学校
- 団体
　取手市立取手小学校
　特定非営利活動法人エッジ
　静岡大学教育学部附属特別支援学校
　出雲市立河南中学校若松分校, 出雲市立神戸小学校若松分校

◇日本文化理解教育部門
- 団体・文部科学大臣奨励賞　阿南町立阿南第二中学校
- 個人　塚越 佐智子

◇国際文化理解教育部門
- 団体・文部科学大臣奨励賞　宍粟市立野原小学校
- 団体　東金市立鴇嶺小学校

◇教育活性化部門
- 団体・文部科学大臣奨励賞　上越市立高志小学校
- 団体
　米沢市立南原中学校
　NPO法人ふれあいサポート館アトリエ葉鹿エコクラブ
　富士山学習研究委員会
　岡崎市立矢作中学校
　東近江市立能登川南小学校

◇博報教育特別賞　バンコク日本人学校

202 ペスタロッチー教育賞（ペスタロッチー賞）

民衆教育の父といわれるスイスの教育家ヨハン・H.ペスタロッチーにちなんで、優れた教育を実践する個人、団体を顕彰するため、平成4年に創設された。

【主催者】広島大学教育学部
【選考委員】浅原利正（委員長）、小笠原道雄、川本一之、棚橋健治、野坂文雄、村井実
【選考方法】推薦
【選考基準】〔対象〕ペスタロッチーの教育精神または教育活動をしている個人、団体
【締切・発表】推薦期限：8月31日（必着）、受賞発表：10月中旬、後日、表彰式ならびに記念講演会を開催する
【賞・賞金】表彰状及びペスタロッチーの胸像複製1基、副賞賞金20万円
【URL】http://www.hiroshima-u.ac.jp/ed/pestalozzi/index.html

第1回（平4年）　宮城 まり子（ねむの木学園理事長）《成人も対象とした献身的な教育生活の実践や、国の療護施設制度導入に尽力したことに対して》

第2回（平5年）　谷 昌恒（北海道家庭学校校長）《日本で唯一の民間男子養護施設として少年達の基礎教育活動を行なっていることに対して》

第3回（平6年）　児玉 三夫（明星学苑理事長）《学苑をペスタロッチー精神に満ちた教育の場とすべく、主導的役割をはたした》

第4回（平7年）　山田 洋次（映画監督）《人間と教育を常に視点に据えた幅広い活動に対して》

第5回（平8年）　NHK中学生日記制作スタッフ《制作態度と長期の放映が、意義ある教育活動として評価された》

第6回（平9年）　本吉 修二（白根開善学校長）《不登校など困難を抱える子供を受け入れ、立ち直らせてきた》

第7回（平10年）　黒柳 徹子《15年間にわたるユニセフ親善大使としての活動に対して》

第8回（平11年）　広島新生学園《故・上栗頼登氏により、被曝直後の広島に孤児を収容する施設として創設され、以来2千人以上を養護している》

第9回（平12年）　丸木 政臣（和光学園幼・小・中・高校園長）《戦後一貫して子どもの自主性を尊重し、子ども自身が生活の中で学んでいく「生活教育」実践、子ども中心の学校づくり実践を積み重ねてきた》

第10回（平13年）　佐野 浅夫《NHKラジオ番組の童話の語り手として47年間出演し、語った童話も3000話に及ぶなど、俳優業以外の語り手としての活動に対して》

第11回（平14年）　似島学園《戦後から現在に至るまで困難な状況におかれた子どもたちに向き合い揺るぎない信念を持って真摯な実践を積み重ねてきた功績に対して》

第12回（平15年）　九里 茂三（学校法人九里学園学園長）《長年、私学教育の振興に全力を傾け、「礼」と「譲」を校是とした豊かな情操教育と独自の教育プログラムに基づく数々の活動を実践してきた》

第13回（平16年）　中野 光（日本生活教育連盟委員長、日本子どもを守る会会長）《約30年前から「子ども白書」を毎年発行する「日本子どもを守る会」で活動するなど、長年の研究と実践に対して》

第14回（平17年）　アグネス・チャン（日本ユニセフ協会大使）《1985年の難民キャンプ訪問を契機に支援活動に従事し、日本ユニセフ協会大使就任後は、戦乱で飢えや疾病に苦しむ世界各地の子供達を慰問し、その支援を訴え続けている》

第15回（平18年）　津守 真（愛育学園理事長）《心理学者として「乳幼児精神発達診断法」を開発するとともに、戦後直後から社会福祉法人恩賜財団母子愛育会愛育研究所において、発達に遅れをもつ幼児の保育に携わってきた》

第16回（平19年）　昇地三郎（社会福祉法人しいのみ学園園長）《一貫して障害児教育に生涯を捧げ、私財をなげうって「しいのみ学園」という教育施設を創設し、

これを支える教育理論と実践を発展させた》
第17回(平20年)　松田 實(ネパール学校建設支援協会 In ひろしま)《15年以上にわたって, 山間部に住んでいるため教育を受けられないネパールの子ども達の未来のために, 日本国内で資金協力者を募り, これまでに100校を超える学校を建設した》

203 ヘレン・ケラー賞(教育賞・福祉賞)

　昭和23年のヘレン・ケラー女史来日を記念して, 日教組による募金を基金とし, 財団法人青鳥会が設立された。その主たる事業として, 障害児教育振興を目的に創設された。
【主催者】(財)青鳥会
【選考方法】公募
【選考基準】〔対象〕障害児教育, 障害者教育において優れた実践成果, 研究成果をあげている者
【締切・発表】例年9月30日締切, 10月発表(平成20年度は11月発表)
【賞・賞金】賞状, 副賞各30万円

(昭25年度)
　谷口 富次郎(京都府)《鍼按術の近代医学化に勉めた》
　川本 宇之助(東京都)《盲, ろう唖者就学義務制実施促進》
(昭26年度)
　小坂井 桂次郎(岐阜県)《盲教育の開拓, J.H.ケロック博士マッサージ術紹介》
　藤本 敏文(大阪府)《40余年にわたるろう唖者教育ほか》
(昭27年度)
　橋村 德一(愛知県)《ろう教育の一新, ろう口話教員の育成》
　柴内 魁三(岩手県)《私立盲唖学校創立30数年の献身的努力ほか》
(昭28年度)
　山本 清一郎(滋賀県)《彦根訓盲院設立》
　馬淵 曜(神奈川県)《馬淵ろう教育振興会の設立ほかろう教育界に対する献身》
(昭29年度)
　中村 京太郎(東京都)《自らの失明を克服し, 盲界および盲教育のために活躍》
　吉田 角太郎(奈良県)《ろう教育の創始から現代まで斬教育の建設および発展に尽くした》
(昭30年度)
　南雲 総次郎(北海道)《私立盲ろう学校を創設し盲ろう教育に貢献》

　辻本 繁(北海道)《ろう教育の啓蒙, ろう者の指導協力者としての活動》
(昭31年度)
　赤木 将学(宮城県)《盲学校長兼ろう学校長として献身的努力をし, 多くの成果をあげた》
　三浦 浩(東京都)《多種ろう唖者団体の創立につくし, その経営発展にも尽力した》
(昭32年度)
　小林 卯三郎(奈良県)《盲学校を設立し, 40年間盲教育の発展のために尽力した》
　小曽木 修二(岐阜県)《全ろうにもかかわらず編集局長などを歴任し, 県の教育文化に多大なる貢献をした》
(昭33年度)
　鳥居 篤治郎(京都府)《永年にわたり, 特殊教育に尽力した》
　松岡 若義(愛知県)《ろう教育に主事し, 口話法の理論的実践を行った》
(昭34年度)
　沢田 正好(栃木県)《盲学校の創始経営》
　妹尾 熊男(岡山県)《ろう口話教育の研究並びにその成績向上》
(昭35年度)
　長沢 小作(福井県)《私塾を開いて盲教育を育成》
　小川 明(長崎県)《多年にわたるろう教育への貢献》

(昭36年度)
　　　富坂 信弥(愛知県) 《30年にわたる口話教育普及の努力》
　　　八尋 樹蒼(広島県) 《盲人協会を設立し、会長として活躍。広島聖光学園の設立》
(昭37年度)
　　　本間 一夫(東京都) 《私財を投じての点字図書館の設立》
　　　安藤 太郎(東京都) 《ろう口話教育の先鞭。ろう教育者育成など》
(昭38年度)
　　　高橋 惣市(東京都) 《多年にわたる盲教育への尽力と、一般社会への盲教育啓蒙》
　　　近藤 益雄(長崎県) 《精神薄弱児教育の先達としての功績》
(昭39年度)
　　　片岡 好亀(愛知県) 《愛知県盲人福祉協会の設立と点字発音記号の研究》
　　　富田 保助(宮崎県) 《ろう教育の進展に寄与》
(昭40年度)
　　　奥村 喜兵衛(大阪府) 《盲教育・盲人文化の向上と点字出版事業》
　　　安藤 恭治(秋田県) 《口話教育の確立と、秋田県におけるろう教育基礎づくり》
(昭41年度)
　　　木村 高明(東京都) 《盲教育の発展に貢献》
　　　森田 栄次(和歌山県) 《障害児教育発展の草分けとしての活動》
(昭42年度)
　　　佐々木 友三(富山県) 《盲・ろう教育の分離、教育条件整備》
　　　大曽根 源助(大阪府) 《指文字の創案と多年にわたるろう教育への献身》
(昭43年度)　該当者なし
(昭44年度)　国広 万里(東京都) 《視覚障害児、重複障害児の教育》
(昭45年度)　該当者なし
(昭46年度)　大嶋 功(東京都) 《私立ろう教育の経営をし、ろう教育推進に指導的役割をはたす》
(昭47年度)　該当者なし
(昭48年度)
　　　高橋 福治(沖縄県) 《県内視覚障害児教育のさきがけとなり、視覚障害者の職業問題の解決にも尽力》
　　　安藤 信哉(京都府) 《ろう美術の育成に当たり、数多くの美術家を画壇に進出させた》

(昭49年度)　岩元 悦郎(北海道) 《帯広盲唖学院の設立など北海道における障害児教育のさきがけとなった》
(昭50年度)　該当者なし
(昭51年度)
　　　篠崎 平和(北海道) 《函館盲・ろう学校長としての障害児教育推進》
　　　矢島 せい子(千葉県) 《子どもを守る会結成発展に努力》
(昭52年度)
　　　鈴木 栄助(山形県) 《点字解読の研究、盲児就学権の拡大などに尽力》
　　　松本 保平(東京都) 《肢体不自由児教育に努め、教育内面で功績をあげた》
(昭53年度)　楡井 千鶴子(千葉県) 《聴能教育、発音指導に活躍》
(昭54年度)　平野 日出男(高知県) 《重複障害児教育の科学的研究と実践に果たした役割》
(昭55年度)
　　　佐藤 利明(北海道) 《肢体不自由児教育に尽力し、福祉村建設の理念達成のために努力》
　　　小野 勲(東京都) 《都立光明養護学校長として、養護学校義務制の基礎をつくった》
(昭56年度)
　◇教育賞　該当者なし
　◇福祉賞　青木 達雄(福井県) 《ハスの実の家の運営とその地域社会への啓蒙活動》
(昭57年度)
　◇教育賞　山口 芳夫(千葉県) 《自己の障害を克服し、触読文字研究にうちこみ、学習教材を点字化して製本した》
　◇福祉賞　今井 保(愛知県) 《障害者の作業場づくりに多大な貢献をし、ゆたか福祉社会理事長として事業の発展につくす》
(昭58年度)
　◇教育賞
　　　大原 省蔵(千葉県) 《日本における盲精神薄弱児教育の草分けとしての功績》
　　　溝口 正(静岡県) 《自己の聴覚障害を克服し、教育者としてプロの画家を育成》
　◇福祉賞　該当者なし
(昭59年度)
　◇教育賞　該当者なし
　◇福祉賞　田中 弘子(奈良県) 《県下の手話サークルの基礎づくりなど、聴覚障害者の生活と権利の向上につくした》
(昭60年度)
　◇教育賞　所谷 敏雄(沖縄県) 《重複障害児教育への貢献》

◇福祉賞　該当者なし
(昭61年度)
　◇教育賞　望月　敏彦(関東)《50年にわたる日本聾話学校教頭としての早期教育聴覚補償の発展への寄与》
　◇福祉賞　杉田　美代子(京都府)《京都府北部地域における障害児教育、青年学級の開設などの功績に対して》
(昭62年度)
　◇教育賞　宮城　まり子(静岡県)《ねむの木学園によって教育実践の先頭に立ち、特に美術教育に大きな貢献をした》
　◇福祉賞　西岡　恒也(大阪府)《点字民報の発行など、大阪視力障害者の生活する権利の保護につとめた》
(昭63年度)
　◇教育賞　下田　巧(全国特殊教育推進連盟理事長)《全国特殊教育推進連盟理事長としての多年の功績》
　◇福祉賞　田中　栄一(中国地区・「仁万の里」施設長)《障害児に対する地域社会の正しい理解と啓発運動に献身》
(平1年度)
　◇教育賞
　　　　　大庭　伊兵衛(東京都)《戦後初の特殊学級の開設に努力し、その基礎づくりとちえおくれ教育の発展に尽力した》
　　　　　今西　孝雄(神奈川県)《ろう学校教員としてろう教育研究、社会啓発に努力した。身体障害者雇用促進協会を結成》
　◇福祉賞　該当者なし
(平2年度)
　◇教育賞
　　　　　志村　太喜弥(神奈川県)《38年間、心身障害児教育の現場で教育実践を積み重ね、そのうち25年間にわたり、我が国で未開拓な重度、重複障害児の教育に携わり、先駆者として多大な貢献をした》
　　　　　松尾　敏(長崎県)《30年の長きにわたり、障害児教育に専念し、障害児の人権を守る立場から、積極的に研究実践活動、平和運動と幅広く活躍した》
　◇福祉賞　該当者なし
(平3年度)
　◇教育賞　柴田　信雄(秋田県)《10年にわたり視覚障害児の遊びの調査を実施・採集、全国の盲学校、施設と研究交流をはかった》

◇福祉賞　該当者なし
(平4年度)　該当者なし
(平5年度)
　◇教育賞　該当者なし
　◇福祉賞　竹内　虎士(元東京教育大教授)《青鳥会の創設以来42年理事長をつとめ、会の発展、福祉の向上につとめた》
(平6年度)
　◇教育賞　中村　文(元沖縄盲学校教諭)《障害児教育への貢献、点訳ボランティア養成等福祉面でも活躍》
　◇福祉賞　該当者なし
(平7年度)
　◇教育賞　該当者なし
　◇福祉賞　楠　敏雄(大阪府)《障害者のノーマライゼーションを早期から提唱、講演活動や著作、副読本の執筆などに活躍」》
(平8年度)
　◇教育賞　該当者なし
　◇福祉賞　宮田　鈴枝(愛知県)《愛知県の不就学児をなくす運動、障害者医療無料化、福祉タクシー制度化、職場開拓などの運動》
(平9年度)
　◇教育賞　長浜　ヒサ(東京都)《永年、言語障害教育の実践研究を深め「日本語韻相互関係図」を作成、言語治療体系を確立》
　◇福祉賞　該当者なし
(平10年度)　該当者なし
(平11年度)
　◇教育賞　岡　辰夫(千葉県)《永年、聴覚障害児の言語指導法の研究にあたり聾教育発展に大きく貢献した》
　◇福祉賞　該当者なし
(平12年度)　該当者なし
(平13年度)　宮本　美智子(宮崎県)《地域の障害者福祉の進展に寄与し、障害者福祉と学校教育のパイプ役を果たしてきた》
(平14年度)　該当者なし
(平15年度)　該当者なし
(平16年度)　該当者なし
(平17年度)　小島　靖子(東京都)《障害児の普通校への就学をすすめる実践・研究を先駆的に実施してきた》
(平18年度)　該当者なし
(平19年度)　三澤　了(東京都)《障害者の福祉の向上をめざし運動を積み重ねている》
(平20年度)　牧口　一二(大阪府)《被災障害者への支援と共に、インクルーシブ教育の発展のために貢献した》

204 ほほえみ賞

故武藤生子氏の遺志により社会福祉法人嬉泉に寄付された基金をもって設立された。精神薄弱児・者関係の社会福祉施設事業関係に勤務している職員の優れた実践研究に研究助成金を贈り、さらにその記録を広く社会に紹介して、多くの職員の研究意欲の向上とよりよき直接処遇の実践に役立つことを目的とする。平成8年度第20回で終了。

【主催者】(社福)嬉泉ほほえみ基金
【選考委員】(第20回)江草安彦(日本精神薄弱者愛護協会会長、旭川荘理事長)、岡田喜篤(国立秩父学園園長)、松矢勝宏(東京学芸大学助教授)、高橋彰彦(嬉泉療育相談所長)、石井哲夫(嬉泉常務理事、白梅学園短期大学学長)
【選考方法】公募
【選考基準】〔資格〕精神薄弱児・者関係の社会福祉施設、事業関係の職員で個人または団体。〔対象〕自らの処遇経験に基づく実践。既に他の賞を得たもの及び他の機関に版権が所属するものを除く。〔応募規定〕400字詰原稿用紙20枚以上50枚以内
【締切・発表】(第20回)締切は平成8年1月31日、同年5月号、「愛護」「手をつなぐ親たち」「福祉新聞」に発表
【賞・賞金】ほほえみ賞:賞状と副賞50万円。ほほえみ奨励賞:賞状と副賞20万円。総額で150万円とする

第1回(昭52年度)
　清水 道子, 新保 美恵子(石川県・第二石川整肢学園・言語室)「重複・重症CP児の言語訓練—コミュニケーションを求めて」
　森 哲弥(滋賀県・第二びわこ学園)「重症心身障害児の教育における教材教具の研究」
　小野 幸一, 武鑓 利佳, 西島 真理子, 津田 雅子(岡山県・旭川学園)「遊びに常同性を持つ子どもたちとの経験から—遊びの変容と拡大をめぐって」
◇ほほえみ奨励賞
　江口 努(北海道・旭川つつじ学園)「障害の重い精薄者の版画指導」
　総崎 清子(大分県・みずほ学園)「盲・ろう・唖・精薄児Y君の食事を中心とした生活指導」
　横沢 敏男(群馬県・はるな郷)「生きがいを求めて—やっちゃんと共に歩んで」
　近藤 弘子, 寺尾 孝士(北海道・おしまコロニー)「障害幼児治療教育の実践的研究—インテグレーションの試み」
第2回(昭53年度)　戸田 正彦(山梨県・育精福祉センター)「居住施設における自立的行動を育てるためのいくつかの試み」
◇ほほえみ奨励賞
　岡野 卓雄(埼玉県・国立秩父学園)「精神薄弱の重い人たちの作業(農作業)能力の開発に関する研究」
　学習担当グループ(滋賀県・信楽青年寮)「共同学習における山小屋製作」
　小野沢 昇(群馬県・はるな郷)「より確かな一歩を願って」
　武久 好光, 戸梶 美也子, 栗林 恒俊(佐賀県・めぐみ更生センター富士学園)「精神薄弱者の正しい生活習慣付けと盗みの治療教育」
第3回(昭54年度)
　辰野 恒雄(長野県・西駒郷)「作業工程の細分化による重病授産の展開についての研究」
　なるみ作業所職員集団(愛知県・ゆたか福祉会)「重度の障害者に労働を保障する取り組み—「治具・道具等」の開発を通じて」
◇ほほえみ奨励賞
　志賀 俊紀(長崎県・八雲寮)「ほんのわずかな歩みの中で—重度精薄ダウン症N君の十三年間の実践記録」
　栗林 文雄(神奈川県・弘済学園)「音楽を媒介にした重度精神薄弱児の集団指導に関する報告」
　高橋 智恵子(群馬県・三愛荘)「精神薄弱者更生施設における強化(特設プログラム)の試みとその経過」
　安西 弘, 亀田 道代, 富塚 鈴江(神奈川県・長沢学園)「中度精神薄弱児の単

第4回(昭55年度)　小沼 肇(埼玉県・国立秩父学園)「ひとりひとりを生かす最重度児のグループ指導」
　◇ほほえみ奨励賞
　　　都築 裕治(東京都・府中児童学園)「身体づくりの実践―手・足に着目して」
　　　国清 一誠(山口県・善和園通勤寮)「可能性を求めて―K・F君を通して」
　　　荒岡 憲正(静岡県・小児療育センター浜松こども園)「母子リズム体操で療育を楽しく―デイリープログラムへの導入としての実践例」
　　　松田 鉄蔵(埼玉県・国立秩父学園)「最重度精神薄弱児の排泄指導の実態とより記録しやすい排泄記録表の作成について」
第5回(昭56年度)
　　　はんな・さわらび学園指導員グループ(群馬県)「重症心身障害児施設における戸外療育活動の実践―訓練道路とトレーラー利用による戸外療育」
　　　三島 卓穂(神奈川県・弘済学園)「私の実践から―T君と共に」
　◇ほほえみ奨励賞
　　　村田 晴美、松沢 千鶴(大阪府・東大阪療育センター)「在宅障害児・者を考える―生活実態の把握と援助の手だてを探る」
　　　本浄 光男(徳島県・吉野川育成園)「理想的健康体を目指して―3年間及び6ヶ月間の肥満体の体力づくり」
　　　吉富 英明(岡山県・旭川児童院)「ほほえみゆとりをみんなとともに―子供達との手さぐりの日々の中から」
　　　桑原 清(新潟県・魚沼学園)「可能性への道」
　◇国際障害者年記念特別入選作品・ほほえみ賞　ユク・リン・ウォン・ライ, プイ・ラン・チュウ, ワイ・シュン・オー(香港工科大学社会福祉学部)「養護学校卒業後の精神薄弱者の社会適応(要約)」
　◇国際障害者年記念特別入選作品・ほほえみ奨励賞　T.I.サヨノ(インドネシア・社会福祉協議会)「学習困難児の男女学習比較(要約)」
第6回(昭57年度)
　　　三浦 啓(神奈川県・弘済学園)「高度難聴児M子への実践」
　　　花ノ木学園看護部指導部グループ(代表・渡辺さよ・松山絹子)(京都府)「重症心身障害児(者)における便秘へのとりくみ」

　◇ほほえみ奨励賞
　　　紫藤 勇市(群馬県・ひまわり園)「集団指導を創る」
　　　志賀 俊紀, 本田 勝秀, 溝田 民弘, 今利 亀人(長崎県・八雲寮)「八雲寮のランナーたち―フルマラソン参加への8年間の実践記録」
第7回(昭58年度)　安冨 良純(香川県・コロニー白鳥園)「重度者の買いもの指導をめぐって」
　◇ほほえみ奨励賞
　　　西川 晴美(東京都・日の出福祉園)「最重度精神薄弱児の歩行訓練」
　　　加藤 吉和(東京都・町田児童学園)「町田児童学園におけるチーム体制について」
　　　下川 恭子(広島県・大野寮)「フィールド・アスレチックと精神薄弱者の体力づくり」
　　　菊地 文夫(茨城県・つくば根学園)「耕運機」
　　　松本 修(香川県・コロニー白鳥園)「施設における母子通園の諸問題について」
第8回(昭59年度)　佐藤 朝子〔ほか6名〕(北海道・太陽の園)「精神薄弱(児)者総合施設における歯の問題に関する研究―6年間の取り組みの中から」
　◇ほほえみ奨励賞
　　　藤沢 雅実(長野県・佐久こまば学園)「漏便・破衣・放尿等の不適応行動の続発する全盲最重度精神薄弱児への心理治療的アプローチ」
　　　加藤 祐一(宮城県・小松島学園)「環境を整えることにより問題行動を消滅させつつある一事例について」
　　　林 靖典〔ほか5名〕(広島県・子鹿学園)「マイクロコンピュータを利用した心身障害児療育の試み」
　　　千脇 ひとみ(千葉県・いずみの家)「通所授産施設の生活指導についての考察―いずみの家の2年半の生活指導を通して」
　　　竹並 正宏(福岡県・鷹取学園)「園生の視聴覚能力の発達をさぐって」
第9回(昭60年度)　該当者なし
　◇ほほえみ奨励賞
　　　森山 里子(新潟県・六花園)「K子の自立をめざして」
　　　田中 恵美子(群馬県・薫英荘)「ホワイトフレンズ 今3才―音楽指導の試み」
　　　石川 喜美子(山形県・希望が丘ひめゆり寮)「情緒安定のもたらしたもの―異

食という問題行動を持つH君の処遇を通して」
松本 敏則(宮城県・第二共生園)「「重度精神薄弱者の木工指導」―補助具の開発による作業内容の広がり」
武田 和典(福島県・石川更生園), 菊池 義昭「「夢刺し」が生まれた―更生施設の作業指導の試み」
原田 智子(山口県・白鳩学園育成館), 古野 まどか「通所生M子さんの自立を求めて」

第10回(昭61年度) 鬼木 裕子(福岡県・しいのみ学園)「精薄盲幼児の療育について」
◇ほほえみ奨励賞
田村 善明(群馬県・はるな郷)「「た・ま・せ・ん・せ〜あ・し〜」―下肢に障害を持つA君の機能訓練より」
大久保 愛, 津田 和子(北海道・三和荘)「食事づくりへのとりくみ―生活のひろがりをもとめて」
久井 睦美(長崎県・むつみの家)「コミュニケーションの広がりを求めて―園内DJ放送の取り組み」
田岡 ひとみ(香川県・ふじみ園)「重度精神薄弱者の歯磨き指導について(経過報告)」
堀米 和子, 青木 百合子, 外山 裕子, 坂本 容子(長野県・水内荘)「水内荘音楽クラブの歩み」

第11回(昭62年度) 該当者なし
◇ほほえみ奨励賞
西垣 籌一(京都府・みずのき寮), 川勝 悦子「みずのき寮における絵画教育―重度精神薄弱者の20余年間の実践記録」
佐藤 利恵子, 池田 俊司, 小林 千恵, 杉内 邦子(埼玉県・青い鳥学園)「シンちゃんの座位獲得から行動へ―あそびの獲得と運動発達の相互関係に焦点を合わせた指導」
向陽の里くすのき寮(宮崎県)「生理ってなに?―重度の知恵遅れの人の生理指導を通しての一考察」
小出 良重(東京都・葛飾通勤寮)「生活寮における自炊訓練指導」
村瀬 精二(神奈川県・弘済学園)「A君との2年間のかかわり―前言語的水準にある自閉児の概念形成への取り組み」
岡部 康則(岡山県・旭川荘いづみ寮)「「ほめること」による重度精神遅滞者の行動変容―イソップ寓話の現代的展開」

第12回(昭63年度) ふじみ園更生寮A職員一同(代表・中村稔)(香川県)「重度障害者の避難訓練について―7年間の歩みから」
◇ほほえみ奨励賞
安冨 良純(香川県・白鳥園)「重度者の園外作業について」
高沢 守, 関根 房子, 増田 富子(埼玉県・青い鳥学園)「純ちゃんの遊びの広がりと発達―障害幼児における常同行動に関する一考察」
小坂 徹, 池上 啓喜, 冨田 耕司(神奈川県・弘済学園)「自閉的傾向を持つ障害の重い年長児に対する一作業展開について―アルミ缶回収作業を通して」

第13回(平1年度) 淡路こども園職員一同(大阪府・水仙会)「通園施設における緊急援助について―援助を通して障害児を育てる家庭の基盤を整える」
◇ほほえみ奨励賞
伊藤 里美, 佐藤 まゆ子, 橋北 久(埼玉県・毛呂病院光の家)「重症心身障害児施設・光の家における3年間の排泄指導―オムツから自立へ」
可児 和子, 青木 建(埼玉県・国立秩父学園)「しげる君の成長と絵の変化」
三井 信義(岩手県・ルンビニー学園)「F子のなわとび獲得を中心として―重度児の運動指導について」

第14回(平2年度) 該当者なし
◇ほほえみ奨励賞
山下 学, 道平 進, 石松 美華(福岡県光の子学園)「母子療育に見られる社会性発達の過程―光の子学園の実践を通して」
橋本 進(東京都大島藤倉学園)「作業を媒介とした最重度精神薄弱者の療育」
おさなご園作業所職員一同(東京都)「心を開き合うための取り組みについて―利用生のための懇談会を巡って」
平松 康雄〔ほか8名〕(広島県「ゼノ」山彦学園)「子どもを主体とした自然の中での療育―落ち葉の中の子どもたち」
前川 厚子, 石橋 美恵子(香川県ふじみ園)「生活指導・重度園生とともに」
佐々木 美穂(香川県白鳥園)「重度精神遅滞を伴う口蓋裂者の言語指導―成人になってから鼻咽喉閉鎖機能を獲得した一症例」

第15回(平3年度) 三浦 三千代, 浜田 和雄(福岡県きく工芸舎)「音楽活動への舎生の

社会的参加をめざした創作律動の試み」
◇ほほえみ奨励賞
山極 小夜子, 平柳 景, 佐々木 信一郎(東京都うめだ・あけぼの学園)「モンテッソーリ教育を土台にした障害幼児の給食指導」
河尻 輝隆, 伊藤 義典, 坪山 達司(愛知県吹上授産所)「作業改善について―quality controlの視点から」
田中 正哉(福岡県第二野の花学園)「療育音楽活動の試み―重度精神薄弱者の自発性を重視した取り組みを通して」
桑盛 由美子(福井県希望園)「入所施設における学習活動プログラムの取り組み」

第16回(平4年度)
高井 富夫(愛知県心身障害者コロニー養楽荘)「施設における「日常のつきあい」の考察―真実の交流関係を求めて」
西野 朋子(滋賀県第二びわこ学園)「心の扉が開かれる時―ちよこさんが教えてくれたこと」
◇ほほえみ奨励賞
生活2班職員一同, 谷村 まさみ〔代表〕, 佐伯 剛美(滋賀県近江学園)「精神薄弱児(者)の自立への模索」
中鉢 順子, 小野寺 清二, 門伝 祈美(宮城県とちのき福祉作業所)「小規模作業所における宿泊訓練の試み―目標別グループによる宿泊訓練の成果と方向生」

第17回(平5年度) 該当者なし
◇ほほえみ奨励賞
平尾 忍, 桜井 茂美, 岩本 直美(京都府醍醐和光寮)「施設で生活する人たちの自主的活動を促す援助―施設内喫茶店の試み」
山下 学(福岡県光の子学園)「自閉傾向児の心を拓く偏食指導」
小川 和孝(東京都友愛学園成人部)「マンツーマンの介助を必要とする人たちの焼物作業における道具の工夫について」
斎藤 礼子(島根県清風園)「こころの色はどんな色―「察し」と「癒し」と「共育」と」
久野 晴行(大阪府金剛コロニー)「施設現場運営ガラクタ箱」

第18回(平6年度) 宮本 桂子(北海道清水友愛の里)「知的障害を持つ人たちの結婚援助について―コンピューターを使用したデータ処理の試み」
◇ほほえみ奨励賞
武田 信一(福岡県きく工芸舎)「舎生の新聞「どりょくしんぶん」―モノレール」―8年間の試み」
成田 真(青森県八甲学園)「可能性を求めて―写真クラブの子ども達と一緒に」
田中 正哉(福岡県第二野の花学園)「重度行動障害者の行動変容について―施設における指導の一考察」

第19回(平7年度) 高橋 滋, 奈須 智, 黒岩 啓輔(宮崎県白浜学園)「僕らは, 新聞配達マン―地域の中で, 普通のつながりを求めて」
◇ほほえみ奨励賞
金子 源太郎(山形県栄光園)「てんかん薬服用者に対する栄光園での見直し―2年間にわたるてんかん治療への積極的な取組みを通して」
碇川 直子(石川県みのり園)「かずよし君と共に歩んで―自閉症者との200日」
篠塚 敦子, 菰渕 敏広, 宮浦 敏子(香川県ふじみ園)「僕たちの挑戦「楽しく生活したい」―保護者と手を組んでの宿泊訓練」
高山 千春(千葉県たびだちの村・君津)「言葉のないSさんのノンバーバル・コミュニケーション形成過程とその後の行動変容―最重度Sさんの心の理解を求めて」

第20回(平8年度) 坂口 扶仁子, 水口 妙子, 赤井 和子(京都障害児福祉協会・ポッポ教室)「お母さんと共に―母親援助の取り組み」
◇ほほえみ奨励賞
富川 孝教, 広瀬 和佳子, 沢田 修(水戸市社会福祉事業団)「スポーツは私たちの夢, みんながヒーロー―世界は感動を待っている」
佐々木 美知子, 宇野 誠, 福地 賢二, 伊東 信好, 柴田 信(八王子平和の家)「よりよい施設をめざして―「倫理綱領」ができるまで」
志賀 康子(洛西愛育園)「洛西愛育園と共に歩んで―機能充実モデル事業が運んできた新しい風に吹かれて」
松田 鉄蔵およびプロジェクト協力者(国立秩父学園)「障害の程度の重い人たちへの活動を地域に求めた取り組みを通して」

205 読売教育賞

教育の現場において，意欲的な研究や創意あふれる指導で優れた業績をあげている教育者や教育団体を広く全国から選び，その功績を顕彰することを目的に設立された。

【主催者】読売新聞社

【選考委員】斎藤孝(明治大学教授，国語教育部門)，澤田利夫(東京理科大学教授，算数・数学教育部門)，太田次郎(お茶ノ水女子大学名誉教授，理科教育部門)，谷川彰英(筑波大学副学長，社会科教育部門)，市川博(帝京大学教授，生活科・総合学習部門)，松浦義行(筑波大学名誉教授，保健・体育の教育部門)，島村礼子(津田塾大学教授，外国語教育部門)，河野義章(東京学芸大学教授，児童生徒指導部門)，東山紘久(京都大学名誉教授，教育カウンセリング部門)，佐藤学(東京大学大学院教授，学校づくり部門)，佐藤一子(法政大学教授，地域社会教育活動部門)，藤田和弘(吉備国際大学学長，特別支援教育部門)，山本文茂(東京芸術大学名誉教授，音楽教育部門)，小林敬和(読売新聞東京本社編集局・文化部長)

【選考方法】自薦または他薦による

【選考基準】〔資格〕国・公・私立を問わず，小・中・高校，盲・ろう・養護学校(学級)，幼稚園，保育所，児童館，学童保育所の長および教職員，またPTA，社会教育団体，教育委員会，教育研究所，博物館，科学館，図書館，公民館，その他の教育機関や団体，およびその関係者。〔対象〕国語教育，算数・数学教育，理科教育，社会科教育，生活科・総合学習，保健体育の教育，外国語教育，児童生徒指導，教育カウンセリング，学校の指導・運営，地域社会教育活動，障害者教育，音楽教育。以上のジャンルで優れた研究と実践を行った個人・団体

【締切・発表】(平成21年)応募締切は5月8日(必着)。7月初めに発表，7月17日表彰式

【賞・賞金】最優秀賞：賞状，楯と副賞各50万円，優秀賞：賞状と記念品

第1回(昭27年)
◇小学校
　和泉 久雄(館山北条小学校長)
　杉岡 茂(香川県筆岡小学校長)
◇中学校
　小西 三治(私田久保田中学校教諭)
　加来 孝義(福岡県椎田中学校教諭)
◇高等学校
　桑原 義晴(北海道倶知安高校教諭)
　鎌田 武(松江産業高校長)
◇盲聾学校
　赤木 将為(宮城県立盲学校兼聾学校長)

第2回(昭28年)
◇道徳教育　米山 圭蔵(甲府市穴切小学校長)
◇社会科
　倉成 英敏(大分市春日町小学校長)
　佐柳 正(香川大学附属坂出小学校教諭)
　井上 喜一郎(神奈川県足柄上郡福沢小学校長)
◇基礎能力
　品田 文松(新潟県北魚沼郡中条小学校長)
　豊島 誠(山口県美禰郡麦川小学校長)
　浅野 ヒナ(秋田市中通小学校教諭)

◇特殊教育
　中村 与吉(新潟市舟栄中学校教諭)
　熊谷 君子(京都市生祥小学校教諭)
　今井 柳三(愛知県名古屋ろう学校長)
◇学校新聞　磯野 修二(新潟県南蒲原郡中浦小学校教諭)

第3回(昭29年)
◇作文教育　大日方 千秋(長野県栄小学校教諭)
◇職業教育　神谷 義雄(愛知県新川中学校長)
◇へき地教育　保坂 安太郎(新潟県十日町高校仙田分校主任)
◇理科教育　片岡 太刀三(秋田県天王中学校教諭)
◇勤労青少年教育　加藤 歓一郎(島根県日登中学校長)
◇新聞教育　岡本 園子(大阪府英彰小学校教諭)
◇幼稚園教育　内匠 すゑ(兵庫県播陽幼稚園長)
◇特殊教育
　泉 吉美(山口県立ろう学校長)
　小杉 長平(東京都青鳥小学校教諭)
　近藤 益雄(長崎県口石小学校教諭)

第4回（昭30年）
　◇現場教師の研修活動　山口県嘉万小学校（代表・原川馨）
　◇算数・数学教育
　　　　山下 百十二（静岡県村櫛小学校長）
　　　　坂口 完二（滋賀県八幡小学校長）
　◇幼児教育　中島 修（埼玉県麗和幼稚園長）
　◇学業遅進児童の指導　塩野 隆洋（山梨県島田小学校長）
　◇定時制教育　行本 一雄（北海道前田高校教諭）
　◇PTA活動の実践　三崎 邦次（三重県大河内第二小学校PTA代表）
　◇健康教育　久留島 武保（香川県安田小学校長）
　◇教具の自作，改作と利用
　　　　有本 進作（新潟県三条高校教諭）
　　　　田辺 綱雄（兵庫県伊丹市教委指導主事）
第5回（昭31年）
　◇家庭科教育　田中 トマ（新潟県大面中学校教諭）
　◇学校と地域社会の共同活動　清水 勇（山口県今宿小学校育英会長）
　◇遠足・修学旅行　荒幡 義輔（埼玉県大原中学校教諭）
　◇理科教育
　　　　桑原 理助（新潟県大崎中学校長）
　　　　相原 健一（埼玉県大東小学校教諭）
　◇視覚教育　東海林 和美（秋田県大曲小学校長）
　◇クラブ活動　村山 貫一（新潟県柏崎市第二中学校長）
　◇定時制と技能者の養成　林 博夫（兵庫県北兵庫高校定時制主事）
第6回（昭32年）
　◇学校図書館経営　松本 玄（千葉県香取郡栗源小学校長）
　◇算数・数学教育　竹内 洋一郎（新潟市万代小学校長）
　◇美術教育　藤岡 静子（大阪府堺市榎小学校教諭）
　◇国語教育　福岡 八郎（徳島大学学芸部付属中学校教諭）
　◇外国語教育　岩佐 利克（秋田県雄勝郡羽後町西馬音内中学校教諭）
　◇学級経営　福島県信夫郡吾妻村野田小学校（代表・内池幸吉）
　◇進路指導　古屋 一雄（山梨県甲府工業高校長）
　◇勤労青少年教育　木村 国夫（広島県深安郡神辺高校大津野分校主任）
第7回（昭33年）
　◇小学校の算数・理科教育　宮城県栗原郡尾松小学校（代表・太宰陸郎）
　◇ローマ字教育　斎藤 千弥男（秋田大学学芸学部付属小学校教諭）
　◇音楽教育　石川県七尾市西湊小学校（代表・山崎常雄）
　◇映画教育　市村 一夫（福岡県久留米市西国分小学校教諭）
　◇高校のクラブ活動　島津 政雄（新潟県立中央高校長）
　◇特殊教育
　　　　西村 幸治（奈良市鼓阪小学校教諭）
　　　　中丸 良彦（福島市福島第四中学校教諭）
　◇定時制・通信教育・技能者養成教育　春名 一明（兵庫県佐用郡佐用高校平福分校主任）
　◇成人教育活動
　　　　工藤 妙（大分県南海部郡上野婦人学級運営委員長）
　　　　岡田 正明（埼玉県北埼玉郡種足中学校教諭）
第8回（昭34年）
　◇学校経営　柳沢 徹夫（千葉県香取郡笹川中学校長）
　◇道徳教育・生活指導　直原 兵平（大阪市東成区玉津中学校長）
　◇科学教育
　　　　乗松 尚（愛媛県八幡浜市大島中学校教諭）
　　　　渡辺 英郎（北海道立函館中部高校教諭）
　◇作文教育
　　　　吉原 清（新潟県佐渡郡金井小学校教諭）
　　　　岡田 貞義（山口県大島郡久賀高校教諭）
　◇工作教育　小島 良蔵（青森県中津軽郡相馬小学校藍内分校教諭）
　◇体育の教育　近藤 八十夫（埼玉県秩父郡間明平中学校長）
　◇テレビ教育　関谷 藤四郎（新潟県東頭城郡松之山小学校長）
　◇勤労青少年教育　三好 和夫（香川県琴平高校定時制主事）
　◇PTA活動　今井 豊蔵（福島県信夫郡湯野小学校長）
第9回（昭35年）
　◇学校経営　沢田 半右衛門（青森県下北郡佐井小学校川目分校教諭）
　◇道徳教育・生活指導　二宮 重幸（大分市滝尾小学校長）
　◇科学技術教育
　　　　塩田 啓二（岡山県井原市井原中学校教諭）

II 文化　　　　　　　　　　　　　　　　　　　　205　読売教育賞

　　　黒子 三良(山口県長門市水産高校教諭)
◇歴史教育　石原 国光(山梨県山梨市加納岩中学校教諭)
◇読書指導　浜中 重信(大阪市滝川小学校教頭)
◇複式教育　西条 益夫(徳島県鳴門市島田小学校室分校教諭)
◇養護教育　藤本 晴雄(兵庫県豊岡市豊岡中学校教諭)
◇勤労青少年教育　小野 良泰(新潟県両津市東中学校(旧河崎中)教諭)
第10回(昭36年)
◇学校行事　静岡県庵原郡由比町西小学校(校長・湊葉弘)
◇基礎学力
　　　佐賀県佐賀郡春日小学校(校長・鶴田辰次)
　　　坂井 勝司(新潟県東頸城郡下保倉小学校長)
◇外国語教育　山田 芳夫(京都市九条中学校教諭)
◇校外生活指導　千葉県銚子市明神小学校(校長・堀竜之助)
◇中・高校の理科教育
　　　近藤 芳彦(岐阜大学付属中学校教諭)
　　　若宮 義次(福岡県立糸島高校教諭)
◇クラブ活動　庄司 正明(宮城県柴田郡沼辺中学校教諭)
◇盲ろう教育　今任 統夫(福岡県立福岡ろう学校教諭)
◇スポーツ指導　野口 七郎(佐賀県立佐賀高校教諭)
◇就職後の補導　菊地 義彦(宮城県栗原郡一迫中学校教諭)
◇高校の産学協同　清水 小十(北海道立岩見沢農業高校教諭)
第11回(昭37年)
◇職員会議　松浦 雅公(新潟市垂沼小学校長)
◇小学校社会科(とくに地理教育)　河野 睦也(徳島県鳴門市撫養小学校教諭)
◇国語指導(とくに文法，表記の指導)　鈴木 波男(静岡県浜名郡北浜中学校教諭)
◇技術科教育
　　　佐藤 一司(埼玉県熊谷市大原中学校教諭)
　　　福岡県八幡市中央中学校(校長・豊田喜祐)
◇中学校の生活指導(とくに生活指導としての進学，非行児指導)
　　　速水 清一(徳島県名東郡佐那河内中学校長)
　　　野村 英一(浦和市岸中学校教諭)
◇盲教育

　　　河合 久治(東京教育大教育学部付属盲学校教諭)
　　　今川 勇(福井県立盲学校教頭)
◇農業高校の再編成　久世 幸治(富山県立富山産業高校長)
第12回(昭38年)
◇学校経営　松田 吉辰(長野県大町市大町小学校長)
◇社会科　白石 和己(仙台市東華中学校教諭)
◇話しことばの指導　宮崎 記代江(徳島市富田小学校教諭)
◇科学教育
　　　神奈川県足柄下郡理科教育研究会(代表・神保憲朗)
　　　生野 ヒサ(福岡県北九州市立荻ヶ丘小学校教諭)
◇道徳教育
　　　中村 邦夫(埼玉県熊谷市荒川中学校教頭)
　　　渡辺 健二(仙台市北六番丁小学校教諭)
◇ホームルーム　森 孝三郎(徳島県立徳島商業高校長)
◇進学指導　小林 睦治(新潟県刈羽中学校長)
◇特殊教育
　　　大石 三郎(千葉市蘇我中学校教諭)
　　　高橋 矩夫(大分市新生養護学校長)
◇定時制・通信教育　千葉県立千葉東高等学校(校長・石毛貞雄)
◇教育委員会
　　　島根県出雲市教育委員会(委員長・長岡豊盛)
　　　長野県教育委員会数学指導課(課長・太田美明)
◇成人教育　吉本 珖(高知県室戸市羽根中学校教諭)
第13回(昭39年)
◇小・中学校の国語教育　千葉県香取郡山田町立八都小学校(校長・小林邦治)
◇高校の数学・理科教育　千葉県習志野市立習志野高等学校(校長・山口久太)
◇小・中学校の「道徳」　新潟県三島郡出雲崎町立西越中学校(校長・安達孝司)
◇特別教育活動　山口県立柳井商工高等学校(代表・守政輝雄職業指導主事)
◇幼稚園教育　北九州市立小倉幼稚園(園長・黒木道子)
◇辺地教育
　　　柏倉 博(山形県東根市立東郷小学校入分校主任)
　　　大東 幸雄(奈良市立田原小学校柚ノ川分校教諭)

児童の賞事典　365

◇教育委員会　奈良県教育委員会指導課（課長・今西宗一）
◇教育研究所
　　信濃教育会教育研究所（所長・上田薫）
　　新潟県立教育研究所（所長・小林正直）
第14回（昭40年）
◇小・中学校の作文教育　大橋 清一（埼玉県川越市立大東西小学校教諭）
◇小・中学校の社会科教育　兵庫県小・中学校郷土学習研究グループ（代表・野上安郎三原郡緑町立広田中学校長）
◇小・中学校の理科教育
　　佐賀市立鍋島小学校（校長・古賀清次）
　　山口 裕文（奈良県五条市立阿太小学校教頭）
◇小・中学校の音楽教育　松本 きみ子（熊本市白川小学校教諭）
◇進路指導　徳島県立池田高等学校（校長・岩橋昌）
◇辺地教育
　　岩倉 昭雄、岩倉 縫子（岐阜県益田郡馬瀬村立中切小学校川上分校教諭）
　　遠藤 昌夫（秋田県由利郡矢島町立矢島小学校金ケ沢分校教諭）
◇特殊教育　大熊 喜代松（千葉市立院内小学校言語治療教室主任）
◇定時制高校における学習指導　相川 秀和（福島県立門司高校教諭）
第15回（昭41年）
◇学級経営における能力別指導　富山県滑川市立北加積小学校（校長・井原正則）
◇小・中学校の国語教育　静岡県浜名郡新居町立新居小学校（校長・山下百十二）
◇理科教育
　　岸岡 務（鳥取県米子市立弓ケ浜中学校教諭）
　　岐阜県大垣市立宇留生小学校（校長・河合正一）
◇中・高校の外国語教育　山梨県立甲府高等学校（校長・日向誉夫）
◇工作　前田 馨（奈良県北葛城郡新庄町立新庄小学校教諭）
◇体育　愛知県丹羽郡大口町立大口北小学校（校長・奥村久男）
◇辺地教育　鈴木 介介（山形県西村山郡朝日町立本木小学校木川分校教諭）
◇成人教育　田井能 喜三郎（愛媛県立松山工高校定時制主事）
◇教育委員会の活動　大分市教育委員会（教育長・池見喬）

◇教育研究所の活動　群馬県教育研究所（所長・佐野金作）
第16回（昭42年）
◇学校経営　本宮 源一（千葉県佐原市立佐原中学校長）
◇幼児教育　花木 イソ（奈良県大和郡山市立郡山幼稚園長）
◇小・中学校の算数教育　高浜 正海郎（鹿児島県立養護学校教諭）
◇中学校の歴史教育　斎藤 宏（静岡県田方郡韮山町立韮山中学校教諭）
◇小・中学校の道徳教育　奥西 徳義（奈良県奈良市立鼓阪小学校長）
◇学校給食の指導　林 邦雄（神奈川県鎌倉市立御成小学校長）
◇安全教育　野呂 敏（三重県伊勢市立修道小学校長）
◇辺地教育　芝 貞夫、芝 礼子（鹿児島県大島郡十島村立中之島小学校日之出分校教諭）
◇特殊教育　北海道旭川市特殊学級担任者会（代表・橋本勝郎）
◇教育研究所の活動　阿部 守衛（新潟県新潟市立教育研究所長）
◇公民館の活動　林 栄代（福岡県北九州市教育委員会戸畑支所社会教育課）
第17回（昭43年）
◇学校経営
　　井上 英信（山梨・甲府市南西中学校長）
　　菅井 豊吉（新潟県新発田市第一中学校長）
◇中学・高校の国語教育　佐藤 寛志（香川県観音寺第一高校教諭）
◇小学校中学年の社会科教育　角竹 弘（岐阜県武儀郡洞戸中学校教諭）
◇小・中学校の理科教育
　　蓑田 啓一郎（熊本県八代市第一中学校教諭）
　　中山 湧水（高知市初月小学校教諭）
◇中学・高校の外国語教育　林 繁樹（福井市明道中学校長）
◇小・中学校の道徳教育　沢畑 登（茨城県日立市大久保中学校教諭）
◇安全教育　下崎 実（広島県賀茂郡西条中学校長）
◇辺地教育　田中 竜美（長崎県北松浦郡小値賀小学校六島分校教諭）
◇身体障害児の教育　飯島 五郎（山梨県立盲学校長）
◇進路指導　吉井 正男（千葉県千葉商高校長）
◇PTA活動　水谷 善彦（名古屋市有松川PTA会長）

◇教育委員会の活動　安江　又右衛門（岐阜県加茂郡東白川村教育委員会教育長）

第18回（昭44年）
　◇小学校の算数教育　長尾　茂（香川県観音寺市立南小学校長）
　◇小・中学校の理科教育　佐藤　政五郎（青森県八戸市立吹上小学校長）
　◇中学・高校の国語教育（とくに読解指導）　福島　浩之（兵庫県立福崎高等学校教諭）
　◇小・中・高校の芸術教育
　　　鎌田　五郎（秋田県大曲市立大川西根小学校長）
　　　青木　繁（新潟県岩船郡山北町立下海府中学校教諭）
　◇小・中・高校の保健・体育　平野　喜一（千葉県野田市立宮崎小学校長）
　◇小・中・高校の道徳教育　佐藤　誠一郎（大分県日田市立三芳小学校長）
　◇小・中・高校の特別教育活動　大川　善夫（群馬県沼田市立薄根中学校長）
　◇辺地教育　岡田　弘治（香川県塩江町立塩江小学校樺川分校主任）
　◇成人教育
　　　松永　健哉（東京都台東区黄十字学園責任者）
　　　大津　勇（福岡県山門郡大和町）
　◇教育研究所の活動　渡辺　諭吉（富山県西礪波郡福光町教育センター所長）

第19回（昭45年）
　◇小・中学校のカリキュラム編成　山本　嘉治（千葉市立本町小学校長）
　◇教育機器の利用（教育工学）　岡村　達（北海道亀田郡大野町立萩野中学校長）
　◇小学校の国語教育（とくに読解または作文）
　　　川村　義一（八戸市立八戸小学校長）
　　　渡辺　郁子（松江市立乃木小学校）
　◇中学・高校の数学教育　南　明子（仙台市立東車中学校教諭）
　◇高校の理科教育　福島　義一（埼玉県立秩父農工高校教諭）
　◇小・中・高校の芸術教育
　　　富沢　定一（柏市立第一小学校長）
　　　広島県東部図工美術教育連盟（代表・来山武雄）
　◇中学・高校の進路指導　田中　邦男（松江市立第四中学校長）
　◇小・中・高校の国際理解の教育　小川　隆通（埼玉県立戸田高校教諭）
　◇教育委員会の活動　松尾　禎吉（青森県三戸郡三戸町教育委員会教育長）

◇幼児教育　原田　寛子（北九州市立中島幼稚園長）

第20回（昭46年）
　◇小・中学校の国語教育　田崎　しづえ（茨城県石岡市立府中小学校根当分校教諭）
　◇算数・数学教育　瀬口　忠一（熊本県山鹿市立山鹿小学校教諭）
　◇理科教育
　　　刈込　実（東京都文京区立第九中学校教諭）
　　　北九州市立米町小学校（校長・山本桂一）
　◇社会科教育　作花　典男（香川大学教育学部付属坂出中学校教諭）
　◇小・中・高校の芸術教育
　　　仙台市立西多賀小中学校療養所分校（教頭・半沢健）
　　　千葉県長生郡一宮町立一宮小学校（校長・森芳男）
　◇小・中・高校の体育　秋田県南秋田郡昭和町立豊川小学校（校長・若松研一）
　◇道徳教育　佐藤　周子（徳島県美馬郡半田町立半田小学校教諭）
　◇公民館の活動　畔高　義正（岡山県真庭郡新庄村公民館長）
　◇高校の定時制通信制教育　後藤　三夫（新潟県立小出高校定時制主事）

第21回（昭47年）
　◇小・中学校の文学教育　広島県世羅郡世羅町立大田小学校（校長・山口博人）
　◇小学校の算数教育　山形県西村山郡西川町立入間小学校（校長・横清哉）
　◇理科教育
　　　倉田　稔（長野県松本市立旭町中学校教諭）
　　　城谷　義子（兵庫県姫路市立城北小学校教諭）
　◇小・中・高校の社会科教育　川口　光勇（青森県立弘前中央高校定時制教諭）
　◇小・中・高校の芸術教育　能登谷　清（秋田県平鹿郡雄物川町立里見小学校教諭）
　◇教育機器の導入と利用　大内　信俊（愛媛県立今治工業高校教諭）
　◇辺地教育　福岡　克美（石川県石川郡河内村立河内小学校教諭）
　◇成人教育活動
　　　千葉県銚子市立若宮小学校父母と教師の会（会長・常盤豊司）
　　　金子　貞二（岐阜県郡上郡明方村立明方中学校長）
　◇盲ろう教育　東京都渋谷区立大向小学校（代表・北原貞治教諭）

◇幼児教育　島根県八束郡宍道町立宍道幼稚園(代表・新田旭子教諭)
第22回(昭48年)
　◇小・中学校の国語教育
　　　岸田 千代子(鳥取県籟川郡多伎町立岐久小学校教諭)
　　　杉本 恒子(徳島県小松島市立千代小学校教諭)
　◇理科教育
　　　渡辺 住夫(岐阜県加茂郡七宗町立神淵小学校教諭)
　　　梅本 利広(徳島県立池田高校教諭)
　◇情操教育　千葉県館山市立第二中学校(校長・星谷悌二)
　◇過疎地教育
　　　宮崎県東臼杵郡西郷村立山瀬小学校長崎分校(校長・佐藤九州男)
　　　香川県丸亀市立手島小学校(代表・福沢一雄教諭)
　◇特殊教育
　　　仙台市立上町小学校(校長・伊藤竜夫)
　　　鏡 隆左衛門(山梨県立山形聾学校教諭)
　◇幼児教育　篠田 美佐子(大分県臼杵市立市浜幼稚園園長)
第23回(昭49年)
　◇小学校の国語教育　山脇 映子(高知県伊野町立伊野小学校教諭)
　◇小・中・高校の算数・数学教育　高田 クミ子(姫路市立城陽小学校教諭)
　◇小・中・高校の理科教育　佐々木 靖典(徳島市立高校教諭)
　◇小・中・高校の社会科教育　広島県瀬戸田町立瀬戸田小学校(校長・伊藤準蔵)
　◇小・中・高校の音楽教育　山形県立山形西等学校(校長・笠原二郎)
　◇幼児教育
　　　浜田 幸生(横須賀市私立しらかば保育園長)
　　　秋田市私立ルーテル愛児幼稚園(園長・片桐格)
　◇肢体不自由児教育
　　　斎藤 皓子(千葉県立桜が丘養護学校教諭)
　　　米光 光子(佐賀県立金立養護学校教諭)
　◇成人教育活動　奈良県榛原町教育委員会(代表・梶野雄介社会教育課長)
　◇教育委員会の活動
　　　奈良県教育委員会教育放送課第一企画係(係長・大西照雄)
　　　徳島県那賀郡木頭村教育委員会(教育長・走川輝一)

第24回(昭50年)
　◇道徳教育　江ヶ崎 貞夫(千葉県旭市立第一中学校長)
　◇美術教育　畠山 理助(岩手県釜石市立八雲小学校長)
　◇幼児教育　鈴木 栄助(山形県立山形盲学校長)
　◇肢体不自由児教育　山本 朋江(千葉市立松ヶ丘小学校教諭)
　◇成人教育活動　冨士谷 あつ子(京のおんな大学主宰)
　◇小・中学校の国語教育　佐々木 義勝(福島県いわき市立錦小学校教諭)
　◇小・中・高校の算数・数学教育　斎藤 敬亮(宮崎県西郷村立山瀬小学校長崎分校教諭)
　◇小・中学校の理科教育　征矢 哲雄(長野県伊那市立伊那中学校教諭)
第25回(昭51年)
　◇小・中学校の国語教育
　　　銚子市立興野小学校(校長・堀竜之助)
　　　以西 久代(徳島市立加茂名小学校教諭)
　◇小・中・高校の算数・数学教育　小林 巳喜夫(渋川市立西小学校教諭)
　◇小・中学校の理科教育
　　　小筆 恵美子(宇都宮市立清原中学校教諭)
　　　千葉県大多喜町立上瀑小学校(校長・大岩富士雄)
　◇小・中・高校の社会科教育　平塚市立港小学校(代表・小室修二教諭)
　◇小・中・高校の保健室活動
　　　金森 恭子(大野市立下庄小学校養護教諭)
　　　桜井 すゞ代(大宮市立東大成小学校養護教諭)
　◇進学問題にどう対処したか
　　　小谷野 力勇(鹿沼高校教諭)
　　　松村 剛(八戸市立第一中学校長)
　◇在学青少年の学校外教育活動　佐賀県東与賀町立東与賀中学校(代表・納富兼次前校長)
　◇幼児教育　福山市誠信幼稚園(代表・檀上順子教諭)
第26回(昭52年)
　◇小・中・高校の国語教育
　　　山口県光市立室積小学校(校長・藤山敏見)
　　　松浦 好(岩手県立杜陵高校教諭)
　◇小・中・高校の算数・数学教育　佐川 愛子(滋賀県甲賀郡甲西町立岩根小学校教諭)
　◇小・高校の理科教育　安倍 慎(大分県立中津北高校教諭)

◇小・中・高校の保健室活動　高原 二三(長崎県立長崎東高校養護教諭)
◇小・中・高校の情操教育　武藤 哲雄(熊本市立西原小学校教諭)
◇障害児教育　日立市立大久保小学校ことばの教室(代表・丸山勝雄教諭)
◇過疎地教育　新潟県中魚沼郡津南町立中津峡小学校(校長・庭野忠男)
◇幼児教育　鳥取県倉吉市立上井第一保育園(代表・石賀サチ子主任保母)
◇教育研究所の活動　北海道教育研究所連盟(委員長・斎藤実)

第27回(昭53年)
◇小・中・高校の国語教育　吉永 幸司(滋賀大学教育学部付属小学校教諭)
◇小・中・高校の算数・数学教育　松島 桂太郎(別府市立鶴見小学校教諭)
◇小・中・高校の理科教育　篠原 尚文(栃木県立宇都宮高校教諭)
◇小・中・高校の社会科教育　池田 正光(北九州市教育委員会たしろ少年自然の家指導主事)
◇道徳教育
　　いわき市小学校教育研究会道徳教育研究部(部長・根本篤いわき市立小名浜第一小学校長)
　　斎藤 公隆(宮城県亘理郡亘理町立亘理中学校教諭)
◇小・中・高校の生活指導　長野市・私立篠ノ井旭高等学校(校長・英林繁太)
◇障害児教育　神戸市小学校教育研究会心身障害児教育研究部(部長・溝下宏神戸市立千歳小学校長)
◇幼児教育　奈良県田原本町立南幼稚園(園長・片岡良一)

第28回(昭54年)
◇国語教育　佐野 泰臣(徳島県立城北高校教諭)
◇算数・数学教育　原田 慶子(山口県光市立室積小学校教諭)
◇理科教育
　　埼玉県秩父郡大滝村立上中尾小学校(校長・新井肇司)
　　石戸 励(青森県立青森高校教諭)
◇社会科教育　千葉県東金市立城西小学校(校長・加瀬国雄)
◇情操教育
　　栃木県真岡市立中村中学校(校長・榎戸隆夫)
　　江藤 勝久(東京都足立区立寺地小学校)
◇障害児教育　青木 嗣夫(京都府立与謝の海養護学校長)

◇幼児教育　石川 郁子(秋田県飯田川町立若竹幼児教育センター飯田川保育園長)
◇社会教育活動　渡辺 茂(群馬県邑楽郡明和村立明和西小学校PTA前会長)
◇教育研究所の活動　風巻 友重(新潟県地区理科教育センター研究協議会長)

第29回(昭55年)
◇小・中学校の国語教育　松本 千代子(福井県坂井郡丸岡町立平章小学校教諭)
◇算数・数学教育　高橋 堯爾(静岡県浜松市立北小学校教諭)
◇理科教育　金安 健一(新潟県立新潟盲学校教諭)
◇情操教育　飯野 五十吉(茨城県新治郡桜村立桜中学校教諭)
◇障害児教育　佐賀県立金立養護学校養訓部(代表・重松康雄教諭)
◇幼児教育
　　岐阜県瑞浪市立瑞浪幼稚園(園長・尾石安正)
　　久野 登久子(高千穂学園高千穂幼稚園長)
◇学校の指導・運営　鳥取市立美保小学校(校長・木下政雄)
◇社会教育活動　国吉 君子(千葉市婦人大学セミナー代表)

第30回(昭56年)
◇国語教育　清水 和夫(東京都立足立西高校教諭)
◇算数・数学教育　福島県立二本松工業高校数学科(代表・本間正幸教諭)
◇理科教育　千葉市立北貝塚小学校(校長・小山天祐)
◇社会科教育　安藤 一郎,本保 弘文(千葉市立千城台南中学校教諭)
◇言語教育　東京都目黒区立東山小学校(校長・榊原烋一)
◇障害児教育　宇都宮 鏡子(大分県立別府養護学校教諭)
◇児童生徒指導・情操教育　八ツ塚 実(広島県尾道市立長江中学校教諭)
◇学校の指導・運営　東京都文京区立湯島小学校(代表・小沢恒三郎前校長)
◇社会教育活動　沖 繁(広島市立安西小学校PTA会長)
◇教育活動・教育施策の研究・実践
　　静岡県清水市教育委員会(教育長・油井猛治)
　　網川 浄(栃木県宇都宮市立姿川中学校教諭)
　　長岡 孝之(栃木県宇都宮市立雀宮中学校教諭)

第31回（昭57年）
　◇国語教育　光元　聡江（岡山県倉敷市・私立清心女子高校教諭）
　◇算数・数学教育　久道　登（宮城県仙台市立南小泉中学校教諭）
　◇理科教育　岐阜県関市・関の自然を調べる会（代表・山口常二郎）
　◇社会科教育　小林　秀夫（長野県北佐久郡軽井沢町立軽井沢東部小学校教諭）
　◇障害児教育　長崎県立長崎養護学校（代表・内堀勝義）
　◇児童生徒指導　千葉県夷隅郡岬町立岬中学校（代表・菰田潤七郎）
　◇幼児教育　森川　紅（兵庫県姫路市立めぐみ保育所）
　◇学校の指導・運営　愛知県西尾市立室場小学校（代表・高須音次郎）
　◇教育活動・教育施策の研究・実践　千葉県立千葉商業高等学校（代表・久保田一麿）
第32回（昭58年）
　◇国語教育　千葉県富津市吉野小学校（代表・渡辺さわ教諭）
　◇算数・数学教育　東京都世田谷区松原小学校（代表・坪田耕三教諭）
　◇理科教育　真鍋　信義（長崎県北松浦郡小値賀町小値賀中学校教頭）
　◇社会科教育　千葉県夷隅郡岬町長者小学校（校長・田中益男）
　◇障害児教育　昇地　三郎（福岡市・社会福祉法人しいのみ学園長）
　◇児童生徒指導　山口県美祢市伊佐中学校（校長・原田卓雄）
　◇幼児教育
　　　白石　伸子（横浜市教育センター幼児教育センター所長）
　　　堀井　巳恵子（横浜市小菅ヶ谷小学校教諭）
　◇学校の指導・運営　新潟県新発田市外ヶ輪小学校（校長・大滝末次）
　◇社会教育活動　宗村　道生（福岡県子供会研修隊連絡協議会長）
第33回（昭59年）
　◇国語教育
　　　福岡県八女郡黒木町立枝折小学校（代表・栗山シズ子）
　　　吉田　よし子（宮城県栗原郡若柳町立畑岡小学校教諭）
　◇理科教育　水野　平（富山市立八人町小学校代表）
　◇社会科教育　斎藤　武也（千葉県船橋市立高郷小学校教諭）
　◇障害児教育　千葉市立検見川小学校まきのこ学級（代表・金沢義広、奥村兼弘）
　◇児童生徒指導
　　　新潟県南魚沼郡六日町立六日町中学校58年度第3学年部（代表・田村賢一）
　　　福田　節子（千葉市立更科小学校教諭）
　◇学校の指導・運営　東京都荒川区立日暮里中学校（代表・桐山京子）
　◇社会教育活動　大阪市立こども文化センターこども詩の会（代表・足立巻一）
　◇教育活動・教育施設の研究・実践　広島県工業教育検討グループ（代表・松前実）
第34回（昭60年）
　◇国語教育
　　　福島県郡山市立大島小学校（代表・星幸雄元校長）
　　　渡辺　昇子（千葉県茂原市立茂原中学校元教諭）
　◇算数・数学教育　長崎県平戸市立獅子小学校（代表・真辺静男）
　◇理科　中馬　民子（東京都大田区立嶺町小学校教諭）
　◇社会科　森　泰（島根県松江市立白潟小学校教諭）
　◇障害児教育　東京都立足立養護学校中学部（代表・脇坂順雄）
　◇児童生徒指導　池島　徳大（奈良県王寺町立王寺小学校教諭）
　◇情操教育　高橋　昭子（埼玉県大宮市立指扇小学校教諭）
　◇社会教育活動　山口　英夫（山梨県大月市元社会教育委員長）
　◇教育活動・教育施設の研究・実践　小堀　一郎（静岡県立静岡工業高校教諭）
第35回（昭61年）
　◇国語教育　吉村　勇善（名古屋市立南光中学校教諭）
　◇算数・数学教育　長崎県郷ノ浦町立初山小学校算数科学習指導研究会（代表・末永正幸校長）
　◇理科教育
　　　三石　光子（東京都大田区立入新井第一小学校教諭）
　　　酒井　克（埼玉県都幾川村立都幾川中学校教諭）
　◇社会科教育　青柳　睦（福岡県北九州市立永犬丸西小学校教諭）
　◇学校体育　千葉県大多喜町立西畑小学校（校長・渡辺五郎）
　◇障害児教育　東京都立石神井ろう学校（代表・小川美佐子元教諭）
　◇児童生徒指導　林　芳隆（千葉市・私立千葉工商高校教諭）

◇学校の指導・運営　神奈川県川崎市立高津中学校(代表・馬場英顕教諭)
◇社会教育活動　十文字 美恵(神奈川県川崎市菅生こども文化センター企画会議委員)
第36回(昭62年)
◇国語教育　橋本 ヤス(青森県八戸市立根城中学校教諭)
◇算数・数学教育　竹本 芳朗(山口県立南陽工業高校教諭)
◇社会科教育　小森 ケン子(新潟県長岡市立南中学校教諭)
◇学校体育　岐阜県岐南町立東小学校(校長・吉田豊一)
◇障害児教育　原 敏夫(北九州市立八幡西養護学校教諭)
◇学校の指導・運営
　　田中 洋一(新潟県立新発田南高校教諭)
　　東京都・私立昭和女子大学付属昭和小学校(代表・巳波瑠美教頭)
◇教育委員会・教育研究所の調査研究活動　群馬県松井田町教育委員会(教育長・小板橋文夫)
第37回(昭63年)
◇国語教育　高橋 俊三(東京学芸大付属世田谷中学校教諭)
◇理科教育
　　菅野 幸雄(福島県立福島女子高校教諭)
　　宮崎 武史(岡山県立玉野高校教諭)
◇児童生徒指導　加藤 治朗(栃木県大田原市立大田原小学校教諭)
◇幼児の保育　原田 愛子(東京都千代田区立錦華幼稚園教諭)
◇障害児教育　中村 幸子(秋田県立秋田養護学校養護教諭)
◇学校の指導・運営
　　堤 幹夫(山形学院高等学校「小さな親切」の会代表)
　　大島 道男(群馬県上野村立上野中学校教諭)
◇社会教育活動　高木 一哉(北海道八雲町・若人の集い実行委員会代表)
◇教育委員会・教育研究所の調査研究活動　古谷 武雄(千葉県柏市教育委員会教育長)
第38回(平1年)
◇国語教育　山田 澄子(島根県桜江町立川越小学校教諭)
◇算数・数学教育　岩手県一戸町立小鳥谷中学校(校長・野里広)
◇理科教育　広島県世羅町立西大田小学校(校長・井上右三)
◇社会科教育　永島 正雄(神奈川県川崎市立向丘中学校教諭)
◇障害児教育　永野 佑子(東京都練馬区立旭丘中学校教諭)
◇学校の指導・運営
　　和田 啓子(福岡県北九州市立山の口小学校長)
　　稲飯 章(徳島県那賀川町立那賀川中学校長)
◇社会教育活動
　　岡 尚志(山梨県ボランティア協会事務局次長)
　　秋山 元治(東京都世田谷区「自然の教室」主宰)
◇教育委員会・教育研究所の調査研究活動　中村 章(栃木県足利市教育委員会前教育長)
第39回(平2年)
◇国語教育　田中 宏和(静岡県立藤枝北高校教諭)
◇理科教育
　　中野 光孝(名古屋市立猪子石小学校教諭)
　　後藤 道夫(東京都八王子市・工学院大学高校教諭)
◇社会科教育　塩崎 勝彦(三重県伊勢市立東大淀小学校代表)
◇幼児の教育　宮崎 清(長野県保育専門指導員)
◇障害児教育　中島 康男(福岡県直方市・直方に小規模通園施設をつくる会代表)
◇学校の指導・運営
　　品川 洋子(北九州市立曽根中学校長)
　　鈴木 信勇(宮城県築館町立築館中学校代表)
◇社会教育活動
　　早川 たか子(東京都多摩市立北豊ケ丘小学校平成元年度3年ゆりの木会PTA課外活動委員会代表)
　　辻尾 栄市(大阪府箕面市・少年少女文化財教室代表)
第40回(平3年)
◇国語教育　中根 瑛子(茨城県阿見町立竹来中学校教諭)
◇算数・数学教育　山口県岩国市立通津小学校
◇社会科教育　望月 公子(東京都荒川区立第二日暮里小学校教頭)
◇外国語教育　石川 英子(東京都豊島区立朝日中学校長)
◇児童生徒指導　広島県福山市・私立盈進高等学校
◇幼児の教育　宇井 靖子(東京都中央区立京橋朝海幼稚園教諭)
◇障害児教育　鳥取県立白兎養護学校
◇学校の指導・運営　静岡市立安東小学校
◇社会教育活動　広島市中央公民館

◇教育委員会・教育研究所等の調査研究活動
　　新潟県中学校教育研究会
第41回（平4年）
　◇国語教育　川上　信子（青森県立五戸高等学校教諭）
　◇算数・数学教育　三浦　祥志（愛知県知立市知立中学校教諭）
　◇理科教育
　　　　城　成治（山口県防府市立车礼小学校校長）
　　　　福島理科の会
　◇社会科教育　岐阜県美濃加茂市立山手小学校
　◇体育の教育　新川　美水（山口県阿武町教育委員会派遣社会教育主事）
　◇外国語教育　福井県立武生東高等学校
　◇児童生徒指導　竹内　隆夫（元長野県中野市立高社中学校校長）
　◇障害児教育　青森県弘前市・ダウン症児の早期療養を進める会ひまわりの会
　◇学校の指導・運営　茨城県石岡市立関川小学校
　◇社会教育活動　岩手県三陸町立甫嶺小学校
第42回（平5年）
　◇国語教育
　　　　阿部　直久（神奈川県藤沢市立滝の沢小学校教諭）
　　　　四分一　勝（群馬県桐生市立東中学校教諭）
　◇算数・数学教育　山形算数・数学評価研究会（代表・山本正明）
　◇社会科教育　村野　光則（東京都立秋留台高校教諭）
　◇体育の教育　神奈川県藤沢市立小学校体育教育研究会（代表・南　英毅）
　◇幼児の教育　静岡県磐田市立東部小学校附属南御厨幼稚園（代表・角皆恵子）
　◇障害児教育　堀田　喜久男（名古屋市立平田小学校非常勤講師）
　◇学校の指導・運営
　　　　井上　葉子（山口県美祢市立重安小学校教諭）
　　　　島田　葉子（東京都北区立北中学校内不登校児童生徒訪問指導室嘱託員）
　◇社会教育活動　群馬県生涯学習センター（代表・千吉良覚）
第43回（平6年）
　◇国語教育　矢尾　米一（奈良県立添上高校教諭）
　◇算数・数学教育　千葉県立船橋豊富高校数学科（代表・滝沢洋）
　◇理科教育　南木　義男（宇都宮市立若松原中学校教諭）

◇社会科教育　竹沢　伸一（千葉県市川市立第八中学校教諭）
◇生活科の指導　宮原　千香子（東京都江戸川区立大杉東小学校教諭）
◇体育の教育　静岡県浜北市立新原小学校（代表・大石修司）
◇外国語教育　股野　儷子（津田英語会講師）
◇児童生徒指導　神奈川県大磯町立大磯中学校（代表・吉田文彰）
◇障害児教育　渡辺　美佐子（東京都立墨東養護学校教諭）
◇学校の指導・運営　佐久島の教育を育てる会（代表・安井克彦）
◇社会教育活動
　　川崎市ふれあい館（代表・裴重度）
　　谷口　いわお（岐阜県高山市農業委員）
◇幼児の教育　該当者なし
第44回（平7年）
◇国語教育
　　鹿島　和夫（神戸市立湊小学校教諭）
　　辻井　義彦（大阪教育大付属平野中学校教諭）
◇算数・数学教育　横山　美登里（東京都大田区立道塚小学校教授）
◇理科教育　千葉県立船橋高校リニアモーター同好会（代表・大山光晴教諭）
◇社会科教育　福田　英樹（埼玉県飯能市立飯能第一中学校教諭）
◇生活科の教育　宮沢　知可子（三重県四日市立常磐西小学校教諭）
◇体育の教育　福島県大信村立信夫第一小学校（代表・鈴木紳一校長）
◇児童生徒指導　木内　保敬（前長野県佐久市立中込小学校校長）
◇障害児教育　前迫　美知子（前東京都立小金井養護学校教頭）
◇学校の指導・運営　妹尾　敬土（広島県神辺町立神辺小学校教諭）
◇外国語教育　該当者なし
◇幼児の教育　該当者なし
◇保育・社会教育活動　該当者なし
第45回（平8年）
◇国語教育　盈進中学校（代表・杉原耕治校長）
◇算数・数学教育　広島県福山市算数教育研究会（代表・紺谷光男）
◇理科教育　富山県立大門高校理科部（代表・藤井修二教諭）
◇社会科教育　望月　みどり（東京都目黒区立田道小学校教諭）
◇生活科の教育　該当者なし
◇体育の教育　該当者なし
◇児童生徒指導　該当者なし

Ⅱ 文化

◇外国語教育　大内 富夫(茨城県十王町立十王中学校教諭)
◇教育カウンセリング
　　黒沢 幸子(東京都八王子市立第一中学校委嘱スクールカウンセラー)
　　佐谷 力(大阪府立松原高校教諭)
◇学校の指導・運営
　　千葉県八千代市立米本南小学校(代表・田中強校長)
　　芳野 菊子(川崎市立南菅中学校校長)
◇地域社会教育活動　長浜 音一(元・茨城県総和町立西牛谷小学校元PTA会長)
◇幼児教育・保育　該当者なし
第46回(平9年)
◇国語教育　該当者なし
◇算数・数学教育　川崎市立中学校数学科図形教育研究チーム(代表・馬場英顕)
◇理科教育　北九州市立鴨生田小学校(代表・小山田鈴子校長)
◇社会科教育　川合 英彦(愛知県下山村立下山中学校教諭)
◇生活科・総合学習　松田 智子(兵庫県教育委員会阪神教育事務所指導主事)
◇体育の教育　横浜市立南小学校(代表・安武寿雄校長)
◇外国語教育　桑野 雅乃(白百合学園中学高等学校(東京)教諭)
◇児童生徒指導
　　岡崎 伸二(高知市立高知商業高校教諭)
　　山崎 祐一(埼玉県川越市立寺尾中学校教諭)
◇教育カウンセリング　該当者なし
◇学校の指導・運営　宗政 恒興(千葉県立君津農林高校教諭)
◇地域社会教育活動　千葉県習志野市立秋津小学校(代表・宮崎稔校長)
◇障害児教育　京都市立新道小学校弱視教室(代表・中東朋子)
第47回(平10年)
◇国語教育　清水 直樹(大阪府立清水谷高校教諭)
◇理科教育　菅野 サチ(福島県伊達町立伊達中学校講師)
◇社会科教育　外山 記代子(愛知県豊田市立梅坪小学校教諭)
◇生活科・総合学習　島内 三都子(愛知県蒲郡市立形原中学校教諭)
◇体育の教育　水野 昭(山口県防府市立新田小学校教諭)
◇外国語教育　高橋 正治(愛知県西尾市立花ノ木小学校代表(教諭))
◇児童生徒指導　池本 文子(岡山県笠岡市立新吉中学校教諭)

◇幼児教育・保育　佐瀬 スミ子(東京都千代田区立和泉幼稚園代表(園長))
◇学校の指導・運営　青島 成夫(兵庫県立鈴蘭台高校教諭)
◇地域社会教育活動
　　藤田 恭平(松戸自主夜間中学代表)
　　高村 豊(愛知県立港養護学校教諭)
第48回(平11年)
◇国語教育
　　川合 正(京北中学校教頭(東京都文京区))
　　渡辺 久仁子(共立女子第二中学校高等学校教諭(東京都八王子市))
　　貝田 桃子(秋田県立能代北高等学校教諭)
◇算数・数学教育　室岡 和彦(お茶の水女子大学付属高等学校教諭)
◇理科教育　西川 伸一(滋賀県安土町立老蘇小学校教諭)
◇社会科教育部門　該当者なし
◇生活科・総合学習　金子 てる子(愛知県碧南市立中央中学校教諭)
◇体育の教育　西川 潔(奈良県大和高田市立高田小学校教諭)
◇外国語教育　永倉 由里(常葉学園高等学校教諭(静岡市))
◇児童生徒指導　佐藤 功(大阪府立門真西高等学校教諭)
◇教育カウンセリング　市川 紀史(よりよい子どもの育ちを考える会代表(静岡県浜北市))
◇学校の指導・運営
　　影戸 誠(名古屋市立西陵商業高校教諭)
　　根津 敬一郎(新潟県十日町市立飛渡第一小学校校長)
◇地域社会教育活動　塩野 俊治(庄内地域づくりと子育て・文化協同の会代表(山形県鶴岡市))
◇障害児教育　水口 浚(障害児基礎教育研究会代表(東京都練馬区))
第49回(平12年)
◇国語教育　長谷川 清之(東京都品川区立立会小学校代表(校長))
◇理科教育　熊木 徹(上越教育大学附属中学校教諭)
◇社会科教育　伊藤 浄二(三重県四日市市立日永小学校教諭)
◇生活科・総合学習
　　鷲山 龍太郎(横浜市教育センター専任研究員)
　　都築 真美子(愛知県岡崎市立六ツ美北部小学校教諭)

◇体育の教育　小笠 明寛(徳島県阿南市立吉井小学校教諭)
◇児童生徒指導　庄司 一幸(福島県立石川高等学校教諭)
◇幼児教育・保育　三本 敦子(東京都新宿区立戸塚第三幼稚園教諭)
◇学校の指導・運営
　　　菅原 義一(宮城県北上町立相川小学校校長)
　　　手塚 恒人(長野県塩尻市立片丘小学校校長)
◇地域社会教育活動　鈴木 好彦(愛知県岡崎市立秦梨小学校父母教師会代表(会長))

第50回(平13年)
◇国語教育　猪飼 由利子(滋賀県立甲西高等学校教諭)
◇算数・数学教育　中村 好則(宮城県立ろう学校教諭)
◇理科教育　栗谷川 晃(和洋国府台女子高等学校教諭)
◇生活科・総合学習
　　　柳沼 宏寿(福島市立清水中学校教諭)
　　　藤本 勇二(徳島県上勝町立上勝小学校教諭)
◇社会科教育　本杉 宏志(東京都立町田高等学校教諭)
◇地域社会教育活動　栃木県立栃木工業高等学校国際ボランティアネットワーク
◇地域社会教育活動　神谷 良夫(愛知学泉短期大学)、毛受 芳高(愛知市民教育ネット)
◇外国語教育　山下 ルミ子(女子聖学院中学校高等学校教諭)
◇児童生徒指導　小笠原 登志美(和歌山市立貴志中学校教諭)
◇学校の指導・運営　荻野 嘉美(愛知県額田町立大雨ית小学校教諭)
◇障害児教育　マジカルトイボックス(東京都狛江市)
◇音楽教育　志村 尚美(立教小学校教諭)
◇体育の教育　該当者なし
◇教育カウンセリング　該当者なし

第51回(平14年)
◇国語教育　堀江 マサ子(静岡県浜松市立高校教諭)
◇算数・数学教育　羽住 邦男(東京学芸大教育学部付属世田谷中学校教諭)
◇理科教育　清水 龍郎(埼玉県立越谷北高校教諭)
◇社会科教育　桑原 真洋(山口県久賀町立椋野小学校教諭)
◇生活科・総合学習
　　　藤橋 一葉(新潟市立真砂小学校教諭)

　　　中村 泰之(東京都大田区立矢口小学校教諭)
◇体育の教育　岐阜県下呂町立下呂小学校(代表・今村豊)
◇外国語教育　昭和女子大付属昭和小学校(代表・小泉清裕)(東京都)
◇児童生徒指導　加藤 昭(埼玉県羽生市立東中学校教諭)
◇教育カウンセリング　佐谷 力(大阪府立松原高校教諭)
◇学校の指導・運営　高山 厚子(東京都板橋区立金沢小学校校長)
◇地域社会教育活動　千葉 勝吾(東京都立市ヶ谷商業高校教諭)
◇幼児教育・保育　高橋 真子(大阪府立芥川高校教諭)
◇美術教育　東京都品川区立第三日野小学校(代表・内野務)

第52回(平15年)
◇国語教育　藤本 好男(愛知県設楽町立田口小代表)
◇算数・数学教育　足立 久美子(田園調布双葉中高教諭)
◇理科教育　宇野 秀夫(福井市立明倫中教諭)
◇社会科教育　水村 裕(埼玉県立所沢北高教諭)
◇生活科・総合学習　小室 邦夫(長野県丸子町立丸子北中教頭)
◇生活科・総合学習　中村 和幸(大阪府立城山高教諭)
◇学校の指導・運営　佐藤 晋也(青森県立柏木農高教諭)
◇地域社会教育活動　松浦 俊弥(千葉県立四街道養護学校教諭)
◇障害児教育　佐渡 雅人(神奈川県立平塚ろう学校教諭)
◇音楽教育　桐原 礼(千葉大教育学部付属小中講師)

第53回(平16年)
◇国語教育　水野 美鈴(東京都羽村市立羽村第二中教諭)
◇算数・数学教育　松沢 要一(新潟県小出町学習指導センター指導主事)
◇理科教育　益田 孝彦(神奈川県三浦市教育委員会学校教育課指導主事)
◇社会科教育　杉浦 元一(東京都杉並区立和田中教諭)
◇生活科・総合学習　光延 正次郎(福岡教育大学付属福岡小教諭)
◇保健・体育の教育　新井 清司(茨城県つくば市立竹園西小教諭)
◇外国語教育　久保 裕視(兵庫県伊丹市立伊丹高教諭)

Ⅱ 文化

◇児童生徒指導　比嘉　靖(沖縄県立北部工業高教諭)
◇学校の指導・運営　宮城県七ヶ浜町小・中学校校長会(代表・中津川伸二)
◇地域社会教育活動　長野俊英高郷土研究班(代表・土屋光男)
◇地域社会教育活動　臨港中学校区地域教育会議(代表・島田潤二)(神奈川県)
◇幼児教育・保育　鈴木 朋子(ほうや幼稚園副園長(東京都))
◇美術教育　馬場 真弓(福岡市立愛宕小教諭)

第54回(平17年)
◇国語教育　富沢 敏彦(文科省海外子女教育指導員(欧州統括)教諭)
◇算数・数学教育　吉田 映子(東京都中野区立桃丘小学校教諭)
◇理科教育　田中 清(長崎県立長崎西高等学校教諭)
◇生活科・総合学習
　　　香川県庵治町立庵治第二小学校(代表・岡崎明子校長)
　　　藤本 文昭(今治明徳高等学校矢田分校(愛媛県)教諭)
◇保健・体育の教育　岩手県種市町立宿戸中学校(代表・渡辺不二夫校長)
◇外国語教育　山岡 憲史(滋賀県立草津東高等学校教頭)
◇児童生徒指導　東京都多摩市立多摩中学校(代表・山本修司校長)
◇教育カウンセリング　香川 雅之(香川県警察本部生活安全部少年課課長補佐)
◇学校づくり
　　　佐々木 勝夫(山形県羽黒町立第三小学校・前校長)
　　　香川県高松市立仏生山小学校(代表・古沢博美校長)
◇地域社会教育活動
　　　下関ひまわり号を走らせる会(代表・石田法子会長)
　　　石田 真一(大阪府立農芸高等学校教諭)
◇障害児教育　川上 康則(東京都立城南養護学校代表教諭)
◇社会科教育　該当作なし
◇音楽教育　該当作なし

第55回(平18年)
◇国語教育　堤 光子(茨城県下妻市立豊加美小学校代表(校長))
◇算数・数学教育　三田村 幸治(岩手県花巻市立八重畑小学校代表(校長))
◇理科教育　川村 教一(香川県立丸亀高校教諭)
◇社会科教育　野崎 洋子(岡山県倉敷市立多津美中学校教諭)

◇生活科・総合学習　酒井 喜八郎(名古屋市立東築地小学校教諭)
◇学校づくり　穂苅 稔(長野県豊科高校教諭)
◇児童生徒指導　出口 省吾(三重県いなべ市立員弁中学校教諭)
◇地域社会教育活動　千葉 しのぶ(霧島食育研究会(鹿児島県霧島市)代表)
◇教育カウンセリング　児玉 裕子(埼玉県教育局南部教育事務所指導主事)
◇美術教育　波田野 公一(埼玉県立浦和高校教諭)

第56回(平19年)
◇国語教育　中村 大輔(宮城県仙台市立北仙台中学校教諭)「子どもの力を引き出す学び合い学習の実践—ワークシートの活用と学習ルールの工夫を通して」
◇算数・数学教育　清水 宏幸(山梨大学教育人間科学部附属中学校教諭)「日常の場面で関数を活用させる指導」
◇理科教育　児玉 伊智郎(山口県立厚狭高等学校教諭)「生物多様性の保全に関する教育実践—メダカの生態学的研究を通して自然保護のあり方について考える」
◇社会科教育　金杉 朋子(慶応義塾湘南藤沢中・高等部(神奈川県)講師)「アイデンティティ形成支援に向けた表現教育プログラムの挑戦—個のぶつかり合いの場での10年間から」
◇生活科・総合学習　山崎 早苗(千葉県千葉市立高洲第二小学校教諭)「生活科の学習を中心にした表現活動と豊かなふれあいの教育」
◇保健・体育の教育　前田 香織(奈良県生駒市立あすか野小学校教諭)「自ら学び自ら考える力をはぐくむ体育学習—仲間との豊かなかかわりを通して」
◇外国語教育　上原 明子(福岡県大野城市立大野南小学校教諭)「学校生活のあらゆる場面で英語を使う環境をつくる小学校学級担任の試み」
◇児童生徒指導　汲田 喜代子(高知県高知市立横浜小学校教諭)「『いのち』と向き合う—小学校低学年における蚕の飼育を通して」
◇学校づくり　角田 美枝子(東京都港区立港陽小学校校長)「お台場を故郷と呼べる海に—学校・地域が一体となって復活させた『海苔養殖』」
◇地域社会教育活動　多田 健二(阿波木偶人形会館(徳島県)館長)「徳島の伝統芸能『阿波人形浄瑠璃』の指導について」

◇障害児教育　鈴木 伝男(鳥取県鳥取市立浜坂小学校教諭)「元気のでる特別支援教育システムの構築─特別支援教育コーディネーターの視点から」
◇音楽教育　森角 由希子(埼玉県さいたま市立本太中学校教諭)「中学生と声明を歌う─日本音楽のよさにせまる指導法の研究」
◇教育カウンセリング　該当作なし

第57回(平20年)
◇国語教育　伊崎 一夫(兵庫県三田市立けやき台小学校教諭)「情報活用力としての『書く力』を高める─『ブックレポート』を書く活動を中核に」
◇算数・数学教育　山崎 浩二(東京学芸大学附属世田谷中学校(東京都)教諭)「数学的活動を充実させる授業づくりに関する研究─プレゼンテーションを活用した数学の授業の実践」
◇理科教育　桑名 康夫(茨城県美浦村立大谷小学校生徒指導主事)「生徒の科学的な見方・考え方を育てる『身近な自然を調べる活動』の支援・指導」
◇社会科教育　松本 通孝(青山学院高等部(東京都)教諭),日高 智彦(成蹊中学・高等学校(東京都)教諭)「生徒の歴史意識をどう育てるか?─『世界史通信』発行の試み」
◇生活科・総合学習　愛知県西尾市立寺津小学校「義務教育9カ年を通した食育の指導─家庭や地域との連携を通して」
◇保健・体育の教育　岩本 利夫(埼玉県越谷市立鷺後小学校教諭)「鉄棒運動で学級づくり!」
◇外国語教育　岩手県一関市立一関中学校英語科「Autonomous Learner の育成を目指す英語教育の挑戦─開発教材の活用と啓発的体験の充実により英語力向上を図る実践的取組」
◇児童生徒指導　澤 豊治(滋賀県長浜市立西中学校生徒指導主事)「この子とともに─教育という営みの喜びと可能性にかけた現場教師のチャレンジと再発見」
◇教育カウンセリング　該当作なし
◇学校づくり　東京都練馬区立豊玉南小学校「一人ひとりの学びを大切にした授業の創造─聴き合い、学び合う活動を通して」
◇地域社会教育活動　西里 俊文(青森県立八戸第二養護学校教諭)「書の活動を通じたノーマライゼーション」
◇幼児教育・保育　該当作なし
◇美術教育　川合 克彦(神奈川県川崎市立はるひ野小中学校教諭)「共同制作と中学生」

III 美　　術

206 上野彦馬賞―九州産業大学フォトコンテスト（上野彦馬賞, 九州産業大学フォトコンテスト）

写真に力を入れている九州産業大学が, 創立40周年を機に毎日新聞社とともに写真コンテストを共催。その賞に日本で初めて写真館を創業し, 幕末の人物写真の名作を残した上野彦馬の名を冠した。若い写真家の発掘と育成を目指す。一般部門の他に, 高校生・中学生部門を設ける。

【主催者】九州産業大学, 毎日新聞社
【選考委員】(第9回)名誉審査委員：上野一郎(学校法人産業能率大学最高顧問), 小沢健志(日本写真芸術学会名誉会長), 審査委員：松本徳彦(写真家・日本写真家協会専務理事), 坂田栄一郎(写真家), 江成常夫(写真家・九州産業大学大学院芸術研究科教授), 大島洋(写真家・九州産業大学芸術学部教授), 菅十一郎(九州産業大学芸術学部教授), 平木収(九州産業大学芸術学部教授), 田鍋公也(毎日新聞西部本社写真部長)
【選考方法】公募
【選考基準】〔応募資格〕一般部門：39歳以下(中学生・高校生でも応募可)。高校生・中学生部門：高校生および中学生。〔応募規定〕(1)3年以内に撮影したもの。但し, 過去にコンテスト等で入賞・入選した作品, および他のコンテスト等に応募しまだ結果が判明していない作品は応募不可。(2)カラー・モノクロは自由, デジタル可。〔出品料〕無料。〔応募制限〕制限なし
【締切・発表】(第9回)平成20年9月16日締め切り, 10月下旬毎日新聞紙上にて発表
【賞・賞金】〔一般部門〕上野彦馬賞(1名)：賞金100万円。九州産業大学賞(1名)：賞金10万円。毎日新聞社賞(1名)：賞金10万円。日本写真芸術学会奨励賞(6名)：賞金各5万円。〔高校生・中学生部門〕上野彦馬賞ジュニア大賞(1名)：10万円相当の賞品。九州産業大学賞(1名)：5万円相当の賞品。毎日新聞社賞(1名)：5万円相当の賞品。日本写真芸術学会奨励賞(5名)3万円相当の賞品。上野彦馬奨励賞(5名)：3万円相当の賞品。九州産業大学芸術学部写真映像学科奨励賞(10名)：1万円相当の賞品

第1回(平12年)
◇高校生・中学生
- 九州産業大学写真大賞　原 依里(福岡)
- 毎日新聞社賞　佐藤 瞳(福岡)
- 日本写真芸術学会奨励賞　津田 幸奈(大阪)
- 上野彦馬奨励賞
  相原 格人(群馬)
  佐々木 祥緒(岩手)
  北浦 汐見(長崎)
  鈴川 俊介(山口)
  仲川 翔子(福岡)
  菊池 恵美(神奈川)
  松浦 誠(福岡)
  福島 康生(愛媛)
  内座 美紗子(大阪)
  坂井 重紀(福岡)

第2回(平13年)
◇高校生・中学生
- 九州産業大学写真大賞　永田 浩代(鹿児島)
- 毎日新聞社賞　馬場 真利子(新潟)
- 日本写真芸術学会奨励賞　梅本 洋光(熊本)
- 上野彦馬奨励賞
  久米 茜
  中才 知弥

伊藤 菜々子
大木 竜馬
伊藤 寛之
尾崎 圭一
中原 英一
津田 幸奈
浜崎 愛香里
三浦 美穂

第3回(平14年)
◇高校生・中学生
- 上野彦馬賞ジュニア大賞　小林 浩子(新潟)「ひまわりニコニコ」
- 九州産業大学賞　中川 慎(大阪)「神社～見つめる木～」
- 毎日新聞社賞　砂川 里美(広島)「隣人」
- 日本写真芸術学会奨励賞
  築山 仁美(愛媛)「豚のロディオ」
  野原 葵(沖縄)「者想い」
  中才 知弥(大阪)「放課後」
  山崎 憲生(愛媛)「興味」
  小坂 嘉裕(鳥取)「出演前」
- 上野彦馬奨励賞
  西田 麻美(熊本)「ワンシーン」
  中尾 朋子(山口)「孤独に果てる」
  塩出 真由子(広島)「ウェーブ」
  林 幸夫(愛媛)「まなざし」
  大木 竜馬(愛媛)「釣りフィーバー」

第4回(平15年)
◇高校生・中学生
- 上野彦馬賞ジュニア大賞　水瀬 亜梨沙「新たなる挑戦」
- 九州産業大学賞　谷川 奈緒「青色」
- 毎日新聞社賞　内田 あすか「ほ、ほしい…」
- 日本写真芸術学会奨励賞
  平野 味春「温かな場所」
  田口 周歩「パックンチョ」
  神谷 美香「洗濯日和」
  馬場 真利子「朝」
  阿部 千寛「誘惑への扉」
- 上野彦馬奨励賞
  三浦 美穂「ダンサー」
  平野 裕子「強気」
  根元 愛美「まなざし」
  高良 吉野「憂うつの鎖」
  上里 エリカ「太陽と手」

第5回(平16年)
◇高校生・中学生部門
- 上野彦馬賞ジュニア大賞　金城 宏行(沖縄県)「もう一人の自分」
- 九州産業大学賞　小林 浩子(新潟県)「光のキラキラシャワー☆」
- 毎日新聞社賞　鶴留 麻衣(鹿児島県)「めまい」
- 日本写真芸術学会奨励賞
  桂川 彩(秋田県)「朧雪」
  西村 美里(熊本県)「激闘」
  川口 茜(熊本県)「顔」
  平野 裕子(熊本県)「狐の山遊び」
  村山 絵里子(京都府)「ぶつぶつ」
- 上野彦馬奨励賞
  平野 味春(熊本県)「ハバロフスク」
  知念 龍二(沖縄県)「風のたより」
  隈 陽子(福岡県)「大蛇山」
  砂山 冴貴(新潟県)「夏の風物詩」
  桑崎 瞳(熊本県)「ハート・オブ・ザ・足」
- 九州産業大学芸術学部写真学科奨励賞
  吉楽 佳代子(新潟県)「桜、舞う」
  里川 春香(千葉県)「夢の中へ」
  西村 裕子(鳥取県)「手」
  石川 彩希(東京都)「フィルムをこの手で…」
  寺田 佳世(山形県)「ないしょ話」
  小坂 嘉裕(鳥取県)「ある光景」
  小坂 夏里江(三重県)「日常のむこうの」
  内間 陽香(沖縄県)「驟雨」
  神谷 美香(沖縄県)「上陸！宇宙人!!」
  国広 眸(広島県)「夏のおわり」

第6回(平17年)
◇高校生・中学生部門
- 上野彦馬賞ジュニア大賞　吉楽 佳代子(新潟県)「フタリの時間」
- 九州産業大学賞　又吉 ひかる(沖縄県)「GALAXY」
- 毎日新聞社賞　尾崎 晴那(熊本県)「バス停」
- 日本写真芸術学会奨励賞
  浅見 栞里(静岡県)「はなび」
  小林 愛(新潟県)「初☆グラサン☆」
  渕上 千央(福岡県)「jump」
  桑崎 瞳(熊本県)「コロの夏休み」
  谷村 彩華(熊本県)「Summer Vacation」
- 上野彦馬奨励賞
  青柳 彩(新潟県)「敗者と勝者」
  倉橋 彩(新潟県)「Summer Doll Girl」
  松崎 萌(福岡県)「一服」
  兼下 昌典(広島県)「夏の終わり」
  土田 美帆(熊本県)「一緒に逆上り」
- 九州産業大学芸術学部写真学科奨励賞
  新垣 杏奈(沖縄県)「シンキロウ」
  下地 小百合(沖縄県)「ばぁばがばぁ!!」
  徳田 治展(愛媛県)「裸の王様」
  三木 仙太郎(愛媛県)「ウメボシ」
  元石 和(福岡県)「止まる時間」
  石嶺 夏織(沖縄県)「会話はしないの?」

高田 翔平(福岡県)「元気君」
比嘉 礼加(沖縄県)「襲われるぅ!」
水野 沙耶(埼玉県)「two seconds」
森田 晃広(大阪府)「サマージャンボ」

第7回(平18年)
◇高校生・中学生部門
- 上野彦馬賞ジュニア大賞　青柳 彩(新潟県三条市中越高等学校)「REAL」
- 九州産業大学賞　山根 衣理(千葉県)「人間」
- 毎日新聞社賞　山本 さやか(新潟県)「近世」
- 日本写真芸術学会奨励賞
  新垣 杏奈(沖縄県)「パッチワーク」
  鳴山 愛子(福岡県)「次の観光地まで…」
  玉寄 亜樹(沖縄県)「遊々」
  前田 和泉(福井県)「襖から, 漏れ光」
  松原 真央(大阪府)「合格発表」
- 上野彦馬奨励賞
  新垣 穀弥(沖縄県)「お母さん…」
  佐藤 睦美(新潟県)「空へ…。」
  中島 ゆう子(東京都)「"わたし"とともだち」
  永田 典子(広島県)「雨上がり」
  山下 優花(熊本県)「憂い」
- 九州産業大学芸術学部写真学科奨励賞
  池上 友理(広島県)「どろんこバレー」
  石原 早希(愛知県)「きょうだい」
  上地 大資(沖縄県)「解放」
  白石 莉恵(福岡県)「日焼け準備中」
  鈴木 香織(埼玉県)「兄弟」
  中田 圭(新潟県)「たむろ」
  西 あゆみ(沖縄県)「しゃかしゃかナナホシキンカメムシ」
  藤木 麻美(福岡県)「じいちゃんの日課」
  山野 雄樹(鹿児島県)「玉の中」
  渡辺 みか(熊本県)「That's right」

第8回(平19年)
◇高校生・中学生部門
- 上野彦馬賞ジュニア大賞　山下 拓郎(愛媛県立八幡浜工業高等学校, 愛媛県)「ある日ビーチで…」
- 九州産業大学賞　村島 みどり(大阪市立工芸高等学校, 大阪府)「ブレッソンの真似してみました…。」
- 毎日新聞社賞　安田 由希子(福岡県立小倉西高等学校, 福岡県)「smile」
- 日本写真芸術学会奨励賞
  大城 一紀(沖縄県立南部工業高等学校, 沖縄県)「Water Wall」
  新垣 杏奈(沖縄県立那覇工業高等学校, 沖縄県)「彼方へ」
  東谷 あづき(香川県立坂出高等学校, 香川県)「さぁ帰ろう」
  宮城 愛梨(沖縄県立南部工業高等学校, 沖縄県)「僕の夢」
  諏佐 加奈子(中越高等学校, 新潟県)「未来を見つめる」
- 上野彦馬奨励賞
  比嘉 安里(沖縄県立真和志高等学校, 沖縄県)「僕」
  新垣 毅弥(沖縄県立南部工業高等学校, 沖縄県)「妄想壁」
  杉本 彩香(福岡県立八幡高等学校, 福岡県)「影草」
  岩上 桃子(八代白百合学園高等学校, 熊本県)「わぁ!!」
  赤井 悠美(大阪市立工芸高等学校, 大阪府)「落雷」
- 九州産業大学芸術学部写真学科奨励賞
  森田 智子(九州産業大学付属九州高等学校, 福岡県)「決定的瞬間」
  嶺井 貴理(沖縄県立南部工業高等学校, 沖縄県)「JUMP」
  石松 祐佳(八代白百合学園高等学校, 熊本県)「夏の柳川」
  比嘉 流石(沖縄県立那覇工業高等学校, 沖縄県)「仲良し」
  名嘉 来実(沖縄県立真和志高等学校, 沖縄県)「ひとやすみ」
  竺原 裕(鳥取県立鳥取聾学校, 鳥取県)「青春」
  佐藤 睦美(中越高等学校, 新潟県)「二人の間」
  喜納 ティルル(沖縄県立真和志高等学校, 沖縄県)「回転イス」
  田中 菜月(鳥取県立鳥取聾学校, 鳥取県)「夏」
  中西 彩(熊本県八代市立第一中学校, 熊本県)「飲みたいワン!!」

第9回(平20年)
◇高校生・中学生部門
- 上野彦馬賞ジュニア大賞　知念 愛佑美(沖縄県立南部工業高校, 沖縄県)「雨上がり」
- 九州産業大学賞　大城 一紀(沖縄県立南部工業高校, 沖縄県)「ドッグアイ」

- 毎日新聞社賞　橋浦 麻由(宮城県立名取北高校, 宮城県)「今日はいいことあるかも」
- 日本写真芸術学会奨励賞
  清水 北斗(埼玉県立新座総合技術高校, 埼玉県)「翼」
  運天 杏奈(沖縄県立真和志高校, 沖縄県)「まなざし」
  上里 昭博(沖縄県立那覇工業高校, 沖縄県)「光る眼」
  岡崎 ミシャエル(豊川市立金屋中学校, 愛知県)「少女」
  呉屋 友里奈(沖縄県立那覇工業高校, 沖縄県)「空想少女」
- 上野彦馬奨励賞
  佐久田 拳斗(沖縄県立南部工業高校, 沖縄県)「万華鏡」
  石松 祐佳(八代白百合学園高校, 熊本県)「帰り道」
  福田 光(八代白百合学園高校, 熊本県)「窓」
  北谷 祥(沖縄県立南部工業高校, 沖縄県)「上原さんちの猫」

  帖地 洸平(西南学院高校, 福岡県)「虹の世界」
- 九州産業大学芸術学部写真学科奨励賞
  関谷 つばさ(埼玉県立伊奈学園総合高校, 埼玉県)「Start」
  奥濱 藍(沖縄県立南部工業高校, 沖縄県)「ひまわりと私」
  松坂 優希(福岡県立宇美商業高校, 福岡県)「にこっ!」
  鈴木 萌美(埼玉県立芸術総合高校, 埼玉県)「二人で」
  山内 泉菜(沖縄県立浦添工業高校, 沖縄県)「光を読む」
  西川 晃平(中越高校, 新潟県)「打ち水」
  瑞慶山 臣(沖縄県立南部工業高校, 沖縄県)「あ, 明日だったのか。」
  野中 美穂(筑陽学園高校, 福岡県)「未開拓地へ足を踏みこめ!!」
  名嘉 来実(沖縄県立真和志高校, 沖縄県)「ミチカケ」
  大橋 裕介(中越高校, 新潟県)「泥を疾走」

207 キッズデザイン賞

　子どもを産み育てやすい生活環境の実現や, 子どもの安全・安心と健やかな成長発達につながる生活環境の創出を目指したデザイン(キッズデザイン)の顕彰制度として, 2007年度に創設された。受賞作品には,「キッズデザインマーク」の使用が認められる。

【主催者】キッズデザイン協議会

【選考委員】(第3回)赤池学(審査委員長), 持丸正明, 山中龍宏(副審査委員長), 赤松幹之, 生田幸士, 大月ヒロ子, 紺野登, 佐藤卓, 竹村真一, 西田佳史, ひびのこづえ, 益田文和, 水戸岡鋭治, 宮城俊作, 山中俊治

【選考方法】公募

【選考基準】〔対象〕(1)商品デザイン部門, (2)建築・空間デザイン部門, (3)コミュニケーションデザイン部門, (4)リサーチ部門の4つの部門に分かれ, それぞれの部門で, 日本国内において製品・コンテンツ・サービスとして市場に出ているもの。また, 様々な取り組みや活動で, 成果が見られるもの(新たに発売された製品やサービスでなくても, 当該年8月1日時点で日本国内で入手可能であれば, 応募可能)。〔資格〕応募対象の主たる事業者及びそのデザイン・開発・研究などを担当した事業者。〔応募料〕第1次審査：無料。第2次審査：52,500円。最終審査展示：5万～10万円程度

【締切・発表】(第3回)申込期間は平成21年3月3日～4月24日, 8月5日に最終展示審査

【賞・賞金】キッズデザイン大賞(経済産業大臣賞), キッズデザイン金賞(経済産業大臣賞), キッズデザイン部門賞(キッズデザイン協議会会長賞), キッズデザイン賞

【URL】info@kidsdesign.jp

第1回(平19年)
　◇キッズデザイン大賞(経済産業大臣賞)　ジャクエツ　《安全な子ども環境への取り組み》
　◇キッズデザイン金賞(経済産業大臣賞)
　　●セーフティデザイン賞　フレーベル館　《キンダーマーカーたふっこ》
　　●共創デザイン賞　国立大学法人九州工業大学伊東啓太郎研究室, 福岡市立壱岐南小学校　《壱岐南小学校ビオトープ》
　　●感性創造デザイン賞　手塚建築研究所　《ふじようちえん》
　　●エコデザイン賞　ナック　《フォレストファーム》
　　●社会教育デザイン賞　野村ホールディングス　《中学生向け社会科公民の副教材「街のTシャツ屋さん」および金融経済教育の是非を問う対話型コミュニケーション》
　　●マタニティデザイン賞　ズーム・ティー　《ドクターベッタ哺乳びん》
　◇キッズデザイン部門賞(キッズデザイン協議会会長賞)
　　●商品デザイン部門賞　コラボ　《ウィルスリー(スプーン/フォーク)》
　　●建築・空間デザイン部門賞　アクトウェア研究所, シイナケイジアトリエ, 友愛福祉会おおわだ保育園　《おおわだ保育園1-2歳児のためのオープントイレ》
　　●コミュニケーションデザイン部門賞　松下電器産業パナソニックセンター東京　《リスーピア 理数の魅力, 体感ミュージアム》
　　●リサーチ部門賞　日本インテリアデザイナー協会　《「総合的な学習の時間」におけるインテリア教育教師用教則本作成》
　◇審査委員長特別賞
　　●社会貢献企業賞　CSKホールディングス　《CSKグループの社会貢献活動》
　　●自治体賞　南阿蘇えほんのくに(熊本県)　《南阿蘇えほんのくに》
第2回(平20年)
　◇キッズデザイン大賞(経済産業大臣賞)　キューオーエル　《衣服内温度計「らん's ナイト」》
　◇キッズデザイン金賞(経済産業大臣賞)
　　●セーフティデザイン賞　坂本石灰工業所　《石灰乾燥剤》
　　●共創デザイン賞　三井不動産, 三井不動産レジデンシャル　《ピノキオプロジェクト》
　　●感性価値デザイン賞　サントリー　《おもしろびじゅつ帖》
　　●アクティブデザイン賞　オリンパス　《olympus μ 850SW》
　　●社会教育デザイン賞　学習研究社　《学研ほたるキャンペーン》
　　●創造教育デザイン賞　大阪市教育振興公社, トータルメディア開発研究所　《キッズプラザ大阪 わいわいスタジオ》
　◇キッズデザイン部門賞(キッズデザイン協議会会長賞)
　　●商品デザイン部門賞　ジャクエツ　《ワンタッチプール200》
　　●建築・空間デザイン部門賞　積水ハウス　《グランドメゾン 伊丹池尻 リテラシティ》
　　●コミュニケーションデザイン部門賞　福岡県立アジア文化交流センター, トータルメディア開発研究所　《九州国立博物館学校貸出キット「きゅうぱっく」》
　　●リサーチ部門賞　日本大学, 日本福祉大学, 積水ハウス　《乳幼児を対象とした身体および動作計測装置の開発と建築安全計画への考察》
　◇審査委員長特別賞
　　●社会貢献企業賞　電通, 東京学芸大学　《「広告小学校」小学生のためのメディアリテラシープログラム》
　　●社会貢献メディア賞　デジタルブティック　《ベビカム ウィークリーリサーチ》
　　●自治体賞　東京都, 東京子どもの事故防止チーム　《東京都商品等の安全問題に関する協議会における「折りたたみ椅子等の安全確保」/乳幼児の事故防止教材》
　◇会長特別賞
　　●審査委員奨励賞
　　　　日立製作所　《日立エスカレーターVXシリーズ》
　　　　大和ハウス工業　《指はさみ防止配慮ドア(フィンガーセーフドア)》
　　　　岡村製作所 マーケティング本部オフィス製品部　《折りたたみ椅子8168ZZ》

208 グッドデザイン賞（グッド・デザイン商品及び施設選定制度）

デザインの優れた商品等を選定・推奨することにより、製品のデザイン水準と生活の質的向上を図ることを目的として、1952年に通商産業省によって「グッドデザイン商品選定制度（通称：Gマーク制度）」を創設。1997年より民営化され、「グッドデザイン賞」に改称した。現在のグッドデザイン賞は、「優れたデザイン」を選ぶことにより、人間活動の様々な分野領域でデザインが新しい解答をもたらすことを示しながら、「明日の生活」を実現する手がかりを生活者、産業、そして社会全体に提供していくことを目指している。

【主催者】（財）日本産業デザイン振興会

【選考委員】（平成21年度）審査委員長：内藤廣（建築家）。ほかデザイナー・識者・専門家によって構成

【選考方法】公募

【選考基準】〔対象〕人間とその社会をとりまく5つの領域（身体領域、生活領域、仕事領域、社会領域、ネットワーク領域）に該当する「もの」や「こと」で、受賞結果発表日（例年10月初旬）に公表でき、翌年3月31日までにユーザーが購入または利用できるもの。〔応募者〕応募対象の「主体者」、およびデザイン事業者。〔審査理念〕人間（HUMANITY）もの・ことづくりへの創発力/本質（HONESTY）現代社会への洞察力/創造（INNOVATION）未来を切り開く構想力/魅力（ESTHETICS）豊かな生活文化への想像力/倫理（ETHICS）社会・環境への思考力

【締切・発表】例年募集期間は、4月下旬～6月初旬。発表は、10月初旬

【賞・賞金】グッドデザイン大賞（経済産業大臣賞）、グッドデザイン金賞（経済産業大臣賞）、グッドデザイン・サステナブルデザイン賞（経済産業大臣賞）、グッドデザイン・ライフスケープデザイン賞（経済産業大臣賞）、グッドデザイン・ロングライフデザイン賞（経済産業省製造産業局長賞）、グッドデザイン・フロンティアデザイン賞（日本産業デザイン振興会会長賞）、グッドデザイン・中小企業庁長官賞、グッドデザイン・日本商工会議所会頭賞

【URL】http://www.g-mark.org

【教育用品部門が終了した平成11年度以降は、教育関係商品の受賞例を掲載した】

(昭59年度)
◇グッドデザイン金賞
- 教育用品部門　くろがね工作所商品開発部　《〈学習机〉A3-D3W》

◇グッドデザイン外国商品賞
- 教育用品部門　Johann Christian Lotter　《〈コンパス〉LOTTER 652》

(昭60年度)
◇グッドデザイン金賞
- 教育用品部門　エバニュー開発部　《〈スターティングブロック〉平行連結式スタブローII EFC-012》

◇グッドデザイン福祉賞
- 教育用品部門　自由学園工芸研究所　《〈積み木〉コルク積木》

◇中小企業庁長官賞
- 教育用品部門　寺尾昌男　《〈実体顕微鏡〉ELIZA EBSL（東洋光学工業）》

(昭61年度)
◇グッドデザイン金賞
- 教育用品部門　バンダイ開発部, テクニカル アンド シィンキングブレーン　《〈組立て遊戯具〉くみたてやさん（キシャ），（ヒコーキ），（ショベルカー）》

◇グッドデザイン外国商品賞
- 教育用品部門　Maped S.A.　《〈製図器セット〉マペットコンパスセットNC-175》

◇中小企業庁長官賞
- 教育用品部門　中井秀樹　《〈積み木〉カットベジダブル〔木〕》

(昭62年度)
◇グッドデザイン金賞
- 教育用品部門　ぺんてるデザイン研究室　《〈シャープペンシル〉SMASH Q1005（0.5mm芯用），Q1007（0.7mm芯用），Q1009（0.9mm芯用）》

◇中小企業庁長官賞

- 教育用品部門　橘　嘉朗(タチバナ国際マーケティング部)《〈教育用顕微鏡〉TACON MX-1》

(昭63年度)

◇グッドデザイン金賞
- 教育用品部門　ニコンカメラ設計部デザイン課《〈教育用顕微鏡〉ニコンアルファフォトYS2》

(平1年度)

◇グッドデザイン金賞
- 教育用品部門　ヤマハデザイン研究所《〈電子オルガン〉YAMAHA HA-1》

◇グッドデザイン外国商品賞
- 教育用品部門　Festo Didactic KG《〈実習訓練設備〉Laboratory Trolley LP1》

◇中小企業商品賞
- 教育用品部門　バックエム企画部《〈知育玩具〉DoDoハンガーDD-706(大), DD-707(小), DoDoボックスDD-705, DoDoチェストDD-703(大), DD-702(小)》

(平2年度)

◇グッドデザイン金賞
- 教育用品部門　Festo Didactic KG《〈実習訓練機器〉透明油圧モデルセットD・HTM-34》

◇グッドデザイン外国商品賞
- 教育用品部門　Reinhard Flötotto《〈収納家具システム〉プロフィール・システム(Flötotto Einrichtungssysteme GmbH & Co., KG)》

(平3年度)

◇グッドデザイン金賞
- 教育用品部門　井上　恭史(コクヨパーソナル製品部開発課)《〈ノート〉キャンパスノート》

(平4年度)

◇グッドデザイン金賞
- 教育用品部門　ルイ高商会開発部, 右田　誠(オーシマデザイン設計)《〈鉄棒〉ステンレス製鉄棒(3連)RT-P0035, ステンレス製鉄棒(1連)RT-P0036》

◇中小企業庁長官賞
- 教育用品部門
  愛知開発本部特需開発部《〈講義用机〉SC-5000机 SC-5000T》
  鳥海　健太郎, 江角　一朗(ピープル), 栃木トミー工業営業開発部, 久道　登《〈構成玩具〉右脳開発玩具・ピタゴラス》

(平5年度)

◇グッドデザイン金賞
- 教育用品部門　五藤光学研究所技術部, 今　洋一(ノームデザイン)《〈プラネタリウムシステム〉HELIOS GSX》

◇中小企業庁長官賞
- 教育用品部門　橘　嘉朗(橘光学機械製作所)《〈顕微鏡・望遠鏡〉TACON MXT-1》

(平6年度)

◇グッドデザイン金賞
- 教育用品部門　シャープ情報システム事業本部デザインセンター《〈電子学習機〉GK - E510》

(平7年度)

◇グッドデザイン金賞
- 教育用品部門　良品計画《〈ランドセル〉無印良品》

◇グッドデザイン外国商品賞
- 教育用品部門　The Gillette Company《〈ボールペン〉ペーパーメイト イターラ》

◇中小企業庁長官賞
- 教育用品部門
  沢野　和代(京都度器社長室)《〈カッティングツール〉ペッシェ》
  中国画材企画課《〈絵画・デザイン用筆〉アルテージュ TR-7000シリーズ》

(平8年度)

◇グッド・デザイン大賞
- 教育用品部門　BC Inventar A S, Poul Sauer Jensen《〈図書館用机〉モデル110シリーズ》

◇グッドデザイン外国商品賞
- 教育用品部門　Lorenzo Negrello, Paolo Scagnellato《〈講義室用机・椅子〉el-lisse(エリッセ)(DEKO COLLEZIONI s.r.l/愛知)》

(平9年度)

◇グッド・デザイン金賞
- 教育用品部門　金剛, BC Inventar A S, Birgitte Borup, Carsten Becker《〈児童用組合せ家具〉PUZZLE(パズル)机354000/椅子 354001》

◇グッド・デザイン外国商品賞
- 教育用品部門　Sebel Furniture Ltd《〈講義室用机・椅子〉ポスチューラ デスク》

(平10年度)

◇グッドデザイン金賞
- 教育用品部門　金剛, Bernt Petersen (Bernt arkitekt MAA)《図書館用収納システム「Space Mover(スペースムーバー)」》

◇中小企業庁長官賞
- 教育用品部門　イーケイジャパン商品開発室　《〈ロボットアーム〉ムービット MR-999》

(平11年度)
◇グッドデザイン賞
- 商品デザイン部門
  北川 八十治(武蔵野美術大学)　《〈積木〉KIRIYちゃん》
  尾崎商事スクールユニフォーム部商品開発1課　《〈反射ニットベスト・セーター〉カンコー スパークスター KN8100, KN8000》
  橋本 信雄(ニコン技術開発本部デザインセンター)　《〈顕微鏡〉ニコン ネイチャースコープ ファーブル・ミニ》
- 新領域デザイン部門　加賀谷 優, 北村 俊道　《〈過剰な機能や性能を備えないものづくり〉無印良品(良品計画)》

(平12年度)
◇グッドデザイン賞
- 商品デザイン部門
  インテル　《〈コンピュータマイクロスコープ〉Intel Play QX3 コンピュータマイクロスコープ》
  熊澤 工(愛知開発部)　《〈講義室用机〉SCM-700-Tシリーズ》
  川畑 伸也(ニコン映像カンパニーデザイン部)　《〈生物顕微鏡〉ニコン エクリプスE200》

(平13年度)
◇グッドデザイン賞
- コミュニケーションデザイン部門　トライアングル チャリティーコンサート実行委員会, 藤幡 正樹, 古川 聖　《〈トライアングル バリアフリー・チャリティーコンサート VOL.2 小さな魚(Small Fish)〉コンサート：聴覚障害児への新しいコミュニケーション機会の提供》
- 商品デザイン部門
  バンダイ　《〈自律型昆虫ロボット〉ワンダーボーグ》
  MEADE INSTRUMENTS CORP.　《〈天体望遠鏡〉Meade ETX-70AT(ミックインターナショナル)》
  ヤマハ デザイン研究所　《〈ミュージックテーブル〉ヤマハミュージックテーブルMCT-90》
  Michael Chiu, Product development's Dept., KIDS INSIGHT CO., LTD.　《〈遊具〉Weplay T00045A》
  飯田 洋(ユウ建設設計事務所)　《〈遊具〉ゲームクライミング(防火倉庫仕様)》

(平14年度)
◇グッドデザイン賞
- 商品デザイン部門
  パイロット　商品企画部デザイン室　《〈磁気筆記板〉チョークレスボード CB-90180, CB-90120, CB-6090》
  ケンテック 施設事業部　《〈中央実験台〉中央実験台KCSSP》
  正田 賢志(ケー・スタッフ), 小林 正和(タカノ), 清水 彰(コクヨ公共家具事業部)　《〈フラップテーブル〉アジリタフラップテーブル SST-AGFHI, SST-AGFHIT, SST-AGFH2, SST-AGFH2T》
- コミュニケーションデザイン部門　池田 泰幸, 石井 洋二, 引地 摩里子　《東京都立つばさ総合高等学校ウォールグラフィック "Wisdom on Wall"》

(平15年度)
◇グッドデザイン賞
- 商品デザイン部門 知育教育関連商品・設備
  UDA　《〈動く遊具〉ウゴウゴ, ハニー》
  UDA, コトブキ開発企画室　《〈動く遊具〉ニョッキー》
  山名 勉(一歩)　《〈積み木〉フリーマジックブロック》

(平16年度)
◇グッドデザイン賞
- コミュニケーションデザイン部門
  山岸 清之進(日本放送協会番組制作局教育番組センター(学校教育番組)ディレクター), Q-con, 北村 道子　《〈こども向けテレビ番組〉NHK教育テレビ「ドレミノテレビ」》
  坂上 浩子(日本放送協会番組制作局教育番組センター(青少年・こども番組)), 森内 大輔(日本放送協会番組制作局(映像デザイン)), 佐藤 卓(佐藤卓デザイン事務所), ひびの こづえ　《〈こども向けテレビ番組〉NHK教育テレビ「にほんごであそぼ」》
◇商品デザイン部門 知育教育関連商品・設備
  ヘンリー・ホー(ジーティーディアイ)　《〈Tシャツデザインキット〉ボーンクリエイト》
  冨田 一喜, 鈴木 香(イデアタッシュ)　《〈その他〉TMP フレーズカードシステム》
  三宅 梨絵, 森 瑞穂, 林 裕子　《〈子供用スツール〉ペップ》

(平17年度)
　◇グッドデザイン賞
　　● 商品デザイン部門 文具, オフィス雑貨・家具・設備　木村 寿樹, 浜田 絵里子(ポテトハウスクリエイティブ)《〈キャンパスノート(パラクルノ)〉ノ－R8A-YR, ノ－R8B-LB, ノ－R108A-P, ノ－R108B-YG, ノ－R108U-M》
　　● 商品デザイン部門 知育教育関連商品・設備　菊地 和浩(プレックス)《〈ディスクアニマル〉仮面ライダー響鬼》
　　　河西 敏美, 川島 秀一(コニカミノルタテクノロジーセンター デザインセンター)《〈デジタルプラネタリウム〉コニカミノルタ スーパーメディアグローブ》
　　　熊澤 工(愛知 総合企画室デザイン開発課)《〈講義用机〉SCM-300-T》

(平18年度)
　◇グッドデザイン賞
　　● 商品デザイン部門 カメラ, デジタルカメラ　塚本 千尋(ニコン映像カンパニー デザイン部)《〈顕微鏡〉ニコン ネイチャースコープ ファーブルフォト》
　　● 商品デザイン部門 エンターテーメント・ホビー関連商品・楽器　芦谷 和人(レイアップ 企画制作本部 制作チーム)《〈スペースワープ スタート〉SPACEWARP》
　　● 商品デザイン部門 知育教育関連商品・設備　登内 徹夫《〈積み木〉表現力豊かな淡い色の積み木(トノプロダクト)》
　　　加藤 哲朗(エルモ社カメラ技術部カメラ技術第四課)《〈書画カメラ〉L-1》
　　　宮木 真治(エルムデザイン)《〈保育園・幼稚園向け簡易組立式プール〉「ユニットプールきらきら」・A1C》

(平19年度)
　◇グッドデザイン賞
　　● コミュニケーションデザイン部門　Carlos Cardenas(Kidzania de Mexico)《〈キッザニア東京〉こどもが楽しく社会を体験できる, "こどもが主役のこどもの街"》
　　● 建築・環境デザイン部門 建築デザイン　手塚 貴晴, 手塚 由比(手塚建築研究所)《学校法人みんなのひろば藤幼稚園》
　　● 商品デザイン部門 公共機器・設備/公共交通関連機器・設備　小池 文(aya koike design)《〈コルクタイル〉SOFA BRICK》
　　● 商品デザイン部門 知育教育関連商品・設備　駒形 克己(ONE STROKE)《〈積み木〉ブロックンブロック》
　　　登内 徹夫《〈積み木〉表現力豊かなコルクの積み木(トノプロダクト)》
　　　ヘンリー・ホー(ジーティーディアイ)《〈ウォールパズル〉ボーントゥクリエイト》
　　● 商品デザイン部門 エンターテーメント・ホビー関連商品・楽器　チャールス・ホバーマン(ホバーマン社)《〈スイッチピッチ〉ホバーマン》
　　● 新領域デザイン部門　恩田 浩司(O Creation)《〈入院患児のためのプレパレーション用絵本〉2つの視点を取り入れた手術を受ける患児のための説明用絵本》

(平20年度)
　◇グッドデザイン賞
　　● 社会領域 教育・人材育成に用いられる機器・設備
　　　大西 理人, 坂山 正一(コクヨオフィスシステムソリューション本部WSソリューション第二部第二グループ)《〈スクールセット〉関西学院初等部デスクセット》
　　　山本 秀夫, 瀧下 琢弥(オッティモ)《〈ボードゲーム〉ベストオセロ》
　　　武田 美貴《〈折り紙〉ファニーフェイスカード(cochae)》
　　　粟辻デザイン, 石田 和人, 磯野 梨影, のぐち ようこ《〈幼児向け教材〉ワールドワイドキッズ イングリッシュ エモーショナル・トイズ》
　　　上山 宗徳(フラフープデザイン・ファクトリー)《〈知育玩具〉B-BLOCK》
　　　登内 徹夫《〈積み木〉四万十ヒノキの積み木(トノプロダクト)》

209 現代童画展

　新しいナイーブアート(童画)の創造と発展を目指し, 日本で唯一の童画の公募団体として, 昭和50年12月に現代童画会が創設された。翌年2月, 第1回展が開かれた。
【主催者】現代童画会

現代童画展

【選考委員】（第34回）有賀忍, 糸井邦夫, 大上典男, 小澤清人, 戒能正浩, 川邨かんこ, 工藤肇, 小松修, 後藤英雄, 櫻井慧子, 多田すみえ, 西川比呂夫, 船水善昭, 増田欣子, 吉田キミコ, 嵐柴茂, 泉耀二, 井戸妙子, 小野孝一, 鳥垣英子, 中野靖子, 中村景児, 楢原敏正, 南善康, 夢田誠

【選考方法】公募

【選考基準】〔作品規定〕油絵・日本画・水彩・アクリル・版画・貼り絵・染色画など, 表現画材は不問。額装された未発表平面作品に限る。大きさは30号以上S100号までとする。版画は大きさに制限はなし。〔応募規定〕1人5点まで。〔出品料〕2点まで8000円, 1点増す毎に2000円追加

【締切・発表】第34回の場合, 搬入平成20年10月21日～22日, 展示会は11月2日～12日, 東京都美術館で開催

【賞・賞金】現代童画会賞, JAL賞, 奨励賞, 新人賞

第1回（昭51年）
　◇現代童画大賞　こうの このみ
　◇現代童画賞
　　● 金賞　遠竹 弘幸
　　● 銀賞　滝原 章助
　　● 銅賞　武 美千代
第2回（昭52年）
　◇現代童画大賞　おほ まこと
　◇現代童画作家賞　滝原 章助
　◇現代童画会賞　原 泰文
第3回（昭53年）
　◇現代童画大賞　有賀 忍
　◇現代童画会賞　おがた 直
第4回（昭54年）
　◇現代童画大賞　サイトオ ビン
　◇現代童画会賞　佐々木 恵未
第5回（昭55年）
　◇文部大臣奨励賞　深沢 邦朗
　◇現代童画大賞　秋元 純子
　◇現代童画会賞　片桐 三紀子
第6回（昭56年）
　◇文部大臣奨励賞　河野 日出雄
　◇現代童画大賞　三吉 達
　◇現代童画会賞　西岡 一郎
第7回（昭57年）
　◇文部大臣奨励賞　西川 宏夫
　◇現代童画大賞　該当者なし
　◇現代童画会賞　諸岡 邦奉
第8回（昭58年）
　◇文部大臣奨励賞　富永 秀夫
　◇現代童画大賞　小沢 清人
　◇現代童画会賞　真壁 りえ
第9回（昭59年）
　◇文部大臣奨励賞　江口 まひろ
　◇現代童画大賞　糸井 邦夫
　◇現代童画会賞　山本 キヨ子
第10回（昭60年）
　◇文部大臣奨励賞　斉藤 照生

　◇現代童画大賞　該当者なし
　◇現代童画会賞　大海 赫
第11回（昭61年3月）
　◇文部大臣奨励賞　郡 慧子
　◇現代童画大賞　斎藤 肇
　◇現代童画会賞　真島 健児郎
第12回（昭61年12月）
　◇文部大臣奨励賞　村岡 登
　◇現代童画大賞　大島 康紀
　◇現代童画会賞　中野 靖子
第13回（昭62年）
　◇文部大臣奨励賞　久保 雅勇
　◇現代童画大賞　該当者なし
　◇現代童画会賞　横山 圭介
第14回（昭63年）
　◇文部大臣奨励賞　こうの このみ
　◇現代童画大賞　菅野 美栄
　◇現代童画会賞　阿部 哲也
第15回（平1年）
　◇文部大臣奨励賞　サイトオ ビン
　◇現代童画大賞　斎藤 次郎
　◇現代童画会賞　熊谷 文利
第16回（平2年）
　◇文部大臣奨励賞　有賀 忍
　◇現代童画大賞　小松 修
　◇現代童画会賞　飯塚 みづえ
第17回（平3年）
　◇文部大臣奨励賞　三吉 達
　◇現代童画大賞　船水 善昭
　◇現代童画会賞　新井 照代
第18回（平4年）
　◇文部大臣奨励賞　桜井 慧子
　◇現代童画大賞　後藤 英雄
　◇現代童画会賞　河合 規仁
第19回（平5年）
　◇文部大臣奨励賞　戒能 正浩
　◇現代童画大賞　多田 すみえ

◇現代童画会賞　　河合 隆子
第20回（平6年）
　◇現代童画会特別賞　西岡 一郎
　◇現代童画大賞　　楢原 敏正
　◇現代童画会賞　　佐藤 悦子
第21回（平7年）
　◇現代童画大賞　　大上 典男
　◇毎日新聞社賞　　三吉 玄鬼
　◇現代童画会賞　　岡野原 八千代
第22回（平8年）
　◇現代童画大賞　　該当者なし
　◇毎日新聞社賞　　糸井 邦夫（埼玉）
　◇現代童画会賞　　高崎 順（千葉）
第23回（平9年）
　◇現代童画大賞　　該当作品なし
　◇毎日新聞社賞　　多田 すみえ
　◇現代童画会賞　　玉利 潤子
第24回（平10年）
　◇現代童画大賞　　該当作品なし
　◇毎日新聞社賞　　後藤 英雄
　◇現代童画会賞　　高石 初美
第25回（平11年）
　◇現代童画大賞　　中根 和美
　◇委員25回記念賞　吉田 キミコ
　◇現代童画会賞　　船越 和子
第26回（平12年）
　◇現代童画大賞　　南 善康

　◇現代童画会賞　　古山 幸夫
第27回（平13年）
　◇現代童画大賞　　井出 三太
　◇現代童画会賞　　柳井 貴光
第28回（平14年）
　◇現代童画大賞　　中村 景児
　◇現代童画会賞　　井上 ゆかり
第29回（平15年）
　◇現代童画大賞　　鳥垣 英子
　◇現代童画会賞　　中村 公子
第30回（平16年）
　◇現代童画大賞　　中野 靖子
　◇現代童画会賞　　中井 結美
第31回（平17年）
　◇現代童画大賞　　夢我 克
　◇現代童画会賞　　斉藤 一也
第32回（平18年）
　◇現代童画大賞　　玉利 潤子
　◇現代童画会賞　　齋藤 サチコ
第33回（平19年）
　◇現代童画大賞　　荒井 美代子
　◇現代童画会賞　　まつやま けいこ
第34回（平20年）
　◇現代童画大賞　　村越 昭彦
　◇現代童画会賞　　田中 信子

210 講談社児童漫画賞

　現在の「講談社漫画賞」の前身にあたる。第9回昭和43年の授賞をもって終了、「講談社出版文化賞」の児童漫画部門に引きつがれた。
【主催者】講談社

第1回（昭36年）
　　　寺田 ヒロオ「スポーツマン金太郎」
　　　永田 竹丸「ぴっくるくん」
第2回（昭37年）　つのだ じろう「ばら色の海」
第3回（昭38年）　ちば てつや「1・2・3と4・5ロク」
第4回（昭39年）　白土 三平「サスケ」「シートン動物記」
第5回（昭40年）　森田 拳次「丸出だめ夫」
第6回（昭41年）
　　　水木 しげる「テレビくん」
　　　今村 洋子「ハッスルゆうちゃん」
第7回（昭42年）　石森 章太郎「サイボーグ009」「ミュータント・サブ」
第8回（昭43年）　川崎 のぼる「巨人の星」（原作・梶原一騎）
第9回（昭43年）　ジョージ・秋山「パットマンX」

【これ以降は、211「講談社出版文化賞」の児童漫画部門を参照】

211 講談社出版文化賞

さしえ、写真、ブックデザイン、児童漫画、絵本の5部門において、それぞれ新分野を開拓しその質的向上をはかり、出版文化の発展に寄与することを目的として、昭和45年に創設された。その後児童漫画部門が講談社漫画賞として独立した。

【主催者】講談社
【選考委員】(平21年度)〔絵本賞〕あべ弘士、荒井良二、長田弘、西巻茅子、和歌山静子
【選考方法】新聞社, 出版社, 有識者にアンケートによる推薦を依頼
【選考基準】〔対象〕前年1月1日から当年12月末日までに刊行された図書
【締切・発表】発表は4月上旬、贈呈式5月
【賞・賞金】賞状、記念品と副賞(賞金各100万円)
【URL】http：//www.kodansha.co.jp/award/syuppan-bunka.html

第1回(昭45年)
　◇児童漫画部門　手塚 治虫「火の鳥」
　◇絵本部門　中谷 千代子「まちのねずみといなかのねずみ」
第2回(昭46年)
　◇児童漫画部門　真崎 守「ジロがゆく」「はみだし野郎の子守唄」
　◇絵本部門　斎藤 博之「しらぬい」
第3回(昭47年)
　◇児童漫画部門　松本 零士「男おいどん」
　◇絵本部門
　　朝倉 摂「日本の名作スイッチョねこ」
　　油野 誠一「おんどりのねがい」
第4回(昭48年)
　◇児童漫画部門　水島 新司「野球狂の詩」
　◇絵本部門
　　赤羽 末吉「(源平絵巻物語)衣川のやかた」
　　梶山 俊夫「いちにちにへんとおるバス」
第5回(昭49年)
　◇児童漫画部門
　　里中 満智子「あした輝く」「姫がいく!」
　　矢口 高雄「釣りキチ三平」
　◇絵本部門　田島 征三「ふきまんぶく」
第6回(昭50年)
　◇児童漫画部門　ながやす巧〔画〕「愛と誠」
　◇絵本部門　なかえ よしを, 上野 紀子「ねずみくんのチョッキ」
第7回(昭51年)
　◇児童漫画部門　ちば てつや「おれは鉄兵」
　◇絵本部門　安野 光雅「かぞえてみよう」

【以降、漫画部門は212「講談社漫画賞」として独立】

第8回(昭52年)
　◇絵本部門
　　長 新太「はるですよ ふくろうおばさん」
　　さの ようこ「わたしのぼうし」
第9回(昭53年)
　◇絵本部門　岡野 薫子, 遠藤 てるよ「ミドリがひろった ふしぎなかさ」
第10回(昭54年)
　◇絵本賞　市川 里美「春のうたがきこえる」
第11回(昭55年)
　◇絵本賞　杉田 豊「うれしい ひ」
第12回(昭56年)
　◇絵本賞　太田 大八「ながさきくんち」
第13回(昭57年)
　◇絵本賞　寺村 輝夫, 和歌山 静子「おおきな ちいさいぞう」
第14回(昭58年)
　◇絵本賞　谷内 こうじ「かぜのでんしゃ」
第15回(昭59年)
　◇絵本賞　梅田 俊作, 梅田 佳子「このゆびとーまれ」
第16回(昭60年)
　◇絵本賞　丸木 俊, 丸木 位里「おきなわ島のこえ」
第17回(昭61年)
　◇絵本賞　甲斐 信枝「雑草のくらし」
第18回(昭62年)
　◇絵本賞　にしまき かやこ「えのすきなねこさん」
第19回(昭63年)
　◇絵本賞　瀬川 康男「ぼうし」
第20回(平1年)
　◇絵本賞　きたやま ようこ「ゆうたくんちのいばりいぬ」

康 禹鉉, 田島 伸二「さばくのきょうりゅう」
第21回(平2年)
◇絵本賞　林 明子「ことあき」
第22回(平3年)
◇絵本賞　于 大武, 唐 亜明「ナージャとりゅうおう」
第23回(平4年)
◇絵本賞　武田 美穂「となりのせきのますだくん」
第24回(平5年)
◇絵本賞　片山 健「タンゲくん」
第25回(平6年)
◇絵本賞　井上 洋介〔絵〕, 渡辺 茂男〔作〕「月夜のじどうしゃ」
第26回(平7年)
◇絵本賞　あべ 弘士〔絵〕, 木村 裕一〔文〕「あらしのよるに」
第27回(平8年)
◇絵本賞　いとう ひろし「だいじょうぶ だいじょうぶ」(講談社)
第28回(平9年)
◇絵本賞　いわむら かずお「かんがえるカエルくん」(福音館書店)
第29回(平10年)
◇絵本賞　カナヨ・スギヤマ, カー・ウータン「ペンギンの本」(講談社)
第30回(平11年)
◇絵本賞　宮西 達也「きょうはなんてうんがいいんだろう」(鈴木書店)
第31回(平12年)
◇絵本賞　荒井 良二〔絵〕, 長田 弘〔文〕「森の絵本」(講談社)
第32回(平13年)
◇絵本賞　大塚 敦子〔文・写真〕「さよならエルマおばあさん」(小学館)
第33回(平14年)
◇絵本賞　武 建華〔絵〕, 千葉 幹夫〔文〕「舌ながばあさん」(小学館)
第34回(平15年)
◇絵本賞　長谷川 義史〔絵〕, 日之出の絵本制作実行委員会〔文〕「おたまさんのおかいさん」(解放出版社)
第35回(平16年)
◇絵本賞　スズキ コージ「おばけドライブ」(ビリケン社)
第36回(平17年)
◇絵本賞　G.D.パヴリーシン〔絵〕, 神沢 利子〔作〕「鹿よ おれの兄弟よ」(福音館書店)
第37回(平18年)
◇絵本賞　鈴木 まもる「ぼくの鳥の巣絵日記」(偕成社)
第38回(平19年)
◇絵本賞　いせ ひでこ「ルリユールおじさん」(理論社)
第40回(平21年)
◇絵本賞　石井 聖岳〔絵〕, もとした いづみ〔文〕「ふってきました」(講談社)
第40回(平21年)
◇絵本賞　酒井 駒子〔絵〕, 湯本 香樹実〔文〕「くまとやまねこ」(河出書房新社)

212　講談社漫画賞

　我が国の漫画の質的向上をはかり, その発展に寄与するため, 昭和52年に創設された。毎年最も優れた作品を発表した漫画作家に贈られる。前身は「講談社出版文化賞」の児童漫画部門。
【主催者】講談社
【選考委員】(第32回・平20年)軽部潤子, しげの秀一, 寺沢大介, 深見じゅん, 福本伸行, 藤本由香里, 森川ジョージ
【選考方法】関係者のアンケートによる推薦
【選考基準】〔対象〕過去1年間(前年の4月1日から当年3月31日まで)に, 雑誌・単行本等に掲載, 発表された漫画作品の中から, 斬新で最も優れた作品
【締切・発表】例年5月～6月に決定
【賞・賞金】賞状, ブロンズ像と副賞100万円

【これ以前は，211「講談社出版文化賞」の児童漫画部門を参照】

第1回(昭52年)
　　　　手塚 治虫「ブラック・ジャック」(週刊少年チャンピオン)，「三つ目がとおる」(週刊少年マガジン)
　　　　大和 和紀「はいからさんが通る」(週刊少女フレンド)
　　　　水木 杏子，いがらし ゆみこ「キャンディ・キャンディ」(月刊なかよし)

第2回(昭53年)
　　　　川崎 のぼる「フットボール鷹」(週刊少年マガジン)
　　　　庄司 陽子「生徒諸君!」(週刊少女フレンド)

第3回(昭54年)
　　　　柳沢 きみお「翔んだカップル」(週刊少年マガジン)
　　　　大島 弓子「『綿の国星』シリーズ」(月刊LaLa)

第4回(昭55年)
　　　　永井 豪「凄ノ王」(週刊少年マガジン)
　　　　吉田 まゆみ「れもん白書」(月刊MIMI)

第5回(昭56年)
　　　　小林 まこと「1・2の三四郎」(週刊少年マガジン)
　　　　雪室 俊一，たかなし しずえ「おはよう!スパンク」(月刊なかよし)

第6回(昭57年)
　◇少年部門　村上 もとか「岳人列伝」(少年ビッグコミック)
　◇少女部門　美内 すずえ「妖鬼妃伝」(月刊なかよし)

第7回(昭58年)
　◇少年部門　三浦 みつる「THEかぼちゃワイン」(週刊少年マガジン)
　◇少女部門　山岸 凉子「日出処の天子」(月刊LALA)

第8回(昭59年)
　◇少年部門　大島 やすいち「バツ&テリー」(週刊少年マガジン)
　◇少女部門　小野 弥夢「LADY LOVE」(別冊少女フレンド)

第9回(昭60年)
　◇少年部門　しげの 秀一「バリバリ伝説」(週刊少年マガジン)
　◇少女部門　西 尚美「まひろ体験」(週刊少女フレンド)

第10回(昭61年)
　◇少年部門　蛭田 達也「コータローまかりとおる!」(週刊少年マガジン)
　◇少女部門　一条 ゆかり「有閑倶楽部」(月刊りぼん)

第11回(昭62年)
　◇少年部門　前川 たけし「鉄拳チンミ」(月刊少年マガジン)
　◇少女部門　あさぎり 夕「なな色マジック」(月刊なかよし)

第12回(昭63年)
　◇少年部門　寺沢 大介「ミスター味っ子」(週刊少年マガジン)
　◇少女部門　松苗 あけみ「純情クレイジーフルーツ」(月刊ぶ～け)

第13回(平1年)
　◇少年部門　むつ 利之「名門!第三野球部」(週刊少年マガジン)
　◇少女部門
　　　　鈴木 由美子「白鳥麗子でございます!」(月刊mimi)
　　　　さくら ももこ「ちびまる子ちゃん」(月刊りぼん)

第14回(平2年)
　◇少年部門　川原 正敏「修羅の門」(月刊少年マガジン)
　◇少女部門　万里村 奈加「プライド」(mimi)

第15回(平3年)
　◇少年部門　森川 ジョージ「はじめの一歩」(週刊少年マガジン)
　◇少女部門　逢坂 みえこ「永遠の野原」(ぶ～け)

第16回(平4年)
　◇少年部門　川 三番地〔画〕，七三太朗〔原作〕「風光る」(月刊少年マガジン)
　◇少女部門　岩館 真理子「うちのママが言うことには」(YOUNG YOU)

第17回(平5年)
　◇少年部門　高田 裕三「3×3 EYES(サザン・アイズ)」(ヤングマガジン)
　◇少女部門　武内 直子「美少女戦士セーラームーン」(なかよし)

第18回(平6年)
　◇少年部門　大島 司「シュート!」(少年マガジン)
　◇少女部門　軽部 潤子「君の手がささやいている」(月刊mimi)

第19回(平7年)　さとう ふみや〔画〕，金成 陽三郎〔原作〕「金田一少年の事件簿」(週刊少年マガジン)

◇少女部門　小沢 真理「世界でいちばん優しい世界」(Kiss)
第20回(平8年)
◇少年部門　寺沢 大介「将太の寿司」(週刊少年マガジン)
◇少女部門　くらもち ふさこ「天然コケッコー」(コーラス)
第21回(平9年度)
◇少年部門　山原 義人「竜狼伝」(月刊少年マガジン)
◇少女部門　樹 なつみ「八雲立つ」(白泉社・月刊LaLa)
第22回(平10年度)
◇少年部門　藤沢 とおる「GTO」(週刊少年マガジン)
◇少女部門　小花 美穂「こどものおもちゃ」(月刊りぼん)
第23回(平11年度)
◇少年部門　加瀬 あつし「カメレオン」(週刊少年マガジン)
◇少女部門　上田 美和「ピーチガール」(別冊フレンド)
第24回(平12年度)
◇少年部門　さい ふうめい〔原作〕，星野 泰視〔漫画〕「勝負師伝説 哲也」(少年マガジン)
◇少女部門　池沢 理美「ぐるぐるポンちゃん」(別冊フレンド)
第25回(平13年度)
◇少年部門　赤松 健「ラブひな」(週刊少年マガジン)
◇少女部門　高屋 奈月「フルーツバスケット」(花とゆめ)
第26回(平14年度)
◇少年部門
　野中 英次「魁!!クロマティ高校」(週刊少年マガジン)
　ハロルド作石「BECK」(月刊少年マガジン)
◇少女部門　よしなが ふみ「西洋骨董洋菓子店」(Wings)
第27回(平15年度)
◇児童部門　篠塚 ひろむ「ミルモでポン！」(ちゃお)

◇少年部門　朝基 まさし〔漫画〕，安童 夕馬〔原作〕「クニミツの政」(週刊少年マガジン)
◇少年部門
　羽海野 チカ「ハチミツとクローバー」(YOUNG YOU)
　小川 弥生「きみはペット」(Kiss)
第28回(平16年度)
◇児童部門　御童 カズヒコ「ウルトラ忍法帖シリーズ」(コミックボンボン)
◇少年部門　沢田 ひろふみ「遮那王―義経」(月刊少年マガジン)
◇少女部門　二ノ宮 知子「のだめカンタービレ」(Kiss)
第29回(平17年度)
◇児童部門　安野 モヨコ「シュガシュガルーン」(なかよし)
◇少年部門　曽田 正人「capeta」(月刊少年マガジン)
◇少女部門
　伊藤 理佐「おいピータン!!」(Kiss)
　ジョージ朝倉「恋文日和」(別冊フレンド)
第30回(平18年度)
◇児童部門　小林 深雪〔原作〕，安藤 なつみ〔漫画〕「キッチンのお姫さま」(なかよし)
◇少年部門　大暮 維人「エア・ギア」(週刊少年マガジン)
◇少女部門　すえのぶ けいこ「ライフ」(別冊フレンド)
第31回(平19年)
◇児童部門　小川 悦司「天使のフライパン」(コミックボンボン)
◇少年部門
　久米田 康治「さよなら絶望先生」(週刊少年マガジン)
　八神 ひろき「DEAR BOYS ACT II」(月刊少年マガジン)
◇少女部門　六花 チヨ「IS(アイエス)」(Kiss)
第32回(平20年)
◇児童部門　PEACH-PIT「しゅごキャラ！」(なかよし)
◇少年部門　田中 モトユキ「最強！都立あおい坂高校野球部」(週刊少年サンデー)
◇少女部門　椎名 軽穂「君に届け」(別冊マーガレット)

213 小学館漫画賞

健全明朗な少年少女向け漫画の振興をはかるため、昭和30年に設定。現在は一般向け作品も含め、4部門制により幅広く優れた作品を発表した漫画作家に贈られる。

【主催者】小学館、(財)日本児童教育振興財団
【選考委員】(第54回・平20年)赤石路代、尾瀬あきら、角田光代、かわぐちかいじ、鴻上尚史、弘兼憲史、やまさき十三
【選考方法】関係者及び読者からの候補作品推薦による
【選考基準】〔対象〕該当年度中に雑誌、単行本、新聞等に発表されたまんが・コミック作品
【締切・発表】10月末日推薦締切、翌1月20日頃最終決定・発表
【賞・賞金】各ブロンズ像と賞金100万円
【URL】http://www.shogakukan.co.jp/mangasho/

第1回(昭31年)　馬場 のぼる「ブウタン」
第2回(昭32年)　石田 英助「おやまのかばちゃん」(幼稚園)ほか
第3回(昭33年)　手塚 治虫「漫画生物学」(中学初級コース)、「ぴいこちゃん」(二年生文庫)ほか
第4回(昭34年)　センバ 太郎「ちびくろさんぼ」(小学二年生)、「しあわせの王子」(小学四年生)ほか
第5回(昭35年)
　　太田 じろう「こりすのぽっこ」(ことば)ほか
　　上田 としこ「ぼんこちゃん」(りぼん)、「フィチンさん」(少女クラブ)ほか
第6回(昭36年)　該当者なし
第7回(昭37年)　秋 玲二「サイエンス君の世界旅行」(中学生の友二年)
第8回(昭38年)　藤子 不二雄「すすめロボケット」(小学一年生)、「てぶくろてっちゃん」(たのしい三年生)
第9回(昭39年)　関谷 ひさし「ファイト先生」(小学五年生)、「ストップ！にいちゃん」(少年)
第10回(昭40年)　赤塚 不二夫「おそ松くん」(週刊少年サンデー)
第11回(昭41年)　前川 かずお「パキちゃんとガン太」(小学三年生)ほか
第12回(昭42年)　該当者なし
第13回(昭43年)　石森 章太郎「佐武と市捕物控」(少年サンデー)、「ジュン」(COM)
第14回(昭44年)　川崎 のぼる「アニマル1」(少年サンデー)、「いなかっぺ大将」(小学五年生)
第15回(昭45年)　水野 英子「ファイヤー！」(セブンティーン)
第16回(昭46年)
　　秋 竜山「ギャグおじさん」(デラックス少年サンデー)、「親バカ天国」(少年マガジン)
　　わたなべ まさこ「ガラスの城」(マーガレット)
第17回(昭47年)
　　永島 慎二「花いちもんめ」(少年サンデー)ほか
　　吉田 竜夫「みなしごハッチ」(幼稚園・絵文庫)
第18回(昭48年)　あすな ひろし「とうちゃんのかわいいヨメさん」(少年ジャンプ)ほか
第19回(昭49年)　水島 新司「男どアホウ甲子園」「出刃とバット」(少年サンデー)
第20回(昭50年)　楳図 かずお「漂流教室」(少年サンデー)ほか
第21回(昭51年)
　　◇少年少女向け　萩尾 望都「ポーの一族」「11人いる！」(別冊少女コミック)
第22回(昭52年)
　　◇少年少女向け
　　小山 ゆう「がんばれ元気」(少年サンデー)
　　ちば あきお「キャプテン」「プレイボール」(少年ジャンプ)
第23回(昭53年)
　　◇少年少女向け　松本 零士「銀河鉄道999」(少年キング)、「戦場まんがシリーズ」(少年サンデー)
第24回(昭54年)
　　◇少年少女向け　古谷 三敏「ダメおやじ」(少年サンデー)

第25回(昭55年)
　◇少年少女向け　竹宮 恵子「地球へ…」(マンガ少年),「風と木の詩」(少女コミック)
第26回(昭56年)
　◇少年少女向け　高橋 留美子「うる星やつら」(少年サンデー)
第27回(昭57年)
　◇児童向け　藤子 不二雄「ドラえもん」(コロコロコミックほか)
　◇少年少女向け　鳥山 明「Dr.スランプ」(少年ジャンプ)
第28回(昭58年)
　◇児童向け　すがや みつる「ゲームセンターあらし」(コロコロコミックほか)ほか
　◇少年少女向け　あだち 充「みゆき」(少年ビッグコミック),「タッチ」(週刊少年サンデー)
第29回(昭59年)
　◇児童向け部門　たちいり ハルコ「パンク・ポンク」(小学三年生〜五年生)
　◇少年向け部門　村上 もとか「六三四の剣」(週刊少年サンデー)
　◇少女向け部門　吉田 秋生「吉祥天女」(別冊少女コミック),「河よりも長くゆるやかに」(プチフラワー)
第30回(昭60年)
　◇児童向け部門　ゆでたまご「キン肉マン」(週刊少年ジャンプ)
　◇少年向け部門　新谷 かおる「ふたり鷹」(週刊少年サンデー),「エリア88」(少年ビッグコミック)
　◇少女向け部門　木原 敏江「夢の碑」(プチフラワー)
第31回(昭61年)
　◇児童向け部門　室山 まゆみ「あさりちゃん」(小学二年生〜六年生)
　◇少年向け部門　尾瀬 あきら「初恋スキャンダル」「とべ! 人類II」(少年ビッグコミック)
　◇少女向け部門　川原 由美子「前略・ミルクハウス」(別冊少女コミック)
第32回(昭62年)
　◇児童向け部門　ながい のりあき「がんばれ! キッカーズ」(コロコロコミックほか)
　◇少年向け部門　高橋 よしひろ「銀牙―流れ星銀」(週刊少年ジャンプ)
　◇少女向け部門　篠原 千絵「闇のパープル・アイ」(週刊少女コミック)
第33回(昭63年)
　◇児童向け部門　のむら しんぼ「つるピカハゲ丸」(コロコロコミックほか)
　◇少年向け部門　原 秀則「ジャストミート」(週刊少年サンデー),「冬物語」(ヤングサンデー)
　◇少女向け部門　惣領 冬実「ボーイフレンド」(週刊少女コミック)
第34回(平1年)
　◇児童向け部門　小林 よしのり「おぼっちゃまくん」(コロコロコミック,小学三年生)
　◇少年向け部門　石渡 治「B・B」(週刊少年サンデー)
　◇少女向け部門　岡野 玲子「雲遊歌舞(ファンシィダンス)」(プチフラワー)
第35回(平2年)
　◇児童向け部門　上原 きみこ「まりちゃんシリーズ」(小学二年生〜六年生)
　◇少年向け部門　なかいま 強「うっちゃれ五所瓦」(週刊少年サンデー)
　◇少女向け部門　榛の なな恵「Papa told me」(YOUNG YOU)
第36回(平3年)
　◇児童向け部門　Moo.念平「あまいぞ!男吾」(月刊コロコロコミック)
　◇少年向け部門　ゆうき まさみ「機動警察パトレイバー」(週刊少年サンデー)
　◇少女向け部門
　　細川 知栄子, 芙〜みん「王家の紋章」(プリンセス)
　　渡辺 多恵子「はじめちゃんが一番!」(別冊少女コミック)
第37回(平4年)
　◇児童向け部門　こした てつひろ「ドッジ弾平」(コロコロコミック,小学四年生)
　◇少年向け部門　藤田 和日郎「うしおととら」(少年サンデー)
　◇少女向け部門　藤田 和子「真コール!」(少女コミック)
第38回(平5年)
　◇児童向け部門　青山 剛昌「YAIBA」(週刊少年サンデー)
　◇少年向け部門　椎名 高志「GS美神 極楽大作戦!!」(週刊少年サンデー)
　◇少女向け部門　田村 由美「BASARA」(別冊少女コミック)
第39回(平6年)
　◇児童向け部門　赤石 路代「ワン・モア・ジャンプ」(ちゃお)
　◇少年向け部門　富樫 義博「幽★遊★白書」(少年ジャンプ)
　◇少女向け部門　吉村 明美「薔薇のために」(プチコミック)
第40回(平7年)
　◇児童向け部門　穴久保 幸作「おれは男だ!くにおくん」(コロコロコミック)

◇少年向け部門　井上　雄彦「SLAM DUNK」（週刊少年ジャンプ）
◇少女向け部門　羅川　真理茂「赤ちゃんと僕」（花とゆめ）

第41回（平8年）
◇児童向け部門　おの　えりこ「こっちむいて！みいこ」（ちゃお）
◇少年向け部門　満田　拓也「MAJOR」（週刊少年サンデー）
◇少女向け部門　神尾　葉子「花より男子」（マーガレット）

第42回（平8年度）
◇児童向け部門　つの丸「みどりのマキバオー」
◇少年向け部門　曽田　正人「め組の大吾」
◇少女向け部門　さいとう　ちほ「花音」

第43回（平9年度）
◇児童向け部門　いがらし　みきお「忍ペンまん丸」
◇少年向け部門　森末　慎二〔原作〕，菊田　洋之〔作画〕「ガンバ！Fly high」
◇少女向け部門　渡瀬　悠宇「妖しのセレス」

第44回（平10年度）
◇児童向け部門　あらい　きよこ「エンジェルリップ」
◇少年向け部門　皆川　亮二「ARMS」
◇少女向け部門　該当作なし

第45回（平11年度）
◇児童向け部門　ながとし　やすなり「うちゅう人田中太郎」
◇少年向け部門
　　河合　克敏「モンキーターン」
　　ほった　ゆみ〔原作〕，小畑　健〔漫画〕「ヒカルの碁」
◇少女向け部門　いくえみ　綾「バラ色の明日」

第46回（平12年度）
◇児童向け部門　島袋　光年「世紀末リーダー伝たけし！」
◇少年向け部門
　　青山　剛昌「名探偵コナン」
　　西森　博之「天使な小生意気」
◇少女向け部門　篠原　千絵「天は赤い河のほとり」

第47回（平13年度）
◇児童向け部門　竜山　さゆり「ぷくぷく天然かいらんばん」
◇少年向け部門　高橋　留美子「犬夜叉」
◇少女向け部門
　　吉田　秋生「YASHA―夜叉」
　　清水　玲子「輝夜姫」

第48回（平14年度）
◇児童向け部門　樫本　学ヴ「コロッケ！」

◇少年向け部門　雷句　誠「金色のガッシュ!!」
◇少女向け部門
　　矢沢　あい「NANA―ナナ」
　　渡辺　多恵子「風光る」

第49回（平15年度）
◇児童向け部門　篠塚　ひろむ「ミルモでポン！」（月刊ちゃお）
◇少年向け部門
　　荒川　弘「鋼の錬金術師」（月刊少年ガンガン）
　　橋口　たかし「焼きたて!!ジャぱん」（週刊少年サンデー）
◇少女向け部門　中原　アヤ「ラブ★コン」（別冊マーガレット）

第50回（平16年度）
◇児童向け部門
　　吉崎　観音「ケロロ軍曹」（少年エース）
　　曽山　一寿「絶体絶命でんぢゃらすじーさん」（月刊コロコロコミック）
◇少年向け部門　久保　帯人「BLEACH」（週刊少年ジャンプ）
◇少女向け部門
　　芦原　妃名子「砂時計」（Betsucomi）
　　小畑　友紀「僕等がいた」（Betsucomi）

第51回（平17年度）
◇児童向け部門　前川　涼「アニマル横町」（「りぼん」集英社）
◇少年向け部門　藤崎　聖人「ワイルドライフ」（「週刊少年サンデー」小学館）
◇少女向け部門　和泉　かねよし「そんなんじゃねえよ」（「Betsucomi」小学館）

第52回（平18年度）
◇児童向け部門　中原　杏「きらりん☆レボリューション」（「ちゃお」小学館）
◇少年向け部門　田辺　イエロウ「結界師」（「週刊少年サンデー」小学館）
◇少女向け部門　田村　由美「7SEEDS」（「flowers」小学館）

第53回（平19年度）
◇児童向け部門　村瀬　範行「ケシカスくん」（「コロコロコミック」小学館）
◇少年向け部門　寺嶋　裕二「ダイヤのA」（「週刊少年マガジン」講談社）
◇少女向け部門　青木　琴美「僕の初恋をキミに捧ぐ」（「少女コミック」小学館）

第54回（平20年度）
◇児童向け部門　やぶうち　優「ないしょのつぼみ」（「小学五年生」小学館）
◇少年向け部門　あだち　充「クロスゲーム」（「週刊少年サンデー」小学館）
◇少女向け部門　桜小路　かのこ「BLACK BIRD」（「ベツコミ」小学館）

214 武井武雄記念日本童画大賞（イルフビエンナーレ）

「童画」を生み出した武井武雄(岡谷市出身)は、大正から昭和の児童文化興隆期の優れたリーダーで、子どものために生涯にわたって素晴らしい作品を創り続けた。岡谷市及び武井作品を所蔵するイルフ童画館では、武井の「童画」の精神を継承発展させ、さらに21世紀における新しい児童文化の創造を目指して実施している。平成11年度より開始され、第2回より隔年開催。

【主催者】岡谷市、イルフ童画館、(財)岡谷市振興公社
【選考委員】(第5回)山本容子、遠山繁年、小瀬一廣
【選考方法】公募
【選考基準】〔資格〕高校生以上、40歳以下。〔対象〕趣旨に沿った作品で一人1～2点以内未発表のものに限る。〔作品規定〕平面で紙を主体とする。用紙はA2判。〔出品料〕1点3000円、2点4000円
【締切・発表】第6回は平成22年開催予定
【賞・賞金】日本童画大賞(1点)：賞金100万円。最優秀賞(1点)：賞金30万円。優秀賞(1点)：賞金10万円。審査員特別賞(5点)：賞金5万円。奨励賞(3点)：賞金3万円。入選(30点)程
【URL】http://www.ilf.jp

第1回(平11年度)
◇日本童画大賞　井上 華恵「ぼくのちいさなともだち」
◇最優秀賞(信毎賞)　西村 敏雄「11月のサーカス」
◇優秀賞　藤村 法子「静かな夜」
◇審査員特別賞
　三好 克美「大道芸人と鳥」
　田中 修一「森の動物たち 1」
　佐々木 愛「サーカス」
　坂本 真彩「眠り」
　たかはし びわ「宇宙を旅する一団」
第2回(平13年度)
◇日本童画大賞　松島 英樹「本当に生きてるの？」
◇最優秀賞(信毎賞)　伊藤 あおい「幸せなひととき」
◇優秀賞　住田 裕見「ゆきのこんばんは」
◇審査員特別賞
　津金 愛子「まあるい月とぼく」
　平島 毅「山に聞いたユーヤケの夢」
　うさ「ひと休み」
　戸川 幸一郎「子供の時間」
第3回(平15年度)
◇日本童画大賞　羽部 ちひろ「あやとり」
◇最優秀賞(信毎賞)　山田 千佳「ここだよ」
◇優秀賞　南 ひろみ「てるてるぼうず」
◇審査員特別賞
　伊藤 亜矢美「さかなっサンのひととき」
　沖山 宣晴「みんなトマーティオ」
　鮫島 正行「まだまだつづく」
　中村 緑里「窓」
　藤原 加奈子「ぐるぐるつらなる」
第4回(平17年度)
◇日本童画大賞　いの とみか「夕暮れ」
◇最優秀賞(信毎賞)　橋本 佳奈「くいしんぼうさん」
◇優秀賞　田嶋 健「ほたるぎ(おとがながれる)」
◇審査員特別賞
　秋山 睦「帰り道」
　小川 惠美子「うちにひめるよろこび」
　川本 久美子「かみきり」
　鈴木 昭人「月夜のさんぽ」
　宮澤 ナツ「タベキレナイヨー」
第5回(平19年度)
◇日本童画大賞　マスダカルシ「ここにいるよ」
◇最優秀賞(信毎賞)　みほし「大きな木」
◇優秀賞　中村 眞美子「真夜中の行進」
◇審査員特別賞
　東野 真衣「ポケットのポケっと」
　かえで「長い髪のピアニスト」
　鈴木 奈津子「いのししがサイを飛び越える」

215 丹波の森ウッドクラフト展（全国ウッドクラフト公募展）

木のぬくもりをテーマに、クラフト創造遊苑兵庫県立丹波年輪の里を舞台に繰り広げられる作品展。深い木の文化と創造の喜びをめざして、個性あふれる作品を募集している。「全国ウッドクラフト公募展」として昭和63年に始められ、第11回より「丹波の森ウッドクラフト展」に名称を変更した。

【主催者】丹波の森ウッドクラフト展実行委員会

【選考委員】（第21回）一般の部：小黒三郎（組み木デザイナー）、西田明夫（有馬玩具博物館長）、日野永一（兵庫教育大学名誉教授）ジュニアの部：磯尾隆司（彫刻家）、井上重義（日本玩具博物館長）、大前勝彦（三田市中学校美術部会員）

【選考方法】公募

【選考基準】〔資格〕プロ・アマ不問。ジュニア部門は高校生以下。〔作品規定〕木の素材を活かしたおもちゃ・遊具などのほか、遊び心を感じさせる生活用品などオリジナルで、未発表の新作に限る。幅、奥行、高さの合計が3m以内で一辺の最長が1.5m以内（組み作品は展示時の大きさ）。〔応募制限〕1人2点以内（ジュニアの部は1人1点）

【締切・発表】（第21回）締切は一般が平成20年8月14日、ジュニアが9月15日。発表は一般が9月中旬頃、ジュニアが10月上旬頃

【賞・賞金】丹波の森ウッドクラフトグランプリ（1点）：賞金50万円。丹波の森ウッドクラフト準グランプリ（1点）：賞金10万円。丹波の森ウッドクラフト優秀賞（3点）：賞金5万円。新人賞（1点）：賞金5万円。佳作（3点）：賞金3万円。ジュニア部門は副賞品

【URL】http://www.hk.sun-ip.or.jp/wood/w_craft/

第1回（昭63年）
◇ジュニア部門
- 大賞　寺西 智美（兵庫県三田市立三輪小学校）「ドラム」

第2回（平1年）
◇ジュニア部門
- 大賞　足立 依津（兵庫県姫路市立城西小学校）「木の上の家」

第3回（平2年）
◇ジュニア部門
- 大賞　井田 智章（兵庫県丹南町立城南小学校）「もっきん」

第4回（平3年）
◇ジュニア部門
- 大賞　滝本 博章（兵庫県春日町立黒井小学校）「ゆれる小鳥のとう」

第5回（平4年）
◇ジュニア部門
- 大賞　冨山 寅二郎（大阪市立工芸高等学校）「バードノッカー」

第6回（平5年）
◇ジュニア部門
- 大賞　木山 裕美（大阪市立工芸高等学校）「チュッチュしましょ」

第7回（平6年）
◇ジュニア部門
- 大賞　河内 由夏（大阪市立工芸高等学校）「のらりくらりなまけもの」

第8回（平7年）
◇ジュニア部門
- 大賞　加藤 政信（神奈川県寒川町立寒川東中学校）「回転なると」

第9回（平8年）
◇ジュニア部門
- 大賞　村田 信（兵庫県立鈴蘭台高等学校）「たまご」

第10回（平9年）
◇ジュニア部門
- 大賞　兵庫県西宮市立瓦木中学校美術部「やじろべぇ大サーカス」

第11回（平10年）
◇ジュニア部門
- グランプリ　足立 彩（兵庫県氷上町立西小学校）「楽しい森」

第12回（平11年）
◇ジュニア部門
- グランプリ　佐藤 可也（神奈川県寒川町立寒川東中学校）「お重顔」

第13回(平12年)
- ◇ジュニア部門
  - グランプリ　矢野 史子(兵庫県村岡町立村岡小学校)「ぼくらのヒミツキチ」

第14回(平13年)
- ◇ジュニア部門
  - グランプリ　大阪府立北野高等学校1年美術選択生「WOODY-CHAINS」

第15回(平14年)
- ◇ジュニア部門
  - グランプリ　海野 絢奈(宮崎県立佐土原高等学校)「ぴょこぴょこねずチュー」

第16回(平15年)
- ◇ジュニア部門
  - グランプリ　辺見 あゆ美(東京都立工芸高等学校)「Wood cards」

第17回(平16年)
- ◇ジュニア部門
  - グランプリ　原 桃子(東京都立工芸高等学校)「ひみつの部屋」

第18回(平17年)
- ◇ジュニア部門
  - グランプリ　亀岡市立高田中学校3年生「木の楽譜 ―校歌―」

第19回(平18年)
- ◇ジュニア部門
  - グランプリ　大阪府立修徳学院木工部「フクロウの森」

第20回(平19年)
- ◇ジュニア部門
  - グランプリ　草野 浩毅(東京都立工芸高等学校)「多組み(たくみ)積み木(ブロックス)」

第21回(平20年)
- ◇ジュニア部門
  - グランプリ　新井 大輔(埼玉県立大宮ろう学校)「汽車の貯金箱」

216 那須良輔風刺漫画大賞 (那須漫画大賞)

熊本県湯前町出身の風刺漫画家・故那須良輔氏を記念して, 平成4年に創設された。大賞作品は湯前まんが美術館に永久保存展示される。

【主催者】湯前町(熊本県)
【選考委員】選考委員長：多田ヒロシ, 水野良太郎, 委員：カサマツヒロシ, 小山賢太郎, 種村国夫, 二階堂正宏, 前川しんすけ, 矢尾板賢吉
【選考方法】公募
【選考基準】〔応募規定〕B5～B4判のケント紙または画用紙等を使用, 1枚に収める。縦横・彩色自由。ただし手書き。A3判台紙に貼付。幼児・小学生および中学生を対象にしたジュニア部門が別途設けられている
【締切・発表】(第18回)平成21年9月15日締切, 10月発表
【賞・賞金】〔一般部門〕那須良輔大賞(1名)：50万円, 審査員特別賞(1名)：10万円, 佳作(4名以内)：3万円, 肥後モッコス賞(1名)：2万円, 湯前特産品賞(10名)：ふるさとゆのまえ便(1万円相当)。〔ジュニア部門〕那須良輔大賞(中学生最優秀賞1名)：3万円(図書カード), 湯前町長賞(幼児・小学生最優秀賞1名)：2万円(図書カード)

217 読売国際漫画大賞

人種や文化, 言語の壁を超えて, 人々の共感をよび, 笑いの輪をひろげる漫画文化に新風を吹きこみ, 独創的な作品や豊かな才能を発掘しようと, 昭和54年に創設された。世界でも最大規模の「笑いのオリンピック」として知られる。ジュニア部門は第2回から創設された。第29

回をもって終了。
【主催者】読売新聞社
【選考委員】(第29回)秋竜山(漫画家)、石坂啓(漫画家)、植田まさし(漫画家)、えのきどいちろう(コラムニスト)、倉田真由美(漫画家)、林家正蔵(落語家)、平田俊子(詩人)、福田繁雄(グラフィックデザイナー)、南伸坊(イラストレーター)、山崎浩一(コラムニスト)、小林敬和(読売新聞東京本社文化部長)
【選考方法】公募
【選考基準】〔部門〕一般部門は課題作品と自由作品に分かれる。ジュニア部門は自由作品のみ。幼児・小学生、中学生の2クラスに分けて選考を行う。〔資格〕年齢に制限なし。国内外、プロ、アマ不問。ただし、共同制作は不可。〔作品規定〕課題、自由部門ともA3判(297ミリ×420ミリ)以内の平面で、縦、横は自由。画面のレイアウト、画材は自由。〔対象〕未発表の創作に限る。〔応募制限〕一人計3点まで
【締切・発表】第25回の場合、一般部門、ジュニア部門ともに平成15年9月26日締切。発表は12月下旬に読売新聞紙上。大賞などの優秀作品は来年の元日付紙面に掲載
【賞・賞金】一般部門・大賞(1点):賞金200万円。近藤日出造賞(1点):賞金150万円。課題部門金賞(1点):賞金50万円。自由部門金賞(1点):賞金50万円。選考委員特別賞(5点以内):賞金各20万円。優秀賞(20点):賞金各10万円。入選、佳作(各20点)。ジュニア部門・幼児・小学生最優秀賞(1点):図書券5万円。中学生最優秀賞(1点):図書券5万円。幼児・小学生優秀賞(10点):図書券各1万円。中学生優秀賞(10点):図書券各1万円

第2回(昭55年)
　◇ジュニア(幼児・小学生部門)
　　●最優秀賞　田中 知子(千葉県・小3)
　◇ジュニア(中学生部門)
　　●最優秀賞　山本 雅子(大分県・中1)
第3回(昭56年)
　◇ジュニア(幼児・小学生部門)
　　●最優秀賞　近藤 宏幸(東京都・小5)
　◇ジュニア(中学生部門)
　　●最優秀賞　川島 良子(茨城県・中1)
第4回(昭57年)
　◇ジュニア(幼児・小学生部門)
　　●最優秀賞　田中 知子(千葉県・小5)
　◇ジュニア(中学生部門)
　　●最優秀賞　坂野 聡(愛知県・中1)
第5回(昭58年)
　◇ジュニア(幼児・小学生部門)
　　●最優秀賞　川島 実(茨城県・小2)
　◇ジュニア(中学生部門)
　　●最優秀賞　高塚 創(愛知県・中1)
第6回(昭59年)
　◇ジュニア(幼児・小学生部門)
　　●最優秀賞　栃堀 木(埼玉県・小6)
　◇ジュニア(中学生部門)
　　●最優秀賞　該当者なし
第7回(昭60年)
　◇ジュニア(幼児・小学生部門)
　　●最優秀賞　山下 奉文(千葉県・小2)
　◇ジュニア(中学生部門)
　　●最優秀賞　代田 英明(東京都・中1)
第8回(昭61年)
　◇ジュニア(幼児・小学生部門)
　　●最優秀賞　浜上 康司(大阪府・小5)
　◇ジュニア(中学生部門)
　　●最優秀賞　檜山 真知子(広島県・中3)
第9回(昭62年)
　◇ジュニア(幼児・小学生部門)
　　●最優秀賞　佐藤 祥恵(東京都・小3)
　◇ジュニア(中学生部門)
　　●最優秀賞　瀬川 知久(滋賀県・中2)
第10回(昭63年)
　◇ジュニア(幼児・小学生部門)
　　●最優秀賞　藤原 万記子(兵庫県・小3)
　◇ジュニア(中学生部門)
　　●最優秀賞　山本 有希子(大分県・中3)
第11回(平1年)
　◇ジュニア(幼児・小学生部門)
　　●最優秀賞　前田 健(熊本県・小1)
　◇ジュニア(中学生部門)
　　●最優秀賞　相馬 ひとみ(栃木県・中3)
第12回(平2年)
　◇ジュニア(幼児・小学生部門)
　　●最優秀賞　山本 哲史(京都府・小4)
　◇ジュニア(中学生部門)
　　●最優秀賞　小林 智里(神奈川県・中1)
第13回(平3年)
　◇ジュニア(幼児・小学生部門)
　　●最優秀賞　仲谷 章代(大阪府・小3)

III 美術

　　◇ジュニア(中学生部門)
　　　●最優秀賞　森田 淳子(栃木県・中)
第14回(平4年)
　　◇ジュニア(幼児・小学生部門)
　　　●最優秀賞　佐竹 稔子(大阪府・小4)
　　◇ジュニア(中学生部門)
　　　●最優秀賞　吉田 克己(栃木県・中1)
第15回(平5年)
　　◇ジュニア(幼児・小学生部門)
　　　●最優秀賞　吉田 優子(大阪府・小2)
　　◇ジュニア(中学生部門)
　　　●最優秀賞　該当者なし
第16回(平6年)
　　◇ジュニア(幼児・小学生部門)
　　　●最優秀賞　北村 夏林(京都府・小4)
　　◇ジュニア(中学生部門)
　　　●最優秀賞　高岡 広美(和歌山県・中3)
第17回(平7年)
　　◇ジュニア(幼児・小学生部門)
　　　●最優秀賞　斎藤 元博(東京都・小2)
　　◇ジュニア(中学生部門)
　　　●最優秀賞　仲谷 章代(大阪府・中1)
第18回(平8年)
　　◇ジュニア(幼児・小学生部門)
　　　●最優秀賞　仁藤 洋平(千葉県)
　　◇ジュニア(中学生部門)
　　　●最優秀賞　関 森彦(東京都)
第19回(平9年)
　　◇ジュニア(幼児・小学生部門)
　　　●最優秀賞　北村 木歩(京都府)
　　◇ジュニア(中学生部門)
　　　●最優秀賞　服部 恵理子(埼玉県)
第20回(平10年)
　　◇ジュニア(幼児・小学生部門)
　　　●最優秀賞　斎藤 元博(東京都)
　　◇ジュニア(中学生部門)
　　　●最優秀賞　佐竹 広弥(神奈川県)
第21回(平11年)
　　◇ジュニア(幼児・小学生部門)
　　　●最優秀賞　清水 拓也(奈良県)
　　◇ジュニア(中学生部門)
　　　●最優秀賞　山田 力(石川県)
第22回(平12年)
　　◇ジュニア(幼児・小学生部門)
　　　●最優秀賞　清水 聡典(奈良県)
　　◇ジュニア(中学生部門)
　　　●最優秀賞　東 麻美(大阪府)
第23回(平13年)
　　◇ジュニア(幼児・小学生部門)
　　　●最優秀賞　角田 智美(群馬県)
　　◇ジュニア(中学生部門)
　　　●最優秀賞　小田 夏林(埼玉県)
第24回(平14年)
　　◇ジュニア(幼児・小学生部門)
　　　●最優秀賞　本田 綾子(千葉県)
　　◇ジュニア(中学生部門)
　　　●最優秀賞　加藤 有希子(埼玉県)
第25回(平15年)
　　◇ジュニア(幼児・小学生部門)
　　　●最優秀賞　大島 岬(東京都練馬区)
　　◇ジュニア(中学生部門)
　　　●最優秀賞　堂本 一誠(大阪府岸和田市)
第26回(平16年)
　　◇ジュニア(幼児・小学生部門)　関 仁志(茨城県北茨城市)
　　◇ジュニア(中学生部門)　河合屋 佑希子(大阪府岸和田市)
第27回(平17年)
　　◇ジュニア最優秀賞(幼児・小学生部門)　古川 倫太郎(東京都練馬区)
　　◇ジュニア最優秀賞(中学生部門)　須賀 愛美(埼玉県松伏町)
第28回(平18年)
　　◇ジュニア最優秀賞
　　　●中学生部門　該当作品なし
　　　●幼児・小学生部門　小島 さくら(千葉県貝塚町)「筆箱の中のシンクロ」
第29回(平19年)
　　◇ジュニア最優秀賞
　　　●中学生部門　池阪 舞子(兵庫県猪名川町)「暑っっ!」
　　　●幼児・小学生部門　熊谷 美沙(宮城県七ヶ浜町)「エコバス」

218　よみうり写真大賞

　広く読者に報道写真の提供を呼びかけると共に、写真文化の向上を目的として昭和54年に創設された。プロ、アマを問わず全国の写真愛好家が気楽に参加できる写真コンテストで報道、テーマ、高校生、小中学生、ファミリーの5部門に分かれている。身近な暮らしの中でとらえた新鮮で斬新な作品を求めている。

【主催者】読売新聞社

よみうり写真大賞

【選考委員】大石芳野, 立木義浩, 田沼武能(以上写真家), 山本一力(作家), 山本容子(版画家)
【選考方法】公募
【選考基準】〔部門〕報道部門・ファミリー部門:年齢不問, テーマ部門:年齢不問(小中高校生を除く), 高校生部門 自由の部・フォト&エッセーの部:当該年4月時点で高校またはそれに準ずる学校に在学している者, 小中学生部門:当該年4月時点で小中学生の者。〔対象〕作品は原則として前年の12月以降, 応募受付年の11月末日に撮影したもの。〔作品規定〕未発表の作品に限る。応募は撮影者本人に限る。二重応募, 類似作品は認めない。デジタルカメラ作品, フィルムをスキャナー処理した作品の応募を認める。組み写真は, 報道部門は5枚以内, テーマ・ファミリー・高校生(自由の部)部門は3枚以内, 小中学生部門は1枚写真に限る。高校生フォト&エッセーの部は組み写真(5枚以内)のみ可, 200字程度のエッセーを添える。ファミリー部門は4シーズンに分けて募集, サービス版〜2L, 報道・テーマ・高校生部門は四ツ切まで, 小中学生部門はサービス版〜2L
【締切・発表】例年, 報道部門の締切は毎月末, テーマ部門・高校生部門・小中学生部門は11月末日, ファミリー部門の春の部は5月末日, 夏の部は8月末日, 秋の部は11月20日, 冬の部は2月末日。発表は翌年の1月の「読売新聞」紙上
【賞・賞金】報道部門 大賞(1名):賞杯, 副賞200万円, ニコン賞。テーマ部門 大賞(1名):賞杯, 副賞100万円, ニコン賞。ファミリー部門 年間賞(1名):賞杯, 副賞30万円, ニコン賞。高校生部門 大賞(自由の部・フォト&エッセーの部各1名):賞杯, 30万円相当の写真活動奨励賞, ニコン賞。小中学生部門 優秀賞(10名):賞杯, 1万円の図書カード, ニコン賞
【URL】http://www.yomiuri.co.jp/photogp/

第1回前期(昭54年1月)
　◇小学生の部
　　●最優秀賞　明石 芳幸(高松市立松島小学校)
　◇中学生の部
　　●最優秀賞　松山 義雄(前橋市立第七中学)
第1回後期(昭54年2月)
　◇小学生の部
　　●最優秀賞　高橋 久則(文京区立汐見小学校)
　◇中学生の部
　　●最優秀賞　高田 昌明(和光市立第二中学校)
第2回前期(昭55年1月)
　◇小学生の部
　　●最優秀賞　小関 新人(旭市立中央小学校)
　◇中学生の部
　　●最優秀賞　宮崎 克美(青梅市立中学校)
第2回後期(昭55年2月)
　◇小学生の部
　　●最優秀賞　西脇 徹(大淀区立中津小学校)
　◇中学生の部
　　●最優秀賞　大町 祐介(岡山市立桑田中学校)

第3回前期(昭56年1月)
　◇小学生の部
　　●最優秀賞　牧野 恵美(米子市立啓成小学校)
　◇中学生の部
　　●最優秀賞　鈴木 祐一(日立市立日高中学校)
第3回後期(昭56年2月)
　◇小学生の部
　　●最優秀賞　田中 雅之(松江市立母衣小学校)
　◇中学生の部
　　●最優秀賞　久保 雅樹(埼玉県小川町立小川東中学校)
第4回前期(昭57年1月)
　◇小学校の部
　　●最優秀賞　滝本 奈穂(平塚市立花水小学校)
　◇中学校の部
　　●最優秀賞　山田 浩一
第4回後期(昭57年2月)
　◇小学校の部
　　●最優秀賞　佐藤 潤(宇都宮市立中央小学校)
　◇中学校の部
　　●最優秀賞　阿部 竜治(館林市立第一中学校)

第5回前期(昭58年1月)
　◇小学校の部
　　●最優秀賞　近藤 ひろみ(徳島県浦庄小学校)
　◇中学校の部
　　●最優秀賞　内藤 ゆか(川崎市立東橘中学校)
第5回後期(昭58年2月)
　◇小学校の部
　　●最優秀賞　青木 由香里(長野県須坂市立高甫小学校)
　◇中学校の部
　　●最優秀賞　片柳 章一郎(明大中野中学校)
第6回前期(昭59年1月)
　◇小学校の部
　　●最優秀賞　武山 愛(岐阜・加茂町立坂祝小学校)
　◇中学校の部
　　●最優秀賞　山本 愛美(福岡・鞍手町立小竹中学校)
第6回後期(昭59年2月)
　◇小学校の部
　　●最優秀賞　佐藤 潤(宇都宮市立中央小学校)
　◇中学校の部
　　●最優秀賞　田邑 恵子(北海道枝幸郡中頓別中学校)
第7回前期(昭60年1月)
　◇小学校の部
　　●最優秀賞　武山 愛(岐阜県坂祝小学校)
　◇中学校の部
　　●最優秀賞　野上 亜希子(北九州市立広徳中学校)
第7回後期(昭60年2月)
　◇小学校の部
　　●最優秀賞　浦田 学(江東区立八名川小学校)
　◇中学校の部
　　●最優秀賞　花森 広(神戸市立夢野中学校)
第8回前期(昭61年1月)
　◇小学校の部
　　●最優秀賞　松山 悦子(群馬市立広瀬小学校)「犬のいる風景」
　◇中学校の部
　　●最優秀賞　広田 達也(鳥取県立聾学校)「店頭」
第8回後期(昭61年2月)
　◇小学校の部
　　●最優秀賞　森田 康平(土佐市立高岡第一小学校)「大吉」
　◇中学校の部
　　●最優秀賞　鍛冶沢 英一(札幌市立札苗中学校)「グーパーチョキ」
第9回前期(昭62年1月)
　◇C部門　萩原 洋(群馬・市立南橘中学校)「朝もや」
　◇D部門　真部 良也(香川市立林小学校)「ぼくんちの朝」
第9回後期(昭62年2月)
　◇C部門　笹浪 大蔵(山口市立萩第一中)「お裁縫」
　◇D部門　江島 礼賢(福岡県桜岡小)「流されて」
第10回(昭63年)～第29回(平19年)　小中学生部門の開催なし
第30回(平20年)
　◇優秀賞
　　●小中学生部門
　　　大里 拓巳(兵庫県宝塚市立光明小学校)「ペンギンって鳥なんだ」(北海道の旭山動物園で)
　　　梅沢 喜央(神奈川県小田原市立桜井小学校)「しのびよるかげ」(家の近所で)
　　　豊嶋 里帆(香川県三豊市立勝間小学校)「かいじゅう出現」(徳島県三好市で)
　　　木村 優希(福島県西郷村立川谷中学校)「休憩中～」(自宅で)
　　　涌井 雅樹(栃木県高根沢町立阿久津中学校)「このえさ僕の!」(安芸の宮島で)
　　　浜尾 昂史(鳥取県立鳥取聾学校中学部)「掃除」(鳥取県若桜町で)
　　　幸道 萌香(神奈川県相模原市立南大野小学校)「晩秋」(相模川付近の田んぼで)
　　　宮田 帆乃香(埼玉県秩父市立大滝小学校)「ひいおばあちゃんのみみほり」(自宅で)
　　　松本 遥佳(徳島市立富田小学校)「じいちゃんのめがね」(鳴門市の観梅苑で)
　　　勢子 優真(京都市南区向日市立第四向陽小学校)「ブランコ」(公園で)

IV 科　学

219 こども環境学会賞

こども環境に関する優れた研究や著作・デザイン・活動業績などを顕彰し、それを広く公表することによって、こども環境の改善に資することを目的として、平成17年に創設された。

【主催者】こども環境学会
【選考委員】こども環境学会賞選考委員会
【選考方法】会員の推薦を受け公募
【選考基準】〔資格〕同学会会員。〔部門〕論文・著作賞、デザイン賞、活動賞。〔対象〕(1)こども環境論文・著作賞：近年中に完成し発表された研究論文および著作出版物であって、こども環境学の進歩に寄与する優れたもの。(2)こども環境デザイン賞：近年中にデザインされた環境作品であり、こども環境学的見地からも高い水準が認められる独創的なもので、こどもの成育に資することが認められるすぐれた環境デザイン。(3)こども環境活動賞：こども環境に寄与する、上記以外の活動であって、近年中に完成した業績および継続的な活動によってその成果が認められた活動
【締切・発表】例年、応募を7月頃に開始し、締切は9月末、10～1月に選考を行い、翌年2～3月の理事会で決定、4月末に開催される総会の席上で発表、表彰。大会にて受賞者講演会。学会誌にて受賞内容紹介
【賞・賞金】各賞3件以内。正賞のほかに奨励賞授与の場合あり。賞状
【URL】http：//www.children-environment.org

第1回（平17年度）
　◇こども環境論文賞
　　　石崎 優子（関西医科大学小児科）"Social factors associated with the psychological relationships between Japanese parents and their children ~A comparison of Japanese residents in rural Japan with overseas Japanese temporary residents or Japanese residents in rural Japan"Trend in Social Psychol., in ed.Arldale, Nova Publ.NY. pp.1-15, 2003〔日本人親子の心理社会面の相互関係に関連する社会要因の研究―国内山間部、海外ならびに国内都市部居住の日本人の比較―〕
　　　荻須 隆雄、斎藤 歓能、大坪 龍太「遊び場の安全ハンドブック」（玉川大学出版部、2004.9）
　　　嶽山 洋志「GPS搭載携帯電話とWeb-GISによるまちづくりに関する意識啓発システムの構築とその効果に関する研究―進修小学校での先行的実践授業からの考察」〔都市計画学会都市計画論文集, No.40-3, 199-204, Oct.2005〕
　◇こども環境論文奨励賞　千代 章一郎、太治 大輔（広島大学大学院工学研究科）「都市環境変容に関するこどもの評価～広島市H小学校児童による工事現場への否定的評価を中心に～」〔こども環境学研究, 1(2), 70-79.2005〕
　◇こども環境デザイン賞
　　　中村 勉、畑井 展子、新谷 真理子、田島 文男、保川 周治「子どもの学習意欲を高める学校のリニューアル・横浜市立港北小学校」
　　　村上 八千世、馬場 耕一郎、椎名 啓二「Poo-Poo Room おおわだ保育園1,

2歳児のためのオープントイレ」
◇こども環境デザイン奨励賞
　石原 健也, 千葉工業大学石原研究室所属学生(千葉工業大学)「サイクル―かしのき保育園遊び場リノベーションプロジェクト」
　連 健夫(連健夫建築研究室)「白鷗大学はくおう幼稚園おもちゃライブラリー」
◇こども環境活動賞
　天野 秀昭, 古賀 久貴(日本冒険遊び場づくり協会)「全国への冒険遊び場づくりの普及と支援」
　千頭 聡(こども環境活動支援協会)「地域の主体が連携したこどもたちのための環境学習支援」
◇こども環境活動奨励賞
　赤尾 建藏, 山内 一晃, 野田 隆史, 高岡 良一(アジアン・アーキテクチャー・フレンドシップ)「ネパール・フィリム村における学校建設ボランティア活動」
　大場 博之, 黒木 裕子(NPO佐倉こどもステーション)「NPO佐倉こどもステーション 2004年度活動実績報告」
◇こども環境活動奨励賞
　田所 雅子(天城こどもネットワーク)「『特定非営利活動法人 天城こどもネットワーク』に至るまで 静岡県伊豆市における継続的活動」
　三田井 精子(ポプラ会 旦の原保育園)「保育の場におけるこどもと自然とのかかわり今日までの歩みとこれから」

第2回(平18年度)
◇こども環境論文賞　根ヶ山 光一(早稲田大学人間科学学術院)「『子別れ』の視点から見た子どもと環境の関係に関する発達行動学的考察」(日本放送出版協会)
◇こども環境論文奨励賞　鈴木 賢一(名古屋市立大学芸術工学研究科)「子どもたちの建築デザイン―学校・病院・まちづくり―」(農山漁村文化協会)
◇こども環境デザイン賞
　小嶋 一浩, 赤松 佳珠子(シーラカンスアンドアソシエイツ)「千葉市立美浜打瀬小学校」
　辻 吉隆(厚生労働省医政局国立病院課)「国立成育医療センター」
　若盛 正城(学校法人まつぶし), 入之内 瑛(建築計画研究所都市梱包工房)「『まつぶしこどものもり』―幼保にこだわらない居心地の良い一軒の家をデザインする―」
◇こども環境デザイン奨励賞
　井端 明男(アトリエアク)《剣淵町絵本の館》
　佐藤 明彦(ユーディーエー)《ムービング遊具》
　炭田 晶弘(東畑建築事務所)「『学校法人武蔵野東学園』―自閉症児と健常児の「混合教育」のための一連の施設整備―」
◇こども環境活動賞
　中川 美穂子, 鈴木 玲子, 林 創一(全国学校飼育動物獣医師連絡協議会)「小学校への動物飼育の教育的な意義と獣医師の支援システム構築への啓発活動について」
　宮崎 稔, 岸 裕司(学校と地域の融合教育研究会)「『学校と地域の融合教育研究会』―子育ち・まち育て・学校づくりを三位一体で実践を積み重ねてきた10年の活動―」
◇こども環境活動奨励賞
　北島 尚志(あそび環境Museumアフタフバーバン)「『まちを遊ぶ!こどもと大人の遊び合い』―遊び心響き合う関わりを求めて―」
　清川 輝基, 山田 真理子, 井上 豊久, 大谷 順子, 佐藤 和夫, 三宅 玲子(子どもとメディア)「子どもとメディアの『新しい関係』を求めて」
　寺田 清美(東京成徳短期大学)「高校生と大学生の視点における子育て(乳児)バリアフリーの活動」
　東間 掬子「あなたが変える室内遊び」

第3回(平19年度)
◇こども環境論文賞
　塩川 寿平(大地教育研究所所長)「大地保育環境論」
　高橋 鷹志(東京大学名誉教授)「子どもを育てるたてもの学」
◇こども環境デザイン賞
　手塚 貴晴, 手塚 由比(手塚建築研究所)「ふじようちえん」
　藤木 隆男(藤木隆男建築研究所)「地域小規模児童擁護施設『樅(もみ)の舎(いえ)』」
◇こども環境デザイン奨励賞　遠藤 幹子, 廣羽 裕紀(officemikiko 一級建築士事務所)「Art-Loop―彫刻の森美術館・アートと遊びの融合空間―」
◇こども環境活動賞
　早川 隆志(富山・イタズラ村・子ども遊ばせ隊)「子どもイタズラ村からNPO法人『子ども遊ばせ隊』の創設―遊

びと農的体験を融合した21世紀型子育て支援・次世代育成事業―」
槇 英子(東横学園女子短期大学)「生涯学習サークル・アトリエたんぽぽの27年―アート活動による子育て支援の継続―」
◇こども環境活動奨励賞
草野 裕作(伊座利の未来を考える推進協議会)「地域と学校は一つ―学校の灯火を消すな!を合言葉に、漁村留学制度を導入―」
田嶋 茂典(愛知県児童総合センター)「愛知県児童総合センター『あそび』の活動 1996-2007」

第4回(平20年度)
◇こども環境論文・著作賞　該当者なし
◇こども環境論文・著作奨励賞　大澤 力、武藤 英夫、木村 美幸、西川 久美「心を育てる環境教育1 心を育てるリサイクル、心を育てる環境教育2 地球がよろこぶ食の保育」
◇こども環境デザイン賞
牛山 俊明、大野 順義、酒井 英一(ユープランニングアソシエイツ)「手話による聾学校へのリノベーション『明晴学園』」
竹原 義二、下山 聡「あけぼの学園『南楓亭』」
荻野 雅之(木楽舎)「楽つみ木広場ワークショップ〜子どもたちの生きる力が発芽する『遊びと学びの環境作り』」
◇こども環境活動賞
佐々木 香(ZEROキッズ)「こどものパワーで地域をつなぎ文化を創る!〜ZEROキッズの15年」
玉田 雅己、米内山 明宏、斉藤 道雄「特区NPOろう学校『学校法人明晴学園』の設立に関わる活動 〜約75年間のろう者の夢!手話で教えるろう学校の実現に至る活動〜」
◇こども環境活動奨励賞　山田 晴子(ちばMDエコネット)「障害のある子とない子が共に学ぶ環境づくり活動―ドキュメンタリー映画『ひなたぼっこ』製作と『ノーマライゼーション学校支援事業』の取り組み」

220　自然科学観察コンクール (学生けんび鏡観察コンクール)

全国の小・中学生を対象とした理科自由研究コンクールとして、昭和35年に創設された。第39回までは「学生けんび鏡観察コンクール」、第40回から現在の名称に改称した。コンクールをきっかけとして1人でも多くの子供たちに自由研究の楽しさ、科学の面白さを実感してもらうこと、教師・保護者と共に、子供たちの"科学する心"を育むことを目標としている。

【主催者】毎日新聞社、自然科学観察研究会
【選考委員】日置光久、高家博成、小澤紀美子、加藤惠己、瀬田栄司、林四郎、秋山仁、小野田正利、斗ヶ沢秀俊、金子明石
【選考方法】公募
【選考基準】〔資格〕全国の小学生・中学生。〔対象〕動・植物の生態・生長記録、鉱物、地質、天文気象の観察など自由。ただし全国規模の科学コンクール、雑誌等に発表したことのないオリジナルな作品
【締切・発表】(第49回)応募締切は平成20年10月31日(当日消印有効)、平成20年12月下旬の毎日新聞・毎日小学生新聞紙上、ホームページにて発表
【賞・賞金】文部科学大臣奨励賞・1〜3等賞・秋山仁特別賞:(学校に対して)賞状、オリンパス顕微鏡。(作品に対して)賞状、オリンパスデジタルカメラ。オリンパス特別賞:(学校に対して)賞状。(作品に対して)賞状、オリンパス顕微鏡。継続研究奨励賞:(学校に対して)賞状。(作品に対して)賞状、オリンパスデジタルカメラ。佳作:(学校に対して)賞状。(作品に対して)賞状、オリンパス双眼鏡
【URL】http://www.shizecon.net/

第1回（昭35年度）
　◇小学校の部
　　・学校努力賞　江尻 和繁〔他15名〕（福島県いわき市立錦小学校）
　　・グループ研究奨励賞　加藤 明〔他2名〕（埼玉県所沢市立中央小学校）
　◇中学校の部
　　・学校賞　遠藤 昭夫〔他11名〕（東京都私立立教大学附属立教中学校）
　　・学校努力賞　磯部 朱美〔他24名〕（東京都私立桜蔭中学校）
　　・グループ研究奨励賞　池ケ谷 真澄〔他2名〕（静岡県静岡大学附属島田中学校）
第2回（昭36年度）
　◇小学校の部
　　・学校賞　埼玉県所沢市立中央小学校 科学クラブ
　　・グループ賞　栃木県小山市立小山第一小学校 科学クラブ
　◇中学校の部
　　・学校賞　野口 和子〔他〕（茨城県水海道市立三妻中学校）
　　・グループ賞　東京都立立教大学附属立教中学校 淡水生物研究グループ
第3回（昭37年度）
　◇小学校の部
　　・1等賞　前田 慎司（京都府京都学芸大学附属小学校）
　◇中学校の部
　　・文部大臣奨励賞　愛知県武豊町立武豊中学校
　　・1等賞　川口 一敏（熊本県宇土市立網田中学校）
第4回（昭38年度）
　◇小学校の部
　　・文部大臣奨励賞　埼玉県行田市立東小学校 科学クラブA
　　・1等賞　後藤 りえ（東京都大田区立田園調布小学校）
　◇中学校の部
　　・文部大臣奨励賞　児玉 雅子（大分県日田市立東中学校）
　　・1等賞　新潟県高田市立城南中学校 生物クラブ
第5回（昭39年度）
　◇小学校の部
　　・文部大臣奨励賞　伊藤 昌子〔他3名〕（静岡県中川根町立野口小学校）
　　・1等賞　松田 慎司（京都府京都学芸大学附属小学校）
　◇中学校の部
　　・文部大臣奨励賞　新潟県高田市立城南中学校 生物クラブ

　　・1等賞　児玉 雅子（大分県日田市立東部中学校）
第6回（昭40年度）
　◇小学校の部
　　・文部大臣奨励賞　田畑 まり子〔他7名〕（静岡県中川根町立野口小学校）
　　・1等賞　小山 茂樹（岡山県岡山市立浮田小学校）
　◇中学校の部
　　・文部大臣奨励賞　山形県松山町立松山中学地見興屋分校 理科クラブ
　　・1等賞　松田 慎司（京都府京都学芸大学附属中学校）
第7回（昭41年度）
　◇小学校の部
　　・文部大臣奨励賞　小川 博子〔他17名〕（岐阜県岐阜市立芥見小学校）
　　・1等賞　鈴木 しげ子〔他5名〕（静岡県掛川市立中央小学校）
　◇中学校の部
　　・文部大臣奨励賞　愛知県西尾市立西尾中学校
　　・1等賞　大崎 正弘〔他12名〕（愛知県武豊町立武豊中学校）
第8回（昭42年度）
　◇小学校の部
　　・文部大臣奨励賞　山川 明美, 山川 佳江（愛知県名古屋市立堀田中学校）
　　・1等賞　藤田 謹也〔他4名〕（香川県高松市立二番丁小学校）
　◇中学校の部
　　・文部大臣奨励賞　若浦 勝義〔他18名〕（長崎県佐世保市立日宇中学校）
　　・1等賞　須藤 伝悦（山形県天童市立第三中学校）
第9回（昭43年度）
　◇小学校の部
　　・文部大臣奨励賞　窪井 康隆〔他13名〕（静岡県静岡市立安東小学校）
　　・第1部1等賞　堀 千花子（京都府福知山市立中六人部小学校）
　◇中学校の部
　　・文部大臣奨励賞　山形県舟形町立舟形中学校 理科クラブ
　　・第2部1等賞　石川 恵里子〔他5名〕（愛知県刈谷市立刈谷南中学校）
　　・第3部1等賞　岸田 哲子〔他3名〕（兵庫県神戸市立飛松中学校）
第10回（昭44年度）
　◇小学校の部
　　・文部大臣奨励賞　静岡県中川根町立中央小学校 顕微鏡観察クラブ
　◇中学校の部

- 文部大臣奨励賞　山形県上山市立上山中学校 理科部生物班
- 第1部1等賞　兵庫県神戸市立苅藻中学校 理科クラブ
- 第2部1等賞　北川 浩一〔他2名〕（北海道室蘭市立御前水中学校）
- 第3部1等賞　岩元 幸雄〔他4名〕（兵庫県神戸市立苅藻中学校）

第11回（昭45年度）
◇小学校の部
- 文部大臣奨励賞　伊海 裕子（東京都練馬区立豊玉南小学校）

◇中学校の部
- 文部大臣奨励賞　兵庫県神戸市立苅藻中学校 理科クラブ
- 第1部1等賞　山形県上山市立上山中学校 生物班
- 第2部1等賞　加藤 政雄〔他5名〕（愛知県名古屋市立天神山中学校）
- 第3部1等賞　兵庫県神戸市立苅藻中学校 理科クラブ

第12回（昭46年度）
◇小学校の部
- 文部大臣奨励賞　染谷 由希子〔他7名〕（茨城県土浦市立土浦小学校）

◇中学校の部
- 文部大臣奨励賞　静岡県金谷町立金谷中学校 理科クラブ（3名）
- 第1部1等賞　山形県上山市立上山中学校 生物班気孔研究グループ
- 第2部1等賞　兵庫県神戸市立苅藻中学校 理科クラブ
- 第3部1等賞　生田目幸男〔他〕（福島県石川町立石川中学校）

第13回（昭47年度）
◇小学校の部
- 文部大臣奨励賞　谷本 清（大阪府阪南町立下荘小学校）
- 第1部1等賞　鎌田 裕己〔他2名〕（秋田県本荘市立鶴舞小学校）
- 第2部1等賞　渡辺 正生〔他4名〕（福島県会津若松市立赤井小学校 理科クラブ）

◇中学校の部
- 文部大臣奨励賞　山本 美幸（三重県松阪市立中部中学校）
- 第1部1等賞　中村 祥子（山口県徳山市立岐陽中学校）
- 第2部1等賞　清野 勝（山形県上山市立上山南北中学校）

第14回（昭48年度）
◇小学校の部
- 文部大臣奨励賞　我妻 俊彦〔他17名〕（福島県石川町立石川小学校）

- 第1部1等賞　谷本 清（大阪府阪南町立下荘小学校）
- 第2部1等賞　佐藤 匠徳（広島県広島市立皆実小学校）

◇中学校の部
- 文部大臣奨励賞　黒田 淳一〔他13名〕（山形県上山市立南中学校 生物部カビ研究班）
- 第1部1等賞　古井 雅章〔他8名〕（兵庫県神戸市立苅藻中学校）
- 第2部1等賞　渋谷 享治〔他19名〕（山形県酒田市立平田中学校）

第15回（昭49年度）
◇小学校の部
- 文部大臣奨励賞　吉田 尚子（大阪府東大阪市立成和小学校）
- 第1部1等賞　河合 房志〔他5名〕（茨城県土浦市立都和小学校）
- 第2部1等賞　福島県石川町立石川小学校 理科クラブ アオミドログループ（5名）

◇中学校の部
- 文部大臣奨励賞　内山 智子（山口県徳山市立岐陽中学校）
- 第1部1等賞　中村 祥子（山口県徳山市立岐陽中学校）
- 第2部1等賞　茨城県江戸崎町立江戸崎中学校 微化石研究班（14名）

第16回（昭50年度）
◇小学校の部
- 文部大臣奨励賞　谷本 淳（大阪府阪南町立下荘小学校）
- 第1部1等賞　武輪 善久, 鈴木 浩（大阪府阪南町立下荘小学校）
- 第2部1等賞　矢内 新悟〔他2名〕（福島県石川町立石川小学校）

◇中学校の部
- 文部大臣奨励賞　茨城県江戸崎町立江戸崎中学校 花粉化石研究班（4名）
- 第1部1等賞　沖縄県那覇市立古蔵中学校 科学研究部（4名）
- 第2部1等賞　伊ヶ崎 裕子（山口県徳山市立岐陽中学校）

第17回（昭51年度）
◇小学校の部
- 文部大臣奨励賞　上野 太郎〔他4名〕（茨城県土浦市立都和小学校）
- 第1部1等賞　小松 美由紀（石川県金沢市立押野小学校）
- 第2部1等賞　近藤 匡生（香川県香川大学教育学部附属坂出小学校）

◇中学校の部
- 文部大臣奨励賞　小池 和宏〔他2名〕（福島県石川町立石川中学校）

- 第1部1等賞　松下 千恵美, 荒瀬 喜美代(愛媛県津島町立津島中学校)
- 第2部1等賞　茨城県土浦市立土浦第三中学校 科学クラブ(24名)

第18回(昭52年度)
◇小学校の部
- 文部大臣奨励賞　伊藤 美紀子(山形県大石田町立大石田小学校)
- 第1部1等賞　鈴木 俊徳〔他2名〕(茨城県土浦市立都和小学校)
- 第2部1等賞　久米 真司〔他3名〕(香川県香川大学教育学部附属坂出小学校)

◇中学校の部
- 文部大臣奨励賞　堀口 逸子(長崎県長崎市立山里中学校)
- 第1部1等賞　居神 美代子(兵庫県神戸市立湊中学校)
- 第2部1等賞　愛知県大府市立大府西中学校 科学クラブ(7名)

第19回(昭53年度)
◇小学校の部
- 文部大臣奨励賞　鈴岡 寅史(山口県徳山市立沼城小学校)
- 第1部1等賞　倉島 千誉子(茨城県藤代町立高須小学校)
- 第2部1等賞　伊藤 裕美〔他39名〕(茨城県阿見町立阿見小学校)

◇中学校の部
- 文部大臣奨励賞　安藤 敏幸(茨城県桜村立竹園東中学校)
- 第1部1等賞　佐賀県嬉野町立嬉野中学校 科学部(9名)
- 第2部1等賞　東京都調布市立第七中学校 自然研究部(16名)

第20回(昭54年度)
◇小学校の部
- 文部大臣奨励賞　茨城県阿見町立阿見第一小学校 実験観察クラブ(4名)
- 第1部1等賞　早川 恵, 早川 全(福島県石川町立石川小学校)
- 第2部1等賞　植田 麻美子, 波多野 久美(茨城県阿見町立本郷小学校)

◇中学校の部
- 文部大臣奨励賞　茨城県江戸崎町立江戸崎中学校 理科研究生 化石研究班(10名)
- 第1部1等賞　佐賀県嬉野町立嬉野中学校 科学部(12名)
- 第2部1等賞　茨城県土浦市立土浦第一中学校 霞ケ浦総合踏査研究部(4名)

第21回(昭55年度)
◇小学校の部
- 文部大臣奨励賞　青山 円美, 青山 大史(茨城県阿見町立阿見小学校)
- 第1部1等賞　植田 麻美子, 波多野 久美(茨城県阿見町立本郷小学校)
- 第2部1等賞　鈴木 亜紀(茨城県阿見町立阿見第一小学校)

◇中学校の部
- 文部大臣奨励賞　山形県上山市立南中学校 生物部(22名)
- 第1部1等賞　内藤 正人〔他4名〕(茨城県美浦村立美浦中学校)
- 第2部1等賞　岸村 紀子(静岡県静岡市立東中学校)

第22回(昭56年度)
◇小学校の部
- 文部大臣奨励賞　小林 誠, 田子 広野(茨城県美浦村立大谷小学校)
- 第1部1等賞　岸本 有美子(福島県郡山市立桑野小学校)
- 第2部1等賞　岡 広憲〔他7名〕(埼玉県浦和市立文蔵小学校)

◇中学校の部
- 文部大臣奨励賞　禰津 亮太(静岡県藤枝市立葉梨中学校)
- 第1部1等賞　茨城県桜村立竹園東中学校 科学部(20名)
- 第2部1等賞　佐賀県鹿島市立西部中学校 科学部(10名)

第23回(昭57年度)
◇小学校の部
- 文部大臣奨励賞　岡村 正孝(東京都武蔵野市聖徳学園小学校)
- 第1部1等賞　寺田 将幸, 渡辺 祐生, 板橋 隆行(茨城県龍ケ崎市立龍ケ崎小学校)
- 第2部1等賞　米原 良子(大阪府阪南町立下荘小学校)

◇中学校の部
- 文部大臣奨励賞　東京都調布市立第七中学校 自然研究部(15名)
- 第1部1等賞　佐賀県鹿島市立西部中学校 科学部(8名)
- 第2部1等賞　山田 展央〔他4名〕(茨城県桜村立竹園東中学校)

第24回(昭58年度)
◇小学校の部
- 文部大臣奨励賞　渡辺 祐生, 寺田 将幸, 藤原 基宏(茨城県龍ケ崎市立龍ケ崎小学校)
- 第1部1等賞　大野 和信, 川田 博行, 山下 幸知(茨城県阿見町立本郷小学校)
- 第2部1等賞　岸田 真充(大阪府岬町立淡輪小学校)

◇中学校の部
- 文部大臣奨励賞　青山 円美(茨城県阿見町立阿見中学校)

- 第1部1等賞　佐賀県鹿島市立西部中学校科学部(8名)
- 第2部1等賞　愛知県名古屋市立藤森中学校 生物クラブ植物グループ(6名)

第25回(昭59年度)
◇小学校の部
- 文部大臣奨励賞　富田 聡(茨城県稲敷郡阿見町立阿見小学校)
- 第1部1等賞　田中 貴子, 鏑木 千穂, 塚本 有紀子(茨城県龍ケ崎市立龍ケ崎小学校)
- 第2部1等賞　土井 善博(大阪府泉南郡岬町立淡輪小学校)
◇中学校の部
- 文部大臣奨励賞　栃木県真岡市立真岡中学校 科学クラブ(15名)
- 第1部1等賞　埼玉県川口市立元郷中学校科学部(7名)
- 第2部1等賞　愛知県刈谷市立苅谷南中学校 理科部(2名)

第26回(昭60年度)
◇小学校の部
- 文部大臣奨励賞　加瀬沢 史人(静岡県清水市立興津小学校)
- 第1部1等賞　隈 俊一郎(茨城県東海村立白方小学校)
- 第2部1等賞　蛭子 由美, 阿部 文計(徳島県石井町立高原小学校)
◇中学校の部
- 文部大臣奨励賞　佐賀県鹿島市立西部中学校 科学部(7名)
- 第1部1等賞　東京都調布市立第七中学校 自然研究部(6名)
- 第2部1等賞　茨城県阿見町立阿見中学校 地球科学クラブ(2名)

第27回(昭61年度)
◇小学校の部
- 文部大臣奨励賞　茨城県那珂郡東海村立白方小学校(3名)
- 第1部1等賞　大沢 芳子(愛媛県松山市立小野小学校)
- 第2部1等賞　大谷 恵理(茨城県稲敷郡阿見町立阿見小学校)
◇中学校の部
- 文部大臣奨励賞　加藤 弘(愛知県刈谷市雁が音中学校)
- 第1部1等賞　青森県三戸郡福地村立福地中学校 科学クラブ(9名)
- 第2部1等賞　佐賀県鹿島市立西部中学校 科学クラブ(7名)

第28回(昭62年度)
◇小学校の部
- 文部大臣奨励賞　斉藤 紀明(茨城県那珂郡東海村立白方小学校)
- 第1部1等賞　茨城県龍ケ崎市立松葉小学校 科学クラブ(3名)
- 第2部1等賞　深田 佑子, 深田 佳代子(茨城県水戸市立笠原小学校)
◇中学校の部
- 文部大臣奨励賞　木藤 智子, 藤山 千晶(茨城県龍ケ崎市立長山中学校)
- 第1部1等賞　愛知県刈谷市立雁が音中学校 科学部(3名)
- 第2部1等賞　青森県三戸郡福地村立福地中学校 科学部(6名)

第29回(昭63年度)
◇小学校の部
- 文部大臣奨励賞　阿部 信弘, 児玉 滋(茨城県龍ケ崎市立龍ケ崎小学校)
- 第1部1等賞　日下部 誠〔他4名〕(岐阜県揖斐郡久瀬村立久瀬小学校)
- 第2部1等賞　木村 麻伊子(広島県呉市立両城小学校)
◇中学校の部
- 文部大臣奨励賞　滋賀県甲賀郡甲南町立甲南中学校 科学部(4名)
- 第1部1等賞　青森県三戸郡福地村立福地中学校 科学部(5名)
- 第2部1等賞　愛知県刈谷市立雁が音中学校 理科部物理班(5名)

第30回(平1年度)
◇小学校の部
- 文部大臣奨励賞　茨城県牛久市立岡田小学校 ダンゴムシ研究グループ(13名)
- 第1部1等賞　高野 学(茨城県龍ケ崎市立松葉小学校)
- 第2部1等賞　岩澤 沙希〔他1名〕(茨城県つくば市立大形小学校)
◇中学校の部
- 文部大臣奨励賞　茨城県稲敷郡東村立東中学校 科学部(28名)
- 第1部1等賞　青森県三戸郡福地村立福地中学校 科学クラブ(2名)
- 第2部1等賞　茨城県那珂郡東村立東中学校 科学部電解班(3名)

第31回(平2年度)
◇小学校の部
- 文部大臣奨励賞　長野県長野市立古牧小学校5年2組共同研究(40名)
- 第1部1等賞　大塚 広美(広島県呉市立両城小学校)

- 第2部1等賞　手塚 俊文(長野県下伊那郡高森町立高森南小学校)
◇中学校の部
- 文部大臣奨励賞　宍戸 祥子〔他1名〕(茨城県那珂郡東海村立東海中学校)
- 第1部1等賞　茨城県稲敷郡東村立東中学校 理科研究生有孔班(29名)
- 第2部1等賞　茨城県下館市立南中学校 理科クラブ(6名)

第32回(平3年度)
◇小学校の部
- 文部大臣奨励賞　杉浦 巧〔他1名〕(愛知県刈谷市立小垣江小学校)
- 第1部1等賞　徳田 衣理(茨城県龍ケ崎市立松葉小学校)
- 第2部1等賞　徳田 有理(茨城県龍ケ崎市立松葉小学校)
◇中学校の部
- 文部大臣奨励賞　渡辺 有一(愛知県刈谷市立雁が音中学校)
- 第1部1等賞　愛知県刈谷市立雁が音中学校 科学部生物班(3名)
- 第2部1等賞　愛知県豊田市立梅坪台中学校 科学部(3名)

第33回(平4年度)
◇小学校の部
- 文部大臣奨励賞　長野県長野市立古牧小学校6年2組(33名)
- 第1部1等賞　茨城県龍ケ崎市立松葉小学校 ススキグループ(2名)
- 第2部1等賞　松本 麻衣子(茨城県稲敷郡阿見町立阿見小学校)
◇中学校の部
- 文部大臣奨励賞　木村 徳宏(神奈川県横浜市私立慶応義塾普通部)
- 第1部1等賞　愛知県刈谷市立苅谷南中学校 理科部2年女子班(4名)
- 第2部1等賞　矢野 夕希(福岡県北九州市立槻田中学校)

第34回(平5年度)
◇小学校の部
- 文部大臣奨励賞　大久保 滋代(岐阜県揖斐郡大野町立大野小学校)
- 第1部1等賞　山口 枝里子(茨城県稲敷郡阿見町立阿見第二小学校)
- 第2部1等賞　見屋井 大輔(岐阜県揖斐郡大野町立北小学校)
◇中学校の部
- 文部大臣奨励賞　愛知県名古屋市立志段味中学校科学部(8名)
- 第1部1等賞　山口 恵里子(岐阜県岐阜市立梅林中学校)
- 第2部1等賞　瀧 統由(茨城県下館市立下館中学校)

第35回(平6年度)
◇小学校の部
- 文部大臣奨励賞　笠間 麗代(神奈川県藤沢市立八松小学校)
- 第1部1等賞　東沙 智子(奈良県天理市立朝和小学校)
- 第2部1等賞　瀧 康由(茨城県下館市立下館小学校)
◇中学校の部
- 文部大臣奨励賞　長谷 武志(愛知県額田郡幸田町立南部中学校科学部)
- 第1部1等賞　茨城県稲敷郡江戸崎町立江戸崎中学校有孔虫・貝化石班(20名)
- 第2部1等賞　永見 有梨奈〔他2名〕(愛知県刈谷市立朝日中学校)

第36回(平7年度)
◇小学校の部
- 文部大臣奨励賞　松本 麻衣子(茨城県稲敷郡阿見町立阿見小学校)
- 第1部1等賞　長野県佐久市立野沢小学校6年3組(33名)
- 第2部1等賞　鈴木 歩(茨城県稲敷郡阿見町立阿見小学校)
◇中学校の部
- 文部大臣奨励賞　愛知県額田郡幸田町立南部中学校科学部(5名)
- 第1部1等賞　清水 慶彦〔他2名〕(愛知県刈谷市立富士松中学校)
- 第2部1等賞　入江 貴博(神奈川県横浜市私立慶応義塾普通部)

第37回(平8年度)
◇小学校の部
- 文部大臣奨励賞　谷下 文香(兵庫県姫路市立大津茂小学校)
- 第1部1等賞　中村 圭佑(山形県鶴岡市立大山小学校)
- 第2部1等賞　柳下 陽子(茨城県つくば市立桜南小学校)
◇中学校の部
- 文部大臣奨励賞　茨城県稲敷郡東町立東中学校 理科研究部班(4名)
- 第1部1等賞　愛知県刈谷市立朝日中学校理科研究グループ1班(3名)
- 第2部1等賞　中村 千夏, 木沢 綾子(茨城県つくば市立筑波西中学校)

第38回(平9年度)
◇小学校の部
- 文部大臣奨励賞　藤内 麻貴(愛知県刈谷市立住吉小学校)
- 第1部1等賞　谷下 文香, 谷下 傑(愛媛県姫路市立大津茂小学校)

- 第2部1等賞　結城　明姫(東京都調布市私立聖ドミニコ学院小学校)
◇中学校の部
- 文部大臣奨励賞　丸山　健太(神奈川県横浜市私立慶応義塾普通部)
- 第1部1等賞　西正　泰崇〔他2名〕(愛知県刈谷市立朝日中学校)
- 第2部1等賞　石川　智子(愛知県刈谷市立富士松中学校)

第39回(平10年度)
◇小学校の部
- 文部大臣奨励賞　柳下　真由子(茨城県つくば市立桜南小学校)
- 第1部1等賞　菊地　弘恭(青森県十和田市立北園小学校)
- 第2部1等賞　冨樫　絵理子(埼玉県川越市立川越小学校)
◇中学校の部
- 文部大臣奨励賞　一山　元秀(愛知県刈谷市立雁が音中学校)
- 第1部1等賞　丸山　健太(神奈川県横浜市私立慶応義塾普通部)
- 第2部1等賞　柳下　陽子(茨城県つくば市立並木中学校)

第40回(平11年度)
◇小学校の部
- 文部大臣奨励賞　鈴木　裕歩(茨城県つくば市立桜南小学校)「とべ！ドルフィンボール」
- 1等賞　櫻井　龍介(宮城県仙台市私立聖ドミニコ学院小学校)「魚のえら(さいは)の研究」
◇中学校の部
- 文部大臣奨励賞　伊藤　朗孝〔他6名〕(愛知県刈谷市立富士松中学校2・1年科学部生物班)「燃える木の葉のFAN・FARE ─高らかな生命の歌声にひかれて─」
- 1等賞　佐藤　友紀(茨城県稲敷郡美浦村立美浦中学校)「リモコン動作原理の研究」

第41回(平12年度)
◇小学校の部
- 文部科学大臣奨励賞　菅野　里子(千葉県我孫子市立布佐小学校)「ジャコウアゲハチョウの吐糸色(黒と白)の考察」
- 1等賞　中崎　恵美〔他3名〕(愛知県刈谷市立小垣江小学校)「チョークの折れ方の秘密」
◇中学校の部
- 文部科学大臣奨励賞　木村　健〔他8名〕(茨城県稲敷郡茎崎町立茎崎中学校)「水質の変化する要因」
- 1等賞　伊藤　かおり〔他3名〕(茨城県稲敷郡江戸崎町立江戸崎中学校)「ジャバラホースの鳴る秘密を探る」

第42回(平13年度)
◇小学校の部
- 文部科学大臣奨励賞　福澤　和広〔他36名〕(長野県伊那市立伊那小学校)「伊那小学校の周りで見られる野鳥と巣箱に入ったシジュウカラの第1、第2、第3繁殖期」
- 1等賞　丸井　都希(千葉県流山市立長崎小学校)「ダンゴムシとワラジムシ その生態とかくされた能力」
◇中学校の部
- 文部科学大臣奨励賞　青木　昭伸〔他2名〕(愛知県刈谷市立依佐美中学校)「水面を逆さまにはうサカマキガイの秘密」
- 1等賞　鈴木　淑恵〔他2名〕(愛知県刈谷市立刈谷東中学校)「反り返るニンジンの秘密」

第43回(平14年度)
◇小学校の部
- 文部科学大臣奨励賞　鈴木　直歩(茨城県つくば市立桜南小学校)「これが本物スライムの正体だ！パート3 モジホコリの変身を見た！」
- 1等賞　冨田　隆義(茨城県石岡市立南小学校)「探検！ダンゴムシの世界(2年次)─歩き方のひみつをさぐる─」
◇中学校の部
- 文部科学大臣奨励賞　原田　丈史〔他5名〕(愛知県刈谷市立刈谷南中学校)「38℃の日は暑いのに38℃の風呂に入ると熱くないのはなぜか」
- 1等賞　幸喜　未那子(沖縄県国立琉球大学附属中学校)「もしどんどん川が汚れていったら」

第44回(平15年度)
◇小学校の部
- 文部科学大臣奨励賞　竹崎　夏姫(高知県春野町立東小学校)「花すべりひゆのふしぎ」
- 1等賞　塚本　真依(沖縄県那覇市立上間小学校)「植物が地球を救うパート2─CO2は悪者か？」
◇中学校の部
- 文部科学大臣奨励賞　野島　智也〔他6名〕(茨城県牛久市立牛久第三中学校)「牛久沼環境保全への提言2」

- 1等賞　後藤 由紀子(沖縄県南風原町立南風原中学校)「不思議いっぱい沖縄のクワガタムシ」

第45回(平16年度)
◇小学校の部
- 文部科学大臣奨励賞　五十嵐 光来(茨城県牛久市立牛久小学校)「絶滅の危機！ジュンサイの謎を探る!!」
- 1等賞　橋本 尚樹(福島県国立福島大学教育学部附属小学校)「イモリの天気予報 6年間の観察記録」

◇中学校の部
- 文部科学大臣奨励賞　後藤 由紀子(沖縄県南風原町立南風原中学校)「不思議いっぱい沖縄のクワガタムシ2004」
- 1等賞　江川 明宏〔他4名〕(愛知県刈谷市立依佐美中学校)「なぜ小豆は煮くずれを起こすのか？表皮に起こる横割れ現象との関わりを探る」

第46回(平17年度)
◇小学校の部
- 文部科学大臣奨励賞　今泉 拓〔他2名〕(愛知県刈谷市立小垣江小学校)「たき火のけむりの不思議―風上なのにけむりが来るのはどうして―」
- 1等賞　小倉 永里(千葉県千葉市立星久喜小学校)「ふじの木のふしぎ」

◇中学校の部
- 文部科学大臣奨励賞　塚本 真依(沖縄県私立沖縄尚学高等学校附属中学校)「風と羽根のコラボレーション―その時、風車は回った！―」
- 1等賞　遠藤 陽平〔他15名〕(福島県郡山市立郡山第六中学校)「郡山市内を流れる河川の水質変化を探るH17」

第47回(平18年度)
◇小学校の部
- 文部科学大臣奨励賞　丸山 諒太(茨城県つくば市立桜南小学校)「レタスの茎の変色のひみつをさぐる」
- 1等賞　小倉 永里(千葉県千葉市立星久喜小学校)「ふじみの植物えだまめ ミラクルパワー大発見！」

◇中学校の部
- 文部科学大臣奨励賞　塚本 真依(沖縄県私立沖縄尚学高等学校附属中学校)「風と羽根のコラボレーション2―回って、回って、回って、変わる！―」
- 1等賞　田原 弘規(島根県出雲市立河南中学校)「水の音って何の音？Part2 水滴が作る泡と音を科学する」

第48回(平19年度)
◇小学校の部
- 文部科学大臣奨励賞　竹中 万智(岐阜県池田町立八幡小学校)「パタパタ大作せん」
- 1等賞　丸山 諒太(茨城県つくば市立桜南小学校)「サツマイモの生命力のひみつを探る」

◇中学校の部
- 文部科学大臣奨励賞　河合 千晶(三重県鈴鹿市立神戸中学校)「To be, or not to be―雨の中を「走るべきか，走らざるべきか」それが問題だ―」
- 1等賞　田原 弘規(島根県出雲市立河南中学校)「水の音って何の音？Part3 茶釜が奏でる水の音と、沸騰のメカニズムを科学する」

第49回(平20年度)
◇小学校の部
- 文部科学大臣奨励賞　黒田 純平(茨城県龍ヶ崎市立松葉小学校)「とかげのくらし5」
- 1等賞　中村 優里(東京都慶応義塾幼稚舎)「―ポニーテールはなぜ揺れる？―振り子のふれ方の研究」

◇中学校の部
- 文部科学大臣奨励賞　加藤 丈〔他6名〕(千葉県千葉市立緑町中学校)「湯むきの科学―トマトの皮はなぜ湯むきできるのか？―」
- 1等賞　河合 千晶(三重県鈴鹿市立神戸中学校)「塵も積もれば山となる―半透明フィルムを透過する光の量を予言する理論式の構築を巡って―」

221 ジュニア発明展
子ども達に発明の喜びや創意工夫をすることの楽しさを体験してもらうことを目的に開催。
【主催者】(財)つくば科学万博記念財団
【選考委員】松本零士(漫画家)他24名

【選考方法】公募
【選考基準】〔資格〕全国の小中学生(グループによる応募も可)〔応募規定〕応募用紙に,発明・アイディア・工夫の要点をまとめて応募
【締切・発表】(第11回)申込期間は平成21年4月13日～6月12日(当日消印有効)。アイデア審査の結果は7月10日に応募者宛に発送,発明作品提出締切(入選者のみ)は10月2日,発明作品の審査結果は10月15日に入賞者のみ通知
【賞・賞金】賞状と盾。最優秀賞(1点),優秀賞(2点),優良賞(3点),佳作(10点程度),子供の科学賞(1点),発明学会賞(1点),学習研究社賞(1点),発明作品審査委員長特別賞(1点),団体奨励賞(1団体),団体特別賞(1団体)
【URL】http://www.expocenter.or.jp/

第1回(平11年)
- 最優秀賞 長井 亮人(白鷗大学足利中学校)「磁力と重心と回転の応用ゲーム具」
- 優秀賞
 中野 真理子(大阪薫英女学院中学校)「マルチなエプロン・バッグ」
 大崎 和馬,渡辺 まり子,谷口 純基(北海道アイデアランド協議会)「ビー玉坊やのボーリング」

第2回(平12年)
◇小学生の部
- 最優秀賞 曽我 恵美(愛知県刈谷市立小垣江小学校)「ペチャ缶BOXくん」
- 優秀賞
 竹内 敏紀(愛知県刈谷市立小垣江小学校)「ちりとり付きゴミ箱」
 田中 優磨(長野県松本市立寿小学校)「きるコン」
◇中学生の部 井垣 賢哉(東京都足立区立花保中学校)「電球式虫取り装置」
- 優秀賞
 長井 亮人(栃木県白鷗大学足利中学校)「万華鏡を写して見る装置」
 水野 稔也(愛知県刈谷市立刈谷南中学校)「水鉄砲式ガラスふき器」

第3回(平13年)
◇小学生の部
- 最優秀賞 野原 啓司(岐阜県岐阜市立厚見小学校)「くつくつクルリン」
- 優秀賞
 深谷 一雄(愛知県刈谷市立小垣江小学校)「安全オフロ水」
 泉田 直紀(新潟大学教育学部附属新潟小学校)「ボール投げれんしゅう板」
◇中学生の部 鈴木 智子(愛知県刈谷市立刈谷南中学校)「2種類水筒」
- 優秀賞
 平野 香菜(愛知県刈谷市立依佐美中学校)「現代版金魚のえさやり機」
 野原 淳史(岐阜県岐阜市立厚見中学校)「電圧増幅装置」

第4回(平14年)
◇小学生の部
- 最優秀賞 田村 和平(茨城県石岡市立東小学校)「立体的な地形図」
- 優秀賞
 木名瀬 貴子(茨城県石岡市立東小学校)「じ石人形」
 中村 仁美,中村 文音(福岡県北九州市立上津役小学校)「おどるかかし」
◇中学生の部 太田 達彦(愛知県刈谷市立刈谷南中学校)「片手でチョッキン」
- 優秀賞
 坂本 貴啓(福岡県北九州市立木屋瀬中学校)「太陽熱を利用した温風乾燥機」
 大本 健一朗(岡山大学教育学部附属中学校)「ハムスター肥満防止回し車」

第5回(平15年)
◇小学生の部
- 最優秀賞 秋本 雄斗(東京都大田区立南蒲小学校)「プラネタリウム(夏の星座)」
- 優秀賞
 鈴木 慎一朗(東京都板橋区立蓮根小学校)「洗たく物うらがえ～る」
 木名瀬 貴子(茨城県石岡市立東小学校)「かんたんなべーしき」
◇中学生の部 安藤 里美(愛知県刈谷市立富士松中学校)「旗上げポスト」
- 優秀賞
 桑原 弘成(長野県上田市立第二中学校)「Let's eat」
 近藤 修平(愛知県刈谷市立刈谷南中学校)「炒め上手」

Ⅳ 科学

第6回(平16年)
◇小学生の部
- 最優秀賞　吉谷 拓真(兵庫県神戸市立春日台小学校)「光るホネホネ」
- 優秀賞
  服部 美保(愛知県刈谷市立東刈谷小学校)「いっきにラクラクえんぴつけずり」
  江坂 好加(愛知県刈谷市立小垣江小学校)「中身丸見えうえきばち」
◇中学生の部　小嶋 里佳(愛知県刈谷市立刈谷南中学校)「誰でも閉められるドア・勝手に閉まれドア」
- 優秀賞
  宮田 将弥(愛知県刈谷市立刈谷南中学校)「らくちんつえの棒」
  上村 槙太郎(愛知県刈谷市立富士松中学校)「楽々ボール取り」

第7回(平17年)
◇小学生の部
- 最優秀賞　柘植 祐美香(愛知県刈谷市立小垣江小学校)「Wべんりペンたて」
- 優秀賞
  松村 修平(八戸市少年少女発明クラブ)「cmごとに切れるセロハンテープカッター」
  今竹 文香(愛知県刈谷市立東刈谷小学校)「ええ!?おせないはずでしょこのブザー」
◇中学生の部　間瀬 貴哉(愛知県刈谷市立刈谷南中学校)「片手でプッシュ」
- 優秀賞
  真野 澪(愛知県刈谷市立富士松中学校)「電気で知らせるソーラーパネルつき植木鉢」
  鈴村 直之, 西村 崇志(愛知県刈谷市立富士松中学校)「回転する四季の星座図鑑(かがやく星座の旅)」

第8回(平18年)
◇小学生の部
- 最優秀賞　山本 颯太(愛知県岡崎市立竜美丘小学校)「すきまくん」
- 優秀賞
  田中 大樹(愛知県刈谷市立小垣江小学校)「定規付き紙に穴のあかないコンパス」
  柘植 千智(豊田少年少女発明クラブ)「すきまに入る自転車」

◇中学生の部　鈴木 澪莉(愛知県刈谷市立朝日中学校)「盗難防止用傘」
- 優秀賞
  斎能 和輝(愛知教育大学附属岡崎中学校)「グラグラ湯呑みストッパー」
  吉谷 拓真(兵庫県神戸市立平野中学校)「指先Light」

第9回(平19年)
◇小学生の部
- 最優秀賞　鈴木 康介(愛知県刈谷市立小垣江小学校)「虫がにげない虫取りあみ」
- 優秀賞
  古賀 結花(茨城県つくば市立九重小学校)「2このタワシがドッキング!母さんニコニコ・地球もニコニコ『にこにこタワシ』」
  樋江井 美里(愛知県刈谷市立富士松北小学校)「たたむ時手がぬれないふしぎなカサ」
◇中学生の部　上杉 真輝(愛知県刈谷市立依佐美中学校)「縦と横が動く収納上手な本棚」
- 優秀賞
  杉浦 拓哉(愛知県知立市立竜北中学校)「分定規」
  坂井 李奈(愛知教育大学附属岡崎中学校)「キレイに書ける!!ノートカバー」

第10回(平20年)
◇小学生の部
- 最優秀賞(理事長賞)　市川 瑠莉(愛知県刈谷市立東刈谷小学校)「ほうきのごみ取り」
- 優秀賞
  橋本 裕司(豊田市少年少女発明クラブ)「ふたができる玉入れのかご」
  野々山 陽子(愛知県刈谷市立東刈谷小学校)「らくちん!虫取りアミ」
◇中学生の部(理事長賞)　犬塚 眞太郎(愛知教育大学附属岡崎中学校)「くるくるカベかけカサ収納」
- 優秀賞
  間瀬 絵美(愛知県刈谷市立刈谷南中学校)「らくらくはがせるテープカッター」
  飯原 和喜(東京都板橋区立教育科学館)「Now の〜む 薬!」

222 朝永振一郎記念「科学の芽」賞

筑波大学の前身の東京教育大学の学長を務めるなど,筑波大学にゆかりのあるノーベル物理学賞を受賞した朝永振一郎博士の功績を称え,それを後続の若い世代に伝えていくために,小・中・高校生を対象に自然や科学への関心と芽を育てることを目的として創設された。

【主催者】筑波大学
【選考委員】筑波大学教員及び筑波大学附属学校教員
【選考方法】公募
【選考基準】〔資格〕全国の小学校3年生〜中学校・高等学校(高等専門学校3年次までを含む。),中等教育学校,特別支援学校の個人若しくは団体。〔対象〕自然現象の不思議を発見し,観察・実験して考えたことをまとめたもの。〔応募規定〕レポート用紙A4判10枚以内
【締切・発表】(第4回)応募期間は2009年8月20日〜9月30日,発表は11月下旬。受賞者は筑波大学ホームページ内に掲載すると共に,本人に通知。12月19日表彰式・発表会
【賞・賞金】科学の芽賞:賞状,記念品
【URL】http://www.tsukuba.ac.jp/community/kagakunome/index.html

第1回(平18年度)
　◇科学の芽賞
　　● 小学生部門
　　　河村 進太郎(山口県防府市立華浦小学校)「風力発電機の研究」
　　　棚田 莉加(筑波大学附属小学校)「ヒマワリの種はなぜ平らにまかなければいけないのか?」
　　　土田 葉月(秋田県横手市立雄物川北小学校)「あわでないでね」
　　　永原 彩瑚(筑波大学附属小学校)「百日草のさき方と花について」
　　　鳴川 真由(福島県伊達郡飯野町立飯野小学校)「モンシロチョウは葉のどこに卵をうむのか?」
　　　新居 理咲子(高知県高知市立高須小学校)「カブトムシが集まるエサの研究III」
　　　松原 花菜子(稲敷郡阿見町立本郷小学校)「『はねて・たつ・しゃりん』のひみつを調べよう」
　　　渡部 京香(秋田県横手市立金沢小学校)「くりの木の不思議〜お母さんの木と子どもの木〜」
　　● 中学生部門
　　　荒井 美圭(筑波大学附属中学校)「流れと渦の研究〜なぜ渦はできるのだろう?〜」
　　　樫村 琢実(茨城県ひたちなか市立大島中学校)「納豆の醗酵に及ぼす『音』の影響」
　　　齋藤 琴音(筑波大学附属中学校)「紙おむつの秘密を探る」
　　　佐山 夕季(筑波大学附属中学校)「人の色の見え方」
　　　永井 亜由美(東京都千代田区立九段中等教育学校)「ラジカセの音を大きくするには」
　　　仁熊 佑太(東京都私立成蹊中学校),仁熊 健太(筑波大学附属中学校)「土壌汚染の植物への影響 PART3」
　　　古川 詩織(茨城県つくば市立並木中学校)「キンギョの活動性に及ぼすミネラルの効果:軟水と硬水の比較実験」
　　　松下 美緒(愛知県刈谷市立朝日中学校)「のびろカイワレダイコン」

第2回(平19年度)
　◇科学の芽賞
　　● 小学生部門
　　　小原 徳晃(新宿区立戸山小学校)「魔球のひみつ」
　　　佐藤 三依(筑波大学附属小学校)「2つの花だんの不思ぎ」
　　　岡野 史沙(筑波大学附属小学校)「スイカ、カボチャ、メロンの種の数は大きさに関係あるのか?」
　　　森 翠(筑波大学附属小学校)「かいこのペットフードを作ろう」
　　　渡部 京香(秋田県横手市立金沢小学校)「くりの木の不思議II―お母さんの木と子どもの木―」
　　　嶋 睦弥(大阪教育大学附属池田小学校)「指のシワシワ実験」

伊知地 直樹（東京都中野区立桃園第三小学校）「氷のカットグラス どうして斜めの線ができるのか、氷にできる模様の観察」
新居 理咲子（高知県高知市立高須小学校）「カブトムシが集まるエサの研究IV」
樫村 理喜（茨城県ひたちなか市立外野小学校）「植物の研究」
小田島 華子（筑波大学附属小学校）「『光の不思議』―ラップはとう明なのになぜしんは見えないのか―」

- 中学生部門

杉浦 健, 清水 大貴（愛知県刈谷市立刈谷東中学校）「五平もちを上手に作りたい―ラップにつきにくいご飯の条件ともち米を加える秘密―」
橘 智子（兵庫教育大学附属中学校）「ナミアゲハの蛹の色を決める一番の条件は？」
清水 壮（新潟大学教育人間科学部附属長岡中学校）「寄生―2次寄生の発生条件―」
笠原 将（筑波大学附属中学校）「サッカーボールの科学」
竹内 捷人（筑波大学附属中学校）「ニホンイシガメの行動パターン」
太田 みなみ（愛知県安城市立篠目中学校）「漂白と液性の研究」
日原 弘太郎（東京都千代田区立九段中等教育学校）「海水の二酸化炭素の吸収について」
村岡 健太（東京都千代田区立九段中等教育学校）「粘着テープの強度比較」
中島 可菜（筑波大学附属中学校）「ジャム作りの秘密」

第3回（平20年度）
◇科学の芽賞
- 小学生部門

板橋 茜（茨城県つくば市立二の宮小学校）「オオカマキリのふ化からせい虫になるまで～オオカマキリと共にすごした303日間～」
大枝 知加（筑波大学附属小学校）「苦くて、くさいパセリは、味つきパセリになれるかな？」
松井 悠真（宮崎県延岡市立旭小学校）「ホテイアオイ・プカプカうきぶくろのひみつ」
岡村 太路（神奈川県横浜市立滝頭小学校）「一つの骨から」
中島 澄香（愛知県刈谷市立富士松北小学校）「テーブルの上に置いたおわんが動くのはなぜ？」
溝渕 將父（大阪教育大学附属池田小学校）「紙でなぜ手が切れるのか？」
川上 和香奈（筑波大学附属小学校）「きゅうすで注ぐ水の音と湯の音がちがうのはなぜ？」
永原 彩瑚（筑波大学附属小学校）「謎の砂団子 コメツキガニのしわざ？」
松原 花菜子, 松原 汐里（茨城県阿見町立本郷小学校）「ひっくりかえるめんこのひみつ」
嶋 睦弥（大阪教育大学附属池田小学校）「よく回る硬貨の順番は？」
徳田 翔大（東京都千代田区立麹町小学校）「植物に必要な色は何色か」

- 中学生部門

石井 萌加（茨城県立並木中等教育学校）「アサガオから考える私たちの環境」
白井 有樹, 土田 悠太, 竹内 賢（茨城県立並木中等教育学校）「セイタカアワダチソウを利用した生物農薬の研究」
渡部 京香（秋田県横手市立金沢中学校）「くりの木の不思議3～お母さんの木と子どもの木～」
菊島 悠子（筑波大学附属中学校）「ホットケーキを焼く―重曹とベーキングパウダーの違いに注目して―」
佐藤 信太（福井県越前市立武生第二中学校）「心臓や声帯の動きを測れるか？―」
須藤 克誉（筑波大学附属駒場中学校）「セミの抜け殻における羽化の場所の研究」
廣川 和彦（福島大学附属中学校）「ドルフィンボールの高さと深さの研究」
村岡 健太（東京都千代田区立九段中等教育学校）「接着剤の強度比較」
山田 祐太朗（筑波大学附属駒場中学校）「緑青の発生スピードについて」

223 日本化学会化学教育賞

　国際的,全国的視野において化学教育上特に顕著な業績または功績のあった者を表彰するため,昭和51年に創設された。
【主催者】(社)日本化学会
【選考方法】各支部の推薦による
【選考基準】〔資格〕原則として同会会員。〔対象〕国際的または全国的視野において化学教育上とくに顕著な業績または功績のあった者
【締切・発表】毎年9月末日推薦締切,翌年4月に表彰式
【賞・賞金】3件以内。表彰楯
【URL】http：//www.chemistry.or.jp/

第1回(昭51年度)
　　玉虫 文一《化学教育,とくに初等中等理科教育への多年の貢献》
　　山岡 望《創造的化学教育への比類なき貢献ならびに化学史を通じての化学教育界への寄与》
第2回(昭52年度)
　　朝比奈 貞一《博物館活動を通じての青少年を対象とする化学教育への多年の貢献》
　　植村 琢《化学史を含む著作活動を通じての化学教育への多年の寄与》
第3回(昭53年度)
　　奥野 久輝《私学における化学教育への貢献と化学教育・化学史の著作,編集》
　　竹林 保次《理科教育における多年にわたる指導と研究活動,とくに現場における実践を通しての中等化学教育への寄与》
第4回(昭54年度)
　　樫本 竹治《旧制高等学校等における化学教育への寄与・化学教科書の著述等の先駆的業績》
　　竹林 松二《一般教育としての化学教育に対する貢献》
第5回(昭55年度)
　　西川 友成《高等学校化学教育における新しい実験の開発と実践》
　　蟇目 清一郎《大学教養課程における化学教育への貢献と高等学校化学教育との連携への寄与》
第6回(昭56年度)
　　大木 道則《わが国化学教育研究の組織化と国際化への貢献》
　　松浦 多聞《化学教育とくに中学校・高等学校化学教育の振興への多年の寄与》

第7回(昭57年度)
　　島村 修《高校化学の現代化と化学教育部会創立への貢献》
　　中西 啓二《中学校及び高等学校の化学教育における実験指導の発展に貢献》
第8回(昭58年度)　加藤 俊二《一般教育としての化学教育への貢献》
第9回(昭59年度)　榊 友彦《多方面にわたる積年の化学教育推進への貢献》
第10回(昭60年度)　山名 修吉《化学教育の基礎的並びに実践的研究とその成果の国際化》
第11回(昭61年度)　林 良重《視覚障害者教育を中心とした化学教育の先駆的・実践的研究》
第12回(昭62年度)　阪上 正信(金沢大名誉教授)《化学史でたどる化学実験の普及等による化学教育への貢献》
第13回(昭63年度)　小出 力(大阪教育大)《独特の視野に立った化学教育への寄与》
第14回(平1年度)　該当者なし
第15回(平2年度)　下沢 隆(埼玉大学理学部)《化学教育の国際化に対する貢献》
第16回(平3年度)　多賀 光彦(北海道大学理学部)《一般教育を中心として多方面にわたる化学教育への貢献》
第17回(平4年度)　中島 路可(鳥取大学工学部)《独創的な観点からの化学教育の啓蒙と振興への貢献》
第18回(平5年度)　綿抜 邦彦(立正大学経済学部)《実験を背景とした幅広い層への化学教育に対する貢献》
第19回(平6年度)　山口 勝三(東北学院大学教養学部)《化学教育の活性化および化学普及への貢献》

第20回(平7年度) 藤谷 健(広島県立大学)《教育内容の体系的研究をとおした化学教育振興への貢献》
第21回(平8年度) 花屋 馨(宮城教育大教育)《教材開発, 教師研修および調査 活動による化学教育振興への貢献》
第22回(平9年度) 荻野 和子(東北大医療短大)《国内および国際的活動による 化学教育への貢献》
第23回(平10年度) 竹内 敬人(神奈川大学理学部)《化学の普及・発展への国内および国際的活動による貢献》
第24回(平11年度) 守口 良毅(福岡教育大教育学部)《新規教材による総合化学実験カリキュラムの開発》
第25回(平12年度) 丸山 雅夫(宮城教育大名誉)《実験体験型の啓蒙・普及活動による化学教育への貢献》
第26回(平13年度)
　　片岡 正光(小樽商科大)《大学・学会・地域社会における化学教育活動への貢献》
　　川泉 文男(名大院工)《大学新時代の化学教育, 科学(化学)英語教育, 化学普及への貢献》
　　増井 幸夫(元関西女短大)《実践的研究による初等・中等化学教育の啓発・普及への貢献》
第27回(平14年度) 田中 春彦(広島大院教育)《教育内容の開発研究による化学教育振興への貢献》
第28回(平15年度)
　　伊藤 卓(横国大院工)《初等, 中等ならびに高等化学教育改善への貢献》
　　隈 弘夫(阪大院理)《初・中等および高等教育における化学教育振興へのリーダーシップ》

第29回(平16年度)
　　黒河 伸二(佐賀大文化教育)《化学教材の開発・普及による化学教育への貢献》
　　中尾 安男(岡山大教育)《小・中・高・大学を連携する化学教育ネットワーク構築》
第30回(平17年度)
　　曽我部 国久(島根大教育)《多年にわたる出前実験による化学好きの子どもの育成》
　　細矢 治夫(お茶大名誉)《数理・論理に根ざした化学教育の改革への貢献》
第31回(平18年度)
　　市村 禎二郎(東工大院理工)《初等, 中等ならびに高等化学教育の普及・振興への貢献》
　　甲 国信(東北大院理)《東北地区の化学教育活動に対する貢献》
　　吉村 忠与志(福井工業高専)《コンピュータを活用した化学教育振興への貢献》
第32回(平19年度)
　　有賀 正裕(阪教育大教育)《小学校から大学までの校種を越えた化学教育ネットワークへの貢献》
　　島 正子(国立科学博物館名誉)《化学普及活動及び隕石研究にもとづいた化学教育への貢献》
　　下井 守(東大院総合文化)《大学教育への連結を意識した高等学校化学教育への貢献》
第33回(平20年度)
　　伊佐 公男(福井大教育)《質量分析, 物理化学から科学教育実践への貢献》
　　渡辺 正(東京生産研)《高校化学教育および化学の普及に対する貢献》

224 日本化学会化学教育有功賞

化学教育に従事し, その組織または地域において教育上顕著な業績または功績のあった者を表彰するため, 昭和58年に創設された。

【主催者】(社)日本化学会
【選考方法】各支部の推薦による
【選考基準】〔資格〕同会会員に限らない。〔対象〕化学教育に従事しその組織または地域において教育上顕著な業績または功績のあった者
【締切・発表】毎年9月末日推薦締切, 翌年4月に表彰式
【賞・賞金】5件以内。表彰楯

【URL】http://www.chemistry.or.jp/

第1回(昭58年度)
　石戸 励《化学変化の量的関係に関する指導法の研究》
　越野 清《北海道地区小・中・高等学校化学教育振興への貢献》
　戸苅 進《化学を中心にした理科教育の実践的研究》
　福島 八郎《中等化学教育への先駆的研究と指導》
　松岡 忠次《高等学校化学教育の改善向上と指導者の育成》

第2回(昭59年度)
　大槻 勇《化学教育における新しい教材の開発》
　鬼島 正雄《千葉県における高校理科教育の振興》
　野田 四郎《高校化学教育における指導理念の確立と実験法の開発》
　松尾 博之《広島県における小・中・高等学校化学教育の振興》
　矢後 一夫《富山県・北信越地区の化学教育の振興》

第3回(昭60年度)
　大石 博《北海道における小・中・高等学校化学教育への貢献》
　杉山 巍《中・高等学校および高等専門学校における化学教育の振興》
　保坂 純三《自作開発教材による新しい化学教育法の研究》
　村田 豊《独創的な生徒実験の案出と幅広い化学教育実践活動》
　米田 昭二郎《現場に根ざした化学教育の多面的実践》

第4回(昭61年度)
　井狩 俊久《北海道過疎地域における高等学校化学教育への貢献》
　佐藤 早苗《高校化学クラブ活動指導における顕著な業績ならびに優れた児童向き科学書の著作》
　鈴木 啓夫《高校化学教育への新しい化学の潮流の導入に果たした業績》
　福沢 掌《新潟県における小・中・高等学校化学教育への貢献》
　松本 昭《大阪府における小・中・高等学校化学教育への貢献》

第5回(昭62年度)
　井津 定光(京都理化学協会)《京都府高等学校化学教育向上と指導者の育成》
　岩下 紀久雄(四日市四郷高)《東海地区における高校化学教育への貢献》
　佐野 俊介(坂出高)《香川県における高校化学教育の改善への貢献》
　酒井 堂兆(青森農大)《化学実験指導法の研究と東北地区における化学教育振興への貢献》
　前川 陽一(江別高)《北海道地区高等学校化学教育研究グループの育成,組織化への貢献》

第6回(昭63年度)
　川村 静夫(苫小牧高専)《新しい理科教育装置の工夫と北海道における地域化学教育活動への貢献》
　菅野 幸雄(福島女子高)《高校化学クラブの指導を通しての高校化学教育向上への貢献》
　春田 徳洋(糸島高)《福岡地区における高校化学教育の活性化とマイコンを利用した化学教育ソフトの開発》
　馬淵 克太郎(岐阜北高)《研究団体育成による岐阜県高校化学教育向上への貢献》

第7回(平1年度)
　緒方 淳子(大手前高)《大阪府高等学校化学教育の推進》
　木村 之信(大津高)《有機化学製造実験等の改善による高等学校化学教育への貢献》
　佐藤 悦郎(六郷高)《教材開発による化学教育の推進と指導者の育成》

第8回(平2年度)
　会沢 敏雄(八戸東高校)《実験指導法および教材の研究による東北地区化学教育への貢献》
　大田 稔(元石川高等専門学校)《北陸地区における高校化学教育向上への貢献》
　中西 幹雄(愛泉高校,泉尾第二工業高校)《高校化学クラブの指導を通しての高校化学教育向上への貢献》
　西平 輝子(城南高校)《高校化学教育における現代化の推進と安全教育への貢献》
　宮下 正恪(北海道理科教育センター)《北海道における小・中・高等学校化学教育への貢献》

第9回(平3年度)
　木村 道夫(元金沢市立少将町中学校)《地域に根ざした初等中等化学教育の改善と振興への貢献》

作原 逸郎(道立理科教育センター)《小学校理科を基盤にした化学教育への貢献》
須賀 昭一(埼玉栄東高校)《新しい教育方法の開発による化学教育への貢献と化学教育研究グループの育成》
千葉 信行(青森県立岩木高校)《実験指導法等の改善による高等学校化学教育への貢献》
仲 信一(大阪桐蔭高校)《教材の工夫と開発による大阪府高等学校化学教育への貢献》

第10回(平4年度)
阿部 忠(元北海道枝幸高校)《高校化学教育の向上と地域住民の化学的関心普及への貢献》
児玉 順彦(初芝橋本高校)《教材の工夫と開発による近畿地区化学教育への貢献》
榊原 正気(元三重県立四日市商業高校)《東海地区における高校化学教育への貢献》
佐々木 克巳(岡山県立金川高校)《新しい実験方法の開発と教育研究組織の育成による化学教育への貢献》
東海林 恵子(宮城県仙台南高校)《優れた教材開発による化学教育への貢献》

第11回(平5年度)
赤羽根 充男(大阪府立桜塚高校)《高校化学教育の向上と環境化学の普及への貢献》
武田 一美(東京理科大学理学部)《実践的研究にもとづく初等中等化学教育への貢献》
日吉 芳朗(石川県立輪島高校)《郷土の素材と化学史上の実験による創造的教育実践》
平田 卓郎(富山県立大学)《北陸地区の高等学校化学教育現代化への貢献》
松井 担(広島大学附属高校)《学習指導法の研究と高等学校教員養成を通しての化学教育への貢献》

第12回(平6年度)
軽部 昭夫(秋田工業高等専門学校)《実践的化学教育に基づく高等専門学校および高校化学教育への貢献》
黒杭 清治(日本大学第三高校)《実践研究と推進活動による初等理科および中等化学教育への貢献》
林 主計(福井県立羽水高校)《北信越地方における化学教育への貢献》
宮田 光男(桐朋学園大学短期大学)《教材の開発と環境化学の普及による化学教育への貢献》

第13回(平7年度)
東 俊一郎(岡山県立岡山朝日高校)《岡山県内高等学校化学教育の研究体制の強化および指導法の研究》
田中 典男(愛知県立瀬戸北高校)《東海地区における化学教育グループ組織化への貢献》
谷口 博士(鳥取県立鳥取西高校)《個を活かした化学教育の実践と地域の教育研究会の育成》
本田 政武(熊本市立高校)《熊本県および九州地区における化学教育への貢献》
村上 忠幸(兵庫県立姫路東高校)《クラブ活動および教材開発を通じての化学教育への貢献》

第14回(平8年度)
井野口 弘治(大阪教育大教育附属高)《中学・高校化学教育改善寄与への貢献》
北井崎 昇(岩手県立盛岡工高)《環境を考える教材の開発による化学教育への貢献》
久保 正(広島県立呉三津田高)《興味・関心を持たせる実験法の開発を通しての化学教育への貢献》
獅々堀 彊(香川医大)《分子グラフィックスを用いたパソコンソフトウェアの研究開発による化学教育への貢献》
丹伊田 敏(東京学芸大附属高)《わが国の高等学校化学教育の国際交流に対する貢献》

第15回(平9年度)
野村 正幸(秋田県立大館鳳鳴高)《地域資源の化学教材への利用》
盛口 襄(渋谷教育学園幕張高)《化学教育における「How to から What to へ」の実践的研究への貢献》
藤田 英夫(京大総合人間)《温故知新の実践と基礎実験化学を通じての化学教育への貢献》
石塚 庸三(鳥取県立米子工高)《未利用資源を教材にした化学教育の実践と地域の環境研究会の育成》
福永 勝則(熊本県立済々黌高)《高等学校化学部指導および教材開発による化学教育への貢献》

第16回(平10年度)
柿原 聖治(三重大学教育学部)《Y型電解装置・気体発生装置などの教材開発》

国井 恵子(仙台市科学館)《中学生向きの教材開発研究と化学普及活動による化学教育への貢献》
田村 強(前岡山県立高松農高校)《高校生を活性化させる環境教育と化学教育への貢献》
水関 秀雄(愛媛県立松山西高校)《教材と教育方法の開発及び化学教育研究グループの育成による化学教育への貢献》
山口 和美(苫小牧高専)《教育用パソコンソフトウェアの開発による化学教育改善への貢献》

第17回(平11年度)
伊藤 広美(秋田県立本荘高校)《高校化学クラブ指導と地域化学教育活動への貢献》
岸田 功(都立戸山高校)《本質をついた実践研究による化学教育への貢献》
武市 寿雄(高知県立大栃高校)《高校化学教育における教材開発および地域における化学啓蒙活動への貢献》
中村 隆信(北海道立理科教育センター)《教材開発と研究グループ育成による化学教育への貢献》
渡部 智博(立教高校)《実践的研究とその活動による化学教育への貢献》

第18回(平12年度)
佐々木 和也(創価学園中・高)《クラブ活動を通じた化学教育への寄与》
佐藤 五郎(米沢中央高)《化学クラブの指導を通しての化学教育と環境学習への貢献》
鳥井 昭美(久留米高専名誉)《産学交流を通した化学教育の推進》
華井 章裕(岐阜県立体験センター)《化学に興味を持たせる教材開発と地域化学啓蒙活動の実践》
結城 春雄(千葉県立柏南高)《化学教育における実験および実験教材開発への貢献》

第19回(平13年度)
阿部 一(宮城県仙台二高)《高校化学における基礎的概念教授法の改善と実験教材開発》
井上 正之(広島学院中・高)《実験教材の開発と化学クラブの指導による化学教育への貢献》
小笠原 健二(長野県屋代南高)《身近な素材の教材化とわかり易い授業の実践を通した化学教育の振興》
片江 安巳(東京都立竹早高)《教育実践とその研究および普及・啓蒙活動による化学教育への貢献》
北川 英基(兵庫県立御影高)《化学教師の研究組織作りと地域活動の育成》

第20回(平14年度)
佐川 演司(福島県立福島西高)《教材開発や化学部指導による化学教育への貢献》
山王 憲雄(広島県立広島井口高)《地域の研究会活動を通じた化学教育への貢献》
西出 雅成(北海道立理科教育セ)《天然素材の教材化と高校化学の授業プランの開発》
山本 勝博(大阪府教育セ)《実験教材の開発による理科教育への貢献》

第21回(平15年度)
香月 義弘(福岡県立直方高)《実験教材の開発と化学教育活動への貢献》
金綱 秀典(国立鶴岡工業高専)《実践的実験開発と啓発・普及による化学教育への貢献》
園部 利彦(岐阜県立岐阜高)《歴史的・世界的視野よりの高校化学教育の刷新と化学普及への貢献》
馬場 隆信(元滋賀県立野洲高)《実験教材の開発と地域化学教育への貢献》
胸組 虎胤(小山工業高専)《高等専門学校における化学教育法の開発》

第22回(平16年度)
加茂 光一(大阪府立四条畷高)《実験化学の実践による普及・啓発および地域の化学教育活動への貢献》
柄山 正樹(東京女学館中・高)《身近な事柄から展開する化学教育の研究と実践》
佐々木 和枝(お茶の水女子大附属中)《総合的な学習の先駆的な実践研究と化学教育活動への貢献》
佐藤 琢夫(岩手県立盛岡北高)《化学実験教材の開発研究》
谷川 貴信(多摩大学目黒中・高)《中高一貫校における化学教育指導理念の研究と実践》

第23回(平17年度)
小西 弘子(関西創価中・高)《理科クラブ活動を通しての化学教育への貢献》
斉藤 幸一(開成学園中・高)《実験を基盤にした化学の普及活動に関わる貢献》
笹村 泰昭(苫小牧工業高専)《化学教育用教材の開発と普及》
杉山 剛英(札幌旭丘高)《化学教育のための新教材の開発・普及とその実践のための研究グループの育成》

妻木 貴雄(筑波大附属高)《化学教育の実践・普及に関わる多様な貢献》

第24回(平18年度)
歌川 晶子(多摩大附属聖ヶ丘高)《化学教育の発展を目指したネットワークの構築と実践》
佐藤 成哉(愛知淑徳大)《化学教育の活性化と新教材開発への貢献》
四ヶ浦 弘(金沢高)《身近な物質や現象を活用した独創的化学教育の展開》
守本 昭彦(都立武蔵野北高)《化学的な視野を広げる実験教材の開発と普及》

第25回(平19年度)
岩藤 英司(東京学芸大附属高)《化学に関するIT教材の開発をはじめとする多くの化学普及活動への貢献》
梶山 正明(筑波大附属駒場中・高)《実社会との関係を重視した化学の教材開発と教育の普及》
栗岡 誠司(尼崎小田高)《化学教育研究組織創設と市民の科学的関心高揚へのリーダーシップ的貢献》
永沼 孝敏(仙台市立南光台東中)《優れた教材の開発と化学普及活動による化学教育への貢献》
山崎 健一(北大院地球環境)《小学生を対象とした化学実験を通しての理科教育法の開発と実践》

第26回(平20年度)
足利 裕人(鳥取工業高)《体験型教材の開発と地域における化学教育活動への貢献》
杉山 正明(愛知県立稲沢高)《東海地区における実験に主眼をおいた化学教育推進への貢献》
鈴木 哲(苫小牧西高)《化学教育の普及に関わる貢献》
高梨 賢英(慶応義塾幼稚舎)《好奇心を伸張させる理科教育の実践と普及》
山本 孝二(千葉県立実籾高)《化学の教材開発と普及活動》

225 日本学生科学賞

戦後日本の復興期に科学教育の振興を願い, 未来の優秀な科学者を生み出すため昭和32年に創設された。

【主催者】読売新聞社

【選考委員】(第52回)大木道則(審査顧問), 長濱嘉孝(審査委員長), 塚田捷, 佐野雅己, 務台潔, 広瀬忠樹, 梅澤喜夫, 髙橋正征, 和田正三, 町田武生, 大路樹生, 野津憲治, 酒井敏, 赤堀侃司他, 約40名

【選考方法】公募

【選考基準】〔資格〕中学・高校の生徒。国・公・私立は不問。高等専門学校は3年生まで。〔対象〕個人, もしくは同じ学校の生徒が共同で行った中学・高校の理科・科学の研究作品。学校の課題研究の発表でも可。研究作品の内容は物理・化学・生物・地学・広領域

【締切・発表】(第52回)都道府県ごとに9〜11月にかけて応募受付。予備審査は平成20年11月15〜16日, 最終審査は12月22〜23日。12月24日に日本科学未来館にて発表・表彰式。翌日の読売新聞全国版に掲載

【賞・賞金】内閣総理大臣賞(中学・高校から各1点):副賞50万円。文部科学大臣賞(中学個人・共同から各1点, 高校個人・共同から各1点):副賞30万円。環境大臣賞(中学・高校から各2点):副賞30万円。科学技術政策担当大臣賞, 全日本科学教育振興委員会賞, 読売新聞社賞, 科学技術振興機構賞, 日本科学未来館賞, 旭化成賞(いずれも中学・高校から各1点):副賞30万円。読売理工学院賞(中学・高校から各1点):副賞20万円

【URL】http://event.yomiuri.co.jp/jssa/index.htm

日本学生科学賞

第1回(昭32年)
　◇中学の部
　　● 内閣総理大臣賞　宇都宮市立旭中学校「しっくいの固化現象」
　　● 文部大臣奨励賞　蒲生郡朝桜中学校「花粉の研究」
第2回(昭33年)
　◇中学の部
　　● 内閣総理大臣賞　名古屋市立宮中学校「渦流観察実験装置」
　　● 文部大臣奨励賞　大町市立大町中学校「中網湖における淡水海綿」
第3回(昭34年)
　◇中学の部
　　● 内閣総理大臣賞　富田林市第一中学校「草木染の化学」
　　● 文部大臣奨励賞　和歌山大学教育学部付属中学校「ハチの分類とその生態」
第4回(昭35年)
　◇中学の部
　　● 内閣総理大臣賞　簸川郡大社中学校「カエルの研究」
　　● 文部大臣奨励賞　鳥取市立東中学校「鳥取砂丘多鯰ケ池の湖沼学的研究」
第5回(昭36年)
　◇中学の部
　　● 内閣総理大臣賞　高田市立城南中学校「水ガラス球反応の研究」
　　● 文部大臣奨励賞　光市立室積中学校「室積地方におけるクモの研究」
第6回(昭37年)
　◇中学の部
　　● 内閣総理大臣賞　氷見市立阿尾中学校「さらし粉の性能と製法について」
　　● 文部大臣奨励賞　新潟市立白新中学校「ヤマトゴキブリの研究」
第7回(昭38年)
　◇中学の部
　　● 内閣総理大臣賞
　　　　下館市立第一中学校「カエルの研究(食用ガエルの飼育)」
　　　　利根郡月夜野第一中学校「石畑の研究」
　　● 文部大臣奨励賞
　　　　大町市立第一中学校「木崎湖の水生植物の研究」
　　　　北九州市立港中学校「しみぬきの研究」
第8回(昭39年)
　◇中学の部
　　● 内閣総理大臣賞
　　　　庵原郡蒲原中学校「ユリの研究」
　　　　堺市立月洲中学校「プリント法による金属簡易判別法の研究」
　　● 文部大臣奨励賞
　　　　前橋市立第三中学校「だ液のpH測定による女子ソフトボールの疲労度」
　　　　阿南市立橘中学校「フナクイムシの研究」
第9回(昭40年)
　◇中学の部
　　● 内閣総理大臣賞
　　　　上房郡竹荘中学校「食塩の結晶」
　　　　呉市立二河中学校「コガネグモの研究」
　　● 文部大臣奨励賞
　　　　光市立室積中学校「室積地方におけるハチの研究」
　　　　北宇和郡鬼北中学校「実用鉛蓄電池の製作に関する研究」
第10回(昭41年)
　◇中学の部
　　● 内閣総理大臣賞
　　　　光市立浅井中学校「浅江地方におけるチョウの研究」
　　　　大麻町立大麻中学校「文字焼きの研究」
　　● 文部大臣奨励賞
　　　　岡谷市立岡谷東部中学校「諏訪湖と周辺の川の水質」
　　　　松本市立鎌田中学校「松本およびその周辺に生息する七種のカエルの生態研究」
第11回(昭42年)
　◇中学の部
　　● 内閣総理大臣賞
　　　　松本市立鎌田中学校「フタスジナメクジとコラナメクジの研究」
　　　　佐世保市立日宇中学校「イネのフロビ苗についての研究」
　　● 文部大臣奨励賞
　　　　福島大教育学部付属中学校「ニワトコアリマキの生態観察」
　　　　金沢市立城南中学校「青写真の研究」
第12回(昭43年)
　◇中学の部
　　● 内閣総理大臣賞
　　　　宇都宮市立一条中学校「氷熱量計の製作とその活用」
　　　　豊中市立第五中学校「セミの研究—はねの振動数に関する研究」
　　● 文部大臣奨励賞
　　　　秩父市立秩父第二中学校「秩父産ネズミ類の研究」
　　　　北九州市立東郷中学校「トンネル内に見られる鍾乳石類似物の出来方について」
第13回(昭44年)
　◇中学の部
　　● 内閣総理大臣賞

中新川郡上市中学校「ミズゴケの生態研究」
坂出市立岩黒中学校「線香花火の研究」
- 文部大臣奨励賞
  下館市立下館中学校「アルマイト染色の研究」
  勝浦市立勝浦中学校「魚の色や音に対する反応」

第14回(昭45年)
◇中学の部
- 内閣総理大臣賞
  長野市立柳町中学校「ヤツデの研究」
  佐世保市立旭中学校「砂岩に生ずる鉄模様の研究？」
- 文部大臣奨励賞
  八本松町立八本松中学校「霜柱の研究」
  津島町立津島中学校「潮汐の研究」

第15回(昭46年)
◇中学の部
- 内閣総理大臣賞
  県立山形盲学校中学校「生居川と宮川との合流点における河川水の混合について—理化学的調査—」
  佐野市立佐野西中学校「塩酸の電気分解」
- 文部大臣奨励賞
  長野市立東部中学校「イオン移動を利用した食塩結品の製法研究」
  防府市立佐波中学校「ドクグモの研究」

第16回(昭47年)
◇中学の部
- 内閣総理大臣賞
  栃木市立栃木西中学校「ローム層中の軽石と給原火山との関係」
  伊那市立伊那中学校「ススキの環境と生育」
- 文部大臣奨励賞
  墨田区立本所中学校「光化学スモッグのゴムに及ぼす影署について」
  西尾市立鶴城中学校「西尾茶の害虫に関する生態学的研究」

第17回(昭48年)
◇中学の部
- 内閣総理大臣賞
  佐野市立佐野西中学校「容器内でのローソクの燃焼」
  世羅町立世羅中学校大田教場「川原の礫の研究」
- 文部大臣奨励賞
  魚津市立東部中学校「カニの研究」
  佐賀市立昭栄中学校「クサグモの研究」

第18回(昭49年)
◇中学の部
- 内閣総理大臣賞
  信楽町立信楽中学校「すだれ模様の研究」
  坂出市立岩黒中学校「廃プラスチックの研究」
- 文部大臣奨励賞
  長野市立東部中学校「土壌中の水のpHを高めていったとき、スターキングデリシャスの糖度は増すだろうか(長野市浅川水系の水質とその流域におけるリンゴの糖度・酸性度の研究—第二報)」
  田辺市立高雄中学校「クモの観察と研究」

第19回(昭50年)
◇中学の部
- 内閣総理大臣賞
  高岡市立中田中学校「ゲンジボタルの研究」
  財田町立和光中学校「朝顔(突然変異・連鎖遺伝)」
- 文部大臣奨励賞
  佐野市立佐野西中学校「黒色物質の探究」
  松伏町立松伏中学校「クモの研究」

第20回(昭51年)
◇中学の部
- 内閣総理大臣賞
  中川根町立中川根中学校「水溶液の凍り方・解け方と部分濃度との関係」
  水口町立水口中学校「水面を走る水滴の研究」
- 文部大臣奨励賞
  大里村立大里中学校「カブトエビの生態研究」
  東大阪市立盾津中学校「花粉の研究」

第21回(昭52年)
◇中学の部
- 内閣総理大臣賞
  真壁町立桃山中学校「サワガニの研究」
  東広島市立八本松中学校「ひび割れの研究」
- 文部大臣奨励賞
  岐阜市立藍川中学校「ハッチョウトンボの生態」
  津島町立津島中学校「アブラナの研究」

第22回(昭53年)
◇中学の部
- 内閣総理大臣賞
  岐阜市立長良中学校「続・葉の研究」
  刈谷市立刈谷東中学校「竹トンボの研究」
- 文部大臣奨励賞

野洲町立野洲中学校「マツをめぐるマツノマダラカミキリとマツノザイチョウによるマツ枯死原因の追求」
美里町立神野中学校「プラナリアの研究」

第23回(昭54年)
◇中学の部
- 内閣総理大臣賞
  平田町立飛鳥中学校「アサガオの研究」
  山本町観音寺市学校組合立三豊中学校「香川県におけるコサギだとのサギ科の鳥の生態」
- 文部大臣奨励賞
  飯田市立飯田東中学校「蒸散作用の研究?」
  刈谷市立富士松中学校「紙風船の謎を研究して」

第24回(昭55年)
◇中学の部
- 内閣総理大臣賞
  刈谷市立刈谷東中学校「みそでしょう油の泡が消せるのは」
  脇町立江原中学校「ヤマトシロアリの道しるべ」
- 文部大臣奨励賞
  刈谷市立刈谷南中学校「アメンボの浮くしくみを探る」
  熊本市立錦ケ丘中学校「翼に働く力の研究」

第25回(昭56年)
◇中学の部
- 内閣総理大臣賞
  宇都宮市立雀宮中学校「霜の研究―その生成条件と過程について―」
  熊本市立錦ケ丘中学校「凧の穴の秘密」
- 文部大臣奨励賞
  大曲市立大曲中学校「インゲンマメの昼夜運動に関する一考察」
  香川大学教育学部附属坂出中学校「水の花をつくるらん藻類の研究」

第26回(昭57年)
◇中学の部
- 内閣総理大臣賞
  西蒲原郡巻町立西中学校「フジノハナガイの研究」
  各務原市立那加中学校「気孔の研究」
- 文部大臣奨励賞
  大曲市立大曲中学校「エンドウの発芽について」
  北松浦郡小値賀町立小値賀中学校「火山活動による小値賀島のなりたちと火山弾のできかたについて」

第27回(昭58年)
◇中学の部
- 内閣総理大臣賞
  酒田市立第二中学校「アゲハチョウの研究」
  甲南町立甲南中学校「甲南町における落雷の研究」
- 文部大臣奨励賞
  千葉市立緑町中学校「出入口における人の流れの研究」
  下松市立久保中学校「アリジゴクの巣造りについて」

第28回(昭59年)
◇中学の部
- 内閣総理大臣賞
  伊那市立伊那中学校「アサガオの開花と光の関係」
  刈谷市立依佐美中学校「猿渡川はなぜ水があふれるのか」
- 文部大臣奨励賞
  長岡市立栖吉中学校「蒼紫神社杜叢に生息するサギ類の生態について」
  山中町立山中中学校「干した布団の温度の変化」

第29回(昭60年)
◇中学の部
- 内閣総理大臣賞
  小川町立東中学校「拒否行動の追求」
  刈谷市立依佐美中学校「砂時計の科学」
- 文部大臣奨励賞
  宇都宮市立雀宮中学校「アイスフラワーの研究」
  岐阜大学教育学部附属中学校「街路樹の研究」

第30回(昭61年)
◇中学の部
- 内閣総理大臣賞
  宇都宮市立雀宮中学校「氷の気泡の研究―柱状の気泡はなぜできるのか―」
  岐阜大学教育学部附属中学校「オオアワダチソウの葉の謎」
- 文部大臣奨励賞
  上越教育大学校教育学部附属中学校「川原れきの瓦重ね構造の研究」
  金沢市立城南中学校「アシナガグモの営巣行動」

第31回(昭62年)
◇中学の部
- 内閣総理大臣賞
  千葉市立葛城中学校「パウダークレーターの研究」
  北九州市立上津役中学校「ナメクジの研究」

IV 科学　日本学生科学賞

- 文部大臣奨励賞
  - 新井市立新井中学校「やぶをおおいつくすクズの研究(その3)」
  - 刈谷市立依佐美中学校「シャボン玉のストローの穴の秘密をさぐる」

第32回(昭63年)
◇中学の部
- 内閣総理大臣賞
  - 矢坂市立泉中学校「コナラの耐寒温度の研究」
  - 袋井市立袋井中学校「マツバボタンの花の開閉条件」
- 文部大臣奨励賞
  - 宇都宮市立雀宮中学校「霜柱の研究?」
  - 池田町立池田中学校「水溶液の電気的特性」

第33回(平1年)
◇中学の部
- 内閣総理大臣賞
  - 宇都宮市立旭中学校「水しぶきはなぜ上がるのか2」
  - 鹿児島市立吉野中学校「蚊の越冬に関する研究」
- 文部大臣奨励賞
  - 福井大学教育学部附属中学校「ネムの木のねむりの研究」
  - 幸田町立幸田中学校「石焼き芋はなぜ甘い」

第34回(平2年)
◇中学の部
- 内閣総理大臣賞
  - 札幌市立手稲中学校「札幌の気象についての基礎的研究」
  - 刈谷市立朝日中学校「年輪のズレの研究」
- 文部大臣奨励賞
  - 氷見市立北部中学校「ホテイアオイの研究」
  - 四日市市立中部中学校「三滝川の生物」

第35回(平3年)
◇中学の部
- 内閣総理大臣賞
  - 川崎市立平中学校「きのこの採集調査と観察」
  - 出雲崎町立出雲崎中学校「行動と生態を中心としたスナホリガニの研究」
- 文部大臣奨励賞
  - 宇都宮市立宮の原中学校「栃木県に見られる火山見石の研究」
  - 三原市立第五中学校「ありの味覚を探る」

第36回(平4年)
◇中学の部
- 内閣総理大臣賞
  - 川崎市立南生田中学校「正八面体から正八面体へ—結晶成長の秘密に迫る—第2報」
  - 東広島市立高美が丘中学校「水たまりにできる氷の下になぜ空間ができるか」
- 文部大臣奨励賞
  - 刈谷市立依佐美中学校「おでんの昆布は湯豆腐の昆布に比べてやわらかいのはなぜか」
  - 鹿児島市立城西中学校「タイワントビナナフシの幼虫から成虫まで」

第37回(平5年)
◇中学の部
- 内閣総理大臣賞
  - 刈谷市立富士松中学校「砂時計の研究」
  - 和木町立和木中学校「小瀬川とその周辺の干潟のカニ その生態と分布」
- 文部大臣奨励賞
  - 千葉市立山王中学校「ミニトマトは、なぜ割れるのか 化学的な考察を通して」
  - 川崎市立南生田中学校「正八面体からピラミッド型へ結晶成長の秘密に迫る 第3報」

第38回(平6年)
◇中学の部
- 内閣総理大臣賞
  - 神林村立平林中学校「淡水産コツブムシの研究」
  - 可児市立東可児中学校「津波が高くなる条件について」
- 文部大臣奨励賞
  - 宇都宮市立旭中学校「土にできるひび割れの研究」
  - 刈谷市立依佐美中学校「太陽の熱をためる液体の研究」

第39回(平7年)
◇中学の部
- 内閣総理大臣賞
  - 横浜市立本郷中学校「丘の上は本当に涼しいか」
  - 下松市立下松中学校「トグロはなぜトグロを巻くか」
- 文部大臣奨励賞
  - 出雲崎町立出雲崎中学校「アメンボの疑問 生態・行動・産卵・生活史について」
  - 富山大学教育学部附属中学校「神通川・井田川の植物調査・アオウキクサの研究Part2」

第40回(平8年)
　◇中学の部
　　●内閣総理大臣賞
　　　　千葉大学教育学部附属中学校「地震とその被害のシミュレーション」
　　　　安城市立東山中学校「スピンくるはなぜ左回転するのか」
　　●文部大臣奨励賞
　　　　長岡市立宮内中学校「渓流に生息するシマアメンボの疑問」
　　　　豊岡市立豊岡南中学校「シャボン玉の科学」
第41回(平9年)
　◇中学の部
　　●内閣総理大臣賞
　　　　刈谷市立依佐美中学校「青いアサガオの変色の秘密を探る」
　　　　刈谷市立富士松中学校「めくれあがる地表の謎」
　　●文部大臣奨励賞
　　　　仙台市立吉成中学校「渦の吸引力の研究」
　　　　東広島市立八本松中学校「クサグモの研究」
第42回(平10年)
　◇中学の部
　　●内閣総理大臣賞　私立広島工業大学付属中学校「淡水魚の海水への適応について　第2報」
　　●文部大臣奨励賞
　　　　国立福井大学教育学部付属中学校「野外の雪の観察と人工雪の研究」
　　　　刈谷市立依佐美中学校「ひっくり返ったスイレンが元に戻るのはなぜか？part2」
第43回(平11年)
　◇中学の部
　　●内閣総理大臣賞
　　　　千葉市立小中台中学校「せんべいの湿気についての研究」
　　　　長岡市立宮内中学校「気中葉・浮葉・水中葉をもつコウホネの研究」
　　●文部大臣奨励賞
　　　　刈谷市立依佐美中学校「アルコールランプの炎の不思議な振動の秘密を探る」
　　　　唐津市立第一中学校「チョウはどのようにしてチョウになるのか(その3)」
第44回(平12年)
　◇中学の部
　　●内閣総理大臣賞
　　　　大阪教育大学教育学部付属天王寺中学校「クモの生活」
　　　　熊本県小川町立小川中学校「土壌分析と塩害からの回復の研究」
　　●文部大臣奨励賞
　　　　川崎市立生田中学校「ぬれたガラス板はどれくらいの力でつくか」
　　　　愛知県刈谷市立刈谷南中学校「重いボールと軽いボールの違いは何か」
第45回(平13年)
　◇中学の部
　　●内閣総理大臣賞
　　　　千葉市立新宿中学校「線香花火の研究2」
　　　　三浦市立三崎中学校「城ヶ島の地層に迫る」
　　●文部科学大臣奨励賞(応用)
　　　　品川区立八潮中学校「火星の岩石はなぜ赤いか2」
　　　　氷見市立北部中学校「セミの抜けがらの調査・研究？」
　　●文部科学大臣奨励賞(基礎)
　　　　桶川市立桶川中学校「江川周辺の野鳥生態実態調査」
　　　　瀬戸市立光陵中学校「ベゴニアの色水の不思議」
第46回(平14年)
　◇中学の部
　　●内閣総理大臣賞
　　　　本荘市立石沢中学校「じいちゃんの墓参りで体験した線香の不思議」
　　　　南風原町立南風原中学校「沖縄のセミ―生態の不思議を調べて―」
　　●文部科学大臣賞
　　　　刈谷市立依佐美中学校科学部「線香花火の不思議を探る」
　　　　揖斐川町立揖斐川中学校「〔夜叉ヶ池〕布引伝説の秘密を探る」
第47回(平15年)
　◇中学の部
　　●内閣総理大臣賞　福岡市立香椎第二中学校「ウツボカズラの研究」
　　●文部科学大臣賞
　　　　千葉市立大宮中学校「風で折られた杉の木は、なぜ一定の高さで折れるか」
　　　　白根市立臼井中学校「オオカマキリの脚の再生に関する研究」
　　　　小笠町立岳洋中学校「リンゴはなぜ落ちるのか」
第48回(平16年)
　◇中学の部
　　●内閣総理大臣賞　阿南市立椿町中学校「生まれた子ガメが海に向かう要因を探る」

- 文部科学大臣賞・個人　金沢市立高岡中学校「工場排水の浄化の研究・」
- 文部科学大臣賞・共同　刈谷市立富士松中学校「割り箸の科学」

第49回（平17年）
◇中学の部
- 内閣総理大臣賞　広川町立津木中学校「ゲンジボタルの求愛行動を探る」
- 文部科学大臣賞・個人　北九州市立高見中学校「球状の黄鉄鉱の研究 PART2」
- 文部科学大臣賞・共同　立教池袋中学校「落しぶたの研究」
- 文部科学大臣賞　上天草市立阿村中学校「「バレー技術向上ソフト」「バレー練習個人票」」

第50回（平18年）
◇中学の部
- 内閣総理大臣賞　東松山市立白山中学校「翼と揚力の研究 PART4」
- 文部科学大臣賞・個人　朝日町立朝日中学校「あんかけパワー」
- 文部科学大臣賞・共同　魚沼市立小出中学校「ヤノクチナガオオアブラムシの生態と行動に関する研究」

第51回（平19年）
◇中学の部
- 内閣総理大臣賞　福井市立社中学校「地震によって起こる建物のゆれを減らす方法 PartIII」
- 文部科学大臣賞
  松戸市立第五中学校「昆虫の放出する臭いの研究VOL.4マルカメムシ」
  大仙市立西仙北西中学校「オオクチバス駆除後の動物相の変化について」
  筑波大学附属駒場中学校「イラストロジックを速く、簡単に解く、Illacike」

第52回（平20年）
◇中学の部
- 内閣総理大臣賞　藤原 栞（岡崎市立竜海中学校）「巻きひげの秘密 PartII」
- 文部科学大臣賞 個人　高橋 光樹（川崎市立稲田中学校）「120万年前の化石標本から飯室付近の環境を知る」
- 文部科学大臣賞 共同　刈谷市立雁が音中学校「釣り人のロマン～糸鳴りの研究～」

226 日本小児科学会小児保健賞（小児保健賞）

比較的地方の僻地にあって小児保健の研究と福祉の向上・発展に努力し、功績が顕著な者を顕彰するため、昭和25年に創設された。

【主催者】（社）日本小児科学会
【選考委員】日本小児科学会学術集会会頭推薦
【選考方法】推薦
【選考基準】〔資格〕性別・年齢不問。〔対象〕比較的僻地において小児科学の研究と福祉の向上と発展に努力し、その功績が顕著なこと。なるべく当該年度の総会開催地区から選ぶこと
【締切・発表】毎年1月末日頃締切、日本小児科学会学術集会総会において発表
【賞・賞金】表彰状と副賞
【URL】http://www.jpeds.or.jp/

（昭25年）　陳 維一郎（福岡）
（昭26年）　小林 彰（東京）
（昭27年）　華岡 雄太郎（北海道）
（昭28年）　島 好基（千葉）
（昭29年）　石川 悙一（宮城）
（昭30年）　豊田 順弥（京都）
（昭31年）　梶山 尚（岡山）
（昭32年）　田崎 忠夫（長崎）
（昭33年）　吉馴 信安（兵庫）
（昭34年）
　　　　　　大坪 佑二（東京）
　　　　　　野津 謙（神奈川）
　　　　　　森重 静夫（東京）
（昭35年）　広島 英夫（大阪）
（昭36年）　飯田 四郎（神奈川）
（昭37年）
　　　　　　橋本 茂雄（徳島）
　　　　　　林 正勝（徳島）

　　　　　古川　穂束（徳島）
（昭38年）　前田　伊三次（兵庫）
（昭39年）　珠玖　捨男（北海道）
（昭40年）
　　　　　内田　謙益（岐阜）
　　　　　加納　五郎（岐阜）
（昭41年）　小林　彰（東京）
（昭42年）　森　義明（愛知）
（昭43年）　村上　基千代（広島）
（昭44年）　山下　千代寿（福岡）
（昭45年）　該当者なし
（昭46年）　今井　忠次郎（埼玉）
（昭47年）　畠山　富而（岩手）
（昭48年）
　　　　　内藤　寿七郎（東京）
　　　　　加納　恒久（岐阜）
　　　　　富沢　貞造（福井）
（昭49年）
　　　　　岡崎　英彦（滋賀）
　　　　　櫛田　一郎（滋賀）
（昭50年）　岩沢　敬（山梨）
（昭51年）　高井　荘次（宮城）
（昭52年）　牧野　直孝（北海道）
（昭53年）
　　　　　有馬　純（鹿児島）
　　　　　梶原　昌三（宮崎）
（昭54年）
　　　　　飯野　澄（群馬）
　　　　　慶松　洋三（東京）
　　　　　長沢　国雄（静岡）
（昭55年）　落合　明（三重）
（昭56年）
　　　　　久保　融（香川）
　　　　　古川　元宜（徳島）
（昭57年）　村瀬　敏郎（東京）
（昭58年）
　　　　　佐藤　泰造（和歌山）
　　　　　高井　俊夫（大阪）
（昭59年）
　　　　　今村　栄一（東京）
　　　　　森島　春男（東京）
（昭60年）　該当者なし
（昭61年）
　　　　　伊藤　助雄（福岡）
　　　　　里見　正義（長崎）
　　　　　末藤　栄（熊本）
（昭62年）
　　　　　臼井　保哉（東京）
　　　　　松永　嵩（東京）
　　　　　村上　勝美（東京）
（昭63年）
　　　　　石垣　四郎（兵庫）
　　　　　児嶋　喜八郎（兵庫）

（平1年）
　　　　　遠藤　喜久男（新潟）
　　　　　佐野　宣正（新潟）
（平2年）
　　　　　岩尾　泰次郎（東京）
　　　　　小林　提樹（東京）
　　　　　中山　健太郎（東京）
（平3年）
　　　　　斉藤　斉（京都）
　　　　　高木　敬一（京都）
　　　　　村上　敬（和歌山）
（平4年）
　　　　　石丸　啓郎（愛媛）
　　　　　山内　逸郎（岡山）
（平5年）
　　　　　重田　精一（群馬）
　　　　　塙　賢二（東京）
　　　　　松島　正視（愛知）
　　　　　松村　龍雄（神奈川）
（平6年）
　　　　　永松　一明（北海道）
　　　　　山内　豊茂（北海道）
　　　　　広岡　豊（岩手）
（平7年）
　　　　　鷲尾　滋夫（三重）
　　　　　加納　一彦（岐阜）
　　　　　松岡　伊津夫（長野）
（平8年）
　　　　　田中　一（福岡）
　　　　　橋元　祐二（熊本）
　　　　　小金丸　惇隆（大分）
　　　　　西　健一郎（鹿児島）
（平9年）
　　　　　天野　曄（東京）
　　　　　大山　隆司（東京）
　　　　　松島　敏（群馬）
（平10年）
　　　　　笠木　慶治（鳥取）
　　　　　竹内　健三（愛媛）
　　　　　吉本　辰雄（高知）
（平11年）
　　　　　巷野　悟郎（東京）
　　　　　土屋　与之（埼玉）
　　　　　神辺　譲（群馬）
　　　　　車田　孝夫（栃木）
（平12年）
　　　　　安達　雅彦（大阪）
　　　　　川田　義男（大阪）
　　　　　島　新一（和歌山）
　　　　　中野　博光（大阪）
（平13年）
　　　　　赤羽　仁三（秋田）
　　　　　勝島　矩子（山形）

IV 科学

久保木 高(岩手)
師 研也(宮城)
(平14年)
浅井 恭一(石川)
鈴木 栄(愛知)
元吉 務(岐阜)
山本 勇志(福井)
(平15年)
豊田 潤一(福岡)
豊原 清臣(福岡)
松本 寿通(福岡)
山岡 浩一(福岡)
松本 常圃(大分)
上前 琢磨(鹿児島)
(平16年)
飯塚 雄哉(島根)
飯塚 幹夫(鳥取)
井田 憲明(広島)
産賀 恵子(岡山)
古川 一郎(徳島)
徳丸 実(愛媛)
浜田 義文(高知)
(平17年)
原 正守(静岡)

柴田 隆(静岡)
土橋 静雄(山梨)
福田 睦夫(茨城)
伊藤 和雄(東京)
(平18年)
鷲尾 博(三重)
川勝 岳夫(長野)
金田 修(富山)
兼松 蓋(岐阜)
桜井 秀明(石川)
永井 一(愛知)
(平19年)
小谷 功(京都)
西田 勝(大阪)
保坂 智子(大阪)
松永 剛典(兵庫)
江見 勇(奈良)
稲田 武彦(和歌山)
(平20年)
中村 泰三(埼玉)
稲葉 美佐子(千葉)
小松 史俊(山梨)
藤井 均(群馬)

227 吉村証子記念「日本科学読物賞」 （日本科学読物賞）

吉村証子の業績を記念するとともに，日本の子どものためによい科学読物を創り，育て，拡げていくことに寄与するため，昭和56年1月に創設された。平成7年，第15回を区切りとして終了となった。

【主催者】吉村証子記念会
【選考委員】委員長:岡部昭彦(科学ジャーナリスト)，大田堯(東京大学名誉教授)，猿橋勝子(元日本学術会議会員)，道家達将(放送大学教授)，真船和夫(東京学芸大学名誉教授)，水原洋城(動物学研究者)，八杉龍一(東京工業大学名誉教授)
【選考基準】〔対象〕子どものための科学読物について，毎年1月から12月までに発表された優れた作品，あるいは評論，企画・編集，研究などの永年にわたる業績
【締切・発表】毎年4月に発表，贈呈式は6月
【賞・賞金】賞状および佐藤忠良制作ブロンズ像「花」（花を胸に抱く少女立像）

第1回(昭56年)　かがくのとも編集部(福音館書店)《月刊・科学絵本「かがくのとも」(福音館書店)の編集》
第2回(昭57年)
大竹 三郎(相模工業大学)，岩波映画製作所「ふしぎないろみず」(岩波書店)

宇尾 淳子(塩野義製薬)「ホルモンの不思議―アオムシがチョウになる」(蒼樹書房)
第3回(昭58年)
島村 英紀(北海道大学付属地震予知観測地域センター)「地震をさぐる」(国土社)

科学のアルバム編集部(あかね書房)《「科学のアルバム」シリーズ(あかね書房)の編集》
第4回(昭59年)
　今泉 吉晴(都留文科大学)「ジュニア写真動物記 2 ムササビ―小さな森のちえくらべ」(平凡社)
　科学の読み物編集部(文研出版)《「文研科学の読み物」シリーズ(文研出版)の編集》
第5回(昭60年)
　高田 勝(日本野鳥の会)「雪の日記帳」(岩崎書店)
　小山 重郎(農林水産省九州農業試験場)「よみがえれ黄金(クガニー)の島―ミカンコミバエ根絶の記録」(筑摩書房)
第6回(昭61年)
　金井塚 務(日本モンキーセンター宮島研究所),木村 しゅうじ(画家)「ニホンザル」(いちい書房)
　新日本動物植物えほん編集部(新日本出版社)《「新日本動物植物えほん」シリーズ(新日本出版社)の編集》
第7回(昭62年)
　黒田 弘行(公立小学校教師)「サバンナをつくる生きものたち」(大日本図書)
　さ・え・ら書房 《「やさしい科学」シリーズ(さ・え・ら書房)の編集》
第8回(昭63年)
　川道 美枝子(動物植物専門学院講師)「北国の森に生きる シマリスの冬ごし作戦」(文研出版)
　清水 清(日本植物学会)「植物たちの富士登山」(あかね書房)
第9回(平1年)
　長谷川 善和(横浜国大教授),藪内 正幸(画家)「日本の恐竜」(福音館書店)
　太田 威(自然生態カメラマン)「ブナの森は緑のダム」(あかね書房)

第10回(平2年)
　山田 真「びょうきのほん 全三冊」(福音館書店)
　石井 象二郎「わたしの研究 イラガのマユのなぞ(わたしのノンフィクション15)」(偕成社)
第11回(平3年)
　かこ さとし(科学・文化・総合研究所主宰)「ピラミッド その歴史と科学」(偕成社)
　山下 文男(日本科学者会議会員)「津波ものがたり」(童心社)
第12回(平4年)
　高家 博成(井の頭自然文化園水生物館長)「あめんぼがとんだ」(新日本出版社)
　中西 準子(東京大学大学院都市工学専攻課程助教授)「東海道水の旅」(岩波書店)
第13回(平5年)
　池内 了(大阪大学理学部宇宙地球科学科教授),小野 かおる(東京造形大学教授)「お父さんが話してくれた宇宙の歴史 全4巻」(岩波書店)
　長谷川 政美(文部省統計数理研究所教授)「遺伝子が語る君たちの祖先 分子人類学の誕生」(あすなろ書房)
第14回(平6年)
　松岡 達英(自然科学イラストレーター)「ジャングル」(岩崎書店)
　原 聖樹(日本鱗翅学会会員),青山 潤三(フィルムエイジェンシー「フォト・ゼフィルス」代表)「チョウが消えた!?」(あかね書房)
第15回(平7年)
　高田 勝(ナチュラリスト,作家),叶内 拓哉(野鳥写真家)「落としたのはだれ?」(福音館書店)
　羽田 節子(動物学関係翻訳家)「キャプテン・クックの動物たち すばらしいオセアニアの生きもの」(大日本図書)

V 音楽・芸能

228 青山円形劇場脚本コンクール

昭和60年にオープンされた青山円形劇場のPR活動の一環として設立された。ユニークな機構と完全円形の独特な形態を生かした作品の舞台化を目的とする。第3回をもって中止。

【主催者】(財)日本児童手当協会こどもの城

【選考委員】安倍寧(音楽評論家)、岡田陽(玉川大学教授)、川本雄三(演劇評論家)、栗原一登(日本児童演劇協会会長)、小藤田千栄子(演劇評論家)、多田徹(日本児童演劇劇団協議会代表幹事)、浜村道哉(演劇評論家)、松岡和子(演劇評論家)、宮下展夫(演劇評論家)

【選考方法】公募

【選考基準】〔資格〕(1)「こどもの城」青山円形劇場での上演を前提とした未発表創作。ただし、非商業同人誌、自家出版、アマチュアによる非公開試演での既発表は可。〔対象〕演劇一般(ストレート・プレイ、ミュージカル等)〔部門〕(1)児童・ファミリー部門、(2)一般部門〔応募規定〕題材は自由。上演時間は、約1時間~2時間半を基準とし、原稿用紙400字詰60~200枚程度

【締切・発表】(第3回)平成元年9月末日締切、発表は2年3月下旬直接通知

【賞・賞金】優秀作30万円、佳作10万円

第1回(昭60年)
　◇優秀作　該当作なし
　◇佳作
　　山本 若菜「鬼の角」
　　中荒井 安夫「ゲンと妖怪な仲間たち」
　　高橋 由美子「核シェルターのアダムとイヴ」
第2回(昭62年)
　◇優秀作　該当作なし

　◇佳作
　　北野 茨「キューソネコカミねこひげたてる」
　　友沢 晃「Pierro?」
　　高野 愁星「エレヴァシオン—Elévation」
　　石川 耕士「春や春 春近松の浪漫す」
第3回(平1年)
　◇優秀作　有沢 慎「シナプスのかたわれ達」
　◇佳作　　高木 節子「花ちゃんの宝物」

229 あきた全国舞踊祭モダンダンスコンクール

昭和57年、秋田県芸術舞踊協会設立と同時に開始されたモダンダンスだけのコンクール。石井漠、土方巽、大野一雄など日本を代表する現代舞踊の原点とも言える先人が誕生している秋田に、全国の新人舞踊家が集合し、ユニークで自由な舞台を創造することを目的とする。

【主催者】秋田県芸術舞踊協会

【選考委員】(第27回)安藤博(画家)、金田尚子(前年度最優秀群舞賞指導者)、坂本秀子(舞踊家)、桜井多佳子(舞踊評論家)、柴内啓子(舞踊家)、杉原ともじ(舞踊家)、高野尚美(前年度最優秀指導者)、平多浩子(舞踊家)、山野博大(舞踊評論家)、横山慶子(舞踊家)

229 あきた全国舞踊祭モダンダンスコンクール

【選考方法】公募
【選考基準】〔部門〕シニア部：19歳以上の一般，ジュニア2部：中学生・高校生，ジュニア1部：小学生以下の者。〔対象〕個性あふれる自由な作品で，ソロ・群舞を問わない。〔応募規定〕シニア部：時間4分以内。ジュニア1，2部：3分以内。制限時間内であれば短くてもかまわないが，時間超過は失格
【締切・発表】（第27回）申込期間は平成20年10月30日～11月11日，12月13日～14日開催
【賞・賞金】グランプリ：副賞10万円。最優秀群舞賞（ジュニア1，2部門）：副賞10万円。最優秀指導者賞：副賞10万円
【URL】http：//www.akicon.net

第1回（昭57年）
　◇ジュニアの部
　　● 1席　加賀谷 香（藤井バレエ団所属）「あこがれ」
　　● 2席　高橋 和子〔ほか〕（平多浩子舞踊研究所）「竹人形」
　　● 3席　菅原 松枝（平多浩子舞踊研究所）「風さやか…初夏の頃」
　◇学校の部
　　● 1席　佐々木 優子〔ほか〕（由利高校）「輝ける青春」
　　● 2席　伊藤 裕香（秋田城南中学校）「愛のミラージュ」
　　● 3席　棚谷 雪永（秋大附属中学校）「星の夜に想う」
第2回（昭58年）
　◇研究生ジュニアの部
　　● 第1位　加賀谷 香（秋田市）「風のピアノ」
　　● 第2位　間杉 尚子（本荘市）「釈迦に捧げるもの」
　　● 第3位　本田 かおる，和田 亜美，宝池 陶子，小松 利里子，与良 厚子（秋田市）「妖精たち」
　◇学校ジュニアの部
　　● 第1位　城南中学校（秋田市）「竿灯」
　　● 第2位　富樫 牧子（城南中）「まぼろしのオアシス」
第3回（昭59年）
　◇研究生ジュニアの部
　　● 第1位　高岡 由美（金沢市）「淡紅梅」
　　● 第2位　本田 かおる（秋田市）「羊たちの丘」
　　● 第3位
　　　高島 ひとみ，大橋 美穂子，及川 早苗，千葉 洋子，滝沢 茂美，渡辺 由香里，滝沢 明里，佐藤 玲子，小塚 織江，佐藤 麻美子
　　　小久保 旬子（仙台市）「雨あがりの空」
　◇学校ジュニアの部
　　● 第1位　御野場中学校（秋田市）「遊園地」
　　● 第2位　御野場中学校（秋田市）「チベタンドール」
　　● 第3位　牛島小学校（秋田市）「ドラネコ・カンパニー」
第4回（昭60年）
　◇研究生ジュニアの部
　　● 第1位　花沢 朝音（秋田市）「まぶしい…陽だまり」
　　● 第2位　本田 かおる（秋田市）「水車小屋のある風景」
　　● 第3位　宝池 陶子（秋田市）「鳥の来る公園」
第5回（昭61年）
　◇研究生ジュニア2部
　　● 第1位　菅原 公枝（仙台市）「うたいやまない思い出」
　　● 第2位　宇佐美 方子（青森市）「雨の中にひとり」
　　● 第3位　和田 亜美（秋田市）「新しきものへ」
　◇研究生ジュニア1部
　　● 第1位　中野 舞（秋田市）「花のジュウタン」
　　● 第2位　瀬河 寛司（神奈川）「アフリカ大地の詩」
　　● 第3位　渡辺 由香里〔ほか10名〕（仙台市）「THE・ZEN」
第6回（昭62年）
　◇研究生ジュニア2部
　　● 第1位　金田 尚子（岩手）「風の約束」
　　● 第2位　本田 かおる（秋田）「砕氷の音冴える」
　　● 第3位　宝池 陶子（秋田）「シッダールタの道」
　◇研究生ジュニア1部
　　● 第1位　後藤 葉子（秋田）「雨上がりの虹」
　　● 第2位　昆野 まり子，阿部 夏子（宮城）「そよ風の語らい」
　　● 第3位　瀬河 寛司（神奈川）「希望の大地」
　◇学校ジュニア部

- 第1位　松園中学校(岩手)「初霜の朝」
- 第2位　太田東小学校(秋田)「ささらわらべ」
- 第3位　外旭川小学校(秋田)「祭り」

第7回(昭63年)
　◇研究生ジュニア2部
- 第1位　本田 かおる(秋田)「街のウインドー」
- 第2位　永瀬 多美(神奈川)「悲しみの彼方へ」
- 第3位　佐藤 東子(神奈川)「輝く泉のように」

　◇研究生ジュニア1部
- 第1位　四日市 香織(富山)「あともう一日咲きたいの」
- 第2位　中野 舞, 中野 円(秋田)「仲よしおるすばん」
- 第3位　飯田 麗子(宮城)「冬の使者」

第8回(平1年)
　◇研究生ジュニア2部
- 第1位　和田 亜美(秋田)「風の中のひとり」
- 第2位　宝池 陶子(秋田)「やわらかい日差し」
- 第3位　武田 亜矢(秋田)「蛍川」

　◇研究生ジュニア1部
- 第1位　関根 典子(東京)「花霞」
- 第2位　瀬河 寛司(神奈川)「光の階段」
- 第3位　井谷 恵(秋田)「赤とんぼを追いかけて」

　◇学校部門(中学校の部)
- 第1位　岩手大学教育学部附属中学校「冬の華」

　◇学校部門(小学校の部)
- 第1位　秋田市立外旭川小学校, 仁井田小学校「わらべうた」

第9回(平2年)
　◇研究生ジュニア2部
- 第1位　瀬河 寛司(神奈川)「TIME」
- 第2位　千葉 洋子(宮城)「はばたきの私」
- 第3位　幸田 美保(東京)「捨てられた人形」

　◇研究生ジュニア1部
- 第1位　長沼 陽子(東京)「海を渡る蝶」
- 第2位　中野 舞, 中野 円(秋田)「コマのファンタジー」
- 第3位　中野 舞(秋田)「茜色がどこまでも」

　◇学校の部(中・高等学校の部)
- 第1位　青森県立三戸高等学校「霧の森」

　◇学校の部(小学校の部)
- 第1位　秋田市立外旭川小学校「ポエム」

第10回(平3年)
　◇研究生ジュニア2部
- 第1位　文部大臣賞 秋田魁新報社賞　瀬河 寛一, 永松 祐子, 瀬河 寛司「揺れる」
- 第2位　長沼 陽子「花伝説」
- 第3位
　　春日井 静奈「光る森」
　　昆野 まり子「トレドの印象」

　◇研究生ジュニア1部
- 第1位　文部大臣賞 ABS秋田放送賞　中野 舞, 中野 円「いつも二人で」
- 第2位　多田 織栄「春の坂道」
- 第3位　川村 真奈, 鈴木 裕「楽しく踊ろう」

　◇学校の部ジュニア
- 第1位　AKT秋田テレビ賞　五戸町立五戸小学校「くもの子散らせ」

第11回(平4年)
　◇ジュニア2部
- 第1位　瀬河 寛司「聖戦」
- 第2位　矢沢 亜紀「裏通りのアイドル」
- 第3位
　　昆野 まり子「風の巡礼」
　　加賀 普子, 中野 舞, 北嶋 彩子「レモン花咲く国」

　◇ジュニア1部
- 第1位　中野 円「祈りの少女」
- 第2位　川村 真奈「夕暮れまで遊んだ日」
- 第3位
　　上田 ゆう子〔ほか6名〕「いそぎんちゃく」
　　黒崎 絢, 菅原 瑞愛, 木幡 律子「おむすびの詩」

第12回(平5年)
　◇ジュニア2部
- 第1位　昆野 まり子「春の幻影」
- 第2位　坂井 相子「戦場に散る華」
- 第3位
　　伊勢 花子「水辺のささやき」
　　豊島 生子, 野村 真弓, 志和 雅恵, 中新井田 明子「うつろいの庭」

　◇ジュニア1部
- 第1位　川村 真奈「とんぼのいのち」
- 第2位　中野 円「期待と不安」
- 第3位　三枝 美穂「妖精の森」

第13回(平6年)
　◇ジュニア2部
- 第1位　宇佐美 和奈「ジュリエット・闇に沈む」
- 第2位　春日井 静奈「影を踏む」
- 第3位　伊勢 花子「時の流れの中で」

　◇ジュニア1部

- 第1位　高田 真琴「月光に遊ぶ」
- 第2位　川村 真奈「見てますか…」
- 第3位
  三枝 美穂「精霊…光をあびて」
  米沢 麻佑子「月下の道」

第14回(平7年)
◇ジュニア2部
- 第1位　中野 円「菜の花とノクターン」
- 第2位　春日井 静奈「雪を見ていた…」
- 第3位
  岡野 絵理子「雪解けのアダージョ」
  伊勢 花子「光る月」
◇ジュニア1部
- 第1位　川村 真奈「雪の日の約束」
- 第2位
  米沢 麻佑子「麦秋の島」
  斉藤 あゆみ「聖なる母に捧ぐ」
- 第3位
  三枝 美穂「風の笛」
  井上 みな「花祭り」
  北村 尚美(黒沢智子バレエ研究所)

第15回(平8年)
◇ジュニア2部
- 第1位　伊勢 花子(岩手)「燃える記憶」
- 第2位　坂井 相子(愛知)「果てぬ恋い—彼方へ」
- 第3位
  春日井 静奈(青森)「雨の詩」
  坂田 守(茨城)「かかしの夜」
◇ジュニア1部
- 第1位　三枝 美穂(東京)「砂丘伝説」
- 第2位
  池田 美佳(秋田)「星降る街」
  海野 香菜(東京)「花物語」
- 第3位
  松倉 春香〔ほか6名〕(青森)「土偶」
  家入 悠〔ほか4名〕(茨城)「海から陸へ」

第16回(平9年)
◇ジュニア2部
- 第1位　池田 美佳「海・夕映えて」
- 第2位　高田 真琴「雪花」
- 第3位　川村 真奈「月の船」
◇ジュニア1部
- 第1位　家入 悠「夜道」
- 第2位　大内 万里江「ときめきPOLKA」
- 第3位　富士 奈津子「りんご畑の妖精」

第17回(平10年)
◇ジュニア2部
- 第1位　池田 美佳「月の光蒼く」
- 第2位　三枝 美穂「海からの神話」
- 第3位　高田 真琴「回想」
◇ジュニア1部
- 第1位　大野 愛奈「月華」

- 第2位　広瀬 望帆「木霊のささやき」
- 第3位　家入 悠「ダイス」

第18回(平11年)
◇ジュニア2部
- 第1位　西山 友貴「Windness—アヴェロンの少年」
- 第2位　森沢 美緒「千代がくれた華」
- 第3位　高田 真琴「霧の朝」
◇ジュニア1部
- 第1位　広瀬 望帆「聖夜…導く光へ」
- 第2位　村山 由衣「虹の彼方に」
- 第3位　山本 綾乃「白鳥に教わった唄」

第19回(平12年)
◇ジュニア2部
- 第1位　高瀬 諸希子「昔からある場所」
- 第2位　川村 真奈「Sweets to the Sweet」
- 第3位
  三枝 美穂「晩秋の道」
  高比良 洋「広野」
◇ジュニア1部
- 第1位　広瀬 望帆「花雫」
- 第2位　田中 さえら「金魚—永遠に世なす法よ—」
- 第3位　広瀬 麻伊「天使の声が聞こえる」

第20回(平13年)
◇ジュニア2部
- 第1位・NHK秋田放送局賞　加藤 真輝子「永遠の光を求めて」
- 第2位　田中 さえら「紫紺ノばら」
- 第3位　川村 真奈「スノードロップ」
◇ジュニア1部
- 第1位・AAB秋田朝日放送賞　水野 多麻紀「心の小箱」
- 第2位　金岡 千愛「水色の思い出」
- 第3位　金沢 理沙「木霊っこ」

第21回(平14年)
◇ジュニア2部
- 第1位・NHK秋田放送局賞・秋田県知事賞・秋田県教育長賞　大内 万里江、鳥海 みなみ、蓬田 真菜、石川 璃沙、有明 望、星利沙「怒りの鐘」
- 第2位　富士 奈津子「蒼い目の狼—MAGU—」
- 第3位　日方 千智「Dream」
◇ジュニア1部
- 第1位・AAB秋田朝日放送賞・秋田県知事賞・秋田県教育長賞　水野 多麻紀「鼓動の輪舞」
- 第2位　金子 祐加「月のしずく」

- 第3位　賓満　舞, 水野　多麻紀, 金子　祐加, 浅野　亜利沙, 高井　花純, 光岡　真里奈, 湯川　博之, 福島　里恵「不思議の森で聞いた声」

第22回(平15年)
◇ジュニア2部
- 第1位・NHK秋田放送局賞・秋田県知事賞・秋田県教育長賞　富士　奈津子「富江と名づけられた人形」
- 第2位　新保　恵「炎昼」
- 第3位　浜田　麻央「あどけない話」

◇ジュニア1部
- 第1位・AAB秋田朝日放送賞・秋田県知事賞・秋田県教育長賞　金子　祐加「心の破片」
- 第2位　森川　由樹「ココロニ花ヲ」
- 第3位　伊藤　麻菜実「HAPPYがやってくる」

第23回(平16年)
◇ジュニア2部
- 第1位・NHK秋田放送局賞・秋田県知事賞・秋田県教育長賞　新保　恵「颶―すずかぜ―」
- 第2位　水野　多麻紀「RESET」
- 第3位　山田　総子「天使の影を踏んだ夜」

◇ジュニア1部
- 第1位・AAB秋田朝日放送賞・秋田県知事賞・秋田県教育長賞　橋本　奈々「さとうきび畑の唄」
- 第2位　永沢　麗奈「暁の神子」
- 第3位　森山　結貴「星空のセレナーデ」

第24回(平17年)
◇ジュニア2部
- 第1位　高橋　茉那「藁の楯」
- 第2位　渡部　悠子「いちめんに咲いていた」
- 第3位　水野　多麻紀「raindance―哀しくて」

◇ジュニア1部
- 第1位・AAB秋田朝日放送賞・秋田県知事賞・秋田県教育長賞　小川　真奈「悲境・・・メデューサ」
- 第2位　楠田　栞里, 土持　花奈子, 谷野　舞夏「深淵のバラード」
- 第3位　杉村　香菜, 高橋　葵, 中野　亜理, 中村　有貴, 杉山　友理, 中島　莉帆, 八重樫　琴美「そして、ここから」

第25回(平18年)
◇ジュニア2部
- 第1位　木村　浩太「飛べない・鳩」
- 第2位　林　芳美「麦の海に沈む果実」
- 第3位
  水野　多麻紀「緑の中の朽ちた船」
  荻田　菜美, 新保　恵「Because…空が青いからバラが泣く」

◇ジュニア1部
- 第1位・秋田朝日放送賞・秋田県知事賞　田中　萌子「蓮の詩(はなのうた)」
- 第2位　岸野　奈央「スフィンクスの門」
- 第3位　谷野　舞夏「ここはどこ…私は誰…」

第26回(平19年)
◇ジュニア2部
- 第1位・秋田県知事賞・NHK秋田放送局賞　新保　恵「鉄錆色の雫」
- 第2位　山村　沙葵「はじまりは舞曲で…」
- 第3位　永森　彩乃「花の名を忘れた蝶は‥‥」

◇ジュニア1部
- 第1位　矢島　茜「戦火のなかで」
- 第2位　鈴木　沙彩「冬の足音」
- 第3位　高橋　歩美「波紋の月」

第27回(平20年)
◇ジュニア2部
- 第1位　水野　多麻紀「ミネルヴァの梟」
- 第2位　伊藤　有美, 渡部　悠子, 岸野　奈央, 阿久津　理央「小麦畑を渡る風」
- 第3位　岸野　奈央「月の中の女」

◇ジュニア1部
- 第1位　関口　花梨「赤紫のオッコルム」
- 第2位　小澤　早嬉「ビロードうさぎ」
- 第3位　大坂　瑞貴「Horizon」

230 アジア・パシフィック国際バレエ・コンクール (アジア・バレエ・コンクール, アジア・パシフィック・バレエ・コンクール)

昭和62年, それまでの「全日本バレエコンクール」の対象をアジア地域に広げて「第1回アジア・バレエ・コンクール」として開催。この時は「第5回全日本バレエコンクール」と同時開催であった。

【主催者】(社)日本バレエ協会

アジア・パシフィック国際バレエ・コンクール

【選考委員】(第10回)マリリン・ロウ(オーストラリア)、シャオ・スーホァ(中国)、石田種生(日本)、薄井憲二(日本)、越智実(日本)、笹本公江(日本)、小林紀子(日本)、牧阿佐美(日本)、チェ・タエジ(韓国)、スンニー・チャン・ヘン・キー(マレーシア)、ヴァルジニャム・ジャミアンダグヴァ(モンゴル)、ガリー・ハリス(ニュージーランド)、リサ・マクーハ・エリザルデ(フィリピン)、ゴー・ソー・キム(シンガポール)、トラン・クック・クゥオン(ヴェトナム)

【選考方法】全日本バレエコンクールと同じ方式

【選考基準】〔資格〕ジュニアの部:13才〜18才、シニアの部:19才〜25才(それぞれ初日及び決勝日にその年齢に達している、若しくはその年齢であること)

【締切・発表】(第10回)平成17年8月17日〜21日に開催された。隔年開催

【賞・賞金】日本バレエ協会大賞(シニア部門1名):盾及び副賞奨学金100万円、出光興産特別奨学金(ジュニア部門1名):オーストラリア・バレエ学校留学及び奨学金230万円、ジュニア第1位:盾及び副賞15万円、東京新聞賞5万円、チャコット賞30万円、ジュニア第2位:盾及び副賞10万円、ジュニア第3位:盾及び副賞5万円、シニア第1位:盾及び副賞30万円、NHK日本放送協会会長賞状、チャコット賞50万円、シニア第2位:盾及び副賞20万円、シニア第3位:盾及び副賞10万円

【URL】http://www.j-b-a.or.jp/asiapacificbc_top.html

第1回(昭62年)
　◇ジュニアの部
　　● 第1位　ジョン・H.カーム(オーストラリア)
　　● 第2位　レベッカ・F.イエーツ(オーストラリア)
　　● 第3位　久保 紘一

第2回(平1年)
　◇ジュニアの部
　　● 第1位　根岸 正信(牧阿佐美バレエ団)
　　● 第2位　泉 梨花(江川幸作バレエ研究所)
　　● 第3位　横瀬 美砂(横瀬三郎バレエ研究所)

第3回(平3年)
　◇ジュニアの部
　　● 第1位　ホーリー・スマート(オーストラリア)
　　● 第2位　シモン・カルダモン(オーストラリア)
　　● 第3位　市来 今日子
　　● 日本IBM賞第1位　市来 今日子
　　● 日本IBM賞第2位　大植 真太郎
　　● 日本IBM賞第3位　中野 綾子

第4回(平5年)
　◇ジュニアの部
　　● 第1位　新井 崇
　　● 第2位　ナタリー・ハモンド(オーストラリア)
　　● 第3位　大森 結城

第5回(平7年)
　◇ジュニアの部
　　● 第1位　浜中 未紀
　　● 第2位　マシュー・ドネリー(オーストラリア)
　　● 第3位　飯野 有夏

第6回(平9年)
　◇ジュニアの部
　　● 第1位　ドゥ・ジャイン(中国)
　　● 第2位　アダム・サーロウ(オーストラリア)
　　● 第3位　エリザ・フドゥリック(オーストラリア)

第7回(平11年)
　◇ジュニアの部
　　● 第1位　アンバー・スコット(オーストラリア)
　　● 第2位　大貫 真幹
　　● 第3位　富永 歩

第8回(平13年)
　◇ジュニアの部
　　● 第1位　アルダン・ドゥガーラ(モンゴル)
　　● 第2位　レミン・ウォートメイヤー(オーストラリア)
　　● 第3位　中島 文月

第9回(平15年)
　◇ジュニアの部
　　● 第1位　シャオ・チャオ・チュー(オーストラリア)
　　● 第2位　贄田 萌(日本)
　　● 第3位　ホアン・レイ(中国)

第10回(平17年)
　◇ジュニアの部
　　● 第1位　ステファニー・ウイリアムス(オーストラリア)

- 第2位　タイ・キング＝ウォール（オーストラリア）
- 第3位　ユン・ジュン・シュアン（中国）

231 「いきいき！夢キラリ」番組選奨 （親の目子の目番組選奨）

　社会教育番組の放送時間の増大と民間放送教育協会加盟各社の制作技術の向上・充実を図るため、昭和51年に「親の目子の目番組選奨」が設立された。平成16年度より「いきいき！夢キラリ」に番組名・番組内容を変更し、平成20年度から「発見！人間力」に番組名・番組内容を変更した。

【主催者】（財）民間放送教育協会
【選考委員】「いきいき！夢キラリ」企画委員, 番組選奨審査員
【選考方法】民教協プロデューサー, 加盟各社制作部長の推薦, 視聴率, 視聴者の反応による
【選考基準】〔対象〕過去1年間に放送された社会情報ドキュメンタリー「いきいき！夢キラリ」番組の内、企画意図をよく実現し、テレビ番組としての完成度が高く、視聴者の問題意識を喚起する上に、十分な効果を発揮すると思われるもの。また加盟各局の制作スタッフの制作意識を刺激触発するもの
【締切・発表】締切は毎年度末, 発表は6月の民教協理事会評議員会席上
【賞・賞金】文部大臣賞：賞状, 副賞20万円とブロンズ像, 民教協会長賞：賞状, 副賞10万円とブロンズ像, 奨励賞：賞状, 副賞5万円

(昭52年度)
◇文部大臣賞　山梨放送「お父さんのピッケル」
◇民教協会長賞　テレビ朝日「子どもたちの夢」
◇奨励賞
　　西日本放送「ああ勉強」
　　熊本放送「性と非行」
　　福井放送「母ちゃんのこごと」

(昭53年度)
◇文部大臣賞　熊本放送「清き一票お願いしまーす」
◇民教協会長賞　毎日放送「子どもの姿勢」
◇奨励賞
　　長崎放送「ぼくらは教育パパとママ」
　　北日本放送「迷惑かけてないもん」

(昭54年度)
◇文部大臣賞　テレビ朝日「なぜ勉強するのか！高校生」
◇民教協会長賞　毎日放送「6ケ月10キロやせる…？」
◇奨励賞
　　熊本放送「うしろ姿の青春」
　　山形放送「クラブをやめて勉強しろ！」
　　新潟放送「水島新司のドカベン人生」

(昭55年度)
◇文部大臣賞　長崎放送「海は私の絵本」

◇民教協会長賞　日本海テレビ「ひとりだちへの挑戦」
◇奨励賞
　　北海道放送「祐美, 走ろう！」
　　宮崎放送「牛のオッパイ大きいな」
　　毎日放送「歩け！もうすぐ入園だ」

(昭56年度)
◇文部大臣賞　西日本放送「子はカスガイ…？」
◇民教協会長賞
　　長崎放送「ぼくらロックンロール派」
　　RKB毎日「島の高校生」
◇奨励賞
　　高知放送「背すじがおかしい」
　　南海放送「ぼくらのまんど山」

(昭57年度)
◇文部大臣賞　長崎放送「父さん, ぼく就職する」
◇民教協会長賞　山口放送「お母さん, 手伝うよ」
◇奨励賞
　　大分放送「冷凍治療と難病」
　　毎日放送「双子のエミとクミ」
　　高知放送「親子の会話はワンパターン」

(昭58年度)
◇文部大臣賞　青森放送「飛べ！オオムラサキ」

231 「いきいき！夢キラリ」番組選奨

◇民教協会長賞　南日本放送「千絵さんの明日」
◇奨励賞
　長崎放送「キヨシひとりで歩いて」
　テレビ朝日「幼き塾生たちの奮戦」
　秋田放送「もう一つのきずな」
（昭59年度）
◇文部大臣賞　青森放送「親ありてわが道」
◇民教協会長賞　テレビ朝日「飛べ！マサル」
◇奨励賞
　日本海テレビ「母乳の秘密」
　岩手放送「愛が子どもを育てる」
　秋田放送「タックル,母さん」
（昭60年度）
◇文部大臣賞　西日本放送「保健室繁盛記」
◇民教協会長賞　北海道放送「キタキツネの子育て論」
◇奨励賞
　青森放送「北の海に若者ありて」
　北日本放送「家庭の役割,学校の役割」
　南海放送「現代おふくろの味」
（昭61年度）
◇文部大臣賞　毎日放送「鶴瓶かあさんなら」
◇民教協会長賞　長崎放送「農学園の少女たち」
◇奨励賞
　中国放送「10代の性」
　福島テレビ「口太山の兄弟たち」
　南海放送「鍛冶屋の父子」
（昭62年度）
◇文部大臣賞　南海放送「ふるさと・音楽・愛」
◇民教協会長賞
　静岡放送「おばあちゃん劇団奮闘す」
　南日本放送「まさる・8歳の夢」
◇奨励賞
　宮崎放送「私の愛したサルたち」
　山口放送「ボクらは村の留学生」
（昭63年度）
◇文部大臣賞　山口放送「ビエット君19歳の春」
◇民教協会長賞　山形放送「おいらは百姓シンガー」
◇奨励賞
　新潟放送「風に乗れ 朱鷺オカリナ」
　東北放送「海辺の子ども宿」
　長崎放送「手作りの卒業アルバム」
（平1年度）
◇文部大臣賞　テレビ朝日「新しい生命との出会い」

◇民教協会長賞　青森放送「歌先生と子どもたち」
◇奨励賞
　北海道放送「言葉の壁をこえる日」
　北陸放送「僕らの寮は雨のち晴れ」
　宮崎放送「卒業試験は跳び箱8段」
（平2年度）
◇文部大臣賞　信越放送「自然はぼくらの保育室」
◇民教協会長賞
　西日本放送「タコ焼きを700個作ろう」
　南日本放送「やぶさめ父子物語」
◇奨励賞
　福井放送「私の学校は宝島」
　青森放送「父,母,そして息子」
（平3年度）
◇文部大臣賞　信越放送「いのちってなあに」
◇民教協会長賞
　北海道放送「転職教師つっぱり見習中」
　RKB毎日放送「一冊の本・ばばしゃん」
◇奨励賞
　北日本放送「さよならの贈り物」
　大分放送「音のないドリブル」
（平4年度）
◇文部大臣賞　秋田放送「ふうちゃんのお弁当」
◇民教協会長賞　テレビ朝日「こどもスケッチ」
◇奨励賞
　岩手放送「生きていた同胞の心」
　南海放送「心に地球が見えてきた」
　山口放送「あっくんの島の学校」
（平5年度）
◇文部大臣賞　南日本放送「寿司道を歩く」
◇民教協会長賞　福井放送「性ってなあに？」
◇奨励賞
　信越放送「たった一つのヴァイオリン」
　南海放送「帰り道」
　中国放送「あーちゃんの時間」
（平6年度）
◇文部大臣賞　新潟放送「妙ちゃんのイラスト日記」
◇民教協会長賞　静岡放送「君に送る歌」
◇奨励賞
　朝日放送「ぼくらは地球人」
　熊本放送「コミュニケーション」
　四国放送「農園は泣いたり笑ったり」
（平7年度）
◇文部科学大臣賞　静岡放送「私らしく」

◇民教協会長賞　テレビ朝日「ぼくら、ツバメ救助隊」
◇奨励賞
　　南海放送「君は今、どこにいますか？」
　　福島テレビ「祖父が乗った人間魚雷」
　　北陸放送「いじめ学級会」
(平8年度)
◇文部科学大臣賞　信越放送「おかあさん、木があかくなってきたよ」
◇民教協会長賞
　　福島テレビ「戦火に消えた先輩たち」
　　信越放送「走れ！みんなのポニー」
◇企画委員特別賞　新潟放送「取り戻した時間」
◇奨励賞
　　南海放送「ガキ大将はどこへ行った？」
　　RKB毎日放送「先生からのメッセージ」
　　静岡放送「金色のクジラ」
(平9年度)
◇文部科学大臣賞　信越放送「おとうの結婚」
◇民教協会長賞　福井放送「忍の保育が始まった」
◇奨励賞
　　信越放送「リースさんの家族」
　　秋田放送「ふうちゃんの旅立ち」
　　静岡放送「がんばれ私」
(平10年度)
◇文部科学大臣賞　名古屋テレビ「君に吹く風」
◇民教協会長賞　北海道放送「もうひとりの恩師」
◇奨励賞
　　名古屋テレビ「私が私であること」
　　青森放送「中村君の稲」
　　北陸放送「6年1組のメッセージ」
(平11年度)
◇文部科学大臣賞　テレビ朝日「きたない友達きれいな友達」
◇民教協会長賞　テレビ朝日「猫みち子みち谷中露地」
◇審査委員特別賞　熊本放送「新しい学校新しい友達」
◇奨励賞
　　北日本放送「おわら若衆 風の盆」
　　信越放送「コーちゃん生まれてきてくれてありがとう」
　　北陸放送「シングルファミリー」
(平12年度)
◇文部科学大臣賞　信越放送「父の仕事場〜ぼくたちの社会見学〜」

◇民教協会長賞　RKB毎日放送「ミミズの話〜野外保育の記録〜」
◇奨励賞
　　南日本放送「おてがみかいてね」
　　南海放送「昼休み校舎のなかでなにしよん？」
　　信越放送「5人産んでも大丈夫」
　　全国朝日放送「駄菓子屋日記〜現代子供事情〜」
(平13年度)
◇文部科学大臣賞　山梨放送「キッチンの戦争と平和」
◇民教協会長賞　熊本放送「とみちゃんの家族新聞」
◇奨励賞
　　新潟放送「咲ちゃん見守ってるよ〜お父さんの想いをさがして〜」
　　朝日放送「おい、元気にしてるか」
　　南日本放送「ひろ君の一歩一歩」
(平14年度)
◇文部科学大臣賞　福井放送「命のおくりもの」
◇民教協会長賞　テレビ朝日「ロボット大好き!!夢を持ち続けよう」
◇奨励賞
　　北陸放送「夏休みの忘れ物」
　　山口放送「いのちをみつめて」
　　東北放送「チャイニーズママの幸せ計画」
(平15年度)
◇文部科学大臣賞　福井放送「命のおくりもの」
◇民教協会長賞　名古屋テレビ「がんばれ！たこやき4兄弟」
◇審査委員特別賞　中国放送「やっぱり僕は牛が好き」
◇奨励賞
　　RKB毎日放送「きょろちゃんひょろちゃんの歌」
　　日本海テレビジョン「親父越え」
　　福井放送「親の背を見て子は育つ!?」
(平16年度)
◇文部科学大臣賞　山口放送「つらくても頑張る！過疎の島のヘルパーさん」
◇民教協会長賞　福井放送「せっちゃんは七変化」
◇奨励賞
　　テレビ朝日「空飛ぶ車椅子の夢」
　　高知放送「きみの居場所はここにあるよ」
　　山梨放送「積み木広場がやってきた!!」

(平17年度)
　◇文部科学大臣賞　山形放送「農家になりたい！」
　◇民教協会長賞　山口放送「川柳家族」
　◇奨励賞
　　　信越放送「科学の楽しさ伝えたい」
　　　南日本放送「たましいの島で 与論島のしあわせのかたち」
　　　テレビ朝日「僕の天職は…理容師！」
(平18年度)
　◇文部科学大臣賞　中国放送「ボクらの島をドキュメント」
　◇民教協会長賞　IBC岩手放送「ぼくのゆめは、お父さんのゆめ」
　◇奨励賞
　　　山口放送「先生 本当に教えたいこと」

山陰放送「新米女将は25歳 元気な旅館やってます！」
新潟放送「不登校の子はぐくんで10年～雪国のフリースクールから～」
(平19年度)
　◇文部科学大臣賞　静岡放送「それでもぼくは走り続ける～47回目のラストスパート～」
　◇民教協会長賞　熊本放送「ゆりかごの向こうに見えたもの」
　◇奨励賞
　　　秋田放送「ヒーローに魅せられて～密着ネイガープロジェクト～」
　　　長崎放送「いつも心にジャグリング」
　　　山口放送「夢を描いた島」

232　江藤俊哉ヴァイオリンコンクール

　小平市が音楽文化の振興を図るにあたり、小平市在住のヴァイオリニスト江藤俊哉氏の音楽理念のもとに、豊かな才能を秘めた若き音楽家を数多く発見・発掘し、世界への飛翔の場を提供することにより、音楽文化の普及と向上に寄与することを目的として創設された。第9回より隔年開催。

【主催者】小平市、小平市文化振興財団
【選考委員】(第11回)名誉審査員長：江藤俊哉、審査員長：岩井宏之、江藤アンジェラ、加藤知子、田中千香士、堀米ゆず子、山岡耕筰、渡部基一
【選考基準】〔対象〕ジュニア・アーティスト部門：12～16歳、ヤング・アーティスト部門：17～26歳。国籍不問
【締切・発表】(第11回)平成20年4月13日DVDによる第1次予選、5月4日ジュニア、6日ヤングの第2次予選、5月11日ルネこだいら中ホールにて本選。各部門の第1～3位受賞者は21年5月24日の「第11回江藤俊哉ヴァイオリンコンクール受賞者演奏会」に出演
【賞・賞金】ジュニア・アーティスト部門1位：奨学金20万円、2位：10万円、3位：5万円、ヤング・アーティスト部門1位：賞金50万円、2位：賞金30万円、3位：賞金15万円
【URL】http://www.runekodaira.or.jp

第1回(平8年)
　◇ジュニア部門
　　● 第1位　上原 美喜子
　　● 第2位　矢津 将也
　　● 第3位　小池 彩織
第2回(平9年)
　◇ジュニア部門
　　● 第1位　矢野 玲子
　　● 第2位　飯島 忠亮
　　● 第3位　城代 さや香

第3回(平10年)
　◇ジュニア部門
　　● 第1位　松岡 麻衣子
　　● 第2位　中村 ゆか里
　　● 第3位　山本 翔平
第4回(平11年)
　◇ジュニア部門
　　● 第1位　高橋 真史
　　● 第2位　松崎 千鶴
　　● 第3位　大村 真央

第5回(平12年)
　◇ジュニア部門
　　● 第1位　原 麻理子
　　● 第2位　青木 恵音
　　● 第3位　藤崎 美乃
第6回(平13年)
　◇ジュニア部門
　　● 第1位　長尾 春花
　　● 第2位　川又 明日香
　　● 第3位　蜷川 紘子
第7回(平14年)
　◇ジュニア部門
　　● 第1位　米田 有花
　　● 第2位　山田 麻美
　　● 第3位　千田 奈緒子
第8回(平15年)
　◇ジュニア部門
　　● 第1位　対馬 佳祐
　　● 第2位　加藤 小百合
　　● 第3位　城 達哉
第9回(平16年)
　◇ジュニア部門
　　● 第1位　伊東 真奈
　　● 第2位　森岡 ゆりあ
　　● 第3位　常田 俊太郎
第10回(平18年)
　◇ジュニア部門
　　● 第1位　外園 彩香
　　● 第2位　岩木 亜悠子
　　● 第3位
　　　　松原 まり
　　　　鹿島 綾
第11回(平20年)
　◇ジュニア部門
　　● 第1位　尾張 拓登
　　● 第2位　杉谷 悠
　　● 第3位　荒井 優利奈

233　NBA全国バレエコンクール

　優れた若きバレリーナにチャンスと夢を与えるために開催される。特に優秀なものにはボリショイバレエ学校への入学とスカラシップを授与。
【主催者】特定非営利活動法人NBAバレエ団
【選考委員】(平成22年)海外ゲスト審査員：薄井憲二(審査員長)，マリーナ・レオノワ，ローラン・ホゲール，アンナ・マリア・プリナ，イムレ・ドージャ，エヴェリン・テリ，タデウス・マタッチ，ジェーン・ハケット，ジョランサ・シーフリード，他評論家・舞踊家数十名
【選考方法】公募。芸術点・技術点で100点満点，偏差値を採用
【選考基準】〔資格〕クラシックバレエシニア部門：高校卒業以上，年齢制限なし，クラシックバレエ高校生部門：高校生，クラシックバレエ中学生部門：中学生，クラシックバレエ小学生部門：小学生(3年生以上)，コンテンポラリー部門：中学生以上，年齢・性別区別なし
【締切・発表】(平成22年)申込期間は平成21年10月1日～11月30日，定員に至ったとき締切。場所はメルパルクホールで22年1月3～8日の6日間開催
【賞・賞金】1位～6位：賞状とトロフィー
【URL】http://www.nbaballet.org/

第1回(平10年)
　◇児童の部
　　● 第1位　宇野 朱音(ルイバレエアカデミー)
　　　　「海賊(パキータ)・遅め」
　◇ジュニアの部
　　● 第1位　加登 美沙子(青い鳥バレエ団モトシマエツコ)

第2回(平11年)
　◇児童の部
　　● 第1位　平田 桃子(山本礼子バレエ団付属研究所)「黒鳥・早め」
　◇ジュニアの部
　　● 第1位　大貫 真幹(佐々木バレエアカデミー)「眠り/デジーレ王子・遅め」

第3回(平12年)
　◇児童の部
　　● 第1位　瀬戸山 裕子(白鳥バレエ学園)
　◇ジュニアの部
　　● 第1位　斎藤 美帆(渡辺珠実バレエ研究所)
第4回(平13年)
　◇小学生の部
　　● 第1位　福森 美咲子(佐々木バレエアカデミー)
　◇中学生の部
　　● 第1位　福田 圭吾(ケイ・バレエスタジオ)
第5回(平14年)
　◇小学生の部
　　● 第1位　高田 茜(高橋洋美バレエスタジオ)「海賊(バヤデル)・早め」
　◇中学生の部
　　● 第1位　唐沢 秀子(朋友バレエ)「グランパクラシック・遅め」
第6回(平15年)
　◇小学生の部
　　● 第1位　望月 理沙(川崎みゆきバレエスクール)「キトリ」
　◇中学生の部
　　● 第1位　贄田 萌(アクリ・堀本バレエアカデミー)「黒鳥」
第7回(平16年)
　◇小学生の部
　　● 第1位　浅井 恵梨佳(神沢千景バレエスタジオ)「オーロラ姫3幕・遅め」
　◇中学生の部
　　● 第1位　河野 舞衣(菊地人美バレエスタジオ)「エスメラルダ(タンバリン)・遅め」
第8回(平17年)
　◇小学生の部
　　● 第1位　奥野 凛(村瀬沢子バレエスタジオ)「ドルシネア」
　◇中学生の部
　　● 第1位　影山 茉以(アクリ,堀本バレエアカデミー)「オーロラ姫3幕」

第9回(平18年)
　◇小学生の部
　　● 第1位　福田 侑香(北森由美バレエスタジオ)「オーロラ姫3幕・早め」
　◇中学生の部
　　● 第1位　奥村 彩(山路瑠美子バレエ研究所)「海賊(パキータ)・遅め」
第10回(平19年)
　◇小学生の部
　　● 第1位　石井 真乃花(KAORIバレエスタジオ)「タリスマンの女性Va・遅め」
　◇中学生の部
　　● 第1位　アクリ 瑠嘉(アクリ・堀本バレエアカデミー)「コッペリアの男性ヴァリエーション・早め」
第11回(平20年)
　◇小学生の部
　　● 第1位　齋藤 花恋エリーナ(KAORIバレエスタジオ)「キトリのヴァリエーション・遅め」
　◇中学生女子の部
　　● 第1位　オニール 八菜(岸辺バレエスタジオ)「グランパクラシックのヴァリエーション・遅め」
　◇中学生男子の部
　　● 第1位　田村 幸弘(黒沢智子バレエスタジオ)「ドンキ/バジルのヴァリエーション・遅め」
第12回(平21年)
　◇小学生の部
　　● 第1位　渡辺 千渚(アクリ・堀本バレエアカデミー)「オーロラ姫三幕のヴァリエーション・遅め」
　◇中学生女子の部
　　● 第1位　池田 理沙子(バレエスタジオDUO)「海賊(バヤデルカでのガムザッティのヴァリアシオン)・早め」
　◇中学生男子の部
　　● 第1位　アクリ 瑠嘉(アクリ・堀本バレエアカデミー)「シルヴィア男性Va・チャイコフスキー・パ・ド・ドゥより・早め」

234　大阪国際音楽コンクール

　大阪で国際規模のコンクールを催すことにより、高度な芸術・文化の発信地として大阪をアピールし、21世紀の世界平和と関西一円の大いなる繁栄の礎を築くとともに、世界に飛躍しうる人材を発掘・育成することを目的として開催される。

【主催者】大阪国際音楽振興会

V 音楽・芸能　　　　　　　　　　　　　　　234　大阪国際音楽コンクール

> 【選考委員】ピアノ部門：ウード・シュニーベルガー, ソンファ・ヤン, ニキタ・ユジャーニン, ボリス・ベクテレフ, ローラント・ケラー, 北野蓉子, 河野元, 田中修二, 三輪恭子ほか, 弦楽器部門：ゲルハルト・ボッセ, 木田雅子, 東儀幸, 山岡耕筰, 吉野篤介ほか。声楽部門：門屋菊子, 蔵田裕行, 桜井直樹, 田原祥一郎, 松本美和子ほか。管楽器部門：有馬純昭, 呉信一, 平井好子, 待永望, 森下治郎ほか
> 【選考方法】公募
> 【選考基準】〔資格〕ピアノ, 弦楽器部門：小学3年生から。声楽, 管楽器部門：中学1年生から。全部門年齢の上限はなし。国籍不問。〔応募規定〕第1次テープ審査は, 全部門自由曲1曲
> 【締切・発表】例年申込期間は, 6月1日～各第2次予選日の1ヶ月前。発表は9月下旬の本選終了後, 表彰式にて
> 【賞・賞金】第1～3位：賞状とメダル, 宇野収賞（声楽部門の最優秀者）：賞状と賞牌, 協賛賞（各部門1名・最高位の中から優秀者）：賞状と賞品, グランプリ：賞状と賞金, ジャーナリスト賞：賞状
> 【URL】http：//www1.odn.ne.jp/~cdc54110

第1回（平12年）
　◇ピアノ部門・小学校の部
　　● 第1位　該当者なし
　　● 第2位　森山 理美
　　● 第3位　萱沢 奈津子
　◇ピアノ部門・中学校の部
　　● 第1位　石川 武蔵
　　● 第2位　該当者なし
　　● 第3位　玉井 真代
　◇弦楽器部門・小学校の部
　　● 第1位　森田 麻優
　　● 第2位　藤江 扶紀
　　● 第3位　該当者なし
　◇弦楽器部門・中学校の部
　　● 第1位　上敷領 藍子
　　● 第2位　吉田 晴香
　　● 第3位　該当者なし
第2回（平13年）
　◇ピアノ部門・小学校の部
　　● 第1位　片田 愛理
　　● 第2位　該当者なし
　　● 第3位　辻 琢音
　◇ピアノ部門・中学校の部
　　● 第1位　該当者なし
　　● 第2位　該当者なし
　　● 第3位　光井 誠人
　◇弦楽器部門・小学校の部
　　● 第1位　該当者なし
　　● 第2位　該当者なし
　　● 第3位　花岡 沙希（ヴァイオリン）
　◇弦楽器部門・中学校の部
　　● 第1位　福井 麻衣（ハープ）
　　● 第2位　該当者なし
　　● 第3位　米田 結衣（ヴァイオリン）
第3回（平14年）
　◇ピアノ部門小学校の部
　　● 第1位　高橋 明里
　　● 第2位　該当者なし
　　● 第3位
　　　　徳永 雄紀
　　　　松浦 弘樹
　◇ピアノ部門中学校の部
　　● 第1位
　　　　児玉 真由
　　　　中島 彩也香
　　● 第2位
　　　　水谷 彩華
　　　　縄田 浩子
　　● 第3位　該当者なし
　◇弦楽器部門小学校の部
　　● 第1位　該当者なし
　　● 第2位　土井 緒斗音
　　● 第3位　岸本 萌乃加
　◇弦楽器部門中学校の部
　　● 第1位　清永 あや
　　● 第2位　該当者なし
　　● 第3位　林 はるか
第4回（平15年）
　◇ピアノ部門小学校の部
　　● 第1位　片田 愛理
　　● 第2位
　　　　近藤 千春
　　　　首藤 友里
　　● 第3位
　　　　加藤 美季
　　　　村田 奈穂
　◇ピアノ部門中学校の部

児童の賞事典　443

- 第1位　該当者なし
- 第2位　佐竹 美奈子
- 第3位　劉 詩聡(中国)
◇弦楽器部門小学校の部
- 第1位　松山 総留(ヴァイオリン)
- 第2位　石井 智大(ヴァイオリン)
- 第3位
   　松川 暉(ヴァイオリン)
   　岸本 萌乃加(ヴァイオリン)
◇弦楽器部門中学校の部
- 第1位　鳥海 杏奈(ハープ)
- 第2位　ピーティ田代 桜(チェロ)
- 第3位
   　下御領 瑶(ヴァイオリン)
   　藤江 扶紀(ヴァイオリン)

第5回(平16年)
◇ピアノ部門小学校の部
- 第1位　本山 麻優子
- 第2位　小林 愛実
- 第3位　毛利 俊介
◇ピアノ部門中学校の部
- 第1位　佐竹 美奈子
- 第2位　Mi-Hyun Ahn(韓国)
- 第3位　今田 篤
◇弦楽器部門小学校の部
- 第1位　小島 燎(ヴァイオリン)
- 第2位　陳 雨婷(ヴァイオリン, 台湾)
- 第3位
   　宮本 有里(ヴァイオリン)
   　Hae-Kyung Yang(ビオラ, 韓国)
   　田中 知宏(チェロ)
◇弦楽器部門中学校の部
- 第1位　該当者なし
- 第2位　田村 友里恵(ヴァイオリン)
- 第3位　浜田 明衣(ヴァイオリン)
◇管楽器部門中学校の部
- 第1位　上野 星矢(フルート)
- 第2位　伊藤 詩穂(フルート)
- 第3位　岩崎 花保(フルート)

第6回(平17年)
◇ピアノ部門小学校の部
- 第1位　佐藤 元洋
- 第2位
   　Hye-Rim Lee(韓国)
   　徳永 雄紀
- 第3位
   　中谷 彩花
   　太田 沙耶
◇ピアノ部門中学校の部

- 第1位　首藤 友里
- 第2位
   　Han-Sol Rho(韓国)
   　坂本 文香
- 第3位
   　川合 亜実
   　Sodam Park(韓国)
   　林 品安(台湾)
   　高橋 明里
◇弦楽器部門小学校の部
- 第1位
   　登坂 理利子(ヴァイオリン)
   　Min-Ji Kim(チェロ, 韓国)
- 第2位　岸本 萌乃加(ヴァイオリン)
- 第3位
   　中平 めいこ(ヴァイオリン)
   　西川 鞠子(ヴァイオリン)
◇弦楽器部門中学校の部
- 第1位　Sung-Mi Park(韓国)
- 第2位
   　大藪 英子
   　倉富 亮太
- 第3位　Min-Ji Choi(韓国)
◇管楽器部門中学校の部
- 第1位　該当者なし
- 第2位　該当者なし
- 第3位
   　大沢 宏紀(フルート)
   　Seung-Jae Yoo(フルート, 韓国)

第7回(平18年)
◇ピアノ部門小学校の部
- 第1位　Han Kyoung So(韓国)
- 第2位　該当者なし
- 第3位
   　荒居 憲人
   　浜田 笑里
   　金 悠里
◇ピアノ部門中学校の部
- 第1位　黒石 悠以
- 第2位　小森 野枝
- 第3位
   　江川 りり
   　飯田 真未
   　毛利 俊介
◇弦楽器部門小学校の部
- 第1位　荒井 優利奈(ヴァイオリン)
- 第2位　Jee Yeun Lee(韓国, ヴァイオリン)
- 第3位　福田 麻子(ヴァイオリン)
◇弦楽器部門中学校の部
- 第1位　伊東 裕(チェロ)
- 第2位
   　岡谷 恵光(ヴァイオリン)
   　岸本 萌乃加(ヴァイオリン)

- 第3位　該当者なし
◇管楽器部門中学校の部
  - 第1位　該当者なし
  - 第2位　Ha Eun Jun（韓国，オーボエ）
  - 第3位　Sul Ghi Kim（韓国，オーボエ）

第8回（平19年）
◇ピアノ部門小学校の部
  - 第1位　青木 啓樹
  - 第2位　小野田 有紗
  - 第3位
    水野 貴文
    岩田 恵理奈
◇ピアノ部門中学校の部
  - 第1位　毛利 俊介
  - 第2位
    高島 美穂
    Jeong-hwan Jeong（韓国）
  - 第3位
    久末 航
    上松 史弥
    Ji-Su Jung（韓国）
◇弦楽器部門小学校の部
  - 第1位　該当者なし
  - 第2位
    北川 千紗（ヴァイオリン）
    Chan Sik Park（韓国，ヴァイオリン）
  - 第3位　Yukyung Kang（韓国，ヴァイオリン）
◇弦楽器部門中学校の部
  - 第1位
    Hahnsol Kim（韓国，ヴァイオリン）
    澁谷 伶奈（ヴァイオリン）
  - 第2位　Ji Young Lim（韓国，ヴァイオリン）
  - 第3位
    Yoon Young Chung（韓国，ヴァイオリン）
    Woo Geun Shin（韓国，ヴァイオリン）
◇管楽器部門中学校の部
  - 第1位　該当者なし
  - 第2位　該当者なし
  - 第3位
    Hyo-Rim Kim（韓国，フルート）
    Yaejin Kim（韓国，フルート）
    荒木 奏美（オーボエ）

第9回（平20年）
◇ピアノ部門小学校の部
  - 第1位
    正田 彩音
    Kang-Tae Kim（韓国）
  - 第2位
    下岡 萌々子
    水野 貴文
  - 第3位　福田 優花
◇ピアノ部門中学校の部
  - 第1位　河村 総太
  - 第2位　該当者なし
  - 第3位
    藤本 紗也
    泉 碧衣
    中川 真耶加
◇弦楽器部門小学校の部
  - 第1位　辻 彩奈（ヴァイオリン）
  - 第2位　該当者なし
  - 第3位
    髙木 凛々子（ヴァイオリン）
    Ha-Jung Cho（韓国，ヴァイオリン）
◇弦楽器部門中学校の部
  - 第1位　該当者なし
  - 第2位　Jo-Hyun Min（韓国，ヴァイオリン）
  - 第3位　岸本 萌乃加（ヴァイオリン）
◇管楽器部門中学校の部
  - 第1位　該当者なし
  - 第2位　Ki-Hoon Hong（韓国，オーボエ）
  - 第3位
    五十嵐 冬馬（フルート）
    You-Jin Jung（韓国，クラリネット）
◇声楽部門中学校の部
  - 第1位　該当者なし
  - 第2位　該当者なし
  - 第3位　該当者なし

235　O夫人児童演劇賞

　我が国の児童演劇界での女性の積極的な活動を促進し、これまでの業績を讃えるため、昭和59年に匿名婦人の寄付を受けて創設された。第13回を最後に休止。

【主催者】（社）日本児童演劇協会
【選考委員】（第13回）中村美代子、松谷みよ子、横溝幸子、落合初枝、内木文英
【選考方法】推薦者（20数名）の推薦による

【選考基準】〔対象〕児童演劇の創造普及に貢献した女性
【締切・発表】第5回は同協会機関誌「児童演劇」平成元年12月15日号に発表
【賞・賞金】レリーフと賞金30万円

第1回(昭60年度)　小百合 葉子(劇団たんぽぽ主宰)《昭和20年より劇団を結成、84歳の今日に至るまで自ら舞台活動の先頭に立ち、多くの劇団員を養成。全国的規模で巡演を行ない、児童演劇の創造・普及・振興に貢献した》

第2回(昭61年度)　竹内 とよ子(人形劇団ブーク)《昭和30年人形劇団ブークに入団。以来同劇団の多くの作品に出演、操作に当り昭和48年からは演出を担当。その作品の一つ「ゆうびん屋さんのお話」は昭和56年度東京都優秀児童演劇選定優秀賞を受けた。今後とも女性演出家として活躍が各方面から期待される》

第3回(昭62年度)　伊藤 巴子(劇団仲間)《昭和28年劇団仲間創立以来、多くの作品に出演。とくに児童演劇の面で、1500回を超す「乞食と王子」、ほかに「森は生きている」の主役などですぐれた演技を示し、児童演劇の発展に寄与した》

第4回(昭63年度)　中島 茜(劇団風の子北海道)《知的な演技力で、一連の風の子作品を生み出す中心的な役割を果した。また「トランク劇場」初期メンバーとして西ドイツ公演に参加、その後の海外公演のさきがけとなるなど、女性として日本の児童演劇の普及、向上につとめている》

第5回(平1年度)　岸田 今日子(演劇集団円)《「円・こどもステージ」として、昭和56年の「おばけリンゴ」以後、毎年すぐれた児童演劇を企画、その成果に対して》

第6回(平2年度)　広瀬 多加代(劇団R・N・C)
第7回(平3年度)　小森 美巳(演劇集団円演出)
第8回(平4年度)　小池 タミ子
第9回(平5年度)　浅野 玲子(劇団らくりん座)
第10回(平6年度)　如月 小春(劇団NOISE)
第11回(平7年度)　小林 美実(宝仙学園短期大学教授)
第12回(平8年度)　西村 和子(人形劇団クラルテ)
第13回(平9年度)　西田 豊子(劇作家・演出家)

236 音楽教育振興賞

　毎日新聞創刊120年記念事業の一環として、平成3年に創設された。心を育てるためには音楽が必要であり、そのために音楽教育を実践し顕著な功績のあった団体個人を顕彰し、我が国の音楽文化の発展に寄与することを目的とする。平成18年度をもって公募中止。

【主催者】(財)音楽教育振興財団、毎日新聞社
【選考委員】(第11回)顕彰部門：岩井宏之(音楽評論家)、海老沢敏(新国立劇場副理事長)、大木勝之進(東京音楽大学専任講師)、楠瀬敏則(元群馬大学教授)、田口興輔(国立音楽大学教授)、丸山忠璋(横浜国立大学教授)、助成部門：川上弥栄子(上野学園大学音楽学部講師)、木村博文(東京都中学校音楽教育研究会顧問)、杉山頴司(日本吹奏楽指導者協会会長)、鈴木充(毎日新聞東京本社事業本部次長兼文化事業部長)、中嶋恒雄(山梨大学教授)、伴博(全日本音楽教育研究会高等学校部会副会長)、真篠将(兵庫教育大学名誉教授)
【選考方法】公募(推薦者必要)
【選考基準】〔対象〕高等学校、中学校、小学校、幼稚園等における音楽教育の実践面、理論面で顕著な功績のあった指導者、研究者または団体
【締切・発表】申込期間は10月1日〜11月30日、発表は3月毎日新聞紙上
【賞・賞金】表彰楯、ブロンズ像と副賞50万円

第1回（平3年度）
- 仁木 英雄（北海道旭川市立神居中学校教諭）
- 丸谷 明夫（大阪府立淀川工高教諭）
- 愛知県新城市立庭野小学校
- 神奈川県大磯町立大磯小学校

第2回（平4年度）
- 土野 研治（埼玉県立越谷西養護学校教諭）
- 菊地 洋一（鹿児島市立天保山中学校教諭）
- 笠松町立下羽栗小学校（岐阜県羽島郡）
- 黒瀬町立下黒瀬小学校（広島県賀茂郡）

第3回（平5年度）
- 山形市立鈴川小学校（山形県）
- 大崎町立大崎中学校（広島県豊田郡）

第4回（平6年度）
- 石岡市立北小学校（茨城県）
- 壬生町立羽生田小学校（栃木県）
- 早川町立早川南小学校（山梨県）
- 八幡浜市立八代中学校（愛媛県）

第5回（平7年度）
◇顕彰部門
- 松ヶ下 光一（宇都宮市立雀宮中学校教諭）
- 熊本市立碩台小学校（熊本県）
- 茅ヶ崎市立萩園中学校（神奈川県）
- 埼玉栄高等学校（埼玉県）

◇助成部門
- 音楽教育国民会議
- 国際音楽教育協会（英国）

第6回（平8年度）
◇顕彰部門
- 内海町立苗羽小学校（香川県）
- 松本 勤（天理小学校音楽専科教諭）
- 阿南市立阿南中学校箏曲部（徳島県）
- 会津若松市立第三中学校合唱部（福島県）
- 石田 修一（柏市立柏高等学校教諭）
- 松井 郁雄（愛知工業大学名電高等学校教諭）

◇助成部門
- 日本吹奏楽指導者協会（東京都）
- 藤沢市楽譜点訳グループ（神奈川県）
- 国際音楽教育協会（英国）

第7回（平9年度）
◇顕彰部門
- むつ市立苫生小学校（青森県）
- つくば市立吾妻小学校（茨城県）
- 丹沢 博（山梨県八田村立八田中教諭）
- 菅野 正美（福島県立安積女子高教諭）

◇助成部門
- Il Concert dei Giovani（若者の音楽会）（北海道）
- 東京都高等学校音楽教育研究会指導法プロジェクト（東京都）
- マリンバ・ポニーズ（千葉県）
- 藤沢市楽譜点訳グループ（神奈川県）

第8回（平10年度）
◇顕彰部門
- 星美学園小学校音楽特別クラブ（東京都）
- 長野市立柳町中学校（長野県）
- 更埴市立屋代中学校（長野県）
- 大垣市立興文中学校（岐阜県）

◇助成部門
- 大阪ジュニアバンド（大阪府）
- 蓮沼 勇一（暁星小学校音楽科教諭）
- マリンバ・ポニーズ（千葉県）

第9回（平11年度）
◇顕彰部門
- 中里村立貝野小学校リコーダー部（新潟県）
- 清見村立大原小学校（岐阜県）
- 関西創価小学校音楽部（大阪府）
- 広島市立安西中学校吹奏楽部（広島県）
- 国立高等学校（東京都）

◇助成部門
- 埼玉青少年交響楽団（埼玉県）
- 日本教育音楽協会
- 小竹の森音楽祭
- 桃太郎少年合唱団
- マリンバ・ポニーズ（千葉県）

第10回（平12年度）
◇顕彰部門
- 浜松市立篠原小学校（静岡県）
- 滝沢村立姥屋敷中学校（岩手県）
- 丹波山村立丹波中学校（山梨県）
- 新妻 寛（千葉県習志野市教育委員会 学校教育部 主幹）

◇助成部門
- 台東区ジュニアオーケストラ（東京都）
- 小竹の森音楽祭
- 日本教育音楽協会
- 日本音楽家ユニオン

第11回（平13年度）
◇顕彰部門
- 北海道枝幸町立枝幸中学校（馬場信吉校長）
- 埼玉県越谷市立花田小学校（秋元千代子校長）
- 佐賀県唐津市立高島中ギター団サンシャイン（新岡成子教諭）

◇助成部門

愛知県蒲郡市ジュニア吹奏楽団(峯村邦泰代表)
福島コダーイ合唱団(降矢美弥子代表)(福島市)
第12回(平14年度)
◇顕彰部門
岩手県遠野市立遠野小学校(晴山正之校長)
愛知県額田町立千万町小学校(斎藤哲彦校長)
入里叶男(沖縄県浦添市立仲西小教諭)
◇助成部門
広島県立加計高芸北分校神楽部(川野恭稔分校長)
福井ソアーベ児童合唱団(坪口純朗代表)
第13回(平15年度)
◇顕彰部門
東京・いずみ幼稚園(小泉敏男園長)
東京都目黒区立大岡山小合唱団(丸山久代代表)
群馬県立高崎高等養護学校(岡田孝夫校長)
◇助成部門
愛知県岡崎市現職教育委員会音楽部(永田邦雄代表)
伊知地元子(鹿児島県立古仁屋高非常勤講師)
第14回(平16年度)
◇顕彰部門

NPO法人ZEROキッズ(佐々木香代代表)(東京都中野区)
愛媛県八幡浜市立日土東小学校(木村美恵校長)
広島市立福木小学校合唱クラブ(藤山勝典教諭)
ジュニアオーケストラ浜松・ジュニアクワイア浜松(土屋勲団長)(静岡県浜松市)
◇助成部門
沖縄県石垣市立平真小学校マーチングバンドレインボー(上唐務校長)
新座少年少女合唱団(望月秀夫代表)(埼玉県新座市)
山形市音楽振興会(伊藤文雄代表)
第15回(平17年度)
◇顕彰部門
群馬県立前橋女子高等学校音楽部
仙台市立南材木町小学校
◇助成部門
秋田県大仙市立大川西根小学校
点字楽譜普及会トニカ(代表・松永朋子)
第16回(平18年度)
◇顕彰部門
長野市立古里小学校
長野市立通明小学校
宮古市立千徳小学校スクールバンド委員会
◇助成部門
多摩ユースオーケストラ
北海道旭川ジュニア吹奏楽団

237 科学技術映像祭

優れた科学技術に関する映像を選奨し,科学技術の普及と向上を図ることを目的として,昭和35年の科学技術週間開始時に創設された。科学教育部門は第25回より創設。

【主催者】(財)日本科学技術振興財団,(財)日本科学映像協会,(社)映像文化製作者連盟,(財)つくば科学万博記念財団

【選考委員】運営委員会から委嘱された審査委員20名以内をもって審査委員会を構成する。(第50回)石田寛人(審査委員長),武部俊一,餌取章男,高橋真理子,柴田文隆,吉川和輝,影井広美,藤川大之,長坂佳枝,西山彌生,鈴木ゆめ,菅沼純一,牧衷,国本洋三,定村武士,大久保正,長尾英二

【選考方法】公募

【選考基準】(第50回)〔資格〕日本所在の製作者,企画者(スポンサー),テレビ局,学術研究機関および個人の製作した作品で,解説は日本語であること。参加作品は平成20年2月1日～平成21年1月31日までに完成または放映したものであること。〔応募規定〕16ミリフィルム,1/2インチビデオテープ(VHS/S-VHS),Mini DV(家庭用),DVD(ストーリーのあるものに限る。百科事典,ゲームなどは含まない)で公開できるものであること。出品申込み1機関の総参加本数は5本までとし,総上映時間は120分を限度とする。〔対象〕(1)科学教

育部門：主に小学生，中学生，高校生を対象にして製作された教材作品で，物理，化学，地学，生物など，理科教育に関する作品。(2)基礎研究部門：基礎研究および学術研究を紹介した作品で，科学者・技術者が研究を進める手段として製作した映像，または研究業績発表のために用いた映像を含める。(3)科学技術部門：応用研究および最新の科学技術・産業技術および研究開発などを中心に，その現状と将来などの応用面を紹介した作品(たとえば，エレクトロニクス，エネルギー，材料，機械，バイオテクノロジー，農林水産分野などに関するもの)。(4)医学部門：人体の研究および疾病の治療や予防に関する作品で，基礎医学，臨床医学，歯学，薬学，保健などに関する作品。(5)ポピュラーサイエンス部門：上記の各部門に該当しない，科学や技術に関する作品(たとえば，技術史，自然，環境，防災，安全，考古学，人類学などに関するもの)。(6)マルチメディア特別部門：インタラクティブ性のある作品(コンピュータソフト等1つのストリームとして扱えないもので高度な双方向性処理を含むが映像を重視したもの)。ただしDVDのメニュー等簡単な双方向性のみの作品はストリームとして扱えるので(1)〜(5)の各部門で扱う

【締切・発表】毎年1月末日締切，3月文部科学省にてプレス発表。授賞式・入選作品発表上映会は4月の科学技術週間中に科学技術館にて行われる

【賞・賞金】内閣総理大臣賞(1本)：カップ，文部科学大臣賞(14本以内)：盾，審査委員長特別賞

【URL】http://ppd.jsf.or.jp/filmfest

第25回(昭59年度)
◇入賞
　●科学(理科)教育部門
　　学研映像局「ミミズ—体のつくりと生活」
　　日本シネセル，日立製作所「光の科学—日立サイエンスシリーズ」
第26回(昭60年度)
◇入賞
　●科学(理科)教育部門
　　学習研究社「アブラムシの生態」
　　岩波映画製作所「「こぶ」のついた船—エネルギーの保存と船のはやさ」
　　東京シネマ新社「マボヤの発生生物学」
第27回(昭61年度)
◇入賞
　●科学(理科)教育部門
　　共立映画「血液とそのはたらき」
　　岩波映画製作所「虫の冬ごし」
　　学習研究社，日本視聴覚教材センター「ガスを出す虫—化学反応と発熱」
第28回(昭62年度)
◇入賞
　●科学(理科)教育部門
　　共立映社「運動のしくみ—骨と筋肉」
　　学習研究社「耳のつくりとはたらき」
　　東映教育映画部，三菱電機北伊丹製作所「半導体の話—鉱石からLSIへ」
　　シネ・サイエンス，協和醱酵工業「バイオ博士の科学絵本—いのちの話〜大きさくらべ，遺伝子のはたらき，遺伝子くみかえ」

日本放送協会「星空紀行・銀河の世界」(TV)
第29回(昭63年度)
◇入賞
　●科学(理科)教育部門
　　東京文映，東京書籍「極限の世界—超高圧・超低温・超強磁場」
　　学習研究社「エイズってなに？」
　　共立映画社「イオンの移動」
第30回(平1年度)
◇入賞
　●科学(理科)教育部門
　　岩波映画製作所「刺激と反応」
　　東レ科学振興会「ブタを使った理科の実験」
　　日本放送協会「中学校特別シリーズ・理科第2分野—からだのつくりとはたらき(4)心臓」
第31回(平2年度)
◇科学技術庁長官賞
　●科学(理科)教育部門
　　共立映画社〔企画・製作〕「カマキリ—みてみよう・しらべてみよう」(16mm19分)
　　学習研究社〔企画・製作〕「カニの足とハサミ」(16mm5分)
第32回(平3年度)
◇科学技術庁長官賞
　●科学教育部門
　　学習研究社〔企画・製作〕「カマキリのカムフラージュ—生態を進化の考えでみる」(16mm18分)

東映教育映画部〔企画・製作〕「トンボがかたる自然環境」(16mm26分)
岩波映画製作所〔企画・製作〕「生きもののかかわりあい―人と環境」(16mm10分)

第33回(平4年度)
◇科学技術庁長官賞
　●科学教育部門
　　国立科学博物館〔企画〕,シネ・サイエンス〔製作〕「落ち葉とみみず」(ビデオ5分)
　　岩波映画製作所〔企画・製作〕「空気の中の水じょう気」(16mm10分)

第34回(平5年度)
◇科学技術庁長官賞
　●科学教育部門
　　岩波映画製作所〔企画・製作〕「流れる水のはたらき」(16mm10分)
　　国土緑化推進機構〔企画〕,日本シネセル〔製作〕「森林と人間・日本人と木の文化―森林サイエンスシリーズ」(16mm30分)
　　東海テレビ放送〔企画・製作〕「てれび博物館No.660空気の力はトラック2台分!?17世紀の大実験!!」(TV27分)

第35回(平6年度)
◇科学技術庁長官賞
　●科学教育部門
　　学習研究社〔企画・製作〕「土地のでき方」(16mm10分)
　　日本たばこ産業〔企画〕,アイカム〔製作〕「雄はなぜ雌を追いかけるのでしょう―遺伝子が決める愛の形・科学ミニライブラリー」(ビデオ8分)
　　沖縄テレビ放送〔企画・製作〕「不思議!なぜ?沖縄の生物たち―山原に生き続けるノグチゲラ」(TV24分)

第36回(平7年度)
◇内閣総理大臣賞
　●科学教育部門　群像舎〔企画・製作〕「サシバ 海を渡るタカ」(16mm35分)
◇科学技術庁長官賞
　●科学教育部門
　　東映〔企画・製作〕「光とレンズ」(16mm12分)
　　光村教育図書〔企画・製作〕「死―生きる動物に学ぶ(8)」(ビデオ27分)
　　沖縄テレビ放送〔企画・製作〕「琉球列島の小さな生き物たち」(TV51分)

第37回(平8年度)
◇科学技術庁長官賞
　●科学教育部門
　　岩波映画製作所〔企画・製作〕「洗剤の働き」(16mm10分)
　　日本ビジュアルコミュニケーションセンター〔企画・製作〕「東京のカワウ―不忍池のコロニー」(ビデオ37分)

第38回(平9年度)
◇科学技術庁長官賞
　●科学教育部門
　　日本宇宙少年団,イメージサイエンス「飛べ!!水ロケット」
　　日本シネセル「遺伝のしくみ」
　　堀込 智之(宮城県教育研修センター指導員)「動いた!波力エアポンプ」

第39回(平10年度)
◇科学技術庁長官賞
　●科学教育部門
　　国立天文台「ようこそ国立天文台へ―宇宙の神秘に挑む天文学者たち」
　　堀田 康夫(愛知県立一宮高校教諭)「田んぼの中の不思議な生きものたち―水の中の食物連鎖」
　　日本放送協会「土曜特集・サイエンスマジック 遊ぼう!太陽で大実験」

第40回(平11年度)
◇科学技術庁長官賞
　●科学教育部門
　　国立天文台「電波でさぐる宇宙」
　　金沢工業大「感動!夏休み僕らの科学体験'98」
　　三重県総合教育センター「メダカの誕生」

第41回(平12年度)
◇科学技術庁長官賞
　●科学教育部門
　　堀田 康夫「ゾウリムシ」
　　東海テレビ放送「てれび博物館No.979 飛ぶか!? 全長3メートル紙ヒコーキ!! 折り紙ヒコーキの極意教えます」

第42回(平13年度)
◇文部科学大臣賞
　●科学教育部門
　　東海テレビ放送,テレビキッズオフィス「てれび博物館No.1036 小さな体に秘められた謎!なぜ光る?不思議な命ホタルイカ!」
　　群馬県立自然史博物館「種の散布にみる植物の知恵」

第43回(平14年度)
◇文部科学大臣賞
　●科学教育部門
　　能勢 武夫,能勢 広「ギフチョウと生きる郷―神奈川県藤野町篠原・牧馬地区の記録」

V 音楽・芸能

堀田 康夫「プラナリア」
東亜天文学会「皆既日食—その神秘のメカニズム」

第44回(平15年度)
◇文部科学大臣賞
  • 科学教育部門
    日本放送協会「水の一生『雲のふしぎ』」
    いたばし野鳥クラブ,群像舎「街で子育て 小さな猛きん ツミ」
    堀田 康夫「春の妖精たち—植物の生存戦略」

第45回(平16年度)
◇文部科学大臣賞
  • 科学教育部門
    文部科学省国立天文台,イメージサイエンス「国立天文台紹介ビデオシリーズ 不思議の星・地球」
    日本総合研究所,科学技術振興機構,映像館「未来を創る科学者達 プラナリアから学ぶ再生の秘密—阿形清和」
    三重大学教育学部生物学教室後藤研究室「ザリガニのふえ方」

第46回(平17年度)
◇文部科学大臣賞
  • 科学教育部門
    堀田 康夫〔企画・製作〕「シダ植物〜太古の森の末裔たち〜」(ビデオ/25分)
    名古屋大学大学院理学研究科〔企画〕,日本テレビビデオ〔製作〕「SCIENCE〜名古屋大学が解き明かす宇宙・地球・生命・そして物質〜」(ビデオ/31分)
    文部科学省科学技術・学術政策局基盤政策課〔企画〕,映像館〔制作〕「自然にひそむ数と形(1)不思議な数列」(ビデオ/14分)
    紀伊國屋書店〔企画〕,ポルケ〔製作〕「紀伊國屋書店評伝シリーズ『学問と情熱』寺田寅彦〜ねえ君,不思議だと思いませんか?〜」(ビデオ/50分)

第47回(平18年度)
◇文部科学大臣賞
  • 科学教育部門
    岡山県立玉野高等学校生物同好会〔企画・制作〕「ゾウリムシの電気走性」

堀田 康夫〔企画・製作〕(Euglena)「ボルボックス 〜謎の球形生物〜」
宇宙航空研究開発機構〔企画〕,イメージサイエンス〔製作〕「宇宙科学研究本部 宇宙へ飛び出せ ビデオシリーズ VOL.11 3万kmの瞳 〜宇宙電波望遠鏡で銀河ブラックホールに迫る〜」
科学技術振興機構〔企画〕,NHKテクニカルサービス〔製作〕「サイエンスチャンネル・スペシャル ニュートンとゲーテ 〜物理学者と文学者が導き出した色の科学〜」

第48回(平19年度)
◇文部科学大臣賞
  • 科学教育部門
    EUGLENA,堀田 康夫〔企画・製作〕「植物のデザイン 葉、茎、根、花〜種子 形に潜む秘密〜」
    特定非営利活動法人オオタカ保護基金,群像舎〔企画・制作〕「里山の猛きんオオタカ〜那須野ヶ原からの旅立ち〜」
    東京大学宇宙線研究所〔企画〕,岩波映像〔制作〕「スーパーカミオカンデ〜素粒子と宇宙の秘密を探る〜」

第49回(平20年度)
◇文部科学大臣賞
  • 科学教育部門 堀田 康夫〔企画・製作〕(EUGLENA)「植物の生殖〜花のメカニズム2つの生殖法〜」
◇主催者賞
  • 科学教育部門 独立行政法人防災科学技術研究所〔企画〕,独立行政法人科学技術振興機構〔企画〕,NECメディアプロダクツ〔制作〕「地震研究の最前線!〜地震から社会を守るサイエンス〜」

第50回(平21年度)
◇文部科学大臣賞
  • 科学教育部門 ベネッセ教育研究開発センター〔企画〕,慶応義塾大学佐藤雅彦研究室〔企画〕,ユーフラテス〔製作〕「日常にひそむ数理曲線」
◇部門優秀賞
  • 科学教育部門 文部科学省科学技術・学術政策局〔企画〕,映像館〔製作〕「自然がつくる色の世界」

238 北九州&アジア全国洋舞コンクール

　北九州市と全国およびアジア各国に広く交流の輪を広げ、わが国ならびにアジア洋舞界の次代を担う舞踊家の発掘育成に助し、発展貢献に貢献することを目的とし、平成3年から開始された。隔年開催。
【主催者】北九州&アジア全国洋舞コンクール実行委員会
【選考委員】委員長：うらわまこと、全部門：白石裕史、深川秀夫、黒田呆子、A部門：今村博明、関直人、堀内充、朱美麗(中国)、B・C・D部門：折田克子、金井芙三枝、渥見利奈、劉美那(韓国)、C・D部門：頼秀峰(台湾)、李美南
【選考基準】〔資格〕A部門(バレエ)：ジュニア3：満6歳(小1)以上〜9歳(小4)、ジュニア2：満10歳(小5)以上〜13歳(中2)、ジュニア1：満14歳(中3)以上〜17歳(高3)、シニア：満18歳(高卒)以上。B部門(モダンダンス)：ジュニア2：満5歳以上〜11歳(小6)、ジュニア1：満12歳(中1)以上〜17歳(高3)、シニア：満18歳(高卒)以上。C部門(ヴァリアス)：ジュニア：満4歳〜14歳(中3)、シニア：満15歳(高1)以上。D部門 バリアフリー(障害者)：障害者の種別、年齢は問わない。〔対象〕A部門：独創的なモダンバレエの参加も可。クラシックバレエはヴァリエーションのみとする。C部門：民族舞踊、児童舞踊、フラメンコ、ジャズダンス、民謡等。または、演劇的、歌唱的、ミュージカル的舞踏等、分野を越えたあらゆる発想の総合部。D部門：車椅子での参加も可
【締切・発表】(第10回)申込期間は平成21年6月1日〜6月15日(必着)。コンクールは8月20日〜23日、九州厚生年金会館にて開催
【賞・賞金】〔A・B・C部門シニア〕1位：賞金50万円とメダル、2位：賞金30万円とメダル、3位：賞金10万円とメダル。〔A・B・C部門ジュニア1, 2, 3〕1〜3位：メダルと副賞。〔D部門 バリアフリー〕(特別賞のほかは数曲を入賞とし、順位はつけない)：メダル。文部科学大臣賞：賞状、BE MOVED GRAND PRIX(感動する最高賞)：表彰盾、賞金50万円、指導者賞：表彰盾、賞金20万円、国際交流賞：表彰盾、賞金20万円、奨励賞：賞状、賞金20万円、チャレンジャー賞：賞状、賞金10万円、準チャレンジャー賞：賞状、賞金5万円

第1回(平3年)
　◇A部門ジュニア部
- 第1位　市来 今日子(福岡県・田中千賀子バレエスタジオ)「コッペリア」第3幕よりスワニルダのVa.
- 第2位　越田 絵里子(山口県・杉原和子バレエアート)「眠れる森の美女」第3幕よりオーロラのVa.
- 第3位　田中 ルリ(福岡県・田中千賀子バレエスタジオ)「眠れる森の美女」第3幕よりオーロラのVa.

　◇B部門ジュニア部
- 第1位　大堀 滋子(東京都・平多正於舞踊研究所)「オレンジを持った少年」
- 第2位　春日井 静奈(青森県・春日井バレエ・アート)「光る森」
- 第3位　黒田 寧、黒田 由(福岡県・黒田バレエスクール)「日曜日の白い雲」

第2回(平5年)
　◇A部門ジュニア部
- 第1位　森 伊佐(大阪府・ワクイバレエスクール)「エスメラルダ」よりエスメラルダのVa.
- 第2位　藤田 清香(山口県・杉原和子バレエアート)「エスメラルダ」よりVa.
- 第3位　熊野 文香(大分県・佐藤朱音バレエ研究所)「パキータ」よりVa.

　◇B部門ジュニア部
- 第1位　田中 千絵(石川県・ナカムラ・モダンバレエ研究所)「水仙の香り波間に漂う」
- 第2位　黒田 寧(福岡県・黒田バレエスクール)「お守り袋」
- 第3位　永井 啓子(石川県・ナカムラ・モダンバレエ研究所)「足の為のエチュード」

第3回(平7年)
◇A部門ジュニア2
- 第1位 柳原 麻子(大阪府・ワクイバレエスクール)「眠れる森の美女」第3幕より青い鳥のVa.
- 第2位 該当者なし
- 第3位 倉永 美沙(大阪府・地主薫エコールド・バレエ)「エスメラルダ」よりVa.

◇A部門ジュニア1
- 第1位 荻本 美穂(福岡県・坂本バレエスタジオ)「眠れる森の美女」第3幕よりオーロラのVa.
- 第2位 長田 佳世(大阪府・ワクイバレエスクール)「ジゼル」よりジゼルのVa.
- 第3位 立石 梨紗(大阪府・福本静江バレエ研究所)「眠れる森の美女」第1幕よりローズアダジオのVa.

◇B部門ジュニア2
- 第1位 西 智佳, 岩永 真美(福岡県・黒田バレエスクール)「リンゴを狙え」
- 第2位 中川 賢(富山県・和田朝子舞踊研究所)「樹―遙かな命を僕は知る」
- 第3位 工藤 奈織子(秋田県・川村泉舞踊団)「この道の向こうに…」

◇B部門ジュニア1
- 第1位 中野 円(秋田県・川村泉舞踊団)「菜の花とノクターン」
- 第2位 長田 佳世(大阪府・ワクイバレエスクール)「囀りに誘われて」
- 第3位 月形 悠紀子, 高山 富美子(福岡県・黒田バレエスクール)「水辺月夜」

◇C部門ジュニア
- 第1位 亀田 舞香, 大田 真弓, 宮本 せいら, 植木 茜, 久貫 悠美, 久貫 聡子, 郡司 恵利佳, 入江 温子, シャルマ 紗花(福岡県・黒田バレエスクール), 高瀬 有衣子「お彼岸の遠足」
- 第2位 張 雅貞, 許 杏君, 李 微, 蕭 権君, 楊 書綺, 陳 宣均, 呉 婉綺, 陳 怡静, 林 欣怡(台湾・王玲舞踏研究所)「旗」

第4回(平9年)
◇A部門ジュニア2
- 第1位 藤岡 千華(山口県・田中千賀子ジュニアバレエ団)「エスメラルダ」よりVa.
- 第2位 槙 美晴(福岡県・坂本バレエスタジオ)「パキータ」よりVa.
- 第3位 李 娥英(韓国・韓国芸術綜合学校舞踊院)「Gavotte」

◇A部門ジュニア1
- 第1位 金 志英(韓国・韓国芸術綜合学校舞踊院)「ドン・キホーテ」よりドルシネアのVa.

- 第2位 小松 見帆(広島県・小池バレエスタジオ)「サタネラ」
- 第3位 徳永 由貴(福岡県・杉原和子バレエアート)「海賊」よりVa.

◇B部門ジュニア2
- 第1位 伊藤 智子〔他3名〕(山口県・黒田バレエスクール)「ともだち」
- 第2位 大内 万里江(秋田県・川村泉舞踊団)「悩める舞曲」
- 第3位 石川 璃沙(秋田県・川村泉舞踊団)「つぶやき」

◇B部門ジュニア1
- 第1位 三枝 美穂(東京都・渡辺宏美モダンダンススタジオ)「砂丘伝説」
- 第2位 川村 真奈(秋田県・川村泉舞踊団)「あこがれ」
- 第3位 黒田 寧〔他12名〕(福岡県・黒田バレエスクール)「Sei-Ya」

◇C部門ジュニア
- 第1位 林 美穂〔他14名〕(山口県・黒田バレエスクール)「遊ぶ」
- 第2位 名嶋 飛鳥〔他10名〕(福岡県・黒田バレエスクール)「メルヘンタイム」
- 第3位 白石 麻美〔他15名〕(山口県・加藤舞踊学院)「ねずみで候」

第5回(平11年)
◇A部門ジュニア2
- 第1位 近永 朋香(広島県・池本バレエスクール)「ダイアナとアクティオン」よりダイアナのVa.
- 第2位 金 愛例(韓国・KOREA BALLAT SCHOOL)「眠れる森の美女」よりオーロラのVa.
- 第3位 朴 빛나(韓国・韓国芸術綜合学校舞踊院)「夏」

◇A部門ジュニア1
- 第1位 大西 詩乃(大阪府・北山・大西バレエ団)「シルヴィア」よりVa.
- 第2位 竹内 翼(福岡県・坂本バレエスタジオ)「くるみ割り人形」より金平糖のVa.
- 第3位 湯浅 永麻(広島県・池本バレエスクール)「グラン・パ・クラシック」よりVa.

◇B部門ジュニア2
- 第1位 久貫 聡子〔他8名〕(福岡県・黒田バレエスクール)「人形たちの部屋」
- 第2位 広瀬 望帆(東京都・渡辺宏美綜合芸術学院)「聖夜―導く光へ」
- 第3位 山田 聡子(宮城県・高橋裕子モダンバレエ研究所)「冬のつばめ」

◇B部門ジュニア1

- 第1位　高山 富美子(山口県・黒田バレエスクール)「私のなかの渦」
- 第2位　古田 有紀(福岡県・黒田バレエスクール)「原爆記念日の夜」
- 第3位　上野 天志(山梨県・南部美紗子ダンスユニット)「さまよう」

◇C部門ジュニア
- 第1位　鎌田 友里〔他13名〕(山口県・黒田バレエスクール)「春の別れ」
- 第2位　細川 治子〔他8名〕(山口県・黒田バレエスクール)「本日開店」
- 第3位　鐘 長宏(台湾・郭穂蓮舞踊研究所)「剣舞」

第6回(平13年)
◇A部門バレエジュニア2
- 第1位　中村 志歩(滋賀・畠中三枝バレエ教室)「エスメラルダ」よりエスメラルダのVa.
- 第2位　石橋 理恵(福岡・田中千賀子ジュニアバレエ団)「グラン・パ・クラシック」よりVa.
- 第3位　小野 彩花(奈良・大西縁バレエスクール)「ラ・フィユ・マルガルデ」よりリーズのVa.

◇A部門バレエジュニア1
- 第1位　福岡 雄大(大阪・ケイバレエスタジオ)「ダイアナとアクティオン」よりアクティオンのVa.
- 第2位　近永 朋香(広島・池本バレエスクール)「シルヴィア」よりシルヴィアのVa.
- 第3位　副 智美(福岡・田中千賀子ジュニアバレエ団)「くるみ割り人形」より金平糖の精のVa.

◇B部門モダンジュニア2
- 第1位　広瀬 望帆(東京・渡辺宏美綜合芸術学院)「月の船」
- 第2位　秋山 夏希(東京・渡辺宏美綜合芸術学院)「深海の使者」
- 第3位　藤本 真未(4名)(福岡・黒田バレエスクール)「海辺に寄せる抒情」

◇B部門モダンジュニア1
- 第1位　池田 美佳(秋田・吉沢蔦バレエスタジオ)「海・きらめく刻」
- 第2位　高瀬 諳希子(東京・H・Tグループ)「昔からある場所」
- 第3位　高比良 洋(福島・横山慶子舞踊団付属モダンバレエ研究所)「乾いた街」

◇C部門ヴァリアスジュニア
- 第1位　康 香織(5名)(三重・李美南舞踊研究会・名古屋支部名古屋コリアンスクール)「希望の太鼓」
- 第2位　李 蘭淑(2名)(広島・ミレ朝鮮舞踊研究所)「バラの舞」

- 第3位　入江 温子(8名)(福岡・黒田バレエスクール)「月明かりのローズに魅せられて」

第7回(平15年)
◇A部門ジュニア2
- 第1位　辻 翔子(福岡県, 田中千賀子ジュニアバレエ団)「エスメラルダ」よりVa.
- 第2位　蔡 智瑛(韓国, 韓国芸術総合学校)「Flame of Paris」

◇A部門ジュニア1
- 第1位　福田 圭吾(大阪府, ケイバレエスタジオ)「ドン・キホーテ」よりバジルのVa.
- 第2位　藤岡 あや(大阪府, ケイバレエスタジオ)「エスメラルダ」よりダイアナのVa.

◇B部門ジュニア2
- 第1位　井本 妃南(福岡県, 黒田バレエスクール)「この空のどこにたどりつくのだろう」
- 第2位　相沢 優(宮城県, 平多浩子舞踊研究所)「春うらら」

◇B部門ジュニア1
- 第1位　三田 瑤子(山口県, 黒田バレエスクール)「新しい日の出の挽歌」
- 第2位　瀬尾 美喜(山口県, 黒田バレエスクール)「失意の行方」

◇C部門ジュニア
- 第1位　入江 温子〔他15名〕(福岡県, 黒田バレエスクール)「黒田節 弥生の賦」
- 第2位　真鍋 郁〔他11名〕(福岡県, 黒田バレエスクール)「ともに福」

第8回(平17年)
◇A部門ジュニア2
- 第1位　河村 智奈里(山口県, 黒木隆江バレエスタジオ)「エスメラルダ」よりダイアナのVa.
- 第2位　山本 景登(滋賀県, 畠中三枝バレエ教室)「エスメラルダ」よりダイアナのVa.

◇A部門ジュニア1
- 第1位　美羽 礼加(大阪府, 北山大西バレエ団)「海賊」よりVa.
- 第2位　的場 涼香(大阪府, 北山大西バレエ団)「ドン・キホーテ」第3幕よりキトリのVa.

◇B部門ジュニア2
- 第1位　中島 雅(山口県, 黒田バレエスクール)「旅立つとき」
- 第2位　塚田 寛子〔他1名〕(福岡県, 黒田バレエスクール)「姉妹」

◇B部門ジュニア1

- 第1位　佐々木 彩香(福岡県, 黒田バレエスクール)「行きづまりの散歩道」
- 第2位　井本 妃南(福岡県, 黒田バレエスクール)「青い月を追う狐」

◇C部門ジュニア
- 第1位　若松 杏由未〔他8名〕(福岡県, 黒田バレエスクール)「黄門さん」
- 第2位　権 梨世(福島県, 玄佳宏朝鮮舞踊研究所)「〈ムダンの舞〉いのり」

第9回(平19年)
◇A部門ジュニア2
- 第1位　三原 花奈子(山口県, MBSマリバレエスクール)「サタネラ」よりVa.
- 第2位　中村 友希子(山口県, MBSマリバレエスクール)「エスメラルダ」よりエスメラルダのVa.

◇A部門ジュニア1
- 第1位　盆子原 美奈(広島県, 小池バレエスタジオ)「眠れる森の美女」第1幕よりオーロラのVa.
- 第2位　井平 麻美(広島県, 小池バレエスタジオ)「サタネラ」よりVa.

◇B部門ジュニア2
- 第1位　塚田 寛子(福岡県, 黒田バレエスクール)「風は少女になりたくて」
- 第2位　小野 真莉子(福岡県, 黒田バレエスクール)「草原の詩」

◇B部門ジュニア1
- 第1位　朱 柯(中国, 同済大学電影学院)「寛路」
- 第2位　井本 妃南(福岡県, 黒田バレエスクール)「かげった森のバラード」

◇C部門ジュニア
- 第1位　李 冠璇(台湾, 歐陽慧珍舞踏団)「小猿芝居」
- 第2位　奥本 かな子〔他13名〕(福岡県, 黒田バレエスクール)「チョンマゲメルヘン」

---

239 教育映像祭(優秀映像教材選奨, 教育映画祭)

　教育映画等映像教材に対する一般の関心を高めるとともに, その利用の拡大と質的向上を促進し, 視聴覚教育の一層の普及と振興をはかることを目的として, 昭和29年に創設された。

【主催者】(財)日本視聴覚教育協会

【選考委員】学識経験者, 学校教育・社会教育・職能教育等の現場指導者, 関係機関・団体等の代表者等によって構成される審査委員会

【選考方法】公募

【選考基準】〔資格〕日本の映画・ビデオ・スライド・DVD・コンピュータソフトウェア制作者。〔対象〕第55回の場合, 平成19年6月1日より平成20年5月31日までに完成の, 教材映画・ビデオ・スライド・DVD・コンピュータソフトウェア。上映時間1時間以内の作品とし, 外国制作作品の日本語版は対象外。教育映画部門：(1)学校教育部門：小学校向教材(幼稚園・小学校児童向：各教科, 道徳, 特別活動等の教材映画), 中学校向教材(中学校生徒向：各教科, 道徳, 特別活動等の教材映画), 高等学校向教材(高等学校生徒向：各教科, 特別活動等の教材映画), (2)社会教育部門：家庭生活の向上に資する教材(家庭の生活設計, 家庭の消費生活および家庭教育等に関する教材映画), 市民生活の向上に資する教材(市民的教養のかん養, 地域社会, 社会連帯意識のかん養, 国際性の啓培等に関する教材映画), (3)職能教育部門(経営, 人事・労務, 生産, マーケティング等領域, 階層別および農林水産, 現職教育等教材映画), (4)児童劇・動画部門(児童劇および動画映画), (5)教養部門(記録, 文化, 科学, 産業等の教養映画)

【締切・発表】(第55回)平成20年6月2日申込締切, 8月8日新聞ほかで発表, 9月19日東京千代田区霞が関・東海大学校友会館にて表彰式

【賞・賞金】文部科学大臣賞(最優秀作品賞), 優秀作品賞

【URL】http://www.javea.or.jp/

第1回(昭29年)
　◇最高賞
　　●学校部門　岩波映画「蚊」
第2回(昭30年)
　◇最高賞
　　●学校部門　岩波映画「かえるの発生」
第3回(昭31年)
　◇最高賞
　　●学校部門　日映新社「雪国の生活」
　　●児童劇部門　東映「野口英世の少年時代」
第4回(昭32年)
　◇最高賞
　　●学校部門　日映新社「地図と地形」
　　●児童劇部門　東映「いねむり一家」
第5回(昭33年)
　◇最高賞
　　●学校部門　学研「モンシロチョウ」
　　●児童劇部門　民芸映画社「オモニと少年」
第6回(昭34年)
　◇最高賞
　　●学校部門　学研「あさりの観察」
　　●児童劇部門　東映「六人姉妹」
第7回(昭35年)
　◇優秀作品賞
　　●学校部門
　　　学研「いねの成長」
　　　日経映画社「鉄の加工」
　　　学研「たのしい紙工作」
　　　学研「えんそく」
　　　東映「君たちはどういきるか」
　　　学研「いなかねずみとまちねずみ」
第8回(昭36年)
　◇優秀作品賞
　　●学校部門
　　　岩波映画「メダカの卵」
　　　東映「村や町のむすびつき」
　　　光報道工芸「やさしいデザイン」
　　　東映「みんなでやろう教室劇」
　　　東映「津波っ子」
　　　学研「かぐや姫」
第9回(昭37年)
　◇最高賞
　　●学校部門
　　　科学映画研究所「ジガバチモドキの観察」
　　　共立映画社「日本の気候」
　　　日経映画社「精巧な歯車を作る」
　　　学研「なかよしのあいさつ」
　　　東映「牛飼いっ子」
　　　東京中央人形劇場,電通映画社「動物オリンピック」
第10回(昭38年)
　◇最高賞
　　●学校部門
　　　学研「つばめのかんさつ」
　　　岩波映画「日本の漁業」
　　　電通映画社「切削理論」
　　　記録映画社「私たちの修学旅行―奈良・京都」
　　　東映「ぼくも人間きみも人間」
　　　学研「セロひきのゴーシュ」
第11回(昭39年)
　◇最高賞
　　●学校部門
　　　岩波映画「水の圧力」
　　　共立映画社「山おくのくらし」
　　　東映「配色」
　　　東映「白さぎと少年」
第12回(昭40年)
　◇最高賞
　　●学校部門
　　　学研「遣唐使」
　　　岩波映画「振り子の運動」
　　　東映「化学平衡」
　　　東映「みんなで泳ごう」
　　　記録映画社「首都東京」
　　　学研「つるのおんがえし」
第13回(昭41年)
　◇最高賞
　　●学校部門
　　　学研「近代百年の歩み」
　　　学研「さくらの四季」
　　　岩波映画「力のおよぼしあい」
　　　岩波映画「コロイド」
　　　東京シネマ「ヒトの染色体」
　　　学研「わらしべ長者」
　　　電通映画社「ふしぎなくすり」
第14回(昭42年)
　◇最高賞
　　●学校部門
　　　東映「南氷洋の捕鯨」
　　　朝日テレビニュース社「土地と人」
　　　岩波映画「ものの燃える速さ」
　　　東映「立体構成の基礎」
　　　日本技術映画社「地下を進む都市開発」
　　　東京シネマ「ムツゴロウとこどもたち」
　　　東映「海に生きる」
　　　学研「マッチ売りの少女」
第15回(昭43年)
　◇最高賞
　　●学校部門
　　　東映「狂言」
　　　共立映画社「海べの村山の村」
　　　東映「農業とかんがい用水」
　　　東映「落葉樹と常緑樹」
　　　東映「彫刻の基礎」

日本技術映画社「超高層霞が関ビル」
共立映画社「日光をさぐる」
東映「タカと少年」
学研「海ひこ山ひこ」
第16回（昭44年）
　◇最高賞
　　● 学校部門
　　　共立映画社「絵地図から平面図へ」
　　　共立映画社「聖徳太子と飛鳥文化」
　　　学研「集合の考え」
　　　東映「コオロギの観察」
　　　東映「植物群落のうつり変わり」
　　　東映「ニホンザル」
　　　東京文映「山ノ辺の道」
　　　東映「こういう人にぼくはなりたい」
　　　学研「みにくいあひるの子」
第17回（昭45年）
　◇最高賞
　　● 学校部門
　　　学研「平家物語の世界」
　　　学研「米作り農家の一年」
　　　学研「キリシタンとヨーロッパの文化」
　　　学研「たまごからひよこへ」
　　　東映「ヤドカリの生活」
　　　東映「つるすかざりモビール」
　　　日映科学「文楽」
　　　東映「わたしのおじいちゃん」
　　　英映画社「津軽の子ら」
　　　東映「馬と少年」
　　　学研「花ともぐら」
第18回（昭46年）
　◇最高賞
　　● 学校部門
　　　共立映画社「金閣から銀閣へ」
　　　岩波映画「世界の船をつくる」
　　　日映科学「地球と世界地図」
　　　学研「火山のなりたちとうつりかわり」
　　　日本林業技協「森林は生きている」
　　　学研「たのしいリズム」
　　　戸田プロ「飛翔」
　　　東映「いすの設計」
　　　東映「みんなほんとは友だちだ」
　　　東映「東京—むかしと今」
　　　東映「ぼくの犬キング」
　　　学研「チコタン」
第19回（昭47年）
　◇最高賞
　　● 学校部門
　　　共立映画社「寒さのきびしい十勝平野」
　　　学研「産業の発達と公害」
　　　東映「日本の印刷文化」
　　　学研「確からしさ」
　　　学研「水中の生物のつりあい」

岩波映画「物質の融点」
岩波映画「彫塑の表現」
東映「ぼくのおかあさん」
東京ビデオプロ「てんまのとらやん」
第20回（昭48年）
　◇教育映画（最優秀作品賞）
　　● 学校部門
　　　東映「川原のようすと水の流れ」
　　　学研「自然のつりあいと保護」
　　　学研「動物の行動をさぐる」
　◇スライド（最優秀作品賞）
　　● 学校部門　学研「オーケストラの楽器—I・II」
第21回（昭49年）
　◇教育映画（最優秀作品賞）
　　● 学校部門
　　　学研「心ぞうのしくみ」
　　　共立映画社「植物の反応」
第22回（昭50年）
　◇教育映画（最優秀作品賞）
　　● 学校部門
　　　学研「江戸時代の川と海の交通」
　　　記録映画社「観察して描く」
　　　学研「ひなにとって親とは何か」
　◇スライド（最優秀作品賞）
　　● 学校部門　美術出版デザインセンター「デザイン・工芸教育I・II」
第23回（昭51年）
　◇教育映画（最優秀作品賞）
　　● 学校部門
　　　共立映画社「山ではたらく人」
　　　鹿島映画「詩人とふるさと」
　　　シネ・サイエンス「染色体に書かれたネズミの歴史」
　◇スライド（最優秀作品賞）
　　● 学校部門　学研「埋もれた王国I・II・III（未来への遺産より）」
第24回（昭52年）
　◇教育映画（最優秀作品賞）
　　● 学校部門
　　　共立映画社「奈良の都—平城京」
　　　東映「昆虫記の世界—カリバチの習性と本能」
　　　シネ・サイエンス「たまごからヒトへ」
　◇スライド（最優秀作品賞）
　　● 学校部門　学研「精選・資料日本史」
第25回（昭53年）
　◇教育映画（最優秀作品賞）
　　● 学校部門
　　　東映「小川でみつけたメダカやゲンゴローたち」
　　　東映「勧進帳」
　　　共立映画社「漱石の世界」

◇スライド（最優秀作品賞）
- 学校部門　学研「表現につながる美術鑑賞・西洋編」

第26回（昭54年）
◇教育映画（最優秀作品賞）
- 学校教育部門・小学校向　共立映画社「富士川をさかのぼって―国土をさぐる」
- 学校教育部門・中学校向　東映「アメリカ合衆国の産業―農業の特色」
- 一般教養部門児童劇・動画等　学研「わたんべとすばらしい仲間」

◇スライド（最優秀作品賞）
- 学校教育部門・幼稚園向　該当作なし
- 学校教育部門・小学校向　該当作なし
- 学校教育部門・中学校向　東洋教材研究所「有珠山噴火の記録」

第27回（昭55年）
◇教育映画（最優秀作品賞）
- 学校教育部門・小学校向　共立映画社「家光と江戸幕府」
- 学校教育部門・中学校向　共立映画社「花と受粉」
- 一般教養部門児童劇・動画等　近代映画協会,教育映画配給社「おじいちゃんのおくりもの」

◇スライド（最優秀作品賞）
- 学校教育部門・幼稚園向　該当作なし
- 学校教育部門・小学校向　アーニ出版「小学生版 こんにちわ！13才」
- 学校教育部門・中学校向　学研「新版 精選世界地理シリーズ」

第28回（昭56年）
◇教育映画（最優秀作品賞）
- 学校教育部門・小学校向　共立映画社「てんとうむし」
- 学校教育部門・中学校向　岩波映画「中華人民共和国の農業」
- 一般教養部門児童劇・動画等　日本記録映画研究所「海とお月さまたち」

◇スライド（最優秀作品賞）
- 学校教育部門・幼稚園向　該当作なし
- 学校教育部門・小学校向　学研「小学校理科学年別シリーズ・全6集」
- 学校教育部門・中学校向　美術出版「中学生の絵画・版画・彫塑の表現」

第29回（昭57年）
◇教育映画（最優秀作品賞）
- 学校教育部門・小学校向　共立映画社「アゲハチョウ」
- 学校教育部門・中学校向　学研「構成の楽しさ」
- 学校教育部門・高等学校向　学研「昆虫の行動とフェロモン」

- 児童劇・動画部門　桜映社,エコー「おこんじょうるり」

◇スライド（最優秀作品賞）
- 学校教育部門・幼稚園向　該当作なし
- 学校教育部門・小学校向　該当作なし
- 学校教育部門・中学校向　学研「中学校理科シリーズ第2分野―地学編・生物編―全6集」
- 学校教育部門・高等学校向　農山漁村文化協会「栽培環境シリーズ・全4巻」

第30回（昭58年）
◇映画ビデオ（最優秀作品賞）
- 学校教育部門・小学校向　共立映画社「聖武天皇と奈良の大仏」
- 学校教育部門・中学校向　岩波映画「力の平行四辺形」
- 学校教育部門・高等学校向　桜映社「漢字の表現―篆書と隷書」
- 児童劇・動画部門　該当作なし

◇スライド（最優秀作品賞）
- 学校教育部門・幼稚園向　該当作なし
- 学校教育部門・小学校向　アーニ出版「背骨がまがったら？」
- 学校教育部門・中学校向　該当作なし
- 学校教育部門・高等学校向　学研「精選現代の地理―全5集」

第31回（昭59年）
◇映画ビデオ（最優秀作品賞）
- 学校教育部門・小学校向　共立映画社「伝統にいきる工業―出雲和紙」
- 学校教育部門・中学校向　学研「アブラムシの生態」
- 学校教育部門・高等学校向　学研「奥の細道の世界」
- 児童劇・動画部門　東映「ぼくの熊おじさん」

◇スライド（最優秀作品賞）
- 学校教育部門・中学校向　学研「新版主題日本の地理 全7集」
- 学校教育部門・高等学校向　学研「精選生物資料集 全7集」

第32回（昭60年）
◇映画ビデオ（最優秀作品賞）
- 学校教育部門・小学校向　共立映画社「貴族の世の中」
- 学校教育部門・中学校向　共立映画社「血液とそのはたらき」
- 学校教育部門・高等学校向　東映「縄文時代―自然環境と人びとのくらし」

◇スライド（最優秀作品賞）

Ⅴ 音楽・芸能

- 学校教育部門・幼稚園向　東京エコー「世界の名作童話 10選」

第33回(昭61年)
◇教育映画(最優秀作品賞)
- 学校教育部門・小学校向　共立映画社「ゆきちゃんのこんにちは」
- 学校教育部門・中学校向　学研「カエルの解剖」
- 学校教育部門・高等学校向　学研「ヒキガエルの発生」
- 児童劇・動画部門　学研「蛇女房」

◇ビデオ(最優秀作品賞)
- 学校教育部門・小学校向　共立映画社「かわいいどうぶつ―みてみよう・さわってみよう」

◇スライド(最優秀作品賞)
- 学校教育部門・中学校向　東京シネ・ビデオ「友情の井戸―ネパールに井戸を掘る1円玉募金」
- 学校教育部門・高等学校向　学研「人類と文化シリーズ 全2集」

第34回(昭62年)
◇教育映画(最優秀作品賞)
- 学校教育部門・小学校向　共立映画社「町人と農民」
- 児童劇・動画部門　共立映画社「大造じいさんとがん」

◇ビデオ(最優秀作品賞)
- 学校教育部門・小学校向　学研「小学校たばこの害シリーズ(全4巻)」

第35回(昭63年)
◇教育映画(最優秀作品賞)
- 学校教育部門・小学校向　共立映画社「がんばれ五色桜」
- 学校教育部門・中学校向　桜映画社「デザインの楽しさ」
- 学校教育部門・高等学校向　東京シネ・ビデオ「農業とバイオテクノロジー」
- 児童劇・動画部門　教配，近代映画協会「がんばれ たえちゃん―木曽馬と少女」

◇ビデオ(最優秀作品賞)
- 学校教育部門・小学校向　東映「新しいエネルギーの話」

第36回(平1年)
◇教育映画(最優秀作品賞)
- 学校教育部門・小学校向　共立映画社「カマキリ―みてみよう・しらべてみよう」
- 学校教育部門・中学校向　共立映画社「古今和歌集」
- 児童劇・動画部門　教配，近代映画協会「しあわせ色の小さなステージ」

◇ビデオ(最優秀作品賞)
- 学校教育部門・中学校向　日映科学映画製作所「青春ノート―作家・尾崎一雄」

第37回(平2年)
◇映画の部・最優秀作品賞
- 学校教育部門
　共立映画社「夢をつくるはこ」(小学校図工18分)
　東映「黒潮の流れる島で」(中学校道徳21分)
　新生映画「生活を豊かにするデザイン」(高校芸術20分)
- 児童劇・動画部門　ヒューマンライフ・シネマ「小さな家族」(児童劇・動画55分)

◇ビデオの部・最優秀作品賞
- 学校教育部門
　学習研究社「小学校理科 人体シリーズ5年編 全5巻」(小学校50分)
　アポロン「狂言―鑑賞入門」(中学校25分)

第38回(平3年)
◇映画の部・最優秀作品賞
- 学校教育部門
　共立映画社「体のつくりと働き」(小学校理科11分)
　東京シネ・ビデオ「森と縄文人」(高等学校社会科38分)
　桜映画社「山岳民族の女たち」(市民生活向25分)
- 児童劇・動画部門　教配，近代映画協会「サッツウのきじ」(児童劇映画54分)

◇ビデオの部・最優秀作品賞
- 学校教育部門　東京書籍「江戸時代の身分制度」(小学校社会科23分)

第39回(平4年)
◇映画の部・最優秀作品賞
- 学校教育部門
　共立映画社「浮世絵と歌川広重」(小学校・社会科21分)
　日本シネセル「森林の成り立ちと営み」(中学校・理科19分)
　東映「新しい地球の科学」(高校・理科30分)
- 児童劇・動画部門　共立映画社「森のなかまたち」(25分)

◇ビデオの部・最優秀作品賞

- 学校教育部門　二玄社「楷書の歴史と書方 1」(高校・芸術科20分)

第40回(平5年)
- ◇映画の部・最優秀作品賞
  - 学校教育部門
    - 東映「岩石をしらべる」(小学校・理科20分)
    - 東映「滅びゆく生物たち」(中学校・理科20分)
  - 児童劇・動画部門　学習研究社「八重ちゃんのフライパン日記」(児童劇53分)
- ◇ビデオの部・最優秀作品賞
  - 学校教育部門
    - 東京書籍「エイズとともに生きる」(中学校・保健体育26分)
    - 毎日映画「やさしさを明日へ」(高校・特別活動30分)

第41回(平6年)
- ◇映画の部・最優秀作品賞
  - 学校教育部門
    - 学習研究社「世界に開かれた窓—出島と朝鮮通信使」(小学校21分)
    - 日本シネセル「森林と魚」(中学校14分)
    - 学習研究社「東西の接点イスタンブルを歩く」(高等学校21分)
  - 児童劇・動画部門　東映「金色のクジラ」(動画25分)
- ◇ビデオの部・最優秀作品賞
  - 学校教育部門
    - 学習研究社「徳川家光と参勤交代/長崎の出島/江戸町人の文化/日本地図ができた」(小学校社会科40分)
    - 東京シネ・ビデオ「まもろう水鳥の生息地—湿地の保全」(中学校理科20分)
    - 東京シネ・ビデオ「手を出さない!!ぜったいに!」(高等学校保健体育29分)
- ◇スライドの部・最優秀作品賞
  - 学校教育部門　農山漁村文化協会「おいものはなし」(小学校特別活動50コマ)

第42回(平7年)
- ◇映画の部・最優秀作品賞
  - 学校教育部門
    - 桜映画社「近世の技術と生活—文字の普及」(中学校21分)
    - 学習研究社「総力戦という戦い—第一次世界大戦」(高等学校21分)
  - 児童劇・動画部門　学習研究社「どんぐりと山猫」(動画20分)
- ◇ビデオの部・最優秀作品賞
  - 学校教育部門
    - 毎日イーヴィアール・システム「未来からのメッセージ—知ってほしい!エイズのこと」(中学校25分)
    - 日経映像「意識の変革—シュールレアリズム」(高等学校22分)
- ◇スライドの部・最優秀作品賞
  - 学校教育部門　農山漁村文化協会「おまめのはなし」(小学校特別活動50コマ)

第43回(平8年)
- ◇映画の部・最優秀作品賞
  - 学校教育部門
    - 新生映画「地震! あなたはどうする」〔小学校21分〕
    - 桜映画社「美しさの秘密—美を感じる心」〔中学校20分〕
    - 桜映画社「骨髄移植 いのちのボランティア」〔高校34分〕
- ◇ビデオの部・最優秀作品賞
  - 学校教育部門
    - 学習研究社「地震と安全—阪神大震災に学ぶ」〔小学校15分〕
    - 学習研究社「自然の音から音楽の音へ」〔中学校21分〕
    - 日経映像「絵画からデザインへ—アール・ヌーボー様式」〔高校24分〕

第44回(平9年)
- ◇映画の部・最優秀作品賞
  - 学校教育部門
    - 学習研究社「日本の絵画のよさ—その美しさと表現の多様性」〔中学校20分〕
    - 日本シネセル「海の恵みと日本人」〔高校32分〕
  - 児童劇・動画部門　東映「すばらしい私のおじいちゃん」〔児童劇映画35分〕
- ◇ビデオの部・最優秀作品賞
  - 学校教育部門
    - 東映「国際理解 全2巻」〔小学校20分〕
    - リュック「地域でボランティア学習」〔中学校20分〕
    - 毎日EVRシステム「生きる—私たちのStand by me物語」〔高校29分〕

第45回(平10年)
- ◇映画の部・最優秀作品賞
  - 学校教育部門
    - 東映「グリーンヴァレー物語—全4巻」〔小学校32分〕
    - 桜映画社「自分らしさを求めて—表現の工夫」〔中学校21分〕
    - 東京シネ・ビデオ「汐留遺跡—江戸大名屋敷から文明開化へ」〔高校30分〕
  - 児童劇・動画部門　学習研究社「花さき山」〔動画11分〕
- ◇ビデオの部・最優秀作品賞
  - 学校教育部門

V 音楽・芸能

東映「川の自然と私たち」〔小学校19分〕
東映「いじめを克服する/今・中学生として」〔中学校29分〕
学習研究社「樋口一葉」〔高校30分〕
◇コンピュータソフトウェア(CD-ROM)の部・最優秀作品賞
- 学校教育部門
  富士通「パズルできるかな?」〔小学校Win95〕
  日立デジタル平凡社「マルチメディア百科事典『マイペディア98』」〔中学校Win95/NT4.0〕
  大伸社「Our Forest―私たちの森」〔高校Mac, Win95/NT〕

第46回(平11年)
◇映画の部・最優秀作品賞
- 学校教育部門　学習研究社「知らんぷりの目」〔小学校18分〕
- 児童劇・動画部門　東映「お母ん、ぼく泣かへんで」〔児童劇41分〕
◇ビデオの部・最優秀作品賞
- 学校教育部門
  東映「万引きはダメッ!」〔小学校21分〕
  リュック「心響きあうまちに―高校生の目で見たバリアフリー」〔高校20分〕
◇コンピュータソフトウェア(CD-ROM)の部・最優秀作品賞
- 学校教育部門
  創育「歴史新聞記者奈良～平安時代、鎌倉～室町時代、江戸時代」〔小学校Win98/95/3.1〕
  文渓堂「マルチ日本かけ図」〔中学校Win95/98/NT〕

第47回(平12年)
◇映画の部・最優秀作品賞
- 学校教育部門　学習研究社「母うずら」〔小学校13分〕
- 児童劇・動画部門　東映「ワシントンポスト・マーチ」〔児童劇40分〕
◇ビデオの部・最優秀作品賞
- 学校教育部門
  紀伊国屋書店「ゆたかな森里山」〔小学校22分〕
  東京シネ・ビデオ「和楽器に挑戦」〔中学校21分〕
  桜映画社「つくる、飾る、デザイン行動」〔高校22分〕
◇コンピュータソフトウェア(CD-ROM)の部・最優秀作品賞
- 学校教育部門
  ジャストシステム「はっぴょう名人」〔小学校Win95/98/NT4〕
  東京書籍「乳幼児の心とからだの発達」〔中学校Win95/98/2000/NT4〕

第48回(平13年)
◇映画の部・最優秀作品賞
- 学校教育部門　東映「おはようの一言で」〔小学校18分〕
- 児童劇・動画部門　東映「いのちのあさがお」〔児童劇36分〕
◇ビデオの部・最優秀作品賞
- 学校教育部門
  NHKソフトウェア「日本地図と伊能忠敬」〔小学校15分〕
  桜映画社「絵に見る日本の美術のよさ―表現の多様性と美しさを探る」〔中学校23分〕
  日本シネセル「漁業者たちの試み―姫島の『漁業期節』」〔高校27分〕
◇コンピュータソフトウェア(CD-ROM)の部・最優秀作品賞
- 学校教育部門
  東京書籍「みんなのプレゼン」〔小学校Windows98. 95. Me. NT. 2000〕
  東京書籍「Green Map 世界編」〔中学校Windows98. 95. Me. NT. 2000〕

第49回(平14年)
◇映画の部・最優秀作品賞
- 学校教育部門　東映「やくそく」〔小学校20分〕
- 児童劇・動画部門　東映「こころの交響楽(シンフォニー)」〔動画43分〕
◇ビデオの部・最優秀作品賞
- 学校教育部門
  内田洋行「よみがえった北九州の空・海」〔小学校15分〕
  光村教育図書「『話す・聞く』指導ビデオ2年」〔中学校26分〕
  農山漁村文化協会「土から調べる―森林土に学ぶ土の役割」〔高校27分〕
◇コンピュータソフトウェアの部・最優秀作品賞
- 学校教育部門　東京書籍「NEW HORIZONデジタル掛図1年」〔中学校Windows98. Me. NT. 2000. XP〕

第50回(平15年)
◇映画の部・最優秀作品賞
- 学校教育部門　学習研究社「字のないはがき」(中学校向18分)

- 児童劇・動画部門　東映「生きてます、15歳」(22分)

◇ビデオの部・最優秀作品賞
- 学校教育部門
  東映「いいとこみつけた—中学年の造形遊び」(小学校向21分)
  電通テック関西支社「風の旅人」(中学校向30分)
  NHKソフトウェア「あなたはいま幸せですか地球家族 下巻」(高等学校向28分)

◇コンピュータソフトウェアの部・最優秀作品賞
- 学校教育部門
  東京書籍「新しい社会」5年 デジタル掛図」(小学校向Windows98. Me. NT. 2000. XP)
  エフ・シー・マネジメント「MSX—BASIC for Robo Education」(中学校・高等学校向Windows98. Me. NT. 2000. XP)

第51回(平16年)

◇映画の部・最優秀作品賞
- 児童劇・動画部門　東映「ひびけ！和だいこ」(動画22分)

◇ビデオの部・最優秀作品賞
- 学校教育部門
  毎日映画社「プレゼント」(小学校向17分)
  桜映画社「色と形で伝えるビジュアル・コミュニケーションの時代」(中学校向23分)
  桜映画社「川が教えてくれたもの—富士見高校の環境保護活動」(高等学校向24分)

◇コンピュータソフトウェアの部・最優秀作品賞
- 学校教育部門
  東京書籍「Junior Horizon Hi, English!」デジタル掛図1(小学校向Windows98. Me. NT. 2000. XP)
  アントルビーンズ「シミュレーション！宅配便経営」(中学校・高等学校向Windows98. Me. NT. 2000. XP)

第52回(平17年)

◇映画の部・最優秀作品賞
- 児童劇・動画部門(動画)　アニメーション画房わ組「きずだらけのりんご」(23分)

◇ビデオの部・最優秀作品賞
- 学校教育部門
  NHKエンタープライズ「千年の釘にいどむ」(小学校向18分)
  岩波映像「仕事 君はどう思う？」(中学校向27分)
  桜映画社「生活に生きている日本の美術文化」(高等学校向22分)

◇コンピュータソフトウェアの部・最優秀作品賞
- 学校教育部門　内田洋行「マス・オン・プロジェクター 中学数学2年」(中学校Windows.2000.XP)

第53回(平18年)

◇映画の部・最優秀作品賞・文部科学大臣賞
- 児童劇・動画部門(動画)　東映「この空の下で」(字幕版 42分)

◇ビデオの部・最優秀作品賞・文部科学大臣賞
- 学校教育部門 小学校向(総合的な学習の時間)　NHKエデュケーショナル「ネット社会の道しるべ」(DVD, 25分)
- 学校教育部門 中学校向(特別活動)　桜映画社「だから看護のシゴト 人を支え 励ましたい！」(DVD, 23分)

◇コンピュータソフトウェアの部・最優秀作品賞・文部科学大臣賞
- 学校教育部門 小学校向(総合的な学習の時間)　ベネッセコーポレーション「情報モラルNavi」(Windows98. Me. 2000. XP)

第54回(平19年)

◇映画の部・最優秀作品賞・文部科学大臣賞
- 学校教育部門 小学校向(体育)　東映「キッパリことわる 薬物乱用に"NO"」(17分)
- 学校教育部門 中学校向(道徳)　東京書籍「マザー・テレサ あふれる愛」(21分)

◇DVDの部・最優秀作品賞・文部科学大臣賞
- 学校教育部門 小学校向(社会)　学習研究社「とる漁業・育てる漁業—水産業に生きる人びと—」(15分)
- 学校教育部門 中学校向(技術・家庭)　NHKエンタープライズ「ブログ社会の落とし穴」(30分)

第55回(平20年)

◇映画の部・最優秀作品賞・文部科学大臣賞
- 学校教育部門 小学校向(特別活動)　学習研究社「知っている？ たばこの害」
- 学校教育部門 中学校向(技術・家庭)　東映「知っていますか？食品のかしこい選び方—旬の食材・食品添加物—」

◇DVDの部・最優秀作品賞・文部科学大臣賞
- 学校教育部門 小学校向(体育)　NHKエンタープライズ「新 ぎもん・しつもん！むし歯の予防」
- 学校教育部門 中学校向(音楽)　NHKエンタープライズ「オーケストラ入門」

240 KOBE国際学生音楽コンクール

国際都市神戸の復興を支援するとともに音楽を通して大きな可能性をもった青少年の育成と感性を更に磨き育む登龍門となることを願って、平成8年より開始された。

【主催者】KOBE国際学生音楽コンクール実行委員会
【選考委員】(平成21年)特別審査員:ボリス・ベクテレフ、審査員:池田俊、梅原ひまり、小川順子、川上孝子、木下千代、河野文昭、荘田作、菅原淳、玉井菜採、田淵幸三、藤田隆、本田耕一、牧野正人、待永望、三縄みどり、持木弘、百瀬和紀、吉原すみれ
【選考方法】公募
【選考基準】〔資格〕28才までの学生(開催年3月31日現在、国籍不問)。A部門は小学生・中学生・高校生、B部門は大学受験志望者・大学生・大学院生・研修生など。〔対象〕クラシック音楽であれば楽器は不問。ただし、電子楽器はのぞく
【締切・発表】(第14回・平成21年)平成20年10月31日締切、予選(テープ審査)結果通知12月初旬、本選(公開コンサートと授賞式)21年1月10日~12日
【賞・賞金】入賞記念ガラ・コンサートおよびイタリア・ミラノでのコンサート(作曲家ヴェルディが建設したカーサ・デ・ヴェルディに推薦。最優秀賞副賞:A部門図書券、B部門奨学金5万円、優秀賞副賞(A・B部門とも):図書券
【URL】http://www.musicsatoh.com/

第1回(平8年)
◇最優秀賞　藤井 快哉(ピアノ)
第2回(平9年)
◇A部門最優秀賞　該当者なし
第3回(平10年)
◇A部門最優秀賞　該当者なし
第4回(平11年)
◇A部門最優秀賞　安土 真弓(ホルン)
第5回(平12年)
◇A部門最優秀賞
- ピアノ部門　辻 未帆
- 声楽部門　安形 宏行
- 管楽器部門　南 貴之(チューバ)、平野 愛美(トランペット)、東 智美(トランペット)、井本 留美(ホルン)、中森 麻美(トロンボーン)
- 弦楽器部門　横坂 源(チェロ)
- 打楽器部門　本儀 万智(マリンバ)
第6回(平13年)
◇A部門最優秀賞
- ピアノ部門　菅藤 奈津江
- 声楽部門　高木 未知子
- 管楽器部門　常松 真子(ファゴット)
- 弦楽器部門　田淵 彩華(ヴァイオリン)
- 打楽器部門　森下 可夏子(マリンバ)
第7回(平14年)
◇A部門最優秀賞
- ピアノ部門　金田 仁美
- 声楽部門　進藤 玲美
- 管楽器部門　藤原 功次郎(トロンボーン)
- 弦楽器部門　該当者なし
- 打楽器部門　安藤 賢吾(マリンバ)
第8回(平15年)
◇A部門最優秀賞
- ピアノ部門　該当者なし
- 声楽部門　神田 知里
- 弦楽器部門　該当者なし
- 管楽器部門
　　武田 友智(クラリネット)
　　山下 真里子(アルト・サキソフォン)
- 打楽器部門　神谷 紘実(マリンバ)
第9回(平16年)
◇A部門最優秀賞
- ピアノ部門　川口 智輝
- 声楽部門　南 あかり
- 管楽器部門　吉田 誠(クラリネット)
- 弦楽器部門　夏秋 裕一(チェロ)
- 打楽器部門　中田 麦(マリンバ)
第10回(平17年)
◇A部門最優秀賞
- ピアノ部門　藤井 万里子
- 声楽部門　船越 優
- 管楽器部門　小山 莉絵(ファゴット)
- 弦楽器部門　黒瀬 奈々子(ヴァイオリン)

- 打楽器部門　亀井 博子(マリンバ)

第11回(平18年)
◇A部門最優秀賞
- ピアノ部門　森本 美帆
- 声楽部門　中桐 かなえ
- 管楽器部門　該当者なし
- 弦楽器部門　該当者なし
- 打楽器部門　谷口 怜子(マリンバ)

第12回(平19年)
◇A部門最優秀賞
- ピアノ部門　西村 静香
- 声楽部門　志賀 勇太
- 管楽器部門　鷹羽 萌子(クラリネット)
- 弦楽器部門　該当者なし

- 打楽器部門　鎌田 希望(マリンバ)

第13回(平20年)
◇A部門最優秀賞
- ピアノ部門　久末 航
- 声楽部門　該当者なし
- 管楽器部門　宮子 雅子(クラリネット)
- 弦楽器部門　久貝 ひかり(ヴァイオリン)
- 打楽器部門　新良貴 敏公

第14回(平21年)
◇A部門最優秀賞
- ピアノ部門　辻 琢音
- 声楽部門　小玉 友里花
- 管楽器部門　羽田野 史織(クラリネット)
- 弦楽器部門　千葉 安純(ヴァイオリン)
- 打楽器部門　山本 詩乃(マリンバ)

241　こうべ全国洋舞コンクール

　明日の日本の洋舞界を担う若手の登龍門となるべく、西日本では初の本格的な洋舞コンクールとして、昭和63年に創設された。

- 【主催者】兵庫県洋舞家協会、(財)神戸市民文化振興財団、神戸新聞社、兵庫県、神戸市
- 【選考委員】(第22回)クラシックバレエ部門:〈決選〉石井潤、薄井憲二、うらわまこと、岡本佳津子、三谷恭三、ゆうきみほ、他兵庫県洋舞家協会会員、〈予選〉石川恵己、佐々木美智子、田中祥次、野間康子、原田高博、矢上恵子、他協会員、モダンダンス部門:石井かほる、石原完二、大谷燠、折田克子、黒田呆子、他協会員、創作部門:石井かほる、石原完二、大谷燠、折田克子、黒田呆子、他協会員
- 【選考方法】公募。予選を経て決選へ出場
- 【選考基準】〔資格〕(シニアの部)19歳～30歳。(ジュニアの部)シニアの部以下の者(平成21年4月1日現在)
- 【締切・発表】(第22回)募集期間は平成21年2月2日～3月2日、予選は5月3日～5日、決戦は4月25日・26日・5月6日
- 【賞・賞金】グランプリ:30万円、シニア1位:賞状、メダル、賞金50万円、シニア2位:賞状、メダル、賞金30万円、シニア3位:賞状、メダル、賞金20万円、創作部門最優秀賞:賞状、盾、賞金50万円、同優秀賞:賞状、盾、賞金20万円

第1回(昭63年)
◇モダンダンス・ジュニアの部
- 1位　納所 さやか(黒沢・下田モダンバレエ団)「ひらひらひらと…」
- 2位　梶原 暁子(高沢加代子バレエ研究所)「そういう者に私はなりたい」
- 3位　池原 めぐみ(黒沢・下田モダンバレエスタジオ)「おまえは何の花」

◇クラシックバレエ・ジュニアの部
- 1位　泉 梨花(江川バレエスクール)「海賊」よりVa.

- 2位　荒井 祐子(塚本洋子バレエスタジオ)「ドン・キホーテ」よりVa.
- 3位　久保 紘一(クボバレエアカデミー)「ドン・キホーテ」第3幕よりバジルのVa.

第2回(平1年)
◇モダンダンス・ジュニアの部
- 1位　池原 めぐみ(黒沢・下田モダンバレエスタジオ)「風の詩」
- 2位　本田 幸子(本間祥公ダンスバレエアカデミー)「思い出の花がたみ」

- 3位 藤井 愛（渡辺宏美舞踊研究所）「風の季節」
◇クラシックバレエ・ジュニアの部
  - 1位 塩谷 奈弓（法村・友井バレエ学校）「エスメラルダ」よりVa.
  - 2位 湯川 麻美子（江川バレエスクール）「眠れる森の美女」第3幕よりオーロラのVa.
  - 3位 荒井 祐子（塚本洋子バレエスタジオ）「海賊」よりVa.

第3回（平2年）
◇モダンダンス・ジュニアの部
  - 第1位 林 真穂子（黒沢・下田モダンバレエスタジオ）「あのとき…」
  - 第2位 宮腰 さおり（和田朝子舞踊研究所）「寒の竹」
  - 第3位 向後 晶代（黒沢・下田モダンバレエスタジオ）「花びらが舞い…」
◇クラシックバレエ・ジュニアの部
  - 第1位 佐々木 陽平（黒沢智子バレエスタジオ）「ドン・キホーテ」第3幕よりバジルのVa.
  - 第2位 小川 亜矢子（伊達バレエスクール）「ジゼル」第1幕よりジゼルのVa.
  - 第3位 平塚 三奈（安積バレエ研究所）「エスメラルダ」よりVa.

第4回（平3年）
◇モダンダンス女性ジュニア
  - 第1位 小林 美沙緒（黒沢・下田モダンバレエスタジオ）「物語詩（バラード）」
  - 第2位 西村 晶子（黒沢・下田モダンバレエスタジオ）「夕やけ空にさようなら」
  - 第3位 小林 清香（大沢範子舞踊研究所）「いのち・その叫び」
◇クラシックバレエ女性ジュニア1部
  - 第1位 坂口 友美（宮城昇バレエスタジオ）「眠れる森の美女」第1幕よりローズ・アダジオ
  - 第2位 大森 結城（青い鳥バレエ団モトシマエツコ研究所）「ドン・キホーテ」第3幕よりキトリのVa.
  - 第3位 久保 佳子（エトワール・バレエシアター）「ドン・キホーテ」第3幕よりキトリのVa.
◇クラシックバレエ女性ジュニア2部
  - 第1位 泉 敦子（江川バレエスクール）「くるみ割り人形」より金平糖の精のVa.
  - 第2位 田中 ルリ（田中千賀子バレエスタジオ）「眠れる森の美女」第3幕よりオーロラのVa.
  - 第3位 十河 志織（樋笠バレエ研究所）「ジゼル」第1幕よりジゼルのVa.
◇クラシックバレエ男性ジュニア
  - 第1位 秋定 信哉（貞松・浜田バレエ学園）「エスメラルダ」よりVa.
  - 第2位 法村 圭緒（法村・友井バレエ学校）「バヤデルカ」よりソロルのVa.
  - 第3位 大植 真太郎（檜垣バレエ学園）「海賊」よりVa.

第5回（平4年）
◇モダンダンス女性ジュニア
  - 第1位 西村 晶子（黒沢・下田モダンダンススタジオ）「あの蝶は…」
  - 第2位 春日井 静奈（春日井バレエアート）「光る森」
  - 第3位 町田 倫子（渡辺宏美モダン・スタジオ）「砂丘の伝説」
◇クラシックバレエ女性ジュニア1部
  - 第1位 前田 真由子（立脇千賀子バレエ研究所）「眠れる森の美女」第1幕よりローズ・アダジオのVa.
  - 第2位 佐久間 奈緒（古ябー美智子バレエ団・研究所）「海賊」よりVa.
  - 第3位 松浦 のぞみ（杉原和子バレエアート）「サタネラ」よりVa.
◇クラシックバレエ女性ジュニア2部
  - 第1位 河合 佑香（松岡伶子バレエ団）「コッペリア」第3幕よりスワニルダのVa.
  - 第2位 西田 佑子（法村・友井バレエ学校）「眠れる森の美女」第1幕よりローズ・アダジオのVa.
  - 第3位 田中 ルリ（田中千賀子ジュニアバレエ団）「パキータ」よりVa.
◇クラシックバレエ男性ジュニア
  - 第1位 上原 和久（白鳥バレエ学園）「ドン・キホーテ」よりバジルのVa.
  - 第2位 市川 透（松本道子バレエ団）「くるみ割り人形」より王子のVa.
  - 第3位 池谷 亮一（大倉バレエ）「コッペリア」第3幕よりフランツのVa.

第6回（平5年）
◇モダンダンス女性ジュニア
  - 第1位 星野 有美子（黒沢・下田モダンバレエスタジオ）「少年と流れ星」
  - 第2位 春日井 静奈（春日井バレエアート）「影を踏む」
  - 第3位 温井 加奈子（和田朝子舞踊研究所）「Hello！」
◇クラシックバレエ女性ジュニア1部
  - 第1位 田中 ルリ（田中千賀子ジュニアバレエ団）「パキータ」よりVa.
  - 第2位 加美 ゆかり（杉原小麻里バレエスタジオ）「エスメラルダ」よりVa.
  - 第3位 十河 志織（樋笠バレエ研究所）「くるみ割り人形」より金平糖の精のVa.
◇クラシックバレエ女性ジュニア2部

- 第1位 中村 祥子(田中千賀子ジュニアバレエ団)「パキータ」よりVa.
- 第2位 田中 麻子(塚本洋子バレエスタジオ)「眠れる森の美女」第1幕よりローズアダジモのVa.
- 第3位 西田 佑子(法村・友井バレエ学校)「眠れる森の美女」第3幕よりオーロラのVa.

◇クラシックバレエ男性ジュニア
- 第1位 大嶋 正樹(エトワール・バレエシアター)「海賊」よりVa.
- 第2位 新井 崇(萩ゆうこバレエスクール)「バヤデルカ」よりVa.
- 第3位 稲尾 芳文(稲尾光子バレエ教室)「コッペリア」第3幕よりフランツのVa.

第7回(平6年)

◇モダンダンス女性ジュニア
- 第1位 斉藤 瑞穂(黒沢・下田モダンバレエスタジオ)「忘れられて…」
- 第2位 天野 美和子(井上恵美子モダンバレエスタジオ)「充ち足りた日々」
- 第3位 笹本 真理子(井上恵美子モダンバレエスタジオ)「明日への行進」

◇クラシックバレエ女性ジュニア1部
- 第1位 川村 真樹(黒沢智子バレエスタジオ)「眠れる森の美女」よりローズ・アダジオのVa.
- 第2位 河合 佑香(松岡伶子バレエ団)「海賊」よりVa.
- 第3位 樋口 ゆり(岩田バレエ・スクール)「ドン・キホーテ」第2幕よりドルネシア姫のVa.

◇クラシックバレエ女性ジュニア2部
- 第1位 田中 麻子(塚本洋子バレエスタジオ)「エスメラルダ」よりVa.
- 第2位 立石 梨紗(福本静江バレエ研究所)「眠れる森の美女」よりローズ・アダジオのVa.
- 第3位 杉本 純子(江川バレエスクール)「眠れる森の美女」よりローズ・アダジオのVa.

◇クラシックバレエ男性ジュニア
- 第1位 山本 康介(山口美佳バレエスタジオ)「ドン・キホーテ」第3幕よりバジルのVa.
- 第2位 吉本 真悟(京都バレエ専門学院)「海賊」よりVa.
- 第3位 恵谷 彰(赤松優バレエ学園)「コッペリア」よりVa.

第8回(平7年)

◇モダンダンス女性ジュニア
- 第1位 赤地 志津子(中村祐子モダンバレエアカデミー)「野火」

- 第2位 岩永 貴子(井上恵美子モダンバレエスタジオ)「黒い影が」
- 第3位 天野 美和子(井上恵美子モダンバレエスタジオ)「光の楽園」

◇モダンダンス男性ジュニア
- 第1位 該当者なし
- 第2位 中川 賢(和田朝子舞踊研究所)「樹―遙かな命を僕は知る」
- 第3位 該当者なし

◇クラシックバレエ女性ジュニア1部
- 第1位 佐熊 智美(松岡伶子バレエ団)「パキータ」よりVa.
- 第2位 長田 佳世(ワクイバレエスクール)「ジゼル」第1幕よりジゼルのVa.
- 第3位 大岩 千恵子(松岡伶子バレエ団)「白鳥の湖」第3幕より黒鳥のVa.

◇クラシックバレエ女性ジュニア2部
- 第1位 大石 麻衣子(杉原和子バレエ・アート)「ドン・キホーテ」第3幕よりキトリのVa.
- 第2位 植村 麻衣子(塚本洋子バレエスタジオ)「ドン・キホーテ」第3幕よりキトリのVa.
- 第3位 柳原 麻子(ワクイバレエスクール)「眠れる森の美女」第3幕より青い鳥のフロリナ王女のVa.

◇クラシックバレエ男性ジュニア
- 第1位 恵谷 彰(赤松優バレエ学園)「バヤデルカ」よりVa.
- 第2位 吉本 真悟(京都バレエ専門学校)「ドン・キホーテ」第3幕よりバジルのVa.
- 第3位 藤野 暢央(江川バレエスクール)「チャイコフスキー」パ・ド・ドゥよりVa.

第9回(平8年度)

◇モダン ジュニアの部
- 第1位 岩永 貴子(井上恵美子モダンバレエスタジオ)「讃歌」
- 第2位 山口 智子(井上恵美子モダンバレエスタジオ)「私は誰?」
- 第3位 斉藤 友美恵(本間祥公ダンスバレエアカデミー)「哀愁のアンダルシア」

◇クラシック 女性ジュニア1部
- 第1位 大岩 千恵子(松岡伶子バレエ団)「エスメラルダ」よりVa.
- 第2位 佐藤 由子(江川バレエスクール)「白鳥の湖」第3幕より黒鳥のVa.
- 第3位 中平 絢子(野間バレエスクール)「眠れる森の美女」第1幕よりローズアダジオのVa.

◇クラシック 女性ジュニア2部

- 第1位　木田 真理子(アート・バレエ難波津バレエ団・バレエスクール)「コッペリア」第3幕よりスワニルダのVa.
- 第2位　井上 麻衣(福本静江バレエ研究所)「くるみ割り人形」より金平糖の精のVa.
- 第3位　中村 陽子(田中千賀子ジュニアバレエ団)「コッペリア」第3幕よりスワニルダのVa.

◇クラシック 男性ジュニアの部
- 第1位　西岡 裕典(竹内ひとみバレエスクール)「ドン・キホーテ」第3幕よりバジルのVa.
- 第2位　貝川 鉄夫(貞松・浜田バレエ団・バレエ学園)「ドン・キホーテ」第3幕よりバジルのVa.
- 第3位　末松 大輔(宮城昇バレエスタジオ)「ドン・キホーテ」よりVa.

第10回(平9年度)
◇モダン ジュニアの部
- 第1位　笹本 真理子(井上恵美子モダンダンススタジオ)「炎ひそかに」
- 第2位　上原 かつひろ(井上恵美子モダンダンススタジオ)「海へ」
- 第3位　坂田 守(R Dance Club)「かかしの夜」

◇クラシック 女性ジュニア1部
- 第1位　加登 美沙子(青い鳥バレエ団モトシマエツコ研究所)「白鳥の湖」第3幕より黒鳥のVa.
- 第2位　木田 賀子(アート・バレエ難波津バレエ団・バレエスクール)「シルヴィア」よりVa.
- 第3位　大森 和子(スズキ・クラシック・バレエ・アカデミー)「海賊」よりVa.

◇クラシック 女性ジュニア2部
- 第1位　崔 由姫(真弓バレエスクール)「エスメラルダ」よりダイアナとアクティオンのVa.
- 第2位　牛村 麗子(青い鳥バレエ団モトシマエツコ研究所)「海賊」よりVa.
- 第3位　大西 詩乃(北山大西バレエ団)「ドン・キホーテ」第2幕よりキューピットのVa.

◇クラシック 男性ジュニアの部
- 第1位　舩木 城(川口ゆり子バレエスクール)「眠れる森の美女」第3幕より王子のVa.
- 第2位　遅沢 佑介(橋本陽子エコールドゥバレエ)「ドン・キホーテ」第3幕よりバジルのVa.
- 第3位　辰巳 一政(ソウダバレエコンクール)「ラ・シルフィード」よりVa.

第11回(平10年度)
◇モダン ジュニア1部
- 第1位　西村 晶子(黒沢輝夫・下田栄子モダンバレエスタジオ)「lonely moon」
- 第2位　上原 かつひろ(井上恵美子モダンダンススタジオ)「祭り」
- 第3位　平井 麻衣(今岡頌子モダンダンススタジオ)「私を葬らないで」

◇モダン ジュニア2部
- 第1位　森沢 美緒(平多正於舞踊研究所)「木霊の光」
- 第2位　米沢 麻佑子(黒沢輝夫・下田栄子モダンバレエスタジオ)「夢奏花」
- 第3位　斉藤 あゆみ(伊藤淳子・武藤結花舞踊研究所)「私の声が聴こえますか?」

◇クラシック 女性ジュニア1部
- 第1位　大西 詩乃(北山・大西バレエ団)「シルヴィア」よりVa.
- 第2位　白桃 祐子(黒沢智子バレエスタジオ)「海賊」よりVa.
- 第3位　大久保 沙織(一の宮咲子バレエ研究所)「海賊」よりVa.

◇クラシック 女性ジュニア2部
- 第1位　坂地 亜美(ソウダバレエスクール)「くるみ割り人形」より金平糖の精のVa.
- 第2位　中村 恵理(長野バレエ団)「くるみ割り人形」より金平糖の精のVa.
- 第3位　川口 智代(立脇千賀子バレエ研究所)「くるみ割り人形」より金平糖の精のVa.

◇クラシック 男性ジュニアの部
- 第1位　遅沢 佑介(橋本陽子エコール・ドゥ・バレエ)「バヤデルカ」よりVa.
- 第2位　平野 啓一(平野節子バレエスクール)「ジゼル」第2幕よりアルブレヒトのVa.
- 第3位　京当 雄一郎(橘バレエ学校)「白鳥の湖」第3幕より王子のVa.

第12回(平11年度)
◇モダン ジュニア1部
- 第1位　上原 かつひろ(井上恵美子モダンダンススタジオ)「レクイエム」
- 第2位　平井 麻衣(今岡頌子モダンダンススタジオ)「影たちの記憶」
- 第3位　坂田 守(R Dance Club)「戦いの丘」

◇モダン ジュニア2部
- 第1位　西山 友貴(R dance Club)「Wildness—アヴェロンの少年」

- 第2位 村井 由衣(TOM'S FACTORY)「悲しいかおで笑ってる」
- 第3位 山本 綾乃「ミ・チ・ル」

◇クラシック 女性ジュニア1部
- 第1位 木田 真理子(アート・バレエ難波津)「ジゼル」第1幕よりジゼルのVa.
- 第2位 瀬島 五月(貞松・浜田バレエ学園)「パキータ」よりVa.
- 第3位 坂地 亜美(バレエスタジオミューズソウダバレエスクール)「眠れる森の美女」第1幕よりローズ・アダジオのVa.

◇クラシック 女性ジュニア2部
- 第1位 柳生 涼子(法村・友井バレエ団,バレエ学校)「ドン・キホーテ」第2幕よりドルシネアのVa.
- 第2位 中村 春奈(田中千賀子ジュニアバレエ団)「くるみ割り人形」より金平糖の精のVa.
- 第3位 寺井 七海(松本道子バレエ団)「エスメラルダ」よりダイアナのVa.

◇クラシック 男性ジュニアの部
- 第1位 大貫 真幹(佐々木三夏バレエアカデミー)「眠れる森の美女」よりデジレ王子のVa.
- 第2位 輪島 拓也(久富淑子バレエ研究所)「白鳥の湖」第3幕より王子のVa.
- 第3位 高須 佑治(バレエスタジオミューズソウダバレエスクール)「ドン・キホーテ」第3幕より

第13回(平12年度)
◇モダン ジュニア1部
- 第1位 斎藤 涼子(井上恵美子モダンダンススタジオ)「雨のラプソディ」
- 第2位 高瀬 諾希子(H.T.Group)「風の涙」
- 第3位 呉松 綾子(金井桃枝舞踊研究所)「こんな美しい朝に」

◇モダン ジュニア2部
- 第1位 山本 綾乃(平多正於舞踊研究所)「白鳥に教わった唄」
- 第2位 本間 紗世(イリエ・ユキ モダンバレエ研究所)「芽ぶきを待つ」
- 第3位 福田 圭吾(ケイバレエスタジオ)「プレッシャー」

◇クラシック 女性ジュニア1部
- 第1位 吉田 真里日(美佳バレエスクール)「眠れる森の美女」よりローズ・アダジオのVa.
- 第2位 田中 亜矢子(アート・バレエ難波津)「サタネラ」よりVa.
- 第3位 丹羽 悠子(塚本洋子バレエスタジオ)「ジゼル」よりジゼルのVa.

◇クラシック 女性ジュニア2部
- 第1位 多久田 さやか(鳥取シティバレエ)「エスメラルダ」よりダイアナのVa.
- 第2位 藤岡 あや(杉原和子バレエアート)「くるみ割り人形」より金平糖の精
- 第3位 米沢 唯(塚本洋子バレエスタジオ)「ライモンダ」よりライモンダ第1のVa.

◇クラシック 男性ジュニアの部
- 第1位 児玉 北斗(東京バレエワークス)「ドン・キホーテ」よりバジルのVa.
- 第2位 平野 亮一(平野節子バレエスクール)「眠れる森の美女」より王子のVa.
- 第3位 福岡 雄大(ケイバレエスタジオ)「シルヴィア」よりVa.

第14回(平13年度)
◇モダン ジュニア1部
- 第1位 増田 陽子(西川菜穂子モダンダンス・スタジオ)「愛しい場所へ」
- 第2位 池田 美佳(蔦モダンバレエ研究所)「海・きらめく刻」
- 第3位 絹川 明奈(前多敬子バレエ教室)「羽搏つ期」

◇モダン ジュニア2部
- 第1位 国光 由貴子(井上恵美子モダンダンススタジオ)「孤独の蝶」
- 第2位 水野 多麻紀(水野聖子DANCING KIDS STUDIO)「日差し」
- 第3位 浜田 麻央(原島マヤモダンバレエスタジオ)「炎の天使…ジャンヌ・ダルク」

◇クラシック 女性ジュニア1部
- 第1位 中村 春奈(田中千賀子ジュニアバレエ団)「白鳥の湖」より黒鳥のVa.
- 第2位 出口 杏紗(ステップ・ワークスバレエ)「パキータ」よりVa.
- 第3位 藤岡 あや(杉原和子バレエアート)「ドン・キホーテ」よりキトリのVa.

◇クラシック 女性ジュニア2部
- 第1位 土肥 真夕菜(美佳バレエスクール)「くるみ割り人形」より金平糖のVa.
- 第2位 井原 由衣(美佳バレエスクール)「ドン・キホーテ」よりドルシネアのVa.
- 第3位 近永 朋香(池本バレエスクール)「エスメラルダ」よりダイアナのVa.

◇クラシック 男性ジュニアの部
- 第1位 福田 圭吾(ケイバレエスタジオ)「白鳥の湖」より王子のVa.
- 第2位 福岡 雄大(ケイバレエスタジオ)「グラン・パ・クラシック」よりVa.

- 第3位 浅田 良和(小柴葉朕バレエスクール)「コッペリア」よりフランツのVa.

第15回(平14年度)
◇モダン ジュニア1部
- 第1位 福岡 雄大(ケイバレエスタジオ)「Salut」
- 第2位 高比良 洋(横山慶子舞踊団)「乾いた街」
- 第3位 大縄 みなみ(井上恵美子モダンダンススタジオ)「霧の中へ」

◇モダン ジュニア2部
- 第1位 島田 早矢香(井上恵美子モダンダンススタジオ)「夕陽でタンゴ」
- 第2位 浜田 麻央(マヤバレエスタジオ)「渇きの海」
- 第3位 水野 多麻紀(水野聖子DANCING KIDS STUDIO)「心の小箱」

◇クラシック 女性ジュニア1部
- 第1位 松浦 友理恵(黒沢智子バレエスタジオ)「パキータ」よりVa.
- 第2位 米沢 唯(塚本洋子バレエスタジオ)「白鳥の湖」より黒鳥のVa.
- 第3位 浅見 紘子(下村由理恵バレエアンサンブル)「エスメラルダ」よりVa.

◇クラシック 女性ジュニア2部
- 第1位 大下 結美花(鳥取シティバレエ)「くるみ割り人形」より金平糖のVa.
- 第2位 中村 志歩(畠中三枝バレエ教室)「エスメラルダ」よりダイアナのVa.
- 第3位 石橋 理恵(田中千賀子ジュニアバレエ団)「くるみ割り人形」より金平糖の精のVa.

◇クラシック 男性ジュニアの部
- 第1位 菊地 研(牧阿佐美バレエ団)「ドン・キホーテ」よりバジルのVa.
- 第2位 荒井 英之(山路瑠美子バレエ研究所)「ドン・キホーテ」よりバジルのVa.
- 第3位 市橋 万樹(松岡怜子バレエ団)「ドン・キホーテ」よりバジルのVa.

第16回(平15年度)
◇モダン ジュニア1部
- 第1位 浜田 麻央(マヤバレエスタジオ)「月下独酌〜ふくろう〜」
- 第2位 富士 奈津子(金井桃枝舞踊研究所)「富江と名づけられた人形」
- 第3位 宗宮 悠子(金井桃枝舞踊研究所)「烏覆子、鳴く」

◇モダン ジュニア2部
- 第1位 水野 多麻紀(水野聖子DANCING KIDS STUDIO)「鼓動の輪舞」
- 第2位 舘 恵里加(前多敬子バレエ教室)「なくしちゃった…」
- 第3位 貝ヶ石 奈美(石原完二モダンダンス・スタジオ)「もう叫び声はとどかない」

◇クラシック 女性ジュニア1部
- 第1位 柳生 涼子(法村・友井バレエ学校)「ライモンダ」よりVa.
- 第2位 土肥 真夕葉(美佳バレエスクール)「シルヴィア」よりVa.
- 第3位 大下 結美花(鳥取シティバレエ)「眠れる森の美女」よりローズ・アダジオのVa.

◇クラシック 男性ジュニア1部
- 第1位 中島 哲也(橘バレエ学校)「眠れる森の美女」より王子のVa.
- 第2位 清水 渡(白鳥バレエ学園)「海賊」よりVa.
- 第3位 末原 雅次(ソウダバレエスクール)「パキータ」よりVa.

◇クラシック 女性ジュニア2部
- 第1位 石橋 理恵(田中千賀子ジュニアバレエ団)「くるみ割り人形」より金平糖のVa.
- 第2位 辻 翔子(田中千賀子ジュニアバレエ団)「ドン・キホーテ」よりドルネシアのVa.
- 第3位 大久保 彩香(iSバレエ・アカデミア泉・下森バレエ団)「くるみ割り人形」より金平糖のVa.

◇クラシック 男性ジュニア2部
- 第1位 住友 拓也(田口バレエ研究所)「海賊」よりVa.
- 第2位 新井 誉久(インターナショナルバレエアカデミー)「ジゼル」よりペザントのVa.
- 第3位 森田 維央(松岡怜子バレエ団)「コッペリア」よりフランツのVa.

第17回(平16年度)
◇モダン ジュニア1部
- 第1位 高橋 茉那(高橋裕子モダンバレエ研究所)「溺れる魚」
- 第2位 藤村 祐子(二見・田保スタジオダンスエチュード)「孵化」
- 第3位 山田 総子(高橋裕子モダンバレエ研究所)「滅びの蠱惑」

◇モダン ジュニア2部
- 第1位 柴田 茉実(かやの木芸術舞踊学園)「オーケストラの少女」
- 第2位 江戸 裕梨(前多敬子バレエ教室)「道化の涙」
- 第3位 伊藤 麻菜実(和田朝子舞踏研究所)「Happyがやってくる」

◇クラシック 女性ジュニア1部

- 第1位　米沢　唯（塚本洋子バレエ団）「ドン・キホーテ」よりキトリのVa.
- 第2位　美羽　礼加（北山大西バレエ団）「眠れる森の美女」よりローズ・アダジオのVa.
- 第3位　大石　恵子（田中千賀子バレエ団）「くるみ割り人形」より金平糖のVa.

◇クラシック　男性ジュニア1部
- 第1位　市橋　万樹（松岡伶子バレエ団）「海賊」よりVa.
- 第2位　中川　リョウ（鳥取シティバレエ）「ドン・キホーテ」よりバジルのVa.
- 第3位　中家　正博（法村・友井バレエ学校）「チャイコフスキー」パ・ド・ドゥよりVa.

◇クラシック　女性ジュニア2部
- 第1位　浅井　恵梨佳（神沢千景バレエスタジオ）「くるみ割り人形」より金平糖のVa.
- 第2位　藤原　彩香（青い鳥バレエ団モトシマエツコ研究所）「くるみ割り人形」より金平糖のVa.
- 第3位　荒瀬　結記子（野間バレエスクール）「くるみ割り人形」より金平糖のVa.

◇クラシック　男性ジュニア2部
- 第1位　大巻　雄矢（山本紗内恵バレエスクール）「白鳥の湖」より王子のVa.
- 第2位　広島　裕也（清水洋子バレエスクール）「チャイコフスキー」パ・ド・ドゥよりVa.
- 第3位　甲斐　俊介（下田春美バレエ教室）「ジゼル」よりペザントのVa.

第18回（平17年度）
◇モダン　ジュニア1部
- 第1位　林　芳美（金井桃枝舞踊研究所）「‥もう、なわとびなんか…」
- 第2位　新保　恵（金井桃枝舞踊研究所）「蜘蛛」
- 第3位　岩浜　翔平（加藤みや子ダンススペース）「イグアナになっていたある日―カフカ変身より―」

◇モダン　ジュニア2部
- 第1位　橋本　奈々（マヤバレエスタジオ）「さとうきび畑の唄」
- 第2位　高井　花純（水野聖子 DANCING KIDS STUDIO）「冬の足音」
- 第3位　安田　一斗（前多敬子バレエ教室）「星空の下で」

◇クラシック　女性ジュニア1部
- 第1位　福井　かおり（徳島バレエ研究所）「ドン・キホーテ」よりキトリのVa.
- 第2位　北村　由希乃（法村・友井バレエ学校）「ジゼル」よりジゼルのVa.
- 第3位　田口　詩織（杉原和子バレエアート）「エスメラルダ」よりVa.

◇クラシック　男性ジュニア1部
- 第1位　上田　尚弘（ケイ・バレエスタジオ）「パキータ」よりVa.
- 第2位　清水　猛（白鳥バレエ学園）「海賊」よりVa.
- 第3位　大巻　雄矢（山本紗内恵バレエスクール）「パキータ」よりVa.

◇クラシック　女性ジュニア2部
- 第1位　相原　舞（ユミクラシックバレエスタジオ）「くるみ割り人形」より金平糖のVa.
- 第2位　森高　万智（田中千賀子ジュニアバレエ団）「くるみ割り人形」より金平糖のVa.
- 第3位　飯島　望未（ソウダバレエスクール）「くるみ割り人形」より金平糖のVa.

◇クラシック　男性ジュニア2部
- 第1位　木村　琢馬（iSバレエ・アカデミア泉・下森バレエ団）「白鳥の湖」より王子のVa.
- 第2位　高田　樹（白鳥バレエ学園）「ドン・キホーテ」よりバジルのVa.
- 第3位　猿橋　賢（下田春美バレエ教室）「パリの炎」よりVa.

第19回（平18年度）
◇モダン　ジュニア2部
- 第1位　伊藤　麻菜実（和田朝子舞踊研究所）「モンスター」
- 第2位　田中　萌子（黒沢輝夫・下田栄子モダンバレエスタジオ）「春・うらら…」
- 第3位　たけだ　有里（稲葉厚子舞踊研究所）「八月に想う」

◇モダン　ジュニア1部
- 第1位　幅田　彩加（黒沢輝夫・下田栄子モダンバレエスタジオ）「光のなかの盲（ひと）」
- 第2位　新保　恵（金井桃枝舞踊研究所）「バルコニーに降りた天使」
- 第3位　岩浜　翔平（加藤みや子ダンススペース）「片翼の翔き」

◇クラシック　女性ジュニア1部
- 第1位　金子　扶生（地主薫エコール・ド・バレエ）「シルヴィア」よりVa.
- 第2位　森高　万智（田中千賀子ジュニアバレエ団）「白鳥の湖」より黒鳥のVa.
- 第3位　飯島　望未（ソウダバレエスクール）「白鳥の湖」より黒鳥のVa.

◇クラシック　男性ジュニア1部
- 第1位　高田　樹（白鳥バレエ学園）「ドン・キホーテ」よりバジルのVa.

- 第2位　福田 紘也（ケイ・バレエスタジオ）「くるみ割り人形」より王子のVa.
- 第3位　住友 拓也（法村・友井バレエ学校）「眠れる森の美女」より王子のVa.

◇クラシック 女性ジュニア2部
- 第1位　奥野 凛（村瀬沙子バレエスタジオ）「くるみ割り人形」より金平糖のVa.
- 第2位　田中 詩織（田中千賀子ジュニアバレエ団）「くるみ割り人形」より金平糖のVa.
- 第3位　山内 未宇（船附菜穂美バレエスタジオ）「眠れる森の美女」よりフロリナ王女のVa.

◇クラシック 男性ジュニア2部
- 第1位　安田 一斗（前多敬子・田中勉バレエ教室）「パキータ」よりVa.
- 第2位　仙波 良成（美佳バレエスクール）「ドン・キホーテ」よりバジルのVa.
- 第3位　的場 斗吾（ISバレエ・アカデミア 泉・下森バレエ団）「白鳥の湖」より王子のVa.

第20回（平19年度）
◇モダン ジュニア1部
- 第1位　鷹谷 美希（金田尚子舞踊研究所）「哀歌」
- 第2位　新保 恵（金井桃枝舞踊研究所）「鉄錆色の雫」
- 第3位　木原 浩太（加藤みや子ダンススペース）「飛べない・鳩」

◇モダン ジュニア2部
- 第1位　田中 萌子（黒沢輝夫・下田栄子モダンバレエスタジオ）「蓮の詩」
- 第2位　森山 結貴（金井桃枝舞踊研究所）「小袖の春」
- 第3位　塚田 寛子（黒田バレエスクール）「風は少女になりたくて」

◇クラシック 女性ジュニア1部
- 第1位　奥野 凛（村瀬沙子バレエスタジオ）「ライモンダ」よりVa.
- 第2位　毛利 実沙子（ソウバレダンススクール）「エスメラルダ」よりダイアナのVa.
- 第3位　本田 千晃（ソウバレダンススクール）「ドン・キホーテ」よりキトリのVa.

◇クラシック 男性ジュニア1部
- 第1位　中野 吉章（エリート・バレエ・スタジオ）「海賊」よりVa.
- 第2位　中ノ目 知章（東京バレエワークス）「眠れる森の美女」より王子のVa.
- 第3位　井植 翔太（法村・友井バレエ学校）「パリの炎」よりVa.

◇クラシック 女性ジュニア2部
- 第1位　オドノヒュー 英美（MBSマリバレエスクール）「コッペリア」よりスワニルダのVa.
- 第2位　片岡 久美子（田中バレエ・アート）「ドン・キホーテ」よりドルシネアのVa.
- 第3位　伊藤 沙矢加（杉原和子バレエアート）「エスメラルダ」よりダイアナのVa.

◇クラシック 男性ジュニア2部
- 第1位　仙波 良成（美佳バレエスクール）「ドン・キホーテ」よりバジルのVa.
- 第2位　板谷 悠生（田中千賀子ジュニアバレエ団）「グラン・パ・クラシック」よりVa.
- 第3位　北原 光（田口バレエ研究所）「ドン・キホーテ」よりバジルのVa.

第21回（平20年度）
◇モダン ジュニア1部
- 第1位　新保 恵（金井桃枝舞踊研究所）「優雅に叱責する自転車」
- 第2位　島田 早矢香（井上恵美子モダンバレエスタジオ）「悲しい夕陽」
- 第3位　水野 多麻紀（水野聖子DANCING KIDS STUDIO）「檸檬の記憶」

◇モダン ジュニア2部
- 第1位　谷野 舞夏（DANCE WORLD made in TAKANE）「光と闇のレクイエム」
- 第2位　南 帆乃佳（平多正於舞踊研究所）「ほのかなる光の中で—アンネの日記より—」
- 第3位　山田 恵里（かやの木芸術舞踊学園）「PIANO MAN」

◇クラシック 女性ジュニア1部
- 第1位　大久保 彩香（iSバレエ・アカデミア 泉・下森バレエ団）「白鳥の湖」より黒鳥のVa.
- 第2位　上山 榛名（貞松・浜田バレエ学園）「眠れる森の美女」よりオーロラのVa.
- 第3位　原田 舞子（ダンススペース）「眠れる森の美女」よりローズ・アダジオのVa.

◇クラシック 男性ジュニア1部
- 第1位　上月 佑馬（萩ゆうこバレエスタジオ）「エスメラルダ」よりVa.
- 第2位　田村 幸弘（黒沢智子バレエスタジオ）「ドン・キホーテ」よりバジルのVa.
- 第3位　大巻 雄矢（山本紗内恵バレエスクール）「エスメラルダ」よりVa.

◇クラシック 女性ジュニア2部
- 第1位　岡田 あんり（淳バレエ学園）「くるみ割り人形」より金平糖のVa.
- 第2位　菅井 円加（佐々木三夏バレエアカデミー）「ドン・キホーテ」よりドルシネアのVa.

- 第3位　種田　智美（法村・友井バレエ学校）「コッペリア」よりスワニルダのVa.

◇クラシック　男性ジュニア2部
- 第1位　藤島　光太（バレエスタジオGEM）「バヤデルカ」よりVa.
- 第2位　安井　悠馬（田中バレエ・アート）「パキータ」よりVa.
- 第3位　磯見　源（アート・バレエ難波津）「白鳥の湖」より王子のVa.

第22回（平21年度）

◇モダン　ジュニア1部
- 第1位　江上　万絢（井上恵美子モダンバレエスタジオ）「遥かなる空に」
- 第2位　たけだ　有里（稲葉厚子舞踊研究所）「川―おそいくる自然の牙―」
- 第3位　根岸　早苗（マヤバレエスタジオ）「地雷ではなく花をください」

◇モダン　ジュニア2部
- 第1位　寺田　真菜（黒田バレエスクール）「ガラスのリンゴ」
- 第2位　高木　望由（かやの木芸術舞踊学園）「花はどこへ行った ～地雷原に咲く一輪の花～」
- 第3位　林　真矢（かやの木芸術舞踊学園）「吾輩は猫である」

◇クラシック　女性ジュニア1部
- 第1位　五月女　遥（Yamato City Ballet Jr.Company）「ドン・キホーテ」よりキトリのVa.

- 第2位　吉田　早織（神澤千景バレエスタジオ）「白鳥の湖」より黒鳥のVa.
- 第3位　山内　未宇（船附菜穂美バレエスタジオ）「海賊」よりVa.

◇クラシック　男性ジュニア1部
- 第1位　アクリ　瑠嘉（アクリ・堀本バレエアカデミー）「コッペリア」よりフランツのVa.
- 第2位　吉本　絃人（スタジオバレエ　インターナショナル）「パリの炎」よりVa.
- 第3位　寺田　智羽（田中俊行ジュニアバレエ団）「バヤデルカ」よりVa.

◇クラシック　女性ジュニア2部
- 第1位　直塚　美穂（塚本洋子バレエ団）「ドン・キホーテ」よりドルシネアのVa.
- 第2位　東野　瑞生（田中俊行ジュニアバレエ団）「コッペリア」よりスワニルダのVa.
- 第3位　浦邉　玖莉夢（スタジオ アン・ドゥ・トロワ）「コッペリア」よりスワニルダのVa.

◇クラシック　男性ジュニア2部
- 第1位　安井　悠馬（田中バレエ・アート）「パキータ」よりVa.
- 第2位　鈴木　詠翔（国立スタジオ・仁紫 高麗湖）「ジゼル」よりアルブレヒトのVa.
- 第3位　田中　勇人（島田芸術舞踊学校）「くるみ割り人形」より王子のVa.

242　斎田喬戯曲賞

　児童劇作家・故斎田喬氏の業績を記念し、日本児童劇全集（小学館）の印税をおもな基金として、昭和36年に制定された。発表・上演された児童劇、学校劇、人形劇などのうち優秀な創作戯曲に贈られる。

【主催者】（社）日本児童演劇協会
【選考委員】井上ひさし、多田徹、ふじたあさや、別役実
【選考方法】自薦、他薦
【選考基準】〔対象〕前年4月から当年3月までに発表（上演、印刷）された児童劇（人形劇・影絵劇も含む）、学校劇の創作戯曲
【締切・発表】例年7月～9月締切、12月頃発表
【賞・賞金】ブロンズ像と賞金10万円
【URL】http://www.linkclub.or.jp/~jcta/

第1回（昭36年）　該当作なし
第2回（昭37年）　多田　徹「ボタっ子行進曲」〔劇団風の子上演〕
第3回（昭38年）　該当作なし
第4回（昭39年）　該当作なし

第5回(昭44年)　飯沢 匡「みんなのカーリ」〔劇団四季上演〕
第6回(昭45年)　該当作なし
第7回(昭46年)　井上 ひさし「十一ぴきのネコ」〔テアトル・エコー上演〕
第8回(昭47年)　筒井 敬介「ゴリラの学校」〔劇団NLT上演〕,「何にでもなれる時間」〔演劇と教育〕
第9回(昭48年)　かたおかしろう「大阪城の虎」〔関西芸術座上演〕
第10回(昭49年)　該当作なし
第11回(昭50年)　ふじた あさや「さんしょう太夫」〔前進座上演〕
第12回(昭51年)
◇佳作賞
　　小寺 隆韶「かげの砦」
　　荒木 昭夫「つちぐも」
第13回(昭52年)　該当作なし
第14回(昭53年)　該当作なし
第15回(昭54年)　該当作なし
第16回(昭55年)　水上 勉「あひるの靴」〔面白半分3月臨時増刊号〕
第17回(昭56年)　該当作なし
第18回(昭57年)　菅井 建「龍になって」
第19回(昭58年)　該当作なし
第20回(昭59年)　該当作なし
第21回(昭60年)　別役 実「不思議の国のアリスの『帽子屋さんのお茶の会』」
第22回(昭61年)　谷川 俊太郎「いつだって今だもん」
第23回(昭62年)　神田 成子「突然の陽ざし」
第24回(昭63年)　該当作なし
第25回(平1年)　該当作なし
第26回(平2年)　中村 欽一「パナンペ・ペナンペ物語」(群馬中芸上演)
第27回(平3年)　該当作なし
第28回(平4年)　斉藤 紀美子「すみれさんが行く」(青年劇場上演)
第29回(平5年)　該当作なし
第30回(平6年)　溝口 貴子「逃亡者—夢を追いかけて」
第31回(平7年)　高瀬 久男(文学座)「あした天気になあれ！」(劇団うりんこ上演)
第32回(平8年)　平石 耕一(東京芸術座)「ブラボー！ファーブル先生」(東京芸術座上演)
第33回(平9年)　該当作なし
第34回(平10年)　木村 裕一「あらしのよるに」(演劇集団円上演)
第35回(平11年)　熊井 宏之,中村 芳子「にわか師三代」(劇団道化上演)
第36回(平12年)　福田 善之「壁の中の妖精」(木山事務所上演)
第37回(平13年)　該当作なし
第38回(平14年)　石原 哲也「チェンジ・ザ・ワールド」
第39回(平15年)　該当作なし
◇優秀賞
　　山崎 清介,田中 浩司「シェイクスピアを盗め！」
　　いずみ 凛「ナガサキ'ん グラフィティ」
第40回(平16年)　該当作なし
第41回(平17年)　該当作なし
第42回(平18年)　小川 信夫「多摩川に虹をかけた男—田中兵庫物語」
第43回(平19年)　さねとう あきら「のんのんばあとオレ」
第44回(平20年)　該当作なし

243　埼玉全国舞踊コンクール

　舞踊研究者の舞踊技術の向上をはかり,あわせて埼玉県民一般の舞踊芸術への鑑賞力を高めて舞踊芸術の普及をはかることを目的として,昭和43年に創設された。
【主催者】埼玉県舞踊協会
【選考委員】舞踊家・舞踊評論家
【選考方法】公募。予選,決選審査を経て選出
【選考基準】〔資格〕(クラシックバレエ部門)1部：高校3年以上,ジュニア部：中学2年～高校2年,2部：小学4年～中学1年,(モダンダンス部門)1部：高校卒業以上,ジュニア部：中学1年～高校3年,2部：4才～小学6年
【締切・発表】(平成21年)6月1日～6月10日申込期間,7月22日～25日予選,26日～29日決戦
【賞・賞金】賞状と記念楯

埼玉全国舞踊コンクール

【URL】http：//www.saitamaken-buyoukyokai.jp/

第1回（昭43年）
　◇第2部
　　● 1位　芹沢 博子
　　● 2位　柳沢 佳子, 荻山 直美, 田代 仁子
　　● 3位　田村 亮子, 岩渕 直子〔ほか〕
第2回（昭44年）
　◇クラシックの部・第2部
　　● 1位　坂本 佳里, 石山 佳代子
　　● 2位　小林 弘子
　　● 3位　安良岡 晴子, 山崎 恭子
　◇モダンの部・第2部
　　● 1位　浦井 典子, 住本 由美, 平田 千尋
　　● 2位　金原 正子, 平田 千尋, 矢作 香緒里〔ほか〕
　　● 3位　金原 正子
第3回（昭45年）
　◇クラシックの部・第2部
　　● 1位　安良岡 晴子
　　● 2位　神山 初恵
　　● 3位　大沢 範子
　◇第2部・モダンの部
　　● 1位　浦井 典子, 住本 由美, 平田 千尋
　　● 2位　山根 美恵子
　　● 3位　矢沢 きよみ
第4回（昭46年）
　◇クラシックの部・第2部
　　● 1位　根岸 真由美
　　● 2位　高橋 元子
　　● 3位　山上 絵理
　◇モダンの部・第2部
　　● 1位　浦井 典子, 住本 由美, 平田 千尋
　　● 2位　平田 千尋, 島路 幸子〔ほか〕
　　● 3位　新野 雄彦
第5回（昭47年）
　◇クラシックの部・第2部
　　● 1位　権頭 伸子
　　● 2位　新井 玲子
　　● 3位　佐野 美智子
　◇モダンの部・第2部
　　● 1位　住本 由美
　　● 2位　平田 千尋
　　● 3位　浦井 典子, 矢作 香緒里〔ほか〕
第6回（昭48年）
　◇クラシックの部・第2部
　　● 1位　永渕 順子
　　● 2位　青木 玲子
　　● 3位　根岸 真由美
　◇モダンの部・第2部
　　● 1位　山口 弓貴子
　　● 2位　平田 千尋

　　● 3位　永井 明子, 市川 恵子, 小柴 由美〔ほか〕
第7回（昭49年）
　◇クラシックの部・第2部
　　● 1位　古川 文子
　　● 2位　青木 玲子
　　● 3位　根岸 真由美
　◇モダンの部・第2部
　　● 1位　芹田 佐代美
　　● 2位　薄井 幸江
　　● 3位　荒木 好美, 橋本 尚美, 森 光子
第8回（昭50年）
　◇クラシックの部・第2部
　　● 1位　宮本 和佳
　　● 2位　佐藤 美和
　　● 3位　青木 玲子
　◇モダンの部・第2部
　　● 1位
　　　　　北川 まゆみ
　　　　　庭野 光代
　　● 2位　該当者なし
　　● 3位　伊藤 裕子, 平山 隆子, 小林 香織
第9回（昭51年）
　◇クラシックの部・第2部
　　● 1位　朝倉 万寿美
　　● 2位　宮本 和佳, 栗原 めぐみ
　　● 3位　仲田 恭子
　◇モダンの部・第2部
　　● 1位　田原 由子, 森 文子, 今板 ゆかり
　　● 2位　後藤 美恵
　　● 3位　伊藤 裕子
第10回（昭52年）
　◇クラシックの部・第2部
　　● 1位　中村 みゆき
　　● 2位　福田 恵美子
　　● 3位　出本 夏女
　◇モダンの部・第2部
　　● 1位　原志 郁子
　　● 2位　野沢 弥生
　　● 3位　小暮 美由紀
第11回（昭53年）
　◇クラシックの部・第2部
　　● 1位　青木 智子
　　● 2位　亀井 美由紀, 奏 朋子, 宮地 信子
　　● 3位　堀本 美和
　◇モダンの部・第2部
　　● 1位　佐藤 麻衣子
　　● 2位　清野 いずみ

- 3位　森下 佳代子, 大友 美夏, 奈良 恭子
〔ほか〕

第12回（昭54年）
◇クラシックの部・第2部
- 1位
　　吉田 都
　　清水 道子
- 2位　柳川 聡子
- 3位　山崎 由香子

◇モダンの部・第2部
- 1位　斉藤 牧子
- 2位　松川 有
- 3位　小暮 美由紀

第13回（昭55年）
◇クラシックの部・第2部
- 1位　山崎 由香子
- 2位　勝又 まゆみ
- 3位　吉田 都

◇モダンの部・第2部
- 1位
　　小坂 幸代
　　山崎 麻里
- 2位　土橋 美穂
- 3位　青木 理江

第14回（昭56年）
◇クラシックの部・第2部
- 1位　町田 裕美子
- 2位
　　加藤 紅
　　関口 教子
- 3位　根岸 正信

◇モダンの部・第2部
- 1位　村田 恵
- 2位
　　渡辺 りえ
　　饗庭 佐江子
- 3位　中村 英恵

第15回（昭57年）
◇クラシックの部・第2部
- 1位
　　中村 かおり
　　佐久田 メグミ
- 2位
　　町田 裕美子
　　小高 絹代
- 3位　津金沢 かおる

◇モダンの部・第2部
- 1位
　　高橋 瑞里
　　岡本 会世
- 2位
　　内田 奈麻, 平野 智恵子〔ほか14名〕
　　美村 英恵

- 3位　石川 直美

第16回（昭58年）
◇クラシックの部・第2部
- 1位　加藤 紅
- 2位
　　刀川 朋子
　　中村 かおり
- 3位　田中 祐子

◇モダンの部・第2部
- 1位
　　伊藤 絵香
　　青木 理江
- 2位
　　高沢 嘉津子
　　新美 佳恵
- 3位　長石 恵理可

第17回（昭59年）
◇クラシックの部・第2部
- 1位
　　宮内 真理子
　　河口 智子
- 2位
　　浪越 淳子
　　佐藤 未夏
- 3位　浅野 敬子

◇モダンの部・第2部
- 1位
　　島 美弥子
　　原田 麻衣子
- 2位
　　千竈 晃子
　　高沢 嘉津子
- 3位　梶原 暁子

第18回（昭60年）
◇クラシックの部・第2部
- 1位
　　荒川 まり子
　　諏訪 裕美
- 2位
　　浅野 敬子
　　渡部 美咲
- 3位　渡辺 麗

◇モダンの部・第2部
- 1位　千竈 晃子
- 2位
　　本沢 方美
　　藤井 愛
- 3位　荒川 靖子

第19回（昭61年）
◇クラシックの部・第2部
- 1位　久保 紘一
- 2位
　　奈良岡 典子

加藤 学
- 3位　中山 美香
◇モダンの部・第2部
  - 1位
    高沢 嘉津子
    岡野 満紀子
  - 2位
    飛塚 綾子
    榎本 薫
  - 3位　藤井 愛

第20回（昭62年）
◇クラシックの部・第2部
  - 1位
    荒井 祐子
    大関 桂子
  - 2位
    榊原 弘子
    岩下 恭子
  - 3位　鈴木 正彦
◇モダンの部・第2部
  - 1位
    池原 めぐみ
    菅原 朋子
  - 2位
    納所 あすか
    藤井 愛
  - 3位　瀬河 寛司

第21回（昭63年）
◇クラシックの部・第2部
  - 1位
    酒井 はな
    大岩 淑子
  - 2位
    松村 里沙
    榊原 弘子
  - 3位　若狭 安寿
◇モダンの部・第2部
  - 1位
    来田 真生
    荻野 直子
  - 2位
    高橋 愛
    納所 さやか
  - 3位　向後 晶代

第22回（平1年）
◇クラシックの部・第2部
  - 1位
    上野 水香
    吉野 純子
  - 2位
    正木 亮
    秦 万実
  - 3位
    宮下 ひろ美
    鈴木 由貴
    鎌田 美香
◇モダンの部・第2部
  - 1位
    本田 幸子
    蛯子 奈緒美
  - 2位
    池田 明子
    納所 さやか
  - 3位
    谷垣 裕子
    谷内 亜希
    高橋 操

第23回（平2年）
◇クラシックの部・第2部
  - 第1位
    古屋 智子
    松田 豊子
  - 第2位
    榊原 有佳子
    清水 さくら
  - 第3位
    中野 綾子
    広瀬 尊子
    公門 美佳
◇モダンの部・第2部
  - 第1位
    池田 明子
    鈴木 真由
  - 第2位
    長沼 陽子
    谷内 亜希
  - 第3位
    多田 織栄
    伊沢 真希子
    池上 直子

第24回（平3年）
◇クラシックの部・第2部
  - 第1位　大森 結城
  - 第2位
    前田 真由子
    中野 綾子
  - 第3位
    小曽根 麗
    小林 真弓
    加藤 理恵子
◇モダンの部・第2部
  - 第1位
    頓所 美命, 星野 有美
    蛯子 奈緒美
  - 第2位
    天野 美和子

長沼 陽子
- 第3位
  大堀 滋子
  岩永 貴子
  笹本 真理子

第25回(平4年)
◇クラシックの部・ジュニア部
- 第1位　加藤 理恵子
- 第2位
  向山 雅子
  松田 豊子
- 第3位
  井上 智香子
  田村 さゆり
  橋本 康子

◇クラシックの部・第2部
- 第1位　信田 洋子
- 第2位
  田中 麻子
  東野 泰子
- 第3位
  宮川 由起子
  池西 あや
  金田 あゆみ

◇モダンの部・ジュニア部
- 第1位　蛯子 奈緒美
- 第2位
  天野 美和子
  谷内 亜希
- 第3位
  小林 泉
  岩永 貴子
  深沼 弓美子

◇モダンの部・第2部
- 第1位　染谷 亜利
- 第2位
  笹本 真理子
  日下 樹理〔ほか〕
- 第3位
  高島 かお莉, 松井 美樹
  三東 瑠璃
  山口 梨絵

第26回(平5年)
◇クラシックの部・ジュニア部
- 第1位　大岩 千恵子
- 第2位
  山口 美果
  松田 豊子
- 第3位
  公門 美佳
  新井 崇
  信田 洋子

◇クラシックの部・第2部
- 第1位　飯野 有夏
- 第2位
  田中 麻子
  東野 泰子
- 第3位
  植村 麻衣子
  原嶋 里会
  粕谷 真理子

◇モダンの部・ジュニア部
- 第1位　本田 幸子
- 第2位
  天野 美和子
  笹本 真理子
- 第3位
  小林 泉
  坂井 相子
  宇佐美 和奈

◇モダンの部・第2部
- 第1位　稲見 淳子
- 第2位
  斉藤 あゆみ
  原 奈津希
  浜田 明菜
- 第3位
  小泉 碧
  中里 絵美
  三枝 美穂

第27回(平6年)
◇クラシックの部・ジュニア部
- 第1位　富田 理恵子
- 第2位
  首藤 泉
  宮城 文
- 第3位
  渡部 美季
  佐伯 知香
  大村 麻子

◇クラシックの部・第2部
- 第1位　田中 麻子
- 第2位
  植村 麻衣子
  東野 泰子
- 第3位
  遅沢 佑介
  丹羽 悠子
  大森 和子

◇モダンの部・ジュニア部

- 第1位　岩永 貴子
- 第2位
  - 宇佐美 和奈
  - 春日井 静奈
- 第3位
  - 天野 美和子
  - 福島 千賀子
  - 松田 英子
◇モダンの部・児童の部
- 第1位　中川 賢
- 第2位
  - 井上 みな
  - 斉藤 涼子
- 第3位
  - 中村 智美〔ほか8名〕
  - 中村 貴美子〔ほか3名〕
  - 米沢 麻佑子

第28回（平7年）
　◇クラシックの部・ジュニアの部
- 第1位　大月 悠
- 第2位
  - 田中 麻子
  - 大森 和子
- 第3位
  - 雨森 景子
  - 河合 佑香
  - 吉田 咲子
◇クラシックの部・第2部
- 第1位　山本 康介
- 第2位
  - 植村 麻衣子
  - 佐藤 瑛子
- 第3位
  - 丹羽 悠子
  - 伊勢田 由香
  - 山川 恵美
◇モダンの部・ジュニアの部
- 第1位　赤地 志津子
- 第2位
  - 笹本 真理子
  - 天野 美和子
- 第3位
  - 藤田 はるか
  - 田中 千絵
  - 小川 美奈子
◇モダンの部・第2部
- 第1位　斉藤 あゆみ
- 第2位
  - 三枝 美穂
  - 小泉 碧
- 第3位
  - 呉松 綾子
  - 吉田 美保

　　　富井 愛

第29回（平8年度）
　◇Jr.バレエ部門
- 第1位　赤羽 美保
- 第2位
  - 大森 和子
  - 金田 あゆ子
- 第3位
  - 菊池 あやこ
  - 西岡 裕典
  - 井上 麻衣
◇Jr.モダン部門
- 第1位　天野 美和子
- 第2位
  - 斉藤 あゆみ
  - 坂田 守
- 第3位
  - 斉藤 有美恵
  - 平井 麻衣
  - 春日井 静奈
◇児童バレエ部門
- 第1位　寺山 春美
- 第2位
  - 倉永 美沙
  - 辻 久美子
- 第3位
  - 佐合 萌香
  - 鈴木 美波
  - 加藤 美紗子
◇児童モダン部門
- 第1位　井上 みな
- 第2位
  - 三枝 美穂
  - 池田 美佳
- 第3位
  - 中山 真梨子
  - 高橋 香名
  - 藤岡 礼

第30回（平9年度）
　◇Jr.バレエ部門
- 第1位　植村 麻衣子
- 第2位
  - 大森 和子
  - 丹羽 悠子
- 第3位
  - 原嶋 里会
  - 遅沢 佑介
  - 寺山 春美
◇Jr.モダン部門

- 第1位　北島 栄
- 第2位
  - 井上 みな
  - 笹本 真理子
- 第3位
  - 三枝 美穂
  - 平井 麻衣
  - 斉藤 涼子

◇児童バレエ部門
- 第1位　小松 見帆
- 第2位
  - 中村 恵理
  - 富永 歩
- 第3位
  - 鈴木 美波
  - 浅見 紘子
  - 宇野 朱音

◇児童モダン部門
- 第1位　家入 悠
- 第2位
  - 富士 奈津子
  - 山本 綾乃
- 第3位
  - 坂口 頌子
  - 長谷川 風立子
  - 高田 智子

第31回(平10年度)
◇Jr.バレエ部門
- 第1位　丹羽 悠子
- 第2位
  - 宮田 知穂
  - 宮沢 身江
- 第3位
  - 中村 恵理
  - 寺山 春美
  - 浅川 紫織

◇Jr.モダン部門
- 第1位　上原 かつひろ
- 第2位
  - 斉藤 あゆみ
  - 平井 麻衣
- 第3位
  - 森沢 美穂
  - 三枝 美穂
  - 工藤 奈緒子

◇児童バレエ部門
- 第1位　小林 桃子
- 第2位
  - 藤岡 あや
  - 米沢 真弓
- 第3位
  - 金子 紗也
  - 瀬戸山 裕子
  - 米沢 唯

◇児童モダン部門
- 第1位
  - 緒方 友梨佳
  - 緒方 亜弥佳
- 第2位
  - 山本 綾乃
  - 永山 絵理
- 第3位
  - 浜田 麻央
  - 中塚 皓平
  - 小池 夕紀

第32回(平11年度)
◇Jr.バレエ部門
- 第1位　辻 久美子
- 第2位
  - 金田 洋子
  - 金子 紗也
- 第3位
  - 寺山 春美
  - 中村 恵理
  - 沖山 朋子

◇Jr.モダン部門
- 第1位
  - 井上 みな
  - 斉藤 あゆみ
- 第2位
  - 西山 友貴
  - 高瀬 譜希子
- 第3位
  - 米沢 麻佑子
  - 三東 瑠璃
  - 森沢 美緒

◇児童バレエ部門
- 第1位　米沢 唯
- 第2位
  - 瀬戸山 裕子
  - 斉藤 温子
- 第3位
  - 相沢 優美
  - 奥田 花純
  - 巣山 葵

◇児童モダン部門
- 第1位　村山 由衣
- 第2位
  - 浜田 麻衣
  - 木村 綾香
- 第3位
  - 広瀬 望帆
  - 佐藤 彩
  - 秋山 夏希

埼玉全国舞踊コンクール

第33回（平12年度）
◇Jr.バレエ部門
- 第1位　田中 理沙
- 第2位
    米沢 唯
    葛岡 絵美
- 第3位
    鈴木 礼奈
    金子 紗也
    下払 桃子

◇Jr.モダン部門
- 第1位　浜田 麻央
- 第2位
    米沢 麻佑子
    高比良 洋
- 第3位
    大垣 由佳
    富士 奈津子
    斉藤 涼子

◇児童バレエ部門
- 第1位　高田 茜
- 第2位
    米山 実加
    唐沢 秀子
- 第3位
    松岡 英理
    辻 晴香
    兼子 彩

◇児童モダン部門
- 第1位　広瀬 望帆
- 第2位
    大山 樹里
    三吉 未玲, 三吉 由梨, 三吉 聖, 森 佳野
- 第3位
    田中 さえら, 川畑 奈都美, 小林 明日香,
    松尾 優雅, 吉田 友希子
    押見 莉奈, 木村 綾香, 瀬戸 万里奈, 田
    中 美紗子, 西脇 美香, 吉井 麻里, 中
    野 茉由子, 白井 小百合

第34回（平13年度）
◇Jr.バレエ部門
- 第1位　松井 学郎
- 第2位
    荒井 英之
    浅川 紫織
- 第3位
    上田 尚弘
    米沢 唯
    酒井 麻子
◇Jr.モダン部門
- 第1位　高瀬 譜希子
- 第2位
    西山 友貴
    呉松 綾子
- 第3位
    大山 樹里
    高比良 洋
    斉藤 涼子

◇児童バレエ部門
- 第1位　浅田 良和
- 第2位
    贄田 萌
    大下 結美花
- 第3位
    江戸 裕美
    福森 美咲子
    小泉 朝美

◇児童モダン部門
- 第1位　佐藤 希望
- 第2位
    秋山 夏希
    金沢 理沙
- 第3位
    嶋田 彩佳, 松尾 優雅, 吉成 美紅
    松田 ゆりな, 中村 香耶
    広瀬 麻伊

第35回（平14年度）
◇Jr.バレエ部門
- 第1位　草野 洋介
- 第2位
    鈴木 礼奈
    中島 有加里
- 第3位
    相沢 優美
    浅田 良和
    星野 姫

◇Jr.モダン部門
- 第1位　大熊 梨紗
- 第2位
    藤村 祐子
    藤田 さくら
- 第3位
    田中 さえら
    島田 早矢香
    丸市 美幸

◇児童バレエ部門
- 第1位　影山 茉以
- 第2位
    太田 麻里衣
    河野 舞衣
- 第3位
    中村 志歩
    森 志乃

石山 沙央理
◇児童モダン部門
- 第1位　柴田 祥子
- 第2位
　　鈴木 絢乃
　　水野 多麻紀
- 第3位
　　松尾 優雅
　　下島 夏蓮
　　三樹 亜佳里

第36回(平15年度)
◇Jr.バレエ部門
- 第1位　大下 結美花
- 第2位
　　河野 舞衣
　　清瀧 千晴
- 第3位
　　井沢 諒
　　和田 紗永子
　　森 志乃
◇Jr.モダン部門
- 第1位　富士 奈津子
- 第2位
　　緒方 友梨佳, 緒方 亜弥佳
　　幅田 彩加
- 第3位
　　中塚 皓平
　　水野 多麻紀
　　北野 友華
◇児童バレエ部門
- 第1位　森田 愛海
- 第2位
　　浅井 恵梨佳
　　渡辺 峻郁
- 第3位
　　中村 悠
　　塚原 美穂
　　山谷 奈々
◇児童モダン部門
- 第1位　髙井 花純
- 第2位
　　島浦 葵, 大久保 良美
　　星野 明希, 鈴木 綾乃, 畠山 奈々
　　藤田 由希
- 第3位
　　長谷川 瑠衣
　　伊達 愛
　　相沢 優

第37回(平16年度)
◇Jr.バレエ部門
- 第1位　門 沙也香
- 第2位
　　織山 万梨子
　　河野 舞衣
- 第3位
　　中村 真子
　　森田 愛海
　　茂木 恵一郎
◇Jr.モダン部門
- 第1位　国光 由貴子
- 第2位
　　幅田 彩加
　　中塚 皓平
- 第3位
　　高橋 茉那
　　林 芳美
　　大内 万里江
◇児童バレエ部門
- 第1位　浅井 恵梨佳
- 第2位
　　加瀬 栞
　　相原 舞
- 第3位
　　八城 満里菜
　　山谷 奈々
　　桜堂 詩乃
◇児童モダン部門
- 第1位　橋本 奈々
- 第2位
　　永沢 麗奈
　　岸野 奈央
- 第3位
　　安田 一斗
　　千葉 馨
　　高橋 玲美

第38回(平17年度)
◇Jr.バレエ部門
- 第1位　河野 舞衣
- 第2位
　　浅井 恵梨佳
　　加瀬 栞
- 第3位
　　相原 舞
　　西玉 絵里奈
　　高田 茜
◇Jr.モダン部門
- 第1位　新保 恵
- 第2位
　　水野 多麻紀
　　酒井 杏菜
- 第3位
　　島田 早矢香
　　岩浜 翔平
　　幅田 彩加
◇児童バレエ部門

- 第1位　堀内 恵
- 第2位
    - 橋田 有理佳
    - 井上 加奈
- 第3位
    - 嶋 貫郁
    - 斉藤 絵美
    - 田崎 菜々美

◇児童モダン部門
- 第1位　小川 真奈
- 第2位
    - 田中 萌子
    - 千葉 馨
- 第3位
    - 島浦 葵
    - 堀内 鈴
    - 安田 一斗

第39回（平18年度）
◇クラシック・2部（児童の部）
- 第1位　水谷 実喜
- 第2位
    - 石崎 双葉
    - 山本 景登
- 第3位
    - 前沢 愛
    - 佐々木 まどか
    - 上野 祐未

◇モダン・2部（児童の部）
- 第1位　千葉 馨
- 第2位
    - 江上 万絢
    - 鬼本 佳織
- 第3位
    - 南 帆乃佳
    - 田中 萌子
    - 箭野 早耶華

◇クラシック・ジュニアの部
- 第1位　森山 温子
- 第2位
    - 中村 悠
    - 高田 茜
- 第3位
    - 山谷 奈々
    - 山岸 千紗
    - 土田 明日香

◇モダン・ジュニアの部
- 第1位　林 芳美
- 第2位
    - 木原 浩太
    - 幅田 彩加
- 第3位
    - 池ヶ谷 奏
    - 花房 茉里奈

　　小川 真奈

第40回（平19年度）
◇クラシック・2部（児童の部）
- 第1位　福田 汐里
- 第2位
    - 江口 絵梨
    - 福田 侑香
- 第3位
    - 山田 翔
    - 種田 智美
    - 菅井 円加

◇モダン・2部（児童の部）
- 第1位　舘 久瑠実
- 第2位
    - 山之口 理香子
    - 亀井 峰幸
- 第3位
    - 矢島 茜
    - 大竹 佑佳
    - 中野 真李

◇クラシック・ジュニアの部
- 第1位　中ノ目 知章
- 第2位
    - 峯岸 伽奈
    - 杉島 知奈津
- 第3位
    - 田島 美月
    - 中川 郁
    - 高田 茜

◇モダン・ジュニアの部
- 第1位　江上 万絢
- 第2位
    - 田中 萌子
    - 南 帆乃佳
- 第3位
    - 柴田 茉実
    - 安田 一斗
    - 森山 結貴

第41回（平20年度）
◇クラシック・2部（児童の部）
- 第1位　阿部 裕恵
- 第2位
    - 齋藤 花恋エリーナ
    - 加藤 三希央
- 第3位
    - 奥原 歩
    - 岡田 結衣
    - 阿部 夏香

◇モダン・2部（児童の部）

- 第1位　武内 奈央
- 第2位
  　植木 晴花, 関 千尋
  　天野 真希
- 第3位
  　藤澤 果央
  　安田 莉子

◇クラシック・ジュニアの部
- 第1位　堀沢 悠子
- 第2位
  　峯岸 伽奈
  　福田 侑香
- 第3位
  　アクリ 瑠嘉
  　伊藤 瑞穂
  　田村 彩恵

◇モダン・ジュニアの部
- 第1位　正木 いづみ
- 第2位
  　柴田 茉実
  　安田 一斗
- 第3位
  　森山 結貴
  　川合 十夢
  　渡部 悠子

244 彩の国下総皖一童謡音楽賞 (下総皖一音楽賞, 彩の国下総皖一音楽賞)

埼玉県大利根町出身の音楽教育家・作曲家である故下総皖一氏の業績を顕彰するため、氏の生誕90年を記念して設立された。童謡を文化資源として生かし、潤いある郷土づくりを進めるため行っている「童謡のふるさとづくり事業」の一環として実施される。当初は埼玉会館友の会主催で「下総皖一音楽賞」の名称であったが、平成7年度から埼玉県に引き継がれ、「彩の国下総皖一音楽賞」となり、平成10年度から現在の名称となった。音楽文化の向上および童謡・唱歌の普及に貢献した者に贈られる。

【主催者】埼玉県
【選考委員】竹内克好(NPO法人さいたま教育支援センター代表理事)、こわせたまみ(詩人・児童文学者)、飯島正治(埼玉新聞社社友)、小高秀一(埼玉県合唱連盟顧問)、加倉井佳世子(音楽家)、笠井和子((社)ガールスカウト日本連盟埼玉県支部監事)、平原隆秀(全埼玉私立幼稚園連合会会長)、田尻明規(埼玉県音楽家協会会長)
【選考方法】音楽関係団体、行政機関、民間企業、民間団体等の推薦による
【選考基準】〔対象〕童謡を通じた音楽文化の向上に貢献した個人・団体。プロ・アマ不問。現在またはかつて埼玉県内に居住するなど、県にゆかりのある者。(1)童謡の作詞・作曲・編曲活動(2)童謡の歌唱・演奏・公演活動(3)童謡に関する行事の実施(4)童謡に関する著作活動などに対して贈られる
【締切・発表】(平成20年度)平成20年9月25日締切、21年1月15日表彰式
【賞・賞金】賞状及び記念品
【URL】http：//www.pref.saitama.lg.jp/A12/BE00/douyou/

第1回(昭63年)
　◇作詞部門　こわせ たまみ(作詞家)《童謡を中心とした作詞活動により》
　◇作曲部門　湯山 昭(作曲家)《童謡を中心とした作曲活動により》
　◇演奏部門　大庭 照子(歌手)《童謡を中心とした演奏活動により》
第2回(平2年)
　◇芸術部門
　　奥村 一(昭和音楽大学教授)《ピアノ曲を中心とした作品及び吹奏楽曲「秩父夜祭」等の作曲により》
　　佐藤 真(東京芸術大学助教授)《下総先生の教え子として数多くの作曲活動の功績により》
　◇教育部門　池田 浩(埼玉大学名誉教授)《埼玉県内での教育活動の功績により》

◇特別賞　宮沢 章二(作詞家)《作詞活動及び埼玉県内における教育活動の功績により》

第3回(平4年)
　◇芸術部門　土肥 泰(埼玉大学教授)《下総先生の教え子として広範な分野での作曲活動により》
　◇教育部門　友利 明長(埼玉大学名誉教授)《埼玉県内における教育活動及び下総皖一顕彰碑設立の功績により》

第4回(平6年)
　◇芸術部門
　　　関根 栄一(作詞家)《詩藻の母胎が故郷の土と風と人にあると評価されて》
　　　ボニージャックス(コーラスグループ)《下総作品の普及及び埼玉県内で演奏活動の実績により》
　◇教育部門　稲田 浩(群馬大学教授)《埼玉県内高校を合唱コンクールで優勝に導いた功績により》

第5回(平7年)
　◇教育部門　望月 秀夫(新座市立陣屋小学校長)《新座少年少女合唱団への25年間にわたる指導により》
　◇音楽活動部門　清水 たみ子(詩人)《戦前,戦後の長きにわたり,童謡の作詞と児童文学において優れた作品を発表したことにより》

第6回(平8年)
　◇教育部門　田尻 明規(合唱指揮者)《多くの合唱団体や高校音楽部を指導した実績により》
　◇音楽活動部門
　　　中田 一次(作曲家)《下総皖一の教え子として,長年にわたり数多くの作品を発表した功績により》
　　　マリンバ・ポニーズ(マリンバ・打楽器合奏団)《世界の一流ホールで公演を行い,音楽による国際親善を行っている実績により》

第7回(平9年)
　◇教育部門　土野 研治(埼玉県越谷西養護学校教諭)《障害児の音楽教育の発展に貢献している実績により》
　◇音楽活動部門
　　　川田 正子(声楽家,森の木児童合唱団主宰)《55年にわたり多くの童謡の名曲を世に出した業績により》
　　　小森 昭宏(作曲家,尚美学園短期大学教授)《童謡を始め3,000以上の作品を作曲した業績により》

◇普及部門　浦和童謡唱歌愛好会(童謡愛好団体)「案山子」の記念碑建立やコンサートの開催等20年にわたり童謡の普及と継承に貢献している実績により

(平10年度)
　　　笠井 龍太郎(音楽教師)《童謡の点訳楽譜制作,高齢者合唱団の指導により》
　　　小松原 優(幼稚園名誉園長)《童謡の作詞,執筆,講演,行事などで童謡の普及に貢献している実績により》
　　　下総皖一を偲ぶ会(童謡唱歌普及団体)《童謡の普及と下総皖一の功績の伝承に努めたことにより》

(平11年度)
　　　鎌田 弘子(音楽教育家,作曲家)《童謡の合唱曲への編曲,大利根町の下総皖一普及キャンペーンへの貢献や,わらべうた等の研究功績により》
　　　海藤 晴子(童謡歌手,合唱指導者)《童謡歌手としての活躍や,童謡愛好団体を指導した功績により》

(平12年度)
　　　吉田 元治(浦和児童合唱団団長)《教師としてわらべ歌の指導を行ったほか,長年にわたり児童合唱団で指導に努めた功績により》
　　　吉武 まつ子(声楽家)《下総皖一の一般にはあまり知られていない楽曲を掘り起こし,紹介している等の功績により》
　　　大岩 誓子(童謡歌手,声楽家)《童謡歌手としてのコンサート活動や童謡愛好団体指導等の功績により》

(平13年度)　柳井 和郎(元音楽教師)《童謡愛好団体の設立,指導,地域の音楽文化の向上に寄与した功績により》

(平14年度)
　　　三枝 ますみ(詩人)《子ども向けの歌を数多く作詞。平成元年のさいたま国民文化祭において童謡の部実行委員会実行委員を務めたほか,坂戸市童謡まつり実行委員会実行委員を十年間にわたり務め,県内の童謡文化の振興に貢献した》
　　　矢辺 たけを(詩人)《童謡のほか,ふるさとの情感を盛り込んだ市内外の園歌,社歌を作詞。また,地場産業"藍"をテーマにしたPR歌やキヤッセ羽生のうたの作詞を手がけるなど,作詞活動を通じて地域文化の向上にも貢献している》
　　　川越少年少女合唱団(児童合唱団)《昭和34年,市内の小中学生が一緒に活動

できる合唱団を,と結成。これまでに定期演奏会を43回開催し,郷土を題材とした曲を発表している。青少年の健全育成,音楽文化の向上にとどまらず,国際文化交流にも貢献している》

(平15年度)

石 敏彦(声楽家)《これまでに130回を超えるコンサートを開催し,童謡を数多く演奏するなど,演奏活動を通じて県内の音楽文化の発展に貢献した。自ら設立した心臓病の子どもを救済するための「守基金」に関するチャリティ活動も実施している》

名村 宏(童謡作家)《NHK「おかあさんといっしょ」の曲をはじめ数多くの子ども向けの歌を作詞し全国的に活躍。また,地域の市民ミュージカルの作詞脚本を手がけるなど,県内の音楽文化の発展に貢献した。代表作「ちかてつ」》

和田 タカ子(声楽家)《地域の児童合唱団等を長年にわたり指導,数多くの童謡を演奏し童謡の普及に努める。音楽鑑賞会を設立,自ら童謡・抒情歌を数多く歌い続け,県内の音楽文化の発展に貢献した。オペラ団体を主宰し,企画制作にも携わっている》

(平16年度)

小越 美代子(声楽家)《自身のコンサートでは必ず童謡を歌い,カルチャースクールや児童合唱団で指導も行っている。童謡を中心とした演奏活動を通じて,県内の音楽文化の普及に貢献した。また,海外で日本の歌を紹介する等,国際文化交流にも貢献している》

吉元 恵子(声楽家)《自身の演奏活動と共に,地域のおかあさんコーラス,児童合唱団の指導を長年にわたり続け,多くの童謡普及のコンサートを開催し,県内の音楽文化の普及に貢献した。また,海外で日本の歌を紹介する等,国際文化交流にも貢献している》

羽生市少年少女合唱団(児童合唱団)《昭和60年,歌を通じて音楽文化の向上へ貢献しようと結成。毎年自ら定期演奏会を開催し,プログラムには必ず童謡を織り込んでいる。その他にも,老人ホームへの慰問や各種イベントに参加する等活動を展開し,地域の音楽文化の向上に貢献している》

(平17年度)

伊藤 ちゑ(声楽家)《自身のコンサートに童謡を取り入れるとともに,童謡・唱歌のコンサートにも積極的に出演している。また,公民館において合唱指導を行うなど,県内における童謡文化の普及に貢献している。海外でのコンサートでも,日本の歌を紹介するなど国際文化交流にも尽力》

前田 千恵子(声楽家,声楽教師)《自身のコンサート活動とともに,長年にわたり,多くの保育園や幼稚園,子供会等で童謡を歌い続けている。また,公民館や児童センターでの童謡教室や高齢者学級において童謡・唱歌の講師を務めたり,童謡愛好団体の指導を行うなど,県内における童謡文化の普及に貢献している》

童謡のふる里おおとね少年少女合唱団(児童合唱団)《平成7年に,町内で初めて子供を対象とした本格的な合唱団として設立された。町内外でのコンサートに多数出演し,下総皖一の名曲をはじめ童謡・唱歌を歌い広め,県内における童謡文化の普及に貢献している》

(平18年度)

祐成 智美(童謡詩人)《数多くの童謡を作詞し,童謡詩集「おはなしいっぱい」を出版するなど全国的に活躍。また,日本童謡協会に入会し,童謡祭やこどものコーラス展に参加するなど,童謡文化の普及に貢献している》

山崎 みさを(ソプラノ歌手)《これまでに保育園や障害者施設等で2000回以上の無料出前コンサートを開催し,童謡を歌い広めた。また,合唱団に対し童謡を中心とした歌唱指導を行うなど,童謡文化の普及に貢献している》

上尾歌声広場(合唱団体)《月例会で様々なジャンルの演奏家や歌手を招いて童謡・唱歌を歌うほか,県内各地のコンサートで童謡・唱歌を歌い広め,県内における童謡の普及,地域の音楽文化の向上に貢献している》

(平19年度)

中島 睦雄(下総皖一研究家)《下総皖一の研究に長年携わっており,著作や講演会,特別授業,銅像制作,視察対応など,大利根町と連携しながら,下総皖一の業績の普及・啓発に貢献している》

原口 あゆみ(声楽家) 《演奏会・講演会の傍らボランティアで少年院や老人ホームのほか,幼稚園,小・中学校で子ども達と母親を対象にコンサート,指導を行う。4人の子どもの母親の立場で,日本の心を伝える童謡の普及に貢献している》

童謡のふる里おおとねハンドベル・リンガーズ(合奏団) 《児童・生徒を中心とするハンドベル合奏団。大利根町「童謡のふる里づくり」事業に積極的に参加し,まちづくりに貢献するとともに,県内外のコンサートに多数出演し,下総皖一の名曲をはじめとする音楽文化の普及に貢献している》

(平20年度)

竹内 邦光 《日本童謡協会に入会以来,数多くの童謡を作曲,その作品が全国各地の童謡コンサートで歌われている。中でも代表作「ピオーネ」は全国童謡歌唱コンクールの課題曲として,全国の子どもたちに愛唱されるなど,童謡文化の向上に貢献している》

谷 礼子 《和光市内の複数の合唱団を指導するとともに,清水かつらの童謡作品を歌い継いでいく「みどりのそよ風児童合唱団」を結成し,童謡を親しみやすい形に編曲して紹介するなど,童謡の普及に貢献している》

彩の国大宮童謡唱歌の会 《月例会の開催のほか,県内外の各種行事に出演し童謡を歌うことで童謡の普及に貢献している。また,中越地震の被災者を支援するコンサートの開催や仮設住宅の訪問などを通して被災地支援も行っている》

pinkish 《現代風にリメイクした童謡を歌うボーカル&ダンスユニットとして大利根町で結成。幅広い世代への童謡の普及を図るため,県内はもとより全国各地で下総皖一の作品を中心とした童謡ライブを行い,童謡の普及に貢献している》

245 サトウハチロー賞

日本童謡協会の初代会長であり,戦前戦後を通じて日本の童謡文化に大きな足跡を残した詩人サトウハチロー氏の童謡復興への遺志を継承し,子どもの歌の振興を図るため,平成元年に創設された。第10回で中止。

【主催者】(社)日本童謡協会
【選考委員】中田喜直,藤田圭雄,こわせ・たまみ,阪田寛夫,中田一次,宮中雲子,湯山昭,斉藤貞夫,佐藤四郎
【選考方法】選考委員の推薦による
【選考基準】〔対象〕個人の継続的な童謡に対する業績
【締切・発表】発表は毎年5月,第10回の受賞式は平成10年7月1日
【賞・賞金】賞状,楯と賞金50万円

第1回(平1年) 中田 喜直(作曲家,日本童謡協会会長)《サトウハチロー氏と共に戦後童謡の興隆・発展に対する寄与と功績及びサトウ氏とコンビとして作曲した「かわいいかくれんぼ」「ちいさい秋みつけた」を始めとする名作に対して》
第2回(平2年) 藤田 圭雄
第3回(平3年) 鶴見 正夫(児童文学作家・詩人)
第4回(平4年) 伊藤 翁介(作曲家)
第5回(平5年) 湯山 昭(作曲家)
第6回(平6年) こわせ たまみ(作詞家)
第7回(平7年) 武鹿 悦子(詩人)
第8回(平8年) 宮中 雲子(詩人)
第9回(平9年) 磯部 俶(作曲家)
第10回(平10年) 小森 昭宏(作曲家)

246 ジャズダンス・コンクール

　ジャズダンスの愛好家の親睦を図り、各ジャンルのダンス向上発展と隠れた優秀な才能の発掘を目指し、新しい舞踊文化の発展振興に寄与することを目的として、平成2年より開始された。
【主催者】日本ジャズダンス芸術協会
【選考委員】（第19回）委員長：宮崎渥巳、決戦審査員：金光郁子、浦辺日佐夫、家城比呂志、花輪洋治、名倉加代子、菊池敏一、瀬川昌久、伊藤喜一郎、野沢那智、真島茂樹、広井王子、小川こういち、沙和あい子、早川政美
【選考方法】公募
【選考基準】〔参加規定〕(1)国籍、性別、プロ、アマ、協会員、非協会員不問。(2)参加人数の制限なし。(3)自由曲による自由課題。(4)作品は全部門3分以内。(5)予選は地照りのみ、決戦は照明付加。(6)ジュニア部門：小学生、中高生部門：中学生・高校生、アマチュア部門：18歳以上（年齢上限なし、ジャンル問わず）、一般部門：15歳以上（高校生以上）
【締切・発表】例年2月初旬より申込開始、4月初旬頃締切。第20回は平成21年5月3日〜4日世田谷区民会館にて開催
【賞・賞金】ジュニア・中高生・アマチュア部門：賞状、トロフィー、副賞、一般部門：賞状、トロフィー、賞金
【URL】http：//www.jazz-dance-art.jp/

第1回（平2年）
◇グランプリ　河野 恵理
◇ソロ
- 第1位　石川 愛子（名倉ジャズダンススタジオ）
- 第2位　黒住 千尋（KCR JAZZ DANCE CLUB）
- 第3位　高橋 哲也

◇群舞
- 第1位　ダンスグループ・u（浦辺日佐夫ジャズダンススタジオ）
- 第2位　Peace（ブロードウェイダンスセンター）
- 第3位　Chu-Chu（STUDIO SCENE 28）

第2回（平3年）
◇ジュニア
- 第1位　Dancing Fairies（金光郁子舞踊学園）「Trickle Trickle」
- 第2位　The Little Company（金光郁子舞踊学園）「Disco Mickey Mouse」
- 第3位　DANCING WARP Jr.「IN THE MOOD」

第3回（平4年）
◇ジュニア
- 第1位　リトルカンパニー（金光郁子舞踊学園）「オールモストグロウン」
- 第2位　ジャズダンス・スタジオ　もんぺ「ストリートグループ」
- 第3位

シャーミィーキャッツ（金光郁子舞踊学園）「シャムキャットダンス」
ダンシングエンジェルス（金光郁子舞踊学園）「エンターティナー」

第4回（平5年）
◇ジュニア
- 第1位　プティキャラバン（金光郁子舞踊学園）「Schu-Bi-Du-Bab」
- 第2位　あおり＆ガールズ（金光郁子舞踊学園）「Shuffle」
- 第3位　リトルキャラバン（金光郁子舞踊学園）「You're the One」

第5回（平6年）
◇ジュニア
- 第1位　リトルキャラバン（金光郁子舞踊学園）「I'm yours」
- 第2位　アートスタジオ「Give you Joy！―少女たちの季節」
- 第3位　プティキャラバン（金光郁子舞踊学園）「仔猫」

第6回（平7年）
◇ジュニア
- 第1位　リトルキャラバン（金光郁子舞踊学園）「F・B・I」
- 第2位　プティキャラバン（金光郁子舞踊学園）「アラジン」

- 第3位　キャラバンキッズ(金光郁子舞踊学園)「エスパニアカーニ」

第7回(平8年)
　◇ジュニア
- 優秀賞　キャラバンキッズ(金光郁子舞踊学園)「アレキサンダーズ・ラグタイム・バンド」
　◇シニア
- 優秀賞　Little J(ウメダヒサコジャズダンスミックスファクトリー)「YAH!!」

第8回(平9年)
　◇ジュニア
- 優秀賞　キャラバンキッズ(金光郁子舞踊学園)「Aトレーン」
　◇シニア
- 優秀賞　リトルキャラバン(金光郁子舞踊学園)「アラビア」

第9回(平10年)
　◇ジュニア
- 優秀賞　M・A・Mジュニア(三代真史ジャズ舞踊団)「スペース・ジャム」
　◇シニア
- 優秀賞　木島孝子ダンスアクティブ(木島孝子ダンスアクティブ)「Departure」

第10回(平11年)
　◇ジュニア
- 第1位　M・A・Mジュニア(三代真史ジャズ舞踊団)「ANTS」
　◇シニア
- 第1位　川路真瑳バレエスタジオ(川路真瑳バレエスタジオ)「ピアノ・スター」

第11回(平12年)
　◇ジュニア
- 第1位　M・A・Mジュニア(三代真史ジャズ舞踊団)「Moving Men Jr」
　◇シニア
- 第1位　MAXIMUM(ウメダヒサコジャズダンスミックスファクトリー)「Boogie Thing」

第12回(平13年)
　◇ジュニア
- 第1位　M・A・Mジュニア(三代真史ジャズ舞踊団)「nurse」
　◇シニア
- 第1位　MJ-Teener(三代真史ジャズ舞踊団)「新入社員」

第13回(平14年)
　◇シニア
- 第1位　リトルキャラバン「ビッグ・ウェーブ」
　◇ジュニア
- 第1位　遠藤 和成「旅人」
　◇特別賞　スタジオPAL「ま・せ・が・き」

第14回(平15年)
　◇シニア
- 第1位　川路真瑳バレエスタジオ「シングシング」
　◇ジュニア
- 第1位　SHOW 5「dream」

第15回(平16年)
　◇シニア
- 第1位　MJ-Teener「Miss Doll」
　◇ジュニア
- 第1位　遠藤 和成「My Way」

第16回(平17年)
　◇シニア
- 第1位　GEMINI「鏡に映る私とわたし」
　◇ジュニア
- 第1位　チーキーリーベリー「spybreak!」

第17回(平18年)
　◇シニア
- 第1位　鈴木 竜「渦―大都会に堕ちる―」
　◇ジュニア
- 第1位　遠藤 和成「雨のワルツ」

第18回(平19年)
　◇中高生
- 第1位　リトルキャラバン「雪のソナタ」
　◇ジュニア
- 第1位　MIEKO FITNESS SQUAD「blast」

第19回(平20年)
　◇中高生
- 第1位　小倉 奈画「My Dream」
　◇ジュニア
- 第1位　北原佐智子 STEP STUDIO Jr.「Swing!」

---

247 青少年のためのバレエ・コンクール(ザ・バレコン名古屋)　(ザ・バレコン名古屋)

クラシック・バレエを学ぶ青少年の才能の発見と育成を目的として平成9年より開催される。

【主催者】「青少年のためのバレエ・コンクール」実行委員会

247 青少年のためのバレエ・コンクール(ザ・バレコン名古屋)

【選考委員】(平成20年度)石川恵巳, 森龍朗, 真忠久美子, 田中俊行, 李安, 神澤千景, ズラトゥコ・ミクリッチ, 榊原圭以好, 久嶋江里子, 神谷久美子

【選考方法】公募

【選考基準】〔対象〕全国の9〜29歳の男女。クラシック・バレエのヴァリエーション1曲(上演時間3分以内)を選考の対象とする。〔部門〕(1)女子ジュニアB：9〜13歳女子(2)女子ジュニアA：14〜17歳女子(3)女子シニア：18〜29歳女子(4)男子ジュニア：9〜15歳男子(5)男子シニア：16〜29歳男子

【締切・発表】(平成20年度)応募締切は6月30日(必着), 8月26日〜8月31日開催。発表・表彰式は8月31日

【賞・賞金】〔女子シニア〕第1位：賞状, 賞金20万円, 第2位：賞状, 賞金15万円, 第3位：賞状, 賞金10万円。〔男子シニア〕第1位：賞状, 賞金15万円, 第2位：賞状, 賞金10万円, 第3位：賞状, 賞金5万円。〔女子ジュニアAB・男子ジュニア〕第1位：賞状, 副賞, 第2位：賞状, 副賞, 第3位：賞状, 副賞, 愛知県知事賞：賞状, 名古屋市長賞：賞状

【URL】http://www.theballetcom.jp/

第1回(平9年)
- ◇ジュニアB
  - 第1位　該当者なし
  - 第2位　寺井 七海(松本道子バレエ団)「コッペリア」第3幕よりスワニルダのVa.
- ◇ジュニアA
  - 第1位　植村 麻衣子(塚本洋子バレエスタジオ)「ライモンダ」よりVa.

第2回(平10年)
- ◇ジュニアB
  - 第1位　米沢 唯(塚本洋子バレエスタジオ)「コッペリア」よりスワニルダのVa.
- ◇ジュニアA
  - 第1位　該当者なし
  - 第2位　大貫 誠幹(佐々木バレエアカデミー)「眠れる森の美女」第3幕よりデジレ王子のVa.

第3回(平11年)
- ◇ジュニアB
  - 第1位　米沢 唯(塚本洋子バレエスタジオ)「エスメラルダ」よりVa.
- ◇ジュニアA
  - 第1位　丹羽 悠子(塚本洋子バレエスタジオ)「ジゼル」第1幕よりジゼルのVa.

第4回(平12年)
- ◇ジュニアB
  - 第1位　該当者なし
  - 第2位　米沢 唯(塚本洋子バレエスタジオ)「眠れる森の美女」よりオーロラのVa.
- ◇ジュニアA
  - 第1位　該当者なし
  - 第2位　加藤 野乃花(田中千賀子ジュニアバレエ団)「ジゼル」よりVa.

第5回(平13年)
- ◇ジュニアB
  - 第1位　辻 晴香(神沢千景バレエスタジオ)「眠れる森の美女」よりローズ・アダジオのVa.
- ◇ジュニアA
  - 第1位　葛岡 絵美(スタジオSTEP1)「ジゼル」第1幕よりジゼルのVa.

第6回(平14年)
- ◇ジュニアB
  - 第1位　高田 茜(高橋洋美バレエスタジオ)「海賊」よりVa.
- ◇ジュニアA
  - 第1位　横井 文咲(松岡伶子バレエ団)「エスメラルダ」よりダイアナのVa.
- ◇男子ジュニア
  - 第1位　市橋 万樹(松岡伶子バレエ団附属研究所)「ドン・キホーテ」よりバジルのVa.

第7回(平15年)
- ◇ジュニアB
  - 第1位　浅井 恵梨佳(神沢千景バレエスタジオ)「眠れる森の美女」よりオーロラのVa.
- ◇ジュニアA
  - 第1位　別府 佑紀(アート・バレエ難波津)「シルヴィア」よりVa.
- ◇男子ジュニア
  - 第1位　中野 吉章(エリート・バレエ・スタジオ)「白鳥の湖」より王子のVa.

第8回(平16年)
- ◇ジュニアB
  - 第1位　浅井 恵梨佳(神沢千景バレエスタジオ)「くるみ割り人形」より金平糖の

精のVa.
◇ジュニアA
- 第1位　石原 古都（金沢志保バレエスタジオ）「グラン・パ・クラシック」よりVa.
◇男子ジュニア
- 第1位　中家 正博（法村友井バレエ学校）「白鳥の湖」第3幕より王子のVa.

第9回（平17年）
◇女子ジュニアB
- 第1位　杉内 里穂（蔵本誠子バレエスクール）「ドン・キホーテ」第1幕よりドルシネアのVa.
◇女子ジュニアA
- 第1位　田口 詩織（杉原和子バレエアート）「エスメラルダ」よりエスメラルダのVa.
◇男子ジュニア
- 第1位　住友 拓也（田口バレエ研究所）「ドン・キホーテ」第3幕よりバジルのVa.

第10回（平18年）
◇女子ジュニアB
- 第1位　菅井 円加（佐々木三夏バレエアカデミー）「くるみ割り人形」より金平糖の精のVa.
◇女子ジュニアA
- 第1位　山田 祐里子（船附菜穂美バレエスタジオ）「ドン・キホーテ」第2幕よりドルシネアのVa.

◇男子ジュニア
- 第1位　高橋 真之（一の宮咲子バレエ研究所）「眠れる森の美女」第3幕よりデジレ王子のVa.

第11回（平19年）
◇女子ジュニアB
- 第1位　菅井 円加（佐々木三夏バレエアカデミー）「シルヴィア」よりシルヴィアのVa.
◇女子ジュニアA
- 第1位　五月女 遥（Yamato City Ballet Jr.Company）「ラ・バヤデール」よりガムザッティのVa.
◇男子ジュニア
- 第1位　磯見 源（アートバレエ難波津）「白鳥の湖」第3幕より王子のVa.

第12回（平20年）
◇女子ジュニアB
- 第1位　小川 華歩（バレエ・アカデミーRELEVE四日市）「エスメラルダ」よりエスメラルダのVa.
◇女子ジュニアA
- 第1位　前沢 愛（神澤千景バレエスタジオ）「白鳥の湖」第3幕よりオディールのVa.
◇男子ジュニア
- 第1位　寺田 智羽（田中俊行ジュニアバレエ団）「白鳥の湖」第3幕よりジークフリートのVa.

248　全国バレエコンクール in Nagoya（中部日本バレエ・コンクール）

　新人の発掘・育成により芸術文化の発展に寄与することを目的として平成3年に開始された。当初は「中部日本バレエ・コンクール」の名称であったが第6回より改称された。

【主催者】CJB中部日本バレエ団

【選考委員】（第19回）委員長：ユーリー・グリゴロビッチ（モスクワ国立ボリショイ劇場前芸術監督）、タチアナ・タヤキナ（国立キエフバレエ学校校長）、リュドミラ・セメニャカ（モスクワ国立ボリショイ劇場プリマバレリーナ）、ヴァレンティン・エリザレフ（国立ベラルーシボリショイバレエ劇場芸術監督）、ワディム・ソロマハ（サンフランシスコバレエゲストプリンシパル）、セルゲイ・ウサノフ（国際バレエコンクール連盟総裁）

【選考方法】公募

【選考基準】〔資格〕(1)女子ジュニアA：小学生、女子ジュニアB：中学生、女子ジュニアC：高校生、女子シニア：一般、男子ジュニアA：小学生～中学2年生、男子ジュニアB：中学3年生～高校3年生、男子シニア：一般(2)国籍不問。(3)すでに国内のコンクールにおいて第1位入賞した者。同一部門での参加は不可。(4)モスクワ・ヴァルナ・ジャクソン国際バレエコンクールにおいて第1位～第3位に入賞した者。同一部門での参加は不可

【締切・発表】第19回の申込締切は平成21年6月30日、8月25日～29日名古屋市芸術創造センターで開催される

全国バレエコンクール in Nagoya

【賞・賞金】女子・男子シニア第1位：10万円、第2位：7万円、第3位：5万円。女子ジュニアC第1位：7万円、第2位：5万円、第3位：3万円。女子・男子ジュニアB第1位：6万円、第2位：4万円、第3位：2万円。女子・男子ジュニアA第1位：5万円、第2位：3万円、第3位：2万円

第1回(平3年)
- ◇ジュニアB
  - 第1位　井野 早奈恵(ワクイバレエスクール)「海賊」よりヴァリアシオン
  - 第2位　市河 里恵(長野バレエ団)「眠れる森の美女」第1幕よりオーロラ姫のヴァリアシオン
  - 第3位　上原 和久(白鳥バレエ学園)「ドン・キホーテ」よりヴァリアシオン
- ◇ジュニアA
  - 第1位　渡辺 晃子(福本静江バレエ研究所)「グラン、パ、クラシック」よりヴァリアシオン
  - 第2位　古沢 夏季(越智インターナショナルバレエ)「ドン・キホーテ」第3幕よりヴァリアシオン
  - 第3位　富田 理恵子(伊藤美智子バレエスタジオ)「くるみ割り人形」より金平糖の精のヴァリアシオン

第2回(平4年)
- ◇ジュニアB
  - 第1位　田中 ルリ(田中千賀子ジュニアバレエ団)「眠れる森の美女」よりオーロラ姫のヴァリアシオン
  - 第2位　中村 祥子(田中千賀子ジュニアバレエ団)「グラン、パ、クラシック」よりヴァリアシオン
  - 第3位　加藤 奈々(越智インターナショナルバレエ)「眠れる森の美女」よりオーロラ姫のヴァリアシオン
- ◇ジュニアA
  - 第1位　立石 梨紗(福本静江バレエ研究所)「海賊」よりヴァリアシオン
  - 第2位　風能 麻里(森田友紀バレエ研究所)「コッペリア」よりスワニルダのヴァリアシオン
  - 第3位　城野 志帆(田中千賀子ジュニアバレエ)「コッペリア」よりスワニルダのヴァリアシオン

第3回(平5年)
- ◇ジュニアB
  - 第1位　志賀 育恵(田中千賀子ジュニアバレエ団)「ジゼル」よりヴァリアシオン
  - 第2位　岡部 舞(真弓バレエスクール)「眠れる森の美女」よりオーロラ姫のヴァリアシオン
  - 第3位　中野 妙美(田中千賀子ジュニアバレエ団)「眠れる森の美女」よりオーロラ姫のヴァリアシオン
- ◇ジュニアA
  - 第1位　倉永 美沙(地主薫エコール・ド・バレエ)「白鳥の湖」より黒鳥のヴァリアシオン
  - 第2位　中村 陽子(田中千賀子ジュニアバレエ団)「海賊」よりヴァリアシオン
  - 第3位　渡辺 智美(越智インターナショナルバレエ)「エスメラルダ」よりヴァリアシオン

第4回(平6年)
- ◇ジュニアB
  - 第1位　立石 梨紗(福本静江バレエ研究所)「眠れる森の美女」よりオーロラ姫のヴァリアシオン
  - 第2位　河野 良子(奥村バレエ学園)「ジゼル」よりヴァリアシオン
  - 第3位　東野 泰子(伊藤美智子バレエスタジオ)「白鳥の湖」より黒鳥のヴァリアシオン
- ◇ジュニアA
  - 第1位　渡辺 智美(越智インターナショナルバレエ)「エスメラルダ」よりヴァリアシオン
  - 第2位　井上 麻衣(福本静江バレエ研究所)「海賊」よりヴァリアシオン
  - 第3位　坂地 亜美(福本静江バレエ研究所)「ドン・キホーテ」よりキトリのヴァリアシオン

第5回(平7年)
- ◇ジュニアB
  - 第1位　林 幸(東京バレエワークス)「白鳥の湖」より黒鳥のヴァリアシオンとコーダ
  - 第2位　渡辺 智美(越智インターナショナルバレエ)「海賊」よりヴァリアシオン
  - 第3位　庄島 早苗(田中千賀子ジュニアバレエ団)「眠れる森の美女」よりオーロラ姫のヴァリアシオン
- ◇ジュニアA
  - 第1位　奥田 花純(田中千賀子ジュニアバレエ団)「チャイコフスキー、パ・ド・ドゥ」よりヴァリアシオン
  - 第2位　細田 千代(川上恵子バレエ研究所)「ドン・キホーテ」よりキトリのヴァリアシオン

全国バレエコンクール in Nagoya

- 第3位　三木　雄馬（島田輝記バレエ研究所）
  「ドン・キホーテ」よりバジルのヴァリアシオン

第6回（平8年）
　◇ジュニアB
- 第1位　遲沢　佑介
- 第2位
  　　渡邉　智美
  　　田村　裕美
　◇ジュニアA
- 第1位
  　　崔　由姫
  　　加隈　圭都
- 第3位　中村　恵理

第7回（平9年）
　◇ジュニアB
- 第1位　倉永　美沙
- 第2位　渡邉　智美
- 第3位
  　　岸本　茜
  　　清水　健太
　◇ジュニアA
- 第1位　青木　里英子
- 第2位　米澤　真弓
- 第3位
  　　森　絵里
  　　高橋　美文

第8回（平10年）
　◇ジュニアB
- 第1位　新井　雅子
- 第2位
  　　清水　健太
  　　青木　里英子
- 第3位　沖　恵美
　◇ジュニアA
- 第1位　森　恵里
- 第2位
  　　高橋　美文
  　　青木　いつみ
- 第3位　日比　マリア

第9回（平11年）
　◇ジュニアB
- 第1位　中村　恵理
- 第2位　竹内　翼
- 第3位　多久田　さやか
　◇ジュニアA
- 第1位　高橋　美文
- 第2位　上本　香織
- 第3位
  　　山崎　史華
  　　佐橋　美香

第10回（平12年）
　◇ジュニアB
- 第1位　巣山　葵
- 第2位　森　絵里
- 第3位　多久田　さやか
　◇ジュニアA
- 第1位　阿部　里奈
- 第2位　中村　志歩
- 第3位　髙田　茜

第11回（平13年）
　◇ジュニアB
- 第1位　森　絵里
- 第2位　土屋　文乃
- 第3位
  　　佐藤　紫帆
  　　上田　尚弘
　◇ジュニアA
- 第1位　中村　志歩
- 第2位　石橋　理恵
- 第3位　小野　彩花

第12回（平14年）
　◇ジュニアB
- 第1位　大下　結美花
- 第2位　石橋　理恵
- 第3位　中野　吉章
　◇ジュニアA
- 第1位　森高　万智
- 第2位
  　　篠原　奈月
  　　森田　愛海
- 第3位　高松　亜莉

第13回（平15年）
　◇ジュニアB
- 第1位　石原　古都
- 第2位　安積　瑠璃子
- 第3位　岸　双葉
　◇ジュニアA
- 第1位　加瀬　愛美
- 第2位　田中　晴菜
- 第3位　池田　明日香

第14回（平16年）
　◇ジュニアB
- 第1位　岸　双葉
- 第2位　森田　愛海
- 第3位　中村　日向子
　◇ジュニアA
- 第1位　田崎　菜々美
- 第2位　白石　薫子
- 第3位　本田　千晃

第15回（平17年）
　◇女子部門・ジュニアA
- 第1位　三澤　奈々
- 第2位　白石　薫子

- 第3位　清水　みな
◇女子部門・ジュニアB
- 第1位　森田　愛海
- 第2位　水谷　優里
- 第3位　松下　美登
◇男子ジュニア
- 第1位　中家　正博
- 第2位　吉本　紘人
- 第3位　北爪　弘史

第16回（平18年）
◇女子部門・ジュニアA
- 第1位　山本　景登（畠中三枝バレエ教室）
- 第2位　日高　麻穂（MBSマリバレエスクール）
- 第3位　三原　花奈子（MBSマリバレエスクール）
◇女子部門・ジュニアB
- 第1位　片山　実優（芳賀バレエアカデミー）
- 第2位　近土　歩（坂本バレエスタジオ）
- 第3位　田崎　菜々美（芳賀バレエアカデミー）
◇男子部門・ジュニア
- 第1位　該当者なし
- 第2位　竹内　俊貴（平瀬有里バレエ研究所）
- 第3位　玉浦　誠（本田道子バレエスクール）

第17回（平19年）
◇女子部門・ジュニアA
- 第1位　片山　知穂（饗場絵美バレエスタジオ）
- 第2位　黄　世奈（大西緑バレエスクール）
- 第3位　植村　燿（エトワールバレエスクール）
◇女子部門・ジュニアB
- 第1位　舞原　モカ（畠中三枝バレエ教室）
- 第2位　オドノヒュー　英美（MBSマリバレエスクール）

- 第3位　片山　なつき（内藤ひろみバレエ研究所）
◇男子部門・ジュニアA
- 第1位　該当者なし
- 第2位　久野　直哉（越智インターナショナルバレエ）
- 第3位　島崎　笙太郎（RCBA（ロシアクラシックバレエアカデミー））

第18回（平20年）
◇女性ジュニアA
- 第1位　坂本　莉穂（ヒノウエ・バレエアート）「コッペリア」よりスワニルダのVa.
- 第2位　近藤　合歓（饗場絵美バレエスタジオ）「パキータ」よりVa.
- 第3位　広橋　結衣子（MBSマリバレエスクール）「グラン・パ・クラシック」よりVa.
◇女性ジュニアB
- 第1位・審査員特別賞　山本　景登（畠中三枝バレエ教室）「眠れる森の美女」第1幕よりオーロラ姫のVa.
- 第2位　石井　眞乃花（KAORIバレエスタジオ）「眠れる森の美女」第1幕よりオーロラ姫のVa.
- 第3位　藤原　青依（堀川美和バレエスタジオ）「眠れる森の美女」第1幕よりオーロラ姫のVa.
◇男性ジュニアA
- 第1位　橋本　哲至（安田敬子バレエスクール）「サタネラ」よりVa.
- 第2位　久野　直哉（越智インターナショナルバレエ）「コッペリア」よりフランツのVa.
- 第3位　速水　渉悟（稲尾光子バレエスクール）「ジゼル」よりペザントのVa.

249　全国舞踊コンクール

日本の舞踊芸術発展向上のため，次代を担う舞踊家の育成発掘を目的とし，昭和14年度より開始された。

【主催者】東京新聞

【選考委員】（第66回）バレエ一部・パ・ド・ドゥ部：石田種生，うらわまことほか。バレエジュニア部：アベチエ，金田和洋ほか。バレエ二部：安達悦子，大倉現生ほか。児童舞踊部・児童舞踊幼児部：うらわまこと，片岡康子ほか。邦舞第一・二部：三枝孝栄，西形節子ほか。現代舞踊一部：渥見利奈，うらわまことほか。現代舞踊ジュニア部：井上恵美子，うらわまことほか。現代舞踊二部：可西晴香，坂本眞司ほか。創作舞踊部：折田克子，石黒節子ほか

【選考方法】公募

全国舞踊コンクール

【選考基準】(第66回)〔資格〕男女を問わない。誕生日は、現代舞踊第一部：平成2年4月1日以前。現代舞踊ジュニア部：平成2年4月2日以降、平成8年4月1日まで。現代舞踊第二部：平成8年4月2日以降。バレエ第一部：平成2年4月1日以前。バレエジュニア部：平成2年4月2日以降、平成7年4月1日まで。バレエ第二部：平成7年4月2日以降、平成13年4月1日まで。バレエ・パ・ド・ドゥ部：平成5年4月1日以前。邦舞第一部：平成5年4月1日以前。邦舞第二部：平成5年4月2日以降。児童舞踊部：平成5年4月2日以降。児童舞踊幼児部：平成12年4月2日以降、18年4月1日まで。創作舞踊部：年齢を問わず。〔応募規定〕(1)バレエ・パ・ド・ドゥ部を除き全部門とも曲は自由。但し、予選、決選とも同じ内容。(2)バレエ以外はソロ、デュエット、アンサンブルのいずれを選んでもよい。(3)ソロ、デュエット、アンサンブルの同一人、または同一グループの同一部門への参加は1曲に限る。但し、児童舞踊部のアンサンブルはこの限りではない。(4)アンサンブルの参加人数は1曲当たり16名以内。(5)邦舞は古典の技法を基礎としたものに限る。邦舞の服装は、予選・決選とも衣装付きでも素踊り形式でもよい。(6)バレエの第一部、ジュニア部、第二部はいずれもソロのみ。パ・ド・ドゥ部はパ・ド・ドゥのみを対象とする。(7)制限時間は、現代舞踊第一部、児童舞踊4分。現代舞踊ジュニア部、同第二部、バレエ第一部、同ジュニア部、同第二部、児童舞踊幼児部3分。バレエ・パ・ド・ドゥ部1分1秒。邦舞、創作舞踊6分。

【締切・発表】(第66回)申込期間はインターネットが平成20年12月1日～21年1月31日20時まで。郵送は平成20年12月1日～21年1月31日必着。予選は平成21年3月24日～4月7日めぐろパーシモンホール、決選は4月16日～19日めぐろパーシモンホール。発表は各部門決選終了後

【賞・賞金】コンクール賞、文部科学大臣奨励賞、各協会賞、東京新聞大賞、バレエ奨励賞：賞状、賞牌。河藤たつろ記念団体奨励賞：賞状、楯、副賞金10万円。高田せい子記念賞：賞状、楯、副賞金10万円。平岡斗南夫賞：賞状、楯、副賞金10万円。平多正於賞：賞状、楯、副賞金10万円。童心賞：賞状、楯、副賞金10万円。みやこ賞：賞状と楯、副賞金10万円。日本航空賞：賞状と日本～欧米または豪州往復航空券1枚

【URL】http://www.tokyo-np.co.jp/event/buyou/

第1回(昭14年度)
　◇1等　若柳　光妙
第2回(昭15年度)
　◇第1位
　　●児童部　若山　洋
第3回(昭16年度)
　◇第1位
　　●児童部第1部　須田　つや子
　　●児童部第2部　西田　奈都子
第4回(昭17年度)
　◇第1位
　　●児童部第1部　日比野　佳世子
　　●児童部第2部　荒野　悦子
第5回(昭18年度)
　◇第1位
　　●少国民部第1部　日比野　佳世子
　　●少国民部第2部　小倉　延子
第6回(昭24年度)
　◇第1位
　　●児童舞踊部　河野　奎子〔ほか4名〕
　　●現代舞踊第2部　村田　温子
　　●日本舞踊第2部　喜川　京子

第7回(昭25年度)
　◇第1位
　　●児童舞踊部　佐藤　徳子
　　●洋舞第2部　折田　克子
　　●邦舞第2部　熊谷　真希子、小川　知子
第8回(昭26年度)
　◇第1位
　　●児童舞踊部　平野　恵津子〔ほか5名〕
　　●洋舞第2部　成相　蒼美、臼田　すぎ子
　　●邦舞第2部　福田　和恵
第9回(昭27年度)
　◇第1位
　　●児童舞踊部　平野　恵津子〔ほか5名〕
　　●洋舞第2部　小野　和子
　　●邦舞第2部　神　紀美子
第10回(昭28年度)
　◇第1位
　　●児童舞踊部　山中　正枝〔ほか5名〕
　　●洋舞第2部　安藤　悦子
　　●邦舞第2部　渡辺　のり子、渡辺　すみ子
第11回(昭29年度)
　◇第1位
　　●児童舞踊部　小野　妙子〔ほか5名〕

V 音楽・芸能　　　　　　　　　　　　　　　　　　　全国舞踊コンクール

- 洋舞第2部　長田 ピン子, 山口 トモ世, 細川 信子
- 邦舞第2部　呉 恵美子

第12回(昭30年度)
◇第1位
- 児童舞踊部　小野 妙子〔ほか5名〕
- 洋舞第2部　松本 京子
- 邦舞第2部　坪田 俊子

第13回(昭31年度)
◇第1位
- 児童舞踊部　小川 マリ子〔ほか5名〕
- 洋舞第2部　武藤 光子
- 邦舞第2部　渡辺 幸子, 菱山 寿子

第14回(昭32年度)
◇第1位
- 児童舞踊部　小川 マリ子〔ほか5名〕
- 洋舞第2部　中山 博子
- 邦舞第2部　斉藤 真由美

第15回(昭33年度)
- 幼児部　安達 智恵子〔ほか多数〕
◇第1位
- 児童舞踊部　市川 良子〔ほか6名〕
- 洋舞第2部　松丸 真弓
- 邦舞第2部　白竹 博子, 原 光子, 工藤 由美子, 菱山 寿子, 渡辺 幸子

第16回(昭34年度)
- 児童舞踊幼児部　権田 かほる〔ほか多数〕
◇第1位
- 児童舞踊部　市川 良子〔ほか6名〕
- 洋舞第2部　友田 節子, 友田 優子, 友田 弘子, 原田 妙子
- 邦舞第2部　清水 美砂子, 佐久間 富江

第17回(昭35年度)
- 児童舞踊幼児部　丸子 睦美〔ほか多数〕
◇第1位
- 児童舞踊部　見市 薫〔ほか3名〕
- 洋舞第2部　鷲北 利美子
- 邦舞第2部　後藤 まゆみ, 小山 史子, 袴田 きみ子

第18回(昭36年度)
- 幼児部　小林 和子〔ほか多数〕
◇第1位
- 児童舞踊部　伊藤 るり子〔ほか4名〕
- 洋舞第2部　鍛治田 早洋子
- 邦舞第2部　大城 洋子, 渡辺 幸子, 渡辺 侑香, 菅原 智子, 杉村 晴子

第19回(昭37年度)
- 幼児部　麻生 ひとみ〔ほか多数〕
◇第1位
- 児童舞踊部　滝田 幸子〔ほか11名〕
- 洋舞第2部　武富 薫

- 邦舞第2部　王 香織

第20回(昭38年度)
- 幼児部　漆原 伸江〔ほか多数〕
◇第1位
- 児童舞踊部　奥山 由紀枝〔ほか5名〕
- 洋舞第2部　加藤 みや子
- 邦舞第2部　森田 啓未, 生野 桂子, 杉田 典子, 国井 りえ子, 輪島 万里江

第21回(昭39年度)
- 幼児部　中尾 朋子〔ほか多数〕
◇第1位
- 児童舞踊部　鈴木 典子〔ほか8名〕
- 洋舞第2部　島森 マニ
- 邦舞第2部　渡辺 侑香, 笠原 葉子, 菅原 智子

第22回(昭40年度)
◇第1位
- 児童舞踊部　麻生 ひとみ〔ほか5名〕
- 洋舞第2部　村松 淳子
- 邦舞第2部　守尾 国子

第23回(昭41年度)
◇第1位
- 児童舞踊部　越井 昌代〔ほか17名〕
- 洋舞第2部　船橋 啓子
- 邦舞第2部　渡 和子

第24回(昭42年度)
◇第1位
- 児童舞踊部　鈴木 ひとみ〔ほか6名〕
- 洋舞第2部　黒沢 美香
- 邦舞第2部　松隈 伸子

第25回(昭43年度)
◇第1位
- 現代舞踊第2部　黒沢 美香
- バレエ第2部　針生 早苗
- 邦舞第2部　渡辺 玲子
- 児童舞踊部　土田下 裕子〔ほか7名〕

第26回(昭44年度)
◇第1位
- 現代舞踊第2部　川村 みどり
- バレエ第2部　竹本 恵子
- 邦舞第2部　武久 玲子
- 児童舞踊部　宮本 京子〔ほか8名〕

第27回(昭45年度)
◇第1位
- 現代舞踊第2部　川村 みどり, 角田 祐子
- バレエ第2部　城 杉子
- 邦舞第2部　高橋 要子
- 児童舞踊部　長 龍子〔ほか14名〕

第28回(昭46年度)
◇第1位
- 現代舞踊第2部　黒沢 美香
- バレエ第2部　横倉 明子
- 邦舞第2部　清川 雅子

児童の賞事典　　495

- 児童舞踊部　川北 真澄〔ほか7名〕

第29回（昭47年度）
　◇第1位
- 現代舞踊第2部　長 龍子
- バレエ第2部　吉川 由理, 石井 淳
- 邦舞第2部　常盤 基
- 児童舞踊部　西峯 詩織〔ほか10名〕

第30回（昭48年度）
　◇第1位
- 現代舞踊第2部　森本 美花
- バレエ第2部　岩越 千晴
- 邦舞第2部　源田 美和子
- 児童舞踊部　西峯 詩織〔ほか10名〕

第31回（昭49年度）
　◇第1位
- 現代舞踊第2部　鈴木 延子
- バレエ第2部　前田 久美子
- 邦舞第2部　平山 雅美
- 児童舞踊部　西峯 詩織〔ほか8名〕

第32回（昭50年度）
　◇第1位
- 現代舞踊第2部　桑田 みどり
- バレエ第2部　酒井 麻美
- 邦舞第2部　石井 千賀子
- 児童舞踊部　西峯 詩織〔ほか9名〕

第33回（昭51年度）
　◇第1位
- 現代舞踊第2部　大樋 由美
- バレエ第2部　近藤 若菜
- 邦舞第2部　斉藤 有美
- 児童舞踊部　西峯 詩織〔ほか12名〕

第34回（昭52年度）
　◇第1位
- 現代舞踊第2部　草ノ井 蓉子
- バレエ第2部　神沢 千景
- 邦舞第2部　板倉 敦子
- 児童舞踊部　仙田 直丈〔ほか13名〕

第35回（昭53年度）
　◇第1位
- 現代舞踊第2部　氷見 晴子
- バレエ第2部　渡辺 真智子
- 邦舞第2部　井上 香
- 児童舞踊部　仙田 直丈〔ほか13名〕

第36回（昭54年度）
　◇第1位
- 現代舞踊第2部　岡田 智子
- バレエ第2部　堀内 元
- 邦舞第2部　豊留 千絵, 義田 恵美, 鴨井 初子, 堀江 洋子, 佐々木 香織, 小川 雅美
- 児童舞踊部　新井 るり子〔ほか10名〕

第37回（昭55年度）
　◇第1位
- 現代舞踊第2部　山田 仁美

- 現代舞踊ジュニア部　秋本 美佳
- バレエ第2部　中村 みゆき
- バレエジュニア部　堀内 かおり, 堀内 元
- 邦舞第2部　森山 玲子
- 児童舞踊部　西条 抄子〔ほか14名〕

第38回（昭56年度）
　◇第1位
- 現代舞踊第2部　小山 みどり
- 現代舞踊ジュニア部　山田 仁美
- バレエ第2部　佐藤 明美
- バレエジュニア部　吉田 都
- 邦舞第2部　佐々木 京美
- 児童舞踊部　西条 抄子〔ほか12名〕

第39回（昭57年度）
　◇第1位
- 現代舞踊第2部　今野 初恵
- 現代舞踊ジュニア部　岡田 智子
- バレエ第2部　橋本 美奈子
- バレエジュニア部　栗原 弥生
- 邦舞第2部　橘川 りさ
- 児童舞踊部　中村 陽子〔ほか12名〕

第40回（昭58年度）
　◇第1位
- 現代舞踊第2部　小飯塚 みどり
- 現代舞踊ジュニア部　氷見 晴子
- バレエ第2部　塩谷 奈弓
- バレエジュニア部　平元 久美
- 邦舞第2部　斉藤 有美
- 児童舞踊部　関 一葉〔ほか9名〕

第41回（昭59年度）
　◇第1位
- 現代舞踊第2部　小飯塚 みどり
- 現代舞踊ジュニア部　三浦 千恵子
- バレエ第2部　宮内 真理子
- バレエジュニア部　中村 かおり
- 邦舞第2部　宍戸 美穂
- 児童舞踊部　林 裕子〔ほか8名〕

第42回（昭60年度）
　◇第1位
- 現代舞踊第2部　高沢 嘉津子
- 現代舞踊ジュニア部　加賀谷 香
- バレエ第2部　堀川 美和, 西口 香苗, 西尾 睦生, 山口 彩, 長竹 美保, 西尾 美奈子
- バレエジュニア部　坂西 麻美
- 邦舞第2部　小飯塚 みどり
- 児童舞踊部　小飯塚 みどり〔ほか14名〕

第43回（昭61年度）
　◇第1位
- 現代舞踊第2部　堀内 剛
- 現代舞踊ジュニア部　小飯塚 みどり
- バレエ第2部　永井 とも子
- バレエジュニア部　渡部 美咲
- 邦舞第2部　田島 実奈子

- 児童舞踊部　小飯塚 みどり〔ほか12名〕

第44回（昭62年度）
◇第1位
- 現代舞踊第2部　納所 さやか
- 現代舞踊ジュニア部　小飯塚 みどり
- バレエ第2部　泉 梨花
- バレエジュニア部　中屋 知子
- 邦舞第2部　小林 早紀
- 児童舞踊部　小飯塚 みどり〔ほか10名〕

第45回（昭63年度）
◇第1位
- 現代舞踊第2部　岩原 由香
- 現代舞踊ジュニア部　小飯塚 みどり
- バレエ第2部　吉田 恵
- バレエジュニア部　小嶋 直也
- 邦舞第2部　石田 万智，平山 由紀子
- 児童舞踊部　秋山 洋子〔ほか13名〕

第46回（平1年度）
◇第1位
- 現代舞踊第2部　吉森 梨香，松下 妙子，井上 美季，黒田 寧，黒田 由
- 現代舞踊ジュニア部　神田 英姫
- バレエ第2部　松村 里沙
- バレエジュニア部　平井 有紀
- 邦舞第2部　該当者なし
- 児童舞踊部　高野 秦伸〔ほか10名〕

第47回（平2年度）
◇バレエ第2部
- 第1位　市河 里恵「海賊」よりVa.
- 第2位　中野 綾子「海賊」よりVa.
- 第3位　十河 志織「ジゼル」第1幕よりジゼルのVa.

◇バレエジュニア部
- 第1位　森田 健太郎「白鳥の湖」第3幕より王子のVa.
- 第2位　小川 亜矢子「ジゼル」第1幕よりジゼルのVa.
- 第3位　佐々木 陽平「ドン・キホーテ」第3幕よりVa.

◇現代舞踊ジュニア部
- 第1位　加藤 奈々「月と珊瑚」
- 第2位　中川 亜希「冬枯れの中に咲く花は…」
- 第3位　池原 めぐみ「メモリーズ」

◇現代舞踊第2部
- 第1位　本田 幸子「森の詩」
- 第2位　中野 舞「この道」
- 第3位　小林 美沙緒「光のダンス」

◇児童舞踊部
- 第1位　田中 千穂〔ほか12名〕（平多宏之・陽子舞踊研究所）「ギリシャ神話より〈マスク〉」
- 第2位　原 可奈子〔ほか14名〕（平多宏之・陽子舞踊研究所）「馬ッコ わらッコ 祭りッコ」
- 第3位　山本 高頂〔ほか9名〕（平多武於舞踊研究所）「邪馬台国」

◇邦舞第2部
- 第1位　望月 麻衣「平成万才」
- 第2位　竹村 友生香「雨の五郎」
- 第3位　山形 俊子「万才」

第48回（平3年度）
◇バレエ第2部
- 第1位　滝本 小百合「眠れる森の美女」第1幕よりオーロラ姫のVa.
- 第2位　上野 水香「ドン・キホーテ」第2幕よりキトリのVa.
- 第3位　泉 敦子「金平糖」のVa.

◇バレエジュニア部
- 第1位　市河 里恵「オーロラ姫」のVa.
- 第2位　吉田 恵「海賊」よりヴァリエーションとコーダ
- 第3位　朝枝 めぐみ「黒鳥」のヴァリエーションとコーダ

◇現代舞踊ジュニア部
- 第1位　林 真穂子「哀歌」
- 第2位　本田 幸子「水草…陽光にゆれて」
- 第3位　渡辺 理恵子「冬桜」

◇現代舞踊第2部
- 第1位　小林 美沙緒「物語曲（バラード）」
- 第2位　蛯子 奈緒美「ジプシーの少女」
- 第3位　中野 舞，中野 円「茜色がどこまでも」

◇児童舞踊部
- 第1位　石戸谷 知子〔ほか11名〕「長屋の花見」
- 第2位　田中 千穂〔ほか15名〕「般若童」
- 第3位　矢沢 真紀〔ほか8名〕「故郷・遠い昔のある晴れた日」

◇邦舞第2部
- 第1位　宮田 真沙子「簪（かんざし）」
- 第2位　井ノ口 薫「あやめ売り」
- 第3位　大林 薫「松の緑」

第49回（平4年度）
◇バレエ第2部
- 第1位　松浦 のぞみ「サタネラ」よりVa.
- 第2位　森 伊佐「チャイコフスキーのパドゥドゥ」より女性のVa.
- 第3位　青山 季可「白鳥の湖」第3幕より黒鳥のVa.

◇バレエジュニア部
- 第1位　法村 圭緒「ドン・キホーテ」よりバジルのVa.
- 第2位　徳永 桜子「パキータ」よりVa.

- 第3位　高橋 雪絵「ジゼル」第1幕よりジゼルのVa.
◇現代舞踊ジュニア部
  - 第1位　小林 美沙緒, 林 真穂子「誇らかな風景」
  - 第2位　本田 幸子「月に恋したオンディーヌ」
  - 第3位　池原 めぐみ「落葉のコンチェルト」
◇現代舞踊第2部
  - 第1位　西村 晶子「あの蝶は…」
  - 第2位　天野 美和子「静かなたたかい」
  - 第3位　中野 舞, 中野 円「いつも二人で」
◇児童舞踊部
  - 第1位　田中 千穂〔ほか13名〕「猿祭楽」
  - 第2位　松井 理絵〔ほか15名〕「ねんど」
  - 第3位　青木 夕美〔ほか12名〕「蒼い狼・モンゴルの風に向って」
◇邦舞第2部
  - 第1位　該当者なし
  - 第2位　倉田 美智子「廓八景」
  - 第3位　竹村 友生香「供奴」

第50回(平5年度)
◇バレエ第2部
  - 第1位　青山 季可「エスメラルダ」よりVa.
  - 第2位　中村 祥子「パキータ」よりVa.
  - 第3位　河合 佑香「眠れる森の美女」第3幕よりオーロラ姫のVa.
◇バレエジュニア部
  - 第1位　石川 寛子「シルビア」のVa.
  - 第2位　田中 ルリ「パキータ」よりVa.
  - 第3位　十河 志織「胡桃割人形」より金平糖の精のVa.
◇現代舞踊ジュニア部
  - 第1位　小林 美沙緒「SONNET」
  - 第2位　本田 幸子「哀しみのジャンヌダルク」
  - 第3位　林 真穂子「風の涙」
◇現代舞踊第2部
  - 第1位　赤地 志津子「ノクターン」
  - 第2位　西村 晶子「ゆめ…」
  - 第3位　福島 千賀子「ネロの愛した1枚の絵」
◇児童舞踊部
  - 第1位　鈴木 真帆〔ほか10名〕「チャップリン」
  - 第2位　田原 梨恵〔ほか11名〕「恵比寿漫才よりめで鯛目出鯛」
  - 第3位　田中 るみ子〔ほか12名〕「神々の伝言」
◇邦舞第2部
  - 第1位　該当者なし

- 第2位　望月 厚典「外記猿」
- 第3位　井ノ口 薫「島の千歳」
第51回(平6年度)
◇現代舞踊ジュニア部
  - 第1位　星野 有美子「春のアンソロジー」
  - 第2位　本田 幸子「ノクターン」
  - 第3位　西村 晶子「水仙の花は白がいゝ…」
◇現代舞踊第2部
  - 第1位　斉藤 瑞穂「忘れられて…」
  - 第2位　高田 真琴「月光に遊ぶ」
  - 第3位　中野 円, 岡野 絵理子, 川村 真奈, 工藤 奈織子, 小玉 みなみ, 荻野 佑美子, 石井 桃子, 蓬田 真菜, 大内 万里江, 石川 璃沙〔ほか〕「桜の木の下で」
◇バレエ第2部
  - 第1位　田中 麻子「エスメラルダ」よりVa.
  - 第2位　立石 梨紗「眠れる森の美女」第1幕よりオーロラのVa.
  - 第3位　杉本 純子「眠れる森の美女」第1幕よりローズ・アダジオのVa.
◇バレエジュニア部
  - 第1位　笠井 裕子「眠れる森の美女」第1幕よりオーロラ姫のVa.
  - 第2位　西山 瑠美子「眠れる森の美女」よりローズ・アダジオのVa.
  - 第3位　上原 和久「コッペリア」第3幕よりフランツのVa.
◇児童舞踊部
  - 第1位　佐藤 由美子〔ほか14名〕「コンポンチャム―悲しみの中の少年たち」
  - 第2位　森岡 千尋〔ほか13名〕「緑黄色のシンフォニー」
  - 第3位　鈴木 衣美〔ほか6名〕「闘犬小冠者」
◇邦舞第2部
  - 第1位　諸星 杏湖「越後獅子」
  - 第2位　望月 厚典「廓八景」
  - 第3位　橋本 恵以「初うぐいす」
第52回(平7年度)
◇現代舞踊ジュニア部
  - 第1位　本田 幸子「Fall Love」
  - 第2位　西村 晶子「盲目の少女」
  - 第3位　小林 美沙緒「ジェット」
◇現代舞踊第2部
  - 第1位　井上 みな「花祭り」
  - 第2位　高田 真琴「舞風」
  - 第3位　斉藤 あゆみ「聖なる花に捧ぐ」
◇児童舞踊部
  - 第1位　土岐 まどか〔ほか11名〕(平多宏之・陽子舞踊研究所)「大地の鼓動―破壊からの旅立ち」

- 第2位　北尾 亜沙美〔ほか14名〕（平多武於舞踊研究所）「疎開—大将がいたあの頃」
- 第3位　宮田 章子〔ほか12名〕（平多正於舞踊研究所）「ニングルの森」

◇バレエジュニア部
- 第1位　内田 紗矢花「海賊よりバリエーション」
- 第2位　松岡 真樹「ローズアダジオのバリエーション」
- 第3位　立石 梨紗「オーロラのバリエーション」

◇バレエ第2部
- 第1位　飯野 有夏「オディールのバリエーション」
- 第2位　山本 康介「バジルのバリエーション」
- 第3位　東野 泰子「金平糖のバリエーション」

◇邦舞第2部
- 第1位　斉藤 一「松の緑」
- 第2位　斉藤 美智子「藤娘」
- 第3位　望月 厚典「獅子の乱曲」

第53回（平8年度）
◇現代舞踊ジュニア部
- 第1位　西村 晶子「夕桜」
- 第2位　松下 美規、吉川 麻理、荒木 祥美、松崎 舞、寺田 理恵、斎藤 遼子、長田 清香、円池 亜衣子「夏の日のレクイエム」
- 第3位　伊勢 花子「燃える記憶」

◇現代舞踊第2部
- 第1位　斎藤 あゆみ「予感—アンネの日記より」
- 第2位　井上 みな「いのちの歌が聴こえる」
- 第3位　中川 賢「樹—遙かな命を僕は知る」

◇児童舞踊部
- 第1位　宮田 章子〔ほか12名〕（平多正於舞踊研究所）「『宮沢賢治・鹿踊りのはじまり』より」
- 第2位　船戸 さやか〔ほか13名〕（かやの木芸術舞踊学園）「天国の国際会議」
- 第3位　福島 千賀子〔ほか11名〕（平多正於舞踊研究所）「原始の火—そして人類は」

◇バレエジュニア部
- 第1位　松村 里沙「シルビアよりバリエーション」
- 第2位　志賀 育恵「チャイコフスキーのパ・ド・ドゥより女性バリエーション」
- 第3位　東野 泰子「海賊のバリエーション」

◇バレエ第2部
- 第1位　該当者なし
- 第2位　大西 詩乃「眠れる森の美女第1幕よりローズアダージオのバリエーション」
- 第3位　土岐 みさき「眠れる森の美女第1幕よりローズアダージオのバリエーション」

◇邦楽第2部
- 第1位　工藤 祐巳「供奴」
- 第2位　芦川 奈津江「あすなろ」
- 第3位　斎藤 美智子「子守」

第54回（平9年度）
◇現代舞踊ジュニア部
- 第1位　西村 晶子「円舞」
- 第2位　田中 千絵「冬ざくら」
- 第3位　北島 栄「哀しみの国境」

◇現代舞踊第2部
- 第1位　三枝 美穂「砂丘伝説」
- 第2位　大内 万里江「悩める舞曲」
- 第3位　井上 みな「生命のシャワー」

◇児童舞踊部
- 第1位　藤井 康子〔ほか〕（かやの木芸術舞踊学園）「愛の扉を叩け『平和を祈る少年たち』」
- 第2位　田原 早希〔ほか〕（平多正於舞踊研究所）「道成寺こどもあそびより『ずぼんぼ』」
- 第3位　長瀬 真穂〔ほか〕（かやの木芸術舞踊学園）「ロンドン・イートスエンドの子供達」

◇バレエジュニア部
- 第1位　神戸 里奈「眠れる森の美女第3幕よりオーロラのバリエーション」
- 第2位　木田 賀子「シルビアよりバリエーション」
- 第3位　舩木 城「白鳥の湖第三幕より王子のバリエーション」

◇バレエ第2部
- 第1位　倉永 美沙「海賊よりバリエーション」
- 第2位　寺山 春美「サタネラよりバリエーション」
- 第3位　加登 美沙子「白鳥の湖第三幕よりオディールのバリエーション」

◇邦舞第2部
- 第1位　斎藤 美智子「舞扇」
- 第2位　檜谷 智子「七福神」

- 第3位　神 真理子「たなばた」

第55回(平10年度)
- ◇現代舞踊ジュニア部
  - 第1位　西村 晶子
  - 第2位　米沢 麻佑子
  - 第3位　中川 賢
- ◇現代舞踊第2部
  - 第1位　大内 万里江
  - 第2位　田原 佳奈
  - 第3位　家入 悠
- ◇バレエジュニア部
  - 第1位　京当 雄一郎
  - 第2位　寺山 春美
  - 第3位　白桃 祐子
- ◇バレエ第2部
  - 第1位　鈴木 美波
  - 第2位　中村 恵理
  - 第3位　平田 桃子
- ◇邦舞第2部
  - 第1位　井ノ口 望
  - 第2位　兵頭 磨耶
  - 第3位　桧谷 佳子

第56回(平11年度)
- ◇現代舞踊ジュニア部
  - 第1位　上原 かつひろ「レクイエム」
  - 第2位　米沢 麻佑子「彼岸花」
  - 第3位　西山 友貴「Wildness―アヴェロンの少年」
- ◇現代舞踊第2部
  - 第1位　家入 悠「ダイス」
  - 第2位　大野 愛奈「月の華」
  - 第3位　中塚 皓平「聞こえない響」
- ◇児童舞踊部
  - 第1位　佐合 瑠那〔ほか〕(かやの木芸術舞踊学園)「誰が為に鐘は鳴る―ボスニアの空の下で」
  - 第2位　赤尾 博子〔ほか〕(北川舞踊研究所)「小犬―やっぱり捨てたくない」
  - 第3位　志津 えりか〔ほか〕(かやの木芸術舞踊学園)「アルゼンチンの子供達のレクイエム」
- ◇バレエジュニア部
  - 第1位　大貫 真幹「ラ・シルフィード第一幕よりジェームスのV」
  - 第2位　児玉 北斗「ドン・キホーテ第三幕よりバジルのV」
  - 第3位　沖山 朋子「眠れる森の美女第三幕よりオーロラのV」
- ◇バレエ第2部
  - 第1位　平田 桃子「オディールのV」
  - 第2位　井原 由衣「眠れる森の美女第一幕よりローズアダジオのV」

- 第3位　吉田 沙代「くるみ割り人形より金平糖の精のV」
- ◇邦舞第2部
  - 第1位　兵頭 磨耶「玉屋」
  - 第2位　増田 裕里子「越後獅子」
  - 第3位　加藤 有紀「松の緑」

第57回(平12年度)
- ◇現代舞踊ジュニア部
  - 第1位　米沢 麻佑子「輪廻(サンサーラ)」
  - 第2位　高瀬 諧希子「風の涙」
  - 第3位　上原 かつひろ「声」
- ◇現代舞踊第2部
  - 第1位　秋山 夏希「光り苔」
  - 第2位　広瀬 望帆「花零」
  - 第3位　山本 綾乃「白鳥に教わった唄」
- ◇児童舞踊部
  - 第1位　佐合 瑠那〔ほか〕(かやの木芸術舞踊学園)「誰が為に鐘は鳴るACT II ～新たなる出発(たびだち)」
  - 第2位　青木 里弥〔ほか〕(平多正於舞踊研究所)「畳っこ」
  - 第3位　遠藤 麻紗〔ほか〕(和田朝子舞踊研究所)「すずめ百まで踊り忘れず」
- ◇バレエジュニア部
  - 第1位　平田 桃子「眠れる森の美女第1幕よりローズアダジオのV」
  - 第2位　平野 亮一「ジゼル第2幕よりアルブレヒトのV」
  - 第3位　大柴 拓磨「ドン・キホーテ第3幕よりバジルのV」
- ◇バレエ第2部
  - 第1位　井原 由衣「白鳥の湖よりオディールのV」
  - 第2位　瀬戸山 裕子「ラ・フォブリータよりV」
  - 第3位　中村 春奈「白鳥の湖第3幕よりオディールのV」
- ◇邦舞第2部
  - 第1位　新井 奈生「荒れねずみ」
  - 第2位　増田 裕里子「供奴」
  - 第3位　武藤 強志「玉兎」

第58回(平13年度)
- ◇現代舞踊ジュニア部
  - 第1位　米沢 麻佑子「八月の綺想曲」
  - 第2位　高瀬 諧希子「昔からある場所」
  - 第3位　井上 みな「帰らない日々」
- ◇現代舞踊第2部
  - 第1位　広瀬 望帆「月の船」
  - 第2位　田中 さえら「金魚―永遠に世なす法よ」
  - 第3位　酒井 杏菜「峠」
- ◇児童舞踊部

- 第1位　かやの木芸術舞踊学園「太陽の子供たち〜夢の学校」
- 第2位　かやの木芸術舞踊学園「森の先住の民『ニングルの叫び』」
- 第3位　かやの木芸術舞踊学園「わが町〜帰ってきた仲間」

◇バレエジュニア部
- 第1位　金田 洋子「グラン・パ・クラシックより女性V」
- 第2位　福岡 雄大「白鳥の湖第3幕より王子のV」
- 第3位　松井 学郎「ラ・シルフィードよりジェームズのV」

◇バレエ第2部
- 第1位　米山 実加「眠れる森の美女第1幕よりローズアダジオのV」
- 第2位　浅田 良和「コッペリア第3幕よりフランツのV」
- 第3位　唐沢 秀子「グランパクラシック」

◇邦舞第2部
- 第1位　山沢 弘子「たけくらべ」
- 第2位　高橋 美帆「胡蝶の舞」
- 第3位　山沢 優子「手習子」

第59回(平14年度)
◇現代舞踊ジュニア部
- 第1位　米沢 麻佑子「月」
- 第2位　高瀬 譜希子「はじまりの庭」
- 第3位　高比良 洋「乾いた町」

◇現代舞踊第2部
- 第1位　福士 宙夢「僕はソネット」
- 第2位　島田 早矢香「夕陽でタンゴ」
- 第3位　水野 多麻紀「心の小箱」

◇児童舞踊部
- 第1位　後藤 晴香〔ほか〕(かやの木芸術舞踊学園)「No More LANDMINE―地雷はいらない」
- 第2位　藤田 彩花〔ほか〕(かやの木芸術舞踊学園)「映画ほど素敵な商売はない」
- 第3位　山田 真里奈〔ほか〕(かやの木芸術舞踊学園)「春駒、雪駒、暴れ駒」

◇バレエジュニア部
- 第1位　浅見 紘子「エスメラルダ」
- 第2位　福田 圭吾「パキータより男性V」
- 第3位　松浦 文理「パキータよりV」

◇バレエ第2部
- 第1位　浅田 良和「チャイコフスキーの男性V」
- 第2位　土肥 真夕菜「眠れる森の美女よりローズアダジオのV」
- 第3位　贄田 萌「眠れる森の美女第一幕よりオーロラ姫のV」

◇邦舞第2部
- 第1位　平野 莉奈「初子の日」
- 第2位　木村 直弥「供奴」
- 第3位　倉知 朋美「子守」

第60回(平15年度)
◇邦舞第二部
- 第1位　山沢 優子「蝶」
- 第2位　西田 美紅「羽根の禿」
- 第3位　大島 奈穂子「玉兎」

◇現代舞踊ジュニア部
- 第1位　富士 奈津子「富江と名づけられた人形」
- 第2位　丸市 美幸「何処へ マリア」
- 第3位　幅田 彩加「コスモスの海」

◇現代舞踊第二部
- 第1位　水野 多麻紀「鼓動の輪舞」
- 第2位　福士 宙夢「僕のバラード」
- 第3位　柴田 茉実「The little painter」

◇児童舞踊部
- 第1位　冨田 亜里沙〔ほか〕(かやの木芸術舞踊学園)「いのちの詩―小児ガンと闘う少女―」
- 第2位　宮崎 有彩〔ほか〕(前多敬子バレエ教室)「かたかた からから からくり人形」
- 第3位　筒田 智子〔ほか〕(かやの木芸術舞踊学園)「Orphans(みなしごたち)〜12月24日、気温0℃の中で〜」

◇バレエジュニア部
- 第1位　井原 由衣「白鳥の湖第3幕よりオディールのV」
- 第2位　贄田 萌「白鳥の湖第3幕よりオディールのV」
- 第3位　星野 姫「ジゼル第1幕よりジゼルのV」

◇バレエ第二部
- 第1位　中村 志歩「エスメラルダよりエスメラルダのV」
- 第2位　丸尾 麻日花「ジゼルよりジゼルのV」
- 第3位　太田 麻里衣「眠れる森の美女第1幕よりローズアダジオのV」

第61回(平16年度)
◇邦舞第二部
- 第1位　山沢 光子「羽根の禿」
- 第2位　山崎 萌子「近江のお兼」
- 第3位　工藤 悠生「松の緑」

◇現代舞踊ジュニア部
- 第1位　浜田 麻央「あどけない話」
- 第2位　高橋 茉那「溺れる魚」
- 第3位　厚見 紀子, 冨田 亜里沙「孤独という名の列車に乗って〜もう一人の私〜」

◇現代舞踊第二部
- 第1位　福士 宙夢「春のアンソロジー」
- 第2位　柴田 茉実「オーケストラの少女」

- 第3位　柴田 祥子「アラベスク」
◇児童舞踊部
- 第1位　鈴木 麻見〔ほか〕(かやの木芸術舞踊学園)「エイサー～熱き南風の響～」
- 第2位　冨田 亜里沙〔ほか〕(かやの木芸術舞踊学園)「チェルノブイリの死の灰～子どもたちの日記より～」
- 第3位　江戸 裕梨〔ほか〕(前多敬子バレエ教室)「かくかくしかじか 角兵衛獅子」
◇バレエジュニア部
- 第1位　米沢 唯「白鳥の湖第3幕よりオディールのV」
- 第2位　小野 絢子「ジゼル第1幕よりジゼルのV」
- 第3位　河野 舞衣「エスメラルダよりエスメラルダのV」
◇バレエ第二部
- 第1位　浅井 恵梨佳「眠れる森の美女第3幕よりオーロラ姫のV」
- 第2位　森田 愛海「白鳥の湖第3幕よりオディールのV」
- 第3位　加瀬 栞「眠れる森の美女第1幕よりローズアダージオのV」

第62回(平17年度)
◇邦舞第二部
- 第1位　佐々木 愛沙「狐ちょうちん」
- 第2位　新倉 実南子「手習子」
- 第3位　広木 琴乃「猩々」
◇現代舞踊ジュニア部
- 第1位　柴田 茉実「ハスラー」
- 第2位　北野 友華「千の風」
- 第3位　高橋 茉那「いろの無いカラス」
◇現代舞踊第二部
- 第1位　伊藤 麻菜実「Candy」
- 第2位　菊地 成美「金魚のしずく」
- 第3位　岸野 奈央「冬ものがたり」
◇児童舞踊部
- 第1位　後藤 志帆〔ほか〕(かやの木芸術舞踊学園)「歓喜の歌―その時壁は崩れた―」
- 第2位　伊藤 里奈〔ほか〕(かやの木芸術舞踊学園)「新説・ミレーの[落穂拾い]」
- 第3位　松井 真利絵〔ほか〕(平多武於舞踊研究所)「深淵のバラード」
◇バレエジュニア部
- 第1位　須田 まや「ジゼル第一幕よりジゼルのV」
- 第2位　清瀧 千晴「海賊より男性V」
- 第3位　清水 渡「海賊より男性のV」
◇バレエ第二部
- 第1位　中村 悠「白鳥の湖第3幕よりオディール姫のV」

- 第2位　加瀬 栞「眠れる森の美女第一幕よりローズアダージォのV」
- 第3位　相原 舞「くるみ割り人形第2幕より金平糖のV」

第63回(平18年度)
◇邦舞第二部
- 第1位　大木 貴斗「玉屋」
- 第2位　土屋 神葉「旅奴」
- 第3位　安達 琳太郎「猿舞」
◇現代舞踊第二部
- 第1位　南 帆乃佳「光 あるうちに…」
- 第2位　珍田 優奈「棘あるばらと月」
- 第3位　佐藤 深花「明かり たゆたう」
◇現代舞踊ジュニア部
- 第1位　幅田 彩加「光のなかの盲」
- 第2位　酒井 杏菜「黄金の花」
- 第3位　木原 浩太「あの夏の赤い空」
◇児童舞踊部
- 第1位　滝田 真衣〔ほか〕(かやの木芸術舞踊学園)「きっと飛べると信じてた～ライト兄弟の夢～」
- 第2位　筒田 智子〔ほか〕(かやの木芸術舞踊学園)「魂の唄～神に捧げる平和の太鼓～」
- 第3位　川上 葵〔ほか〕(かやの木芸術舞踊学園)「円空仏」
◇バレエ第二部
- 第1位　堀内 恵「パキータよりエトワールのV」
- 第2位　井沢 駿「ラ・フィユ・マル・ガルデより男性のV」
- 第3位　橋田 有理佳「眠れる森の美女第3幕よりオーロラのV」
◇バレエジュニア部
- 第1位　金子 扶生「シルビアのV」
- 第2位　森高 万智「白鳥の湖第3幕よりオディールのV」
- 第3位　高田 茜「ジゼル第一幕よりジゼルのV」

第64回(平19年度)
◇邦舞第二部
- 第1位　新倉 実南子「汐汲」
- 第2位　金子 奈津美「うぐいす」
- 第3位　村川 英央「初陣」
◇現代舞踊ジュニア部
- 第1位　木原 浩太「飛べない・鳩」
- 第2位　伊藤 麻菜実「ストイックな白」
- 第3位　安田 一斗「おわりのない海」
◇現代舞踊第二部
- 第1位　田中 萌子「蓮の詩」
- 第2位　南 帆乃佳「Luna～一粒の涙～」
- 第3位　阿久津 理央「掬水月在手」
◇児童舞踊部

- 第1位　早川 里奈〔ほか〕（平多正於舞踊研究所）「十三月の謝肉祭」
- 第2位　柴田 茉実〔ほか〕（かやの木芸術舞踊学園）「MAMA, 僕は負けない〜戦場で見た母の夢〜」
- 第3位　月村 真由〔ほか〕（平多正於舞踊研究所）「にょきにょき竹のこ雛の宵」

◇バレエジュニア部
- 第1位　大巻 雄矢「パキータよりルシアンのV」
- 第2位　吉田 恭平「パキータより男性V」
- 第3位　高田 樹「ドン・キホーテ第3幕よりバジルのV」

◇バレエ第二部
- 第1位　山田 翔「コッペリア第3幕よりフランツのV」
- 第2位　水谷 実喜「眠れる森の美女第3幕よりオーロラのV」
- 第3位　本田 千陽「サタネラのV」

第65回（平20年度）
◇邦舞第二部
- 第1位　大木 日織「藤娘」
- 第2位　安達 友音「舞扇園生梅」
- 第3位　川崎 麗予「梅の薫」

◇現代舞踊ジュニア部
- 第1位　田中 萌子「華の道」
- 第2位　新保 恵「優雅に叱責する自転車」
- 第3位　南 帆乃佳「ほのかなる光の中で―アンネの日記より―」

◇現代舞踊第二部
- 第1位　舘 久瑠実「青い瞳の人形」
- 第2位　矢島 茜「戦火のなかで」
- 第3位　佐々木 奏絵「Dolly〜ハコ庭ノ夢〜」

◇児童舞踊部
- 第1位　三保 朱夏〔ほか〕（平多正於舞踊研究所）「いのち―木精する森―」
- 第2位　伊藤 慎也（かやの木芸術舞踊学園）「HELP！」
- 第3位　滝田 真衣（かやの木芸術舞踊学園）「Little Chaplins」

◇バレエジュニア部
- 第1位　峯岸 伽奈「眠れる森の美女第一幕よりオーロラのV」
- 第2位　アクリ 瑠嘉「コッペリアよりフランツのV」
- 第3位　上月 佑馬「チャイコフスキー・パ・ド・ドゥよりV」

◇バレエ第二部
- 第1位　堀沢 悠子「くるみ割り人形第二幕より金平糖のV」
- 第2位　佐々木 万璃子「シルビアよりV」
- 第3位　石井 眞乃花「眠れる森の美女第一幕よりオーロラのV」

第66回（平21年度）
◇邦舞第二部
- 第1位　宅野 蕗「供奴」
- 第2位　川崎 麗予「藤音頭」
- 第3位　猪田 あゆ美「娘みこし」

◇現代舞踊ジュニア部
- 第1位　永森 彩乃「霧の中に…」
- 第2位　南 帆乃佳「ノクターン〜声を失ったアリア〜」
- 第3位　水野 多麻紀「ミネルヴァの梟」

◇現代舞踊第二部
- 第1位　冨田 奈保子「天使の涙」
- 第2位　植木 晴花「サンクス・レター」
- 第3位　高城 愛未「赤い髪飾り」

◇児童舞踊部
- 第1位
  滝田 真衣〔ほか〕（かやの木芸術舞踊学園）「わたしの神様〜童神と出会った日〜」
  関戸 畔菜〔ほか〕（かやの木芸術舞踊学園）「コックローチブラザーズの冒険」
- 第3位　栗木 紬〔ほか〕（かやの木芸術舞踊学園）「僕の夢…、それは指揮者」

◇バレエジュニア部
- 第1位　堀沢 悠子「眠れる森の美女第一幕よりオーロラのV」
- 第2位　大城 美汐「アレキナーダのV」
- 第3位　高田 樹「パキータより男性V」

◇バレエ第二部
- 第1位　冨岡 玲美「白鳥の湖第三幕よりオディールのV」
- 第2位　大谷 遥陽「エスメラルダよりエスメラルダのV」
- 第3位　高橋 茉由「眠れる森の美女第三幕よりオーロラのV」

250　全日本アンサンブルコンテスト

　小編成の吹奏楽合奏で, 音の調和・美しさ・表現力を競うコンテストとして昭和53年より開始された。

全日本アンサンブルコンテスト

【主催者】(社)全日本吹奏楽連盟、朝日新聞社
【選考委員】(第32回)岡崎耕二(トランペット、東京都交響楽団)、奥田昌史(ティンパニー、東京交響楽団)、須山芳博(ホルン、武蔵野音楽大学)、高橋知己(クラリネット、京都市立芸術大学・洗足学園音楽大学)、田本摂理(クラリネット、大阪フィルハーモニー交響楽団)、中村均一(サクソフォーン、東京芸術大学)、新田幹男(トロンボーン、NHK交響楽団)
【選考方法】全国の連盟各支部の推薦による
【選考基準】〔部門〕中学校の部、高等学校の部、大学の部、職場の部、一般の部。〔資格〕全日本吹奏楽連盟に登録した加盟団体に属するグループで、構成メンバーは同一中学、高校、大学、会社・工場・事務所等の団体に在籍している者とする。但し職業演奏家の参加は認めない。〔対象〕各アンサンブルの編成は3名以上8名までとし、木管楽器・金管楽器・打楽器などを中心としたものを原則とする。但し同一パートを2名以上の奏者で演奏することと、独立した指揮者は認めない。出場グループは自由曲1曲を演奏し、演奏時間は5分以内
【締切・発表】(第32回・平成21年)富山市芸術文化ホール(オーバード・ホール)で開催
【賞・賞金】金賞、銀賞、銅賞。各賞状とメダル
【URL】http：//www.ajba.or.jp/

第1回(昭52年度)
　◇金賞
　　●中学の部
　　　練馬区立田柄中学校
　　　立川市立第八中学校
　　　那覇市立神原中学校
第2回(昭53年度)
　◇金賞
　　●中学の部
　　　宗像町立城山中学校
　　　四日市市立四日市南中学校
　　　香川大学附属高松中学校
　　　桑折町立醸芳中学校
第3回(昭54年度)
　◇金賞
　　●中学の部
　　　四日市市立四日市南中学校
　　　銚子市立第五中学校
第4回(昭55年度)
　◇金賞
　　●中学の部
　　　稲築町立稲築中学校
　　　加古川市立中部中学校
　　　練馬区立田柄中学校
第5回(昭56年度)
　◇中学の部
　　　加古川市立中部中学校
　　　敦賀市立粟野中学校
　　　浜松市立入野中学校
第6回(昭57年度)
　◇金賞
　　●中学の部
　　　大阪市立城陽中学校
　　　練馬区立田柄中学校
第7回(昭58年度)
　◇金賞
　　●中学の部
　　　我孫子市立白山中学校
　　　葛飾区立堀切中学校
　　　秋田市立城東中学校
　　　春日井市立柏原中学校
　　　敦賀市立粟野中学校
第8回(昭59年度)
　◇金賞
　　●中学の部
　　　加古川市立中部中学校
　　　常滑市立鬼崎中学校
　　　春日井市立柏原中学校
　　　八戸市立第三中学校
　　　大阪市立城陽中学校
　　　北見市立光西中学校
　　　武生市立武生第三中学校
第9回(昭60年度)
　◇金賞
　　●中学の部
　　　浦添市立浦添中学校吹奏楽部
　　　四日市市立南中学校吹奏楽部
　　　加古川市立中部中学校吹奏楽部
　　　松山市立雄新中学校吹奏楽部
　　　武生市立武生第三中学校吹奏楽部
　　　豊島区立第十中学校吹奏楽部
　　　下関市立玄洋中学校吹奏楽部
第10回(昭61年度)
　◇金賞
　　●中学の部
　　　岡崎市立竜海中学校吹奏楽部

青森市立筒井中学校吹奏楽部
大月市立大月東中学校吹奏楽部
春日井市立柏原中学校吹奏楽部
神戸市立鈴蘭台中学校吹奏楽部

第11回(昭62年度)
　◇金賞
　　● 中学の部
　　　浦添市立浦添中学校吹奏楽部
　　　武生市立武生第二中学校吹奏楽部
　　　大阪市立城陽中学校吹奏楽部
　　　安芸市立安芸中学校吹奏楽部
　　　東海市立加木屋中学校吹奏楽部

第12回(昭63年度)
　◇金賞
　　● 中学の部
　　　足立区立加賀中学校吹奏楽部
　　　日出町立日出中学校吹奏楽部
　　　名古屋市立平針中学校吹奏楽部
　　　北見市立光西中学校吹奏楽部
　　　原町市立原町第二中学校吹奏楽部
　　　箕面市立第一中学校吹奏楽部
　　　世田谷学園中学校吹奏楽部
　　　前橋市立第三中学校吹奏楽部

第13回(平1年度)
　◇金賞
　　● 中学の部
　　　津幡町立津幡中学校吹奏楽部
　　　世田谷学園吹奏楽部
　　　浜松市立積志中学校吹奏楽部
　　　原町市立原町第二中学校吹奏楽部
　　　北見市立光西中学校吹奏楽部
　　　溝口町立溝口中学校吹奏楽部

第14回(平2年度)
　◇金賞
　　● 中学の部
　　　福井県鯖江市立鯖江中学校(打楽器五重奏)「ゲインズボーロー」(ゴーガー)
　　　石川県小松市立松陽中学校(金管八重奏)「ロンドン・ミニチュア」(ラングフォード)
　　　青森県八戸市立長者中学校(金管八重奏)「ロンドン・ミニチュア」(ラングフォード)
　　　千葉県富里町立富里南中学校(サクソフォーン四重奏)「サクソフォーン・シンフォネット」(ベネット)
　　　世田谷学園中学校(クラリネット四重奏)「弦楽四重奏曲第2番より」(ボロディン)
　　　福島県原町市立原町第二中学校(フルート四重奏)「夏山の一日」(ボザ)

第15回(平3年度)
　◇金賞
　　● 中学の部
　　　石川県辰口町立辰口中学校(打楽器五重奏)「5人の打楽器奏者のためのゲインズボーロー」(ゴーガー)
　　　大阪市立城陽中学校(クラリネット八重奏)「ドデカフォニック・エッセイ」(デル・ボルゴ)
　　　世田谷学園中学校(クラリネット四重奏)「ロザムンデ」(シューベルト)
　　　和歌山市立西和中学校(木管三重奏)「協奏曲」(ヴィヴァルディ)
　　　福島県原町市立原町第二中学校(サクソフォーン四重奏)「異教徒の踊り」(ショルティーノ)
　　　玉川学園中学部(サクソフォーン四重奏)「サクソフォーン四重奏曲」(デザンクロ)
　　　旭川市立永山南中学校(金管六重奏)「金管六重奏のための組曲」(オストランスキー)

第16回(平4年度)
　◇金賞
　　● 中学の部
　　　足立区立加賀中学校吹奏楽部(打楽器五重奏)「雨」(ハミルトン・グリーン)
　　　石川県津幡町立津幡中学校吹奏楽部(打楽器六重奏)「バリ島からの幻想曲'84」(伊藤康英)
　　　愛知県名古屋市立平針中学校吹奏楽部(トロンボーン四重奏)「トロンボーン・ファミリーより」(フィルモア)
　　　北海道北見市立光西中学校吹奏楽部(サクソフォーン四重奏)「和旋律による三章」(宮島基栄)
　　　富山県大門町大島町中学校組合立大門中学校吹奏楽部(サクソフォーン四重奏)「サクソフォーン四重奏曲第1番」(サンジュレー)
　　　愛媛県菊間町立菊間中学校吹奏楽部(サクソフォーン四重奏)「アンダルシアの騎士」(ヴェロンヌ)
　　　青森県八戸市立根城中学校吹奏楽部(クラリネット八重奏)「ドデカフォニック・エッセイ」(デル・ボルゴ)
　　　世田谷学園中学校吹奏楽部(クラリネット八重奏)「謝肉祭より"前口上、返事、エストレラ、ショパン"」(シューマン)

第17回(平5年度)
　◇金賞
　　● 中学の部
　　　静岡県富士宮市立富士宮第四中学校吹奏楽部(サクソフォーン四重奏)「グ

ラーヴェとプレスト」(リヴィエ)
世田谷学園中学校吹奏楽部(クラリネット七重奏)「マリア・イザベラ」(ベリオ)
鹿児島県宮之城町立中学校吹奏楽部(クラリネット四重奏)「プレリュードとダンスより」(カルレス)
愛媛県松山市立椿中学校吹奏楽部(フルート四重奏)「フルート四重奏曲より」(デュボア)
石川県七塚町立河北台中学校吹奏楽部(金管八重奏)《ブラスアンサンブルのための音楽「子供の街」から(小長谷宗一)》
埼玉県川越市立野田中学校吹奏楽部(金管八重奏)「フランス・ルネッサンス舞曲集」(ジェルヴェーズ)
豊島区立池袋中学校吹奏楽部(金管八重奏)「ピアノとフォルテのソナタ」(ガブリエーリ)

第18回(平6年度)
◇金賞
● 中学の部
福井県武生市立武生第一中学校吹奏楽部(打楽器六重奏)「6人の打楽器奏者による4つの形態より」(目黒一則)
埼玉県川越市立野田中学校吹奏楽部(金管八重奏)「テレプシコーレより」(プレトリウス)
福岡県中間市立中間東中学校吹奏楽部(サクソフォーン四重奏)「四重奏曲」(デザンクロ)
愛媛県松山市立南中学校吹奏楽部(サクソフォーン四重奏)「四重奏曲第1番より"第1楽章"」(サンジュレ)
山口県防府市立桑山中学校吹奏楽部(木管五重奏) 日本民謡の主題による3つの「じゃぱねすく」より(戸田多佳子)
青森県八戸市立第三中学校吹奏楽部(クラリネット八重奏)「スラブ舞曲集より」(ドヴォルザーク)
東京都成城中学校吹奏楽部(クラリネット三重奏)「三重奏曲」(ブート)

第19回(平7年度)
◇金賞
● 中学の部
板橋区立加賀中学校吹奏楽部(打楽器六重奏)
埼玉県狭山市立東中学校吹奏楽部(クラリネット四重奏)
世田谷学園中学校吹奏楽部(木管八重奏)
和歌山市立西和中学校吹奏楽部(木管七重奏)
埼玉県狭山市立東中学校吹奏楽部(フルート四重奏)
沖縄県与那原町立与那原中学校吹奏楽部(金管八重奏)
千葉市立土気中学校吹奏楽部(トロンボーン四重奏)

第20回(平8年度)
◇金賞
● 中学の部
土気中学校
辰口中学校
世田谷学園中学校
志村第一中学校
八潮中学校
筑摩野中学校
操南中学校

第21回(平9年度)
◇金賞
● 中学の部
木古内中学校
陽西中学校
狭山東中学校(金管)
世田谷学園中学校
屋代中学校
山陽中学校
亀津中学校

第22回(平10年度)
◇金賞
● 中学の部
河北台中学校
狭山東中学校
小鮎中学校
益子中学校
津幡中学校
槻木中学校
世田谷学園中学校

第23回(平11年度)
◇金賞
● 中学の部
椿中学校(4sax)
椿中学校(5fl)
豊陽中学校
飯能西中学校
あきる野東中学校
芳野中学校
山崎西中学校

第24回(平12年度)
◇金賞
● 中学の部
千葉市立土気中学校
岡山市立高松中学校

鈴鹿市立大木中学校
津山市立津山西中学校
玉川学園中学部
世田谷学園中学校
飯能市立飯能西中学校
松山市立雄新中学校
第25回(平13年度)
　◇金賞
　　●中学の部
　　　久喜中学校(埼玉県)
　　　海田中学校(広島県)
　　　萩山中学校(愛知県)
　　　原町第一中学校(Cl三重奏)(福島県)
　　　原町第一中学校(Fl三重奏)(福島県)
　　　朝倉中学校(高知県)
　　　城陽中学校(大阪府)
　　　玉川学園中学校(東京都)
　　　狭山東中学校(埼玉県)
第26回(平14年度)
　◇金賞
　　●中学の部
　　　海田中学校(広島県)
　　　小平第三中学校(東京都)
　　　椿中学校(愛媛県)
　　　世田谷学園中学校(東京都)
　　　松戸市立第四中学校(千葉県)
　　　鯖江中学校(福井県)
　　　加治中学校(埼玉県)
第27回(平15年度)
　◇金賞
　　●中学の部
　　　上福岡市立福岡中学校(埼玉県)
　　　岡山市立高松中学校(岡山県)
　　　湯沢市立須川中学校(秋田県)
　　　大阪市立市岡中学校(大阪府)
　　　世田谷学園中学校(東京都)
　　　狭山市立東中学校(埼玉県)
　　　横浜市立本郷中学校(神奈川県)
　　　野田市立東部中学校(千葉県)
　　　本部町立本部中学校(沖縄県)
第28回(平16年度)
　◇金賞
　　●中学の部
　　　能美市立根上中学校(Perc.8)(石川県)
　　　久喜市立久喜東中学校(Brass8)(埼玉県)
　　　松山市立勝山中学校(Sax.4)(愛媛県)
　　　川崎市立東橘中学校(Sax.4)(神奈川県)
　　　志摩町立志摩中学校(Cl.4)(福岡県)
　　　横浜市立本郷中学校(Mix.8)(神奈川県)

第29回(平17年度)
　◇金賞
　　●中学の部
　　　洛南高等学校附属中学校(Perc.7)(京都府)
　　　鶴岡市立櫛引中学校(Perc.5)(山形県)
　　　大阪市立市岡東中学校(Sax.4)(大阪府)
　　　札幌市立厚別北中学校(Cl.8)(北海道)
　　　鈴鹿市立千代崎中学校(Mix.8)(三重県)
　　　羽村市立羽村第一中学校(Brass8)(東京都)
　　　沖縄市立美里中学校(Brass8)(沖縄県)
第30回(平18年度)
　◇金賞
　　●中学の部
　　　小平市立小平第三中学校(Perc.8)(東京都)
　　　狭山市立入間中学校(Perc.6)(埼玉県)
　　　福井市美山中学校(Perc.4)(福井県)
　　　鯖江市立鯖江中学校(Fl.4)(福井県)
　　　静岡県立浜松西高等学校中等部(Ob.3)(静岡県)
　　　横浜市立本郷中学校(Mix.8)(神奈川県)
　　　名古屋市立港南中学校(Mix.8)(愛知県)
第31回(平19年度)
　◇金賞
　　●中学の部
　　　小平市立小平第六中学校(Perc.5)(東京都)
　　　宇美町立宇美東中学校(Cl.4)(福岡県)
　　　山形市立第六中学校(Fl.3)(山形県)
　　　静岡県立浜松西高等学校中等部(ww.5)(静岡県)
　　　東海村立東海南中学校(ww.5)(茨城県)
　　　松山市立南中学校(ww.3)(愛媛県)
　　　沖縄市立美里中学校(Brass.8)(沖縄県)
　　　防府市立国府中学校(Brass.8)(山口県)
第32回(平20年度)
　◇金賞
　　●中学の部
　　　小平市立小平第六中学校(Perc.7)(東京都)
　　　米子市日吉津村中学校組合立箕蚊屋中学校(Perc.6)(鳥取県)
　　　柴田町立槻木中学校(Perc.3)(宮城県)
　　　那珂市立第一中学校(Trb.3)(茨城県)
　　　土佐市立高岡中学校(Cl.3)(高知県)
　　　甲斐市立敷島中学校(ww.8)(山梨県)
　　　青梅市立第三中学校(ww.8)(東京都)
　　　横浜市立万騎が原中学校(mix.8)(神奈川県)

251 全日本学生音楽コンクール（学徒音楽コンクール）

昭和21年に国民文化協会、サン写真新聞社共催で行われた「学徒音楽コンクール」を翌年毎日新聞社が継承主催、全国展開されたコンクールとなった。以来最大規模の学生コンクールとして継続して開催されている。

【主催者】 毎日新聞社
【選考委員】 （第62回）畑中良輔（委員長），バイオリン部門：小栗まち絵，久保田巧，横山奈加子，渡辺玲子，和波孝禧，声楽部門：片岡啓子，木村俊光，栗林朋子，佐藤美枝子，三林輝夫，フルート部門：大和田葉子，金昌国，酒井秀明，播博，三上明子，ピアノ部門：多美智子，岡本美智子，播本三恵子，渡邊健二
【選考方法】 東京，大阪，名古屋，福岡で予選・本選が開かれ，各大会の各部門・各部の第1位受賞者から全国大会にて最優秀者を決定
【選考基準】 〔資格〕国籍不問。小学校の部：小学校児童（4年生以上），中学校の部：中学校生徒，高校の部：高等学校生徒あるいはそれと同等とみなされる課程に在籍する学生（但し，当該年4月1日現在20歳未満），大学・一般の部：高等学校あるいはそれと同等とみなされる課程を修了し，何らかの教育機関に在籍する学生または個人に師事して声楽を研修中の者（但し，当該年4月1日現在24歳未満）
【締切・発表】 第62回の応募締切は平成20年7月下旬，予選9月，本選10～11月。全国大会は11月27～12月2日
【賞・賞金】 各部門・各部の最優秀者に賞状と賞牌

第1回（昭22年）
　◇ピアノ部門第1部
　　● 1位　藤村 慶子（世田谷区立松沢小）
　　● 2位　村上 明美（日本女子大附属小）
　　● 3位　竹内 元子（港区立白金小）
　◇ピアノ部門第2・3部
　　● 1位　金子 融代（湘南白百合学園中）
　　● 2位　奥田 操（女子学院中）
　　● 3位　江川 幸子（学習院中等科）
　◇バイオリン部門第1部
　　● 1位　岸辺 百合雄（世田谷区立上原小）
　　● 2位　三木 令子（世田谷区立桜丘小）
　　● 3位　飯島 征男（高等師範附属小）
　◇バイオリン部門第2・3部
　　● 1位　鵜飼 照子（都立第八高女）
　　● 2位　池田 和子（立教高女）
　　● 3位　内藤 孝（都立千歳中）
　◇合唱部門小学校
　　● 1位　中野区立江古田小学校
　　● 2位　市川市立真間小学校
　　● 3位　前橋市立桃山小学校
　◇合唱部門中学校
　　● 1位　日本大学第二中学校
　　● 2位　都立鷺宮高女
　　● 3位　都立第五高女

第2回（昭23年）
　◇ピアノ部門小学校
　　● 1位　舘野 泉（目黒区立緑ケ丘小）
　　● 2位　大野 亮子（東金市立東金小）
　　● 3位　赤坂 悦子（葉山小）
　◇ピアノ部門中学校
　　● 1位　片山 潮（横浜山手女学院）
　　● 2位　甘利 陽子（都立第六女高附属中）
　　● 3位　内藤 ナツミ（大東学園中等部）
　◇バイオリン部門小学校
　　● 1位　鈴木 秀太郎（東京第一師範男子部附属小）
　◇バイオリン部門中学校
　　● 1位　鈴木 純子（双葉女子中）
　　● 2位　丘 理子（白百合学園中等部）
　◇合唱部門小学校
　　● 1位　市川市立真間小学校
　　● 2位　中野区立江古田小学校
　　● 3位　群馬師範女子部付属小学校
　◇合唱部門中学校
　　● 1位　慶応義塾普通部
　　● 2位　日本大学第二中学校

第3回（昭24年）
　◇ピアノ部門小学校
　　● 1位　安芸 彊子（明星学園初等部）
　　● 2位
　　　笠原 みどり（湘南学園）

佐藤　京子（立教女学院付属小）
- 3位　井上　京子（明星学園初等部）

◇ピアノ部門中学校
- 1位　水木　雄三（新宿区立四谷第二中）
- 2位　藤村　慶子（恵泉女学園）
- 3位　内藤　博子（恵泉女学園）

◇バイオリン部門小学校
- 1位　福井　宜也（世田谷区立砧小）
- 2位　前田　郁子（第一師範附属小）
- 3位　岡田　裕子（吉原市立今泉小）

◇バイオリン部門中学校
- 1位　星　喜久子（調布学園中）
- 2位　丘　理子（白百合学園中）
- 3位　野々垣　朋子（明乃星中）

◇合唱部門小学校
- 1位　中野区立江古田小学校
- 2位　市川市立真間小学校
- 3位　錦華小学校

◇合唱部門中学校
- 1位　日本大学第二中学校
- 2位　千代田区立今川中学校
- 3位　足立区立第三中学校

第4回（昭25年）

◇ピアノ部門小学校
- 1位　大野　亮子（東金市立東金小）
- 2位　林　ますみ（東大原小）
- 3位　森平　明子（聖心女子学院初等部）

◇ピアノ部門中学校
- 1位　米田　曜子（横浜フェリス）
- 2位　村上　明美（日本女子大附属）
- 3位　後藤　京子（北区立王子中）

◇バイオリン部門小学校
- 1位（第1席）　田中　伸道（中野区立江古田小）
- 1位（第2席）　前田　郁子（学芸大附属小）
- 2位　菅野　武夫（目黒区八雲小）
- 3位　友田　啓明（目黒区大岡山小）

◇バイオリン部門中学校
- 1位　林　津賀子（聖心女子学院中等部）
- 2位　岡田　裕子（吉原市立第二中）

◇合唱部門小学校
- 1位　中野区立上高田小学校
- 2位
　　　江戸川区立中小岩小学校
　　　中野区立江古田小学校
- 3位　港区立本村小学校

◇合唱部門中学校
- 1位（第1席）　千代田区立今川中学校
- 1位（第2席）　日本大学第二中学校
- 2位　文京区立第三中学校

- 3位　足立区立第三中学校

第5回（昭26年）

◇ピアノ部門小学校
- 1位　米田　登美子（横浜市立根岸小）
- 2位　安部　牧子（お茶の水女子大附属小）
- 3位　高木　敬子（杉並区立高井戸第二小）

◇ピアノ部門中学校
- 1位　岩本　義哉（国立中）
- 2位　塩島　貞夫（川越市立第二中）
- 3位　佐々木　信之（山形市立第一中）

◇バイオリン部門小学校
- 1位　黒沼　ユリ子（渋谷区立笹塚小）
- 2位
　　　大川　内弘（中野区立江古田小）
　　　手束　勝彦（宇都宮市立西小）
　　　西川　るひこ（練馬区立開進第一小）

◇バイオリン部門中学校
- 1位　伊藤　浩史（新宿区立落合中）
- 2位　柏倉　邦子（明星学園中）
- 3位　加藤　幸子（聖心女子学院中等科）

◇合唱部門小学校
- 1位　中野区立江古田小学校
- 2位　台東区立大正小学校
- 3位
　　　市川市立真間小学校
　　　港区立本村小学校

◇合唱部門中学校
- 1位　日本大学第二中学校
- 2位　上田市立第二中学校
- 3位　足立区立第三中学校

第6回（昭27年）

◇ピアノ部門小学校
- 1位　安部　牧子（お茶の水女子大附属小）
- 2位　辻井　靖子（杉並区立荻窪小）
- 3位　田崎　悦子（武蔵野第三小）

◇ピアノ部門中学校
- 1位　井上　京子（明星学園中学部）
- 2位　佐藤　京子（国立音大中等部）
- 3位　笠原　みどり（湘南学園）

◇バイオリン部門小学校
- 1位　手束　勝彦（世田谷区立松沢小）
- 2位　大川　内弘（中野区立江古田小）
- 3位　西川　るひこ（練馬区立開進第一小）

◇バイオリン部門中学校
- 1位　鷲見　武昭（目黒区立第十一中）
- 2位　石岡　則子（宇都宮市立一条中）
- 3位　磯　英男（文京区立第六中）

◇合唱部門小学校
- 1位　高崎市立中央小学校
- 2位　台東区立大正小学校
- 3位　中野区立江古田小学校

◇合唱部門中学校
- 1位　飯山中学校

- 2位　千代田区立今川中学校
- 3位　横浜市立栗田谷中学校

第7回(昭28年)
- ◇ピアノ部門小学校
  - 1位　田崎 悦子(武蔵野市立第三小)
  - 2位　前島 洋子(中野区立桃園第三小)
  - 3位　川合 恵子(聖心女子学院初等部)
- ◇ピアノ部門中学校
  - 1位　岩崎 淑(目黒区立第八中)
  - 2位　岡山 直之(福島大付属中)
  - 3位　金井 裕(群馬新町小)
- ◇バイオリン部門小学校
  - 1位　建部 洋子(聖心女子学院初等部)
  - 2位　広瀬 悦子(文京区立昭和小)
  - 3位　大川内 弘(中野区立江古田小)
- ◇バイオリン部門中学校
  - 1位　西川 るひこ(練馬区立開進第一中)
  - 2位　太田 菊子(双葉学園二中)
  - 3位　田中 敏子(川村学園中)
- ◇合唱部門小学校
  - 1位　静岡市立安東小学校
  - 2位　中野区立桃園第三小学校
  - 3位　中野区立上高田小学校
- ◇合唱部門中学校
  - 1位　飯山中学校
  - 2位　横浜市立栗田谷中学校
  - 3位　武蔵野第三中学校

第8回(昭29年)
- ◇ピアノ部門小学校
  - 1位　松崎 怜子(新宿区立牛込原町小)
  - 次席　中村 比早子(慶応義塾幼稚舎)
  - 2位　木村 薫(双葉小)
  - 3位　山口 裕子(学習院初等科)
- ◇ピアノ部門中学校
  - 1位　前島 洋子(中野区立第九中)
  - 2位　建部 佳世(仙台市立愛宕中)
  - 3位　太田 千鶴(鎌倉市立第二中)
- ◇バイオリン部門小学校
  - 1位　小田切 礼子(双葉第二学園)
  - 2位　小林 久美(大田区立松仙小)
  - 3位　磯 恒男(台東区立黒門小)
- ◇バイオリン部門中学校
  - 1位　田中 敏子(川村学園中)
  - 2位　磯 良雄(台東区立御徒町中)
  - 3位　太田 菊子(双葉第二学園)
- ◇合唱部門小学校
  - 1位　中野区立上高田小学校
  - 2位　中野区立桃園第三小学校
  - 3位　杉並区立方南小学校
- ◇合唱部門中学校
  - 1位　宝仙学園中学校
  - 2位　横浜市立寺尾中学校

- 3位　長野市立東部中学校

第9回(昭30年)
- ◇ピアノ部門小学校
  - 1位　後藤 寿子(江戸川区立西小岩小)
  - 2位　日高 檀(板橋区立板橋第六小)
  - 3位　三沢 慶子(甲府市立朝日小)
- ◇ピアノ部門中学校
  - 1位　宮沢 明子(フレンド学園中)
  - 2位　辻井 靖子(杉並区立神明中)
  - 3位　建部 佳世(仙台市立愛宕中)
- ◇バイオリン部門小学校
  - 1位　和田 啓子(大田区立田園調布小)
  - 2位　前橋 汀子(学芸大付属小)
  - 3位　猪瀬 佳子(宇都宮市立中央小)
- ◇バイオリン部門中学校
  - 1位　太田 菊子(双葉第二中)
  - 2位　服部 芳子(立教女学院)
  - 3位　長井 明(東邦中)
- ◇合唱部門小学校
  - 1位　中野区立野方小学校
  - 2位　中野区立桃園第三小学校
  - 3位　北佐久郡浅間町立岩村田小学校
- ◇合唱部門中学校
  - 1位　宝仙学園中学校
  - 2位　静岡市立城南中学校
  - 3位
    群馬県伊勢崎市立南中学校
    茨城下館市立第一中学校

第10回(昭31年)
- ◇ピアノ部門小学校
  - 1位　野島 稔(横須賀市立大津小)
  - 2位　遠藤 郁子(札幌市立大通小)
  - 3位　森安 耀子(東京教育大付属小)
- ◇ピアノ部門中学校
  - 1位　鷲見 加津子(慶応義塾中等部)
  - 2位　大石 捷子(大田区立東蒲田小)
  - 3位
    日高 檀(練馬区立旭丘小)
    小松 春子(女子学院)
- ◇バイオリン部門小学校
  - 1位　湯沢 昌子(青山学院初等部)
  - 2位　小林 久子(大田区立松仙小)
  - 3位　磯 恒男(台東区立黒門小)
- ◇バイオリン部門中学校
  - 1位　宗 知忠(大田区立田園調布中)
  - 2位　深井 浤麿(成城学園)
  - 3位　渡辺 徹(国立音大付属中)
- ◇合唱部門小学校
  - 1位　品川区立第三日野小学校
  - 2位　中野区立桃園第三小学校
  - 3位　諏訪市立城南小学校
- ◇合唱部門中学校
  - 1位　高崎市立第三中学校

- 2位　中野区立宝仙中学校
- 3位　長野市立東部中学校

第11回(昭32年)
◇ピアノ部門小学校
- 1位　前島 園子(沼津市立千本小)
- 2位　難波 礼子(世田谷区立上北沢小)
- 3位　神谷 郁代(群馬伊勢崎市立北小)

◇ピアノ部門中学校
- 1位　弘中 孝(世田谷区立瀬田中)
- 2位
  佐々木 健(東北大付属中)
  進藤 寿子(江戸川区立第四中)
- 3位　市田 阿弥子(学習院女子中等科)

◇バイオリン部門小学校
- 1位　振吉 圭子(神奈川学園精華小)
- 2位　菅原 百合子(湘南学園)
- 3位　斎藤 治(大田区立東調布第一小)

◇バイオリン部門中学校
- 1位　猪瀬 佳子(宇都宮市立陽北中)
- 2位　二宮 夕美(成城学園)
- 3位
  服部 芳子(立教女学院)
  和波 孝禧(横浜市立盲学校)

◇合唱部門小学校
- 1位　中央区立久松小学校
- 2位　杉並区立高井戸第二小学校
- 3位　品川区立立会小学校

◇合唱部門中学校
- 1位
  横浜市立栗田谷中学校
  大和町立大和中学校
- 2位　横浜市立寺尾中学校
- 3位　高崎市立第三中学校

第12回(昭33年)
◇ピアノ部門小学校
- 1位
  菊野 明美(世田谷区立祖師谷小)
  今堀 恵子(杉並区立杏掛小)
- 2位　妹尾 映子(湘南白百合学園)
- 3位　藤田 知子(練馬区立豊玉第二小)

◇ピアノ部門中学校
- 1位　中村 紘子(慶応義塾中等部)
- 2位　栗原 一身(大田区立東調布中)
- 3位　野田 マリカ(女子学院)

◇バイオリン部門小学校
- 1位
  矢島 広子(中野区立北原小)
  徳永 二男(豊島区立大成小)
- 2位　門田 ゆう子(目黒区立菅刈小)
- 3位　堤 久美子(藤沢市立片瀬小)

◇バイオリン部門中学校
- 1位　和波 孝禧(横浜市立盲学校)
- 2位　徳江 尚子(学習院女子中等科)
- 3位　宮部 優子(藤沢市立片瀬中)

◇合唱部門小学校
- 1位　中央区立久松小学校
- 2位　品川区立立会小学校
- 3位　佐野市立天明小学校

◇合唱部門中学校
- 1位　諏訪市立上諏訪中学校
- 2位　清水市立清水第三中学校
- 3位　大和町立大和中学校

第13回(昭34年)
◇ピアノ部門小学校
- 1位　鈴木 賀一(仙台市立本町小)
- 2位　播本 三恵子(浜松市立西小)
- 3位　紅林 こずえ(世田谷区立明正小)

◇ピアノ部門中学校
- 1位　野島 稔(横須賀市立馬堀中)
- 2位　野田 マリカ(女子学院中)
- 3位　中野 公子(お茶の水女子大付属中)

◇バイオリン部門小学校
- 1位　永富 美和子(世田谷区立経堂小)
- 2位　宮内 道子(昭和女子大付属小)
- 3位
  井上 淑子(文京区立大塚小)
  水林 彪(中野区立高田小)
  菅原 百合子(藤沢市立鵠洋小)

◇バイオリン部門中学校
- 1位　徳江 尚子(学習院女子中等科)
- 2位　原田 紘一郎(大田区立田園調布中)
- 3位　堀江 惜(文京区立第十中)

◇合唱部門小学校
- 1位　佐野市立天明小学校
- 2位　品川区立立会小学校
- 3位　静岡市立青葉小学校

◇合唱部門中学校
- 1位　水戸市立第二中学校
- 2位　佐原市立佐原中学校
- 3位　横浜市立栗田谷中学校

第14回(昭35年)
◇ピアノ部門小学校
- 1位　楊 麗貞(新宿区立市ケ谷小)
- 2位　津田 理子(文京区立小日向台町小)
- 3位　一ノ瀬 和子(富士宮市立大宮小)

◇ピアノ部門中学校
- 1位　内海 恵子(双葉第二中)
- 2位　木下 歌子(成城学園)
- 3位　神翁 公美(湘南学園)

◇バイオリン部門小学校
- 1位　川村 保(世田谷区立明正小)
- 2位　井上 淑子(文京区立大塚小)
- 3位　田中 直子(港区立白金小)

◇バイオリン部門中学校
- 1位　三木 妙子(八王子市立第三中)
- 2位　名倉 淑子(府中市立第一中)

- 3位　村上 和邦（港区立芝中）
◇合唱部門小学校
- 1位　飯田市立追手町小学校
- 2位　静岡市立中田小学校
- 3位　佐野市立天明小学校
◇合唱部門中学校
- 1位　上田市立第二中学校
- 2位　水戸市立第二中学校
- 3位　静岡市立城内中学校

第15回（昭36年）
◇ピアノ部門小学校
- 1位　芳田 正子（徳島大付属小）
- 2位　桧森 和恵（仙台市立東二番丁小）
- 3位　吉田 知恵子（杉並区立第九小）
◇ピアノ部門中学校
- 1位　鈴木 賀一（新宿区立四谷第一中）
- 2位　山中 直子（立教女学院）
- 3位　竹村 通子（清泉女学院）
◇バイオリン部門小学校
- 1位　永井 由里（国本小）
- 2位　佐藤 多美子（大田区立山王小）
- 3位　田中 直子（港区立白金小）
◇バイオリン部門中学校
- 1位　佐藤 瑛里子（市川市立第二中）
- 2位　宮内 道子（目黒区立第四中）
- 3位　辰巳 明子（大田区立東調布中）
◇合唱部門小学校
- 1位　佐野市立天明小学校
- 2位　柏市立第三小学校
- 3位　更級郡東北村下氷飽小学校
◇合唱部門中学校
- 1位　静岡市立城内中学校
- 2位　清水市立第三中学校
- 3位　上田市立第二中学校

第16回（昭37年）
◇ピアノ部門小学校
- 1位　須田 真美子（双葉小）
- 2位　徳江 陽子（学習院初等科）
- 3位　西藤 真理（和光学園）
◇ピアノ部門中学校
- 1位　丸山 恵美（成城学園中）
- 2位　西田 啓子（双葉中）
- 3位　横山 恵津子（桐朋学園中）
◇バイオリン部門小学校
- 1位　佐藤 多美子（大田区立山王小）
- 2位　竹田 基（新宿区立淀橋第一小）
- 3位　清水 高師（横須賀市立大津小）
◇バイオリン部門中学校
- 1位　藤原 浜雄（明星学園中）
- 2位　杉本 真理（世田谷区立奥沢中）
◇合唱部門小学校
- 1位　飯田市立追手町小学校
- 2位　東金市立東金小学校

- 3位　岡小学校
◇合唱部門中学校
- 1位　信州大付属松本中学校
- 2位　水戸市立第二中学校
- 3位　宝仙学園

第17回（昭38年）
◇ピアノ部門小学校
- 1位　花房 晴美（静岡市立安東小）
- 2位　竹村 彰通（世田谷区立明正小）
- 3位　桑江 牧子（桐朋学園）
◇ピアノ部門中学校
- 1位　津田 理子（文京区立茗台中）
- 2位　湯口 美和（杉並区立向陽中）
- 3位　苅谷 直美（渋谷区立松濤中）
◇バイオリン部門小学校
- 1位　清水 高師（横須賀市立大津小）
- 2位　竹田 基（新宿区立淀橋第一小）
- 3位　草野 玲子（杉並区立第二小）
◇バイオリン部門中学校
- 1位　瀬川 純夫（川越市立初雁中）
- 2位　太田 準子（杉並区立井草中）
- 3位　中島 幸子（国立音大付属中）
◇合唱部門小学校
- 1位　清水市立岡小学校
- 2位　飯田市立追手町小学校
- 3位　静岡市立横内小学校
◇合唱部門中学校
- 1位　上田市立第二中学校
- 2位　静岡市立安東中学校
- 3位　女子聖学院

第18回（昭39年）
◇ピアノ部門小学校
- 1位　竹村 彰通（世田谷区立明正小）
- 2位　鶴園 紫磯子（杉並区立杉掛小）
- 3位　桑江 牧子（千葉市立弥生小）
◇ピアノ部門中学校
- 1位　徳江 仔有子（学習院女子中等部）
- 2位　山口 優（小金井市立小金井第一中）
- 3位　水町 由美子（国立音大付属中）
◇バイオリン部門小学校
- 1位　加久間 景子（世田谷区立代沢小）
- 2位　安良岡 ゆう（杉並区立高井戸小）
- 3位　石川 静（新宿区立四谷第六小）
◇バイオリン部門中学校
- 1位　川崎 雅夫（中野区立中野富士見中）
- 2位　田中 直子（お茶の水女子大付属中）
- 3位　加藤 高志（横浜市立松本中）
◇合唱部門小学校
- 1位　飯田市追手町小学校
- 2位　静岡市立横内小学校
- 3位　中央区立久松小学校
◇合唱部門中学校
- 1位　信州大付属松本中学校

- 2位　東松山市立松山中学校
- 3位　水戸市立第二中学校

第19回(昭40年)
- ◇ピアノ部門小学校
  - 1位　鶴園 紫磯子(杉並区立沓掛小)
  - 2位　大和田 紀子(聖心女子学院初等科)
  - 3位　石附 秀美(国分寺市立第一小)
- ◇ピアノ部門中学校
  - 1位　佐藤 鈴子(学芸大付属大泉中)
  - 2位　近藤 真知子(学習院女子中等科)
  - 3位　田中 由紀子(港区立三河台中)
- ◇バイオリン部門小学校
  - 1位　加藤 昌子(お茶の水女子大付属小)
  - 2位　寺島 真理(新宿区立落合小)
  - 3位　古沢 英子(台東区立西町小)
- ◇バイオリン部門中学校
  - 1位　竹田 基(新宿区立淀橋第二中)
  - 2位　山田 みどり(川崎市立塚越中)
  - 3位　尾崎 永世(市川市立第二中)
- ◇合唱部門小学校
  - 1位　中央区立久松小学校
  - 2位　松戸市立常盤平第一小学校
  - 3位　佐野市立天明小学校
- ◇合唱部門中学校
  - 1位　藤枝市立西益津中学校
  - 2位　水戸市立第二中学校
  - 3位　信州大付属松本中学校

第20回(昭41年)
- ◇ピアノ部門小学校
  - 1位　小賀野 久美(世田谷区立松沢小)
  - 2位　大平 由美子(札幌市立和光小)
  - 3位　前田 あんぬ(札幌市立桑園小)
- ◇ピアノ部門中学校
  - 1位　川島 伸達(世田谷区立東深沢中)
  - 2位　関 孝弘(足立区立第四中)
  - 3位　柏尾 暢子(学習院女子中等科)
- ◇バイオリン部門小学校
  - 1位　石川 静(新宿区立四谷第六小)
  - 2位　重本 佳美(豊島区富士見台小)
  - 3位　岩野 緑(市川市立八幡小)
  - 3位　磯野 順子(杉並区立高井戸第二小)
- ◇バイオリン部門中学校
  - 1位　永田 邦子(東京南多摩町立多摩中)
  - 2位　籾山 和諒(大田区立志茂田中)
  - 3位
    野沢 尚子(日本女子大付属中)
    安田 真理(武蔵野市立第四中)
- ◇合唱部門小学校
  - 1位　中央区立久松小学校
  - 2位　松戸市立常盤平第一小学校
  - 3位
    東金市立東金小学校
    諏訪市立高島小学校
- ◇合唱部門中学校
  - 1位　藤枝市立西益津中学校
  - 2位　水戸市立第二中学校
  - 3位
    静岡市立城内中学校
    島田市立島田第二中学校

第21回(昭42年)
- ◇ピアノ部門小学校
  - 1位　田中 節夫(浦和市立本太小)
  - 2位　野田 説子(港区立赤羽小)
  - 3位　蓼沼 恵美子(国立市立第三小)
- ◇ピアノ部門中学校
  - 1位　広瀬 康(足立区立第五中)
  - 2位　大和田 紀子(聖心女子学院中)
  - 3位　高橋 裕希子(芦別市立芦別中)
- ◇バイオリン部門小学校
  - 1位　小西 朝(北区立赤羽小)
  - 2位　清水 まゆみ(田園調布双葉小)
  - 3位　鈴木 弘一(岩手大付属小)
- ◇バイオリン部門中学校
  - 1位　古沢 英子(台東区立御徒町中)
  - 2位　山口 裕之(豊島区立高田中)
  - 3位　磯野 順子(杉並区立西宮中)
- ◇合唱部門小学校
  - 1位　習志野市立谷津小学校
  - 2位　静岡市立横内小学校
  - 3位　板橋区立中根橋小学校
- ◇合唱部門中学校
  - 1位　信州大付属松本中学校
  - 2位　水戸市立第二中学校
  - 3位　静岡市立城内中学校

第22回(昭43年)
- ◇ピアノ部門小学校
  - 1位　上田 京子(新潟市立新潟小)
  - 2位　為本 典子(世田谷区立八幡山小)
  - 3位　大西 史子(世田谷区立東玉川小)
- ◇ピアノ部門中学校
  - 1位　福田 泉(世田谷区立尾山台中)
  - 2位　奈良場 恒美(練馬区立石神井西中)
  - 3位　馬場 明美(金城学院中)
- ◇バイオリン部門小学校
  - 1位　菊地 裕美(世田谷区立松沢小)
  - 2位　富永 暢(大田区立洗足池小)
  - 3位　高木 康子(大田区立馬込第二小)
- ◇バイオリン部門中学校
  - 1位　河村 典子(杉並区立井荻中)
  - 2位　磯野 充生子(杉並区立西宮中)
  - 3位　河津 偕子(女子学院中)
- ◇合唱部門小学校

- 1位　いわき市立平第一小学校
- 2位　静岡市立安東小学校
- 3位　板橋区立中根橋小学校
◇合唱部門中学校
- 1位　信州大付属松本中学校
- 2位　飯山市立第一中学校
- 3位　水戸市立第二中学校

第23回(昭44年)
◇ピアノ部門小学校
- 1位　小池 ちとせ(練馬区立小竹小)
- 2位　白幡 久美子(美唄市立美唄小)
- 3位　井内 英子(新宿区立市谷小)
◇ピアノ部門中学校
- 1位　円光寺 雅彦(杉並区立井草中)
- 2位　金井 桃絵(苫小牧市立弥生中)
- 3位　曽根 ユリ(千代田区立麹町中)
◇バイオリン部門小学校
- 1位　加藤 知子(お茶の水女子大付属小)
- 2位　毛利 友美(町田市立町田第六小)
- 3位　長沼 由里子(杉並区立永福小)
◇バイオリン部門中学校
- 1位　進藤 義武(新宿区立淀橋中)
- 2位　奥田 雅代(新宿区立牛込第一中)
- 3位　高関 健(足立区立第三中)
◇合唱部門小学校
- 1位　静岡市立安東小学校
- 2位　いわき市立平第一小学校
- 3位　北相馬郡取手町立白山小学校
◇合唱部門中学校
- 1位　島田市立島田第二中学校
- 2位　水戸市立第二中学校
- 3位　松本市立清水中学校

第24回(昭45年)
◇ピアノ部門小学校
- 1位　島 留美(杉並区立浜田山小)
- 2位　柴田 由紀子(聖ドミニコ学園小)
- 3位　斎藤 雅広(東横学園小)
◇ピアノ部門中学校
- 1位　村越 朋子(浜松市立天竜中)
- 2位　鈴木 恵子(八王子市立由井中)
- 3位　佐川 映(世田谷区立深沢中)
◇バイオリン部門小学校
- 1位　田沢 明子(練馬区立豊玉第二小)
- 2位　岩崎 ちひろ(桐朋小)
- 3位　益田 吾郎(大田区立南蒲田小)
◇バイオリン部門中学校
- 1位　岡 浩乃(世田谷区立弦巻中)
- 2位　吉井 真琴(聖ベネディクト女子学園中等部)
- 3位　奥村 宏美(杉並区立東田中)
◇合唱部門小学校
- 1位　静岡市立横内小学校
- 2位　板橋区立中根橋小学校
- 3位　北相馬郡取手町立白山小学校
◇合唱部門中学校
- 1位　水戸市立第二中学校
- 2位　勝浦市立勝浦中学校
- 3位　島田市立島田第二中学校

第25回(昭46年)
◇ピアノ部門小学校
- 1位　荒井 ちなみ(世田谷区立多聞小)
- 2位　小山 実稚恵(盛岡市立上田小)
- 3位　渡辺 有紀子(北海道岩内町立東小)
◇ピアノ部門中学校
- 1位　長 真澄(藤女子中)
- 2位　山中 久美子(世田谷区立深沢中)
- 3位　広海 滋子(聖心女子学院中)
◇バイオリン部門小学校
- 1位　小林 すぎ野(東村山市立久米川小)
- 2位　上田 真仁(横浜市立汐見台小)
- 3位　木全 利行(平塚市立松原小)
◇バイオリン部門中学校
- 1位　堀米 ゆず子(調布市立第四中)
- 2位　荒井 英治(三鷹市立第五中)
- 3位　多田 敦子(日野市立七生中)
◇合唱部門小学校
- 1位　習志野市立谷津小学校
- 2位　東金市立東金小学校
- 3位　岡谷市立岡谷小学校
◇合唱部門中学校
- 1位　水戸市立水戸第二中学校
- 2位　戸倉上山田中学校
- 3位　長野市立東部中学校

第26回(昭47年)
◇ピアノ部門小学校
- 1位　菊地 真美(世田谷区立松沢小)
- 2位　備前 浩一(保谷市立中原小)
- 3位　広中 規子(大田区立小池小)
◇ピアノ部門中学校
- 1位　酒井 結香(晃華学園中)
- 2位　小山 実稚恵(盛岡市立上田小)
- 3位　中井 正子(東京学芸大付属世田谷中)
◇バイオリン部門小学校
- 1位　米谷 彩子(鎌倉市立今泉小)
- 2位　千住 真理子(慶応義塾幼稚舎)
- 3位　上田 真仁(横浜市立汐見台小)
◇バイオリン部門中学校
- 1位　清水 厚嗣(横須賀市立馬堀中)
- 2位　光延 久美子(清泉女学院中)
- 3位　手島 志保(世田谷区立緑ケ丘中)
◇合唱部門小学校
- 1位　習志野市立谷津小学校
- 2位　岡谷市立神明小学校
- 3位　板橋区立中根橋小学校
◇合唱部門中学校
- 1位　藤枝市立西益津中学校

- 2位　長野市立東部中学校
- 3位　戸倉上山田中学校

第27回（昭48年）
- ◇ピアノ部門小学校
  - 1位　小川 典子（川崎市立古市場小）
  - 2位　斎藤 洋子（宇都宮大付属小）
  - 3位　仲道 郁代（浜松市立白脇小）
- ◇ピアノ部門中学校
  - 1位　小山 実稚恵（盛岡市立上山田中）
  - 2位　吉田 径子（札幌市立伏見中）
  - 3位　稲谷 寿紀（札幌市立向陵中）
- ◇バイオリン部門小学校
  - 1位　千住 真理子（慶応義塾幼稚舎）
  - 2位　佐藤 明美（江東区立第三砂町小）
  - 3位　桐山 なぎさ（練馬区立石神井小）
- ◇バイオリン部門中学校
  - 1位　岩崎 ちひろ（品川区立日野中）
  - 2位　大貫 将江（東洋英和女子学院中学部）
  - 3位　木村 恭子（和光市立第二中）
- ◇合唱部門小学校
  - 1位　千葉市立新宿小学校
  - 2位　焼津市立小川小学校
  - 3位　板橋区立中根橋小学校
- ◇合唱部門中学校
  - 1位　島田市立島田第二中学校
  - 2位　藤枝市立西益津中学校
  - 3位　長野市立東部中学校

第28回（昭49年）
- ◇ピアノ部門小学校
  - 1位　小川 哲朗（三鷹市立第五小）
  - 2位　斎藤 洋子（宇都宮大付属小）
  - 3位　古田 多真美（柏市立第七小）
- ◇ピアノ部門中学校
  - 1位　今井 恵子（江戸川区立小岩第四中）
  - 2位　田代 慎之介（札幌市立澄川中）
  - 3位　清水 和音（板橋区立赤塚第三中）
- ◇バイオリン部門小学校
  - 1位　世古 梨佳（世田谷区立給田小）
  - 2位　鈴木 裕子（川越市立川越第一小）
  - 3位　泉 昌広（藤沢市立明治小）
- ◇バイオリン部門中学校
  - 1位　古沢 巌（世田谷区立烏山中）
  - 2位　山県 さゆり（多摩市立多摩中）
  - 3位　巽 陽子（田園調布双葉中）
- ◇合唱部門小学校
  - 1位　取手市立取手小学校
  - 2位　千葉市立新宿小学校
  - 3位　千葉市立弥生小学校
- ◇合唱部門中学校
  - 1位　島田市立島田第二中学校
  - 2位　藤枝市立西益津中学校
  - 3位　勝浦市立勝浦中学校

第29回（昭50年）
- ◇ピアノ部門小学校
  - 1位　茂原 幹子（町田市立忠生第一小）
  - 2位　武藤 敏樹（狛江市立第八狛江小）
  - 3位　小山 里見（調布市立滝坂小）
- ◇ピアノ部門中学校
  - 1位　田代 慎之介（札幌市立澄川中）
  - 2位　住江 一郎（川崎市立生田中）
  - 3位　鈴木 真弓（明星学園中）
- ◇バイオリン部門小学校
  - 1位　鈴木 裕子（川越市立川越第一小）
  - 2位　木野 雅之（清瀬市立清瀬小）
  - 3位　古川 かおり（横浜市立馬場小）
- ◇バイオリン部門中学校
  - 1位　山県 さゆり（多摩市立多摩中）
  - 2位　余合 三津子（川崎市立西生田中）
  - 3位　四田 絵美子（世田谷区立千歳中）
- ◇合唱部門小学校
  - 1位　藤枝市立藤枝小学校
  - 2位　習志野市立谷津小学校
  - 3位　取手市立取手小学校
- ◇合唱部門中学校
  - 1位　蒲原町立蒲原中学校
  - 2位　水戸市立第二中学校
  - 3位　塩尻市立丘中学校

第30回（昭51年）
- ◇ピアノ部門小学校
  - 1位　有森 直樹（鶴岡市立朝暘第三小）
  - 2位　木村 晴子（桐朋小）
  - 3位　棚橋 妙子（樺戸郡新十津川町立新十津川小）
- ◇ピアノ部門中学校
  - 1位　津田 真理（田園調布双葉中）
  - 2位　沼田 宏行（目黒区立第十中）
  - 3位　金子 恵（越谷市立東中）
- ◇バイオリン部門小学校
  - 1位　矢口 統（町田市立町田第五小）
  - 2位　武内 香織（杉並区立松ノ木小）
  - 3位　小室 満里子（世田谷区立用賀小）
- ◇バイオリン部門中学校
  - 1位　中村 静香（藤沢市立湘南中）
  - 2位　寺神戸 亮（練馬区立石神井南中）
  - 3位　市川 由美子（調布市立第三中）

第31回（昭52年）
- ◇ピアノ部門小学校
  - 1位　武井 さゆり（渋谷区立西原小）
  - 2位　田中 あかね（佐野市立佐野小）
  - 3位　河辺 亮子（座間市立相武台東小）
- ◇ピアノ部門中学校
  - 1位　武藤 敏樹（狛江市立狛江第三中）
  - 2位　弘中 幸子（横浜市立山内中）

- 3位　中村　直子（北海道教育大付属札幌中）
◇バイオリン部門小学校
- 1位　渡辺　玲子（保谷市立泉小）
- 2位　小室　満里子（世田谷区立用賀小）
- 3位　漆原　朝子（相模原市立相模台小）
◇バイオリン部門中学校
- 1位　木野　雅之（清瀬市立清瀬中）
- 2位　佐藤　直子（保谷市立ひばりが丘中）
- 3位　平川　景子（桶川市立桶川東中）

第32回（昭53年）
◇ピアノ部門小学校
- 1位　渡辺　一正（国分寺市立第四小）
- 2位　上杉　春雄（砂川市立砂川小）
- 3位　荻原　美千子（府中市立第一小）
◇ピアノ部門中学校
- 1位　木村　晴子（桐朋女子中）
- 2位　矢野　裕子（藤女子中）
- 3位
　　　岡部　昌子（水戸市立第五中）
　　　押川　涼子（目黒区立第十一中）
◇バイオリン部門小学校
- 1位　瀬川　祥子（お茶の水女子大教育学部付属小）
- 2位　菅野　美絵子（川崎市立白幡台小）
- 3位　村井　さとみ（横浜市立美しが丘小）
◇バイオリン部門中学校
- 1位　松原　勝也（板橋区上板橋第一中）
- 2位　岡本　まり子（世田谷区立尾山台中）
- 3位　沼田　雅行（目黒区立第十中）

第33回（昭54年）
◇ピアノ部門小学校
- 1位　野原　みどり（青山学院初等部）
- 2位　大友　聖子（東京学芸大学附属世田谷小）
- 3位　財満　和音（浦和市立谷田小）
◇ピアノ部門中学校
- 1位　大宅　裕（日野市立日野第四中）
- 2位　山口　佳代（豊島区立大塚中）
- 3位　山口　美美（川崎市立長沢中）
◇バイオリン部門小学校
- 1位　菅野　美絵子（川崎市立白幡台小）
- 2位　河辺　俊和（座間市立相武台東小）
- 3位　寺岡　有希子（川崎市立南百合丘小）
◇バイオリン部門中学校
- 1位　漆原　朝子（習志野市立第一中）
- 2位　武藤　宏樹（狛江市立狛江第三中）
- 3位　山本　千里（小金井市立小金井第一中）

第34回（昭55年）
◇ピアノ部門小学校
- 1位　鈴木　一恵（札幌市立白石小）
- 2位　近藤　嘉宏（川崎市立南百合丘小）
- 3位　揚原　祥子（旭川市立日章小）
◇ピアノ部門中学校

- 1位　渡辺　一正（国分寺市立第四中）
- 2位　加藤　明子（町田市立第二中）
- 3位　田部　京子（八王子市立中山中）
◇バイオリン部門小学校
- 1位　二村　英仁（杉並区立馬橋小）
- 2位　小林　響（山梨大附属小）
- 3位　高橋　比佐子（藤沢市立鵠南小）
◇バイオリン部門中学校
- 1位　渡辺　玲子（保谷市立ひばりが丘中）
- 2位　矢部　達哉（海老名市立海西中）
- 3位　武藤　宏樹（狛江市立狛江第三中）

第35回（昭56年）
◇ピアノ部門小学校
- 1位　山口　研生（目黒区立鷹番小）
- 2位　鵜塚　一子（立教女学院小）
- 3位　干野　宜大（砂川市立砂川小）
◇ピアノ部門中学校
- 1位　新井　博江（児玉郡神泉村立神泉中）
- 2位　上杉　春雄（札幌郡広島町立緑陽中）
- 3位　石田　多紀乃（女子学院中）
◇バイオリン部門小学校
- 1位　諏訪内　晶子（町田市立成瀬台小）
- 2位　野口　千代光（東京学芸大附属竹早小）
- 3位　浜野　崇（相模原市立磯野台小）
◇バイオリン部門中学校
- 1位　石川　智（練馬区立南ケ丘中）
- 2位　鈴木　順子（横須賀市立大津中）
- 3位　松山　保子（横浜市立洋光台第一中）

第36回（昭57年）
◇ピアノ部門小学校
- 1位　三宅　麻美（大和市立緑野小）
- 2位　横沢　弘樹（桐朋学園小）
- 3位　平田　優子（世田谷区立松沢小）
◇ピアノ部門中学校
- 1位　仲道　祐子（浜松市立南部中）
- 2位　岡理　香子（旭川市立六合中）
- 3位　塩田　幸子（練馬区立関中）
◇バイオリン部門小学校
- 1位　植村　理葉（世田谷区立明正小）
- 2位　植村　菜穂（世田谷区立明正小）
- 3位　浜野　崇（相模原市立磯野台小）
◇バイオリン部門中学校
- 1位　松野　弘明（山梨大附属中）
- 2位　高橋　俊之（杉並区立向陽中）
- 3位　長谷川　弥生（世田谷区立緑ケ丘中）

第37回（昭58年）
◇ピアノ部門小学校
- 1位　カイザー・マリ（藤沢市立大越小）
- 2位　稲田　潤子（成城学園初等学校）
- 3位　森田　真実（浜松市立上島小）
◇ピアノ部門中学校
- 1位　石井　克典（浜松市立丸塚中）
- 2位　森　知英（盛岡市立松園中）

- 3位 山田 洋子(浜松市立高台中)
◇バイオリン部門中学校
- 1位 植村 菜穂(世田谷区立千歳中)
- 2位 二村 英仁(杉並区立杉森中)
- 3位 中野 緑(川崎市立王禅寺中)

第38回(昭59年)
◇ピアノ部門小学校
- 1位 村上 厳(千葉大教育学部附属小)
- 2位 松崎 葉子(座間市立立野台小)
- 3位 清水 真美(横浜市立東市ケ尾小)
◇ピアノ部門中学校
- 1位 横山 幸雄(横浜市立上の宮中)
- 2位 平井 敬子(横浜市立日野南中)
- 3位 寿明 義和(世田谷区立梅丘中)
◇バイオリン部門小学校
- 1位 相川 麻里子(千代田区立麹町小)
- 2位 柴田 欽章(港区立青南小)
- 3位 今井 由美(日出学園小)
◇バイオリン部門中学校
- 1位 二村 英仁(杉並区立杉森中)
- 2位 清水 大貴(稲城市立稲城第二中)
- 3位 川畠 成道(明星学園中)

第39回(昭60年)
◇ピアノ部門小学校
- 1位 佐藤 勝重(町田市立成瀬台小)
- 2位 冨士 素子(沼津市立第四小)
- 3位 赤羽 史子(田園調布双葉小)
◇ピアノ部門中学校
- 1位 田村 緑(桐朋女子中)
- 2位 太田 茉莉(浜松市立西部中)
- 3位 江崎 昌子(八王子市立中山中)
◇バイオリン部門小学校
- 1位 伊藤 亮太郎(千葉市立仲台小)
- 2位 阿藤 果林(川崎市立西梶谷小)
- 3位 山村 文香(小金井市立緑小)
◇バイオリン部門中学校
- 1位 諏訪内 晶子(町田市立成瀬台中)
- 2位 牧田 由美(新潟市立藤見中)
- 3位 山本 はづき(国立音楽大学附属中)

第40回(昭61年)
◇ピアノ部門小学校
- 1位 相沢 吏江子(光塩女子学院小)
- 2位 及川 夕美(四街道市立旭小)
- 3位 丹羽 いずみ(国分台女子学院小)
◇ピアノ部門中学校
- 1位 倉本 真理(富士見市立西中)
- 2位 秋山 未佳(桐朋女子中)
- 3位 石塚 佳絵(藤女子中)
◇バイオリン部門小学校
- 1位 福嶋 慶大(羽村町立栄小)
- 2位 小口 希(千葉大教育学部附属小)
- 3位 西野 優子(八王子市立椚田小)
◇バイオリン部門中学校
- 1位 今井 由美(日出学園中)
- 2位 山本 はづき(国立音大附中)
- 3位 砂原 亜紀(川崎市立西生田中)

第41回(昭62年)
◇ピアノ部門小学校
- 1位 大西 真由子(横浜市立大豆戸小)
- 2位 宮本 いずみ(浜松市立追分小)
- 3位 田中 ゆりあ(世田谷区立経堂小)
◇ピアノ部門中学校
- 1位 佐藤 勝重(町田市立南大谷中)
- 2位 山崎 早登美(北海道教育大附属札幌中)
- 3位 冨士 素子(沼津市立第四中)
◇バイオリン部門小学校
- 1位 磯 祥男(練馬区立上石神井北小)
- 2位 鷲見 恵理子(田園調布双葉小)
- 3位 西村 真紀(練馬区立旭丘小)
◇バイオリン部門中学校
- 1位 福嶋 慶大(羽村町立羽村第二中)
- 2位 柴田 欽章(港区立高陵中)
- 3位 西野 優子(八王子市立椚田中)

第42回(昭63年)
◇ピアノ部門小学校
- 1位 池村 京子(田園調布双葉小)
- 2位 井上 千尋(岩槻市立上里小)
- 3位 市川 雅己(目黒区立五本木小)
◇ピアノ部門中学校
- 1位 江尻 南美(羽村町立羽村第一中)
- 2位 武内 俊之(練馬区立大泉第二中)
- 3位 湯浅 聡子(横浜市立十日市場中)
◇バイオリン部門小学校
- 1位 内田 晶子(横浜市立山内小)
- 2位 西江 辰郎(練馬区立向山小)
- 3位 甲斐 摩耶(保谷市立保谷小)
◇バイオリン部門中学校
- 1位 九頭見 香里奈(八王子市立横山中)
- 2位 梅津 美葉(鎌倉市立御成中)
- 3位 上村 牧(東久留米市立東中)

第43回(平1年)
◇ピアノ部門小学校
- 1位 鍋野 美帆(北海道教育大学教育学部附属札幌小)
- 2位 島田 彩乃(町田市立成瀬台小)
- 3位 高田 匡隆(秦野市立大根小)
◇ピアノ部門中学校
- 1位 山本 留美奈(慶応義塾中等部)
- 2位 長井 真珠(柏市立西原中)
- 3位 橋本 有香(吉祥女子中)
◇バイオリン部門小学校
- 1位 山口 伸子(相模原市立清新小)
- 2位 清水 祐子(町田市立久本小)
- 3位 徳永 友美(横浜市立宮谷小)
◇バイオリン部門中学校

- 1位　川村 奈菜(横浜市立山内中)
- 2位　山村 文香(小金井市立緑中)
- 3位　鳩山 曜子(学習院女子中等科)

第44回(平2年)
◇ピアノ
- 小学校　赤松 林太郎(北海道・札幌市大倉山小学校6年)
- 中学校　倉本 卓(神奈川・国立音楽大学附属中学校3年)

◇バイオリン
- 小学校　清水 有紀(神奈川・横浜市サンモール・インターナショナル小学校6年)
- 中学校　島田 真千子(愛知・名古屋市神沢中学校3年)

第45回(平3年)
◇ピアノ
- 小学校　中村 純子(東京・大田区立雪谷小学校6年)
- 中学校　佐藤 由美(愛知・尾西市立第一中学校3年)

◇バイオリン
- 小学校　白田 照頼(東京・世田谷区立深沢小学校6年)
- 中学校　谷本 華子(兵庫・神戸市立桜が丘中学校3年)

第46回(平4年)
◇ピアノ
- 小学校　松本 望(北海道・札幌市立栄北小学校6年)
- 中学校　奥村 友美(静岡・静岡大学教育学部附属浜松中学校2年)

◇バイオリン
- 小学校　長原 幸太(広島・安田学園安田小学校6年)
- 中学校　白田 照頼(東京・世田谷区立深沢中学校1年)

第47回(平5年)
◇ピアノ
- 小学校　大崎 結真(茨城・茎崎町立第二小学校6年)
- 中学校　松本 さやか(東京・八王子市立中山中学校2年)

◇バイオリン
- 小学校　小林 朋子(東京・成城学園初等学校6年)
- 中学校　長原 幸太(広島・広島学院中学校1年)

第48回(平6年)
◇ピアノ
- 小学校　中谷 政文(和歌山・和歌山市立八幡台小学校5年)
- 中学校　松本 和将(岡山・倉敷市立北中学校3年)

◇バイオリン
- 小学校　庄司 紗矢香(東京・国分寺市立第六小学校6年)
- 中学校　奥村 愛(新潟・新潟市立寄居中学校3年)

第49回(平7年)
◇ピアノ
- 小学校　前田 拓郎(長崎県島原市立第一小6年)
- 中学校　大川 香織(東京・東洋英和女学院中学部2年)

◇バイオリン
- 小学校
　千葉 清加(川崎市立長沢小6年)
　篠原 智子(兵庫県尼崎市立園田東中3年)

第50回(平8年)
◇ピアノ
- 小学校　中野 翔太(茨城県つくば市立桜南小6年)
- 中学校　清塚 信也(東京・調布市立第四中2年)

◇バイオリン
- 小学校　神尾 真由子(大阪・豊中市立新田南小4年)
- 中学校　孫 仁洙(神戸市立長峰中3年)

第51回(平9年)
◇ピアノ
- 小学校　山口 日向子(名古屋市立滝川小5年)
- 中学校　久保 智史(大分県・挾間町立挾間中2年)

◇バイオリン
- 小学校　西川 裕梨子(沖縄カトリック小5年)
- 中学校　白井 圭(藤沢市立鵠沼中3年)

◇フルート
- 中学　岩下 奈未(山梨大附属中3年)

第52回(平10年)
◇ピアノ
- 小学校　津島 圭佑(北九州市立泉台小6年)
- 中学校　前田 拓郎(島原市立第一中3年)

◇バイオリン
- 小学校　武藤 順子(文京区立誠之小5年)
- 中学校　枝並 千花(新潟大附中3年)

◇フルート
- 小学校　佐々木 萌絵(市川市立第一中2年)

第53回(平11年)
◇ピアノ
- 小学校　北埜 文香(大宮市立大成小6年)

- 中学校　峯 麻衣子(富士見市立水谷中3年)
◇バイオリン
  - 小学校　湯本 亜美(長野市立三本柳小5年)
  - 中学校　高橋 紘子(秋田市立将軍野中3年)
◇フルート
  - 中学校　小山 裕幾(新潟大付長岡中1年)

第54回(平12年)
◇ピアノ
  - 小学校　鈴木 隆太郎(聖マリア小5年)
  - 中学校　出口 薫太朗(札幌市立稲積中1年)
◇バイオリン
  - 小学校　神崎 悠実(聖母被昇天学院小6年)
  - 中学校　滝村 依里(神戸市立本山中2年)
◇フルート
  - 中学校　阿部 礼奈(札幌市立啓明中3年)

第55回(平13年)
◇ピアノ
  - 小学校　長田 美紗子(英国ユーディ・メニューイン音楽学校留学中)
  - 中学校　崎谷 明弘(神戸大附属住吉中1年)
◇バイオリン
  - 小学校　黒川 侑(倉敷市立大高小6年)
  - 中学校　大岡 仁(三田学園中3年)
◇フルート
  - 中学校　浜崎 麻里子(高松市立桜町中3年)

第56回(平14年)
◇ピアノ
  - 小学校　石井 楓子(湘南白百合学園小5年)
  - 中学校　実川 風(千葉県旭市立第二中1年)
◇バイオリン
  - 小学校　藤江 扶紀(大阪教育大附平野小6年)
  - 中学校　湯本 亜美(信州大附長野中2年)
◇フルート
  - 中学校　本宮 湖心(千葉県柏市立松葉中3年)

第57回(平15年)
◇ピアノ
  - 小学校　佐藤 大介(札幌市立あいの里東小6年)
  - 中学校　坂本 彩(兵庫県明石市立高丘中3年)
◇バイオリン
  - 小学校　松川 暉(京都府木津町立高の原小6年)
  - 中学校　鈴木 愛理(東京都多摩市立聖ケ丘中2年)
◇フルート
  - 中学校　窪田 恵美(福井県鯖江市立鯖江中2年)

第58回(平16年)
◇ピアノ
  - 小学校　竹田 理琴乃(金沢市立南小立野小5年)
  - 中学校　佐藤 宏樹(東京都多摩市立貝取中2年)
◇バイオリン
  - 小学校　郷古 廉(宮城県多賀城市立多賀城小5年)
  - 中学校　長尾 春花(静岡県掛川市立東中3年)
◇フルート
  - 中学校　上野 星矢(東京都杉並区立阿佐ケ谷中3年)

第59回(平17年)
◇ピアノ
  - 小学校　小林 愛実(山口県宇部市立万倉小4年)
  - 中学校　橋本 明意(熊本市立東町中2年)
◇バイオリン
  - 小学校　小川 恭子(東京都世田谷区立山野小6年)
  - 中学校　福田 悠一郎(埼玉県入間市立野田中3年)
◇フルート
  - 中学校　菅野 芽生(山梨県小淵沢町立小淵沢中3年)

第60回(平18年)
◇ピアノ
  - 小学校　尾崎 優衣(埼玉県越谷市立東越谷小)
  - 中学校　古賀 大路(佐賀県唐津市立西唐津中)
◇バイオリン
  - 小学校　岡本 誠司(千葉県市川市立塩焼小)
  - 中学校　成田 達輝(前橋市立箱田中)
◇フルート
  - 中学　五十嵐 冬馬(新潟大教育人間科学部付属長岡中)

第61回(平19年)
◇ピアノ
  - 小学校　高尾 奏之介(千葉県柏市立酒井根小学校6年)
  - 中学校　生熊 茜(大阪府吹田市立西山田中学校3年)
◇バイオリン
  - 小学校　松本 紘佳(神奈川県横浜市立もえぎ野小学校6年)
  - 中学校　小島 燎(広島県修道中学校3年)
◇フルート

- 中学　内山 貴博(東京都西東京市立ひばりが丘中学校3年)

第62回(平20年)
　◇ピアノ
　　● 小学校　川崎 槙耶(神奈川県湘南白百合学園小学校6年)
　　● 中学校　務川 慧悟(愛知県東浦町立西部中学校3年)

◇バイオリン
　● 小学校　東條 太河(山梨県山梨大学教育人間科学部附属小学校5年)
　● 中学校　大野 有佳里(新潟県上越教育大学附属中学校2年)
◇フルート
　● 中学　八木 瑛子(福岡県福岡市立原北中学校2年)

---

252 全日本合唱コンクール

　加盟団体約3000による我が国最大の合唱コンクール。美しいハーモニー・豊かな表現力・音楽的技術を総合し、優秀な団体に金賞・銀賞・銅賞ほかが贈られる。第44回より中学校部門が創設された。

【主催者】(社)全日本合唱連盟、朝日新聞社
【選考委員】(第61回)片山みゆき(合唱指揮者)、河合孝夫(声楽家)、信長貴富(作曲家)、長谷川冴子(合唱指揮者)、樋本英一(指揮者)、藤井宏樹(合唱指揮者)、古橋富士雄(合唱指揮者)、堀俊輔(指揮者)、楊力(中国・中央音楽学院教授)
【選考基準】〔部門〕中学校部門混声合唱の部、中学校部門同声合唱の部、高等学校部門Aグループ、高等学校部門Bグループ、大学部門、職場部門、一般部門Aグループ、一般部門Bグループ(高校、一般ともAグループは8名以上32名以下、Bグループは33名以上。高校、一般以外の部門は8名以上。)
【締切・発表】府県大会は7月～9月。支部大会は8月～10月。全国大会は原則として中学校・高等学校部門は10月最終土曜日・日曜日。大学・職場・一般部門は11月23日前後
【賞・賞金】金賞、銀賞、銅賞:各賞状とトロフィー。コンクール大賞:賞金10万円
【URL】http://www.jcanet.or.jp/

第44回(平3年)
　◇金賞
　　● 中学校混声合唱
　　　名古屋市立神沢中学校(愛知)
　　　北海道教育大学教育学部附属中学校(北海道)
　　　岸和田市立葛城中学校3年有志(大阪)
　　　札幌市立北野台中学校(北海道)
　　　町田市立堺中学校(東京)
　　　会津若松市立第三中学校(福島)
　　● 中学校同声合唱
　　　七尾市立御祓中学校(石川)
　　　鴨島町立鴨島第一中学校(徳島)
　　　聖ドミニコ学園中学校(東京)
　　　宮崎市立大淀中学校(宮崎)
　　　佐賀市立鍋島中学校(佐賀)
　　　本庄市立南中学校(秋田)

第45回(平4年)
　◇金賞
　　● 中学校混声合唱
　　　市川市立南行徳中学校(千葉)
　　　宇都宮市立旭中学校(栃木)
　　　札幌市立北野台中学校(北海道)
　　　愛媛大学教育学部附属中学校(愛媛)
　　　斐川町立斐川西中学校(島根)
　　　富山大学教育学部附属中学校(富山)
　　● 中学校同声合唱
　　　神戸市立住吉中学校(兵庫)
　　　佐土原町立佐土原中学校(宮崎)
　　　蕨市立第一中学校(埼玉)
　　　鴨島市立鴨島第一中学校(徳島)
　　　佐賀市立鍋島中学校(佐賀)
　　　宮崎市立大淀中学校(宮崎)
　　　武庫川中学校(兵庫)
　　　松任市立松任中学校(石川)
　　　町田市立堺中学校(東京)

第46回(平5年)
　◇金賞
　　● 中学校混声合唱

札幌市立手稲東中学校(北海道)
市川市立南行徳中学校(千葉)
大分大学教育学部附属中学校(大分)
愛媛大学教育学部附属中学校(愛媛)
大垣市立興文中学校(岐阜)
富山大学教育学部附属中学校(富山)
札幌市立北野台中学校(北海道)
名古屋市立高針台中学校(愛知)
- 中学校同声合唱
  八戸市立白銀南中学校(青森)
  武庫川中学校(兵庫)
  神戸市立住吉中学校(兵庫)
  熊谷市立荒川中学校(埼玉)
  出雲市立第一中学校(島根)
  蕨市立第一中学校(埼玉)
  呼子市立呼子中学校(佐賀)
  和歌山市立西浜中学校(和歌山)
  佐賀市立鍋島中学校(佐賀)
  宮崎市立大淀中学校(宮崎)

第47回(平6年)
◇金賞
- 中学校混声合唱
  大分大学教育学部附属中学校(大分)
  氏家中学校(栃木)
  鍋島中学校(佐賀)
  網干中学校(兵庫)
  南行徳中学校(千葉)
  島根大学教育学部附属中学校(島根)
  北野台中学校(北海道)
  手稲東中学校(北海道)
- 中学校同声合唱
  鴨島第一中学校(徳島)
  武庫川中学校(兵庫)
  出雲市立第一中学校(島根)
  住吉中学校(兵庫)
  雀宮中学校(栃木)
  秩父第一中学校(埼玉)
  二島中学校(福岡)
  白銀南中学校(青森)
  白河中央中学校(福島)
  東京女子学院(東京)

第48回(平7年)
◇金賞
- 中学校混声合唱
  松山市立道後中学校(愛媛)
  札幌市立手稲東中学校(北海道)
  出雲市立第三中学校(島根)
  佐賀市立鍋島中学校(佐賀)
  斐川町立斐川西中学校(島根)
  会津若松市立第三中学校(福島)
  札幌市立北野台中学校(北海道)
- 中学校同声合唱
  八戸市立白銀南中学校(青森)
  武庫川女子大学附属中学校(兵庫)
  明治学園中学校(福岡)
  岸和田市立土生中学校(大阪)
  出雲市立第一中学校(島根)
  宇都宮市立雀宮中学校(栃木)
  北九州市立二島中学校(福岡)
  常葉町立常葉中学校(福島)
  八戸市立根城中学校(青森)
  熊谷市立荒川中学校(埼玉)

第49回(平8年)
◇金賞
- 中学校混声合唱
  札幌市立手稲東中学校(北海道)
  会津若松市立第三中学校(福島)
  伊勢市立五十鈴中学校(三重)
  札幌市立北野台中学校(北海道)
- 中学校同声合唱
  松蔭中学校(兵庫)
  岸和田市立土生中学校(大阪)
  八戸市立白銀南中学校(青森)
  八戸市立根城中学校(青森)
  一関市立山目中学校(岩手)
  上越市立城西中学校(新潟)
  大社町立大社中学校(島根)
  高萩市立高萩中学校(茨城)
  武庫川女子大附属中学校(兵庫)
  出雲市立第一中学校(島根)
  高山市立中山中学校(岐阜)

第50回(平9年)
◇コンクール大賞　福島県会津若松市第三中学校
◇金賞
- 中学校混声合唱
  札幌市立手稲東中学校(北海道)
  大垣市興文中学校(岐阜)
  会津若松市第三中学校(福島)
  島根大学附属中学校(島根)
- 中学校同声合唱
  八戸市白銀南中学校(青森)
  八戸市根城中学校(青森)
  出雲市第二中学校(島根)
  神戸市鷹匠中学校(兵庫)
  山鹿中学校(熊本)
  出雲市第一中学校(島根)
  大井中学校(埼玉)
  北九州市高須中学校(福岡)

第51回(平10年)
◇金賞
- 中学校混声合唱
  会津若松市第三中学校(福島)
  新居浜市西中学校(愛媛)
  東大阪市縄手南中学校(大阪)
  富山大附中学校(富山)

札幌市手稲東中学校(北海道)
札幌市北野台中学校(北海道)
名古屋市高針台中学校(愛知)
- 中学校同声合唱
  大阪市阪南中学校(大阪)
  大社中学校(島根)
  出雲市第一中学校(島根)
  武庫川女子大附属中学校(兵庫)
  八戸市白銀南中学校(青森)
  大井中学校(埼玉)
  神戸市鷹匠中学校(兵庫)

第52回(平11年)
◇金賞
- 中学校混声合唱
  会津若松第三中学校(福島)
  熊本大教育学部附属中学校(熊本)
  手稲東中学校(北海道)
  山鹿中学校(熊本)
- 中学校同声合唱
  根城中学校(青森)
  長町中学校(宮崎)
  出雲第一中学校(島根)
  明治学園中学校(福岡)
  井芹中学校(熊本)
  大社中学校(島根)
  白銀南中学校(青森)
  大井中学校(埼玉)
  秩父第二中学校(埼玉)

第53回(平12年)
◇金賞
- 中学校混声合唱
  札幌市立北野台中学校(北海道)
  札幌市立手稲東中学校(北海道)
  熊本大学教育学部附属中学校(熊本県)
  長崎大学教育学部附属中学校(長崎県)
  土浦市立都和中学校(茨城県)
  名古屋市立原中学校(愛知県)
- 中学校同声合唱
  八戸市立根城中学校(青森県)
  出雲市立第一中学校(島根県)
  小見川町立小見川中学校(千葉県)
  岡崎市立六ツ美北中学校(愛知県)
  岸和田市立久米田中学校(大阪府)
  八戸市立白銀南中学校(青森県)
  武庫川女子大学附属中学校(兵庫県)
  秩父市立秩父第二中学校(埼玉県)

第54回(平13年)
◇金賞
- 中学校混声合唱
  会津若松市立第三中学校(福島県)
  須賀川市立第一中学校(福島県)
  札幌市立琴似中学校(北海道)
  熊本大学教育学部附属中学校(熊本県)

大野城市立平野中学校(福岡県)
岸和田市立久米田中学校(大阪府)
- 中学校同声合唱
  武庫川女子大学附属中学校(兵庫県)
  二本松市立二本松第一中学校(福島県)
  岡崎市立六ツ美北中学校(愛知県)
  我孫子市立白山中学校(千葉県)
  熊本市立井芹中学校(熊本県)
  出雲市立第一中学校(島根県)
  八戸市立根城中学校(青森県)
  岩槻市立城南中学校(埼玉県)

第55回(平14年)
◇金賞
- 中学校混声合唱
  須賀川市立第一中学校(福島県)
  札幌市立手稲東中学校(北海道)
  出雲市立第三中学校(島根県)
  信州大学教育学部附属長野中学校(長野県)
- 中学校同声合唱
  須賀川市立第二中学校(福島県)
  八戸市立白銀南中学校(青森県)
  岩槻市立城南中学校(埼玉県)
  出雲市立第一中学校(島根県)
  秩父市立秩父第二中学校(埼玉県)
  宮崎市立大淀中学校(宮崎県)
  会津若松市立第二中学校(福島県)
  枝幸町立枝幸中学校(北海道)

第56回(平15年)
◇金賞
- 中学校混声合唱
  綾南町立綾南中学校合唱部(香川県)
  郡山市立郡山第二中学校合唱部(福島県)
  出雲市立第三中学校合唱部(島根県)
  島根大学教育学部附属中学校コーラス部(島根県)
  山鹿市立山鹿中学校合唱部(熊本県)
  横浜国立大学教育人間科学部附属鎌倉中学校(神奈川県)
- 中学校同声合唱
  出雲市立第一中学校合唱部(島根県)
  長野市立東部中学校合唱部(長野県)
  札幌市立真栄中学校合唱部(北海道)
  会津坂下町立第一中学校合唱部(福島県)
  岩槻市立城南中学校合唱団(埼玉県)
  武庫川女子大学附属中学校コーラス部(兵庫県)
  秩父市立秩父第二中学校合唱部(埼玉県)

第57回(平16年)
◇金賞

- 中学校混声合唱
    - 熊本大学教育学部附属中学校コーラス部（熊本県）
    - 大垣市立興文中学校合唱部（岐阜県）
    - 山鹿市立山鹿中学校合唱部（熊本県）
    - 郡山市立郡山第二中学校合唱部（福島県）
    - 須賀川市立第一中学校合唱部（福島県）
    - 札幌市立手稲東中学校合唱部（北海道）
- 中学校同声合唱
    - 武庫川女子大学附属中学校コーラス部（兵庫県）
    - 出雲市立第一中学校合唱部（島根県）
    - 会津若松市立第二中学校（福島県）
    - 二本松市立二本松第一中学校合唱部（福島県）
    - 札幌市立真栄中学校合唱部（北海道）
    - 八戸市立白銀南中学校合唱部（青森県）
    - 会津坂下町立第一中学校特設合唱部（福島県）

第58回（平17年）
◇金賞
- 中学校混声合唱
    - 会津若松市立一箕中学校合唱部
    - 三重大学教育学部附属中学校混声合唱団
    - 熊本大学教育学部附属中学校コーラス部
    - 出雲市立第三中学校合唱部
    - 仙台市立長町中学校合唱団
    - 春日部市立豊春中学校混声合唱団
    - 郡山市立郡山第二中学校合唱部
- 中学校同声合唱
    - 武庫川女子大学附属中学校コーラス部
    - 明治学園中学校コーラス部
    - 出雲市立第一中学校合唱部
    - 札幌市立真栄中学校合唱部
    - 栄東中学校コーラス部
    - 郡山市立郡山第一中学校合唱部
    - 会津坂下町立第一中学校特設合唱部

第59回（平18年）
◇金賞
- 中学校混声合唱
    - 福島市立福島第一中学校合唱部（福島県）
    - 郡山市立郡山第二中学校合唱部（福島県）
    - 出雲市立第三中学校合唱部（島根県）
    - 松戸市立第一中学校合唱団（千葉県）
    - 群馬大学教育学部附属中学校音楽部（群馬県）
    - 市川市立南行徳中学校合唱部（千葉県）
- 中学校同声合唱
    - 八戸市立根城中学校合唱部（青森県）
    - 山鹿市立山鹿中学校合唱部（熊本県）
    - 鯖江市中央中学校合唱部（福井県）
    - 札幌市立真栄中学校合唱部（北海道）
    - 会津坂下町立第一中学校特設合唱部（福島県）
    - 湯沢市立湯沢南中学校合唱部（秋田県）

第60回（平19年）
◇金賞
- 中学校混声合唱
    - 札幌市立あいの里東中学校合唱部（北海道）
    - 群馬大学教育学部附属中学校音楽部（群馬県）
    - 島根大学教育学部附属中学校コーラス部（島根県）
    - 郡山市立郡山第一中学校混声合唱団（福島県）
    - 会津若松市立一箕中学校合唱部（福島県）
    - 郡山市立郡山第二中学校合唱部（福島県）
- 中学校同声合唱
    - 岸和田市立桜台中学校合唱団（大阪府）
    - 北九州市立本城中学校コーラス部（福岡県）
    - 國學院大學久我山中学校音楽部（東京都）
    - 札幌市立真栄中学校合唱部（北海道）
    - 出雲市立第一中学校合唱部（島根県）
    - 名古屋市立桜山中学校コーラス部（愛知県）
    - 清泉女学院中学音楽部（神奈川県）
    - 松戸市立第一中学校合唱部（同声）（千葉県）

第61回（平20年）
◇金賞
- 中学校混声合唱
    - 春日部市立豊春中学校混声合唱団（埼玉県）
    - 松戸市立第一中学校合唱部（千葉県）
    - 鶴岡市立鶴岡第一中学校合唱部（山形県）
    - 福島市立福島第一中学校合唱部（福島県）
    - 郡山市立郡山第二中学校合唱部（福島県）
    - 斐川町立斐川西中学校合唱部（島根県）
    - 山口市立川西中学校有志合唱団（山口県）
    - 一関市立桜町中学校特設合唱部（岩手県）
- 中学校同声合唱

安田学園安田女子中学校合唱部(広島県)
國學院大學久我山中学校音楽部(東京都)
名古屋市立桜山中学校コーラス部(愛知県)
武庫川女子大学附属中学校コーラス部(兵庫県)
岸和田市立桜台中学校合唱部(大阪府)

253 全日本吹奏楽コンクール

中学生から社会人まで各地方大会を経て選抜された吹奏楽団が安定したリズム、バランスのとれた音作り、表現力の優れた演奏内容を競う、日本のアマチュア吹奏楽の頂点に立つコンクール。

【主催者】(社)全日本吹奏楽連盟

【選考委員】(第56回)赤坂達三、赤松二郎、大橋晃一、小倉貞行、金井信之、神代修、河地良智、北野徹、木下牧子、近藤孝司、齊藤匠、田中眞輔、島貫利伸、栃尾克樹、中田昌樹、西本淳、新田幹男、野口博司、橋爪伴之、古部賢一、星野究、本田耕一、松本健司、丸山勉、森田一浩、山口多嘉子、山本真

【選考方法】各支部より大会3週間以前に支部コンクールで中学2、高校2、大学1、職場1、一般1団体を選出

【選考基準】〔資格〕中学校の部、高等学校の部：50名以内の同一中学、高校に在籍している者。大学の部、職場の部：55名以内の同一の大学、団体・会社・工場などに属する者。一般の部：自由。〔参加規定〕課題曲はスコアに指定された編成を尊重すること。自由曲は木管楽器・金管楽器・打楽器(擬音楽器を含む)、その他スコアに指定された編成で演奏すること。ただし電子楽器はエレキベースを除きその使用を認めない。演奏時間は課題曲と自由曲を含めて12分以内とする

【締切・発表】(第56回)平成20年10月18、19日普門館、10月25、26日大阪国際会議場で開催

【賞・賞金】金賞、銀賞、銅賞、各賞状と賞品

【URL】http://www.ajba.or.jp/

第1回(昭15年)
◇優勝
- 吹奏楽・学校　大阪市東商業学校吹奏楽部
- ラッパ鼓楽・学校　埼玉県川越商業学校

第2回(昭16年)
◇優勝
- 吹奏楽・学校　名古屋東邦商業学校吹奏楽部
- ラッパ鼓楽・学校　埼玉県川越商業学校
- ラッパ隊・学校　愛知県一宮中学校ラッパ隊
- 鼓笛隊・学校　福岡県門司高等女学校鼓笛隊

第3回(昭17年)
◇優勝
- 吹奏楽・学校　名古屋東邦商業学校吹奏楽部
- ラッパ鼓隊・学校　専修商業学校
- ラッパ隊・学校　大阪浪華商業学校
- 鼓笛隊・学校　東京商業実践女学校

第4回(昭31年)
◇優勝
- 中学校　愛知県蒲郡中学校吹奏楽団

第5回(昭32年)
◇優勝
- 中学校　愛知県蒲郡中学校吹奏楽団

第6回(昭33年)
◇優勝
- 中学校　愛知県蒲郡中学校吹奏楽団

第7回(昭34年)
◇優勝
- 中学校　北海道旭川市立常盤中学校吹奏楽部

第8回(昭35年)
◇優勝
- 中学校　兵庫県西宮市立今津中学校

第9回（昭36年）
　◇優勝
　　●中学校　兵庫県西宮市立今津中学校
第10回（昭37年）
　◇優勝
　　●中学校　兵庫県西宮市立今津中学校
第11回（昭38年）
　◇優勝
　　●中学校　東京都豊島区立第十中学校
第12回（昭39年）
　◇優勝
　　●中学校　兵庫県西宮市立今津中学校
第13回（昭40年）
　◇優勝
　　●中学校　兵庫県西宮市立今津中学校
第14回（昭41年）
　◇優勝
　　●中学校　東京都豊島区立第十中学校
第15回（昭42年）
　◇優勝
　　●中学校　島根県出雲市立第一中学校
第16回（昭43年）
　◇優勝
　　●中学校　西宮市立今津中学校
第17回（昭44年）
　◇優勝
　　●中学校　西宮市立今津中学校
第18回（昭45年）
　◇金賞
　　●中学校
　　　豊島区立第十中学校
　　　西宮市立今津中学校
　　　出雲市立第一中学校
　　　北九州市立響南中学校
第19回（昭46年）
　◇金賞
　　●中学校
　　　富士吉田市立明見中学校
　　　西宮市立今津中学校
　　　北九州市立響南中学校
　　　豊島区立第十中学校
　　　秋田市立山王中学校
第20回（昭47年）
　◇金賞
　　●中学校
　　　西宮市立今津中学校
　　　那覇市立真和志中学校
　　　秋田市立山王中学校
　　　豊島区立第十中学校
第21回（昭48年）
　◇金賞
　　●中学校
　　　出雲市立第一中学校

　　　西宮市立今津中学校
　　　豊島区立第十中学校
第22回（昭49年）
　◇金賞
　　●中学校
　　　出雲市立第一中学校
　　　那覇市立石田中学校
　　　豊島区立第十中学校
　　　西宮市立今津中学校
　　　秋田市立山王中学校
第23回（昭50年）
　◇金賞
　　●中学校
　　　秋田市立山王中学校
　　　出雲市立第一中学校
　　　徳島市立富田中学校
第24回（昭51年）
　◇金賞
　　●中学校
　　　秋田市立山王中学校
　　　豊島区立第十中学校
　　　出雲市立第一中学校
第25回（昭52年）
　◇金賞
　　●中学校
　　　豊島区立第十中学校
　　　出雲市立第一中学校
　　　西宮市立今津中学校
　　　三木市立三木中学校
　　　島田市立島田第二中学校
第26回（昭53年）
　◇金賞
　　●中学校
　　　西宮市立今津中学校
　　　天理中学校
　　　豊島区立第十中学校
　　　秋田市立山王中学校
　　　那覇市立石田中学校
第27回（昭54年）
　◇金賞
　　●中学校
　　　神戸市立烏帽子中学校
　　　出雲市立第二中学校
　　　那覇市立那覇中学校
　　　島田市立島田第二中学校
　　　西宮市立今津中学校
　　　那覇市立石田中学校
　　　豊島区立第十中学校
　　　室蘭市立港北中学校
第28回（昭55年）
　◇金賞
　　●中学校
　　　出雲市立第一中学校

伊丹市立伊丹東中学校
大阪市立城陽中学校
島田市立島田第二中学校
八戸市立湊中学校
那覇市立石田中学校
練馬区立田柄中学校
出雲市立第二中学校
秋田市立山王中学校
敦賀市立粟野中学校

第29回(昭56年)
　◇金賞
　　●中学校
　　　出雲市立第二中学校
　　　旭川市立神居中学校
　　　大阪市立城陽中学校
　　　足立区立第十四中学校
　　　西宮市立上甲子園中学校
　　　敦賀市立粟野中学校

第30回(昭57年)
　◇金賞
　　●中学校
　　　大阪市立城陽中学校
　　　弘前市立第三中学校
　　　長野市立柳町中学校
　　　那覇市立石田中学校
　　　北海道当麻町立当麻中学校
　　　練馬区立田柄中学校
　　　富士市立吉原第一中学校

第31回(昭58年)
　◇金賞
　　●中学校
　　　松山市立雄新中学校
　　　市川市立第一中学校
　　　出雲市立第一中学校
　　　足立区立第十四中学校
　　　弘前市立第三中学校
　　　伊予市立港南中学校
　　　出雲市立第二中学校
　　　前橋市立第二中学校
　　　大阪市立城陽中学校

第32回(昭59年)
　◇金賞
　　●中学校
　　　出雲市立出雲第一中学校
　　　千葉市立土気中学校
　　　前橋市立第四中学校
　　　前橋市立第二中学校
　　　鯖江市立鯖江中学校
　　　松山市立雄新中学校
　　　出雲市立第二中学校
　　　伊丹市立伊丹東中学校

第33回(昭60年)
　◇金賞
　　●中学校
　　　西宮市立今津中学校
　　　伊勢崎市立第三中学校
　　　八戸市立湊中学校
　　　出雲市立第一中学校
　　　石川県津幡町立津幡中学校
　　　玉川学園中学部
　　　大月市立大月東中学校
　　　出雲市立第二中学校
　　　旭川市立永山中学校

第34回(昭61年)
　◇金賞
　　●中学校
　　　那覇市立首里中学校
　　　伊丹市立伊丹東中学校
　　　八戸市立湊中学校
　　　足立区立第十四中学校
　　　春日井市立柏原中学校
　　　宮崎市立大塚中学校
　　　石川県津幡町立津幡中学校
　　　宝塚市立宝梅中学校
　　　広島市立宇品中学校

第35回(昭62年)
　◇金賞
　　●中学校
　　　西宮市立今津中学校
　　　出雲市立出雲第二中学校
　　　千葉市立土気中学校
　　　大阪市立城陽中学校
　　　宝塚市立宝梅中学校
　　　弘前市立第三中学校

第36回(昭63年)
　◇金賞
　　●中学の部
　　　大社町立大社中学校
　　　大阪市立城陽中学校
　　　足立区立第十四中学校
　　　千葉市立土気中学校
　　　宝塚市立宝梅中学校
　　　川越市立野田中学校
　　　春日井市立柏原中学校
　　　旭川市立永山南中学校

第37回(平1年)
　◇金賞
　　●中学の部
　　　宝塚市立宝梅中学校
　　　高岡市立戸出中学校
　　　千葉市立土気中学校
　　　出雲市立第一中学校
　　　総社市立総社東中学校
　　　大社町立大社中学校
　　　旭川市立永山南中学校
　　　西宮市立今津中学校

第38回(平2年)
　◇金賞の部
　　●中学の部
　　　川越市立野田中学校
　　　出雲市立第一中学校
　　　いわき市立平第一中学校
　　　千葉市立土気中学校
　　　札幌市立平岡中学校
　　　石川県立津幡町立津幡中学校
　　　札幌市立琴似中学校
　　　春日井市立柏原中学校
　　　八戸市立湊中学校
　　　箕面市立宝梅中学校
第39回(平3年)
　◇金賞
　　●中学の部
　　　旭川市立永山南中学校
　　　大阪市立城陽中学校
　　　川越市立野田中学校
　　　出雲市立第一中学校
　　　内灘町立内灘中学校
　　　千葉市立土気中学校
　　　八戸市立第三中学校
　　　尼崎市立昭和中学校
　　　赤堀中学校
第40回(平4年)
　◇金賞
　　●中学の部
　　　習志野市立第四中学校
　　　小平市立小平第六中学校
　　　富士宮市立富士宮第四中学校
　　　仙台市立袋原中学校
　　　関城町立関城中学校
　　　宝塚市立宝梅中学校
　　　小郡町立小郡中学校
　　　出雲市立第一中学校
　　　原町市立原町第二中学校
　　　船橋市立法田中学校
第41回(平5年)
　◇金賞
　　●中学の部
　　　幸田町立北部中学校
　　　原町市立第二中学校
　　　千葉市立土気中学校
　　　出雲市立第一中学校
　　　関城町立関城中学校
　　　川越市立野田中学校
　　　広島市立宇品中学校
　　　辰口町立辰口中学校
　　　札幌市立平岡中学校
第42回(平6年)
　◇金賞
　　●中学の部
　　　仙台市立袋原中学校
　　　千葉市立土気中学校
　　　総社東中学校
　　　防府市立桑山中学校
　　　水戸市立双葉台中学校
　　　広島市立宇品中学校
　　　川越市立野田中学校
　　　池袋中学校
第43回(平7年)
　◇金賞
　　●中学の部
　　　小平市立第六中学校
　　　八潮市立八潮中学校
　　　防府市立桑山中学校
　　　富士宮市立富士宮第四中学校
　　　水戸市立双葉台中学校
　　　原町市立原町第一中学校
　　　能美郡辰口町立辰口中学校
　　　秋田市立山王中学校
第44回(平8年)
　◇金賞
　　●中学の部
　　　鎌田中学校(長野県)
　　　桑山中学校(山口県)
　　　富士宮四中学校(静岡県)
　　　信濃中学校(北海道)
　　　山王中学校(秋田県)
　　　南宇治中学校(京都府)
　　　山武中学校(千葉県)
　　　出雲第二中学校(島根県)
第45回(平9年)
　◇金賞
　　●中学の部
　　　関西創価中学校(大阪府)
　　　赤江東中学校(宮崎県)
　　　北門中学校(北海道)
　　　仲西中学校(沖縄県)
　　　出雲第二中学校(島根県)
　　　平田中学校(島根県)
　　　原町第一中学校(福島県)
　　　初声中学校(神奈川県)
　　　山王中学校(秋田県)
第46回(平10年)
　◇金賞
　　●中学の部
　　　生駒中学校(奈良県)
　　　原町第一中学校(福岡県)
　　　山崎西中学校(兵庫県)
　　　陽西中学校(栃木県)
　　　初声中学校(神奈川県)
　　　安西中学校(広島県)
　　　天王寺川中学校(兵庫県)
　　　平田中学校(島根県)

財光寺中学校(宮崎県)
第47回(平11年)
　◇金賞
　　●中学の部
　　　城東中学校(群馬県)
　　　山王中学校(秋田県)
　　　筑摩野中学校(長野県)
　　　吉江中学校(富山県)
　　　桑山中学校(山口県)
　　　初声中学校(神奈川県)
　　　平田中学校(島根県)
　　　加治中学校(埼玉県)
　　　山形第三中学校(山形県)
　　　生駒中学校(奈良県)
第48回(平12年)
　◇金賞
　　●中学の部
　　　生駒中学校(奈良県)
　　　筑摩野中学校(長野県)
　　　米沢第四中学校(山形県)
　　　吉江中学校(富山県)
　　　芳野中学校(富山県)
　　　田彦中学校(茨城県)
　　　加治中学校(埼玉県)
　　　津山西中学校(岡山県)
　　　萩山中学校(愛知県)
第49回(平13年)
　◇金賞
　　●中学の部
　　　加治中学校(埼玉県)
　　　正和中学校(三重県)
　　　志免東中学校(福岡県)
　　　椿中学校(愛媛県)
　　　双葉台中学校(茨城県)
　　　津山西中学校(岡山県)
　　　吉江中学校(富山県)
　　　山王中学校(秋田県)
　　　海田中学校(広島県)
　　　須恵中学校(福岡県)
第50回(平14年)
　◇金賞
　　●中学の部
　　　中山五月台中学校(兵庫県)
　　　立沼中学校(福島県)
　　　根上中学校(石川県)
　　　鎌田中学校(長野県)
　　　出雲第一中学校(島根県)
　　　小平第三中学校(東京都)
　　　椿中学校(愛媛県)
第51回(平15年)
　◇金賞
　　●中学の部
　　　酒井根中学校(千葉県)

志免東中学校(福岡県)
樽町中学校(神奈川県)
市岡中学校(大阪府)
生駒中学校(奈良県)
出雲第一中学校(島根県)
松戸第四中学校(千葉県)
羽村第一中学校(東京都)
第52回(平16年)
　◇金賞
　　●中学の部
　　　大阪市立市岡中学校(大阪府)
　　　伊丹市立天王寺川中学校(兵庫県)
　　　辰口町立辰口中学校(石川県)
　　　小高町立小高中学校(福島県)
　　　小平市立小平第三中学校(東京都)
　　　秋田市立山王中学校(秋田県)
　　　横浜市立万騎が原中学校(神奈川県)
　　　松山市立南中学校(愛媛県)
　　　生駒市立生駒中学校(奈良県)
　　　出雲市立第一中学校(島根県)
第53回(平17年)
　◇金賞
　　●中学の部
　　　鈴鹿市立千代崎中学校(三重県)
　　　津山市立北陵中学校(岡山県)
　　　湯沢市立湯沢北中学校(秋田県)
　　　習志野市立第五中学校(千葉県)
　　　福岡市立次郎丸中学校(福岡県)
　　　甲斐市立敷島中学校(山梨県)
　　　国分市立国分中学校(鹿児島県)
　　　秋田市立山王中学校(秋田県)
　　　延岡市立東海中学校(宮崎県)
　　　小平市立小平第三中学校(東京都)
第54回(平18年)
　◇金賞
　　●中学の部
　　　千曲市立屋代中学校(長野県)
　　　津幡町立津幡中学校(石川県)
　　　津山市立北陵中学校(岡山県)
　　　柏市立酒井根中学校(千葉県)
　　　霧島市立国分中学校(鹿児島県)
　　　甲斐市立敷島中学校(山梨県)
　　　鈴鹿市立千代崎中学校(三重県)
　　　川崎市立東橘中学校(神奈川県)
　　　出雲市立第一中学校(島根県)
第55回(平19年)
　◇金賞
　　●中学の部
　　　小平市立小平第三中学校(東京都)
　　　柏市立酒井根中学校(千葉県)
　　　津山市立北陵中学校(岡山県)
　　　生駒市立生駒中学校(奈良県)
　　　松戸市立和名ヶ谷中学校(千葉県)

習志野市立第五中学校(千葉県)
第56回(平20年)
◇金賞
  ● 中学の部
    小平市立小平第六中学校(東京都)
    札幌市立厚別北中学校(北海道)
    鈴鹿市立千代崎中学校(三重県)
    柏市立酒井根中学校(千葉県)
    湯沢市立湯沢南中学校(秋田県)
    松戸市立和名ヶ谷中学校(千葉県)
    小平市立小平第三中学校(東京都)
    秋田市立山王中学校(秋田県)
    南砺市立福野中学校(富山県)
    生駒市立生駒中学校(奈良県)

254 全日本バレエ・コンクール

 バレエ芸術は本来肉体的技術のみによってその優劣を決せられるべきものではないが、ややもするとコンクールはその弊害に陥りがちであるとの状況から、真の芸術競技を目指して昭和58年より開始された。独自な審査方法によって純粋にアカデミックな若いダンサーを発掘し、その将来への道を拓かせることを目的としている。第5回は第1回アジア・バレエ・コンクールとして開催、第10回は第4回アジア・バレエ・コンクールの国内選考会として開催された。

【主催者】(社)日本バレエ協会
【選考委員】日本バレエ協会コンクール組織委員会が指名した者
【選考方法】全国13支部と東京地区の各予選と推薦会を経て本選に参加。本選第1日目(予選1)アンシェヌマンの審査、2日目(予選2):課題曲Aの審査、3日目(予選3):創作作品の審査、4日目(準決勝):課題曲Bの審査、5日目(決勝):アンシェヌマン、課題曲(ABの内いづれか)と創作作品の審査、採点後、決定
【選考基準】〔資格〕シニアの部:19歳〜25歳。ジュニアの部B:13歳〜15歳。ジュニアの部A:16歳〜18歳
【締切・発表】本選参加申込締切は、本選開始日の2週間前。例年8月に開催。第20回は平成21年8月12日〜16日
【賞・賞金】日本バレエ協会大賞(1名):賞状、楯、メダルと奨学金100万円。〔シニアの部〕第1位:賞状、楯、奨学金30万円、第2位:賞状、楯、奨学金20万円、第3位:賞状、楯、奨学金10万円。〔ジュニアの部B〕第1位:賞状、楯、奨学金10万円、第2位:賞状、楯、奨学金6万円、第3位:賞状、楯、奨学金5万円。〔ジュニアの部A〕第1位:賞状、楯、奨学金15万円、第2位:賞状、楯、奨学金10万円、第3位:賞状、楯、奨学金7万円
【URL】http://www.j-b-a.or.jp/

第1回(昭58年)
  ◇ジュニア部門
    ● 第1位 高部 尚子(小野バレエ研究所)
    ● 第2位 盤若 真美(安積バレエ研究所)
    ● 第3位 千野 真沙美(谷口バレエ研究所)
第2回(昭59年)
  ◇ジュニア部門
    ● 第1位 中村 かおり(山本礼子バレエ研究所)
    ● 第2位 秋山 珠子(内山バレエ研究所)
    ● 第3位 岩田 唯起子(岩田バレエスクール)
第3回(昭60年)
  ◇ジュニア部門
    ● 第1位 吉岡 美佳(八束バレエ研究所)
    ● 第2位 宮内 真理子(倉島バレエ研究所)
    ● 第3位 佐藤 明美(倉島バレエ研究所)
第4回(昭61年)
  ◇ジュニア部門
    ● 第1位 渡部 美咲(山本バレエ研究所)
    ● 第2位 小嶋 直也(三谷バレエ研究所)
    ● 第3位 浅野 和歌子(笹本バレエ学園)
第5回(昭62年)
  ◇ジュニア部門
    ● 第1位 ジョン・H.カーム(オーストラリア)
    ● 第2位 レベッカ・F.イエーツ(オーストラリア)

- 第3位 久保 紘一

第6回(昭63年)
  ◇ジュニア部門
  - 第1位 岩田 守弘
  - 第2位 鈴木 敬子
  - 第3位 奈良岡 典子

第7回(平1年)
  ◇ジュニア部門
  - 第1位 根岸 正信(牧バレエ団)
  - 第2位 泉 梨花(牧バレエ団)
  - 第3位 横瀬 美砂(ナショナルバレエ団)

第8回(平2年)
  ◇ジュニア部門
  - 第1位 斎藤 亜紀
  - 第2位 佐々木 陽平
  - 第3位 厚木 三杏

第9回(平3年)
  ◇ジュニア部門
  - 第1位 H.Smart(豪州)
  - 第2位 S.Cardamone(豪州)
  - 第3位 市来 今日子(東京バレエ団)

第10回(平4年)
  ◇ジュニア部門
  - 第1位 前田 真由子
  - 第2位 ハルバート・キミホ
  - 第3位 遠藤 千春

第11回(平5年)
  ◇ジュニア部門
  - 第1位 川村 真樹
  - 第2位 河合 佑香
  - 第3位 蔵 健太

第12回(平8年)
  ◇ジュニア部門
  - 第1位 荻本 美穂
  - 第2位 神戸 里奈
  - 第3位 恵谷 彰

第13回(平10年)
  ◇ジュニア部門
  - 第1位 瀬島 五月(貞松・浜田バレエ学園)
  - 第2位 中村 恵理(長野バレエ団)
  - 第3位 平野 啓一(平野節子バレエスクール)

第14回(平12年)
  ◇ジュニア部門
  - 第1位 平野 亮一(平野節子バレエスクール)
  - 第2位 福岡 雄大(ケイバレエスタジオ)
  - 第3位 平田 桃子(山本礼子バレエ団)

第15回(平14年)
  ◇ジュニア部門
  - 第1位 三木 雄馬
  - 第2位 井原 由衣
  - 第3位 贄田 萌

第16回(平16年)
  ◇ジュニア部門
  - 第1位 門 沙也香
  - 第2位 西玉 絵里奈
  - 第3位 影山 茉以

第17回(平18年)
  ◇ジュニア部門
  - 第1位 森高 万智(田中千賀子バレエスクール)
  - 第2位 中家 正博(法村友井バレエ学校)
  - 第3位 桜堂 詩乃(アクリ堀本バレエ・スクール)

第18回(平19年)
  ◇ジュニア部門
  - 第1位 中ノ目 知章
  - 第2位 土田 明日香
  - 第3位 軽部 美喜野

第19回(平20年)
  ◇ジュニアB部門
  - 第1位 乙戸 沙織
  - 第2位 アクリ 瑠嘉
  - 第3位 前田 紗希

255 童謡文化賞

童謡の普及・発展に寄与した個人や団体を顕彰するため創設。

【主催者】(社)日本童謡協会
【選考委員】(第8回)湯山昭、宮中雲子、若松正司、真理ヨシコ、大村泰之、川畑慈範
【選考方法】推薦
【選考基準】童謡文化の普及・発展に寄与した「個人」もしくは「団体」
【締切・発表】(第8回)平成21年7月1日表彰式
【賞・賞金】賞状、楯、賞金30万円

第1回(平14年)　グレッグ・アーウィン《童謡・唱歌の優れた英訳とその海外への紹介,精力的な演奏活動に対して》

第2回(平15年)　東京放送児童合唱団《数多くのテレビ・ラジオ番組への出演,定期演奏会の開催など,50年に亘る優れた業績に対して》

第3回(平16年)　大中 恩《「いぬのおまわりさん」「サッちゃん」など数多くの童謡作品に対して》

第4回(平17年)　真理 ヨシコ《初代「うたのおねえさん」としての活動開始以来,一貫して"こどものうた"を歌う声楽家としての業績に対して》

第5回(平18年)　木曜会《半世紀に亘る童謡創作の同人活動と,同人誌「木曜手帳」600号刊行という業績に対して》

第6回(平19年)　長田 暁二(研究家)《キングレコードでの"新しい童謡"レコードの企画・制作,「日本童謡名曲集」の出版,音楽文化研究など永年に亘る業績に対して》

第7回(平20年)　フレーベル館《キンダーブック昭和の童謡童画集「ひらひら はなびら」に集約されたフレーベル館の童謡文化への優れた業績に対して》

256 なかの国際ダンスコンペティション(なかの洋舞連盟主催全国ダンスコンペティション)

舞踊の可能性を求め,新星の発掘,ダンスの発展と大衆化をはかる目的で,平成11年から「なかのダンスコンペティション」として開始,14年に「なかの全国ダンスコンペティション」18年に「なかの国際ダンスコンペティション」と改称。

【主催者】なかの洋舞連盟

【選考委員】(平21年度)薄井憲二,山野博大,片岡康子,河内連太,堀内充,平多実千子,坂本秀子,馬場ひかり,田中いずみ,西島千博,小平浩子,妻木律子,正田千鶴,賀来良江,小林容子,斉藤千雪,寺村敏

【選考方法】公募

【選考基準】〔対象〕ジュニア部門:中学3年まで(年齢下限なし),シニア部門:高校生以上(年齢上限なし),創作部門:年齢問わず。ジャンルとしてはダンスの種類は問わない。学校等のクラブ,サークル,グループ等からの参加も可

【締切・発表】(平21年度)申込期間は平成21年6月1日～6月25日,予選は21年8月6日～10日になかのZERO小ホールで,決選は9月22日～23日になかのZERO大ホールにて開催

【賞・賞金】(シニア部門)第1位(1組):賞金30万円,第2位(1組):賞金10万円,第3位(1組):賞金5万円,第4～6位:賞金各1万円,(創作部門)第1位(1組):賞金30万円

【URL】http://www.nakano-dance-a.com/

(平18年度)
◇ジュニア部門
- 第1位・なかの洋舞連盟賞/指導者賞　野村 咲季,小原 彩瑛,松井 真利絵,太田 聖菜,谷野 舞夏,斉藤 花世,岡崎 千裕「グラシアス—また会えるよね!」
- 第2位・なかの洋舞連盟賞/指導者賞　近藤 碧「雨の庭」
- 第3位・なかの洋舞連盟賞/指導者賞　木村 卓矢「眠れる森の美女」よりデジレ王子のVa.

(平19年度)
◇ジュニア部門
- 第1位・なかの洋舞連盟賞/指導者賞　谷野 舞夏「光と闇のレクイエム」

- 第2位・なかの洋舞連盟賞/指導者賞　森山結貴「小袖の春」
- 第3位・なかの洋舞連盟賞/指導者賞　服部千尋「limit ～咲き残った花～」

(平20年度)
◇ジュニア部門
- 第1位・なかの洋舞連盟賞/指導者賞/チャコット特別賞　Bit-Hana Kim「ラ・バヤデールVa」
- 第2位・なかの洋舞連盟賞/指導者賞　川合十夢「Cry」
- 第3位・なかの洋舞連盟賞/指導者賞　木村卓矢, 杉浦成美「パリの炎よりグラン・パ・ド・ドゥ」

257　日本映像フェスティバル

昭和48年, 映像を真に大衆のものにするため「第一回日本を記録する8ミリフェスティバル」として開催された。全国のテレビ視聴者がテレビや映画の観客から映像の創り手に変わり, 映像時代への裾野を広げることを目的とする。第13回からはビデオ部門も新設され, アマチュア映像文化の創造を主眼とした。第20回をもって終了となった。

【主催者】日本テレビ放送網, 読売新聞社, 日本映像記録センター, 読売テレビ放送, (財)日本テレビ放送網文化事業団

【選考委員】石川栄吉(中京大教授), 岩井宏実(国立歴史民俗博物館教授), 岡本太郎(画家), 大島渚(映画監督・日本映画監督協会理事長), 小林勇二(高視協事務局長), 小谷正一(放送評論家・放送批評懇談会会長), 佐藤精(放送評論家), 佐藤忠男(映画評論家), 佐怒賀三夫(放送評論家), 志賀信夫(放送評論家), 板谷徹(早稲田大学), 高橋秀雄(文化庁), 西沢正史(読売新聞)

【選考方法】公募

【選考基準】〔資格〕アマチュアに限る。〔部門〕ノンフィクション部門, ドラマ部門, 特別部門(日本の各地域の人々が, そこに住む自分たちの視点から捉えた伝統, 文化を記録)。〔応募規定〕ビデオは8ミリ, 1/2, 3/4インチで規格の制限はなく, カラー・白黒を問わず。フィルムは8ミリ, 16ミリで音声は光学式または磁気式とし, カラー・白黒を問わず。時間は60分以内とします。

【締切・発表】第17回の応募期間は申込締切平成元年9月30日, 作品締切10月31日, 発表は12月10日東京有楽町・読売会館8F映像カルチャーホール

【賞・賞金】フェスティバル大賞(1点):賞状と賞金100万円, 金賞(5点):賞状, 楯と副賞, 銀賞(5点):賞状, 楯と副賞, 銅賞(5点):賞状, 楯と副賞, 優秀賞(複数):賞状, メダルと記念品

第9回(昭56年)
◇映像大賞
- ビデオ小中学生部門　聖望学園中学校放送委員会「高麗川の流れ」

第10回(昭57年)
◇フェスティバル大賞　川崎市立住吉中学校放送部「はじめてのキャンプ」
◇金賞
- ビデオ小中学生部門　川崎市立住吉中学校放送部「はじめてのキャンプ」

第11回(昭58年)
◇金賞
- ビデオ小中学生部門　金沢市立木曳野小学校放送委員会「キャベツ畑の伝説」

第12回(昭59年)
◇金賞
- ビデオ小中学生部門　横浜市立金沢中学校放送部「スタジオ・イン・金中」

第13回(昭60年)
◇金賞
- ノンフィクション・ヤング部門　秋田県立西目農業高等学校「バンザーイ!!17ひきの子ぶた」

- ドラマ・ヤング部門　東京大学附属高校J・K組「都会の孤島」

第14回(昭61年)
◇金賞
- ノンフィクション・ヤング部門　帝塚山高等学校映像部「トイレの窓からこんにちわ」
- ドラマ・ヤング部門　寝屋川高等学校映画研究部「河を下れば…Down To The River」

第15回(昭62年)
◇金賞
- ノンフィクション・ヤング部門　該当作なし
- ドラマ・ヤング部門　川崎市立下沼部小学校5年1組「ロッカーの不思議」

第16回(昭63年)
◇金賞
- ノンフィクション・ヤング部門　北海道名寄工業高等学校放送局「地底からの叫び」
- ドラマ・ヤング部門　愛知県立岡崎西高等学校放送部「雑草のように」

第17回(平1年)
◇金賞
- ノンフィクション・ヤング部門　帝塚山高等学校映像部「私たちは女です」
- ドラマ・ヤング部門　札幌藻岩高等学校放送局「劇・とおる」

第18回(平2年)
◇金賞
- ノンフィクション・ヤング部門　該当作なし
- ドラマ・ヤング部門　該当作なし

第19回(平3年)
◇フェスティバル大賞(ドラマ・ヤング部門金賞)　千葉県立検見川高校しねまくらぶ(千葉市)「不良少年よ大志を抱け」
◇金賞
- ノンフィクション・ヤング部門　神奈川県立座間高校視聴覚委員「新たなる出発」

第20回(平4年)
◇フェスティバル大賞(ドラマ・ヤング部門金賞)　千葉県立検見川高校しねまくらぶ(千葉市)「シュプレヒコール」
◇金賞
- ノンフィクション・ヤング部門　札幌市立藻岩高校放送局「1500人のアンネフランク」

258　日本児童演劇協会賞

　昭和26年, 優れた児童向け創作戯曲の振興を目的に創設された。児童劇・学校劇の優れた脚本, またその普及向上に功労のあった個人・団体に贈られる。

【主催者】(社)日本児童演劇協会
【選考委員】内木文英ほか
【選考方法】自薦・他薦
【選考基準】〔対象〕各年度(4月から翌3月)で, 児童演劇・学校劇に貢献した個人および団体
【締切・発表】同協会機関誌「児童演劇」誌上に発表, 授賞式は定期総会席上
【賞・賞金】賞状, 楯と賞金5万円
【URL】http://www.linkclub.or.jp/~jcta/

(昭26年度)
◇奨励賞
　　粉川 光一「スサノオの笑い」
　　吉岡 たすく「ずんぐり」
　　柴田 秀雄「ぼうしかけ」
(昭27年度)
◇奨励賞　小川 信夫「うぐいすの鳴く峠」〔ほか〕

(昭28年度)
◇奨励賞　尾崎 正三「新聞配達」
(昭29年度)
◇奨励賞
　　吉田 みや子「ながあめ」
　　中村 晋「牝牛」
(昭30年度)　生越 嘉治「まっかっかの長者」〔ほか〕

（昭31年度）　林 黒土「花火」「青い火花」
　◇指導員賞　片岡 司郎「布施四中演劇部集団創作「どこかで春が」の指導」
（昭32年度）　該当者なし
（昭33年度）　小池 タミ子「童話劇二十選」
（昭34年度）
　　村山 亜土「新・猿蟹合戦」
　　椎崎 篤「おうむだけが知っている」
　◇奨励賞　滝井 純「万年筆」
（昭35年度）
　◇奨励賞
　　森本 秀夫「泉のほとり」
　　窪野 冬彦「傘太郎」
　　竹内 永「うちのとうちゃんえらいんだ」
（昭36年度）　西郷 竹彦《外国児童劇の翻訳と紹介》
　◇奨励賞　白波瀬 道雄「原っぱの無人島」〔ほか〕
（昭37年度）
　◇奨励賞　劇団たんぽぽ
（昭38年度）　道井 直次《関西芸術座「おしょにん退治」の演出と関西児童演劇での功績》
（昭39年度）　宇治 正美《地域における青少年文化の向上》
（昭40年度）　北島 春信《子どものミュージカルを日本の学校劇の中に位置づけようとしていること》
（昭41年度）
　　内藤 克紀、中島 茜、斎藤 多喜子《劇団風の子「三びきの子ぶた」における演技》
　　こまの会《機関誌「児童劇研究」の多年にわたる刊行》
（昭42年度）
　　蓑田 正治「天狗の笛」
　　三木 克彦《多年にわたる地域での児童演劇活動》
（昭43年度）
　　人形劇団プーク《積年の劇団活動とくに行届いた配慮のパンフレット》
　　十日会《10年にわたる着実な創作活動とくにその結果としての「星座」の刊行》
　　菅井 建《中学校における学級共同創作をはじめ諸活動》
（昭44年度）
　　福岡子ども劇場《こどものための演劇観客づくりに画期的な成果を納め児童演劇の向上に寄与》
　　川崎市小学校学校劇研究会《発足以来創作劇発表会をはじめ川崎における演劇教育運動の推進と学校演劇の向上に寄与》
（昭45年度）　加藤 暁子《海外人形劇作品の翻訳と演出》
（昭46年度）　白波瀬 道雄《地域における演劇教育の実践研究》
（昭47年度）　関矢 幸雄《児童演劇における斬新な舞踊振付と演出》
（昭48年度）
　　伊藤 巴子《多年にわたる児童劇のすぐれた演技》
　　野呂 祐吉《劇団造形による地域に根ざした優れた創造、啓蒙運動》
　　内野 二郎《中学校現場での優れた劇作術とその熱心な演出指導》
　　岐阜市学校劇研究会《20余年にわたる学校劇のたゆまざる業績》
（昭49年度）
　　田島 義雄《多年にわたる児童演劇の向上発展、特に近年批評活動に尽力した功績》
　　福岡学校劇の会《学校劇研究と公開発表の継続》
（昭50年度）
　　土屋 友吉《現代人形劇、児童演劇の発展普及に制作活動を通して貢献》
　　野村 敏夫《地域児童文化への貢献と児童劇作家としての独自な活動》
（昭51年度）
　　大井 数雄《多年にわたる海外の人形劇の紹介と翻訳》
　　須田 輪太郎《意欲的な戯曲「金太郎の旗」の創作》
　　成城学園初等学校劇部《きわめて積極的な教育と演劇の融合その実践》
（昭52年度）
　　野沢 たけし《富士宮市のアマチュア劇団つくしによる児童演劇の普及向上》
　　栗山 宏《中学校演劇とくに「あまのじゃく」の演出とその実践録》
（昭53年度）
　　宇野 小四郎《現代的な視点に立った人形劇の創作・演出にユニークな才能を発揮。「日本のからくり人形」の研究・紹介等日本の伝統人形とその技術面での再評価に大きく寄与》
　　くろだ ひろし《京都における長年の学校・地域での演劇教育運動に対する貢献と、児童劇団やまびこを創立、28年間子どもの人間的成長を追求し確実な成果をもたらす》
　　牧 杜子尾《長年にわたり情熱的な創作意欲で多くの学校劇脚本を発表し

続け,中野区・東京都の演劇教育活動の中核として優れた実績を残す》
劇団風の子・トランク劇場 《小形式の児童演劇に画期的な創造を達成,今春3回目の海外公演を果たし日本の児童演劇の声価を世界に示す》
(昭54年度) 西村 松雄,蓑田 正治 《故斎田喬氏の業績を偲びつつ,生前の口述をもとにその遺書ともいうべき「斎田喬児童劇作十話」(晩成書房刊)の編集・発刊に尽くした功績》
(昭55年度)
辰嶋 幸夫 《現代中学生の状況を切りひらく数々の優れた脚本を創作,中学校演劇の中心的役割を果たす》
川崎市中学校演劇研究会 《多年にわたり中学校演劇の振興に尽し,特に継続的な創作劇研究やその発表に各校クラブ員の参加を図るなどの実践活動に対し》
(昭56年度)
松尾 桂一 《多年にわたり学校演劇の脚本創作に当り,特に川崎市小学校劇研究会の中心的メンバーとして尽力,学校演劇の推進に寄与》
内藤 克紀 《児童演劇専門俳優として多年にわたり困難な道を歩み,円型舞台形式による「陽気なハンス」の主演俳優として新しい演技を創造,わが国児童演劇の質的水準向上に寄与》
(昭57年度) 浅松 一夫 《長年にわたり中学校演劇に貢献,その成果を「なめくじとパイプ」「戦わぬもぐら」の脚本集に結晶させた》
(昭58年度) 大阪学校劇作研究同人会 《佐藤良和氏を中心に学校劇の創作活動を通し大阪の中学校演劇の推進に寄与》
(昭59年度) 山形児童演劇研究会 《山形市児童劇団の運営指導を中心に多年にわたり地域の児童文化の普及・向上に寄与》
(昭60年度)
ひとみ座幼児劇場 《川崎を中心に幼稚園・保育園を対象として20年にわたり定期的に多彩な人形劇巡回公演を実施してきた功績》
椎崎 篤 《30余年にわたり優れた創作活動を続け,その集大成として中学校脚本集「はやにえ」を刊行した功績》
(昭61年度) 時岡 茂秀 《中学校演劇の発展に指導的役割を果たし,海外児童演劇の翻訳・紹介に努めるなど,広い視野にたって日本の演劇教育に貢献》

(昭62年度)
金平 正 《長年にわたって学校劇の指導とその創作にあたり,演劇教育の普及・発展に寄与》
高比良 正司 《20余年の長きにわたり,全国の子ども・おやこ劇場運動の中心として日本の新しい児童文化運動を推進》
(昭63年度) 白石 晴二 《昭和38年,日本で初めて影絵の舞台公演を専門とする劇団角笛を設立,長年にわたり影絵劇の普及及び向上に貢献》
(平1年度)
清水 俊夫 《多年にわたる児童文化への貢献》
滝井 純 《学校劇の発展に寄与》
(平2年度)
岩崎 明 《長年にわたり教育現場で演劇教育の実践と脚本創作・研究家として優れた業績を残した》
丹下 進 《人形劇団むすび座の代表として名古屋市を拠点に精力的に活動》
(平3年度)
石塚 雄康 《能狂言を現代の子どもたちにも親しめるよう活性化し,その成果として「新解カチカチ山ほか」を出版》
川島 吾朗 《長年にわたる学校劇,児童演劇への貢献と近年の「日本語音声」表現教育の研究推進》
(平4年度)
横山 良介
森田 勝也
(平5年度) 鈴木 郁郎
(平6年度) 石川県演劇教育研究会 《地域の児童演劇の普及向上》
(平7年度)
宮津 博 《児童演劇史に多大な功績を残した劇団東童の歴史を「児童演劇」紙に連載され多くの読者に感銘を与えた》
石原 直也 《晩成書房の代表として演劇教育図書の出版など,演劇教育の普及向上に尽力された》
(平8年度) 二宮 智恵子 《川崎市の小学校において,長年にわたり,演劇教育の普及向上に尽力。その集大成として脚本集『たろ天・じろ天』を刊行された》
(平9年度)
谷 ひろし 《長年にわたり人形劇の普及と向上に貢献,その集大成として人形美術脚本集『現代人形劇への夢』の刊行に結実された》

神奈川県立青少年センター 児童文化課
　　　　　　《人形劇脚本コンクールなど，神奈川
　　　　　　県内のアマチュア人形劇サークル活
　　　　　　動への支援，質の向上に貢献された》
（平10年度） 鵜山 仁 《'99都民芸術フェスティバ
　　　　　　ル参加，日本児童・青少年演劇劇団協
　　　　　　議会合同公演ミュージカル『ザ・ヒー
　　　　　　ローズ』において，斬新な演出で活気
　　　　　　ある演劇空間を創出された》
（平11年度）
　　　　　　木村 たかし 《独創的な方法で児童創作
　　　　　　劇の指導を開拓。児童創作『力をあわ
　　　　　　せてワン・ツー・スリー』ほかの指導
　　　　　　で，新しい学校劇の方向を示された》
　　　　　　劇団うりんこ 《1999年度，海外の演出
　　　　　　家による『あいつこいつきみは誰？』
　　　　　　『ロビンソンとクルーソー』で優れた
　　　　　　舞台を創出された》
（平12年度） 佐藤 良和 《大阪府を中心に，長
　　　　　　年にわたり創作劇活動を推進し，中学
　　　　　　校・高校演劇の発展向上に貢献。その
　　　　　　集大成として『自撰戯曲集』五巻を刊
　　　　　　行された》
（平13年度） 下里 純子 《五十年余にわたり，今
　　　　　　もなお児童青少年演劇の俳優として，
　　　　　　すぐれた演技を継続されている功績
　　　　　　に対して》
（平14年度） 塘添 亘男 《五十年余にわたり，地
　　　　　　域を中心にすぐれた人形劇活動を継
　　　　　　続されている功績に対して》
（平15年度） 岡田 陽 《「児童演劇」紙に連載の
　　　　　　「日本の児童青少年演劇の歴史から学
ぶもの」で，児童青少年演劇関係者に
多くの示唆と大きな感銘をあたえた
功績に対して》
（平16年度） 戎 一郎 《劇団ともだち劇場の記
録『子どもの夢・子どもの劇』の出版
及び長年にわたる関西での児童演劇
活動に対して》
（平17年度）
　　　香川 良成 《100年余前の巌谷小波の名
　　　作「お伽芝居 春若丸」を構成・演出（児
　　　演協・合同公演）。一昨年度・昨年度
　　　と公演，特に昨年度（平成18年2月・3
　　　月）の優れた演出は高い評価を得た》
　　　佐藤 嘉一 《2005年9月のアシテジ（国際
　　　児童青少年演劇協会）モントリオール
　　　世界大会において，日本及びアジアを
　　　代表して『ベッカンコおに』（制作）を
　　　公演，世界各国から高い評価を得た》
（平18年度） 山崎 靖明 《20年にわたる国際交流
　　　の実績，特に日中合作大型人形劇『三
　　　国志』（ジェームス三木脚本，小森美
　　　巳演出）を始めとする，国際共同制作
　　　に優れた成果に対して》
（平19年度） 下山 久 《沖縄を題材にした作品
　　　や国際共同作品を多数企画・制作し成
　　　果を挙げ，またプロデューサーとして
　　　「国際児童・青少年演劇フェスティバ
　　　ル（愛称・キジムナーフェスタ）」を世
　　　界的な児童青少年演劇祭に育てあげ
　　　られた》

259 日本チャイコフスキーコンクール

　モスクワで4年ごとに開催される「チャイコフスキー国際コンクール」において活躍が期待される演奏家を発掘し後援をするとともに，同コンクール出場準備として若手を育成することを目的として創設。

【主催者】チャイコフスキー国際コンクール組織委員会
【選考委員】（第1回）〔ピアノ部門〕審査委員長：アレクセイ・ナセトキン，部門審査委員：E. アシュナケージ，辛島輝治，岡本美智子，多美智子，依田正史，〔弦楽器〕〔ヴァイオリン〕審査委員長：エドゥアルド・グラーチ，部門審査員：辰巳明，加藤知子〔チェロ〕審査委員長：イーゴリ・カプリシュ，部門審査員：菅野博史，藤原真理，〔声楽〕審査委員長：ガリーナ・ピサレンコ，部門審査員：R.コレワ，多田羅迪夫，岸本力，片岡啓子
【選考方法】公募
【選考基準】〔資格〕いずれも国籍を問わず。ピアノ・ヴァイオリン・チェロ部門：チャイコフスキー国際コンクール派遣の部 1970年1月1日～1985年12月31日の間に生まれた人，青少年の部（中・高校生）1983年4月2日～1989年4月1日の間に生まれた人，小学生の部（小学生）1989年4月2日～1995年4月1日の間に生まれた人，声楽部門（男声，女声部門）：チャイコフ

スキー国際コンクール派遣の部 1967年1月1日～1985年12月31日の間に生まれた人、青少年の部 1976年4月2日～1986年4月1日の間に生まれた人〔応募規定〕要項を購入の上、第1次予選申込み代6000円の振込み受領書コピーと、所定の申込み用紙に必要事項を記入したもの、60分のカセットテープかMDなどを郵送する

【締切・発表】（第1回）平成13年12月31日申込み締切り、第1次予選ののち、3月20・21日第2次予選、23・24日本選

【賞・賞金】チャイコフスキー国際コンクール派遣の部 第1位：チャイコフスキー国際コンクールに派遣（予備審査免除）参加費・渡航費用・宿泊費（参加の続く限り支給する）、第2位：賞金10万円、第3位：賞金5万円

【URL】http://www.officerondo.jp/tchaikovsky/

第1回（平14年）
◇ピアノ部門小学生の部
- 第1位　高木 竜馬
- 第2位　早田 友芙
- 第3位　古兼 加奈子
- 入選
　　小林 来夢
　　徳永 雄紀

◇ピアノ部門青少年の部
- 第1位　中沢 真麻
- 第2位　加藤 露弥
- 第3位　椿 愛子
- 入選
　　小浜 加奈子
　　姜 杏理

◇弦楽器部門（ヴァイオリン）小学生の部
- 第1位　大塚 百合菜
- 第2位　小林 美樹
- 第3位　金 和羅

◇弦楽器部門（ヴァイオリン）青少年の部
- 第1位　鍵冨 弦太郎
- 第2位　伊藤 麻耶
- 第3位　川又 明日香
- 入選
　　村津 瑠紀
　　前田 奈緒

◇弦楽器部門（チェロ）小学生の部
- 第1位　該当者なし
- 第2位　該当者なし
- 第3位　伊藤 悠貴
- 入選　横田 誠治

◇弦楽器部門（チェロ）青少年の部
- 第1位　該当者なし
- 第2位　該当者なし
- 第3位　該当者なし
- 入選　鬼頭 ちさき

◇声楽部門青少年の部
- 第1位　野宮 淳子
- 第2位　松尾 英章
- 第3位　菅井 典子
- 入選
　　奥村 喜美子
　　高谷 公子

260 日本童謡賞

童謡創作活動を奨励し、童謡の振興と普及を図り、我が国の文化の向上に寄与することを目的として、昭和46年に創設された。

【主催者】（社）日本童謡協会

【選考委員】湯山昭、伊藤幹翁、小黒恵子、上明子、甲賀一宏、小森昭宏、こわせたまみ、佐藤雅子、早川史郎、宮田滋子、宮中雲子、若松正司

【選考方法】童謡創作者一般、童謡愛好者、雑誌・新聞・放送等マスコミ関係者の推薦による

【選考基準】〔対象〕過去1年間に新聞・雑誌・単行本（詩集・曲集）その他出版物一般・放送・レコード・テープ・CD・映画・演奏等で発表された作品

【締切・発表】毎年締切は1月末日、5月発表。（第39回）平成21年7月1日贈呈式

【賞・賞金】賞状、盾、賞金10万円

【URL】 http：//www.douyou.jp

第1回（昭46年）　該当作なし
◇詩集賞　宮中 雲子 童謡集「七枚のトランプ」（木曜会出版部）
◇特別賞　松田 トシ, 安西 愛子 《多年にわたる童謡歌唱への功績に対して》
◇功労賞
　　小林 純一
　　中田 喜直
　　海沼 実
第2回（昭47年）
　　宮沢 章二〔詩〕, 小川 寛興〔曲〕 童謡「西部劇」（日本童謡7号）
　　木島 始 童謡集「もぐらのうた」（理論社）
◇特別賞
　　藤田 圭雄「日本童謡史」（あかね書房）
　　長田 暁二 《多年にわたる童謡普及の功績に対して》
◇功労賞　勝 承夫
第3回（昭48年）
　　サトウ ハチロー〔詩〕, 芥川 也寸志〔曲〕 童謡「やわらかいえんぴつがすきなんだ」（キングレコード〈西部劇〉）
　　湯山 昭 曲集「現代子どもの歌秀作選」（カワイ楽譜）
第4回（昭49年）
　　阪田 寛夫 曲集「うたえバンバン」（音楽之友社）
　　服部 公一 曲集「まあちんぐ・まあち」（音楽之友社）
第5回（昭50年）　中田 喜直 レコード「こどものうた100曲選集」（キングレコード）
◇特別賞　佐藤 義美 佐藤義美全集第1巻「詩・童謡集」（佐藤義美全集刊行会）
第6回（昭51年）
　　都築 益世〔ほか〕「国土社の詩の本 全20巻」
　　湯山 昭 レコード「湯山昭の音楽」（ビクターレコード）
◇特別賞　藪田 義雄〔ほか〕 北原白秋編「日本伝承童謡集成」全6巻（三省堂）
第7回（昭52年）
　　早川 史郎〔編〕 曲集「現代こどもの歌1000曲シリーズ」（日音楽譜出版社）
　　キングレコード レコード「未来をひらく幼児のうた」（キングレコード）
第8回（昭53年）　ろばの会 《「ろばの会のうた」2冊の曲集（音楽之友社刊）と演奏会及びレコード「ろばの会のうた」（ポリドール）に対して》
◇特別賞
　　藤田 圭雄「解題戦後日本童謡年表」（東京書籍），「北原白秋―日本児童文学大系第7巻」（ほるぷ出版）
　　巽 聖歌「巽聖歌作品集 上・下巻」
第9回（昭54年）
　　伊藤 翁介 曲集「こどものうた」（音楽之友社）
　　小林 純一「少年詩集『茂作じいさん』」（教育出版センター），「レコード『みつばちぶんぶん』」（キングレコード）
◇特別賞
　　岩崎書店 童謡詩画集「童謡の世界」
　　CBSソニー〔企画制作〕「少年少女合唱曲選」
第10回（昭55年）
　　越部 信義 《曲集「おもちゃのチャチャチャ」（音楽之友社）および同題名のLPレコード（キングレコード）に対して》
　　日本コロムビア〔制作〕 LPレコード「まんがこども文庫 今月の歌から」
◇特別賞
　　建帛社「乳幼児の音楽 1000曲集」（全10巻）
　　中村 千栄子, 岩河 三郎 《少年少女合唱曲幾多の成果に対して》
◇サトウハチロー記念賞　宮田 滋子 童謡集「星のさんぽ」（R出版）
第11回（昭56年）　島田 陽子, 畑中 圭一 童謡集「ほんまに ほんま」（サンリード）
◇特別賞　長谷川 冴子 《東京少年少女合唱隊に対して》
第12回（昭57年）
　　大中 恩 現代こどもの歌秀作選「いぬのおまわりさん」大中恩選集（カワイ楽器制作所出版部）
　　小黒 恵子, 高木 東六 少年少女合唱組曲「飛べ しま馬―野性の大地アフリカの詩」（音楽之友社）
◇特別賞　小林 純一 《童謡の世界への貢献に対して》
第13回（昭58年）
　　武鹿 悦子 詩集「ねこぜんまい」（かど創房）
　　真理 ヨシコ〔歌唱〕 こどものうた「およめさんになってね」（コロムビア）
◇特別賞

ワーナーパイオニア LPレコード「あたらしいこどものうた」VOL3
小鳩 くるみ 《小鳩くるみリサイタルの成功に対して》
横浜高島屋 《「日本の童謡展」日本で初めての催しに対して》
第14回(昭59年)
ボニー・ジャックス「車椅子のおしゃべり」」(ビクターレコード)
小森 昭宏 《「春のコンサート―ブーフーウーから窓ぎわのとっとちゃんまで」の成果に対して》
◇特別賞 刺刀 隆 詩集(童謡篇)「ゆめのせかい」
第15回(昭60年)
荘司 武 詩集「トマトとガラス」(かど創房)
鶴岡 千代子 詩集「白いクジャク」(教育出版センター)
◇特別賞
結城 ふじを 童謡同人誌「おてだま」
河村 順子 《多年にわたる童謡運動への功績に対し》
第16回(昭61年)
渡辺 浦人〔企画・編纂〕 童謡詩集「赤い鳥青い鳥」(教育出版センター)
読売日本交響楽団 《「親と子のためのコンサート」(新宿文化センターをはじめ4カ所の公演)に対して》
◇特別賞 木曜会「詩と童謡誌「木曜手帖」通巻350号を越えた歩みに対して》
第17回(昭62年) 関根 栄一 童謡集「にじとあっちゃん」(小峰書店)
◇特別賞
大庭 照子 《童謡普及活動への功績に対して》
音楽之友社「オリジナルこどものうた名曲選 12巻」
第18回(昭63年)
うらさわ こうじ, 伊藤 幹翁 童謡曲集「いつしかこころに」(音楽之友社)
三枝 ますみ 詩集「ピカソの絵」(銀の鈴社)
◇特別賞
木坂 俊平「関西の童謡運動史」
夢 虹二 《童謡への貢献度に対して》
第19回(平1年)
佐藤 雅子, 甲賀 一宏 童謡曲集「ぼくの団地はクリスマスツリー」(音楽之友社)
こわせ たまみ, 岩河 三郎 少年少女合唱組曲「いるま野の花と子どもと」(音楽之友社)
◇特別賞 やなせ たかし 《多年にわたる童謡への功績に対して》
第20回(平2年) 小野 ルミ 詩集「ゆきふるるん」
◇特別賞
由紀 さおり, 安田 祥子 《童謡の普及活動に対して》
北野 実 《童謡編曲と演奏活動に対して》
第21回(平3年) 清水 たみ子 詩集「かたつむりの詩」
◇特別賞 牛山 剛, 川田 正子, 河合楽器製作所出版部, 日本コロムビア「カワイの童謡絵本全10巻」「日本の童謡史CD7枚」「昭和の子どもの歌全集」
第22回(平4年)
新川 和江「星のおしごと」
神沢 利子「おめでとうがいっぱい」
◇特別賞
友竹 正則(歌手)
大和田 りつ子(歌手)
一瀬 公弘(作曲家・やまびこ児童合唱団主宰)
結城よしを全集編集委員会
第23回(平5年)
真田 亀久代 詩集「まいごのひと」
若松 正司(作曲家)
◇新人賞 桧 きみこ 詩集「しっぽいっぽん」
◇特別賞
岡崎 裕美
伊藤 英治
すえもりブックス
第24回(平6年) 中田 一次(昭和音楽大学短期大学部名誉教授)作品集「とんぼの思い出」
◇新人賞 はなわ たえこ 詩集「みずたまりのへんじ」
◇特別賞
童謡の里龍野文化振興財団
公文 毅(公文教育研究会社長)
矢崎 節夫
第25回(平7年)
冨永 佳与子「りらりらりら わたしの絵本」
名村 宏「かくざとう いっこ」
◇特別賞
たいら いさお(歌手)
多田 則彦(企画制作)
三津越 隆治「三越左千夫全詩集」
カワイ出版「小林純一・芥川也寸志遺作集『こどものうた』」
第26回(平8年) 新谷 智恵子(詩人)
◇特別賞

森若 三栄子
篠崎 仁美
皆川 和子
第27回(平9年)
　　　　おうち やすゆき(詩人) 童謡詩集「こら! しんぞう」
　　　　爪の会(詩と童謡の創作グループ) 新しいこどものうた「あのね」
◇新人賞　宇部 京子(詩人, 絵本作家) 詩集「よいお天気の日に」
◇特別賞
　　　　春口 雅子(童謡歌手)
　　　　磯村 健二(テレビ朝日プロデューサー)
　　　　全日本私立幼稚園連合会 《CD「母とおさなごのうた」の企画制作》
第28回(平10年)
　　　　宮田 滋子(詩人) 詩集「星の家族」
　　　　小泉 周二(詩人) 詩集「太陽へ」
◇新人賞
　　　　祐成 智美(詩人) 詩集「おはなしいっぱい」
　　　　小泉 明子(詩人) 詩集「ちいさなノック」
◇特別賞
　　　　増田 元春(NHK音楽プロデューサー)
　　　　稲村 なおこ(童謡歌手)
　　　　こやま 峰子(詩人) ミュージカル「にじいろのしまうま」
第29回(平11年)　関根 栄一(詩人) 詩集「はしるふじさん」
◇特別賞
　　　　川口 京子(童謡歌手)
　　　　松倉 とし子(声楽家)
第30回(平12年)
◇新人賞
　　　　秋葉 てる代(詩人) 詩集「おかしのすきな魔法使い」
　　　　坪井 安(詩人) 童謡詩集「はしれ子馬よ」
第31回(平13年)
　　　　やなせ たかし(詩人) 童謡詩集「希望の歌」
　　　　尾上 尚子(詩人) 詩集「シオンがさいた」
◇新人賞　西村 祐見子(詩人) 童謡詩集「せいざのなまえ」
第32回(平14年)　高木 あきこ「おやつのうた」
　◇新人賞　信田 百合子 詩集「わたしの中にみんながいる」
　◇特別賞
　　　　荒瀧 俊彦
　　　　岡崎 清吾

第33回(平15年)　中村 守孝「新しい童謡歌曲集『白いクジャク』」
◇特別賞
　　　　大久保 洋子
　　　　福原 久美
◇JASRAC童謡功労賞
　　　　山崎 八郎
　　　　佐々木 行綱
第34回(平16年)　上 明子 《平成15年における二つのコンサート「音と花の万華鏡」「音と花いったりきたり」, 組曲「野菜! やさい! ヤサイ」》
◇新人賞
　　　　井上 灯美子「ことばのくさり」(詩集)
　　　　大竹 典子「なきむしあかちゃん」(童謡詩集)
　　　　滝波 万理子「みんな王様」(詩集)
◇特別賞　西山 琴恵
第35回(平17年)　該当作なし
◇新人賞
　　　　西沢 健治「歌とピアノの小品集 風と恋人」
　　　　中島 むつみ「せみの七年 あたいの七年」
◇特別賞
　　　　安田 寛「唱歌という奇跡十二の物語～讃美歌と近代化の間で」
　　　　東京書籍
　　　　愛知県豊川市
第36回(平18年)　上 笙一郎「日本童謡事典」
◇新人賞　柘植 愛子「たんぽぽ線路」(詩集)
◇特別賞
　　　　渡辺 かおり
　　　　中村 義朗
第37回(平19年)　佐藤 亘弘
◇新人賞
　　　　和田 満智子「あの子のまほう」(詩集)
　　　　中野 恵子「コロボックルでておいで」(詩集)
◇特別賞　多田 周子
第38回(平20年)　田中 ナナ「童謡集『おかあさん なあに』」(詩集)
◇新人賞　山内 弘子「思い出のポケット」(詩集)
◇特別賞
　　　　菅野 龍雄
　　　　櫻井 恵美子

261 日本ハープコンクール

日本のハープ音楽振興と若いハーピスト育成を目的として、平成元年より開催されている。

【主催者】日本ハープ協会
【選考委員】（第20回）野田暉行（審査員長）、Ms.Ann Yeung, Ms.Beatrice Guillermin、佐藤紀雄、佐藤厚子、吉野篤子、三浦由美子
【選考方法】公募
【選考基準】〔資格〕（第20回）国籍不問。アドバンス部門：20歳以下、ジュニア部門：12歳以下
【締切・発表】例年、応募期間は9月1日～30日、発表は11月中～下旬
【賞・賞金】第1位：賞金30万円とトロフィー、第2位：賞金20万円、第3位：賞金10万円
【URL】http://www.harp-japan.com/

第1回（平1年）
　◇ジュニア
　● 第1位　遠藤 弓子（東京芸大附高）
　● 第2位　岡島 朱利（東京芸大附高）
　● 第3位　松岡 雅（学習院女子高）
第2回（平2年）
　◇ジュニア
　● 第1位　大竹 香織（ホワイトロッククリスチャンアカデミー）
　● 第2位　林 千佳世（東京芸大附高）
　● 第3位　茂木 美和（武蔵野高）
第3回（平3年）
　◇ジュニア
　● 第1位　佐藤 いずみ（国立音大附中）
　● 第2位　竹松 舞（光風台三育小）
　● 第3位　該当者なし
第4回（平4年）
　◇ジュニア
　● 第1位　篠崎 和子（順心女子学園中）
　● 第2位　佐々木 千恵（神戸市立魚崎中）
　● 第3位　千田 悦子（横浜市立青葉台中）
第5回（平5年）
　◇ジュニア
　● 第1位　竹松 舞（志学館中）
　● 第2位　石崎 菜々（女子聖学院中）
　● 第3位
　　　　　高梨 薫（国立音大附中）
　　　　　鄭 真明（韓国・建国中）
第6回（平6年）　ジュニア部門開催なし
第7回（平7年）
　◇ジュニア
　● 第1位　稲川 美穂（世田谷区立梅ケ丘中）

　● 第2位　石崎 菜々（女子聖学院中）
　● 第3位　朴 修禾（韓国・芸苑中）
第8回（平8年）　ジュニア部門開催なし
第9回（平9年）
　◇ジュニア
　● 第1位　柄本 舞衣子（宮崎市立大塚中学校）
　● 第2位　岩城 晶子（学習院女子中等科）
　● 第3位　平野 花子（大宮市立上小小学校）
第10回（平10年）
　◇ジュニア
　● 第1位　津野田 圭（延岡市立南中学校）
　● 第2位　ユン・ジェン（韓国・Kyun-Bok小）
　● 第3位　高野 麗音（埼玉大学教育学部付属小）
第11回（平11年）　ジュニア部門開催なし
第12回（平12年）
　◇ジュニア
　● 第1位　景山 梨乃（所沢市立中富小）
　● 第2位　大西 香奈（佐倉市立青菅小）
　● 第3位　鳥海 杏奈（桐朋小）
第13回（平13年）　ジュニア部門開催なし
第14回（平14年）
　◇ジュニア部門　荒木 美佳
第15回（平15年）　ジュニア部門開催なし
第16回（平16年）
　◇ジュニア部門　ユ・シンヨン（韓国）
第17回（平17年）　ジュニア部門開催なし
第18回（平18年）
　◇ジュニア部門　トン・チンヤ
第19回（平19年）　ジュニア部門開催なし
第20回（平20年）
　◇ジュニア部門　樋口 奈穂

262 日本レコード大賞（レコード大賞）

昭和34年、音楽文化の発展に寄与するために創設された。第1回から第15回まで童謡部門への授賞が行われた。

【主催者】（社）日本作曲家協会
【選考委員】 音楽・芸能等各分野有識者、在京新聞記者
【締切・発表】 毎年12月初旬に部門審査発表、12月31日に最終審査の発表・表彰
【URL】 日本作曲家協会HP（http：//www.jacompa.or.jp/）内

第1回（昭34年）
　◇童謡賞　石井 亀次郎、ほおずき会児童合唱団〔歌〕、加藤 省吾〔詞〕、八洲 秀章〔曲〕「やさしい和尚さん」（キング）

第2回（昭35年）
　◇童謡賞　水上 房子、子鳩会〔歌〕、小林 純一〔詞〕、中田 喜直〔曲〕「ゆうらんバス」（キング）

第3回（昭36年）
　◇童謡賞　楠 トシエ〔歌〕、髙田 三九三〔詞〕、山口 保治〔曲〕「かかしのねがいごと」（キング）

第4回（昭37年）
　◇童謡賞　ボニージャックス〔歌〕、サトウ ハチロー〔詞〕、中田 喜直〔曲〕「ちいさい秋みつけた」（キング）

第5回（昭38年）
　◇童謡賞　真理 ヨシコ〔歌〕、野坂 昭如、吉岡 治〔詞〕、越部 信義〔曲〕「おもちゃのチャチャチャ」（コロムビア）

第6回（昭39年）
　◇童謡賞　「ワン・ツー・スリー・ゴー」（コロムビア）

第7回（昭40年）
　◇童謡賞　天地 総子、ゆりかご会〔歌〕、阪田 寛夫〔詞〕、服部 公一〔曲〕「マーチング・マーチ」（コロムビア）

第8回（昭41年）
　◇童謡賞　石川 進〔歌〕、東京ムービー企画部〔詞〕、広瀬 健次郎〔曲〕「オバケのQ太郎」（コロムビア）

第9回（昭42年）
　◇童謡賞　杉並児童合唱団〔歌〕、近江 靖子〔詞〕、寺島 尚彦〔曲〕「うたう足の歌」（キング）

第10回（昭43年）
　◇童謡賞　長谷川 よしみ〔歌・曲〕、名村 宏〔詞〕「ペケのうた」（キング）

第11回（昭44年）
　◇童謡賞　「うまれたきょうだい11人」（コロムビア）

第12回（昭45年）
　◇童謡賞　「ムーミンのテーマ」（ビクター）

第13回（昭46年）
　◇童謡賞　ひばり児童合唱団〔歌〕、金井 喜久子〔曲〕「沖縄のわらべ歌『じんじん』」（キング）

第14回（昭47年）
　◇童謡賞　「ピンポンパン体操」（キャニオン）

第15回（昭48年）
　◇童謡賞　大 慶太〔歌〕、滝口 暉子〔詞〕、郷田 新〔曲〕、小谷 充〔編曲〕「ママと僕の四季」

263 ピティナ・ピアノ・コンペティション（ヤングピアニスト・コンペティション）

ピアノ学習者、指導者の学習・研究の一つの目標となり、国際感覚を持った指導法の研鑽のため、昭和52年より「ヤングピアニスト・コンペティション」として開催された。平成3年に名称が「ピティナ・ピアノ・コンペティション」に変更された。

【主催者】（社）全日本ピアノ指導者協会
【選考委員】（社）全日本ピアノ指導者協会正会員、評議員、理事を務める音楽大学教授ほか音楽教育者および海外招聘審査員

【選考方法】公開審査
【選考基準】〔資格〕(1)ソロ部門 A2級：就学前幼児，A1級：小2以下，B級：小4以下，C級：小6以下，D級：中2以下，E級：高1以下，F級：高3以下，Jr.G級：高1以下，15歳以下，G級：26歳以下，特級：年齢制限なし。(2)デュオ部門 連弾初級A：2人とも小4以下，連弾初級B：1人は中3以下/もう1人は年齢制限なし，連弾中級：1人は高3以下/もう1人は年齢制限なし，連弾上級：1人は26歳以下/もう1人は年齢制限なし，2台ピアノ初級：2名とも中3以下，2台ピアノ中級：2名とも高3以下，2台ピアノ上級：年齢制限なし(3)グランミューズ部門 A1カテゴリー：23歳以上(ソロ)，A2カテゴリー：40歳以上(ソロ)，B1カテゴリー：23歳以上で音楽大学のピアノ専攻で学習していない者(ソロ)，B2カテゴリー：40歳以上で音楽大学のピアノ専攻で学習していない者(ソロ)，Yカテゴリー：中学校卒業以上22歳以下(ソロ)，Dカテゴリー：中学校卒業以上(連弾，1台4手)。〔基準〕音の正確さ・明確さ，音色の美しさなど12項目
【締切・発表】例年，申込期間は4月4週目〜6月3週目頃。第33回は平成21年5月17日〜7月28日に地区予選，7月28日〜8月12日に地区本選が行われ，全国決勝大会は8月20日〜23日に開催
【賞・賞金】グランプリ：文部科学大臣賞，賞金100万円，東京シティ・フィルハーモニック管弦楽団との共演などの副賞
【URL】http://www.piano.or.jp/

第1回(昭52年度)
　◇金賞
　　●A級　田村 明子
　　●E級
　　　植田 尚子
　　　長沢 昌子
　　　斎藤 珠乃
第2回(昭53年度)
　◇金賞
　　●A級　小笠原 順子
　　●C級　西沢 綾
　　●E級　若林 顕
第3回(昭54年度)
　◇金賞
　　●A3級　田中 里絵
　　●A1級
　　　秋山 未佳
　　　近藤 麻里
　　　カイザー・マリ
　　●B級　林 秀一
　　●C級
　　　木島 亮子
　　　高崎 のぞみ
　　　村川 章之
　　●F級　石田 多紀乃
第4回(昭55年度)
　◇金賞
　　●A2級　工藤 美和
　　●A1級　奥村 美香

　　●B級　小川 満美子
　　●C級
　　　沖 史実恵
　　　永野 英樹
　　●D級　田中 克己
　　●E級　伊沢 雅子
　　●F級　大杉 祥子
第5回(昭56年度)
　◇金賞
　　●A1級　野口 満帆
　　●B級　鈴木 智香子
　　●C級　服部 真由子
　　●D級　マルガレータ・ポスピシロバ
　　●E級　揚原 祥子
第6回(昭57年度)
　◇金賞
　　●A2級　宮坂 なつき
　　●A1級　向田 雄一郎
　　●B級　片山 将尚
　　●C級
　　　佐々木 宏子
　　　曽川 裕子
　　●D級
　　　大久保 朋美
　　　白石 喜美子
　　●E級　坂東 由佳子
第7回(昭58年度)
　◇金賞
　　●A1級　田畑 昌子
　　●B級　陳 すに

- C級　加藤 寿子
- D級
  　秋山 未佳
  　中野 研也
- E級
  　田中 由美
  　今田 三穂
  　萩原 晴美

第8回（昭59年度）
　◇金賞
- A1級　野口 寿子
- B級
  　保坂 尚志
  　川崎 みゆき
- C級
  　野口 満帆
  　永原 緑
- D級　三角 由里
- E級　島 紀子
- F級　野口 栄子

第9回（昭60年度）
　◇金賞
- A1級　林 雅子
- B級　佐藤 友美
- C級　大野 智子
- D級　大畑 みゆき
- E級　藤本 真基子
- F級　成川 昌子

第10回（昭61年度）
　◇金賞
- A1級　根津 理恵子
- B級
  　大堀 晴津子
  　石塚 佳代
- C級　木村 康子
- D級　住友 美智子

第11回（昭62年度）
　◇金賞
- A1級　高山 恵理
- B級　竹内 久美子
- C級　藤川 英華
- D級　小早川 朗子
- E級
  　生田 敦子
  　大島 由里
- F級
  　松岡 淳
  　南 依里

第12回（昭63年度）
　◇金賞
- A1級　松本 あすか

- B級　仁上 亜希子
- C級
  　久田 幸史
  　武智 愛
- D級　里見 美佐
- E級　笠井 恵子
- F級　山本 聡子

第13回（平1年度）
　◇金賞
- A1級　永田 美紀
- B級　呉山 薫
- C級　沢木 良子
- D級　石川 由佳子
- F級　生田 敦子

第14回（平2年度）
　◇金賞
- A1級
  　関 華月
  　泉 ゆりの
- B級　藤原 加奈子
- C級　大内 麻衣
- D級　仁上 亜希子
- E級　石川 美也子
- F級　小坂田 智美

第15回（平3年度）
　◇金賞
- A1級　永島 裕子
- B級　泉 ゆりの
- C級　前田 三奈
- D級　中島 彩
- E級　村上 順子
- F級　水谷 麻美

第16回（平4年度）
　◇金賞
- A1級　中道 絵奈
- B級　古川 まりこ
- C級　泉 ゆりの
- D級　本間 美知子
- E級　井口 あや
- F級　村上 順子

第17回（平5年度）
　◇金賞
- A1級 第1席　樋上 梨沙
- A1級 第2席　漆間 有紀
- B級　高田 佐穂子
- C級　福原 彰美
- D級　泉 ゆりの
- E級　本橋 愛
- F級　吉永 哲道

第18回（平6年度）
　◇金賞
- A1級 第1席　中村 友美
- A1級 第2席　永坂 由理恵

- B級　近藤 佑介
- C級　多胡 央夏
- D級　大川 香織
- E級　倉沢 華
- F級　澤木 良子

第19回(平7年度)
　◇金賞
- A1級 第1席　佐藤 麻理
- A1級 第2席　出口 薫太朗
- B級　関本 昌平
- C級　田村 響
- D級　後藤 絵里
- E級　堀 明美
- F級　鳥居 大輔

第20回(平8年度)
　◇金賞
- A1級 第1席　藤井 友理
- A1級 第2席　池江 明日香
- B級　小林 侑奈
- C級　萩原 麻未
- D級　外山 啓介
- E級　古川 まりこ
- F級　有吉 亮治

第21回(平9年度)
　◇金賞
- A1級　村上 愛
- B級　沼田 理美
- C級　本郷 秀門
- D級　須藤 梨菜
- E級　田村 響
- F級　川崎 翔子

第22回(平10年度)
　◇金賞
- A1級
　　及川 まりや
　　長江 勇登
- B級　上畑 みさき
- C級　向島 恵理子
- D級　萩原 麻未
- E級　井口 慶子
- F級　西村 真紀子

第23回(平11年度)
　◇金賞
- A1級 第1席　中矢 美里
- A1級 第2席　二岡 真美
- B級　金子 侑樹
- C級　沼田 理美
- D級　辻井 伸行
- E級　水崎 真衣

- F級　脇 綾乃

第24回(平12年度)
　◇金賞
- A1級
　　石井 玲奈
　　小笠原 和希
　　川崎 晋平
　　下地 里穂
　　手嶋 咲子
- B級
　　大谷 研人
　　岡村 康太郎
　　片田 愛理
　　嘉村 えりか
　　木村 友梨香
　　若松 寛子
- C級　井村 二千翔
- D級　崎谷 明弘
- E級　尾崎 有飛
- F級　本郷 秀門

第25回(平13年度)
　◇金賞
- A1級
　　嘉村 ゆりえ
　　佐藤 元洋
　　関野 静音
　　中村 里香
　　本多 真子
- B級
　　高倉 優理子
　　松鵜 更
　　山本 絢香
　　緒方 權
　　尾崎 風磨
- C級　松尾 明
- D級　原 智実
- E級　池田 小夜
- F級　多田 真理

第26回(平14年度)
　◇金賞
- A1級
　　村里 香奈
　　南 優希
　　瀬堂川 拓
　　吉岡 千里
　　藤井 遥花
　　喜多 佑太
- B級
　　中村 里香
　　小松 大和
　　小嶋 稜
　　中島 裕一
　　木越 愛子

矢部 嘉信
- C級　嘉村 えりか
- D級　大平 達也
- E級　及川 まりや
- F級　石村 純

第27回(平15年度)
◇金賞
- A1級
　　大久保 佳奈
　　山下 理奈
　　中島 悠
　　及川 千尋
　　浜口 真歩
　　川崎 槙耶
- B級
　　南 優希
　　平中 優圭
　　柴田 恭輔
　　五十嵐 薫子
　　黒川 結衣
　　竹田 理琴乃
- C級　中村 里香
- D級　横山 史織
- E級　小塩 真愛
- F級　八木 光平
- Jr.G級　及川 まりや

第28回(平16年度)
◇金賞
- A1級
　　西尾 菜々美
　　正田 彩音
　　角野 未来
　　市橋 茉莉
- B級
　　寺山 萌子
　　小野田 有紗
　　川崎 槙耶
　　西川 凌
- C級
　　瀬堂川 拓
　　太田 沙耶
　　石瀬 あやめ
- D級　佐藤 元洋
- E級　水谷 桃子
- F級　山田 真琳
- Jr.G級　小林 愛実

第29回(平17年度)
◇金賞
- A1級
　　伊藤 祐衣
　　竹之内 くるみ
　　平間 今日志郎
　　平柳 美乃

- B級
　　正田 彩音
　　原島 小也可
　　佐藤 嘉春
　　黒田 陽香
- C級
　　リード 希亜奈
　　千釜 有美子
- D級　山田 智史
- E級　早坂 忠明
- F級　高尾 奏之介
- Jr.G級　角野 隼斗

第30回(平18年度)
◇金賞
- A1級
　　幸地 莉子
　　釣 七海
　　増永 雅
　　樋口 陽香
- B級
　　滝 まりな
　　辻本 莉果子
　　鈴木 椋太
　　鈴木 杏奈
- C級
　　原島 小也可
　　上川 佳連
　　小沢 健悟
- D級　水谷 友彦
- E級　水本 明莉
- F級　久保山 菜摘
- Jr.G級　生熊 茜

第31回(平19年度)
◇金賞
- A1級
　　雪上 葵
　　上總 藍
　　萩谷 維摩
　　森脇 央佳
- B級
　　青山 英里奈
　　山本 大誠
　　片岡 愛
　　髙橋 祐貴
- C級
　　早田 有里
　　鈴木 椋太
- D級　佐野 峻司
- E級　大貫 瑞季

V 音楽・芸能

- F級　中村 芙悠子

第32回(平20年度)
◇金賞
- A1級
  - 小野寺 俊介
  - 中森 和輝
  - 田中 茉莉奈
  - 栗栖 慎太朗
- B級
  - 石川 美羽
  - 佐藤 智英
  - 小松 雅弥
- C級
  - 山﨑 亮汰
  - 笹山 玲奈
  - 増川 梨恵
- D級　佐藤 優
- E級　翁 康介
- F級　小竹島 紗子
- Jr.G級　久末 航

264 平多正於賞

児童を対象にした作風の故・平多正於氏を記念して，昭和61年に創設された。現代舞踊協会ジュニア舞踊公演の最優秀作品指導者に贈られる。翌昭和62年より全国舞踊コンクール児童舞踊部門に同名の賞が出ることになり，この1回をもって廃止された。

【主催者】(社)現代舞踊協会
【選考委員】委員長・武内正夫，江崎司，河上鈴子，志賀美也子，庄司裕，芙二三枝子，三輝容子
【選考方法】同協会主催ジュニア舞踊公演の作品の中より投票によって決定
【締切・発表】昭和61年9月3日，日本都市センターホールにて開催された
【賞・賞金】賞状と賞金10万円

第1回(昭61年)　内田 裕子(U舞踊研究所主宰)
《ジュニア舞踊公演作品「自然児」におけるバイタリティあふれる優秀な成果に対して》

265 ふるさと音楽賞日本創作童謡コンクール (日本創作童謡コンクール)

「ふるさと」の作曲者・岡野貞一，「きんたろう」の作曲者・田村虎蔵などの鳥取県出身の童謡・唱歌の音楽家の業績をたたえるとともに，21世紀を担う子供たちの夢を育むため，平成元年に創設された。平成12年度をもって中止。

【主催者】「童謡・唱歌のふるさと鳥取」企画実行委員会，鳥取県，鳥取県教育委員会，(社)日本童謡協会
【選考委員】こわせたまみ(日本童謡協会副会長)，湯山昭(作曲家)，若松正司(作曲家)，伊藤幹翁(作曲家)，佐藤亘弘(作曲家)，鈴木重夫(作曲家)
【選考方法】公募
【選考基準】〔対象〕指定する童謡詞3編に作曲した作品。プロ・アマの制限はなく，一人何曲でも応募可。〔応募規定〕五線紙を使用し，メロディーの下に歌詞を記入
【締切・発表】平成12年度の締切は平成12年7月19日，発表は13年1月14日
【賞・賞金】ふるさと音楽賞(1編)：賞状，楯と副賞50万円。優秀賞(2編)：賞状，楯と副賞各20万円

第1回(平1年度)
　◇ふるさと音楽賞　熊谷 本郷〔作詞〕, 高月 啓充〔作曲〕「コスモスの花」
　◇優秀賞
　　　藤 哲生〔作詞〕, 矢田部 宏〔作曲〕「こどもの夢を」
　　　飯泉 昌子〔作詞〕, 長田 純一〔作曲〕「大きな樹」
第2回(平2年度)　新谷 智恵子〔作詞〕, 杉田 志保子〔作曲〕「海からのてがみ」
　◇優秀賞
　　　藤田 かおる〔作詞・作曲〕「梨の花」
　　　テリー・スザーン〔作詞〕, ジョン・W.D. デイビス〔作曲〕「おじいちゃんおばあちゃんだいすき」
第3回(平3年度)　熊谷 本郷〔作詞〕, 高月 啓充〔作曲〕「風のアルバム」
　◇優秀賞
　　　石原 一輝〔作詞〕, 山口 栄〔作曲〕「おもいでの丘」
　　　山本 恵三子〔作詞〕, 石垣 正行〔作曲〕「流しびな」
第4回(平4年度)　中尾 寿満子〔作詞〕, 土谷 幸男〔作曲〕「かあさんお話しましょうか」
　◇優秀賞
　　　小西 欣一〔作詞・作曲〕「ふるさとの祭り囃子」
　　　前山 敬子〔作詞〕, 稲森 喜久雄〔作曲〕「ニュートンの法則?」
第5回(平5年度)　稲穂 雅巳〔作詞〕, 足羽 章〔作曲〕「カバさんのあくび」
　◇優秀賞
　　　佐々木 寿信〔作詞〕, 高月 啓充〔作曲〕「のぎく」
　　　歌見 誠一〔作詞〕, 伊藤 健司〔作曲〕「牛の子」
第6回(平6年度)　山本 恵三子〔作詞〕, 前多 秀彦〔作曲〕「麦わらぼうしをかぶると」
　◇優秀賞
　　　関 今日子〔作詞・作曲〕「すべりだい」
　　　石原 一輝〔作詞〕, 高橋 友夫〔作曲〕「どんぐり」
第7回(平7年度)　長谷川 恭子〔作詞・作曲〕「さようなら田舎」
　◇優秀賞
　　　石原 一輝〔作詞〕, 杉野 泰夫〔作曲〕「音譜」
　　　尾藤 基宗子〔作詞〕, 高月 啓充〔作曲〕「ゆきのあさ」
第8回(平8年度)　人見 敬子〔作詞〕, 白川 雅樹〔作曲〕「雪の子守歌」
　◇優秀賞
　　　高橋 友夫〔作詞〕, 山口 栄〔作曲〕「すっかりひやけ?」
　　　秋葉 てる代〔作詞〕, 中村 守孝〔作曲〕「みんなおやすみ」
第9回(平9年度)　橘 憂〔作詞〕, 西沢 健治〔作曲〕「朝の光がまぶしい時は」
　◇優秀賞
　　　渋谷 すみ江〔作詞〕, 沢山 みゆず〔作曲〕「夕焼け」
　　　青戸 かいち〔作詞〕, 氏家 晋也〔作曲〕「嬉しいパーティー」
第10回(平10年度)　後藤 基宗子〔作詞〕, 高月 啓充〔作曲〕「風とあくしゅ」
　◇優秀賞
　　　高丸 もと子〔作詞〕, 平田 あゆみ〔作曲〕「きんもくせいのみち」
　　　高橋 友夫〔作詞〕, 山口 栄〔作曲〕「ひるね」
第11回(平11年度)　山本 恵三子〔作詞〕, 橋本 玲子〔作曲〕「きみがふるさとを発つ日に」
　◇優秀賞
　　　萩原 奈苗〔作詞〕, 松田 恭雄〔作曲〕「ゆめをのせよう」
　　　石原 一輝〔作詞〕, 長森 かおる〔作曲〕「おむかえきてね」
第12回(平12年度)　能谷 佳和〔作曲〕, 竹本 聖〔作詞〕「ギュッのまほう」
　◇優秀賞
　　　森田 俊輔〔作曲〕, いとう ひでき〔作詞〕「河原の石ころ」
　　　氏家 安代〔作曲〕, 金井 勉〔作詞〕「まっすぐの道」

266　ブルーリボン賞（日本映画文化賞）

　新聞社の各映画記者が1年間の映画界を振り返り, その成果について議論し, 世に問うことを目的として, 昭和25年に創設された。当初は「日本映画文化賞」という名称であったが, この時賞状をありあわせの青いリボンで結んで贈ったことから「ブルーリボン賞」の名が使われ, 第3回から正式名称となった。昭和36年, 一般紙と共同通信が記者会を脱してスポーツ紙（現在

は7社)のみが残り、更には42年に中断されたが、その後51年に10年ぶりで復活され、現在に至る。第1回から第17回まで教育文化映画賞が設けられた。
【主催者】東京映画記者会
【選考委員】在京スポーツ新聞社7社の映画記者
【選考基準】〔対象〕過去1年間に公開された映画作品
【締切・発表】例年1月下旬
【賞・賞金】賞状と万年筆

第1回(昭25年度)
　◇教育文化映画賞　日本映画社「稲の一生」
第2回(昭26年度)
　◇教育文化映画賞　該当作なし
第3回(昭27年度)
　◇教育文化短篇映画賞　日映科学映画製作所〔製作〕「結核の生態」
第4回(昭28年度)
　◇教育文化映画賞　ヴィディオ映画製作所〔製作〕「雪ふみ」
第5回(昭29年度)
　◇教育文化映画賞　毎日新聞社〔製作〕「白き神々の座」
第6回(昭30年度)
　◇教育文化映画賞　岩波映画「教室の子どもたち」
第7回(昭31年度)
　◇教育文化映画賞　日映新社「カラコルム」
第8回(昭32年度)
　◇教育文化映画賞　記録映画社「おふくろのバス旅行」
第9回(昭33年度)
　◇教育文化映画賞　民芸映画社「オモニと少年」
第10回(昭34年度)
　◇教育文化映画賞　読売映画社「秘境ヒマラヤ」
第11回(昭35年度)
　◇教育文化映画賞　日本ドキュメント・フィルム社「人間みな兄弟」
第12回(昭36年度)
　◇教育文化映画賞　岩波映画「メダカの卵」
第13回(昭37年度)
　◇教育文化映画賞　虫プロダクション「ある街角の物語」
第14回(昭38年度)
　◇教育文化映画賞　岩波映画「ある機関助士」
第15回(昭39年度)
　◇教育文化映画賞　日本シネセル社「日本のさけます」
第16回(昭40年度)
　◇教育文化映画賞　日映科学映画製作所「日本の祭」
第17回(昭41年度)
　◇教育文化映画賞　虫プロ「映画詩―展覧会の絵」

267 ヘレン・ケラー記念音楽コンクール (全日本盲学生音楽コンクール)

　視覚障害者の音楽界への登龍門として、昭和24年より「全日本盲学生音楽コンクール」として開始された。平成13年に現在の名前に改称。
【主催者】(社会福祉法人)東京ヘレン・ケラー協会
【選考委員】(第58回)淡野弓子(声楽家・合唱指揮者)、梅津時比古(毎日新聞社専門編集委員)、武久源造(鍵盤楽器奏者・作曲家)、和波孝禧(ヴァイオリニスト)
【選考方法】公募
【選考基準】〔資格〕視覚に障害をもつ児童、生徒、学生。〔参加規定〕器楽部門:ピアノの部(小学3年生以下を対象に課題曲の部)、弦楽器の部、その他の部は自由選曲1曲(8分以内)。声楽部門:独唱1部(小学部、中学部生徒)、独唱2部(高等部、専攻科生徒など)、重唱・合唱の部は自由選択1曲(5分以内)

ヘレン・ケラー記念音楽コンクール

【締切・発表】例年10月上旬締切、11月23日のコンクールで発表
【賞・賞金】各部門第1～3位：表彰状と賞品
【URL】http：//www.thka.jp/

第1回（昭24年）　記録なし
第2回（昭25年）　記録なし
第3回（昭26年）
　◇童謡（小学部対象）
　　● 第1位　岡 照子（滋賀県立盲学校・小3）
　　● 第2位　山本 喜子（大阪市立盲学校・小2）
　　● 第3位　澤 由紀（滋賀県立盲学校・小4）
　◇唱歌（小学部高等学年～中学部対象）
　　● 第1位　寺田 一夫（兵庫県立盲学校・小5）
　　● 第2位　やまぐち としこ（愛知県立岡崎盲学校・小5）
　　● 第3位
　　　　　みた あきお（京都府立盲学校・中2）
　　　　　林 真汐（東京都立文京盲学校・小5）
第4回（昭27年）
　◇童謡
　　● 第1位　木村 愛子（東京教育大学附属盲学校・小3）
　　● 第2位　斉藤 和子（千葉県立盲学校・小2）
　　● 第3位　千葉 洋子（東京教育大学附属盲学校・小3）
　◇唱歌
　　● 第1位　飯泉 千鶴子（東京教育大学附属盲学校・小4）
　　● 第2位　柴田 忠明（神奈川県立平塚盲学校・中3）
　　● 第3位　大家 正弘（横浜訓盲学院・小5）
第5回（昭29年）　中止
第6回（昭30年）
　◇童謡
　　● 第1位　金井 玉枝（東京教育大学附属盲学校・小2）
　　● 第2位　坂井 孝之（横浜訓盲学院・小2）
　◇唱歌
　　● 第1位　大家 正弘（横浜訓盲学院・中1）
　　● 第2位　澤 由紀（滋賀県立盲学校・中1）
　　● 第3位
　　　　　浜田 靖子（東京教育大学附属盲学校・小4）
　　　　　千葉 洋子（東京教育大学附属盲学校・小5）
第7回（昭31年）
　◇童謡
　　● 第1位　並木 久枝（埼玉県立盲学校・小1）
　　● 第2位　竹井 優子（東京教育大学附属盲学校・小1）

　　● 第3位　小林 まさみ（東京教育大学附属盲学校・小2）
　◇唱歌（小学部4年生～中学部対象）
　　● 第1位　浜田 靖子（東京教育大学附属盲学校・小6）
　　● 第2位　金井 玉枝（東京教育大学附属盲学校・小4）
　　● 第3位　佐々木 英子（大阪市立盲学校・中1）
第8回（昭32年）
　◇童謡
　　● 第1位　永山 淳子（東京教育大学附属盲学校・小3）
　　● 第2位　柚木 美智枝（岡山県立盲学校・小1）
　　● 第3位　竹井 優子（東京教育大学附属盲学校・小2）
　◇唱歌
　　● 第1位　屋比久 秀子（大阪市立盲学校・中3）
　　● 第2位　木村 愛子（東京教育大学附属盲学校・中2）
　　● 第3位　鈴木 礼子（東京教育大学附属盲学校・中2）
第9回（昭33年）
　◇童謡
　　● 第1位　宍戸 キヨミ（東京教育大学附属盲学校・小1）
　　● 第2位　竹井 優子（東京教育大学附属盲学校・小3）
　　● 第3位　並木 久枝（埼玉県立盲学校・小3）
　◇唱歌
　　● 第1位　鈴木 礼子（東京教育大学附属盲学校・中3）
　　● 第2位　木村 愛子（東京教育大学附属盲学校・中3）
　　● 第3位　浜田 靖子（東京教育大学附属盲学校・中3）
第10回（昭34年）
　◇童謡
　　● 第1位　二宮 律子（東京都立文教盲学校・小3）
　　● 第2位　須崎 葉子（東京都立八王子盲学校・小2）
　　● 第3位　坂口 たか子（東京都立八王子盲学校・小2）
　◇唱歌
　　● 第1位　浜田 靖子（東京教育大学附属盲学校・中3）

- 第2位　根本　豊子（東京教育大学附属盲学校・中1）
- 第3位　大石　洋子（東京都立文京盲学校・小5）

第11回（昭35年）　中止

第12回（昭36年）
◇童謡
- 第1位　土屋　譲次（神奈川県立平塚盲学校・小1）
- 第2位　笠原　章子（東京教育大学附属盲学校・小2）
- 第3位　片山　直美（東京教育大学附属盲学校・小3）

◇唱歌
- 第1位
  佐藤　恵美子（栃木県立盲学校・小6）
  関　賢子（神奈川県立平塚盲学校・中3）
- 第2位
  新井　健司（東京教育大学附属盲学校・小4）
  望月　勝美（神奈川県立平塚盲学校・中3）
- 第3位　宍戸　キヨミ（東京教育大学附属盲学校・小4）

第13回（昭37年）
◇童謡1部
- 第1位　正司　登美（東京教育大学附属盲学校・小1）
- 第2位　野崎　志保子（東京教育大学附属盲学校・小1）

◇童謡2部
- 第1位　堀江　健二（東京教育大学附属盲学校・小2）
- 第2位　笠原　章子（東京教育大学附属盲学校・小3）
- 第3位　宮内　秀明（東京教育大学附属盲学校・小3）

◇唱歌
- 第1位　片山　直美（東京教育大学附属盲学校・小4）
- 第2位　宍戸　キヨミ（東京教育大学附属盲学校・小5）

第14回（昭38年）
◇童謡
- 第1位　坂本　頼子（川越盲学校・小2）
- 第2位　斉藤　光夫（川越盲学校・小2）
- 第3位　野崎　志保子（東京教育大学附属盲学校・小2）

第15回（昭39年）
◇童謡
- 第1位　坂本　頼子（川越盲学校・小3）
- 第2位　土屋　穣次（神奈川県立平塚盲学校・小3）
- 第3位　山崎　憲子（埼玉県立盲学校・小3）

第16回（昭40年）
◇童謡
- 第1位　石川　滝子（埼玉県立盲学校・小3）
- 第2位　矢島　洋子（埼玉県立盲学校・小3）
- 第3位　志賀　信male（東京教育大学附属盲学校・小1）

第17回（昭42年）
◇童謡
- 第1位　金田　由紀子（東京教育大学附属盲学校・小3）
- 第2位　中村　英夫（埼玉県立盲学校・小2）
- 第3位　長田　千鶴（東京教育大学附属盲学校・小2）

◇唱歌
- 第1位　白沢　和子（埼玉県立盲学校・中3）
- 第2位　菊池　和子（埼玉県立盲学校・中1）
- 第3位　矢島　洋子（埼玉県立盲学校・小5）

第18回（昭43年）
◇童謡
- 第1位　岡添　千賀（愛媛県立松山盲学校）
- 第2位　須原　ひとみ（東京教育大学附属盲学校・小2）
- 第3位
  丹下　郷子（東京教育大学附属盲学校・小1）
  樋口　晴代（東京教育大学附属盲学校・小2）

第19回（昭44年）
◇童謡
- 第1位　樋口　晴代（東京教育大学附属盲学校・小3）
- 第2位　桝井　裕美（神奈川県立平塚盲学校・小3）
- 第3位　安田　恵美子（東京教育大学附属盲学校・小2）

◇唱歌
- 第1位　関口　徳成（会津盲学校・中1）
- 第2位　金田　由紀子（東京教育大学附属盲学校・小5）
- 第3位
  長田　千鶴（東京教育大学附属盲学校・小4）
  品田　武（福島盲学校・中2）

第20回（昭45年）
◇童謡
- 第1位　安田　恵美子（東京教育大学附属盲学校・小3）
- 第2位　星野　由紀子（東京教育大学附属盲学校・小1）
- 第3位　中間　直子（東京教育大学附属盲学校・小1）

◇唱歌

267 ヘレン・ケラー記念音楽コンクール

- 第1位　金田 由紀子(東京教育大学附属盲学校・小6)
- 第2位　越智 まり子(愛媛県立松山盲学校・小4)
- 第3位　長田 千鶴(東京教育大学附属盲学校・小5)

第21回(昭46年)
◇唱歌
- 第1位　鈴木 泉(東京教育大学附属盲学校・小6)
- 第2位　稲穂 まゆみ(愛媛県立松山盲学校・小4)
- 第3位　古賀 典夫(東京教育大学附属盲学校・小6)

第22回(昭47年)
◇童謡
- 第1位　河野 美賀(愛媛県立松山盲学校・小3)
- 第2位　太田 正江(東京都立久我山盲学校・小2)
◇唱歌
- 第1位　寺田 利子(大阪市立盲学校・小6)
- 第2位　田垣 真由美(岐阜県立岐阜盲学校・小5)
- 第3位　関 真木子(東京教育大学附属盲学校・小6)

第23回(昭48年)
◇童謡
- 第1位　横山 早苗(埼玉県立盲学校・小2)
◇唱歌
- 第1位　高橋 節子(埼玉県立盲学校・中3)
- 第2位　寿海 安子(愛媛県立松山盲学校・小6)
- 第3位　丹下 郷子(東京教育大学附属盲学校・小6)

第24回(昭49年)
◇唱歌
- 第1位　岡添 千賀(愛媛県立松山盲学校・中3)

第25回(昭50年)
◇唱歌
- 第1位　中間 直子(東京教育大学附属盲学校・小6)
- 第2位　星野 由紀子(東京教育大学附属盲学校・小6)
- 第3位　今松 三香(愛媛県立松山盲学校・小5)

第26回(昭51年)
◇童謡
- 第1位　木村 真由美(埼玉県立盲学校・小2)
- 第2位
　新村 富子(埼玉県立盲学校・小2)
　清水 豊子(埼玉県立盲学校・小3)

- 第3位
　萩原 正子(埼玉県立盲学校・小2)
　寺田 友子(埼玉県立盲学校・小3)
◇唱歌
- 第1位　山岡 隆子(愛媛県立松山盲学校・小4)

第27回(昭52年)
◇童謡
- 第1位
　藤城 保史美(横浜市立盲学校・小1)
　松本 和子(埼玉県立盲学校・小3)
- 第2位
　田中 真佐子(埼玉県立盲学校・小1)
　畑井 正一(埼玉県立盲学校・小2)
- 第3位
　大野 さとみ(横浜市立盲学校・小2)
　木村 真由美(埼玉県立盲学校・小3)
◇唱歌
- 第1位　酒井 和久(愛媛県立松山盲学校・小6)

第28回(昭53年)
◇童謡
- 第1位　広川 康之(埼玉県立盲学校・小1)
- 第2位　田中 政栄(埼玉県立盲学校・小2)
- 第3位　松本 裕子(埼玉県立盲学校・小2)
◇唱歌
- 第1位　亀岡 直一(愛媛県立松山盲学校・小4)
- 第2位　大野 さとみ(横浜市立盲学校・小3)
- 第3位　大関 由美(横浜市立盲学校・小4)

第29回(昭54年)
◇童謡
- 第1位　関 純子(埼玉県立盲学校・小3)
- 第2位　田中 政栄(埼玉県立盲学校・小3)
- 第3位　加藤 厚志(埼玉県立盲学校・小3)
◇唱歌
- 第1位　石田 久美(愛媛県立松山盲学校・小4)
- 第2位　斉藤 勝利(横浜市立盲学校・小4)
- 第3位　藤城 保史美(横浜市立盲学校・小3)

第30回(昭55年)
◇童謡
- 第1位　牛若 治子(兵庫県立盲学校・小4)
- 第2位　山下 さおり(埼玉県立盲学校・小2)
- 第3位　及川 正人(埼玉県立盲学校・小1)
◇唱歌
- 第1位　村上 知佐子(兵庫県立盲学校・小6)
- 第2位　長谷川 広美(埼玉県立盲学校・小4)
- 第3位　石井 久子(埼玉県立盲学校・中3)

第31回(昭56年)
◇独唱1部(小学部3年生まで対象)
- 第1位　福島 順子(大阪府立盲学校・小1)
- 第2位　田島 三枝子(埼玉県立盲学校・小3)

- 第3位　小山　強(東京都立久我山盲学校・小3)
- ◇独唱2部(小学部4年生〜中学部対象)
  - 第1位　中川　守(徳島県立盲学校・中2)
  - 第2位　中村　利香(高田盲学校・中1)
  - 第3位　尾方　尚子(大阪市立盲学校・小4)

第32回(昭57年)
- ◇独唱1部
  - 第1位　遠藤　れん子(大阪市立盲学校・小2)
  - 第2位　竹内　晋作(大阪市立盲学校・小3)
  - 第3位　田島　美紀(埼玉県立盲学校・小3)
- ◇独唱2部
  - 第1位　尾方　尚子(大阪市立盲学校・小5)
  - 第2位　小西　佳恵(東京都立久我山盲学校・中3)
  - 第3位　石田　菜穂子(神奈川県立平塚盲学校・中1)

第33回(昭58年)
- ◇独唱1部
  - 第1位　岸田　昌子(兵庫県立盲学校・小1)
  - 第2位　楠瀬　勝也(大阪市立盲学校・小3)
- ◇独唱2部
  - 第1位　丸橋　智穂(大阪市立盲学校・小5)
  - 第2位　岡　由美(徳島県立盲学校・小4)
  - 第3位　坂東　玲子(徳島県立盲学校・小4)

第34回(昭59年)
- ◇独唱1部
  - 第1位　近藤　恒久(大阪市立盲学校・小2)
  - 第2位　長谷川　栄美(大阪市立盲学校・小2)
  - 第3位　宮本　朱美(埼玉県立盲学校・小3)
- ◇独唱2部
  - 第1位　飯泉　千恵子(茨城県立盲学校・小6)
  - 第2位　加藤　厚(埼玉県立盲学校・中2)
  - 第3位　福島　順子(大阪市立盲学校・小4)

第35回(昭60年)
- ◇独唱1部
  - 第1位　佐々田　洋子(大阪市立盲学校・小2)
  - 第2位　柿谷　有史(大阪市立盲学校・小1)
  - 第3位　田中　清子(大阪市立盲学校・小1)
- ◇独唱2部
  - 第1位　牛田　令子(徳島県立盲学校・中1)
  - 第2位　飯泉　千恵子(茨城県立盲学校・中1)
  - 第3位　楠瀬　勝也(大阪市立盲学校・小5)

第36回(昭61年)
- ◇独唱2部
  - 第1位　飯泉　千恵子(茨城県立盲学校・中2)
  - 第2位　田島　三枝子(埼玉県立盲学校・中2)
  - 第3位　吉水　加奈子(茨城県立盲学校・中2)

第37回(昭62年)
- ◇独唱1部
  - 第1位　該当者なし
  - 第2位　金子　直樹(筑波大学附属盲学校・小1)
- 第3位　中川　一也(筑波大学附属盲学校・小1)
- ◇独唱2部
  - 第1位　新井　光美(埼玉県立盲学校・小4)
  - 第2位　宮本　朱美(埼玉県立盲学校・小6)
  - 第3位　遠山　千恵(高田盲学校・中1)

第38回(昭63年)
- ◇独唱2部
  - 第1位　小林　崇(八王子盲学校・中2)
  - 第2位　栗田　みゆき(筑波大学附属盲学校・小6)
  - 第3位　衣川　春美(兵庫県立盲学校・中1)

第39回(平1年)
- ◇独唱1部
  - 第1位　塚本　哲郎(大阪市立盲学校・小2)
- ◇独唱2部
  - 第1位　波平　和樹(筑波大学附属盲学校・小5)
  - 第2位　藤田　幸重(筑波大学附属盲学校・中3)
  - 第3位
    - 河本　健二(大阪市立盲学校・小4)
    - 澤田　理絵(筑波大学附属盲学校・中3)

第40回(平2年)
- ◇独唱1部
  - 第1位　該当者なし
  - 第2位　池上　麻衣子(筑波大学附属盲学校・小3)
- ◇独唱2部
  - 第1位　該当者なし
  - 第2位　渡辺　啓(筑波大学附属盲学校・小1)
  - 第3位　毛利　麻未子(筑波大学附属盲学校・小3)

第41回(平3年)
- ◇独唱1部(小学部・中学部対象)　該当者なし

第42回(平4年)
- ◇独唱1部
  - 第1位　該当者なし
  - 第2位　該当者なし
  - 第3位　加藤　由佳子(兵庫県立盲学校・中2)「菊」

第43回(平5年)
- ◇独唱1部
  - 第1位　該当者なし
  - 第2位　川端　美樹(兵庫県立盲学校・中3)

- 第3位　該当者なし

第44回（平6年）
◇独唱1部　該当者なし

第45回（平7年）
◇独唱1部　参加者なし

第46回（平8年）
◇独唱1部　参加者なし

第47回（平9年）
◇独唱1部
- 第1位　該当者なし
- 第2位　該当者なし
- 第3位　長谷川 慶（筑波大学附属盲学校・小3）

第48回（平10年）
◇独唱1部
- 奨励賞　野中 梨那（愛媛県立松山盲学校・小4）

第49回（平11年）
◇独唱1部　該当者なし

第50回（平12年）
◇独唱1部　参加者なし

第51回（平13年）
◇独唱1部　参加者なし

第52回（平14年）
◇独唱1部　該当者なし

第53回（平15年）
◇独唱1部　参加者なし

第54回（平16年）
◇独唱1部　参加者なし

第55回（平17年）
◇独唱1部　参加者なし

第56回（平18年）
◇ピアノ 小学生の部
- 第1位　越崎 沙絵（東京都立八王子盲学校・小6）
- 第2位　志岐 竜哉（東京都立八王子盲学校・小3）
- 第3位　越智 美月（北海道札幌盲学校・小4）
- 奨励賞　鈴木 萌依（静岡県藤枝市立藤枝小学校・小4）

◇独唱1部　該当者なし
- 奨励賞　名波 愛莉（静岡県立静岡盲学校・小3）

第57回（平19年）
◇ピアノ課題曲の部
- 1位　水野 隆（足立区立五反野小学校・小3）

◇ピアノ自由曲の部小学生
- 1位　志岐 竜哉（東京都立八王子盲学校・小4）
- 2位　吉岡 千尋（京都府立盲学校舞鶴分校・小4）
- 3位　市川 純也（奈良県天理市立前栽小学校・小6）

第58回（平20年）
◇ピアノ自由曲の部小学生
- 第1位　阿部 友亮（栃木県立盲学校・小5）
- 第2位　該当者なし
- 第3位
  岩月 かほり（愛知県立名古屋盲学校・小2）
  鈴木 萌依（静岡県立静岡視覚特別支援学校・小6）
- 奨励賞　高野 翼（栃木県立盲学校・小4）

◇ピアノの部・中学生
- 第1位　市川 純也（奈良県天理市立西中・中1）
- 第2位　生島 唯斗（東京都立葛飾盲学校・中1）

◇独唱1部
- 第1位　該当者なし
- 第2位　吉岡 千尋（京都府立盲舞鶴分校・小5）
- 第3位
  米屋 明歩（愛媛県立松山盲学校・小6）
  生島 唯斗（東京都立葛飾盲学校・中1）

268　毎日映画コンクール

　敗戦後の荒廃した日本に新しい文化を創造するため、日本映画の再建・発展と大衆娯楽としての映画の育成を目的として、昭和21年に創設された。教育文化映画賞は第4回から開始。第44回より「教育文化映画賞」と「ニュース映画賞」を「記録文化映画賞」に統合し、第60回に「ドキュメンタリー映画賞」に名前を変えて一新するまで続いた。

【主催者】毎日新聞社，スポーツニッポン新聞社
【URL】http://www.japan-movie.net/

第4回（昭24年度）
　◇教育文化映画賞　東宝教育映画「こんこん鳥物語」
第5回（昭25年度）
　◇教育文化映画賞　日本映画社「いねの一生」
第6回（昭26年度）
　◇教育文化映画賞　朝日新聞文化事業団「中尊寺」
第7回（昭27年度）
　◇教育文化映画賞　日映科学映画製作所「結核の生態」
第8回（昭28年度）
　◇教育文化映画賞
　　　日映科学映画製作所「真空の世界」
　　　ヴィディオ映画製作所「雪ふみ」
第9回（昭29年度）
　◇教育文化映画賞
　　　岩波映画製作所「蚊」
　　　岩波映画製作所「佐久間ダム」
第10回（昭30年度）
　◇教育文化映画賞　岩波映画製作所「かえるの発生」「ひとりの母の記録」
第11回（昭31年度）
　◇教育文化映画賞　日本映画新社「カラコルム」
第12回（昭32年度）
　◇教育文化映画賞
　　　日本映画新社「南極大陸」
　　　記録映画社「おふくろのバス旅行」
　　　おとぎプロ「ふくすけ」
第13回（昭33年度）
　◇教育文化映画賞
　　　日映新社「地底の凱歌」
　　　東京シネマ「ミクロの世界」
　　　民芸映画社「オモニと少年」
第14回（昭34年度）
　◇教育文化映画賞
　　　読売映画社「秘境ヒマラヤ」
　　　第一映画社「うわさはひろがる」
　　　東京シネマ「癌細胞」
第15回（昭35年度）
　◇教育文化映画賞
　　●長編記録映画　部落・製作委員会「人間みな兄弟」
　　●理科映画　東映教育映画部「新昆虫記―蜂の生活」
　　●短編劇映画　共同映画社「北白川こども風土記」
　　●科学映画　東京シネマ「マリン・スノー＝石油の起源」
　　●企画賞　丸善石油「マリン・スノー＝石油の起源」

　●教育文化映画特別賞　吉田六郎《理科映画「新昆虫記―蜂の生活」に示した画期的撮影技術》
第16回（昭36年度）
　◇教育文化映画賞
　　●理科映画　岩波映画製作所「メダカの卵」
　　●短編劇映画　英映画社「山かげに生きる人達」
　　●科学映画　東京シネマ「潤滑油」
　　●企画賞　丸善石油「潤滑油」
第17回（昭37年度）
　◇教育文化映画賞
　　●一般教養映画　岩波映画製作所「尾瀬」
　　●社会教育映画　英映画社「石ころの歌」
　　●科学映画　東京シネマ「『パルスの世界』―エレクトロニクスと生体と」
　　●学校教材映画　科学映画研究所「ジガバチモドキの観察」
　　●企画賞　三菱銀行《学校教材映画「私たちの修学旅行」奈良・京都》
第18回（昭38年度）
　◇教育文化映画賞
　　●科学映画　東京シネマ「生命誕生」
　　●記録映画　岩波映画製作所「ある機関助士」
　　●教材映画　東映「新昆虫記オトシブミの観察」
　　●産業映画　東映「森林―北海道の国有林」
　　●企画賞　貯蓄増強中央委員会「劇映画『土と愛』」「劇映画『原野に生きる』」
第19回（昭39年度）
　◇教育文化映画賞
　　●科学映画　東京シネマ「結晶と電子」
　　●児童映画　東映「白さぎと少年」
　　●教養映画　東京シネマ「美しい国土―その生いたち」
　　●産業映画　日本シネセル「日本のさけます」
　　●企画賞　貯蓄増強委員会「北海に生きる」「父と母とその子たち」「アメリカの家庭生活」
第20回（昭40年度）
　◇教育文化映画賞
　　●学校教育映画　学習研究社「つるのおんがえし」
　　●記録映画　記録映画社「姫路城」
　　●社会教育映画　三井プロダクション「盲ろう児」
　　●一般教養映画　桜映画社「和華子」

- 企画賞　ミツウロコ「日本の祭」

第21回（昭41年度）
◇教育文化映画賞
- 学校教材映画　学習研究社「近代百年の歩み」
- 記録映画　記録映画社「伝統工芸―わざと人」
- 科学映画　東京シネマ「ヒトの染色体」
- アニメーション映画　学習研究社「月夜とめがね」
- 企画賞　東京シネマ〔製作〕「原子力発電の夜明け」（第一銀行）

第22回（昭42年度）
◇教育文化映画賞
- 科学映画　日本シネセル「特別天然記念物・ライチョウ」
- アニメーション映画　学習研究社「マッチ売りの少女」
- 学校教材映画　東映「新昆虫記・谷川にすむ虫」
- 記録映画　岩波映画製作所「夜明けの国」
- 企画賞　電通, 藤プロ「母たち」（プリマハム）

第23回（昭43年度）
◇教育文化映画賞
- 記録映画　記録映画社「松本城」
- 社会教育映画　桜映画社「竜門の人びと」
- 科学映画　岩波映画製作所「もんしろちょう」
- 一般教養映画　日本映画新社「シベリア人の世界」

第24回（昭44年度）
◇教育文化映画賞
- 教育記録映画　ハマダ・プロダクション「若い心の詩」

第25回（昭45年度）
◇教育文化映画賞　日映科学映画製作所「よみがえる金色堂」

第26回（昭46年度）
◇教育文化映画賞　学習研究社AV局「チコタン～ぼくのおよめさん」

第27回（昭47年度）
◇教育文化映画賞　桜映画社「明治の洋風建築」

第28回（昭48年度）
◇教育文化映画賞　桜映画社「色鍋島」

第29回（昭49年度）
◇教育文化映画賞　英映画社「日本の稲作―そのこころと伝統」

第30回（昭50年度）
◇教育文化映画賞　毎日映画社, 美術映画製作協会「彫る・棟方志功の世界」

第31回（昭51年度）
◇教育文化映画賞　桜映画社「奄美の森の動物たち―自然をさぐる」

第32回（昭52年度）
◇教育文化映画賞　桜映画社「伊勢型紙」

第33回（昭53年度）
◇教育文化映画賞　美術映画製作協会「京舞・四世井上八千代」

第34回（昭54年度）
◇教育文化映画賞　近代映画協会, 女子パウロ会「マザー・テレサとその世界」

第35回（昭55年度）
◇教育文化映画賞　東京シネ・ビデオ「バングラデシュの大地に」

第36回（昭56年度）
◇教育文化映画賞　桜映画社「芭蕉布を織る女たち」

第37回（昭57年度）
◇教育文化映画賞　東京シネ・ビデオ「アンデスの嶺のもとに」

第38回（昭58年度）
◇教育文化映画賞　アール・ケー・ビー映画社「海底炭鉱に生きる」

第39回（昭59年度）
◇教育文化映画賞　岩波映画製作所「サイエンスグラフィティ―科学と映像の世界」

第40回（昭60年度）
◇教育文化映画賞　岩波映画製作所「痴呆性老人の世界」

第41回（昭61年度）
◇教育文化映画賞　青銅プロダクション, 共同映画「アリサ―ヒトから人間への記録」

第42回（昭62年度）
◇教育文化映画賞　二馬力「柳川堀割物語」

第43回（昭63年度）
◇教育文化映画賞　桜映画社「利休の茶」

第44回（平1年度）
◇記録文化映画賞
　桜映画社「有明海の干潟漁」
　幻灯社「脱原発元年」

第45回（平2年度）
◇記録文化映画賞
- 長編　山陽映画, 海洋架橋調査会「瀬戸大橋」
- 短編　日本映画新社「ヒロシマ・母たちの祈り」

第46回（平3年度）
◇記録文化映画賞
- 長編　岩波映画製作所「病院はきらいだ―老人の在宅ケアを考えるネットワーク」

- 短編　桜映画社「世阿弥の能」

第47回（平4年度）
◇記録文化映画賞
- 長編　オフィスケイエス「琵琶法師 山鹿良之」
- 短編　シネマボックス「ある同姓同名者からの手紙」

第48回（平5年度）
◇記録文化映画賞
- 長編　シグロ「免田栄 獄中の生」
- 短編　札幌映像プロダクション「アイヌ文化を伝承する人々〈第5巻〉～キナタ・テケカラペ・トゥイタハ」

第49回（平6年度）
◇記録文化映画賞
- 長編　渡り川製作委員会「渡り川」
- 短編　桜映画社「十三代今右衛門」「薄墨の美」

第50回（平7年度）
◇記録文化映画賞
- 長編　奈緒ちゃん製作委員会，デコ企画「奈緒ちゃん」
- 短編　朝永振一郎伝記映画製作委員会，山陽映画「映像評伝 朝永振一郎」

第51回（平8年度）
◇記録文化映画賞
- 長編　みちのく銀行，グループ現代「SA-WADA」
- 短編　群像舎「クロウサギの島」

第52回（平9年度）
◇記録文化映画賞
- 長編　ルイズ製作委員会，フリー映像プロダクション「ルイズ その旅立ち」
- 短編　シネ・ドキュメント「真正粘菌の生活史―進化の謎・変形体を探る」

第53回（平10年度）
◇記録文化映画賞
- 長編　中山映画「見えない壁を越えて」
- 短編　桜映画社「文楽への誘い」

第54回（平11年度）
◇記録文化映画賞
- 長編　自由工房「続"住民が選択した町の福祉"問題はこれからです」
- 短編　桜映画社「狂言・野村万蔵―技とこころ」

第55回（平12年度）
◇記録文化映画賞
- 長編　日本映画新社「夢は時をこえて―津田梅子が紡いだ絆」
- 短編　毎日映画社「江東区の伝統工芸『木挽』林以一」

第56回（平13年度）
◇記録文化映画賞
- 長編　ディレクターズシステム「able」
- 短編　文化工房「石を積む―石垣と日本人」

第57回（平14年度）
◇記録文化映画賞
- 長編　文エンタープライズ「住井すゑ 百歳の人間宣言」
- 短編　ユー・エヌ「未知への航海―すばる望遠鏡建設の記録」

第58回（平15年度）
◇記録文化映画賞
- 長編　イメージ・サテライト「こんばんは」
- 短編　桜映画社「彩なす首里の織物 宮平初子」

第59回（平16年度）
◇記録文化映画賞
- 長編　日経映像「螺鈿―北村昭斎のわざ」
- 短編　協映「わたしの季節」

269　毎日ファミリーソング大賞（毎日童謡賞）

現代感覚にあふれた新しい童謡づくりをめざして，昭和62年に「毎日童謡賞」として創設された。平成6年に現在の名称に改称。14年をもって終了。

第1回（昭62年）
◇最優秀賞　今野 政一
◇優秀賞
　　小春 久一郎
　　門倉 さと
　　小泉 周二

第2回（昭63年）
◇最優秀賞　岡村 梨枝子
◇優秀賞
　　藤 哲生
　　水口 寿子
　　魚瀬 ゆう子

第3回（平1年）
　◇最優秀賞　新谷 智恵子
　◇優秀賞
　　　　楠 茂宣
　　　　南雲 純雄
　　　　門倉 さとし
第4回（平2年）
　◇最優秀賞　二宮 奈保子
　◇優秀賞
　　　　新谷 智恵子
　　　　浜 裕子
　　　　川崎 直美
第5回（平3年）
　◇最優秀賞　関原 斉子
　◇優秀賞　岡村 梨枝子
第6回（平4年）
　◇最優秀賞　関原 斉子
　◇優秀賞　石原 一輝
第7回（平5年）
　◇最優秀賞　中島 仁洋子
　◇優秀賞　むらと たいこ
第8回（平6年）
　◇最優秀賞　むらと たいこ
　◇優秀賞　小林 紀美子
第9回（平7年）
　◇最優秀賞　松下 美千代「夢を抱(いだ)いて」
　◇優秀賞　竹沢 静江「小さな木と大きな木のうた」
第10回（平8年）
　◇最優秀賞　朝倉 典子「悲しみの街角～追想（おもいで）を呼び止めて」
　◇優秀賞　松本 美紀「透明な幸福(しあわせ)」
第11回（平9年）
　◇最優秀賞　山本 佳奈「神様ヘルプミー」
　◇優秀賞　浅川 清子「いろいろだから おもしろい」
第12回（平10年）
　◇最優秀賞　中田 善大「ゆう気があれば」
　◇優秀賞　平尾 正人「MY DEAR CHILDREN」
第13回（平11年）
　◇最優秀賞
　　　　原田 乃梨「あしたへぴょん」
　　　　鈴木 裕美「ONE DAY」
　◇優秀賞　該当者なし
第14回（平12年）
　◇課題曲の部
　　●最優秀賞　進藤 恵子「足跡」
　　●優秀賞
　　　　石原 ゆかり「ゆらら…心」
　　　　山村 香織「Message」
　　　　佐々木 美香「Believe You」
　　　　和田 美帆「心残」

　　　　渡辺 陽子「ひとりごと」
　◇自由課題の部
　　●最優秀賞　光嶋 敬子「With」
　　●優秀賞
　　　　吉田 寛子「Brave」
　　　　新井 利子「step by step」
　　　　五十嵐 邦子「ほたる」
　　　　飯野 真澄「あなたを明日へ」
　　　　深井 カヨ子「もう一度…」
第15回（平13年）
　◇赤ちゃんの部
　　●グランプリ　武井 光子「愛の詩(うた)」
　　●最優秀賞　川口 葉子「コウノトリからのおくりもの」
　　●優秀賞
　　　　岩森 久美「愛がこぼれおちる」
　　　　森宗 京子「ママのお腹にいたときは」
　　　　宮地 志帆「ここから」
　　●審査員特別賞　大熊 義和「あかちゃんのとくいなもの」
　◇一般の部
　　●最優秀賞　小笠原 典永「しあわせときぼう」
　　●優秀賞
　　　　石原 ゆかり「しし座流星症候群」
　　　　五十嵐 敬也「日付変更線～みんなの笑顔をとりもどすために」
　　　　木内 佑美「春光り」
　　　　田沢 節子「帽子でハッと」
　◇歌唱の部
　　●最優秀賞　横田 裕一
第16回（平14年）
　◇作詞の部
　　●グランプリ　里見 悠「帰り道の先に」
　　●最優秀賞　安井 和弘「MY BIRTHDAY」
　　●優秀賞
　　　　瀬戸山 剛「家族の笑顔」
　　　　石川 香織「家族のしるし」
　　　　福田 昌史「それが家族さ」
　　●審査員特別賞　小笠原 典永「親そして子～か・ぞ・く」
　◇作曲の部
　　●最優秀賞　飯国 優子
　　●優秀賞
　　　　三原 とも子
　　　　内田 雅子
　　　　加藤 江利子
　　　　高橋 宏樹
　　　　今村 洋一
　　　　安部 友和
　　　　遠藤 秀安
　◇歌手の部
　　●最優秀賞　穴見 めぐみ

270 三木露風賞・新しい童謡コンクール（新しい童謡コンクール，三木露風賞）

　童謡「赤とんぼ」の作詩者・三木露風の生誕地たつの市で，次代をになう子どもたちの豊かな情操や感性をはぐくみ，童謡の振興と世代を超えて歌い継がれる新しい童謡の創造を目指して，昭和60年に設立された。

【主催者】（財）童謡の里龍野文化振興財団，日本童謡まつり実行委員会，兵庫県たつの市，たつの市教育委員会，（社）日本童謡協会，（社）龍野青年会議所

【選考委員】（第25回）湯山昭（作曲家，日本童謡協会会長），宮中雲子（詩人，日本童謡協会副会長），こわせ・たまみ（詩人，日本童謡協会理事），佐藤雅子（詩人，日本童謡協会常任理事），武鹿悦子（詩人，日本童謡協会），伊藤幹翁（作曲家，日本童謡協会常任理事），甲賀一宏（作曲家，日本童謡協会理事・事務局長），西田正則（たつの市長，童謡の里龍野文化振興財団理事長），苅尾昌典（たつの市教育長），西村文博（龍野青年会議所理事長）

【選考方法】公募

【選考基準】〔資格〕プロ・アマ，国籍不問。〔対象〕このコンクールのために創作されたオリジナル詩。〔応募規定〕400字詰め原稿用紙（B4版）に詩を縦書きにする。1人3編以内

【締切・発表】（第25回）平成21年7月1日応募締切，10月初旬に応募者に通知。10月25日に入賞詩発表会にて表彰

【賞・賞金】最優秀(1編)：盾と賞金50万円，優秀(1編)：盾と賞金20万円，佳作(3編)：盾と賞金3万円，(社)龍野青年会議所理事長賞(1編)：盾と賞金5万円，露風生誕120年記念特別賞(1編)：盾と賞金5万円，日本童謡まつり実行委員会賞(1編)：盾と賞金5万円，赤とんぼの里奨励賞(兵庫県内在住者・若干編)：賞状と図書券1万円

【URL】http://www.tatsuno-cityhall.jp/abh/

第1回（昭60年度）
　◇最優秀賞　小西 欣一〔詞・曲〕「手紙を出したよおばあちゃん」
　◇優秀賞　小春 久一郎〔詞〕，矢田部 宏〔曲〕（大学教授，作曲家）「ぼくはおばけ」
第2回（昭61年度）
　◇最優秀賞　倉沢 徹雄〔詞・曲〕「ぼくのかみひこうき」
　◇優秀賞　門倉 訣〔詞〕，高平 つぐゆき〔曲〕（NTT）「風」
第3回（昭62年度）
　◇最優秀賞　大村 和恵〔詞・曲〕「おおきなぞうさん」
第4回（昭63年度）
　◇最優秀賞　小元 幹子〔詞・曲〕「雨だれの子もりうた」
第5回（平1年度）
　◇最優秀賞　門倉 訣〔詞〕，山口 栄〔曲〕「雨あがり」
第6回（平2年度）
　◇最優秀賞　浜田 淳子〔詞・曲〕「かなしみよ さよなら」
第7回（平3年度）
　◇最優秀賞　池本 孝子〔詞・曲〕「絵日記」
第8回（平4年度）
　◇最優秀賞　佐々木 寿信〔詩〕，杉田 志保子〔曲〕「なつの終り」
第9回（平5年度）
　◇優秀賞
　　　浜田 淳子〔詩・曲〕「あったかいね」
　　　石原 一輝〔詩・曲〕「おまいり」
第10回（平6年度）
　◇作詩の部最優秀賞　祐成 智美「ポスト」
　◇作曲の部優秀賞
　　　伊藤 幹翁「きりん」
　　　白川 雅樹「雨はあしながおじさん」
第11回（平7年度）
　◇作詩の部最優秀賞　金井 秀雄「あかちゃんおねむ」
　◇作曲の部優秀賞
　　　鈴木 美紀「かぜのあかちゃん」
　　　曽根 紀子「春になったら」

第12回(平8年度)
　◇最優秀作品　藤原 美幸「おーい空、おーい海」
　◇優秀作品
　　　竹沢 小静「せみのとおせんぼ」
　　　大竹 典子「入道雲」
第13回(平9年度)
　◇最優秀作品　大竹 典子(神奈川県川崎市)「ペンギン島のペンギンさん」
　◇優秀作品　竹崎 美恵子(高知県高知市)「海のふしぎ」
第14回(平10年度)
　◇最優秀作品　小林 香理(三重県松阪市)「かげとわたし」
　◇優秀作品　竹崎 美恵子(高知県高知市)「おでかけですか あかとんぼ」
第15回(平11年度)
　◇最優秀作品　小室 志をり(埼玉県川越市)「ぼくとみかづきさん」
　◇優秀作品　土田 史都子(兵庫県尼崎市)「おしゃれトンボ」
第16回(平12年度)
　◇最優秀作品　小室 志をり(埼玉県川越市)「かあさんのアルバム」
　◇優秀作品　土屋 浩子(埼玉県川越市)「かわったことば」
第17回(平13年度)
　◇最優秀作品　高橋 友夫(東京都北区)「わすれない」
　◇優秀作品　朝山 ひでこ(神奈川県川崎市)「母っていう字」
第18回(平14年)
　◇最優秀作品　大村 領〔作詩〕,大中 恩〔作曲〕「どないしょ」
　◇優秀作品　菊池 順子〔作詩〕,湯山 昭〔作曲〕「さよならのじかん」
　◇佳作　朝山 ひでこ〔作詩〕,小森 昭宏〔作曲〕「おうちのポスト」
第19回(平15年)
　◇最優秀作品　田口 栄一〔作詩〕,湯山 昭〔作曲〕「ママのあみもの」
　◇優秀作品　村山 二永〔作詩〕,小林 秀雄〔作曲〕「私のおばあちゃん」
　◇日本童謡まつり実行委員会賞　内海 萌〔作詩〕,若松 正司〔作曲〕「あじさい」
第20回(平16年)
　◇最優秀作品　佐々木 寿信〔作詩〕,湯山 昭〔作曲〕「きりんさん」
　◇優秀作品　菊池 順子〔作詩〕,伊藤 幹翁〔作曲〕「はにわを見た」
　◇第20回記念特別賞　宝山 かおる〔作詩〕,甲賀 一宏〔作曲〕「おかあさん トントンして」
第21回(平17年)
　◇最優秀作品　萩原 奈苗〔作詩〕,若松 歓〔作曲〕「おうちでみつけたどうぶつたち」
　◇優秀作品　二瓶 みち子〔作詩〕,平野 淳一〔作曲〕「おにぎりとおむすび」
　◇新たつの市誕生記念特別賞　田口 靖子〔作詩〕,朝岡 真木子〔作曲〕「かたたたき」
第22回(平18年)
　◇最優秀作品　池田 泰子〔作詩〕,湯山 昭〔作曲〕「木の根っこ」
　◇優秀作品　坂井 貴美子〔作詩〕,白川 雅樹〔作曲〕「あまのじゃく」
　◇(社)龍野青年会議所理事長賞作品　山根 真奈美〔作詩〕,若松 正司〔作曲〕「おばあちゃん」
第23回(平19年)
　◇最優秀作品　朝山 ひでこ(神奈川県川崎市)「すごいぞ夏やさい」
　◇優秀作品　神部 恒子(宮城県仙台市)「ゆきのんのんこもりうた」
　◇(社)龍野青年会議所理事長賞　萩原 奈苗(茨城県つくば市)「ごぼうのいきかた」
　◇日本童謡まつり実行委員会賞　坂井 貴美子(千葉県松戸市)「とけちゃったらどうしよう」
　◇赤とんぼ誕生80年記念特別賞　金澤 美佳(兵庫県たつの市)「かわいいてんとう虫」
第24回(平20年)
　◇最優秀作品　川端 真由美(兵庫県たつの市)「ばあちゃんのあじさい」
　◇優秀作品　田中 昭子(千葉県流山市)「なまず」
　◇(社)龍野青年会議所理事長賞　船越 浩明(東京都品川区)「小さな服」
　◇日本童謡まつり実行委員会賞　小山 治郎(神奈川県小田原市)「かみさまっているのかな」

271 宮城道雄記念コンクール（宮城会箏曲コンクール）

昭和41年7月に「宮城会箏曲コンクール」として第1回目が開催される。箏曲界のみならず邦楽界全体のレベルの向上に貢献し、演奏部門上位入賞者から現在活躍中の演奏者を数多く輩出する。平成13年度より現在の名称となる。

【主催者】箏曲宮城会
【選考委員】（平成21年度）丹羽正明、浦田健次郎、増本伎共子ほか箏曲宮城会
【選考方法】公募。演奏部門：公開審査、作曲部門：譜面・テープ審査を経て公開演奏審査
【選考基準】〔資格〕宮城会会員及び宮城会の承認を受けた者。但し演奏部門にて、過去の第1位入賞者は除く。〔部門〕(1)演奏部門：宮城曲・古曲・宮城宗家が委嘱した「宮城曲を編曲した作品」。独奏（箏、三絃、箏と唄、三絃と唄）あるいは合奏。児童部：6歳〜13歳、5分以内、一般部：14歳以上、7分以内。いずれも性別不問。(2)作曲部門：独奏曲（箏・三絃・十七絃・胡弓）、合奏曲（箏・三絃・十七絃・胡弓を主にした作品）、歌曲（箏・三絃・十七絃・胡弓・尺八・笙）。未発表の作品で演奏時間10分以内
【締切・発表】例年、申込期間は5月20日〜31日。平成21年度は21年7月20日証券会館ホールにて開催
【賞・賞金】賞状と賞金、副賞ほか
【URL】http：//www.miyagikai.gr.jp

第1回（昭41年）
◇演奏部門（児童部）
- 1位　三橋 範子
- 2位　畠 益美
- 3位　北畠 めぐみ

第2回（昭42年）
◇演奏部門（児童部）
- 3位
　　北畠 めぐみ
　　樋口 美佐子
　　斉藤 洋子

第3回（昭43年）
◇演奏部門（児童部）
- 1位　大久保 智子
- 2位　西谷 晴美、西谷 しのぶ、西谷 道雄

第4回（昭44年）
◇演奏部門（児童部）
- 1位　北畠 めぐみ
- 2位　北原 純子
- 3位　安藤 千津

第5回（昭45年）
◇演奏部門（児童部）
- 1位　安藤 千津、大久保 智子
- 2位　山田 奈津子
- 3位　広木 すみ江

第6回（昭46年）
◇演奏部門（児童部）
- 1位　生越 由美子
- 2位　及川 由美子
- 3位　西谷 しのぶ、西谷 道雄

第7回（昭47年）
◇演奏部門（児童部）
- 1位　松本 尚子
- 2位　及川 由美子、大畠 菜穂子、小鳥居 淳子、武井 啓江
- 3位　曽我 訓子

第8回（昭48年）
◇演奏部門（児童部）
- 1位　西谷 道雄
- 2位　小林 深雪
- 3位　大倉 佐和子

第9回（昭49年）
◇演奏部門（児童部）
- 1位　杉崎 正美
- 2位　及川 由美子、大畠 菜穂子
- 3位　石井 まなみ

第10回（昭50年）
◇演奏部門（児童部）
- 1位　大倉 佐和子
- 2位　野口 優子
- 3位　服部 典子

第11回（昭51年）
◇演奏部門（児童部）
- 1位　服部 典子
- 2位　木田 敦子

児童の賞事典　561

- 3位　石井 まなみ

第12回（昭52年）
◇演奏部門（児童部）
- 1位　服部 典子
- 2位　山田 葉子
- 3位　矢野 加奈子

第13回（昭53年）
◇演奏部門（児童部）
- 1位　山田 葉子
- 2位　西郷 華苗, 関口 奈保美, 佐々木 久子
- 3位　石井 まなみ

第14回（昭54年）
◇演奏部門（児童部）
- 1位　石井 まなみ
- 2位　野沢 潤子, 岡田 佳子
- 3位　坪井 真理

第15回（昭55年）
◇演奏部門（児童部）
- 1位　野沢 潤子
- 2位　大矢 菜穂子
- 3位　高洲 満子

第16回（昭56年）
◇演奏部門（児童部）
- 1位　野沢 潤子
- 2位　江夏 百代, 岡崎 勝美, 古川 素子
- 3位　松坂 典子

第17回（昭57年）
◇演奏部門（児童部）
- 1位　高洲 満子
- 2位　西原 英樹
- 3位　戸板 祥子

第18回（昭58年）
◇演奏部門（児童部）
- 1位　佐伯 麻里子
- 2位　西原 英樹
- 3位　戸板 祥子

第19回（昭59年）
◇演奏部門（児童部）
- 1位　戸板 祥子
- 2位　奥田 喜通
- 3位　岡村 慎太郎

第20回（昭60年）
◇演奏部門（児童部）
- 1位　松本 クミ
- 2位　松坂 典子
- 3位　遠藤 千晶

第21回（昭61年）
◇演奏部門（児童部）
- 1位　遠藤 千晶
- 2位　奥田 喜道

- 3位　竹本 明道

第22回（昭62年）
◇演奏部門（児童部）
- 1位　柳下 純一
- 2位　野尻 直子
- 3位　柏原 奈穂

第23回（昭63年）
◇演奏部門（児童部）
- 2位　安藤 珠希
- 3位　平田 紀子

第24回（平1年）
◇演奏部門（児童部）
- 1位　小沢 鈴
- 2位　安藤 珠希
- 3位　平田 紀子

第25回（平2年）
◇演奏部門（児童部）
- 第1位　片岡 リサ「春の訪れ」
- 第2位　源後 睦美「六段の調」
- 第3位　平田 紀子「飛鳥の夢」
- 秀位
　　上出 寛子「山の水車」
　　前田 浩延「六段の調」
　　松本 三沙代「さらし風手事」

第26回（平3年）
◇演奏部門（児童部）
- 第1位　前田 浩延「みだれ」
- 第2位　平田 紀子「千代の寿」
- 第3位　難波 翔子「御代の祝」
- 秀位
　　藤野 望「砧」
　　安藤 珠希「春の曲」
　　大島 路子「汽車ごっこ」

第27回（平4年）
◇演奏部門（児童部）
- 第1位　川本 奈緒「落葉の踊（三絃）」
- 第2位　松本 三沙代「手事・第一楽章」
- 第3位　安藤 珠希「さらし風手事」
- 秀位
　　平田 紀子「花紅葉」
　　上出 寛子「手鞠」
　　長瀬 真弓「手事・第一楽章」

第28回（平5年）
◇演奏部門（児童部）
- 第1位　平野 真梨子「泉」
- 第2位　平田 紀子「砧」
- 第3位　渡辺 香澄「烏川（十七絃）」
- 秀位
　　井口 朋「線香花火」
　　竹内 紫緒「せきれい」
　　菊池 麻里子「六段の調」

Ⅴ 音楽・芸能

第29回（平6年）
◇演奏部門（児童部）
- 第1位　該当者なし
- 第2位　渡辺 香澄「北風のとき（十七絃）」
- 第3位　平田 紀子「さらし風手事」
- 秀位
　　前田 みずほ「さしそう光」
　　坪井 美誉子「春の訪れ」

第30回（平7年）
◇演奏部門（児童部）
- 第1位　平田 紀子「瀬音」
- 第2位
　　伊藤 江里菜
　　吉川 あいみ, 安嶋 三保子「二軒の雨だれ（合奏）」
- 第3位　渡辺 香澄「砧」

第31回（平8年）
◇演奏部門（児童部）
- 第1位　前田 亮「六段」
- 第2位　寺井 結子「砧」
- 第3位　青嶋 彩栄子「水滴」

第32回（平9年）
◇演奏部門（児童部）
- 第1位　上遠野 文音「汽車ごっこ」
- 第2位　阿佐美 穂芽「さらし風手事」
- 第3位　青嶋 彩栄子「せきれい」

第33回（平10年）
◇演奏部門（児童部）
- 第1位
　　吉川 あいみ「秋の曲」（合奏）
　　伊藤 江里菜「秋の曲」（合奏）
　　安嶋 三保子「秋の曲」（合奏）
- 第2位　青嶋 彩栄子「浜木綿」
- 第3位　阪元 沙有理「千鳥の曲」

第34回（平11年）
◇演奏部門（児童部）
- 第1位　中村 あゆみ「手事」（第三楽章）
- 第2位
　　吉川 卓見「二軒の雨だれ」（合奏）
　　伊藤 茉里香「二軒の雨だれ」（合奏）
　　伊藤 朱里「二軒の雨だれ」（合奏）
- 第3位　上遠野 愛「夜の大工さん」

第35回（平12年）
◇演奏部門（児童部）
- 第1位　阪元 沙有理「春の夜」

- 第2位　工藤 洸子「祭の太鼓」
- 第3位　上遠野 愛「珠と鈴」

（平13年）
◇演奏部門（児童部）
- 第1位　上遠野 愛「祭の太鼓」
- 第2位　吉川 卓見「夜の大工さん」
- 第3位　中野 智美「祭の太鼓」

（平14年度）
◇演奏部門（児童部）
- 第1位　該当者なし
- 第2位　吉川 卓見「八千代獅子」
- 第3位　藤巻 彩美「水滴」

（平15年度）
◇演奏部門（児童部）
- 第1位　該当者なし
- 第2位　久保田 朋美「祭の太鼓」
- 第3位　伊藤 朱里, 伊藤 茉里香「さしそう光〈合奏〉」

（平16年度）
◇演奏部門（児童部）
- 第1位　該当者なし
- 第2位　池田 和花奈「祭の太鼓」
- 第3位　該当者なし

（平17年度）
◇演奏部門（児童部）
- 第1位　該当者なし
- 第2位　一村 ほたる「みだれ」
- 第3位　池田 佑希奈「まりつき」

（平18年度）
◇演奏部門（児童部）
- 第1位　池田 和花奈「春の海」
- 第2位　池田 佑希奈「六段」
- 第3位　戸田 佳留奈「汽車ごっこ」

（平19年度）
◇演奏部門（児童部）
- 第1位　該当者なし
- 第2位　池田 佑希奈「祭の太鼓」
- 第3位　細田 頌子「水滴」

（平20年度）
◇演奏部門（児童部）
- 第1位　稲田 英晋「ロンドンの夜の雨」
- 第2位　長谷川 菜々子「祭の太鼓」
- 第3位　藤重 奈那子「楓の花」

272 優秀映画賞（芸術作品賞, 優秀映画作品賞）

　文化庁主催の「芸術作品賞」の映画部門を独立させ, 平成2年に創設された。映画分野の優れた芸術作品を顕彰し, 芸術活動の水準向上とその発展に資することを目的とする。平成12年「優秀映画作品賞」から「優秀映画賞」に賞名を変更した。こども向けテレビ用映画部門への

優秀映画賞

授賞は第1回から第7回まで行われた。
【主催者】文化庁
【選考方法】選考の申請を受けて選考

第1回（平2年度）
　◇こども向けテレビ用映画部門
　　　愛企画センター，グループ・タック「まんが日本昔ばなし」
　　　テレスクリーン「楽しいムーミン一家」
　　　エイケン「シートン動物記」
第2回（平3年度）
　◇こども向けテレビ用映画部門
　　　東京ムービー新社「おちゃめなふたご―クレア学院物語」
　　　テレスクリーン，テレビ東京「楽しいムーミン一家」
　　　愛企画センター，グループ・タック「まんが日本昔ばなし」
第3回（平4年度）
　◇こども向けテレビ用映画部門
　　　エイケン「サザエさん」
　　　愛企画センター，グループ・タック「まんが日本昔ばなし」
第4回（平5年度）
　◇こども向けテレビ用映画部門
　　　愛企画センター，グループ・タック「まんが日本昔ばなし」
　　　日本アニメーション「若草物語 ナンとジョー先生」
第5回（平6年度）
　◇こども向けテレビ用映画部門
　　　エイケン「サザエさん」
　　　ソニー・クリエイティブプロダクツ，ソニー・ミュージックエンタテインメント，グループ・タック「3丁目のタマ うちのタマ知りませんか？」
第6回（平7年度）
　◇こども向けテレビ用映画部門　日本アニメーション「ちびまる子ちゃん」
第7回（平8年度）
　◇こども向けテレビ用映画部門
　　　日本アニメーション「家なき子レミ」
　　　東映動画「ゲゲゲの鬼太郎」

VI 世界の賞

273 アメリカ探偵作家クラブ賞 (Mystery Writers of American Awards)

　1945年にミステリ作品の普及と作家の利益保護・促進などを目的に設立されたアメリカ探偵作家クラブが選考する賞の総称。アメリカの推理小説界でもっとも権威ある賞。一般的には、推理小説の父、エドガー・アラン・ポーにちなみ1946年に創設された「エドガー賞(Edgar Awards)」を指すことが多い。エドガー賞の選考対象は前年に米国内で出版された作品であり、最優秀長編賞、最優秀ペイパーバック賞、最優秀処女長編賞、最優秀短編賞、最優秀ヤングアダルト賞、最優秀ジュブナイル賞、最優秀犯罪実話賞、最優秀評論・評伝賞、最優秀映画賞、最優秀テレビ賞、最優秀テレビ・ミニシリーズ賞、最優秀演劇賞などの部門賞に分かれている。ジュブナイル賞は1961年から、ヤングアダルト賞は1989年から新設された。エドガー賞以外に同クラブが授与する賞としては、執筆作品以外のメディアを対象とする大鴉賞、優れた業績のある作家に贈られる巨匠賞、優れた短編作家に贈られるロバート・L.フィッシュ賞、出版功労者に贈られるエラリー・クィーン賞、メアリー・ヒギンズ・クラーク賞などがある。

【主催者】アメリカ探偵作家クラブ(The Mystery Writers of America)
【選考委員】各部門毎に会長に任命された委員長、および委員長に選出された4名の委員が行う
【選考基準】米国内で前年1月から12月の間に発表されたミステリの分野の作品を対象とする。作家や制作者の国籍は問わない。翻訳作品も対象に含まれる
【締切・発表】応募締切は1月～4月刊行の作品は4月末、5月～8月刊行の作品は8月末、9月～12月刊行の作品は11月末となる。毎年2月の第1木曜日にノミネーションの発表、4月末～5月初に受賞作発表・授賞式が行われる
【賞・賞金】賞金500ドルと陶製エドガー・アラン・ポー像(エドガー賞)
【URL】http：//www.mysterywriters.org/

1961年
　◇ジュヴナイル賞　フィリス・A.ホイットニー(Phyllis A.Whitney)「のろわれた沼の秘密」"The Mystery of the Haunted Pool"
1962年
　◇ジュヴナイル賞　エドワード・フェントン(Edward Fenton) "The Phantom of Walkaway Hill"
1963年
　◇ジュヴナイル賞　スコット・コーベット(Scott Corbett) "Cutlass Island"
1964年
　◇ジュヴナイル賞　フィリス・A.ホイットニー(Phyllis A.Whitney) "Mystery of the Hidden Hand"

1965年
　◇ジュヴナイル賞　マルセラ・サム(Marcella Thum) "Mystery at Crane's Landing"
1966年
　◇ジュヴナイル賞　レオン・ウェア(Leon Ware) "The Mystery of 22 East"
1967年
　◇ジュヴナイル賞　キン・プラット(Kin Platt) "Sinbad and Me"
1968年
　◇ジュヴナイル賞　グレッチェン・スプラーグ(Gretchen Sprague) "Signpost to Terror"
1969年
　◇ジュヴナイル賞　ヴァージニア・ハミルトン(Virginia Hamilton) "The House of Dies

Drear"
1970年
　◇ジュヴナイル賞　ウィンフレッド・フィンレイ（Winfred Finlay）"Danger at Black Dyke"
1971年
　◇ジュヴナイル賞　ジョン・ロー・タウンゼンド（John Rowe Townsend）「アーノルドのはげしい夏」"The Intruder"
1972年
　◇ジュヴナイル賞　ジョーン・エイケン（Joan Aiken）"Nightfall"
1973年
　◇ジュヴナイル賞　ロブ・ホワイト（Robb White）「マデックの罠」"Deathwatch"
1974年
　◇ジュヴナイル賞　ジェイ・ベネット（Jay Bennett）"The Long Black Coat"
1975年
　◇ジュヴナイル賞　ジェイ・ベネット（Jay Bennett）「たったひとりの証人」"The Dangling Witness"
1976年
　◇ジュヴナイル賞　ロバート・C.オブライエン（Robert C.O'Brien）「死のかげの谷間」"Z for Zachariah"
1977年
　◇ジュヴナイル賞　リチャード・ペック（Richard Peck）「レイプの街」"Are You in the House Alone？"
1978年
　◇ジュヴナイル賞　エロイーズ・ジャーヴィス・マグロー（Eloise Jarvis McGraw）"A Really Weird Summer"
1979年
　◇ジュヴナイル賞　デーナ・ブルッキンズ（Dana Brookins）「ウルフ谷の兄弟」"Alone in Wolf Hollow"
1980年
　◇ジュヴナイル賞　ジョーン・ラウリー・ニクソン（Joan Lowery Nixon）「クリスティーナの誘拐」"The Kidnapping of Christina Lattimore"
1981年
　◇ジュヴナイル賞　ジョーン・ラウリー・ニクソン（Joan Lowery Nixon）"The Seance"
1982年
　◇ジュヴナイル賞　ノーマ・フォックス・メイザー（Norma Fox Mazer）"Taking Terri Mueller"
1983年
　◇ジュヴナイル賞　ロビー・ブランスカム（Robbie Branscum）「だれが、ぼくの犬を殺したか」"The Murder of Hound Dog Bates"
1984年
　◇ジュヴナイル賞　シンシア・ヴォイト（Cynthia Voigt）"The Callender Papers"
1985年
　◇ジュヴナイル賞　フィリス・レノルズ・ネイラー（Phyllis Reynolds Naylor）"Night Cry"
1986年
　◇ジュヴナイル賞　パトリシア・ウィンザー（Patricia Windsor）"The Sandman's Eyes"
1987年
　◇ジュヴナイル賞　ジョーン・ラウリー・ニクソン（Joan Lowery Nixon）"The Other Side of Dark"
1988年
　◇ジュヴナイル賞　スーザン・シュリーブ（Susan Shreve）"Lucy Forever and Miss Rosetree, Shrinks"
1989年
　◇YA賞　ソニア・レヴィタン（Sonia Levitin）"Incident at Loring Groves"
　◇ジュヴナイル賞　ウィロ・デイビス・ロバーツ（Willo Davis Roberts）"Megan's Island"
1990年
　◇YA賞　アレイン・ファーガスン（Alane Ferguson）"Show Me the Evidence"
　◇ジュヴナイル賞　パム・コンラッド（Pam Conrad）"Stonewords"
1991年
　◇YA賞　チャプ・リーヴァー（Chap Reaver）"Mote"
　◇ジュヴナイル賞　パム・コンラッド（Pam Conrad）「ふたりのゾーイ」"Stonewords"
1992年
　◇YA賞　セオドア・テイラー（Theodore Taylor）"The Weirdo"
　◇ジュヴナイル賞　ベッツィ・バイアーズ（Betsy Byars）"Wanted...Mud Blossom"
1993年
　◇YA賞　チャプ・リーヴァー（Chap Reaver）"A Little Bit Dead"
　◇ジュヴナイル賞　イヴ・バンティング（Eve Bunting）"Coffin on a Case！"
1994年
　◇YA賞　ジョーン・ラウリー・ニクソン（Joan Lowery Nixon）"The Name of the Game Was Murder"

◇ジュヴナイル賞　バーバラ・ブルックス・ウォラス（Barbara Brooks Wallace）"The Twin in the Tavern"
1995年
◇YA賞　ナンシー・スプリンガー（Nancy Springer）"Toughing It"
◇ジュヴナイル賞　ウィロ・デイビス・ロバーツ（Willo Davis Roberts）"The Absolutely True Story..How I Visited Yellowstone Park with the Terrible Rubes"
1996年
◇YA賞　ロブ・マグレガー（Rob MacGregor）"Prophecy Rock"
◇ジュヴナイル賞　ナンシー・スプリンガー（Nancy Springer）"Looking for Jamie Bridger"
1997年
◇YA賞　ウィロ・デイビス・ロバーツ（Willo Davis Roberts）「ねじれた夏」"Twisted Summer"
◇ジュヴナイル賞　ドロシー・レイノルズ・ミラー（Dorothy Reynolds Miller）"The Clearing"
1998年
◇YA賞　ウィル・ホッブス（Will Hobbs）"Ghost Canoe"
◇ジュヴナイル賞　バーバラ・ブルックス・ウォラス（Barbara Brooks Wallace）"Sparrows in the Scullery"
1999年
◇YA賞　ナンシー・ワーリン（Nancy Werlin）"The Killer's Cousin"
◇ジュヴナイル賞　ウェンデリン・ヴァン・ドラーネン（Wendelin Van Draanen）「少女探偵サミー・キーズとホテル泥棒」"Sammy Keyes and the Hotel Thief"
2000年
◇YA賞　ヴィヴィアン・ヴァンデヴェルデ（Vivian Vande Velde）"Never Trust a Dead Man"
◇ジュヴナイル賞　エリザベス・マクデヴィット・ジョーンズ（Elizabeth McDavid Jones）"The Night Flyers"
2001年
◇YA賞　エレイン・マリ・アルフィン（Elaine Marie Alphin）"Counterfeit Son"

◇ジュヴナイル賞　フランシス・オロークドウェル（Frances O'Roark Dowell）"Dovey Coe"
2002年
◇YA賞　ティム・ウィン＝ジョーンズ（Tim Wynne-Jones）"The Boy in the Burning House"
◇ジュヴナイル賞　リリアン・エイジ（Lillian Eige）"Dangling"
2003年
◇YA賞　ダニエル・パーカー（Daniel Parker）"The Wessex Papers, Vols.1-3"
◇ジュヴナイル賞　ヘレン・エリクソン（Helen Ericson）"Harriet Spies Again"
2004年
◇YA賞　グラハム・マクナミー（Graham McNamee）「アクセラレイション—シリアルキラーの手帖—」"Acceleration"
◇ジュヴナイル賞　フィリス・レノルズ・ネイラー（Phyllis Reynolds Naylor）"Bernie Magruder＆the Bats in the Belfry"
2005年
◇YA賞　ドロシー・フーブラー（Dorothy Hoobler）、トーマス・フーブラー（Thomas Hoobler）"In Darkness, Death"
◇ジュヴナイル賞　ブルー・バリエット（Blue Balliett）「フェルメールの暗号」"Chasing Vermeer"
2006年
◇YA賞　ジョン・フェインスタイン（John Feinstein）"Last Shot"
◇ジュヴナイル賞　D.ジェームス・スミス（D.James Smith）"The Boys of San Joaquin"
2007年
◇YA賞　Robin Merrow MacCready "Buried"
◇ジュヴナイル賞　アンドリュー・クレメンツ（Andrew Clements）"Room One： A Mystery or Two"
2008年
◇YA賞　Tedd Arnold "Rat Life"
◇ジュヴナイル賞　Katherine Marsh "The Night Tourist"

274　ガーディアン児童文学賞（The Guardian Children's Fiction Award）

1967年創設されたイギリスの代表的な児童文学賞。長らくガーディアン賞は絵本を除くフィクションのみが対象とされてきたが、1999年、名称が変更され、ノンフィクションも対象内となった。毎年開催。

ガーディアン児童文学賞

【主催者】日刊紙「ガーディアン」(The Guardian)
【選考委員】日刊紙"The Guardian"の担当者及び前年の受賞作家をはじめとする児童文学作家4人の計5人。選考委員は毎年1～2名が入れ代えられる
【選考基準】作家の国籍がイギリスまたは英連邦諸国であり、前年12月31日までに英国で刊行された図書を対象とする。一度受賞した作家は対象から外される
【締切・発表】9月最終週のガーディアン紙上で発表される
【賞・賞金】賞金1500ポンド
【URL】http://books.guardian.co.uk/

1967年	レオン・ガーフィールド(Leon Garfield)「霧の中の悪魔」"Devil-in-the-Fog"
1968年	アラン・ガーナー(Alan Garner)「ふくろう模様の皿」"The Owl Service"
1969年	ジョーン・エイケン(Joan Aiken)「ささやき山の秘密」"The Whispering Mountain"
1970年	K.M.ペイトン(K.M.Peyton)「フランバース屋敷の人々」"Flambards"
1971年	ジョン・クリストファー(John Christopher)"The Guardians"
1972年	ジリアン・エイブリ(Gillian Avery)「がんばれウィリー」"A Likely Lad"
1973年	リチャード・アダムズ(Richard Adams)「ウォーターシップダウンのうさぎたち」"Watership Down"
1974年	バーバラ・ウィラード(Barbara Willard)"The Iron Lily"
1975年	ウィニフレッド・カウリー(Winifred Cawley)"Gran at Coalgate"
1976年	ニーナ・ボーデン(Nina Bawden)「ペパーミント・ピッグのジョニー」"The Peppermint Pig"
1977年	ピーター・ディキンスン(Peter Dickinson)「青い鷹」"The Blue Hawk"
1978年	ダイアナ・ウィン・ジョーンズ(Diana Wynne Jones)「魔女と暮らせば」"Charmed Life"
1979年	アンドリュー・デイビス(Andrew Davies)"Conrad's War"
1980年	アン・シェリー(Ann Schlee)"The Vandal"
1981年	ピーター・カーター(Peter Carter)「反どれい船」"The Sentinels"
1982年	ミシェル・マゴリアン(Michelle Magorian)「おやすみなさいトムさん」"Goodnight Mister Tom"
1983年	アニタ・デザイ(Anita Desai)「ぼくの村が消える!」"The Village by the Sea"
1984年	ディック・キング=スミス(Dick King-Smith)「子ブタ シープピッグ」"The Sheep-Pig"
1985年	テッド・ヒューズ(Ted Hughes)"What is the Truth?"
1986年	アン・ピリング(Ann Pilling)"Henry's Leg"
1987年	ジェイムズ・オールドリッジ(James Aldridge)"The True Story of Spit MacPhee"
1988年	ルース・トーマス(Ruth Thomas)"The Runaways"
1989年	ジェラルディン・マコーリアン(Geraldine McCaughrean)「不思議を売る男」"A Pack of Lies"
1990年	アン・ファイン(Anne Fine)「ぎょろ目のジェラルド」"Goggle-Eyes"
1991年	ロバート・ウェストール(Robert Westall)「海辺の王国」"The Kingdom by the Sea"
1992年	ヒラリー・マッカイ(Hilary McKay)「夏休みは大さわぎ」"The Exiles" レイチェル・アンダーソン(Rachel Anderson)"Paper Faces"
1993年	ウィリアム・メイン(William Mayne)"Low Tide"
1994年	シルヴィア・ウォー(Sylvia Waugh)「ブロックルハースト・グローブの謎の屋敷」"The Mennyms"
1995年	レスリー・ハワース(Lesley Howarth)"MapHead"
1996年	フィリップ・プルマン(Philip Pullman)「黄金の羅針盤」"Northern Lights"
1997年	メルヴィン・バージェス(Melvin Burgess)「ダンデライオン」"Junk"
1998年	ヘンリエッタ・ブランフォード(Henrietta Branford)"Fire, Bed and Bone"
1999年	スーザン・プライス(Susan Price)「500年のトンネル」"The Sterkarm Handshake"

2000年	ジャクリーン・ウィルソン（Jacqueline Wilson）「タトゥーママ」"The Illustrated Mum"		Curious Incident of the Dog in the Night-time"
2001年	ケヴィン・クロスリー＝ホランド（Kevin Crossley-Holland）「ふたりのアーサー1 予言の石」"Arthur：The Seeing Stone"	2004年	メグ・ロソフ（Meg Rosoff）「わたしは生きていける」"How I Live Now》
		2005年	ケイト・トンプソン（Kate Thompson）「時間のない国で」"The New Policeman"
2002年	ソーニャ・ハートネット（Sonya Hartnett）「木曜日に生まれた子ども」"Thursday's Child"	2006年	フィリップ・リーブ（Philip Reeve）"A Darkling Plain"
		2007年	Jenny Valentine "Finding Violet Park"
2003年	マーク・ハッドン（Mark Haddon）「夜中に犬に起こった奇妙な事件」"The	2008年	Patrick Ness "The Knife of Never Letting Go"

275 カナダ総督文学賞（Govoenor Genelal's Literary Awards）

1936年創設されたカナダの文学賞。58年までは英語で書かれた書籍のみを対象としていた（フランス人著者は翻訳された場合のみ受賞対象）が、59年から英仏共に選考対象とされるようになった。英仏それぞれ、小説、詩、戯曲、ノンフィクション、翻訳、児童文学（物語）、児童文学（絵）の7部門がある。児童部門は49年に設立されたが、59年に廃止されて独立した賞となった。その後、87年から再び賞内に組込まれた。

【主催者】カナダ・カウンシル（The Canada Council for the Arts）
【選考委員】カナダ・カウンシルにより各部門それぞれ2～3名任命される
【選考基準】英語部門は、前年9月1日から授与年9月30日の間に、フランス語部門は前年7月1日から授与年6月30日の間に刊行されたカナダ人による著作を対象とする。カナダ国外の出版物も選考範囲に含まれる。翻訳は原則として、原著はカナダ人でなければならない
【締切・発表】授賞式の後、栄誉を称えて晩餐会が行われる
【賞・賞金】賞金1万5千ドルの小切手と、製本者Pierre Ouvrardにより特別に製作されたレプリカ。さらに受賞作の出版者には販売促進のための交付金として3千ドルが授与される
【URL】http://www.canadacouncil.ca/

1949年
　◇児童文学　R.S.ランバート（R.S.Lambert）"Franklin of the Arctic"
1950年
　◇児童文学　ドナルド・ディッキー（Donald Dickie）"The Great Adventure"
1951年
　◇児童文学　ジョン・F.ヘイズ（John F.Hayes）"A Land Divided"
1952年
　◇児童文学　マリー・マクフェドラン（Marie McPhedran）"Cargoes on the Great Lakes"
1953年
　◇児童文学　ジョン・F.ヘイズ（John F.Hayes）"Rebels Ride at Night"

1954年
　◇児童文学　マージョリー・ウィルキンズ・キャンベル（Marjorie Wilkins Campbell）"The Nor'westers"
1955年
　◇児童文学　ケリー・ウッド（Kerry Wood）"The Map-Maker"
1956年
　◇児童文学　ファーレイ・モウワット（Farley Mowat）"Lost in the Barrens"
1957年
　◇児童文学　ケリー・ウッド（Kerry Wood）"The Great Chief"
1958年
　◇児童文学　イーディス・L.シャープ（Edith L.Sharp）"Nkwala"

1987年
　◇英語
　　● 児童文学(物語)　モーガン・ナイバーグ(Morgan Nyberg)"Galahad Schwartz and the Cochroach Army"
　　● 児童文学(イラストレーション)　メアリー・ルイーズ・ゲイ(Marie-Louise Gay)"Rainy Day Magic"
　◇フランス語
　　● 児童文学(物語)　ダヴィッド・シンケル(David Schinkel), イヴ・ボーシェスヌ(Yves Beauchesne)"Le Don"
　　● 児童文学(イラストレーション)　ダルシア・ラブロス(Darcia Labrosse)"Venir au monde"
1988年
　◇英語
　　● 児童文学(物語)　ウェルウィン・ウィルトン・カーツ(Welwyn Wilton Katz)"The Third Magic"
　　● 児童文学(イラストレーション)　キム・ラフェーヴ(Kim LaFave)"Amos's Sweater"
　◇フランス語
　　● 児童文学(物語)　ミシェル・マリノー(Michéle Marineau)"Cassiopée ou L'été polonais"
　　● 児童文学(イラストレーション)　フィリップ・ベーア(Philippe Béha)"Les Jeux Pic-mots"
1989年
　◇英語
　　● 児童文学(物語)　ダイアナ・ウィーラー(Diana Wieler)"Bad Boy"
　　● 児童文学(イラストレーション)　ロビン・ミュラー(Robin Muller)"The Magic Paintbrush"
　◇フランス語
　　● 児童文学(物語)　シャルル・モンプチ(Charles Montpetit)"Temps mort"
　　● 児童文学(イラストレーション)　ステファン・ポーリン(Stéphane Poulin)「ベンジャミンのふしぎなまくら」"Benjamin et la saga des oreillers"
1990年
　◇英語
　　● 児童文学(物語)　マイケル・ビダード(Michael Bedard)"Redwork"
　　● 児童文学(イラストレーション)　モラン(Paul Morin)"The Orphan Boy"
　◇フランス語
　　● 児童文学(物語)　クリスティアーヌ・デュシェーヌ(Christiane Duchesne)"La Vraie histoire du chien de Clara Vic"
　　● 児童文学(イラストレーション)　ピエール・プラット(Pierre Pratt)"Les Fantaisies de l'oncle Henri"
1991年
　◇英語
　　● 児童文学(物語)　サラ・エリス(Sarah Ellis)"Pick-Up Sticks"
　　● 児童文学(イラストレーション)　ジョアン・フィッツジェラルド(Joanne Fitzgerald)"Doctor Kiss Says Yes"
　◇フランス語
　　● 児童文学(物語)　フランソワ・グラヴェル(François Gravel)"Deux heures et demie avant Jasmine"
　　● 児童文学(イラストレーション)　シェルドン・コーエン(Sheldon Cohen)"Un champion"
1992年
　◇英語
　　● 児童文学(物語)　ジュリー・ジョンストン(Julie Johnston)"Hero of Lesser Causes"
　　● 児童文学(イラストレーション)　ロン・ライトバーン(Ron Lightburn)「シャチのくる日」"Waiting for the Whales"
　◇フランス語
　　● 児童文学(物語)　クリスティアーヌ・デュシェーヌ(Christiane Duchesne)"Victor"
　　● 児童文学(イラストレーション)　ジル・チボ(Gilles Tibo)"Simon et la ville de carton"
1993年
　◇英語
　　● 児童文学(物語)　ティム・ウィン=ジョーンズ(Tim Wynne-Jones)「火星を見たことありますか」"Some of the Kinder Planets"
　　● 児童文学(イラストレーション)　ミレーユ・ルヴェール(Mireille Levert)"Sleep Tight Mrs.Ming"
　◇フランス語
　　● 児童文学(物語)　ミシェル・マリノー(Michéle Marineau)"La Route de Chlifa"

- 児童文学(イラストレーション) ステファーヌ・ジョリッシュ(Stéphane Jorisch) "Le Monde selon Jean de..."

1994年
◇英語
- 児童文学(物語) ジュリー・ジョンストン(Julie Johnston) "Adam and Eve and Pinch-Me"
- 児童文学(イラストレーション) マーレー・キンバー(Murray Kimber) "Josepha: A Prairie Boy's Story"

◇フランス語
- 児童文学(物語) シュザンヌ・マルテル(Suzanne Martel) "Une belle journée pour mourir"
- 児童文学(イラストレーション) ピエール・プラット(Pierre Pratt) "mon chien est un éléphant"

1995年
◇英語
- 児童文学(物語) ティム・ウィン=ジョーンズ(Tim Wynne-Jones) "The Maestro"
- 児童文学(イラストレーション) ルドミラ・ゼーマン(Ludmila Zeman)「ギルガメシュ王さいごの旅」"The Last Quest of Gilgamesh"

◇フランス語
- 児童文学(物語) ソニア・サルファテ(Sonia Sarfati) "Comme une peau de chagrin"
- 児童文学(イラストレーション) アニュチカ・グラヴェル・ガルーチコ(Annouchka Gravel Galouchko) "Sho et les dragons d'eau"

1996年
◇英語
- 児童文学(物語) ポール・イー(Paul Yee)「ゴースト・トレイン」"Ghost Train"
- 児童文学(イラストレーション) エリック・ベドウズ(Eric Beddows) "The Rooster's Gift"

◇フランス語
- 児童文学(物語) ジル・チボ(Gilles Tibo) "Noémie - Le Secret de Madame Lumbago"
- 児童文学(イラストレーション)

1997年
◇英語
- 児童文学(物語) キット・ピアスン(Kit Pearson)「丘の家、夢の家族」"Awake and Dreaming"
- 児童文学(イラストレーション) バーバラ・リード(Barbara Reid) "The Party"

◇フランス語
- 児童文学(物語) ミシェル・ノエル(Michel Nöel) "Pien"
- 児童文学(イラストレーション) ステファン・ポーリン(Stéphane Poulin) "Poil de serpent, dent d'araignée"

1998年
◇英語
- 児童文学(物語) ジャネット・ラン(Janet Lunn) "The Hollow Tree"
- 児童文学(イラストレーション) ケイディ・マクドナルド・デントン(Kady MacDonald Denton) "A Child's Treasury of Nursery Rhymes"

◇フランス語
- 児童文学(物語) アンジェレ・デロノワ(Angéle Delaunois) "Variations sur un meme & laqno, t'aime"
- 児童文学(イラストレーション) ピエール・プラット(Pierre Pratt) "Monsieur Ilétaitunefois"

1999年
◇英語
- 児童文学(物語) ドン・ギルモア(Don Gillmor) "The Christmas Orange"
- 児童文学(イラストレーション) ゲーリー・クレメント(Gary Clement) "The Great Poochini"

◇フランス語
- 児童文学(物語) シャルロット・ジングラス(Charlotte Gingras) "La Liberté Connais pas..."
- 児童文学(イラストレーション) ステファーヌ・ジョリッシュ(Stéphane Jorisch) "Charlotte et l'ïe du destin"

2000年
◇英語
- 児童文学(物語) デボラ・エリス(Deborah Ellis)「Xをさがして」"Looking for X"
- 児童文学(イラストレーション) メアリー・ルイーズ・ゲイ(Marie-Louise Gay) "Yuck, A Love Story"

◇フランス語
- 児童文学(物語) シャルロット・ジングラス(Charlotte Gingras) "Un été de Jade"
- 児童文学(イラストレーション) アンヌ・ヴィルヌーヴ(Anne Villeneuve) "L'Écharpe rouge"

2001年
　◇英語
　　● 児童文学(物語)　アーサー・スレイド（Arthur Slade）"Dust"
　　● 児童文学(イラストレーション)　ミレーユ・ルヴェール（Mireille Levert）"Island in the Soup"
　◇フランス語
　　● 児童文学(物語)　クリスティアーヌ・デュシェーヌ（Christiane Duchesne）"Jomusch et le troll des cuisines"
　　● 児童文学(イラストレーション)　ブリュース・ロベール（Bruce Roberts）「かわいそうなぞう」"Fidéles éléphants"
2002年
　◇英語
　　● 児童文学(物語)　マーサ・ブルークス（Martha Brooks）「ハートレスガール」"True Confessions of a Heartless Girl"
　　● 児童文学(イラストレーション)　ウォーラ・エドワーズ（Wallace Edwards）"Alphabeasts"
　◇フランス語
　　● 児童文学(物語)　エレーヌ・ヴァション（Hélène Vachon）"L'oiseau de passage"
　　● 児童文学(イラストレーション)　リュク・メランソン（Luc Melanson）"Le grand voyage de Monsieur"
2003年
　◇英語
　　● 児童文学(物語)　グレン・ヒューザー（Glen Huser）"Stitches"
　　● 児童文学(イラストレーション)　アラン・サップ（Allen Sapp）"The Song Within My Heart"
　◇フランス語
　　● 児童文学(物語)　ダニエル・シマー（Danielle Simard）"J'ai vendu ma soeur"
　　● 児童文学(イラストレーション)　ヴィルジニー・エグェール（Virginie Egger）"Recette d'éléphant á la sauce vieux pneu"
2004年
　◇英語
　　● 児童文学(物語)　ケネス・オッペル（Kenneth Oppel）「エアボーン」"Airborn"
　　● 児童文学(イラストレーション)　ステファーヌ・ジョリッシュ（Stéphane Jorisch）"Jabberwocky"
　◇フランス語
　　● 児童文学(物語)　Nicole Leroux "L'Hiver de Léo Polatouche"
　　● 児童文学(イラストレーション)　Janice Nadeau "Nul poisson ou aller"
2005年
　◇英語
　　● 児童文学(物語)　Pamela Porter "The Crazy Man"
　　● 児童文学(イラストレーション)．ロブ・ゴンサルヴェス（Rob Gonsalves）「真昼の夢」"Imagine a Day"
　◇フランス語
　　● 児童文学(物語)　Camille Bouchard "Le ricanement des hyenes"
　　● 児童文学(イラストレーション)　Isabelle Arsenault "Le cœur de monsieur Gauguin"
2006年
　◇英語
　　● 児童文学(物語)　William Gilkerson "Pirate's Passage"
　　● 児童文学(イラストレーション)　Leo Yerxa 《Ancient Thunder》
　◇フランス語
　　● 児童文学(物語)　Dany Laferriére "Je suis fou de Vava"
　　● 児童文学(イラストレーション)　Rogé "Le gros monstre qui aimait trop lire"
2007年
　◇英語
　　● 児童文学(物語)　イアン・ローレンス(Iain Lawrence) "Gemini Summer"
　　● 児童文学(イラストレーション)　Duncan Weller "The Boy from the Sun"
　◇フランス語
　　● 児童文学(物語)　François Barcelo "La fatigante et le faineant"
　　● 児童文学(イラストレーション)　Geneviève Côté "La petite rapporteuse de mots"
2008年
　◇英語
　　● 児童文学(物語)　John Ibbitson "The Landing"
　　● 児童文学(イラストレーション)　ステファーヌ・ジョリッシュ（Stéphane Jorisch）"The Owl and the Pussycat"
　◇フランス語
　　● 児童文学(物語)　Sylvie Desrosiers "Les trois lieues"
　　● 児童文学(イラストレーション)　Janice Nadeau "Ma meilleure amie"

276 カーネギー賞 (The Carnegie Medal)

イギリスで毎年優れた子どもの本に贈られる児童文学賞。児童書の価値の認識が高まる中、図書館の後援を積極的に行なった慈善家アンドリュー・カーネギー(Andrew Carnegie)の名を冠して36年にイギリス図書館協会が設立した。当初は英国内で出版された英国籍作家による作品のみが対象だったが、69年以降は作家の国籍に関わらず、英語で書かれ、英国で最初(もしくは他国と同時)に出版された作品すべてに対象が広げられた。現在は2002年に創設された図書館情報専門家協会(CILIP)がケイト・グリーナウェイ賞と共に賞の授与を行なっている。

【主催者】図書館情報専門家協会(the Chartered Institute of Library and Information Professionals 略称CILIP)
【選考委員】13地域の代表13名(YLG：Youth Libraries Group のメンバーである図書館員)からなる
【選考方法】イギリス図書館協会の会員が前年度に刊行された作品から推薦し、選考委員会が検討する。審査では物語の枠組み、登場人物造形、文体などが重視される
【選考基準】英語で書かれ、最初にイギリスで出版された作品(フィクション・ノンフィクション)を対象とする。国籍不問、複数回受賞可
【締切・発表】2月末に応募を締切り、4月末から5月初めに候補作、7月に受賞作を発表する
【賞・賞金】金メダルと賞金500ポンド相当の書籍(希望するところへの寄贈が前提)
【URL】http://www.carnegiegreenaway.org.uk/

1936年	アーサー・ランサム(Arthur Ransome)「ツバメ号の伝書バト」"Pigeon Post"	1947年	ウォルター・デ・ラ・メア(Walter de la Mare)「デ・ラ・メア物語集」"Collected Stories for Children"
1937年	イーヴ・ガーネット(Eve Garnett)「ふくろ小路一番地」"The Family from One End Street"	1948年	リチャード・アームストロング(Richard Armstrong)「海に育つ」"Sea Change"
1938年	ノエル・ストレトフィールド(Noel Streatfeild)「サーカスきたる」"The Circus is Coming"	1949年	アグネス・アレン(Agnes Allen) "The Story of Your Home"
1939年	エリナー・ドーリィ(Eleanor Doorly)「キュリー夫人―光は悲しみをこえて」"Radium Woman"	1950年	エルフリーダ・ヴァイポント(Elfrida Vipont Foulds)「ヒバリは空に」"The Lark on the Wing"
1940年	キティ・バーン(Kitty Barne) "Visitors from London"	1951年	シンシア・ハーネット(Cynthia Harnett) "The Wool-Pack"
1941年	M.トレッドゴールド(Mary Treadgold)「あらしの島のきょうだい」"We Couldn't Leave Dinah"	1952年	メアリー・ノートン(Mary Norton)「床下の小人たち」"The Borrowers"
1942年	BB(BB(Denys Watkins-Pitchford))「灰色の小人たちと川の冒険」"The Little Grey Men"	1953年	エドワード・オズマンド(Edward Osmond) "A Valley Grows Up"
1943年	該当者なし	1954年	ロナルド・ウェルチ(Ronald Welch) "Knight Crusader"
1944年	エリック・リンクレイター(Eric Linklater)「変身動物園―カンガルーになった少女―」"The Wind on the Moon"	1955年	エリナー・ファージョン(Eleanor Farjeon)「ムギと王さま」"The Little Bookroom"
1945年	該当者なし	1956年	C.S.ルイス(C.S.Lewis)「さいごの戦い」"The Last Battle"
1946年	エリザベス・グージ(Elizabeth Goudge)「まぼろしの白馬」"The Little White Horse"	1957年	ウィリアム・メイン(William Mayne) "A Grass Rope"
		1958年	フィリパ・ピアス(Philippa Pearce)「トムは真夜中の庭で」"Tom's Midnight Garden"

1959年	ローズマリー・サトクリフ(Rosemary Sutcliff)「ともしびをかかげて」"The Lantern Bearers"	1979年	ピーター・ディキンスン(Peter Dickinson)"Tulku"
1960年	イアン・ヴォルフラム・コーンウォール(Ian Wolfram Cornwall)「サルから人間へ」"The Making of Man"	1980年	ピーター・ディキンスン(Peter Dickinson)「聖書伝説物語」"City of Gold"
		1981年	ロバート・ウェストール(Robert Westall)「かかし」"The Scarecrows"
1961年	ルーシー・ボストン(Lucy M.Boston)「グリーン・ノウのお客さま」"A Stranger at Green Knowe"	1982年	マーガレット・マーヒー(Margaret Mahy)「足音がやってくる」"The Haunting"
1962年	ポーリン・クラーク(Pauline Clarke)「魔神と木の兵隊」"The Twelve and the Genii"	1983年	ジャン・マーク(Jan Mark)「夏・みじかくて長い旅」"Handles"
		1984年	マーガレット・マーヒー(Margaret Mahy)「めざめれば魔女」"The Changeover"
1963年	ヘスター・バートン(Hester Burton)"Time of Trial"	1985年	ケヴィン・クロスリー=ホランド(Kevin Crossley-Holland)「あらし」"Storm"
1964年	シーナ・ポーター(Sheena Porter)"Nordy Bank"	1986年	バーリー・ドハティ(Berlie Doherty)「シェフィールドを発つ日」"Granny was a Buffer Girl"
1965年	フィリップ・ターナー(Philip Turner)「ハイ・フォースの地主屋敷」"The Grange at High Force"	1987年	スーザン・プライス(Susan Price)「ゴースト・ドラム」"The Ghost Drum"
1966年	該当者なし	1988年	ジェラルディン・マコーリアン(Geraldine McCaughrean)「不思議を売る男」"A Pack of Lies"
1967年	アラン・ガーナー(Alan Garner)「ふくろう模様の皿」"The Owl Service"		
1968年	ローズマリー・ハリス(Rosemary Harris)「ノアの箱船にのったのは?」"The Moon in the Cloud"	1989年	アン・ファイン(Anne Fine)「ぎょろ目のジェラルド」"Goggle-Eyes"
		1990年	ジリアン・クロス(Gillian Cross)「オオカミのようにやさしく」"Wolf"
1969年	キャスリーン・M.ペイトン(Kathleen M.Peyton)「雲のはて」"The Edge of the Cloud"	1991年	バーリー・ドハティ(Berlie Doherty)「ディア・ノーバディ」"Dear Nobody"
1970年	レオン・ガーフィールド&エドワード・ブリッシェン(Leon Garfield&Edward Blishen)「ギリシア神話物語」"The God Beneath the Sea"	1992年	アン・ファイン(Anne Fine)「フラワー・ベイビー」"Flour Babies"
		1993年	ロバート・スウィンデルズ(Robert Swindells)"Stone Cold"
1971年	アイヴァン・サウスオール(Ivan Southall)「ジョシュ」"Josh"	1994年	テレサ・ブレスリン(Theresa Breslin)"Whispers in the Graveyard"
1972年	リチャード・アダムズ(Richard Adams)「ウォーターシップ・ダウンのうさぎたち」"Watership Down"	1995年	フィリップ・プルマン(Philip Pullman)「黄金の羅針盤」"His Dark Materials : Book 1 Northern Lights"(US title : The Golden Compass)
1973年	ペネロピ・ライヴリィ(Penelope Lively)「トーマス・ケンプの幽霊」"The Ghost of Thomas Kempe"		
		1996年	メルヴィン・バージェス(Melvin Burgess)「ダンデライオン」"Junk"
1974年	モリー・ハンター(Mollie Hunter)「砦」"The Stronghold"	1997年	ティム・バウラー(Tim Bowler)「川の少年」"River Boy"
1975年	ロバート・ウェストール(Robert Westall)「"機関銃要塞"の少年たち」"The Machine-Gunners"	1998年	デイヴィッド・アーモンド(David Almond)「肩胛骨は翼のなごり」"Skellig"
1976年	ジャン・マーク(Jan Mark)「ライトニングが消える日」"Thunder and Lightnings"	1999年	エイダン・チェンバーズ(Aidan Chambers)「二つの旅の終わりに」"Postcards from No Man's Land"
1977年	ジーン・ケンプ(Gene Kemp)「わんぱくタイクの大あれ三学期」"The Turbulent Term of Tyke Tiler"	2000年	ビヴァリー・ナイドゥー(Beverley Naidoo)「真実の裏側」"The Other Side of Truth"
1978年	デヴィッド・リーズ(David Rees)"The Exeter Blitz"	2001年	テリー・プラチェット(Terry Pratchett)「天才ネコモーリスとその仲間たち」

2002年	シャロン・クリーチ(Sharon Creech)「ルビーの谷」"Ruby Holler"		"The Amazing Maurice and His Educated Rodents" lions"
2003年	ジェニファー・ドネリー(Jennifer Donnelly)"A Gathering Light"	2005年	マル・ピート(Mal Peet)"Tamar"
2004年	フランク・コットレル・ボイス(Frank Cottrell Boyce)「ミリオンズ」"Millions"	2007年(2006年度)	メグ・ロソフ(Meg Rosoff) "Just in Case"
		2008年(2007年度)	フィリップ・リーブ(Philip Reeve)"Here Lies Arthur"

277 ケイト・グリーナウェイ賞 (The Kate Greenaway Medal)

優れた子供の本の絵に贈られるイギリスの賞。1956年にイギリス図書館協会ユース・サービス・グループにより創設された。賞名は著名な絵本画家ケイト・グリーナウェイ(Kate Greenaway)にちなむ。絵本、挿絵に与えられる賞としてはアメリカのコルデコット賞と並んで権威をもつ。

【主催者】図書館情報専門家協会(CILIP: the Chartered Institute of Library and Information Professionals)

【選考委員】13地域の代表13名(YLG: Youth Libraries Group のメンバーである図書館員)からなる

【選考方法】イギリス図書館協会の会員が前年度に刊行された作品から推薦し、選考委員会が検討する。審査では芸術性から本の外形、本文との調和・相互作用、読者に与える視覚的効果などが重視される

【選考基準】最初に英国内で出版された、英語で書かれた作品を対象とする。複数回受賞可、国籍不問

【締切・発表】2月末に応募を締切り、4月末から5月初めに候補作、7月に受賞作を発表する

【賞・賞金】金メダルと賞金500ポンド相当の書籍(希望するところへの寄贈が前提)、賞金5000ポンド(Colin Mears賞)

【URL】http://www.carnegiegreenaway.org.uk/

1955年	該当者なし		ABC"
1956年	エドワード・アーディゾーニ(Edward Ardizzone)「チムひとりぼっち」"Tim All Alone"	1963年	ジョン・バーニンガム(John Burningham)「ボルカーはねなしガチョウのぼうけん」"Borka: The Adventures of a Goose with No Feathers"
1957年	V.H.ドラモンド(Violet Hilda Drummond)"Mrs.Easter and the Storks"	1964年	ウォルター・ホッジズ(C.Walter Hodges)「シェイクスピアの劇場―グローブ座の歴史」"Shakespeare's Theatre"
1958年	該当者なし		
1959年	ウィリアム・シュトッブス(William Stobbs)"Kashtanka", "Bundle of Ballads"	1965年	ヴィクター・アンブラス(Victor G. Ambrus)"Three Poor Tailors"
1960年	ジェラルド・ローズ(Gerald Rose)"Old Winkle and the Seagulls"	1966年	レイモンド・ブリッグズ(Raymond Briggs)「マザーグースのたからもの」"Mother Goose Treasury"
1961年	アンソニー・メイトランド(Anthony Maitland)"Mrs.Cockle's Cat"	1967年	チャールズ・キーピング(Charles Keeping)"Charlotte and the Golden Canary"
1962年	ブライアン・ワイルドスミス(Brian Wildsmith)「ブライアンワイルドスミスのABC」"Brian Wildsmith's		

1968年	ポーリン・ベインズ（Pauline Baynes）「西洋騎士道事典」"A Dictionary of Chivalry"
1969年	ヘレン・オクセンバリー（Helen Oxenbury）「うちのペットはドラゴン」"The Dragon of an Ordinary Family","カングル・ワングルのぼうし」"The Quangle-Wangle's Hat"
1970年	ジョン・バーニンガム（John Burningham）「ガンピーさんのふなあそび」"Mr.Gumpy's Outing"
1971年	ジャン・ピエンコフスキー（Jan Pienkowski）「海の王国」"The Kingdom under the Sea"
1972年	クリスティナ・トゥルスカ（Krystyna Turska）「きこりとあひる」"The Woodcutter's Duck"
1973年	レイモンド・ブリッグス（Raymond Briggs）「さむがりやのサンタ」"Father Christmas"
1974年	パット・ハッチンス（Pat Hutchins）「風がふいたら」"The Wind Blew"
1975年	ヴィクター・アンブラス（Victor G. Ambrus）「バイオリンひきのミーシカ」"Mishka", "Horses in Battle"
1976年	ゲイル・E.ヘイリー（Gail E.Haley）「郵便局員ねこ」"The Post Office Cat"
1977年	シャーリー・ヒューズ（Shirley Hughes）「ぼくのワンちゃん」"Dogger"
1978年	ジャネット・アルバーグ（Janet Ahlberg）「もものき なしのき プラムのき」"Each Peach Pear Plum"
1979年	ジャン・ピエンコフスキー（Jan Pienkowski）「おばけやしき」"The Haunted House"
1980年	クェンティン・ブレイク（Quentin Blake）「マグノリアおじさん」"Mr.Magnolia"
1981年	チャールズ・キーピング（Charles Keeping）"The Highwayman"
1982年	マイケル・フォアマン（Michael Foreman）"Sleeping Beauty and Other Favorite Fairy Tales",「ニョロロンとガラゴロン」"Long Neck and Thunder Foot"
1983年	アンソニー・ブラウン（Anthony Browne）「すきですゴリラ」"Gorilla"
1984年	エロール・ル・カイン（Errol Le Cain）「ハイワサのちいさかったころ」"Hiawatha's Childhood"
1985年	フアン・ワインガード（Juan Wijngaard）"Sir Gawain and the Loathly Lady"
1986年	フィオナ・フレンチ（Fiona French）「スノーホワイト・イン・ニューヨーク」"Snow White in New York"
1987年	エイドリエンヌ・ケナウェイ（Adrienne Kennaway）「やったねカメレオンくん」"Crafty Chameleon"
1988年	バーバラ・ファース（Barbara Firth）「ねむれないの？ちいくまくん」"Can't you Sleep, Little Bear？"
1989年	マイケル・フォアマン（Michael Foreman）「ウォー・ボーイ―少年は最前線の村で大きくなった。」"War Boy: A Country Childhood"
1990年	ゲイリー・ブライズ（Gary Blythe）「くじらの歌ごえ」"The Whales' Song"
1991年	ジャネット・アルバーグ（Janet Ahlberg）「ゆかいなゆうびんやさんのクリスマス」"The Jolly Christmas Postman"
1992年	アンソニー・ブラウン（Anthony Browne）「どうぶつえん」"Zoo"
1993年	アラン・リー（Alan Lee）「トロイアの黒い船団」"Black Ships before Troy"
1994年	グレゴリー・ロジャーズ（Gregory Rogers）"Way Home"
1995年	P.J.リンチ（P.J.Lynch）"The Christmas Miracle of Jonathan Toomey"
1996年	ヘレン・クーパー（Helen Cooper）「いやだ あさまであそぶんだい」"The Baby Who Wouldn't Go To Bed"
1997年	P.J.リンチ（P.J.Lynch）"When Jessie Came Across the Sea"
1998年	ヘレン・クーパー（Helen Cooper）「かぼちゃスープ」"Pumpkin Soup"
1999年	ヘレン・オクセンバリー（Helen Oxenbury）「ふしぎの国のアリス」"Alice's Adventures in Wonderland"
2000年	ローレン・チャイルド（Lauren Child）「ぜったいたべないからね」"I Will Not Ever Never Eat a Tomato"
2001年	クリス・リデル（Chris Riddell）「海賊日誌：少年ジェイク, 帆船に乗る」"Pirate Diary"
2002年	ボブ・グラハム（Bob Graham）"Jethro Byrde-Fairy Child"
2003年	シャーリー・ヒューズ（Shirley Hughes）"Ella's Big Chance"
2004年	クリス・リデル（Chris Riddell）「ヴィジュアル版 ガリヴァー旅行記」"Jonathan Swift's 'Gulliver'"
2005年	エミリー・グラヴェット（Emily Gravett）「オオカミ」"Wolves"
2007年（2006年度）	ミニ・グレイ（Mini Grey）"The Adventures of the Dish and the

Spoon"
2008年（2007年度）　エミリー・グラヴェット（Emily Gravett）"Little Mouse's Big Book of Fears"

278 国際アンデルセン賞（Hans Christian Andersen Awards）

　1956年、国際児童図書評議会(IBBY)により創設された国際児童文学賞。長らく子どもの本に貢献してきたと認められる、現存する作家および画家の全業績に対し、IBBY各国支部より推薦された候補者の中から、国際選考委員会によって受賞者が選ばれる。選考水準の高さから「小さなノーベル文学賞」とも言われる。56年から60年までの3回は個々の作品が対象だったが、62年から現在の作家賞という形式になった。また66年には作家賞と並んで画家賞も設けられた。デンマークの女王マルガリータII世が後援している。

【主催者】国際児童図書評議会（IBBY：International Board on Books for Young People）
【選考委員】審査委員会(委員長1名、委員9名)の選考は、各国IBBY事務局より推薦を受けた候補者から、子どもと児童図書に関する業績、文学における高度な学術的知識、多言語への精通、多様な芸術文化の経験、地理的状況を考慮の上、IBBY本部理事会が行う
【選考方法】発表年前年の夏に各国事務局が各賞につき最高1名をIBBY本部に推薦する(候補者を出さない加盟国もある)。その後審査資料として、各候補者の全作品リスト、経歴等を英訳した書類および代表作図冊(原則として原語のままだが、英語の要約が添えられる場合もある)が本部に届けられ、審査員は翌年春の審査会議まで、約半年をかけて資料を検討する。審査会議では、各審査員による意見交換、数回に渡る投票等の手順を経て最終候補を絞り、その中から各賞の受賞者を決定する
【選考基準】原則各部門1名とされ、現存する作家および画家の全業績を対象とする
【締切・発表】2年に一度、西暦偶数年に開催されるIBBY世界大会において、賞状とメダルの授与が行われる
【賞・賞金】アンデルセンのプロフィールが刻まれた金メダル、賞状
【URL】http://www.ibby.org./

1956年
　◇名誉賞　イエラ・レップマン(Jella Lepman)（スイス）
　◇作家賞　エリナー・ファージョン(Eleanor Farjeon)(イギリス)「ムギと王さま」"The Little Bookroom"
1958年
　◇作家賞　アストリッド・リンドグレーン(Astrid Lindgren)(スウェーデン)「さすらいの孤児ラスムス」"Rasmus påluffen"
1960年
　◇作家賞　エーリヒ・ケストナー(Erich Kästner)（西ドイツ）「わたしが子どもだったころ」"Als ich ein kleiner Junge war"
1962年
　◇作家賞　マインダート・ディヤング(Meindert De Jong)（アメリカ）

1964年
　◇作家賞　ルネ・ギヨ(René Guillot)（フランス）
1966年
　◇作家賞　トーベ・ヤンソン(Tove Jansson)（フィンランド）
　◇画家賞　アロワ・カリジェ(Alois Carigiet)（西ドイツ）
1968年
　◇作家賞
　　ジェームス・クリュス(James Krüss)（スペイン）
　　ホセ・マリア・サンチェス＝シルバ(José Maria Sánchez-Silva)（スペイン）
　◇画家賞　イジー・トゥルンカ(Jiří Trnka)（チェコスロバキア）
1970年
　◇作家賞　ジャンニ・ロダーリ(Gianni Rodari)（イタリア）

◇画家賞　モーリス・センダック(Maurice Sendak)(アメリカ)
1972年
　◇作家賞　スコット・オデール(Scott O'Dell)(アメリカ)
　◇画家賞　イブ・スパング・オルセン(Ib Spang Olsen)(デンマーク)
1974年
　◇作家賞　マリア・グリーペ(Maria Gripe)(スウェーデン)
　◇画家賞　ファルシード・メスガーリ(Farshid Mesghali)(イラン)
1976年
　◇作家賞　セシル・ボトカー(Cecil Bødker)(デンマーク)
　◇画家賞　タチヤーナ・マーヴリナ(Tatjana Mawrina)(ソ連)
1978年
　◇作家賞　ポーラ・フォックス(Paula Fox)(アメリカ)
　◇画家賞　スベン・オットー(Svend Otto S.)(デンマーク)
1980年
　◇作家賞　ボフミル・ジーハ(Bohumil Říha)(チェコスロバキア)
　◇画家賞　赤羽末吉(Suekichi Akaba)(日本)
1982年
　◇作家賞　リギア・ボジュンガ・ヌーネス(Lygia Bojunga Nunes)(ブラジル)
　◇画家賞　ズビグニェフ・リフリツキ(Zbigniew Rychlicki)(ポーランド)
1984年
　◇作家賞　クリスティーネ・ネストリンガー(Christine Nöstlinger)(オーストリア)
　◇画家賞　安野光雅(Mitsumasa Anno)(日本)
1986年
　◇作家賞　パトリシア・ライトソン(Patricia Wrightson)(オーストラリア)
　◇画家賞　ロバート・イングペン(Robert Ingpen)(オーストラリア)
1988年
　◇作家賞　アニー・M.G.シュミット(Annie M.G.Schmidt)(オランダ)
　◇画家賞　ドゥシャン・カーライ(Dušan Kállay)(チェコスロバキア)
1990年
　◇作家賞　トールモー・ハウゲン(Tormod Haugen)(ノルウェー)

◇画家賞　リスベート・ツヴェルガー(Lisbeth Zwerger)(オーストリア)
1992年
　◇作家賞　ヴァージニア・ハミルトン(Virginia Hamilton)(アメリカ)
　◇画家賞　クヴィエタ・パツォウスカー(Květa Pacovská)(チェコスロバキア)
1994年
　◇作家賞　まど・みちお(Michio Mado)(日本)
　◇画家賞　イェルク・ミュラー(Jörg Müller)(スイス)
1996年
　◇作家賞　ウーリー・オルレブ(Uri Orlev)(イスラエル)
　◇画家賞　クラウス・エンジカート(Klaus Ensikat)(ドイツ)
1998年
　◇作家賞　キャサリン・パターソン(Katherine Paterson)(アメリカ)
　◇画家賞　トミー・ウンゲラー(Tomi Ungerer)(フランス)
2000年
　◇作家賞　アナ・マリア・マシャード(Ana Maria Machado)(ブラジル)
　◇画家賞　アンソニー・ブラウン(Anthony Browne)(イギリス)
2002年
　◇作家賞　エイダン・チェンバーズ(Aidan Chambers)(イギリス)
　◇画家賞　クェンティン・ブレイク(Quentin Blake)(イギリス)
2004年
　◇作家賞　マーティン・ワッデル(Martin Waddell)(アイルランド)
　◇画家賞　マックス・ベルジュイス(Max Velthuijs)(オランダ)
2006年
　◇作家賞　マーガレット・マーヒー(Margaret Mahy)(ニュージーランド)
　◇画家賞　ヴォルフ・エァルブルッフ(Wolf Erlbruch)(ドイツ)
2008年
　◇作家賞　ユルク・シュービガー(Jürg Schubiger)(スイス)
　◇画家賞　ロベルト・インノチェンティ(Roberto Innocenti)(イタリア)

VI 世界の賞　　　　　　　　　　　　　　　　　　　　　　279　コルデコット賞

279　コルデコット賞（The Caldecott Medal, ランドルフ・コルデコット賞）

アメリカ合衆国で1938年以来毎年子供向けの優れた絵本を描いた画家に贈られている賞。児童書における「絵」の役割に対する評価が高まる中、22年設立のニューベリー賞同様、フレデリック・G.メルチャーが37年発案、アメリカ図書館協会（ALA）が創設した。19世紀イギリスの絵本画家ランドルフ・コルデコット（Randolph Caldecott）の名前を冠する。現在はALA児童部会（ALSC）が運営。画家への賞としては、イギリスのケイト・グリーナウェイ賞と並んで権威がある。次点作は「オナー・ブック（Honor books）」と呼ばれ、銀色のラベルを貼ることから「コルデコット賞銀賞作」とも言われる。同じくALSCが運営するコールデコット賞設立当初は、共通の委員により審査され、一作品が両賞を同時受賞できないことになっていたが、77年以降両賞受賞が可能となり、80年からはそれぞれ独立した委員会により審査が行われるようになった。

【主催者】アメリカ図書館協会児童部会（ALSC）
【選考委員】ALSC会員で、ニューベリー賞とは異なる14名以上からなる
【選考基準】対象は合衆国国民または在住者によって前年に合衆国で初めて出版され、販売された14歳までの子供向けの作品。死後出版された作品など、対象年より前に製作され、対象年に初めて刊行された作品も対象となる。ジャンルはフィクション・ノンフィクション・詩のいずれでもよく、形式は問わない。複数著者作品、一度受賞した作家の作品も対象になる。絵としての完成度が審査の中心となるが、絵が文章と一体となって物語の世界を表現し、子どもの心に訴えかける絵本となっているかどうかが評価される
【締切・発表】締切は刊行年の12月31日。翌年1月に行われるALAの年次総会で受賞作と次点作を発表する
【賞・賞金】受賞者の名を刻したブロンズ・メダル。なお、受賞作品の表紙にはメダルを形どった金色のラベルを、次点作品には銀色のラベルを貼る
【URL】http：//www.ala.org/alsc/caldecott.html

1938年	ドロシー・P.ラスロップ（Dorothy P. Lathrop）"Animals of the Bible, A Picture Book"		さま」"Prayer for a Child"
1939年	トマス・ハンドフォース（Thomas Handforth）「メイリイとおまつり」"Mei Li"	1946年	モードとミスカ・ピーターシャム（Maude & Miska Petersham）"The Rooster Crows"
1940年	イングリとエドガー・パーリン・ドーレア（Ingri & Edgar Parin d'Aulaire）「エブラハム・リンカーン」"Abraham Lincoln"	1947年	レナード・ワイスガード（Leonard Weisgard）「ちいさな島」"The Little Island"
		1948年	ロジャー・デュボアザン（Roger Duvoisin）「しろいゆき あかるいゆき」"White Snow, Bright Snow"
1941年	ロバート・ローソン（Robert Lawson）"They Were Strong and Good"	1949年	ベルタとエルマー・ヘイダー（Berta & Elmer Hader）"The Big Snow"
1942年	ロバート・マックロスキー（Robert McCloskey）「かもさんおとおり」"Make Way for Ducklings"	1950年	レオ・ポリティ（Leo Politi）「ツバメの歌」"Song of the Swallows"
		1951年	キャサリン・ミルハウス（Katherine Milhous）"The Egg Tree"
1943年	バージニア・リー・バートン（Virginia Lee Burton）「ちいさいおうち」"The Little House"	1952年	ニコラス・モードヴィノフ（Nicholas Mordvinoff）「みつけたものとさわったもの」"Finders Keepers"
1944年	ルイス・スロボトキン（Louis Slobodkin）「たくさんのお月さま」"Many Moons"	1953年	リンド・ワード（Lynd Ward）「おおきくなりすぎたくま」"The Biggest Bear"
1945年	エリザベス・オートン・ジョーンズ（Elizabeth Orton Jones）「おやすみかみ	1954年	ルドウィッヒ・ベーメルマンス（Ludwig Bemelmans）「マドレーヌといぬ」

児童の賞事典　579

1955年	マーシャ・ブラウン(Marcia Brown)「シンデレラ」"Cinderella, or the Little Glass Slipper"
1956年	フョードル・ロジャンコフスキー(Feodor Rojankovsky)「かえるだんなのけっこんしき」"Frog Went A-Courtin'"
1957年	マーク・シーモント(Marc Simont)「木はいいなあ」"A Tree Is Nice"
1958年	ロバート・マックロスキー(Robert McCloskey)「すばらしいとき」"Time of Wonder"
1959年	バーバラ・クーニー(Barbara Cooney)「チャンティクリアときつね」"Chanticleer and the Fox"
1960年	マリー・ホール・エッツ(Marie Hall Ets)「クリスマスまであと九日――セシのポサダの日」"Nine Days to Christmas"
1961年	ニコラス・シドジャコフ(Nicolas Sidjakov)"Baboushka and the Three Kings"
1962年	マーシャ・ブラウン(Marcia Brown)「あるひねずみが……」"Once a Mouse"
1963年	エズラ・ジャック・キーツ(Ezra Jack Keats)「ゆきのひ」"The Snowy Day"
1964年	モーリス・センダック(Maurice Sendak)「かいじゅうたちのいるところ」"Where the Wild Things Are"
1965年	ベニ・モントレソール(Beni Montresor)「ともだちつれてよろしいですか」"May I Bring a Friend?"
1966年	ノニー・ホグローギアン(Nonny Hogrogian)"Always Room for One More"
1967年	エバリン・ネス(Evaline Ness)「へんてこりんなサムとねこ」"Sam, Bangs & Moonshine"
1968年	エド・エンバリー(Ed Emberley)"Drummer Hoff"
1969年	ユリー・シュルビッツ(Uri Shulevitz)「空とぶ船と世界一のばか」"The Fool of the World and the Flying Ship"
1970年	ウィリアム・スタイグ(William Steig)「ロバのシルベスターとまほうのこいし」"Sylvester and the Magic Pebble"
1971年	ゲイル・E.ヘイリー(Gail E.Haley)「おはなし おはなし」"A Story A Story"
1972年	ノニー・ホグローギアン(Nonny Hogrogian)「きょうはよいてんき」"One Fine Day"
1973年	ブレア・レント(Blair Lent)"The Funny Little Woman"
1974年	マーゴット・ツェマック(Margot Zemach)「ダフィと子鬼」"Duffy and the Devil"
1975年	ジェラルド・マクダーモット(Gerald McDermott)「太陽へとぶ矢」"Arrow to the Sun"
1976年	ディロン夫妻(Leo&Diane Dillon)「どうしてかはみみのそばでぶんぶんいうの」"Why Mosquitoes Buzz in People's Ears"
1977年	ディロン夫妻(Leo&Diane Dillon)「絵本アフリカの人びと――26部族のくらし」"Ashanti to Zulu: African Traditions"
1978年	ピーター・スピア(Peter Spier)「ノアの箱舟」"Noah's Ark"
1979年	ポール・ゴーブル(Paul Goble)「野うまになったむすめ」"The Girl Who Loved Wild Horses"
1980年	バーバラ・クーニー(Barbara Cooney)「にぐるまひいて」"Ox-Cart Man"
1981年	アーノルド・ローベル(Arnold Lobel)「ローベルおじさんのどうぶつものがたり」"Fables"
1982年	クリス・ヴァン・オールズバーグ(Chris Van Allsburg)「ジュマンジ」"Jumanji"
1983年	マーシャ・ブラウン(Marcia Brown)「影ぼっこ」"Shadow"
1984年	アリス・プロヴィンセン(Alice Provensen), マーティン・プロヴィンセン(Martin Provensen)「パパの大飛行」"The Glorious Flight: Across the Channel with Louis Bleriot"
1985年	トリーナ・シャート・ハイマン(Trina Schart Hyman)"Saint George and the Dragon"
1986年	クリス・ヴァン・オールズバーグ(Chris Van Allsburg)「急行『北極号』」"The Polar Express"
1987年	リチャード・エギエルスキー(Richard Egielski)"Hey, Al"
1988年	ジョン・ショーエンヘール(John Schoenherr)「月夜のみみずく」"Owl Moon"
1989年	ステファン・ギャンメル(Stephen Gammell)"Song and Dance Man"
1990年	エド・ヤング(Ed Young)「ロンポポ」"Lon Po Po: A Red-Riding Hood Story from China"
1991年	デビッド・マコーレイ(David Macaulay)"Black and White"
1992年	ディヴィット・ウィーズナー(David Wiesner)「かようびのよる」"Tuesday"

1993年　エミリー・アーノルド・マッキュリー（Emily Arnold McCully）"Mirette on the High Wire"
1994年　アレン・セイ（Allen Say）「おじいさんの旅」"Grandfather's Journey"
1995年　ディヴィッド・ディアス（David Diaz）「スモーキーナイト——ジャスミンはけむりのなかで」"Smoky Night"
1996年　ペギー・ラスマン（Peggy Rathmann）「バックルさんとめいけんグロリア」"Officer Buckle and Gloria"
1997年　デイヴィッド・ウィスニーウスキー（David Wisniewski）「土でできた大男ゴーレム」"Golem"
1998年　ポール・O.ゼリンスキー（Paul O. Zelinsky）"Rapunzel"
1999年　メアリー・アゼアリアン（Mary Azarian）「雪の写真家ベントレー」"Snowflake Bentley"
2000年　シムズ・タバック（Simms Taback）「ヨセフのだいじなコート」"Joseph Had a Little Overcoat"
2001年　デイビッド・スモール（David Small）"So You Want to Be President?"
2002年　ディヴィット・ウィーズナー（David Wiesner）「3びきのぶたたち」"The Three Pigs"
2003年　エリック・ローマン（Eric Rohmann）「はなうたウサギさん」"My Friend Rabbit"
2004年　モーディカイ・ガーステイン（Mordicai Gerstein）「綱渡りの男」"The Man Who Walked Between the Towers"
2005年　ケヴィン・ヘンクス（Kevin Henkes）「まんまるおつきさまをおいかけて」"Kitten's First Full Moon"
2006年　クリス・ラシュカ（Chris Raschka）「こんにちは・さようならのまど」"The Hello, Goodbye Window"
2007年　ディヴィット・ウィーズナー（David Wiesner）「漂流物」"Flotsam"
2008年　ブライアン・セルズニック（Brian Selznick）「ユゴーの不思議な発明」"The Invention of Hugo Cabret"
2009年　ベス・クロムス（Beth Krommes）"The House in the Night"

280 全米図書賞（The National Book Awards）

アメリカ出版社協議会，アメリカ書籍組合，製本業者協会により。アメリカ人作家による優れた文学作品の普及と，読書の推進を目的として1950年に創設された。76年以降は全米図書委員会がスポンサーとなる。当初の部門は小説，ノンフィクション，詩の3部門であったが，次第に分野は増加。毎年1回，美術，児童文学，時事問題，小説，歴史，伝記，詩の各分野の最優秀作品を選出していたが，79年に廃止。80年，代わりにアメリカ図書賞（The American Book Awards）が設立されたが86年廃止。翌年全米図書財団を主催団体として全米図書賞が復活した。児童書部門は96年に新設。毎年開催し，小説，詩，ノンフィクション，児童書の4部門がある。

【主催者】全米図書財団（Naional Book Foundation）
【選考委員】各部門5名ずつの審査員（審査委員長含む）が全米図書財団により任命される
【選考方法】各部門ノミネーション5作を10月に発表，その中から1作が選出される
【選考基準】アメリカ合衆国国民により前年12月から授与年の11月までに国内で刊行された作品を対象とする。2001年からは電子書籍（e-BOOK）の形式で発表された作品も対象となった。再版・翻訳作品は対象外。自薦禁止
【締切・発表】（2004年の場合）6月14日締切，11月16日発表，11月17日授与
【賞・賞金】受賞者には賞金1万ドルと，スザンヌ・ボール（Suzanne Ball）による書籍を象ったブロンズ像が授与される。また，受賞作のカバーにはメダルのシールが貼られる。ノミネーションを受けた者には1千ドルが授与される
【URL】http://www.nationalbook.org/

1969年
◇児童文学　マインダート・ディヤング(Meindert De Jong)「ペパーミント通りからの旅」"Journey from Peppermint Street"
1970年
◇児童文学　アイザック・バシェビス・シンガー(Isaac Bashevis Singer)「まぬけなワルシャワ旅行」"A Day of Pleasure : Stories of a Boy Growing up in Warsaw"
1971年
◇児童文学　ロイド・アリグザンダー(Lloyd Alexander)「セバスチャンの大失敗」"The Marvelous Misadventures of Sebastian"
1972年
◇児童文学　ドナルド・バーセルミ(Donald Barthelme) "The Slightly Irregular Fire Engine or The Hithering Thithering Djinn"
1973年
◇児童文学　アーシュラ・K.ル・グイン(Ursula K.Le Guin)「さいはての島へ ゲド戦記3」"The Farthest Shore"
1974年
◇児童文学　E.カメロン(Eleanor Cameron) "The Court of the Stone Children"
1975年
◇児童文学　ヴァージニア・ハミルトン(Virginia Hamilton)「偉大なるM.C.」"M.C.Higgins the Great"
1976年
◇児童文学　ウォルター・エドモンズ(Walter D.Edmonds)「大平原にかける夢――少年トムの1500日」"Bert Breen's Barn"
1977年
◇児童文学　キャサリン・パターソン(Katherine Paterson) "The Master Puppeteer"
1978年
◇児童文学　ジュディス・コール(Judith Kohl)、ハーバート・コール(Herbert Kohl) "The View From the Oak"
1979年
◇児童文学　キャサリン・パターソン(Katherine Paterson)「ガラスの家族」"The Great Gilly Hopkins"
1980年
◇児童文学
● ハードカバー　J.W.ブロス(Joan W.Blos) "A Gathering of Days : A New England Girl's Journal"
● ペーパーバック　マドレイン・ラングル(Madeleine L'Engle)「時間をさかのぼって」"A Swiftly Tilting Planet"
1981年
◇児童フィクション
● ハードカバー　ベッツィ・バイアーズ(Betsy Byars) "The Night Swimmers"
● ペーパーバック　ベヴァリー・クリアリー(Beverly Cleary)「ラモーナとおかあさん」"Ramona and Her Mother"
◇児童ノンフィクション
● ハードカバー　アリスン・クラギン・ヘルツィヒ(Alison Cragin Herzig)、ジェーン・ローレンス・マリ(Jane Lawrence Mali) "Oh, Boy ! Babies"
1982年
◇児童フィクション
● ハードカバー　ロイド・アリグザンダー(Lloyd Alexander) "Westmark"
● ペーパーバック　ウィーダ・セベスティアン(Ouida Sebestyen)「私は覚えていない」"Words by Heart"
◇児童ノンフィクション　スーザン・ボナーズ(Susan Bonners)「ペンギンたちの夏」"A Penguin Year"
◇絵本
● ハードカバー　モーリス・センダック(Maurice Sendak)「まどのそとのそのまたむこう」"Outside Over There"
● ペーパーバック　ピーター・スピア(Peter Spier)「ノアの箱船」"Noah's Ark"
1983年
◇児童フィクション
● ハードカバー　ジーン・フリッツ(Jean Fritz) "Homesick : My Own Story"
● ペーパーバック
ポーラ・フォックス(Paula Fox) "A Place Aparte"
ジョイス・キャロル・トーマス(Joyce Carol Thomas) "Marked by Fir"
◇児童ノンフィクション　ジェイムズ・クロス・ギブリン(James Cross Giblin) "Chimney Sweeps"
◇絵本
● ハードカバー
バーバラ・クーニー(Barbara Cooney)「ルピナスさん――小さなおばあさんのお話」"Miss Rumphius"
ウィリアム・スタイグ(William Steig)「歯いしゃのチューせんせい」"Doctor De Soto"

- ペーパーバック　メリーアン・ホバーマン（Mary Ann Hoberman），ベティ・フレイザー（Betty Fraser）"A House is a House for Me"

1996年
◇児童文学　ヴィクター・マルティネス（Victor Martinez）「オーブンの中のオウム」"Parrott In the Oven：MiVida"

1997年
◇児童文学　ハン・ノーラン（Han Nolan）"Dancing on the Edge"

1998年
◇児童文学　ルイス・サッカー（Louis Sachar）「穴」"Holes"

1999年
◇児童文学　キンバリー・ウィリス・ホルト（Kimberly Willis Holt）「ザッカリー・ビーヴァーが町に来た日」"When Zachary Beaver Came to Town"

2000年
◇児童文学　グロリア・ウィーラン（Gloria Whelan）「家なき鳥」"Homeless Bird"

2001年
◇児童文学　ヴァージニア・E.ウルフ（Virginia Euwer Wolff）"True Believer"

2002年
◇児童文学　ナンシー・ファーマー（Nancy Farmer）「砂漠の王国とクローンの少年」"The House of the Scorpion"

2003年
◇児童文学　ポリー・ホーヴァート（Polly Horvath）「ブルーベリー・ソースの季節」"The Canning Season"

2004年
◇児童文学　ピート・ハウトマン（Pete Hautman）"Godless"

2005年
◇児童文学　Jeanne Birdsall "The Penderwicks"

2006年
◇児童文学　M.T.アンダーソン（M. T. Anderson）"The Astonishing Life of Octavian Nothing, Traitor to the Nation, Vol.1：The Pox Party"

2007年
◇児童文学　シャーマン・アレクシー（Sherman Alexie）"The Absolutely True Diary of a Part-Time Indian"

2008年
◇児童文学　Judy Blundell "What I Saw and How I Lied"

281 ドイツ児童文学賞（Der Deutscher Jugendliteraturpreis）

　旧西ドイツ内務省によって創設された児童文学賞。1956年に「ドイツ児童図書賞」（Deutscher Jugendbuchpreis）として創設され，「児童と青少年のための優れた図書」に授与される。絵本部門，児童書部門，ヤングアダルト部門，ノンフィクション部門の4部門に，2003年，青少年審査委員会（ドイツ各地から選抜された青少年がメンバー）が審査を行なう青少年審査委員賞が新たに加えられた。この他，児童文学に貢献した人物（作家，画家，翻訳家など）に不定期に与えられる特別賞がある。特別賞は1959～61年の間は作品に対して与えられていたが，91年からは個人の全業績に対して与えられるようになった。ドイツで最も権威のある児童文学賞であり，ノミネーション作品とその作家情報をまとめた冊子は図書館，書店，学校などに頒布される。

【主催者】ドイツ連邦家族・高齢者・女性・青少年省（Bundesministerium füer Familie, Senioren, Frauen und Jugend）主催。ドイツ児童図書評議会（Arbeitskreis füer Jugendliteratur e.V.（AKJ））が運営を委託されている

【選考委員】10歳から18歳までの子供読者4名と，専門家から成る計13名の選考委員会が審査を行なう

【選考方法】各部門6作品がノミネートされ，その中から1部門につき1受賞作品が選ばれる

【選考基準】ドイツ人の作家が書いた，またはドイツ語に翻訳された前年に出版された児童・ヤングアダルト文学作品，絵本，児童書，青少年向けの本，ノンフィクションを対象とする

【締切・発表】フランクフルト・ブック・フェアで10月に発表・授与が行われる

【賞・賞金】〔各部門〕8000ユーロと「モモ」のトロフィー像，〔特別賞〕1万ユーロ

ドイツ児童文学賞

【URL】http://www.jugendliteratur.org/

1956年
- ◇児童書　ルイーズ・ファティオ(Louise Fatio)(アメリカ), ロジャー・デュボアザン(Roger Duvoisin)(アメリカ)「ごきげんなライオン」"Der glückliche Löwe"
- ◇ヤングアダルト　クルト・リュートゲン(Kurt Lütgen)「オオカミに冬なし」"Kein Winter für Wölfe"

1957年
- ◇児童書　マインダート・ディヤング(Meindert De Jong)(アメリカ)「運河と風車とスケートと」"Das Rad auf der Schule"
- ◇ヤングアダルト　ニコラス・カラーシニコフ(Nicholas Kalashnikoff)(アメリカ)「極北の犬トヨン」"Faß zu, Toyon"

1958年
- ◇絵本　マレーネ・ライデル(Marlene Reidel)"Kasimirs Weltreise"
- ◇児童書　ハインリッヒ・デンネボルク(Heinrich Maria Denneborg)「ヤンと野生の馬」"Jan und das Wildpferd"
- ◇ヤングアダルト　ヘルベルト・カウフマン(Herbert Kaufmann)「赤い月と暑い時」"Roter Mond und Heiße Zeit"

1959年
- ◇児童書　ハンス・ピーターソン(Hans Peterson)"Matthias und das Eichhörnchen"
- ◇ヤングアダルト　該当作なし
- ◇特別賞
  - アン・ルトガール・ファン・デル・ルフ(An Rutgers Van der Loeff-Basenau)(オランダ：ノンフィクション)"Pioniere und ihre Enkel"
  - レオ・シュナイダー(Leo Schneider)(アメリカ), モリス・U.エームズ(Maurice U.Ames)(アメリカ：ノンフィクション)"So fliegst du heute und morgen"

1960年
- ◇児童書　ジェームス・クリュス(James Krüss)「あごひげ船長九つ物語」"Mein Urgroßvater und ich"
- ◇ヤングアダルト　エリザベス・ルイス(Elizabeth Foreman Lewis)(アメリカ)"Schanghai 41"

1961年
- ◇児童書　ミヒャエル・エンデ(Michael Ende)「ジム・ボタンの機関車大旅行」"Jim Knopf und Lukas der Lokomotivführer"
- ◇ヤングアダルト　該当作なし
- ◇特別賞　ジェームズ・フェニモア・クーパー(James Fenimore Cooper)《古典の再話に貢献》

1962年
- ◇児童書　ウルズラ・ウェルフェル(Ursula Wölfel)「火のくつと風のサンダル」"Feuerschuh und Windsandale"
- ◇ヤングアダルト　クララ・アッスル(Clara Asscher-Pinkhof)(オランダ)「星の子」"Sternkinder"

1963年
- ◇児童書　ヨゼフ・ラダ(Josef Lada)(チェコスロヴァキア)「黒ねこミケシュのぼうけん」"Kater Mikesch"
- ◇ヤングアダルト　スコット・オデール(Scott O'Dell)(アメリカ)「青いイルカの島」"Insel der blauen Delphine"

1964年
- ◇児童書　カテリーネ・アルフライ(Katherine Allfrey)「イルカの夏」"Delphinensommer"
- ◇ヤングアダルト　ミープ・ディークマン(Miep Diekmann)"...und viele Grüsse von Wancho"

1965年
- ◇絵本　レオ・レオニ(Leo Lionni)(アメリカ)「スイミー」"Swimmy"
- ◇児童書　ルーネル・ヨンソン(Runer Jonsson)(スウェーデン)"Wickie und die starken Männer"
- ◇ヤングアダルト　フレデリク・ヘットマン(Frederik Hetmann)"Amerika-Saga"

1966年
- ◇絵本　ヴィルフリード・ブレヒャー(Wilfried Blecher)「ウェンデリンはどこかな？」"Wo ist Wendelin？"
- ◇児童書　マックス・ボリガー(Max Bolliger)"David"
- ◇ヤングアダルト　ハンス・プレガー(Hans G.Prager)"Florian 14：Achter Alarm"

1967年
- ◇絵本　リロ・フロム(Lilo Fromm)"Der goldene Vogel"
- ◇児童書　アンドリュー・サルキー(Andrew Salkey)(イギリス)"Achtung ― Sturmwarnung Hurricane"
- ◇ヤングアダルト　ピーター・バーガー(Peter Berger)"Im roten Hinterhaus"

◇ノンフィクション　クルト・リュートゲン（Kurt Lütgen）「謎の北西航路」"Das Rätsel Nordwestpassage"
1968年
　◇絵本　カトリーン・ブラント（Katrin Brandt）"Die Wichtelmänner"
　◇児童書　ポーリン・クラーク（Pauline Clarke）「魔神と木の兵隊」"Die Zwölf vom Dachboden"
　◇ヤングアダルト　マリア・ロッドマン（Maia Rodman）（アメリカ）"Der Sohn des Toreros"
　◇ノンフィクション　エリック・ハイマン（Erich Herbert Heimann）"...und unter uns die Erde"
1969年
　◇絵本　アリ・ミットグッチュ（Ali Mitgutsch）"Rundherum in meiner Stadt"
　◇児童書　アイザック・シンガー（Isaac B.Singer）「やぎと少年」"Zlateh, die Geiß"
　◇ヤングアダルト　ヤン・プロハズカ（Jan Prochazká）（チェコスロヴァキア）"Es lebe die Republik"
　◇ノンフィクション　該当作なし
1970年
　◇絵本　ヴィルフリード・ブレヒャー（Wilfried Blecher）"Kunterbunter Schabernack"
　◇児童書　該当作なし
　◇ヤングアダルト　クラーラ・ヤルンコバー（Klára Jarunková）（チェコスロヴァキア）"Der Bruder des schweigenden Wolfes"
　◇ノンフィクション　ローレンス・エリオット（Lawrence Elliott）（アメリカ）"Der Mann, der überlebte"
1971年
　◇絵本　イエラ・マリ（Iela Mari）（イタリア），エンゾ・マリ（Enzo Mari）（イタリア）「りんごとちょう」"Der Apfel und der Schmetterling"
　◇児童書　ライナー・クンツェ（Reiner Kunze）（チェコスロヴァキア）「あるようなないような話」"Der Löwe Leopold"
　◇ヤングアダルト　ルディェク・ペシェック（Ludek Pedek）（チェコスロヴァキア）"Die Erde ist nah"
　◇ノンフィクション　アンノー・ドレクスラー（Hanno Drechsler），ヴォルフガング・ヒルゲン（Wolfgang Hilligen），フランツ・ナウマン（Franz Neumann）"Gesellschaft und Staat"
1972年
　◇児童書　ハンス・ヨアヒム・ゲルベルト（Hans-Joachim Gelbert）"Geh und spiel mit dem Riesen"
　◇ヤングアダルト　オトフリート・プロイスラー（Otfried Preusler）「クラバート」"Krabat"
　◇ノンフィクション　エルンスト・バウアー（Ernst W.Bauer）"Höhlen — Welt ohne Sonne"
1973年
　◇絵本　ヤニコフスキー・エヴァ（Eva Janikovszky）（ハンガリー），レーベル・ラースロー（László Réber）（ハンガリー）"Große dürfen alles"
　◇児童書　クリスティーネ・ネストリンガー（Christine Nöstlinger）「きゅうりの王さまやっつけろ」"Wir pfeifen auf den Gurkenkönig"
　◇ヤングアダルト　バーバラ・ワースバ（Barbara Wersba）（アメリカ）「急いで歩け，ゆっくり走れ」"Ein nützliches Mitglied der Gesellschaft"
　◇ノンフィクション　フレデリク・ヘットマン（Frederik Hetmann）"Ich habe sieben Leben"
1974年
　◇絵本　イェルク・ミュラー（Jörg Müller）"Alle Jahre wieder saust der Preßlufthammer nieder oder Die Veränderung der Landschaft"
　◇児童書　ジュディス・カー（Judith Kerr）（イギリス）「ヒトラーにぬすまれたももいろうさぎ」"Als Hitler das rosa Kaninchen stahl"
　◇ヤングアダルト　ミヒャエル・エンデ（Michael Ende）「モモ」"Momo"
　◇ノンフィクション　オットー・フォン・フリッシュ（Otto von Frisch）"Tausend Tricks der Tarnung"
1975年
　◇絵本　フリードリヒ・カール・ヴェヒター（Friedrich Karl Waechter）「いっしょがいちばん」"Wir können noch viel zusammen machen"
　◇児童書　該当作なし
　◇ヤングアダルト　ジーン・クレイグヘッド・ジョージ（Jean Craighead George）（アメリカ）「狼とくらした少女ジュリー」"Julie von den Wölfen"

◇ノンフィクション　デビッド・マコーレイ（David Macaulay）「カテドラル」"Sie bauten eine Kathedrale"

1976年
◇絵本　エリザベス・ボルヒャース（Elisabeth Borchers），ヴィルヘルム・シュローテ（Wilhelm Schlote）「きょうはカバがほしいな」"Heute wünsche ich mir ein Nilpferd"
◇児童書　ペーター・ヘルトリング（Peter Härtling）「おばあちゃん」"Oma"
◇ヤングアダルト　ジョン・クリストファー（John Christopher）"Die Wächter"
◇ノンフィクション　テオドール・ドレゾル（Theodor Dolezol）"Planet des Menschen"

1977年
◇絵本　フロレンス・ハイデ（Florence P.Heide）（アメリカ），エドワード・ゴーリー（Edward Gorey）（アメリカ）"Schorschi schrumpft"
◇児童書　リュドビク・アシュケナーズィ（Ludvik Askenazy）"Wo die Füchse Blockflöte spielen"
◇ヤングアダルト　アン・ルトガール・ファン・デル・ルフ（An Rutgers Van der Loeff-Basenau）（オランダ）"Ich bin Fedde"
◇ノンフィクション　ウォリー・ハーバート（Wally Herbert）（イギリス）"Eskimos"

1978年
◇絵本　レイ・スミス（Ray Smith）（イギリス），カトリオナ・スミス（Catriona Smith）（イギリス）「すべるぞすべるぞ　どこまでも」"Der große Rutsch"
◇児童書　エルフィー・ドネリー（Elfie Donnelly）「さよならおじいちゃん…ぼくはそっといった」"Servus Opa, sagte ich leise"
◇ヤングアダルト　ディートロフ・ライヒェ（Dietlof Reiche）"Der Bleisiegelfälscher"
◇ノンフィクション　ジェラルディン・ラックス・フラナガン（Geraldine Lux Flanagan）（イギリス）"Nest am Fenster"

1979年
◇絵本　ヤノッシュ（Janosch）「夢みるパナマ」"Oh, wie schön ist Panama"
◇児童書　トールモー・ハウゲン（Tormod Haugen）「夜の鳥」"Die Nachtvögel"
◇ヤングアダルト　該当作なし
◇ノンフィクション　ヴァージニア・A.イェンセン（Virginia Allen Jensen）（イギリス），ドーカス・W.ハラー（Dorcas Woodbury Haller）（イギリス）「これ、なあに？」"Was ist das？"

1980年
◇絵本　ジョン・バーニンガム（John Burningham）「ねえ・どれがいい？」"Was ist dir lieber…"
◇児童書　ウルズラ・フックス（Ursula Fuchs）「わたしのエマ」"Emma oder die unruhige Zeit"
◇ヤングアダルト　レナーテ・ヴェルシュ（Renate Welsh）"Johanna"
◇ノンフィクション
　　グレーテ・ファーゲルストローム（Grethe Fagerström）（スウェーデン），グニッラ・ハンスン（Gunilla Hansson）（スウェーデン）「イーダとペールとミニムン」"Per, Ida och Minimum"
　　ヘリベルト・シュミット（Heribert Schmid）"Wie Tiere sich verständigen"

1981年
◇絵本　マルグレート・レティヒ（Margaret Rettich）"Die Reise mit der Jolle"
◇児童書　エルゲン・スポーン（Jürgen Spohn）"Drunter und drüber"
◇ヤングアダルト　ヴィリ・フェーアマン（Willi Fährmann）「少年ルーカスの遠い旅」"Der lange Weg des Lukas B."
◇ノンフィクション　ヘルマン・フィンケ（Hermann Vinke）「白バラが紅く散るとき：ヒトラーに抗したゾフィー21歳」"Das kurze Leben der Sophie Scholl"

1982年
◇絵本　スージー・ボーダル（Susi Bohdal）「ねことわたしのねずみさん」"Selina, Pumpernickel und die Katze Flora"
◇児童書　フース・コイヤー（Guus Kuijer）（オランダ）"Erzähl mir von Oma"
◇ヤングアダルト　マイロン・リーボイ（Myron Levoy）（アメリカ）「ナオミの秘密」"Der gelbe Vogel"
◇ノンフィクション　コーネリア・ユリウス（Cornelia Julius）"Von feinen und von kleinen Leuten"

1983年
◇絵本　該当作なし
◇児童書　ロベルト・ゲルンハート（Robert Gernhardt）「ミスター・Pの不思議な冒険」"Der Weg durch die Wand"
◇ヤングアダルト　マルコム・ボス（Malcolm J.Bosse）（アメリカ）"Ganesh oder eine neue Welt"

◇ノンフィクション　該当作なし
1984年
　◇絵本　アンネゲルト・フックスフーバー（Annegert Fuchshuber）"Mäusemärchen — Riesengeschichte"
　◇児童書　グードルン・メブス（Gudrun Mebs）「日曜日だけのママ」"Sonntagskind"
　◇ヤングアダルト　ティルマン・レーリヒ（Tilman Röhrig）「三百年したら、きっと…」"In dreihundert Jahren vielleicht"
　◇ノンフィクション　クリスティーナ・ビョルク（Christina Björk）「リネアの12か月」"Linnéas Jahrbuch"
1985年
　◇絵本　アンナリーナ・マカフィー（Annalena McAfee）（イギリス），アンソニー・ブラウン（Anthony Browne）（イギリス）"Mein Papi, nur meiner！"
　◇児童書　ロアルド・ダール（Roald Dahl）（イギリス）「オ・ヤサシ巨人BFG」"Sophiechen und der Riese"
　◇ヤングアダルト　イゾルデ・ハイネ（Isolde Heyne）"Treffpunkt Weltzeituhr"
　◇ノンフィクション　ギーゼラ・クレムト・コズィノウスキー（Gisela Klemt-Kozinowski），ヘルムート・コッホ（Helmut Koch），ハインケ・ヴンダーリヒ（Heinke Wunderlich）"Die Frauen von der Plaza de Mayo"
1986年
　◇絵本　トニー・ロス（Tony Ross）「おまえをたべちゃうぞーっ！」"Ich komm dich holen！"
　◇児童書　エルス・ペルフロム（Els Pelgrom）（オランダ）「小さなソフィーとのっぽのパタパタ」"Die wundersame Reise der kleinen Sofie"
　◇ヤングアダルト　ダグマール・チドルー（Dagmar Chidolue）"Lady Punk"
　◇ノンフィクション
　　　カリン・フォン・ヴェルク（Karin Von Welck）"Bisonjaeger und Mäusefreunde"
　　　クラス・エワート・エヴァーウィン（Klas Ewert Everwyn）"Für fremde Kaiser und kein Vaterland"
1987年
　◇絵本　デビッド・マッキー（David McKee）（イギリス）「青いかいじゅうと赤いかいじゅう」"Du hast angefangen！Nein, du！"
　◇児童書　アヒム・ブレーガー（Acim Bröger）「おばあちゃんとあたし」"Oma und ich"

◇ヤングアダルト　インゲル・エデルフェルト（Inger Edelfeldt）（スウェーデン）"Briefe an die Konigin der Nacht"
◇ノンフィクション
　フィン・ニュオン・クアン（Huynh Nhuong Quang）"Mein verlorenes Land"
　シャルロッテ・ケルナー（Charlotte Kerner）"Lise, Atomphysikerin"
1988年
　◇絵本　マーリット・カルホール（Marit Kaldhol）（ノルウェー），ヴェンケ・オイエン（Wenche Øyen）（ノルウェー）「さよなら、ルーネ」"Abschied von Rune"
　◇児童書　ヨーク・ファン・リューベン（Joke van Leeuwen）（オランダ）「デージェだっていちにんまえ」"Deesje macht das schon"
　◇ヤングアダルト　グードルン・パウゼヴァング（Gudrun Pausewang）「見えない雲」"Die Wolke"
　◇ノンフィクション
　・児童　クリスティーナ・ビョルク（Christina Björk）（スウェーデン）「リネア モネの庭で」"Linnéa im Garten des Malers"
　・ヤングアダルト　パウル・マール（Paul Maar）"Türme"
1989年
　◇絵本　ネーレ・マール（Nele Maar），ヴェレーナ・バルハウス（Verena Ballhaus）"Papa wohnt jetzt in der Heinrichstraße"
　◇児童書　イヴァ・プロハースコヴァー（Iva Procházková）（チェコ）"Die Zeit der geheimen Wünsche"
　◇ヤングアダルト　インゲボルク・バイヤー（Ingeborg Bayer）"Zeit für die Hora"
　◇ノンフィクション　シンシア・ヴォイト（Cynthia Voigt）（アメリカ）"Samuel Tillerman, der Läufer"
1990年
　◇絵本　イェルク・シュタイナー（Jörg Steiner），イェルク・ミュラー（Jörg Müller）"Aufstand der Tiere oder die Neuen Stadtmusikanten"
　◇児童書　ウーヴェ・ティム（Uwe Timm），グンナー・マチジアク（Gunnar Matysiak）「わたしのペットは鼻づらルーディ」"Rennschwein Rudi Rüssel"
　◇ヤングアダルト　ペーテル・ポール（Peter Pohl）（スウェーデン）「ヤンネ、ぼくの友だち」"Jan, mein Freund"
　◇ノンフィクション
　・児童　イルムガルト・ルフト（Irmgard Lucht）"Wie kommt der Wald ins Buch？"

● ヤングアダルト　イスラエル・バーンバウム(Israel Bernbaum)(アメリカ) "Meines Bruders Hüter"

1991年
◇絵本　クヴィエタ・パツォウスカー(Květa Pacovská)「ふしぎなかず」"eins, funf, viele"
◇児童書　ヴォルフ・シュピルナー(Wolf Spillner)「ぼくの冬の旅」"Taube Klara"
◇ヤングアダルト　アナトリ・プリスタフキン(Anatoli Pristavkin)(ロシア) "Wir Kuckuckskinder"
◇ノンフィクション　ミハイル・クラウスニック(Michail Krausnick) "Die eiserne Lerche"
◇特別賞　ウルズラ・ウェルフェル(Ursula Wölfel)(作家)

1992年
◇絵本　トーマス・ティードホルム(Thomas Tidholm)(スウェーデン)、アンナ＝クララ・ティードホルム(Anna-Clara Tidholm)(スウェーデン)「おじいちゃんをさがしに」"Die Reise nach Ugri-La-Brek"
◇児童書　ベノ・プルードラ(Benno Pludra)、ヨハネス・ニードリッチ(Johannes K. G. Niedlich) "Siebenstorch"
◇ヤングアダルト　メジャ・ムワンギ(Meja Mwangi)(イギリス) "Kariuki und sein weißer Freund"
◇ノンフィクション　ペレ・エッカーマン(Pelle Eckerman)(スウェーデン)、スヴェン・ノルドクヴィスト(Sven Nordqvist)(スウェーデン) "Linsen, Lupen und magische Skope"

1993年
◇絵本　ヴォルフ・エァルブルッフ(Wolf Erlbruch)「クマがふしぎにおもってたこと」"Das Bärenwunder"
◇児童書　ヘニング・マンケル(Henning Mankell)(スウェーデン)「少年のはるかな海」"Der Hund, der unterwegs zum Stern war"
◇ヤングアダルト　A.M.ホームズ(A. M. Homes)(アメリカ) "Jack"
◇ノンフィクション　ヘルムート・ホルヌング(Helmut Hornung)「星の王国の旅」"Safari ins Reich der Sterne"
◇特別賞　ヨゼフ・グッゲンモース(Josef Guggenmos)(詩人)

1994年
◇絵本　デイヴィッド・ヒューズ(David Hughes)(イギリス) "Macker"

◇児童書　ウルフ・スタルク(Ulf Stark)(スウェーデン)、アンナ・ヘグルンド(Anna Hoglund)(スウェーデン)「おじいちゃんの口笛」"Kannst du pfeifen, Johanna"
◇ヤングアダルト　ヨースタイン・ゴルデル(Jostein Gaarder)(ノルウェー)「ソフィーの世界」"Sofies Welt"
◇ノンフィクション　ルード・ファン・デル・ロル(Ruud vaan der Rol)(オランダ)、ライアン・フェルフーフェン(Rian Verhoeven)(オランダ)「アンネ・フランク」"Anne Frank"
◇特別賞　ミリアム・プレスラー(Mirjam Pressler)(翻訳家)

1995年
◇絵本　イワン・ポモー(Yvan Pommaux) "Detektiv John Chatterton"
◇児童書　ミリアム・プレスラー(Mirjam Pressler)「幸せを待ちながら」"Wenn das Gluck kommt, muß man ihm einen Stuhl hinstellen"
◇ヤングアダルト　ペーテル・ポール(Peter Pohl)(スウェーデン)、キナ・ギース(Kinna Gieth)(スウェーデン) "Du fehlst mir, du fehlst mir！"
◇ノンフィクション　クラウス・コルドン(Klaus Kordon)「ケストナー：ナチスに抵抗し続けた作家」"Die Zeit ist kaputt"
◇特別賞　クラウス・エンジカート(Klaus Ensikat)(画家)

1996年
◇絵本　アンナ・ヘグルンド(Anna Hoglund) "Feuerland ist viel zu heiß！"
◇児童書　ユルク・シュービガー(Jürg Schubiger)、ロートラウト・ズザンネ・ベルナー(Rotraut Susanne Berner)「世界がまだ若かったころ」"Als die Welt noch jung war"
◇ヤングアダルト　マッツ・ヴォール(Mats Wahl)(スウェーデン)「冬の入江」"Winterbucht"
◇ノンフィクション　ビョルン・ソートランド(Björn Sortland)、ラース・エリング(Lars Elling) "Rot, Blau und ein bißchen Gelb"
◇特別賞　パウル・マール(Paul Maar)(作家)

1997年
◇絵本　グレゴワール・ソロタレフ(Grégoire Solotareff)(フランス) "Du groß, und ich klein"
◇児童書　シーラ・オチ(Sheila Och)(チェコ) "Karel, Jarda und das wahre Leben"

◇ヤングアダルト　P.ネルソン（Per Nilsson）（スウェーデン）"So Lonely"
◇ノンフィクション　ラインハルト・カイザー（Reinhard Kaiser）「インゲへの手紙」"Königskinder.Eine wahre Liebe"
◇特別賞　ビネッテ・シュレーダー（Binette Schroeder）（画家）

1998年
◇絵本　アメリー・フリート（Amelie Fried），ジャッキー・グライヒ（Jacky Gleich）「どこにいるの おじいちゃん」"Hat Opa einen Anzug an？"
◇児童書　イレーネ・ディーシェ（Irene Dische）（アメリカ）"Zwischen zwei Scheiben Glück"
◇ヤングアダルト　バルト・ムイヤールト（Bart Moeyaert）（ベルギー），ロートラウト・ズザンネ・ベルナー（Rotraut Susanne Berner）（ベルギー）"Bloße Hände"
◇ノンフィクション　スザンナ・パルチュ（Susanna Partsch）"Haus der Kunst"
◇特別賞　ペーター・ハックス（Peter Hacks）（作家）

1999年
◇絵本　フリードリヒ・カール・ヴェヒター（Friedrich Karl Waechter）「赤いおおかみ」"Der rote Wolf"
◇児童書　アニカ・トール（Annika Thor）（スウェーデン）"Eine Insel im Meer"
◇ヤングアダルト　テッド・ファン・リースハウト（Ted van Lieshout）（オランダ）"Bruder"
◇ノンフィクション　ピーター・シス（Peter Sis）（アメリカ）"Tibet.Das Geheimnis der roten Schachtel"
◇特別賞　ビルギッタ・キッフェラー（Birgitta Kicherer）（翻訳家）

2000年
◇絵本　ナディア・ブッデ（Nadia Budde）"Eins zwei drei Tier"
◇児童書　ビャーネ・ロイター（Bjarne Reuter）"Hodder der Nachtschwärer"
◇ヤングアダルト　シャルロッテ・ケルナー（Charlotte Kerner）「ブルー・ポイント」"Blueprint"
◇ノンフィクション　アンティジェ・フォン・ステム（Antje von Stemm）"Fräulein Pop und Mrs.Up und ihre große Reise durchs Papierland：Ein Pop-up-Buch zum Selberbasteln"

◇特別賞　ニコラス・ハイデルバッハ（Nikolaus Heidelbach）（画家）

2001年
◇絵本　ユッタ・バウアー（Jutta Bauer）「おこりんぼママ」"Schreimutter"
◇児童書　ユッタ・リヒター（Jutta Richter）"Der Tag, als ich lernte die Spinnen zu zähmen"
◇ヤングアダルト　リチャード・ヴァン・キャンプ（Richard Van Camp）
◇ノンフィクション　スザンネ・パウルゼン（Susanne Paulsen）"Sonnenfresser"
◇特別賞　ペーター・ヘルトリング（Peter Härtling）（作家）

2002年
◇絵本　ケイティ・クープリ（Katy Couprie），アントナン・ルーチャード（Antonin Louchard）"Die ganze Welt"
◇児童書　フース・コイヤー（Guus Kuijer），アリス・ホーフスタッド（Alice Hoogstad）"Wir alle für immer zusammen"
◇ヤングアダルト　アレクサ・ヘニッヒ・フォン・ランゲ（Alexa Hennig von Lange）"Ich habe einfach Glück"
◇ノンフィクション　ベルント・シュール（Bernd Schuh）"Das visuelle Lexikon der Umwelt"
◇特別賞　コルネリア・クルーズ＝アーノルド（Cornelia Krutz-Arnold）（翻訳家）

2003年
◇絵本　カーチャ・カン（Katja Kamm）"Unsichtbar"
◇児童書　フィリップ・アーダー（Philip Ardagh），デイヴィッド・ロバーツ（David Roberts）「あわれなエディの大災難」"Schlimmes Ende"
◇ヤングアダルト　ホリー＝ジェーン・ラフレンス（Holly-Jane Rahlens）"Prinz William, Maximilian Minsky und ich"
◇ノンフィクション　ニコラウス・パイパー（Nikolaus Piper）"Geschichte der Wirtschaft"
◇青少年審査委員賞　クラウス・コルドン（Klaus Kordon）"Krokodil im Nacken"
◇特別賞　ヴォルフ・エァルブルッフ（Wolf Erlbruch）（画家）

2004年
◇絵本　マーガレット・ワイルド（Margaret Wild），ロン・ブルックス（Ron Brooks）「キツネ」"Fuchs"
◇児童書　M.マター（Maritgen Matter）"Ein Schaf fürs Leben"
◇ヤングアダルト　タマラ・バック（Tamara Bach）"Marsmädchen"

◇ノンフィクション　アロイス・プリンツ(Alois Prinz) "Lieber wütend als traurig：Die Lebensgeschichte der Ulrike Marie Meinhof"
◇青少年審査委員賞　リアン・ハーン(Lian Hearn) "Das Schwert in der Stille"
◇特別賞　ベノ・プルードラ(Benno Pludra)(作家)

2005年
◇絵本　チェン・ジャンホン(Chen Jianghong)「この世でいちばんすばらしい馬」"Han Gan und das Wunderpfer"
◇児童書　M.マター(Victor Caspak〔文〕), Yves Lanois〔文〕, オレ・ケネツケ(Ole Könnecke〔絵〕) "Die Kurzhosengang"
◇ヤングアダルト　Dorota Maslowska "Schneeweiß und Russenrot"
◇ノンフィクション　Anne Möller "Nester bauen, Höhlen knabbern Wie Insekten für ihre Kinder sorgen"
◇青少年審査委員賞　Graham Gardner "Im Schatten der Wächter"
◇特別賞　Harry Rowohlt(翻訳家)

2006年
◇絵本　Peter Schössow "Gehört das so？？！Die Geschichte von Elvis"
◇児童書　ヴァレリー・デール(Valérie Dayre)「リリとことばをしゃべる犬」"Lilis Leben eben"
◇ヤングアダルト　ドルフ・フェルルーン(Dolf Verroen)「真珠のドレスとちいさなココ」"Wie schön weiß ich bin"

◇ノンフィクション　アーニャ・トゥッカーマン(Anja Tuckermann) ""Denk nicht, wir bleiben hier！" Die Lebensgeschichte des Sinto Hugo Höllenreiner"
◇青少年審査委員賞　ケヴィン・ブルックス(Kevin Brooks)「ルーカス」"Lucas"
◇特別賞　ロートラウト・ズザンネ・ベルナー(Rotraut Susanne Berner)(画家)

2007年
◇絵本　ニコラス・ハイデルバッハ(Nikolaus Heidelbach) "Königin Gisela"
◇児童書　ヨン・フォッセ(Jon Fosse), Aljoscha Blau "Schwester"
◇ヤングアダルト　Do van Ranst "Wir retten Leben, sagt mein Vater"
◇ノンフィクション　Brian Fies "Mutter hat Krebs"
◇青少年審査委員賞　マークース・ズーサック(Markus Zusak)「メッセージ」"Der Joker"
◇特別賞　キルステン・ボイエ(Kirsten Boie)(作家)

2008年
◇絵本　グリム兄弟(Jacob und Wilhelm Grimm), Susanne Janssen "Hänsel und Gretel"
◇児童書　ポーラ・フォックス(Paula Fox) "Ein Bild von Ivan"
◇ヤングアダルト　メグ・ローゾフ(Meg Rosoff) "was wäre wenn"
◇ノンフィクション　Andres Veiel "Der Kick"
◇青少年審査委員賞　マリー＝オード・ミュライユ(Marie-Aude Murail) "Simpel"
◇特別賞　Gabriele Haefs(翻訳家)

282 ニューベリー賞（The John Newbery Medal, ジョン・ニューベリー賞）

前年に出版された本のうちアメリカの児童文学に最も貢献した優秀作品の著者に贈られる賞。1921年に創設された世界初の児童文学賞でもある。著名な児童文学出版人のフレデリック・G.メルチャー(Frederic G.Melcher)がアメリカ図書館協会(ALA)児童図書館員部会で設立を提唱、ALAが創設した。児童文学創作の促進、出版の奨励などを目的とする。賞名は、児童文学の発展に貢献した18世紀のイギリスの出版人ジョン・ニューベリー(John Newbery)の名にちなむ。現在はALAの児童部会(ALSC：The Association for Library Service to Children)により運営されている。次点作(runners-up)は1971年から「オナー・ブック(Honor books)」と呼ばれている。銀色のラベルを貼ることから「ニューベリー賞銀賞作」とも言われる。同じくALSCが運営するコールデコット賞設立当初は、共通の委員により審査され、一作品が両賞を同時受賞できないことになっていたが、1977年以降両賞受賞が可能となり、1980年からはそれぞれ独立した委員会により審査が行われるようになった。

VI 世界の賞

ニューベリー賞

【主催者】アメリカ図書館協会(American Library Association)児童部会(Association for Library Service to Children)

【選考委員】ALSCが任命する、コルデコット賞とは異なる14名以上の選考委員から成る

【選考基準】対象は合衆国国民または在住者によって前年に合衆国で初めて出版され、販売された14歳までの子供向けの作品。対象年より前に執筆され、対象年に初めて刊行された作品も対象となる。ジャンルはフィクション・ノンフィクション・詩のいずれでもよく、形式は問わない。複数著者作品、一度受賞した作家の作品も対象になる。テーマや構成の秀逸さ・緻密さといった文学としての質と同時に、「子どもを惹きつける」ことが重要な基準となっており、単に教訓的なもの、人気が先行しているものが評価されるとは限らない

【締切・発表】締切は刊行年の12月31日。翌年の通常1月に行われるALAの年次総会で受賞作と次点作を発表する

【賞・賞金】受賞者の名を刻したブロンズ・メダル。受賞作品の表紙にはメダルを形どった金色のラベルを、次点作品には銀色のラベルを貼る

【URL】http：//www.ala.org/alsc/newbery.html

1922年	H.W.ヴァン・ルーン(Hendrik Willem van Loon)「人間の歴史の物語」"The Story of Mankind"		:The Story of the Author of Little Women"
1923年	ヒュー・ロフティング(Hugh Lofting)「ドリトル先生航海記」"The Voyages of Doctor Dolittle"	1935年	モニカ・シャノン(Monica Shannon)「ドブリイ」"Dobry"
1924年	チャールズ・B.ホウズ(Charles Boardman Hawes) "The Dark Frigate"	1936年	キャロル・ライリー・ブリンク(Carol Ryrie Brink)「風の子キャディー」"Caddie Woodlawn"
1925年	チャールズ・J.フィンガー(Charles J.Finger)「銀の国からの物語」"Tales from Silver Lands"	1937年	ルース・ソーヤー(Ruth Sawyer)「ローラー＝スケート」"Roller Skates"
1926年	A.B.クリスマン(Arthur Bowie Chrisman) "Shen of the Sea"	1938年	ケート・セレディ(Kate Seredy)「白いシカ」"The White Stag"
1927年	ウィル・ジェームズ(Will James)「名馬スモーキー」"Smoky, the Cowhorse"	1939年	エリザベス・エンライト(Elizabeth Enright)「ゆびぬきの夏」"Thimble Summer"
1928年	D.G.ムカージ(Dhan Gopal Mukerji)「はばたけゲイネック」"Gay Neck, the Story of a Pigeon"	1940年	ジェームズ・ドーハーティ(James Daugherty) "Daniel Boone"
1929年	エリック・P.ケリー(Eric P.Kelly) "The Trumpeter of Krakow"	1941年	アームストロング・スペリー(Armstrong Sperry)「それを勇気とよぼう」"Call It Courage"
1930年	レイチェル・フィールド(Rachel Field)「人形ヒティの冒険」"Hitty, Her First Hundred Years"	1942年	ウォルター・エドモンズ(Walter D. Edmonds)「大きなひなわじゅう」"The Matchlock Gun"
1931年	エリザベス・コーツワース(Elizabeth Coatsworth)「極楽にいった猫」"The Cat Who Went to Heaven"	1943年	エリザベス・ジャネット・グレイ(Elizabeth Janet Gray)「旅の子アダム」"Adam of the Road"
1932年	ローラ・アダムズ・アーマー(Laura Adams Armer)「夜明けの少年」"Waterless Mountain"	1944年	エスター・フォーブス(Esther Forbes) "Johnny Tremain"
1933年	エリザベス・ルイス(Elizabeth Foreman Lewis)「揚子江の少年」"Young Fu of the Upper Yangtze"	1945年	ロバート・ローソン(Robert Lawson)「ウサギの丘」"Rabbit Hill"
1934年	コーネリア・メグズ(Cornelia Meigs)「オルコット物語」"Invincible Louisa	1946年	ロイス・レンスキー(Lois Lenski)「いちごつみの少女」"Strawberry Girl"
		1947年	キャロリン・シャーウィン・ベイリー(Carolyn Sherwin Bailey)「ミスヒッコリーと森のなかまたち」"Miss

1948年	ウィリアム・ペーン・デュボア（William Pène du Bois）「二十一の気球」"The Twenty-One Balloons"	1968年	E.L.カニグズバーグ（E.L.Konigsburg）「クローディアの秘密」"From the Mixed-Up Files of Mrs.Basil E. Frankweiler"
1949年	マーゲライト・ヘンリー（Marguerite Henry）「名馬風の王」"King of the Wind"	1969年	ロイド・アリグザンダー（Lloyd Alexander）「タラン・新しき王者」"The High King"
1950年	マルグリット・デ・アンジェリ（Marguerite de Angeli）"The Door in the Wall"	1970年	ウィリアム・H.アームストロング（William H.Armstrong）「父さんの犬サウンダー」"Sounder"
1951年	エリザベス・イェーツ（Elizabeth Yates）"Amos Fortune, Free Man"	1971年	ベッツィ・バイアーズ（Betsy Byars）「白鳥の夏」"Summer of the Swans"
1952年	エルナー・エステス（Eleanor Estes）「すてきな子犬ジンジャー」"Ginger Pye"	1972年	ロバート・C.オブライエン（Robert C. O'Brien）「フリスビーおばさんとニムの家ねずみ」"Mrs.Fris and the Rats of NIMH"
1953年	アン・ノーラン・クラーク（Ann Nolan Clark）「アンデスの秘密」"Secret of the Andes"	1973年	ジーン・クレイグヘッド・ジョージ（Jean Craighead George）「狼とくらした少女ジュリー」"Julie of the Wolves"
1954年	ジョセフ・クラムゴールド（Joseph Krumgold）「やっとミゲルの番です」"...And Now Miguel"	1974年	ポーラ・フォックス（Paula Fox）「どれい船にのって」"The Slave Dancer"
1955年	マインダート・ディヤング（Meindert De Jong）「コウノトリと六人の子どもたち」"The Wheel on the School"	1975年	ヴァージニア・ハミルトン（Virginia Hamilton）「偉大なるM.C.」"M. C. Higgins, the Great"
1956年	ジーン・L.レイサム（Jean Lee Latham）「海の英雄」"Carry On, Mr.Bowditch"	1976年	スーザン・クーパー（Susan Cooper）「灰色の王」"The Grey King"
1957年	ヴァージニア・ソレンスン（Virginia Sorenson）"Miracles on Maple Hill"	1977年	ミルドレッド・D.テイラー（Mildred D. Taylor）「とどろく雷よ、私の叫びをきけ」"Roll of Thunder, Hear My Cry"
1958年	ハロルド・キース（Harold Keith）"Rifles for Watie"	1978年	キャサリン・パターソン（Katherine Paterson）「テラビシアにかける橋」"Bridge to Terabithia"
1959年	エリザベス・ジョージ・スピア（Elizabeth George Speare）「からすが池の魔女」"The Witch of Blackbird Pond"	1979年	エレン・ラスキン（Ellen Raskin）「アンクル・サムの遺産」"The Westing Game"
1960年	ジョセフ・クラムゴールド（Joseph Krumgold）"Onion John"	1980年	J.W.ブロス（Joan W.Blos）"A Gathering of Days: A New England Girl's Journal, 1830-1832"
1961年	スコット・オデール（Scott O'Dell）「青いイルカの島」"Island of the Blue Dolphins"	1981年	キャサリン・パターソン（Katherine Paterson）「海は知っていた — ルイーズの青春」"Jacob Have I Loved"
1962年	エリザベス・ジョージ・スピア（Elizabeth George Speare）「青銅の弓」"The Bronze Bow"	1982年	ナンシー・ウィラード（Nancy Willard）"A Visit to William Blake's Inn: Poems for Innocent and Experienced Travelers"
1963年	マドレイン・ラングル（Madeleine L'Engle）「惑星カマゾツ」"A Wrinkle in Time"	1983年	シンシア・ヴォイト（Cynthia Voigt）「ダイシーズソング」"Dicey's Song"
1964年	エミリー・C.ネヴィル（Emily Cheney Neville）"It's Like This, Cat"	1984年	ベヴァリー・クリアリー（Beverly Cleary）「ヘンショーさんへの手紙」"Dear Mr.Henshaw"
1965年	マヤ・ボイチェホフスカ（Maia Wojciechowska）「闘牛の影」"Shadow of a Bull"	1985年	ロビン・マッキンリィ（Robin McKinley）「英雄と王冠」"The Hero and
1966年	エリザベス・ボートン・デ・トレビノ（Elizabeth Borton de Trevino）「赤い十字章」"I, Juan de Pareja"		
1967年	アイリーン・ハント（Irene Hunt）「ジュリーの行く道」"Up a Road Slowly"		

	the Crown"
1986年	パトリシア・マクラクラン（Patricia MacLachlan）「のっぽのサラ」"Sarah, Plain and Tall"
1987年	シド・フライシュマン（Sid Fleischman）「身がわり王子と大どろぼう」"The Whipping Boy"
1988年	ラッセル・フリードマン（Russell Freedman）「リンカン アメリカを変えた大統領」"Lincoln: A Photobiography"
1989年	ポール・フライシュマン（Paul Fleischman）"Joyful Noise: Poems for Two Voices"
1990年	ロイス・ローリー（Lois Lowry）「ふたりの星」"Number the Stars"
1991年	ジェリー・スピネッリ（Jerry Spinelli）「クレージー・マギーの伝説」"Maniac Magee"
1992年	フィリス・レノルズ・ネイラー（Phyllis Reynolds Naylor）「さびしい犬」"Shiloh"
1993年	シンシア・ライラント（Cynthia Rylant）「メイおばちゃんの庭」"Missing May"
1994年	ロイス・ローリー（Lois Lowry）「ザ・ギバー」"The Giver"
1995年	シャロン・クリーチ（Sharon Creech）「めぐりめぐる月」"Walk Two Moons"
1996年	カレン・クシュマン（Karen Cushman）「アリスの見習い修業」"The Midwife's Apprentice"
1997年	E.L.カニグズバーグ（E.L.Konigsburg）「ティーパーティーの謎」"The View from Saturday"
1998年	カレン・ヘス（Karen Hesse）「ビリー・ジョーの大地」"Out of the Dust"
1999年	ルイス・サッカー（Louis Sachar）「穴」"Holes"
2000年	クリストファー・ポール・カーティス（Christopher Paul Curtis）「バドの扉がひらくとき」"Bud, Not Buddy"
2001年	リチャード・ペック（Richard Peck）「シカゴより好きな町」"A Year Down Yonder"
2002年	リンダ・スー・パーク（Linda Sue Park）「モギ ちいさな焼きもの師」"A Single Shard"
2003年	アヴィ（Avi）「クリスピン」"Crispin: The Cross of Lead"
2004年	ケイト・ディカミロ（Kate DiCamillo）、ティモシー・バジル・エリング（Timothy Basil Ering）「ねずみの騎士デスペローの物語」"The Tale of Despereaux: Being the Story of a Mouse, a Princess, Some Soup, and a Spool of Thread"
2005年	シンシア・カドハタ（Cynthia Kadohata）「きらきら」"Kira-Kira"
2006年	Lynne Rae Perkins "Criss Cross"
2007年	スーザン・パトロン（Susan Patron）「ラッキー・トリンブルのサバイバルな毎日」"The Higher Power of Lucky"
2008年	Laura Amy Schlitz "Good Masters! Sweet Ladies! Voices from a Medieval Village"
2009年	ニール・ゲイマン（Neil Gaiman）、デイブ・マッキーン（Dave McKean）"The Graveyard Book"

283 フェニックス賞 (Phoenix Award)

　高い文学的価値をもつが，刊行当時は権威ある児童文学賞を受賞しなかった作品を再評価する賞。1985年，児童文学協会（Children's Literature Association）により創設された。「フェニックス」の名は，若く美しい姿となって灰の中から復活する架空の鳥にちなむ。選考は毎年行われる。オナーブックスは89年に創設されたが，選出されない年もある。

【主催者】児童文学協会（Children's Literature Association）
【選考委員】ChLA会員の中から5名の専門委員が任命される
【選考方法】ChLA会員と児童文学の批評基準に関心をもつ人たちが候補作を挙げ，選考委員が審査する
【選考基準】原則1作品であり，20年前に英語で刊行され，当時主だった賞を受けなかった作品を対象とする。出版国や作家の国籍について制限はない
【賞・賞金】真鍮の彫像

【URL】http：//www.childlitassn.org/

1985年	ローズマリー・サトクリフ（Rosemary Sutcliff）「王のしるし」"The Mark of the Horse Lord"
1986年	ロバート・バーチ（Robert Burch）「いじっぱりのクイーニ」"Queenie Peavy"
1987年	レオン・ガーフィールド（Leon Garfield）「ねらわれたスミス」"Smith"
1988年	エリック・C.ホガード（Erik Christian Haugaard）「さいごのとりでマサダ」"The Rider and His Horse"
1989年	ヘレン・クレスウェル（Helen Cresswell）"The Night-Watchmen"
1990年	シルヴィア・ルイーズ・エングダール（Sylvia Louise Engdahl）「異星から来た妖精」"Enchantress from the Stars"
1991年	ジェイン・ガーダム（Jane Gardam）"A Long Way from Verona"
1992年	モリー・ハンター（Mollie Hunter）"A Sound of Chariots"
1993年	ニーナ・ボーデン（Nina Bawden）「帰ってきたキャリー」"Carrie's War"
1994年	キャサリン・パターソン（Katherine Paterson）"Of Nightingales that Weep"
1995年	ローレンス・イェップ（Laurence Yep）「ドラゴン複葉機よ、飛べ」"Dragonwings"
1996年	アラン・ガーナー（Alan Garner）"The Stone Book"
1997年	ロバート・コーミア（Robert Cormier）"I Am the Cheese"
1998年	ジル・ペイトン・ウォルシュ（Jill Paton Walsh）"A Chance Child"
1999年	E.L.カニグズバーグ（E.L.Konigsburg）「影」"Throwing Shadows"
2000年	モニカ・ヒューズ（Monica Hughes）「イシスの燈台守」"The Keeper of the Isis Light"
2001年	ピーター・ディキンスン（Peter Dickinson）"The Seventh Raven"
2002年	Z.オニール（Zibby Oneal）"A Formal Feeling"
2003年	アイヴァン・サウスオール（Ivan Southall）"The Long Night Watch"
2004年	バーリー・ドハティ（Berlie Doherty）「ホワイト・ピーク・ファーム」"White Peak Farm"
2005年	マーガレット・マーヒー（Margaret Mahy）「贈りものは宇宙のカタログ」"The Catalogue of the Universe"
2006年	ダイアナ・ウィン・ジョーンズ（Diana Wynne Jones）「魔法使いハウルと火の悪魔」"Howl's Moving Castle"
2007年	マーガレット・マーヒー（Margaret Mahy）「ゆがめられた記憶」"Memory"
2008年	ピーター・ディキンスン（Peter Dickinson）「エヴァが目ざめるとき」"Eva"
2009年	フランチェスカ・リア・ブロック（Francesca Lia Block）「ウィーツィ・バット」"Weetzie Bat"

284 ボストングローブ・ホーンブック賞 (Boston Globe-Horn Book Awards)

アメリカ国内で出版された児童及びヤングアダルト文学の本に与えられる賞。新聞社のボストングローブ社と児童文学評論誌出版社のホーンブック社がスポンサーとなり、1967年に創設された。当初はフィクションと絵本の2部門だったが、1976年からノンフィクション部門が創設され、現在はフィクションと詩、ノンフィクション、絵本の3部門に分かれている。各部門ごとに1点の受賞作と2点の次点作（Honor Books）が選ばれ、特別賞が設けられることもある。

【主催者】ボストングローブ社（The Boston Globe），ホーンブック社（The Horn Book Magazine）

【選考委員】毎年ホーンブック社より依頼された3人の審査員

【選考方法】出版者が候補作を挙げ、選考委員が審査する

【選考基準】アメリカ国内で前年6月から授与年の5月までに刊行された児童・ヤングアダルト文学作品。著者の国籍不問。教科書・電子ブック・録音図書は含まない。過去に出版された本の新版は対象となるが、復刻版は不可

【締切・発表】(2009年)候補作の推薦締切は2009年5月15日、発表は6月、授賞式は10月2日

【URL】http://www.hbook.com/

1967年
- ◇フィクション　エリック・C.ホガード(Erik Christian Haugaard)「小さな魚」"The Little Fishes"
- ◇絵本　ピーター・スピア(Peter Spier)「ロンドン橋がおちまする！」"London Bridge Is Falling Down"

1968年
- ◇フィクション　ジョン・ローソン(John Lawson)"The Spring Rider"
- ◇絵本　Arlene Mosel、ブレア・レント(Blair Lent)"Tikki Tikki Tembo"

1969年
- ◇フィクション　アーシュラ・K.ル・グイン(Ursula K.Le Guin)「影との戦い ゲド戦記1」"A Wizard of Earthsea"
- ◇絵本　John S.Goodall "The Adventures of Paddy Pork"

1970年
- ◇フィクション　ジョン・ロー・タウンゼンド(John Rowe Townsend)「アーノルドのはげしい夏」"The Intruder"
- ◇絵本　エズラ・ジャック・キーツ(Ezra Jack Keats)「やあ、ねこくん！」"Hi, Cat！"

1971年
- ◇フィクション　E.カメロン(Eleanor Cameron)、トリーナ・シャート・ハイマン(Trina Schart Hyman)"A Room Made of Windows"
- ◇絵本　カズエ・ミズムラ(Kazue Mizumura)"If I Built a Village …"

1972年
- ◇フィクション　ローズマリー・サトクリフ(Rosemary Sutcliff)「トリスタンとイズー」"Tristan and Iseult"
- ◇絵本　ジョン・バーニンガム(John Burningham)「ガンピーさんのふなあそび」"Mr.Gumpy's Outing"

1973年
- ◇フィクション　スーザン・クーパー(Susan Cooper)「光の六つのしるし」"The Dark Is Rising"
- ◇絵本　ハワード・パイル(Howard Pyle)、トリーナ・シャート・ハイマン(Trina Schart Hyman)"King Stork written"

1974年
- ◇フィクション　ヴァージニア・ハミルトン(Virginia Hamilton)「偉大なるM.C.」
- ◇絵本　Muriel Feelings, Tom Feelings "Jambo Means Hello"

1975年
- ◇フィクション　T.Degens "Transport 7-41-R"
- ◇絵本　安野　光雅(Mitsumasa Anno)「ABCの本」"Anno's Alphabet"

1976年
- ◇フィクション　ジル・ペイトン・ウォルシュ(Jill Paton Walsh)「海鳴りの丘」"Unleaving"
- ◇ノンフィクション　アルフレッド・タマリン(Alfred Tamarin), Shirley Glubok "Voyaging to Cathay：Americans in the China Trade"
- ◇絵本　レミー・チャーリップ(Remy Charlip), Jerry Joyner "Thirteen"

1977年
- ◇フィクション　ローレンス・イェップ(Laurence Yep)"Child of the Owl"
- ◇ノンフィクション　ピーター・ディキンスン(Peter Dickinson)"Chance, Luck and Destiny"
- ◇絵本　Wallace Tripp "Granfa' Grig Had a Pig and Other Rhymes Without Reason from Mother Goose"
- ◇特別賞　Jorg Mueller "The Changing City and The Changing Countryside"

1978年
- ◇フィクション　エレン・ラスキン(Ellen Raskin)「アンクル・サムの遺産」"The Westing Game"
- ◇ノンフィクション　Ilse Koehn "Mischling, Second Degree"
- ◇絵本　安野　光雅(Mitsumasa Anno)「旅の絵本」"Anno's Journey"

1979年
- ◇フィクション　シド・フライシュマン(Sid Fleischman)"Humbug Mountain"

◇ノンフィクション　デーヴィッド・ケルディアン(David Kherdian)「アルメニアの少女」"The Road from Home: The Story of an Armenian Girl"
◇絵本　レイモンド・ブリッグズ(Raymond Briggs)「スノーマン」"The Snowman"
1980年
◇フィクション　アンドリュー・デイビス(Andrew Davies) "Conrad's War"
◇ノンフィクション　マリオ・サルバドリー(Mario Salvador), Saralinda Hooker, Christopher Ragus「建物はどうして建っているか ― 構造 - 重力とのたたかい」"Building: The Fight Against Gravity"
◇絵本　クリス・ヴァン・オールズバーグ(Chris Van Allsburg)「魔術師ガザージ氏の庭で」"The Garden of Abdul Gasazi"
◇特別賞　グレアム・オークリー(Graham Oakley) "Graham Oakley's Magical Changes"
1981年
◇フィクション　リン・ホール(Lynn Hall) "The Leaving"
◇ノンフィクション　キャスリン・ラスキー(Kathryn Lasky), Christopher G.Knight "The Weaver's Gift written"
◇絵本　モーリス・センダック(Maurice Sendak)「まどのそとのそのまたむこう」"Outside Over There"
1982年
◇フィクション　ルース・パーク(Ruth Park)「魔少女ビーティー・ボウ」"Playing Beatie Bow"
◇ノンフィクション　アランカ・シーガル(Aranka Siegal)「やぎのあたまに―アウシュビッツとある少女の青春」"Upon the Head of the Goat: A Childhood in Hungary 1939-1944"
◇絵本　ナンシー・ウィラード(Nancy Willard), アリス・プロヴィンセン(Alice Provensen), マーティン・プロヴィンセン(Martin Provensen) "A Visit to William Blake's Inn: Poems for Innocent and Experienced Travelers"
1983年
◇フィクション　ヴァージニア・ハミルトン(Virginia Hamilton)「マイ・ゴースト・アンクル」"Sweet Whispers, Brother Rush"
◇ノンフィクション　Daniel S.Davis "Behind Barbed Wire: The Imprisonment of Japanese Americans During World War II"

◇絵本　ベラ・B.ウィリアムズ(Vera B.Williams)「かあさんのいす」"A Chair for My Mother"
1984年
◇フィクション　パトリシア・ライトソン(Patricia Wrightson)「ミセス・タッカーと小人ニムビン」"A Little Fear"
◇ノンフィクション　ジーン・フリッツ(Jean Fritz), エド・ヤング(Ed Young) "The Double Life of Pocahontas"
◇絵本　Warwick Hutton「さかなにのまれたヨナのはなし」"Jonah and the Great Fish"
1985年
◇フィクション　Bruce Brooks "The Moves Make the Man"
◇ノンフィクション　ローダ・ブランバーグ(Rhoda Blumberg) "Commodore Perry in the Land of the Shogun"
◇絵本　サッチャー・ハード(Thacher Hurd)「ママはだめっていうけど」"Mama Don't Allow"
◇特別賞　タナ・ホーバン(Tana Hoban)「1, 2, 3」"1, 2, 3,"
1986年
◇フィクション　Z.オニール(Zibby Oneal) "In Summer Light"
◇ノンフィクション　Peggy Thomson "Auks, Rocks, and the Odd Dinosaur: Inside Stories from the Smithsonian's Museum of Natural History"
◇絵本　モリー・バング(Molly Bang) "The Paper Crane"
1987年
◇フィクション　ロイス・ローリー(Lois Lowry) "Rabble Starkey"
◇ノンフィクション　Marcia Sewall "The Pilgrims of Plimoth"
◇絵本　John Steptoe "Mufaro's Beautiful Daughters"
1988年
◇フィクション　ミルドレッド・D.テイラー(Mildred D.Taylor), Max Ginsburg "The Friendship"
◇ノンフィクション　ヴァージニア・ハミルトン(Virginia Hamilton) "Anthony Burns: The Defeat and Triumph of a Fugitive Slave"
◇絵本　ダイアン・スナイダー(Dianne Snyder), アレン・セイ(Allen Say)「さんねんねたろう」"The Boy of the Three-Year Nap"

1989年
◇フィクション　ポーラ・フォックス(Paula Fox)"The Village by the Sea"
◇ノンフィクション　デビッド・マコーレイ(David Macaulay)「道具と機械の本—てこからコンピューターまで」"The Way Things Work"
◇絵本　ローズマリー・ウエルズ(Rosemary Wells)"Shy Charles"

1990年
◇フィクション　ジェリー・スピネッリ(Jerry Spinelli)「クレージー・マギーの伝説」"Maniac Magee"
◇ノンフィクション　ジーン・フリッツ(Jean Fritz)"The Great Little Madison"
◇絵本　エド・ヤング(Ed Young)「ロンポポ」"Lon Po Po: A Red-Riding Hood Story from China"
◇特別賞　ナンシー・エクホーム・バーカート(Nancy Ekholm Burkert)"Valentine and Orson"

1991年
◇フィクション　アヴィ(Avi)「シャーロット・ドイルの告白」"The True Confessions of Charlotte Doyle"
◇ノンフィクション　シンシア・ライラント(Cynthia Rylant)、バリー・モーザー(Barry Moser)"Appalachia: The Voices of Sleeping Birds"
◇絵本　キャサリン・パターソン(Katherine Paterson)、ディロン夫妻(Leo & Diane Dillon)"The Tale of the Mandarin Ducks"

1992年
◇フィクション　シンシア・ライラント(Cynthia Rylant)「メイおばちゃんの庭」"Missing May"
◇ノンフィクション　パット・カミングス(Pat Cummings)"Talking with Artists"
◇絵本　エド・ヤング(Ed Young)「七ひきのねずみ」"Seven Blind Mice"

1993年
◇フィクション　ジェームズ・ベリー(James Berry)"Ajeemah and His Son"
◇ノンフィクション　パトリシア・C.マキサック(Patricia C. McKissack)、フレドリック・マキサック(Fredrick McKissack)"Sojourner Truth: Ain't I a Woman?"
◇絵本　ロイド・アリグザンダー(Lloyd Alexander)、トリーナ・シャート・ハイマン(Trina Schart Hyman)"The Fortune Tellers"

1994年
◇フィクション　ベラ・B.ウィリアムズ(Vera B. Williams)「スクーターでジャンプ」"Scooter"
◇ノンフィクション　ラッセル・フリードマン(Russell Freedman)"Eleanor Roosevelt: A Life of Discovery"
◇絵本　アレン・セイ(Allen Say)「おじいさんの旅」"Grandfather's Journey"

1995年
◇フィクション　ティム・ウィン＝ジョーンズ(Tim Wynne-Jones)「火星を見たことがありますか」"Some of the Kinder Planets"
◇ノンフィクション　Natalie S. Bober "Abigail Adams: Witness to a Revolution"
◇絵本　ジュリアス・レスター(Julius Lester)、ジェリー・ピンクニー(Jerry Pinkney)"John Henry"

1996年
◇フィクション　アヴィ(Avi)、ブライアン・フロッカ(Brian Floca)「ポピー—ミミズクの森をぬけて」"Poppy"
◇ノンフィクション　Andrea Warren "Orphan Train Rider: One Boy's True Story"
◇絵本　エイミー・ヘスト(Amy Hest)、ジル・バートン(Jill Barton)"In the Rain with Baby Duck"

1997年
◇フィクション　湯本香樹実(Kazumi Yumoto)、キャッシー・ヒラノ(Cathy Hirano)「夏の庭—The Frends」"The Friends"
◇ノンフィクション　ウォルター・ウィック(Walter Wick)「ひとしずくの水」"A Drop of Water: A Book of Science and Wonder"
◇絵本　ブライアン・ピンクニー(Brian Pinkney)"The Adventures of Sparrowboy"

1998年
◇フィクション　Francisco Jiménez「この道のむこうに」"The Circuit: Stories from the Life of a Migrant Child"
◇ノンフィクション　Leon Walter Tillage, Susan L. Roth "Leon's Story"
◇絵本　ケイト・バンクス(Kate Banks)、ゲオルク・ハンスレーベン(Georg Hallensleben)「おつきさまはきっと」"And If the Moon Could Talk"

1999年
◇フィクション　ルイス・サッカー(Louis Sachar)「穴」"Holes"

◇ノンフィクション　スティーブ・ジェンキンス（Steve Jenkins）「地球のてっぺんに立つ！エベレスト」"The Top of the World：Climbing Mount Everest"

◇絵本　ジョイ・カウリー（Joy Cowley），ニック・ビショップ（Nic Bishop）「アカメアマガエル」"Red-Eyed Tree Frog"

◇特別賞　ピーター・シス（Peter Sis）"Through the Red Box"

2000年

◇フィクション　Franny Billingsley　"The Folk Keeper"

◇ノンフィクション　Marc Aronson　"Sir Walter Ralegh and the Quest for El Dorado"

◇絵本　D.B.ジョンソン（D.B.Johnson）「ヘンリー フィッチバーグへいく」"Henry Hikes to Fitchburg"

2001年

◇フィクション及び詩　マリリン・ネルソン（Marilyn Nelson）"Carver：A Life in Poems"

◇ノンフィクション　Joan Dash, Dusan Petricic　"The Longitude Prize"

◇絵本　Cynthia DeFelice, Robert Andrew Parker　"Cold Feet"

2002年

◇フィクション及び詩　グレアム・ソールズベリー（Graham Salisbury）"Lord of the Deep"

◇ノンフィクション　Elizabeth Partridge　"This Land was Made for You and Me：The Life and Songs of Woody Guthrie"

◇絵本　ボブ・グラハム（Bob Graham）「いぬがかいた～い！」"Let's Get a Pup！" Said Kate"

2003年

◇フィクション及び詩　アン・ファイン（Anne Fine），Penny Dale　"The Jamie and Angus Stories"

◇ノンフィクション　マイラ・カルマン（Maira Kalman）「しょうぼうていハーヴィ ニューヨークをまもる」"Fireboat：The Heroic Adventures of the John J.Harvey"

◇絵本　フィリス・ルート（Phyllis Root），ヘレン・オクセンバリー（Helen Oxenbury）"Big Momma Makes the World"

2004年

◇フィクション及び詩　デイヴィッド・アーモンド（David Almond）「火を喰う者たち」"The Fire-Eaters"

◇ノンフィクション　ジル・マーフィー（Jill Murphy）"An American Plague：The True and Terrifying Story of the Yellow Fever Epidemic of 1793"

◇絵本　モーディカイ・ガーステイン（Mordicai Gerstein）「綱渡りの男」"The Man Who Walked between the Towers"

2005年

◇フィクション及び詩　ニール・シャスターマン（Neal Schusterman）「シュワはここにいた」"The Schwa Was Here"

◇ノンフィクション　Phillip Hoose　"The Race to Save the Lord God Bird"

◇絵本　ミニ・グレイ（Mini Grey）「カッチョマンがやってきた！」"Traction Man Is Here！"

2006年

◇フィクション及び詩　ケイト・ディカミロ（Kate DiCamillo），バグラム・イバトゥーリーン（Bagram Ibatoulline）「愛をみつけたうさぎエドワード・テュレインの奇跡の旅」"The Miraculous Journey of Edward Tulane"

◇ノンフィクション　フェイス・マックナルティ（Faith McNulty），スティーブン・ケロッグ（Steven Kellogg）"If You Decide to Go to the Moon"

◇絵本　ロイス・エイラト（Lois Ehlert）"Leaf Man"

2007年

◇フィクション及び詩　M.T.アンダーソン（M.T.Anderson）"The Astonishing Life of Octavian Nothing, Traitor to the Nation, Volume I：The Pox Party"

◇ノンフィクション　Nicolas Debon　"The Strongest Man in the World：Louis Cyr"

◇絵本　ローラ・ヴァッカロ・シーガー（Laura Vaccaro Seeger）「いぬとくま いつもふたりは」"Dog and Bear：Two Friends, Three Stories"

2008年

◇フィクション及び詩　シャーマン・アレクシー（Sherman Alexie），Ellen Forney　"The Absolutely True Diary of a Part-Time Indian"

◇ノンフィクション　ピーター・シス（Peter Sis）"The Wall"

◇絵本　ジョナサン・ビーン（Jonathan Bean）「よぞらをみあげて」"At Night"

◇特別賞　ショーン・タン（Shaun Tan）"The Arrival"

受賞者名索引

【 あ 】

アイカム	450
相川 明子	240
相川 充	251
相川 幸穂子	160
相川 秀和	366
相川 麻里子	517
相川 美恵子	158
会川 由起	175
愛川 ゆき子	133, 166
藍川中学校〔岐阜市立〕	423
愛企画センター	290, 564
会沢 敏雄	418
会沢 未奈子	189
相沢 優	454, 481
相沢 優美	479, 480
相沢 吏江子	517
相田 隆久	258
会田 徳旺	342
会田 文子	58
愛知開発本部特需開発部	383
愛知・岐阜物理サークル	79
愛知教育大学訪問科学実験	276
愛知県岡崎市現職教育委員会音楽部	448
愛知県蒲郡市ジュニア吹奏楽団	448
愛知県教育実践学研究グループ	302
愛知県言語聴覚障害児教育研究会	346
愛知県特殊教育推進連盟	309
愛知県豊川市	540
愛徳学園小学校	349
あいの里東中学校 合唱部〔札幌市立〕	523
相野谷 由起	48, 148
饗庭 祐奈	99
相原 格人	377
相原 健一	364
相原 舞	470, 481, 502
相原 益美	344
相原 法則	294
IPA日本支部	278
IBC岩手放送	438, 440
アイルランド放送協会	326, 327, 328, 329
アヴィ	593, 597
アーウィン, グレッグ	531
阿内 大冠	317
饗庭 佐江子	475
阿尾 時男	17
葵井 七輝	125
青井 芳美	200
青い窓の会	263
青木 昭伸	410
青木 いつき	492
青木 魁星	111
青木 一博	188
青木 恵音	441
青木 啓子	279
青木 啓樹	445
青木 建	361
青木 琴美	394
青木 冴子	336
青木 佐知子	4
青木 慧	4
青木 里弥	500
青木 繁	367
青木 茂	263, 293
青木 善治	261
青木 孝安	349
青木 達雄	357
青木 千穂	237
青木 嗣夫	369
あおき としみち	179
青木 富太郎	234
青木 智子	474
青木 信夫	241
青木 典子	225
青木 裕美	4
青木 雅子	66, 72, 161, 164
青木 幹勇	344
青木 瑞歩	70
青木 みのり	252
青木 実	113
青木 由香里	401
青木 優美	140
青木 夕美	498
青木 百合子	361
青木 良一	204
青木 淑子	27
青木 理江	475
青木 里英子	492
青木 玲子	474
青笹小学校〔岩手県遠野市立〕	345
青嶋 彩栄子	563
青島 成夫	373
阿尾中学校〔氷見市立〕	422
青戸 かいち	211, 548
蒼沼 洋人	44
青野 由美子	200
青葉小学校〔静岡市立〕	511
青森県上北地方小学校教育研究会国語部会	347
青森県言語障害児教育研究会	346
青森県高等学校教育研究会図書館部会三八地区部会	249
青森県児童文学研究会	263
青森県弘前市・ダウン症児の早期療養を進める会ひまわりの会	372
青森市小学校教育研究会国語部会	345
青森長者読書会	339
青森放送	437, 438, 439
青柳 彩	378, 379
青柳 いづみ	127
青柳 克比古	8
青柳 睦	370
青山 英里奈	546
青山 季市	33
青山 季可	497, 498
青山 邦彦	58
青山 剛昌	393, 394
青山 潤三	430

青山 祥子	16	安芸 彊子	508
青山 大史	407	あき ぴんご	148
青山 均	309	安芸 真奈	57
青山 仁美	8	秋 竜山	392
青山 弘	114	阿貴 良一	54
青山 史	42	秋 玲二	392
青山 円美	407	秋尾 晃正	289
青山 南	84	秋木 真	73, 162
青山 裕加	102	秋定 信哉	465
青山小学校学校経営研究サークル〔福岡県北九州市立〕	301	秋月 重美	341
		秋田 雨雀	292
あおり＆ガールズ	487	秋田 喜代美	252
赤井 和子	362	秋田 大三郎	219
赤井 力	267	秋田雨雀・土方与志記念青年劇場	291
赤井 悠美	379	秋田県国語教育研究会	345
赤井川小学校研究グループ〔赤井川村立〕	305	秋田放送	438, 439, 440
赤石 路代	393	秋田谷 説子	202
赤石小学校〔青森県西津軽郡鰺ヶ沢町立〕	347	秋田谷 一十三	117
赤江東中学校	527	安芸中学校 吹奏楽部〔安芸市立〕	505
赤尾 建藏	403	秋津 信太郎	44
赤尾 博子	500	秋津小学校〔千葉県習志野市立〕	373
赤尾 好夫	293	秋野 亥左牟	96
赤木 きよみ	161, 162	秋野 和子	96
赤城 佐保	130, 162	秋野 卓美	74
赤木 将為	363	秋葉 絹子	186
赤木 将学	356	秋葉 てる代	540, 548
赤木 由子	173, 285	秋葉 美流子	185
赤城 礼子	175	秋保 光吉	345
赤倉小学校〔新潟県十日町市立〕	351	秋元 聡	8
赤座 憲久	59, 79, 137, 143, 159, 168, 263, 281	秋元 さやか	116
赤坂 悦子	508	秋元 茂	290
赤坂 三好	94	秋元 純子	386
赤坂 友理絵	99	秋本 美佳	496
あかし けいこ	161	秋元 美奈子	308
赤地 志津子	466, 478, 498	秋本 雄斗	412
明石 利広	318	秋山 和義	316
明石 芳幸	400	秋山 周助	205
安形 宏行	463	秋山 伸一	202
赤塚 不二夫	392	秋山 匡（あきやま ただし）	58, 146
あかつき りうん	222	秋山 珠子	529
暁 蓮花	50	秋山 朝康	235
あかね書房	92, 244, 299	秋山 夏希	454, 479, 480, 500
赤羽 末吉	23, 75, 76, 95, 285, 294, 388, 578	秋山 博士	163
赤羽 貞幸	322	秋山 真人	115
赤羽 じゅんこ	110	秋山 益子	247
赤羽 仁三	428	秋山 未佳	517, 543, 544
赤羽 史子	517	秋山 睦	395
赤羽根 充男	419	秋山 元治	371
赤羽 美保	478	秋山 洋子	497
赤羽台西小学校〔東京都北区立〕	254	秋山 嘉久	246
赤羽中学校〔三重県北牟婁郡紀伊長島町立〕	351	あきる野東中学校	506
		芥川 也寸志	538
赤星 浩志	68	阿久津 理央	435, 502
赤堀 侃司	313, 320, 321, 323	アクトウェア研究所	381
赤堀 麻央	70	阿久根 治子	76
赤堀中学校	527	アグネス・チャン	355
赤松 佳珠子	403	アクリ 瑠嘉	442, 472, 483, 503, 530
赤松 健	391	上井第一保育園〔鳥取県倉吉市立〕	369
赤松 林太郎	518	上尾歌声広場	485
阿川 佐和子	131	揚原 祥子	516, 543
阿川 弘之	74	浅井 恵梨佳	442, 470, 481, 489, 490, 502

朝井 かよ ……………………………… 134	浅原 六朗 ……………………………… 292
浅井 恭一 ……………………………… 429	朝日が丘小学校〔郡山市立〕 ………… 352
浅井 俊祐 ……………………………… 217	旭川地方作文教育研究会 ……………… 346
浅井 瑞妃 ……………………………… 118	旭川盲学校〔北海道〕 ………………… 347
浅井 春美 ………………………………… 97	朝日新聞社 …………………………… 73, 74
浅井小学校〔富山県大門町立〕 ……… 255	朝日新聞文化事業団 …………………… 555
浅井中学校〔光市立〕 ………………… 422	朝日中学校〔愛知県刈谷市立〕 … 409, 425
朝枝 めぐみ …………………………… 497	朝日中学校〔朝日町立〕 ……………… 427
麻丘 絵夢 ………………………………… 44	旭中学校〔宇都宮市立〕 ……… 422, 425, 520
朝岡 真木子 …………………………… 560	旭中学校〔佐世保市立〕 ……………… 423
浅岡 靖央 ……………………………… 151	朝日中学校学校事務システム委員会〔新潟県
浅香 清 ………………………………… 204	岩船郡朝日村立〕 ………………… 304
浅田 昭 ………………………………… 313	旭中学校現職教育部〔愛知県東加茂郡旭町立〕
浅川 かよ子 …………………………… 130	……………………………………………… 302
浅川 清子 ……………………………… 558	朝日テレビニュース社 ………………… 456
浅川 紫織 ………………………… 479, 480	朝比奈 楓 ……………………………… 107
浅川 じゅん ………………………… 49, 155	朝比奈 貞一 …………………………… 416
浅川 英雄 ……………………………… 349	朝比奈 蓉子 …………………………… 139
阿佐川 麻里 ……………………………… 51	朝日放送 …………………………… 290, 438, 439
浅川 由貴 ……………………………… 207	浅松 一夫 ……………………………… 535
浅川 玲子 ……………………………… 279	浅見 栞里 ……………………………… 378
朝基 まさし …………………………… 391	阿佐美 穂芽 …………………………… 563
あさぎり 夕 …………………………… 390	浅見 信夫 ……………………………… 204
朝倉 公子 ……………………………… 238	浅見 紘子 ………………………… 469, 479, 501
朝倉 久美子 ……………………………… 15	浅見 美穂子 …………………………… 205
朝倉 摂 ………………………… 62, 75, 388	浅見 理恵 …………………………… 92, 161
朝倉 知子 ……………………………… 145	朝山 ひでこ …………………………… 560
朝倉 典子 ……………………………… 558	浅利 芙美 ………………………………… 9
朝倉 秀雄 ……………………………… 343	浅利 政俊 ……………………………… 267
朝倉 富貴子 …………………………… 115	アジア民族文化協議会 ………………… 334
朝倉 万寿美 …………………………… 474	味岡小学校〔小牧市立〕 ……………… 352
朝倉 まり ………………………………… 80	足利 裕人 ……………………………… 421
朝倉 真理子 …………………………… 261	足柄小学校 竹之下太鼓保存会〔静岡県小山町
浅倉 むつ子 …………………………… 231	立〕 ………………………………… 351
朝倉書店 …………………………… 244, 245	芦川 奈津江 …………………………… 499
朝倉中学校 ……………………………… 507	芦沢 節 ………………………………… 341
麻田 茂都 ……………………………… 124	足田 ひろ美 ……………………………… 31
浅田 宗一郎 ………………………… 89, 161	庵治第二小学校〔香川県庵治町立〕 … 375
浅田 良和 ………………………… 469, 480, 501	味戸 ケイコ ……………………………… 79
浅野 彬 …………………………… 144, 265	芦野 由利子 …………………………… 230
浅野 浅春 ……………………………… 315	足羽 章 ………………………………… 548
あさの あつこ ………………… 96, 154, 173	芦葉 盛晴 ……………………………… 206
浅野 亜利沙 …………………………… 435	芦原 妃名子 …………………………… 394
浅野 一登 ……………………………… 316	芦辺 隆 …………………………………… 51
浅野 京子 ……………………………… 260	芦谷 和人 ……………………………… 385
浅野 敬子 ……………………………… 475	阿砂利 好美 ……………………………… 61
麻野 修平 ……………………………… 195	アジャール, ブライアン ……………… 82
浅野 次郎 ……………………………… 294	アシュケナーズィ, リュドビク ……… 586
浅野 仁一郎 …………………………… 344	網代 雅代 ……………………………… 129
浅野 希 ………………………………… 116	飛鳥中学校〔平田町立〕 ……………… 424
浅野 ヒナ ……………………………… 363	アスキー ………………………………… 250
麻野 紘子 ……………………………… 194	東沙 智子 ……………………………… 409
麻野 真史 ……………………………… 194	安土 真弓 ……………………………… 463
あさの ますみ …………………………… 35	あすな ひろし ………………………… 392
浅野 マリ ……………………………… 108	東 麻美 ………………………………… 399
浅野 竜 …………………………… 128, 157	東 俊一郎 ……………………………… 419
浅野 玲子 ……………………………… 446	東 孝枝 …………………………………… 12
浅野 和歌子 …………………………… 529	東 智美 ………………………………… 463
あさば みゆき ………………………… 145	東 宏 …………………………………… 238
浅場 慶夫 ……………………………… 263	東 文男 ………………………………… 282
浅原 由記 ……………………………… 110	東 真由子 ……………………………… 271

あすま

吾妻小学校〔つくば市立〕	353, 447	安孫子 ミチ	17
安積 大平	204	畔蒜 敏子	19
安積 菜穂	118	アフガニスタン国営放送	327
安積 瑠璃子	492	虻川 あや	34
明見中学校〔富士吉田市立〕	525	アフタースクール運営会	352
アゼアリアン, メアリー	581	油座 真由美	182
畔上 裕子	187	阿部 明子	336
畔高 義正	367	阿部 かおり	178
麻生 かづ子	124, 161, 191, 207	あべ きよひろ	179
麻生 浩一	90	阿部 喜和子	122
麻生 哲彦	52	阿部 健一	114
麻生 ひとみ	495	安部 梧堂	165
麻生小学校〔茨城県行方郡麻生町立〕	346	阿部 シズエ	346
麻生小学校〔大分県宇佐市立〕	348	阿部 淳一	49
アーダー, フィリップ	589	阿部 翔平	106
足立 彩	396	安倍 慎	368
足立 依津	396	安倍 季雄	292
足立 久美子	374	安部 孝子	242
安達 省吾	33	阿部 忠	419
足立 寿美子	58	阿部 智恵	99
足立 隆子	241	阿部 千寛	378
安達 智恵子	495	阿部 健	20
安達 ふみ子	238	阿部 哲也	386
安達 雅彦	428	阿部 哲郎	346
あだち 充	393, 394	阿部 寿文	271
安達 みのり	279	阿部 友亮	554
安達 友音	503	安部 友和	558
安達 裕貴	211	阿部 知二	76
安達 琳太郎	502	阿部 朋美	179
足立養護学校中学部〔東京都立〕	370	阿部 直久	372
安谷屋 長也	263	阿部 夏香	482
アーダマ, ヴァーナ	146	阿部 夏子	432
アダムズ, リチャード	568, 574	阿部 夏丸	131, 181, 214
阿知波 憲	199	阿部 信弘	408
厚木 三杏	530	阿部 襄	75
アッスル, クララ	584	阿部 一	420
厚別北中学校〔札幌市立〕	507, 529	阿部 裕恵	482
厚別西小学校〔北海道札幌市立〕	351	あべ 弘士	80, 83, 96, 389
厚見 紀子	501	阿部 宏行	259, 260, 261
渥美農業高等学校〔愛知県立〕	255	安部 富士男	336
アーディゾーニ, エドワード	77, 575	阿部 文計	408
阿藤 果林	517	安部 牧子	509
アートスタジオ	487	阿部 方子	236
アドベ財団	331	阿部 雅代	207
アードリック, ルイーズ	83	安部 町江	269
穴久保 幸作	393	阿部 麻由子	98
あなみ 邦子	208	阿部 真理子	57, 58
穴見 めぐみ	558	安部 茉利子	198
阿南 哲朗	262	阿部 瑞穂	98
阿南 ひろ子	132	阿部 守衛	366
阿南第二中学校〔阿南町立〕	354	阿部 佑哉	107
阿南中学校 箏曲部〔阿南市立〕	447	阿部 ゆか	179
阿南養護学校〔徳島県立〕	352	阿部 優希実	107
アーニ出版	458	あべ ゆわ	99
アニメーション画房わ組	462	安部 芳絵	275
姉崎 一馬	78	阿部 よしこ	88
アパートメント11プロダクション	334, 335	安倍 能成	75
あび きみえ	162	阿部 良信	256
網引 美恵	162	阿部 里佳	160
安孫子 隆	8	阿部 里奈	492
あびこ 一	164	阿部 竜治	400

阿部 礼奈	519	新井 勝利	284
アベ・ロートブラバコーン，キョウコ	34	新井 崇	436, 466, 477
網干中学校	521	新井 誉久	469
アポロン	459	新井 大輔	397
尼 崇	39	あらい ちか	160
アーマー，ピーター	146	荒井 ちなみ	514
アーマー，ローラ・アダムズ	591	新井 光美	553
天岩 静子	251	新井 照代	386
尼崎市長編読書指導研究サークル	247	新井 利子	558
天城 れい	93	荒井 智美	182
天地 総子	542	新井 奈生	500
天沼 春樹	159	荒居 憲人	444
天根 哲治	251	新井 肇	142, 220
天野 あき	171	荒井 美圭	414
天野 曄	428	荒井 英之	469, 480
天野 清	251	新井 博江	516
天野 月夫	60	荒井 寛子	125, 191, 203
天野 敏見	311, 312	新井 雅子	492
天野 はるみ	51	荒井 ますみ	124
天野 秀昭	403	荒井 美代子	387
天野 真希	483	荒井 康郎	262
天野 澪	142	荒井 祐子	464, 465, 476
あまの みゆき	58	荒井 優利奈	441, 444
天野 美和子	466, 476, 477, 478, 498	新居 理咲子	414, 415
天野 佑基	121	新井 良二	55, 96, 148, 389
天野 礼菜	112	新井 るり子	496
甘利 陽子	508	新井 玲子	474
あまん きみこ	6, 28, 77, 84, 95, 147, 154, 168, 172, 173, 180, 308	新居小学校〔静岡県浜名郡新居町立〕	366
		あらいず かのり	16
阿見 朋世	178	新井中学校〔新潟県新井市立〕	350, 425
網川 浄	369	荒井場 美咲	99
阿見第一小学校 実験観察クラブ〔茨城県阿見町立〕	407	荒馬座	290
		荒岡 憲正	360
阿見中学校 地球科学クラブ〔茨城県阿見町立〕	408	新垣 彰子	221
		新垣 杏奈	378, 379
網野 善彦	79	新垣 勤子	222
アームストロング，ウィリアム・H.	592	新垣 穀弥	379
アームストロング，リチャード	573	新垣 静香	132
阿村中学校〔上天草市立〕	427	新垣 毅弥	379
雨森 景子	478	新垣 ゆき	346
雨宮 美奈帆	103	荒川 勇一	309, 347
アメリカKLRNテレビジョン	327	荒川 欽一	294
アメリカNET子どもテレビ実験室	326, 327	荒川 智美	183
アメリカフィルム	284, 285, 287	荒川 弘	394
アメリカン大学	326	荒川 麻衣子	179
天羽 幸子	336	荒川 まり子	475
アーモンド，デイヴィッド	574, 598	荒川 靖子	475
綾野 勝治	215	荒川中学校〔熊谷市立〕	521
綾部 光	163	荒木 昭夫	473
鮎沢 ゆう子	175	荒木 奏美	445
荒 英治	514	荒木 清	341
新井 悦子	13, 62	新木 敬子	274
あらい きよこ	394	荒木 せいお	157
新井 清司	374	荒木 貴裕	175
新井 邦二郎	251	荒木 千春	133
新井 健一郎	9	荒木 智子	61
新井 健司	551	荒木 宏俊	175, 176
新井 弘城	22, 292	荒木 真奈美	175, 176
新井 五郎	77, 293	荒木 美佳	541
新井 早苗	26	荒木 好美	474
洗井 しゅう	130	荒木 祥美	499

荒木事務所	290	安斎 知江子	187
荒木田 真穂	8, 9	安西 弘	360
荒瀬 喜美代	407	安齋 美紗子	188
荒瀬 結記子	470	安齋 莉香	190
荒田 悠	237	安西中学校	527
荒田 有樹	98	アンシェータ財団	329
荒田 六郎	54	アンジェリ, マルグリット・デ	592
荒野 悦子	494	安乗中学校 文楽クラブ〔三重県志摩郡阿児町立〕	350
荒幡 義輔	364	杏 有記	33, 215
アラブ女性問題研究所	228	アンダーソン, ジャネット・S.	84
アラブ連合国営放送	326	アンダーソン, レイチェル	568
荒牧 幸子	50	アンダーソン, M.T.	583, 598
荒町小学校〔宮城県仙台市立〕	305, 342	アンデルセン	75
荒屋敷 良子	179	安藤 昭彦	169
荒谷日曜学校	296, 297	安藤 一郎	369
有明 望	434	安藤 悦子	494
有賀 忍	386	安藤 恭治	357
有我 トモ	186	安藤 邦緒	162
有賀 のぶ	307	安藤 賢吾	463
有賀 正裕	417	安藤 耕平	349
有門 智子	184	安藤 里美	412
蟻川 知奈美	40	安藤 孝則	43
アリグザンダー, ロイド	582, 592, 597	安藤 珠希	562
有沢 慎	431	安藤 太郎	357
有沢 由美子	13	安藤 千津	561
ありす 実花	126	安藤 恭子	150, 258
アリス館	244	安藤 敏幸	407
有田 双葉	68	安藤 なつみ	391
有馬 智	198	安藤 信哉	357
有馬 純	428	安藤 はるえ	19
アリマ ジュンコ	308	安藤 弘章	19
有本 進作	364	安藤 文菜	103
有本 隆	102	安東 みきえ	124, 214
有本 芳水	292	安藤 美紀夫	5, 62, 75, 76, 122, 153, 172, 204, 286
有森 直樹	515	安童 夕馬	391
有吉 玉青	131	安藤 由希	128, 129, 175
有吉 弘子	90	安藤 由紀	189
有吉 弘行	170	安藤 由紀子	124, 125
有吉 亮治	545	安藤 有里江	261
RKO映画	284	安東小学校〔静岡市立〕	371, 510, 514
RKB毎日放送	437, 438, 439	安東中学校〔静岡市立〕	512
アール・ケー・ビー映画社	556	アントルビーンズ	462
アルゼンチン国営放送	326	安野 舞里子	198
アルデブロン, シャーロット	83	安野 光雅	78, 95, 167, 388, 578, 595
アルバーグ, ジャネット	576	安野 モヨコ	391
アルバータ教育放送協会	328	アンブラス, ヴィクター	77, 575, 576
アルバータ視聴覚教育放送	327		
アルフィン, エレイン・マリ	567	【い】	
アルフライ, カテリーネ	584		
アレクシー, シャーマン	583, 598	イー, ポール	571
アレン, アグネス	573	イ・ヨンギョン	84
安房 直子	6, 94, 137, 155, 173, 180	伊井 直比呂	272, 273
淡路こども園職員	361	飯国 優子	558
粟代小学校〔愛知県北設楽郡東栄町立〕	345	飯沢 匡	74, 473
粟辻デザイン	385	飯島 厚伯	49
粟野中学校〔敦賀市立〕	504, 526	飯島 和子	49
安居会	345	飯島 和重	318
安西 愛子	538		
安斎 恭子	263		
安齊 恭仁子	188		
安斉 純二	20		

飯島 五郎	366
飯島 さとみ	116
飯島 孝夫	342
飯島 忠亮	440
飯島 望未	470
飯島 康之	322
飯島 征男	508
飯島 侑里	219
飯小学校〔上越市立〕	353
飯塚 雄哉	429
飯塚 幹夫	429
飯塚 みづゑ	386
飯泉 千恵子	553
飯泉 千鶴子	550
飯泉 尚弘	258
飯泉 昌子	548
飯田 一郎	220
飯田 喜四郎	77
飯田 佐和子	126
飯田 四郎	427
飯田 毅	234
飯田 智	97
飯田 典子	237
飯田 浩行	235
飯田 雅子	309
飯田 真未	444
飯田 洋	384
飯田 栄彦	59, 149, 153, 172
飯田 麗子	433
飯高 陽子	127
飯田東中学校〔長野県飯田市立〕	350, 424
いいとよ ひであき	179
飯野 五十吉	369
飯野 和好	96
飯野 澄	428
飯野 真澄	558
飯野 有夏	436, 477, 499
飯野 由希代	120
飯原 和喜	413
飯村 博	311
飯森 七重	71
飯森 美代子	164
飯山中学校	509, 510
井植 翔太	471
井内 英子	514
井江 春代	94
家入 悠	434, 479, 500
家泉 千尋	116
家田 隆現	264, 297
イェーツ, エリザベス	592
イェーツ, レベッカ・F.	436, 523
イェップ, ローレンス	594, 595
イェンセン, ヴァージニア・A.	586
医王田 恵子	15
井面 咲恵	179
いかい みつえ	42
猪飼 由利子	248, 249, 374
井垣 賢哉	412
伊ヶ崎 裕子	406
居神 美代子	407
五十嵐 愛	33
五十嵐 綾	9
五十嵐 いずみ	49
五十嵐 薫子	546
五十嵐 邦子	558
五十嵐 敬也	558
五十嵐 光来	411
五十嵐 静子	116
五十嵐 敬美	103
五十嵐 冬馬	445, 519
五十嵐 とみ	100
いがらし みきお	394
五十嵐 恵	117
五十嵐 優生	109
いがらし ゆみこ	390
井狩 俊久	418
猪狩 智子	189
碇川 直子	362
イカルス タマウズ・メディア	329
いき のりこ	136
壱岐南小学校〔福岡市立〕	381
イギリス公開大学	327, 329, 334
イギリス独立テレビジョン	326
イギリス放送	79
イギリス放送協会	325, 326, 327, 328, 330, 331
いくえみ 綾	394
井草中学校国際理解教育研究グループ〔東京都杉並区立〕	269
生島 唯斗	554
生田 敦子	544
生田 きよみ	50
生田中学校〔川崎市立〕	426
井口 あや	544
井口 磯夫	313
井口 絵理	226
いぐち きょうこ	12
井口 慶子	545
井口 純子	126
井口 勢津子	100
井口 朋	562
井口 直子	60
井口 文秀	62, 77, 93, 167, 294, 307, 308
生野 桂子	495
生野 ヒサ	365
生熊 茜	519, 546
イーケイジャパン商品開発室	384
池内 紀	79
池内 了	80, 290, 430
池内 慈朗	260
池内 里穂	120
池江 明日香	545
池岡 麻衣子	24
池上 和子	200
池上 啓喜	361
池上 千寿子	231
池上 直子	476
池上 麻衣子	553
池上 友理	379
池上 至弘	200
池上小学校詩集編集委員会〔東京〕	282
池上本門寺朗子クラブ	296, 297
池ヶ谷 奏	482

池ヶ谷 真澄	405
池川 恵子	218
池川 禎昭	54
池阪 舞子	399
池崎 美代子	68
池沢 理美	391
池沢 夏樹	95
池島 徳大	370
池添 麻奈	188
池田 明子	476
池田 明日香	492
池田 かずこ	191
池田 和子	508
池田 佳世	193
池田 香代子	83
池田 啓	84
池田 光児	146
池田 早織	201
池田 吏志	261
池田 小夜	545
池田 俊司	361
池田 新市	343
池田 仙三郎	307
池田 俊夫	313
池田 敏和	321
池田 友和	220
池田 友子	116
池田 直子	16
池田 夏子	53
池田 ななこ	171
池田 信夫	245
池田 宣政	292
池田 英郎	240
池田 浩彰	94
池田 浩子	163
池田 浩	483
池田 まき子	83
池田 真弘	188
池田 正光	369
池田 美佳	434, 454, 468, 478
池田 みゆき	33
池田 泰子	560
池田 泰幸	384
池田 弥生	101
池田 祐介	46
池田 佑希奈	563
池田 侑里子	161
池田 洋一	27
池田 洋子	309
池田 芳実	146
池田 依代	146
池田 理沙子	442
池田 和花奈	563
池田高等学校〔徳島県立〕	366
池田中学校〔池田町立〕	425
池谷 陽子	56
池西 あや	477
池野 絢子	110
池原 はな	60
池原 めぐみ	464, 476, 497, 498
池袋 まり奈	117
池袋中学校 吹奏楽部〔豊島区立〕	506, 527
池辺小学校教育研究会〔岐阜県養老町立〕	303
池間 博之	267
池村 京子	517
池本 孝子	559
池本 孝慈	200
池本 文子	373
池谷 晶子	133
池谷 澄子	246
池谷 信子	15
池谷 亮一	465
生駒 茂	166
生駒小学校ことばの教室・通級指導教室〔生駒市立〕	354
生駒中学校〔生駒市立〕	527, 528, 529
伊佐 公男	417
位坂 恭子	16
伊崎 一夫	353, 376
伊佐沢小学校〔山形県長井市立〕	351
伊佐中学校〔山口県美祢市〕	370
井郷中学校現職教育部会〔愛知県豊田市立〕	303
諫見 泰彦	276
伊佐見小学校〔浜松市立〕	306
諫山 玲子	8
井沢 駿	502
伊沢 真希子	476
伊沢 雅子	543
井沢 賢	163
井澤 美咲	30
井沢 みどり	8
伊沢 由美子	43, 78, 95, 137, 155, 173
井沢 洋二	79
井沢 諒	481
石 敏彦	485
石井 育子	185
石井 克典	516
石井 亀次郎	542
石井 香世子	274
石井 清	191
石井 聖岳	148, 389
石井 圭子	67
石井 作平	54
石井 さやか	189
石井 潮里	171
石井 淳	496
石井 庄司	293, 342
石井 象二郎	79, 80, 430
いしい しんじ	131
石井 眞乃花	493, 503
石井 聖昭	315
石井 千賀子	496
石井 勉	169
石井 俊行	321
石井 冨代	225
石井 智大	444
石井 信子	274
石井 遥	190
石井 美紅	183
石井 久子	552
石井 楓子	519

石井 萌加	415	石川 基子	35, 69, 176
石井 将隆	220	石川 裕子	117
石井 まなみ	561, 562	石川 由佳子	544
石井 真乃花	442	石川 洋子	14
石井 まり子	179	石川 喜教	233
石井 睦美（いしい むつみ）	83, 124, 137	石川 璃沙	434, 453, 498
石井 桃子	62, 77, 278, 285, 286, 287	石川 良子	163
石井 優貴	184	石川県演劇教育研究会	535
いしい ゆみ	191	石川県高等学校図書館協議会	248
石井 洋二	384	石川県児童文化協会	262
石井 由昌	133	石川県読書会連絡協議会	338
石井 玲奈	545	石川国語の会	345
石浦 幸一	165	石川子ども文庫連絡会	340
石岡 加代子	350	石川小学校理科クラブ アオミドログループ〔福島県石川町立〕	406
石岡 則子	509		
石岡市読書会連合会	339	石倉 欣二（いしくら きんじ）	55, 78, 146, 147
石垣 恵美子	336	石黒 晶	342
石垣 幸代	96	石黒 修	293, 341
石垣 四郎	428	いしぐろ のりこ	56
石垣 貴子	222	石黒田 恵子	128
石垣 正行	548	石毛 智子	125
石神 悦子	14, 42	石古 美穂子	141
石上 一男	8	いしざか たつひろ	99
石亀 泰郎	167	石坂 博之	182
石狩管内高等学校図書館司書業務担当者研究会	249	石崎 厚史	272
		石崎 菜々	541
石川 愛子	487	石崎 双葉	482
石川 あき子	241	石崎 正次	79, 144
石川 郁子	369	石崎 優子	402
石川 恵里子	405	石崎 喜治	318
石川 楓	100	石沢 小枝子	149
石川 香織	558	石沢 淡	236
石川 夏奈子	10	石沢 藤盛	343
石川 兼彦	164	石沢 義子	186
石川 喜美子	361	石沢中学校〔本荘市立〕	426
石川 幸一	316	EGG異文化理解教室	353
石川 耕士	431	石津 ちひろ	147, 148, 211
石川 彩希	378	石塚 佳絵	517
石川 沙織	102	石塚 佳代	544
石川 智	516	石塚 雄康	535
石川 静	512, 513	石塚 庸三	419
石川 惇一	427	石附 秀美	513
石川 純一	165	石瀬 あやめ	546
石川 翔太	107	石田 英一郎	75
石川 進	542	石田 英助	392
石川 鈴子	186	石田 一貴	105
石川 太幸	43	石田 和人	385
石川 滝子	551	石田 久美	552
石川 武蔵	443	石田 健一	238
石川 智子	410	石田 沙織	45
石川 直美	475	石田 修一	447
石川 紀実	141	石田 昌平	233
石川 英子	371	石田 真一	375
石川 寛子	498	石田 精二	348
石川 宏子	282	石田 多紀乃	516, 543
石川 宏千花	61, 92	石田 武雄	76
石川 雅春	354	石田 民子	176
石川 美来	110	石田 菜穂子	553
石川 光男	172	石田 はじめ	33
石川 美也子	544	石田 久代	25
石川 美羽	547	石田 ひとみ	15

石田 博子	338
石田 万智	497
石田 ゆうこ	191
石田 有二	67
石田 雄太	105
石田 陽子	193
石田 佳子	188
石田中学校〔那覇市立〕	525, 526
石戸 励	313, 369, 418
石戸谷 知子	497
石橋 明浩	9
石橋 京子	4, 35, 220
石橋 慶三	185
石橋 直子	103
石橋 秀和	337
石橋 美恵子	361
石橋 理恵	454, 469, 492
石橋高等学校〔栃木県立〕	255
石浜 勝二	143
石浜 じゅんこ	206
石原 昂	267
石原 一輝	160, 548, 558, 559
石原 国光	365
石原 健也	403
石原 古都	490, 492
石原 早希	379
石原 静子	272
石原 孝子	176
石原 千恵子	249
石原 剛	151
石原 哲也	473
石原 てるこ	173, 214
石原 直也	535
石原 ゆかり	558
石原 由理	12
井嶋 敦子	161, 163
石正 奈央	15
石松 美華	361
石松 祐佳	379, 380
石丸 啓郎	428
石水 真	127
石嶺 夏織	378
石村 純	546
石村 奈美	9
石本 真由美	103
石森 明夫	179
石森 章太郎	387, 392
石森 延男	62, 74, 172, 213, 293
石森史郎プロダクション	289
いしや みなこ	35
石山 公	314
石山 佳代子	474
石山 憲二	348
石山 沙央理	481
石山 幸弘	151
石山 利沙	125
井尻 正二	75
石渡 治	393
五十鈴中学校〔伊勢市立〕	521
イースト	289
泉 碧衣	445
泉 敦子	465, 497
泉 克史	280
和泉 かねよし	394
泉 啓子	155
いずみ しょうこ	15
泉 靖一	75
泉 千絵子	8
いずみ ちほこ	81, 146
泉 久恵	88
和泉 久雄	363
和泉 真紀	126
泉 正彦	106
泉 昌広	515
泉 ゆりの	544
泉 吉美	363
泉 梨花	436, 464, 497, 530
いずみ 凛	473
泉小学校〔秋田市立〕	348
出水小学校〔京都市立〕	345
伊豆味小中学校〔本部町立〕	277
泉田 直紀	412
いずみだ まきこ	60
泉谷 淑夫	258
泉山 友子	27
いずみ幼稚園〔東京都〕	448
出雲高等学校図書部〔島根県立〕	248
出雲崎中学校〔出雲崎町立〕	425
出本 夏女	474
イスラエル教育テレビ事業団	325
イスラエル教育テレビジョン	330
イスラエル教育テレビセンター	326, 329
イスラエル放送協会	327
伊勢 英子	80
伊勢 香	171
伊勢 花子	433, 434, 499
いせ ひでこ	78, 80, 168, 173, 389
伊勢田 由香	478
伊勢丹書籍売り場	264
伊勢野 薫	234
井芹中学校〔熊本市立〕	522
磯 恒男	510
磯 英男	509
いそ みゆき	308
磯 祥男	517
磯 良雄	510
磯貝 由子	47
磯崎 哲夫	320, 322
礒田 祐美子	217
磯野 恭子	230
磯野 修二	363
磯野 順子	513
磯野 充生子	513
磯野 梨影	385
磯浜小学校〔大洗町立〕	353
磯部 朱美	405
磯部 俶	486
磯見 源	472, 490
磯村 健二	540
井田 天男	127
井田 哲二郎	246
井田 智章	396

井田　憲明	429		一宮中学校ラッパ隊〔愛知県〕	524
井田　秀子	338		市橋　万樹	469, 470, 489
板井　澄枝	36		市橋　詮司	345
板倉　敦子	496		市橋　茉莉	546
板床　克美	215		市橋　恵	187
井谷　恵	433		市場小学校〔千葉県船橋市立〕	254
板野町読書会	339		市村　一夫	364
板橋　茜	415		市村　禎二郎	417
板橋　清	246		一村　ほたる	563
板橋　隆行	407		一山　元秀	410
板橋　ゆかり	178		樹　なつみ	391
いたばし野鳥クラブ	451		一箕中学校 合唱部〔会津若松市立〕	523
伊丹東中学校〔伊丹市立〕	526		井辻　朱美	80, 151
板谷　諭使	46		いつみ　けい	152
板谷　明香	194		井出　きぬゑ	338
板谷　崇央	194, 195		井出　三太	387
板谷　悠生	471		井手　千晴	117
板良敷　敏	257		井手　仁子	182
市井　波名	224		出丸　久元	233
市岡　みずき	104		糸井　邦夫	386, 387
市岡　ゆかり	207		伊藤　あおい	395
市岡中学校〔大阪市立〕	507, 528		伊藤　明	114
市岡東中学校〔大阪市立〕	507		伊藤　彩	106, 217
市川　亜紗美	70		伊藤　亜矢美	395
市川　勝芳	103		伊藤　郁子	179
市川　憲平	81		伊藤　英治	80, 539
市川　禎男	74, 75, 76, 77		伊藤　永之介	93
市河　里恵	491, 497		伊藤　絵香	475
市川　恵子	474		伊藤　恵美	110
市川　里美	78, 388		いとう　えみこ	56
市川　静音	177		伊藤　江里菜	563
市川　純也	554		伊藤　翁介	486, 538
市川　翔平	218		伊藤　かおり	410
市川　透	465		伊藤　和雄	429
市川　信夫	290		伊藤　和子	163
市川　宜子	96		伊藤　和雅	99
市川　紀史	373		伊藤　和実	281
市川　博美	271, 272		伊藤　奏瑛	99
市川　雅己	517		伊藤　貴麿	293
市川　睦美	103		伊藤　君佳	140
市川　由美子	515		伊藤　紀代	141
市川　良子	495		伊東　挙位	263, 293
市川　瑠莉	413		伊東　清和	350
市川工業高等学校〔千葉県立〕	255		伊藤　金吾	294
市川市読書会連絡協議会	338		伊藤　健司	548
市来　今日子	436, 452, 530		伊藤　剛	316
伊知地　直樹	415		いとう　こうき	98
伊知地　元子	448		いとう　こうた	100
一条　ゆかり	390		いとう　さえみ	141
一乗小学校〔福井市〕	353		伊藤　咲希	98
一条中学校〔宇都宮市立〕	422		伊藤　里美	361
市田　阿弥子	511		伊藤　沙矢加	471
一ノ瀬　和子	511		伊藤　慈雄	27, 64
一瀬　公弘	539		伊藤　重夫	80
一関中学校英語科〔岩手県一関市立〕	376		伊藤　詩穂	444
一関聾学校〔岩手県立〕	352		伊藤　しほり	157
一戸　香織	98		伊藤　朱里	563
一戸　徹	216		伊藤　淳子	125
一戸　隆平	52		伊藤　潤也	120
一宮　美奈巳	198		伊藤　昌子	405
一宮小学校〔千葉県長生郡一宮町立〕	367		伊藤　浄二	373

伊藤 真三郎	346	伊藤 恵	13
伊藤 慎也	503	伊藤 萌	100
伊藤 翠	120	伊藤 百佳	99
伊藤 卓	417	伊東 弥香	271
伊藤 助雄	428	伊藤 弥四夫	256
伊藤 大輔	90	伊藤 靖子	198
伊東 貴子	239	伊藤 泰寛	56
伊藤 貴子	40	伊藤 遊	33, 82, 86, 154, 156
伊藤 敬子	143	伊藤 祐衣	546
伊藤 隆	106, 217	伊藤 悠貴	537
伊藤 たかみ	84, 96, 131	いとう ゆうこ	158, 212
伊藤 武司	347	伊藤 裕子	406, 474
伊藤 武彦	272	伊藤 勇作	45
伊藤 檀	125	伊藤 裕香	432
伊藤 ちゑ	485	伊東 悠紀男	311
いとう ちえ美	162	伊東 ゆきみ	90
井藤 千代子	14, 192	伊東 裕	444
伊藤 経子	351	伊藤 有美	435
伊藤 俊子	240	伊藤 由美	158, 269
伊藤 智子	453	伊藤 致雄	19
伊藤 巴子	446, 534	伊藤 芳子	208
伊藤 菜摘子	82, 84	伊藤 義典	362
伊藤 菜々子	378	伊東 嘉宏	321, 322
伊東 信好	362	伊藤 理佐	391
伊藤 信義	105	伊藤 律子	179
伊藤 紀子	278	伊藤 里奈	502
伊東 ひさ子	207	伊藤 亮太郎	517
伊藤 秀男	56, 95, 147, 308	伊藤 るり子	495
いとう ひでき	548	伊藤 れい子	114
伊藤 博夫	313, 314	伊藤 麗子	113
伊藤 弘子	216	伊藤 朗孝	410
いとう ひろし	55, 80, 88, 147, 168, 174, 223, 389	到津遊園林間学園	264
		伊藤忠記念財団	339
伊藤 浩史	509	糸賀 美賀子	88
伊藤 広美	420	糸数 貴子	222
伊藤 比呂美	82	糸川 京子	43
伊藤 裕美	407	糸永 えつこ	89
伊藤 寛之	378	糸永 俊明	281
伊藤 風花	99	井奈 智子	113
伊藤 ふくお	83	稲飯 章	371
伊藤 史篤	139	稲尾 芳文	466
伊藤 舞香	194	稲垣 意地子	139
伊藤 雅子	229	稲垣 恵雄	166, 225
伊藤 真大	107	稲垣 佳世子	251
伊藤 政弘	157	稲垣 菊代	66
伊東 真代	165	稲垣 成哲	321, 322, 323
伊藤 まどか	188	稲垣 シズエ	347
伊東 真奈	441	稲垣 友美	74
伊藤 麻菜実	435, 469, 470, 502	稲垣 伸博	237
伊藤 麻耶	537	稲垣 昌子	24, 153
伊藤 茉里香	563	稲川 三郎	341
伊東 美貴	57	稲川 美穂	541
伊藤 幹翁	539, 559, 560	稲田 英晋	563
伊藤 美紀子	407	稲田 圭克	97
伊藤 瑞恵	61	稲田 潤子	516
伊藤 瑞穂	483	稲田 武彦	429
伊藤 実知子	162	稲田 浩	484
伊東 光晴	77	稲谷 寿紀	515
伊藤 美菜子	37	伊那中学校〔伊那市立〕	423, 424
伊藤 未来	104	稲築中学校〔稲築町立〕	504
伊藤 むねお	122	稲葉 正	312

稲葉 美佐子	429	井上 ひさし	473
稲場 瑞紀	210	井上 英信	366
井奈波 美也	166	井上 洋	259
稲場 優美	210	井上 太	188
稲葉 洋子	206	井上 麻衣	467, 478, 491
稲羽東小学校〔岐阜県各務原市立〕	351	井上 雅博	165
稲穂 雅巳	548	井上 正之	318, 319, 420
稲穂 まゆみ	552	井上 真梨子	125
稲見 淳子	477	井上 美季	497
稲村 謙一	347	井上 瑞基	125, 141, 142
稲村 なおこ	540	井上 美智代	116
稲本 幸男	67	井上 満紀	125
稲森 喜久雄	548	井上 みな	434, 478, 479, 498, 499, 500
以西 久代	368	井上 康子	120
乾 昭治	353	井上 恭史	383
いぬい とみこ	5, 62, 78, 79, 85, 172, 223, 279	井上 夕香	32, 55, 205
犬井 春子	338	井上 優子	18
犬居小学校〔静岡県春野町立〕	302	井上 ゆかり	387
乾谷 敦子	92, 133, 165	井上 由美恵	239
犬飼 俊明	273	井上 葉子	372
犬飼 由美恵	16, 35	井上 陽子	163
犬塚 眞太郎	413	井上 洋介	76, 77, 95, 147, 389
犬塚 美輪	253	井上 良子	113
犬竹 典子	19	井上 林子	120
犬伏 雅士	319	井上 瑠音	205
犬沼 敏子	345	井上 稚菜	140, 142
犬山北小学校〔愛知県犬山市立〕	348	井ノ口 薫	497, 498
井野 早奈恵	491	井野口 弘治	419
いの とみか	395	井ノ口 望	500
井上 雨衣	190	猪熊 葉子	78, 168, 285, 295
井上 明子	295	伊野小学校〔高知県吾川郡伊野町立〕	341
井上 昭正	268	猪瀬 佳子	510, 511
井上 敦子	8	猪田 あゆ美	503
井上 薫	91, 241	猪俣 美咲	184
井上 香	496	伊波 亜友夢	221
井上 一枝	129	伊波 肇	313, 315
井上 和美	115	伊橋 虎雄	344
井上 加奈	482	井端 明男	403
井上 喜一郎	363	イバトーリーン, バグラム	598
井上 京子	39, 509	伊原 通夫	74
井上 淑子	511	井原 由衣	468, 500, 501, 530
井上 恵子	3	茨木 明日香	40
井上 皓太郎	341	茨城県難聴・言語障害学級担当者会	347
井上 琴子	13	揖斐川中学校〔揖斐川町立〕	426
井上 こみち	159, 163	井平 麻美	455
井上 淳	102, 202	伊保内高等学校〔岩手県立〕	340
井上 真一	65	今井 和子	336
井上 たかひこ	69	今井 鑑三	345
井上 猛	163, 215	今井 恭子	33, 37, 67, 215
井上 雄彦	394	今井 旭日	187
井上 太郎	9	今井 恵三	515
井上 智香子	477	今井 桂三	81
井上 千尋	517	今井 鴻象	293
井上 徹	25	今井 栞奈	121
井上 敏夫	357	今井 保	357
井上 寿彦	43, 143	今井 忠次郎	428
井上 灯美子	540	今井 祝雄	79
井上 豊久	403	今井 豊蔵	364
井上 乃武	158	今井 秀雄	309
井上 直人	57	今井 美沙子	79
井上 華恵	395	今井 美代子	280

いまい やすこ	48	井村 愛美	52
今井 雄	201	井村 雄三	309
今井 由美	517	イメージサイエンス	450, 451
今井 柳三	363	イメージ・サテライト	557
今池小学校〔愛知県安城市立〕	351	井本 妃南	454, 455
今井小学校〔神奈川県川崎市立〕	343, 352	いもと ようこ	55, 56
今泉 篤男	74	井本 留美	463
今泉 昌一	115	弥栄中学校〔京都市立〕	353
今泉 正司	311	伊与喜小学校〔高知県佐賀町立〕	342
今泉 忠明	82	井寄 芳春	271
今泉 拓	411	伊良部高等学校〔沖縄県〕	302
今泉 みね子	291	イラン国営放送	325
今泉 吉晴	96, 291, 430	入江 温子	453, 454
今板 ゆかり	474	入江 貴博	409
今市小学校〔栃木県今市市立〕	341	入江 亮一	38
今江 祥智	76, 96, 147, 153, 172, 223, 233, 284	入江 礼子	337
今枝 孝人	193	入里 叶男	448
今岡 円七	310	入谷 悦子	237
今釜 涼子	103	入野小学校〔吉井町立〕	276
今川 勇	365	入野中学校〔浜松市立〕	504
今川中学校〔千代田区立〕	509, 510	入間小学校〔山形県西村山郡西川町立〕	367
今北 正一	170	入間中学校〔狭山市立〕	507
今北 信雄	256	伊禮 和子	132
今津北小学校〔滋賀県今津町立〕	351	岩井 まさ代	103
今津中学校〔兵庫県西宮市立〕	524, 525, 526	岩井 みのり	4
今関 信子	43	岩井 裕子	208
今田 暁子	39	岩井 勇児	251
今田 篤	444	祝町小学校〔北九州市立〕	254
今田 絵里香	151	岩尾 淳子	214
今田 克己	248	岩尾 泰次郎	428
今田 まり	35	岩尾 卓三	263
今田 三穂	544	岩男 卓実	253
今竹 文香	413	岩上 寛了	297
今立 陽史	114	岩上 桃子	379
今任 統夫	365	岩河 三郎	538, 539
今西 あずさ	220	岩川 直樹	27
今西 昭三郎	347	岩城 晶子	541
今西 祐行	6, 24, 62, 85, 95, 153, 159, 172, 223, 233, 285	岩木 亜悠子	441
今西 孝雄	345, 358	いわき市小学校教育研究会道徳教育研究部	369
今西 乃子	156	岩木小学校〔野田市立〕	305
今橋 真理子	192, 212	岩倉 昭雄	366
今堀 恵子	511	岩倉 絵美	117
今堀 宏三	320	岩倉 縫子	366
今松 三香	552	岩黒中学校〔坂出市立〕	423
今村 葦子	131, 168, 173, 181, 223	岩合 光昭	291
今村 栄一	428	岩越 千晴	496
今村 源三郎	293	岩浅 邦彦	121
今村 貞子	309	岩佐 敬子	114
今村 正	312	岩佐 利克	364
今村 忠彦	314	岩崎 明	535
今村 ディーナ	111	岩崎 泉	317
今村 知子	9	岩崎 花保	444
今村 広	294	岩崎 京子	23, 59, 85, 153, 172, 288, 295
今村 洋一	558	岩崎 淑	510
今村 洋子	487	岩崎 卓朗	193
今森 光彦	80, 82, 84, 96	岩崎 ちひろ	514, 515
今利 亀人	360	岩崎 ちひろ（いわさき ちひろ）	75, 93
伊万里養護学校〔佐賀県立〕	351	岩崎 次男	337
今渡南小学校6年1組	176	岩崎 徹太	293
井村 二千翔	545	岩崎 弘	313

岩崎 まさえ	161, 162	岩間 就暁	120
岩崎 真理子	150	岩間 潤	239
岩崎 禎子	337	岩間 成暁	121
岩崎書店	244, 245, 291, 299, 538	いわま まりこ	88
岩澤 泉	117	岩間 元成	121, 203
岩澤 沙希	408	岩見 一郎	235
岩沢 敬	428	石見 まき子（石見 真輝子）	31, 157
岩沢 光高	238	いわむら かずお	55, 78, 95, 168, 389
岩下 可奈	418	岩村 留美子	46
岩下 紀久雄	315, 418	岩村田小学校〔北佐久郡浅間町立〕	510
岩下 恭子	476	岩元 悦郎	357
岩下 奈未	518	岩本 勝子	200
岩島 公	343	岩本 紘一	340
岩瀬 成子	79, 95, 154, 155, 223	岩本 康之亮	295
岩田 彩佳	195	岩本 紗世子	200
岩田 えりこ	141	岩本 重樹	113
岩田 恵理奈	445	岩本 敏男	5
岩田 敬子	13	岩本 利夫	376
岩田 早苗	123	岩本 直美	362
岩田 純一	251, 337	岩本 久則	24
岩田 彰亮	193	岩本 紘和	200
岩田 千里	33	岩本 昌之	320
岩田 敏彦	318	岩元 幸雄	406
岩田 奈奈絵	217	岩本 義哉	509
岩田 道夫	88	岩森 久美	558
岩田 守弘	530	イングペン, ロバート	578
岩田 唯起子	529	インサイトニューステレビジョン	334
岩田 美子	139	インディペンデント・テレビジョン	327
岩田 怜子	217	インテル	384
岩館 真理子	390	インド教育工学センター	328
岩谷 貞三	338	インド教育工学中央研究所	329, 330
岩垂 みのり	12	インド国営テレビ	328
岩月 かほり	554	インド国営放送	325, 326, 327
岩槻 恵子	252	インド国営ラジオ	328
いわつき ともき	38	インドネシア国営テレビ放送	329
岩手県国語の授業研究会	348	インドネシア国営ラジオ放送	326
岩手県難聴・言語障害教育研究会	344	インドマイトリの会	297
岩手大学教育学部附属中学校	433	インノチェンティ, ロベルト	147, 578
いわどう ゆみこ（岩藤 由美子）	31		
岩永 貴子	466, 477, 478	**【う】**	
岩永 真美	453		
岩永 義弘	57	于 大武	80, 389
岩波映画	456, 457, 458, 549	ヴァイポント, エルフリーダ	573
岩波映画製作所	429, 449, 450, 555, 556	ヴァション, エレーヌ	572
岩波映像	451, 462	ヴァンデヴェルデ, ヴィヴィアン	567
岩波書店	73, 75, 78, 244, 250, 298, 299	ヴァン・ルーン, H.W.	591
岩野 圭介	208	宇井 靖子	371
岩野 雅子	273	ヴィクランド, イロン	76
岩野 将人	107	ウィズ・キッズ・ワークショップ	335
岩野 緑	513	ウィーズナー, ディヴィット	169, 580, 581
岩橋 郁郎	149	ウィスニーウスキー, デイヴィッド	581
岩橋 さやか	141	ウィック, ウォルター	597
岩浜 翔平	470, 481	ヴィディオ映画製作所	549, 555
岩原 由香	497	ウィーラー, ダイアナ	570
岩藤 英司	421	ウィラード, ナンシー	592, 596
岩淵 大地	179	ウィラード, バーバラ	568
岩渕 直子	474	ウィーラン, グロリア	583
岩淵中学校学校経営研究会〔東京都北区立〕	301	ウィリアムズ, ガース	74, 83, 286
岩間 郁恵	118	ウイリアムス, ステファニー	436
岩間 滋	317		

ウィリアムズ, ベラ・B.	596, 597	植野 喜美枝	31
ウィルキンソン, キャロル	84	上野 喜美子	166
ウィルソン, ジャクリーン	82, 569	上野 潔	348
ヴィルヌーヴ, アンヌ	571	上野 恵子	42
ウィンザー, パトリシア	566	上野 行一	260
ウィン＝ジョーンズ, ティム	567, 570, 571, 597	上野 修一	56
ウェア, レオン	565	上野 新司	57
上柿 早苗	22	上野 星矢	444, 519
植木 茜	453	上野 隆	238
植木 晴花	483, 503	上野 太郎	406
植木 理恵	252	上野 哲也	131
植木 里枝	38	上野 天志	454
上坂 宗万	207	上野 知子	129
上坂 高生	92	上野 紀子	23, 168, 286, 388
上里 昭博	380	上野 弘樹	40, 41
上里 エリカ	378	上野 浩道	149
上沢 謙二	292	上野 水香	476, 497
上杉 春雄	516	上野 通明	104
上杉 真輝	413	上野 祐未	482
上杉 美津子	309	上野ヶ丘中学校研修部〔大分県大分市立〕	300
ウェスターハ, ベッテ	82	上橋 菜穂子	
ウェストール, ロバート	568, 574		23, 81, 83, 96, 154, 155, 173, 174, 224
うえだ いずみ	83	上畑 みさき	545
植田 英津子	145	上原 泉	252
上田 京子	513	上原 和久	465, 491, 498
上田 敬介	345	上原 かつひろ	467, 479, 500
上田 収穂	263	上原 きみこ	393
上田 精一	280, 324	上原 空見子	220
植田 拓夢	111	上原 敏男	246
上田 千香子	17	上原 利彦	222
上田 としこ	392	上原 榛	218
植田 敏郎	150, 294	上原 美喜子	440
植田 尚子	543	上原 光子	34
上田 尚弘	470, 480, 492	上原 麗	29
植田 博一	264	ヴェヒター, フリードリヒ・カール	585, 589
植田 ひろこ	13	上前 琢磨	429
上田 博友	71	栽松 完道	297
上田 風登	91	植松 二郎	205
植田 麻珊	112	上松 史弥	445
植田 真	148	植松 保典	347
上田 正昭	240	植松 要作	153
上田 真仁	514	上村 貞子	164
上田 雅代	201	植村 琢	416
上田 まつ	347	上村 てる緒	263
植田 麻美子	407	植村 菜穂	516, 517
上田 瑞穂	201	上村 浩代	101
植田 瑞樹	9	上村 フミコ	125
上田 美和	391	植村 麻衣子	466, 477, 478, 489
上田 ゆう子	433	上村 牧	517
上田 裕美子	279	上村 槙太郎	413
植田 ヨネ子	186	上村 保雄	200
植田 理佳	8	植村 優香	112, 211
ウェタシンヘ, シビル	168	植村 燿	493
上地 大資	379	植村 理葉	516
上殿 智子	38	上本 香織	492
上仲 まさみ	33	上屋 美千弘	259
上西 のどか	11, 210, 211	上山 榛名	471
上西 希生	210	上山 浩	259
上野 瞭	153	上山 宗徳	385
上野 彩	40	ヴェルク, カリン・フォン	587
上野 勝子	279	ヴェルシュ, レナーテ	586

ウエルズ, ローズマリー	597	臼井 忠雄	270
ウェルチ, ロナルド	573	薄井 奈加子	182, 186
ウェルフェル, ウルズラ	584, 588	薄井 はあと	183
ヴェロニカ放送協会	330	臼井 博	251
宇園別小学校〔北海道当麻町立〕	342	臼井 保哉	428
宇尾 淳子	429	薄井 幸江	474
ウォー, シルヴィア	568	臼井中学校〔白根市立〕	426
ヴォイチェホフスカ, マヤ	78, 592	臼杵 秀子	257
ヴォイト, シンシア	566, 587, 592	卯月 みゆき	83
魚岸 康雄	8	臼田 すぎ子	494
ヴォーグ, シャーロット	81	歌川 晶子	421
魚住 直子	60, 96	宇田川 優子	88
魚住 昌広	8	うたしろ	161
魚瀬 ゆう子	557	打瀬小学校〔千葉市立〕	305
ウォートメイヤー, レミン	436	ウータン, カー	389
ウォラス, バーバラ・ブルックス	567	内ヶ崎 有里子	150
ヴォル, マッツ	588	内片 綾華	194, 195
ウォルシュ, ジル・ペイトン	594, 595	内川 朗子	158
ウォン・ライ, ユク・リン	360	内川 英雄	310
鵜飼 照子	508	打木 村治	76, 93, 159, 293
鵜飼 康夫	312	内座 美紗子	377
鵜川小学校・中学校〔新潟県柏崎市立〕	348	内田 晶子	517
ウガンダ国営放送	325	内田 あすか	378
宇久小学校〔長崎県宇久町立〕	342	内田 映一	72
うごくかがく編集委員会	79	内田 収	31
羽後中学校〔秋田県雄勝郡羽後町立〕	348	内田 和子	54
うさ	395	内田 カズヒロ	47
うざと なおこ	158	内田 謙益	428
宇佐美 和奈	433, 477, 478	内田 浩示	102, 191
宇佐美 方子	432	内田 紗矢花	499
宇治 勲	80	内田 純子	57, 58
宇治 正美	534	内田 智恵	58
氏家 晋也	548	内田 奈麻	475
氏家 拓哉	183	内田 伸子	251
氏家 武紀	179	内田 日十実	68
氏家 照代	241	内田 ひろ子	231
氏家 博子	240	内田 裕子	547
氏家 安代	548	内田 雅子	558
氏家 亮子	323	内田 美代子	67
氏家中学校	521	内田 悠斗	109
牛尾 元法	101	内田 莉莎子	81, 286
潮木 邦雄	259	内田 麟太郎	56, 83, 96, 147, 168
海潮小学校 神楽部〔大東町立〕	352	内田 洋行	461, 462
うしおの会	343	内灘中学校〔内灘町立〕	527
丑久保 恒行	239	内野 二郎	534
牛窪 良太	58	うちべ けい	50
氏家 治	350	内部 恵子	27
牛島 敦子	52	内間 美智子	351
牛島 国枝	338	内間 陽香	378
牛島小学校	432	内村 由惟	189
牛田 令子	553	内山 憲尚	263, 293
宇品中学校〔広島市立〕	526, 527	内山 健	186
牛丸 仁	130	内山 貴博	520
牛村 麗子	467	内山 千代	237
牛山 剛	539	内山 登美子	294
牛山 俊明	404	内山 智子	406
後 洋一	234	内山 基	293
牛若 治子	552	内山下小学校〔岡山県岡山市立〕	347
牛渡 洋子	237	宇宙航空研究開発機構	451
碓井 亜希子	103	鵜塚 一子	516
薄井 幹太	183, 184, 190	うつぎ みきこ（宇津木 美紀子）	43, 125

ウッド，ケリー	569
宇都宮 鏡子	369
宇都宮 貞子	230
内海 萌	560
内海 殊子	511
内海 智子	166
内海 範子	24
右手 和子	308
宇土 泰寛	270, 274
有働 キヨ子	259
鵜沼第一小学校特殊教育研究部〔岐阜県各務原市立〕	304
宇野 朱音	441, 479
宇野 亜喜良	76, 148
宇野 和子	59, 295
宇野 浩二	292
宇野 小四郎	534
宇野 秀夫	374
宇野 誠	362
宇野 正一	143
宇ノ気小学校〔石川県河北郡宇ノ気町立〕	350
宇野原 みつ	186
姥屋敷中学校〔滝沢村立〕	447
産賀 恵子	429
生方 頼子	37
産山小学校〔産山村立〕	353
産山村小・中学校	354
宇部 京子	540
馬路小学校〔高知県安芸郡馬路村立〕	345
馬原 三千代	15, 61, 110
羽海野 チカ	391
宇美東中学校〔宇美町立〕	507
梅井 美帆	210
楳木 和恵	205
梅木 恒一	237
梅木 節男	347
梅沢 喜央	401
梅沢 沙織	217
楳図 かずお	392
梅津 しずか	188
梅津 敏昭	141
梅津 美葉	517
梅園小学校〔愛知県岡崎市立〕	342
梅田 俊作	146, 147, 167, 308, 388
梅田 直子	60
うめだ まさき	38
梅田 真理	197, 205
梅田 佳子	146, 147, 167, 388
梅谷 真知子	176
梅津 佳菜	189
梅坪台中学校 科学部〔愛知県豊田市立〕	409
梅野 暁人	24
梅林 裕子	18
梅原 賢二	33, 122
梅原 洸	183
梅原 未里	111
梅丸 史朗	262
梅本 利広	368
梅本 洋光	377
楳本 恵	280
梅森 健司	20

宇山 譲二	7
鵜山 仁	536
浦井 典子	474
浦上 有子	19
浦川 禎一	8
浦河小学校〔北海道浦河郡浦河町立〕	345
浦城 光郷	294
うらさわ かずひろ	57
うらさわ こうじ	539
浦住 美南	183
浦添中学校 吹奏楽部〔浦添市立〕	504, 505
浦田 愛子	225
浦田 学	401
浦野 和子	66
浦邉 玖莉夢	472
浦辺 竹代	336
浦辺 史	336
浦町小学校〔青森市立〕	348
浦和 太郎	72
浦和子どもの本連絡会	243
浦和童謡唱歌愛好会	484
瓜破東小学校〔大阪市立〕	272
宇留生小学校〔岐阜県大垣市立〕	366
ウルグアイCX16	327
漆戸 邦夫	322
漆原 朝子	516
漆原 智良	295
漆原 伸江	495
ウルフ，ヴァージニア・E.	82, 583
漆間 有紀	544
嬉野中学校 科学部〔佐賀県嬉野町立〕	407
うれし野文庫	340
宇和川 喬子	16
宇和島南高等学校〔愛媛県立〕	248
ウンゲラー，トミー	83, 578
ヴンダーリヒ，ハインケ	587
運天 杏奈	380
雲藤 孔明	188
海野 絢奈	397
海野 香菜	434

【え】

エァルブルッフ，ヴォルフ	578, 588, 589
英映画社	285, 286, 457, 555, 556
エイケン	564
エイケン，ジョーン	566, 568
英国放送協会	325
エイジ，リリアン	567
盈進高等学校〔広島県〕	371
盈進中学校	372
映像館	451
映像企画	288
エイドリゲビシウス，スタシス	80
ABS-CBN放送ネットワーク	331
ABC21財団	229
エイブリ，ジリアン	568
エイラト，ロイス	598
エヴァーウィン，クラス・エワート	587

江ヶ崎 貞夫	368	江藤 勝久	369
江頭 千鶴子	349	衛藤 征士郎	263
江上 万絢	472, 482	衛藤 美奈子	138
江川 明宏	411	江戸川 乱歩	292
えがわ ことこ	14	江戸子ども文化研究会	150
江川 幸子	508	江戸崎中学校〔茨城県江戸崎町立〕	406, 407, 409
江川 智穂	34	エドモンズ, ウォルター	582, 591
江川 りり	444	エドワーズ, ウォーラス	572
エギエルスキー, リチャード	580	江夏 百代	562
江草 佐和子	193	恵那西中学校〔岐阜県恵那市立〕	254
エグジェール, ヴィルジニー	572	えにわゆりかご会	340
江口 あけみ	66	NECメディアプロダクツ	451
江口 絵梨	482	NHK	23, 284, 285, 286,
江口 純子	101	287, 288, 289, 290, 291, 325, 326, 327, 328,	
江口 季好	283, 324	329, 330, 331, 333, 334, 335, 449, 450, 451	
江口 武	346	NHKエデュケーショナル	462
江口 努	359	NHKエンタープライズ	462
江口 文江	120	NHKエンタープライズ21	334
江口 まひろ	386	NHK週刊こどもニュース	264
江口 恵美	104	NHKソフトウェア	461, 462
江国 香織	79, 124, 131, 224	NHK中学生日記制作スタッフ	233, 355
江国 真美	36	NHKテクニカルサービス	451
エコー	288, 458	NHK名古屋放送局	290
江越 舞	121	NHK盛岡放送局	291
江古田小学校〔中野区立〕	508, 509	榎井 縁	275
江坂 好加	413	榎田 二三子	337
江坂 利志子	339	榎本 華雲	127
江﨑 暁音	109	榎本 薫	476
江崎 昌子	517	榎本 幸一郎	77
江崎 雪子	88	榎本 成巳	314
枝幸中学校〔北海道枝幸町立〕	447, 522	榎本 智恵美	241
江沢 洋	77	エバニュー開発部	382
エジプト・アラブ共和国国営放送	328	絵原 研一郎	88
江島 穣	318	江原 美奈	39
江島 敏也	120	江原中学校〔脇町立〕	424
江島 礼賢	401	絵日傘人形劇研究会	297
江尻 和繁	405	海老沢 文哉	91
江尻 桂子	252	戎 一郎	536
江尻 南美	517	蛯子 奈緒美	476, 477, 497
エース	142	蛭子 由美	408
エスカルピ, ドニーズ	266	えびな みつる	200
エステス, エルナー	592	海老原 紳二	204
江角 一朗	383	エービーピーカンパニー	250
江積 久子	207	愛媛県読書グループ連絡協議会	339
江副 信子	88	愛媛国語研究会	342
江田 昌男	13	愛媛大学教育学部附属中学校	520, 521
枝折小学校〔福岡県八女郡黒木町立〕	370	愛媛大学農学部附属農業高等学校教育改革研	
恵田小学校〔愛知県岡崎市立〕	349	究グループ	305
枝並 千花	518	愛媛大学農学部附属農業高等学校研究開発研	
恵谷 彰	466, 530	究グループ	306
枝村 泰子	324	エフ・シー・マネジメント	462
越前 美幸	37	烏帽子中学校〔神戸市立〕	525
エッカート, アラン・W.	288	絵本読み聞かせグループぶっくぷく	176
エッカーマン, ペレ	588	江間 章子	294
エッジ	354	江見 勇	429
エッツ, マリー・ホール	580	M・A・Mジュニア	488
エディションズ・バカメ	229	MSKプロダクション	335
エデュケーション・フォー・オール	334	エムオー・クリエイティブ	299
エデルフェルド, インゲル	587	エームズ, モリス・U.	584
江戸 裕美	480	M.Tヒューマンサービス	290
江戸 裕梨	469, 502		

えむな

エム・ナマエ	88, 159
衛本 成美	17
柄本 舞衣子	541
エリオット, ローレンス	585
エリクソン, ヘレン	567
エリス, サラ	570
エリス, デボラ	571
エリング, ティモシー・バジル	593
エリング, ラース	588
エルサルバドル教育テレビジョン	327
円覚寺日曜学校	297
エングダール, シルヴィア・ルイーズ	594
演劇集団円	288, 289, 290
演劇集団円 円・こどもステージ	233, 263
円光寺 雅彦	514
エンジカート, クラウス	578, 588
エンデ, ミヒャエル	584, 585
炎天寺こども俳句大会—茶まつり	296
遠藤 昭夫	405
遠藤 彩華	183
遠藤 綾子	188
遠藤 郁子	510
遠藤 一歩	182
遠藤 悦夫	226
遠藤 織枝	230
遠藤 和子	278
遠藤 和成	488
遠藤 喜久男	428
遠藤 公男	92, 155, 159
遠藤 啓太	99
遠藤 咲	98
円堂 紗也	19
遠藤 俊	107
遠藤 俊太郎	183
遠藤 将平	180
遠藤 純夫	312
遠藤 拓真	99
遠藤 竣	107
遠藤 民子	7
遠藤 千晶	562
遠藤 千春	530
遠藤 てるよ	94, 168, 307, 388
遠藤 一	209
遠藤 英雄	189
遠藤 秀安	558
遠藤 寛人	42, 76
遠藤 実	236
遠藤 麻紗	500
遠藤 昌人	366
遠藤 みえ子（遠藤 美枝子）	33, 64
遠藤 幹子	403
遠藤 美咲	99
遠藤 未来	99
遠藤 めぐみ	179, 187
遠藤 友唯	98
遠藤 弓子	541
遠藤 よう子	98
遠藤 陽平	411
遠藤 好美	189
遠藤 律子	139
遠藤 廉	180

遠藤 れん子	553
遠藤 和江	187
エンバリー, エド	580
エンライト, エリザベス	591

【お】

オー, ワイ・シュン	360
小穴 理恵子	239
尾家 野生	37
オイエン, ヴェンケ	587
おい川 えいじ	180
及川 賢治	148
及川 早苗	432
及川 成夫	311
及川 千尋	546
及川 ひろみ	20
及川 正人	552
及川 まりや	545, 546
及川 巳佐男	348
及川 夕美	517
及川 由美子	561
尾池 富美子	350
老田 昭	267
生出 真裕	178
老藤 真紀	103
老松小学校〔愛知県名古屋市立〕	342
追本 葵	91
追分小学校〔静岡県浜松市立〕	349
王 香織	495
凰 鏡	124
逢坂 みえこ	390
逢坂 美智子	43
おうち やすゆき	540
近江 正隆	297
近江 靖子	542
近江八幡読書グループ連絡協議会	338
大麻中学校〔大麻町立〕	422
大井 数雄	26, 534
大井 公子	43
大井 さき	177
大井 さちこ	83
大井 淳子	201
大井 美矢子	206, 215
大家 善一郎	343
大家 正弘	550
大池 晶子	225
大石 恵子	470
大石 捷子	510
大石 源三	143
大石 三郎	365
大石 哲路	294
大石 暢子	238
大石 博	418
大石 麻衣子	466
大石 真	76, 85, 94, 153, 173
大石 麻里子	198
大石 洋子	551
大石 芳野	290

大石小学校〔岩手県釜石市立〕	254	大川西根小学校〔秋田県大仙市立〕	448
大泉 俊	338	大川原 潔	309, 348
大磯小学校〔神奈川県大磯町立〕	447	大木 惇夫	293
大磯中学校〔神奈川県大磯町立〕	372	大木 貴斗	502
大分県臼杵山内流游泳所	349	大木 直子	171
大分県海外子女教育・国際理解教育研究協議会	352	大木 日織	503
大分県児童文化研究会	263	大木 正行	163
大分子どもの本研究会	340	大木 道則	320, 416
大分市教育委員会	366	大木 よし子	127
大分市小学校国語教育研究会	345	大木 竜馬	378
大分大学教育学部附属中学校	521	大木中学校〔鈴鹿市立〕	507
大分放送	437, 438	おおぎやなぎ ちか	126, 191
大井中学校	521, 522	大串 朋子	208
大井戸 百合子	289	大久小学校〔島根県隠岐郡西郷町立〕	347
大岩 誓子	484	大口北小学校〔愛知県丹羽郡大口町立〕	366
大岩 千恵子	466, 477	大久保 愛	361
大岩 淑子	476	大久保 彩香	469, 471
大植 真太郎	436, 465	大久保 佳奈	546
大上 典男	387	大久保 粂子	340
大内 麻衣	544	大久保 悟朗	163
大内 富夫	373	大久保 沙織	467
大内 友美	188	大久保 貞子	28
大内 信俊	367	大久保 滋代	409
大内 延介	78	大久保 寿樹	179
大内 雅友	179	大久保 智生	253
大内 雅之	188	大久保 朋美	543
大内 万里江	434, 453, 481, 498, 499, 500	大久保 智子	561
大内 美保	192	大久保 仁美	241
大内 みゆ	52	大久保 洋子	540
大内 義徳	234	大久保 雅彦	322
大内 善広	253	大久保 雅穂	39
大内田 武志	239	大久保 良美	481
大内田 紀子	239	大窪 令子	246
大海 赫	295, 386	大久保小学校ことばの教室〔日立市立〕	369
大海 茜	133	大熊 喜代松	366
おおえ ひで	94	大熊 義和	133, 558
大枝 知加	415	大熊 梨紗	480
大岡 下枝	338	大倉 佐和子	561
大岡 仁	519	大蔵 宏之	294
大岡小学校〔横浜市立〕	254	大暮 維人	391
大岡山小合唱団〔東京都目黒区立〕	448	大黒 孝文	323
大垣 晃一	314	大川内 弘	510
大垣 由佳	480	大越 明美	187
大垣 友紀恵	55, 117	大越 史遠	190
大久なかよしバス図書館	277, 340	大坂 瑞貴	435
大垣れんげ会	352	大阪学校劇作研究同人会	535
大潟町小学校〔上越市立〕	352, 354	大阪教育大学教育学部附属池田中学校	272
大勝 恵一郎	256	大阪教育大学教育学部附属天王寺小学校	426
大神 正道	350	大阪国際児童文学館	150
大川 内弘	509	大阪市教育振興公社	381
大川 悦生	78	大阪市小学校教育研究会国語部	346
大川 香織	518, 545	大阪児童文化協会	264
大川 淳	338	大阪ジュニアバンド	447
大川 ち津々	317	大阪市立こども文化センターこども詩の会	370
大川 徹	316	大阪浪華商業学校	524
大川 利松	294	大阪府子ども文庫連絡会	339
大川 浩	115	大阪府読書団体友の会	339
大川 ゆかり	197	大阪盲学校盲幼児教育研究会〔大阪府立〕	342
大川 善夫	367	大阪養護教育振興会	309
大川中学校〔函館市立〕	306	大崎 和馬	412

大崎 幹	115	太田 じろう	392
大崎 梢	92	太田 聖菜	531
大崎 正弘	405	太田 大八	62, 76, 77, 81, 82, 94, 167, 169, 233, 287, 294, 388
大崎 結真	518		
大崎中学校〔大崎町立〕	447	太田 敬志	239, 240
大里 拓巳	401	太田 威	430
大里中学校〔大里村立〕	423	太田 豪志	157
大沢 武男	268	太田 達彦	412
大澤 力	404	太田 千鶴	510
大沢 範子	474	太田 友子	114
大沢 宏紀	444	太田 智美	15
大沢 睦	200	太田 夏実	118
大澤 友加	108	太田 治子	131
大沢 芳子	408	太田 弘	268
大路 浩司	120	太田 正江	552
大塩 卓	342	太田 真由美	164
おおしだ あいり	99	太田 真弓	453
大下 結美花	469, 480, 481, 492	太田 茉莉	517
大柴 拓磨	500	太田 麻里衣	480, 501
大嶋 功	357	太田 美智彦	271
大島 一恵	73	太田 満	274
大島 純	322	太田 三十雄	344
大島 妙子	56	太田 みなみ	415
大島 司	390	太田 稔	418
大嶋 孜	281	太田 素子	337
大島 奈穂子	501	太田 芳郎	294
大嶋 伸子	101	太田 令子	337
大嶋 正樹	466	大高 勝	260
大島 岬	399	大高 美和	262
大島 道男	371	オオタカ保護基金	451
大島 路子	562	大田黒 克彦	293
大島 やすいち	390	大竹 香織	541
大島 康紀	386	大竹 賢人	183
大島 弓子	390	大竹 三郎	77, 429
大島 由里	544	大竹 伸朗	96
大島 律子	322	大竹 南賀子	182
大島小学校〔長岡市立〕	352	大竹 信子	251
大島小学校〔福島県郡山市立〕	370	大竹 典子	540, 560
大島養護学校〔鹿児島県立〕	354	大竹 みづき	190
大城 一紀	379	大竹 佑佳	482
大城 喜一郎	222	大田小学校〔広島県世羅郡世羅町立〕	367
大城 美汐	503	大舘 育仁	117
大城 洋子	495	大谷 晃仁	190
大洲 秋登	6	大谷 綾子	224
大須賀 朝陽	189	大谷 恵理	408
大杉 祥子	543	大谷 加玲	108
大杉 久雄	294	大谷 研人	545
大隅 和子	246	大谷 周子	120
大隅 真一	26	大谷 順子	403
大関 桂子	476	大谷 省三	74
大関 由美	552	大谷 千晴	112
大曽根 彩乃	141	大谷 菜穂子	45
大曽根 源助	357	大谷 のりこ	24
大空 雅子	187	おおたに ひろこ（大谷 博子）	49, 88
太田 愛子	198	大谷 芙耶子	109
太田 明理紗	68	大谷 正紀	133, 165, 166
太田 えみこ	225	大谷 みどり	270
太田 菊子	510	大谷 みのり	183
太田 貞子	280	大谷 美和子	88, 159, 173, 205
太田 沙耶	444, 546	大谷 泰之	164
太田 準子	512	大谷 遥陽	503

太田東小学校	433
大近 正博	270, 271
大津 勇	367
大津 和子	270, 271
大津 孝子	126
大塚 珠奈	36
大塚 篤子	88, 155
大塚 敦子	10, 56, 96, 389
大塚 笑子	340
大塚 貴絵	125
大塚 けい奈	98
大塚 順子	45
大塚 菜生	191
大塚 伸行	169
大塚 広美	408
大塚 雄作	251
大塚 勇三	75, 76, 285
大塚 百合菜	537
大塚 芳子	349
大塚 玲子	36
大塚中学校〔宮崎市立〕	526
大槻 勇	314, 418
大槻 哲郎	103, 140
大槻 瞳	145
大月 悠	478
大月 ルリ子	279
大月東中学校〔大月市立〕	505, 526
大辻 永	320
大津西小学校〔徳島県鳴門市立〕	341
大坪 かず子	130, 166
大坪 宏好	220
大坪 英夫	317
大坪 寛子	36
大坪 佑二	427
大坪 龍太	402
大戸小学校〔神奈川県川崎市立〕	343
大友 聖子	516
大友 美夏	475
大中 恩	531, 538, 560
大縄 みなみ	469
大西 亥一郎	166
大西 和子	110
大西 香奈	541
大西 詩乃	453, 467, 499
大西 伝一郎	83
大西 トキハ	134
大西 暢夫	147
大西 久一	344
大西 ひろみ	144
大西 史子	513
大西 史也	29
大西 理人	385
大西 真由子	517
太西 酉喜子	346
大西町読書会	339
大仁田 伸男	241
大貫 将江	515
大貫 誠幹	489
大貫 真幹	436, 441, 468, 500
大貫 美佐子	274
大貫 瑞生	546
大根小学校協力指導研究会〔神奈川県秦野市立〕	302
大根田 徹	114
大野 愛奈	434, 500
大野 麻子	61
大野 英子	282
大野 圭奈子	40
大野 圭子	125
大野 智子	544
大野 さとみ	552
大野 順義	404
大野 隆也	78
大野 仁士	312
大野 熙	313
大野 美樹	39
大野 有佳里	520
大野 竜二	177
大野 亮子	508, 509
大野 和信	407
大納小学校〔福井県和泉村立〕	343
大庭 伊兵衛	358
大庭 桂	206
大場 幸夫	337
大場 信義	81
大庭 千佳	61
大庭 照子	264, 483, 539
大場 博子	403
大橋 香月	117
大橋 咸朗	238
大橋 匡子	36
大橋 圭介	259
大橋 栞	97
大橋 慎太郎	177
大橋 清一	366
大橋 武文	319
大橋 忠雄	247
大橋 直樹	273
大橋 富貴子	341
大橋 美穂子	432
大橋 弥生	74
大橋 裕介	380
大橋 由佳	138
大畑 末吉	75, 293
大畠 菜穂子	561
大畑 みゆき	544
大林 薫	497
大原 映美	104
大原 啓	126, 220
大原 啓子	103
大原 耕	59
大原 興三郎	88, 159, 173
大原 貞利	247
大原 茂子	186
大原 省蔵	342, 357
大原 れいこ	233
大原小学校〔清見村立〕	447
大樋 由美	496
大東 幸雄	365
大人歌舞伎保存会	350
大日向 雅美	231
大平 達也	546

大平 美香	187	大和田 りつ子	539
大平 由美子	513	岡 綾香	121
大平 よし子	54	岡 えりな	122
大藤 はま子	344	岡 一太	263
大府西中学校 科学クラブ〔愛知県大府市立〕	407	岡 万記	200
大堀 滋子	452, 477	岡 杏一郎	205
大堀 晴津子	544	岡 広憲	407
大前 和雄	247	丘 修三	82, 96, 131, 137, 155, 157
大曲児童センター	236	岡 順次	293
大曲中学校〔大曲市立〕	424	岡 辰夫	358
大巻 雄矢	470, 471, 503	岡 照子	550
大政 睦子	267	岡 尚志	371
大俣小学校〔徳島県市場町立〕	342	岡 信子	159, 295
大町 祐介	400	岡 浩乃	514
大町小学校〔新潟県上越市立〕	341, 353	岡 由岐子	15
大町中学校〔大町市立〕	422	岡 由美	553
大見 真子	126	丘 理子	508, 509
大見小学校〔広島県世羅郡世羅町立〕	347, 352	岡井 しずか	121
大嶺 則子	222	小笠 明寛	374
大宮小学校〔沖縄県名護市立〕	348	岡崎 勝美	562
大宮中学校〔千葉市立〕	426	岡崎 伸二	373
大宮南小学校〔埼玉県大宮市立〕	345, 350	岡崎 清吾	540
大向小学校〔東京都渋谷区立〕	367	岡崎 千裕	531
大村 麻子	477	岡崎 春香	184
大村 和恵	559	岡崎 英彦	428
大村 はま	230	岡崎 裕美	539
大村 真央	440	岡崎 ミシャエル	380
大村 美樹	241	岡崎 佑哉	107, 108, 210
大村 光良	288	岡崎 裕	274
大村 百合子	75	岡崎 淑子	269
大村 領	560	岡崎市現職教育委員会特殊教育部	352
大本 健一朗	412	岡崎西高等学校 放送部〔愛知県立〕	533
大本 毅	353	岡崎聾学校〔愛知県立〕	306
大森 和子	467, 477, 478	岡沢 真知子	42
大森 真貴乃	47, 169	岡沢 ゆみ	197, 214
大森 結城	436, 465, 476	小笠原 和希	545
大森 佑美	177	小笠原 桂子	21
大森小学校特殊学級〔北海道函館市立〕	345	小笠原 健二	420
大矢 菜穂子	562	小笠原 順一	543
大矢 風子	125	小笠原 登志美	374
大屋 雅彦	114	小笠原 永	98
大矢 美保子	101	小笠原 典永	558
大宅 裕	516	小笠原 愈	351
大矢 涼太郎	41	小笠原 由実	138
大柳 喜美枝	124	小笠原 由記	11
大柳 努	188	岡島 朱利	541
大藪 英子	444	岡小学校	512
大藪 直美	40	岡小学校〔清水市立〕	512
大山 樹里	480	岡添 千賀	551, 552
大山 隆司	428	岡田 葵	30
大山 菜穂子	101	岡田 陽	291, 536
大山 信郎	344	緒方 亜弥佳	479, 481
大山 比砂子	61	岡田 あんり	471
大山 光晴	316, 317	岡田 依世子	156
大山 陽子	341	緒方 權	545
大淀中学校〔宮崎市立〕	520, 521, 522	岡田 香緒里	13
大和田 浩二	270	尾形 花菜子	107
大和田 千聖	180	岡田 貴久子	12
大和田 紀子	513	岡田 公恵	234
		岡田 憨吾	256, 257, 258
		岡田 弘治	367

岡田 貞義	364	岡村 正孝	407
岡田 哲志	40	岡村 祐子	208
岡田 淳	6, 78, 100, 153, 155, 173, 223	岡村 梨枝子	14, 557, 558
緒方 淳子	418	岡村製作所 マーケティング本部オフィス製品部	381
岡田 昇祥	40	岡本 泉	237
岡田 崇	347	岡本 会世	475
岡田 猛	252	岡本 加代子	340
岡田 匡史	259	岡本 啓二	295
おがた 直	386	岡本 定男	150
緒方 輝明	157	岡本 修一	348
岡田 智子	496	岡本 誠司	519
岡田 智実	40	岡本 園子	363
岡田 なおこ	154, 173	岡本 忠成	232
尾方 尚子	553	岡本 利昭	192
岡田 奈津子	8	岡本 直美	216
岡田 真紀	128	岡本 渚	193
岡田 正明	364	岡本 浜江	159, 295
岡田 真弓	273	岡本 博文	282
小形 みちる	15	岡本 文良	92
尾形 光邦	8	岡本 まり子	516
岡田 翠	61	岡本 美惠子	135
岡田 安司	318	岡本 途也	346
岡田 結衣	482	岡本 美和	202
岡田 裕子	509	岡本 陸人	294
岡田 ゆたか	169	岡本 良雄	85, 162
緒方 友梨佳	479, 481	岡本 芳美	144
岡田 要	351	岡本 よしろう	177
オカダ ヨシエ	190	岡屋 昭雄	342
岡田 佳子	562	岡谷 恵光	444
岡田 嘉久	263	岡谷市PTA母親文庫	339
岡田小学校 ダンゴムシ研究グループ〔茨城県牛久市立〕	408	岡谷小学校〔岡谷市立〕	514
丘中学校〔塩尻市立〕	515	岡安 信幸	53
岡戸 優	138	岡谷東部中学校〔岡谷市立〕	422
岡庭 穂波	213	岡山 菜緒	29
岡野 絵理子	434, 498	岡山 直之	510
岡野 薫子	24, 75, 172, 388	岡山県国際理解教育研究会	350
小賀野 久美	513	岡山県習字教育研究会	350
岡野 史沙	414	岡山市中学校国語研究協議会	348
岡野 卓雄	359	岡山聾学校〔岡山県立〕	348
岡野 満紀子	476	岡理 香子	516
岡野 道也	318	小川 秋子	166
岡野 玲子	393	小川 明	356
岡野 和	76	小川 亜矢子	465, 497
岡上 鈴江	294	小川 彩子	272
岡野原 八千代	387	小川 英子	60, 181
岡久 保幸	317	小川 悦司	391
岡部 祥子	183	小川 惠美子	395
岡部 史	55	小川 和孝	362
岡部 舞	491	小川 華歩	490
岡部 昌子	516	小川 恭子	519
岡部 康則	361	小川 金英	296
岡部 保博	268	小川 宏	79
おかべ りか	84	小川 順子	268
岡村 かな	125	小川 正治	294
岡村 康太郎	545	小川 壽美	13, 104
岡村 慎太郎	562	小川 隆通	367
岡村 太軌二	343	小川 哲朗	515
岡村 太路	415	小川 利雄	344
岡村 太郎	59	小川 知子	494
岡村 達	367	小川 知宏	139

氏名	頁
小川 直美	33, 128
小川 菜摘	194
小川 信夫	473, 533
小川 典子	515
小川 仁央	147
小川 寛興	538
小川 博子	405
小川 峯正	139
小川 正賢	321
小川 雅弘	351
小川 雅美	496
小川 雅康	313
小川 真奈	435, 482
小川 満美子	543
小川 マリ子	495
小川 美希	39
小川 満恵	259
小川 美奈子	478
小川 みなみ	60, 88
小川 未明	73, 292
小川 宗義	179
小川 弥生	391
小川 由有	140
小川 由記子	121
小川 美篤	16, 126, 142, 216
小川 義和	323
緒川小学校〔愛知県知多郡東浦町立〕	254
小川小学校〔焼津市立〕	515
小川中学校〔熊本県小川町立〕	426
小河原 玉子	257
沖 恵美	492
沖 繁	369
荻 奈津子	102
沖 史実恵	543
沖 友里江	177
沖 義裕	242
沖井 千代子	6, 154
荻須 隆雄	402
荻田 菜美	435
おきた もも	58, 201
翁 康介	547
沖中 恵美	62, 208
沖縄子どもの本研究会	340
沖縄県読谷村渡慶次子ども獅子舞クラブ	352
沖縄テレビ放送	450
沖縄読書指導研究会	347
沖縄盲学校〔沖縄県立〕	343
沖縄聾学校〔沖縄県立〕	344
荻野 至	239
荻野 和子	417
荻野 冴美	199
荻野 直子	476
荻野 雅之	404
荻野 美智代	176
荻野 佑美子	498
荻野 嘉美	374
荻原 彰	320
荻本 美穂	453, 530
沖山 佳代	13
沖山 朋子	479, 500
荻山 直美	474
沖山 宣晴	395
沖山 光	344
荻原 規子	6, 80, 84, 96, 154, 155
荻原 美千子	516
荻原 靖弘	17
荻原 裕里	10
奥井 ゆみ子	144
奥川 真冬	184
オクセンバリー, ヘレン	169, 576, 598
奥田 明	264
奥田 花純	479, 491
奥田 省一	163
奥田 真行	7
奥田 雅代	514
奥田 操	508
奥田 喜通	562
奥田 喜道	562
奥田小学校〔富山市立〕	306
奥谷 健史	260
小口 尚子	81
小口 希	517
小口 房子	248
奥西 徳義	366
奥西 麻由子	262
奥野 安彦	83
奥野 久輝	416
奥野 祐子	39
奥野 凜	442, 471
奥濱 藍	380
奥原 歩	482
奥原 球喜	259
奥原 弘美	126, 127
小熊 千遥	189
奥村 愛	518
奥村 彩	442
奥村 喜兵衛	357
おくむら きみか	7
奥村 喜美子	537
奥村 憲司	48
奥村 祥子	36
奥村 高明	260
奥村 敏明	86
奥村 友美	518
奥村 一	483
奥村 宏美	514
奥村 美香	543
奥村 恵	8
奥村 保次	246
おくむら りつこ	91
奥本 かな子	455
奥本 大三郎	80
奥谷 敏彦	119
奥山 絵梨香	143
奥山 かずお	33, 59
奥山 智子	163
奥山 英登	323
奥山 麻里奈	198
奥山 由紀枝	495
小椋 亜紀	31
小倉 永里	411
小倉 和成	109

小椋 貞子	157	小沢 清人	386
小倉 淳	110	小沢 健悟	546
小倉 孝夫	237	小沢 さとし（小沢 聡）	87, 130
小倉 宗	169	小沢 重雄	264
小倉 奈画	488	小沢 鈴	562
小倉 延子	494	小沢 すみ子	197
小倉 光子	129	小澤 早嬉	435
小倉 康	320, 323	小沢 正	24
小倉 由美子	114	おざわ としお	23
小倉小学校〔福岡県北九州市立〕	344	小沢 摩純	55
小栗 一男	144	小沢 真理	391
オークリー, グレアム	596	小沢 真理子	197
小栗 庸	177	小沢 基弘	259
小黒 恵子	538	小澤 由	189
桶川中学校〔桶川市立〕	426	小澤 洋一	262
岡豊高等学校〔高知県立〕	254	小沢 良吉	80, 287
小郡中学校〔小郡町立〕	527	押上 武文	350
生越 由美子	561	小塩 真愛	546
生越 嘉治	26, 533	小値賀中学校〔北松浦郡小値賀町立〕	424
小此木 晶子	162, 164	押川 涼子	516
小此木 美代子	49	忍田 佳太	217
小坂田 智美	544	押谷 智哉	194
おざき あきよ	13	尾科 実	310
尾崎 永世	513	緒島 英二	173
尾崎 多	353	小島 さくら	399
尾崎 義	75	押見 莉奈	480
尾崎 喜代美	101	小千谷小学校〔新潟県小千谷市立〕	301
尾崎 圭一	378	尾城 勲	248
尾崎 正三	533	オーシロ 笑美	36
尾崎 忠昭	278	オスターグレン 晴子	81, 82
尾崎 晴那	378	オーストラリア放送委員会	326, 328
尾崎 秀樹	23	オーストラリア放送協会	329, 330
尾崎 風磨	545	オーストリア放送協会	330
尾崎 まゆみ	182	オズマンド, エドワード	573
尾崎 美紀	15, 144, 157	尾瀬 あきら	393
尾崎 桃子	68	オーセイミ, マリア	81
尾崎 靖二	354	尾関 育三	342
尾崎 優衣	519	小関 一也	273
尾崎 有飛	545	尾関 義江	351
尾崎 幸江	120	遅沢 佑介	467, 477, 478, 492
尾崎 良寛	236	小曽根 敦子	116
尾崎 るみ	151	小曽根 麗	476
尾崎 怜	107	小田 夏林	399
尾崎商事 スクールユニフォーム部商品開発1課	384	小田 真也	105
小笹 正子	85	小田 徹	193
長田 佳世	453, 466	織田 信生	119
長田 暁二	531, 538	織田 春美	15
長田 清香	499	小田 有希子	61, 206
長田 純一	548	織田 梨恵子	105
長田 千鶴	551, 552	小高 絹代	475
長田 弘	223, 389	小高中学校〔小高町立〕	528
長田 ビン子	495	小田切 進	23
長田 美紗子	519	小田切 久子	510
長田 光男	280, 282	小田島 華子	415
長田 良一	272	小田嶋 萌生	180
小山内 龍	87	小田島小学校・田植え踊り子供伝承会〔東根市立〕	352
おさなご園作業所職員	361	小田原 菊夫	12
大仏 次郎	293	越智 廓明	297
長利 有生	188	オチ, シーラ	588
小沢 一恵	25	越智 典子	291

越智 文薫	90
越智 まり子	552
越智 美月	554
越智 道雄	79
越智 萌	10
落合 明	428
落合 恵子	80, 81
落合 幸二	149
落合 聡三郎	93, 290, 294
落合 正行	337
落合 美知子	279
越智・今治国語同好会	350
越智田 一男	88
尾辻 紀子	72, 190
追手町小学校〔飯田市立〕	512
乙戸 沙織	530
オットー，スベン	578
乙戸小学校学校経営運営部〔土浦市立〕	304
オッベル，ケネス	572
オデール，スコット	578, 584, 592
おとぎプロ	555
乙武 洋匡	56
オドノヒュー 英美	471, 493
小鳥 のりこ	176
尾中 夏美	270
鬼木 裕子	361
鬼北中学校〔北宇和郡〕	422
鬼崎中学校〔常滑市立〕	504
鬼沢 和江	343
オニール 八菜	442
オニール，Z.	594, 596
小野 絢子	502
尾野 亜裕美	70
小野 勲	357
おの えりこ	394
小野 かおる	23, 80, 286, 290, 430
小野 和子	494
小野 一利	49
小野 貴美	16
小野 紀美子	205
小野 幸一	359
小野 孔輔	180
小野 彩花	454, 492
小野 支雄	8
小野 聡	8
小野 州一	79, 95
小野 省子	171
小野 翔平	99
小野 妙子	494, 495
おの ちあき	98
おの ちゅうこう	159, 172, 294
小野 信義	31
小野 ひでゆき	34
小野 弥夢	390
小野 真莉子	455
小野 瑞貴	211
小野 美奈子	104
小野 南	178
小野 靖子	46, 145, 191
小野 良泰	365
小野 ルミ	539
小納 弘	199
尾上 尚子	155, 211, 540
尾上 直子	102
小野木 学	94
小野沢 昇	359
小野瀬 雅人	252
小野瀬 由香	182
小野瀬 礼	187
小野田 有紗	445, 546
小野田 直子	187
小野田 美咲	217
小野田 淑	36
小野田 淑子	36
小野寺 尅子	256
小野寺 俊介	547
小野寺 清二	362
小野寺 徳良	349
小野寺 奈央	178
御野場中学校	432
小野原 律子	8
小野村 リサ	323
小野山 隆	102
小畑 健	394
小幡 菜穂美	178
小畑 友紀	394
小花 美穂	391
お話の会『大きな樹』	340
おはなしのポケット	340
おはなしひろば・ひまわり	340
小原 茜草	99
尾原 昭夫	263
小原 彩瑛	531
小原 捷一	314
小原 隆史	184
小原 敏子	161
小原 徳晃	414
小原 秀雄	82
小原 裕樹	199
小原 麻由美	62
小原 由記	117
小原 ゆりえ	104
小原 与三郎	338
緒原 凜	125
小原小学校〔滋賀県甲賀郡信楽町立〕	349
小原中学校〔愛知県西加茂郡小原村立〕	351
尾張 真之介	292
小尾 芙佐	82
飫肥小学校〔宮崎県日南市〕	351
大日方 千秋	363
大日方 寛	130
大日方 玲子	226
帯広聾学校〔北海道〕	349
オフィスケイエス	557
オフィス・トゥー・ワン	290
小渕 賢一	49
小渕小学校〔神奈川県藤野町立〕	254
オブライエン，ロバート・C.	566, 592
オペラシアターこんにゃく座	291
おぼ まこと	386
小俣 地洋	177
小俣 佳子	179

尾松小学校〔宮城県栗原郡〕	364	海瀬 かづ江		8
小見川中学校〔小見川町立〕	522	偕成社	244,	299
オムニ・フィルム・プロダクション	334	開成小学校〔岡山市立〕	304,	305
小元 幹子	559	海田 みどり		241
親子読書・地域文庫全国連絡会	264	貝田 桃子		373
尾山 理津子	67	海田中学校	507,	528
小山田 辰実	208	かいど じゅん		124
小山第一小学校 科学クラブ〔栃木県小山市立〕	405	海藤 安凜		120
		海藤 晴子		484
オラム, ハーウィン	168	海藤 弘		347
オランダ学校教育テレビ局	331	海沼 松世	157,	212
オランダ教育放送	334	海沼 実		538
オランダ・テレビ放送連盟	326	戒能 正浩		386
折口 てつお	133, 166	貝野小学校 リコーダー部〔中里村立〕		447
オリシヴァング, ヴァレンチン	83	海部 宣男		78
折田 克子	494	開明小学校現職教育部〔尾西市立〕	305,	306
折原 恵	148	海谷 修子		64
織茂 恭子	168, 289	海洋架橋調査会		556
おりもと みずほ	166	皆龍寺サンガスクール		297
織山 万梨子	481	カウフマン, ヘルベルト		584
オリンパス	381	華浦地区婦人会読書会		338
オールズバーグ, クリス・ヴァン	168, 580, 596	カウリー, ウィニフレッド		568
オルセン, イブ・スパング	578	カウリー, ジョイ		598
オールドリッジ, ジェイムズ	568	かえで		395
オルレブ, ウーリー	578	加賀 ひとみ		101
オルロフ, ウラジミール	83	加賀 普子		433
オレゴン公共テレビジョン	331	加岳井 広		58
尾張 拓登	441	科学映画研究所	456,	555
音楽教育国民会議	447	科学技術振興機構		451
音楽之友社	539	かがくくらぶコスモ		276
恩田 彰子	268	科学のアルバム編集部		430
恩田 逸夫	149	かがくのとも編集部		429
恩田 浩司	385	科学の読み物編集部		430
恩田 光基	52	加賀中学校 吹奏楽部〔足立区立〕		505
御田 祐美子	129	加賀中学校 吹奏楽部〔板橋区立〕		506
オンタリオ教育コミュニケーション公社	327	加賀見 忠作		293
恩地 三保子	286	鏡 隆左衛門	346,	368
隠明寺 朋子	12	鏡小学校〔高知県土佐郡鏡村立〕		349
		鏡渕小学校〔新潟県新潟市立〕		342
【か】		加賀谷 香	432,	496
		加賀谷 優		384
賈 芝	75	加賀谷 勇典		138
カー, ジュディス	585	賀川 彩乃		117
甲斐 順	235	香川 茂	95, 172,	294
甲斐 俊介	470	香川 翔兵		7
海 卓子	336	香川 鉄蔵		292
甲斐 望	227	佳川 紘子		215
甲斐 信枝	168, 388	香川 雅之		375
甲斐 博	216	香川 良成		536
甲斐 摩耶	517	香川県大川郡大内町		233
貝ヶ石 奈美	469	香川県国語教育研究会		342
貝川 鉄人	467	香川県三豊地区小学校国語教育研究会		344
外国人児童生徒保護者交流会	351	香川県盲学校		348
カイザー, ラインハルト	589	香川大学教育学部特別支援教室「すばる」		354
ガイ氏即興人形劇場	263, 288	香川大学教育学部附属坂出中学校		424
桧森 和恵	512	香川大学教育学部附属養護学校就学前教育相談事業やまもも教室		352
開進第三小学校開三小学年研究部会〔東京都練馬区立〕	300	香川大学附属高松中学校		504
		香川中部養護学校幼稚部〔香川県立〕		352
貝塚 靖子	19	柿嶋 譲		349
		柿栖 陽子		110

児童の賞事典 629

柿谷 有史	553	風能 麻里	491
鍵冨 弦太郎	537	笠原 章子	551
鍵野 杏澄	40	笠原 登	346
柿木 仁	239	笠原 肇	133, 166
垣花 真一郎	253	笠原 将	415
柿林 杏耶	143	笠原 磨里子	202
柿原 聖治	317, 320, 419	笠原 光恵	104
鑰広 みどり	128, 129	笠原 みどり	508, 509
柿本 幸造	94	笠原 葉子	495
柿元 醇	313	笠原 良郎	295
加木屋中学校 吹奏楽部〔東海市立〕	505	風間 信子	205
かぎ山 まゆみ	12	笠間 麗代	409
加来 孝義	363	風巻 友重	369
加来 安代	42	風巻 浩	270
学習研究社	284, 285, 286, 287, 288, 289, 290, 299, 381, 449, 450, 456, 457, 458, 459, 460, 461, 462, 555, 556	笠松 礼奈	218
		加治 一美	161
		樫田 鶴子	127, 141
学習担当グループ	359	梶井 重雄	339
角田 雅子	88	梶井 芳明	253
角田 光男	204	香椎第二中学校〔福岡市立〕	426
角田 光代	81, 131, 224	梶尾 長夫	269
加久間 景子	512	柏尾 暢之	513
加隈 圭都	492	樫木 裕子	8
岳洋中学校〔小笠町立〕	426	樫崎 茜	61, 214
学力向上システム研究会	306	鍛治沢 英一	401
鹿毛 雅治	252	梶田 幸恵	257
掛川 恭子	77	鍛治田 早洋子	495
加計高芸北分校 神楽部〔広島県立〕	448	梶田 直樹	317
影戸 誠	373	梶田 正巳	251
掛水 麻衣	9	加治中学校	507, 528
影山 淳子	182, 188	樫葉 勇	263, 293
影山 茉以	442, 480, 530	樫葉 和英	264
影山 りか	182	柏原 健一	267
景山 梨乃	541	柏原 中学校〔春日井市立〕	504, 505, 526, 527
歌見 誠一	548	鹿島 綾	441
加古 明子	343	鹿島 和夫	282, 372
加古 里子(かこ さとし) 55, 76, 263, 285, 286, 291, 308, 430		鹿島 孝二	293
		鹿島映画	457
可瑚 真弓	37, 152	鹿島小学校〔佐賀県鹿島市立〕	343
加古川 拓海	217	樫村 琢実	414
鹿児島県川辺地区小学校国語教育研究会	349	樫村 理恵	183
鹿児島県実践国語教育研究会	350	樫村 理喜	415
鹿児島国語教育研究会	343	梶本 暁代	26, 63
鹿児島大学教育学部附属小学校	269	樫本 竹治	416
鹿児島童話会	340	樫本 学ヴ	394
鹿児島盲学校〔鹿児島県立〕	348	鍛治屋 智子	16
鹿児島聾学校〔鹿児島県立〕	348	梶山 俊夫	94, 167, 286, 295, 388
笠井 恵子	544	梶山 尚	427
笠井 冴子	164	梶山 正明	421
葛西 貴史	133	梶山 みゆき	239
葛西 知格	314	柏木 功	66
笠井 稔雄	349	柏木 勇夫	342
河西 敏美	385	柏木 恵美子	53
葛西 瑞絵	13	柏木 恵子	336
香西 美保	92	柏木 みどり	66
葛西 睦子	114	柏倉 邦子	509
笠井 裕子	498	柏倉 博	365
笠井 龍太郎	484	柏野小学校〔北海道函館市立〕	342
笠木 慶治	428	柏葉 幸子	59, 81, 84, 155
風戸 清恵	4	柏原 スズ子	247
風戸 清乃	4	柏原 奈穂	562

柏村 政	347	片山 知穂	493
柏谷 悦子	47	片山 貞一	49
柏谷 学	204, 205	片山 直美	551
梶原 暁子	464, 475	片山 なつき	493
梶原 昌三	428	片山 ひとみ	31, 32, 162
春日井 静奈	433, 434, 452, 465, 478	片山 将尚	543
春日小学校〔佐賀県佐賀郡〕	365	片山 実優	493
春日野小学校〔福岡県春日市立〕	255, 353	片山 祐子	349
春日部中学校〔春日部市立〕	353	片山 豊	269
かずき 一夫	60	片寄 俊秀	268
上總 藍	546	カタール教育省テレビ局	329
ガーステイン, モーディカイ	581, 598	カタルニア・テレビ	334
数間 幸二	187	カーツ, ウェルウィン・ウィルトン	570
霞ヶ浦聾学校〔茨城県立〕	343	勝 久美子	217
粕谷 真理子	477	勝 承夫	293, 538
加瀬 あつし	391	勝浦中学校〔勝浦市立〕	423, 514, 515
加瀬 栞	481, 502	勝尾 金弥（かつお きんや）	
加瀬 愛美	492		23, 76, 149, 150, 153, 199
嘉瀬 陽介	162	勝尾 外美子	340
風木 一人	206	勝木 俊臣	45
加瀬沢 史人	408	河月 裕美	4
風瀬 二人	13	香月 義弘	420
風野 潮	60, 173, 214	学研映像局	449
風の子	289	勝島 矩子	428
加須市民読書会	338	勝田 亮子	112
カーター, ピーター	568	勝野 之	130
肩歌 こより	189	勝プロダクション	286
片江 安巳	315, 420	勝又 進	77
方緒 良	55	勝又 まゆみ	475
片岡 愛	546	勝見 美子	274
片岡 久美子	471	勝山中学校〔松山市立〕	507
片岡 慶治	312	桂 米朝	287
片岡 好亀	357	桂川 彩	378
片岡 しのぶ	81	桂木 九十九	203
かたおか しろう（片岡 司郎）	25, 473, 534	葛城中学校〔千葉市立〕	424
片岡 太刀三	363	葛城中学校3年〔岸和田市立〕	520
片岡 則夫	249	カーティス, クリストファー・ポール	593
片岡 正光	417	嘉手納町東区子ども獅子舞クラブ	352
片岡 通夫	282	門 沙也香	481, 530
片岡 良子	293	門 なおみ	13
片岡 リサ	562	加藤 愛	140
片川 優子	60	加藤 暁子	26, 151, 534
片桐 泉	315	加藤 明子	516
片桐 格	343	加藤 昭	374
片桐 三紀子	386	加藤 晶	178
片倉 幸子	279	加藤 厚	553
片倉 美登	60	加藤 育代	47
片田 愛理	443, 545	加藤 英津子	14, 164, 191
潟沼 佳代	8	加藤 江利子	558
潟沼 誠二	267	加藤 理	150
片野尾小学校〔佐渡市立〕	353	加藤 学	476
方波見 御代子	267	加藤 佳津子	271
片平 克弘	321	加藤 香奈	105
片平 幸三	163	加藤 佳代子	103
ガーダム, ジェイン	594	加藤 歓一郎	363
片柳 章一郎	401	加藤 清輝	270
片山 彩花	70	加藤 久美子	273
片山 宇	113	加藤 圭子	72, 73
片山 潮	508	加藤 謙一	292
片山 寛王	182	加藤 浩	323
片山 健	96, 146, 147, 389	加藤 厚志	552

加藤 冴子	237
加藤 幸子	509
加藤 聡美	125
加藤 小百合	441
加藤 しおり	210
加藤 淳子	21
加藤 俊二	416
加藤 省吾	542
加藤 治朗	371
加藤 祐一	360
加藤 精一	76
加藤 多一	6, 133, 149, 153, 165
加藤 孝子 (加藤 タカコ)	47, 133
加藤 高志	512
加藤 隆	346
加藤 拓磨	121
加藤 丈	411
加藤 丈夫	152
加藤 武男	310
加藤 千恵	10
加藤 智恵子	129
嘉藤 長二郎	236
加藤 典	103
加藤 露弥	537
加藤 哲朗	385
加藤 輝男	165
加藤 輝治	205
加藤 敏博	139
加藤 知子	514
加藤 直樹	322
加藤 奈々	491, 497
加藤 野乃花	489
加藤 宣彦	305
加藤 創	8, 215
加藤 寿子	544
加藤 弘	408
加藤 洋史	8
加藤 弘通	253
加藤 紅	475
加藤 真輝子	434
加藤 まさお	293
加藤 政雄	406
加藤 昌子	513
加藤 政信	396
加藤 正彦	24
加藤 正仁	309
加藤 ますみ	50
加藤 美季	443
加藤 三希央	482
加登 美沙子	441, 467, 499
加藤 美紗子	478
加藤 みや子	495
加藤 明	405
加藤 陸奥雄	75
加藤 明治	85, 236
加藤 康昭	342
加藤 康子	150, 151
加藤 由佳子	553
加藤 有紀	500
加藤 有希子	399
加藤 洋子	231
加藤 美枝	120
加藤 吉和	360
加藤 理恵子	476, 477
河東第三小学校〔河東町立〕	306
角川 澄子	13
角川学芸出版	245
角川小・中学校〔戸沢村立〕	353
角口 毅	257
門倉 訣	559
門倉 さと	557
門倉 さとし	558
門倉 勝	49
門田 ゆう子	511
上遠野 愛	563
上遠野 文音	563
角野 栄子	28, 78, 95, 169, 173, 223, 295
かどの こうすけ	169
角野 隼斗	546
角野 未来	546
角浜小学校〔岩手県九戸郡種市町立〕	350
カドハタ, シンシア	593
カトリック大学テレビ局	325
門脇 宏則	276
門脇 美和	117
ガーナー, アラン	568, 574, 594
金井 喜久子	542
金井 玉枝	550
金井 勉	548
金井 秀雄	103, 559
金井 桃絵	514
金井 裕	510
金井小学校ことば難聴教室〔新潟県佐渡郡金井町立〕	350
金井塚 務	430
金尾 恵子	84
金岡 千愛	434
神奈川県	346
神奈川県足柄下郡理科教育研究会	365
神奈川県立青少年センター 児童文化課	536
金栗 瑠美	111
金砂小学校〔金砂郷町立〕	353
金沢 嘉市	232
金澤 大都	99
金澤 ともえ	188
金澤 憲仁	187
金沢 秀城	140, 208
金澤 美佳	560
金沢 みやこ	13
金沢 佑光	307
金沢 理沙	434, 480
金沢工業大学	450
金沢市児童科学教室	276
金沢小学校〔東京都板橋区立〕	254
金沢中学校 放送部〔横浜市立〕	532
金治 直美	72, 88
金杉 朋子	375
カナダ・アルバータ教育放送協会	328
カナダ・オンタリオ教育テレビ公社	328
カナダ国立映像委員会	331
カナダ国立映像制作庁	335
カナダ放送協会	325, 326, 333, 334, 335

かみか

名前	ページ
金津 正格	263
ガーナ放送協会	325, 326
金松 すみ子	213
金丸 宏介	123
金森 恭子	368
金森 三千雄	53
金森 好子	279, 338
金谷中学校 理科クラブ〔静岡県金谷町立〕	406
金山 千代子	309
金山 福子	79
金山 優美	4
金山小学校〔福岡市立〕	354
金成 陽三郎	390
カナリ リエコ	34
河南中学校若松分校〔出雲市立〕	354
可児 和子	361
可児 滉大	177
蟹江小学校〔愛知県海部郡蟹江町立〕	347
カニグズバーグ, E.L.	592, 593, 594
賀根 俊栄	343
鐘ヶ江 佳美	11
兼子 彩	480
かねこ かずこ	42
金子 源太郎	362
金子 紗也	479, 480
金子 誠治	63
かねこ たかし	73
金子 隆	4
金子 健人	209
金子 貞二	367
金子 てる子	373
金子 直樹	553
金子 奈津美	502
金子 寛子	35
金子 扶生	470, 502
金子 真実	182
金子 融代	508
金子 恵	515
金子 侑樹	545
金子 祐加	434, 435
兼 昌典	378
金田 亜希子	21
金田 あゆ子	478
金田 あゆみ	477
金田 修	429
金田 鬼一	292
金田 卓文	168
金田 常代	168
金田 利子	337
金田 智美	132
金田 尚子	10, 432
金田 仁美	463
金田 洋子	479, 501
金田 由紀子	551, 552
ガーネット, イーヴ	573
金綱 重治	114
金綱 秀典	420
兼永 静子	347
兼久 博子	222
金平 正	535
兼松 馨	312
兼松 藍	429
兼松 靖	267
金光 千代子	15
金本 房夫	267
金安 健一	369
鹿野 薫証	236
鹿野 敬文	272, 274
加納 一彦	428
嘉納 勝代	339
狩野 鞠雄	13
加納 五郎	428
加納 恒久	428
狩野 真子	58
叶 昌彦	164
鹿岡 瑞穂	182
鹿野山小学校学校経営部〔千葉県君津市立〕	304
叶内 拓哉	430
鹿野苑日曜学校	296
椛島 勝一	292
河鹿の会	338
川平 栄子	277
ガーフィールド, レオン	80, 568, 574, 594
下払 桃子	480
甲 国信	417
鏑木 千穂	408
加部 佐助	344
河北台中学校 吹奏楽部〔石川県七塚町立〕	506
河北中学校	506
何北中学校学校事務改善研究グループ〔綾部市立〕	306
鎌倉てらこや	354
蒲郡中学校 吹奏楽団〔愛知県〕	524
鎌田 希望	464
鎌田 五郎	367
鎌田 秀平	189
鎌田 武	363
鎌田 典三郎	263
鎌田 弘子	484
鎌田 裕己	406
鎌田 美香	476
鎌田 佑里	68
鎌田 友里	454
鎌田中学校〔松本市立〕	422, 527, 528
鎌谷 嘉道	25
釜床 育子	259, 260
釜床 幸恵	247
鎌原 雅彦	251
釜堀 茂	27
嘉万小学校〔山口県〕	364
上 明子	540
上 笙一郎	149, 212, 336, 540
加美 ゆかり	465
上市中学校〔中新川郡〕	423
神尾 真由子	518
神尾 葉子	394
神翁 公美	511
上岡 淳子	57
上川 明子	188

上川 佳連	546	亀村 五郎	324, 348
上川西小学校四学年部〔長岡市立〕	305	亀村 宏	246
神季 佑多	34, 181, 191	カメロン, E.	582, 595
上口 映治	344	鴨 顕隆	185
上甲子園中学校〔西宮市立〕	526	加茂 光一	420
神沢中学校〔名古屋市立〕	520	鴨井 初子	496
上敷領 藍子	443	鴨生田小学校〔北九州市立〕	373
上士幌高等学校〔北海道〕	254	加茂川 恵司	321
上条 晶	222	鴨下 晃湖	74, 292
上條 喬久	168	鴨島第一中学校〔鴨島市立〕	520, 521
上諏訪中学校〔諏訪市立〕	511	加本 宇七	60
上高田小学校〔中野区立〕	509, 510	鹿本町文教の町づくり推進委員会	306
上澤小学校〔千葉県大多喜町立〕	368	萱沢 奈津子	443
上種 ミスズ	59, 172	茅根 修嗣	310
上地 ちづ子	43, 307, 308	かやの しげる	147
上出 寛子	562	茅野 勝	114
上中尾小学校〔埼玉県秩父郡大滝村立〕	369	かやの木芸術舞踊学園	501
上ノ国小学校〔北海道上ノ国町立〕	344	香山 彬子	59, 76, 159
上之薗 喜美子	192	加山 恵理	70
上山中学校 理科部生物班〔山形県上山市立〕		唐井 永律子	279
	406	カーライ, ドゥシャン	578
神原中学校〔那覇市立〕	504	柄沢 恵理香	182
神谷 郁代	511	唐沢 秀子	442, 480, 501
紙谷 清子	124	カラーシニコフ, ニコラス	584
神谷 紘実	463	柄山 正樹	420
神谷 沙紀	211	狩生 玲子	129
神谷 乗好	349	雁が音中学校〔愛知県刈谷市立〕	408, 409, 427
かみや しん	80	刈込 実	367
神谷 登志子	15	カリジェ, アロワ	577
神谷 朋衣	16	狩野 悠佳子	11, 120
かみや にじ	84	カリフォルニア工科大学南カリフォルニア・	
神谷 扶美代	166	コンソーシアム	329
神谷 美香	378	苅谷 直美	512
神谷 巳代治	71	刈谷少年発明クラブ	276
神谷 義雄	363	刈宿 望	220
神谷 良夫	374	刈谷東中学校〔愛知県刈谷市立〕	300, 423, 424
神山 京子	151	刈谷南中学校〔愛知県刈谷市立〕	
神山 五郎	345		408, 409, 424, 426
上山 トモ子	72	刈羽小学校〔新潟県刈羽村立〕	352
神山 初恵	474	カール, エリック	147
神山 裕一	294	カルダモン, シモン	436
カミングス, パット	597	ガルーチコ, アニュチカ・グラヴェル	571
カーム, ジョン・H.	436, 529	カルーナフィルム社	333
神居中学校〔旭川市立〕	526	軽部 昭夫	419
嘉村 えりか	545, 546	軽部 潤子	390
嘉村 ゆりえ	545	軽部 美喜野	530
禿 晴雄	296	カルホール, マーリット	587
亀井 寿子	31	カルマン, マイラ	598
亀井 博子	464	苅藻中学校 理科クラブ〔兵庫県神戸市立〕	
亀井 峰幸	482		406
亀井 美由紀	474	川 三番地	390
亀井 睦美	19, 161	川合 亜実	444
亀岡 直一	552	川合 英里奈	37
かめおか ゆみこ	64	河合 克敏	394
甕岡 裕美子	102	川合 克彦	376
亀ヶ森 博樹	9	川井 香穂	30
亀田 舞香	453	河合 久治	365
亀田 道代	360	川合 恵子	510
亀田 佳子	115	河合 真平	141, 214, 216
亀谷 みどり	24, 202, 207	河合 隆子	387
亀津中学校	506	川合 正	373

河合 千晶	411	川崎 隆志	161
川合 十夢	483, 532	川崎 立夫	311
河合 二湖	61	川崎 千束	336
河合 規仁	386	川崎 直美	558
川合 英彦	373	川崎 のぼる	387, 390, 392
河合 弘	143	川崎 秀夫（共同筆名：万智 洋介）	212
河合 房志	406	川崎 洋	28
河合 雅雄	80, 172	川崎 槙耶	520, 546
河合 道子	139	川崎 雅夫	512
川井 優司	29	川崎 正弘	112
河合 佑香	465, 466, 478, 498, 530	川崎 満知子	60
河合楽器製作所出版部	539	川崎 倫子	62
カワイ出版	539	川崎 みゆき	544
川泉 文男	417	川崎 洋子	66, 157, 206
河合屋 佑希子	399	川崎 麗予	503
河上 尚美	194	川崎 若夫（共同筆名：万智 洋介）	212
川勝 悦子	361	川崎学校改善研究会	305
川勝 岳夫	429	川崎市小学校学校劇研究会	534
川上 葵	502	川崎市小学校国語教育研究会	344
川上 晃	317	川崎市中学校演劇研究会	535
川上 香織	70	川崎市ふれあい館	372
川上 健一	131	川崎大師日曜教苑	297
川上 三太郎	292	川重 茂子	131
川上 四郎	262, 292	川島 茜	70
河上 眞一	283	川島 英子	32
川上 信子	372	川島 えつこ	125, 156
川上 途行	203	川島 和幸	175
川上 康則	375	川島 恭子	279
河上 良輝	347	川島 吾朗	535
川上 和香奈	415	川島 聡子	13
川北 真澄	496	川嶋 里子	142
川北 りょうじ	155	川島 秀一	385
川口 茜	378	川島 盾一	72
川口 勇	336	川島 忠夫	185
川口 一敏	405	川島 千尋	101
川口 京子	540	川島 直輝	9
川口 志保子	133	川島 伸達	513
川口 章吾	262	川嶋 正美	117
川口 智輝	463	川島 実	398
河口 智子	475	川嶋 康男	84
川口 智代	467	川嶋 由紀夫	115
川口 のりよ	202	川島 優	351
川口 半平	341	川島 良子	398
川口 仁美	68	川路真瑳バレエスタジオ	488
川口 真理子	125	河尻 輝隆	362
川口 光勇	367	河津 倍子	513
川口 桃子	15, 61	川澄 真生	36
川口 葉子	558	川瀬 志穂	120
川口 義克	342	川瀬 紀子	47
川口市教育研究会	283	川瀬 弘	257
川越 哲志	114	川副 孝夫	240
川越 鳴海	118	川添小学校〔香川県高松市立〕	304
川越国語同好会	347	河田 明子	102
川越商業学校〔埼玉県〕	524	川田 和子	176
川越少年少女合唱団	485	川田 進	87, 205
川崎 徳士	101	河田 竹治	352
川崎 源治	247	川田 敏子	186
川崎 恵夫	164	川田 晴美	208
川崎 翔子	545	川田 博行	407
川崎 晋平	545	川田 正子	264, 484, 539
川崎 大治	307	川田 みどり	207

川田 百合子	307	川村 奈菜	518
川田 義男	428	河村 典子	513
河竹 千春	101	川村 教一	375
河内 義	247	川村 ひとみ	208
川地 雅世	52	川村 麻衣子	30
河内 由夏	396	川村 真樹	466, 530
河内 涼	176	川村 雅史	259
河内小学校〔徳島県三好郡山城町立〕	301	川村 真奈	433, 434, 453, 498
川浪 久江	240	川村 マミ	13, 19
川浪 優希	100	川村 みどり	495
川西中学校 有志合唱団〔山口市立〕	523	川村小学校学校経営研究部〔神奈川県山北町立〕	303
川根小学校〔静岡県榛原郡川根町立〕	350		
河野 睦美	34	河本 文香	200
河野 睦也	365	川本 宇之助	356
川野 由美子	38	川本 久美子	395
川端 英子	279	河本 健二	553
川端 一正	272	川本 沙織	61
河俣 規世佳	206, 214	河本 聡子	200
川畠 成道	517	川本 奈緒	562
川畑 伸也	384	瓦木中学校 美術部〔兵庫県西宮市立〕	396
川畑 誠一	311	カン, カーチャ	589
川畑 奈都美	480	韓 丘庸	199
川端 春枝	279	菅 忠道	85
川端 誠（かわばた まこと）	119, 167	管 麻理恵	183
川端 真由美	560	菅 吉信	26
川端 美樹	553	干 李	182
河原 茜	210	神吉 恵美	125
河原 和枝	150	菅家 江里菜	184
河原 和之	274	韓国教育放送	333
かわはら さとえ	68	韓国国営放送	325, 326, 327
河原 潤子	60, 88, 156	韓国放送公社 音楽部	328, 329, 330, 335
川原 正敏	390	関西創価小学校 音楽部	447
川原 正実	278	関西創価中学校	527
かわはら ゆうじ	191	かんざき いわお	28
川原 由美子	393	神崎 真愛	16
河原小中学校〔白糠町立〕	352	神崎 悠実	519
川原田 徹	95	神沢 千景	496
川東小学校共同責任制研究会〔香川県香川町立〕	301	神沢 利子	23, 77, 78, 79, 96, 153, 159, 173, 224, 233, 286, 289, 389, 539
河辺 俊和	516	神田 英姫	497
川辺 三央	102	神田 和子	102
河辺 亮子	515	神田 健三	276
川又 明日香	441, 537	神田 成子	473
川俣小学校〔福島県伊達郡川俣町立〕	344	苅田 澄子	126, 216
川溝 裕子	126	神田 千砂	144
川道 美枝子	430	神田 知里	463
川満 智	7	神田 由布子	36
川村 麻子	57	神田 由美子	21
川村 香織	110	寒田小学校〔築城町立〕	353
川村 一夫	127	菅藤 奈津江	463
川村 義一	367	神戸川小学校若松分校〔出雲市立〕	354
川村 静夫	418	菅野 清香	62
川村 志保美	194	菅野 邦夫	232
河村 順子	539	菅野 里子	410
河村 進太郎	414	菅野 小百合	36
河村 総太	445	菅野 雪虫	60, 156
川村 たかし	79, 153, 159, 172, 223	菅野 武夫	509
川村 保	511	菅野 龍雄	540
川村 千鶴子	270, 271	菅野 史夏	100
川村 智奈里	454	菅野 正美	447
川村 菜津美	198	菅野 美栄	386

菅野 美絵子	516	菊地 諭美	239
菅野 芽生	519	菊地 祐実	104
菅野 礼子	183	菊地 洋一	447
蒲原 タツヱ	264	菊池 義昭	361
蒲原 三恵子	162	菊地 義彦	365
神原小学校〔沖縄県那覇市立〕	350	菊地北小学校〔菊池市立〕	353
蒲原中学校〔蒲原町立〕	422, 515	菊池農業高等学校〔熊本県立〕	272
上原 明子	375	菊永 謙	53, 83, 211
ガンビア国営放送	328	菊野 明美	511
神戸 明子	140	菊野 珠生	178
神戸 淳吉	294	菊間小学校〔千葉県市原市立〕	243
神戸 俊平	88	菊間中学校 吹奏楽部〔愛媛県菊間町立〕	505
神部 恒子	560	菊谷 浩至	215
神辺 譲	428	木越 愛子	545
神戸 里奈	499, 530	木古内中学校	506
上牧小学校〔岐阜県美濃市立〕	351	私市 保彦	151
甘松 直子	62	木坂 俊平	539
冠のふるさと伝承まつり推進校	351	木崎 克昭	269
		如月 かずさ	93
【 き 】		如月 くるみ	12
		如月 小春	27, 446
		如月 涼	61
木内 貴久子	15	木沢 綾子	409
木内 恭子	66, 72	季巳 明代	13, 16, 141
木内 敏夫	338	岸 武雄	95, 172
木内 保敬	241, 372	岸 双葉	492
木内 佑美	558	岸 裕司	403
木皁 声	152	岸 若男	212
喜川 京子	494	岸岡 務	366
菊沖 薫	124	岸上 祐右	83
菊島 悠子	415	岸川 悦子	295
菊田 洋之	394	岸田 功	420
菊田 まりこ	55	岸田 衿子	76
菊池 亜紀子	48	岸田 和久	7
菊池 あやこ	478	岸田 今日子	446
菊池 恵美	377	岸田 千代子	368
菊池 織絵	97	岸田 哲子	405
菊池 薫	179	岸田 裕美	39
菊池 和子	551	岸田 昌子	553
菊地 和浩	385	岸田 真充	407
菊地 恭子	119	木住野 利明	119
菊地 研	469	岸野 奈央	435, 481, 502
菊池 順子	560	岸辺 福雄	292
菊池 俊匠	141	岸辺 百百雄	508
菊池 澄子	66, 290	木島 始	538
菊池 俊	155	鬼島 正雄	418
菊地 正	155	木島 亮子	543
菊地 保	21	木島孝子ダンスアクティブ	488
菊地 とく	351	岸村 紀子	407
菊池 成美	502	岸本 茜	492
菊地 紀子	142	岸本 進一	88
菊地 初江	186	岸本 忠之	321
菊地 尋子	21	岸本 萌乃加	443, 444, 445
菊地 裕美	513	岸本 光子	257
菊地 弘恭	410	岸本 有美子	407
菊地 文夫	360	気象情報ネットワーク研究会	323
菊池 誠	76	ギース, キナ	588
菊地 真美	514	キース, ハロルド	592
菊池 麻里子	562	木塚 泰弘	342
菊池 美帆	99	黄瀬 重義	260
		木曽 秀夫	55, 307

木田　敦子	561
紀田　順一郎	23
木田　千枝	182
喜多　哲士	34
喜多　尚子	10
木田　春菜	188
来田　真生	476
木田　真理子	467, 468
喜多　佑太	545
木田　賀子	467, 499
北足柄小学校研究同人〔神奈川県南足柄市立〕	301
北井崎　昇	419
北浦　汐見	377
北浦　隆生	315
北浦　実季	68
北尾　亜沙美	499
北尾　倫彦	251
北岡　克子	33
北貝塚小学校〔千葉市立〕	369
北加積小学校〔富山県滑川市立〕	254, 366
北川　温子	242
北川　加織	29
北川　国次	344
北川　浩一	406
北川　幸比古	137
北川　千紗	445
北川　チハル	62, 89, 161
北川　千代	292
北川　伸一	133
北河　紀夫	71
北川　尚史	83
北川　久乃	128
北川　英基	420
北川　英之	135
北川　仁美	193
北川　まゆみ	474
北川　八十治	384
北河内中学校〔山口県岩国市立〕	302
北九州国語教育研究会	342
北九州児童文化連盟	264
北九州養護学校〔北九州市立〕	254
北沢　彰利	131
北澤　武	323
北沢　真理子	127
北嶋　彩子	433
北島　栄	479, 499
北島　尚志	26, 403
北島　新平	77
北島　春信	534
北島　麻衣	219
北小学校〔石岡市立〕	447
北小学校〔岐阜県羽島郡岐南町立〕	348
北小学校〔静岡県浜松市立〕	301
北小学校経営企画委員会〔大野町立〕	306
北詰　渚	44
北爪　弘史	493
北田　佳織	10
北田　卓史	76, 307
北田　伸	307
北田　悠	146

北田　佳子	146
喜多代　恵理子	193
北谷　幸冊	338
北谷　祥	380
北中学校〔岡崎市立〕	353
北中学校〔北海道釧路市立〕	351
木谷　友美	29
木谷　宜弘	265
北日本放送	437, 438, 439
北埜　文香	518
北野　茨	26, 64, 431
北野　教子	163
北野　実	539
北野　友華	481, 502
北野　玲	122
北野高等学校1年美術選択生〔大阪府立〕	397
北野沢　頼子	188
北野台中学校〔札幌市立〕	520, 521, 522
北畠　めぐみ	561
北畠　八穂	76, 172, 293
北原　樹	42, 155
北原　純子	561
北原　光	471
北原　未夏子	152
北原　宗積	157
北原　幸男	130
北原佐智子 STEP STUDIO Jr.	488
北藤　徹	53
北町　一郎	294
北村　夏林	399
北村　侃	195
北村　喜久恵	39
北村　晋子	121
北村　けんじ	76, 143, 154, 160, 181, 204, 295
北村　晃三	346
北村　紗衣	10
きたむら　さとし	148, 168
北村　季夫	345
北村　静一	312
北村　蔦子	53
北村　俊道	384
北村　尚美	434
北村　光	104, 142
北村　寿夫	293
北村　宏夫	312
北村　富士子	206
北村　雅子	31
北村　道子	384
北村　めい	30
北村　木歩	399
北村　友紀	299
北村　由希乃	470
北村　里絵	128
きたやま　あきら	126
北山　由利子	48
きたやま　ようこ	84, 223, 388
北山中学校〔名古屋市立〕	254
キーツ、エズラ・ジャック	580, 595
木津川　園子	170
橘川　春奈	102, 139
橘川　りさ	496

木次仏教日曜学校	296	木村 愛子	550
キッド, リチャード	84	木村 明子	116
キッフェラー, ビルギッタ	589	木村 明美	143
木戸 一樹	118	木村 敦子	297
きど のりこ	137	木村 綾香	479, 480
城戸 幡太郎	73	木村 薫	510
木藤 章雄	314	木村 一子	270
鬼頭 あゆみ	68	木村 恭子	515
鬼頭 ちさき	537	木村 今日子	10
木藤 智子	408	木村 清隆	109
鬼頭 浩恵	176	木村 清実	63
喜納 ティルル	379	木村 国夫	364
木名瀬 貴子	412	きむら けん	19
絹川 明奈	468	木村 浩太	435
衣川 春美	553	木村 幸子	43, 87
キネマ東京	290	木村 志帆	98
木野 雅之	515, 516	木村 しゅうじ	430
きのくに子どもの村学園	353	木村 捨雄	322
紀伊国屋書店	451, 461	木村 セツ子	165
宜野座村惣慶区学習会	353	木村 高明	357
木下 明子	67	木村 たかし	536
木下 あこや	109	木村 琢馬	470
木下 歌子	511	木村 卓矢	531, 532
木下 和夫	345	木村 健	215, 410
木下 公男	76	木村 太朗	116
木下 恭美	38	木村 庸彦	132
木下 順二	74, 79	木村 寿樹	385
木下 種子	16	木村 直弥	501
木下 正博	318	木村 徳宏	409
木下 道子	238	木村 晴与	515, 516
木下 容子	213	木村 秀子	113
木下 揚三	279	木村 麻伊子	408
黄海小学校〔岩手県東磐井郡藤沢町立〕	349	木村 正子	127
木野村 敬治	264	木村 真由美	552
木原 浩太	471, 482, 502	木村 美紀子	52
木原 敏江	393	木村 美月	124
木原 拡茂	270, 271	木村 道夫	418
キーピング, チャールズ	76, 575, 576	木村 美幸	404
ギフ, パトリシア・ライリー	83	木村 明衣	104
岐阜県関市・関の自然を調べる会	370	木村 百枝	242
岐阜県読書サークル協議会	338	木村 八重子	149
岐阜国語実践者の会	342	木村 康子	544
岐阜市学校劇研究会	534	木村 裕一	55, 80, 389, 473
岐阜市実践童話の会	262	木村 優希	401
ぎふ早田太鼓の会	352	木村 之信	418
岐阜大学教育学部附属中学校	424	木村 友梨香	545
岐阜三田高等学校〔岐阜県立〕	254	木村 由利子	289
岐阜盲学校〔岐阜県立〕	347	きむら よしえ	161
ギブリン, ジェイムズ・クロス	582	きむら よしお	34
岐阜聾学校〔岐阜県立〕	343	木村 良雄	47, 48, 58, 200
キプロス放送協会	329	木村 善行	268
木部 恵司	133	鬼村 佳織	482
儀間 比呂志	77	木元 貴子	19
木俣 武	87	来本 尚子	193
木全 利行	514	木元 葉月	162
木町通小学校〔宮城県仙台市立〕	347	キャッスル, キャロライン	83
君島 久子	75, 78	木山 あずみ	13
君田小学校〔広島県君田村立〕	343	木山 裕美	396
キミホ, ハルバート	530	キャラバンキッズ	488
金 雄基	273	キャンプ, リチャード・ヴァン	589
キム・ファン	69	キャンベル, カレン	234

児童の賞事典　639

きやん　受賞者名索引

キャンベル 紀子	215
キャンベル，マージョリー・ウィルキンズ	569
ギャンメル，ステファン	580
久喜 吉和	346
九州工業大学伊東啓太郎研究室	381
久間 泰賢	186
キューオーエル	381
許 杏君	453
ギヨ，ルネ	577
姜 杏理	537
京 不羇	4
教育映画配給社	458
教育画劇	284
教育課程研究会	303
教育社	299
教育・文化・コミュニケーションセンター	330
協映	557
教室童話研究会	263
京谷 亮子	101
京当 雄一郎	467, 500
共同映画	286, 288, 289, 555, 556
京都国際理解教育研究会高等学校顧問グループ	267
京都市国語教育研究会	344
京都市小学校国際理解教育研究会	268
京都造形活動研究所	278
今日泊 亜蘭	294
響南中学校〔北九州市立〕	525
教配	459
共立映画社	286, 288, 289, 449, 456, 457, 458, 459
協和醱酵工業	449
清岡 麗子	29
清川 輝基	403
清川 雅子	495
旭竜小学校〔岡山県岡山市立〕	304, 351
清末 定子	314
清塚 信也	518
清田 淳子	272
清田 貴代	84
清田 洋子	213
清瀧 千晴	481, 502
清永 あや	443
清野 志津子	152
清原 三保子	36
清基 真理子	114
キラキラッ子ママプラザ絵本サークル	201
桐が丘スカウトグループ	350
桐越 公紀	105
桐敷 葉	86
基督教保育連盟	336
キリスト教放送	335
桐田 彰人	30
桐谷 昌樹	140
桐原 礼	374
きりぶち 輝	294
桐山 なぎさ	515
桐生読書会連絡協議会	339
ギルモア，ドン	33
記録映画社	456, 457, 549, 555, 556
金 愛例	453

金 志英	453
金 成妍	265
金武 正八郎	317
金 悠里	444
金 和羅	537
錦華小学校	509
キング＝ウォール，タイ	437
キング＝スミス，ディック	568
キングレコード	538
金城 エリナ	221
金城 宏行	378
金城 宗和	271
近代映画協会	290, 458, 459, 556
金田一 春彦	149, 294, 349
近土 歩	493
金の星社	244
キンパー，マーレー	571
金原 徹郎	59
金原 正子	474
金明 悦子	133
金立養護学校養訓部〔佐賀県立〕	369

【く】

グアルニエーリ，パオロ	147
クアン，フィン・ニュオン	587
久井 ひろ子	101
久貝 ひかり	464
九鬼 紀	43
久喜中学校	507
久喜東中学校〔久喜市立〕	507
久下 エミ子	176
日下 幸	9
日下 樹理	477
日下 伸子	185
日下部 知代子	16
日下部 誠	408
日下部 政利	179
日下部 萌子	123
草谷 桂子	166
草地 勉	263
草野 たき	60, 88, 124, 154
草野 浩毅	397
草野 裕作	404
草野 洋介	480
草野 玲子	512
草ノ井 蓉子	496
草橋 佑大	108
草深小学校学校経営研究会〔千葉県印西町立〕	303
草間 さほ	15
草山 万兎	84
グージ，エリザベス	573
ぐし ともこ	222
具志 肇	222
久地 良	165
串井 てつお（串井 徹男）	58
櫛田 一郎	428
串原中学校〔岐阜県串原村立〕	352

櫛引中学校〔鶴岡市立〕	507	工藤 葉子	163
串間 研之	321, 322	工藤 与志文	252
櫛谷 麻子	3	工藤 玲子	258
クシュマン, カレン	593	クーニー, バーバラ	580, 582
鯨岡 峻	337	国井 恵子	420
葛岡 絵美	480, 489	国井 早希	183
葛岡 雄治	27	国井 りえ子	495
楠田 栞里	435	国方 学（くにかた まなぶ）	19, 206
楠堂 葵	201	国清 一誠	360
楠 誉子	130	国田 太郎	339
くすのき しげのり	120	国田 紀子	237
楠 茂宣	558	国立高等学校	447
楠 千恵子	120	国玉 瑞穂	58
楠 トシエ	542	国広 眸	378
楠 敏雄	358	国広 万里	357
楠 奈菜	120	國松 亜理沙	117
楠瀬 勝也	553	国松 俊英	25, 83
楠橋 猪之助	346	国光 正宏	313
葛原 しげる	292	国光 由貴子	468, 481
葛原 由香利	9	国元 まゆみ	162
九頭見 香里奈	517	国吉 君子	369
久住 智治	237	国吉 栄	337
樟本 絵里	10	久野 直哉	493
楠本 君恵	150	久野 晴行	362
楠本 佐智子	238	九里 茂三	355
楠本 政助	77	クーパー, ジェームズ・フェニモア	584
くすもと みちこ	83	クーパー, スーザン	592, 595
葛谷 晴子	116	クーパー, ヘレン	576
久世 幸治	365	クープリ, ケイティ	589
下松中学校〔下松市立〕	425	久保 紘一	436, 464, 475, 530
久楽 ひとみ	171	久保 智史	518
口田 彰	281	久保 帯人	394
朽木 祥	84, 86, 89, 156, 160	久保 喬	94, 153, 294
グッゲンモース, ヨゼフ	588	久保 正	419
沓澤 佳純	189	久保 太郎	342
くどう あすか	98	久保 融	428
工藤 綾	4	久保 トクエ	21
工藤 安友子	180	久保 英樹（くぼ ひでき）	90, 129
工藤 洸子	563	久保 裕視	235, 374
工藤 さゆり	163	久保 雅勇	307, 386
工藤 重信	38	久保 雅樹	400
工藤 妙	364	久保 良夫	248
工藤 隆雄	215	久保 佳子	465
工藤 貴子	97	久保 亮太	134
工藤 貴正	317	窪井 康隆	405
工藤 武四	260	久保木 沙織	219
工藤 直子	23, 78, 155, 174, 290	久保木 高	429
工藤 奈緒子	479	窪島 誠一郎	81
工藤 奈織子	453, 498	窪田 恵美	519
工藤 なほみ	20	久保田 香里	89, 92, 213
工藤 紀子	58	久保田 さちこ	126
工藤 仁美	98	久保田 昭三	49, 204
工藤 大輝	52	久保田 忠夫	294
工藤 祐巳	499	久保田 朋美	563
工藤 雅人	261	久保田 信夫	318
工藤 麻愛	99	久保田 彦穂	343
工藤 美和	543	久保田 寛子	34
工藤 悠生	501	窪田 富美	17
工藤 友香	98	久保田 真弓	271
工藤 由佳	97	久保田 万太郎	292
工藤 由美子	495	久保田 美和	273

窪田 守弘	268	久米田中学校〔岸和田市立〕	522
久保中学校〔下松市立〕	424	雲居 たかこ	16
窪野 冬彦	534	口分田 和輝	194
久保山 トモ	343	公文 毅	539
久保山 菜摘	546	公門 美佳	476, 477
隈 俊一郎	408	公文 康進	114
隈 弘夫	417	くや ゆきえ	38
隈 陽子	378	久山 まさ子	258
熊井 宏之	473	蔵 健太	530
熊谷 絵美里	108	グライツマン, モーリス	84
熊谷 絵梨香	107	グライヒ, ジャッキー	589
熊谷 一也	188	グラヴェット, エミリー	576, 577
熊谷 きぬ江	179	グラヴェル, フランソワ	570
熊谷 君子	363	クラウスニック, ミハイル	588
熊谷 久美子	236	倉金 章介	93
熊谷 桂祐	116	クラーク, アン・ノーラン	592
熊谷 元一	84	クラーク, ポーリン	574, 585
熊谷 鉱司	81	倉沢 栄吉	165, 294, 342
熊谷 靖彦	297	倉沢 徹雄	559
熊谷 千世子	213, 215	倉沢 華	545
熊谷 德治	107	倉島 千誉子	407
熊谷 文利	386	倉田 紘文	264
熊谷 本郷	548	くらた ここのみ	166
熊谷 真希子	494	倉田 久	103
熊谷 美沙	399	倉田 博子	248
熊谷 美晴	102	倉田 美智子	498
熊谷東小学校共同研究〔埼玉県熊谷市立〕	302	倉田 稔	367
熊谷養護学校コロニー嵐山郷訪問教育部〔埼玉県立〕	348	倉谷 京子	3
熊木 徹	373	倉地 暁美	272
熊倉 峰広	277	倉知 朋美	501
熊倉小学校〔福島県西白河郡西郷村立〕	243	倉知小学校〔岐阜県関市立〕	349
熊坂 晃二	187	倉富 康成	267
熊澤 工	384, 385	倉富 亮太	444
くまた 泉	54	倉永 美沙	453, 478, 491, 492, 499
熊田 千佳慕	95	倉成 英敏	363
熊中学校〔静岡県天竜市立〕	351	倉橋 彩	378
熊日童話会	263	倉橋 保夫	248
熊野 佳奈	216	グラハム 明美	4
熊野 敬子	274	グラハム, ボブ	576, 598
熊野 文香	452	鞍渕小学校〔和歌山県那賀郡粉河町〕	283
熊野 善介	320, 322, 323	倉光 浄晃	347
熊本 輝美	353	クラムゴールド, ジョセフ	592
熊本県天草郡天草町伝統文化教育推進校	351	倉持	77
熊本県英語教育振興会	348	くらもち ふさこ	391
熊本県小学校教育研究会国語部会	343	倉本 聡	95, 223
熊本県人吉球磨作文の会	283	倉本 卓	518
くまもと図工サークル	261	庫本 正	78
熊本大学教育学部附属中学校	522, 523	倉本 真理	517
熊本放送	437, 438, 439, 440	倉本 頼一	281
汲田 喜代子	375	倉吉養護学校〔鳥取県立〕	350
久米 茜	377	久利 恵子	101
粂 綾	142	クリアリー, ベヴァリー	285, 582, 592
久米 元一	293	栗岩 英雄	347
久米 宏一	62, 75, 76, 95	栗岡 誠司	421
久米 旺生	77	栗木 紬	503
久米 真司	407	栗木 紀恵	248
久米 武郎	280, 324	くりこ	69
久米 みのる	159, 295	栗栖 慎太朗	547
久米井 束	293, 344	クリストファー, ジョン	568, 586
久米田 康治	391	クリスマン, A.B.	591
		栗田 一良	310

栗田 教行	12	黒川 建一	256
栗田 宏一	291	黒河 更沙	189
栗田 真司	260	黒河 伸二	417
栗田 みゆき	553	黒川 侑	519
栗田谷中学校〔横浜市立〕	510, 511	黒川 智庸	40
クリーチ, シャロン	575, 593	黒川 結衣	546
栗林 慧	77, 82, 83	黒木 俊介	39
栗林 孝雄	315	黒木 尚子	38
栗林 恒俊	359	黒木 秀子	277
栗林 文雄	359	黒木 まさお	155
栗原 一登	294	黒木 裕子	403
栗原 一身	511	黒子 三良	365
栗原 克丸	247	くろさ みほ	162
栗原 啓輔	179	黒崎 絢	433
栗原 章二	49	黒崎 義介	293
栗原 直子	72	黒沢 幸子	373
栗原 平夫	185	黒沢 知子	161
栗原 めぐみ	474	黒沢 美香	495
栗原 康	77	黒沢 優子	36
栗原 弥生	496	黒沢 玲子	42
栗原 由郎	234	黒沢小学校〔秋田県平鹿郡山内村〕	283
グリフィス, ベンジャミン	351	黒島 大助	92
グリーペ, マリア	578	黒島 毅	222
グリム兄弟	590	クロス, ジリアン	574
栗本 大夢	142	黒住 千尋	487
栗谷川 晃	374	クロスリー＝ホランド, ケヴィン	569, 574
栗山 規子	279	黒瀬 奈々子	463
栗山 宏	27, 534	黒田 亜紀	38, 39
クリュス, ジェームス	577, 584	黒田 育美	35
グリーンウッド自然体験教育センター	354	黒田 けい	190, 191
クリングベリ, ヨーテ	266	黒田 志保子	61
久留島 武彦	292	黒田 淳一	406
久留島 武保	364	黒田 純平	411
来栖 あゆみ	217	黒田 祥子	64, 65, 66
来栖 良夫	153	黒田 長久	74
クルーズ＝アーノルド, コルネリア	589	黒田 秀子	322
グループ現代	557	くろだ ひろし	534
グループ・タック	290, 564	黒田 弘行	430
グループ風土舎	290	黒田 不二夫	346
グループD.I.L	291	黒田 みこ	142
グルーポ・デ・アニマシオン	228	黒田 寧	452, 453, 497
車田 孝夫	428	黒田 由	452, 497
久留米筑水高等学校〔福岡県立〕	255	黒田 陽香	546
呉 恵美子	495	黒谷 太郎	294
グレアム 明美	4	黒沼 正彦	27
グレイ, エリザベス・ジャネット	591	黒沼 ユリ子	288, 509
グレイ, ミニ	577, 598	黒野 桃子	182
グレイニエツ, マイケル	56, 146	グローブ座カンパニー	291
くれいん館 人間行動研究所	290	黒宮 純子	148
クレスウェル, ヘレン	594	クロムス, ベス	581
紅林 こずえ	511	黒柳 徹子	223, 355
呉松 綾子	468, 478, 480	黒藪 次男	281
クレメンツ, アンドリュー	567	桑江 牧子	512
クレメント, ゲーリー	571	桑崎 瞳	378
呉山 薫	544	クワスカスケーラ	334
黒石 悠以	444	桑田 みどり	496
黒岩 啓輔	362	桑名 げんじ	203
黒岩 寿子	104	桑名 康夫	376
黒岩 真由美	15	桑野 雅乃	373
黒江 ゆに	59	桑原 清	360
くろがね工作所 商品開発部	382	桑原 久美子	36

桑原　宏二 …………………………………… 57
桑原　三郎 ………………………… 23, 150, 294, 341
桑原　自彊 …………………………………… 263
桑原　真洋 …………………………………… 374
桑原　弘成 …………………………………… 412
桑原　法道 …………………………………… 296
桑原　正夫 …………………………………… 349
桑原　賢 ………………………………………   9
桑原　万寿太郎 ……………………………… 74
桑原　優子 …………………………………… 189
桑原　由美子 ………………………………… 139
桑原　義晴 …………………………………… 363
桑原　理助 …………………………………… 364
桑盛　由美子 ………………………………… 362
桑山　紀彦 …………………………………… 84
桑山　由美 …………………………………… 36
桑山中学校〔山口県防府市立〕… 506, 527, 528
薫　くみこ ………………………… 55, 80, 88, 181
郡司　恵利佳 ………………………………… 453
群像舎 ……………………………… 450, 451, 557
郡中小学校〔伊予市立〕…………………… 352
クンツェ, ライナー ………………………… 585
郡南中学校〔岐阜県郡上郡美並村立〕…… 350
群馬県教育研究所 …………………………… 366
群馬県現代教育経営研究会 ………………… 301
群馬県作文の会 ……………………………… 283
群馬県生涯学習センター …………………… 372
群馬県松井田町教育委員会 ………………… 371
群馬県立自然史博物館 ……………………… 450
群馬実践国語研究会 ………………………… 345
群馬師範女子部附属小学校 ………………… 508
群馬大学教育学部附属中学校音楽部 ……… 523

【け】

ゲイ, メアリー・ルイーズ ………… 570, 571
慶応義塾大学佐藤雅彦研究室 ……………… 451
慶応義塾普通部 ……………………………… 508
KCETロサンゼルス ………………………… 335
KCDプロダクション ………………………… 335
慶徳小学校〔熊本市立〕…………………… 353
慶野　寿士 …………………………………… 216
慶松　洋三 …………………………………… 428
ゲイマン, ニール …………………………… 593
啓明学園 ……………………………………… 349
計良　ふき子 ………………………………… 166
計良　益夫 …………………………………… 344
劇団RNC ……………………………………… 263
劇団うりんこ ………………………… 291, 536
劇団えるむ …………………………… 288, 290
劇団風の子 ………………… 232, 263, 284, 285, 286
劇団風の子・トランク劇場 ………………… 535
劇団青芸 ……………………………………… 290
劇団・竹田人形座 …………………………… 288
劇団太郎座 …………………………………… 284
劇団たんぽぽ ………………………………… 534
劇団東演 ……………………………………… 290
劇団仲間 ………………………… 284, 285, 290
劇団ひまわり ………………… 285, 286, 288, 289

毛塚　朝子 …………………………………… 13
ケストナー, エーリヒ ………………… 75, 577
気仙　ゆりか ………………………………… 106
気高中学校〔鳥取県気高郡気高町立〕…… 351
ケナウェイ, エイドリエンヌ ……………… 576
ケニア教育研究所 …………………………… 330
ケニア国営放送 …………………… 326, 327, 328
ケネツケ, オレ ……………………………… 590
ケビン, マーク ……………………………… 269
検見川高校しねまくらぶ〔千葉県立〕…… 533
検見川小学校〔千葉県千葉市立〕… 304, 370
欅　健典 ……………………………………… 193
螻川内　満 …………………………………… 264
ケリー, エリック・P. …………………… 591
ケルディアン, デーヴィッド ……………… 596
ケルナー, シャルロッテ …………… 587, 589
ゲルベルト, ハンス・ヨアキム …………… 585
ゲルンハート, ロベルト …………………… 586
下呂小学校〔岐阜県下呂町立〕…………… 374
ケロッグ, スティーブン …………………… 598
見　泰子 ……………………………………… 164
源後　睦美 …………………………………… 562
元町中学校 科学部〔埼玉県川口市立〕… 408
言語・聴能教育実践研究会 ………………… 342
元浄　健爾 …………………………………… 297
源田　美和子 ………………………………… 496
現代人形劇センター ………………………… 290
現代ぷろだくしょん ………………………… 291
ケンテック　施設事業部 …………………… 384
幻灯社 ………………………………………… 556
建帛社 ………………………………………… 538
ケンプ, ジーン ………………………… 78, 574
剣北小学校〔福岡県鞍手郡鞍手町立〕…… 347
見屋井　大輔 ………………………………… 409
玄洋中学校 吹奏楽部〔下関市立〕……… 504
言論表現の自由委員会 ……………………… 334

【こ】

呉　婉綺 ……………………………………… 453
小鮎中学校 …………………………………… 506
鯉江　直子 …………………………………… 139
鯉江　康弘 …………………………………… 139
小池　和子 …………………………………… 121
小池　和宏 …………………………………… 406
小池　桔理子 ………………………………… 200
小池　彩織 …………………………………… 440
小池　珠々 …………………………………… 111
小池　タミ子 ………………………… 77, 446, 534
小池　ちとせ ………………………………… 514
小池　俊文 …………………………………… 296
小池　長 ……………………………………… 262
小池　文 ……………………………………… 385
小池　雅代 …………………………………… 264
小池　基信 …………………………………… 269
小池　夕紀 …………………………………… 479
小池　励起 …………………………………… 182
小石　ゆき …………………………………… 203

小泉 藍香	70	幸田 敦子	81
小泉 明子	540	郷田 新	542
小泉 朝美	480	幸田 貫一	236
小泉 恵里	117	合田 奈央	125
小泉 京子	121	幸田 美佐子	19, 123, 124
小泉 憲司	312	幸田 美保	433
小泉 周二	53, 211, 540, 557	幸田 裕子	125
小泉 澄夫	169	古宇田 亮順	296
小泉 武夫	83	荒瀧 俊彦	540
小泉 玻瑠美	50	幸田中学校〔幸田町立〕	425
小泉 光	271	講談社	214, 250, 298, 299
小泉 茉莉	70	高地 恭介	70
小泉 碧	477, 478	河内 美舟	297
小泉 佑太	118	幸地 莉子	546
古泉 龍一	204	高知県児童詩研究会	282
小泉山体験の森創造委員会	354	高知県幡多作文の会	283
小飯塚 みどり	496, 497	高知こどもの図書館	340
小出 正吾	134, 172, 293	高知農業高等学校〔高知県立〕	255
小出 力	416	高知放送	437, 439
小出 まみ	337	校定新美南吉全集編集委員会	149
小出 未紀	121	広都 悠里	152
小出 良重	361	幸道 萌香	401
小出中学校〔魚沼市立〕	427	甲南学園甲南小学校	346
小糸 一子	239	港南中学校〔伊予市立〕	526
コイヤー, フース	586, 589	甲南中学校〔滋賀県甲賀郡甲南町立〕	408, 424
小岩 巧	107	港南中学校〔名古屋市立〕	507
こいわい さとこ	35	河野 あさ子	120
康 禹鉉	389	河野 恵理	487
康 香織	454	河野 奎子	494
高 史明	77, 153	河野 憲次	272
黄 世奈	493	こうの このみ	386
光 太佃	18, 144	巷野 悟郎	428
こう ほなみ	213, 214	河野 沙紀	217
甲賀 一宏	539, 560	河野 貴子	88
高賀 善晩	344	河野 奈緒美	210
笄小学校〔東京都港区立〕	350	河野 日出雄	386
公開大学	328	こうの ひろこ	13
孝学 武彦	294	河野 舞衣	442, 480, 481, 502
甲賀小学校〔三重県志摩郡阿児町立〕	302	河野 美貴	552
幸喜 未那子	410	河野 美代子	230
公共図書普及プロジェクト	228	河野 六俊	282
虹月 真由美	144	河野 裕子	100
光源寺ひかり子供会	297	河野 佳子	129
向後 晶代	465, 476	河野 良介	491
郷古 廉	519	神野中学校〔美里町立〕	424
光国寺少年部	296	香原 知志	81
上坂 和美	175	合原 弘	204
香坂 直	60, 89, 214	郷原 美里	198
上坂 むねかず	215	甲府高等学校〔山梨県立〕	366
上崎 美恵子	5, 77, 159, 181	興文中学校〔大垣市立〕	447, 521, 523
光嶋 敬子	558	こうべ子どもにこにこ会	354
柑本 純代	34	神戸市きこえとことばの教室設置校園研究協議会	345
上津役中学校〔北九州市立〕	424	神戸市小学校教育研究会心身障害児教育研究部	369
興宗寺日曜学校	296	神戸西高等学校教育研究会〔兵庫県神戸市立〕	301
弘進会	343	港北中学校〔室蘭市立〕	525
香月 日輪	83, 156	校本宮沢賢治全集編纂委員会	149
上月 佑馬	471, 503	こうまる みずほ	164
甲西高等学校図書館〔滋賀県立〕	243	光明 尚美	201
佼成出版社	299		
光西中学校 吹奏楽部〔北海道北見市立〕	504, 505		
幸前 文子	240		

こうみ

光明寺仏教青年会	297
高野山小学校〔和歌山県高野町立〕	343
興野小学校〔銚子市立〕	368
香山 美子	24, 153, 307, 308
興陽高等学校〔岡山県立〕	255
向陽の里くすのき寮	361
高良 竹美	343
甲陵高等学校〔鹿児島県立〕	254
光陵中学校〔瀬戸市立〕	426
甲陵中学校〔西宮市立〕	353
合路 菜月	90
興膳 英樹	270
コーエン, シェルドン	570
郡 慧子	386
郡山子どもの本をひろめる会	339
郡山第一中学校 合唱部〔郡山市立〕	523
郡山第一中学校 混声合唱団〔郡山市立〕	523
郡山第二中学校 合唱部〔郡山市立〕	522, 523
古賀 悦子	122
古賀 大路	519
古賀 久貴	403
古賀 将太郎	208
古賀 伸一	263
古賀 典夫	552
古賀 結花	413
古賀 遼太	111
小風 さち	173
五ヶ瀬中等教育学校〔宮崎県立〕	255
小門 真利子	193
小金台小学校〔大阪府富田林市立〕	254
小金田中学校〔関市立〕	352
小金丸 寅人	349
小金丸 惇隆	428
粉川 光一	533
五木田 紳	36
國學院大學久我山中学校 音楽部	523, 524
黒杭 清治	312, 419
国語教育科学研究会	344
国語教育実践理論の会	346
国語教材研究会	349
国語力向上のための3校研究推進委員会	353
国際音楽教育協会	447
国際教育研究所	352
国際交流地域実行委員会	274
国際児童文庫協会	277
国際日本語普及協会	351
古口 裕子	206
国土緑化推進機構	450
国分 綾子	139
国分中学校〔霧島市立〕	528
国分中学校〔国分市立〕	528
国府中学校〔防府市立〕	507
国府養護学校〔徳島県立〕	353
国分 一太郎	74, 85, 284, 324
小久保 旬子	432
子ぐま絵本の会	339
谷門 展法	164
古蔵中学校 科学研究部〔沖縄県那覇市立〕	406
小倉幼稚園〔北九州市立〕	365
国立科学博物館	450
国立天文台	450, 451
木暮 正夫	5, 153, 204
小暮 美由紀	474, 475
小河内 芳子	264, 279, 290
小越 美代子	485
こころにミルク編集部	277
古在 由秀	84
小坂 幸代	475
小坂 しげる	94
小坂 茂	258
小坂 義爾	7
小坂 徹	361
小坂 登	311
小坂 麻佐美	197
小坂 真里江	378
小坂 嘉裕	378
小坂井 桂次郎	356
小坂井 緑	190
湖崎 克	346
小櫻 あい	118
越井 昌代	495
越崎 沙絵	554
腰塚 陽子	237
越田 絵里子	452
こした てつひろ	393
越野 清	418
越野 民雄	147
小柴 綾香	217
小柴 憲佑	184
小柴 由美	474
小渋 陽一	115
越部 信義	233, 263, 538, 542
小嶋 一浩	403
小島 かな子	194
児島 喜八郎	428
小島 希里	81
こじま しほ	48
小島 昭安	264, 296, 297
小島 信治	318
小島 真司	195
小島 靖子	358
小嶋 誠司	38
小嶋 稜	545
小島 孝夫	350
小嶋 智紗	104
五嶋 千夏	68, 125
小嶋 俊郎	270
小嶋 直也	497, 529
こじま ひろこ	82, 147
小島 真理子	120
小嶋 祐佃郎	272, 274, 275
小嶋 洋子	19, 103
小嶋 里佳	413
小島 りさ	198
小島 燎	444, 519
小島 良蔵	364
越水 利江子	155, 160
古城 和敬	251
高志養護学校中学部〔富山県立〕	353
御須 利	315
コズィノウスキー, ギーゼラ・クレムト	587

小塚 織江	432	後藤 隆	110, 111
孤杉 彩	120	後藤 嵩人	111
小杉 長平	363	後藤 大	187
小菅 光	73	後藤 寿子	510
コスタリカ公開大学	329	後藤 富男	74
小鳥谷中学校〔岩手県一戸町立〕	371	後藤 のはら	209
コズロフ, セルゲイ	82	後藤 信行	176
小関 新人	400	後藤 晴香	501
古関 淳子	243	後藤 英雄	386, 387
小関 秀夫	53	後藤 英記	4
古関 幹子	36	後藤 文正	163
古関 美乃莉	179	五島 政一	316
小曽木 修二	356	ごとう まゆみ	38
後醍院 真輝	99	後藤 まゆみ	495
小平第三中学校〔小平市立〕	507, 528, 529	後藤 美恵	474
小平第六中学校〔小平市立〕	507, 527, 529	後藤 瑞希	176
小鷹 あゆみ	178	後藤 美鈴	176
小滝 さゆり	164	後藤 道夫	311, 313, 316, 371
小竹 省三	344	後藤 三夫	367
小竹 由美子	82	五嶋 みどり	291
小竹の森音楽祭	447	後藤 美穂	61, 202
小竹守 道子	126	ごとう みわこ	13
小谷 功	429	後藤 みわこ	4, 15, 125, 152, 191, 202, 206
小谷 桂子	113	後藤 泰博	273
小谷 充	542	後藤 裕子	47
小谷 蓮乗	263	後藤 由紀子	411
児玉 伊智郎	318, 375	古藤 友理	70
児玉 滋	408	後藤 陽一（藍 うえお）	4
小瑤 史朗	273	後藤 葉子	432
児玉 澄子	267	後藤 りえ	405
児玉 辰春	55	後藤 竜二	28, 148, 153, 172, 173
子玉 智明	179	五藤光学研究所技術部	383
こだま ともこ	82	後藤田 純生	295
児玉 北斗	468, 500	琴似中学校〔札幌市立〕	522, 527
児玉 雅名	405	ことばの教室雪ん子劇団	297
児玉 真由	443	コトブキ開発企画室	384
児玉 三夫	355	子どもが初めて出会う印刷物	229
小玉 みなみ	498	子どもたちの移動図書館プロジェクト	229
児玉 裕子	375	子どもの家同人	284
小玉 友里花	464	こどもの城合唱団	291
児玉 順彦	419	小鳥居 淳子	561
コッホ, ヘルムート	587	こなか しゅうじ	119
コーツワース, エリザベス	591	小中台中学校〔千葉市立〕	426
小寺 ひろか	111	小長谷 健	110
小寺 実香	36	小梨 直	55
小寺 隆韶	473	小西 朝	513
後藤 朱音	90	小西 紀道	237
五塔 あきこ	61	小西 欣一	548, 559
後藤 亜希子	176	小西 健二郎	281
ごとう あつこ	191	小西 三治	363
後藤 絵里	545	小西 秀和	242
後藤 修	350	小西 聖子	231
後藤 香澄	108	小西 ときこ	4
後藤 基宗子	548	小西 弘子	420
後藤 京子	509	小西 正雄	268, 270
後藤 健二	84	小西 正保	155, 295
後藤 志帆	502	小西 佳恵	553
後藤 順一	143	小西 るり子	139
後藤 栖根	294	小沼 肇	360
後藤 千将	176	小沼 久	347
後藤 惣一	264	コーネル, ローラ	55

五戸小学校〔青森県三戸郡五戸町立〕	346, 433
この本だいすきの会	264
許斐 三郎	345
木幡 律子	433
小鳩 くるみ	263, 539
子鳩会	542
こばと聾学校〔兵庫県立〕	345
小塙 雅多加	72, 73
小浜 加奈子	537
小浜 ユリ	92
小早川 朗子	544
小林 愛	378
小林 愛実	444, 519, 546
小林 彰	427, 428
小林 明日香	480
小林 阿津子	201
小林 敦子	257
小林 彩葉	201
小林 有里菜	70
小林 育三	49
小林 勇	76
小林 泉	477
小林 卯三郎	356
小林 克	83
小林 香織	474
小林 香理	560
小林 和彦	347
小林 一弘	344
小林 紀美子	32, 163, 558
小林 清香	465
小林 久美	510
小林 栗奈	86
小林 恵子	175
小林 功治	19, 203
小林 孝次	319
小林 宏暢	91
小林 こと	119
小林 沙貴	71
小林 早紀	497
小林 清華	217
小林 茂俊	339
小林 静枝	278
小林 静子	339
小林 志鳳	203
小林 重三郎	74
小林 純	307
小林 純一	5, 538, 542
小林 純子	104
小林 純奈	103
小林 すぎ野	514
小林 清之介	94, 294
小林 隆子	165
小林 崇	553
小林 隆志	305
小林 武	233
小林 千恵	361
小林 智里	398
小林 千登勢	78
小林 千紘	178
小林 智代美	129
小林 つゆの	14
小林 提樹	428
小林 輝明	317
小林 朋子	101, 518
小林 尚子	262
小林 直美	176
小林 菜々絵	10
小林 治子	145
小林 久子	510
小林 秀夫	370
小林 秀雄	560
小林 響	516
小林 裕和	213
小林 寛子	253
小林 弘子	474
小林 浩子	378
小林 ひろみ	308
小林 冨紗子	122
小林 真子	62
小林 まこと	390
小林 誠	407
小林 正和	384
小林 雅子	53
小林 正子	130, 213
小林 まさみ	550
小林 信仁	116
小林 茉優花	121
小林 真弓	476
小林 美樹	537
小林 巳喜夫	368
小林 美沙緒	465, 497, 498
小林 みずほ	139
小林 路子	352
小林 美月	52, 111
小林 深雪	391, 561
小林 美和	35, 121, 177
小林 睦治	365
小林 綿	189
小林 桃子	479
小林 優幸	313
小林 侑奈	545
こばやし ゆかこ	48
小林 由季	210
小林 由貴	120
小林 幸雄	345
小林 悠紀子	268
小林 豊	80, 148
小林 庸子	3
小林 与志	83
小林 可也	241
小林 よしのり	393
小林 美実	446
小林 良光	177
小林 義行	318
小林 来夢	537
小林 莉佳	183
小林 礼士	33, 128
小林 和子	495
小林小学校〔宮崎県小林市立〕	342
小林理学研究所母と子の教室	342
こはら あきひろ	12
古原 和美	75

小針 健朗	182	小宮山 量平	224, 295
小春 久一郎	294, 557, 559	古村 覚	264
木曳野小学校放送委員会〔金沢市立〕	532	古村 徹三	263
ゴフィン, ジョス	56	小室 邦夫	374
こぶしプロダクション	289	小室 志をり	560
小筆 恵美子	312, 368	小室 満里子	515, 516
ゴーブル, ポール	580	米谷 彩子	514
コーベット, スコット	565	米谷 恵	52
湖北台中学校〔千葉県我孫子市立〕	303	米谷 康代	15
湖北中学校〔滋賀県湖北町立〕	254	米納 睦子	121
こぼし文庫	340	米町小学校〔北九州市立〕	367
小細沢 潤子	20	古茂田 信男	294
「コボたち」	278	小本 小笛	124, 205
小堀 一郎	370	菰渕 敏広	362
小堀 善弘	312	小森 昭宏	484, 486, 539, 560
駒井 洋子	125, 141	小森 香折	128, 137
駒形 克己	385	小森 ケン子	371
駒来 慎	123	小森 野枝	444
小牧 悠里	104	小森 波鑪子	45
古牧小学校〔長野県長野市立〕	408, 409	小森 美巳	446
小松 修	386	呉屋 友里奈	380
小松 加代子	123	小柳 美千世	4
小松 史俊	429	小柳 洋子	72
小松 勉	164	小谷野 半二	307
小松 均	79	小谷野 力勇	368
小松 宜子	239	小山 勇	17
小松 春子	510	小山 逸雄	348
小松 久子	76	小山 英里	99
小松 仁	267	小山 勝清	93
小松 広枝	116	小山 里見	515
小松 宏企	111	小山 しお	13
小松 雅弥	547	小山 茂樹	405
小松 美香	164	小山 重郎	78, 430
小松 美奈子	189, 190	小山 治郎	560
小松 見帆	453, 479	小山 強	553
小松 美由紀	406	小山 尚子	81
小松 大和	545	小山 はるみ	262
小松 義夫	81	小山 裕幾	519
小松 利里子	432	小山 史子	495
小松崎 邦雄	76	小山 真澄	109
小松小学校〔西宮市立〕	352	小山 実稚恵	514, 515
小松原 宏子	33	小山 みどり	496
小松原 優	264, 484	こやま 峰子	23, 56, 159, 295, 540
こまの会	534	小山 ゆう	392
コマヤスカン	58, 59	小山 莉絵	463
五味 太郎	55, 77, 224	コラボ	381
五味 兎史郎	204	ゴーリー, エドワード	586
五味 真彡	37	古倫 不子	62
コーミア, ロバート	594	コリン, マクノートン	148
小南 愛香	178	コール, ジュディス	582
小南 真猿	8	コール, ハーバート	582
小峰 紀雄	295	ゴルディチューク, ワレンチン	81
小峰 広恵	293	ゴルデル, ヨースタイン	588
こみね ゆら	147	ゴールデンディアー	297
小峰書店	74, 244, 298, 299	ゴールド, アリソン・レスリー	81
古宮 久美	14	コルドン, クラウス	588, 589
小宮 さやか	217	コルファー, オーエン	83
古宮 優至	183	是常 哲生	257
小宮小学校〔東京都五日市町立〕	344	コロンビア国立大学テレビ	335
小宮山 智子	129	コロンビア映画	285
小見山 三知男	115	こわせ たまみ	483, 486, 539

こん

今 恵里 ………………………… 237
今 三喜 ………………………… 256
渾 池 …………………………… 186
今 洋一 ………………………… 383
近 芳明 …………………… 315, 317
権 梨世 ………………………… 455
コーンウォール, イアン・ヴォルフラム …… 574
金剛 …………………………… 383
ゴンサルヴェス, ロブ ………… 572
権田 かほる …………………… 495
近藤 碧 ………………………… 531
近藤 亜紀子 …………………… 201
近藤 朝恵 ……………………… 125
近藤 彩映 ……………………… 142
近藤 益雄 ………………… 357, 363
近藤 和子 ……………………… 200
近藤 輝乃実 …………………… 118
近藤 貴美代 …………………… 142
近藤 国一 ……………………… 341
近藤 久美子 …………………… 259
近藤 原理 ……………………… 282
近藤 恒久 ……………………… 553
近藤 さやか …………………… 39
近藤 修平 ……………………… 412
権藤 千明 ……………………… 339
近藤 千春 ……………………… 443
近藤 尚子 ……………………… 60
近藤 合歓 ……………………… 493
権頭 伸子 ……………………… 474
近藤 弘子 ……………………… 359
近藤 ひろみ …………………… 401
近藤 宏幸 ……………………… 398
近藤 匡生 ……………………… 406
近藤 真知子 …………………… 513
近藤 麻里 ……………………… 543
近藤 八十夫 …………………… 364
近藤 佑介 ……………………… 545
近藤 行江 ……………………… 258
近藤 友紀子 …………………… 30
近藤 芳彦 ……………………… 365
近藤 嘉宏 ……………………… 516
近藤 頼道 ……………………… 345
権 力也 ………………………… 44
近藤 若菜 ……………………… 496
コンドル・フィーチャーズ …… 329
今野 香 ………………………… 183
今野 和子 ……………………… 42
今野 順子 ……………………… 48
金野 とよ子 …………………… 60
紺野 昇 ………………………… 316
今野 初恵 ……………………… 496
こんの ひとみ ………………… 56
今野 政一 ……………………… 557
昆野 まり子 ……………… 432, 433
紺野 美菜子 …………………… 186
紺谷 健一郎 …………………… 10
紺谷 まどか …………………… 9
コンラッド, パム ……………… 566

【さ】

佐合 愛子 ……………………… 13
蔡 智瑛 ………………………… 454
さい ふうめい ………………… 391
崔 由姫 …………………… 467, 492
雑賀 基大 ……………………… 192
雑賀小学校〔島根県松江市立〕 …… 346
斎木 喜美子 …………………… 156
西郷 華苗 ……………………… 562
西郷 竹彦 ……………………… 534
西郷 泰之 ……………………… 238
財光寺中学校 ………………… 528
税所 知美 ……………………… 39
税所 裕幸 ……………………… 226
西条 昭男 ……………………… 324
西条 抄子 ……………………… 496
西条 益夫 ……………………… 365
西条 八十 ……………………… 292
西条 八束 ……………………… 81
西条小学校〔広島県東広島市立〕 …… 254
斎田 喬 ……………… 262, 293, 342
斉田 智里 ……………………… 235
埼玉栄高等学校 ……………… 447
埼玉青少年交響楽団 ………… 447
斎藤 亜紀 ……………………… 530
斎藤 明人 ………………… 270, 271
斎藤 彰 ………………………… 54
斎藤 惇夫 ………………… 155, 173
斉藤 温子 ……………………… 479
斉藤 淳 ………………………… 45
斉藤 綾 ………………………… 61
斉藤 亜矢子 …………………… 61
斉藤 あゆみ … 434, 467, 477, 478, 479, 498, 499
斉藤 五百枝 …………………… 292
斉藤 衣呂葉 …………………… 45
斎藤 えみ ……………………… 186
斉藤 絵美 ……………………… 482
斎藤 治 ………………………… 511
斉藤 和子 ……………………… 550
斉藤 一也 ……………………… 387
斉藤 加代子 …………………… 239
齋藤 花恋エリーナ ……… 442, 482
斎藤 堪一 ……………………… 187
斎藤 喜助 ……………………… 264
斎藤 歓能 ……………………… 402
斉藤 紀美子 …………………… 473
斎藤 公隆 ……………………… 369
齋藤 琴音 ……………………… 414
斎藤 敬亮 ………………… 246, 368
斉藤 健一 ………………… 80, 282
斉藤 宏 ………………………… 366
斉藤 幸一 ……………………… 420
斎藤 皓子 ……………………… 368
斎藤 彩花 ……………………… 183
斎藤 佐次郎 ……… 150, 263, 292
齋藤 サチコ …………………… 387
斎藤 聡 ………………………… 187

斎藤 茂	315	斎藤 夕起子	186
斉藤 シズエ	15	斉藤 有美	496
斉藤 静子	66	齋藤 柚実	184
さいとう しのぶ	84	斉藤 友美恵	466
斎藤 昌子	247	斉藤 有美恵	478
斎藤 尚吾	278	斎藤 洋子	515
斉藤 勝利	552	斉藤 洋子（音楽）	561
斎藤 次郎	386	斉藤 洋子（文学）	133
斎藤 慎一郎	289	斉藤 好和	67
斎藤 たかえ	92	斎藤 喜門	344
斎藤 隆夫	96	斉藤 理恵	4
斎藤 隆	317	斎藤 隆介	76, 94, 153, 168, 285
斎藤 多喜子	534	斎藤 遼介	499
斎藤 武也	370	斎藤 涼子	468, 478, 479, 480
斎藤 珠乃	543	斎藤 礼子	362
斎藤 千絵	61	サイトオビン	386
さいとう ちほ	394	柴日 郁代	200
斎藤 忠一	185	柴日 航	200
斎藤 千弥男	364	斎野 栄二	259
斉藤 常男	314	才野 友貴	209
斉藤 輝昭	13, 175	斎能 和輝	413
斉藤 照生	386	彩の国大宮童謡唱歌の会	486
齋藤 傳翔	183	ザイプス, ジャック	266
斎藤 俊雄	64	財満 和音	516
斎藤 尚子	82	才桃 あつこ	68
斉藤 信実	175	サイロの会	264
斉藤 紀明	408	サウスオール, アイヴァン	285, 574, 594
斎藤 肇	386	佐伯 昭彦	323
斉藤 一	499	佐伯 和恵	101
齋藤 はづき	184	佐伯 剛正	362
斎藤 花世	531	佐伯 千秋	94
斉藤 晴美	182	佐伯 知香	477
斉藤 英男	122	佐伯 麻里子	562
斉藤 仁志	323	三枝 寛子（さえぐさ ひろこ）	
斎藤 斉	428		3, 13, 123, 140, 144
斎藤 洋	60, 80, 173, 223	三枝 美穂	433, 434, 453, 477, 478, 479, 499
斎藤 博之	74, 94, 388	三枝 理恵	197
斉藤 舞	98	さ・え・ら書房	430
斎藤 牧子	475	早乙女 民	34
斎藤 雅一	295	五月女 遥	472, 490
斎藤 仁	182	早乙女 政明	237
斉藤 正人	115	坂井 相子	433, 434, 477
斎藤 雅広	514	酒井 麻子	480
斉藤 優美	61	酒井 朝彦	134, 293
斎藤 雅之	183	酒井 麻美	496
斉藤 ます美	72	酒井 杏菜	481, 500, 502
齋藤 升美	186	坂井 育衣	46
斉藤 真由美	495	酒井 英一	404
西藤 真理	512	坂井 悦子	163
斉藤 瑞穂	466, 498	酒井 薫	124
斎藤 道雄	404	酒井 克	370
斎藤 美智子	499	坂井 勝司	365
斎藤 倫子	82	酒井 喜八郎	375
斉藤 光夫	551	坂井 貴美子	560
斎藤 みのり	121	境 享介	8
斎藤 美帆	442	酒井 駒子	147, 389
斎藤 みゆき	186	坂井 聡	310
斎藤 元博	399	坂井 重紀	377
齋藤 雄太	183	坂井 進	258
斎藤 友香	9	坂井 孝之	550
斎藤 至子	138	酒井 堂兆	418

酒井 菫美	263
酒井 達哉	354
境 智洋	318
酒井 哲真	347
酒井 知子	216
坂井 夏海	182
坂井 のぶ子	50
酒井 紀子	58, 237
酒井 はな	476
坂井 ひろ子	196
酒井 政美	13, 216
坂井 泰法	107, 108, 121
酒井 結香	514
酒井 愉未	90
坂井 百合奈	107, 203
坂井 洋子	48
坂井 美子	34
坂井 李奈	413
酒井 和久	552
坂井郡小学校特殊教育研究会〔福井県立〕	350
堺市子ども文庫連絡会	340
堺中学校〔町田市立〕	520
酒井根中学校〔柏市立〕	528, 529
堺聾学校高等部専攻科歯科技工学科研究会〔大阪府立〕	344
坂上 浩之	384
栄小学校通信簿研究委員会〔東京都保谷市立〕	300
栄東中学校 コーラス部	523
阪上 順夫	268
坂上 万里子	205
阪上 吉英	47
逆木 園	226
榊 友彦	416
榊原 亜依	138
榊原 恵美	198
榊原 和美	141
榊原 正気	419
榊原 千絵	241
榊原 弘子	476
榊原 裕進	241
榊原 美佳子	476
榊原 美輝	27
榊間 涼子	142
坂口 暁子	195
坂口 完二	364
坂口 頌代	479
坂口 たか子	550
坂口 旅人	29
坂口 知美	102
坂口 友美	465
阪口 綏香	195
坂口 扶仁子	362
阪口 正博	44
佐賀県読書グループ連絡協議会	340
佐賀県母と子の読書会協議会	339
坂下 宙子	222
坂爪 セキ	282
坂田 正司	315
坂田 尚子	322
坂田 直三	269

阪田 寛夫	6, 22, 80, 168, 173, 233, 289, 538, 542
坂田 守	434, 467, 478
坂田 まゆみ	248
阪田 雪子	350
坂田小学校〔滋賀県近江町立〕	342
坂地 亜美	467, 468, 491
嵯峨中学校〔京都市立〕	352
坂西 麻美	496
坂根 美佳	166
坂野 聡	398
阪上 正信	416
阪橋 未来	97
坂部 直子	201
酒巻 よし	115
相模 音夢	189
坂村 真民	296
さかもと あつき	122
坂本 彩	519
坂本 文香	444
阪本 一郎	293, 342
阪本 牙城	293
坂本 和夫	343
坂本 佳里	474
坂本 幹太	43
坂本 京子	53, 339
坂本 慶子	170
阪元 沙有理	563
坂元 純	60, 214
坂本 小九郎	232
坂元 昂	320
坂本 たかし	240
坂本 貴啓	412
阪本 多朗	342
坂本 のこ	130, 144, 206
坂本 寿子	343
坂本 真彩	395
坂本 真奈美	218
坂本 容子	361
坂本 頼子	551
坂本 莉穂	493
坂本 遼	74, 284
坂本 留美子	260
坂本石灰工業所	381
サカモト・ミュージック・スクール	264
坂山 正一	385
酒寄 進一	79
佐川 愛子	368
佐川 映	514
佐川 君子	316
佐川 茂	59
佐川 演司	316, 420
さがわ みちお	85
佐川 夕季	414
佐川 庸子	61
佐川 芳枝	214
さき あきら	68
咲 まりあ	13
崎谷 明弘	519, 545
鷺宮高等女学校〔東京都立〕	508
崎山 美穂	152

佐久島の教育を育てる会	372
佐久田 拳斗	380
佐久田 メグミ	475
佐口 七朗	256
作原 逸郎	419
作文教育研究会	348
佐久間 海土（さくま かいと）	201
佐久間 しのぶ	189
さくま しょうこ	34
佐久間 スエリ	201
佐久間 進	187
佐久間 敬	258
さくま たみお	201
佐久間 富江	495
佐久間 智子	197
佐久間 奈緒	465
佐久間 秀雄	225
佐久間 宏	289
佐久間 フクヨ	344
佐久間 美佳	210
佐久間 衛雄	185
さくま ゆみこ	79, 81, 83, 147
佐久間 隆	189
作山 仁美	183
作山 弘	186
作山 史江	183
桜 まどか	126
さくら ももこ	390
佐倉 義信	345
櫻井 恵美子	540
櫻井 公美子	178
桜井 慧子	386
桜井 茂男	251
桜井 茂美	362
桜井 すゞ代	368
櫻井 大陸	118
桜井 信夫	6, 154, 211
桜井 秀明	429
桜井 誠	75
桜井 真砂美	35
桜井 雅之	233
桜井 実枝子	341
桜井 美紀	264
櫻井 美月	40
桜井 淑子	116
櫻井 龍介	410
桜映画社	288, 292, 458, 459, 460, 461, 462, 555, 556, 557
桜木 俊晃	87
桜木 夢	141
桜城小学校〔岩手県盛岡市立〕	347, 351
桜小路 かのこ	394
櫻沢 恵美子	130
さくら小学校ティームティーチング研究会〔愛媛県松山市立〕	303
桜堤小学校こだま学級〔東京都武蔵野市立〕	348
櫻田 しのぶ	129
桜台中学校 合唱部〔岸和田市立〕	523, 524
佐倉中学校学校経営研究会〔千葉県佐倉市立〕	304
桜堂 詩乃	481, 530
桜野 葵	187
桜町中学校 特設合唱部〔一関市立〕	523
桜山中学校 コーラス部〔名古屋市立〕	523, 524
佐合 萌香	478
佐合 瑠那	500
迫田 宏子	138
左近 蘭子	12, 101, 207
ささ あきら	12
佐々 梨代子	279
笹尾 俊一	58
笹岡 久美子	43
笹川 奎治	19, 138, 163
笹川 辰雄	260
佐々木 愛	395
佐々木 愛沙	502
佐々木 茜	108
佐々木 彩香	98, 455
佐々木 彩乃	200
佐々木 鮎美	198
佐々木 泉	98
佐々木 英子	550
佐々木 悦	278, 307, 338
佐々木 悦子	4, 220
佐々木 恵未	386
佐々木 香織	496
佐々木 薫	188
佐々木 香	404
佐々木 赫子	95, 137, 153, 155, 165, 286
佐々木 和枝	420
佐々木 和也	420
佐々木 勝夫	375
佐々木 克巳	419
佐々木 喜久子	21, 22
佐々木 義璋	297
佐々木 京美	496
佐々木 潔	57
佐々木 均太郎	264
佐々木 邦	292
佐々木 賢太郎	281
佐々木 定夫	343
佐々木 祥緒	377
佐々木 純悟	180
佐々木 進市	8
佐々木 信一郎	362
佐々木 誠子	240
佐々木 奏絵	503
佐々木 孝	349
佐々木 孝保	107
佐々木 拓哉	86
佐々木 健	511
佐々木 たづ	172, 284
佐々木 千恵	541
佐々木 徹	271
佐々木 時子	268
佐々木 利直	25
佐々木 寿信	548, 559, 560
佐々木 友三	357
佐々木 日雅	98

佐々木 信之	509
佐々木 典雄	347
佐々木 春香	99
佐々木 久子	562
ささき ひであき	98
佐々木 瞳	178
ササキ ヒロコ	125
佐々木 ひろ子	177
佐々木 宏子	543
佐々木 博	27
佐々木 博人	310
佐々木 弘	7
佐々木 舞	217
佐々木 正人	251
佐々木 仁徳	257
佐々木 まどか	482
佐々木 真水	32
佐々木 麻由	52
佐々木 万璃子	503
佐々木 美香	558
佐々木 瑞枝	81
佐々木 美知子	362
佐々木 満ちる	210
佐々木 実	20, 21, 215
佐々木 みほ	224
佐々木 美穂	361
佐々木 萌絵	518
佐々木 靖典	368
佐々木 優子	432
佐々木 有子	162
佐々木 由香	9
佐々木 ゆき恵	9
佐々木 結咲子	178
佐々木 行綱	540
佐々木 容子	105
佐々木 陽子	16
佐々木 陽平	465, 497, 530
佐々木 義勝	368
佐々木 義史	186, 187
佐々木 好美	165
佐々木 里緒	180
佐々木 亮太	107, 108
佐々木 若子	212
篠栗小学校〔福岡県糟屋郡篠栗町立〕	247
捧 瑠維	118
笹沢 美明	293
笹田 奈緒美	62
笹々田 洋子	553
篠辺 真希子	4
笹浪 大蔵	401
笹々並小学校〔山口県阿武郡旭村立〕	347
笹原 幸子	8
笹原 俊雄	153
笹原 典子	8
笹間神楽保存会	352
笹村 泰昭	420
笹村 宜弘	264
ささめや ゆき	82, 84, 96, 147
笹本 真理子	466, 467, 477, 478, 479
笹森 美加	9
笹森 美保子	138
ささや ななえ	231
笹山 久三	131
密山 のぞみ	217
笹山 玲奈	547
笹連小学校共同研究会〔鹿児島県日置郡金峰町立〕	301
サザン・テレビ会社	325
佐治 菜津美	176
佐次 靖子	132
佐瀬 スミ子	373
佐世保聾学校〔長崎県立〕	349
笹生 陽子	60, 82, 88, 156
さだ まさし	181
定金 恒次	246
佐竹 泉美	30
佐竹 啓子	207
佐竹 稔子	399
佐竹 広弥	399
佐竹 美奈子	444
佐谷 力	373, 374
さだの まみ	18
作花 典男	367
サッカー, ルイス	81, 583, 593, 597
佐々 潤子	42
サップ, アラン	572
札幌映像プロダクション	557
札幌北小学校〔札幌市立〕	346
札幌市教育研究協議会小学校国語研究部	347
札幌市教育研究協議会中学校国語研究部	349
札幌稲雲高等学校〔北海道〕	276
札幌盲学校〔北海道〕	342
札幌聾学校〔北海道〕	255, 344
里 洋子	4
佐藤 あい子	260
佐藤 朱莉	100
佐藤 明彦	403
佐藤 瑛	121
佐藤 明男	496, 515, 529
佐藤 朝子	360
佐藤 梓	40
佐藤 厚子	21
佐藤 綾	179
佐藤 彩	188, 479
佐藤 彩乃	98
さとう あゆみ	161, 191
佐藤 有恒	77
佐藤 郁絵	206
佐藤 いずみ	541
佐藤 一三	185
佐藤 瑛子	478
佐藤 悦子	387
佐藤 悦郎	418
佐藤 恵美	24
佐藤 恵美子	551
佐藤 瑛里子	512
佐藤 絵梨子	102
佐藤 延登	350
佐藤 嘉一	536
佐藤 和夫	403
佐藤 一司	365
佐藤 和哉	184

佐藤 一美	116, 242
佐藤 和良	315
佐藤 功	240, 257, 373
佐藤 勝重	517
佐藤 香奈恵	211
佐藤 可也	396
佐藤 佳代	191
佐藤 起恵子	179
さとう きくこ	15
佐藤 希望	480
佐藤 京子	125, 509
佐藤 州男	17, 88
さとう けいこ	147
佐藤 圭子	236
佐藤 恵子	220
佐藤 謙	268
佐藤 賢一	339
佐藤 憲次	263
佐藤 賢介	180
佐藤 光一	149, 150
佐藤 宏樹	519
佐藤 康二	258
佐藤 広也	280
さとう こずえ	179
佐藤 五郎	420
佐藤 貞年	350
佐藤 祥恵	398
佐藤 さとる（佐藤 暁） 6, 22, 62, 85, 172, 233, 284	
佐藤 早苗	78, 418
佐藤 紗和子	188
佐藤 三依	414
佐藤 史絵	104
佐藤 茂	342
佐藤 静	4, 103
佐藤 信太	415
佐藤 紫帆	492
佐藤 秀太	110
佐藤 潤	400, 401
佐藤 俊一	315
佐藤 淳子	13
佐藤 純子	186
佐藤 駿実	183
佐藤 将	117
佐藤 彰	290
佐藤 翔	70
佐藤 将寛	64
佐藤 匠徳	406
佐藤 晋也	374
佐藤 鈴子	513
佐藤 誠一郎	367
佐藤 節子	187
佐藤 大介	519
佐藤 大祐	179
佐藤 泰造	428
佐藤 多佳子	51, 80, 81, 154, 224
佐藤 峻	279, 338
佐藤 貴俊	182
佐藤 貴也	184
佐藤 卓	384
佐藤 琢夫	420
さとう たくみ	97
佐藤 拓弥	183
佐藤 武弘	185
佐藤 多美子	512
佐藤 千絵	186
佐藤 智英	547
佐藤 千恵子	185
佐藤 周子	367
佐藤 千鶴	164
佐藤 司	107
佐藤 東子	433
佐藤 徳	252
佐藤 徳子	494
佐藤 利明	357
佐藤 寿樹	189
佐藤 淑子	280, 324
佐藤 敏彦	215
佐藤 トミ	258
佐藤 友紀	410
さとう ともこ	90
佐藤 友洋	187
佐藤 智美	466
佐藤 友美	544
佐藤 直樹	179
佐藤 直子	516
佐藤 奈穂美	125
佐藤 成哉	421
佐藤 伸雄	312
佐藤 ノブ子	20
佐藤 亘弘	540
サトウ ハチロー	538, 542
佐藤 英子	27
佐藤 春夫	292
佐藤 晴香	106
佐藤 英和	295
佐藤 秀廊	263
佐藤 瞳	377
佐藤 妃七子	206
佐藤 広喜	77
佐藤 裕子	182
佐藤 浩	350
佐藤 博	183, 189
佐藤 寛志	366
佐藤 寛之	130
佐藤 裕幸	179
さとう ふみや	390
佐藤 平馬	116
佐藤 麻衣子	474
さとう まきこ	154, 155, 173
佐藤 牧子	114
佐藤 真	483
佐藤 雅子	539
佐藤 政五郎	367
佐藤 真佐美	42
佐藤 雅通	186
佐藤 勝	114
佐藤 優	547
佐藤 万珠	126
佐藤 まどか	145
佐藤 麻美	10, 189
佐藤 麻美子	432

佐藤 まゆ子	361	さな ともこ（真 知子）	60, 137
佐藤 麻理	545	真田 亀久代	137, 539
佐藤 美恵	179	真田 光雄	294
佐藤 三恵子	185	真田 雄三	315
さとう みお	100	眞田 隆法	189
佐藤 深花	502	讃井 トミ子	347
佐藤 未夏	475	佐沼中学校〔宮城県登米郡迫町立〕	302
佐藤 美希	115	さねとう あきら	78, 95, 155, 172, 473
佐藤 瑞枝	188	実吉 健郎	75
佐藤 みずき	177	佐野 浅夫	232, 263, 295, 355
佐藤 通雅	155	佐野 茂雄	339
佐藤 美好	240	佐野 淳一	199
佐藤 美和	474	佐野 峻司	546
佐藤 美和子	182	佐野 俊介	418
佐藤 睦美	379	佐野 哲也	342
佐藤 宗夫	279	佐野 宣正	428
佐藤 盟	220	佐野 美智子	474
さとう めぐみ	97, 179	佐野 泰臣	369
佐藤 恵	60	佐野 洋子（さの ようこ）	23, 79, 96, 147, 388
佐藤 宗子	149, 155, 157	佐野 善雄	281
佐藤 元洋	444, 545, 546	佐野西中学校〔佐野市立〕	423
佐藤 康子	8	鯖江中学校〔福井県鯖江市〕	505, 507, 526
佐藤 泰志	8	佐橋 春香	175
佐藤 泰正	350	佐橋 美香	492
佐藤 泰之	206	佐波中学校〔防府市立〕	423
佐藤 悠樹	52	佐原 慎之介	184
さとう ゆうこ	55	佐原 進	205
佐藤 有耕	252	佐原 智也	102
佐藤 由起子	187	佐原 惇之介	184
佐藤 裕	240	座間高校視聴覚委員〔神奈川県立〕	533
佐藤 由美	518	サム, マルセラ	565
佐藤 ユミ子	166	鮫島 正行	395
佐藤 由美子	498	佐柳 正	363
佐藤 ゆり	105	小百合 葉子	263, 446
佐藤 容子	138	サヨノ, T.I.	360
佐藤 洋子	137	皿海 達哉	28, 77, 153, 172
佐藤 良和	536	サルキー, アンドリュー	584
佐藤 美子	271	猿田 祐嗣	323
佐藤 由子	466	ザルテン	75
佐藤 嘉春	546	猿橋 賢	470
佐藤 良彦	164, 165, 215	サルバドリー, マリオ	596
佐藤 義美	5, 74, 538	サルファテ, ソニア	571
佐藤 利恵子	361	猿丸 史枝	36
佐藤 李香	199	サーロウ, アダム	436
佐藤 律子	24	沢 利政	246
佐藤 亮子	124	澤 豊治	376
佐藤 良子	4	澤 なほ子	136
さとう れいか	99	沢 まなみ	7
佐藤 玲子	432	澤 由紀	550
さとう わきこ	167	沢井 一三郎	294
里岡 亜紀	321, 322, 323	澤井 里美	14
里川 春香	378	沢井 茂夫	8
サトクリフ, ローズマリー	285, 574, 594, 595	沢井 余志郎	281
里中 満智子	388	沢木 良子	544, 545
里見 正義	428	沢口 岳人	116
里見 まり	29	さわぐち ちなつ	99
里見 美佐	544	沢口 美香	179
里見 悠	558	澤口 靖子	99
里吉 美穂	126, 152	澤口 弥生	98, 99
佐土原高等学校〔宮崎県立〕	255	沢崎 宏之	267
佐土原中学校〔佐土原町立〕	520		

沢田 あきこ ･････････････････････ 18	椎名 啓二 ･････････････････････ 403
沢田 英史 ･･･････････････････ 122	椎名 高志 ･････････････････････ 393
沢田 修 ･････････････････････ 362	シイナケイジアトリエ ･････････････ 381
沢田 謙 ･････････････････････ 310	椎原 清子 ･････････････････････ 125
沢田 忠義 ･･･････････････････ 239	椎原 豊 ･･････････････････････ 12
沢田 徳子 ･･･････････････････ 205	紫雲日曜学校 ･･･････････････････ 296
沢田 としき ･･････････････ 146, 147, 291	CSKホールディングス ･････････････ 381
沢田 俊子(沢田 とし子) ･･･････････　13, 15, 45, 83, 125, 138, 139	CNN ･･････････････････････ 334
	CNNインターナショナル&インサイトニュー
沢田 半右衛門 ･････････････････ 364	ステレビジョン ･････････････････ 333
沢田 ひろふみ ･････････････････ 391	ジェファーズ, スーザン ･･･････････ 81
沢田 正好 ･･･････････････････ 356	GEMINI ････････････････････ 488
沢田 真奈 ････････････････････ 30	ジェームズ, ウィル ･･･････････････ 591
沢田 都 ･････････････････････ 13	ジェームス・スミス, D. ･･･････････ 567
澤田 理絵 ･･･････････････････ 553	シェリー, アン ･･････････････････ 568
佐渡 雅人 ･･･････････････････ 374	ジェンキンス, スティーブ ･････････ 598
沢野 和代 ･･･････････････････ 383	塩井 豊子 ･･････････････････････ 17
沢野 幸行 ･･･････････････････ 321	塩川 寿平 ･････････････････････ 403
沢野 友香 ･･･････････････････ 175	塩崎 勝彦 ･････････････････････ 371
沢登 君恵 ････････････････････ 28	塩沢 清 ･･････････････････････ 205
沢畑 登 ････････････････････ 366	塩澤 佐知子 ･･･････････････････ 110
沢辺 慎太郎 ･･････････････････ 202	塩沢 正敏 ･････････････････････ 213
沢山 みゆず ･･････････････････ 548	塩島 貞夫 ･････････････････････ 509
砂原小学校〔北海道砂原町立〕 ･･････ 343	塩島 スズ子 ･･･････････････････ 152
佐原小・中学校管理研究クラブ〔茨城県大子町〕 ･････････････････････ 300	塩塚 美那子 ･･･････････････････ 274
	塩田 啓二 ･････････････････････ 364
佐原中学校〔佐原市立〕 ････････････ 511	塩田 幸子 ･････････････････････ 516
山陰放送 ･･･････････････････ 440	しおた としこ ･････････････ 32, 162
サンガラトナ・法天・マナケ ･･････ 297	塩田 典子 ･････････････････････ 143
三京 真広 ･･･････････････････ 261	塩田小学校〔佐賀県藤津郡塩田町立〕 ･･ 349
三省小学校校内研修グループ〔青森県弘前市立〕 ･････････････････････ 303	塩出 真由子 ･･･････････････････ 378
	ジオノ, ジャン ･････････････････ 168
サンチェス=シルバ, ホセ・マリア ･･ 577	塩野 俊治 ･････････････････････ 373
三東 瑠璃 ･･･････････････ 477, 479	塩野 隆洋 ･････････････････････ 364
サントリー ･･････････････････ 381	塩野 米松 ･････････････････････ 147
山南小学校〔広島県沼隈郡沼隈町立〕 ･ 257	塩野谷 斉 ･････････････････････ 127
山王 憲雄 ･･･････････････････ 420	塩原小学校〔栃木県塩原町立〕 ･･････ 342
山王中学校〔秋田市立〕 ･･ 525, 526, 527, 528, 529	潮平 俊 ･･････････････････････ 279
山王中学校〔千葉市立〕 ････････････ 425	塩見 和子 ･････････････････････ 338
三戸高等学校〔青森県立〕 ･･････････ 433	塩見 俊二 ･････････････････････ 338
サンパウロ教育放送センター ･･ 327, 328	塩見 堯 ･･････････････････････ 313
三番町小学校図書ボランティア〔静岡県静岡市立〕 ･････････････････････ 243	塩見 昇 ･･････････････････････ 247
	塩谷 潤子 ･････････････････････ 152
ザンビア教育省放送 ･･････････････ 325	塩谷 太郎 ･････････････････････ 293
ザンビア教育放送 ･･････････････ 325	塩谷 奈弓 ･････････････････ 465, 496
山武中学校 ･･････････････････ 527	志賀 育恵 ･･･････････････････ 491, 499
三瓶 健明 ･･･････････････････ 221	志賀 康子 ･････････････････････ 362
三本木小学校〔宮城県三本木町立〕 ･･ 342	志賀 俊紀 ････････････････ 359, 360
三本松 絵美 ･･････････････････ 187	志賀 直哉 ･････････････････････ 188
山陽映画 ･･････････････････ 556, 557	志賀 信明 ･････････････････････ 551
山陽中学校 ･･････････････････ 506	志賀 浩子 ･････････････････････ 186
三和小学校〔美濃加茂市立〕 ･･････ 353	志賀 勇太 ･････････････････････ 464
	シーガー, ローラ・ヴァッカロ ･････ 598
	四ヶ浦 弘 ･････････････････････ 317
【し】	始閣 精太郎 ･･･････････････････ 342
	視覚障害教育・心理研究会 ･･････････ 345
ジー, ルース・バンダー ････････････ 147	滋賀県国語教育研究会 ･････････････ 343
椎崎 篤 ･･･････････････ 534, 535	滋賀県読者グループ連絡協議会 ････ 339
椎名 篤子 ･･･････････････････ 231	四方 彩瑛 ･････････････････････ 40
椎名 軽穂 ･･･････････････････ 391	信ヶ原 和子 ･･･････････････････ 240
	信ヶ原 良文 ･･･････････････････ 296

しがみね くみこ	164
鹿山小学校〔秋田県男鹿市立〕	351
信楽中学校〔滋賀県甲賀郡信楽町立〕	255, 423
シーガル, アランカ	596
志岐 竜哉	554
敷島中学校〔甲斐市立〕	507, 528
直原 兵平	364
鴫山 愛子	379
竺原 裕	379
シグロ	557
重清 良吉	211
重田 紗矢香	58, 59
重田 精一	428
重田 真由子	40
重富 奈々絵	202
重富中学校企画部会〔鹿児島県姶良町立〕	301
重永 幸英	310
しげの 秀一	390
茂原 幹子	515
重松 朝妃	104
重松 清	131
重松 彌佐	130
重本 佳美	513
至光社	298, 299
枝光幼稚園〔北九州市立〕	254
四国放送	438
獅子小学校〔長崎県平戸市立〕	370
宍戸 キヨミ	550, 551
宍戸 祥子	409
宍戸 美穂	496
宍戸 柚希	184
獅々堀 彊	419
志々目 彰	279
詩集・いさわ・えさしの子編集委員会	283
志津 えりか	500
シス, ピーター	589, 598
静岡おはなしの会	340
静岡県清水市教育委員会	369
静岡県駿東地区教育協会国語教育研究部	346
静岡県榛原郡教育協会北支部	353
静岡朝日テレビ	291
静岡子どもの本を読む会	339
静岡大学教育学部附属特別支援学校	354
静岡南部養護学校〔静岡県立〕	348
静岡放送	331, 438, 439, 440
静岡盲学校〔静岡県立〕	342
静岡聾学校〔静岡県立〕	342
志津谷 元子	33
下岡 萌々子	445
志段味中学校 科学部〔愛知県名古屋市立〕	409
下谷中学校難聴学級〔東京都台東区立〕	304
設楽 聡子	101
七三太朗	390
実川 風	519
実川 美穂	46
実践作文の会	341
実原 純子	8
刺刀 隆	539
紫藤 勇市	360
紫藤 律子	340
児童作家・さし絵画家協会	228
児童の言語生態研究会	347
児童文学研究センター	229
児童文学資料研究	150
児童文学と科学読物の会	340
児童文化の会	66
シドジャコフ, ニコラス	580
品川 浩太郎	140
品川 洋子	246, 371
品田 武	551
品田 文松	363
シナノ企画	290
信濃教育会	346
信濃教育会教育研究所	366
信濃中学校	527
シネ・サイエンス	449, 450, 457
シネ・ドキュメント	557
シネマボックス	557
シネリ	335
篠 智子	36
志野 英乃	64
篠崎 和子	541
篠崎 三朗	308
篠崎 仁美	540
篠崎 平和	357
篠崎 光正	26
篠塚 敦子	362
篠塚 かをり	165
篠塚 ひろむ	391, 394
篠田 佳余	164, 213
篠田 静江	60
篠田 美佐子	368
篠田 稔	220
信田 洋子	477
しのとお すみこ	84
篠ノ井旭高等学校〔長野県〕	369
篠原 千絵	393, 394
篠原 智子	518
篠原 尚文	311, 369
篠原 奈月	492
篠原 雅之	294
篠原 瑞枝	208
篠原 みずほ	49
篠原 実	345
篠原小学校〔浜松市立〕	447
信夫第一小学校〔福島県大信村立〕	372
芝 貞夫	366
ジーハ, ボフミル	578
芝 礼子	366
柴内 魁三	356
芝尾 悦子	338
柴崎 茂	313
柴崎 明星	118
柴田 愛子	56, 147
柴田 朝絵	169
芝田 勝茂	79, 88, 160
柴田 恭輔	546
柴田 欽章	517
柴田 圭史郎	164
柴田 幸一	251, 337
柴田 貞夫	339

柴田 祥子	481, 502
柴田 信	362
柴田 鈴花	194
柴田 隆	429
柴田 忠明	550
柴田 信雄	349, 358
柴田 秀雄	533
柴田 茉実	469, 482, 483, 501, 502, 503
柴田 元幸	148
柴田 ゆうみ	112
柴田 由紀子	514
芝田 涼也	109
芝野 文子	348
しばはらち	50
柴村 紀代	43
柴山 直	252
柴山 真琴	270
柴山 元彦	314
CBSソニー	538
地引 尚子	46
寺尾中学校〔横浜市立〕	510, 511
治部 浩三	272
四分一 勝	372
渋沢 青花	149, 159, 292
渋田 説子	39
渋谷 愛子	156
渋谷 和宏	220
渋谷 享治	406
渋谷 すみ江	548
渋谷 孝	350
澁谷 拓	220
渋谷 益左右	265, 279
澁谷 伶奈	445
嶋 貫郁	482
島 好基	427
島 新一	428
シマー, ダニエル	572
島 てんつき	222
志摩 時雄	263
島 紀子	544
島 式子	149
島 正仁	417
島 美弥子	475
嶋 睦弥	414, 415
島 留美	514
姉妹図書館	229
島内 三都子	373
島浦 葵	481, 482
島岡 丘	234
島崎 笙太郎	493
島崎 保久	168
島崎 政太郎	74
島路 幸子	474
嶋治 亮介	194
島津 政雄	364
島田 絢加	111
嶋田 彩佳	480
島田 彩乃	517
島田 啓三	293
島田 三郎	129
島田 早矢香	469, 471, 480, 481, 501
しまだ しほ	82
嶋田 修一郎	105, 199
島田 知佳	11
島田 毅	261
島田 ばく	294
島田 弘喜	292
島田 真千子	518
島田 葉子	372
島田 陽子	538
島田 玲子	347
島田第二中学校〔島田市立〕	513, 514, 515, 525, 526
志摩中学校〔志摩町立〕	507
島根県出雲市教育委員会	365
島根県国際理解教育研究会日韓合同授業研究部	275
島根県聴覚言語障害教育研究会	353
島根大学教育学部附属中学校	521, 522, 523
嶋野 靖子	15
島袋 光年	394
島村 修	416
島村 直子	114
島村 英紀	82, 429
島村 木綿子	125, 211
島本 一男	308
島森 マニ	495
清水 愛	129
清水 彰	384
清水 勇	364
清水 悦子	213
清水 えみ子	284, 336
清水 修	317
清水 和夫	369
清水 和音	515
清水 和彦	26
清水 清	79, 430
清水 欣子	339
清水 欣也	322
清水 健太	492
清水 厚師	514
清水 孝二	316
清水 耕蔵	167
清水 小十	365
清水 さくら	476
清水 聡典	399
清水 茂夫	345
清水 正和	28
清水 壮	415
清水 大貴	415, 517
清水 高師	512
清水 拓也	399
清水 猛	470
清水 温子	62
清水 達也	279, 339
清水 龍郎	315, 374
清水 たみ子	6, 294, 484, 539
清水 智恵子	44
清水 俊夫	535
清水 豊子	552
清水 直樹	373
清水 直美	123

清水 典子	90	しもはら としひこ	213, 214
清水 恒	53, 157	下原 由美子	208
清水 宏幸	375	下氷飽小学校〔更級郡東北村〕	512
清水 北斗	380	下渕 敏郎	132
清水 真砂子	78, 154, 155	下山 聡	404
清水 勝	94	下山 久	536
清水 真美	517	シーモント, マーク	580
清水 まゆみ	513	シャオ・チャオ・チュー	436
清水 美砂子	495	ジャクエツ	381
清水 道子	359, 475	石神井聾学校〔東京都立〕	370
清水 みな	493	シャケット, アンドリュー	146
清水 康敬	321	シャスターマン, ニール	598
清水 康代	8	ジャズダンス・スタジオ もんぺ	487
清水 祐子	517	ジャストシステム	461
清水 有紀	518	シャトゥラール, I.	81
清水 由紀	252	シャノン, デイビッド	147
しみず ゆめ	35	シャノン, モニカ	591
清水 慶彦	409	シャープ, イーディス・L.	569
清水 玲子	394	シャープ情報システム事業本部デザインセンター	383
清水 礼子	139	シャーミィーキャッツ	487
清水 渡	469, 502	シャラット, ニック	82
清水第三中学校〔清水市立〕	511, 512	シャルマ 紗花	453
清水中学校〔松本市立〕	514	ジャン・ソーンヒル	84
しみずはた みなと	97	シャーン, ベン	148
志村 さと	9	朱 柯	455
志村 太喜弥	344, 358	朱 包玲	204
志村 尚美	374	シュヴァルツ, アネリース	79
志村 米子	4	自由学園工芸研究所	382
志村第一中学校	506	自由工房	557
志免東中学校	528	修道小学校六年梅組	114
下井 守	417	修徳学院 木工部〔大阪府立〕	397
下総皖一を偲ぶ会	484	修徳小学校〔三重県桑名市立〕	342
下川 恭子	360	自由ベルリン放送協会	328, 331
下川原 裕子	8	十文字 美恵	371
下黒瀬小学校〔黒瀬町立〕	447	寿海 安子	552
下御領 瑤	444	珠玖 捨男	428
下崎 実	366	宿戸中学校〔岩手県種市町立〕	375
下里 彩華	111	宿輪 芳泰	208
下里 純子	536	シュタイナー, イエルク	587
下沢 隆	416	シュタインヘーフェル, アンドレアス	83
下地 小百合	378	シュティーベリング 育子	260
下地 里穂	545	首藤 泉	477
下島 夏蓮	481	首藤 悦爾	264
下謝名 松栄	313	首藤 友里	443, 444
下条 隆嗣	323	シュトップス, ウィリアム	575
下条 誠	176	シュトループ, マーガレット	82
下薗 彦二	346	シュナイダー, レオ	584
下田 巧	309, 358	ジュニアオーケストラ浜松・ジュニアクワイア浜松	448
下田 知江	348	ジュヌ・バントル	288
下田 麻紀	36	シュービガー, ユルク	578, 588
下田 美紀	163	シュビルナー, ヴォルフ	588
下館中学校〔茨城県下館市立〕	254, 423	取渕 はるな	39
下玉利 尚明	219, 220	シュミット, アニー・M.G.	578
下津第二中学校〔和歌山県海草郡下津町立〕	254	シュミット, ヘリベルト	586
下沼部小学校5年1組〔川崎市立〕	533	寿明 義和	517
下野 洋	313	首里中学校〔那覇市立〕	526
下関ひまわり号を走らせる会	375	シュリーブ, スーザン	566
下関養護学校〔山口県立〕	254	シュール, ベルント	589
下羽栗小学校〔笠松町立〕	447	シュルヴィッツ, ユリ	147
下畑 卓	162		

シュルツ, ヘルマン	82	城南中学校〔金沢市立〕	422, 424
シュルビッツ, ユリー	580	城南中学校〔静岡市立〕	510
シュレーダー, ビネッテ	589	城南中学校〔新潟県高田市立〕	405, 422
シュローテ, ヴィルヘルム	586	少年少女学習百科大事典編集部	74
淳風小学校研究部〔京都市立〕	267	少年少女文化財教室	349
旬報社	244	庄野 英二	5, 23, 24, 75, 153, 172
蕭 権君	453	城野 志帆	491
城 杉子	495	庄野 潤三	5
城 成治	372	庄原小学校〔広島県庄原市立〕	345
城 達哉	441	醸芳中学校〔桑折町立〕	504
鐘 長宏	454	城北小学校〔和歌山県和歌山市立〕	345
上 紀男	140	譲矢 知香子	353
昭栄中学校〔佐賀市立〕	423	松陽中学校〔石川県小松市立〕	505
上越教育大学学校教育学部附属中学校	424	城陽小学校〔大阪市立〕	504, 505, 507, 526, 527
上越国語教育連絡協議会	347	昭和女子大学附属昭和小学校	371
障害児教育教材教具研究会	309	昭和女子大附属昭和小学校	374
小学館	250	昭和中学校〔尼崎市立〕	527
小学校経営創造研究会	304	ショーエンヘール, ジョン	580
小学校国語教育研究会〔青森県八戸市立〕	350	且格小学校〔岐阜県岐阜市立〕	343
小学校体育教育研究会〔神奈川県藤沢市立〕	372	ジョージ, ジーン・クレイグヘッド	585, 592
		ジョージ・秋山	387
正行院青少年部日曜学校	296	ジョージ朝倉	391
商業高等学校〔京都府立〕	254	女子聖学院	512
生源寺 美子	59, 75, 165, 172, 204, 295	女子パウロ会	556
常光寺日曜学校	297	ジョナス, アン	169
浄光寺日曜学校	296	ジョラン	35
東海林 和美	364	ジョリッシュ, ステファーヌ	571, 572
庄司 一幸	374	ジョーンズ, エリザベス・オートン	579
東海林 恵子	419	ジョーンズ, エリザベス・マクデヴィット	567
庄司 紗矢香	518	ジョーンズ, ダイアナ・ウィン	568, 594
庄子 士郎	311	ジョンストン, ジュリー	570, 571
荘司 武	539	ジョンソン, エイドリアン	148
正司 登美	551	ジョンソン, D.B.	598
庄司 憲夫	309	白井 圭	518
庄司 正明	365	白井 小百合	480
庄司 陽子	390	白井 三香子	88, 133, 166
庄島 早苗	491	白井 有樹	415
城西小学校〔岐阜市立〕	353	白石 麻美	453
城西小学校〔千葉県東金市立〕	369	白石 いずみ	220
城西小学校〔福島県会津若松市立〕	343	白石 薫子	492
城西小学校〔結城市立〕	305	白石 喜美子	543
城西中学校〔鹿児島市立〕	425	白石 晴二	535
城西中学校〔上越市立〕	521	白石 貴子	12
正田 彩音	445, 546	白石 伸子	370
正田 賢志	384	白石 等	245
勝田 紫津子	163	白石 和己	365
城代 さや香	440	白石 嘉弘	350
昇地 三郎	356, 370	白石 莉恵	379
松竹	291	白石 和佳	183
小竹島 紗子	547	白岩 けい子	186
正道 かほる	88, 155	白岩 登世司	179
城東小学校〔秋田市立〕	504	白岩 よし	338
城東中学校〔太田市立〕	528	白尾 千夏	111
城東中学校〔和歌山市立〕	351	白方小学校〔茨城県那珂郡東海村立〕	408
城内中学校〔静岡市立〕	512, 513	白椛 祐子	467, 500
城南小学校〔愛知県岡崎市立〕	352	白上 未知子	243
城南小学校〔岩手県盛岡市立〕	342	白川 雅樹	548, 559, 560
城南小学校〔諏訪市立〕	510	白川 みこと	33, 164
湘南台小学校〔神奈川県藤沢市立〕	350	白河総合支援学校〔京都市立〕	354
城南中学校〔秋田市立〕	432	白河中央中学校	521
城南中学校〔岩槻市立〕	522	白木 敏雄	343

新良貴 敏公	464	新宿中学校〔千葉市立〕	426
白倉 隆一	65	新城 暁子	114
白阪 実世子	60	新庄 節美	60
白沢 和子	551	新城 昇	312
白洲 正子	287	新庄 久芳	282
白瀬 郁子	213, 214	進上 芳雄	311
白田 照頼	518	新城小学校〔神奈川県川崎市立〕	302
白たか子どもの本研究会	340	宍道幼稚園〔島根県八束郡宍道町立〕	368
白竹 博子	495	心身障害児治療教育研究会	309
白土 あつこ	35	塵人同人会	185
白戸 智志	7	新生映画	288, 459, 460
白土 三平	387	真正中学校真桑文楽同好会〔真正町立〕	352
白鳥 晶子	58	甚田 和幸	270
白鳥 省吾	292	新谷 かおる	393
白鳥 創	52	新谷 智恵子	539, 548, 558
白鳥 みさき	106	新谷 まゆみ	8
白鳥 洋一	145	新谷 真理子	402
白根 厚子	53, 157	新谷 優花	120
白波瀬 道雄	534	新藤 悦子	156
白畑 和彦	234	新藤 銀子	60
白幡 久美子	514	進藤 恵子	558
白浜 杏子	166	進藤 寿子	511
白濱 能里子	13	進藤 誠	347
寺領小学校〔広島県戸河内町立〕	343	神藤 吉重	348
視力障害者と本の会	340	進藤 義武	514
ジル、マージェリー	76	進藤 玲美	463
白水 利佳	208	新道小学校弱視教室〔京都市立〕	373
次良丸 忍	137	シンドラー、S.D.	148
次郎丸中学校〔福岡市立〕	528	新日本出版社	244, 245, 289
白金 由美子	60	新日本動物植物えほん編集部	430
白銀南中学校〔八戸市立〕	521, 522, 523	深沼 弓美子	477
城崎 敏幸	315	榛の なな恵	393
代田 英明	398	榛葉 苔子	12, 47
城田 安幸	77	新原小学校〔静岡県浜北市立〕	372
城谷 花子	294	新風舎	299
城谷 義子	367	新保 利幸	351
城山中学校〔宗像町立〕	504	新保 美恵子	359
志和 雅恵	433	新保 恵	435, 470, 471, 481, 503
紫波町ほん太ネット	277	神明小学校〔岡谷市立〕	514
神 紀美子	494	しんや ひろゆき	60
神 真理子	500	心理科学研究会	337
真栄中学校 合唱部〔札幌市立〕	522, 523		
信越放送	438, 439, 440	**【す】**	
シンガー、アイザック	582, 585		
シンガポール教育省カリキュラム開発研究所	329, 330	スイス・ドイツ語・レト・ロマン語地域放送協会	330
シンガポール教育テレビ	325, 327, 328	スイス放送協会	326, 328
シンガポール国営放送	326	瑞鷹エンタープライズ	288
新川 和江	81, 94, 295, 539	スウィンデルズ、ロバート	574
新川 美水	372	スウェーデン教育放送	328, 329, 330, 333, 334
神宮 輝夫	153, 285, 295	スウェーデン放送協会	325, 326
ジングラス、シャルロット	571	崇善小学校〔神奈川県平塚市立〕	344
しんくり たつな	220	末崎中学校〔岩手県大船渡市立〕	255
シンケル、ダヴィッド	570	末繁 昌也	15, 24, 220
新沢 滋子	19	末田 洋子	205
新沢 誠治	337	末武 久人	354
真珠 まりこ	56	須恵中学校	528
信州大学教育学部附属長野中学校	522	末永 いつ	166
信州大学教育学部附属養護学校	349	末永 希	189
信州大学附属松本中学校	512, 513, 514		
新宿小学校〔千葉市立〕	515		

すえのぶけいこ	391	杉浦 成美	532
末原 雅広	469	杉浦 範茂	77, 95, 146, 167, 168, 295, 299
末広 いく子	279	杉浦 美紀	132
末藤 栄	428	杉浦 義典	252
末藤 義正	311	杉尾 幸司	316
末松 大輔	467	杉岡 茂	363
末松 恵	152	鋤柄 一児	237
末光 茂	309	杉吉 和彦	9
すえもりブックス	539	杉崎 正美	561
末吉 暁子	78, 87, 96, 155, 173	杉島 知奈津	482
末吉 豊文	321, 322	杉田 志保子	548, 559
スオミ セツコ	145	杉田 尚美	90
菅 章	259	杉田 典子	495
須賀 昭一	419	杉田 美代子	358
須賀 哲夫	251	杉田 豊	77, 79, 295, 388
菅 知美	192	杉田 由仁	235
須賀 愛美	399	杉谷 悠	441
菅井 建	26, 473, 534	杉並児童合唱団	542
菅井 建吉	349	杉野 篤志	16
菅井 準一	74, 75	杉野 泰夫	548
菅井 豊吉	366	杉原 和男	316, 317
菅井 典子	537	杉原 宏二	257, 258
菅井 円加	471, 482, 490	杉村 香菜	435
菅沢 真樹	194	杉村 晴子	495
菅田 篤	258	杉本 彩香	379
菅沼 晴吾	202	杉本 喜代栄	337
菅原 一晃	185	杉本 さやか	111
すがや みつる	393	杉本 純子	466, 498
須川中学校〔湯沢市立〕	507	杉本 滝子	101
菅原 一真	108	すぎもと ちほ	201
菅原 義一	374	杉本 千穂	46
菅原 公枝	432	杉本 恒子	368
菅原 健太郎	106	杉本 真理	512
菅原 康太	180	杉本 美穂子	321
菅原 沙恵	108	杉本 深由起	16, 81
菅原 智子	495	杉森 美香	139
菅原 瑞愛	433	杉山 於里恵	209
菅原 善吉	43	スギヤマ，カナヨ（杉山 佳奈代）	82, 163, 389
菅原 忠雄	236	杉山 咲弥	111
菅原 力	107, 108	杉山 里子	60
菅原 朋子	101, 476	杉山 伸	47
菅原 遼	180	杉山 巍	418
菅原 松枝	432	杉山 亮	84
菅原 優子	53, 211	杉山 正明	421
菅原 裕紀	37	杉山 まゆ奈	220
菅原 結美	179	杉山 幹郎	352
菅原 百合子	511	杉山 穣	341
菅原 廉典	183	杉山 友理	435
杉 みき子	5, 85, 94, 199	杉山 剛英	318, 420
杉内 邦子	361	杉山 了三	319
杉内 里穂	490	椙山女学園高校 演劇部	64
杉浦 亜衣	7	祐成 智美	485, 540, 559
杉浦 和隆	102	菅野 サチ	373
杉浦 慶子	237	菅野 幸雄	371, 418
杉浦 元一	374	瑞慶山 臣	380
杉浦 宏	308	菅生 浩	155, 223
杉浦 茂	294	菅生 めぐ美	193
杉浦 準一	240	スコット，アンバー	436
杉浦 巧	409	諏佐 加奈子	379
杉浦 拓哉	413	須崎 葉子	550
杉浦 健	415	ズーサック，マークース	590

スザーン, テリー	548	鈴木 将	80
鈴岡 寅史	407	鈴木 省三	293
鈴川 俊介	377	鈴木 千原	311
鈴川小学校〔山形市立〕	447	鈴木 大三	346
鈴木 愛理	519	鈴木 大也	14
鈴木 葵	109	鈴木 妙子	59
鈴木 亜紀	407	鈴木 孝枝	107
鈴木 安芸	128	鈴木 隆真	107
鈴木 秋男	248	鈴木 健大郎	184
鈴木 昭人	395	鈴木 達夫	311, 312
鈴木 敦子	261	鈴木 知英子	238, 241
鈴木 彩	62	鈴木 智香子	543
鈴木 絢乃	481	鈴木 智草	188
鈴木 綾乃	481	鈴木 直歩	410
鈴木 歩	409	鈴木 次男	179
鈴木 杏奈	107, 546	鈴木 伝男	376
すずき いくこ	186	鈴木 翼	184
鈴木 郁郎	535	鈴木 哲	421
鈴木 泉	552	鈴木 哲子	74
鈴木 鎮子	42	鈴木 徹郎	76, 149
鈴木 英治	47, 48	鈴木 輝次	248
鈴木 詠翔	472	すず木 てるや	179
鈴木 栄助	343, 357, 368	鈴木 杜生子	108
鈴木 栄三	349	鈴木 篤郎	346
鈴木 悦夫	154	鈴木 寿雄	93, 307
鈴木 愛姫	111	鈴木 敏子	241
鈴木 衣美	498	鈴木 敏紀	268
鈴木 麻見	502	鈴木 トミエ	238
鈴木 賀一	511, 512	鈴木 富治郎	264
鈴木 香	384	鈴木 朋子	375
鈴木 香織	379	鈴木 友子	163
鈴木 一恵	516	鈴木 なおみ	240
鈴木 一男	344	鈴木 奈津子	395
鈴木 計広	26	鈴木 波男	365
鈴木 公夫	315	鈴木 なよ	71, 72
鈴木 久蔵	294	鈴木 信勇	371
鈴木 京子	166	鈴木 延子	496
鈴木 喜代春	159	鈴木 信正	344
鈴木 久美子	122	鈴木 典子	495
鈴木 圭子	236	須々木 博	307
鈴木 恵子	216, 514	鈴木 久雄	204
鈴木 桂子	350	鈴木 久子	14
鈴木 圭祐	189	鈴木 久実	235
鈴木 賢一	403	鈴木 英雄	280
鈴木 弘一	513	鈴木 秀太郎	508
鈴木 康司	310	鈴木 栄幸	321
鈴木 康介	413	鈴木 斉	261
スズキ コージ	95, 148, 168, 389	鈴木 ひとみ	495
鈴木 栄	429	鈴木 日奈子	187
鈴木 沙彩	435	鈴木 啓夫	418
鈴木 サツ	264	鈴木 啓子	8
鈴木 智子	187, 412	鈴木 広	133
鈴木 しげ子	405	鈴木 浩	406
鈴木 茂信	111	鈴木 裕	433
鈴木 茂	179	鈴木 浩彦	88
鈴木 重三	149	鈴木 ひろみ	187, 206
鈴木 純子	57, 144, 508	鈴木 文孝	216
鈴木 俊徳	407	鈴木 萌依	554
鈴木 昭二	163	鈴木 誠	316
鈴木 慎一朗	412	鈴木 正彦	476
鈴木 仁	83	鈴木 将史	182

鈴木 應哉	116		鈴木 若奈	209
鈴木 松雄	293		鈴沢 玲美	62
鈴木 真奈美	184		錫谷 和子	213
鈴木 真帆	498		すずま ひろき	99
鈴木 まもる	389		鈴村 直之	413
鈴木 真由	476		雀宮中学校〔宇都宮市立〕	424, 425, 521
鈴木 真弓	515		鈴蘭台中学校 吹奏楽部〔神戸市立〕	505
鈴木 檀	279		須田 一成	261
鈴木 未央	105		須田 寿	62, 75
鈴木 澪莉	413		須田 つや子	494
鈴木 美紀	559		須田 麻智子	186
鈴木 美樹	102		須田 真美子	512
鈴木 美咲	108		須田 まや	502
鈴木 みち子	65		須田 利一郎	340
鈴木 美智子	53, 205		須田 輪太郎	534
鈴木 理代	106		スタイグ, ウィリアム	580, 582
鈴木 光男	261		スタジオPAL	488
すずき みどり	179		スタルク, ウルフ	588
鈴木 美波	478, 479, 500		須知 徳平	294
鈴木 実	153		スティーヴンス, ジョン	266
鈴木 美也子	133		ステート・オブ・アート社	331
鈴木 ムク	32		ステム, アンティジェ・フォン	589
鈴木 椋太	546		すとう あさえ	84
鈴木 萌美	380		須藤 斎	84
鈴木 基介	366		須藤 克三	263
鈴木 康一	176		須藤 憲三	293
鈴木 康彦	299		須藤 克誉	415
鈴木 康之	127		須藤 さちえ	50
鈴木 祐一	400		須藤 隆成	107
鈴木 勇貴	40		須藤 伝悦	405
鈴木 裕子	515		須藤 舞子	70
鈴木 悠朔	107		須藤 梨菜	545
鈴木 雄司	237		ストレトフィールド, ノエル	573
鈴木 雄平	183		スナイダー, ダイアン	596
鈴木 裕歩	410		砂川 恵長	351
鈴木 ゆかり	161		砂川 里美	378
鈴木 由貴	476		砂川 ひろ子	222
鈴木 由起	47		砂川 竜一	242
鈴木 ゆき江	16		砂田 弘	153, 154
すずき ゆきこ	72		砂原 亜紀	517
鈴木 幸子	19, 42, 184		砂山 冴貴	378
鈴木 由美	32		砂山保育所〔和歌山県和歌山市立〕	259
鈴木 裕美	558		須原 ひとみ	551
鈴木 由美子	337, 390		スピア, エリザベス・ジョージ	592
鈴木 ゆりか	183		スピア, ピーター	580, 582, 595
鈴木 淑恵	410		スピネッリ, ジェリー	593, 597
鈴木 吉男	77		スプラーグ, グレッチェン	565
鈴木 敬子	530		スプリンガー, ナンシー	567
鈴木 良武	167		ズベドベリ, ボー	81
鈴木 義治	74, 77, 79, 94, 168, 294		スペリー, アームストロング	591
鈴木 好彦	374		スポール・メディア	335
鈴木 依子	215		スポーン, エルゲン	586
鈴木 順子	187, 516		SMASSEプロジェクトチーム	321
鈴木 利恵子	50		スマート, ホーリー	436
鈴木 里奈	138		ズマトリーコバー, ヘレナ	286
鈴木 竜	488		角 秋義	339
鈴木 隆太郎	519		隅 敦	260
鈴木 レイ子	156, 157		鷲見 恵理子	517
鈴木 玲子	403		鷲見 加津子	510
鈴木 礼子	550		住 宏平	347
鈴木 礼奈	480		須見 五郎	74

鷲見 武昭 ······················· 509
住井 すゑ ······················· 93
住江 一郎 ······················· 515
スミス, カトリオナ ················ 586
スミス, ドディー ·················· 81
スミス, レイ ····················· 586
炭田 晶弘 ······················· 403
住田 裕見 ······················· 395
隅田 学 ···················· 320, 323
住友 拓也 ·············· 469, 471, 490
住友 美智子 ····················· 544
住本 由美 ······················· 474
角谷 千飛路 ····················· 109
住谷 祐輔 ······················· 109
角谷 陽子 ······················· 139
住山 恭子 ······················· 346
住吉 ふみ子 ················· 12, 67, 90
住吉中学校〔神戸市立〕··········· 520, 521
住吉中学校 放送部〔川崎市立〕······· 532
ズーム・ティー ··················· 381
スモール, デイビッド ··············· 581
巣山 葵 ···················· 479, 492
陶山 高度 ······················· 339
陶山 弘志 ······················· 260
栖吉中学校〔長岡市立〕············· 424
スリランカ・テレビ放送協会 ······ 329, 330
スリランカ放送協会 ········ 327, 328, 329
スレイド, アーサー ················ 572
スロボトキン, ルイス ··············· 579
諏訪 あき子 ····················· 351
諏訪 義十 ······················· 351
諏訪 きぬ ······················· 337
諏訪 裕美 ······················· 475
諏訪教育会幼年教育研究委員会 ······· 336
スワジランド国営放送 ·········· 326, 329
諏訪内 晶子 ················· 516, 517

【せ】

セイ, アレン ·············· 581, 596, 597
静 未生 ························ 186
青雲会 ························· 297
西円字こども念仏 ·················· 296
勢家 肇 ························ 263
精華小学校〔岐阜県多治見市立〕······· 349
生活2班職員 ····················· 362
清家 嘉代子 ····················· 236
成蹊高校 天文気象部 ··············· 276
成蹊小学校 ······················ 341
成城学園初等学校 劇部 ·············· 534
成城学園初等学校 国語文学研究部 ····· 342
成城中学校 吹奏楽部〔東京都〕······· 506
井津 定光 ······················· 418
精神薄弱問題史研究会 ·············· 309
誠信幼稚園〔福山市〕··············· 368
清泉女学院 中学音楽部 ·············· 523
西総合養護学校〔京都市立〕·········· 353
青銅プロダクション ················ 556
聖ドミニコ学園中学校 ·············· 520

青年劇場 ······················· 288
青年座 ···················· 288, 289
清野 いずみ ····················· 474
清野 倭文子 ······················ 19
清野 智子 ······················ 120
清野 奈菜 ······················ 189
清野 勝 ························ 406
星美学園小学校 音楽特別クラブ ······· 447
西部中学校 科学部〔佐賀県鹿島市立〕·· 407, 408
西部ドイツ放送協会 ············ 325, 326
聖望学園中学校放送委員会 ··········· 532
聖母女学院聖母学院小学校 ··········· 353
聖マリア学院小学校 ················ 346
清宮 哲 ························ 120
西友 ··························· 290
聖籠中学校〔聖籠町立〕············· 353
正和中学校 ····················· 528
西среди中学校〔和歌山市立〕······ 505, 506
ゼヴィン, ガブリエル ················ 84
瀬尾 貴子 ······················· 15
瀬尾 七重 ················ 159, 172, 181
瀬尾 洋 ························ 103
瀬尾 まいこ ····················· 131
瀬尾 政雄 ······················ 351
瀬尾 美喜 ······················ 454
瀬河 寛一 ······················ 433
瀬司 寛司 ·············· 432, 433, 476
世界の子どもと手をつなぐ学生の会 ···· 352
瀬川 愛 ························ 41
瀬川 清子 ······················ 230
瀬川 祥子 ······················ 516
瀬川 純夫 ······················ 512
瀬川 知久 ······················ 398
瀬川 倫弘 ······················ 186
瀬川 康男 ····· 76, 79, 94, 168, 232, 285, 287, 388
瀬川 ゆかり ····················· 115
関 淳雄 ························ 76
せき あゆみ ····················· 142
関 一葉 ······················· 496
関 華月 ······················· 544
関 今日子 ················· 156, 548
関 賢子 ······················· 551
関 純子 ······················· 552
関 孝弘 ······················· 513
関 千尋 ······················· 483
せき とうご ····················· 99
関 朝之 ························ 69
関 典明 ······················· 234
関 英雄 ··········· 5, 22, 76, 149, 153, 307
関 仁志 ······················· 399
関 日奈子 ····················· 280
関 真木子 ····················· 552
関 麻里子 ····················· 138
関 冬 ························· 36
関 森彦 ······················· 399
関 由佳理 ····················· 194
せき ゆずき ····················· 100
関 りん ······················· 123
関 瑠那 ······················· 100
関内 麻希 ····················· 177

せんや

関ヶ原南小学校〔岐阜県不破郡関ヶ原町立〕 ………	351
関川小学校〔茨城県石岡市立〕 …………………	372
関口 巌 ……………………………………………	218
関口 花梨 …………………………………………	435
関口 重甫 …………………………………………	75
関口 シュン ………………………………………	83
関口 順子 …………………………………………	179
関口 徳成 …………………………………………	551
せきぐち ともこ …………………………………	147
関口 奈保美 ………………………………………	562
関口 教子 …………………………………………	475
関口 尚 ……………………………………………	131
関口 美保 …………………………………………	176
せきざわ みなえ …………………………………	213
積志中学校 吹奏楽部〔浜松市立〕 ………………	505
関城中学校〔関城町立〕 …………………………	527
積水ハウス ………………………………………	381
関田 哲 ……………………………………………	240
碩台小学校〔熊本市立〕 …………………………	447
関戸 畔菜 …………………………………………	503
関根 昭宏 …………………………………………	182
関根 明美 …………………………………………	187
関根 篤史 …………………………………………	117
関根 栄一 …………………………… 484, 539, 540	
関根 一昭 …………………………………………	274
関根 千永 …………………………………………	183
関根 典子 …………………………………………	433
関根 房子 …………………………………………	361
関根 光男 …………………………………………	66
関根 陽子 …………………………………………	62
関野 静音 …………………………………………	545
関原 斉子 …………………………………………	558
関本 昌平 …………………………………………	545
関谷 ただし ………………………………………	109
関谷 つばさ ………………………………………	380
関谷 藤四郎 ………………………………………	364
関屋 敏隆 ……………………………………… 81, 168	
関谷 ひさし ………………………………………	392
関矢 幸雄 ……………………………………… 26, 534	
関屋仏教日曜学校 …………………………………	297
寂寥 美雪 …………………………………………	124
瀬口 忠一 …………………………………………	367
勢子 優真 …………………………………………	401
世古 梨佳 …………………………………………	515
瀬崎小学校〔埼玉県草加市立〕 …………………	347
セサミ・ワークショップ …………………………	334
瀬島 五月 …………………………………… 468, 530	
瀬田 貞二 ……………………… 75, 149, 153, 167, 287	
勢田 十三夫 ………………………………………	204
世田谷学園中学校 ………………… 505, 506, 507	
世田谷区教育委員会 ………………………………	265
薛 沙耶伽 …………………………………………	126
瀬戸 省三 …………………………………………	311
瀬戸 万里奈 ………………………………………	480
瀬戸 文美 …………………………………………	10
瀬戸 瑠夏 …………………………………………	253
瀬堂川 拓 …………………………………… 545, 546	
瀬戸北高等学校 図書部〔愛知県立〕 …………	249
瀬戸田小学校〔広島県瀬戸田町立〕 ……………	368
瀬戸山 剛 …………………………………………	558
瀬戸山 裕子 ……………………… 442, 479, 500	
せな けいこ ………………………………………	76
瀬沼 花子 …………………………………………	320
妹尾 映子 …………………………………………	511
妹尾 熊男 …………………………………………	356
妹尾 敬士 …………………………………………	372
妹尾 堅一郎 ………………………………………	269
妹尾 有里 …………………………………………	36
瀬林 杏子 …………………………… 278, 338, 344	
セベスティアン, ウィーダ ………………………	582
ゼーマン, ルドミラ ………………………………	571
千万町小学校〔岡崎市立〕 ……………… 354, 448	
瀬谷 明日美 ………………………………………	183
せら じゅんこ ……………………………………	12
世羅中学校大田教場〔世羅町立〕 ………………	423
世羅西中学校〔広島県世羅郡世羅西町立〕 ……	302
芹沢 孝治 …………………………………………	236
芹沢 博司 …………………………………………	474
芹沢 義泰 …………………………………………	263
芹田 佐代美 ………………………………………	474
ゼリンスキー, ポール・O. ……………………	581
セルズニック, ブライアン ………………………	581
セレディ, ケート …………………………………	591
ZEROキッズ ……………………………………	448
ぜん まなみ ………………………………………	48
全沖縄風疹聴覚障害児教育研究会 ………………	342
千賀 愛 ……………………………………………	274
千釜 有美子 ………………………………………	546
千川 あゆ子 ………………………………………	133
戦後・上山の子どもの詩編集委員会 ……………	283
全国LD親の会 ……………………………………	354
全国情緒障害者教育研究会 ………………………	309
千住 博 ……………………………………………	55
千住 真理子 ………………………………… 514, 515	
千寿旭小学校〔東京都足立区立〕 ………………	344
専修商業学校 ………………………………………	524
禅心会やまでら ……………………………………	297
前進座 ……………………………… 287, 288, 289, 290	
千竃 晃子 …………………………………………	475
千田 悦子 …………………………………………	541
千田 善八 …………………………………………	338
千田 卓人 …………………………………………	98
千田 奈緒子 ………………………………………	441
仙田 直丈 …………………………………………	496
千田 靖子 …………………………………………	268
千代 章一郎 ………………………………………	402
仙台手をつなぐ文庫の会 …………………………	339
センダック, モーリス ……………… 578, 580, 582, 596	
泉中学校〔矢坂市立〕 ……………………………	425
千桐 英理 …………………………………………	125
千徳小学校スクールバンド委員会〔宮古市立〕	
……………………………………………………	448
セント・ニコラス研究会 …………………………	149
セントラル・テレビ ………………………………	330
全日本私立幼稚園連合会 …………………………	540
全日本特殊教育研究連盟 …………………………	309
センバ 太郎 ………………………………………	392
仙波 良成 …………………………………………	471
善方 崇臣 …………………………………………	183
善方 武仁 …………………………………………	184
千屋小学校〔秋田県仙北郡千畑村立〕 …………	301

【そ】

宗 武子	134
宗 知忠	510
淙 雛子	157
創育	250, 461
蒼空 星夜	189
創芸	26
造形さがみ風っ子事務局	260
崇広小学校〔兵庫県氷上郡柏原町立〕	348
総崎 清子	359
雑司谷小学校〔東京都豊島区立〕	342
総社東中学校〔総社市立〕	526, 527
曹洞宗ボランティア会	296
操南中学校	506
相馬 明美	164
相馬 沙織	107
相馬 直哉	5
相馬 ひとみ	398
相馬 史子	199
相米 悦子	16
宗宮 悠子	469
宗谷 つとむ	19
惣領 冬実	393
副島 康子	26
副田 凱馬	344
添田 京子	240
添田 信	8
添田 麻利恵	183
曽我 恵美	412
曽我 訓子	561
曽我 四郎	294
曽我 正雄	353
曽我部 国久	417
曽川 裕子	543
速成寺日曜学園	296
十河 志織	465, 497, 498
素水 光子	349
曽田 文子	46
曽田 正人	391, 394
曽田 稔	115
袖ヶ浦市体育主任の会	306
外旭川小学校〔秋田市立〕	433
ソートランド, ビョルン	588
楚南 美紀	109
ソニー・クリエイティブプロダクツ	564
ソニー・ミュージックエンタテインメント	564
曽根 小百合	29
曽根 紀子	559
曽根 ユリ	514
埇田 博子	29
埇田 良子	29
曽根東小学校〔北九州市立〕	255
園 一彦	348
園田 喜平	263
園部 あさい	166
園部 利彦	420
そばの実会	338
ソフィラス, マーク	83
祖父江 長良	200
曽宮 真代	202
染谷 亜利	477
染谷 由希子	406
征矢 清	137, 174, 287
征矢 哲雄	368
ソーヤー, ルース	591
曽山 一寿	394
空ノ下 雪	34
ソールズベリー, グレアム	598
ソレンスン, ヴァージニア	592
ソロタレフ, グレゴワール	588
孫 剣冰	75
孫 仁洙	518

【た】

大 慶太	542
田井 祐子	123
たいい のりこ	115
第一映画社	555
第一中学校〔飯山市立〕	514
第一中学校〔出雲市立〕 521, 522, 523, 525, 526, 527, 528	
第一中学校〔市川市立〕	526
第一中学校〔茨城県下館市立〕	422, 510
第一中学校〔大町市立〕	422
第一中学校〔唐津市立〕	426
第一中学校〔須賀川市立〕	522, 523
第一中学校〔富田林市〕	422
第一中学校〔那珂市立〕	507
第一中学校〔蕨市立〕	520, 521
第一中学校 合唱部〔会津坂下町立〕	522, 523
第一中学校 合唱部〔松戸市立〕	523
第一中学校研究委員会〔山形県天童市立〕	301
第一中学校 吹奏楽部〔箕面市立〕	505
第一中学校第3学年〔旭市立〕	306
大映	284
タイ教育省放送	325
タイ国営放送	331
第五高等女学校〔東京都立〕	508
第五中学校〔銚子市立〕	504
第五中学校〔豊中市立〕	422
第五中学校〔習志野市立〕	528, 529
第五中学校〔松戸市立〕	427
第五中学校〔三原市立〕	425
第三大島小学校〔江東区立〕	305
第三錦林小学校〔京都市立〕	348
第三小学校〔柏市立〕	512
第三中学校〔会津若松市立〕	447, 520, 521, 522
第三中学校〔青森県八戸市立〕	504, 506, 527
第三中学校〔足立区立〕	509
第三中学校〔出雲市立〕	521, 522, 523
第三中学校〔伊勢崎市立〕	526
第三中学校〔青梅市立〕	507
第三中学校〔島根県松江市立〕	301
第三中学校〔高崎市立〕	510, 511
第三中学校〔弘前市立〕	526

項目	ページ
第三中学校〔文京区立〕	509
第三中学校〔前橋市立〕	422, 505
第三日野小学校〔東京都品川区立〕	374, 510
太治 大輔	402
太子堂中学校〔東京都世田谷区〕	255
大社中学校〔大社市立〕	521, 522, 526
大社中学校〔簸川郡〕	422
第十中学校〔東京都豊島区立〕	504, 525
第十四中学校〔足立区立〕	526
大正小学校〔台東区〕	509
大伸社	461
大多府小学校〔岡山県日生町立〕	342
大東映画	284
台東区ジュニアオーケストラ	447
大道小学校〔横浜市立〕	254
胎中 智也	313
第七中学校 自然研究部〔東京都調布市立〕	407, 408
ダイニチ映画	285
第二中学校〔会津若松市立〕	522, 523
第二中学校〔出雲市立〕	521, 525, 526, 527
第二中学校〔上田市立〕	509, 512
第二中学校〔大阪府貝塚市立〕	255
第二中学校〔酒田市立〕	424
第二中学校〔須賀川市立〕	522
第二中学校〔千葉県館山市立〕	368
第二中学校〔前橋市立〕	526
第二中学校〔水戸市立〕	511, 512, 513, 514, 515
第2ドイツ・テレビジョン協会	327, 330, 331, 335
大日本スクリーン製造	250
大日本図書	244
田井能 喜三郎	366
台場小学校〔旭川市立〕	353
第八小学校〔山形市立〕	348
第八中学校〔立川市立〕	504
第八中学校E組〔東京都目黒区立〕	350
大原 啓司	352
大門 髙子	26
大門高校 理科部〔富山県立〕	372
大門中学校 吹奏楽部〔富山県大門町大島町中学校組合立〕	505
第四小学校〔山形県山形市立〕	342
第四小学校きこえとことばの教室〔東京都八王子市立〕	346
第四中学校〔習志野市立〕	527
第四中学校〔前橋市立〕	526
たいら いさお	539
平 純夏	197
平 直樹	252
平 正夫	101, 212
平第一小学校〔いわき市立〕	514
平第一中学校〔いわき市立〕	527
平中学校〔川崎市立〕	425
第六中学校〔山形市立〕	507
大和中学校〔大和町立〕	511
大和ハウス工業	381
田浦 美徳	193
タウンゼンド，ジョン・ロー	566, 595
田岡 朝雄	342
田岡 ひとみ	361
ダオメー国営放送	326
多賀 光彦	416
高井 花純	435, 470, 481
高井 荘次	428
高井 俊夫	428
高井 俊宏	107
高井 富夫	362
高井 美沙樹	183
高家 博成	430
髙石 初美	387
髙石 晴香	39
高井戸第二小学校〔杉並区立〕	511
互野 恭治	315, 317
高尾 奏之介	519, 546
高尾 奈央	203
高岡 広美	399
高岡 由美	432
高岡 良一	403
高岡中学校〔金沢市立〕	427
高岡中学校〔土佐市立〕	507
高岡メルヘンの会	82
高岡聾学校教育相談室〔富山県立〕	353
高雄中学校〔田辺市立〕	423
鷹谷 美希	471
高垣 眸	263, 293
高垣 マユミ	321, 322
高垣 美和子	177
高木 あきこ	84, 137, 155, 540
高木 一哉	371
高木 邦博	318
高木 敬一	428
高木 敬子	509
高木 剛	181
鷹木 梢	13, 16, 35
高木 正一	341
高木 聖子	19
高木 節子	431
高木 東六	538
高木 敏夫	312, 313
高木 敏子	287
高木 尚子（たかぎ なおこ）	13, 16
高木 ナヤック法子	164
髙木 博	204
高木 望由	472
高城 愛未	503
田垣 真由美	552
高木 未知子	463
高木 康子	513
高木 竜馬	537
高木 僚介	194
高木 凛々子	445
高岸 ミツ子	351
高久 嬢	225
高倉 幸蔵	344
高倉 優理子	545
高崎 順	387
高崎 のぞみ	543
高崎 乃理子	53
高崎 倫子	102
高崎高等養護学校〔群馬県立〕	448
高沢 嘉津子	475, 476, 496
高沢 守	361

タカシ トシコ	88	高田小学校〔島根県仁多町立〕	352
たかし よいち	6, 77, 153	高田中学校3年生〔亀岡市立〕	397
堯 律子	264	高谷 俊賢	297
高志小学校〔上越市立〕	354	高擶小学校〔天童市立〕	353
高階 杞一	211	高塚 創	398
高島 かお莉	477	高月 啓充	548
タカシマ シズエ	77	高槻養護学校学校経営研究グループ〔大阪府立〕	300
高島 尚子（たかしま なおこ）	58		
高島 直子	13	高津中学校〔神奈川県川崎市立〕	371
高島 春雄	74, 75	高楼 方子（たかどの ほうこ）	
高島 ひとみ	432		6, 82, 84, 96, 224, 290
高島 宏美	139	鷹取中学校〔神戸市立〕	254
高嶋 正武	351	高梨 薫	541
高島 由美	213	高梨 覚	269
高島小学校〔諏訪市立〕	513	たかなし しずえ	390
高島中学校 ギター団サンシャイン〔佐賀県唐津市立〕	447	高梨 賢英	421
		高鍋 千佳子	113
高島 美穂	445	たかね みちこ	50, 127
鷹匠中学校〔神戸市〕	521, 522	高野 彰夫	271
高洲 満子	562	高野 敦子	144
高須 佑治	468	高野 鮎人	217
高杉 一太郎	12	高野 勝夫	336
高須中学校〔北九州市〕	521	高野 秦伸	497
高瀬 ぎど	171	高野 倖生	345
高瀬 城作	261	高野 さやか	4
高瀬 直美	40	高野 愁星	431
高瀬 久男	473	高野 太郎	52
高瀬 譜希子	434, 454, 468, 479, 480, 500, 501	高野 千春	183
		高野 翼	554
高瀬 美代子	53	高野 直美	259
高瀬 有衣子	453	高野 夏海	184
高瀬 嘉男	293	高野 那奈	104
高瀬 理香子	101	高野 誠	101
高関 健	514	高野 正巳	293
高瀬小学校〔福島県郡山市立〕	350	高野 学	408
高田 茜	442, 480, 481, 482, 489, 492, 502	高野 麻由	165
		高野 美紀	103
高田 昭子	201	高野 美智子	26
高田 絢沙	103	高野 麗音	541
高田 勲	83	高野小学校〔福島県郡山市立〕	350
高田 樹	470, 503	鷹巣町読書会	339
高田 クミ子	368	鷹の羽会	346
高田 桂子	223	鷹羽 萌子	464
高田 康一	9	高萩中学校〔高萩市立〕	521
高田 三九三	542	高橋 愛	476
高田 智子	479	高橋 葵	435
高田 三郎	290	高橋 明里	443, 444
高田 佐穂子	544	高橋 昭子	370
高田 翔平	379	高橋 昭彦	127
高田 節子	249	高橋 晃	349
高田 利明	259	高橋 昭	69, 245
高田 敏幸	278	高橋 敦子	179
高田 博司	312	髙橋 歩美	435
高田 真琴	434, 498	高橋 歩夢	108
高田 昌明	400	高橋 岩夫	90
高田 匡隆	517	高橋 和夫	343
高田 昌彦	267	高橋 一興	314, 316
高田 勝	430	高橋 和成	318, 319
高田 充也	130	高橋 和弘	320
高田 萌菜美	118	高橋 莞爾	369
高田 侑希	201	高橋 貴美子	240
高田 裕子	138		
高田 裕三	390		

高橋 香子	188	高橋 福治	357
高橋 邦臣	177	高橋 文雄	310
高橋 邦典	147	高橋 真史	440
高橋 久美子	182	高橋 昌弘	296
たかはし けいこ（高橋 恵子）	53, 157, 211	高橋 真之	490
高橋 健二	74, 75, 293	高橋 征義	9
高橋 光樹	427	高橋 茉那	435, 469, 481, 501, 502
高橋 香名	478	高橋 円	8
高橋 貞子	22	高橋 茉由	503
高橋 智	274	高橋 満藻	187
高橋 早苗	14	高橋 美恵	219
高橋 成和	314, 315	高橋 三枝子	14, 101
高橋 滋	362	高橋 みか	62
高橋 秋斗	108	高橋 操	476
高橋 純子	188	高橋 美里	100
高橋 俊三	371	高橋 瑞里	475
高橋 正治	373	高橋 道子	161
高橋 伸一	305	高橋 美知子	340
高橋 真子	374	高橋 美帆	501
高橋 節子	552	高橋 元子	474
高橋 千咲	98	高橋 泰市	264
高橋 千松	341	高橋 八代江	309
高橋 惣一	247	高橋 由為子	47
高橋 惣市	357	高橋 祐貴	546
高橋 鷹志	403	高橋 雪絵	498
高橋 健	77, 78	高橋 裕希子	513
高橋 環	207	高橋 幸良	103
高橋 智恵子	359	高橋 由美子	431
高橋 千束	179	高橋 要子	495
高橋 忠治	53, 131, 137	高橋 よしひろ	393
高橋 蝶子	42	高橋 誼	166
高橋 庸哉	323	高橋 里佳	142
高橋 禎三	340	高橋 良幸	309
高橋 哲也	487	高橋 良和	263, 296
高橋 徳正	313	高橋 留美子	393, 394
高橋 徳義	153	高橋 麗	124
高橋 俊章	186	高橋 麗子	337
高橋 俊雄	204	高橋 礼二	12
高橋 俊也	199	高橋 玲美	481
高橋 俊之	516	高橋 和子	432
高橋 敏之	260	高橋 渉	108
高橋 富江	237	高畑 早紀	210, 211
高橋 友夫	548, 560	高畠 純	83, 147
高橋 奈津美	62	高畠 那生	58
高橋 宜昭	236	高畠 ひろし	141
高橋 矩夫	365	高浜 正海郎	366
高橋 一	117	高浜 富美子	35
たかはし はるか	98	高浜 裕子	337
高橋 比佐子	516	高原 滋夫	345
高橋 永	99	高原 二三	369
高橋 久則	400	高原 深雪	92
高橋 秀雄	154	高針台中学校〔名古屋市立〕	521, 522
高橋 雛子	98	高比良 正司	535
高橋 美文	492	高平 つぐゆき	559
たかはし ひろき	179	高比良 洋	434, 454, 469, 480, 501
高橋 宏樹	558	高部 友暁	139
高橋 紘子	519	高部 尚子	529
高橋 裕美	177	高松 亜莉	492
高橋 宏幸	159, 295	高松 絵里子	242
高橋 博幸	192	高松 唯	219
たかはし びわ	395	高松工芸高等学校〔香川県立〕	249

高松中学校〔岡山市立〕	506, 507	滝田 真衣	502, 503
高丸 もと子	548	滝平 二郎	76, 168, 232, 285, 307
高見 映	263	滝波 万理子	540
高見 直輝	104	滝野東小学校〔兵庫県滝野町立〕	342
高見 尚之	226	滝原 章助	386
高見 のっぽ	295	滝村 依里	519
高見 ゆかり	32, 171	滝本 小百合	497
高美が丘中学校〔東広島市立〕	425	滝本 奈穂	400
田上小学校〔田上町立〕	354	滝本 博章	396
高見中学校〔北九州市立〕	427	滝本 ゆかり	273
高村 紀代華	33	滝呂小学校〔岐阜県多治見市立〕	350
高村 たかし	165	ダークダックス	232
高村 長政	263	田口 栄一	560
高村 豊	373	田口 きしゑ	16
高森 千穂	33	田口 詩織	470, 490
高森 務	263	田口 修司	197
高森 登志夫	289	田口 周歩	378
高杜 利樹	164	田口 靖子	560
高森 美和子	161	多久田 さやか	468, 492
高森東中学校〔高森町立〕	353	宅野 蕗	503
高谷 公子	537	内匠 すゑ	363
高谷 隆夫	317	田倉 圭市	282
高屋 奈月	391	たけ つよし	164
高谷 実佳	184	武 美千代	386
高柳 晃	347	武井 啓江	561
高柳 佳絵	179	武井 さゆり	515
高柳 寛一	140	竹井 成夫	246
高柳 芳恵	81	竹井 純	295
高柳 優子	36	武井 武雄	293
高山 厚子	374	武井 岳史	60
高山 栄子	137	武井 照子	72
高山 恵理	544	武井 真琴	8
高山 謙一	164	武井 光子	558
高山 繁	343	武井 優子	550
高山 千春	362	武石 詩雅子	36
高山 図南雄	27	武市 寿雄	420
高山 久由	205	武市 八十雄	79, 295
高山 裕美	101	竹内 綾花	111
高山 富美子	453, 454	竹内 央	121
高山 雅子	240	竹内 オサム	149
多加山 悠哉	67	武内 香織	515
高良 優樹	221	竹内 邦光	486
高良 吉野	378	竹内 久美子	544
田柄中学校〔練馬区立〕	504, 526	竹内 研	115
田河 水泡	293	竹内 賢	415
瀧 統由	409	竹内 賢寿	37
瀧 まりな	546	竹内 健三	428
瀧 康由	409	竹内 幸子	282
滝井 純	534, 535	竹内 紫緒	562
滝上 湧子	165	竹内 識	343
滝川 幾雄	57	竹内 捷人	415
滝口 暉子	542	竹内 晋作	553
滝口 亮	9	竹内 隆夫	372
滝沢 明里	432	竹内 通雅	34
滝沢 敦子	166	竹内 翼	453, 492
滝沢 茂美	432	竹内 てるよ	294
滝沢 利夫	311	竹内 俊貴	493
滝沢 よし子	127	竹内 敏紀	412
瀧下 映人	152	竹内 敏晴	26
瀧下 琢弥	385	武内 俊之	517
滝田 幸子	495	竹内 とも子	260

竹内 とも代	82	武田 祐治	314
竹内 とよ子	446	武田 友智	463
竹内 虎士	358	たけだ 有里	470, 472
武内 奈央	483	武田 依子	188
武内 直子	390	竹田 理琴乃	519, 546
竹内 尚俊	140, 141	竹田津 実	84
竹内 永	534	武谷 千保美	88, 207
竹内 均	324	武谷 三男	75
竹内 紘三	50, 158, 205, 206	竹田人形座	287
竹内 宏通	191	武智 愛	544
竹内 福代	163	武知 年広	134
竹内 冬郎	7	武富 薫	495
竹内 真	206	武富 良祐	222
竹内 昌利	314	竹富小中学校〔沖縄県八重山郡竹富町立〕	351
竹内 繭子	148	武豊小学校〔愛知県武豊町立〕	344
竹内 通夫	336	武豊中学校〔愛知県武豊町立〕	405
竹内 元子	508	竹中 郁	153
竹内 もと代	159	武中 宇紗貴	178
竹内 優子	199	竹中 重雄	234
竹内 喜秋	346	竹中 千秋	338
竹内 敬人	417	竹中 ナミ	231
武上 あづさ	270	竹中 博美	139
武川 正夫	88	竹中 真希子	322, 323
武川 みづえ	94, 165	竹中 万智	411
竹木 良	133	竹中 真理子	24, 166
竹崎 夏姫	410	竹並 正宏	360
竹崎 美恵子	560	竹西 良和	348
竹崎 有斐	77, 95, 153, 173, 223	竹野 栄	59, 294
竹沢 小静	560	竹之内 くるみ	546
竹沢 静江	558	竹之内 友美	198
竹沢 伸一	372	竹荘中学校〔上房郡〕	422
竹下 厚志	235	竹鼻 恵子	68
竹下 知香	68	武林 淳子	61
竹下 文子	84, 166, 168, 173, 224	竹林 松二	416
竹下 政範	314	竹林 保次	416
竹下 龍之介	191	竹原 義二	404
竹末 志穂	7	武久 好光	359
竹園東小学校〔茨城県つくば市立〕	255, 348	武久 玲子	495
竹園東中学校 科学部〔茨城県桜村立〕	407	武生第一中学校 吹奏楽部〔福井県武生市立〕	506
武田 明日夏	99	武生第三中学校〔武生市立〕	504
武田 亜矢	433	武生第二中学校 吹奏楽部〔武生市立〕	505
武田 綾子	120	武生東高等学校〔福井県立〕	372
武田 英子	167	武部 本一郎	75, 76
武田 一人	132	建部 洋子	510
武田 和典	361	武政 博	101, 139, 158, 197
武田 一美	419	竹松 舞	541
武田 桂子	103	竹松 洋子	27
武田 信一	362	竹見 嶺	60
武田 静澄	294	竹宮 閣之	197
武田 忠信	179	竹宮 恵子	393
武田 千晶	98	竹村 彰通	512
武田 千代城	235	竹村 重和	321, 322
武田 てる子	15, 138	竹村 捷	75
武田 信昭	311	竹村 通子	512
武田 弘	165	武村 裕子	176
武田 政市	344	竹村 友生香	497, 498
武田 まどか	14	竹本 明道	562
武田 美貴	385	竹本 恵子	495
武田 道子	87	竹本 聖	548
武田 美穂	47, 55, 56, 147, 148, 168, 169, 389	竹本 芳朗	371
竹田 基	512, 513		

竹谷 徹雄	202
武山 愛	401
嶽山 洋志	402
竹山 洋一郎	364
武鑓 利佳	359
多胡 央夏	545
田子 広野	407
太宰府西小学校〔太宰府市立〕	352
田崎 悦子	509, 510
田崎 勝也	194
田崎 しづえ	367
田崎 忠夫	427
田崎 菜々美	482, 492, 493
田沢 明子	514
田沢 五月	21
田沢 節子	558
田沢 直志	20
但馬 綾子	345
田島 佳子	264
田嶋 定雄	282
田嶋 茂典	404
田島 伸二	389
田嶋 征三	95, 168, 308, 388
田嶋 健	395
田島 文男	402
田島 三枝子	552, 553
田島 美紀	553
田島 美月	482
田島 実奈子	496
田島 征彦	95, 167
田島 義雄	534
田島祇園祭屋台歌舞伎保存会	352
田尻 明規	484
田尻 絵理子	122
田尻 史朗	347
田尻 信壱	274
田代 郁子	146
田代 敬二	234
田代 謙二	245
田代 沙織	146
田代 しゅうじ（田代 修二）	66, 72
田代 慎之介	515
たしろ ぴあの	220
田代 仁子	474
田代 美津子	246, 247
田代 三善	77
田附 治夫	312
多田 敦子	514
多田 伊織	8
多田 織栄	433, 476
多田 健二	353, 375
多田 周子	540
夛田 春花	187
多田 真理	545
多田 すみえ	386, 387
多田 徹	25, 472
夛田 則彦	539
多田 裕紀	118
多田 良美	7, 8
多田 瑠璃江	345
ただから ひまり	58
唯野 由美子	125, 137
舘 恵里加	469
舘 久瑠実	482, 503
立会小学校〔品川区立〕	511
たちいり ハルコ	393
刀川 朋子	475
立川 瑠衣	138
橘 亜希	186
立花 あさこ	144
立花 脩	204
橘 克彦	316, 317
橘 さゆり	186
橘 しのぶ	18
立花 尚之介	82
橘 達子	59
橘 智子	415
橘 憂	548
橘 嘉朗	383
橘小学校〔福島県郡山市立〕	349
橘中学校〔阿南市立〕	422
たちばな養護学校性教育研究グループ〔和歌山県立〕	310
立原 えりか	59, 85
龍尾 洋一	190
龍興 彩香	103
辰嶋 幸夫	25, 535
立野 恵子	144
辰野 恒雄	359
辰口中学校〔石川県辰口町立〕	505, 506, 527, 528
辰巳 明子	512
辰巳 一政	467
たつみ さとこ	124, 125
巽 聖歌	5, 87, 538
辰己 隆	238
巽 正夫	348
辰見 真左美	61
巽 陽子	515
たつみや 章	60, 80, 173
竜山 さゆり	394
伊達 愛	481
立石 彰	60
立石 鉄臣	75
立石 憲利	264
立石 寿人	110
立石 梨紗	453, 466, 491, 498, 499
建入 登美	102
盾津中学校〔東大阪市立〕	423
蓼沼 恵美子	513
舘野 泉	508
建部 佳世	510
立町小学校〔仙台市立〕	368
立松 和平	131
田所 雅子	277, 403
たどんぴ	13
ターナー、フィリップ	574
田苗 恵	140
田中 あかね	515
田中 昭子	560
田中 麻つ	466, 477, 478, 498
たなか あつし	201

田中 篤	170	田中 弘子	357
田中 亜矢子	468	田中 広	349
田中 綾乃	141	田中 博	59, 172
田中 育美	226	田中 宏佳	11
田中 潔	83	田中 文男	312
田中 梅吉	292	田中 文子	156, 196
田中 栄一	358	田中 麻紀	9
田中 恵美子	360	田中 実	234
田中 薫	354	田中 政栄	552
田中 克己	543	田中 真佐子	552
田中 かな子	168	田中 麻砂子	192
田中 かなた	164	田中 正洋	161
田中 萌	118	田中 正哉	362
田中 清	375	田中 雅之	400
田中 清子	553	田中 満智子	236
田中 邦男	367	田中 真理子	15
田中 賢二	316	田中 茉莉奈	547
田中 浩一	348	田中 まる子	60
田中 浩司	473	田中 美希	116
田中 皓也	65	田中 美紀	208
田中 彩子	86	田中 美紗子	480
田中 さえら	434, 480, 500	田中 萌子	435, 470, 471, 482, 502, 503
田中 真固	258	田中 モトユキ	391
田中 志央	178	田中 八重子	42
田中 詩織	471	田中 安子	280
田中 修	219	田中 靖子	27
田中 修一	395	田中 優希	99
田中 純一	237, 240	田中 祐子	475
田中 彰	204	田中 優磨	412
田中 正三	76	田中 ゆかり	58
田中 晴菜	492	田中 由紀	239
田中 節夫	513	田中 由紀子	513
田中 大樹	413	田中 幸世	102
田中 貴子	408	田中 由美	544
田中 孝周	217	田中 ゆりあ	517
田中 竜美	366	田中 洋一	371
田中 千絵	452, 478, 499	田中 洋次	241
田中 千穂	497, 498	田中 義雄	256
田中 常貴	39	田中 良子	16
田中 敏子	510	田中 美郷	348
田中 敏弘	317, 318	田中 吉徳	263
田中 トマ	364	たなか よしひこ	196
田中 知子	398	田中 義光	339
田中 知宏	444	田中 里絵	543
たなか なおき	50	田中 理沙	480
田中 直子	511, 512	田中 良	292
田中 菜月	379	田中 るみ子	498
田中 ナナ	212, 540	田中 ルリ	452, 465, 491, 498
田中 のぶ子	16	田中 六大	84
田中 信子	387	田名瀬 新太郎	126
田中 信彦	165	棚田 莉加	414
田中 伸道	509	棚谷 雪永	432
田中 典男	419	棚橋 妙子	515
田中 典子	234	棚橋 瑞季	195
田中 一	428	田辺 イエロウ	394
田中 勇人	472	田辺 和代	4, 142
田中 春彦	417	田辺 建雄	309, 343
田中 久直	341	田辺 綱雄	364
田中 英夫	294	田部 智子	161
田中 秀直	111, 217	田辺 奈津子	152
田中 宏和	371	田辺 浩明	317

田辺 美雪	205	田沼 武能	232
田辺町子ども文庫連絡会	339	種田 智美	472, 482
谷 愛子	118	種子田 寧々	109
谷 暎子	151	種田 紫	83
谷 悦子	149	種村 銀子	259
谷 和子	238	種谷 克彦	249
谷 真介	23, 92, 287	たの みつこ	152
谷 大次郎	166	田畑 精一	286, 307, 308
谷 俊彦	94	田端 智子	164
谷 ひろし	264, 535	田畑 昌子	543
谷 昌恒	337, 355	田畑 まり子	405
谷 まり絵	7	丹波中学校〔丹波山村立〕	447
谷 礼子	486	タバック, シムズ	581
谷内 亜希	476, 477	田林 清美	101
谷内 こうじ	388	田原 明美	141
谷岡 美香	47	田原 佳奈	500
谷垣 裕子	476	田原 早希	499
谷川 晃一	147	田原 輝夫	317
谷川 俊太郎	56, 76, 83, 95, 173, 233, 473	田原 弘規	411
谷川 聖	140	田原 由子	474
谷川 貴信	420	田原 梨恵	498
谷川 徹三	74	田彦中学校	528
谷川 奈緒	378	田平 としお	222
谷口 いわお	372	田福 ひとみ	8
谷口 栄治	8	田淵 彩華	463
谷口 和彦	161	田渕 五十生	269
谷口 京治	312, 313	田渕 まゆみ	202
谷口 純基	412	WHROハンプトンロード教育テレビ	329
谷口 誠二	281	WGBH教育基金財団	330
谷口 善一	164	WGBH教育財団	333, 334
谷口 富次郎	356	田部 京子	516
谷口 知也	238	玉井 収介	309
谷口 遥奈	201	玉井 徳太郎	294
谷口 博士	419	玉井 真代	443
谷口 広保	342	玉井 芳英	202
谷口 誠雪	248	玉浦 誠	493
谷口 由紀子	115	玉岡 美智子	123
谷口 豊	247	玉岡幼稚園〔結城市立〕	306
谷口 理瀬	30	玉上 由美子	32
谷口 怜子	464	玉川 真吾	201
谷汲中学校〔谷汲村立〕	305	玉川学園小学部	341
谷沢 隆一	342	玉川学園中学部	505, 507, 526
谷下 文香	409	玉川中学校〔厚木市立〕	306
谷下 傑	409	玉城 久美	222
谷尻 ヒロ	342	玉木 英彦	312, 313
谷野 舞夏	435, 471, 531	玉樹 悠	164
谷野 道子	166	玉木 与一	258
谷原 麻子	62	多摩教育経営研究会	303
谷村 彩華	378	多摩子ども詩集編集委員会	283
谷村 まさみ	362	玉田 雅己	404
谷本 清	406	多摩中学校〔東京都多摩市立〕	375
谷本 邦子	17	玉庭小学校研修部〔山形県東置賜郡川西町立〕	302
谷本 聡	138		
谷本 淳	406	玉野高等学校生物同好会〔岡山県立〕	451
谷本 華子	518	玉虫 文一	416
谷本 まゆこ	123	玉山 広子	222
谷本 美弥子	101, 124	多摩ユースオーケストラ	448
谷山 明	259	玉寄 亜樹	379
谷山 育	258	玉利 潤子	387
谷山 清	280, 324	タマリン, アルフレッド	595
谷山 全	281	たみお まゆみ	125

田光 ひろ子	238
田村 亜唯	111
田村 明子	543
田村 かすみ	273
田村 勝彦	47
田村 京花	99
田邑 恵子	401
田村 彩恵	483
田村 さゆり	477
田村 詩織	97
田村 汐里	104
たむら しげる	95
田村 大輔	105
田村 孝	345
田村 武敦	204
田村 強	420
田村 春香	98
田村 遥	98
田村 響	545
田村 裕美	492
田村 真衣	98
田村 維子	71
田村 みえ	56
田村 緑	62, 517
田村 めい	99
田村 優佳	29
田村 幸弘	442, 471
田村 由美	393, 394
田村 友里恵	444
田村 善明	361
田村 亮子	474
田村 和平	412
為本 典子	513
田山 淳子	353
ダーリング	285
ダール, ロアルド	587
垂石 真子	137
足沢 良子	289, 295
樽原小学校〔福島県南会津郡下郷町立〕	350
樽町中学校	528
太郎 良信	324
俵 友恵	230
俵小学校〔石川県金沢市立〕	349
タン, ショーン	598
丹下 郷子	551, 552
丹下 浩太郎	175
丹下 進	535
丹下 操	339
丹下 宜恵	175
丹沢 哲郎	320
丹沢 博	447
丹治 明子	109
檀上 春清	263
ダンシングエンジェルス	487
ダンスグループ・u	487
丹田 千恵子	258
丹藤 寛子	188
タンポグランデ公共図書館読書の種をまく会	229
たんぽぽの家	291

【 ち 】

地域生活支援ネットワークサロン	353
地域文庫親星子ぼし	338
千江 豊夫	87
チェコスロバキア国営テレビ放送	330
チェコ・テレビジョン	331
チェン・ジャンホン	84, 590
チェンバーズ, エイダン	574, 578
茅ヶ崎養護学校〔神奈川県立〕	352
近永 朋香	453, 454, 468
近成 俊昭	274
千頭 聡	403
近森 路	220
地球市民フォーラムなら	352
チーキーリーベリー	488
千種聾学校〔愛知県立〕	345
築山小学校〔秋田市立〕	254
築山小学校学年経営研究委員会〔秋田県秋田市立〕	304
築山小学校TT推進プロジェクトチーム	304
筑紫野南中学校〔福岡県筑紫野市立〕	304
千国 安之輔	77
竹間 ゆう子	123
筑摩野中学校	506, 528
千世 まゆ子	79
智谷 由美子	12
秩父第一中学校	521
秩父第二中学校〔秩父市立〕	422, 522
千東 正子	191
千歳丘高等学校〔東京都立〕	248
チドルー, ダグマール	587
知念 愛佑美	379
知念 龍二	378
知念小学校校内研修部〔知念村立〕	304
千野 真沙美	529
ちば あきお	392
千葉 明弘	179
千葉 育子	21
千葉 勲	350
千葉 馨	481, 482
千葉 香澄	97
千葉 克弘	179
千葉 洸也	100
千葉 茂樹	81, 83
千葉 しのぶ	375
千葉 勝吾	374
千葉 省三	76, 232, 292
千葉 清加	518
千葉 節子	273
千葉 颯一朗	180
千葉 卓二	236
ちば てつや	387, 388
千葉 寿雄	345
千葉 凪紗	180
千葉 奈津子	98
千葉 信行	419
千葉 ハツ子	246

千葉 ひろみ	16, 34
千葉 雅人	180
千葉 幹夫	389
千葉 瑞枝	241
千葉 充	272
千葉 三奈子	145
千葉 未来	179
ちば やす子	20
千葉 安純	464
千葉 裕子	99
千葉 雄斗	184
千葉 由穂	178
千葉 洋子	352, 432, 433, 550
千葉 留里子	21
千葉県国語教育実践の会	349
千葉工業大学石原研究室所属学生	403
千葉商業高等学校〔千葉県立〕	370
千葉大学教育学部附属中学校	426
千葉東高等学校〔千葉県立〕	365
茅原 芳男	264, 351
千葉聾学校〔千葉県立〕	344
チボ, ジル	570, 571
チャイルド, ローレン	576
茶木 滋	6
茶木 美奈子	193
茶谷 恵美子	140
チャーリップ, レミー	595
チャンネル4テレビ会社	330, 333
チュウ, プイ・ラン	360
中央小学校〔香川県坂出市立〕	344
中央小学校〔高崎市立〕	509
中央小学校〔富山県黒部市立〕	350
中央小学校 科学クラブ〔埼玉県所沢市立〕	405
中央小学校 顕微鏡観察クラブ〔静岡県中川根町立〕	405
中央中学校〔福岡県八幡市〕	365
中央中学校 合唱部〔鯖江市〕	523
中学校教育研究会図書館部〔東京都杉並区立〕	243
中学校数学科図形教育研究チーム〔川崎市立〕	373
中京大学文化科学研究所	150
中国画材企画課	383
中国教育テレビ局	331
中国中央電視台	329
中国放送	438, 439, 440
忠田 愛	117
中等教育カリキュラム開発研究会	303
中鉢 順子	362
中部中学校〔加古川市立〕	504
中部中学校〔四日市立〕	425
中部日本放送制作班	143
中馬 民子	370
チュニジア国営放送	326, 329
張 雅貞	453
長 新太	22, 63, 75, 80, 95, 147, 167, 168, 223, 233, 287, 295, 388
長 真澄	514
長 龍二	495, 496
朝桜中学校〔蒲生郡〕	422

潮音寺こども日曜参禅会	297
聴覚障害者教育福祉協会	341
長者小学校〔青森県八戸市立〕	301
長者小学校〔千葉県夷隅郡岬町〕	370
長者中学校〔青森県八戸市立〕	505
帖地 洸平	380
重複障害教育研究所	345
汐文社	244
朝暘第一小学校〔山形県鶴岡市立〕	243, 249
千代崎中学校〔鈴鹿市立〕	507, 528, 529
千代田 良雄	115
千代田こども文庫	339
千代田小学校〔甲府市立〕	351
貯蓄増強委員会	555
貯蓄増強中央委員会	555
千代延 尚子	256
千代原 真智子	25
チョン・ヒュウ	308
チリ・カトリック大学教育テレビ局	330
チルドレンズ・テレビジョン・ワークショップ	330
千脇 ひとみ	360
陳 維一郎	427
陳 怡静	453
陳 雨婷	444
陳 すに	543
陳 宣均	453
珍田 優奈	502
鎮旗 大哉	109

【つ】

ツヴェルガー, リスベート	578
通津小学校〔山口県岩国市立〕	371
通明小学校〔長野市立〕	448
ツェマック, マーゴット	580
塚越 佐智子	354
塚越 信子	268
司 修 (つかさ おさむ)	78, 79, 82, 84, 95
司 咲子	57
塚田 高行	225
塚田 寛子	454, 455, 471
塚田 正公	130
津金 愛子	395
津金沢 かおる	475
塚原 健二郎	213
塚原 広崇	10
束原 美佐	203
塚原 美穂	481
塚原 栄世	318
塚本 啓子	164
塚本 真依	410, 411
塚本 千尋	385
塚本 哲郎	553
塚本 美恵子	269
塚本 有紀子	408
塚本 良子	133, 166
津嘉山 ながと	222
月ヶ瀬小学校〔奈良県添上郡月ヶ瀬村立〕	351

月形 悠紀子 ……………………………… 453	津田 耕 ……………………………… 57, 169
槻木中学校〔柴田町立〕 …………… 506, 507	津田 直美 ………………………………… 55
築地 律 ………………………………… 241	津田 仁 ………………………………… 17
月洲中学校〔堺市立〕 ………………… 422	津田 雅子 ……………………………… 359
月田 恵美 ………………………………… 48	津田 真理 ……………………………… 515
月田 孝吉 ……………………………… 307	津田 理子 …………………………… 511, 512
津木中学校〔広川町立〕 ……………… 427	津田 光郎 ……………………………… 307
月長 海詩 ……………………………… 222	津田 八洲男 …………………………… 324
槻野 計子 ………………………………… 42	津田 幸奈 …………………………… 377, 378
月村 真由 ……………………………… 503	津田 耀子 ……………………………… 97
築山 仁美 ……………………………… 378	津田高等学校学校経営近代化グループ〔香川
月山 みね子 …………………………… 233	県立〕 ………………………………… 302
月夜野第一中学校〔利根郡〕 ………… 422	津田小学校〔愛知県豊橋市〕 ………… 247
佃 為義 ………………………………… 314	土浦第一中学校 霞ヶ浦総合踏査研究部〔茨城
佃 千恵 ………………………………… 49	県土浦市立〕 ………………………… 407
筑波大学附属駒場中学校 ……………… 427	土浦第三中学校 科学クラブ〔茨城県土浦市
九十九 耕一 ……………………………… 13	立〕 …………………………………… 407
津久毛小学校〔金成町立〕 …………… 107	土ヶ内 照子 …………………………… 139
柘植 愛子 ……………………………… 540	土田 明日香 ………………………… 482, 530
柘植 千智 ……………………………… 413	土田 映子 ………………………………… 9
柘植 祐美香 …………………………… 413	土田 茂範 ……………………………… 281
辻 彩奈 ………………………………… 445	土田 史都子 …………………………… 560
辻 久美子 …………………………… 478, 479	土田 セイ ……………………………… 230
辻 翔子 …………………………… 454, 469	つちだ のぶこ …………………………… 56
辻 琢音 …………………………… 443, 464	つちだ のり …………………………… 157
辻 晴香 …………………………… 480, 489	土田 葉月 ……………………………… 414
辻 政宏 ………………………………… 262	土田 美帆 ……………………………… 378
辻 真弓 ………………………………… 19	土田 悠太 ……………………………… 415
辻 未帆 ………………………………… 463	土田 義晴 ………………………………… 55
辻 由子 ………………………………… 185	土中清風会 ……………………………… 303
辻 陽一 …………………………… 270, 272	土野 研治 …………………………… 447, 484
辻 吉隆 ………………………………… 403	土持 花奈子 …………………………… 435
辻井 修 ………………………………… 24	つちもと としえ ……………………… 110
辻井 伸行 ……………………………… 545	土屋 伊佐雄 …………………………… 234
辻井 靖子 …………………………… 509, 510	土屋 栄子 ……………………………… 138
辻井 義彦 ……………………………… 372	土屋 滋子 ……………………………… 278
辻尾 栄市 …………………………… 264, 371	土屋 枝穂 ……………………………… 189
辻岡 五郎 ……………………………… 238	土屋 準一 ……………………………… 343
つじたに かいちろう ………………… 114	土屋 穣次 ……………………………… 551
辻野 陽子 ……………………………… 130	土屋 神葉 ……………………………… 502
対馬 佳祐 ……………………………… 441	土屋 隆裕 ……………………………… 252
津島 圭佑 ……………………………… 518	土屋 常義 ……………………………… 257
都島 紫香 …………………………… 143, 263	土屋 友吉 ……………………………… 534
津島 節子 …………………………… 33, 161	土屋 与之 ……………………………… 428
津島中学校〔津島町立〕 ……………… 423	土屋 浩子 ……………………………… 560
辻村 晶子 ……………………………… 193	土屋 文乃 ……………………………… 492
辻村 佳菜子 ……………………………… 99	土家 由岐雄 ……………………… 93, 172, 293
辻村 早知栄 ……………………………… 10	土谷 幸男 ……………………………… 548
辻村 ジュサブロー ……………………… 232	筒井 清忠 ……………………………… 151
辻元 清美 ……………………………… 230	筒井 敬介 ……………………… 22, 25, 63, 76, 473
辻本 繁 ………………………………… 356	筒井 敏雄 ……………………………… 293
辻本 よう子（木之下 のり子）…… 88, 161	筒井 豊治 ………………………………… 30
辻本 莉果子 …………………………… 546	筒井中学校 吹奏楽部〔青森市立〕 …… 505
都築 一郎 ……………………………… 101	筒田 智子 …………………………… 501, 502
都築 益世 …………………………… 5, 293, 538	堤 一馬 ………………………………… 198
都築 真美子 …………………………… 373	堤 久美子 ……………………………… 511
都築 裕治 ……………………………… 360	堤 沙理 ………………………………… 102
綴方の仕事編集委員会 ………………… 324	堤 美佳子 ………………………………… 36
つだ あこや …………………………… 163	堤 幹夫 ………………………………… 371
津田 和子 …………………………… 204, 361	堤 光子 ………………………………… 375
つだ かつみ ……………………………… 80	綱田 康平 ……………………………… 107

常石読書会 ………………………………………	340
つねかわ あきら ………………………………	64
恒木 祐樹 ………………………………………	217
常田 俊太郎 ……………………………………	441
常田 黎子 ………………………………………	339
常友 高明 ………………………………………	309
常久 公平 ………………………………………	343
常松 真子 ………………………………………	463
角田 昭男 ………………………………………	185
角田 昭夫 ………………………………………	185
津野田 圭 ………………………………………	541
角田 林 …………………………………………	49
つのだ じろう …………………………………	387
角田 智美 ………………………………………	399
角田 暢男 ………………………………………	347
角田 美枝子 ……………………………………	375
角田 みゆき ……………………………………	32
角田 祐子 ………………………………………	495
角田 玲子 ………………………………………	12
角田 和歌子 ……………………………………	210
角竹 弘 …………………………………………	366
つの丸 …………………………………………	394
椿井小学校〔奈良市立〕 ………………………	346
椿 愛子 …………………………………………	537
椿 由美 …………………………………………	70
椿中学校 ……………………………… 506, 507, 528
椿中学校 吹奏楽部〔愛媛県松山市立〕……	506
椿町中学校〔阿南市立〕 ………………………	426
翼プロダクション ………………………………	289
津幡中学校〔石川県津幡町立〕
……………………………… 505, 506, 526, 527, 528
円谷 智宣 ………………………………………	185
坪井 あき子 ……………………………………	31
壺井 栄 …………………………………………	85
坪井 純子 ………………………………………	123
壺井 雅子 ………………………………………	36
坪井 真理 ………………………………………	562
坪井 美誉子 ……………………………………	563
坪井 安 ………………………………… 170, 540
坪田 譲治 …………………… 22, 74, 75, 76, 172, 292
坪田 世梨香 ……………………………………	11
坪田 俊子 ………………………………………	495
坪田 瑶 …………………………………………	70
坪田 幸政 ………………………………………	323
坪山 達司 ………………………………………	362
妻木 貴雄 ………………………………………	421
津村 節津子 ……………………………………	336
爪の会 …………………………………………	540
津守 真 …………………………………………	355
津守 房江 ………………………………………	337
津山児童文化の会 ………………………………	64
津山西中学校〔津山市立〕 …………… 507, 528
釣 七海 …………………………………………	546
つる みゆき ……………………………………	84
都留 有三 ………………………………………	205
津留 良枝 ………………………………………	164
つる りかこ ……………………………………	125
鶴居小学校〔北海道阿寒郡鶴居村立〕 ……	346
鶴岡 薫 …………………………………………	218
鶴岡 千代市 ………………………… 87, 295, 539
鶴岡第一中学校 合唱部〔鶴岡市立〕 ………	523
鶴岡盲学校〔山形県立〕 ………………………	345
敦賀市図書館友の会 ……………………………	339
鶴川 雅晴 ………………………………………	217
鶴島 美智子 ……………………………………	43
鶴城中学校〔西尾市立〕 ………………………	423
鶴園 紫磯子 …………………………… 512, 513
鶴田 知也 ………………………………………	93
鶴留 麻衣 ………………………………………	378
鶴巻 祥子 ………………………………………	127
鶴見 正夫 ……………………………… 82, 486
つるみ ゆき ……………………………………	227
鶴見 良次 ………………………………………	151
都和中学校〔土浦市立〕 ………………………	522

【 て 】

鄭 真明 …………………………………………	541
ディアス, ディヴィッド ………………………	581
ディカミロ, ケイト ……………………… 593, 598
ディキンソン, ピーター …… 568, 574, 594, 595
ディークマン, ミープ …………………………	584
ディーシェ, イレーネ …………………………	589
ディセーン留根 千代 …………………………	91
ティーチャーズ・テレビ ………………………	335
ディッキー, ドナルド …………………………	569
ティードホルム, アンナ=クララ ……………	588
ティードホルム, トーマス ……………………	588
手稲中学校〔札幌市立〕 ………………………	425
手稲東中学校〔札幌市立〕 …… 521, 522, 523
デイビス, アンドリュー ……………… 568, 596
デイビス, ジェニファー ………………………	55
デイビス, ジョン・W.D. ……………………	548
ティム, ウーヴェ ………………………………	587
ディヤング, マインダート …… 577, 582, 584, 592
テイラー, セオドア ……………………………	566
テイラー, ミルドレッド・D. ………… 592, 596
ディレクターズシステム ………………………	557
ディロン夫妻 …………………………… 580, 597
手を伸ばそう, そして読もう計画 ……………	229
出口 明子 ……………………………… 322, 323
出口 杏紗 ………………………………………	468
出口 薫太朗 …………………………… 519, 545
出口 省吾 ………………………………………	375
テクニカル アンド シィンキングブレーン …	382
出久根 育 ………………………………………	148
デコ企画 ………………………………………	557
デザイ, アニタ …………………………………	568
出崎 香奈子 ……………………………………	8
勅使 逸雄 ……………………………… 143, 263
デジタルブティック ……………………………	381
手島 圭三郎 ……………………………………	168
手嶋 咲子 ………………………………………	545
手島 志保 ………………………………………	514
手島 悠介 ……………………………… 84, 159
手島小学校〔香川県丸亀市立〕 ………………	368
手塚 晃 …………………………………………	321
手塚 治虫 ……………………… 22, 388, 390, 392
手束 勝彦 ………………………………………	509
手塚 貴晴 ……………………………… 385, 403

手塚 恒人	374
手塚 俊文	409
手塚 文雄	271
手塚 美奈子	190
手塚 由比	385, 403
手塚建築研究所	381
帝塚山高等学校 映像部	533
TETSU	50
鉄砲 つづ子	66
手で見るギャラリー・TOM	232
デフ・トレビノ, エリザベス・ボートン	592
デフ・パペットシアター・ひとみ	290
出町 克人	259
出村 孝雄	263, 294
デュシェーヌ, クリスティアーヌ	570, 572
デュボア, ウィリアム・ペーン	592
デュボアザン, ロジャー	579, 584
寺井 五郎	264
寺井 七海	468, 489
寺井 結子	563
寺井 雪乃	177
寺内 定夫	336
寺内 タケシ	291
寺尾 紅美	139
寺尾 幸子	128, 141, 206
寺尾 孝士	359
寺尾 昌男	382
寺岡 襄	147, 168
寺岡 有希子	516
寺神戸 亮	515
寺口 良英	297
寺坂 広大	117
寺沢 恵子	15
寺沢 大介	390, 391
寺下 翠	57
寺島 俊治	130
寺島 尚彦	542
寺島 政孝	21
寺島 真理	513
寺嶋 裕二	394
寺島 竜一	62, 75, 76, 285
寺津小学校〔愛知県西尾市立〕	376
寺田 一夫	550
寺田 和夫	75
寺田 佳世	378
寺田 清美	403
寺田 さゆみ	61
寺田 志桜里	82
寺田 智羽	472, 490
寺田 友子	552
寺田 ヒロオ	387
寺田 将幸	407
寺田 真菜	472
寺田 理恵	499
寺田 利子	552
寺谷 敏介	321
寺地 美奈子	103
寺西 智美	396
寺林 民子	275
寺村 輝夫	22, 167, 295, 388
寺村 奈緒	193

寺村 那歩	195
寺村 昌士	193
デ・ラ・メア, ウォルター	76, 573
寺山 圭子	50
寺山 富三	158
寺山 春美	478, 479, 499, 500
寺山 萌子	546
デール, ヴァレリー	590
照井 トシ子	257
テレスクリーン	564
テレビ朝日	287, 288, 289, 437, 438, 439, 440
テレビ・オンタリオ	329, 333
テレビキッズオフィス	450
テレビ静岡	328, 329
テレビ東京	289, 564
テレビ長崎	290
テレビラジオ放送国家委員会	328
デロノワ, アンジェレ	571
田園調布小学校	246
天願小学校〔沖縄県具志川市立〕	254
田暮木 久美子	152
点字楽譜普及会トニカ	448
点字教材製作研究会	346
天神山小学校生活指導部〔七尾市立〕	305
電通	381, 556
電通映画社	456
電通テック関西支社	462
伝統芸術振興会	291
天童中部小学校〔山形県天童市立〕	347
天童南部小学校〔山形県天童市立〕	349
デントン, ケイディ・マクドナルド	571
デンネボルク, ハインリッヒ	584
天王寺川中学校〔伊丹市立〕	527, 528
天王寺小学校〔大阪市立〕	347
天王小学校〔愛知県西加茂郡三好町立〕	346
天白 恭子	102
デンマーク放送協会	327, 331, 335
天明小学校〔佐野市立〕	511, 512, 513
てんやく絵本ふれあい文庫	228
天理中学校	525

【と】

土井 緒斗音	443
戸井 公一朗	104
土井 髙德	241
土井 捷三	322
どい たけし	4
土肥 泰	484
土井 善博	408
土居小学校〔愛媛県東宇和郡城川町立〕	345
戸板 祥子	562
土居町読書連絡協議会	340
戸出中学校〔高岡市立〕	526
ドイル, ロディー	82
唐 亜明	80, 389
ドゥ・ジャイン	436
東亜天文学会	451
東井 義雄	281, 296

とうう

ドウェル，フランシス・オローク ………	567
東映 ……………… 284, 285, 286, 287, 450,	
456, 457, 458, 459, 460, 461, 462, 555, 556	
東映（教） ……………………………………	284
東映教育映画部 ………………… 449, 450, 555	
東栄小学校〔鶴岡市立〕 …………………	353
東映動画 ………………………… 288, 564	
東海中学校〔延岡市立〕 …………………	528
東海テレビ放送 ……………………………	450
東海南中学校〔東海村立〕 ………………	507
十日会 ………………………………………	534
東可児中学校〔可児市立〕 ………………	425
東金小学校〔東金市立〕 ……… 512, 513, 514	
ドゥガーラ，アルダン ……………………	436
東京映画 ……………………………………	284
東京エコー …………………………………	459
東京絵本おはなし研究会 …………………	341
東京演劇アンサンブル ………… 285, 291	
東京学芸大学 ………………………………	381
東京教育大学教育学部附属理療科教員養成施設 ………………………………………………	341
東京教育大学教育学部附属聾学校 ………	341
東京教育大学附属盲学校 …………………	343
東京金管五重奏団 …………………………	264
東京グローブ座 ……………………………	291
東京芸術座 …………………………………	288
東京子ども図書館 ……………… 263, 340	
東京子どもの事故防止チーム ……………	381
東京システムハウス ………………………	250
東京シネ・ビデオ ……… 459, 460, 461, 556	
東京シネマ ………………………… 456, 555, 556	
東京シネマ新社 ……………………………	449
東京商業実践女学校 ………………………	524
東京少年劇団 ………………………………	284
東京女子学院 ………………………………	521
東京書籍 …… 250, 449, 459, 460, 461, 462, 540	
東京青年国語研究会 ………………………	341
東京大学宇宙線研究所 ……………………	451
東京大学教養学部 化学部 ………………	276
東京大学附属高校Ｊ・Ｋ組 ………………	533
東京中央人形劇場 …………………………	456
東京中央プロダクション …………………	288
東京都 ………………………………………	381
東京童話会 …………………………………	263
東京都高等学校音楽教育研究会指導法プロジェクト …………………………………………	447
東京都公立学校難聴・言語障害教育研究協議会 …………………………………………	347
東京都弱視教育研究会 ……………………	346
東京都小学校国語教育研究会 ……………	343
東京都身心障害者福祉センター視覚障害科 …………………………………………	341
東京都図工科研究員 ………………………	256
東京都台東区教育研究会中学校国語部 …	349
東京都知的障害養護学校就業促進協議会 …	352
東京都町田市公立小学校教育研究会国語部 …………………………………………	283
東京都盲学校・養成施設就職指導協議会 …	342
東京ビデオプロ ……………………………	
東京文映 ………………………… 449, 457	
東京放送 ……………… 284, 286, 287, 289, 290	

東京放送児童合唱団 ……………… 232, 531	
東京放送児童劇団 …………………………	264
東京ムービー企画部 ………………………	542
東京ムービー新社 …………………………	564
童劇プーポ ………………………… 26, 262	
東郷中学校〔北九州市立〕 ………………	422
道後中学校〔松山市立〕 …………………	521
同志社国際中高等学校 ……………………	353
童詩童謡研究会 ……………………………	66
東條 太河 …………………………………	520
藤条 岳 ……………………………………	115
東條 真美 …………………………………	120
東条 泰子 …………………………………	14
東上屋敷ミニソフトバレーボール同好会 …	175
童心社 ……………………………… 244, 284	
東筑高等学校〔福岡県立〕 ………………	243
トゥッカーマン，アーニャ ………………	590
桃通 ユイ …………………………………	43
藤内 麻貴 …………………………………	409
東野 文恵 …………………………………	100
東野 泰子 ………………………… 477, 491, 499	
当原 珠樹 …………………………………	13
東部小学校附属南御厨幼稚園〔静岡県磐田市立〕 ………………………………………	372
東部中学校〔魚津市立〕 …………………	423
東部中学校〔長野市立〕 …………………	
423, 510, 511, 514, 515, 522	
東部中学校〔野田市立〕 …………………	507
桐朋学園大学音楽学部附属子供のための音楽教室 ………………………………………	264
東宝教育映画 ………………………………	555
東方田 浩子 ………………………………	90
東宝東和 ………………… 288, 289, 290	
東北大学大学院工学研究科創造工学センター …………………………………………	276
東北放送 …………………………… 438, 439	
東間 掬子 …………………………………	403
堂馬 瑞希 …………………………………	40
当麻 ゆか …………………………………	169
当間 律子 …………………………………	222
どうまえ あやこ …………………………	56
当間小学校〔鉾田町立〕 …………………	305
当麻中学校〔北海道当麻町立〕 …………	526
道明 真治郎 ………………………………	262
道明寺 真治郎 ……………………………	292
同明大学視聴覚研究部 ……………………	297
堂本 一誠 …………………………………	399
堂本 耕都 …………………………………	218
とうや あや ……………………… 37, 213	
洞爺小学校〔北海道洞爺村立〕 …………	344
当山 千厳 …………………………………	221
東洋教材研究所 ……………………………	458
童謡の里龍野文化振興財団 ………………	539
童謡のふる里おおとね少年少女合唱団 …	485
童謡のふる里おおとねハンドベル・リンガーズ …………………………………………	486
トゥルスカ，クリスティナ ………………	576
トゥルンカ，イジー ………………………	577
東レ科学振興会 ……………………………	449
遠竹 弘幸 …………………………………	386
遠野小学校〔岩手県遠野市立〕 …………	448

682 児童の賞事典

遠矢 町子	204
遠山 繁年	45, 81
遠山 千恵	553
遠山 柾雄	80
遠山 洋子	124
冨樫 絵理子	410
富樫 恭子	271
富樫 牧子	432
戸梶 美也子	359
富樫 義博	393
十勝子どもの本連絡会	340
戸苅 進	418
戸川 文	81
戸川 幸一郎	395
戸川 幸夫	76, 81, 294
外ヶ輪小学校〔新潟県新発田市〕	370
とき ありえ	155
土岐 欣子	350
土岐 まどか	498
土岐 みさき	499
時岡 茂秀	535
土岐郡笠原町粘土学習研究会	257
鴇崎 智子	103
土気中学校	506
土気中学校〔千葉市立〕	506, 526, 527
土気南中学校〔千葉市立〕	255
鴇嶺小学校〔東金市立〕	354
ときわ ひろみ	308
常盤 基	496
常盤小学校〔岩手県水沢市立〕	348
常盤平第一小学校〔松戸市立〕	513
常盤平第二小学校言語治療学級〔千葉県松戸市立〕	348
常磐中学校〔岡崎市立〕	354
常盤中学校〔葛生町立〕	353
常葉中学校〔常葉町立〕	521
常盤中学校 吹奏楽部〔北海道旭川市立〕	524
徳江 尚子	511
徳江 仔有子	512
徳江 陽子	512
徳岡 久生	81
徳川 静香	202
徳差 健三郎	281
徳島県小学校国語教育50年史発刊推進委員会	347
徳島県小学校作文読本編集委員会	343
徳島県那賀郡木頭村教育委員会	368
徳島県美馬郡国語教育研究会	347
徳島少年少女合唱団	264
読書会一休さん	340
徳田 衣理	409
徳田 澰	263, 338, 345
徳田 詩織	111
徳田 茂	337
徳田 翔大	415
徳田 雄洋	79
徳田 治展	378
徳田 有理	409
得田 之久	307
徳竹 雅子	216
戸口 知秋	111
徳永 紀美子	36
徳永 桜子	497
徳永 寿美子	292
徳永 誠也	268
徳永 隆憲	248
徳永 二男	511
徳永 友美	517
徳永 明子	280
徳永 博志	260
徳永 正範	345
徳永 雄紀	443, 444, 537
徳永 由貴	453
徳野 良美	176
徳橋 ひさこ	90
徳広 美喜	29
徳間書店	289
徳丸 実	429
戸倉上山田中学校	514, 515
所谷 敏雄	357
土佐 崇矩	194
とざわ ゆりこ	126
利倉 隆	291
利安 義雄	315
図書館朗読ボランティア千の風	340
とだ あきこ	97
戸田 昭二	152
戸田 杏子	290
とだ かずき	142
とだ かずこ	130
戸田 和代	88, 181
戸田 佳留奈	563
戸田 孝	322
戸田 正彦	359
戸田 真帆	121
戸田 桃香	41
戸田 唯己	281
戸田プロ	457
トータルメディア開発研究所	381
栃木工業高等学校国際ボランティアネットワーク〔栃木県立〕	374
栃木子どもの本連絡会	340
栃木トミー工業 営業開発部	383
栃木西中学校〔栃木市立〕	423
栃木南中学校〔栃木県栃木市立〕	302
栃の実会	339
栃原 哲則	215
栃堀 木	398
戸塚 廉	232
鳥取国語実践の会	347
鳥取聾学校 写真部〔鳥取県立〕	352
土手 康介	139
ドーデラー, クラウス	266
十時 晃	348
留目 由美	208
轟 玲子	217
土々呂小学校〔宮崎県延岡市立〕	350
戸波 和子	336
ドネリー, エルフィー	586
ドネリー, ジェニファー	575
ドネリー, マシュー	436
登内 徹夫	385

殿垣 雄介	177
土庄中学校教育相談研究会〔土庄町立〕	304
殿村読書会	338
土橋 静雄	429
土橋 美穂	475
ドーハーティ，ジェームズ	591
ドハティ，バーリー	80, 574, 594
土肥 真夕菜	468, 469, 501
飛塚 綾子	476
飛田 いづみ	124
飛田 泉	102
苫生小学校〔むつ市立〕	447
トマシアンケーブルテレビ	333
トーマス，ジョイス・キャロル	582
トーマス，ルース	568
都丸 つや子	308
富井 愛	478
冨江 真弓	275
富岡 達夫	309
冨岡 玲美	503
富川 孝教	362
富坂 信弥	357
富崎 喜代美	132
富里南中学校〔千葉県富里町立〕	505
富沢 定一	367
富沢 貞造	428
富沢 敏彦	375
富塚 鈴江	360
富須田 葉呂比	43
冨田 明希	269
冨田 亜里沙	501, 502
冨田 栄子	53
冨田 一喜	384
冨田 克吉	344
冨田 慶子	226
冨田 耕司	361
富田 聡	408
冨田 隆義	410
冨田 直子	16
冨田 奈保子	503
冨田 博	264
冨田 博之	153, 232
冨田 保助	357
冨田 真矢	145
冨田 美和子	171
冨田 理恵子	477, 491
冨田中学校〔徳島市立〕	525
富所 佐一	114
富永 歩	436, 479
冨永 香苗	196
冨永 佳子	539
冨永 幸子	271
富永 暢	513
富永 敏治	109, 196
富永 尚也	222
冨永 秀夫	294, 386
富永 水紀	19
富永小学校〔高月町立〕	277
冨成 忠夫	168
富本 京子	279
富安 陽子	82, 83, 95, 137, 155
富山 和子	77, 80
冨山 寅二郎	396
富山 昌彦	7
富山 摩巳	21
富山 芽衣子	219
富山 陽子	222
富吉 宮子	102
友定 啓子	337
友沢 晃	431
塘添 亘男	536
友田 節子	495
友田 啓明	509
友田 弘子	495
友田 優子	495
友竹 正則	539
友近 辰貴	273
朝永振一郎伝記映画製作委員会	557
友乃 雪	191
友部 幸織	68
友村 年孝	226
友寄 祥子	221
友利 明長	484
外山 記代子	373
外山 啓介	545
外山 沙絵	210
兎山 なつみ	61
外山 愛美	142
とやま まり	82
外山 裕子	361
富山県児童文化研究会	262
富山県小学校教育研究会特殊部会言語障害教育班	345
富山県読書連絡協議会	339
富山県立近代美術館	232
外山小学校〔本巣町立〕	353
富山大学教育学部附属中学校	425, 520, 521
富山大学人間発達科学部附属特別支援学校	354
豊泉 尚美	240
豊岡小学校〔兵庫県豊岡市立〕	348
豊岡南中学校〔豊岡市立〕	426
豊川 遼馬	68, 126
豊川小学校〔秋田県南秋田郡昭和町立〕	367
豊吉 哲生	8
豊島 生子	433
豊嶋 かをり	160
豊島 加純	56
豊島 誠	363
豊嶋 里帆	401
豊田 晃	217
とよた かずひこ	147
豊田 きいち	294
豊田 潤一	429
豊田 順弥	427
豊田 博慈	310
豊田小学校〔富山県富山市立〕	343
豊玉南小学校〔東京都練馬区立〕	376
とよ読書会	339
豊富小学校〔姫路市立〕	353
豊富小学校〔山梨県東八代郡豊富村立〕	350
豊永 梨恵	61

豊橋聾学校〔愛知県立〕	305	内藤 正人	407
豊原 清臣	429	内藤 美智子	205
豊春中学校 混声合唱団〔春日部市立〕	523	内藤 ゆか	401
豊福 征子	4	内藤 幸男	257
豊増 伸治	276	ナイバーグ, モーガン	570
豊増 幸子	339	ナウマン, フランツ	585
豊丸 誠	121	苗羽小学校〔内海町立〕	447
トライアルネット	250	苗村 亜衣	103
トライアングル チャリティーコンサート実行委員会	384	なおえ みずほ	199
虎渡 進	280	奈緒ちゃん製作委員会	557
ドラーネン, ウェンデリン・ヴァン	567	直塚 美穂	472
ドラモンド, V.H.	575	名嘉 来実	379, 380
鳥井 昭美	420	仲 信一	419
ドーリィ, エリナー	573	中新井 純子	145
鳥居 一夫	347	中荒井 安夫	431
鳥居 夏帆	120	中新井田 明子	433
鳥居 大輔	545	永井 亜紀子	262
鳥居 篤治郎	356	永井 明子	474
鳥居 敏子	146	長井 亮人	412
鳥居 英夫	346	長井 明	510
鳥居 悠	146	永井 綾乃	62
鳥海 杏奈	444, 541	永井 亜由美	414
鳥海 健太郎	383	永井 杏樹	217
鳥海 みなみ	434	中井 和子	101
鳥垣 英子	387	中井 久美子	101
鳥川小学校〔愛知県額田町立〕	343	永井 啓子	452
鳥越 信	149, 151, 153, 266	永井 慧子	200, 201
取手小学校〔取手市立〕	354, 515	永井 豪	390
鳥羽 登	165	中井 純一	204
鳥丸 入江	124	なかい じゅんこ	43
トリヤー, ワルター	75	永井 順子	41, 205
鳥山 明	393	長井 真珠	517
トール, アニカ	589	永井 高志	260
ドーレア, イングリ	579	中居 直人	178
ドーレア, エドガー・パーリン	579	中井 珠子	81
ドレクスラー, アンノー	585	永井 智恵子	257
ドレゾル, テオドール	586	永井 利幸	115
トレッドゴールド, M.	573	永井 とも子	496
トロンダイム, ルイス	56	永井 群子	32, 161
十和田 操	293	ながい のりあき	393
トン・チンヤ	541	永井 一	429
頓所 美命	476	中井 秀樹	382
トンプソン, ケイト	569	永井 秀樹	321, 322
		永井 朋二	74, 294
【 な 】		中居 真輝	194
		中井 正子	514
ナイジェリア連邦ラジオ協会	328	永井 正洋	323
内侍原 伊織	164	永井 繭子	209
内藤 麻美	39	永井 美和子	187
内藤 灌	284, 293	永井 桃子	200, 201
内藤 克紀	534, 535	長井 盛之	344
内藤 小絵	37	なかい ゆみ	13
内藤 寿七郎	428	中井 結美	387
内藤 孝	508	永井 由里	512
内藤 貴博	202	永井 理恵子	337
内藤 ナツミ	508	永井 鱗太郎	93, 294
ナイドゥー, ビヴァリー	574	長井 るり子	50
内藤 博子	509	中家 正博	470, 490, 493, 530
		中石 海	91
		長石 恵理可	475
		中居林小学校子供えんぶり部〔八戸市立〕	352

なかいま 強	393	中川 まどか	194
中江 和恵	337	中川 守	553
長江 優希	40	中川 真耶加	445
長江 優子	61, 126	中川 美奈	209
長江 勇登	545	中川 美穂子	403
なかえ よしを	23, 168, 286, 388	中川 素子	150
長尾 明子	34	中川 雄太	82
中尾 彰	93, 294, 307	中川 李枝子	24, 75, 172, 284, 292
長尾 栄一	347	中川 リョウ	470
中尾 和弘	233	中川 渉	117
中尾 活人	238	中川根中学校〔中川根町立〕	423
中尾 清万	263	中京中学校〔京都府京都市立〕	351
長尾 健一	12, 205	中桐 かなえ	464
長尾 茂	367	中切小学校〔下呂市立〕	277
中尾 寿満子	548	永窪 玲子	36
永尾 忠生	313	永倉 真耶	50
中尾 朋子	378, 495	長倉 洋海	80, 81
長尾 春花	441, 519	中倉 真知子	38
中尾 美佐子	142	永倉 由里	373
中尾 三十里（馬場 みどり）		中小岩小学校〔江戸川区立〕	509
	33, 42, 46, 125, 140, 158, 218	中才 知弥	377, 378
中尾 安一	53	長坂 麻美	7
中尾 安男	417	永坂 由理恵	544
長尾 勇治	241	中崎 恵美	410
ながおか すすむ	49	長崎 源之助	6, 85, 153, 173
長岡 孝之	369	長崎 小春	30
長岡 輝子	23, 295	長崎 小百合	57
長岡 成子	186	中崎 千枝	112, 113, 216
長岡 弘樹	164	長崎 夏海	154
中岡 紘子	258	永崎 みさと	16
中岡 博美	240	長崎県外海町	232
中垣 啓	251	長崎県読書グループ連絡協議会	339
中釜 浩一郎	80	長崎子ども文庫連絡協議会	340
中神 幸子	47	長崎大学教育学部附属中学校	522
中川 亜希	497	長崎南山小学校〔長崎市〕	350
中川 あき子	225	長崎放送	437, 438, 440
中川 晟	204	長崎養護学校〔長崎県立〕	370
中川 郁	482	中里 絵美	477
中川 一也	553	中里 奈央	129, 215
中川 恵子	152	中里 幸彦	258
なかがわ さき	99	中澤 泉	178
中川 暁	324	中沢 和子	336
中川 さや子	52	長沢 国雄	428
仲川 順子	275	永沢 圭太	217
仲川 翔子	377	中沢 聖夫	293
中川 慎	378	中沢 晶子	173
中川 正之祐	264	長沢 小作	356
中川 宗弥	285	中沢 真麻	537
永川 堯久	311	中沢 信子	258
中川 千尋（なかがわ ちひろ）	80, 147	中沢 英明	319
中川 徳次	279	中沢 政雄	343
中川 知子	128	長沢 昌子	543
中川 直子	13	永沢 美智子	177
中川 なおみ	43	中沢 美依	268
中川 なをみ	154	長沢 靖	55
永川 元	316	なかざわ りえ	152
中川 光	204	永沢 麗奈	435, 481
中川 ひろたか	56, 147	長沢小学校〔愛知県宝飯郡音羽町立〕	349
中川 政八	348	中塩 浩光	4
中川 正文	263, 286, 295, 349	永榮 孝堂	263
中川 賢	453, 466, 478, 499, 500	中島 茜	446, 534

中島 彩	544	長瀬 加代子	32
中島 彩也香	443	永瀬 光平	188
中島 あやこ	166	中瀬 すゑ子	237
長島 一郎	163	永瀬 多美	433
長島 大介	241	仲瀬 律久	258
中島 修	364	長瀬 真穂	499
長島 和太郎	294	長瀬 真弓	562
中島 一彦	258	永瀬 優子	188
中島 可菜	415	仲宗根 政善	343
中嶋 恭子	32	中園 淳一郎	260
中島 研六	293	中田 えみ	122
中島 沙希	29	中田 恵美	102
中嶋 咲人	176	中田 一次	484, 539
中島 幸子	512	仲田 恭子	474
中島 晶子	84, 227	永田 邦子	513
永島 慎二	392	中田 圭	379
中嶋 仁道	343	永田 桂子	149
中島 澄香	415	中田 健一	40
中島 千恵子	205	永田 禎子	239
中島 哲也	469	永田 聡志	193
中島 朋哉	116	永田 竹丸	387
中島 伸子	252	中田 千代美	186
中島 信子	38, 42	仲田 庸幸	343
中島 彦吉	268	中田 照子	337
中島 宏枝	116	永田 典子	379
中島 博男	12, 101, 144, 202	永田 英顕	338
中島 福男	313	中田 太海	316
中島 文月	436	永田 浩代	377
中嶋 麻依	103	ながた みかこ	191
長島 槙人	122, 164	永田 美紀	544
永島 正雄	371	中田 美咲	109
中島 雅人	10	中田 光子	280
長嶋 美江子	125	中田 稔	260
中島 美咲	210	中田 麦	463
中島 みち	92	中田 由美子	81
中島 雅	454	中田 よう子	88
中島 仁洋子	558	永田 良江	190
中島 美代子	338	中田 善大	558
中島 睦雄	485	中田 喜直	263, 294, 486, 538, 542
中島 むつみ	540	永田 喜久	280
中島 明	194	永田 佳之	271, 275
中島 康	175	永田 理子	39
中島 康男	371	那加第二小学校〔岐阜県各務原市〕	348
中島 悠	546	長竹 美保	496
中島 裕一	545	中田小学校〔静岡市立〕	512
中島 ゆう子	379	中田中学校〔高岡市立〕	423
中島 裕子	544	中田町読書団体連絡協議会	338
長島 優子	70	仲谷 章代	398, 399
中嶋 裕介	117	中谷 詩子	13
中島 有加里	480	中谷 貞彦	78
中島 由貴	117	中谷 千代子	76, 94, 388
中島 莉帆	435	中谷 政文	518
中島 路可	416	中谷 通恵	238, 242
長島小学校ことばの教室〔青森市立〕	345	中谷 素之	252
中條 ゆかり	178	中谷 由衣	70
那須小学校〔宮崎県宮崎郡佐土原町立〕	348	那加中学校〔各務原市立〕	424
長須 佳代子	209	中津 花	198, 199
長洲 南海男	323	中塚 皓平	479, 481, 500
ながす みつは	33	中塚 洋子	12, 131
中住 千春	121	中津峡小学校〔新潟県中魚沼郡津南町立〕	369
永瀬 一哉	349	中辻 悦子	168

中通 有子	90
仲利 保子	49
ながとし やすなり	394
永富 美和子	511
永富 由佳子	121
長友 恵子	82
中名田小学校〔小浜市立〕	354
中西 晃	351
中西 彩	379
中西 一弘	351
中西 啓二	416
中西 凖子	430
中西 伸司	47
中西 甚太郎	347
中西 敏夫	81
中西 智子	353
中西 信行	350
中西 昇	343
中西 幹雄	418
中西 未咲	24
中西 美智子	346
中西 翠	162
中西 竜太	75
仲西中学校	527
中庭 房枝	49
長沼 依山	263, 293
永沼 孝敏	421
長沼 由里子	514
長沼 陽子	433, 476, 477
中根 瑛子	371
中根 絵美子	199
中根 和美	387
長根 智子	186
中根 裕希子	138
中根橋小学校〔板橋区立〕	513, 514, 515
中野 光	355
中野 綾子	436, 476, 497
中野 彩子	37
中野 亜理	435
長野 勤子	273
中野 公子	511
中野 喜代	187
中野 恵子	540
中野 研也	544
中野 晃輔	205
中野 幸子	341
中野 始恵	39
中野 七良	233
中野 翔太	518
中野 真李	482
中野 妙美	491
中野 智華	120
中野 千春	206
中野 智樹	15
長野 とも子	271
中野 智美	563
中野 治男	164
中野 晴行	151
中野 英明	227
永野 英樹	543
長野 ヒデ子	55, 146

仲埜 ひろ	53
中野 裕生	43
中野 弘美	10
中野 博光	428
中野 舞	432, 433, 497, 498
永野 正枝	116
中野 円	433, 434, 453, 497, 498
中野 茉由子	480
中野 真理子	123, 200, 412
中野 みち子	71
中野 光孝	371
中野 三敏	149
中野 光徳	111
中野 緑	517
中野 靖子	386, 387
永野 ゆう子	36
永野 佑子	371
中野 由貴	141
中野 吉章	471, 489, 492
中野区国際交流協会主催日本語講座	351
長野県飯田市学校事務改善委員会	303
長野県教育委員会数学指導課	365
長野県国語教育学会	344
長野県佐久教育会	263
長野県作文教育研究協議会	78, 283
長野県難聴言語障害児学級担任者会	348
長野県松本聾学校	348
長野市PTA母親文庫	338
長野俊英高郷土研究班	375
中ノ町小学校〔浜松市立〕	354
中ノ目 知章	471, 482, 530
長野聾学校〔長野県立〕	342
永橋 朝子	119
中畑 智江	13
中畑 七代	199
長浜 音一	373
長浜 征吾	10
長浜 ヒサ	358
中原 アヤ	394
中原 杏	394
中原 郁恵	282
中原 絵亜	12
中原 英一	378
長原 幸太	518
永原 彩瑚	414, 415
中原 淳	323
中原 紀子	102
中原 正夫	216
永原 緑	544
中原 悠人	109
中原 ゆき子	71
中原小学校〔神奈川県川崎市立〕	351
中原養護学校〔佐賀県立〕	254
ナカバン	34
永久 教子	38
長久 真砂子	88
中平 絢子	466
中平 智	30
中平 めいこ	444
永広 兆子	257
中伏木小学校〔新湊市立〕	305

名前	ページ
永渕 順子	474
仲間 佐和子	221
中間 直子	551, 552
中俣 勝義	324
長町 充家	257
中町北小学校〔兵庫県多可郡中町立〕	351
長町中学校	522
長町中学校 合唱団〔仙台市立〕	523
永松 一明	428
永松 輝子	42
中松 まるは	191
永松 祐子	433
ながまつ ようこ	19, 42
中間東中学校 吹奏楽部〔福岡県中間市立〕	506
中丸 良彦	364
永見 有梨奈	409
仲道 郁代	515
中道 絵奈	544
仲道 祐子	516
仲光 敦子	57
永嶺 重敏	151
永峰 由梨	129
中村 明弘	26, 63
中村 章	371
中村 敦子	124
中村 あゆみ	563
中村 新	42
中村 有理沙	178
中村 郁子	125
中村 采女	79
中村 英記	9
中村 悦子	149, 150
中村 恵理	467, 479, 492, 500, 530
中村 修	319
仲村 修	150
中村 かおり	475, 496, 529
中村 和枝	202
中村 和哉	262
中村 和幸	374
中村 克子	267
中村 嘉代	116
中村 君江	165
中村 貴美子	478
中村 京太郎	356
中村 キヨ子	20
中村 喜代子	179
中村 欽一	26, 473
中村 公子	387
中村 邦夫	365
中村 邦彦	226
中村 恵子	280
中村 景児	387
中村 圭佑	409
中村 浩三	79
中村 香耶	480
中村 幸子	371
中村 聡	182
中村 紗矢香	198
中村 三奈	67
中村 重太	322
中村 茂	317
中村 静香	515
中村 志歩	454, 469, 480, 492, 501
中村 周平	71
中村 純子	518
中村 祥子	21, 22, 406, 466, 491, 498
中村 四郎	309
中村 仁	344
中村 真珠	30
中村 晋	533
中村 星果	294
中村 大輔	375
中村 泰三	429
中村 妙子	288
中村 隆子	231
中村 隆信	420
中村 猛男	76
中村 千栄子	538
中村 千夏	409
中村 千尋	77
中村 登流	77
中村 ときを	54, 133, 165, 293
中村 祥助	256
中村 智美	478
中村 直子	516
中村 伸子	243
中村 規恵	201
中村 英恵	475
中村 春奈	468, 500
中村 比早子	510
中村 英夫	551
中村 仁美	412
中村 日向子	492
中村 紘子	511
中村 浩志	322
中村 洋美	259
中村 浩幸	102, 123
中村 文	358
中村 文人	120
中村 芙悠子	547
中村 文音	412
中村 勉	402
中村 真人	481
中村 雅胤	246
中村 眞美子	395
中村 麻由子	27
中村 真由美	113
中村 麻里	121
中村 真里子	33, 122, 130, 197
中村 万三	343
中村 美重	315
中村 実枝子	247, 339
中村 緑里	395
中村 みゆき	474, 496
中村 美由季	24
中村 萌子	121
中村 守孝	540, 548
中村 康子	208
中村 泰之	374
中村 悠	481, 482, 502
中村 裕子	344

中村 勇太郎	292
中村 ゆか里	440
中村 有貴	435
中村 友希子	455
中村 有紀子	186
中村 由起子	318
中村 友美	140, 193, 194, 544
中村 優里	411
中村 洋子	104
中村 陽子	467, 491, 496
中村 与吉	363
中村 芳子	473
中村 好成	237
中村 好伸	315
中村 好則	374
中村 義朗	540
中村 利香	553
中村 里香	545, 546
中村 令子	12, 123, 161, 202
中村中学校〔栃木県真岡市立〕	369
仲本 とみ	343
中森 麻美	463
永森 彩乃	435, 503
長森 かおる	548
中森 和輝	547
永森 ひろみ	47
中森 昌昭	273
中屋 くに子	21
永治 さか枝	41
中谷 彩花	444
中屋 知子	497
長屋 雅子	157
中矢 美里	545
なかや みわ	56
中谷 靖彦	58
ながやす 巧	388
永易 実	282
中山 愛理	104
中山 麻子	14
永山 淳子	550
中山 愛弥	104
永山 絵理	479
中山 京子	273, 275
中山 恵二	314
中山 玄三	321
中山 健太郎	428
中山 小志摩	164
中山 忍	58
中山 聖子（なかやま 聖子）	33, 214
中山 達志	314
中山 千夏	148
中山 知子	294
中山 迅	321, 322, 323
中山 博子	495
中山 真梨子	478
中山 美香	476
中山 道子	215
中山 みどり	12, 124
中山 実	321
中山 湧水	366
中山 映子	288, 557
中山五月台中学校	528
永山中学校〔旭川市立〕	526
中山中学校〔高山市立〕	521
長山中学校〔龍ヶ崎市立〕	306
永山南中学校〔旭川市立〕	505, 526, 527
長良中学校〔岐阜市立〕	423
中和 洋之	318, 319
中脇 初枝	83
なぎ 風子	200
名木田 恵子	160
南雲 純雄	558
南雲 総次郎	356
南雲 結美子	177
名倉 淑子	511
長合 誠也	71
名古屋青少年交響楽団	264
名古屋大学大学院理学研究科	451
名古屋テレビ	439
名古屋東邦商業学校 吹奏楽部	524
名古屋盲学校〔愛知県立〕	347
名古屋聾学校・愛知工業高等学校連携教育研究会〔愛知県立〕	342
梨木 香歩	86, 96, 137, 156
名嶋 飛鳥	453
梨本 愛	102
梨本 哲哉	297
梨屋 アリエ	60, 89
奈須 智	362
那須 辰造	74, 293
奈須 ひなた	104
那須 正裕	252
那須 正幹	23, 80, 82, 154, 168, 174, 223
那須田 淳	83, 131
那須田 稔	153
夏秋 裕一	463
夏苅 拓磨	118
ナック	381
夏当 紀子	196
夏野 いばら	67
なつの 由紀	140
名取 知津	268
名取 道治	111
名取 悠	12
七海 冨久子	34, 141
名波 愛莉	554
生田目 幸男	406
那覇中学校〔那覇市立〕	525
なべくら しおり	99
鍋島 利恵子	16, 68
鍋島小学校〔佐賀市立〕	366
鍋島中学校〔佐賀市立〕	520, 521
鍋小学校〔熊本県玉名郡岱明町立〕	302
鍋野 美帆	517
奈街 三郎	93
浪江 虔	338
並木 久枝	550
並木 みどり	350
浪越 淳子	475
なみしま さかえ	157
ナミビア放送協会	335
波平 和樹	553

南無の会	296		南部 隆幸	319
名村 宏	485, 539, 542		南部 亘国	263
名村 麻紗子	139		南部 峯希	348
行方 勇	49		南部小学校〔佐賀県多久市立〕	351
行谷 さとみ	187		南部小学校〔静岡県静岡市立〕	303
滑川 道夫	74, 149, 293, 324, 342		南部中学校 科学部〔愛知県額田郡幸田町立〕	
行木 富子	346			409
名寄工業高等学校放送局〔北海道〕	533		南保 理恵子	4
名寄声の図書館	339		南木 稔	38
奈良 一清	281		南木 義男	372
奈良 恭子	475		南里 章二	268
奈良 美古都	5			
奈良岡 典子	475, 530		【 に 】	
奈良県教育委員会教育放送課第一企画係	368			
奈良県教育委員会指導課	366		新稲 文乃	123
奈良県国語教育研究会	344		新潟県中学校教育研究会	372
奈良県童話連盟	262		新潟県図書館研究大会研究紀要委員会（第18	
奈良県榛原町教育委員会	368		回）	246
習志野高等学校〔千葉県習志野市立〕	365		新潟県立教育研究所	366
楢舘 奈津子	175		新潟放送	437, 438, 439, 440
奈良場 恒美	513		新倉 節夫	316
楢原 明理	62		新倉 智子	144
楢原 敏正	387		新倉 実南子	502
楢村 公子	125		新坂 和男	287
成相 蒼美	494		新座少年少女合唱団	448
成川 彩	29		新妻 寛	447
成川 玄	29		仁井田 梢	189
成川 昌子	544		丹伊田 敏	419
成澤 美咲	68		新居田 正徳	345
成田 聡子（なりた さとこ）	83, 145		仁井田小学校	433
成田 志真	9		新野 里子	70
成田 孝	309		新野 雄彦	474
成田 達輝	519		新野 裕美	261
成田 久江	338		新居浜国語同好会	343
成田 秀子	348		新美 千尋	70
成田 真	362		新美 てるこ	12
成田 雅子	58		新美 南吉	75, 307
成田山ほぼたん日曜学校	297		新美 佳恵	475
成田小学校学校経営運営部会〔千葉県成田市立〕	300		新村 としこ	33
成岡 慶子	193		新村 富子	552
鳴川 真由	414		贄田 萌	436, 442, 480, 501, 530
成沢 元希	10		二岡 真美	545
成沢 優香	4		二階堂 旭	116
成島 まさみ	47		二階堂 聖美	183
成瀬 悟策	309		仁上 亜希子	544
成瀬 武史	140		ニカラグア教育省教育テレビセンター	328
なるみ作業所職員集団	359		ニカラグア教育省数学放送プロジェクト	328
成本 和子	31, 166		仁木 英雄	447
縄田 浩	443		仁木 宏明	310
縄手南中学校〔東大阪市〕	521		ニクソン、ジョーン・ラウリー	566
縄野 静江	120		仁熊 健太	414
南海放送	437, 438, 439		仁熊 佑太	414
南光 重毅	78		二玄社	291, 460
南材木町小学校〔仙台市立〕	448		二河中学校〔呉市立〕	422
南西ドイツ放送協会	334		ニコラエヴァ、マリア	266
南淡中学校〔南淡町立〕	352		ニコンカメラ 設計部デザイン課	383
難波 翔子	562		西 あゆみ	379
なんば ゆりこ	32		西 邦彰	270
難波 礼子	511		西 健一郎	428
南畑小学校〔埼玉県富士見市〕	27			

西 千滉	217
西 智佳	453
西 尚美	390
西 美音	191
西有家小学校〔長崎県南高来郡西有家町立〕	345
西五百川小学校〔山形県西村山郡朝日町立〕	347
西池小学校〔宮崎市立〕	350
西内 巳佳子	279
西内小学校〔上田市立〕	354
西江 辰郎	517
ニジェール国営放送	327
西尾 厚美	206
西尾 薫	125
西尾 邦夫	341
西尾 珪子	230
西尾 菜々美	546
西尾 ひかる	40
西尾 尚子	115
西尾 芙美子	54
西尾 風優香	194
西尾 美奈子	496
西尾 睦生	496
西尾 元充	79
西大田小学校〔広島県世羅町立〕	371
西岡 彩乃	40
西岡 一郎	386, 387
西岡 恒也	78
西岡 裕典	358
西岡 圭見	467, 478
西尾風 優香	207
西尾小学校〔西尾市立〕	194
西尾中学校〔愛知県西尾市立〕	353
西垣 籌一	303, 405
にしがき ようこ	361
西方 純成	130
西川 潔	189
西川 久美	373
西川 晃平	404
西川 凌	380
西川 純	546
西川 伸一	320, 323
西川 知里	373
西川 照幸	103
西川 紀子	296
西川 友成	202
西川 夏代	310, 312, 416
西川 晴美	53
西川 宏	360
西川 鞠	386
西川 裕梨子	444
西川 るひこ	518
錦 三郎	509, 510
錦織 友子	77, 92, 286
錦ヶ丘中学校〔熊本市立〕	156, 197
西口 敦子	424
西口 香苗	31
西越小学校〔新潟県三島郡出雲崎町立〕	496
西坂 周	365
	184

西坂 宗一郎	201
西坂 昂文	183
西坂 三佐紀	201
にしざき しげる（西崎 茂）	60, 214
西里 俊文	376
西沢 綾	543
西沢 健治	540, 548
西沢 正太郎	54, 59, 94, 294, 341
西澤 智子	39
西澤 怜子	72
西島 真理子	359
西小学校〔伊東市立〕	353
西小学校〔群馬県大泉町立〕	351
西小学校〔静岡県引佐郡三ヶ日町立〕	349
西小学校〔静岡県庵原郡由比町〕	365
西小学校特別研究委員会〔長野県上田市立〕	301
西小学校PTA〔群馬県桐生市立〕	349
西仙北西中学校〔大仙市立〕	427
西田 麻美	378
西田 夏名葉	120
西田 啓子	512
西田 年博	256
西田 豊子	446
西田 奈都子	494
西田 紀子	82
西田 美紅	501
西田 雅亮	246
西田 勝	429
西田 佑子	465, 466
西多賀小中学校療養所分校〔仙台市立〕	367
西達布小学校〔北海道富良野市立〕	342
西谷 和也	102
西谷 しのぶ	561
西谷 晴美	561
西谷 道雄	561
西玉 絵里奈	481, 530
西太良中学校学校経営研究部〔鹿児島県大口市立〕	300
西中学校〔群馬県大泉町立〕	351
西中学校〔新居浜市〕	521
西中学校〔西蒲原郡巻町立〕	424
20世紀フォックス映画会社	284
にしで しずこ	61
西出 雅成	420
西ドイツ放送連盟	325
西豊田小学校〔静岡市立〕	344
仁科 幸恵	193
西成田 功	344
西日本放送	437, 438
西野 朋子	362
西野 優子	517
西野町小学校御殿万歳クラブ〔愛知県西尾市立〕	352
西畑小学校〔千葉県大多喜町立〕	370
西花畑小学校〔福岡市立〕	306
西浜中学校〔和歌山市立〕	521
西林 幸三郎	269
西原 慶一	293
西原 知奈津	104
西原 英樹	562

にほん

西原 美緒子	176
西原小学校〔栃木県大田原市立〕	350
西脇中学校〔上野原市立〕	354
西平 あかね	176
西平 輝子	418
西部 明子	239
にしまき かやこ	76, 388
西正 泰崇	410
西益津中学校〔藤枝市立〕	513, 514, 515
西町インターナショナルスクール	350
西湊小学校〔石川県七尾市〕	364
西峯 詩織	496
西村 亜希子	120
西村 晶子	465, 467, 498, 499, 500
西村 明日香	102
にしむら あつこ	84
西村 文	145, 220
西村 和子	446
西村 公孝	271
西村 幸治	364
西村 祥子	158
西村 さとみ	191, 206
西村 繁男	80, 147, 168, 288
西村 滋	223
西村 静香	464
西村 正三	345
西村 すぐり	44, 203
西村 孝志	46
西村 崇志	413
西村 敏雄	395
西村 俊成	293
西村 彼呂子	166, 308
西村 弁作	309
西村 真紀	517
西村 真紀子	545
西村 松雄	535
西村 まり子	145
西村 美里	378
西村 みのり	30
西村 美耶	30
西村 美雪	102
西村 裕子	378
西村 祐見子	89, 160, 540
西村 友里	162
西目農業高等学校〔秋田県立〕	532
西本 鶏介	56
西本 千晃	194
西本 真実	217
西本 宗剛	193
にしもと やすこ	58
西森 弘造	192
西森 博之	394
西山 あつ子	207
西山 香子	110, 142
西山 琴恵	540
西山 敏夫	94, 293
西山 昇	25
西山 文子	125
西山 友貴	434, 467, 479, 480, 500
西山 瑠美子	498
二条中学校〔京都市立〕	352
坦城 江蓮	122
にしわき しんすけ	137
西脇 徹二	400
西脇 正治	263
西脇 美香	480
二谷 英生	79
二反長 半	93
日宇中学校〔佐世保市立〕	422
日映科学	457
日映科学映画製作所	459, 549, 555, 556
日映新社	456, 549, 555
日南養護学校〔宮崎県立〕	353
日活	284, 285, 286, 287
日活児童映画	287, 290
日活配給	285
日経映画社	456
日経映像	460, 557
日章小学校〔旭川市立〕	352
日新中学校管理経営研究会〔岐阜県海津町立〕	300
日生劇場	285, 286
ニッセイ児童文化振興財団	287
新田 恵実子	142
新田 琴子	279
にった さか	179
新田 祐一	59
新田 尚志	8
新田 英雄	319
新田 牧雄	267
新田 義和	25
日暮里中学校〔東京都荒川区立〕	370
仁藤 洋平	399
ニードリッチ, ヨハネス	588
蜷川 紘子	441
似島学園	355
仁宮 章夫	316
二宮 重幸	364
二宮 智恵子	535
二ノ宮 知子	391
二宮 奈保子	558
二宮 由紀子	6, 82, 146
二宮 夕美	511
ニノミヤ, リッキー	55
二宮 律子	550
二の宮小学校〔茨城県つくば市立〕	254, 353
二馬力	556
仁平 米子	31
仁部 弥生	256
二瓶 聡子	187
仁平井 麻衣	107
二瓶 みち子	560
日本アニメーション	287, 564
日本インテリアデザイナー協会	381
日本宇宙少年団	450
日本映画社	549, 555
日本映画新社	555, 556, 557
日本演劇教育連盟	263
日本おもちゃ図書館財団	291
日本音楽家ユニオン	447
日本音声学会	341
日本海テレビ	437, 438, 439

にほん　　　受賞者名索引

日本技術映画社 ・・・・・・・・・・・・・・・・・・・ 456, 457
日本教育音楽協会 ・・・・・・・・・・・・・・・・・・・ 447
日本教育テレビ ・・・・・・・・・・・・・・・・・・・・・ 285
日本記録映画研究所 ・・・・・・・・・・・・・・ 288, 458
日本国際児童図書評議会 ・・・・・・・・・・・・・・ 23
日本コロムビア ・・・・・・・・・・・・・・・・・ 538, 539
日本サイエンスサービス ・・・・・・・・・・・・・・ 276
日本作文の会 ・・・・・・・・・・・・・・・・・・・・ 78, 286
日本肢体不自由教育研究会 ・・・・・・・・・・・ 309
日本視聴覚教材センター ・・・・・・・・・・・・・・ 449
日本シネセル ・・・・・・・・・・・・・・・・・・・・・・・
　　　　　449, 450, 459, 460, 461, 549, 555, 556
日本弱視教育研究会 ・・・・・・・・・・・・・・・・・ 348
日本障害児性教育研究会 ・・・・・・・・・・・・・ 309
日本私立幼稚園連合会 ・・・・・・・・・・・・・・・ 336
日本吹奏楽指導者協会 ・・・・・・・・・・・・・・・ 447
日本総合研究所 ・・・・・・・・・・・・・・・・・・・・・ 451
日本大学 ・・・・・・・・・・・・・・・・・・・・・・・・・・・ 381
日本大学第二中学校 ・・・・・・・・・・・・ 508, 509
日本たばこ産業 ・・・・・・・・・・・・・・・・・・・・・ 450
日本テレビ ・・・・・・・ 286, 287, 288, 289, 290, 330
日本テレビビデオ ・・・・・・・・・・・・・・・・・・・ 451
日本点字委員会 ・・・・・・・・・・・・・・・・・・・・・ 341
日本童話会 ・・・・・・・・・・・・・・・・・・・・・・・・・ 232
日本ドキュメント・フィルム社 ・・・・・・・・ 549
日本原高等学校〔岡山県立〕 ・・・・・・・・・・ 254
日本ビジュアルコミュニケーションセンター
　　・・・・・・・・・・・・・・・・・・・・・・・・・・・・・・・ 450
日本福祉大学 ・・・・・・・・・・・・・・・・・・・・・・・ 381
日本ヘラルド映画 ・・・・・・・・・・・・・・・ 286, 288
二本松工業高校数学科〔福島県立〕 ・・・・ 369
二本松第一中学校〔二本松市立〕 ・・・ 522, 523
日本民話の会 ・・・・・・・・・・・・・・・・・・・・・・・ 264
日本メキシコ学院 日本コース ・・・・・・・・・ 354
日本盲人福祉研究会 ・・・・・・・・・・・・・・・・・ 348
日本野鳥の会 ・・・・・・・・・・・・・・・・・・・・・・・・ 80
日本ライトハウス ・・・・・・・・・・・・・・・・・・・ 341
日本林業技協 ・・・・・・・・・・・・・・・・・・・・・・・ 457
二村 英仁 ・・・・・・・・・・・・・・・・・・・・・ 516, 517
入之内 瑛 ・・・・・・・・・・・・・・・・・・・・・・・・・・ 403
ニューファンタジーの会 ・・・・・・・・・・・・・・ 149
楡井 千鶴子 ・・・・・・・・・・・・・・・・・・・・・・・ 357
丹羽 亜紀 ・・・・・・・・・・・・・・・・・・・・・・・・・・・・ 9
丹羽 いずみ ・・・・・・・・・・・・・・・・・・・・・・・・ 517
丹羽 さだ ・・・・・・・・・・・・・・・・・・・・・・・・・・・ 15
丹羽 宗吉 ・・・・・・・・・・・・・・・・・・・・・・・・・・ 269
丹羽 はる子 ・・・・・・・・・・・・・・・・・・・・・・・・・ 49
丹羽 ゆう子 ・・・・・・・・・・・・・・・・・・・・・・・・ 176
丹羽 悠子 ・・・・・・・・・・・ 468, 477, 478, 479, 489
庭野 光代 ・・・・・・・・・・・・・・・・・・・・・・・・・・ 474
庭野小学校〔愛知県新城市立〕 ・・・・・・・・ 447
人形劇カーニバル飯田実行委員会 ・・・・・・ 232
人形劇団カラバス ・・・・・・・・・・・・・・・・・・・ 285
人形劇団クラルテ ・・・・・・・・・・・・・・・ 287, 288
人形劇団ののはな ・・・・・・・・・・・・・・・・・・・ 292
人形劇団プーク ・・・・・・・・・・・・・・・・・・・・・・・
　　　　　232, 284, 285, 286, 287, 288, 290, 534
人形劇団むすび座 ・・・・・・・・・・・・・・・ 278, 289
人形劇団れもん座 ・・・・・・・・・・・・・・・・・・・ 263

【ぬ】

温井 加奈子 ・・・・・・・・・・・・・・・・・・・・・・・ 465
ヌーネス, リギア・ボジュンガ ・・・・・・・・ 578
布川 彩加 ・・・・・・・・・・・・・・・・・・・・・・・・・・ 194
布川 雄大 ・・・・・・・・・・・・・・・・・・・・・・・・・・ 194
布引小学校〔東近江市立〕 ・・・・・・・・・・・・ 353
沼津国語同好会 ・・・・・・・・・・・・・・・・・・・・・ 351
沼田 理美 ・・・・・・・・・・・・・・・・・・・・・・・・・・ 545
沼田 宏行 ・・・・・・・・・・・・・・・・・・・・・・・・・・ 515
沼田 雅行 ・・・・・・・・・・・・・・・・・・・・・・・・・・ 516
沼田 光代 ・・・・・・・・・・・・・・・・・・・・・・・・・・ 165
沼田 曜一 ・・・・・・・・・・・・・・・・・・・・・・・・・・ 289
ヌーン, スティーブ ・・・・・・・・・・・・・・・・・・・ 82

【ね】

根石小学校〔愛知県岡崎市立〕 ・・・・・・ 247, 348
ネイピア, スーザン・J. ・・・・・・・・・・・・・・ 151
ネイラー, フィリス・レノルズ ・・・ 566, 567, 593
ネヴィル, エミリー・C. ・・・・・・・・・・・・・・ 592
根ヶ山 光一 ・・・・・・・・・・・・・・・・・・・・・・・・ 403
根川小学校国際理解研究部〔愛知県豊田市立〕
　　・・・・・・・・・・・・・・・・・・・・・・・・・・・・・・・ 303
根岸 明 ・・・・・・・・・・・・・・・・・・・・・・・・・・・・ 112
根岸 早苗 ・・・・・・・・・・・・・・・・・・・・・・・・・・ 472
根岸 正信 ・・・・・・・・・・・・・・・・・ 436, 475, 530
根岸 真由美 ・・・・・・・・・・・・・・・・・・・・・・・・ 474
ねぎし れいこ ・・・・・・・・・・・・・・・・・・・・・・・ 15
猫 春眠 ・・・・・・・・・・・・・・・・・・・・・・・・・・・・ 125
猫乃 司 ・・・・・・・・・・・・・・・・・・・・・・・・・・・・ 188
猫塚 彩 ・・・・・・・・・・・・・・・・・・・・・・・・・・・・・・ 9
根来 良子 ・・・・・・・・・・・・・・・・・・・・・・・・・・・ 13
ねじめ 正一 ・・・・・・・・・・・・・・・・・・・・・ 55, 181
根城中学校〔青森県八戸市立〕 ・・・・・・・・・・
　　・・・・・・・・・・・・・・・・・・・・・ 505, 521, 522, 523
ネス, エバリン ・・・・・・・・・・・・・・・・・・・・・ 580
根津 敬一郎 ・・・・・・・・・・・・・・・・・・・・・・・・ 373
根津 三郎 ・・・・・・・・・・・・・・・・・・・・・・・・・・ 256
根津 理恵子 ・・・・・・・・・・・・・・・・・・・・・・・・ 544
禰津 亮太 ・・・・・・・・・・・・・・・・・・・・・・・・・・ 407
ネストリンガー, クリスティーネ ・・・ 79, 578, 585
ネットワーク・テン ・・・・・・・・・・・・・・・・・ 335
根上中学校 ・・・・・・・・・・・・・・・・・・・・・・・・・ 528
根上中学校〔能美市立〕 ・・・・・・・・・・・・・・ 507
ネパール・テレビジョン ・・・・・・・・・・・・・ 335
根本 進 ・・・・・・・・・・・・・・・・・・・・・・・・・・・・ 285
根本 豊子 ・・・・・・・・・・・・・・・・・・・・・・・・・・ 551
根元 愛美 ・・・・・・・・・・・・・・・・・・・・・・・・・・ 378
寝屋川高等学校 映画研究部 ・・・・・・・・・・・ 533
ネルソン, マリリン ・・・・・・・・・・・・・・・・・ 598
ネルソン, P. ・・・・・・・・・・・・・・・・・・・・・・・・ 589

【の】

ノイハウス 聖子	125
納口 恭明	276
農芸高等学校〔京都府立〕	254
農山漁村文化協会	244, 458, 460, 461
納所 あすか	476
納所 さやか	464, 476, 497
野浦小学校〔両津市立〕	352
ノエル，ミシェル	571
野方小学校〔中野区立〕	510
野上 亜希子	401
野上 智行	321, 323
野上 洋子	114
野口 栄子	544
野口 和子	405
野口 さやか	39
野口 茂夫	341
野口 七郎	365
野口 昭虎	237
野口 すみ子	88
野口 武悟	249
野口 武泰	201
野口 千代光	516
野口 寿子	544
野口 麻衣子	125
野口 美智子	259
野口 満帆	543, 544
野口 優子	561
のぐち ようこ	385
野坂 昭如	542
野坂 悦子	82
野坂 法行	297
野崎 志帆	272
野崎 志保子	551
野崎 洋子	375
野澤 恵美	43, 220
野沢 重典	234
野沢 潤子	562
野沢 たけし	534
野沢 尚子	513
野沢 弥生	474
野沢小学校6年3組〔長野県佐久市立〕	409
野地 一枝	342
野地 潤家	342
野島 亜悠	68
野島 大輔	273, 274
野島 正	13
野島 智也	410
野島 光洋	258
野島 稔	510, 511
野島小学校〔兵庫県津名郡北淡町立〕	254, 349
野尻 直子	562
野尻 抱影	292
能代養護学校〔秋田県立〕	306
野津 敬	135
野津 謙	427
能勢 武夫	450
能勢 広	450
野添 憲治	80
野添 草葉雄	160
野曽原 友行	318, 319
野田 キミ子	257
野田 沙希	219
野田 四郎	418
野田 説子	513
野田 大灯	296
野田 隆史	403
野田 拓弥	141
野田 直子	208
野田 弘美	208
野田 弘	342
野田 マリカ	511
野田 道子	43, 133
野田 亮一郎	311
野田小学校〔福島県信夫郡吾妻村〕	364
野田中学校〔埼玉県川越市立〕	506, 526, 527
能谷 佳和	548
野馳小学校〔哲西町立〕	277
能登川南小学校〔東近江市立〕	354
能登谷 清	367
ノートン，メアリー	573
野名 竜二	281
野中 英次	391
野中 敏信	257
野中 春樹	273
野中 みち子	66
野中 美穂	380
野中 幸夫	342
野中 梨那	554
野長瀬 正夫	5, 76, 159, 172, 293
野々垣 朋子	509
野々山 陽子	413
野花 ゆり枝	120
野原 葵	378
野原 あき	124
野原 淳史	412
野原 啓司	412
のはら ちぐさ	124
野原 なおこ	66
野原 なつみ	164
のはら のん	171
野原 みどり	516
野原 よう子	101
野原小学校〔宍粟市立〕	354
野火 晃	59
信国 久子	348
延島 みお	139
信田 秀一	293
信田 百合子	540
信原 和夫	4, 16
埜辺 綾香	40
登切小学校〔青森県三戸郡階上町立〕	351
登坂 理利子	444
幟町小学校〔広島市立〕	349
野間 成之	278
野間 省一	294
野正 由紀子	61
野宮 淳子	537

野村 愛正	292
野村 英一	365
野村 圭佑	82
野村 咲季	531
のむら しんぼ	393
野村 たかあき（野村 高昭）	57, 168
野村 長生	238
野村 敏夫	534
野村 ハツ子	341
野村 日出夫	247
野村 正幸	419
野村 真弓	433
野村 真理	104
野村 路子	80
野村 実里	315
野村 百合子	114
野村狂言の会	263
野村ホールディングス	381
野本 淳一	137
野本 瑠美	89
ノーラン, ハン	583
乗松 克江	238
乗松 尚	364
ノルウェー放送協会	327, 334
ノール県青少年保護協会	228
ノルシュテイン, ユーリー	82, 147
ノルドクヴィスト, スヴェン	588
野呂 敏	366
野呂 茂樹	315
野呂 祐吉	534

【は】

バイアーズ, ベッツィ	566, 582, 592
ハイアセン, カール	83
灰谷 健次郎	95, 155, 223
ハイデ, フロレンス	586
ハイデルバッハ, ニコラス	589, 590
ハイネ, イゾルデ	587
バイパー, ニコラウス	589
榛原小学校〔奈良県宇陀郡榛原町立〕	345
ハイマン, エリック	585
ハイマン, トリーナ・シャート	580, 595, 597
バイヤー, インゲボルク	587
パイル, ハワード	595
パイロット 商品企画部デザイン室	384
バウアー, エルンスト	585
バウアー, ユッタ	589
ハウゲン, トールモー	578, 586
バウゼヴァング, グードルン	587
ハウトマン, ピート	583
バウマン, クルト	80
バウラー, ティム	574
パヴリーシン, G.D.	96, 389
パウルゼン, スザンネ	589
南風原中学校〔南風原町立〕	426
パーカー, スティーブ	80
パーカー, ダニエル	567
バーガー, ピーター	584

芳賀 正幸	116
羽賀 実里	184
芳賀 美輪	97
芳賀 美子	257, 258, 270
バーカート, ナンシー・エクホーム	597
袴田 きみ子	495
萩尾 望都	392
パキスタン・テレビジョン	327
萩園中学校〔茅ヶ崎市立〕	447
萩野小学校〔北海道亀田郡大野町立〕	344
萩野谷 みか	104
萩原 大輔	70
萩本 欽一	232
萩谷 維摩	546
萩山中学校	507, 528
萩原 麻未	545
萩原 栄子	340
萩原 信介	289
萩原 徹	115
萩原 奈苗	548, 560
萩原 春雄	349
萩原 晴美	544
萩原 洋	401
萩原 政男	74
萩原 正子	552
萩原 康仁	253
バーグ, リーラ	81
パーク, リンダ・スー	593
パーク, ルース	596
葉喰 たみ子	126
羽咋工業高等学校〔石川県立〕	254
白山小学校〔北相馬郡取手町立〕	514
白山中学校〔我孫子市立〕	504, 522
白山中学校〔東松山市立〕	427
白新中学校〔新潟市立〕	254, 422
柏特別支援学校〔千葉県立〕	354
白兎養護学校〔鳥取県立〕	352, 371
白鳳小学校〔愛知県尾張旭市立〕	345
白矢 麻衣	68
箱浦小学校〔香川県三豊郡詫間町立〕	348
箱田 浩	341
函館市小学校国語教育研究会	344
函館盲学校〔北海道〕	346
箱山 富美子	17
羽衣小学校〔大阪府高石市立〕	342
波崎町読書グループ連合会	339
羽間 紫央里	123
橋浦 麻由	380
バージェス, メルヴィン	568, 574
葉鹿エコクラブ	354
橋北 久	361
橋口 たかし	394
橋口 みどり	281
橋口 怜花	194
橋田 有理佳	482, 502
橋田 有真	110, 194
橋立 佳央理	52, 107
橋村 明可梨	60
橋村 あさこ	163, 215
橋村 德一	356
橋本 明音	519

橋本 歩	190
橋本 恵以	498
橋本 悦代	35
橋本 香折	124
橋本 憲範	197
橋本 勝弘	183
橋本 佳奈	395
橋本 金一	341
橋本 康二	313
橋本 孝平	40, 41
橋本 紗季	71
橋本 哲至	493
橋本 茂雄	427
橋本 尚樹	411
橋本 進	361
橋本 隆	182
橋本 忠和	260
橋本 知佳	18
橋本 務	256
橋本 力	182
橋本 ときお	199
橋本 知子	90, 237
橋本 知春	39
橋本 登代	246
橋本 尚美	474
橋本 奈々	435, 470, 481
橋本 信雄	384
橋本 ヒサ	338
橋本 美奈子	496
橋本 美穂	35
橋本 美幸	102
橋本 美代子	175
橋本 ヤス	371
橋本 康夫	477
橋本 裕子	58
橋元 祐二	428
橋本 裕司	413
橋本 有香	517
橋本 由子	49, 165
橋本 玲子	548
橋谷 桂子	42, 139
橋谷 尚人	171
橋山 好子	245
ハース, アイリーン	81
葉月 かおる	175
葉月 七瀬	128
羽月 由起子	138
蓮沼 勇一	447
蓮見 和枝	204
羽住 邦男	374
蓮見 寿男	311
長谷 武志	409
波瀬 満子	263
長谷川 新	346
長谷川 潮	154
長谷川 栄美	553
長谷川 花菱	60
長谷川 恭子	548
長谷川 清之	373
長谷川 久美	9
長谷川 慶	554

長谷川 賢志	342
長谷川 冴子	538
長谷川 風立子	479
長谷川 集平	6, 119, 148, 223
長谷川 新一	262
長谷川 新一郎	176
長谷川 摂子	6, 131, 147, 214
長谷川 たえ子	110, 138
長谷川 孝士	349
長谷川 千江	111
長谷川 敏正	344
長谷川 知子	77
長谷川 菜々子	563
長谷川 治夫	314
長谷川 英樹	189
長谷川 博	80, 96
長谷川 広美	552
長谷川 政美	430
長谷川 真弓	39
長谷川 美智子	72, 205
長谷川 弥生	516
長谷川 結	178
長谷川 由季	102
長谷川 洋子	45, 125
長谷川 陽子	110
長谷川 善和	430
長谷川 義史	56, 96, 147, 148, 389
長谷川 よしみ	542
長谷川 瑠衣	481
長谷川 礼奈	126
長谷部 直幸	8
長谷部 奈美江	139
長谷部 裕也	184
枦山 由佳	109
バーセルミ, ドナルド	582
羽曽部 忠	137
畑 憲史	182
秦 志菜	109
奏 朋子	474
畑 雅明	138
畑 正純	260
畠 益美	561
羽田 真奈美	12
秦 万実	476
畑 美由紀	68
秦 芳子	47, 50
畑井 正一	552
畑井 展子	402
土田下 裕子	495
畑﨑 龍定	297
畠山 あえか	139
畠山 重篤	82, 96
畠山 兆子	149
畠山 富而	428
畠山 奈々	481
畠山 久尚	75
畠山 螢	117
畠山 万示	68
畠山 幸紀	99
畠山 理助	368
畑崎 龍定	264

パターソン, キャサリン ‥ 578, 582, 592, 594, 597	
畑田 萌	98
はたち よしこ	6, 53
畑中 圭一	150, 151, 538
畑中 敏伸	323
畑中 弘子	190, 205
秦梨小学校〔岡崎市立〕	353
波多野 誼余夫	251
波多野 久美	407
波田野 公一	375
羽田野 史織	464
簱野 志穂子	184
畑野 すみれ	182
畑山 憲雄	267
バーチ, ロバート	594
蜂須賀 悠子	24
八戸市教職員組合	283
八戸市読書団体連合会	339
八戸聖ウルスラ学院小学校	248
八戸童話会	262
八戸聾学校〔青森県立〕	347
八本松中学校〔八本松町立〕	423
八本松中学校〔東広島市立〕	423, 426
八森小学校5年生〔秋田県八森町立〕	105
蜂屋 誠一	205
初生小学校学校経営研究部〔浜松市立〕	304
バツォウスカー, クヴィエタ ‥ 79, 82, 578, 588	
バック, タマラ	589
バック, フレデリック	168
バックエム企画部	383
ハックス, ペーター	589
八軒西小学校〔北海道札幌市立〕	349
初声中学校	527, 528
八町小学校新しい学校経営を考える会〔愛知県豊橋市立〕	301
ハッチンス, パット	576
服部 恵理子	399
服部 久美子	353
服部 公一	538, 542
服部 耕兵衛	220
服部 環	235
服部 千春	191
服部 千尋	532
服部 典子	561, 562
服部 真由子	543
服部 美保	413
服部 勇次	143
服部 幸雄	102
服部 芳子	510, 511
ハッドン, マーク	82, 569
バップ	289
初山 滋	62, 75, 232, 293
初山小学校算数科学習指導研究会〔長崎県郷ノ浦町立〕	370
ハード, サッチャー	596
バード, マルカム	55
ハート＆アート空間"ビーアイ"	353
鳩貝 実次郎	345
鳩貝 太郎	323
バードソング, S	57
ハートネット, ソーニャ	569

はとぶえ会	346
鳩山 曜子	518
バードレ・アンシェータ財団	331
パトロン, スーザン	593
パドワース, ニック	55
バートン, ジル	597
バートン, バージニア・リー	579
バートン, ヘスター	574
華井 章裕	420
花井 敏行	115
花井 巴意	166
花井 泰子	66, 72
花岡 沙希	443
花岡 大学	94, 296
華岡 雄太郎	427
花形 みつる	137, 154, 173, 174
花木 イソ	366
花沢 朝音	432
花島 康子	225
花田 哲幸	343
花田 美咲	198
花田小学校〔埼玉県越谷市立〕	447
花谷 健一	3
花野 なずな	49
花ノ木学園看護部指導部グループ	360
花房 晴美	512
花房 茉里奈	482
花巻賢治子供の会	264
花巻養護学校〔岩手県立〕	351
パナマ国立教育テレビ	329
花見 檸子	271
花本 和美	24
花森 広	401
花屋 馨	417
塙 賢二	428
はなわ たえこ	539
羽生田 敏	130
羽生田少年少女合唱団	485
羽生田小学校〔壬生町立〕	447
バーニンガム, ジョン ‥ 575, 576, 586, 595	
羽田 克弘	182
羽田 節子	430
羽田 満枝	257
ハーネット, シンシア	573
馬場 明美	513
馬場 耕一郎	403
幅 千里	138
馬場 大三郎	164
馬場 隆信	420
馬場 のぼる	75, 76, 287, 392
馬場 久恵	16
幅 房子	130
馬場 正男	347
馬場 真弓	260, 261, 375
馬場 真利子	377, 378
馬場 真理子	191
馬場 泰	259
馬場 涼子	194
馬場小学校〔石川県金沢市立〕	345
幅田 彩加	470, 481, 482, 501, 502
はばたけ21の会	351

ハーバート, ウォリー	586	浜本 八収	90, 226
母と子のヤクルト名作劇場	287	浜本 やすゆき	50
羽部 ちひろ	395	ハミルトン, ヴァージニア	
羽生 操	41		566, 578, 582, 592, 595, 596
パプアニューギニア国営放送委員会	328, 329	葉నい すみえ	205
土生中学校〔岸和田市立〕	521	羽村第一中学校〔羽村市立〕	507, 528
波間 亜樹	102	ハモンド, ナタリー	436
浜 祥子	32	早川 さくら	218
浜 たかや	6, 155	早川 史郎	538
はま みつを	5, 79, 130	早川 全	407
浜 裕子	558	早川 たか子	371
浜浦小学校〔新潟県新潟市立〕	255	早川 貴子	193
浜尾 昴史	401	早川 隆志	404
浜尾 まさひろ	13	早川 友恵	39
浜上 康司	398	早川 友子	347
濱口 愛	275	早川 則男	272
浜口 慶子	39	早川 みどり	188
浜口 真歩	546	早川 恵	407
浜口 真有子	29	早川 裕希	198
浜口 由美	261	早川 里奈	503
浜口 義人	343	早川南小学校〔早川町立〕	447
浜崎 愛香里	378	早坂 忠明	546
浜崎 航貴	201	早坂 美咲	52
浜崎 進	226	早坂 幸	62
浜崎 宣子	201	はやし あい	53
浜崎 信子	236	林 明子	78, 137, 167, 389
浜崎 麻里子	519	林 飛鳥	193
浜島 繁隆	314	林 篤子	61
濱嶋 ゆかり	39	林 あや子	68
浜田 明菜	477	林 主計	419
浜田 麻衣	479	林 和美	241
浜田 笑里	444	林 克己	76
浜田 絵里子	385	林 欣怡	453
浜田 和雄	362	林 邦雄	366
浜田 華練	62	林 賢之助	345
浜田 けい子	54, 223, 295	林 幸	491
浜田 淳子	559	林 剛	205
浜田 尚人	69, 164	林 黒土	204, 534
はまだ ひかり	98	林 次一	341
浜田 美泉	144	林 繁樹	366
浜田 広介	55, 62, 74, 75, 87	林 寿郎	75
浜田 麻央	435, 468, 469, 479, 480, 501	林 信太郎	84
浜田 明衣	444	林 真矢	472
浜田 めぐみ	220	林 創一	403
浜田 靖子	550	林 たかし	60
浜田 幸生	368	林 鞳	87
濱田 由貴奈	30	林 唯一	293
浜田 義文	429	林 千佳世	541
浜谷 直人	252	林 津賀子	509
ハマダ・プロダクション	285, 556	林 哲也	175, 176
浜中 重信	365	林 東一	340
浜中 未紀	436	林 創	253
浜野 えつひろ	88	林 はるか	443
浜野 勝郎	179	林 春海	350
浜野 京子	206	林 弘定	269
浜野 崇	516	林 秀一	543
浜野 卓也	77, 95, 143, 159, 204, 295	林 栄代	366
浜野 博	226	林 宏明	199
浜野 悦博	197	林 博夫	364
浜野木 碧	120	林 洋和	270
浜松西高等学校中等部〔静岡県立〕	507	林 博子	126, 213

林 裕子（デザイン）	384
林 裕子（舞踊）	496
林 公	340
林 熙崇	316, 318
林 浩康	239
林 富美子	230
林 眞紀	280
林 正勝	427
林 マサ子	72
林 雅子	544
林 雅敏	102
林 真汐	550
林 ますみ	509
林 真穂子	465, 497, 498
はやし まみ	55
林 美香	182
林 美穂	453
林 靖典	360
林 優子	227
林 幸夫	378
林 幸子	220
林 由利	114
林 洋子	66
林 葉子	183
林 良重	310, 416
林 芳隆	370
林 芳美	435, 470, 481, 482
林 龍之介	210
林田 勝四郎	345
林田 健二	249
林楯 保	41
林原 玉枝（林原 たまえ）	55, 65
林本 慎	97
早瀬 俊夫	309
早田 友美	537
早田 有里	546
早野 洋子	133, 166
早船 ちよ	75, 153, 284
葉山 七生	311
葉山 要子	217
速水 渉悟	493
速水 清一	365
速水 敏彦	251
はやみね かおる	60
原 あやめ	60
原 いつみ	117
原 栄一	347
原 依里	377
原 一広	187
原 可奈子	497
原 恭二	337
原 さき子	16
原 昌	143, 295
原 聖樹	430
原 恒夫	267
ハラー，ドーカス・W.	586
原 敏夫	371
原 智子	8
原 智実	545
原 豊一郎	339
原 尚子	61

原 奈津希	477
原 のぶ子	155
原 秀則	393
原 広治	350
原 文	341
原 北陽	263
原 誠	78
原 正守	429
原 真美	125
原 麻理子	441
はら みちお	212
原 宙宏	116
原 光子	495
原 桃子	397
原 泰文	386
原 幸雄	341
原 洋太郎	49
ハラカラ・メディア	335
パラグアイ教育省放送	329
原口 あゆみ	486
原口 サトミ	240
原口 隆	226
原澤 夏穂	109
原島 小也可	546
原嶌 文絵	117
原嶋 里会	477, 478
原田 愛子	371
原田 明美	280, 282
原田 恵梨香	109
原田 香織	183
原田 一美	17, 41
原田 佳奈	107
原田 杏子	253
原田 慶子	369
原田 憲一	268
原田 紘一郎	511
原田 咲恵	70
原田 小百合	12
原田 潤	107
原田 慎一	35
原田 泰治	95
原田 大助	84
原田 妙子	495
原田 丈史	410
原田 武信	22
原田 智子	361
原田 乃梨	125, 126, 558
原田 規子	140
原田 英子	42
原田 英彦	12
原田 寛子	367
原田 ヒロミ	50
原田 舞子	471
原田 麻衣子	475
原田 昌明	349
原田 雅江	102, 138
原田 三夫	292
原田 みどり	51
原田 康法	214
はらだ ゆうこ（原田 優子）	81, 145
原中学校〔名古屋市立〕	522

受賞者名索引　　　　　　　　　　ひかし

パラマウント映画 …………………… 287
原町第一中学校〔福島県原町市立〕 … 507, 527
原町第二中学校〔福島県原町市立〕 … 505, 527
波利 摩未香 ………………………… 224
針生 悦子 …………………………… 252
針生 早苗 …………………………… 495
張江 勝年 ……………………………… 97
バリエット, ブルー ………………… 567
ハリス, ローズマリー ……………… 574
漲月 カリノ ………………………… 128
播磨 俊子 …………………………… 157
播本 三恵子 ………………………… 511
張山 秀一 ……………………… 12, 144
H@L ………………………………… 145
春口 雅子 …………………………… 540
春里小学校〔岐阜県可児市立〕 …… 247
春田 香歩 ……………………………… 48
春田 徳洋 …………………………… 418
バルチュ, スザンナ ………………… 589
春名 一明 …………………………… 364
バルハウス, ヴェレーナ …………… 587
春山 秀虎 …………………………… 182
春山 舞里 …………………………… 182
治山 桃子 …………………………… 142
ハロルド作石 ……………………… 391
ハワース, レスリー ………………… 568
伴 和久 ……………………………… 142
バーン, キティ ……………………… 573
ハーン, リアン ……………………… 590
飯伊婦人文庫 ……………………… 339
半谷 髙久 ……………………………… 77
ハンガリー国営テレビ放送 ………… 325
ハンガリー国営放送 …………… 326, 327
バング, モリー ……………………… 596
バンクス, ケイト …………………… 597
バンクストリート教育カレッジ …… 330
バングラデシュ公開大学 ……… 334, 335
バングラデシュ国営テレビ放送 …… 328
バングラデシュ国営放送 …………… 329
バングラデシュ国営ラジオ放送 …… 329
バンコク市営放送 …………………… 325
バンコク日本人学校 ………………… 354
バンコ・デル・リブロ ……………… 228
半沢 郁子 …………………………… 182
半沢 聡子 …………………………… 182
半沢 周三 ……………………………… 60
半澤 恵 ……………………………… 190
半沢 佑子 …………………………… 183
バンサン, ガブリエル …………… 79, 81
ハンスレーベン, ゲオルク ………… 597
ハンソン, グニッラ ………………… 586
半田 たつ子 ………………………… 230
ハンター, モリー ……………… 574, 594
半田 陽子 ……………………………… 58
バンダイ ………………………… 382, 384
半田小学校〔愛知県半田市立〕 …… 348
バンティング, イヴ ………………… 566
ハント, アイリーン ………………… 592
ハント, ピーター …………………… 266
坂東 由佳子 ………………………… 543
坂東 玲子 …………………………… 553

ハンドフォース, トマス …………… 579
はんな・さわらび学園指導員グループ … 360
阪南中学校〔大阪市〕 ……………… 522
盤若 真美 …………………………… 529
飯能西中学校〔飯能市立〕 …… 506, 507
バーンバウム, イスラエル ………… 588

【ひ】

ピアス, フィリッパ ……………… 78, 573
ピアスン, キット …………………… 571
ピアッティ, チェレスティーノ ……… 81
樋江井 美里 ………………………… 413
比江島 重孝 ………………………… 17
日枝小学校〔横浜市立〕 …………… 254
稗田 一穂 ……………………………… 74
BL出版 ……………………………… 244
ピエンコフスキー, ジャン ………… 576
日沖 隆 ……………………………… 238
日置国語を語る会 ………………… 345
比嘉 安里 …………………………… 379
比嘉 流石 …………………………… 379
比嘉 富子 ……………………… 79, 290
比嘉 稔 ………………………… 46, 208
比嘉 靖 ……………………………… 375
比嘉 礼加 …………………………… 379
東出雲町学校図書館担当者会 …… 354
東尾 嘉之 ……………………………… 17
東川 清彦 …………………………… 348
東口 恵子 …………………………… 176
東五位小学校〔富山県高岡市立〕 … 351
東沢小学校〔川西町立〕 …………… 354
東島 賀代子 ………………………… 138
東小学校〔上野市立〕 ……………… 353
東小学校〔岐阜県大垣市立〕 ……… 304
東小学校〔岐阜県岐南町立〕 ……… 371
東小学校〔群馬県吾妻郡嬬恋村立〕 … 302
東小学校〔福島県伊達郡伊達町立〕 … 346
東小学校 科学クラブA〔埼玉県行田市立〕 … 405
東小学校言語難聴指導教室〔静岡県富士宮市立〕 …………………………… 352
東小学校通級指導教室〔西那須野町立〕 … 352
東商業学校 吹奏楽部〔大阪市〕 …… 524
東田 孝彦 …………………………… 193
東橘中学校〔川崎市立〕 ……… 507, 528
東谷 あづき ………………………… 379
東谷 昭三 …………………………… 185
東中学校〔小川町立〕 ……………… 424
東中学校〔倉敷市立〕 ……………… 247
東中学校〔千葉県東金市立〕 ……… 304
東中学校〔鳥取市立〕 ……………… 422
東中学校 科学部〔茨城県稲敷郡東村立〕 … 408
東中学校 科学部電解班〔茨城県那珂郡東村立〕 … 408
東中学校 吹奏楽部〔埼玉県狭山市立〕 … 506, 507
東中学校 理科研究生有孔班〔茨城県稲敷郡東村立〕 ………………………… 409
東中学校 理科研究部班〔茨城県稲敷郡東町立〕 ……………………………… 409

児童の賞事典　701

東出 市二郎	349	美術映画製作協会	556
東出 繁政	24	美術出版	458
東二番丁小学校〔仙台市立〕	306	美術出版デザインセンター	457
東野 瑞生	472	ビショップ、ニック	598
東野 真衣	395	日土東小学校〔愛媛県八幡浜市立〕	448
東箱崎小学校〔福岡市立〕	352	備瀬 毅	222
東原 義訓	321, 322	備前 浩一	514
東保見小学校〔愛知県豊田市立〕	350	肥田 亜海	112
東村 京子	36	肥田 皓三	149
東山小学校〔東京都目黒区立〕	369	氷田 作治	346
東山中学校〔安城市立〕	426	飛田 隆	342
東与賀中学校〔佐賀県東与賀町立〕	368	飛田 多喜雄	342
日方 千智	434	日高 幸子	257
光の村学園光の村養護学校土佐自然学園	352	日高 輝海	239
光報道工芸	456	日高 敏隆	287
氷川 瓏	294	日高 智彦	376
斐川西中学校〔斐川町立〕	520, 521, 523	日高 麻穂	493
引地 摩里子	384	日高 檀	510
蟇目 清一郎	416	ピーターシャム、ミスカ	579
樋口 一辰	251	ピーターシャム、モード	579
樋口 謙一	222	ピーターソン、ハンス	584
樋口 健司	176	日立製作所	381, 449
樋口 孝治	351	日立デジタル平凡社	461
樋口 皓廸	347	ひたちなか市伝統文化継承事業実行委員会	354
樋口 貞子	204	日立養護学校〔茨城県日立市立〕	351
樋口 健夫	270	ビダード、マイケル	570
樋口 千重子	86	桧谷 佳子	500
樋口 てい子	62	ひだの かな代	56
ひぐち ともこ	201	ピッコロ演劇学校	264
樋口 奈穂	541	櫃田 智世	114
樋口 晴代	551	ひで ゆりか	179
樋口 万里香	117	ピーティ田代 桜	444
樋口 美佐子	561	ビデオ東京プロダクション	289
樋口 ゆり	466	ピート、マル	575
樋口 陽香	546	尾藤 基宗子	548
樋口 容視子	270	人見 和宏	261
肥後 義治	233	人見 久城	323
ひこ・田中学校	81, 214	人見 敬子	548
ひこね児童図書研究グループ	340	ひとみ座幼児劇場	535
久井 睦美	361	人吉影絵劇サークルまつぼっくり	264
久枝小学校〔愛媛県松山市立〕	342	ビナード、アーサー	148
ひさかたチャイルド	299	ピニョ、スエリ	144, 201
久末 航	445, 464, 547	日野 圭子	320
久田 幸史	544	日野 多香子	133, 155
久武 るり	30	ひの まどか	290
久富 節子	234	樋上 学	38, 39
久貫 聡右	453	樋上 梨沙	544
久貫 悠美	453	桧枝岐中学校〔福島県南会津郡桧枝岐村立〕	349
久野 登久子	267, 350, 369		
久原 弘	164	桧 きみこ	53, 157, 539
久末小学校〔神奈川県川崎市立〕	303	檜谷 智子	499
久松小学校〔中央区立〕	511, 512, 513	日之出の絵本制作実行委員会	389
久道 登	370, 383	日原 弘太郎	415
久光 彰	116	ひばり児童合唱団	264, 542
氷雨 月 そらち	189	日比 逸郎	288
ひしい のりこ	87	日比 茂樹	95, 137, 173
土方 正志	80, 83	日比 マリア	492
日出中学校 吹奏楽部〔日出町立〕	505	日比野 佳世子	494
菱沼 紀子	179	ひびの こづえ	384
肥下 彰男	272	火吹 貴子	128
菱山 寿子	495		

非暴力と平和のための移動図書館	228	平田 大一	264
氷見 晴子	496	平田 卓郎	419
姫井 葉子	118	平田 千尋	474
檜山 直美	102	平田 信子	8
檜山 真知子	398	平田 紀子	562, 563
ヒューザー, グレン	572	平田 桃子	441, 500, 530
ヒューズ, シャーリー	576	平田 優子	516
ヒューズ, デイヴィッド	588	平田中学校	527, 528
ヒューズ, テッド	568	平谷 菜海	120
ヒューズ, モニカ	594	平多正於舞踊研究所	286
ヒューマン・ライフ・シネマ	290, 459	平多正於舞踊団	289
兵庫県児童養護連絡協議会	241	平塚 ウタ子	133
兵庫県小学校国語教育連盟	345	平塚 和正	106
兵庫県小・中学校郷土学習研究グループ	366	平塚 禅定	248
ひょうたん読書会	339	平塚 武二	167
兵藤 郁造	204	平塚 弥根子	187
兵頭 磨耶	500	平塚 益徳	77
日吉 芳朗	313, 419	平塚 三奈	465
ビョルク, クリスティーナ	587	平塚 ミヨ	279
平井 麻衣	467, 478, 479	平塚聾学校〔神奈川県立〕	349
平井 英理子	205	平戸 美幸	163
平井 清	349	平中 優圭	546
平井 敬子	517	平野 厚	157
平井 冨久子	279	平野 威馬雄	74
平井 昌夫	344	平野 恵津子	494
平井 まどか	27	平野 絵里子	52
平井 澪	39	平野 果子	3
平井 有紀	497	平野 喜一	367
平石 耕一	473	ヒラノ, キャッシー	597
平井小学校教育課程研究推進委員会	304	平野 京子	50
平尾 勝彦	133	平野 啓一	467, 530
平尾 桂子	269	平野 景子	188
平尾 忍	362	平野 香菜	412
平尾 正人	558	平野 淳一	560
平岡 敦	84	平野 聖子	36
平岡 卓英	312	平野 智恵子	475
平岡 真実	106	平野 親子	61
平岡 右子	12	平野 直樹	105
平岡中学校〔札幌市立〕	527	平野 花子	541
平賀 悦子	288	平野 日出男	357
平賀 多恵	126	平野 裕子	378
平賀 伸夫	321, 323	平野 ますみ	143, 205
平方 浩介	308	平野 愛意	463
平方 久直	341	平野 真梨子	562
平賀町読書運動推進協議会	339	平野 味春	378
平川 景子	516	平野 莉奈	501
平川 詩織	140	平野 亮一	468, 500, 530
平川 祐弘	351	平野小学校教育研究部〔滋賀県大津市立〕	300
平川中学校〔千葉県袖ヶ浦市立〕	249	平野中学校〔大野城市立〕	522
ひらき たかし	152	平林 広一	292
平口 まち子	206	平林中学校〔神林村立〕	425
平崎 明美	121	平針中学校 吹奏楽部〔愛知県名古屋市立〕	505
平澤 めぐみ	141		
平沢 弥一郎	76	平福小学校〔岡山市立〕	255
平沢 里央	101	平間 今日志郎	546
平島 加子	346	平間 久美子	36
平島 毅	395	ピラマイヤ	290
平洲小学校〔愛知県東海市立〕	342	平松 和彦	318
平瀬 志富	314	平松 哲夫	143
平田 あゆみ	548	平松 康雄	361
平田 圭子	50	平光 良至	7

平向 功一	262
平元 久美	496
平本 佐智子	260
平柳 貫蔵	226
平柳 景	362
平柳 美乃	546
平山 明義	288
平山 明美	187
平山 桂衣	52
平山 誠介	40
平山 隆子	474
平山 雅美	496
平山 美紀	176, 177
平山 瑞幾	40
平山 由紀子	497
平山 裕未花	71
平山小学校〔高知県香美郡土佐山田町立〕	345
平良木 茉梨恵	11
ビリング, アン	568
ヒル, アンソニー	83
尾留川 葉子	169
ヒルゲン, ヴォルフガング	585
蛭田 達也	390
広 健太郎	182
ひろ たみを	173
広井 法子	145
広井 ひより	279
広井 護	115
広海 滋子	514
広岡 豊	428
広岡 淑生	263
廣川 和彦	415
広川 元乃	186
広川 康之	552
広河 隆一	80
広木 琴乃	502
広木 すみ江	561
弘前市国語教育研究会	346
広沢小学校〔静岡県浜松市立〕	305, 350
広島 英夫	427
広島 裕也	470
広島 裕美子	158
廣嶋 玲子	86, 92, 130
広島県工業教育検討グループ	370
広島県高校生平和ゼミナール	278
広島県授業評価研究会	303
広島県小学校教育研究会国語部会	347
広島県地域婦人団体連絡協議会	338
広島県東部図工美術教育連盟	367
広島県福山市算数教育研究会	372
広島工業大学附属中学校	426
広島市小学校国語教育研究会	344
広島市中央公民館	371
広島市よい本をすすめる母の会	340
広島新生学園	355
広島大学附属東雲小学校	344
広島テレビ放送	76, 285
広島養護学校〔広島県立〕	353
広瀬 悦子	510
広瀬 一峰	26
広瀬 克也	47

広瀬 弦	82
広瀬 健次郎	542
広瀬 尊子	476
広瀬 多加代	446
広瀬 力	215
広瀬 剛	48
広瀬 聡夫	273
広瀬 寿子	6, 84, 87, 159, 295
広瀬 望帆	434, 453, 454, 479, 480, 500
広瀬 麻伊	434, 480
広瀬 麻紀	42, 220
広瀬 円香	125
広瀬 まゆみ	9
広瀬 美智子	35
広瀬 充	293
広瀬 康	513
広瀬 和佳子	362
広田 衣世	33, 191
広田 沙綺	109
広田 寿相	309
広田 達也	401
広田 洋子	175, 176
広田中学校〔愛媛県伊予郡広田村立〕	302
弘中 幸子	515
弘中 孝	511
広中 規子	514
広野 孝	268
廣羽 裕紀	403
広橋 結衣子	493
広畑 澄人	128
廣部 あすか	194, 195
廣部 光信	297
広見 正巳	314
広本 康恵	27
樋渡 ますみ	3
ビーン, ジョナサン	598
pinkish	486
ピンクニー, ジェリー	597
ピンクニー, ブライアン	597
賓満 舞	435

【 ふ 】

武 建華	389
ファイン, アン	568, 574, 598
ファーガスン, アレイン	566
ファーゲルストローム, グレーテ	586
ファージョン, エリナー	77, 287, 573, 577
ファース, バーバラ	576
ファティオ, ルイーズ	584
ファーマー, ナンシー	583
ファン・ストラーテン, ハルメン	82
ファン・デル・ルフ, アン・ルトガール	584, 586
ファン・デル・ロル, ルード	588
フィジー教育・青少年省	329
フィスター, マーカス	56
フィッツジェラルド, ジョアン	570
フィールド, レイチェル	591
フィールド・ソサエティー	297

フィルム・オーストラリア	330	福江小学校道徳教育研究部〔長崎県福江市立〕	302
フィルム・クレッセント	291	福尾 久美	68, 126, 216
フィンガー，チャールズ・J.	591	福岡 綾香	10
フィンケ，ヘルマン	586	福岡 鮎美	81
フィンランド放送協会	325, 326, 328, 329, 330	福岡 克美	367
フィンレイ，ウィンフレッド	566	福岡 奉子	31
ふうま しのぶ	161	福岡 八郎	346, 364
フェーアマン，ヴィリ	79, 586	福岡 雄大	454, 468, 469, 501, 530
フェインスタイン，ジョン	567	福岡学校劇の会	534
笛木 悌治	293	福岡教育大学教育学部附属福岡中学校研究推進グループ	304, 305
フェルフーフェン，ライアン	588	福岡県母と子の読書会協議会	339
フェルルーン，ドルフ	590	福岡県立アジア文化交流センター	381
フェントン，エドワード	565	福岡こくごの会	343
フォアマン，マイケル	576	福岡子ども劇場	263, 534
フォックス，ポーラ	578, 582, 590, 592, 597	福岡小学校〔岡崎市〕	283
フォッセ，ヨン	590	福岡小学校〔富山県福岡町立〕	343
フォーブス，エスター	591	福岡小学校学校経営研究グループ〔岐阜県恵那郡福岡町立〕	303
フォン・ランゲ，アレクサ・ヘニッヒ	589	福岡中学校〔上福岡市立〕	507
深井 カヨ子	558	福岡聾学校〔福岡県立〕	343
深井 浟溥麿	510	福川 祐司	59
深石 隆司	81	福木小学校 合唱クラブ〔広島市立〕	448
深尾 祐介	176	譜久里 勝秀	264
深川 一郎	264	福澤 和広	410
深沢 完興	348	福沢 掌	418
深沢 邦朗	62, 94, 386	福士 宙夢	501
深沢 紅子	293	福士 宏子	182
深沢 省三	293	福司 陽平	105
深沢 つや子	246	福重小学校〔長崎県大村市立〕	347
深沢 直樹	27, 63	福島 聡	145
深代 栄一	49	福島 和恵	101
深田 佳代子	408	福島 義一	367
深田 幸太郎	161	福島 敬次郎	21, 22
深田 佑子	408	福嶋 慶大	517
深堀 広子	39	福島 佐松	263
深美 和夫	348	福島 順子	552, 553
深谷 一雄	412	福島 孝之	170
深谷 正人	183	福島 千賀子	478, 498, 499
深谷 優子	252	福島 のりよ	66, 72
吹浦 忠正	268	福島 肇	315
冨貴島小学校〔市川市〕	247	福島 八郎	418
路谷 虹児	293	福島 浩之	367
福 明子	15, 120, 125, 214, 218	福島 康生	377
副 智美	454	福島 里恵	435
福井 昭雄	257	福島県難聴・言語障害教育研究会	346
福井 郁	274	福島コダーイ合唱団	448
福井 かおり	470	福島子どもの本を広める会	339
福井 和美	15	福島第一中学校 合唱部〔福島市立〕	523
福井 京子	267	福島大教育学部附属中学校	422
福井 宜也	509	福島第四小学校コンピュータ研究プロジェクトチーム〔福島県福島市立〕	303
福井 麻衣	443	福島テレビ	438, 439
福井 雅人	141	福島理科の会	372
福井 真由美	321	福舛 萌真	183
福井 美果	274	福田 麻子	444
福井県読書団体連絡協議会	338	福田 泉	513
福井実践国語の会	341	福田 岩緒	56, 168, 308
福井ソアーベ児童合唱団	448	福田 梅生	347
福井大学教育学部附属中学校	425, 426	福田 恵美子	474
福井野小学校〔札幌市立〕	352		
福井放送	437, 438, 439		
福音館書店	291, 298		

福田 和恵	494	藤井 いづみ	339
福田 清人	62, 74, 77, 172, 294, 342	藤井 エビ	57
ふくだ けい	13	藤井 快哉	463
福田 圭吾	442, 454, 468, 501	藤井 かおり	12, 102
福田 汐里	482	藤井 一生	195
福田 庄助	76, 94, 307, 308	藤井 和美	39
福田 昇八	267	藤井 佳奈	15
福田 信一	353	藤井 かなめ	212
ふくだ すぐる	55	藤井 幸	259
福田 節子	370	藤井 早苗	279
福田 隆浩（ふくだ たかひろ）	61, 129, 197	藤井 昭三	351
福田 豊四郎	74	藤井 泰一	272
福田 光	380	藤井 知弘	352
福田 英樹	372	藤井 則行	53, 199
福田 紘也	471	藤井 均	429
福田 雅弘	12	藤井 まさみ	17
福田 昌史	558	藤井 マツエ	246
福田 操恵	351	ふじい まもる	166
福田 三津夫	27	藤井 万里子	463
福田 睦夫	429	藤井 巳菜海	142
福田 めぐみ	198	藤井 康子	499
福田 悠一郎	519	藤井 豊	276
福田 優花	445	藤井 友理	545
福田 侑香	442, 482, 483	藤井 遥花	545
福田 祐子	233	藤江 じゅん	86, 214
福田 善之	473	藤江 扶紀	443, 444, 519
福田 理華	97	藤枝小学校〔藤枝市立〕	515
福田小学校〔静岡県福田町立〕	302	藤岡 葵	208
福地 賢二	362	藤岡 あや	454, 468, 479
福地 園子	124	藤岡 静子	364
福地中学校 科学部〔青森県三戸郡福地村立〕	408	藤岡 千華	453
		藤岡 礼	478
福永 勝則	419	武鹿 悦子	78, 486, 538
福永 義長	246	藤兼 裕子	274
福永 令三	59, 204, 295	藤川 英華	544
福野中学校〔富山県南砺市立〕	254, 529	藤川 幸之助	157
福原 彰美	544	藤川 沙良	52
福原 薫	139	藤川 智子	58
福原 久美	540	藤川 正夫	273
福原 重雄	246	藤木 麻美	379
福見 巡一	114	藤木 隆男	403
福光中学校〔福光町立〕	352	ふじき ゆうこ	18
福本 彰	114	藤倉 かね子	340
福本 恵子	177	藤倉 司郎	343
福本 礼一	343	藤子 不二雄	392, 393
福森 美咲子	442, 480	藤崎 淳	34
福山 恭子	279	藤崎 聖人	394
福山市詩文集編集委員会	283	藤崎 美乃	441
福山市難聴児母子教室	342	藤崎 康夫	159, 295
袋井中学校〔袋井市立〕	425	藤里小学校〔愛知県江南市立〕	342
袋原中学校〔仙台市立〕	527	藤沢 昭仁	238
富士 木花	164	藤沢 乙安	294
藤 哲生	548, 557	藤澤 果央	483
富士 奈津子	434, 435, 469, 479, 480, 481, 501	藤沢 コウ	92
藤 昌秀	165	藤沢 哲真	297
藤 めぐむ	72	藤沢 とおる	391
冨士 素子	517	藤沢 雅実	360
藤井 愛	465, 475, 476	藤沢 衛彦	292
藤井 明海	113	藤沢市楽譜点訳グループ	447
藤井 麻未	209	富士山学習研究委員会	354
藤井 いずみ	188	藤重 奈那子	563

藤島 勇生	127	立〕	506, 527
藤島 一満	314	藤橋 一葉	374
藤島 恵子	126	藤幡 正樹	384
藤島 光太	472	藤林 一正	158
藤島 富男	110	藤平 恵里	33
藤島 保奈美	249	藤平 晴香	218
藤城 清治	295	藤ブロ	556
藤城 保史美	552	藤巻 彩美	563
藤城小学校〔京都市立〕	353	藤牧 久美子	88
藤田 亜希	39	富士松中学校〔刈谷市立〕	424, 425, 426, 427
藤田 明夫	256	伏見 京子	124
ふじた あさや	473	ふじみ園更生寮A職員	361
藤田 一夢	105	富士会青い鳥保育園富士見台幼児聴能言語	
藤田 かおる	548	訓練教室	345
藤田 和子	393	富士見丘こども俳句会・どんぐり	352
藤田 和日郎	393	富士見台小学校〔川崎市立〕	352
藤田 勝治	307, 308	富士見台小学校〔富士市立〕	354
藤田 佳代	265	伏見中学校〔京都市立〕	354
藤田 恭平	373	藤村 慶子	508, 509
藤田 清香	452	藤村 志保	99
藤田 謹也	405	藤村 富二	258
藤田 圭一	19	藤村 宜之	252
藤田 圭子	351	藤村 法子	395
藤田 彩花	501	藤村 久和	289
藤田 さくら	480	藤村 ひろみ	164
藤田 圭雄	22, 149, 153, 486, 538	藤村 祐子	469, 480
藤田 ちづる	124, 125, 126	藤本 明子	36
藤田 利江	249	藤本 朝己	150
藤田 知子	511	藤本 香織	193
藤田 直樹	139	藤本 和子	340
藤田 なお子	177	藤本 幸邦	297
藤田 はるか	478	藤本 紗也	445
藤田 英夫	419	藤本 庄治	338
藤田 富美恵	42, 192	藤本 四郎	308
藤田 美椰	70	藤本 たか子	19, 144, 166, 191, 202
藤田 美智子	281	藤本 達瑠	99
藤田 美津子	87	富士元 寿彦	288
藤田 恭弘	315	藤本 敏文	356
藤田 由希	481	藤本 富子	196
藤田 幸重	553	藤本 ともひこ（藤本 智彦）	58, 169
藤田 百合香	68	藤本 晴雄	365
冨士谷 あつ子	368	藤本 文昭	375
藤谷 久美子	152	藤本 真基子	544
藤谷 泰	319	藤本 真未	454
藤谷 健	417	藤本 美智子	120
富士通	461	藤本 倫正	7
藤塚 美佐子	175	藤本 恵	158
藤塚 亮吏	120	藤本 勇二	374
フジテレビ	284, 285, 286, 287, 288, 289, 290, 291	藤本 幸美	171
藤永 舜	218	藤本 陽一	75
藤縄 涼子	57	藤本 好男	374
藤野 暢央	466	藤本 義隆	259
藤野 新	263	藤本 芳則	23, 150
藤野 利雄	264	藤森 栄一	76
藤野 望	562	藤森 春樹	349
藤野 恵美	92	藤森中学校 生物クラブ植物グループ〔愛知県	
ふじのくにゆうゆうクラブ・リトミックって		名古屋市立〕	408
たのしいね講座運営グループ	352	藤山 千晶	408
富士宮第二中学校〔静岡県富士宮市立〕	255	藤原 青依	493
富士宮第四中学校 吹奏楽部〔静岡県富士宮市		藤原 あずみ	125
		藤原 敦子	102

藤原 淳寛	142
藤原 彩香	470
藤原 泉	32
藤原 栄子	124
藤原 一枝	291
藤原 加奈子	395, 544
藤原 功次郎	463
藤原 栞	427
藤原 成子	20
藤原 静子	164, 240
藤原 詢	98
藤原 笙子	90
藤原 孝章	270, 272
藤原 貴子	215
藤原 浜雄	512
藤原 万記子	398
藤原 正人	309
藤原 美幸	560
藤原 基宏	407
藤原 やすこ	36
藤原 雄太	105
二上 英朗	185
二上 洋一	149
二島中学校〔北九州市立〕	521
二木 佐紀	119
双葉台中学校〔水戸市立〕	527, 528
二俣 英五郎	167, 287, 307
二俣 ひな子	221
二見 順雄	347
二村 菜穂子	113
ブータン国営放送	334
渕上 千央	378
渕田 東穂	111
府中央小学校〔広島県安芸郡府中町立〕	345
仏教子ども会青雲会	297
フックス, ウルズラ	586
フックスフーバー, アンネゲルト	587
仏生山小学校〔香川県高松市立〕	375
ブッデ, ナディア	589
プティキャラバン	487
ぶどう座	25
フドゥリック, エリザ	436
太櫓小学校〔北海道北桧山町立〕	343
舟形中学校 理科クラブ〔山形県舟形町立〕	405
舩木 城	467, 499
船城 俊子	196
舟木 玲	202
舟木 玲子	207
船越 和子	387
船越 浩明	560
船越 満二	341
船越 優	463
舟崎 靖子	5, 77, 78, 80, 154, 168
舟崎 克彦	5, 55, 77, 148, 168, 223
船津 静哉	351
船戸 さやか	499
船渡 佳子	35
船場 あや	259
船橋 啓子	495
船橋高校リニアモーターカー同好会〔千葉県立〕	372
船橋豊富高校数学科〔千葉県立〕	372
船見 みゆき	102
船水 もも	180
船水 善昭	386
舟山 逸子	205
舟生 日出男	321, 322, 323
フーブラー, トーマス	567
フーブラー, ドロシー	567
武馬 美恵子	101, 191
芙〜みん	393
冬木 和子	90
冬木 史朗	97
冬木 洋子	122
冬村 知佳	98
ブラ, クライド・ロバート	78
フライシュマン, シド	593, 595
フライシュマン, ポール	593
ブライズ, ゲイリー	576
ブライス, スーザン	568, 574
フライデー・ストリート・プロダクション	330
ブラウン, アンソニー	576, 578, 587
ブラウン, マーガレット・ワイズ	83
ブラウン, マーシャ	146, 287, 580
ブラウン, ロッド	81
部落・製作委員会	555
ブラジル教育テレビセンター	327, 328
ブラジル・ランデル・デ・モウラ教育財団	326
ブラチェット, テリー	575
プラット, キン	565
プラット, ピエール	570, 571
プラット, リチャード	82
フラナガン, ジェラルディン・ラックス	586
富良野国の子寮	346
プラン・ケニア	334
ブランスカム, ロビー	566
フランス・テレビ1	328
フランス放送協会	325, 326
ブラント, カトリーン	585
ブランバーグ, ローダ	596
ブランフォード, ヘンリエッタ	568
フリー映像プロダクション	557
プリスタフキン, アナトリ	588
ブリッグズ, レイモンド	575, 576, 596
ブリッシェン, エドワード	574
フリッシュ, オットー・フォン	566
フリッツ, ジーン	582, 596, 597
フリート, アメリー	589
フリードマン, ラッセル	81, 593, 597
フリーマン, ドン	84
ふりや かよこ	55
ブリュッゲマン, テオドール	266
振吉 圭子	511
武輪 善久	406
プリンク, キャロル・ライリー	591
プリンツ, アロイス	590
古井 雅章	406
ふるいえ ちえこ	19
古市 隆志	189
古市 卓也	86

古岡 秀人 ……………………………… 294
古岡 滉 ………………………………… 295
古兼 加奈子 …………………………… 537
ブルガリア国営放送 …………… 325, 326
古川 一郎 ……………………………… 429
古川 かおり …………………………… 515
古川 こおと …………………………… 224
古川 さゆり ……………………………… 7
古川 詩織 ……………………………… 414
古川 千代男 …………………… 312, 314, 315
古川 知子 ……………………………… 12
古川 智美 ……………………………… 182
古川 奈央 ……………………………… 194
古川 法子 ……………………………… 234
古川 聖 ………………………………… 384
古川 日出夫 …………………………… 64
古川 文子 ……………………………… 474
古川 穂束 ……………………………… 428
古川 まりこ …………………… 544, 545
古川 素子 ……………………………… 562
古川 元宜 ……………………………… 428
古川 倫太郎 …………………………… 399
古木 和子 ……………………………… 160
古木 有美 ……………………………… 188
ブルックス, マーサ …………………… 572
古郡 優貴 ……………………………… 111
古里小学校〔長野市立〕……………… 448
古澤 亜紀 ……………………………… 322
古沢 巌 ………………………………… 515
古沢 英子 ……………………………… 513
古沢 夏季 ……………………………… 491
古沢 陽子 ……………………………… 57
古沢 良一 ……………………………… 26, 27
古荘 拓人 ……………………………… 179
古田 誠一郎 …………………………… 263
古田 多真美 …………………………… 515
古田 足日 ……………………… 23, 85, 153
古田 東朔 ……………………………… 343
古田 拡 ………………………………… 343
古田 有紀 ……………………………… 454
古舘 佳永子 …………………………… 38
ふるだて しゅん ……………………… 99
ブルッキンズ, デーナ ………………… 566
ブルックス, ケヴィン ………………… 590
ブルックス, ロン ……………… 147, 589
ブルードラ, ベノ ……………… 588, 590
古野 孝子 ……………………………… 67
古野 まどか …………………………… 361
古橋 拓弥 ……………………………… 104
古橋 政子 ……………………………… 269
降幡 亜紀 ……………………………… 241
プルマン, フィリップ ……… 82, 568, 574
古屋 一雄 ……………………………… 364
降矢 加代子 …………………………… 169
古屋 貞子 ……………………………… 15
古屋 涼凪 ……………………………… 69
古家 貴雄 ……………………………… 234
古谷 武雄 ……………………………… 371
古屋 勉 ………………………………… 77
古屋 東一郎 …………………………… 316
古屋 智子 ……………………………… 476

古家 正博 ……………………………… 219
古家 麻里絵 …………………………… 219
古谷 三敏 ……………………………… 392
降矢 洋子 ……………………………… 308
古屋 美枝 ……………………………… 66
古山 広子 ……………………………… 307
古山 幸夫 ……………………………… 387
ブレア 照子 …………………………… 12
ふれあいサポート館アトリエ ……… 354
ブレイク, クェンティン ……… 83, 576, 578
フレイザー, ベティ …………………… 583
ブレーガー, アヒム …………………… 587
ブレガー, ハンス ……………………… 584
フレーザー, ジェームス ……………… 266
ブレスラー, ミリアム ………………… 588
ブレスリン, テレサ …………………… 574
ブレヒャー, ヴィルフリード …… 584, 585
フレーベル館 ………… 22, 299, 381, 531
ブレーメン放送協会 ………………… 327
フレンチ, ジャッキー ………………… 83
フレンチ, フィオナ …………………… 576
プロイスラー, オトフリート ………… 585
プロヴィンセン, アリス …………… 580, 596
プロヴィンセン, マーティン ……… 580, 596
ブロス, J.W. ………………………… 582, 592
フロッカ, ブライアン ………………… 597
ブロック, フランチェスカ・リア …… 594
プロハズカ, ヤン ……………………… 585
プロハースコヴァー, イヴァ ………… 587
フロム, リロ …………………………… 584
文エンタープライズ ………………… 557
文化工房 ……………………………… 557
文化女子大学附属長野高等学校 …… 303
文渓堂 ………………………………… 461
分校日記プロダクション …………… 287
文集はちのへ編集委員会 …………… 353
フンダレクトゥーラ ………………… 228
文屋 萌 ………………………………… 178

【 ヘ 】

ベーア, フィリップ …………………… 570
平郡東中学校学校経営研究会〔山口県柳井市
　立〕 ………………………………… 301
平真小学校マーチングバンドレインボー〔沖
　縄県石垣市立〕 …………………… 448
ヘイズ, ジョン・F. …………………… 569
ヘイダー, エルマー …………………… 579
ヘイダー, ベルタ ……………………… 579
ペイトン, K.M. ……………… 77, 568, 574
平凡社児童百科事典編集部 ………… 74
平凡社世界の子ども編集部 ………… 74
ベイリー, キャロリン・シャーウィン … 592
ヘイリー, ゲイル・E. ………… 576, 580
ベイリー, ピーター …………… 82, 84
ペインズ, ポーリン …………… 75, 576
ペェシェック, ルディエク …………… 585
ヘグルンド, アンナ …………………… 588
ヘス, カレン …………………… 82, 593

ベス, クレイトン	289
ベスト, エイミー	597
ペチェンガ地方の子ども読書推進計画	229
ペチシカ, エドアルド	286
ベック, リチャード	82, 566, 593
別司 芳子	164
別所 武	311
別所 夏子	204
ヘッセン放送協会	331
ヘットマン, フレデリク	584, 585
別府 哲	252
別府 竜江	264
別府 佑紀	489
別役 実	473
ペーテション, インゲラ	82
ペテルソン, ハンス	76
ベドウズ, エリック	571
ベトナムの紙芝居普及を支援する会	350
ベネッセ教育研究開発センター	451
ベネッセコーポレーション	462
ベネット, ジェイ	566
別府 信男	312
ベーメルマンス, ルドウィッヒ	580
ヘラルドエース	289
ベリー, ジェームズ	597
ヘリング, アン	232
ベルギー・オランダ語放送協会	330
ベルギー・フランス語放送協会	329
ベルギー放送協会	327
ベルジュイス, マックス	578
ヘルツィヒ, アリスン・クラギン	582
ヘルトリング, ペーター	289, 586, 589
ベルナー, ロートラウト・ズザンネ	588, 589, 590
ペルフロム, エルス	587
ペロ, ジャン	266
ヘンクス, ケヴィン	581
ぺんてるデザイン研究室	382
辺見 あゆ美	397
ヘンリー, マーゲライト	592

【 ほ 】

ホー, ヘンリー	384, 385
帆足 次郎	80
ホアン, レイ	436
ボイエ, キルステン	590
ホイク, ジクリト	79
保育計画研究会	337
ボイス, フランク・コットレル	575
保泉 希望	110
ホイットニー, フィリス・A.	565
方 政雄	275
ホーヴァート, ポリー	583
法雲寺日曜学校	296
防災科学技術研究所	451
宝山 かおる	560
萌樹舎	79
北条 紗希	98
北条 聰	256
北条小学校〔千葉県館山市立〕	254
ホウズ, チャールズ・B.	591
宝仙学園中学校	510, 511, 512
法田中学校〔船橋市立〕	527
宝池 陶子	432, 433
方南小学校〔杉並区立〕	510
豊南中学校〔豊田市立〕	352
宝梅中学校〔宝塚市立〕	526, 527
宝梅中学校〔箕面市立〕	527
防府市読書グループ連絡協議会	338
法村 圭緒	465, 497
豊陽中学校	506
法楽寺くすの木文庫	296
豊留 千絵	496
ほおずき会児童合唱団	542
外園 彩香	441
ホガード, エリック・C.	594, 595
穂苅 稔	375
穂岐山 礼	279, 339
朴 └─	453
朴 修禾	541
北辰中学校〔石川県鶴来町立〕	254
北部中学校〔幸田町立〕	527
北部中学校〔氷見市立〕	425, 426
北門中学校	527
北陸放送	438, 439
北陵中学校〔津山市立〕	528
ホグローギアン, ノニー	580
ホケッチ・ビント教育放送協会	334
保坂 純三	312, 313, 418
保坂 尚志	544
保坂 智子	429
保坂 展人	79
保坂 宏子	12
保坂 未樹	105
保坂 安太郎	363
星 栄子	344
星 瑛子	49
星 和之	187
星 喜久子	509
星 邦男	258, 260
星 龍雄	352
星 つづみ	157
星 寿男	295
星 正晴	16
星 窓香	188
星 利沙	434
干井 正次	348
ボーシェスヌ, イヴ	570
星川 清美	12
星川 治雄	83
星川 遙	13, 34, 125
星川 ひろ子	55, 83, 146
星里 愛夢	12
星月 むく	92
保科 靖子	125
星野 明希	481
星野 泰視	391
星野 秀高	218
星野 姫	480, 501
星野 富士男	3, 4

星野 道夫	55	ホップス, ウィル	567
星野 美奈	40	ボツワナ国営放送	327
星野 安三郎	76	布袋中学校〔愛知県江南市立〕	254
星野 有三	32	ボーデン, ニーナ	568, 594
星野 由紀子	551, 552	ボトカー, セシル	578
星野 有美	476	ボナーズ, スーザン	582
星野 有美子	465, 498	ボニージャックス	232, 263, 290, 484, 539, 542
干野 宜大	516	ホパーマン, チャールス	385
星野 芳郎	75	ホパーマン, メリーアン	583
ボス, マルコム	586	ホーバン, タナ	596
ボストン, ルーシー	574	ホビー, ホリー	82
ボスピシロバ, マルガレータ	543	ホーフスタッド, アリス	589
穂積 和夫	78	ポプラ社	244
穂積 肇	307	ホームズ, A.M.	588
穂積 由里子	182	ホーム・ライブラリーズ	228
細江 隆一	45	ポモー, イワン	588
細川 かおり	58	ボランティアグループWAVE	350
細川 和枝	68	ポーランド, マーグリート	79
細川 一喜	11	ポーランド国営放送	326, 327, 328
細川 浩一	344	ポーランド放送委員会	325
細川 知栄子	393	堀 明美	545
細川 信子	495	堀 潮	64
細川 治子	454	堀 栄里子	194
細川 真澄	101	堀 一輝	184
細川 真理子	233	ほり けい	124
細川 律子	279	堀 幸平	143
細川小学校〔岡崎市立〕	353	堀 千花子	405
ほそぐち ゆうこう	12	堀 貞一郎	113
細田 和子	256	堀 とし子	100
細田 健次	234	堀 智晴	337
細田 早希子	105	ほり なおこ	48
細田 頌	563	堀 直子	78, 155
細田 千代	491	堀 葉月	169
細野 睦美	16	堀 英男	133
細溝 有子	193	堀 文子	76
細谷 和代	37	堀 雅子	127
細谷 浩介	117	堀 恵	192
細矢 治夫	417	ほり ゆきこ	140
細屋 満実	14	堀井 巳恵子	370
ポーター, シーナ	574	堀内 かおり	496
ポター, ビアトリクス	286	堀内 元	496
ポータブル・ライブラリー・プロジェクト	228	堀内 鈴	482
ボーダル, スージー	586	堀内 純子	6, 64, 173
北海道旭川市特殊学級担任者会	366	堀内 剛	496
北海道旭川ジュニア吹奏楽団	448	堀内 麻利子	40
北海道教育研究所連盟	369	堀内 恵	482, 502
北海道教育大学教育学部附属中学校	520	掘内 梨枝	100
北海道教育大学教育学部附属函館中学校生涯学習研究班	305	堀江 健二	551
		堀江 潤子	32
北海道高等盲学校	348	堀江 慎吉	45
北海道国語教育連盟	346	堀江 誠志郎	74
北海道聴覚障害教育研究会	310	堀江 惜	511
北海道放送	437, 438, 439	堀江 はるか	11
北海道聾教育研究協議会	341	堀江 博之	182
北海道若志松子どもの本を読む会	339	堀江 マサ子	374
保月 信子	279	堀江 万美子	184
北光クラブ	354	堀江 睦子	259
ホッジズ, ウォルター	575	堀江 洋子	496
堀田 喜久男	372	堀江 律子	164
堀田 康夫	450, 451	堀尾 青史	307
ほった ゆみ	394	堀尾 美砂	120

ボリガー, マックス	81, 584	本田 裕之	217
堀川 志野舞	84	本田 牧	180
堀川 真	56	本多 真子	545
堀川 美和	496	本田 昌子	60, 86, 191
堀川小学校学校経営研究会〔富山市立〕	306	本田 政武	419
堀切 梓沙	103	本田 和子	149, 336
堀切中学校〔葛飾区立〕	504	ほんだ みゆき	34, 62, 125, 216
堀口 逸子	407	本多 泰理	101
堀越 綾子	52	本田 好	213
ほりこし まもる	91	本町小学校〔神奈川県小田原市立〕	345
堀米 薫	16, 162, 216	本堂 裕美子	21
堀米 和子	361	本名 理絵	182
堀込 智之	314, 450	「本の学校」生涯読書をすすめる会	340
堀米 ゆず子	514	本保 弘文	369
堀沢 悠子	483, 503	本間 敦子	121
堀下 直樹	102	本間 伊三郎	346
ポリティ, レオ	579	本間 一夫	345, 357
堀本 美和	474	本間 紀久子	350
ポーリン, ステファン	570, 571	本間 紗世	468
ポール, ペーテル	587, 588	本間 史重	220
ホール, リン	596	本間 ちひろ	156
ポルケ	451	本間 俊夫	346
ホルト, キンバリー・ウィリス	583	本間 俊行	10
ホルヌング, ヘルムート	588	本間 久雄	293
ボルヒャース, エリザベス	586	本間 美知子	544
ほるぷ映画	285	本間 未来	121
甫嶺小学校〔岩手県三陸町立〕	372	本間 芳久	199
袰岩 ナオミ	269	本間 和実	275
幌別小学校〔登別市立〕	353	本明 紅	37
幌別東小学校〔北海道登別市立〕	344		
ホワイト, ロブ	566	**【ま】**	
ホワイト, A	74		
ホワイト, E.B.	74	馬 太朗	187
本郷 秀門	545	マイクロソフト	250
北郷 淳一	116	舞田 寛武	98
本郷中学校〔横浜市立〕	425, 507	毎日EVRシステム	460
盆子原 美奈	455	毎日映画社	460, 462, 556, 557
ホンコン政庁放送	331	毎日新聞社	339, 549
香港特別行政区放送	334	毎日放送	286, 287, 288, 290, 437, 438
本沢 方美	475	毎日放送まんが日本昔ばなしスタッフ	233
本城 和子	86	舞原 モカ	493
本庄 ひさ子	77	マーヴリナ, タチヤーナ	578
本荘 浩子	97	前川 厚子	361
本浄 光男	360	前川 かずお	392
本庄市読書会	338	前川 純子	77
本城中学校 コーラス部〔北九州市立〕	523	前川 たけし	390
本所中学校〔墨田区立〕	423	前川 外久子	349
本多 明	84, 130, 137, 156	前川 とし子	246
本田 綾子	399	前川 文夫	74
本多 あゆみ	104	前川 康男	76, 85, 153, 173, 285
本田 かおる	432, 433	前川 陽一	418
本多 勝彦	349	前川 涼	394
本田 勝秀	360	前迫 美知子	372
本田 幸子	464, 476, 477, 497, 498	前迫 雅	109
本田 しおん	70, 103	前沢 愛	482, 490
本田 創造	79	前沢 明枝	36
本田 千晃	471, 492	前芝中学校〔愛知県豊橋市立〕	249
本田 千陽	503	前島 昭弘	276, 318
本多 ひとみ	352	前島 俊一郎	248
本多 宏江	187		
本田 裕人	7		

712 児童の賞事典

前島 園子	511
前嶋 陽介	103
前島 洋子	510
前田 晃	292
前田 あんぬ	513
前田 郁子	509
前田 伊次	428
前田 和泉	379
前田 香織	375
前田 馨	366
前田 和代	115
前田 清文	247
前田 久美子	496
前田 紗希	530
前田 聡	170
前田 三奈	544
前田 茂穂	316
前田 慎司	405
前田 卓	40
前田 拓郎	518
前田 健	398
前田 千恵子	485
前田 敏子	340
前田 奈緒	537
前田 典吉	222
前田 久吉	293
前多 秀彦	548
前田 浩延	562
前田 真希	62
前田 優	29
前田 真由子	465, 476, 530
前田 みずほ	563
前田 三穂	39
前田 有紀	111
前田 陽一	45
前田 よし子	132, 222
前田 佳子	198
前田 亮	563
前中 行至	97
前野 典子	346
前納 友紀	220
前橋 汀子	510
前橋女子高等学校 音楽部〔群馬県立〕	448
前原 幸太郎	49
前山 敏子	548
前山田 任	348
マガジンハウス	299
マカフィー, アンナリーナ	587
真壁 りえ	386
馬上 きよ子	239
馬上 広士	189
真柄 元女	259
曲里 由喜子	249
牧 亜雅太	12
槙 有恒	74
蒔 悦子	110
槙 仙一郎	153
牧 太喜松	263
牧 杜子尾	535
まき ともゆき	179
槙 英子	404
槙 美晴	453
牧岡 英夫	238
万騎が原中学校〔横浜市立〕	507, 528
牧口 一二	358
マキサック, パトリシア・C.	597
マキサック, フレドリック	597
薪塩 悠	189
牧田 由美	517
まきた ようこ（牧田 洋子）	125, 202
蒔田 理沙	184
牧野 礼	92
牧野 恵美	400
牧野 薫	17, 212
牧野 桂一	310
牧野 彰吾	314
牧野 鈴子	78
牧野 節子	124
牧野 高吉	234
牧野 直孝	428
牧野 那智子	100
牧野 はまゑ	127
牧野 光	178
牧野 久識	117
牧野 不二夫	143
牧野 芳恵	15
牧原 あかり	60
牧原 辰	59
牧原 尚輝	198
巻渕 寛濃	52
槙本 楠郎	134
マーク, ジャン	574
真久田 正	37
マクダーモット, ジェラルド	580
間口 貴之	220
マクドナルド, メーガン	83
マクナミー, グラハム	567
幕張中学校〔千葉県千葉市立〕	303
マクフェドラン, マリー	569
マクメナミー, サラ	83
マクラクラン, パトリシア	593
マグレガー, ロブ	567
マグロー, エロイーズ・ジャーヴィス	566
まごころ のりお	33
真駒内南小学校経営研修委員会〔北海道札幌市立〕	301
マコーリアン, ジェラルディン	568, 574
マゴリアン, ミシェル	81, 568
マコーレイ, デビッド	77, 580, 586, 597
正 嘉昭	27
正木 亮	476
正木 いづみ	483
まさき えみこ（柾木 恵美子）	66, 71
真崎 守	388
真砂第四小学校〔千葉県千葉市立〕	351
マージェリー, カイラー	148
マジカルトイボックス	374
益子 典文	320, 321
益子中学校	506
真島 健児郎	386
間嶋 真紀	38
馬嶋 満	205

真下 郁未	103	松井 安俊	127
マシャード, アナ・マリア	578	松井 やより	230
増井 邦恵	145	松井 悠真	415
桝井 幸子	240	松井 夕記	200
升井 純子	197	松井 美樹	477
桝井 裕美	551	松井 理絵	498
増井 光子	230	松井 るり子	83
増井 幸夫	417	松鵜 更	545
桝井 由恵	13	松浦 茂史	222
増川 梨恵	547	松浦 多聞	416
間杉 尚子	432	松浦 椿	98
ますだ あきこ(増田 明子)	51, 60	松浦 俊弥	374
増田 恵美子	339	松浦 のぞみ	465, 497
マスダ カルシ	395	松浦 信子(まつうら のぶこ)	145, 206
益田 吾郎	514	松浦 弘樹	443
増田 修治	283	松浦 誠	377
益田 孝彦	374	松浦 雅公	365
増田 富子	361	松浦 南	125, 152
増田 大希	116	松浦 もも	171
増田 戻樹	167	松浦 幸義	164
増田 元春	540	松浦 友理	501
増田 守男	226	松浦 友理恵	469
増田 裕里子	500	松浦 好昭	268
増田 陽子	468	松浦 好	368
増永 亜紀	61	松江 ちづみ	196
増永 雅	546	松江 聾学校〔島根県立〕	348
増本 勲	144	松尾 明	545
間瀬 絵美	413	松尾 敦子	264
間瀬 絵理奈	140	松尾 桂一	535
間瀬 貴哉	413	松尾 敏	358
間瀬 泰男	247, 345	松尾 静明	16
マター, M.	589, 590	松尾 拓実	140
股野 儷子	372	松尾 武志	13
又吉 ひかる	378	松尾 禎吉	367
斑尾 猫美	171	松尾 利信	293
斑目 俊一郎	42	松尾 富子	345
マチジアク, グンナー	587	松尾 知明	272
町田 倫子	465	松尾 初美	12
町田 裕美子	475	松尾 英章	537
町田養護学校〔東京都立〕	301	松尾 博之	418
街原 めえり	51	松尾 安雄	309
町本 広	162	松尾 優雅	480, 481
松井 昭徳	264	松尾 礼子	205
松井 郁雄	447	松岡 伊津夫	428
松井 香保里	111	松岡 英理	480
松井 学郎	480, 501	松岡 一枝	43, 87
松井 圭太	113	松岡 和恵	9
松井 沙矢子	101	松岡 享子	23, 76, 146, 230, 279, 285, 288, 349
松井 四郎	341	松岡 久美子	101
松井 新二郎	345	松岡 紗矢	121
松居 スーザン	84, 181, 224	松岡 淳	544
松居 直	75, 233, 294	松岡 節	42, 265
松井 担	419	松岡 武	309
松井 千恵	23, 150	松岡 雅	541
松井 千代香	200	松岡 達堪	167
松井 直子	102	松岡 達英	84, 286, 290, 430
松為 信雄	309	松岡 忠次	418
まつい のりこ	265, 307	松岡 敏彦	309
松井 則子	126	松岡 春樹	126
松井 秀子	124	松岡 麻衣子	440
松井 真利絵	502, 531	松岡 真樹	499

松岡 満三	127
松岡 若義	356
松尾小学校〔飯田市立〕	306
松尾小学校〔京都市立〕	352
マッカイ, ヒラリー	568
松が丘小学校〔兵庫県三田市立〕	351
松蔭小学校〔愛媛県八幡浜市立〕	254
松蔭中学校	521
松ヶ下 光一	447
松川 暉	444, 519
松川 貴彦	273
松川 有	475
松川 真樹子	144
松川 優花	178
松儀 昭美	348
松木 澄憲	353
マッキー, デビッド	587
松木 直六	103
マッキュリー, エミリー・アーノルド	581
マッキーン, デイブ	593
マッキンリィ, ロビン	593
マックナルティ, フェイス	598
松隈 伸子	495
松倉 とし子	540
松倉 春香	434
マックロスキー, ロバート	579, 580
松坂 典子	562
松坂 優希	380
松崎 寛	49
松崎 千鶴	440
松崎 舞	499
松崎 萌	378
松崎 祐子	177
松崎 葉子	517
松崎 怜子	510
松沢 あさか	82
松澤 咲輝	121
松沢 千鶴	360
松沢 睦実	207
松沢 由佳	34
松沢 要一	374
松下 さら	104
松下 淳	116
松下 妙子	497
松下 千恵美	407
松下 美緒	414
松下 美規	499
松下 美千代	558
松下 義一	324
松下 美登	493
松下電器産業パナソニックセンター東京	381
松島 敬介	113
松島 桂太郎	369
松島 敏	428
松島 英樹	395
松島 正視	428
松島 美穂子	203
松園中学校	433
松園中学校教育課程研究グループ〔岩手県盛岡市立〕	302
松田 彩	217
松田 いせ路	294
松田 英子	478
松田 晃司	180
松田 樹里	39, 40
松田 淳子	8
松田 司郎	151
松田 慎司	405
松田 真治	260
松田 進	16
松田 忠昭	347
松田 鉄蔵	360
松田 トシ	538
松田 稔樹	320
松田 智子	373
松田 智成	117
松田 豊子	476, 477
松田 範祐（まつだ のりよし）	31, 133
松田 弥斗	221
松田 文	39
松田 道雄	78, 284
松田 實	356
松田 美穂	142, 176
松田 素子	55, 146
松田 恭雄	548
松田 ゆりな	480
松田 吉辰	365
松竹 良子	236
松田鉄蔵およびプロジェクト協力者	362
松谷 幸司	312
松谷 みよ子	5, 23, 24, 59, 62, 75, 84, 85, 96, 153, 172, 173, 233, 285, 307
松戸 宏予	249
松任中学校〔松任市立〕	520
松戸第四中学校	507, 528
松友 孟	339
松苗 あけみ	390
松永 アヤ子	248
松永 あやみ	141
松永 枝里子	113
松永 健哉	367
松永 剛典	429
松永 沙恵子	39
松永 禎郎	77
松永 嵩	428
松永 扶沙子	39
松濤 基道	297
松浪 猛	257
松波 環	9
松成 真理子	89, 308
松野 一夫	293
松野 弘明	516
松野 洋人	350
松野 正子	79, 223, 287, 308
松之山小学校〔新潟県松之山町立〕	343
松葉 薫	197
松葉 重庸	264
松橋 裕見子	126
松橋小学校〔熊本県宇城市立〕	255
松葉小学校 科学クラブ〔茨城県龍ヶ崎市立〕	408

まつは

松葉小学校 ススキグループ〔茨城県龍ヶ崎市立〕	409
松林 清明	59
松林 純子	50
松林 拓身	109
松林 弘樹	117
松原 脩	315
松原 勝也	516
松原 きみ子	60
松原 汐里	415
松原 静郎	320, 323
松原 澄子	226
松原 花菜子	414, 415
松原 真央	379
松原 まり	441
松原 道男	347
松原 至大	292
松原 めぐみ	102
松原 由美子	66, 88
松原小学校〔東京都世田谷区〕	370
松伏中学校〔松伏町立〕	423
松前台小学校〔守谷市立〕	353
松丸 真弓	495
松峰 あきら	212
松村 明彦	12
松村 伊佐武	342
松村 えり子	98
松村 修平	413
松村 すみれ	194
松村 昌	133
松村 崇志	99
松村 武雄	292
松村 剛	368
松村 龍雄	428
松村 哲夫	163
松村 倫子	150
松村 牧夫	58
松村 優作	111
松村 祐澄	296
松村 祐香	9
松村 里沙	476, 497, 499
松本 昭	312, 418
松本 麻美	200
松本 あすか	544
松本 修	360
松本 和子	552
松本 和将	518
松本 かつき	293
松本 きみ子	366
松本 亨子	78
松本 京子	495
松本 清行	182
松本 久遠	209
松本 クミ	562
松本 恵志	293
松本 玄	364
松本 幸子	31
松本 さやか	518
松本 宗都	183
松本 園子	337
松本 周子	202, 216, 219
松本 千代子	346, 369
松本 椿山	119
松本 勤	447
松本 常圃	429
松本 敏則	361
松本 寿通	429
松本 富穂	343
松本 トモエ	339
松本 直記	319
松本 望	518
松本 紀子	176
松本 帆平	293
松本 尚吾	561
松本 紘佳	519
まつもと ひろと	179
松本 福夫	346
松本 麻衣子	409
松本 真望	219
松本 匡代	226
松本 衛	234
松本 美紀	558
松本 みさこ	177
松本 三沙代	562
松本 通孝	376
松本 三津子	259
松本 みどり	275
松本 宗子	201
松本 保平	357
松本 祐子	129
松本 裕子（音楽）	552
松本 裕子（文学）	200
松本 侑子	190
松本 幸久	45
松本 遥佳	401
松本 梨江	50
松本 梨沙	40
松本 令子	58
松本 零士	388, 392
松森 佳子	125, 214
松山 市造	342
松山 悦子	401
松山 清子	15
松山 清	241
まつやま けいこ	387
松山 献	271
松山 総留	444
松山 愛未	7
松山 美重子	354
松山 保子	516
松山 義雄	400
松山小学校〔山形県飽海郡松山町立〕	351
松山中学校〔東松山市立〕	513
松山中学校地見興屋分校 理科クラブ〔山形県松山町立〕	405
松山盲学校〔愛媛県立〕	343
松山聾学校〔愛媛県立〕	343
松山YWCA	276
松吉 久美子	238
まど みちお	22, 77, 80, 84, 95, 147, 153, 172, 223, 288, 294, 578
間所 ひさこ	133, 165, 172

マドーニ, シルビア	58	丸山 英二	349
的場 涼香	454	丸山 恵美	512
的場 斗吾	471	丸山 健一	242
間中 ケイ子	53, 154, 212	丸山 健一郎	83
学が丘保育園	336	丸山 健太	410
真鍋 郁	454	丸山 順子	70
真鍋 笑子	237	丸山 尚子	337
真鍋 和子	81, 87	丸山 雅雄	417
まなべ たよこ	207	丸山 幹生	315
真鍋 信義	370	丸山 実	113, 281
真鍋 博	75	丸山 良子	122
間鍋 武敷	257	丸山 諒太	411
真部 良也	401	丸山 令子	113
摩尼 和夫	297	マレーシア教育省	330
磨野 久一	346	マレーシア国営教育メディアサービス	328
間野 久美子	49	マレーシア国営放送	327, 328
真野 純子	163	真和志中学校〔那覇市立〕	525
真野 澪	413	マンケル, ヘニング	82, 588
マーヒー, マーガレット	574, 578, 594	万足 卓	94
マーフィー, ジル	598	まんたに みわこ	113
馬淵 克太郎	418	政所小学校〔滋賀県神崎郡永源寺町立〕	346
馬淵 曜	356	満蒙開拓・映画製作委員会	290
間部 香代	161	万葉 万礼	68
真帆 しん	13		
真間小学校〔市川市立〕	508, 509		
まみ 耀子(間見 燿子)	13, 103	**【み】**	
マミヤユン	171		
マラウィ放送協会	325, 326	三明 智彰	114
マリ, イエラ	585	御池小学校〔宮崎県都城市立〕	350
マリ, エンゾ	585	見市 薫	495
マリ, カイザー	516, 543	美内 すずえ	390
マリ, ジェーン・ローレンス	582	三浦 佳織	178
真理 ヨシコ	232, 264, 531, 538, 542	三浦 克子	264
鞠阿野 純子	67	三浦 加奈	99
マリノー, ミシェル	570	三浦 喜一朗	311
万里村 奈加	390	三浦 希美	178
まりも童話会	262	三浦 啓	360
マリンバ・ポニーズ	264, 447, 484	三浦 幸司	101
マール, ネーレ	587	三浦 純子	187
マール, パウル	587, 588	三浦 祥志	372
丸井 裕子	88, 207	三浦 精子	13
丸井 都希	410	三浦 琢治	20
円池 亜衣子	499	三浦 千恵子	496
丸市 美幸	480, 501	三浦 知草	11
丸尾 文六	294	三浦 東吾	345
丸尾 麻日花	501	三浦 順豊	347
丸岡 和子	191	三浦 ひろ子	13
丸岡 慎一	145	三浦 浩	356
丸木 位里	95, 388	三浦 舞	10
丸木 俊	6, 95, 167, 294, 388	三浦 三千代	362
丸木 政臣	355	三浦 真佳	140
丸子 睦美	495	三浦 みつる	390
丸子北中学校〔丸子町立〕	353	三浦 美穂	378
丸善石油	555	三浦 悠斗	100
丸谷 明夫	447	三浦 由紀子	258
マルティネス, ヴィクター	81, 583	三浦 陽子	187
マルテル, シュザンヌ	571	三重県総合教育センター	450
丸野 宏夏	109	三枝 ますみ	484, 539
丸橋 久美子	15	三重大学教育学部生物学教室後藤研究室	451
丸橋 智穂	553	三重大学教育学部附属中学校 混声合唱団	523
丸毛 昭二郎	141		

みお ちづる	88, 214	水沢寺子屋実行委員会	353
三河尻 修二	264	水四 澄子	62, 75
三門 正吾	318	みづしま 志穂	155, 205, 207
三上 達也	281	水島 新司	388, 392
三上 日登美	124	水島 弥右衛門	338
三河 一生	164	水島工業高等学校〔岡山県立〕	255
三樹 亜佳里	481	水瀬 亜梨沙	378
三木 克彦	534	水関 秀雄	420
三木 澄子	294	水関 実法子	211
三木 聖子	121, 191	水田 勲	240
三木 仙太郎	378	水田 園子	269
三木 妙子	511	水田 千穂	101
三木 卓	173, 224	水田 菜美	121
三木 雄馬	492, 530	水田 裕隆	117
みき ゆきこ	80	水谷 麻美	544
三木 裕	220	水谷 彩華	443
三木 令子	193, 508	水谷 章三	308
三木 露風	292	水谷 すま子	216
ミキオ・E	33	水谷 高英	80
三木高等学校〔香川県立〕	243	水谷 友彦	546
右田 誠	383	水谷 文宣	139
三木中学校〔三木市立〕	525	水谷 美優	69
三崎 邦次	364	水谷 実喜	482, 503
岬中学校〔千葉県夷隅郡岬町立〕	370	水谷 桃子	546
三崎中学校〔三浦市立〕	426	水谷 優里	493
美里中学校〔沖縄市立〕	507	水谷 善охр	366
三沢 勝巳	317	瑞浪中学校学校経営部会〔岐阜県瑞浪市立〕	303
三沢 義一	309	瑞浪幼稚園〔岐阜県瑞浪市立〕	369
三沢 慶子	510	端沼小学校〔埼玉県三郷市立〕	248
三澤 奈々	492	水野 昭	373
三沢 博善	185	水野 修	132
三澤 了	358	水野 きみ	138
三品 知恵	183	水野 沙耶	379
三品 裕美	175	水野 二郎	55, 77, 308
三品 陽平	175	水野 平	370
三品 利恵	183	水野 貴文	445
三島 卓穂	360	水野 多麻紀	
三島 遙	103		434, 435, 468, 469, 471, 481, 501, 503
三島木 正子	50	水野 稔也	412
三島小学校通級研究部会〔愛知県岡崎市立〕	304	水野 英子	392
水内 喜久雄	291	水野 将樹	253
水落 晴美	102	水野 円香	140
水上 房子	542	水野 美鈴	374
水上 美佐雄	17, 41, 215	水野 憂	206
水上 慶文	317, 319	水野 由基	142
水木 あい	31	水野 由梨	142
水木 杏子	390	水野 良恵	142
水木 しげる	295, 387	水野 隆	554
水月 水皷	188	水野 遼太	165
水木 雄三	509	水谷 天音	68, 142
美月 レイ	140	水橋 由紀江	203
水口 浚	342, 373	水林 彪	511
水口 妙子	362	瑞穂第三小学校〔東京都西多摩郡瑞穂町立〕	345
水口 忠	246	水間 恵美子	336
水口 寿子	557	水間 摩遊美	226
水口 博也	147	水町 由美子	512
水越 慶二	310	三角 由里	544
水崎 真衣	545	みすみ絵本サークル	340
水沢 いおり	126	ミズムラ、カズエ	595
水沢 潔	351		

水村 裕	272, 374	光畑 之彦	313, 314
水本 明莉	546	三菱銀行	555
見瀬 采芽	68	三菱電機北伊丹製作所	449
御祓中学校〔七尾市立〕	520	三ツ村 健吉	245
溝口 貴子	64, 473	光村教育図書	450, 461
溝口 正	357	光元 聡江	370
溝口中学校 吹奏楽部〔溝口町立〕	505	三ツ矢 賢	294
溝尻 佐栄子	226	光吉 夏弥	149
溝田 民広	360	三戸 サツエ	76
御薗小学校〔三重県度会郡御薗村立〕	341	御童 カズヒコ	391
溝渕 將父	415	水戸部 知之	347
溝渕 典広	30	三豊中学校〔山本町観音寺市学校組合立〕	424
溝渕 優	57, 58	緑川 聖司	129
みた あきお	550	緑川 真喜子	43
三田 正月	346	緑町中学校〔千葉市立〕	424
美田 徹	88	水戸聾学校〔茨城県立〕	348
三田 瑶乃	454	南井 滋野	267
三田井 精子	403	南風 あい	132
三谷 毅	307	水上 勉	473
三谷 真利奈	178	皆川 和恵	8, 9
三谷 亮子	192	皆川 和子	540
三谷小学校〔石川県加賀市立〕	348	皆川 博子	41
三田村 幸治	375	皆川 美恵子	149
三田村 博史	17	皆川 美香	116
道 勝美	340	皆川 亮二	394
道井 次広	534	水凪 紅美子	68
みちのく銀行	557	水口中学校〔水口町立〕	423
道端 孫左エ門	264, 347	水口町立歴史民俗資料館	23
道平 進	361	港小学校〔平塚市立〕	368
みちひろ セイコ	15	港中学校〔北九州市立〕	422
三津 麻子	89	湊中学校〔八戸市立〕	526, 527
三ッ井 英一	345	湊中学校養護学級の生徒たち	232
三井 薫	14	南 あかり	463
三井 佳奈	195	南 明子	367
三井 小夜子	119	南 あきら	90
三井 信義	361	南 一太	24
光井 誠人	443	南 依里	544
三井 勇輝	29	南 清ノ助	309
三井 ゆきこ	120	南 貴之	463
三石 巌	293	皆実 なみ	162
三石 光子	370	南 ひろみ	395
三井不動産	381	南 史子	192
三井不動産レジデンシャル	381	南 帆乃佳	471, 482, 502, 503
三井プロダクション	555	南 優希	545, 546
ミツウロコ	556	南 善康	387
光丘 真理	120	南阿蘇えほんのくに	381
光岡 真里奈	435	南アフリカ放送協会	327, 334
水海道中学校英語科〔茨城県水海道市立〕	233	南有田 秋徳	169
三ヶ日中学校〔静岡県引佐郡三ヶ日町立〕	349	南生田中学校〔川崎市立〕	425
三ッ川 章	323	南河 潤吉	142
深月 ともみ	93, 224	三波川西小学校〔群馬県多野郡鬼石町立〕	302
三津越 隆治	539	南行徳中学校〔市川市立〕	520, 521
満田 幸四郎	350	南行徳中学校 合唱部〔市川市立〕	523
満田 拓也	394	南小学校〔河津町立〕	353
三土 忠良	31	南小学校〔宮崎県小林市立〕	347
ミットグッチュ, アリ	585	南小学校〔横浜市立〕	373
光長 功人	274	南塚 直子	147
光野 多恵子	84	南田 宏子	351
光延 久美子	514	南中学校〔岩手県北上市立〕	254
光延 正次郎	374	南中学校〔群馬県伊勢崎市立〕	510
三橋 範子	561	南中学校〔静岡県伊東市立〕	351

みなみ　　　　　　　　　受賞者名索引

南中学校〔本庄市立〕 ………………… 520
南中学校 吹奏楽部〔愛媛県松山市立〕
　　　　　　　　　　　　506, 507, 528
南中学校 生物部〔山形県上山市立〕 …… 407
南中学校 理科クラブ〔茨城県下館市立〕 … 409
南日本放送 ……………… 438, 439, 440
南原中学校〔米沢市立〕 ………………… 354
南宇治中学校 …………………………… 527
南幼稚園〔奈良県田原本町立〕 ………… 369
三成小学校〔島根県仁多町立〕 ………… 243
みね ちえ ……………………………… 152
峯 麻衣子 ……………………………… 519
嶺井 貴理 ……………………………… 379
峯石 緑 ………………………………… 235
峯岸 英子 ………………………………… 49
峯岸 伽奈 …………………… 482, 483, 503
峰岸 幸恵 ………………………………… 49
峯田 敏幸 ………………………………… 36
峰浜小学校〔斜里町立〕 ………………… 354
峰村 りょうじ …………………………… 66
ミネルヴァ書房 ………………………… 245
三野 誠介 ………………………… 16, 220
美濃 千鶴 ………………………… 38, 39
巳野 登志子 …………………… 238, 239
美濃 美蔵 ……………………………… 348
箕浦 敏子 ………………………………… 43
箕蚊屋中学校〔米子市日吉津村中学校組合立〕
　　　　　　　　　　　　　　　　　 507
美濃小学校教育研究会〔岐阜県美濃市立〕 … 301
蓑田 啓一郎 …………………………… 366
箕田 源二郎 ………………… 76, 77, 287
蓑田 正治 …………………… 534, 535
蓑手 重則 ……………………………… 343
箕輪 明寛 ……………………………… 321
箕輪 いづみ ……………………………… 52
箕輪 香 ………………………………… 106
箕輪 順子 ……………………………… 226
ミハイル, プラートフ ………………… 148
三原 花奈子 ………………… 455, 493
三原 種晴 ……………………………… 346
三原 とも子 …………………………… 558
三原 道子 ……………………………… 141
三原 由起 …………………… 187, 188
壬生小学校〔広島県山県郡千代田町立〕 … 346
三船 恭太郎 ………………………… 91, 118
三保 朱夏 ……………………………… 503
三保 みずえ …………………………… 166
みほし ………………………………… 395
美保小学校〔鳥取市立〕 ………………… 369
美浦中学校 科学部 ……………………… 276
美馬 清子 ……………………………… 134
美馬 常雄 ……………………………… 345
三村 愛 ………………………………… 164
美村 英恵 ……………………………… 475
三本 敦典 ……………………………… 374
宮入 黎子 …………………… 133, 165
宮内 勝子 ……………………………… 164
宮内 秀明 ……………………………… 551
宮内 德一 ……………………………… 127
宮内 真理 ……………………………… 141
宮内 真理子 ………………… 475, 496, 529

宮内 道子 …………………… 511, 512
宮内中学校〔長岡市立〕 ………………… 426
宮浦 敏子 ……………………………… 362
宮上 茂隆 ………………………………… 78
宮川 健郎 ……………………………… 157
宮川 辰也 ………………………………… 73
宮川 ひろ ………… 5, 137, 147, 153, 181, 288
宮川 恵 ………………………………… 236
宮川 やすえ …………………………… 295
宮川 由起子 …………………………… 477
みやがわ よりこ ………………………… 81
宮城 愛梨 ……………………………… 379
宮城 淳 …………………………………… 27
宮城 音弥 ………………………………… 74
宮城 沙紀 ……………………………… 221
宮城 敏 ………………………………… 176
宮木 真治 ……………………………… 385
宮城 文 ………………………………… 477
宮城 まり子 …… 286, 295, 309, 350, 355, 358
宮木 陽子 ………………………………… 83
宮城 力也 ……………………………… 221
宮城県国際理解教育研究会 …………… 349
宮城県七ヶ浜町小・中学校長会 ……… 375
宮城県農業高等学校 …………………… 254
宮城県連合小学校教育研究会国語研究部 … 345
宮口 しづえ ………………… 5, 85, 172
三宅 興子 …………………… 149, 150
三宅 志穂 …………………… 321, 323
三宅 敬弘 ……………………………… 209
三宅 千代 ……………………………… 144
三宅 知子 ………………………………… 88
三宅 梨絵 ……………………………… 384
三宅 征夫 ……………………………… 323
三宅 麻美 ……………………………… 516
三宅 玲子 ……………………………… 403
三宅 廉 ………………………………… 336
宮子 雅子 ……………………………… 464
都映画 ………………………………… 284
みやこし あきこ ……………………… 145
宮腰 さおり …………………………… 465
都田中学校 放歌踊り倶楽部〔浜松市立〕 … 353
都城工業高等学校〔宮崎県立〕 ………… 255
宮坂 健一 ……………………………… 220
宮坂 なつき …………………………… 543
宮坂 宏美 …………………………… 83, 104
宮崎 克美 ……………………………… 400
宮崎 記代江 …………………………… 365
宮崎 清 ………………………………… 371
宮崎 慶一郎 …………………………… 338
宮崎 貞夫 ……………………………… 164
宮崎 翔子 ……………………………… 105
宮崎 武史 ……………………………… 371
宮崎 樹夫 ……………………………… 320
宮崎 なみ子 …………………………… 340
宮崎 教男 ……………………………… 281
みやざき ひろかず（宮崎 博和） …… 55, 144
宮崎 博史 ……………………………… 293
宮崎 学 ………………………………… 167
宮崎 愛美 ……………………………… 217
宮崎 稔 ………………………………… 403
宮崎 有彩 ……………………………… 501

720　児童の賞事典

宮崎 淑子	23	宮野 節子	37
宮崎 芳彦	150	宮野 泰輔	98
宮崎県難聴・言語障害教育研究協議会	347	宮野 拓未	90
宮崎小学校〔宮崎県宮崎市立〕	341	宮野 幸	57
宮崎放送	437, 438	宮之城中学校 吹奏楽部〔鹿児島県宮之城町立〕	506
宮迫 靖静	235	宮の原中学校〔宇都宮市立〕	425
宮里 和則	26	宮原 純子	70
宮里 善次	215	宮原 千香子	372
宮里 テツ	344	宮部 優子	511
宮沢 賢治	55, 80, 308	深山 花流	49
宮澤 恒太	70	深山 さくら	161, 181
宮沢 章二	484, 538	宮前 庄次郎	264
宮沢 身江	479	美山中学校〔福井市〕	507
宮沢 知可子	372	宮水小学校〔宮崎県西臼杵郡日之影町立〕	347
宮澤 知里	111	宮本 朱美	553
みやざわ ともこ（宮澤 朝子）	13, 16, 216	宮本 朝子	258, 305
宮澤 ナツ	395	宮本 彩加	178
宮澤 真由美	70	宮本 いずみ	517
宮沢 明子	510	宮本 京子	495
宮沢 良邦	70	宮本 季和	171
宮地 純貴	194	宮本 桂子	362
宮地 信子	474	宮本 研	26
宮地 璃子	141	宮本 滉平	195
宮下 明浩	140	宮本 聡	134
宮下 恵茉	89	宮本 茂登一	265
宮下 和男	130, 154	宮本 昭太	263
宮下 響子	139	宮本 真弥	45
宮下 木花	49	宮本 誠一	16
宮下 すずか	126, 214	宮本 せいら	453
宮下 澄子	213	宮本 武彦	163
宮下 勅夫	348	宮本 忠夫	78, 119, 147, 167
宮下 浩子	113	宮本 忠治	248
宮下 ひろ美	476	宮本 尚代	8
宮下 正恪	418	宮本 延春	84
宮下 正美	293	宮本 星美	27
宮下 幸	213	宮本 美智子	358
美谷島 正子	130	宮本 有里	444
宮田 章子	499	宮本 和佳	474
宮田 浩一	105	宮山 弥生	234
宮田 滋子	538, 540	宮良小学校〔石垣市立〕	353
宮田 静子	338	宮脇 修	309
宮田 鈴枝	358	宮脇 昭	76
宮田 そら	14, 125	宮脇 紀雄	77, 159, 172, 294
宮田 知穂	479	宮脇 みのる	256, 257
宮田 智子	280	宮脇 芳子	350
宮田 帆乃香	401	宮城 恵里子	176
宮田 真沙子	497	ミュラー, イェルク	578, 585, 587
宮田 正直	349	ミュラー, ロビン	570
宮田 将弥	413	ミュライユ, マリー＝オード	590
宮田 光男	419	妙順日曜学校	296
宮田 莉佐	109	明神小学校〔千葉県銚子市〕	365
宮谷 憲	336	三好 和夫	364
宮地 志帆	558	三好 克美	395
宮地 敏子	271	三吉 玄鬼	387
宮中学校〔名古屋市立〕	422	みよし せつこ	49
宮津 博	535	三芳 悌吉	93, 168, 287, 294
宮寺 結花	141	三吉 達	386
宮中 雲子	486, 538	三吉 聖	480
宮西 達也（みやにし たつや）	55, 56, 148, 389	三好 富美子	308
宮野 慶子	174	三吉 未玲	480
宮野 素美子	60		

三吉 由梨	480
みよし ようた	165
三次西小学校〔広島県三次市立〕	349
ミラー，ドロシー・レイノルズ	567
ミラード，アン	82
ミルハウス，キャサリン	579
三輪 照峰	297
三輪 孝子	15
三輪 裕子	60, 173
美羽 礼加	454, 470
三輪 礼二郎	316
民間放送教育協会	290
民芸映画社	284, 456, 549, 555

【む】

ムーア，テュイド・ロイ	78
六日町中学校58年度第3学年部〔新潟県南魚沼郡六日町立〕	370
ムイヤールト，バルト	589
夢我 克	387
向井 潤吉	74
向井 千恵	62
向井 弘子	257
向井 吉人	263
向井 玲子	193
向山小学校〔宮城県仙台市立〕	347
ムカージ，D.G.	591
昔話を楽しむ九州交流会	265
務川 慧悟	520
むぎわら ゆら	124
椋 鳩十	5, 62, 75, 232, 246, 285, 286, 294
向島 恵理子	545
向田 純子	16
向田 雄一郎	543
向山 雅子	477
武庫川女子大学附属中学校	520, 521, 522, 523, 524
武蔵 翔	180
武蔵野第三中学校	510
虫プロダクション	285, 549
武者小路 実篤	292
牟田 俤三	352
牟田 泰明	272
牟田 米生	349
無着 成恭	296
陸奥 賢	164
むつ 利之	390
睦合小学校〔福島県桑折町立〕	300
六浦 光雄	74
六ツ美北中学校〔岡崎市立〕	522
六ツ美西部小学校〔岡崎市立〕	353
六ツ美北部小学校学校経営部〔岡崎市立〕	305
武藤 順子	518
武藤 強志	500
武藤 哲雄	369
武藤 敏樹	515
武藤 英夫	404
武藤 宏樹	516

武藤 富美	238
武藤 真貴子	182
武藤 光子	495
武藤 由美子	237
武藤 陽一	233
宗像 克子	118
胸組 虎胤	420
胸永 京子	15
宗政 恒興	373
宗村 道生	370
棟本 満喜恵	259
Moo.念平	393
武良 竜彦（むら たつひこ）	163, 190
村居 紀久子（むらい きくこ）	120, 176
村井 さとみ	516
村井 清香	11
村井 譲二	351
村井 宗二	79
村井 恵	31
村井 由衣	468
村井 義昭	351
村井 ルカ	192
村石 昭三	347
村石 好男	239
村尾 靖子	148
村岡 健太	415
村岡 豊喜	165
村岡 登	386
村岡 幸恵	105
村岡 和香	30
村上 愛	545
村上 明美	508, 509
村上 亜土	287
村上 厳	517
村上 恵理	109
村上 恵理子	179
村上 和邦	512
村上 華澄	11
村上 勝美	428
村上 周子	346
村上 潔	38
村上 しいこ	125, 156, 181
村上 淳子	249
村上 純子	13
村上 順子	544
村上 敬	428
村上 忠幸	419
村上 知佐子	552
村上 智真	297
村上 勉	62, 94
村上 哲生	81
村上 ときみ	15, 121, 139, 142
村上 奈央	198
村上 春樹	168
村上 英子	115
村上 博之	273
村上 もとか	390, 393
村上 基千代	428
村上 康成	147
村上 八千世	403
村上 由哥	36

村上 征夫	79	室長 大応	311
村上 豊	77, 95, 168	室場小学校〔愛知県西尾市立〕	370
村上 陽子	238	室山 まゆみ	393
村川 章之	543	ムワンギ, メジャ	588
村川 英央	502		
村木 智子	140	**【め】**	
村越 昭彦	387		
村越 淳	182	メイイェル, マリー	82
村越 朋子	514	茗渓学園中学校高等学校	351
村里 香奈	545	メイザー, ノーマ・フォックス	566
連 健夫	403	明治学園中学校	521, 522, 523
村島 みどり	379	明泉寺合掌子供会	297
村杉 幸子	311	名池小学校ことばの教室〔山口県下関市立〕	
村瀬 一樹	125		346
村瀬 康一郎	322	メイトランド, アンソニー	575
村瀬 精二	361	メイン, ウィリアム	76, 568, 573
村瀬 千樫	258	メキシコ・テレシステマ	327
村瀬 敏郎	428	メグズ, コーネリア	591
村瀬 範行	394	恵 芙美	132
村瀬 保子	212	めぐみ子供文化会	296
村田 温子	494	目黒 強	158
村田 一夫	57	目崎 典子	57
村田 圭子	269	メスガーリ, ファルシード	578
村田 信	396	メッツガー, ダーリ	82
村田 真弥	217	目時 慎也	97
村田 奈穂	443	目野 由希	124
村田 晴美	360	メプス, グードルン	587
村田 マチネ	197	メランソン, リュク	572
村田 稔	80	メリング, O.R.	80
村田 恵	475	メルベイユ, クリスチャン	56
村田 結花	115	毛受 芳彦	374
村田 豊	311, 313, 418		
村田 好章	138	**【も】**	
村津 瑠紀	537		
むらと たいこ	558	茂市 久美子	181
村中 李衣	78, 155, 173	藻岩高等学校放送局〔札幌市立〕	533
村野 光則	372	盲学校〔青森県立〕	343
村松 定孝	294	盲学校〔秋田県立〕	346
村松 淳子	495	盲学校〔茨城県立〕	347
村松 美悠加	121, 211	盲学校〔岩手県立〕	344
村元 督	248	盲学校〔大分県立〕	345
村山 明日香	179	盲学校〔大阪市立〕	343
村山 亜土	290, 534	盲学校〔神奈川県横浜市立〕	346
村山 絵里子	378	盲学校〔高知県立〕	344
村山 貫一	364	盲学校〔佐賀県立〕	344
村山 桂子	133	盲学校〔滋賀県立〕	343
村山 早紀	207, 214	盲学校〔島根県立〕	343
村山 貞也	267	盲学校〔徳島県立〕	348
村山 純子	81	盲学校〔兵庫県立〕	346
村山 奈緒美	121	盲学校〔広島県立〕	342
村山 二永	560	盲学校〔福井県立〕	343
村山 治江	290	盲学校〔宮城県立〕	349
村山 美和	226	盲学校〔山口県立〕	342, 344
村山 由衣	434, 479	盲学校感覚訓練教育研究会〔東京都立〕	342
村山 祐一	337	盲学校高等部〔大阪府立〕	344
村山 芳正	347	望来中学校〔厚田村立〕	352
村山 利恵子	35	毛利 亘輔	193
村山 航	253	毛利 実沙子	471
村岡 和彦	373		
室積小学校〔山口県光市立〕	341, 345, 368		
室積中学校〔光市立〕	422		

毛利 俊介	444, 445
もうり まさみち	169
毛利 麻未子	553
毛利 友美	514
モウワット, ファーレイ	569
真岡中学校 科学クラブ〔栃木県真岡市立〕	408
最上 明	282
最上 一平	137, 154, 155
最上 二郎	204
最上書房	92
もき かずこ	84
茂木 恵一郎	481
茂木 透	168
茂木 宏子	96
もぎ まさき	179
茂木 美和	541
木馬座	284
木曜会	531, 539
モーザー, バリー	597
門司高等女学校鼓笛隊〔福岡県〕	524
茂住 和世	271
茂田井 武	93
望月 厚典	498, 499
望月 勝美	551
望月 公子	371
望月 俊佑	112
望月 俊男	323
望月 敏彦	344, 358
望月 のぞみ	110
望月 花江	191
望月 久貴	342
望月 秀夫	484
望月 博之	113
望月 麻衣	497
望月 雅子	61
望月 みどり	372
望月 雄吾	224
望月 理沙	442
持田 碧海	103
持田 純子	208
持田 道子	237
望満 月子	12
元石 和	378
モードヴィノフ, ニコラス	579
本木 勝人	15, 43
本儀 万智	463
もとした いづみ	83, 148, 389
元城小学校〔浜松市立〕	254
本杉 宏志	374
元永 定正	168
本埜第二小学校学校経営研究会〔千葉県印旛郡本埜村立〕	301
本橋 愛	544
本部中学校〔本部町立〕	507
基町小学校〔広島市立〕	350
本宮 源一	366
本宮 湖心	519
本村 義雄	264
本村小学校〔港区立〕	509
本山 麻優子	444

もとやま ゆうほ（もとやま ゆうこ）	170, 190, 214
本吉 修二	355
元吉 務	429
モートン, リース・ダグラス	79
籾山 和諒	513
桃井 正子	134
桃井小学校〔前橋市立〕	508
桃井小学校言語障害者指導教室〔群馬県前橋市立〕	346
桃園第三小学校〔中野区立〕	510
桃園第三小学校PTAサークル親子読書会〔中野区立〕	277
桃太郎少年合唱団	447
桃山 みなみ	162
桃山中学校〔真壁町立〕	423
モラン	570
森 章子	54
森 明日香	186, 215
森 伊佐	452, 497
もり いずみ	33
森 いたる	54, 294
森 一歩	159, 295
森 詠	131
森 絵都	60, 80, 81, 96, 173, 214, 224
森 絵里	492
森 恵里	492
森 一男	204
森 佳野	480
森 清見	78
森 幸一	8
森 孝三郎	365
森 紗奈美	198
森 志乃	480, 481
森 住卓	83
森 忠明	6, 137, 173
森 哲弥	359
森 知英	516
森 夏月	33
森 夏子	19, 140
森 のぶ子（森 宜子）	41, 85
森 はな	155, 167
森 勇人	184
もり ひさし	76, 81
森 秀人	78
森 英信	314
森 文子	474
森 真佐子	31
森 正子	237
森 水生	35
森 瑞穂	384
守 道子	59
森 みちこ	68
森 ミツ子	43
森 光子	474
森 翠	414
森 美那	111
森 美奈子	183
森 優希	142
森 雄児	317
盛 由起子	348

森 泰	370		森田 真樹	272
森 由美子	124		森田 真実	516
森 百合子	43, 60		森田 麻優	443
森 洋子	149, 336		森田 美由紀	8
森 陽子	270		森田 保久	318
森 義明	428		森田 裕介	321
もりうち すみこ	83		森田 幸恵	182
森内 大輔	384		森田 ゆり	81
守尾 国子	495		森田 有理恵	107
もりおか みずき	33, 44, 152, 222		森高 万智	470, 492, 502, 530
森岡 章	348		森谷 寛之	251
森岡 千尋	498		杜中学校〔福井市立〕	427
森岡 ゆりあ	441		もりとるい	299
盛岡児童文学研究会	339		森永 由里	115
森岡小学校〔愛知県知多郡東浦町〕	247		森野 はる美	123
盛岡聾学校〔岩手県立〕	346		森野 めぐみ	194
守上 三奈子	35		森平 明子	509
森川 紅	370		森茂 岳雄	273
森川 ジョージ	390		守本 昭彦	317, 318, 421
森川 徹	103		森本 多恵子	141
森川 扶美	39		森本 ひさえ	140
森川 満寿代	166		森本 寿枝	103, 138, 166
森川 由樹	435		森本 秀夫	534
もりき よしお	152		森本 弘子	31
森口 早百合	8		森本 美花	496
盛口 襄	314, 316, 419		森本 美帆	464
守口 良毅	417		森本 ヤス子	293
森里 紅利	161		森本 有紀	190
森沢 美緒	434, 467, 479		森本 幸恵	192
森沢 美穂	479		森谷 江津子	170
森重 静夫	427		森谷 桂子	86, 158, 197
森下 郁子	230		守屋 康太	121
森下 可夏子	463		もりや しげやす	35
森下 佳代子	475		守谷 美佐子	133
森下 研	286		守屋 和子	220
森下 みさ子	149, 157, 337		森安 耀子	510
森島 春男	428		森山 温子	482
森末 慎二	394		森山 栄太	246
森住 ゆき	50		森山 甲雄	294
森角 由希子	376		森山 聡子	46
森宗 京子	558		森山 里子	360
森田 晃広	379		森山 理美	443
森田 明美	337		森山 茂樹	337
森田 愛海	481, 492, 493, 502		森山 高史	222
森田 彩	10		森山 京	55, 95, 173, 181, 223
森田 栄次	357		森山 恵	163
森田 勝也	535		森山 結貴	435, 471, 482, 483, 532
森田 拳次	387		森山 ゆう子	12
森田 健太郎	497		森山 竜太	109
森田 康平	401		森山 玲子	496
森田 里子	102		森若 三栄子	540
森田 淳子	399		森脇 央佳	546
森田 俊輔	548		森脇 美武	312, 315
森田 大貴	30		師 研也	429
森田 維央	469		師岡 愛之	150
森田 智子	379		諸岡 邦奉	386
盛田 英恵	219		諸喜田 和子	348
盛田 妃香莉	98		諸隈 のぞみ	101
森田 博	26		モロッコラジオ・テレビ教育放送	328
森田 啓未	495		諸橋 精光	297, 308
森田 文	15, 37, 142		諸星 杏湖	498

諸星 典子	158	矢島 広子	511
もん	147	八島 正明	83
モンゴル国営放送	334	屋島 みどり	145
門伝 祈美	362	矢島 稔	81, 84, 96
モントソール, ベニ	580	矢島 洋子	551
文部科学省科学技術・学術政策局	451	八城 満里菜	481
モンプチ, シャルル	570	八代 みゆき	128
モンロー, クリス	147	屋代中学校	506
		屋代中学校〔更埴市立〕	447
		屋代中学校〔千曲市立〕	528
		八代中学校〔八幡浜市立〕	447
【 や 】		安 泰	74, 93, 284, 293, 307
		矢津 将也	440
野泉 マヤ	191	安 和子	307, 308
八板 康麿	146	安井 和弘	558
八重樫 幸蔵（やえがし こうぞう）	16, 22	やすい すえこ	168
八重樫 琴美	435	安井 せい子	115
やえがし なおこ	21, 137, 214	安居 総子	348
八重瀬 けい	132	安井 美沙	29
矢尾 米一	372	安井 悠馬	472
八起 正道	191	安居小学校〔高知県吾川郡池川町立〕	346
八神 ひろき	391	安江 又右衛門	367
矢神小学校愛育会〔哲西町立〕	340	安江 リエ	56
八木 瑛子	520	安岡 温彦	29
八木 光平	546	やすおか みなみ	47
やぎ たみこ	58	泰阜南中学校〔長野県泰阜村立〕	302
八木 徳三	257	安カ川 甚治	344
八木 紀子	207	保川 周治	402
八木 優子	123	椰月 美智子	60, 131, 174
柳下 純一	562	八杉 竜一	74, 78
柳下 朋香	109	安来市公立保育所保育士会	337
柳下 真由子	410	安嶋 三保子	563
柳下 陽子	409, 410	安田 明	314
八木田 宜子	287	安田 朝子	252
柳沼 ひろの	176	安田 恵美子	551
柳沼 宏寿	261, 374	安田 一斗	470, 471, 481, 482, 483, 502
柳沼 由布子	188	安田 夏奈	129
八木橋 雄次郎	342	安田 紀代子	199
八木原 愛	218	安田 幸子	257
八木文 由貴	187	安田 祥子	291, 539
柳生 涼子	468, 469	安田 武	248
矢口 統	515	安田 那々	198
矢口 高雄	388	安田 延義	317
矢口 龍彦	349	安田 寛	540
八雲小学校〔島根県八雲村立〕	342	安田 政彦	260
矢後 一夫	314, 418	安田 真理	513
八坂 聡	180	安田 瑞季	184
八坂 まゆ	92	安田 裕子	206
矢坂 里香	152	安田 由希子	379
矢崎 節夫	5, 87, 150, 539	安田 行宏	242
矢郷 恵子	237	安田 莉石	483
矢沢 あい	394	安田学園安田女子中学校 合唱部	524
矢沢 亜紀	433, 497	野洲中学校〔野洲町立〕	424
矢沢 きよみ	474	安冨 良純	360, 361
八潮中学校〔品川区立〕	426	安並 哲	29
八潮中学校〔八潮市立〕	506, 527	安西中学校 吹奏楽部〔広島市立〕	447
矢島 茜	435, 482, 503	安間 由紀子	169
矢島 せい子	357	安良岡 晴子	474
やしま たろう	167	安良岡 ゆう	512
矢嶋 直武	27	矢田 邦子	256
八洲 秀章	542	矢田部 宏	170, 548, 559

八束 澄子	31, 154, 166, 174	矢作 香緒里	474
八都小学校〔千葉県香取郡山田町立〕	365	矢萩 恭子	271
谷津小学校〔習志野市立〕	513, 514, 515	矢作北小学校〔岡崎市立〕	352
八ツ塚 実	369	矢作中学校〔岡崎市立〕	354
八ツ藤 恒夫	278	矢作東小学校〔岡崎市立〕	352
八柳 明生菜	105	やはた さとし	179
弥刀東小学校〔大阪府東大阪市立〕	342	八幡養護学校〔福岡県北九州市立〕	349
矢内 昭	246, 247	矢原 豊祥	354
矢内 旭	183	屋比久 秀子	550
柳井 和郎	484	八尋 樹蒼	357
矢内 新悟	406	薮内 正幸	78, 430
柳井 貴光	387	やぶうち 優	394
柳内 達雄	74	矢吹 公郎	264
柳井 晴夫	251	矢吹 貞子	187
矢内 久子	71	矢吹 文乃	68
柳井商工高等学校〔山口県立〕	365	矢吹 愛実	184
柳津小学校〔岐阜県羽島郡柳津町立〕	350	藪田 潮美	123
矢内原 忠雄	79	藪田 義雄	538
谷中 昭予	14	矢部 文	186
弥永 専一	338	矢部 九味男	247
谷中 智子	102, 129	矢辺 たけを	484
梁川 剛一	293	矢部 達哉	516
柳川 聡子	475	矢部 直行	86
柳川 昌和	123	矢部 華恵	118
柳生中学校〔仙台市立〕	305	矢部 美智代	101, 181
柳沢 きみお	390	やべ みつのり	308
柳沢 桂子	80	矢部 嘉信	546
柳沢 徹夫	364	山内 昭	336
柳沢 徳之進	311	山内 鋭治	315
柳沢 昌義	321	山内 開	179
柳沢 佳子	474	山内 一晃	403
柳田 昭彦	258	山内 清平	143
柳田 邦男	147	山内 泉菜	380
柳田 孝一	344	山内 千恵子	36
柳田 雄貴	184	山内 豊茂	428
柳原 麻子	453, 466	山内 弘子	540
柳原 和子	231	山内 宏利	114
柳原 陽子	70	山内 弘美	192
柳町中学校〔長野市立〕	423, 447, 526	山内 ふじ江	84, 289
やなぎや けいこ	78	山内 真央	141
やなせ たかし	295, 539, 540	山内 将史	207
柳瀬 房子	146	山内 真理絵	10
梁田小学校〔栃木県足利市立〕	345	山内 未宇	471, 472
ヤニコフスキー, エヴァ	585	山内 康子	24
矢野 亜希子	121	山内 ゆうじ	128
矢野 悦子	162	山内 義雄	75
矢野 一栄	208	山浦 昭雄	234
矢野 克也	115	山尾 昌徳	182
矢野 加奈子	562	山岡 亜由美	141
矢野 憲一	205, 287	山岡 憲史	375
箭野 早耶華	482	山岡 浩一	429
矢野 淳一	210	山岡 隆子	552
矢野 淳滋	311, 312, 315	山岡 望	416
矢野 裕子	516	山県 さゆり	515
矢野 史子	397	山形 俊二	497
矢野 夕希	409	山形 光弘	5
矢野 幸夫	310	山形県児童文化研究会	263
矢野 洋三	263	山形算数・数学評価研究会	372
矢野 玲子	440	山形市音楽振興会	448
矢ノ下 良子	350	山形児童劇研究会	535
ヤノッシュ	586	山形第三中学校	528

山形西高等学校〔山形県立〕	368
山形放送 437, 438,	440
山形盲学校〔山形県立〕	342
山形盲学校中学校	423
山形聾学校〔山形県立〕	343
山鹿中学校 521,	522
山鹿中学校 合唱部〔山鹿市立〕 522,	523
山門 徳夫	348
山上 絵理	474
山上 紗矢佳	117
山川 明美	405
山川 恵美	478
山川 進	122
山川 みか子	124
山川 行夫	213
山川 佳江	405
山川中学校研究グループ〔徳島県山川町立〕	
....	300
八巻 いづみ	198
八巻 未希子	189
山木 美里	192
山岸 恵美子	202
山岸 清之進	384
山岸 恵一	164
山岸 千紗	482
山岸 雅恵	97
山岸 正孝	313
山岸 亮一	3
山岸 涼子	390
山北 クニ子	114
山極 小夜子	362
山際 鈴子	347
山極 隆	310
山口 明子	238
山口 彩	496
山口 伊東子	128
山口 悦司 321, 322,	323
山口 恵里子	409
山口 枝里子	409
山口 薫	310
山口 和雄	270
山口 和子	54
山口 和美	420
山口 勝三	416
山口 果南	108
山口 佳奈美	261
山口 佳代	516
山口 研生	516
山口 栄 548,	559
山口 さちこ	129
山口 薩記	346
山口 智子	466
山口 里美	176
山口 重直	247
山口 順子	175
山口 将吉郎	292
山口 祥子	280
山口 昌三 311,	314
山口 荘一	262
山口 タオ	33
山口 隆夫 123,	202
山口 拓也	261
やまぐち としこ	550
山口 としこ	121
山口 友信	349
山口 トモ世	495
山口 尚美	188
山口 梨絵	477
山口 喜雄	258
山口 伸子	517
山口 肇	324
山口 英夫	370
山口 英雄	9
山口 秀雄	9
山口 英治	72
山口 雛絹	224
山口 日向子	518
山口 裕文	366
山口 裕之	513
山口 文生	169
山口 文代	176
山口 麻紀	98
山口 眞子	109
山口 昌伴	256
山口 優	512
山口 真澄	52
山口 真奈	51
山口 美果	477
山口 三夫	76
山口 美美	516
山口 やすし	160
山口 保治	542
山口 裕子 9,	510
山口 弓貴子	474
山口 芳夫 343,	357
山口 諒也	121
山口 玲	125
山口放送 437, 438, 439,	440
山崎 明穂	126
山崎 歩美	211
山崎 香織 4,	64
やまざき かつみ	34
山崎 恭子	474
山崎 健一	421
山崎 晃司	215
山崎 浩二	376
山崎 宏介	29
山崎 貞子	265
山崎 早苗	375
山崎 茂子	16
山崎 茂	242
山崎 淳市	217
山崎 清介	473
山崎 早登美	517
山崎 多恵子	29
山崎 辰哉	30
山崎 恒裕	19
山崎 朋子	336
山崎 なずな	14
山崎 憲生	378
山崎 憲子	551
山崎 典子	57

山崎 八郎	540	山城 勝	222
山崎 初枝	143	山瀬小学校〔宮崎県東臼杵郡西郷村立〕	349
山崎 浩之	220	山瀬小学校長崎分校〔宮崎県東臼杵郡西郷村立〕	368
山崎 史華	492	山添中学校〔山添村立〕	354
山崎 まどか	30	山田 麻美	441
山崎 麻里	475	山田 恵里	471
山崎 みさを	485	山田 一子	12
山崎 萌子	501	山田 勝広	57
山崎 靖明	536	山田 巌雄	263
山崎 由衣	97	山田 きよみ	187
山崎 祐一	373	山田 錦造	246
山崎 由香子	475	山田 くに恵	203
山崎 陽子	55	山田 邦子	114
山崎 善智	293	山田 浩一	400
山崎 善晴	10	山田 光之助	338
山崎 亮汰	547	山田 幸子	247
山崎西中学校	506, 527	山田 聡子	453
山作 令子	234	山田 智史	546
山里 喜久枝	239	山田 三郎	75
山里 幹直	222	山田 志保	171
山里 るり	155	山田 修治	3, 4
山沢 弘子	501	山田 純	234
山沢 光子	501	山田 翔	482, 503
山沢 優子	501	山田 浄二	8
山地 千晶	27	山田 士朗	165
山路 峯男	348	山田 二郎	349
山下 亜津紗	45	山田 真琳	546
山下 勇	32	山田 澄子	371
山下 ケンジ	58	山田 星河	195
山下 幸知	407	山田 泰司	102
山下 さおり	552	山田 隆司（山田 たかし）	132, 196
山下 修一	322	山田 千佳	395
山下 順子	12	山田 千代子	32
山下 進一	103	山田 つかさ	217
山下 清三	66	山田 力	399
山下 大五郎	75	山田 トキコ	17
山下 卓人	30	山田 朋美	183
山下 拓郎	379	山田 奈津子	561
山下 千代寿	428	山田 展央	407
山下 寿朗	4, 203	山田 春香	40
山下 奉文	398	山田 晴子	404
山下 奈美	33, 62, 145	山田 真	191, 206
山下 明生（やました はるお） 5, 82, 84, 94, 154, 168, 172, 173, 223, 295		山田 仁美	496
山下 博司	247	山田 洋	143
山下 文男	430	山田 総子	435, 469
山下 舞	182	やまだ まお	179
山下 雅子	138	山田 真	430
山下 正子	239	山田 正志	207
山下 学	361, 362	山田 正人	275
山下 真里子	463	山田 万知代	126
山下 三恵	33, 61	山田 真奈未	184, 200
山下 みち子	114	山田 真理子	403
山下 美代子	259	山田 真里奈	501
山下 百十二	364	山田 美貴	116
山下 優花	379	山田 美佐	15
山下 由希	194, 195	山田 美里	190
山下 夕美子	94, 153, 156	山田 三千代	226
山下 洋輔	168	山田 みどり	513
山下 理奈	546	山田 祐太朗	415
山下 ルミ子	374	山田 雪奈	105

山田 ゆみ子	50, 170	山之口 理香子	482
山田 祐里子	490	山畑 由美子	29
やまだ よーいち	57	ヤマハ デザイン研究所	383, 384
山田 陽	309	山原 義人	391
山田 洋子（音楽）	517	山彦の会	287
山田 洋子（保育）	336	山辺 かおり	186
山田 葉子	49, 562	山辺 直子	60
山田 洋次	355	山辺小学校〔山形県東村山郡〕	304
山田 芳夫	365	山辺小学校の子どもに活力を育てる会	304
山田 喜孝	350	山宮 颯	103
山田 理花	124	山村 麻友	40
山田 若奈	103	山村 香織	558
山田小学校〔高知県土佐山田町立〕	344	山村 沙葵	435
山谷 奈々	481, 482	山村 輝夫	95
やまち かずひろ	34, 51	山村 友美	193
山手 樹一郎	293	山村 文香	517, 518
山手小学校〔岐阜県美濃加茂市立〕	372	山茂 毅	206
山寺 早苗	182	山室 和子	205
やまと かわと	161	山室 静	293
山戸 寛	196	山目中学校〔一関市立〕	521
大和 史郎	205	山本 章子	158
大和 千津	101	山本 厚子	265
大和 美鈴	308	山本 絢香	545
大和 和紀	390	山本 綾香	175
大和川小学校〔新潟県糸魚川市立〕	348	山本 綾乃	434, 468, 479, 500
大和養護学校〔佐賀県立〕	354	山本 彩乃	99
山名 修吉	416	山元 育代	36
山名 勉	384	山本 悦子	110
山中 久美子	514	山本 恵三子	548
山中 孝男	318	山本 おさむ	350
山中 利子	211	山本 和夫	5, 77, 94, 294
山中 直子	512	山本 勝博	420
山中 奈己	39	山本 佳奈	558
山中 恒	22, 76, 79, 85, 153, 173, 233, 284	山本 夏菜	201
山中 正枝	494	山本 寛太	344
山中 真秀	161	山本 恭子	217
山中 峯太郎	292	山本 キヨ子	386
山中 基義	4, 215	山本 くまのすけ	127
山中 八千代	26	山本 久美子	205
山中 ゆりか	241	山本 桂子	36, 37
山中中学校〔山中町立〕	424	山元 啓史	320
山梨放送	437, 439	山本 景登	454, 482, 493
山主 敏子	294	山本 孝二	421
山根 衣理	379	山本 康介	466, 478, 499
山根 早貴	195	山本 高頂	497
山根 幸子	157	山本 航平	90
山根 冨一	348	山本 颯太	413
山根 真奈美	560	山本 聡子	544
山根 美恵子	474	山本 智	322
山根 美由貴	9	山本 悟	340
山野 昭典	263	山本 さやか	379
山野 和子	231	山本 詩乃	464
山野 大輔	34, 141	山本 翔平	440
山野 ひろを	205	山本 進一	317, 318
山野 真寛	39	山本 清一郎	356
山野 雄樹	379	やまもと せいゆう	98
やまの りょうた	14	山本 大誠	546
山野井 一夫	321	やまもと たかし	48
山内 逸郎	428	山本 高之	317
山内 秋生	292	山本 勇志	429
山之内 敏喜	269	山本 達司	226

山本 辰太郎	263
山本 千里	516
やまもと ちづこ	119
山本 知都子	143
山本 哲史	398
山元 ときえ	13
山本 俊介	123
山本 俊正	268
山本 登志哉	252
山本 朋江	368
山本 智一	322, 323
山本 倶子	237
山本 智美	4, 171
山本 奈央子	224
山本 直英	146
山本 成美	16, 125, 142, 171
山本 はづき	517
山本 春佳	146
山本 秀夫	385
山本 ひまり（やまもと ひまり）	46, 58
山本 弘子	338
山本 ひろし	33, 92
山本 藤枝	77, 294
山本 正明	185
山本 雅子	238, 398
山本 ますみ	279
山本 まつよ	285
山本 愛美	401
山本 緑	216
山本 美弥子	268
山本 美幸	406
山本 明徳	220
山本 康人	241
山本 優子	220
山本 有三	292
山本 雄太	199
山本 有希子	398
山本 ユースケ	14
山本 洋子	146
山本 喜子	550
山本 嘉治	367
山本 善康	115
山本 隆三	348
山本 良三	66
山本 留美奈	517
山本 若菜	431
山本小学校〔福岡県北九州市立〕	303
山脇 映子	368
山脇 立嗣	132
山脇 百合子	77, 284, 292
矢満田 篤二	238
弥生小学校〔千葉市立〕	515
弥吉 菅一	150, 343
ヤールブソワ，フランチェスカ	82, 147
ヤルンコバー，クラーラ	585
八若 あかり	195
八幡中学校〔埼玉県八潮市立〕	254
ヤング，エド	580, 596, 597
ヤンソン，トーベ	577

【ゆ】

ユ・シンヨン	541
湯浅 永麻	453
湯浅 聡子	517
湯浅 滋子	309
游 珮芸	150
友愛福祉会おおわだ保育園	381
ゆうき あい	164
結城 慎也	182
結城 千秋	219
結城 奈央	182
結城 春雄	420
結城 ふじを	263, 539
結城 孫三郎	262
結城 昌子	82, 96
ゆうき まさみ	393
結城 明姫	410
結城中学校〔茨城県結城市立〕	303
結城よしを全集編集委員会	539
遊子	80
YUJI	83
雄新中学校〔愛媛県松山市立〕	504, 507, 526
雄新中学校研修部〔愛媛県松山市立〕	302
雄和中学校〔秋田県河辺郡雄和町立〕	301
ユー・エヌ	557
湯上 一郎	312
湯川 嘉津美	337
湯川 博子	435
湯川 麻美子	465
由紀 さおり	291, 539
幸 清聡	124
雪上 葵	546
行田 美希	69
雪室 俊一	390
行本 一雄	364
行森 まさみ	235
湯口 美和	512
ユーゴスラビア国営放送	326, 327, 328, 329
ゆさ ふじこ	113
遊佐 淑子	20
湯沢 昌子	510
湯沢 正範	351
湯沢 正通	252
湯澤 光男	319
湯沢北中学校〔湯沢市立〕	528
湯沢南中学校〔湯沢市立〕	523, 529
湯島小学校〔東京都文京区立〕	369
柚木 象吉	154
湯田 正利	187
豊っ子の会	265
ゆでたまご	393
ユナイト映画	285, 286
ユニヴァーサル映画	287
ユニセフ・カトマンズ	331
油野 誠一	75, 308, 388
湯野 悠希	103
柚木 克仁	46

柚木 奎亮 ･････････････････････････････ 7
柚木 沙弥郎 ･･･････････････････････････ 84
柚木 美智枝 ･･････････････････････････ 550
ユーフラテス ････････････････････････ 451
湯村 慶子 ･･･････････････････････････ 187
夢 虹二 ･････････････････････････････ 539
ゆめ観音実行委員会 ･････････････････ 297
有芽都詩解流 ･･･････････････････････ 186
夢の丘小学校〔相模原市立〕 ･････････ 354
湯本 亜美 ･･･････････････････････････ 519
湯本 香樹実 ･･････････････ 88, 155, 389, 597
湯山 昭 ･･･････････････ 483, 486, 538, 560
由良 正 ･･････････････････････････ 54, 161
ユリウス，コーネリア ･･････････････ 586
ゆりかご会 ･････････････････････････ 542
ユン・ジェン ･･･････････････････････ 541
ユン・ジュン・シュアン ･･････････････ 437
ユン・ソクチュン ･･･････････････････ 84

【よ】

与板小学校〔新潟県三島郡与板町立〕 ･･････ 345
葉 祥明 ･････････････････････････ 55, 146
楊 書綺 ･････････････････････････････ 453
楊 麗貞 ･････････････････････････････ 511
八日市南小学校〔東近江市立〕 ･･････ 354
葉荷山 すず ･････････････････････････ 14
養護学校〔福岡県立〕 ･･･････････････ 254
養護学校の詩集いずみ〔市川市立〕 ･･ 232
養正小学校〔岐阜県多治見市立〕 ････ 348
養正小学校〔京都府京都市立〕 ･･････ 351
陽西中学校 ････････････････････ 506, 527
鷹峯小学校〔京都市立〕 ･････････････ 349
与儀 紋佳 ･･･････････････････････････ 221
よぎ すがこ ････････････････････････ 161
よご ひろこ ･････････････････････････ 76
横井 和幸 ･･･････････････････････････ 111
横井 大侑 ･･･････････････････････････ 65
横井 文咲 ･･･････････････････････････ 489
余合 三津子 ････････････････････････ 515
横内小学校〔静岡市立〕 ･･････ 512, 513, 514
横川 寿美子 ････････････････････ 150, 155
横川 正郎 ･･･････････････････････････ 344
横倉 明子 ･･･････････････････････････ 495
横坂 源 ･････････････････････････････ 463
横沢 彰 ･････････････････････････････ 155
横沢 敏男 ･･･････････････････････････ 359
横沢 弘樹 ･･･････････････････････････ 516
横島 彩子 ･･･････････････････････････ 116
横塚 法子 ･･･････････････････････････ 169
横須賀高等学校1年部〔静岡県立〕 ･･･ 304
横瀬 美砂 ･････････････････････ 436, 530
横田 明子 ･････････････････ 102, 121, 124, 145
横田 淳一 ･･･････････････････････････ 318
横田 穣一 ･･･････････････････････････ 314
横田 誠治 ･･･････････････････････････ 537
横田 真教 ･･･････････････････････････ 201
横田 みなみ ････････････････････････ 140
横田 睦子 ･･･････････････････････････ 273
横田 裕一 ･･･････････････････････････ 558
横田 幸子 ･･･････････････････････････ 279
横田 有紀子 ････････････････････････ 138
横谷 輝 ･････････････････････････････ 153
横谷 玲子 ･･･････････････････････････ 29
横手 恵子（よこて けいこ）･･･ 4, 16, 19, 161
横浜国立大学教育人間科学部附属鎌倉中学校
 ･････････････････････････････････ 522
横浜市泉区上飯田地区外国人児童生徒教育4
 校連絡会 ･････････････････････････ 353
横浜市小学校国語教育研究会 ･･･････ 347
横浜高島屋 ･････････････････････････ 539
よこはま文庫の会 ･･･････････････････ 340
横町 洲真 ･･･････････････････････････ 217
横溝 正史 ･･･････････････････････････ 293
横溝 邑市 ･･･････････････････････････ 234
よこみち けいこ ････････････････････ 68
横山 亜希 ･･･････････････････････････ 241
横山 恵津子 ････････････････････････ 512
横山 迦葉子 ････････････････････････ 344
横山 圭介 ･･･････････････････････････ 386
横山 恵六 ･･･････････････････････････ 350
横山 幸子 ･･･････････････････････････ 264
横山 早苗 ･･･････････････････････････ 552
横山 史織 ･･･････････････････････････ 546
横山 千秋 ･････････････････････ 188, 189
横山 哲朗 ･･･････････････････････････ 311
よこやま てるこ ･･････ 12, 120, 139, 166, 202
横山 俊充 ･･･････････････････････････ 8
横山 知央 ･･･････････････････････････ 350
横山 正雄 ･･･････････････････････････ 12
横山 みさき ････････････････････････ 100
横山 充男 ･･････････････････････････ 88, 159
横山 美登里 ････････････････････････ 372
横山 ユウ子 ････････････････････････ 103
横山 幸雄 ･･･････････････････････････ 517
横山 由紀子 ････････････････････････ 170
横山 隆一 ･･･････････････････････････ 87
横山 良介 ･･･････････････････････････ 535
横山 レイカ ････････････････････････ 354
依佐美中学校〔刈谷市立〕 ･･････ 424, 425, 426
吉井 享一 ･･･････････････････････････ 49
吉井 ちなみ ････････････････････････ 161
吉井 忠 ･･････････････････････････ 62, 74
吉井 敏明 ･･･････････････････････････ 345
吉井 宏 ･････････････････････････････ 257
吉井 真琴 ･･･････････････････････････ 514
吉井 正男 ･･･････････････････････････ 366
吉井 麻里 ･･･････････････････････････ 480
吉井 良子 ･･･････････････････････････ 102
吉植 芙美子 ････････････････････････ 12
吉江中学校 ･････････････････････････ 528
吉岡 杏那 ･･･････････････････････････ 138
吉岡 絵梨香 ････････････････････････ 199
吉岡 啓一 ･････････････････････ 164, 208
吉岡 たすく ････････････････････ 263, 533
吉岡 治 ･････････････････････････････ 542
吉岡 千里 ･･･････････････････････････ 545
吉岡 千尋 ･･･････････････････････････ 554
吉岡 美佳 ･･･････････････････････････ 529
吉岡 素子 ･･･････････････････････････ 279

吉岡 由佳子	5		吉田 秀樹	79
吉川 あいみ	563		吉田 ひとみ	243
吉川 明守	309		吉田 寛子	558
吉川 英治	292		吉田 熙子	238
吉川 和志	40		吉田 浩	50
吉川 正五	342		吉田 弘	143
吉川 卓見	563		吉田 誠	463
吉川 昌子	252		吉田 まさ子	340
吉川 真知子	16		芳田 正子	512
吉川 麻理	499		吉田 正彦	349
吉川 由理	496		吉田 正保	49, 234
吉川小学校〔大阪府豊能郡豊能町立〕	350		吉田 愛美	183
吉木 智	33, 220		吉田 真唯子	194
吉崎 正巳	294		吉田 まゆみ	390
吉崎 観音	394		吉田 真理子	182
吉崎 泰世	36		吉田 真里日	468
吉沢 章	232		吉田 瑞穂	293, 342
吉沢 彩	31		吉田 径子	515
吉澤 紫織	220		吉田 光恵	175
吉沢 道子	38		吉田 稔	114
吉住 ミカ	126		吉田 美保	478
吉田 愛	40		吉田 みや子	533
吉田 映子	375		吉田 都	475, 496
吉田 秋生	393, 394		吉田 恵	497
吉田 敦彦	79		吉田 萌	141
吉田 悦治	261		吉田 元治	484
義田 恵美	496		吉田 元久	8
吉田 えり	58		吉田 安宏	116
吉田 楓	40		吉田 優子	399
吉田 角太郎	356		吉田 雄志	115
吉田 克己	399		吉田 友希子	480
吉田 亀雄	342		吉田 慶和	8
吉田 キミコ	387		吉田 よし子	370
吉田 恭平	503		吉田 りつ子	186
吉田 桂子	51		吉田 令子	248
吉田 圭佑	98		吉田 六郎	555
吉田 幸樹	187		吉武 まつ子	484
吉田 早織	472		義忠 房之	267
吉田 咲子	478		吉谷 拓真	413
吉田 佐智子	319		吉次 優美	62
吉田 沙代	500		吉富 英明	360
吉田 佐和子	241		良知 昌波	267
吉田 淳	323		吉永 幸司	345, 369
吉田 純子	50		吉永 光治	170
吉田 仁子	190		吉永 小百合	291
吉田 丈夫	267		吉永 千草	340
吉田 竜生	116		吉永 哲道	544
吉田 竜夫	392		よしなが ふみ	391
吉田 達子	138		吉永 良子	176
吉田 達也	184		吉成 美紅	480
吉田 知恵子	512		吉成中学校〔仙台市立〕	426
吉田 定一	173		吉馴 信安	427
吉田 哲司	349		吉野 一宏	318
吉田 遠志	78, 168		吉野 一穂	97
吉田 とし	24, 94		芳野 菊子	373
吉田 尚志	406		芳野 健一	348
よしだ なぎさ	188		吉野 源三郎	74
吉田 隼人	189		吉野 純子	476
吉田 晴香	443		芳野 真央	102
吉田 春代	42		吉野 万里	115
吉田 比砂子	59, 75, 95, 159, 295		よしの みつる	115

吉野 芳美	8	米沢 麻佑子	434, 467, 478, 479, 480, 500, 501
吉野小学校〔千葉県富津市〕	370	米沢 真弓	479, 492
芳野中学校	506, 528	米沢 唯	468, 469, 470, 479, 480, 489, 502
吉野中学校〔鹿児島市立〕	425	米沢 幸男	59
吉橋 晋	348	米沢 嘉博	150
吉橋 通夫	153, 174, 207	米沢児童文化協会	353
吉原 晶子	42	米沢第四中学校	528
吉原 明日香	9	米沢鱮学校研究推進委員会〔山形県立〕	300, 301
吉原 清	364	米津 冴子	348
吉見 節子	259	米田 かよ	50
吉水 加奈子	553	米田 昭二郎	311, 418
吉村 明美	393	米田 隆恒	318
吉村 健二	13, 16, 34, 44, 60, 67, 72, 123, 126, 132, 144, 220	米田 登美子	509
		米田 結衣	443
吉村 忠与志	417	米田 有花	441
吉村 照子	219	米田 曜子	509
吉村 登	24	米原 良子	407
吉村 治輝	217	米光 光子	368
吉村 博子	61	米村 みゆき	151
吉村 雅仁	275	米屋 明歩	554
吉村 勇善	370	米谷 茂則	248, 350
吉村 陽子	101	米山 慶志	261
善本 彩	107	米山 圭蔵	363
吉元 恵子	485	米山 正	316
吉本 紘人	472	米山 実加	480, 501
吉本 珖	365	四番丁小学校〔香川県高松市立〕	255
吉本 紘人	493	呼子中学校〔呼子市立〕	521
吉本 真悟	466	読売映画社	549, 555
吉本 辰雄	428	読売テレビ放送	290
吉本 直志郎	155	読売日本交響楽団	539
吉本 有紀子	4, 109	読み聞かせサークルたんぽぽ	243
吉森 梨香	497	読谷村座喜味子供会育成会	352
吉屋 信子	293	よもぎ 律子	42
吉山 皓子	102	蓬田 真菜	434, 498
霊山 萌衣	30	四方田 犬彦	151
吉行 理恵	172	与良 厚子	432
吉楽 佳代子	378	寄居小学校経営研究グループ〔埼玉県寄居町立〕	300
吉原小学校〔富士市立〕	352		
吉原第一中学校〔富士市立〕	526	依光 隆	76, 290
与田 亜紀（よだ あき）	162, 214	ヨルダン国営放送	327
与田 準一	75, 87, 149, 172, 233, 284, 293, 307	萬 桜林	125, 208
四日市 香織	433	萬狂言	291
四日市市教育委員会指導課	270	与論中学校学校経営研究会〔鹿児島県与論町立〕	302
四日市南中学校〔四日市市立〕	504		
四ヶ浦 弘	421	ヨンソン, ルーネル	584
四倉 早葉	268		
四田 絵美子	515		
余田 義彦	320, 321	**【ら】**	
よどがわ きんたろう	58		
米内 沢子	60	ライヴリィ, ペネロピ	574
米泉小学校〔石川県金沢市立〕	351	雷句 誠	394
米内山 明宏	404	ライデル, マレーネ	584
与那覇 直美	222	ライトソン, パトリシア	578, 596
与那原中学校 吹奏楽部〔沖縄県与那原町立〕	506	ライトバーン, ロン	570
与那嶺 愛子	222	ライヒェ, ディートロフ	586
米本南小学校〔千葉県八千代市立〕	373	ライラント, シンシア	593, 597
米井 舜一郎	90	羅臼町子ども会育成協議会	354
米川 綾子	264	「ラオスのこども」	229
米川 祐子	57	羅川 真理茂	394
米沢 章憲	58	洛央小学校〔京都市立〕	353

ラグドール ………………………… 334
洛南高等学校附属中学校 …………… 507
ラジオ・スタテンサ ………………… 329
ラジオ・ニュージーランド ………… 329
ラシュカ、クリス …………………… 581
ラスカル ……………………………… 81
ラスキー、キャスリン ……………… 596
ラスキン、エレン …………… 592, 595
ラスマン、ペギー …………………… 581
ラスロップ、ドロシー・P. ………… 579
ラダ、ヨゼフ ………………………… 584
ラッセン、クリスチャン・R. ………… 55
ラトーナ、M …………………………… 57
ラーニング・デザイン ……………… 331
ラフェーヴ、キム …………………… 570
ラフレンス、ホリー=ジェーン …… 589
ラブロス、ダルシア ………………… 570
ラマナヤケ、R.B.パドゥマ ………… 226
ラム、ケイト ………………………… 148
等門 じん ……………………………… 58
ラン、ジャネット …………………… 571
ラングスタッフ、ジョン …………… 82
ラングル、マドレイン ……… 582, 592
ランサム、アーサー ………………… 573
ランドマン、ビンバ ………………… 147
ランバート、R.S. …………………… 569

【り】

リー、アラン ………………………… 576
李 娥英 ……………………………… 453
李 冠瓏 ……………………………… 455
李 錦玉 ………………………… 6, 212
李 慶子 ……………………………… 156
李 相琴 ……………… 80, 131, 155, 173
李 微 ………………………………… 453
李 芳世 ……………………………… 211
李 蘭淑 ……………………………… 454
リーヴァー、チャプ ………………… 566
リオデジャネイロ市マルチメディア公社 … 335
力丸 のり子 ………………………… 125
リーズ、デヴィッド ………………… 574
リースハウト、テッド・ファン …… 589
六花 チヨ …………………………… 391
立教池袋中学校 ……………………… 427
立教大学附属立教中学校 淡水生物研究グルー
　プ〔東京都〕……………………… 405
立沼中学校 …………………………… 528
リデル、クリス ………………… 82, 576
リード 希亜奈 ……………………… 546
リード、バーバラ …………………… 571
りとう よういちろう …………… 59, 68
リトルカンパニー …………………… 487
リトルキャラバン …………… 487, 488
リトル・ライブラリー ……………… 228
リバーサイドラジオWRVR ………… 326
リヒター、ユッタ …………………… 589
リーフ、エリッサ …………………… 271
リーブ、フィリップ ………… 569, 575

リフリツキ、ズビグニェフ ………… 578
リーボイ、マイロン ………………… 586
龍 克己 ……………………………… 215
劉 詩聡 ……………………………… 444
笠 文七 ……………………………… 344
刘 洋 ………………………………… 194
竜雲寺花園子供会 …………………… 297
竜海中学校 吹奏楽部〔岡崎市立〕… 504
竜海中学校 パソコン部〔岡崎市立〕… 121
龍ヶ崎市読書会連合会 ……………… 339
龍ヶ崎小学校経営研究部〔茨城県龍ヶ崎市立〕
　……………………………………… 303
リュック ……………………… 460, 461
リュートゲン、クルト ……… 584, 585
リューベン、ヨーク・ファン ……… 587
寮 美千子 …………………………… 207
領家 瞳 ……………………………… 118
了見寺日曜学校 ……………………… 297
了厳寺日曜学校 ……………………… 297
両国 龍英 …………………………… 203
料治 真弓 …………………………… 166
綾南中学校 合唱部〔綾南町立〕…… 522
良品計画 ……………………………… 383
リール・ガールズ・メディア ……… 335
林 品安 ……………………………… 444
リンクレイター、エリック ………… 573
臨港中学校区地域教育会議 ………… 375
リンチ、P.J. ………………………… 576
リンドグレーン、アストリッド … 75, 577

【る】

ルイ高商会開発部 …………………… 383
ルイス、エリザベス ………… 584, 591
ルイス、C.S. ………………… 75, 573
ルイズ製作委員会 …………………… 557
ルヴェール、ミレーユ ……… 570, 572
ル・カイン、エロール ……………… 576
ル・グイン、アーシュラ・K. … 582, 595
ルーチャード、アントナン ………… 589
ルーテル愛児幼稚園〔秋田市〕…… 368
ルート、フィリス …………………… 598
流氓 ………………………………… 164
ルフト、イルムガルト ……………… 587
ルーマニア国営放送 ………… 326, 327
ルミエール・プロダクションズ …… 333
ルーミラズビ ………………………… 171

【れ】

レイサム、ジーン・L. ……………… 592
冷泉小学校〔福岡市立〕…………… 344
レイノルズ、ピーター ……………… 83
レヴィ、ジャニス …………………… 147
レヴィタン、ソニア ………………… 566
レヴィン 幸子 ………………………… 35
レオアーツ・コミュニケーション … 334, 335
レオニ、レオ ………………………… 584

レスター, ジュリアス	81, 597
レップマン, イエラ	577
レティヒ, マルグレート	586
レーベル, ラースロー	585
レムケ, ホルスト	75
レーリヒ, ティルマン	587
蓮光寺コールルンビニー	296
連尺小学校〔愛知県岡崎市立〕	248, 349
レンスキー, ロイス	591
レント, ブレア	580, 595

【ろ】

ロイ 悦子	80
ロイター, ビャーネ	589
聾学校〔秋田県立〕	343
聾学校〔香川県立〕	349
聾学校〔群馬県立〕	346
聾学校〔徳島県立〕	344
聾学校〔栃木県立〕	344
聾学校〔福井県立〕	344
聾学校〔福島県立〕	346
聾学校〔宮城県立〕	343
聾学校〔山口県立〕	342
聾学校〔山梨県立〕	347
ロサンゼルス補習授業校あさひ学園	354
ロジャーズ, グレゴリー	576
ロジャンコフスキー, フョードル	82, 580
ローズ, ジェラルド	575
ロス, トニー	587
ローゼン, マイケル	83, 169
ロソフ, メグ	569, 575, 590
ローソン, ジョン	595
ローソン, ロバート	579, 591
ロダーリ, ジャンニ	577
六角 英彰	269
ロッドマン, マリア	585
ロバーツ, ウィロ・デイビス	566, 567
ロバーツ, デイヴィッド	589
ろばの会	232, 538
ロフティング, ヒュー	591
ローベル, アーノルド	580
ロベール, ブリュース	572
ローマン, エリック	581
ロマン企画	290
ローリー, ロイス	593, 596
ローレンス, イアン	572

【わ】

ワイスガード, レナード	579
ワイルダー, ローラ・インガルス	286
ワイルド, マーガレット	147, 589
ワイルドスミス, ブライアン	575
ワイングールト, フアン	576
若浦 勝義	405
若尾 葉子	101
若栗 ひとみ	117

若狭 重蔵	344
若狭 安寿	476
若桜小学校〔鳥取県若桜町立〕	343
若杉 英治	275
若杉 裕子	47, 48, 58
我妻 俊彦	406
我妻 玲子	338
若菜 珪	62
若菜 一	346
若林 顕	543
若林 克治	318
若林 群司	49
若林 千鶴	248
若林 利代	87
若林 のり子	238
若林 ハルミ	192
若林 英隆	121
若林 ひとみ	79
若林 宏	143
若林 松蔵	257
若原 基	10
若久 恵二	215
若穂 由紀子	213
若松 歓	560
若松 杏由未	455
若松 寛子	545
若松 正司	539, 560
若松 由子	36
若松小学校〔三重県鈴鹿市立〕	343
若宮 義次	365
若宮小学校〔銚子市立〕	344
若宮小学校父母と教師の会〔千葉県銚子市立〕	367
若本 恵二	129
若盛 正城	403
若谷 和子	24
若柳 光妙	494
わかやま けん	167, 308
和歌山 静子	167, 307, 388
若山 寛	307
若山 洋	494
和歌山大学教育学部附属中学校	422
脇 明子	265
脇 綾乃	545
脇坂 るみ	6
脇田 晃成	210
脇田 彩衣	211
脇田 悦三	263
脇田 麻優香	194
和木中学校〔和木町立〕	425
脇本 博美	129
脇谷 節子	50
脇谷 園子	57
脇谷 紘	76
和久 一美	204
涌井 雅樹	401
涌田 佑	204
和光中学校〔財田町立〕	423
鷲尾 愛子	106
鷲尾 滋夫	428
わしお としこ	64

鷲尾 博	429	渡辺 啓	553
鷲北 利美子	495	渡辺 啓子	206
輪島 拓也	468	渡辺 健二	365
輪島 万里江	495	渡辺 賢郎	312
鷲宮中学校郷土芸能部〔埼玉県鷲宮町立〕	350	渡辺 源六	264
鷲山 龍太郎	373	渡辺 晃一	260
ワースパ, バーバラ	585	渡辺 幸子	495
和田 明広	238	わたなべ さとみ	13
和田 亜美	432, 433	渡辺 三郎	94, 294
和田 安里子	42	わたなべ さもじろう	72
和田 栄子	101, 225	渡辺 重夫	247
和田 薫	318	渡辺 茂男	76, 81, 232, 285, 389
和田 勝恵	43	渡辺 茂	26, 369
和田 啓子	371, 510	渡辺 峻郁	481
和田 琴美	201	渡辺 順子	279
和田 彩花	201	渡辺 駿介	175
和田 紗永子	481	渡辺 俊三	268
和田 幸子	183	渡辺 鉦吉	311
和田 重良	297	渡辺 真也	52
和田 茂	155	渡辺 祐生	407
和田 タカ子	485	渡辺 住夫	368
和田 竜郎	257	渡辺 すみ子	494
和田 禎二	281	渡辺 聖子	9
和田 夏実	141	渡辺 誠二	280
和田 登	83, 130, 153, 156	渡辺 専一	311
和田 規子	157	渡辺 千渚	442
和田 典子	150	渡辺 多恵子	393, 394
和田 英昭	31, 60, 173	渡辺 高士	114
和田 誠	80, 146, 148	渡辺 孝行	261
和田 真知	29	渡辺 毅	131
和田 満智子	540	渡辺 正	417
和田 みちこ	43	渡辺 千絵	69
和田 美帆	558	渡辺 千賀生	127
和田 萌花	201	渡辺 千香子	186
わだ よしおみ	294	渡辺 哲夫	164
渡井 雄也	110	渡辺 哲雄	237
渡瀬 麻里	188	渡辺 稔雄	3
渡瀬 悠宇	394	渡部 敏子	345
綿田 三郎	345	渡邊 俊幸	189
綿田 千花	139	渡辺 とみ	42
和田中地域本部	353	渡辺 聡江	9
渡邉 章夫	158	渡部 智博	420
渡部 章子	9	渡辺 知寛	189
渡辺 晃子	491	渡辺 智美	491, 492
渡辺 昭子	164	渡辺 苗	176
渡辺 顕麿	263, 296	渡辺 直子	237
渡辺 章	251	渡辺 菜摘	188
渡辺 徹	510	渡辺 奈津美	189
渡部 淳	27	渡部 憲生	261
渡辺 郁子	93, 246, 367	渡辺 のり子	494
渡辺 育巳	146	渡辺 昇子	370
渡辺 一夫	83	渡辺 英郎	364
渡辺 浦人	539	渡辺 英基	107
渡辺 かおり	540	渡辺 仁美	138
渡辺 和孝	133	渡辺 浩子	146
渡辺 一正	516	渡辺 広佐	82
渡辺 香澄	562, 563	渡辺 寛之	182
渡辺 克哉	187	渡辺 福次郎	293
渡部 京香	414, 415	渡辺 文夫	311, 312, 315
渡辺 享子	308	渡辺 芙有	103
渡辺 久仁子	373	渡邉 穂野花	118

渡辺 正生	406
わたなべ まさこ	392
渡辺 真寿美	182
渡辺 真智子	496
渡辺 愛	112
渡辺 学	76
渡辺 まり子	412
渡部 真理奈	40
渡辺 美江子	102
渡辺 みか	379
渡部 美季	477
渡邉 実紀	189
渡部 美咲	475, 496, 529
渡部 美佐子	372
渡部 未来	189
渡辺 本爾	351
渡辺 有一	168, 409
わたなべ ゆうこ	68
渡部 悠子	435, 483
渡辺 祐治	316
渡辺 結花	183
渡辺 侑香	495
渡辺 由香里	432
渡辺 有紀子	514
渡辺 諭吉	367
渡辺 陽一	558
渡邊 容子	178
渡辺 洋二	84, 168
渡邊 洋平	242
渡辺 好子	138
渡辺 可久	288
渡辺 頼子	124
渡辺 りえ	475
渡辺 理恵子	497
渡辺 麗	475
渡辺 玲子	495, 516
渡辺 わらん	60, 89
綿抜 邦彦	416
綿引 まさ	74
綿引 雪子	186
綿屋 ちさと	12
渡良瀬 まさと	188
渡 和子	495
わたり むつ子	77, 205
渡り川製作委員会	557
稚内中学校特殊学級〔北海道稚内市立〕	350
ワッデル, マーティン	578
ワット 隆子	230
ワード, リンド	579
和名ヶ谷中学校〔松戸市立〕	528, 529
ワーナーパイオニア	539
和波 孝禧	511
童 みどり	89
ワーリン, ナンシー	567
ワールドスクールネットワーク	353

【 ABC 】

Ahn, Mi-Hyun	444
Arnold, Tedd	567
Aronson, Marc	598
Arsenault, Isabelle	572
AVRO	329
Barcelo, François	572
BB	573
BC Inventar A S	383
Becker, Carsten	383
Billingsley, Franny	598
Birdsall, Jeanne	583
Blau, Aljoscha	590
Blundell, Judy	583
Bober, Natalie S.	597
Borup, Birgitte	383
Bouchard, Camille	572
Brooks, Bruce	596
Cardamone, S.	530
Cardenas, Carlos	385
Chiu, Michael	384
Cho, Ha-Jung	445
Choi, Min-Ji	444
Chu‐Chu	487
Chung, Yoon Young	445
Côté, Geneviève	572
Dale, Penny	598
Dancing Fairies	487
DANCING WARP Jr.	487
Dash, Joan	598
Datta, Shammi	273
Davis, Daniel S.	596
Debon, Nicolas	598
DeFelice, Cynthia	598
Degens, T.	595
Desrosiers, Sylvie	572
Dunn, Opal	279
EUGLENA	451
Feelings, Muriel	595
Feelings, Tom	595
Festo Didactic KG	383
Fies, Brian	590
Forney, Ellen	598
Gardner, Graham	590
Gilkerson, William	572
Ginsburg, Max	596
Glubok, Shirley	595
Goodall, John S.	595
Haefs, Gabriele	590
hirano Swincel, Akiko	177
Hong, Ki-Hoon	445
Hooker, Saralinda	596
Hoose, Phillip	598
Hutton, Warwick	596
Ibbitson, John	572
Il Concert dei Giovani	447
Janssen, Susanne	590

Jensen, Poul Sauer	383		Roth, Susan L.	597
Jeong, Jeong-hwan	445		Rowohlt, Harry	590
Jiménez, Francisco	597		Scagnellato, Paolo	383
Johann Christian Lotter	382		Schlitz, Laura Amy	593
Joyner, Jerry	595		Schössow, Peter	590
Jun, Ha Eun	445		Sebel Furniture Ltd	383
Jung, Ji-Su	445		Sewall, Marcia	596
Jung, You-Jin	445		Shin, Woo Geun	445
KIDS INSIGHT CO.,LTD.	384		SHOW 5	488
Kang, Yukyung	445		Smart, H.	530
Kim, Bit-Hana	532		So, Han Kyoung	444
Kim, Hahnsol	445		Stephens, Max	321
Kim, Hyo-Rim	445		Steptoe, John	596
Kim, Kang-Tae	445		The Gillette Company	383
Kim, Min-Ji	444		The Little Company	487
Kim, Sul Ghi	445		Thirteen WNET	334
Kim, Yaejin	445		Thomson, Peggy	596
Knight, Christopher G.	596		Tillage, Leon Walter	597
Koehn, Ilse	595		Tripp, Wallace	595
Laferriére, Dany	572		UDA	384
Lanois, Yves	590		Valentine, Jenny	569
Lee, Hye-Rim	444		Veiel, Andres	590
Lee, Jee Yeun	444		Warren, Andrea	597
Leroux, Nicole	572		Weller, Duncan	572
Lim, Ji Young	445		WNET	331
Little J	488		WSMV-TV	331
MacCready, Robin Merrow	567		Yang, Hae-Kyung	444
Maped S.A.	382		Yerxa, Leo	572
Marsh, Katherine	567		Yoo, Seung-Jae	444
Maslowska, Dorota	590			
MAXIMUM	488			
MEADE INSTRUMENTS CORP.	384			
MIEKO FITNESS SQUAD	488			
Min, Jo-Hyun	445			
MJ-Teener	488			
Möller, Anne	590			
Mosel, Arlene	595			
Mueller, Jorg	595			
Nadeau, Janice	572			
Negrello, Lorenzo	383			
Ness, Patrick	569			
Park, Chan Sik	445			
Park, Sodam	444			
Park, Sung-Mi	444			
Parker, Robert Andrew	598			
Parmenter, Lynne	235, 275			
Partridge, Elizabeth	598			
Peace	487			
PEACH-PIT	391			
Perkins, Lynne Rae	593			
Petersen, Bernt	383			
Petricic, Dusan	598			
PFU	250			
Porter, Pamela	572			
Product development's Dept.	384			
Q-con	384			
Ragus, Christopher	596			
Ranst, Do van	590			
Reinhard Flötotto	383			
Rho, Han-Sol	444			
Rogé	572			

児童の賞事典

2009年7月27日 第1刷発行

発 行 者／大高利夫
編集・発行／日外アソシエーツ株式会社
　　　　　　〒143-8550 東京都大田区大森北1-23-8 第3下川ビル
　　　　　　電話(03)3763-5241(代表)　FAX(03)3764-0845
　　　　　　URL　http://www.nichigai.co.jp/
発 売 元／株式会社紀伊國屋書店
　　　　　　〒163-8636 東京都新宿区新宿3-17-7
　　　　　　電話(03)3354-0131(代表)
　　　　　　ホールセール部(営業)　電話(03)6910-0519

　　　　　　電算漢字処理／日外アソシエーツ株式会社
　　　　　　印刷・製本／株式会社平河工業社

　　　　　　不許複製・禁無断転載　　　　《中性紙三菱クリームエレガ使用》
　　　　　　〈落丁・乱丁本はお取り替えいたします〉
　　　　　　ISBN978-4-8169-2197-1　　　Printed in Japan,2009

　　　　　　本書はディジタルデータでご利用いただくことが
　　　　　　できます。詳細はお問い合わせください。

最新 文学賞事典2004-2008
A5・490頁　定価14,910円（本体14,200円）　2009.3刊

最近5年間の小説、評論、随筆、詩、短歌、児童文学など、文学関連の466賞を一覧できる「文学賞事典」の最新版。賞の概要（由来・趣旨、主催者、選考委員、賞金、連絡先等）と受賞者、受賞作品、受賞理由がわかる。

日本の文学碑
宮澤康造, 本城靖　監修

1 近現代の作家たち
A5・430頁　定価8,925円（本体8,500円）　2008.11刊

2 近世の文人たち
A5・380頁　定価8,925円（本体8,500円）　2008.11刊

全国に散在する文学碑10,000基を収録した文学碑ガイド。各作家名・文人名から、碑文、所在地、碑種のほか、各作家・文人のプロフィールや参考文献も記載。「県別索引」により近隣の文学碑も簡単に調べられる。

読んでおきたい名著案内
教科書掲載作品 13000 （高校編）
阿武泉 監修　A5・920頁　定価9,800円（本体9,333円）　2008.4刊

読んでおきたい名著案内
教科書掲載作品　小・中学校編
A5・700頁　定価9,800円（本体9,333円）　2008.12刊

1949～2006年の国語教科書に掲載された全作品（小説・詩・戯曲・随筆・評論・古文など、高校編では俳句・短歌・漢文も）を収録。作品が掲載された教科書名のほか、その作品が収録されている一般図書も一覧できる。

短編小説12万作品名目録　続・2001-2008
B5・1,510頁　定価24,990円（本体23,800円）　2009.4刊

短編小説の作品名からその掲載図書（全集・アンソロジー）が調べられる目録。2001～2008年に刊行された短編小説を収載している図書1.5万点に掲載された作品のべ12万点を収録。

データベースカンパニー
日外アソシエーツ　〒143-8550　東京都大田区大森北1-23-8
TEL.(03)3763-5241　FAX.(03)3764-0845　http://www.nichigai.co.jp/